권력의 법칙
DAS GESETZ DER MACHT
개정판

프리드리히 폰 비저(FRIEDRICH von WIESER) **지음**

현동균 **옮김**

진인진

일러두기

1. 이 책에 표시된 모든 **주석**은 역자의 역주이다. **원문은 주석이 없다**.
2. 원저에는 **문헌 목록**도 없고, **출전**의 표기도 없다. 저자가 인용을 한 부분들은 역자가 가능한 한 그 출처를 찾아서 명기하려고 노력하였으나, 불확실한 출처도 많이 있다.
3. 본문 중 **고딕볼드체**로 표시된 부분은 원저에서 강조한 부분이다. 반면 **방점**은 역자가 추가한 부분이다.
4. 본문 중 **대괄호([ ])**로 표시된 부분은 원문에는 등장하지 않으나, 독자의 이해를 위하여 역자가 추가한 부분이다.
5. 본문 중, **이해가 쉽지 않은 부분**들은 역자가 역주를 통하여 쉽게 설명하려고 노력하였다. 하지만 그 의미가 모호한 부분도 다수 있다. 그러한 경우 **여러 해석의 가능성**을 역주에서 제시하기도 하였다. 그럼에도 불구하고 의미가 불투명한 것들이 존재하며, 그 경우도 또한 역주에서 표시하였다. 이러한 난점은 본 역자만의 문제는 아니다. 원서의 영문 번역판의 역자인 Kuhn교수도 동일한 어려움을 실토한 바가 있다. 그러한 어려움의 원인은 1920년대 당시에는 자연스럽게 모두가 '상식적'으로 인식하고 있던 표현들이 100년이 지난 지금의 현대인에게는 아주 낯설기 때문일 수도 있기 때문이다.
6. 특히 저자는 어떠한 **개념이나 단어에 대하여 정의**를 내리지 않고, 당대에서 통용되었던 개념들을 그저 자연스럽게 사용하고 있는데, 현대의 독자에게는 너무도 모호하게 여겨질 수 있다. 이에 대하여 역자가 선택한 절충안은 그 단어나 개념들에 대하여 막스 베버가 정의한 바 대로(특히 베버의《경제와 사회》를 기준으로) 이해하는 것이다. 비저와 베버는 서로 친밀한 교류를 하였고, 공동 작업을 하였기에, 비저가 염두에 둔 개념이나 단어의 의미는 막스 베버의 그것과 많은 점에서

일치점을 가진다는 가정에서 출발하였다. 이러한 베버적 의미들은 역주나 용어 해설 등에서 설명하였다.

번역시 또 다른 어려움은 **독일어 단어가 가지는 다의성**이다. 예를 들어 대표적인 사례는 독일어 Sinn, Volk, Nation등의 의미에 관한 부분이다. 혼란스런 독일어 용어에 대하여서는 본서의 뒷 부분에 역자의 '용어해설'에서 일부 해설을 하였고, 또 필요한 경우 역주에 표기하였다. 하지만, 역자의 번역은 완전할 수는 없으며, 역자와 다른 해석도 가능하다는 점도 언급하고자 한다. 위의 Kuhn교수 역시 이러한 난점을 지적하고 있는데, 어떠한 단어에서는 '이해가 되지 않는다'고 솔직히 고백하고 있다.

7. 번역서를 읽을 때 가장 혼란스러운 부분 중의 하나는 여러 **수식어**가 연결되어 있는 문장에서 수식의 대상이 무엇인가를 파악하는 것이다. "A이고 B인 C의 D"라는 문장에 있어서 A와 B의 수식어가 C인지 D인지가 구분이 되지 않는 경우가 많다. 본서에서는 A와 B에 의해 수식되는 대상이 D라는 것을 명확히 하기 위하여 "A이고 B인, C의 D" 식으로 **중간에 쉼표(,)를 추가**하였다. 반면, 쉼표가 없는 경우에는 A와 B에 의해 수식되는 대상은 C이다.

8. 또 다른 혼동의 원인은 **지시어**의 사용이다. 원전에 나오는 지시어들(그, 이, 저)을 그대로 번역하는 경우, 그 지시 대상을 파악함에 있어서 혼동을 야기하는 경우가 많다. 독일어 원전에는 지시어들이 남성, 중성, 여성 등의, 지시되는 명사들의 성(性)과 일치가 되기에 지시 대상을 파악하는 바에 어려움이 많지는 않으나, 한글이나 영문에는 그러한 성(性)의 구분이 없기 때문이다. 따라서, 혼란을 야기할 수 있는 경우, 원전의 지시어를 대체하여 가급적 그 지칭하는 대상들을 다시 반복하여 표기하였다.

9. 최초로 등장하는 용어 중 중요한 개념등은 소괄호() 내의 작은 글자로 **독일어 원어를 기재**하였다. 필요한 경우, 한자나 상응하는 영어를

추가한 부분도 있다.

10. **중요 개념** 혹은 두 개 이상의 단어가 합쳐진 **복합합성어**의 경우에는 **홑낫표**(〈 〉)로 표시하였고, **저서명**은 **겹낫표**(《 》)로 표시하였다. 독일어의 경우 한글과 달리 복합어 표현이 발달되어 있고, 만일 이러한 복합어를 풀어 쓰는 경우, 그것이 한 개의 개념인 것을 독자들이 알아차릴 수 없고, 또한 그 앞에 수식어가 있는 경우, 수식되는 대상이 어떤 것인지 혼동스러울 수 있다. 반면 그것들을 한자식으로 표현하여 개념어로 바꾸면, 그 뜻이 모호하여질 경우가 존재하고 문장의 흐름이 매끄럽지 못하고 생경하게 보일 가능성이 있다. 낫표를 도입하여 개념을 표시하면, 수식어가 앞에 있는 경우에는 전체 복합어를 수식하고 있음을 쉽게 파악할 수 있고, 그 낫표 내의 전체가 하나의 개념임이 명확히 드러난다. 본 번역에서는 이러한 두 가지 낫표 표시 방법을 적절히 혼용하여 절충하고 있는데, 단, 한글과 독일어의 차이로 인하여 어떤 표현은 어색하거나 생경하게 보일 수 있는 점에 대하여서는 독자의 양해를 바란다.

11. 많은 개념어들은 **표준 한글 번역어**가 **존재하지 않는다**. 불가피하게 역자가 새로운 단어를 만들거나 풀어쓸 수밖에 없는 경우가 많이 있거나, 혹은 통일되지 않고 사용되는 한글 번역어 중 역자가 취사 선택하여 사용하였다. 그렇기에 이러한 점을 보완하기 위하여 한글 색인에서 많은 단어들의 독일어 원어를 같이 표기하였다. 따라서 필요하다면 독자는 그 독일어 원어의 의미를 사전을 통해서 다시 확인할 수 있다. 하지만 독일어를 배우지 못한 독자들을 위해서는 필요한 경우에는 색인에 그에 해당하는 영어 표현도 같이 표기하여 그 개념에 대한 이해를 높이도록 신경을 기울였다.

12. 독자는 가급적 자주 **색인을 참고**하기 바란다. 원자자는 새로운 개념들을 많이 도입하고 있기에, 본서를 철저히 이해하기 위해서는 그러한 개념들을 수시로 다시 확인하면서 읽는 노력과 인내심이 절실히

필요하다. 홑낫표로 표기된 주요 개념들은 색인에 모두 포함이 되어 있기에, 개념이 불확실하다고 느끼는 경우 수시로 이전의 페이지를 참고하면서 의미를 명확히 하기 바란다.

13. 본서에서는 독일어나 영어 이외의 단어, 즉, **라틴어, 그리스어, 프랑스어, 이태리어** 등은 **이탤릭체**로 표기하였다.

14. 본서의 **1부 및 2부는 완역**을 하였으나, **3부의 경우**는 핵심적이지 않은 일부 원문은 요약한 **발췌역**이다. 3부의 경우 요약한 부분은 얇은 고딕체로 표시하였고, 나머지는 원문 그대로 번역된 부분이다. 제 3부의 경우는 1부와 2부에서 전개한 이론들을 이 책의 저술 시점인 1920년대 당대의 환경에 적용한 부분인데, 당대에는 새로운 것으로 보였을지라도 현대의 독자들에게는 이미 아주 친숙한 내용도 많아 사족과도 같이 여겨질 수 있는 부분도 있고, 과거의 역사적 사실이나 저자의 조국인 오스트리아 및 주변의 상황에 대하여 너무 세세하고 장황하게 설명한 부분이 많기에 그러한 부분은 요약하여 넘어가고, 반면 중요한 문구 등은 그대로 번역하여 병행하여 대략적으로 원문의 60~70%정도의 분량으로 압축하였다. 다른 이유는 완역을 하는 경우 분량도 많아져 독자들도 부담이 커질 수 있음을 고려하였기 때문이다. 그러나 가급적 저자의 의도를 정확히 전달하려고 각 문단 별로 상세히 요약하였기에 독자가 저자의 이론을 이해함에 있어서 역자의 요약에 의하여 왜곡될 수 있을 가능성을 최소화 하려고 노력하였음을 강조하고 싶다. 이에 독자 제현들의 양해를 구한다.

15. 역자 해제나 용어 설명 중, 제목의 뒤에 **별표(*)로 표시한 부분**은 **경제학 전공자**를 위하여 경제학설사적 맥락에서 첨가한 부분이다. 일반 독자들은 이 부분을 건너 뛰어도 무관하다.

역자 소개

역자는 서울대학교 경제학과를 졸업한 후 영국 런던 정치경제대학 및 케임브리지대학의 메그나드 데사이 경 및 제프리 하코트 교수 문하에서 정치경제학 및 포스트 케인지언 경제학을 수학하였다. 포스트 케인지언 및 제도학파의 시각에서 투자이론, 화폐이론 등에 대한 다수의 논문을 해외 유수 경제학저널에 발표하였고, 한글 역서로는 《케인스 경제학을 찾아서》, 《포스트 케인지언 경제학에의 초대》가 있다. 또한 베른하르트 라움의 명저 《Heliges Geld》(신성화폐)를 편집, 번역 및 해설하여 영국에서 영문으로 출판하였다. 최근 발표 논문은 'A financial frontier model with bankers' susceptibility under uncertainty'(*Metroeconomica*, Volume 74, Issue 1, Wiley: Feb. 2023), 'A Theoretical Socio-Economic Investigation into the Nature of Power in Money'(*Economic Anthropology eJournal, SSRN*; Vol. 4, No. 75: Jun 2, 2021) 등이 있다.

동시에 역자는 현재 일본, 태국, 인도네시아 등에서 사무소를 운영하는 금융 자문회사 Emerging Asia Capital Partners의 파트너로 근무하고 있다. 그는 과거 약 30년간 홍콩, 싱가폴, 모스크바 등에서 해외 대형 투자은행에 근무하며, 인프라, 에너지, 전력 및 자원 사업의 사업 개발 및 금융 자문에 종사하였다. 최근에는 러시아 및 동구권 최대 투자은행인 러시아 국영 대외무역은행(VTB Capital)의 싱가포르 지점에서 아시아 지역 투자은행 부문 대표 및 러시아 국부펀드인 극동개발펀드의 고문, 그리고 러시아 국영철도의 아시아 지역 해외개발사업의 고문을 역임하였고, 그 이전에는 ABN AMRO 은행 홍콩 지점에서 동북아시아 에너지 및 광물 자원 분야 대표 및 미국 씨티그룹 홍콩의 아시아 지역 본부에서 M&A부문 부사장을 역임한 바 있다.

목차

일러두기 2
역자 소개 7
역자 서문 19
저자 서문 31

제 1부. 권력과 사회의 일반구조 41

I. 〈외적 권력〉과 〈내적 권력〉 43
   1. 〈권력현상〉의 심층에 존재하는 〈소수의 법칙〉 43
   2. 권력의 언어적 개념 46
   3. 〈내적 권력집합체〉와 〈외적 권력집합체〉 51
   4. 〈역사서술〉의 사명 53
   5. 세계대전 중의 〈외적 권력〉과 〈내적 권력〉 59
   6. 〈현실정치〉(Realpolitik)와 〈이념정치〉(Ideenpolitik) 62
   7. 힘(Kraft)과 권력(Macht) 65

II. 권력의 기원과 성장, 그리고 〈권력집단〉에 대하여 69
   1. 〈혈연공동체〉(Blutsgemeinschaft) 69
   2. 〈과업공동체〉(Werkgemeinschaft) 72
   3. 성공적인 권력의 기원 76
   4. 〈강압적 권력〉과 〈자유적 권력〉 79
   5. 〈선조민족〉과 〈문화민족〉 91
   6. 근본적인 〈사회적 과업〉인 국가와 문화의 형성 93
   7. 사회 발전에 있어 두 가지 형태의 중요한 경향 97
   8. 사회에 있어서 〈경제적 과업〉, 〈유물사관〉(唯物史觀)의 오류 100
   9. 역사적 성장기와 개인적 성장기 102
   10. 사회에 있어서의 〈공리주의 원칙〉 113

III. 〈사회의 강령〉에 있어서의 근본 바탕: 지도자와 대중 115
   1. 〈대중기법〉로서의 리더십(Führung) 115
   2. 리더십의 본질 120
   3. 리더십의 형태 121
   4. 〈리더십의 위계〉 132
   5. 〈지도적 계층〉(〈지도적 민족〉, 〈지도적 지위층〉, 〈지도적 계급〉) 134
   6. 〈대중의 추종〉 136
   7. 지도자와 대중의 역할 138
   8. 〈위인〉 146
   9. 〈강령체제〉 발전을 위한 〈근본적 특징〉들에 대하여 151

IV. 〈권력심리〉 157
   1. 〈대중의 혼〉(Massenseele) 157
   2. 대중의 〈권력심리〉 163
   3. 〈집단심리〉에 관한 이론 167
   4. 사적 삶에 있어서의 〈개인주의〉 176
   5. 지도자들의 〈권력심리〉 181
   6. 〈권력의 체험〉에 있어서의 〈자발적 희생〉 189
   7. 개인의 〈자기보존본능〉과 〈권력유지본능〉 191

V. 국가와 사회에 있어서의 권력의 분할 193
   1. 권력 간의 경쟁 193
   2. 〈질서유지적 권력〉, 〈생활권력〉, 〈문화권력〉 196
   3. 국민들에 있어서 〈권력자원〉(Machtbegabung) 200
   4. 〈지배적 권력〉들과 〈극대화〉를 위한 본능.
      〈우세적 권력〉(dominante Macht) 203
   5. 〈저항권력〉(〈시민기본권〉) 207
   6. 〈강권분할의 원칙〉(Lehre von der Gewaltenteilung) 209
   7. 〈사회적 균형〉(gesellschaftliches Gleichgewicht) 211

8. 사회의 개념 213

VI. 〈법적 권력〉과 〈법적 형식〉 217

1. 〈관용〉(慣用)의 권력과 지식과 미를 향한 본능의 권력,
   그리고 〈윤리감〉의 권력 217
2. 법의 목적과 〈법감정〉 224
3. 법의 불공평에 대하여 235
4. 〈권리를 위한 투쟁〉(Kampf ums Recht) 236
5. 내적인 〈법적 권력〉과 외적인 〈법적 권력〉 239
6. 〈법적 확신〉에 있어서의 〈보편성〉의 필요성 242
7. 〈법적 형식〉의 의미 245
8. 〈법적 형식〉과 〈강압적 형식〉 248
9. 〈법형성〉의 방식과 발전에 대하여 253
10. 특히 현대의 〈헌법규범〉의 형성에 관하여 256

VII. 〈문화권력〉들 261

1. 〈신앙공동체〉 261
2. 〈지식권력〉 270
3. 예술의 〈사회적 과업〉 277
4. 우리 문화의 위기 284

VIII. 〈사회적 의지결정〉 291

A. 개인과 사회적인 〈의지결정〉에 대한 일반적 고찰 291

1. 사회에서 '〈타인들〉'이 가지는 의미 291
2. 권력과 목적 296
3. 권력의 〈자기보존본능〉 그리고 권력의 사회적 전도(顚倒)와 자기 파멸 309

B. 〈공론〉(öffentliche Meinung) 313

1. 일반적 고찰 313

  2. 건강한 〈공론〉 315

  3. 그럴듯한 〈공론〉-〈억견〉(臆見) 318

  4. 〈민주주의〉에서의 〈공론〉 323

  5. 〈공론〉의 형성에서 지도자와 대중의 역할 328

 C. 대중의 〈자결권〉(自決權) 330

  1. 〈민주주의〉를 이상화하는 자들의 견해 330

  2. 〈단체〉와 주식회사에 있어서의 〈자결〉 332

  3. 대중의 〈자결력〉에 관한 역사적 진실 335

 D. 부록: 〈집단적 죄〉의 문제 340

  1. 〈집단적 죄〉에 대한 사회학적, 법적 견해 340

  2. 〈사회적 위협〉(gesellschaftliche Gefährdung)과

    〈사회적 안전〉(gesellschaftliche Sicherung)이라는 판단 범주 345

제 2부 권력의 역사적 작용 347

IX. 〈제도〉, 〈역사적 형성체〉 그리고 〈역사적 도야〉 349

 1. 힘과 사명 349

 2. 〈역사적 형성체〉에 있어서의 문제점 353

 3. 문제 해결을 위한 이전까지의 시도 358

 4. 특히 〈객관적 정신〉에 관한 이론에 대하여 364

 5. 〈권력형성체〉로서의 〈역사적 형성체〉 368

 6. 학교와 삶에서의 교육 371

X. 〈역사적 권력〉, 그것의 형태와 변모 379

 1. 〈역사적 고착권력〉과 〈역사적 성장권력〉 379

 2. 〈집단적 습관〉 381

3. 〈의향〉, 〈관용〉(慣用) 그리고 〈관습적인 것〉들 384
   4. 〈생활권력〉과 〈문화권력〉이 가지고 있는 〈역사적 권력〉 388
   5. 역사적 〈공생관계〉 390
   6. 〈대중언어〉의 발전 392
   7. 〈소수의 법칙〉에 대하여 397
   8. 교회가 가지는 〈역사적 권력〉 402
   9. 〈역사적 기억〉이 가지는 권력 409
   10. 〈역사적 권력〉의 변모 409

XI. 〈역사적 리더십〉 415
   1. 추종을 위한 대중의 〈집단적 각오〉 415
   2. 〈왕조적 권력〉 421
   3. 교황의 권력 423
   4. 〈역사적 권력〉으로서의 〈무명적 권력〉들 424

XII. 무력의 역사적 작용과 〈무력감소의 법칙〉 431
   1. 〈만인의 만인에 대한 투쟁〉으로부터 자유로운 〈인민국가〉에로의 이행 431
   2. 자유로운 〈인민국가〉에서의 〈강제〉 439
   3. 국가와 대중의 내부에 있어서
      〈무력감소의 법칙〉(Gesetz der abnehmenden Gewalt) 444
   4. 국가와 대중 내부에서의 무력의 재발 447
   5. 〈계급투쟁〉에 있어서의 무력 449
   6. 문화 민족들 간의 전쟁과 〈인인애〉의 계율 455
   7. 국가의 자율권 463
   8. 〈사적 도덕〉(private Moral)과 〈공공도덕〉(öffentliche Moral) 467
   9. 민족들 간에 있어서의
      〈무력감소의 법칙〉(Gesetz der abnehmenden Gewalt) 476

XIII. 자유와 〈평등〉 증가의 법칙 485
   1. 무력, 법 그리고 〈윤리〉의

〈응집상태〉(Aggregationszustand)들 간의 관계 485
   2. 기독교 내에서의 자유와 〈평등〉 490
   3. 프로테스탄트들의 〈자유주의 이념〉의 혁명 493
   4. 부르주아 〈자유주의 이념〉의 혁명 495
   5. 프롤레타리아 〈평등이념〉(Gleichheitsidee)의 혁명 499

XIV. 〈소수의 법칙〉과 그것의 역사적 검증 505
   1. 역사적 가능성들 505
   2. 〈무력적 리더십〉과 그것이 대중에 미치는 결과 506
   3. 〈지배적 리더십〉과 〈민주적 리더십〉으로의 이행 509
   4. 혁명과정 중의 대중의 의지와 지도자의 의지
      -특히 프랑스 혁명의 경우 513
   5. 로마와 영국의 체제에 있어서의 지도자의 통제 517
   6. 대중의 의지와 지도자의 의지
      -특히 러시아에서의 봉기 이후에 있어서 520
   7. 〈중앙열강〉과 승전국을 지배하던 환경 529

XV. 〈역사적 권력의 순환〉과 시대의 구분 533
   1. 역사의 〈동기성〉(同期性, Gleichzeitigkeit) 이론에 관하여 533
   2. 사회적 힘을 측정하는 공통의 잣대 543
   3. 민족 내에 있어서 〈권력의 순환〉 548
   4. 역사의 의미 554
   5. 세계사에 있어서 〈권력의 순환〉 556
   6. 〈민족사〉와 세계사에 있어서의 시대 구분 567

제3부. 현대에 있어서의 권력의 경로 573

XVI. 〈자유주의〉(Liberalismus) 575
1. 프랑스 혁명에서의 〈자유주의〉의 탄생 575
2. 영국의 역할 577
3. 〈자유주의〉의 시대 578
4. 〈자유주의〉에서 〈민주주의〉로의 이행 580

XVII. 〈국민〉(Nation)과 〈내셔널리즘〉(Nationalismus) 587
1. 대중과 〈국민〉 587
2. 유대인 591
3. 국민적 〈권력의 순환〉과 그것의 갱신 592
4. 〈국민문화〉와 〈국민이념주의〉(nationaler Idealismus) 594
5. 독일의 〈국민이념〉 596
6. 〈국민국가〉와 〈국민적 안전〉(nationale Sicherung) 599
7. 〈내셔널리즘〉과 〈제국주의〉 602

XVIII. 현대의 〈권력기구〉들 609
A. 현대의 〈자유적 기구〉(Freiheitorgan) 609
1. 〈개인주의적〉(individualistisch) 사회학과 〈유기체론적〉(organisch) 사회학 609
2. 〈지배적 리더십〉과 〈자유적 리더십〉(freie Führung), 〈자발적 추종〉과 〈비자발적 추종〉 614
3. 〈자유적 리더십기구〉(freie Führungsorgan)와 〈자유적 대중기구〉(freie Massenorgan) 620

B. 정치 정당과 계급 625
1. 〈인민 대표체〉(Volksvertretung)와 개인적 선거권 625
2. 국가 강령과 정당 강령 627

3. 정당 리더십의 조직구성 628
4. 대중 당원의 구성과 특히 계급에 관하여 629
5. 〈역사적 형성체〉로서 정당 630

C. 오래된 〈민주주의〉와 신흥 〈민주주의〉에 있어서의 정당들 631
1. 〈입헌주의 정부체제〉에 있어서의 〈이익정당〉 631
2. 〈의회주의 정부체제〉에 있어서의 〈전국가적 정당〉 636
3. 혁명 이후의 신생 〈민주주의〉 639

D. 언론 643
1. 〈리더십기구〉로서의 언론 643
2. 언론의 독자들 644
3. 영리 기업으로서의 언론 645
4. 언론의 권력과 그 권력의 남용 648
5. 사실 전달 기능 650
6. 언론의 영향력 655

E. 경제적 〈리더십기구〉와 〈대중기구〉 660
1. 〈자본주의적 기업〉(kapitalistische Unternehmung) 660
2. 〈대중적 기업〉(Massenunternehmung) 664
3. 노동조합 667
4. 〈자본주의적 기업〉이 국민경제와 세계경제에 기여하는 바 675
5. 현대적 〈금권정치〉 682

F. 〈현대적 독재〉 684
1. 로마의 〈고전적 독재〉와 〈카이사르적 독재〉(Cäsarentum) 684
2. 〈혁명독재〉(Revolutionsdiktatur)와 〈질서유지독재〉(Ordnungsdiktatur) ...685
3. 크롬웰 688
4. 프랑스에서의 〈혁명독재〉와 카이사르적 〈질서유지독재〉 688

  5. 국민적 〈질서유지독재〉(이태리 파시즘과 스페인의 장군들에 의한 독재) 693

  6. 독재와 〈민주주의〉 696

  7. 볼셰비즘 698

XIX. 현재에 있어서의 권력의 균형 703

 A. 현재의 권력의 위기 703

  1. 현존하는 권력 갈등 703

  2. 전쟁의 전과 후의 상황 비교 709

 B. 권력 간의 갈등을 해소하는 방안에 대하여 717

  1. 〈교화〉를 통한 경로는 과연 효과적인가 717

  2. 권력의 공생을 위한 전망 722

  3. 〈군사적 권력〉의 황혼기 726

  4. 〈국제연맹〉(League of Nations) 730

  5. 국민적 개혁과 내적, 외적 평화를 위한 투쟁 733

  6. 〈청년운동〉 735

역자해제 739

 A. 비저의 연표 739

 B. 비저의 생애 741

 C. 비저의 경제 사회학, 역사학적 접근방법 746

 D. 비저의 《권력의 법칙》에 대하여 748

 E. 본서에 대한 평가 756

 F. 비저의 방법론 762

  1. 〈이데알 티푸스〉 방법론 762

  2. 비저의 방법론과 개인의 주체성의 문제 763

  3. 〈자생적 질서〉와 제도 767

 G. 비저와 막스 베버, 그리고 〈오스트리아 경제학파〉 거장들과의 관계 769

  1. 비저와 막스 베버 769

2. 슘페터에 미친 영향 772

   3. 하이에크 그리고 미제스 773

 H. 역자해제 부록 776

   1. 비저의 순수 경제 이론 776

     1) 효용이라는 개념 776

     2) 칼 멩거의 〈귀속이론〉 778

     3) 비저의 가치이론 779

     4) 비저가 제시한 귀속이론에 대한 해법 783

     5) 일반균형이론적 접근? 786

     6) 〈기회비용〉 787

     7) 《사회경제론》 787

     8) 화폐 789

   2. 〈방법론적 개인주의〉, 〈개인주의적 교리〉, 〈원자론적 환원주의〉 792

   3. 역사학파와 방법론 논쟁(Methodenstreit) 798

용어해설 803

역자 참고문헌 829

저자 인용 문헌 839

색인(주제) 841

색인(인명, 서명, 지명, 기타 명칭) 893

역자 서문

본서는 칼 멩거, 뵘 바베르크와 더불어 《오스트리아 경제학파》의 창시자인 소위 '위대한 3인방' 중의 한 사람인 프리드리히 폰 비저 남작(男爵)이 서거하기 6개월 전인 1926년에 출판한 마지막 저술인 《권력의 법칙》(Das Gesetz der Macht 1926)을 번역하고 동시에 역자의 해제를 추가하여 완성되었다. 본서는 총 3부로 구성되어 있는데, 제 1부는 권력이론이며, 2부에서는 그 이론을 인간 역사 전반에 걸쳐 역사적 응용을 하였고, 마지막 3부에서는 1920년대 당대에 그 이론을 적용하고 있다.[1]

일찍이 슘페터는 본서를 아담 스미스의 《도덕감정론》(The Theory of Moral Sentiments)에 견줄 수 있는, 경제학자가 저술한 가장 뛰어난 사회학적 저술이라고 평가한 바 있으며, 제도주의자로 유명한 워렌 사무엘스 교수는 비저를 막스 베버, 파레토, 슘페터, 좀바르트, 그리고 갈브레이스에 비유한다. 역자의 견해로는 본서는 현대에 있어서는 슘페터의 《자본주의, 사회주의, 민주주의》, 그리고 노르베르트 엘리아스의 《문명화의 과정》에 필적하는 위대한 저술이라고 할 수 있다.

본서의 주제를 한마디로 요약하여 표현한다면, 권력의 형성과 운행에 대한 분석을 통한 인류 역사의 재해석이라고 할 수 있다. 인간의 공동체 생활이 존재하는 한, 지도자와 추종자의 관계, 그리고 그 관계에서 불가피하게 생성될 수 밖에 없는 권력에 의하여 지배와 피지배의 사회구조

---

[1] 참고로, 제 1, 2부는 전역임에 반하여, 3부의 경우는 중요한 부분은 완역하고, 단 장황한 설명이나 역사적 사실에 대한 너무 세밀한 이야기는 요약을 하여 수록하는 두 가지 방식을 병행하였다. 그럼으로써 3부의 경우에도 저자의 생각을 빠짐없이 전달하도록 하였다. 이에 대한 설명은 역자의 '일러두기 14'를 참고할 것.

가 형성되며, 그 권력에 의하여 경제, 사회, 문화 생활이 규정되고, 그러한 권력에 내재한 법칙에 의하여 역사가 변천된다는 거대이론의 체계를 비저는 본서에서 제시하고 있다. 비저에 의하면 권력의 발생과 그로 인한 지배-피지배의 관계가 형성되는 것은 사회의 내부에서 자생하는 어쩔 수 없는 인간조건의 한계이다. 하지만 권력은 그 사용 목적에 따라서 압제적일 수도 있고, 반면 진보를 가져다주는 긍정적인 역할을 할 수도 있다. 사회의 진보를 위하여서는 위대한 지도자가 존재하여 그의 권력을 공동체를 위하여 사용하여야만 함이 필요하다. 하지만 동시에 그 지도자가 권력을 남용하지 못하게 하기 위하여서는 우선적으로 대중이 도야(陶冶)되어야만 하고, 도야된 대중이 자신들이 가진 '힘'을 바탕으로 지도자에 대한 저항권력을 형성시킬 때야 비로서 권력 간의 균형이 달성되고 따라서 진정한 민주주의와 평화에 도달할 수도 있다. 단, 대중이 성숙하지 못한 경우, 그들은 대중선동적인 '우연적' 지도자들의 먹잇감으로 전락할 수 있는 위험성이 상존한다.

권력에 대한 사회학적 논의는 막스 베버의 미완성의 대저 《경제와 사회》[2]의 핵심이라고 해도 과언이 아니며, 현대의 사회 및 정치 철학에서는 룩스(Steven Lukes) 등에 의하여 촉발된 소위 '권력 논쟁'과, 룩스(Steven Lukes)와 클레그의 집대성(Lukes 2005/1974; Clegg 1989)을 통하여 세밀하게 논의가 되어 왔다. 하지만 본서와 같이 인간의 역사를 권력의 운행으로 분석을 시도한 바는 흔하지 않다.[3]

---

2 우리에게 익숙한 베버의 《경제와 사회》(Wirtschaft und Gesellschaft)라는 책 제목은 베버의 사후 미망인이 자의적으로 붙인 이름인데, 사실 오해의 소지가 크다. 원래 베버가 명명한 책 제목은 '경제, 사회적 질서들, 그리고 권력들'(Die Wirtschaft und die gesellschaftlichen Ordnungen und Mächte)이며, 이에 비저의 본 저술과 같이 권력과 사회가 중심 테제임이 쉽게 보여진다.

3 역사적인 맥락에서 권력을 분석한 저서로서는 Michael Mann(1986), Eli-

본 저서 《권력의 법칙》은 비저의 일생에 걸친 기나긴 노정의 결정판이다. 본서는 1차 세계대전이라는 혼돈의 시간과 사회체제의 변혁을 거치면서 축적된 비저의 경험, 그리고 경제학, 역사학, 철학, 문학, 사회학, 정치학 등의 인문학 전분야에 걸친 그의 다양한 지식, 이에 추가로 그의 번뜩이는 직관이 모두 함께 어우러져 녹아든 대작이며, 집필 후 거의 100년이 경과되었더라도 그의 분석과 영감은 현대의 〈권력현상〉을 이해함에 있어 현대 독자들에게 날카로운 통찰을 제공하고 있다. 따라서 본서를 통하여 한국의 독자들이 작금에 당면하고 있는 혼란스러운 사회 및 정치적 현실을 극복할 수 있는 혜안을 가질 수 있기를 바램에서 번역에 임하였다.

　본 저서의 번역은 화폐와 〈권력현상〉을 연결시키는 이론을 구성하고자 하는 역자의 연구 프로젝트가 계기가 되었다. 그 연구 과정에서 조우하게된 숨겨진 보물과도 같은 고전이 두 권이 있는데, 하나는 본서이고 다른 하나는 본서와 유사한 시기인 1924년에 독일에서 집필된 베른하르트 라움(Bernhard Laum)의 《신성화폐》(Heliges Geld)라는 저서이다.[4]

---

as(2000) 등이 있는데, 이들의 분석의 기본 통찰은 이미 비저의 본 저서에 담겨있다고 해도 과언이 아니다.

4　이 책은 화폐의 기원을 원시적 종교로부터 거슬러 올라가서, 결국 화폐현상을 인간의 믿음의 체계로 분석하려는 시도인데, 이는 뒤르켐(Émile Durkheim)과 마르셀 모스(Marcel Mauss), 그리고 짐멜(Georg Simmel) 등의 시도와도 일맥상통한다. 이 책의 저자는 '국가화폐론'의 창시자인 크납(Georg Friedrich Knapp)의 제자였으며, 이 책은 크납의 부족한 점을 보완하려는 시도이다. 단, 영어 번역본이 존재하지 않아 영어권에는 그다지 잘 알려지지 않았지만, 이 책에 대한 심포지움이 개최될 정도로 독일어 사용권에서는 화폐에 관한 중요한 저술로 간주되고 있고 최근 영어권에서도 관심이 크다. 이 책의 영어 번역본은 영국 엑시터(University of Exeter) 대학의 명예교수이자 고대 경제사회학의 권위자인 시포드(Richard Seaford)교수의 도움으로 현재 영문판 번역이 본

두 책의 공통점은 모두 막스 베버(Max Weber)에게서 강한 영향을 받았으며, 동시에 눈에 잘 보이지 않는, 그럼에도 인간 사회를 구성하는 가장 핵심적인 어떤 것을 붙잡으려는 지난한 시도라는 점이다.

비저는 평생 동안의 친구이자 매제이기도 하였던 뵘 바베르크, 그리고 두 사람의 공동 스승이기도 하였던 칼 멩거와 함께 〈오스트리아 경제학파〉를 창시한 '위대한 3인방'이라고 일컬어진다. 하지만 비저는 일반 대중에게는 생소한 이름이고, 경제학을 전공하는 사람들에게 있어서도 경제학설사 시간에 얼핏 들어본 것 같은 이름에 불과할 수도 있다. 하지만 그는 현재 주류 미시 경제학에서 사용하는 〈한계효용〉(Grenznutzen; marginal utility)이라는 명칭을 최초로 도입한 사람이며 〈기회비용〉(Alternativkosten; opportunity cost)과 〈귀속이론〉(Zurechnungslehre; imputation theory)을 발전시켰고, 〈자유주의자〉들 혹은 시장 근본주의자들이 숭배하는 미제스와 하이에크, 그리고 그들과는 다른 오스트리아 학파의 다른 한축을 형성하는 슘페터 등의 거장들이 모두 그의 문하에서 공부한 바 있다.

그런데 이렇듯 미제스나 하이에크와의 연관성을 먼저 이야기하는 경우, 시장주의적 견해를 지지하는 사람들은 갑자기 큰 관심을 보일 수 있고, 반면 그에 반대하는 소위 진보주의적 견해를 가지고 있는 사람들은 또 다른 프로파간다라고 폄하하고 무시할 위험이 다분히 있다. 그런데 이에는 반전이 존재한다는 점을 강조하고자 한다.

'3인방'에 속한 다른 두 사람과는 달리, 비저는 당대의 사회학과 역사학 저작들에 의하여 강한 영향을 받았다. 특히 막스 베버, 마르크스, 르 봉(Gustave Le Bon), 뒤르켐, 소렐(Georges Sorel) 등의 영향이 크다(Samuels 1983a). 그리고 '3인방'의 나머지 두 사람과는 달리 비저는 순수 경

역자에 의하여 완료되었으며, 2023년에 영문으로 출판되었다.

제학에 머무르려 하지 않았고, 그의 순수경제학 체계는 단순히 시작점에 불과하였으며, 그의 생에 있어서 핵심 사명은 오히려 경제학과 사회학을 융합하여 사회경제학 체계를 정립하고, 권력의 운행으로 역사를 설명하려고 시도한 본 저서《권력의 법칙》을 통하여 역사를 관통하는 법칙을 분석함에 있었다.

통상적으로 자유주의적 성향을 가지고, 시장의 역할을 강조하는 〈오스트리아 경제학파〉의 이념적 성향과는 달리, 비저는 자유주의적 견해에 대하여 회의적이었고, 또한 멩거 등의 개체주의적 방법론(소위 〈방법론적 개인주의〉[5])에는 전적으로 동감하지 않고, 단 그것을 기반으로 개체와 사회집단 혹은 제도가 어떻게 상호 영향을 주고받는가에 대한 분석으로 자신의 이론 체계를 확장시키려고 하였다(Kolev 2019: 13).

또한 마르크스의 유산에 대하여 비판적이었음에도 불구하고 마르크스와 문제 의식을 공유하고 마르크스의 사회 동학에 대한 사고와 혁명적 수사에 동감을 표하였으며,[6] 따라서 후대의 오스트리아 학파 내지는 주류 경제학자들과는 달리, 비저의 경제 및 사회사상은 다분히 마르크스-그람시-부르디외-베블런적이다. 그런데 비저는 마르크스보다도 더욱 깊게 들어간다. 마르크스는 소수가 부를 독점함으로써 사회를 지배한다고 하였지만, 비저는 '왜' 소수가 부를 독점하고 권력을 가지게 되었는가라는 근원적 질문을 제기한다. 마르크스와의 중요한 차이 점은, 비저는 마르크스에 비하여 더욱 깊이 〈사회현상〉을 분석하면서, 그 이면에는 인간의 정서[7]를 지배하는 권력이 존재한다고 본 것이다. 이같은 비저의

---

5 〈방법론적 개인주의〉에 대하여서는 역자해제 참고.

6 본서에서는 마르크스적 용어와, 마르크스가 가지고 있던 문제 의식에 대하여 동감하는 표현이 자주 등장한다. 단, 비저는 마르크스의 노동가치론에 대하여서는 비판적이다.

7 이때 〈정서〉는 스피노자적 의미가 함축되어 있는 용어이다. 일본식 표현

입장은 다음의 글에서 특징적으로 나타난다.

> 인간이 최초로 땅에 정착하기 시작한 이후 수세기 동안에는 토지소유가 가장 중요한 소유의 원천이었고 급속한 산업발전의 시대에는 자본소유가 결정적이었다는 그[마르크스]의 견해에는 동조할 수 있다. 반면 앞의 시기에는 국왕, 귀족, 성직자가 토지를 지배하였기 때문에 권력을 가지게 되었고, 산업발전의 시대에는 기업가가 자본을 소유하였기에 권력을 가지게 되었다는 식으로 무엇인가를 소유함이 권력의 원천이라는 그의 주장에서는 부족함을 느낄 수밖에 없다. 왜냐하면, 토지와 자본이라는 그 '결정적인 소유'가 항상 대중의 수중에 있지 못하였던 현상이 어떻게 발생할 수 있었는가를 먼저 밝혀야만 하였을 것이기 때문이다. 소수의 사람들만이 마음대로 그 결정적인 소유물을 처분할 수 있는 핵심적 권력을 행사할 수 있었던 근원이 무엇인가? 이것이 바로 가장 중요한 질문이다(본문 46쪽).

그렇다면 비저가 말하는 권력이란 무엇인가? 그는 스피노자의 철학에 기반하여, 권력이란 스피노자가 정의한 바의 "인간의 '정서'를 지배하는 힘[8]"이라는 견해를 수용한다. 또한 〈외적 권력〉이라는 권력이 밖으로 드러나는 형태뿐만 아니라, 그는 인간의 정서를 지배하는 〈내적 권력〉의 중요성을 강조한다. 그리고 무력은 〈내적 권력〉을 형성시키고 더욱 부드러운 형태의 법과 질서를 수립하게 하는 기반이며, 또한 그것이 결국 인간이 〈역사적 도야〉(陶冶)를 통해 자유와 평화를 향해 전진할 수 있는 길

을 써서 '정동'(情動)이라고 번역되기도 한다. 하지만 복잡한 철학적 논의를 기피하는 독자들은 대체로 '정서'라는 우리말 표현이 가지는 뉘앙스를 염두에 두어도 무방할 듯하다. 역자 용어해설 〈정서〉를 참고할 것.

8 '힘'과 '권력'의 차이에 대하여서는 역자 용어해설 〈권력〉 참고.

을 여는 불가피한 발판의 역할을 함을 이야기한다. 물론 그가 무력을 옹호하는 가치판단을 하는 것은 절대 아니다. 그는 단지 인류역사가 걸어온 과정을 기술하고 분석할 뿐이다.

권력이 인간의 정서를 지배한다는 면에 비추어 볼 때, 통상적으로 〈오스트리아 경제학파〉 혹은 주류 경제학에서 묘사하는 개인이 가진 선택의 자유는 사실은 권력에 의하여 규정지어진 자유에 불과하다. 그렇기에 현대 오스트리아 경제 학파에서는 본 저서에 대한 어떠한 평가도 내리지 않고 무시하고, 자신들의 색안경하에 주로 비저의 순수경제이론상의 정합성 여부에 국한하여 자신들의 스승에 대한 평가를 내리고 있다. 그들 중 본 저서에 대하여 극찬을 하는 사람은 오직 슘페터뿐이라고 해도 과언이 아니다. 실상 슘페터의 저서《경제발전의 이론》에서의 주요한 테제인 〈혁신가〉와 그의 스승이었던 비저가 강조하는 '지도자'의 역할 간에 존재하는 유사성은 쉽게 파악될 수 있고, 그의 대저《자본주의, 사회주의, 민주주의》는 비저의 정신을 계승하고 있다고 볼 수 있다.

그런데 현대 〈오스트리아 경제학파〉의 사상적 지도자인 하이에크가 말하는 〈자생적 질서〉(sponteneous order)라는 것도 하이에크 자신만의 독창성의 소산만은 절대로 아니며, 그 연원은 칼 멩거로부터 비저로 이어 내려오는 전통에 근거한다. 사실 세상에는 새로운 것이라는 것은 있을 수 없지 않은가? 단, 하이에크의 경우에는, 제도는 의도하지 않았던 인간의 노력의 결과라는 단방향의 인과성만을 주목하고, 반대로 그렇게 만들어진 시장과 가격이라는 제도를 포함하는 다양한 제도와 그 제도를 통하여 권력을 행사하는 〈권력자〉가 인간을 규정하는 역방향의 인과는 주목하지 않는다. 애석하게도 칼 멩거로부터 이어지는 오스트리아 경제 학파의 전통에는 비저와 막스 베버가 말하는 의미에서의 '권력'과 '지배'라는 요소는 보이지 않는다. 하지만 시장을 통한 지배는 전통적인 권위나 무력에 의한 지배보다 더 냉혹하다고 일찍이 막스 베버가 강조한 바를 명심하여야만 한다. 시장주의자 혹은 소위 〈자유주의자〉들에게 있어서의 이 두 단어는 그들이 말하는 숭고한 개인의 자유의지를 침해하는 단지 외적인 요소에 불과하고 그것이 인간 사회 내부에서 자생적으로 자라나는, 인간 사회에 있어 어쩔 수 없는 한계임을 느끼지는 못한다.

참고로 이 권력과 지배라는 두 핵심 요소는 〈오스트리아 경제학파〉에서는 절대로 무시할 수 없는 막스 베버와 비저라는 두 거장 모두가 일생을 바쳐 연구한 분야이고 그 두 거장의 지성과 문제의식은 막스 베버의 경우에는 미완성작인 《경제와 사회》에, 그리고 비저의 경우에는 본 저서에 녹아 스며들어 있다. 이러한 공통의 문제 의식과 지적 탐구의 방향은, 두 사람 간의 나이 차이에도 불구하고 서로는 상호 밀접한 교류를 가졌고, 막스 베버가 자신이 기획한 백과 사전 시리즈에서 가장 중요한 경제 이론 부분의 집필을 자신의 사상과 가장 근접한 비저에게 위탁하였음에서도 엿볼 수 있다. 독일의 막스 베버와 밀접히 연결되는 비저-슘페터로 이어지는 계보는 〈오스트리아 경제학파〉 내에서도 하이에크나 미제스와는 그 지향성에 있어서 전혀 다른 한 축을 형성한다고 해도 과언은 아니다.

이러한 미제스나 하이에크의 계보를 따르는 〈오스트리아 경제학파〉 내에서의 냉담한 반응에 비하여 비저는 오히려 바다 건너 미국의 구 제도학파 학자들에 의하여 칭송되고 있다. 워렌 사무엘스는 본 저작을 아담 스미스, 마르크스, 파레토 등과 같은 위대한 사상가들의 저술의 반열에 위치시킨다. 그리고 에켈룬트(R. Ekelund) 같은 일부 학자들은 본서를 위대한 제도학파 경제학자인 베블런 혹은 갈브레이스의 저작들과도 비교한다. 흥미로운 점은 본서는 최근 프랑스의 소위 조절학파 혹은 마르크스 제도주의자들의 입장과도 일맥 상통한다고 볼 수도 있고, 스피노자와 마르크스를 접목하려는 최근의 어떠한 시도와도 그 맥을 같이한다. 실제로 비저의 〈권력론〉은 스피노자의 철학에 근거하기에 그 같은 유사성은 우연이 아니다. 그리고 본 저서는 현대에 있어서 노르베르트 엘리아스의 《문명화의 과정》(Elias 2000, 한글번역 2002)의 주요 주제를 이미 전개하고 있고, 군중의 집단행동에 관한 르 봉(Le Bon 1895. 한글번역 2008)의 이론을 더욱 일반화하려고 시도한다.

비저의 본서는 어떻게 보면 박쥐와도 같은 운명을 타고 났다고 볼 수 있기에 〈오스트리아 경제학파〉와 진보학계 모두에서 외면되어 왔다고도 생각된다. 하지만 반대로 이같은 어려운 상황은 역전시켜 생각할 수도 있다. 즉, 비저의 본 저작은 박쥐적인 성격을 가지고 있기에 오히려 양쪽 모두에게 있어서 현대 사회와 경제를 이해하는 귀중한 통찰을 제공할 수 있다. 역자는 그 같은 바램에서 본 번역을 시도하였다. 단, 그러한 통찰을 얻기 위한 가장 중요한 전제가 독자들에게 요구된다. 그것은 다름 아닌 '열린 마음'이다.

비저는 마키아벨리적인 솔직함과 살을 베는 듯한 날카로운 통찰로써 권력을 해부하고, 자유의 허상을 폭로한다. 그렇기에 이념을 달리하는 독자들은 비저의 이러한 적나라함에 눈살을 찌푸릴 수도 있다. 하지만 그래도 상관없다. 많은 인간들은 자기가 믿는 것만 듣고 보고 싶어하기에, 이 단 한권의 책이 그들이 가진 기존의 믿음의 세계를 바꿀 수는 없다. 이 책은 마음을 닫고 있으며 그렇게 살기로 이미 결정한 그러한 사람들을 위한 책은 아니다. 비저가 본 저서에서 누누이 강조하고 있듯이, 종교적 믿음 혹은 광신은 심지어 로마 황제의 검으로도 다스릴 수 없다.

지성에게 있어서의 가장 큰 적은 닫힌 마음이다. 자신은 보수이니, 보수적인 수사를 구사하는 선동가에게만 마음을 열고, 반대로 자신은 진보라고 자처하고 그래서 그러한 선동가들에게만 귀를 기울이는 것은 각자의 광신만을 심화시킬 뿐이다. 그리하여 그들의 목소리는 '자기기만'이자 '타인기만'이 된다. 애석하게도 그러한 닫힌 마음은 단지 거리를 요란히 휩쓸고 지나가는 군중과 정치가에게만 국한된 것은 아닐 것이며, 소위 지성이라고 자처하는 대학에서도 예외는 아닌 듯하다. 그럼으로써 모두는 모두에게 적이 된다. 작금의 한국의 사회는 그러한 광신과 적대감으로만 가득 차 있고, 소수의 열린 지성은 침묵하고 있다. 그리하여 경제적 양극화에 이어 정신적 양극화는 심화되어 간다. 그럴수록 비저의 본서가 아직은 소수인 열린 마음을 가진 사람들에게 있어서 현실을 통찰하고 위기를 극복하기 위한 힘이 되기를 역자는 간절히 바랄 따름이다.

참고로, 본서는 워낙 방대한 분량이기에, 오역이나 누락의 가능성은 항상 상존한다. 또한 본서는 역자의 전공 분야를 넘어서, 사회학, 정치학, 철학, 법학, 문학, 역사학 등의 다양한 분야를 포괄하고 있고, 각 분야에 특수한 전문적 용어들로 번역함에 있어서 역자의 지식의 일천함으로 인하여 실수가 있을 수도 있다. 어떤 경우에는 통일된 번역어가 없기에 역자가 새로 용어를 만들어야할 필요도 있었다. 따라서 독자들이 본 역자의 잘못을 시정할 수 있게끔, 색인에는 자세히 해당 원어(독일어)와 영어 번역어를 동시에 수록하였다. 원고를 수정하는 과정에서 초고에서 발견된 실수들을 많이 수정하였으나, 혹시 남아있는 실수는 오로지 역자의 책임이며, 이에 독자 제현들의 양해를 구하지 않을 수 없다.

2022년은 여러 모로 지난하고 애석한 한 해였다. 특히 역자의 은사이셨던, 학문과 실천뿐만 아니라 인격적으로도 완성된 모범을 보이셨던 두 분이 타계하셨다. 이 책을 은사이셨던 변형윤 선생님과 위대한 포스트 케인지언 경제학자였던 제프리 하코트(Geoffrey Harcourt) 선생님의 영전에 바친다.

마지막으로, 본서를 출판함에 있어 진인진 출판사의 김태진 사장님과 편집부 일동에게 감사의 마음을 전하고 싶다.

2023년 정월 현동균

권력의 법칙
DAS GESETZ DER MACHT

저자 서문

인간은 〈권력의 법칙〉(Gesetze der Macht)[9] 에 의하여 지배되고 있다. 권력은 〈사회체제〉(gesellschaftliches Wesen) 전체를 지배하고 있으며, 권력은 사람들이 열망하는 최고의 가치이고, 그들이 가진 권력의 크기에 따라 사람들의 가치가 매겨지고 무게가 재어지며, 결국 그들이 행사할 수 있는 권력에 의하여 사람들이 평가된다. 사람들은 일반적으로 〈외적 권력〉(äußere Macht)이 모든 것을 결정한다고 쉽게 생각한다. 하지만, 최종적으로는 〈내적 권력〉(innere Macht)이 권력을 출현시키는 씨앗인데, 그 씨앗은 역사의 진행에 따라 차츰 발아하게 되고, 결국 그것을 보호하고 있던 〈외적 권력〉이라는 껍질을 벗어 던지게 된다.

본 저서는 일반 대중을 위하여 쓰였는데, 이 책의 첫 번째 의도는 〈외적 권력〉이 가진 가혹한 법칙이 시간이 지남에 따라 법과 〈윤리〉(Sittlichkeit)[10]라는 더욱 부드럽게 여겨지는 계율(Gebot)로 변해가는 모습을 보여주기 위함이다. 이러한 변환(Wandlung)은 [우연이나 혹은 자의가 아닌] 논리적 필연성에 따라 이루어진다. 왜냐하면 인간에게 법을 부여하는 권력은 그 형성 과정에 있어서 어떠한 법칙들을 따르기 때문이다. 이 책을 집필한 두 번째 의도는 권력 형성의 법칙을 개진시키는 것이다. 그러한 법칙은 역사적 사실들이 다양하게 전개됨에 따라 다양한 일련의 개별적인 법칙들로 세분화되어 간다.

이 책의 제목에서 볼 때, 니체의 《권력에의 의지》(Wille zur Macht)

---

[9] 본 번역에 있어서는 〈권력〉(Macht)과 〈힘〉(Kraft)을 구분하였다. 역자의 용어해설 '권력'을 참고할 것.

[10] 〈윤리〉(Sittlichkeit)와 〈도덕〉(Moral)과의 차이에 대하여서는 역자의 용어해설 '도덕'을 참고할 것.

가 연상된다고 독자들은 여길지도 모른다. 하지만 이는 오해이다. 본서는 니체의 저작을 정치화(情緻化)한 것도, 니체에 반대하는 저작도 아니고 단지 니체와는 전혀 무관하게 집필되었다. 니체에게 있어 〈권력의지〉(Machtwille)의 담지자(Träger)는 야심에 찬 지배자지만, 이 책에서 제시하는 〈권력의 법칙〉(Gesetz der Macht)의 담지자는 지도자와 대중 사이에서 긴장상태에 놓여있는 사회(Gesellschaft)이다. 본서에서 〈권력에의 의지〉를 고찰하는 관점은 니체의 관점과는 매우 상이하여 이 두 가지 관점 간의 연결고리는 거의 없다고 말할 수 있다. 하지만 문제의 본질에 관련되는 극소수의 어떠한 측면에서는 두 관점 간의 반목이 존재하는 반면, 대부분의 측면에 있어서는 서로 비켜 지나간다. 따라서 본서에 있어서는 아주 작은 측면에서만 니체의 견해에 대한 반박을 제시할 수 있었다.

또한 이 책에서 다루고 있는 것과 유사한 주제를 다루어온 다른 저자들과 본 저술을 연관시킬 기회는 거의 없었다. 본 저술은 이 분야의 여타 대부분의 저술들과는 어떠한 중요한 연관성도 가지지 않는다. 왜냐하면 권력의 출현과 그것을 둘러싼 〈사회현상〉이란 분야는 그동안 과학적 연구에서는 경시되어 온 분야이기에, 그것을 연구하려는 사람은 자기 독자적으로 헤쳐 나가야만 하고, 또한 많은 시행착오를 겪어야 한다. 기존에 시도된 여하한 방법에 의거하였을 때는 전진할 수 없다는 것을 자각하였기에 나만의 독자적인 방법을 모색하기 시작하게 되었다. 따라서 여타 독일 학자들이 행한 바처럼 기존 저술을 참조하는 방식을 택한다면, 그것은 오히려 독자들을 호도할 것이라고 생각되었다. 즉, 내 지식의 원천은 어떠한 기존의 권력에 관한 문헌도 아니고 혹은 여타의 사회학적 문헌도 아니다. 나는 이 책이 근거하고 있는 사실들과 생각들을 전혀 다른 방식으로 수집하였다. 따라서 우선 이 책이 어떻게 만들어졌는지를 독자들에게 이야기 하지 않을 수 없다고 생각한다.

권력이라는 사실을 처음 접하게 된 계기는 어린 시절부터 역사학 공부에 대한 끝없는 욕망에 사로잡혔던 덕분이었다. 그 당시에는 역사학

책은 구할 수 있는 한 모조리 읽었다. 일단 학교 교과서에서 시작하였는데, 특히 애국을 묘사한 역사적 저술에 관심이 많았고, 이후 세계사와 연관된 저서를 읽으며 세계의 역사에 대한 개관을 얻을 수 있었으며, 로마인, 영국인 등 세계 각지 민족의 역사, 르네상스 등 역사에 있어서의 정점들, 특히 프랑스 혁명 등과 같은 혁명이 초래한 대파국을 서술한 명저를 읽으면서 최대의 희열을 느끼고는 하였다.

그런데, 과거의 먼 시대와 민족을 연구하는 것보다는 일단 더 가까운 시점인 현재에 있어서의 정치적인 사건들을 관찰함으로써 현실들에 다가가기 시작하였다. 오스트리아에게 헌법이 제정되었을 당시에는 나는 어린 시절이었다. 하지만 나의 가족이 속한 주변 환경들 덕분에 이미 당시의 고양된 기분을 충분히 공감할 수 있을 만큼 감수성을 가지게 되었다. 그 이후 나는 오스트리아에서 〈자유주의 이념〉이 힘차게 피어나고 이후 그 이념이 국가적, 사회적으로 붕괴되어 가는 변화의 격동기에 있었다. 이에 정치에 참여하지 않을 수 없었다. 차츰 내가 성숙하여감에 따라 정당체계라는 것은 너무도 편협한 체계라는 사실을 깨닫게 되었는데, 그에 따라 더욱 객관적인 입장에서 주의 깊게 그 정당 체계의 전개를 살펴볼 수 있었다. 또한 오스트리아를 둘러싼 대외 정세를 살펴보게 되면서, 그에 점차 관심을 두게 되었고, 오스트리아에 있으며 면밀한 관찰을 함으로써 대외 정세를 이해할 수 있는 중요한 단서를 얻게 되었다.

그 이후 나의 관심 분야는 역사적, 정치적 분야에서 경제학 분야로 옮겨가게 되었다. 나는 경제학 분야에서 학위를 받았고, 교수로서 또 저술가로서, 그 분야에 오랜 기간 동안 애정을 가지고 활발하게 연구를 하여 왔다. 그렇기에 최초에 관심을 가진 분야는 역사적, 정치적인 연관하의 경제학이 아니었고, 이론적인 연구에만 한정되었다. 역사적, 정치적 관계에 시야를 넓히기에 앞서 먼저 경제적 과정의 본질에 대한 명확한 이해가 필요하다고 생각하였기 때문이다. 그런데, 내가 이론경제학의 체계를 어느 정도 정립한 후 역사적이며 정치적인 더욱 넓은 맥락의 연구를 시작하였을 때, 그러한 연구에 있어서는 커다란 장애물이 존재하고 있음을 깨닫게 되었다. 경제적 행동[11]이라는 것은 〈사회적 행동〉(gesellschaftliches Handeln)이며, 따라서 경제학적 용어로 무엇을 설명하기 위하여서는 먼저 〈사회적 행동〉의 〈보편적 본성〉(allgemeines Wesen)에 대한 이해를 전제하여야만 한다. 이러한 이해를 위해서는 [경제학의] 〈고전학파〉가 견지하고 있는 〈개체주의학파〉(individualistische Schule)[12]의 이론들이 피력한 설명들은 절대로 나를 만족시키지 못하였고, 반면 그러한 〈고전학파〉의 〈개체주의학파〉적 견해에 반대하는 최근의 유기체론적인 견해들이 주장하는 바도 만족스러운 것이 되지 못하였다. 이러한 불만이 계기가 되어 사회적 관계라는 문제를 독자적으로 탐구하게 되었으며, 그로부터 비로소 〈권력〉이라고 하는 주제에 주목하게 된 것이었다. 그 이후 나는 '〈사회적 해석〉'(gesellschaftliche Erklärung)이 가지는 의미를 염두에 두고 경제학 강의와 저술을 확장해 나가기 시작하였다. 따라서 전쟁 발발 전, 나의 저술 《사회경제론》(Theorie der gesellschaftlichen Wirtschaft)[13]을 완성하였을 때, 그 저서에 가장 핵심적인 사회학적 기반을 포

---

11 〈행동〉(Handeln)과 〈행위〉(Verhalten)의 차이에 대하여서는 역자의 용어 해설 '행동'을 참고할 것.

12 '개인주의'라고 번역되기도 하나, 그 경우 다분 '개인'의 결정이 옳은 것이라는 규범적인 의미가 개입될 소지가 있다. 이하의 문맥에서는 유기체론적 견해와 대비시키기 때문에 개체로부터 시작하여 분석을 시작한다는 의미이고, 따라서 규범적 의미는 없는 방법론적인 논의이기에 '개체주의'로 번역하였다. 이는 뒤에 나오는 〈개인주의적 교리〉와 구분된다. 역자 해제792쪽의 〈방법론적개인주의〉를 참고할 것.

13 1914년 출판. 이 책과 더불어, 그 이전에 발간한 《자연가치》(1889)는 이론 경제학 측면에서 비저의 가장 중요한 저작들이다. 이 책들의 내용에 대하여서는 역자해제를 참고할 것.

함할 수 있었다. 또한 그러한 사회학적 내용에 대하여 심도 깊게 연구할 수 있는 특별한 계기들도 많이 있었는데, 그들 중 1901년 프라하에서의 사회적 무력에 관한 취임 강연, 1909년 잘츠부르크 대학 강좌에서 진행한 '법과 권력'에 관한 강의,[14] 1908년 비엔나의 소텐 김나지움(Schottengymnasium)[15]창립기념회에서 발표한 《Arma virum que cano》[16]라는 제목하에, 스펜서(Herbert Spencer)의 〈영웅사관〉(The Great Man Theory)에 관하여 발표한 에세이 등은[17] 그러한 노력이 지향하는 바를 잘 보여주고 있다. 또한 오스트리아에서의 정치투쟁이 치열해져감에 따라, 오스트리아의 〈입헌체제〉(Verfassungswesen)와 보헤미아 상황에 대한 일련의 책과 논문을 저술하기도 하였다.

그 이후 어느 날, 나의 생각들은 세계대전의 발발로 인하여 새로운 방향으로 인도되었다. 나는 전쟁의 발발 가능성을 항상 우려해 왔으나, 이해하지 못하는 것은 믿을 수 없듯이, 그 가능성을 항상 불신하였었다. 그러나 이제 그것은 이해할 수 없을 만큼 거대한 현실이 되었다. 그러한 이해 불가능한 거대한 현실 속에서 유럽의 교양인들은 두려움에도 불구하고 불굴의 결의로 행동을 취하기 시작하였다. 전쟁이라는 불가해한 것이 현실로 다가왔다면 스스로를 지키기 위하여 최대한의 노력을 경

---

14 이 강의 내용은 책으로 출판되었는데, 본 저서의 맹아적 형태가 모두 포함되어 있다. Wieser, Friedrich von(1910), *Recht und Macht*, sechs Vorträge. Leipzig: Duncker & Humblot.

15 비엔나에 있는 고등학교인데, 비저도 또한 이 학교의 졸업생이었다.

16 "나는 싸움[혹은 무기]과 영웅을 노래한다"라는 의미로 로마의 시인 베르길리우스(Publius Vergilius Maro)의 서사시 《아이네이스》(Aeneid) 첫 권 모두에 등장하는 표현이다.

17 비저는 어렸을 때 허버스 스펜서의 《사회학 연구》(The Study of Sociology)에 의하여 감명을 받아 정치경제학에 대한 관심을 가지게 되었다고 한다.

주하는 것 이외의 다른 방도는 없으며, 따라서 연관 국가들의 국민들은 자신들의 최대의 노력을 경주하였고, 기적적인 힘과 희생적인 용기를 발휘하였다. 나 또한 애국의 의무를 다하고 싶은 마음이 간절하였다. 나는 오스트리아가 만약 역사상 아직 존재하지 않고 있다면 지금이라도 건설하여야 한다고 주장하는 사람들 편에 늘 서 있었다. 목하에 그렇게도 소중한 오스트리아의 존재가 위협받고 있었기 때문에, 나는 강한 신념하에 오스트리아의 수호를 위해 전력을 다하였다. 그리고 나의 이러한 의도를 오스트리아와 전쟁과의 관계에 관한 여러 연설에서 표명하였다. 나는 내가 속한 귀족원(Herrenhaus)에서, 그리고 특히 마지막 오스트리아 황제하에 끝까지 종사하였던 정부의 일원으로서 그러한 의지를 표명할 더욱 충분한 기회를 얻을 수 있었다.

그리고는 바로, 이해할 수 없는 세계대전의 원인에 대한 의문에 뒤이어 불가해한 국내의 내부적인 균열에 대한 의문도 마음속에 몰려왔다. 이제 행동의 시간은 끝나고 생각의 시간이 도래한 것이었다. 도대체 이러한 전개의 이유는 무엇인가? 인간의 삶이라는 것이 더 이상의 어떤 의미가 존재하는가? 수세기 역사에 걸친 인류의 노력과 전대미문의 전쟁으로 인한 희생은 진정 헛된 노력에 불과하였을까? 이러한 종류의 의문들이 꼬리를 물었다. 이에 소고《오스트리아의 종언》(Österreichs Ende)이나 혁명에 관한 몇 개의 논고에서 그 해답을 제시하려고 시도하였다. 또한《평화에 있어서의 책임》(Die Schuld am Frieden)이라는 논문을 통해서는 강제된 평화에 대한 비난을 정식화하고, 나아가 세계대전과 평화협정 실패에 관한 저서를 구상하며 그 준비에 몰두하였다.

이러한 계기를 통하여《권력의 법칙》(Gesetz der Mächt)이 탄생하였다. 이 책의 예비적 작업을 통해 전쟁을 더욱 세계사적 시각으로 조망할수록 나의 세계대전에 대한 판단은 계속적으로 변화하여 나갔다. 세계대전이라는 것은 세계사의 한 장면이며, 그에 대하여 말하기에 앞서 우선 그 전쟁을 야기한 주요한 원동력을 알아야만 하지 않을까? 이렇듯 스스로 자문하였고, 결국 이번에는 금번 세계대전을 일으킨 원인을 찾아 차츰 수세기를 거슬러서 올라가기 시작하였고 그로부터 또다시 수천 년을 추적하여 나갔다. 그 과정에서 내가 전쟁 전에 사회문제에 대하여 가지고 있던 생각들이 다시 고개를 들기 시작하였고, 이번에는 그 생각들이 이상하리만큼 세밀한 윤곽을 가지고 내 앞에 나타났다. 내가 목격한 전쟁의 작열하는 섬광이 오히려 과거를 밝히는 새로운 빛으로 나를 비추기 시작하였고, 나는 역사교사로서 현재를 이해할 수 있게 되었다. 우리는 역사적으로 사라진 과거 권력을 충분히 이해할 수는 없다. 예컨대 이집트의 왕묘가 피라미드 거상 아래로 가라앉은 의미를 이해할 수는 없는 것이다. 자신을 위해 싸운 수천 명의 노예 위에 군림하였던 파라오의 권세를 가능하게 하였던 그 심연을 측정하는 일은 불가능하다. 그러나 과거로부터 연결되어 우리 속에 살아 움직이는 것들은 지금 현재 우리가 공유하고 있는 역사의 편린들에 지속적으로 영향을 주고 있다. 대중들이 가진, 우리가 더 이상 아무런 선명한 생각도 가지고 있지 않았던 힘들을 세계대전과 격변은 다시 일깨워 주었다. 그리하여 나는 그와 같은 힘들이 작용하였던 과거의 오랜 기간에 대하여서도 확실한 시각을 가지고 이해할 수 있도록 되었다. 이렇게 하여 나는 수세기, 수천 년에 걸친 역사 속에서 현대에 이르기까지, 그리고 앞으로도 계속될 권력의 운동을 느낄 수 있게 된 것이었다.

   본 저술에서 표현하고자 하는 생각들은 이러한 과정을 거치면서 발전되어 왔다. 하지만 서술의 순서는 그러한 생각들이 정돈된 시간적 순서를 따르지는 않는다. 사실 이 책의 각 부분들은 내 머릿속에서 동시에 떠올랐는데, 처음에는 근간이 되는 주제들의 상호 연관성 여부가 뚜렷이 인식된 상태는 아니었다. 이는 마치 산행을 하는 사람이 먼 산들을 바라볼 때, 안개 속에 잠긴 산봉우리들이 서로 떨어져 있는 것으로 보이다가, 안개가 비로소 걷히고 나서야 그것들이 넓게 펼쳐 이어져 있는 산괴(山塊)의 봉우리 정상들 임을 깨닫는 것과도 같았다. 그 이후 나는 가능한 한 최대한 그 주제들 간의 상호 연관 근거를 증명하고자 하였다.

이러한 점에서도 나는 니체와는 다른 목표를 가지고 있었다. 니체는 시인의 광시곡과 같은 열정으로 초인의 높은 위치에 고고히 서서 자신을 황홀하게 만드는 빛의 모습에 완전히 침잠하여 하계의 어둠을 조소적으로 경멸할 뿐이었다. 반면 나는 권력의 현상과 그것을 가능하게 하는 사회적 환경 전체를 그 심층까지 파악하였다는 확신이 설 때까지 만족하지 못하였다. 비록 그 핵심적 구성요소들 중 어느 것도 간과하지 않았다고는 믿고 있으나, 그럼에도 불구하고, 그 개별 요소들을 매끄럽게 연결시켜 완벽한 통일성을 가지게 하였는가에 대하여서는 완전히 성공할 수는 없었다는 점은 고백하고 싶다.

참고로 그중 몇몇, 즉 지도자와 대중, 〈권력심리〉, 〈무력의 역사적 과업〉, 〈현대적 독재자〉 등은 내가 본 저술 전체를 기획하기 이미 오래전 완성되어 출판된 것들이었다. 그러한 부분들은 수정하지 않고 본 저술의 근간을 이루는 주제들에 포함시켰다. 하지만, 예술의 〈사회적 과업〉에 관한 한, 지금에 있어서는 1920년에 소논문으로 출판할 당시에 생각하였던 바와는 다른 견해를 가지고 있는데, 그 당시 논문에서 생각하였던바, 예술이 가지고 있다고 생각한 〈통일성〉을 지향하는 〈평화적 권력〉(Friedensmacht)의 강도는 지금 최종적으로 인정할 수 있는 정도보다도 더 강하게 묘사되었다. 이 저술의 여러 곳에서 각 구성 요소들 간의 연결 및 이행에 있어서 부족한 점이 많은 것은 사실이다. 그러나 이러한 결점이 있음은 오히려 본 저술에 있어서 내가 처음부터 정해져 있던 전제에서 [연역적으로] 결론을 도출하였거나, 반대로 처음부터 정해졌던 결론에 이론적이거나 역사적 자료를 억지로 소급하여 적용시키고자 하지는 않았다는 점에 대한 입증임을 독자들이 알아주기를 바란다. 거듭 강조하지만, 나의 의도는 무엇인가를 [연역적으로] 증명하거나, 혹은 무엇인가를 논리적으로 엮어내고 싶은 것도 아니다. 다만 목전의 사물을 열심히 관찰한 결과를 상호 통일적 맥락으로 기술하고 싶었을 뿐이다. 물론 그 관계는 너무나 광범위하기에 부단하고 진지한 관찰을 통하여서만 그 〈통일성〉을 인식할 수 있다.

다만, 이 모든 노력에 있어서 내가 지속적으로 가지고 있는 대전제에 대하여서는 명확히 하고 싶다. 나는 삶(Leben)에 대한 무조건적 긍정이라는 의미(Sinn)하에서 본 저술을 서술하였다. 삶에 대한 믿음을 잃은 사람은 은둔의 길을 택하거나 정신과 의사를 찾아가 상담하면 된다. 그렇듯 의심과 절망에 휩싸인 사람이 〈공중〉(公衆 Öffentlichkeit)[18]에 폐해를 입히는 바를 논한다는 것은 어떤 의미도 없다. 〈공중〉은 그들의 자신의 삶의 본능을 따르며, 그들로부터 이러한 삶의 본능을 강탈하거나 혹은 감소시키려는 어떤 자들도 극복할 것이다. 따라서 〈공중〉은 삶에 대한 의지가 없는 자의 맹신을 공유할 필요는 없다. 밝은 시야를 가진 사람은 삶이 가져다주는 행복을 위협하는 위험을 직시하고 경계할 의무가 있다. 역사를 돌이켜 보건대 금번의 세계대전보다 더 끔찍한 대참사도 존재하였고, 그것을 극복하고 살아갈 용기를 상실하였더라면 〈인간성〉(Menschheit)은 이미 절멸되었을 것이다. 이에 나는 이 책에서 내가 기여할 바를 모색하고 있으며, 올곧게 살고자 하는 사람들이 이 책을 읽기를 원한다. 역사의 거친 압력 속에서도 그동안 〈인간성〉이라는 생명의 배를 인도하고, 또한 그 모든 손실과 피해에 불구하고 그 배를 높은 이상에 더욱 가까이 근접하도록 한 물결들을 내가 믿는 바처럼, 독자들도 나를 따라오기를 바란다. 나는 이 세계대전이라는 대참사가 결코 반복되지는 않을 것이라고는 절대 생각하지는 않는다. 따라서 우리는 또 다른 혹독한 시련에 대응할 준비를 하여야 한다고 생각한다. 동시에 우리가 가지고 있는 올바른 목표들을 소중히 간직할 수 있도록 대비하여야만 한다.

인류가 마침내 평화의 항구에 다다를 수 있는 운명을 가지고 있다

---

18 이 〈공중〉의 의미에 대하여서는 역주 64을 참고할 것.

는 희망의 확신을 독자들의 가슴에 심는 목표에 본 저술이 기여할 수 있다면 저자로서 그보다 더 기쁠 수는 없다. 하지만, 그럼에 있어 작금의 주전론자 혹은 평화주의자라는 두 가지 [정치적] 주장 중 어느 한쪽의 견해에 우리가 전적으로 동의할 수는 없다는 점은 말하고 싶다. 물론 궁극적으로는 나는 그 대의에 있어서는 평화주의를 지향한다. 하지만 내가 더불어 보조를 취함으로 인해 진심으로 영광을 느끼게끔 할 만한 인재는 그 평화주의자 중에는 거의 없다는 것이 애석할 뿐이다. 평화주의 전열에 있는 많은 사람들은 지쳐있고, 무기력하고, 따라서 평화라는 대의를 희석시킬 수 있다. 반면 작금의 지식인들 중 추진력 있게 활동하는 사람들은, 몇몇 소수를 제외하고는 대체로 주전론자 대열에 합류하고 있거나, 혹은 조국의 부름이 있을 때 다시 한 깃발 아래 모여들 것이다. 나로서는 애국심에 충천하여 싸울 불굴의 기상을 가진 사람들을 절대로 적대시하지 않으며, 희생을 각오한 그들의 용기와 결연함에 고개가 숙여진다고 단언할 수 있다. 나는 세계대전에서 희생된 수백만 명의 사람들을 인류에 부과된 〈역사적 과업〉을 위하여 몸을 바친 영웅적인 순교자로 간주한다. 자신들에게 부과된 숭고한 의무를 다하기 위하여 목숨을 희생한 그 영웅적 정신이 평화를 위하여 싸운 분들에게도 함께하기를 바란다. 이 책을 써 나가면서 나는 항상 그들을 생각하고 있었다. 이 책을 그들을 회고하며 바친다!

제 1부
권력과 사회의 일반구조

I. 〈외적 권력〉과 〈내적 권력〉

1. 〈권력현상〉의 심층에 존재하는 〈소수의 법칙〉

18세기까지 근대 유럽의 거의 모든 민족은 소수의 귀족이나 심지어는 〈유일지배자〉(Alleinherrscher)가 부여한 법률에 기꺼이 복종하였다. 한 사람이나 소수가 다수 위에 군림하는 〈소수의 법칙〉[19]은 실질적으로 논란의 여지가 없는 것이었다. 이는 〈고전적 시대〉[20]에서도 마찬가지였다. 동양에서는 거의 모든 곳에서 〈소수의 법칙〉에따라 정체(政體)가 〈독재〉(Despotie)[21]로 이행되었다. 그리고 거의 모든 민족의 경우 노예가 된 대중은 소수의 지배자들의 명령에 복종하였다. 물론 역사의 어떤 시기에 있어서는 그리스인과 로마인 모두는 자유로웠지만 반면 바로 그들이 확장하여 나갔던 지배지에서는 〈소수의 법칙〉이 더욱 불가피하게 관철되었다. 소수의 로마인은 자신의 〈소수의 법칙〉을 전 세계에 강요하였다.

〈소수의 법칙〉은 역사가 우리에게 제시한 풀어야 할 숙제 중 가장 기묘한 문제이다. 그것은 아주 오랫동안 전혀 문제시되지 않았다는 점에서는 여타 모든 해결되지 않은 중대한 난제들과도 동일한 운명을 가지고 있다. 수천 년 동안 사람들은 피할 수 없는 〈소수의 법칙〉을 따르는 것을

---

19 본서에서의 가장 중요한 개념 중의 하나이다. 약간 상이한 맥락에서, 즉, 조직화를 하고 조직을 유지시키는 면에서 소수의 조직이 유리하다는 관점에서 막스 베버는 '소수의 이 점'(Vorteil der kleinen Zahl)에 대하여 언급한 바 있다(Weber 1922: 610).

20 본서에서는 〈고전적 시대〉(Antike)와 〈고대〉(Altertum)를 구분하여 사용하였다. 전자는 그리스 및 로마의 문화 등, 후대에 전래되어 영향을 미친 고대 문화를 말한다.

21 〈전제〉(Tyrannei)와 〈독재〉(Despotie)에 대하여서는 역자의 용어해설 '독재'를 참고할 것

당연시하여 소수가 다수에 대해 우위를 점할 수 있게 할 수 있는 그 원인이 무엇 때문인지 스스로 자문하는 것에는 철저히 게을러 왔다. 간신히 〈인민주권〉(Volkssouveränität)이라고 하는 이념이 유행하기 시작하였을 때는, 그 〈인민주권〉이라는 이념은 너무도 당연하게 받아들여져 왜 본래부터 그것이 항상 기능하고 있지 않았는가 하는 질문은 오히려 너무 쉽게 간과되게 되었다. "인민들은 지금 긴 잠에서 깨어났다. 이제부터는 권력은 다중에 의해 행사된다." 이것이 당시 논객들이 제시하였던 공식이었고 당연히 세론(öffentliche Meinung)도[22] 이를 만족스럽게 받아들였다.

〈인민주권〉 이념은 원래 중산계급 이념가들이 주창한 것이지만, 자신들만이 대중의 진정한 대표자라고 당연히 생각한 프롤레타리아 이념가들에게 있어서도 그 이념은 더욱 중요한 의미를 갖게 되었다. 그럼에도 불구하고, 〈소수의 법칙〉이 가지는 의미에 대해 그러한 이념가들로부터 실마리를 얻는 것을 기대해도 소용없다. 왜냐하면 그들은 민중만이 진정으로 권력을 행사한다는 명제에 대한 어떠한 의구심의 여지도 허용하지 않으려고 하였기 때문이다. 그들이 행한 권력관계에 대한 다양한 인상적인 연구는 그러한 목적을 이미 지향해 있었다. 라살(Lassalle)이[23] 정치적 선동에 착수하기 위하여 행한 《헌법의 본질》(Über Verfassungswesen)이라는 연설은 사실 그 제목을 '권력의 본질에 대하여'라고 칭해도 무방한데, 그것은 〈현실정치〉(現實政治 Realpolitik)[24]의 정신을 당대에 적

---

[22] 본서에서는 문맥에 맞게 공론, 여론 혹은 세론으로 번역을 하였는데, 그 모두의 원어는 〈공공의 의견〉(öffentliche Meinung)으로 같다.

[23] Ferdinand Johann Gottlieb Lassalle(1825~1864). 독일의 사회주의자 및 혁명사상가. 국가사회주의를 주창. 마르크스보다 7살 연하인 그는 마르크스를 숭배하였으며, 마르크스와 엥겔스에 금전적 도움을 주었다고 알려졌다. 반면 마르크스는 그의 방탕한 생활과 민중 선동을 싫어하였으며, 그의 정치 전략에 있어서도 반대의 입장을 가졌다고 알려졌다.

[24] 외교 및 정치에 있어서 어떤 이데올로기나 윤리적 기준에 얽매이지 않

용하여 분석하였던 일례이다. 또 다른 예는 권력의 역사적 진화에 초점을 맞춘 마르크스 〈유물사관〉의 교의이다. 하지만 이런 저작들은 그 다양성과 재치에도 불구하고, 권력 문제의 진정한 핵심에 관한 설명은 제시하지 못하고 있다는 사실을 깨달아야만 한다.

  라살은 연설 첫머리에서 프로이센 왕을 실질적 〈권력자〉의 한 사람이라고 불렀다. 따라서 그는 '소수'의 문제를 언급하기는 하였지만 그 이상의 심층적 고찰은 수행하지 않고 얼버무렸다. 대신 그는 군대가 가진 〈실질적 권력〉(reale Macht)에 대하여 더 깊이 고찰하였다. 프로이센의 성문헌법은 "한 장의 종이"에 불과하다고 이야기한 반면 대포야말로 "바로 그 매우 중요한 헌법의 기초," 즉 〈실질적 권력〉의 본질적인 부분으로 그는 규정한다. 대포를 장악하기 위한 노력은 하지 않고 그 대신 1848년의 헌법에 관한 무익하고 시간 낭비적인 논의를 진행하였던 당시 〈민주주의〉를 그는 맹비난하였는데, 그때 그는 대포를 확보하는 것은 쉽다고 여겼다. 그런데, 당시 프로이센에서 [민중이] 대포를 장악하기가 정말 쉬웠을까? 당시 국왕에게 호의적이었던 포병들을 먼저 회유하여야만 하였기 때문에 대포를 장악하는 일은 즉각적으로 이루어질 수는 없었고, 민중이 드디어 대포를 장악할 수 있었던 때는 오직 그로부터 70년 후 프로이센의 붕괴로 국왕의 〈실질적 권력〉이 없어졌을 때였다. 국왕이 무기로 통치할 때는 그는 결국 무기를 다루는 사람에게 행사하는 〈내적 권력〉에 의해 통치하며, 이 〈내적 권력〉은 그의 〈외적 권력〉이 가지는 위상[25]에 대한 열쇠이다. 라살은 이러한 중요한 관계에 대해 전혀 분석하려고 하지 않았다. 따라서 그는 권력의 본질을 설명하지 않았으며, 더욱이 권력

고, 당시의 현실적 상황에 비추어 가장 실리적인 이익을 추구하는 정책을 지칭한다. 실용주의 내지는 현실주의라고도 불린다.

[25] 이 구분은 본서의 핵심적인 부분이며, 이에 대하여서는 본 장(2절)에 설명되어 있다.

의 가장 심층적인 문제를 해부하려고 조차도 하지 않았다.

마르크스조차도 그의 유물론적 역사관 속에서는 이러한 분석을 시도하지는 않았다. 인간이 비로소 땅에 정착하기 시작한 이후 수세기 동안에는 토지소유가 가장 중요한 소유의 원천이었고 급속한 산업발전의 시대에는 자본소유가 결정적이었다는 그의 견해에는 동조할 수 있다. 반면 앞의 시기에는 국왕, 귀족, 성직자가 토지를 지배하였기 때문에 권력을 가지게 되었고, 산업발전의 시대에는 기업가가 자본을 소유하였기에 권력을 가지게 되었다는 식으로 무엇인가를 소유함이 권력의 원천이라는 그의 주장에서는 부족함을 느낄 수밖에 없다. 왜냐하면, 토지와 자본이라는 그 '결정적인 소유'가 항상 대중의 수중에 있지 못하였던 현상이 어떻게 발생할 수 있었는가를 먼저 밝혀야만 하였을 것이기 때문이다. 소수의 사람들만이 마음대로 그 결정적인 소유물을 처분할 수 있는 **핵심적 권력**을 행사할 수 있었던 근원이 무엇인가? 이것이 바로 가장 중요한 질문이다.

2. 권력의 언어적 개념

라살이나 마르크스는 동시대의 부르주아지에 속한 〈자유주의〉 철학자들과도 마찬가지로 권력에 대한 명확한 개념을 가지고 있지 못하였기 때문에 권력의 문제에 접근할 수 없었다. 그들은 모두 〈외적 권력〉에 중요도를 부여하였으며, 그러한 〈외적 권력〉이 특히 수적 우위, 무기, 그리고 부에 의해 어떻게 획득될 것인가라는 일반적 〈언어용법〉(Sprachgebrauch)의 굴레에서 벗어나지 못하고 있었다. 하지만 그 〈언어용법〉을 잘 살펴보면 더욱 많은 것들을 알 수 있다. 즉, 권력이라는 개념의 심층을 들여다보는 경우 그곳에는 〈내적 권력〉까지를 포괄하는 〈권력현상〉의 **깊은 의미**가 담겨 있다. 이러한 측면을 만약 그들이 고려하였다면, 그들은 그 권력이라는 단어에 대하여 더욱 잘 파악할 수도 있었을 듯하다. 자연과학과 대비하여 인간의 내적 경험을 다루는 과학이 가진 비교할 수 없는 장점은 후자에 있어서는 〈언어용법〉을 올바르게 이해할 수만 있다면, 그러한 〈언어용법〉은 어떤 〈현상〉의 바로 심층에 틀림없이 다다르게 할 수 있는 지침이라는 점이다. 〈대중언어〉(Volkssprache)로 쓰인 자연에 대한 관찰은 자연과학의 진보 수준에 비추어 훨씬 뒤처져있고 따라서 그저 비전문가적인 관찰로만 쉽게 간주되더라도, 방법론적으로 잘 훈련된 자연과학자들은 그 〈대중언어〉들 그 자체가 가지는 의미에는 개의치 않는다. 왜냐하면 그 과학자들에게 태양이 계속 떠오르고 또 저무는 그 엄연한 사실만이 중요하기 때문이고, 그것을 서술하는 언어자체의 고유 의미는 중요하지 않기 때문이다. 따라서 물리학에 있어서 뛰어난 방법론자인 에른스트 마하(Ernst Mach)는 '힘'이라는 단어가 가지는 언어적 개념 그 자체는 중요하지 않다고 생각하였다. 반면 누구라도 인간의 내면적인 체험에 대해서 그 어떠한 진술을 하였을 때, 그의 진술은 절대로 단순한 비전문가의 진술로 간주될 수는 없는데, 왜냐하면 그의 진술은 바로 그 순간에 존재하는 사람이 목격자로서 표현하는 가장 중요한 진술이기 때문이다. 따라서 최고도의 엄밀함을 추구하는 사회 이념가는 '권력'에 관한 언어적 개념이 가지고 있는 그 중요성을 인정하여야만 한다. 또한 그는 그 언어적 개념이 중요하다는 것을 인정하는 것뿐 아니라 그것이 가지는 의미(Sinn)를 철저하게 밝히는 것을 우선시하여야만 한다. 그럼으로써 비로소 그는 〈권력현상〉(Machterscheinung)을 연구할 수 있으며, 그럼으로써 그 〈권력현상〉의 범위와 〈실질적 내용〉이 그에게 드러나게 된다.

인간사에 적용되는 언어의 모든 모호한 단어들처럼 〈권력〉이라는 단어는 현란하고 혼란스러운 다양한 의미를 지닌다. 막스 베버가 〈권력〉이라는 개념을 [사회학적으로] 무정형적(無定形的 amorph)이라고 부르는 것도 충분히 이해할 만하다.[26] 〈외적 권력〉, 〈내적 권력〉 그리고 그것들의

---

26 Weber(1922: 28). 막스 베버의 권력과 지배에 대한 정의는 역자의 용어 해설 '지배'를 참고할 것. 참고로 막스 베버가 비저에 미친 영향은 지대하다

담지자들이 무수히 다양한 의미로 말해지고 있는 것이 놀랍지 않은가? 〈외적 권력〉의 담지자들은 대체로 군주, 귀족 가문들, 일반 대중과 그들의 당, 그리고 국가 등의, 단수의 개인 내지 그들의 그룹으로 대표되는 개체들이다. 하지만, 〈내적 권력〉은 예를 들어 종교의 위대한 창시자나 교회에 귀속되는 경우와 같은 아주 예외적인 경우에만 특정 인물에게 귀속되며, 원칙적으로는 비인격적인 〈무명적 권력〉으로서 어떠한 특정 인물에게 귀속되지 않고 단지 '그곳에 존재'(da sein)한다. 그것은 〈법적 권력〉(Rechtsmacht)이나 〈윤리적 권력〉(sittliche Macht), 그리고 권력이 귀속되는 이념, 조류, 운동에 있어서 작용한다. 하지만, 그 권력이 인간이 아닌 것에 귀속된다는 표현에 현혹되어서는 안된다. 이들 〈무명적 권력〉에는 반드시 담지자로서의 개체가 존재한다. 즉, 〈법적 권력〉과 〈윤리적 권력〉은 법적 혹은 〈윤리적〉인 것을 느끼는 인간이 없이는 존재할 수 없다. 이념들 자체가 권력을 가지려면 그 이념에 열렬히 헌신하고 그에 의해 움직이는 사람들이 존재하여야만 한다. 그러나 이들 〈무명적 권력〉의 경우, 그것을 담지하고 있는 사람의 수는 이미 간과할 수 없을 정도로 많고, 그 많은 다수 중의 어떠한 한 개인이 가지는 몫은 너무도 미소하여, 어떤 한 개인을 〈권력자〉라고 간주하기는 어렵다. 이때문에 〈무명적 권력〉을 다루는 경우 그 개별적 담지자에 대한 언급은 생략하고, 그 작용을 수행하는 그 안에 존재하는 '힘'들을 그 권력의 담지차라고 부르고 있다. 덧붙여서, 〈외적 권력〉에 대해서도 같은 비유가 적용될 수 있다. 예를 들어, 무기나 부가 가진 권력이라는 것은 그 자체에 권력이 있는 것이 아니라, 〈권력수단〉(Machtmittel), 즉 개인의 소유자가 권력을 발휘하기 위한

(Kurz, 2018). 비록 비저가 막스 베버보다 13년 연상이었다고는 하지만 그 둘 간의 차이는 훨씬 좁고, 베버가 비저를 자신이 주도한 Grundriß der Sozialökonomik라는 백과사전 중의 한 권의 편집자로 선정한 것은 우연이 아니다 (Kolev, 2017).

도구에 불과하다는 것을 말함에 다름이 아니다. 마지막으로 언어적으로 '누군가 혹은 무엇인가가 권력이다'라는 표현을 사용되는 경우, 예를 들어 국가가 권력, 거대한 권력 내지는 세계적 권력이라고 말할 때, 이 표현상의 차이는 단지 언어적 표현에 관한 차이일 뿐이며, 그로써 표현되는 상황은 항상 동일하다. 즉, 국가는 그 실체에 있어 권력을 가지고 있기에 '국가는 곧 권력'이라고 칭하여진다.

우리의 〈언어용법〉상 보이는 모든 〈권력현상〉에 대하여서는 스피노자가 부여한 해석이 어떤 예외도 없이 가장 정확히 적용된다. 그는 권력을 **인간의 정서**(Gemüt)[27]**에 대한 지배**(Herrschaft)로 정의하였다.[28] 자연의 힘이 공포나 마력으로 우리의 정서를 두려움이나 경외로 가득 채우는 효과를 발휘할 때 〈자연의 권력〉(Naturmacht)으로 변화된다. 한 친구가 다른 친구에 대해 얻는 힘으로서의 권력, 연인이 사랑하는 사람에 대해 얻는 힘으로서의 권력은 정서를 매개로 성취된다. 마찬가지로 현재 우리가 분석하고자 하는 대상인 〈사회적 권력〉은 **사회의 정서를 지배함**을 의미하고 있다. 〈내적 권력〉의 경우, 그것이 가지는 이같은 정서, 즉, 영혼의 감정 내지 의욕(Wollen)과의 상관성은 처음부터 명백하다. 〈법적 권력〉 혹은 〈윤리적 권력〉, 종교적 〈신앙의 권력〉 내지는 〈지식권력〉(Wissensmacht), 〈이념의 권력〉(Macht der Ideen), 여하한 종류의 지적 운동들이 가지는 권력, 그리고 〈습관〉(Gewohnheit)과 외적 〈습속〉(Sitte)[29]이 가지는 권력, 이러한 모든 것들은 정서에 인상(Eindruck)을 각인하도록 영

---

27 〈정서〉는 스피노자의 철학적 개념이며 특수한 의미를 가진다. 이에 대한 상세한 설명은 역자의 용어해설 '정서', '자활력'를 참고할 것.

28 스피노자의 권력과 지배에 대하여서는 역자의 용어해설 '지배'를 참고할 것.

29 〈습관〉, 〈습속〉, 〈관용〉(慣用), 그리고 〈관습〉의 차이에 대하여서는 역자의 용어해설 '습속'을 참고할 것.

향을 끼침에 기반한다. 그런데 이같은 공식은 〈외적 권력〉의 형성에 있어서도 동시에 적용되는 것은 아닐까? 그 가장 직접적인 의미에 있어서는 〈외적 권력〉은 단순히 외적 〈권력수단〉, 즉 다중(多衆), 군대, 내지는 부의 통제 등을 의미할 수 있다. 하지만, 결국 이 모든 권력의 수단들은 궁극적으로 여러 다양한 방식으로 그것들이 향하고 있는 사람들을 복속시키거나, 그들을 〈권력자〉에게 의존적으로 만들고, 그리하여 그들의 정서를 지배하기 위한 것이다. 대중은 지배하는 자가 가진 거대한 권력의 수단에 의하여 압도당한다. 군대는 그것이 퍼뜨리는 두려움과 공포 때문에, 부는 그것이 향후 가져다줄 쾌락 내지는 그로 인하여 판매를 위협받는 경쟁상대에 미치는 압력에 의하여, 혹은 그것이 노동자에게 〈노동수단〉(Mittel zur Arbeit)[30]을 제공하거나 혹은 빼앗을 수 있음에 연유하는 노동자에게 가하는 압력 때문에 사람들의 정서에 작용한다. 따라서, 〈외적 권력〉은 항상 타인의 정서를 지배하기 위하여 외적 〈권력수단〉을 〈통제처분〉(Verfügung)[31]하는 것이며, 혹은 더욱 정확하게 표현한다면, **〈외적 권력〉이란 외적 〈권력수단〉의 〈통제처분권〉(Verfügungsgewalt)을 가지고 있음으로써 정서들을 지배하는 것**이라고 말할 수 있다. 따라서 **그것은 〈내적 권력〉과 같은 속성을 가지고 있으며, 단지 그것이 사용하는 수단에 있어서만 차이**

---

30 마르크스적 노동가치론에 따르자면, 노동은 과거 축적된 노동의 소산인 〈노동수단〉과 공조하여 〈노동대상〉을 가공함으로써 노동의 결과인 생산물을 창출한다. 참고로, 〈생산수단〉은 〈노동대상〉과 〈노동수단〉을 합한 것이다.

31 독일어에서의 Verfügung이라는 단어는 어떤 대상을 통제 및 처분할 수 있는 능력을 동시에 의미한다. 이 단어는 처분함을 의미하는 라틴어 *dispono*에서 기원한다. 칼 멩거(Carl Menger)의 경우, 재화의 경우 '처분할 수 있는'(verfügbar)이라는 표현이 자주 등장하며, 이에 영향을 받아서 막스 베버의 경우, 〈통제처분권〉(Verfügungsgewalt)이라는 표현이 중요한 개념으로 사용된다. 비저 또한 칼 멩거의 단어 사용법에 영향을 받은 것으로 보인다.

가 있을 뿐이다.

3. 〈내적 권력집합체〉와 〈외적 권력집합체〉

또한 〈외적 권력〉을 강조하는 듯한 어떤 명시적인 〈언어용법〉 자체에 현혹되어서는 안된다. 만일 〈내적 권력〉이라고 명시함이 없이 어떠한 수식도 없이 권력을 이야기하는 경우는 그것은 대체로 〈외적 권력〉을 항상 의미한다. 〈외적 권력〉이라는 것은 권력의 전형이며, 〈패권적 권력〉(Übermächt)들은 월등한(überlegen) 〈외적 권력〉들이다. 〈권력자〉, 내지는 〈힘있는 자〉(Mächtigen)는 〈외적 권력〉을 〈통제처분〉할 수 있는 자이다. '힘은 정의'(Macht geht vor Recht)라고 말하여진다. 이러한 언명은 분명 〈외적 권력〉의 우위를 옹호하는 것은 아닐까? 그러나 여러 측면을 고려한다면 우리가 사용하는 언어에서는 〈내적 권력〉은 그것이 어느 곳에서 표현되더라도 진정한 권력으로 간주할 수도 있음을 알아야 한다. 양심이 가진 권력, 즉, 그 안에 존재하는 가장 깊은 권력을 시인이 이야기하였을 때, 그는 단지 하나의 비유로서만 이야기하는 것은 아니다. 셰익스피어는 정서를 압도하는 절망적 현실을 그의 작품 《리처드 3세》에서 보여준다. 〈외적 권력〉을 우선시하는 습관은 외적 〈권력수단〉들은 감각을 통해 지각할 수 있고, 관찰을 통해 가장 명확하게 알 수 있다는 사실과 그로 인한 결단이 초래하는 즉각적 효과, 즉, 승리와 패배를 이견의 여지가 없이 보여준다는 점에서 비롯된다. 대중은 무언(無言)의 체념 속에 그것에 굴복할 것이고, 심지어 용감한 마음마저 그로 인해 흔들릴지도 모른다. 반면 〈내적 권력〉은 거의 감지할 수 없을 정도의 최초의 미동(微動)만을 수반하면서 아주 미소하게 작용하고, 종종 아주 점진적으로 그 승리를 달성하기 때문에 대중이 즉각적으로 의식하지 못하는 경우가 많다. 물론 그 〈내적 권력〉은 단지 배경에서만 작동하고, 대중의 시야로부터는 숨겨져 있으면서 위대한 지도자들과 후대의 과학적 탐구자들의 눈에만 그 정체를 드러낸다. 하지만, 결국 감각에 등록되는 〈외적 권력〉에 의해 이루어진 결단은 예외 없이 〈내적 권력〉에 의해 지탱된다. 노련한 정치가는 상대방의 특수한 심리를 고려하는 능력이 있다거나 혹은 상대방들이 헤아리기 힘든 것들도 파악할 수 있다고 칭송하는 말이 오늘날에는 회자되고 있다. 그런데 결국 중요한 것은 항상 심리적인 것과 헤아리기 힘든 영역에 놓여 있는 것들인데, 그것들은 아무리 압도적인 것이라고 하더라도 그 자체로는 쉽게 파악될 수 없으나 반면 인간의 정서에 지대한 영향을 미치는 것이기 때문이다. **〈외적 권력〉의 최종적 담지자는 항상 〈외적 권력〉의 소유에 대한 확실한 접근을 가능하게 하는 몇 가지 핵심적인 〈내적 권력〉들이다.** 복속된 수백만 패전국 국민들의 등 뒤로 전승 국민은 자국의 〈권력집단〉(Machtverband)을 외적으로 설치하여 놓는다. 그런데 그것이 지속되기 위하여서는 우선적으로 전승국 국민들 자신들 내부에 어떠한 우월한 〈내적 권력〉이 먼저 존재하여야만 하며, 그 구조가 그 승전국의 어떤 단단한 중핵을 형성한다. 피지배국민에 넓게 분산되어 있는 외적 〈권력집단〉들은 공포와 협박에 의하여 지탱되고 있는데, 이는 승전국 국민들이 가진 **〈내적 권력집합체〉**(innere Machtaggregat)를 먼저 전제하는 것이며, 후자는 자국의 〈인민감정〉(Volksgefühl)을 매개로 하여 단결되어 있다. 승전국 국민들을 단결시키는 것은 아직 미성숙한 〈내적 권력〉일 수 있지만, 그럼에도 그것은 〈내적 권력〉으로서 존재한다. 승전국 국민의 단결력이 사라진다면, 그들의 〈내적 권력집합체〉는 분열되고, 그와 더불어 그 위에 세워진 〈외적 권력집합체〉(Äußere Machtaggregat) 또한 붕괴되기 마련이다.

지속적인 지배를 행사함에 뛰어난 자질을 가진 승전국 국민들의 경우에는 그들이 통치하기 위하여 최초로 사용한 미성숙한 〈내적 권력〉을 시간의 전개에 따라서 점점 세련화시켜 나아간다. 전쟁에서의 경험에서 보자면, 그들이 성공적인 지도자들의 명령에 불굴의 군인정신으로 복종하는 경우 승리의 순간은 늘어나고 그 승리가 공고하게 될 수 있다. 주요 귀족계층은 지속적으로 승리를 성취하는 강력한 군주를 위하여 충성을 맹세한다. 결국은 계몽군주의 군대는 [예속적] 신민들을 [자발적] 시민으로 변모시킴으로써 〈내적 권력〉을 이용하여 신민들의 〈외적 권력집합체〉 속으로 침투하고, 그것을 결속시키는 경로를 밟는다. 따라서 바로 이 점에서 라살이 오해한 바 있는 프러시아의 황제가 가지고 있는 〈실질적 권력〉이 연원한다. 외적으로 외국에 대하여 가지는 권력은 무기에서 비롯되는 공포에 기반을 두는 것이며, 내적으로는 자국 국민들이 가지는 경애와 신뢰에 그 권력이 바탕을 둔 것인데, 이는 일찍이 비스마르크가 그의 저서 《회상록》(Gedanken und Erinnerungen)에서 이미 간결하게 말한 바이다. 호엔촐레른(Hohenzollern) 왕가가 자부하는 〈요지부동〉(Rocher de bronze)[32]은 예수가 반석 위에 세운 교회와도 같이 단단한 〈내적 권력집합체〉이다. 하지만 그것은 현재에도 여전히 존재하는 교회체제의 견고함에는 비교되지 못하였다. 세계대전에서 패배한 군대의 총사령관이 대중들의 존경과 신뢰를 상실한 순간, 그와 함께 프러시아 황제의 권력도 종언을 고하였다.

4. 〈역사서술〉의 사명

〈역사서술〉(Geschichtschreibung)[33]은 먼저 자국민의 승리와 패배를 이야기하고, 나아가 자신이 알고 있는 외국 민족의 승리와 패배를 이야기하고, 그와 관련하여 국가의 흥망성쇠와 그 민족의 지도자가 된 왕, 장

---

32 직역하자면 '청동 바위'이다. 이 말의 용법은 프러시아의 황제 프리드리히 윌리엄 1세가 1716년에 "나는 주권을 안정시키고 왕권을 마치 청동 바위와 같이 굳건히 하겠다"면서 국가 경제의 파탄을 초래할 수 있는 세금인상에 반대하는 융커들의 목소리를 일축하고 자신의 의지를 관철시키고자 함에서 기원하였다.

33 〈역사서술〉(Geschichtsschreibung; historiography)은 사료나 기록된 역사적 사건들에 대한 의미 해석을 말한다.

군, 정치인에 대해 이야기함으로써 시작되었다. 이런 의미에서의 역사는 〈외적 권력〉 중 가장 두드러지게 보이는 〈전쟁권력〉(Kriegsmacht)들과 〈국가권력〉(Staatsmacht)들의 역사다. 그 후 전쟁에서 승리하고 국가를 번영시키기 위해서는 대중의 경제력도 중요하다는 것이 인식되었기 때문에 〈역사서술〉은 경제 발전에도 관심을 기울이지만, 그럼에도 불구하고 〈경제권력〉(Wirtschaftsmacht)의 역사적 발전을 명확히 인식하고 그것을 국가의 역사와 올바르게 결합시키기까지는 이르지 못하였다. 하지만 〈역사서술〉은 또한 〈내적 권력〉의 영역도 고찰하면서 국가의 〈대항권력〉(Gegenmacht)으로서의 〈교회권력〉을 그 서술 속에 집어넣을 수밖에 없다고 생각을 하기도 하였다. 그러한 〈역사서술〉에서는 관련된 대중은 거의 대부분 배경에 머물며 모든 조명은 위대한 지도자에게 집중되어 있다. 그 위대한 지도자들의 인물상을 연구하고 묘사하는 일은 〈역사서술가〉들이 능숙하게 즐겨 시도하는 바였다.

전쟁, 전쟁군주 그리고 그들의 장군에 대한 서술에만 집착하는 것에 염증을 느끼고 그 이후에는 〈문명〉이나 문화[34]의 발전에 눈을 돌려 그것들을 외적으로 존재하는 국가의 역사적인 조직과 연결시키거나 혹은 별도의 설명을 하는 시도는 사실 최근의 경향이라고 할 수 있다. 이러한 전환에도 불구하고 〈역사서술〉은 아직까지도 주어진 자신의 사명을 완전히 이해한 단계까지는 이르지 못하였다는 것이 필자의 견해이며, 이에 대하여 간단하게 서술하고자 한다.

---

34 비저는 Kultur와 Zivilisation을 구분하여 사용하였다. 교과서적으로 번역하자면 각각은 〈문화〉와 〈문명〉으로 구분된다. 하지만, 어떤 경우에는 '문화' 대신 '문명'이 자연스러운 경우가 많이 있다. 예를 들어 '문화국가' 대신 '문명국가'가 더 자연스럽게 보인다. 하지만, 본서의 번역에 있어서는 고집스럽게 교과서적으로 번역하였다. 역자가 감지하지 못한 미세한 차이가 있을 수 있기 때문이다.

군사, 정치, 그리고 국가에 대하여 기술하는 종래의 〈역사서술〉은 예술, 종교, 시, 또는 과학에 관한 역사책에서 흔히 볼 수 있는 것 이상으로는 자신의 범위 내에 〈내적 권력〉을 포함시켜 서술할 수 없었다. 이러한 〈역사서술〉은 〈내적 권력〉이 〈인류사회〉(menschliche Gesellschaft)의 체제의 구축에 어느 정도 기여하고 있는지를 지금까지 전혀 가르쳐 주지 않았다. 하지만 과학과 예술의 사회적 영향은 단지 우리 삶의 장식품으로서의 역할에 머무르지 않고, 삶을 강화한다. 그리고 그보다도 신앙과 〈윤리〉라는 〈내적 권력〉이 성취한 바는 더욱 지대하다. 〈외적 권력〉이 〈외적 권력집합체〉를 구축하는 데 반해, 〈내적 권력〉은 〈내적 권력집합체〉를 구축하는 열쇠이며, 그것은 모든 사회를 지탱하고 있는 가장 깊숙히 자리잡은 버팀목이다. 점진적으로 발전하는 **사회구조가 〈외적 권력〉과 〈내적 권력〉의 상호작용**에 의해 어떻게 서서히 현재의 높은 수준까지 도달할 수 있었는지를 밝힐 수 있기 전까지는 〈역사서술〉이 자신의 임무를 완수하였다고 볼 수 없다.

물론 문화 민족들이 야만적인 적의 괴멸적인 공격에 더 이상 시달릴 필요가 없는 때가 도래하였다고 해서, 〈역사서술〉의 입장에서 전쟁과 승리에 대한 서술을 완전히 그만두라고 하는 것은 옳지 않다. 페르시아 전쟁을 기술하는 것은 단순한 애국심의 발로에서 그리스인이 그리스 독자들에게 전하기 위함은 아니었다. 왜냐하면 이 전쟁은 동서 민족 간의 천 년 동안의 전쟁사에서 커다란 전환점 중 하나로 기억되기 때문이다. 만약 문화적 자질이 우수한 민족이 생존을 건 전쟁에서 독립의 유지에 성공한다면 그 〈성공〉은 전쟁사적 관점보다 문화사적 관점에서 더 큰 의미를 갖게 된다. 아틸라(Attila)[35]에 대하여 카탈루냐(Catalonian) 들판에

---

35 395-434(454?). 훈족의 지도자로서, 서로마제국과 동로마제국의 주민들을 공포에 떨게하며 라인강에서 동쪽의 볼가강까지 영토를 확장하여 훈족의 최전성기를 구가함.

서의 로마가 거둔 승리는 쇠퇴해 가던 로마 문화의 수명을 어느 정도 유예시킴으로써 적어도 파괴적인 권력이 초래할 수 있는 최악의 사태는 모면할 수 있게 하였다. 샤를 마텔(Charles Martell)이 투르(Tours)와 뿌아띠에(Poitiers)에서 승리하여 아랍 침략으로부터 스페인을 보호하였기에 서구의 문화가 지속적으로 진화하여 독립적인 미래를 보장할 수 있도록 하였다. 비엔나 성채 앞에서 오스트리아가 터키군을 격파한 것은 이후 강성해한 서구가 이전에 상실한 남동유럽을 회복하기 위한 전기가 되었다. 알렉산더, 스키피오(Scipio) 그리고 카이사르는 정복을 통해 당대 융성하였던 자신들의 〈고전적 문화〉의 전파를 확대하고, 그것을 더욱 지속할 수 있게끔 만들었는데, 이러한 과정이 없이는 〈고전적 문화〉가 근대 문화의 기초가 될 수 없었다. 검 위에 세워진 로마제국은 로마교회, 즉 기독교의 결정적인 보급을 위한 필요조건이었다.

우리는 〈외적 권력〉은 결국 인간의 정서에 작용하여 지배를 하며, 또한 〈내적 권력〉도 〈외적 권력〉을 최후의 해결 수단(ultimum remedium)으로 이용한다는 사실을 알 수 있다. 정복 민족이나 전쟁 왕조들이 강한 〈권력욕〉(Machtbegierde)에 사로잡혀 있는 것 못지않게 〈내적 권력〉 또한 강한 확장적 충동을 가지고 있다. 모든 열정적인 신념은 타인을 개종시키기 위해 자신을 확산시키려는 충동을 수반한다. "마음에 가득 차 있는 것은 입으로 흘러내린다"[36]라는 속담이 이를 말해준다. 그리고 그와 같은 강한 신념이 개종에 저항하는 타인과 마주칠 경우, 결국 영혼 간의 갈등은 불가피하며, 이러한 갈등이 영적인 무기를 이용한 싸움으로 해소될 수 없는 경우, 즉, **심장** 속의 강한 신념을 정복하는 방법은 존재하지 않는 경우에는 흥분된 정서는 전쟁이나 혹은 다른 외적 〈권력수단〉에 의존해 싸우려는 충동을 느낀다. 아무리 심오한 평화를 지향하는 이념이라도

---

[36] 원문은 다음과 같다: "Wovon das Herz voll ist, davon geht der Mund über."

자신과 대립하는 이념을 만나면 궁극적으로는 살인적인 전쟁에 이를 수 있다.

예수 그리스도가 임명한 사도들은 인류에게 가져다줄 외적 평화의 기쁜 물결을 불타는 자신의 입으로 전하러 세상으로 나갔다. 신앙의 힘에 의해 충전된 그리스도인들은, 육신만을 공격하고 영혼은 공격할 수 없는 박해자들의 무기에 대해 저항하였다. 그러나 이러한 불굴의 신앙적 충동은 불신을 고집하는 자나 미신에 빠지는 자를 결코 편히 살 수 있도록 내버려두지 않는, 회피하기 어려운 결과를 초래하였다. 모든 사람의 가슴 깊은 곳에서 나오는 진정한 교의에 반대하는 사람은 인간의 가장 신성한 소유인 믿음을 의심하는 자로 생각되기에 이들은 모든 적 중에서 가장 위험한 존재로 간주된다. 〈종교적 이념〉의 광란적 열정이 알비겐스(Croisade des Albigeois)전쟁과 종교재판의 잔혹행위를 불러온 것도 바로 이때문이었다. 개신교 또한 가톨릭 못지않게 완고하였기에 종교개혁 이후에는 신-구교회의 극렬한 대립은 단순히 말로만 평화를 주장하던 바를 넘어 17세기의 세계대전으로도 여겨지는 30년 전쟁에서 폭발되었다. 현대적인 〈자유적 감성〉(Freiheitssinn)은 교회가 무력으로 경도되어 온 것을 비난하고 싶어 한다. 하지만 〈이성〉(Vernunft)의 영역 위에 구축하려는 근대의 해방운동도 결국 무력을 행사하는 결의로 이어지지 않았던가? 그 〈이성〉의 영역이라는 것이 남긴 잔재가 단두대이고, 내전이며, 나폴레옹 시대까지 이어진 오랜 기간 지속된 일련의 대외전쟁이 아니었는가? 또한 이렇듯, 〈자유주의 이념〉(Freiheitsidee)을 확장하고자 하는 충동이 각국의 국민들을 전쟁의 소용돌이에 말려들게 하지 않았던가? 근대문화의 전 시대는 **새로운 이념**으로 가득 차 있었기에, 그로 인하여 〈**이념전쟁**〉의 열기도 뜨겁게 달아올랐다. 만일 근대 과학적 〈사유〉도 일반 대중까지 동시에 동요시키는 하나의 거대한 〈세계관〉(Weltanschauung)으로 완성되었다면 그것 또한 필연적으로 〈이념전쟁〉으로 이어졌을 것이다. 단, 〈윤리적 이념〉(sittliche Idee)은 아직 〈종교적 이념〉에서 충분히 분리되지 않았기 때문에 자신 독자적으로는 인류 역사에 개입하지는 않을 것이다. 하지만 〈경제적 이념〉은 경제적 투쟁의 필요성을 환기하고 있다. 그리고 경제적 투쟁은 비록 그것이 단지 경제적 수단에서만 이루어지는 경우에도 무기에 의한 투쟁보다 희생자가 덜하지는 않을 것이다. 그리고 경제적 이해 대립은 곧바로 무기를 이용한 전쟁의 발발로 이어진 경우가 많았고, 그리하여 그것이 얼마나 위험한 형태로 미래의 생존을 위협하고 있는가!

그런데 〈외적 권력〉을 이용하여 어떠한 **궁극적인 해법**을 추구하더라도 이는 〈내적 권력〉의 영역에 관한 한 **어떤 최종적인 결단**으로 이어지지 못한다. 어떠한 이념도 그 이념의 담지자인 개인과 그 민족을 완전히 절멸시키지 않는 한, 단순히 전쟁터에서 패배하지는 않는다. 30년 종교전쟁은 서로 대립하는 종교 종파들 간의 상태를 바꾸지는 못하였다. 그러나 검으로 이루어지지 못한 것이라도 계몽이라는 새로운 이념은 성취할 수 있었으며, 그것은 두 종교의 신자들을 그들의 종교로부터 이반하게 하여 결국 두 종교 모두에 중대한 타격을 주었다. 그 후 계몽주의에 의해 형성된 〈이성〉의 영역은 나폴레옹의 〈독재〉에 의해 말살되었고, 그의 〈카이사르적 독재〉 왕정은 결국 〈신성동맹〉에 의해 괴멸되었다. 그런데 〈신성동맹〉의 군대보다 더 강력한 것은 교육운동에 내재된 〈민주주의〉 이념이었다. 초등학교의 창설자인 아모스 코메니우스(Amos Comenius)는 30년 전쟁 중에는 집과 고향으로부터 쫓겨났지만, 발렌슈타인(Wallenstein)[37]이나 구스타프 아돌프(Gustav Adolf)[38]보다 역사에 더 큰 족적을 남기게 되었다. 역사의 흐름 속에서 볼 때 〈내적 권력〉이 사회구조의 진

---

37 Albrecht Wenzel Eusebius von Wallenstein(1583~1634). 체코 보헤미아 출신의 군인이자 정치가. 30년 전쟁에서 큰 공을 세움.

38 Gustav II Adolf(1594-1632). 스웨덴을 강국으로 만든 군주로서 '북방의 왕'이라고 불리움.

화에 기여한 비중은 계속 증가하였고 아마도 〈내적 권력〉이 안정적 형태의 균형을 달성하여 〈외적 권력〉이라는 궁극적인 해결책에 의지할 필요가 없어지는 날도 올 것이다. 만약 이러한 두 가지 종류의 권력을 구성하는 요소 중 어느 한쪽을 무시하는 경우, 과연 〈역사서술〉은 자신의 임무를 완전하게 달성하였다고 간주될 수 있을까?

5. 세계대전 중의 〈외적 권력〉과 〈내적 권력〉

세계대전 또한 단순한 이해 대립 관계로 인한 전쟁이 아니라 그와 동시에 진정한 〈이념전쟁〉이었다. 이 전쟁에 있어서는 단순히 예상되는 커다란 현실적 이익의 문제만이 중요한 것이 아니라, 정신을 고양하고 기꺼이 희생할 각오를 감수한 감동적 이념 또한 중요하였다. 즉, 세계대전은 각 국가의 국가 경제상의 지속적 발전으로 인해 긴장 상태에 놓일 수밖에 없었던 〈국민이념〉들[39] 간의 대립에서 촉발된 것이었다. 국민의 〈문화권력〉(Kulturmacht)과 〈경제권력〉은 그 모두 평화를 지향하여 생겨나고 형성된 〈내적 권력〉이지만, 크고 작은 문화 국가들은 바로 그러한 권력들에 의하여 점차 고조되어 최고 수위의 긴장상태까지 도달하였기에, 결국 그러한 적대감은 무기를 들어서만 해소 가능하였다. 즉, **〈이념전쟁〉**만으로도 **세계대전**은 거대한 국면을 맞이한 것이다. 이렇듯 국민들 자신이 정서적 흥분 속에서 문화인들의 재화와 피의 과도한 희생을 강요하였던 바는 과거의 어느 왕조에서도 유례가 없었다. 나폴레옹은 혁명의 군대가 아직도 자유를 확장하고 싶은 열정으로 가득 차 있음을 알고 있었고 또한 프랑스 국민을 세계정복이라는 이념에 도취하게 할 수 있었기

---

39 이때 〈국민〉(Nation)의 의미에 대하여서는 역자의 용어해설 '국민'을 참고할 것. 이때의 〈국민이념〉이라는 것은 '자국지상주의'로서 자신들의 가치와 문화 그리고 자신들의 국가 정체성을 우선하는 이데올로기를 말하며, 극단적인 경우 〈국수주의〉로 전락할 수 있다.

에, 자신의 전쟁의 짐을 프랑스 국민들에게 떠넘길 수 있었다.

언뜻 보기에는 〈연합국〉(Entente; Allied Powers)[40]의 승리는 전력(戰力)의 외적 〈권력수단〉에서의 우월성, 즉, 전투기, 무기, 기타 자원의 수적 우월, 특히 생필품 공급의 우위성에만 기인하고 있었던 것처럼 생각되었다. 하지만 잘 관찰하여 보면, 여기에서도 마찬가지로 전쟁의 수단을 싣고 나르는 것은 결국 이념이며, 이러한 이념이 가진 효과의 크기가 승리의 결정적 요인이었던 것임을 알 수 있다. 〈연합국〉은 자신들이 가진 국민이념적 공통점을 힘으로 하여, 지리상 멀리 떨어진 많은 국민들도 전쟁에 합류시킬 수 있었다. 특히 그들이 호소한 민주주의 이념의 설득력에 의해 〈연합국〉은 미국으로부터의 절대적인 협조를 받을 수 있었다. 미국의 자본주의적 지도자들이 가진 영향력 때문에 미국 대중들은 달리 움직일 수 없었다.

러시아에서의 사회주의적 이념이 러시아의 전방을 약화시킨 것처럼, 이러한 유사한 상황은 후에 〈중앙열강〉에서도 발생하였다. 특히 오스트리아-헝가리 같은 다민족 국가는 [자체 내에 분열되어 있던] 〈국민이념〉의 파괴적인 영향으로 인하여 와해되고 말았다. 만약 〈중앙열강〉의 모든 국민이 전쟁에 이기려는 의지를 최초와도 마찬가지로 끝까지 유지하고 있었다면, 아마도 수적인 큰 열세에도 극복하여 자신들의 [국가의] 〈자기보존〉(Selbsterhaltung)을 위한 평화를 궁극적으로 관철시킬 수도 있었을 것이다. 그러나 기아 봉쇄에 허덕이던 〈중앙열강〉 시민들에게는 전쟁의 비참함은 더 이상 견디기 어려운 것이 되었으며, 순간적인 판단착오로 인하여 지도자들은 이러한 사실을 충분히 감안한 군사적, 정치적 결론을 적시에 도출해 내지 못하였다. 이로써 〈중앙열강〉이 전방의 전선

---

40 1차 대전 당시 〈연합국〉은 영국, 프랑스, 러시아, 이태리, 일본 및 미국이 주 구성원이었다. 반면 이에 대항하는 독일, 오스트리아-헝가리, 오스만 제국은 〈동맹국〉 내지 〈중앙열강〉(Mittelmächte; Central Powers)으로 불리웠다.

에서 성취하지 못한 승리는 후방 전선에서의 국민들의 사기 저하로 나타났고, 결국 전방 전선의 붕괴와 내부 붕괴로 이어졌다.

〈이념전쟁〉과 관련된 모든 전쟁의 경우와도 마찬가지로, 세계대전의 경우에도 압도적 무기의 우세가 최종적 결단을 이끌어내지는 않는다. 이미 현재 시점에서는 심지어 전승국에서도 세론의 향방은 불확실해지고 있고, 그 전승국조차도 말뿐인 평화는 진정한 평화가 아니라는 사실을 깨닫고 걱정하고 있다. 하지만, 누구나 두려워하였음에도 불구하고 모든 이를 재차 경악시킨 전쟁 자체에 대한 죄보다도, 이미 판단할 충분한 시간적 여유가 있었음에도 불구하고 **진정한 평화를 이루지 못한 그러한 죄**가 훨씬 무겁다는 것을 사람들은 깨닫게 될 것이다.

〈문화국가〉(Kulturstaat)들은 더 이상 모든 사람이 갈망하는 평화로 인도할 내적인 운동을 촉발시킬 수는 없는가? 인도에서는 간디가 비폭력에 의한 국민저항이념을 내세우며, 종교운동 이후 가장 대규모로 〈내적 권력〉을 동원하려고 시도하였다. 그는 아무도 예상치 못한 성공을 거두면서 힌두교도와 이슬람교도를 통합하고, 그 운동이 폭력화될 조짐이 보이는 순간 과열된 운동을 진정시키는 위대한 자기규율을 보이게 하였으며, 그가 자제를 지시하였을 때 대중이 따르게 하는 기적을 시현하였다. 결국, 처음에는 그를 경멸하던 영국정부로부터도 존경을 받게 되었다. 그가 압도적 다수의 인도인을 그의 이념에 동참시키고 단결시켜 영구적인 승리로까지 인도하려는 바가 성공할지는 아직 미지수다. 또한 인도인의 체념적 기질과도 부합하는 비폭력적인 저항이, 유럽의 대중들이 가지고 있는 더욱 공격적인 의지에서 벗어날 수 있을지도 미지수다. 그러나 붓다, 조로아스터, 그리고 그리스도의 시대에 세상을 휩쓴 숭고한 내적 운동이 역사애호가의 기억이나 예언가의 상상에 머무르지 않고 현재에도 바로 현실화될 수 있음은 이러한 인도의 운동이 이미 보여준 강력한 〈권력성〉(Mächtigkeit)으로 입증된다.

6. 〈현실정치〉(Realpolitik)와 〈이념정치〉(Ideenpolitik)

19세기 초와 말에 세계정치를 지배한 〈현실정치〉의 위대한 실천자 나폴레옹과 비스마르크는 공히 당대의 이데올로기를 경멸적으로 부정하고 있었다. 그러나 나폴레옹이 강력한 군대에 의해서만 승리하였고 비스마르크는 철과 피에 의해서만 승리하였다고 생각하는 것만큼 어리석은 판단은 없을 것이다. 그들은 비록 외적으로는 이데올로기를 부정하였지만, 그 시대의 유력한 이념들을 명확히 인식하고 정책결정에 활용하였다. **모든 위대한 〈현실정치〉는 언제나 〈이념정치〉이기도 한데**, 그 〈현실정치〉는 무기, 그 밖의 외적 〈권력수단〉 이외에도 인간 정서를 지배하는 〈내적 권력〉을 이용하여 작동하기 때문이다. 자신의 시대에 있어 가장 유력한 이념을 자신의 목적을 위해 활용하지 않는 어떤 정치인도 위대한 정치인으로 간주될 수 없다.

이데올로기는 일종의 머리에서 만들어지고 책으로 표현된 이념이고, 기존 권력의 지속적 압제를 거부하는 반항 정신의 소산이다. 하지만, 그것은 상상 속의 이상으로부터 형성된 표상이기에 여전히 삶과는 유리되어 있다. 프랑스혁명의 이데올로기는 순수한 이성적 존재로서의 인간을 상정하는 일종의 이념이었는데, 그것은 현실세계에 살고 있는 당시 프랑스인의 살아있는 이념들을 반영하지 못하고 있었다. 그 당시의 일반 프랑스인들은 사실 그들이 처한 역사적이며 현실적 환경에 속박되어 있는 존재였다. 하지만 이렇게 인위적으로 만들어진 이념은 시대에 뒤떨어진 〈역사적 권력〉들에 대한 저항을 확고히 지지하고 새로운 목표에 대한 용기를 인간에게 심어주기에는 충분하였다. 그러나 그 이념들은 현실과 부합되지 못하였기에 항구적인 제도로 구현되기에는 아직도 미흡하였다. 혁명적 깨달음으로부터의 밀려오는 달콤한 최초의 취기 이후 프랑스 국민들은 비극적인 갈등 속으로 내던져졌고, 사회적 〈사유〉와 〈사회적 행동〉의 불일치가 따르게 되었다. 신중한 사람들은 그들의 방향을 결정할 확신이 없기 때문에 자기 안에 침잠하였고, 운명을 결정하여야만 하는 지도자들은 단지 고상한 말만을 무엇보다 소중히 여기는 눈먼 사람들 속에 휩싸여, 대중의 마음이 더 이상 순종하려 하지 않는 강요된 지시를 대중에게 강제하고 실현하기 위해 공포라는 극단적 수단에 호소할 수밖에 없었다. 이후 등장한 나폴레옹은 무력으로 혁명 뒤의 지나친 열기를 통제하고 〈현실정치〉에 입각해 여러 소망 중 실현 가능한 것들을 구현하기 위한 인물이었다. 그는 확고한 자기 확신으로 프랑스 〈인민혼〉(Volksseele)이 갈구하는 생생한 요구를 인정하였고, 프랑스 행정에 항구적인 질서를 부여하였으며, 그의 이름으로 명명되고 그의 정신이 숨 쉬는 〈민법〉을 제정해 프랑스 국민의 〈법의식〉(Rechtsempfinden)을 명확히 반영하였다. 그는 프랑스 국민에게 〈일체감〉을 고취시키고 국민이라는 개념에 그 형태를 부여하였다. 그가 프랑스 민중이 가지고 있는 정신을 얼마나 정확하게 이해하고 있었는지는 그가 창설한 레지옹 도뇌르 훈장에 관한 작은 책자에서 가장 잘 드러난다. 이 책은 역사의 온갖 풍파 속에서도 프랑스 사회가 스스로를 인식하고, 프랑스 국민이 존속하는 한 계속 숭상하는 바를 적고 있다. 독일에서 그는 군주제 이념을 지지하는 사람들을 자기편으로 끌어들였는데, 그 군주제는 제국의 희생을 대가로 그가 강화시킨 것이다. 그가 이태리 정복을 견지할 수 있었던 것은 그의 해박한 이태리 〈국민이념〉에 대한 이해 덕분이었는데, 그는 이에 대하여 최초로 정치적 견해를 표명한 바도 있었다. 하지만, 프랑스의 카이사르로 만족시키지 않고 세계 황제가 되겠다는 달성 불가능한 목표로 향하였던 그의 〈권력에의 충동〉(Machttrieb)은 그의 파멸의 원인이 되었다. 그는 자신의 행운에 도취하여, 구 유럽 내에 역사적으로 존재하여 왔던 모든 이념들의 저항을 부추겼고, 마침내 그의 막강한 군대들도 그에게 반기를 들었다. 실상 그의 군대들은 수적으로 우세하였던 것이 아니라, 그들을 고무하는 〈국민정신〉(nationaler Geist)으로 적을 이겨 왔었다. 따라서 그들은 수적 우위를 종종 극복할 수 있었다. 하지만 끝없는 전쟁으로 피폐해진 프랑스인들의 정서들은 이제 그로부터 떠나기 시작하였고 그의 장군들조차 그에 대한 신뢰를 상실하고 있었다.

나폴레옹이 프랑스혁명 이데올로기를 부정하였듯이 비스마르크도 1848년의 〈민주주의〉 이데올로기를 경멸하고 부정하였다. 그 이유는 후자가 프로이센 민족과 독일 국가 국민의 신념에는 부합하지 않음을 그가 올바르게 이해하고 있었기 때문이었다. 하지만, 그는 [1848년에] 성 베드로 교회(Paulskirche)[41]에서 표출된 이념들을 완성한 자가 아니었던가? 그는 이들 이념들을 실현하기 위한 적절한 수단을 찾아냈는데, 이는 지식인들이 모인 의회가 과거에도 노력하였지만 실패한 바였다. 그는 독일 통일을 이루기 위해서는 반목과 저항으로 점철되어 온 역사를 극복하여야만 하고, 그를 위하여 외적 〈권력수단〉에 의존하는 것이 필요함을 분명히 간파하였다. 그는 이러한 필요한 〈권력수단〉은 프로이센 정부 및 프로이센 국민의 〈전통〉(Überlieferung)에 의해 주어진다는 것을 알고 있었고, 프로이센 민병은 국왕의 전쟁에 대한 호소에 충실히 부응할 것도 알고 있었다. 아울러 그의 명석한 통찰력은 자신의 목적을 달성하기 위해서는 패배한 남독일인과 오스트리아인의 감정을 건드리지 말 것, 그리고 만약 오스트리아와의 적절한 평화협정을 맺기 위해 왕을 설득하는 데 성공하지 못하면 스스로 자신의 목숨을 내던지겠다는 결심을 확고히 알리는 것이 중요함을 깨닫게 하였다. 그는 프랑스 전쟁에 있어 오스트리아 황제인 프란시스 요제프(Franz Josef)가 중립적인 입장을 취하도록 만들었고, 이후 〈양자동맹〉(Zweibund)을 통해 독일과 역사적으로 같은 보조를 취하여 왔던 동맹 국가들을 확보하는 바에 큰 성공을 거두었다. 하지만 프랑스와 평화조약을 체결하였을 때, 향후의 전쟁이 발발 시 초기적 군사적 우위를 확보하기 위해 프랑스 국토의 일부를 탐내며 승복하지

---

41 프랑크푸르트에 위치한 프로테스탄트 교회로서, 의회의 건물로도 사용하였다. 정치적으로 상징성이 높은 건물인데, 1848년에 독일 최초의 자유선거에 의한 독일 입헌 체제인 프랑크푸르트 의회가 소집되었다.

않았던 프로이센 장군들의 요구를 통제하지 못한 것은 그의 결정적인 실수였다.

세계대전에 있어서 이러한 〈국민이념〉이 훼손되었을 때는 혹독한 대가를 치러야만 하였다. 〈국민이념〉의 시대에는 어떤 강한 국민도 〈자기보존〉을 위하여서라면 일말의 양보도 고려하지 않았다. 국민의 〈자기의식〉(Selbstbewußtsein)은 개별 정서들을 〈권력집합체〉에게로 끌어 올린다. 그러한 〈권력집합체〉를 구성하는 작은 원자 단위 간에도 인력(引力)은 끊임없이 작동하기에 비록 단기적으로 그리고 심지어는 장기적으로도 우월한 〈외적 권력〉들의 침범에 의해 그것들이 흩어지게 되더라도 끊임없이 지속적으로 서로를 다시 뭉치게 만든다. 이태리인과 폴란드인은 자신들의 〈국민감정〉(Nationalgefühl)이 지속하고 있었기에 그들이 가진 여러 취약점에도 불구하고 선조부터 전승된 그들 민족의 영토를 분할하고자 꿈꾸어왔던 강대국과의 전쟁에서 승리할 수 있었다. 독일국민의 경우에도 국민의 보존을 위한 힘이 확실히 존재하는 것이 아닐까?

7. 힘(Kraft)과 권력(Macht)[42]

힘은 모든 권력의 근간이다. 힘의 작용을 의식 속에 인지하게 됨으로써, 그에 의하여 [힘을 가진자의] 감정(Gefühl)과 의욕(Wollen)이 자극된다. 그리하여 그 힘은 스스로의 〈자연적 원칙〉(Naturgesetze)을 따라 작용하면서 영향을 주게 되는데, 이에는 인간의 정서에 미치는 영향도 포함된다. 그렇기에 힘을 가지고 있는 자는 권력을 행사할 수 있다.[43] 힘의 자

---

[42] 본 절의 논의는 일정 철학 지식을 전제로 하기에 일반 독자는 쉽게 이해하기 힘들다. 역주와 역자의 용어해설 '정서', '자활력', '권력', '지배'를 필히 참고하기 바란다.

[43] 권력은 인간의 정서에 대한 지배이다(본서 49쪽 참고). 그렇다면 그 권력은 어디에서 나오는 것인가? 비저의 해답은 그 원천은 '힘'이라는 것이다. 힘

연적 작용들과 그 힘이 정서에 작용하여 권력을 생성하는 측면은 서로 별개의 과정으로 생각되어야 한다. 탄도역학 전문가들은 포탄의 앙각, 속도, 충격력 또는 대포의 사거리를 수학적으로 비교한다. 하지만 전쟁 시에야 그 대포들이 정서에 미치는 영향이 비로소 중요하게 드러나며, 사실 그러한 영향을 이해하는 것은 지휘자인 장군에게는 중요한 일이다. 기술자는 수력발전의 효과를 그 발전설비 능력에 상당하는 마력으로 평가하지만, 그것은 결국 가격이라는 수단에 의해서만 수요 심리에 영향을 미치고, 오로지 후자만이 기업가에 있어서 중요할 뿐이다. 외적인 자연의 힘뿐 아니라 경제 내에서 작용되는 개인의 힘도 결국 그 외적인 영향으로 판단하여야 한다. 기업가는 합리적 계산에 입각해 단위 노동의 생산량과 기계의 생산량을 비교하는데, 이러한 과정은 미래의 사회주의 국가에서도 중요한 원리이다. 실용적인 목적을 위해 실행되는 모든 종류의 개인적인 힘들도 그와 마찬가지이다. 목적을 위한 수단으로써 이러한 힘들이 가지는 효과는 항상 [외적으로] 입증되어야만 한다. 그렇듯 [그 힘들이] 스스로가 유효한 수단임이 증명한 후에야 비로소 권력이라는 휘광으로 힘들을 에워싸는 인상을 통해 정서에 각인된다.[44]

은 어떠한 '자연적 법칙'을 따라서 전개되는데, 그 힘을 느끼는 인간의 의욕을 자극한다. 그런데 이 문장 그 자체로는 쉽게 이해되지 않는다. 도대체 비저가 의미하는 '자연적 법칙'이란 무엇인가? 역자의 의견으로는 이에 대한 이해는 스피노자의 《윤리학》에서 나오는 철학 개념 중, 〈자활력〉(〈코나투스〉(*conatus*))에 대한 이해를 전제로 한다(역자용어 설명 중 '코나투스'를 참고할 것). 이때 의미하는 '자연적 법칙'이라는 것은(심지어 비생물을 포함하는) 모든 사물에 내재하는 '자기보존본능'이라고 해석할 수 있다.

44 즉, 힘들이 유효한 것으로 판명이 되면, 그 힘들은 권력을 얻게 되고, 그러한 권력을 동반한 힘들은 이제 강력한 인상을 생성하여 정서에 영향을 준다.

〈오성의 힘〉(Verstandeskraft)[45]을 기반으로 앎(Erkenntnis)에 이르는 경우, 혹은 〈도덕적 힘〉이 의욕에 영향을 미쳐 그것을 정화하는 경우에서 볼 수 있는 바처럼, 어떤 종류의 내적인 [힘의] 작용은 [권력의 행사라는 작용이 없어도] 〈의식〉(Bewußtsein)에 직접적으로 영향을 주고, 그 힘에 속한 능력이 작동하여 정서를 움직이게 된다. 이러한 경우에 있어서도 [볼 수 있는 바처럼] 원칙적으로 힘과 권력은 상호 구별되어야 한다. 위의 경우에도 힘은 역시 항상 그 [정서에 영향을 미치는] 작동원리(Technik)를 가지고 있다. 하지만 이는 다름 아닌 [인간의] 〈오성〉에 내재된 작동원리이다.[46] 권력의 전개 방식을 분석하려는 사회학자는 사회라는 장소에서 힘이 권력으로 변모되어지는 과정을 이해하고 있어야만 한다. 그는 그 힘들을 연구의 출발점으로 삼아야만 한다. 하지만 그 힘들이 작용하는 구체적 법칙을 밝히는 일이나, 혹은 그것들의 기원이나 발전의 법칙으로까지 회귀하여 연구하는 것은 바람직하지 않다. 그러한 원대한 사명을 완수하기에는 연구자의 능력이 부족할 수 있고, 또한 독자들도 그러한 연구를 이해할 수용력이 부족할 것이다. 인간이 그들의 작업에 자연의 힘을 이용해 온 과정들을 파악하는 것은 기술자에게 맡기고, 인간의 도덕

---

45 칸트에 있어서의 〈오성〉(悟性 Verstand)은 인간의 주관이 판단을 내리기 위하여 선험적(*a priori*)으로 이미 가지고 있는 〈범주〉(Categorie)의 도움으로 감각의 대상을 인식하는 능력이다.

46 이 문장은 이해되기가 쉽지 않다. 다음과 같이 이해하면 좋을 듯하다: 권력은 정서에 영향을 미친다. 하지만 정서에 영향을 미치는 것은 비단 권력뿐이 아니고, 권력의 개입이 없어도 힘이 정서에 직접 영향을 미칠 수 있는데, 이때는 인간의 〈오성〉에 작동하여 자신의 정서를 움직이는 경우이다. 즉, '권력의 작용 → 정서에의 영향'이라는 명제는 참인 반면, 그 역인 '정서에의 영향 → 권력의 작용의 존재'라는 명제는 항상 성립하지는 않는데, 그 이유는 '〈오성〉의 작용 → 정서에의 영향'이라는 과정도 있기 때문이다.

적, 지적 에너지가 서서히 발전해 왔음을 설명하는 것은 철학자나 윤리학자에게 맡겨야 한다. 사회학자 그 자신이 수행하여야 하는 역할의 본분은 **힘이 변화하여 권력으로 변모하고** 그리하여 정서를 움직이는 작동을 할 때 그 〈권력의 법칙〉을 이해하기 위한 이론을 정립하는 것이다. 〈소수의 법칙〉은 다중의 사람으로부터 나온 힘의 결과가 단지 소수의 권력으로만 귀속된다는 것을 보여 준다. 예컨대 승리한 장군은 그 자신 스스로의 활동에서 뿐만이 아니라, 항상 휘하 병사의 활동에 의존하여 권력을 얻는 것이며, 기업가는 그가 고용한 노동자의 활동에서 그의 권력을 얻는다. 사회적 힘이 권력으로의 변모하는 바에 관련된 법칙은 그 이외에도 많이 존재한다. 이러한 법칙들이 제기하는 문제들에 대한 해답을 제시하기 위해서는 〈권력론〉(Theorie der Macht)은 중요하면서도 동시에 어려운 과업을 수행하여야만 한다.

II. 권력의 기원과 성장, 그리고 〈권력집단〉에 대하여

1. 〈혈연공동체〉(Blutsgemeinschaft)

국가나 사회는 흔히 가족의 연장으로 불리며, 가족은 사회를 구성하는 기본 세포로 간주된다. 하지만 이러한 방식으로 생각한다면, 국가나 사회 속에 병렬적으로 위치하는 각 가족구성원들을 서로 결합시키는 힘과 권력은 마치 하나의 가족 내에서 구성원들을 서로 결합시키는 힘과 권력과도 같다고 혼동할 수도 있는데, 사실 그렇지는 않다. 가족은 혈연에서 비롯되는 사랑의 감정에 의하여 결합되어 있는 반면, 국가와 사회에는 물론 충성심과 같은 서로를 결합시키는 감정적 요인도 존재하지만, 동시에 상호 간의 무관심과 적대감도 공존하고 있으며, 후자적인 감정은 어떤 경우에는 용인될 뿐만 아니라 오히려 장려되고 요구되어지기도 한다. 물론 가족도 그 구성원 간의 갈등과 증오로부터 자유롭지는 못하다. 성경은 카인이 아벨을 죽인 뒤 낙원에서 추방된 인간의 역정(歷程)에 대한 이야기로 시작한다. 그러나 가족 구성원 간의 살인은 용서받지 못할 범죄로 간주되는 반면, 전쟁에서 벌어지는 살인은 국가나 사회가 강요하는 의무이자 영웅적 행동으로 칭송된다. 따라서 설령 인류가 모두 같은 혈연에서 연원한다고 가정하더라도(물론 이같은 사실은 아직 증명되지 않았다), 〈사회적 권력〉의 기원을 가족의 혈연 본능으로부터 설명하는 것은 옳지 않다. 국가와 사회에서는 혈연이라는 요소 이외의 다른 요소들도 중요한 역할을 한다. 국가와 사회는 가족의 단순한 연장이 아니며, **가족은 사회를 이루는 세포도 아니다.** 예를 들어, 가부장 시대에 관해서는 〈혈연공동체〉가 그 자연스러운 수장으로 받드는 가장이 가진 권위로 모든 권력을 환원하는 견해가 만족스러운 설명일지는 모른다. 그러나 현재와 같은 〈권력투쟁〉 시대에는 이러한 이해방식은 더 이상 의미가 없으며, 또한 그러한 이해방식으로는 역사적으로 보이는 〈권력투쟁〉들을 설명할 수도 없다.

그럼에도 불구하고, 설명을 위하여서는 시간적으로 보았을 때는 **가족은 모든 더욱 거대한 〈사회적 집단〉**(gesellschaftlicher Verband)**들을 구성하기 위한 필수적 필요조건**이라고 상정하고 출발하여야만 한다. 역사적으로는 최초로 출현한 것은 가족이며, [그 가족이라는] 새싹이 뿌리를 내리고 성장함으로써 사회가 형성될 수 있는 토양을 준비하였다. 인간이 최초에 '그곳에 존재'(Dasein)하였을 때는 혈연이 만들어내는 본능적 힘 이외에는 인간 서로를 결합할 수 있는 힘은 없었는데, 이러한 힘은 성적으로 성숙한 남성과 여성을 서로 끌어당기게 하고, 부모와 그들 간에서 탄생한 아이들을 결합시키고, 그들의 공통의 기원을 의식하는 아이들과 그 아이들의 아이들을 지금도 결합시키고 있다. 하지만 더욱 높은 단계의 집단들이 아직 형성되지 않은 맹아적 발전기에도 생존의 필요성에 따라 필수적으로 요구되는 〈공동과업〉(Mitarbeit)의 임무는 존재하였고, 이러한 작업은 가족이라는 아주 좁은 울타리를 넘어선 〈혈연집단〉이 수행하여야만 하였다. 이러한 방식으로 인하여 혈연에서 시작한 집단은 〈전투적 집단〉(Kampfverband)과 〈경제적 집단〉(wirtschaftlicher Verband)들로 진화하였다. 그리고 이에 더하여 이러한 혈연 조직을 기원으로 〈습속〉, 〈윤리〉, 법 등이 발전하였다.

과다하게 많이 사용되는 기관(器官)들이 점차 비대하여지는 것과 마찬가지로 이러한 환경에서는 가족도 마찬가지로 과도하게, 그리고 어쩌면 비대하게 발달하게 된다. 공동 행동의 필요성에 의하여 가족이라는 좁은 범위를 훨씬 넘어 혈연적 감정을 고양시켜 그 혈연적 감정이 미치는 범위는 아주 먼 촌수까지도 포함시키면서 확장된다. 그런데 후세대는 그 최초의 혈연의 감정은 기억하지 못한다.[47] 군집(群集 Horde), 〈씨족〉(氏

---

47 예를 들어 같은 혈연에 속한다고 하더라도 시간이 지남에 따라 혈연의 범위가 확산되고, 촌수가 커짐에 따라, 최초에 느끼던 끈끈한 혈연적 감정은

族 Sippe), 종족(種族 Geschlecht = gens), 〈소부족〉(小部族 Clan), 그리고 〈대부족〉(大部族 Stamm)[48]등은 아주 멀고도 먼 사촌까지도 포함하는 상호 간의 공통의 혈연관계를 느끼고 있었으며, 그러한 집단들이 더욱 기능적인 면을 강조하는 〈과업공동체〉(課業共同體 Werkgemeinschaft)[49]로 진화되었음은 부인할 수 없다. 하지만 그러한 기능들은 향후 새로이 등장하는 더욱 높은 수준의 집단들로 계승되고, 그러한 집단들이 결국은 등장하기 시작하면서 관련된 기능들을 더욱 효율적으로 수행할 수 있음이 증명되었고 결국 〈혈연집단〉들은 그러한 새로운 형태의 집단들에게 자신의 자리를 넘겨주어야만 하였다. 따라서 그 이후 가족은 최초의 본연의 기능과 영역으로 회귀하였다. 이는 위협의 불확실성으로 가득 찬 시기에 있어서는 집은 방어를 위한 일종의 성채역할을 수행하도록 설계되었지만, 후에 국가가 공공의 안전을 보장해 줄 수 있게 되자 집은 다시 단순한 주거지로 회귀한 것이나 마찬가지이다. 잘 발달된 국가에서의 가족이 최초에는 부부 공동체로서 자손번영과 자녀교육을 위한 것이었던 것처럼 다시금 순전한 사적 생활을 위한 기관(器官)의 역할만을 수행하게 되었다. 그리하여 가족에 대한 사랑의 감정은 이제 가정생활의 영역을 위해서만 간직하게 되었다. 가족은 공적인 영역을 충족시키기에는 더 이상 적합하지 못하였고, 따라서 다른 감정들에게 자신의 지위를 양보하여야만 하였는데, 그러한 감정들의 일부는 방어와 전쟁을 위하여 형성되었으나, 혹은 그 감정들이 공공의 평화를 위하여 형성된 경우에는 그 감정들은 광

더 이상 느끼지 못하게 된다는 의미.

48 〈씨족〉, 〈종족〉, 〈소부족〉, 〈대부족〉, 〈소민족〉에 대하여서는 역자의 용어해설 '부족'을 참고할 것.

49 이에 대한 적절한 우리말 용어는 없다. 기능을 가지고 있음과 동시에 그럼에도 불구하고 공동체적 감정을 공유하고 있음을 강조하기 위하여 전자를 함축하는 '과업'(課業 task)이라는 단어와 '공동체'라는 단어를 결합하였다.

범위한 공동의 목표를 지향하지 않을 수 없었다.

여성의 심장은 〈공공생활〉(öffentliches Leben)에서 요구되는 감정들을 위해서는 열려있지 않지만, 어머니가 아이를 따스하게 보듬어 주는 사랑은 〈공공생활〉의 고된 행로에서도 사라지지 않는다. 순수한 청춘의 기쁨을 누릴 수 있었던 남성은 남자들이 사회 생활에 있어 통상 겪게 되는 여러 격정적 유혹에도 불구하고 자신의 순수함을 간직할 수 있다. 머리 위를 덮고 있는 구름의 모든 틈을 뚫고 햇살이 찬란히 빛나듯, 유년기부터 그의 심장을 따뜻하게 만들어준 사랑의 빛은 언제나 세상의 추위와 어둠의 틈을 헤치고 인간을 비춰주기 마련이다. 부모와 함께한 가정으로부터 물려받은 사랑의 감정이 모든 곳에서 여전히 살아 숨 쉬고 있지 않았더라면 평화와 〈문명〉은 더욱 천천히 진보하거나 어쩌면 전혀 진보하지 못하였을지도 모른다. 하지만 〈사회체제〉는 훨씬 다양한 〈요청〉에 직면하고 있는 것이 분명하며, 따라서 그 〈사회체제〉가 형성되어 발전하기 위해서는 [이러한 가족 간의 사랑의 감정 이외의] 다른 냉혹한 요소가 필요하다.

2. 〈과업공동체〉(Werkgemeinschaft)

〈혈연공동체〉가 내부로부터 스스로 큰 〈사회적 집단〉들로 확장 성장하는 것을 저해하는 원인은 무엇인가? 먼저 몇 가지 사실들을 확립한 후, 그에 대한 설명에 들어가자. 번식과 그 번식의 가속으로 인하여 인구 압력이 생기고 그 결과로 잉여 인구는 간혹 [최초의] 〈혈연집단〉으로부터 떨어져 나오게 된다. 그들은 하나의 독립된 집단들로 재결합하여 가까운 곳이나 혹은 먼 곳에서 새로운 수렵지, 목초지, 경작지를 찾게 된다. 이는 원리적으로 볼 때, 꿀벌 무리가 때때로 원래의 모(母) 벌집을 떠나 그들의 새로운 여왕벌 아래에 새로운 무리를 형성하는 것과도 같은 과정이다. 그 이전의 〈혈연집단〉에서는 자신의 입지를 상실한 새로 증가된 인구는, 원래 속해 있던 〈혈연집단〉에 대하여 가지고 있던 본능적 유대감을 이제는 곧 자립을 위한 본능으로 대체하여 변환시킨다. 꿀벌들은 처음 떠나온 근처를 침범하여 같은 화원에서 꿀을 얻으려고 하지만, 인류의 경우는 이와 달리 식량을 확보하기 위해서는 더욱 넓은 공간이 필요한 것이 결정적으로 중요하다. 떠도는 인간의 〈무리〉는 일단 분리되어 나오면 스스로의 생존의 기반을 찾기 위해 상당한 원거리까지도 모험을 하여야만 한다. 같은 화원 내에서 상호 근접한 거리에 벌집을 형성하고 있는 서로 다른 벌들의 무리들은 서로 소원해지고 적대적으로 된다는 것은 잘 알려져 있다. 이들은 서로 간을 냄새로 구분하며, 보초 벌들을 세움으로 꿀을 훔치기 위해 몰래 잠입하거나 혹은 비위를 맞추려는 외부 벌들을 격퇴하는 역할을 수행하게 한다. 인간의 〈혈연집단〉도 서로 멀리 떨어져 살면서 각자의 지역사정에 적응하여 살아갈수록 더욱 소원해진다. 물론 최초에는 언어와 어떠한 〈습속〉의 공동체로 상호 간에 연결되어 있기는 하지만, 각각은 독자적인 방향으로 지속적으로 발전하게 되고 그에 따라 서로 경쟁하며 자신들만의 독특함을 키워나간다.

종교적 〈전통〉은 오랫동안 구성원을 단결시키는 영향력을 발휘하였다. 그리스인들은 모든 〈대부족〉이 한자리에 모여 행하는 신들에게 바치는 대(大) 경기를 〈신의 평화〉(Gottesfriede)라고 지칭하였다. 실상 당시에는 〈대부족〉들이 상호 간에 전쟁을 끊임없이 지속하고 아테네와 스파르타라는 두 강대 지도국하에 결집하여 결국 상호 절멸의 전쟁으로 발전된 펠로폰네소스전쟁으로까지 비화되었다. 각 〈혈연집단〉은 내적으로는 [혈연에 의해] 원자들 간의 인력(引力)으로 서로 밀접하게 연결되어 있지만, 반면 외적으로는 각각은 독립적이기에 서로를 밀어내는 척력(斥力)에 지배되고 따라서 상호 적대적인 위치에 놓이게 된다.

분리되어 독립화된 〈혈연집단〉들이 각자의 〈자기보존〉 본능에 직면하게 되면 기존에 가지고 있던 상호 간의 〈혈연공동체〉의 본능은 파괴된다. 그들이 번식 및 확장 본능에 따라 새로운 〈혈연집단〉들로 분화되어 독립하게 되고, 그러한 본능이 효과적일수록 원래의 〈통일성〉은 더욱 붕괴되어 간다. 그러나 〈혈연집단〉의 내부에서는 이미 그 **〈혈연집단〉의 〈자**

기보존본능)(Selbsterhaltungstrieb)**을 극복**하고 상호 간의 대립을 가라앉히면서 그 대립을 넘어선 더욱 큰 규모의 사회형성을 지속적으로 완성하려는 자질이 형성되어가고 있었다. 그러한 〈혈연집단〉 내부에서 점차적으로 전쟁과 경제활동 그리고 여타 목적들을 지향한 〈과업공동체〉(Werkgemeinschaft)들이 생겨나면서 그들의 구성원들은 더 이상 혈연에 의지하지 않게 되었으며, 또한 그 조직들의 질서도 더 이상 혈연적 질서에서 파생하지도 않게 되었다. 지속적으로 승리를 하는 지도자가 약탈과 정복을 위하여 도정에 오르면 많은 젊은이들이 주위로 몰려들게 된다. 그 지도자의 지위를 유지시키는 것은 혈연이 아니며, 그가 전쟁군주가 되거나 장군이 되는 것은 그가 무기를 이용하여 〈성공〉(Erfolg)[50]을 쟁취하기 때문이다. 그의 출정에 참가하는 젊은이들은 지도자의 혈연 친족으로서 참여하는 자들이 아니고 추종자들이며, 그가 그들을 철의 규율에 따르게 할 때 그러한 규율을 따르도록 하는 그의 행동은 그가 달성하고자 하는 전쟁목적에 의하여 정당화된다. 그가 〈성공〉을 지속하여 나감에 따라 그가 지휘하는 〈과업공동체〉가 가진 호소력은 더욱 커지며, 그럼으로써 기존의 〈혈연집단〉이 갈라놓은 간극을 평화적이거나 혹은 무력적으로 봉합하게 된다. 바로 이러한 계기로 사회를 형성하게 되는 길이 열리며, 기존의 혈연적 본능에 의해 창조되었던 가족이라는 개념은 뒤로 물러서게 된다. 가족의 상위로는, 단순한 본능으로는 창조할 수 없는 고차원의 〈집단성〉(Zusammensein)이 출현하게 되는데, 이러한 〈집단성〉의 출현은, 집중되고 목표 지향적인 힘을 전제로 하기 때문이다. 그러한 힘은 최초에

---

50   참고로, 본서에서 나오는 핵심 개념 중의 하나가 바로 〈성공〉(Erfolg)이라는 개념이다. 이는 〈선택〉(Auslese)이라는 개념과 밀접하게 연결되어 있다. 양자 모두는 〈진화론〉의 적자생존의 원칙이라는 의미와 유사하게 이해하여도 무방할 듯하다. 즉, 〈성공〉을 시현함으로써 〈선택〉되어지고 살아남을 수 있게 된다.

는 야만적 무력(Gewalt)이었지만 그것은 점차 〈문명〉과 문화의 높은 곳을 향하여 고양된다. 〈혈연공동체〉에서는 인간의 동물적 본성이 더욱 현저하게 나타남에 반하여, 사회가 넓게 확산되어 감에 따라 인간은 최초의 야만으로 가득한 힘을 극복하면서 완전한 인간이 된다.[51] 반면 동물의 세계에서는 혈연을 사회적으로 극복하는 것이 가능하지 않기에 그들은 단순한 〈혈연집단〉으로 남을 수밖에 없다. 예를 들자면, 동물에 있어서 혈연본능을 극복하는 경우는, 개미 군집에서의 노예개미와 같이 아주 희귀한 경우뿐이다. 하지만 사회가 충분히 발전된 후에는 인간 간의 사회적 결합에서 혈연적 본능의 중요도가 다시 부각되고 있는 것은 아닐까? 특히 흔히들 〈국민국가〉(Nationalstaat)[52]의 경우가 그렇다고 생각하고 싶을 수 있는데, 그래서 그것은 **국민적 혈통이 만들어낸 창조물**이 아닌가하고 여길 수도 있다. 즉, 혈통의 공동체가 그 〈국민국가〉에 본능적인 힘을 부여하고 있는 것은 아닐까? 하지만 〈국민국가〉의 기원을 추적하여 본다면 오히려 그 반대임을 충분히 이해될 수 있다. 예외 없이 그것들 모두는 혼혈의 창조물이다. 역사의 큰 흐름 속으로 합류하면서 순혈의 〈대부족〉은 모두 해체되고 다른 〈대부족〉들과 섞이기 시작한다. 게르만족이 과연 이전에 하나의 〈통일체〉를 이미 형성하고 있었는지는 알 길이 없으며, 독일인은 단지 시간의 경과에 따라 서서히 하나의 〈통일체〉로 뭉쳐

---

51 이 대목은 노르베르트 엘리아스(Norbert Elias 1897-1990)의 저서 《문명화의 과정》(Elias 2000)에 등장하는 핵심 테제와 깊게 연관되는 부분이다. 엘리아스에 의하면 문명화가 진행됨에 따라 상호 의존과 연계성이 심화되고, 그럼으로써 폭력의 야만성이 감소하는 경향이 있다. 근대에 들어서는 중앙정부가 들어서 기능적인 위계 체계가 확립되고 동시에 노동의 분업이 발전하고 상호 의존의 사슬이 길어지고 복잡해지게 되는데, 이에 따라 무력에 의존하는 통제 방식은 감소하게 된다(참고: 엘리아스 2002).

52 국민에 대한 역자의 용어해설 '국민'을 참고할 것

지게 되었을 뿐, 결코 완전히 그렇게 된 것도 아니었으며, 시간의 경과에 따라 오히려 큰 부분이 다시 떨어져 나가기도 하였다. 독일인들의 거의 모든 부분들은 다른 기원 및 다른 언어를 가진 피들과 뒤섞여 있다. 역사적으로는 현재의 독일민족은 민족으로서나 국가로 볼 때 다양한 피가 섞인 결과이며, 이같은 사실은 모든 강대국에 대하여서도 마찬가지라고 말할 수 있다. 그것들 모두는 혈연 본능의 단순한 창조물은 절대로 아니고, 〈과업공동체〉의 고차원적인 질서가 창조하여 낸 것들인데, 이로 인하여 〈혈연공동체〉가 가진 기존의 질서를 뛰어넘어 왔다.

3. 성공적인 권력의 기원

〈과업공동체〉가 가지고 있는 〈강제하는 힘〉(zwingende Kraft)은 그 작용을 통해 달성한 〈성공〉에서 기원한다. 이 점은 너무도 중요하다. 〈혈연공동체〉들이 정체하고 소멸하는 반면 왜 〈과업공동체〉는 존속하고 성장하는지를 이 문장이 잘 설명하고 있다. 〈혈연공동체〉는 그 자신 속에 항상 공동의 작업을 위한 준비의 자세를 처음부터 가지고 있었고, 그와 동시에 항상 수장이 존재하는 가족의 자연적 질서를 따르고 있다는 점에서 큰 장점을 가지고 있는 것은 사실이다. 그렇기에 시간적으로는 〈혈연공동체〉가 가장 먼저 등장하였으며, 그것이 없이는 역사가 시작될 수 없었다. 그러나 그것은 자신의 편협한 좁은 영역으로 인하여 상대적으로 제한적인 발전 상태를 답보함에서 벗어날 수 없었으며, 따라서 그 결과 그 자체만으로는 역사의 진보를 보장할 수 없었을 것이다. 하지만 대중 스스로는 순수한 〈과업공동체〉를 형성하기 위한 자발성을 가지고 있지 않았다. 왜냐하면 그들은 서로를 모르고, 서로를 알아도 서로 불신하기 때문에 결집하지 못한다. 이때문에, 〈과업공동체〉의 최초의 결성은 〈혈연공동체〉의 작은 범위 내에만 머무를 수밖에 없었다. 그러나 가시적인 〈성공〉을 거두는 즉시 그 〈성공〉이 가진 마력은 사람들의 정서를 바꾸고 그 〈성공〉이 자라나고 통합될수록 더욱 많은 사람들의 정서를 바꾸고,

그들의 감정과 의욕을 더욱 확고히 그 〈과업공동체〉의 궤도로 향하게 한다. 반면 실패는 감정과 의욕을 멀어지게 만든다. **〈성공〉과 실패를 통해 역사는 인간의 스승이 되는 것**인데, 그 스승은 승자에게는 최고의 상을 수여하고 패자를 채찍과 전갈로 벌한다. 장기적으로 보자면 단결된 힘에 의한 〈성공〉이 정서를 지배하게 된다. 〈성공〉에 이끌린 대중은 결국 잘 훈련된 군대처럼 감정과 의욕에 이끌려 같은 보조로 움직일 수밖에 없다. 이렇게 해서 〈권력집단〉, 그리고 권력이 탄생한다.

진정으로 모든 것이 〈성공〉에서 유래한다면 권력은 흔들리는 기반 위에 놓여 있는 것처럼 보이지만, 〈성공〉은 성취되다가 사라지는 것이다. 이처럼 권력에는 많은 부침(浮沈)이 있기에 〈권력론〉은 그 부침의 기원까지도 설명하여야 하지 않을까? 하지만 〈성공〉이 실현되지 않는 경우 순식간에 권력이 파괴된다고 생각하는 것은 어리석은 생각이다. 오로지 약자만이 아무런 저항도 없이 운명에 굴복하고, 강자나 결단력이 있는 자는 운명을 거스르려 하며, 그들은 다시금 〈성공〉을 되찾을 내적인 힘을 느끼고, 결국은 세상은 그들의 것이 된다. 그들이 가진 힘에 대한 신념으로 인해 그들의 권력은 지속된다. 세계대전 발발 전까지는 호엔촐레른 왕가는 모든 종류의, 그것도 가장 치명적일 수 있는 운명의 폭풍과 사투하여 왔다. 그 강건한 손은 온갖 역경을 극복하였고, 스스로 〈성공〉을 거머쥐었고, 그 결과 그들의 [사람들의] 정서에 대한 지배는 확고한 듯 보였다. 그러나 세계대전에서의 패배는 너무나 비참하였고 많은 인명을 앗아갔기 때문에 권력은 일거에 붕괴되고 말았다.

그런데 〈성공〉에서 〈내적 권력〉, 특히 〈도덕적 권력〉을 이끌어낼 수 있을까? 올곧은 사람이라면 오늘 어떤 〈힘있는 자〉에게 경의를 표하고, 내일 다른 〈힘있는 자〉에게 경의를 표하는, '성공한 사람만을 좇는' 태도를 혐오하는 것은 아닐까? 성취한 〈성공〉의 정도에 따라 자신이 처분 가능한 〈외적 권력〉을 측정하는 것은 현명하며 그에 이견은 없어 보인다. 왜냐하면 그 결과 이외에는 다른 방식으로 〈성공〉을 측정하는 방법은 없기 때문이다. 우리는 항상 자신에게 유익한 권력을 〈자유적 권력〉(Freiheitsmacht)들로써 우리 존재에 유익한 도움을 주는 것이라고 느끼며, 한편으로 자신을 억제하고 짓누르는 권력을 〈강압적 권력〉(Zwangsmacht)들로 느끼는데, 이와는 달리 생각하는 것은 힘들다. 이러한 생각은 절대로 부도덕한 것은 아니며, 이 점은 아무리 엄격한 판관도 인정할 것이다. 하지만 〈내적 권력〉을 평가하는 방식은 다를 수도 있는데, 따라서 그 권력이 야기하는 결과들에만 주목하는 것과는 다른 방식으로 평가하는 방법은 없을까?

우리는 왜 그러한 〈내적 권력〉을 높이 평가하는가? 확언컨대 그것은 가장 높고, 가장 영속적이며, 가장 영예로운 〈성공〉을 약속하기 때문이다. 단지 외적인 〈성공〉에 의해서만 이끌리는 사람은 그의 신조를 단지 외적인 〈성공〉을 위해 희생함으로써 스스로 비천하게 되어버린다. 권력은 〈성공〉에 의하여 조건 지어진다고 말하지만, 그 말은 〈내적 권력〉이 지닌 위대함과 존엄을 조금도 폄하할 수 없다. 권력이 〈성공〉에 의존한다는 말은 단지 지속적이고 진정한 〈성공〉을 이야기하는 한에서만 적용된다는 점을 깨달아야 한다. 〈내적 권력〉 또한 그 결과에 의해 평가된다고 말한다고 하여도 그 〈내적 권력〉의 가치는 감소되지도, 더욱이 사라지지도 않는다. 그와는 달리, **그러한 〈내적 권력〉은 장기적으로 볼 때 가장 포괄적이며 가장 믿을 만한 결과를 보장하는 권력임이 입증되며, 따라서 미래는 그러한 〈내적 권력〉이 소유한다.**

〈성공〉이 가지고 있는 〈강제하는 힘〉은 혈연의 본능이 작동하지 않는 경우에도 사람들을 결합시키며, 혈연이 상이한 사람들까지도 연결시킨다. 〈성공〉을 성취한 〈과업공동체〉는 그 구성원들의 이탈을 두려워할 필요가 없다. 오히려 〈성공〉이 지속되는 한 계속적으로 새로운 구성원들이 참여하고 그 수는 늘어나며, 그 결과 〈성공〉을 향한 더욱 강한 힘을 키울 수 있다(항상 그러한 것은 아닐지라도 적어도 가장 강력한 힘들에는 적용되는 이야기이다). 로마인은 세 개의 〈대부족〉 간의 합류로 형성되었는데, 각각이 가진 〈역사적 기억〉은 어떤 〈전통〉과 특히 문화적 제도 안에 오랫동안 독자적으로 보존되어 왔다. 그러한 상이함에도 불구하고 〈성공〉이 가진 강한 창조의 힘은 세 〈대부족〉의 이질적인 피를 전쟁과 평화의 어느 상황이건 분리 불가능한 〈통일체〉로 결합시켰다. 외적 승리들과 내적 발전의 공동 작용으로 인해 로마 민족은 역사적으로 〈통일체〉가 되었다.

또한 〈성공〉이 가지고 있는 〈강제하는 힘〉은 물론 잘 알려져 있듯이 그것이 가진 외적 〈강압적 권력〉의 작용에서 가장 뚜렷이 사람들에게 느껴지는데, 이러한 외적 〈강압적 권력〉은 일반적 〈언어용법〉 내지 일반적인 생각 속에서는 가장 순수하고 단순한 권력으로 간주된다. 그러나 〈내적 권력〉 또한 〈성공〉에서 그 불가항력적인 힘을 얻으며, 사람들의 정서와 의욕에 명령을 하는데, 그 정도는 가장 가혹한 〈외적 권력〉이 고압적으로 지시함에 못지않다. 〈내적 권력〉은 〈외적 권력〉과 상호 보완하거나 후자에 맞설 수 있지만, 그들의 상호 관계는 항상 〈성공〉에 의해 결정지어진다.

4. 〈강압적 권력〉과 〈자유적 권력〉

이하의 개관에서는 〈강압적 권력〉들과 〈자유적 권력〉들이 가진 주요 형태들과 그들 권력 중의 어느 한쪽과 각각 결부되어 있는 〈공동체〉(Gemeinschaft)나 집단(Verband)들의 주요 형태를 보여주려 한다.

조야한 형태의 외적인 〈강제〉(Zwang)는 가장 가혹한 〈강제적 집단〉(Zwangsverband), 즉 승전국의 거친 국민들이 무기를 통하여 쟁취한 〈성공〉의 결과로 형성된 국가에서 발견되는 바와 같은 **무력적 집단**(Gewaltverband)을 발생시킨다. 그런데 패자들의 감정과 의지가 완전히 말살되지 않는 한 패자들은 다시금 반란이나 배반을 통해 그 〈강압적 지배〉(Zwangsherrschaft)를 극복하려 할 것이다. 하지만 나약한 패전 국민들은 그러한 〈강압적 지배〉하에서는 결국 〈자결권〉(自決權 Selbstbestimmung)을 완전히 상실하고 완전한 예속과 같은 최악의 의존상태로 전락한다.

로마인과 같은 자유민들로 구성된 국가라도 그 자체는 〈강제적 집단〉이다. 좋든 싫든 사람은 태어난 국가에 속하고 그 안에서 자기 의무를 다하여야 한다. 이러한 사실은 가장 자유로운 국가를 망라하여 모든 국가에게 해당된다. 그럼에도 불구하고 대중들은 자신의 주인이 없는 경우에는 스스로 자유롭다고 간주할 수 있다. 하지만 그들은 역시 자유로운 의지에 기반하여 생존의 필요성을 위해 복종한다. 사면이 적에게 둘러싸여 있을 때는 자신들의 독립성을 유지하기 위해 공동의 힘을 사용할 수 있도록 부름에 응한다. 모든 진정한 〈퀴라이트〉(Quirite)[53]는 국가를 위해 출전하려는 충동을 느끼고 있었고, 또 다른 이들에게도 같은 것을 요구하고 있었다. 모두가 시민으로서의 의무를 상호 간에 부과할 때, 이러한 상호 간의 〈사회적 압력〉(sozialer Zwang)으로부터 **〈강제적 공동체〉**(Zwangsgemeinschaft)가 탄생한다. 〈무력적 집단〉이 패자를 승자에게 복속시키는 정도보다 이러한 〈강제적 공동체〉를 이루는 구성원 간의 감정의 화합은 더욱 공고하게 그리고 동시에 더욱 효과적으로 그들 간을 결합한다. 왜냐하면 모든 구성원들은 〈공동대의〉(gemeinen Sache)를 위하여 그들의 의지가 가진 모든 힘을 바치기 때문이다. 마찬가지로 연대감은 그것이 살아 숨 쉬는 한 〈사회적 압력〉을 통하여 구성원들을 굳건한 집단들로 결집시키고, 그 집단의 〈성공〉은 그 집단을 더욱 확대하고 강화한다. 이러한 경우 아직 진정으로 그 〈공동대의〉가 가슴에 설득력 있게 다가오지 못하고, 개인적 편안함을 버리고 희생하여야 하는 것을 불쾌하고 억압적이라고 느낄 수 있는 미온적이고 의지가 약한 구성원들도 어쩔 수 없이 합류하게 된다. 이들 후자들은 〈성공〉이 계속되는 한 〈성공〉을 따르지만, 반면 〈성공〉이 가시화되지 않는 경우에는 조만간 이탈한다. 하지만 신념과 결의에 찬 구성원들은 당장의 실패에도 쉽게 굴하

---

[53] 〈로마법〉 내에서 완전한 시민의 권리를 누릴 수 있는 자.

지 않는다. 그들은 자신들의 대의를 믿고 장래의 승리를 진심으로 기대하고 있다. 구성원들 간의 유대가 영속적이라는 것이 증명되면, 최초의 감정에 기초한 〈강제적 공동체〉는 〈준법집단〉(Rechteverband)이라는 세련된 형태를 취하게 되는데, 그것은 법적 강제력에 의하여 규율을 유지시킨다. 하지만 힘으로 극복하기 어려운 장애물을 만나면 사회적 강압은 그때의 절망의 감정을 누그러뜨리기 위해 공포를 사용한 규제로 바뀌게 되고, 그러한 공포는 외부의 적에 대해서 뿐만 아니라 순종하지 않거나 불신하는 자신의 구성원에 대해서도 더욱 무자비하게 행사된다. 국가가 상호 전쟁상태에 놓여있는 한, 각 국가가 국민에게 요구하여야 할 희생의 정도는 매우 크고 이때는 자유로운 〈인민국가〉(Volksstaat)라도 강제는 압제적이 될 수 있다. 이같은 상황은 〈계급투쟁〉(Klassenkampf)의 절정기에 놓여 있는 계급들에게도 마찬가지로 적용된다.

〈신앙공동체〉(Glaubensgemeinschaft), 〈윤리적 공동체〉(sittliche Gemeinschaft), 그리고 모든 〈문화공동체〉(Kulturgemeinschaft)는 내적인 압력에 의해, 〈정신적 강제〉(moralischer Zwang)[54]에 의해, 양심의 압력에 의해, 진실에 대한 충동으로, 미에 대한 갈망으로, 그리고 그 밖의 모든 강력한 내적인 충동에 의해 하나로 뭉쳐져 있다. 이들 공동체에는 항상 단순참가자들이 있으며, 그들 중에는 스스로를 〈시대의 분위기〉(Stimmung des Tages)를 대변한다고 자처하고 자신의 내적인 목소리가 지시하는 어떤 완벽한 인간행위의 전형을 보이려고 분투하는 사람들을 찾아볼 수 있다. 그 단순참가자들이 추구하는 〈성공〉이라는 것은, 그들이 따르고 있는 그 행위가 대중의 갈채를 받음을 의미하지만, 진정 순수한 인간에게

---

[54] 직역하자면 '도덕적'이지만, 동일한 단어는 '정신적'이라는 의미로도 사용된다. 본서에서는 이 단어가 강제라는 단어와 연결되었을 때는 '정신적'이라는 번역어를 사용하되, 이를 '도덕적'으로 해석할 수도 있음을 염두에 두기 바란다.

는 〈성공〉은 자신들이 얻는 내적 만족과 **자신들의 존재에 대한 확신** 속에 있다. 그들은 양심을 따르지 않을 수 없고 진리에 명예를 돌린다. 아마도 그러한 과정 중에는 괴로운 내면적 갈등도 수반되겠지만, 결국 이러한 갈등들을 극복한 후에는 그들의 존재는 양심과 진리들을 향하여 더욱 확고해진다.

그런데 진정 순수한 인간들에도 위대한 지도자의 모범이 역시 절대적으로 중요하다. 위대한 지도자의 지시 없이는 올바른 길을 찾을 수 없기 때문이기도 하다. 하지만, 지도자를 따르는 원동력은 그 지도자와의 내적인 밀착감과 그의 명령에는 어느 누구도 거역할 수 없는 영혼의 힘이 자극됨에서 비롯된다. 진정 순수한 인간들의 대다수는 같은 방향으로 전진하는 다수의 혹은 많은 수의 구성원들 속에서 자신들을 발견함으로써 자신이 향하는 진로에 대한 용기를 얻기 마련이다. 자신은 혼자만이 아니라 큰 〈공동체〉에 속해 있다는 인식을 함에 따라 대중은 항상 자신의 신념이 강화되는 것을 발견한다. 하지만 이러한 내면적 압력과 그 압력을 강화하는 요인들 이외에도 사람들은 일종의 〈사회적 압력〉도 느끼고 있는데, 후자로부터 명령을 위반하기는 더욱 어렵다. 왜냐하면 사회적 평가는 〈공동체〉의 명령을 거역하는 자를 격렬히 공격하기 마련이고, 그러한 평가는 최악의 경우 위반자를 사회적 관계로부터 추방시키는데, 이는 마치 국가나 교회에서 행해졌던 과거의 〈페메 법정〉(Femgericht)[55] 와도 같은 작용을 하는 사회적 판결이며 그에 의하여 대상자는 감시되거나 추방된다. 하지만 내적인 힘으로 결합되어 있는 〈내적 공동체〉(innere Gemeinschaft)들은 〈강제적 공동체〉가 아니라 자유로운 **공동체**들이다. 왜

---

55 중세 독일에서 공동체에 의하여 선출된 지역의 유력자들이 〈관습법〉에 따라 죄인을 처벌하던 제도. 황제의 묵인하에 공개적이며 합법화되었는데, 사형에 처할 수 있는 중대범죄를 다루었고, 주로 무죄 혹은 사형을 언도하였다고 한다.

냐하면 그것은 가장 깊은 차원에서 내적인 충동에 의하여 결합되어 있기 때문이다. 어떠한 다른 계율도 중요하지 않고 단지 자신의 가장 깊은 곳에서 울려 나오는 부름에 따른 신념에 의해서 구성원들이 각성되어야만 그러한 공동체는 탄생할 수도, 그리고 유지될 수도 있다. 그 공동체의 단단한 핵을 구성하는 진정 순수한 인간들은 이들 공동체가 요구하는 의무를 자신의 존재의 실현으로서 그리고 자유 의지에 기반을 둔 독자적 결단으로서 기쁘게 받아들이게 된다. 이러한 감정을 느낌에 있어서는, 자유의지를 가지고 있다고 느끼는 감정은 실상 엄격한 인과율을 숨기기 위한 단지 외관상의 아첨에 지나지 않는지, 아니면 〈정신적 강제〉가 가지는 저항할 수 없는 힘의 원천은 그러한 〈정신적 강제〉 속에서야 비로소 인간의 본성이 가장 자유롭게 흘러넘치게 할 수 있기 때문인지 하는 의문에 대한 고려는 전혀 중요하지 않다.

그 자체로는 거의 보잘것없는 자신의 힘을 타인의 힘과 합치는 것이 실용적으로 이익을 준다는 인식에서 여러 **〈이익집단〉**들이 만들어지고 또한 그 〈연관성〉을 유지하고 있다. 〈국민경제적 집단〉(volkswirtschaftlicher Verband)이 그 가장 중요한 예이다. 분업에 기초한 경제 속에서 자신의 일에 가장 적합한 장소를 발견할 때 어떤 개인은 큰 〈성공〉을 쟁취할 수 있다. 〈사적 소유권〉(Privateigentum)[56]을 바탕으로 발전해 온 경제는 그것이 자유로운 [시장] 질서에 기반하고 있다는 측면에서 볼 때, 예를 들어 국가와도 같은 〈강제적 공동체〉와는 분명한 차이가 있다. 경제는 그

---

56 〈소유권〉(Eigentum; ownership)은 〈소유〉(Besitz; possession)와는 구별됨에 유의할 것. 전자는 〈관습〉, 〈전통〉, 법 등의 외적 강제적 수단에 의하여 그것을 사용, 통제, 처분을 할 수 있는 권리가 배타적으로 어느 개인이나 그들의 집합에게 귀속됨을 의미한다. 〈소유〉는 단지 사람과 사물의 관계인 반면, 〈소유권〉은 어떤 사물을 둘러싼 사람과 사람 간의 관계를 나타낸다. 역자의 용어해설 '소유'를 참고할 것.

속성에 있어 공동의 작업을 특징으로 하지 않고 단일한 명령의 강제에 의하여 진행되지 않으며 개인은 어떠한 경계 조건들을 위반하지 않는 한에서만 단지 법과 〈윤리〉의 제약 아래 놓여 있다. 그러나 이러한 범위 안에서는 그들은 자신의 재량에 따라 자유롭게 움직일 수 있고, 자신의 이익에 따라 적절히 의사 결정을 할 수 있다. 〈윤리적 공동체〉로 가장 뚜렷하게 대표되는 〈내적 공동체〉와 경제가 다른 점은 경제에 있어서의 관심사는 〈영리함〉(Klugheit)[57]하에 인도된다는 사실인데, 그것은 내적 신념과도 같은 강함을 가지고 있지 못하다.

경제라는 것은 〈사회적 압력〉도, 뚜렷한 내면적 강제도 따르지 않기 때문에 정말 진정한 공동체라고 불릴 수 있는지, 혹은 개인들이 아무런 의무도 없이 만나고 헤어질 뿐인 개인들 간의 느슨한 집단인가 하는 의문이 생길 수도 있다. 확실히 오래된 경제 질서들을 살펴보건대, 마을의 〈협동조합〉(genossenschaftlicher Verband)이나 〈길드〉(Zunft), 장원이나 시 정부, 그리고 중상주의적 정부는 조심스럽게 아주 다양한 강제적 규칙들을 제정해 왔으나, 후에 〈고전학파〉 경제이론가들은 이같은 강제적인 규칙은, 법과 〈윤리〉의 일반적 범위 내에서 개인의 자유로운 이동을 허용하는 것이 경제의 진정한 본질이라는 그들의 믿음과 위배한다는 학설을 주창하였다. 그러나 그러한 〈고전학파〉 경제학의 가르침을 좀 더 자세히 살펴보면 개인이 법적이며 〈윤리적〉인 〈활동의 자유〉(Bewegungsfreiheit)를 누리고 있더라도 그들은 수요와 공급 간의 경쟁하에 있는데, 후자는 일종의 강압적 〈사회적 권력〉[58]들과 마찬가지로 작용한다는 점

---

57 〈영리함〉에 대하여서는 역주167을 참고하기 바란다.

58 즉, 수요와 공급의 원칙, 그리고 경쟁이라는 것은 근대경제학에서 가정하는 것처럼 개인들이 자유롭게 경쟁할 수 있는 환경이 아니라, 그 자체로서 어떠한 권력을 가지고 개인에게 강요한다는 의미이다. 막스 베버에 따르자면 시장을 통한 감추어진 지배는 그 지배의 모습이 형식적으로는 '자유'에 기반

을 알 수 있다. 이러한 문제들의 더욱 근원적인 면을 살펴본다면, 경제적 이익을 추구하는 인간들의 길을 인도하는 것은 경쟁이 창출해 내는 [어떤 조화로운] 사회적 힘은 아니라는 것을 알 수 있다. 광활한 경제 속에서는 비록 가장 강한 개인이라도 자신의 힘에만 의존하여야 한다면 실패하고 만다. 행운을 타고난 강한 개인은 자신이 지향하는 권력들을 행사하는 지도자로서 성공적으로 부상한다. 하지만 약자나 혹은 불리한 처지에 놓여 있는 자는 내면의 공허함의 감정에 사무쳐 〈사회적 권력〉들과의 연결점을 대중과의 [혹은 다수와의] 연계 속에서 찾을 것이며,[59] 만약 그것을 찾지 못한다면 결국 그 약자의 힘을 자신들의 목적을 위해 강탈하는 적대적 권력들의 먹이로 전락할 것이다. 활동의 출발점이 되는 직업을 선택할 때부터 벌써 개인은 자기결정을 하는 자유로운 주인은 결코 아니다. 그가 가는 길은 주로 그의 특별한 상황과 환경이 빚어내는 권력에 의해 결정되며, 마찬가지로 가장 강하고, 운명적으로 가장 유리한 개인만이 도움을 받지 않고 자신이 하고 싶은 바를 관철시킬 수 있다. 대중은 집안 배경이나 환경이라는 제약에 따르기 마련이고, 그리하여 개인은 대체로 아무런 선택권이 없거나 혹은 다른 경우에도 그의 선택지를 아주 협소하게 한정하는 〈인습〉을 따르게 되어 있다. 과거의 법은 아직 개

을 두는 것으로 포장되고 따라서 규제될 수 없는 것처럼 보이기에, 명시적인 권력의 행사에 의존한 지배보다도 더 억압적이다. "순수히 시장에 의하거나, 혹은 서로 다른 이해를 가진 당사자들의 '이해 경합(Interessenkonstellationen)'에 기반을 두어 행하여지는 지배는 바로 그 무규제적인 성격 때문에 어떠한 특정한 의무와 복종 관계에 의하여 행하여지는 권위적 지배보다도 훨씬 더 억압적일 수 있다.(…) 특히 시장에 근거한 이해 경합이란 '형식적으로만' 볼 때는 마치 '자유'로운 개인 간의 경합 관계로 비쳐진다"(Weber 1922: 606; 1978: 946, 역자 번역).

59 예를 들자면, 노조에 가입하는 등의 집단행동.

인적 특성을 인정하지 않았고 오히려 어디서나 조야한 형태의 틀에 끼워 맞추는 것만을 전제하였고, 경직된 카스트 질서하에서는 아들을 아버지의 직업에 묶어두었다. 근대법이 들어서자, 이제는 자유로운 직업선택이 가능하게 되었다. 하지만 종종 그렇듯이 법적인 자유는 진정한 독립을 의미하지는 않는다. 대체로 소수의 사람들에게만 법적 자유의 혜택이 돌아간다. 대중에게 있어서는 직업선택은 실질적으로 제약되어 있다. 또한 그렇게 선택된 직업에 따라 일을 하는 경우에도 각 개인은 자신에게 이득이 되는 방향으로, 독립적으로 결정을 할 수 있는 것이 아니다. 오히려 그 당시의 기술적, 사회적인 현실과 사람들이 가지고 있는 힘들에 기반하고 있는 일반적 경쟁 상황이 빚어낸 〈전형〉을 따라야만 한다. 그러한 〈전형〉을 충족시키기 위하여 필요한 의사를 가지지 않는 사람은 항상 비교적 소수인데, 그들의 실패는 다른 사람에게는 경고의 좋은 본보기가 된다. 대다수는 그 주어진 〈전형〉에 상당히 충실하게 적응하며, 그들에게 법적으로 허용된 자유는 일반적으로 그들 스스로 허용하는 아래위로의 극히 작은 일탈로만 나타난다. 개인적인 〈이기심〉조차 통상적으로 사회에 의해 제한되고 있으며 주어진 틀에 따른 행위의 범위를 넘어 개인적 이익을 추구할 만큼 대담한 사람은 극히 드물다.

    사생활의 영역에도 〈사회적 권력〉은 파고든다. 사생활조차도 고립된 삶이 아니라 사회적인 삶이다. 자기 섬의 유일한 거주자인 로빈슨은 〈사적 소유권〉을 가지고 있다고 말할 수는 없다. 사생활도 항상 사회생활 속에 둘러싸여 있을 뿐만 아니라 많든 적든 항상 사회생활을 지향하고 있다. 단, 사회 환경에 자신이 미치는 영향의 크기를 결정하는 것, 특히 그를 방해되는 외부의 간섭을 차단하는 바에 있어서는 개인은 [어느 정도] 스스로 결정할 수 있다. 나의 사적 권리는 타인을 배제하고 나의 것을 내가 단독으로 〈통제처분〉할 수 있게 하지만, 또한 그러한 나의 〈통제처분〉에 있어 타인과 교류를 할 수 있는 가능성을 열어 준다. 이러한 가능성이 없다면 나는 더욱 가난해질 것이며, 내가 가진 모든 〈화폐가치〉

(Geldwert)는 상실될 것이고, 〈자연가치〉(naturaler Wert)의 대부분조차도 이제는 완전히 이용할 수 없을 것이다.[60] 사적 권리와 마찬가지로 사생활의 모든 것은 〈사회적 관점〉하에서 비춰지는 것이며, 사생활의 가장 개인적인 영역인 가정생활에서조차 개인은 자신이 〈사회적 존재〉라는 사실로부터 완전히 분리될 수는 없다. '우리 집은 우리의 성(城)이다'라는 속담은 누구나 낯선 사람의 출입을 통제할 수 있고, 국가조차도 그러한 가정의 권위를 보호하고 어느 정도 존중하여야 한다는 뜻을 전달하기 위한 것일 뿐이지, 가정이 어떤 절대적으로 독립적인 장소임을 의미하는 것은 아니다. 또한 지각 있는 사람은 자신의 가정의 규범도 사회가 설정한 모범적 모델에 따르도록 하며, 그러함에 있어 〈습속〉상의 규범(Vorschrift), 특히 자기 계급(Klasse)이나 계층(Schicht)[61]의 규범에서 크게 벗어나면 자신이 사회의 질책에 노출될 수 있음을 잘 알고 있다. 발달된 〈문명〉을 가진 국민이나 계급들에게 있어서는 그들의 가정생활의 아주 세세한 부분까지 놀라울 정도로 획일화되어 있어서, 그것들의 구조와 작동은 완전히 일정한 규범에 지배되고, 또한 그 안에서는 아침부터 밤까지 모든 시간대에 걸쳐 확실한 일정이 존재한다.

가정 내에도 〈사회적 계율〉이 적용되며, 개인이 단지 사적인 일만을 염두를 두고 거리에 공개적으로 나가 사람들과 교류할 때는 더욱 그러한 〈사회적 계율〉을 따른다. 사람들과 어울릴 때 입는 복장, 허용되는 동작, 표정, 목소리의 톤 등에 있어서 사람들에게 유별나게 보이거나 혹은 거부감이 없게 하기 위해서는 그 모든 것들이 사회의 〈습속〉에 부합

---

60 〈화폐가치〉, 〈자연가치〉에 대하여서는 역자의 용어해설 '자연가치'를 참고할 것.

61 계급과 계층은 종종 같은 의미로 사용되지만, 계층은 계급에 비하여 더욱 유동적이며, 계급 간의 이동은 다소 제약적임에 비하여 계층의 경우 그것을 구성하는 각 계층 간의 활발한 이동성을 전제하고 있다.

되어야만 한다. 처음에는 그렇게 보이지 않을지 모르지만, 이 사회적 〈습속〉의 계율도 〈성공〉에서 비롯된다. 세련되지 못하고 거부감 있게 보이는 〈습속〉, 그리고 엉뚱한 〈유행〉이라도 그것들이 지향하는 획일성으로 인하여 사람들의 갈등이 줄어들 수 있기 때문에, 그러한 획일성이라는 측면에서 볼 때는 현저한 〈사회적 성공〉이다. 〈집단과업〉을 수행하기 위해 만들어진 군대나 다른 〈사회적 집단〉이 **획일적인 행동**을 지향하고, 반면 경제의 〈이익공동체〉(Interessengemeinschaft)가 그에 대한 **보완적 행위**〉(ergänzendes Verhalten)를 지향한다면, 각 개인들은 그들의 사적 행동에 있어서 같은 보조를 취하게 된다. 따라서 개인들의 사적 행동은 사회적으로 지시된 것, 즉 〈사회적 과업〉(gesellschaftliches Werk)으로 나타난다.

심지어 사적 영역에 속하는 행위에 있어서도 사회적으로 올바르다고 용인하는 방향으로 지향하려는 충동이 인간 본성 내에는 깊이 각인되어져 있다. 〈통습〉(通習 Verkehrssitte)[62]이 가진 권력만큼 모든 이에게 예외 없이 절대적으로 관철되는 〈사회적 권력〉은 없다. 이에는 대다수의 평균적인 사람들뿐만 아니라 그로부터 비켜난 사람들도, 세련되고 교양 있는 사람들뿐만 아니라 서투르고 거만한 사람들도, 그리고 우둔하거나 영리한 사람들도 거의 예외 없이 그 권력에 따른다. 거리에서, 극장에서, 공공 교통수단에서 우연히 모여 있는 사람들은 그 구성 자체는 끊임없이 바뀌게 됨에도 불구하고, 그러한 끊임없는 조우로 인해 사적인 특성을 상실하고 단일의 〈사회체〉들로 응집되지 않을까 하는 의심이 들 정도이다. 이러한 사적 존재와 〈사회적 존재〉의 중간적 상태에 있는 대중을 우리의 언어로는 〈공공〉(Publikum)[63]이라고 부른다. 이 표현은 다행히도

---

62 일반적으로 통용되는 〈습속〉.

63 라틴어 *publicus*(인민)에서 나온 말이다. 독일어에서 '청중'의 의미로도 사용된다.

'공개됨'(Oeffentlichkeit)[64]을 '연상'시키기는 하지만 독일어에서의 '공개됨'만큼 [열려있음을] '강조'하는 의미를 함축하는 것은 아니다. 그런데, 이 〈공공〉은, 사회적인 권력에 좌우되면서도 동시에 그 자체로 강한 사회적인 권력을 가지고 있다. 시인, 배우, 조각가가 만들어 낸 것부터 상품 판매를 위한 것까지의 모든 것을 망라하여, 〈성공〉 여부는 〈공공〉의 호감에 의해 결정되는데, 이는 최소한 단기적 내지는 외적 〈성공〉에 관계되는 한 그러하며, 이러한 단기적 혹은 외적 〈성공〉은 어떠한 다른 높은 가치에 의하여 부정되지 않는 한 결정적인 〈성공〉으로 남게 되기도 한다.

〈권력심리〉 즉 권력이 인간의 정서에 호소하고 계속 그것을 지배하는 것을 가능하게 하는 심리적 자극의 세부 사항에 대해서는 아직 많은 것이 언급되어야만 하지만 일단 제쳐두기로 하자. 앞서서 우선 우리는 〈사회적 성공〉이라는 공통의 근원에서 중요한 권력이 형성된다는 것을 밝혀내려고 시도하였고, 외적인 무력 이외에는 불가항력적인 권력은 존재하지 않는다고 믿어 온 통상적인 생각들을 반박함에 중점을 두었다. 과거와 현재의 권력 형태를 이해하려는 사람들은 모두 그러한 통상적 견해를 극복하여야만 하며, 그렇지 못한 사람은 사회적 문제를 이해함에 있어서 단지 초보자로만 남을 것이다. 그러한 사람들은 무정부주의적 몽상가의 근시안만을 공유하고 있을 뿐이며, 그들에게 있어서는 자유라는 이상은 단지 완전한 무법 상태를 의미할 뿐이다. 이들은 개인들 상호 간의 관계 수립이라는 것을, 일단 단순히 계약하려는 의지만을 가진 개인들이 존재하고 그러한 개인들이 [자유로이] 계약을 체결하거나 혹은 해약하는 것과 동일하게 생각해 버린다. 따라서 그들은 국가가 가진 어떠한

---

64 이는 원래 공공연함, 공개됨을 의미한다. 독일어 offen은 영어의 open의 의미로서 열려져 있는 것, 닫혀져 있지 않음을 의미한다. 참고로, 이 단어를 사람들의 무리에 적용시켜 표현하는 경우, 〈공중〉(公衆 Öffentlichkeit)으로 번역하였다.

기능도 마치 스포츠나 사교를 위한 모임처럼 누구나 자유롭게 참여하거나 탈퇴할 수 있는 모임으로 대체될 수 있다고 간주한다. 그렇게 되면 사회는 그 견고함을 잃게 되고 단지 개인이라는 원자로 분해되며, 그것이 추구하는 〈성공〉의 달성을 위해 필수적인 견고한 유대감도 상실하게 된다. 하지만 그러한 상황이 발생하지는 않을 것이다. 〈과업공동체〉의 〈성공〉이 빚어내는 원동력은, 〈공동과업〉을 할 수 있는 모든 사람들에게 있어서 필요한 유대감을 그들의 정서에 만들어내기 때문이다. 의지가 약한 구성원은 〈강압적 권력〉들에 의해서, 그리고 강한 자는 〈자유적 권력〉들에 의지하여 〈공동과업〉에 필요한 도움을 얻는다. 건강한 대중은 자신에 부과되는 〈강압적 권력〉들을 이겨내는 것은 단지 자유를 향한 첫걸음일 뿐이라는 사실, 그리고 자유가 진정으로 성립되기 위해서는 두 번째 단계인 〈자유적 권력〉들의 성장으로 이어져야 한다는 사실을 곧 인식한다. 〈자유적 권력〉으로부터 비롯되는 사회적 계율은 그때까지 〈외적 권력〉에 의해 행해졌던 계율이 이끌어낸 것과 동일한 정도의 복종을 끌어낸다. 진정한 자유란 개인의 비속박(Ungebundenheit)을 뜻하는 것이 아니라 고생 끝에 얻어진 사회적 상태이다. 뼛속까지 〈민주주의〉자였던 고트프리트 켈러(Gottfried Keller)[65]는 자신들 머리 위에는 더 이상 왕이 군림하지 않는다는 그 이유만으로 스스로를 진정한 공화주의자라고 자부하였던 스위스 동료들을 비웃었다.

어떠한 실질적인 〈자유적 권력〉들의 지지도 없이 유럽의 열강들에 둘러싸인 채 하루아침에 건국된 새 공화국에 대하여 그가 비웃은 이유에 대하여는 그 이외에 다른 이유가 있을까? 국가가 그렇듯이 모든 〈과업공동체〉가 진정으로 자유롭기 위해서는 실질적인 〈자유적 권력〉들을 필요로 한다. 단순히 〈자유주의〉 [시장] 체제가 확립되고 역사적으로 전승되

---

[65] 1819-1890. 스위스의 괴테라고 불리어지는 스위스 출신의 소설가, 화가.

어 온 구래의 강제적 규범이 모두 없어졌다는 이유만으로 국민경제는 진정으로 자유로운 것인가? 혹은 그와는 반대로 소자본가, 프롤레타리아, 소농민 등의 계층들이 너무 약하였을 때는 오히려 언제나 자본가들의 〈강압적 권력〉들이 등장하여 국가에 의한 강제를 대체하여 버리고, 그들 자본가들에게는 대항할 수 있는 어떤 장애물도 더 이상 존재하지 않는 것은 아닐까?

5. 〈선조민족〉과 〈문화민족〉

이 시대에는 〈강압적 권력〉들과 〈자유적 권력〉들, 〈무력적 권력〉(Kampfmacht)들과[66] 〈평화적 권력〉들, 그리고 공적, 그리고 사적 삶에 있어서 권력들 등의 무수히 다양한 권력들이 존재하며, 그것들은 모든 발전된 사회의 인간들의 감정(Gefühl)과 의지를 사회적으로 지향하도록 하고 있다. 역사의 여명기에 존재하였던 긴밀한 〈혈연공동체〉에서는 그러한 권력들은 존재하지 않았으며, 그러한 권력들 대신 혈연으로 맺어진 혈연적 감정만이 사람들의 정서를 공동체를 위한 공동 과업으로 향하게 하여야만 하였다. 그렇다고 해도 사람들이 〈역사적 과업〉의 첫 발을 내딛었을 때 필요하였던 힘들이 수행한 역할을 과소평가해서는 안된다. 이는 특히 선진 민족으로 발전한 〈대부족〉의 경우에 그러하다. 그러한 선진 민족들의 〈선조민족〉(Urvolk)들의 핏속에는 이미 문화인으로 전개될 모든 잠재적 소양이 풍부하게 배아적(胚芽) 형태로 존재하였다. 물론 그들에게도 원시적인 시작은 있었다. 하지만 자연히 도태되어 오늘날까지 원시적인 상태로 남아 있는 〈대부족〉들에게 적용되는 기준을 이 선진 민족들에게까지도 적용하는 것은 중대한 오류이다. 사람들은 〈선조민족〉들의 시원을 설명하기 위하여 로빈슨 크루소의 우화를 적용시키려고 하

---

66 직역하자면, '싸움의 권력' 내지는 '전쟁적 권력'이다. 하지만, 뒤에 나오는 맥락을 고려하여 '무력적 권력'으로 번역하였다.

지만, 그러한 비유는 그들 〈선조민족〉들이 성취한 바의 위대함을 보여주기에는 지극히도 부족하다. 왜냐하면 로빈슨 크루소는 이미 여러 〈문명〉의 이기(利器)를 가지고 무인도로 상륙하였던 반면, 〈선조민족〉들은 그러한 어떤 것도 없이 맨손으로 시작하였기 때문이다. 로빈슨이 무인도에서 생존할 수 있었던 것은 그가 이미 자국에서 상당한 교육을 받았기 때문이고, 더욱이 그 책의 저자는 로빈슨 크루소가 생존을 위해 충분한 물자와 도구를 좌초된 배로부터 구해서 무인도에 상륙하도록 영리하게 이야기를 설정하였기 때문에 불과하다. 우월한 민족들의 〈선조민족〉들은 신화에 등장하는, 신들에게도 과감히 도전할 용기를 가진 거인들이라고 상상하는 것이 가장 적절할 것이다. 〈선조민족〉들의 삶을 누르고 있던 긴장감과 이를 극복하였던 힘의 내적인 무게에 주목하여 살펴본다면, 현재의 〈문화민족〉들은 그들의 조상인 〈선조민족〉보다 결코 우위에 있다고 말할 수 없고, 오히려 그들보다 하위에 위치하게 된다고 말할 수도 있다. 물론 지금의 세련된 〈문화민족〉들도 그들 조상인 〈선조민족〉들이 그 최초의 시기에 수행 하였던 바를 완수할 능력은 있을 것이다. 하지만 그들 〈문화민족〉들이 역사적으로 힘들게 성취한 모든 업적에도 불구하고, 그들은 원시 선조들에 비하여서는 너무도 힘이 미약하고, 그러한 면에서 볼 때 퇴화되어 있다. 반면 우수한 핏줄을 가진 야만인을 문화 세계로 데려온다면 그는 가지고 있는 재능을 단기간 내에 열심히 발전시킬 수도 있을 것이다. 노르망디를 점령한 바이킹은 아주 단기간에 전쟁을 수행하고 평화를 유지하는 기술에 있어서 유럽에서의 모든 전사(戰士)들 가운데에서도 가장 앞서나간 위치를 점하게 되었다. 하지만 〈문화민족〉이 그들 바이킹들보다 먼저 발전시킨 바는 〈문화자본〉(Kultur Kapital)이었고, 이는 수세기에 걸친 성취물이었다. 이러한 〈문화자본〉의 소유로 인해 〈문화민족〉은 설사 그러한 〈문화자본〉을 지속하여 성장시킬 에너지가 거의 남아있지 않는 경우라고 하여도 지속적으로 풍요롭다. 또한 그들의 뛰어난 원시 선조들이 가지고 있던, 삶의 야만성을 극복할 수 있게끔 한 육체의 힘과 〈의지의 힘〉(Kraft des Willens)은 충분히 칭찬할 만 하지만, 또한 그들을 야만에서 문화로 인도한 길을 찾아가도록 가능하게 하였던 정신적 힘 또한 충분히 칭송받아야만 한다. 세계적인 기업으로 성장한 크룹(Krupp)사의 창업자는 자신에게 가장 어려웠던 숙제는 최초의 1,000탈러의 투자자금을 모으는 것이라고 회상한 바 있다. 우리 원시 선조들 또한 문화적 성취를 달성하기 위해 최초로 필요한 1,000탈러를 마련하는 것이 가장 힘들고 어렵지는 않았을까? 고대인들이 쟁기의 발명을 신들에게 돌렸던 것은 충분한 일리가 있다. 그 쟁기가 가지고 있는 깊은 의미와 후대에 미친 영향에 있어서는 현대인이 자랑하는 가장 찬란한 발명들 중의 그 어느 것도 견줄 수 없다.

6. 근본적인 〈사회적 과업〉인 국가와 문화의 형성

그럼에도 불구하고 가장 우수한 민족들이 지녔던 자질을 성숙시키기 위해서는 수천 년에 걸친 끊임없는 노력이 필요하였다. 그런데 사람들이 즐겨 사용하는 〈진화〉라는 단어를 이러한 과정을 묘사하기 위해서 사용하는 경우 쉽게 오해의 소지가 있다. 예를 들어 그 〈진화〉라는 것은 좋은 환경에서 성장하면서 해를 거듭하며 나이테를 추가하는 수목과 같은 방식의 단순한 형태로 우리 앞에 나타나지 않는다. 또한 송충이가 번데기 단계를 거쳐 나비가 되는 것에 비해서도 그 발전의 형태는 훨씬 다양하다. 각 민족의 진보를 이루게 하는 중요한 조건은, 항상 그 민족들과 마주치게 되어 그 민족들이 가진 힘을 자극시키는 각종의 장애물의 존재이다. 〈사회적 과업〉에 필요한 강력한 동인(動因)은 발전의 각 단계에서 그 작업을 가로막는 저항을 극복할 필요성으로 인하여 획득한다. 하지만 〈공동체 생활〉(Zusammenleben)이 단지 〈혈연공동체〉라는 좁은 범위로 한정되어 있는 한 그 발전 역시 좁게 제한될 수밖에 없다. 그러한 사회에서는 모든 구성원들이 동일하고도 단조로운 삶을 영위하기 때문에, 설사 분업이라는 것이 존재한다고 하여도 그것은 거의 그 사회 자신 내부에만 국한된다. 마찬가지로 그 〈공동체〉의 외부의 세계에서도 역시 거의 동일한 방식으로 일들이 조직되어 있기 때문에 그 〈공동체〉와 외부 간에는 상호 교환의 필요성이 없기 때문이기도 하다. 그리하여 모든 구성원들은 단지 사냥꾼, 어부 혹은 양치기일 뿐이다. 부족장과 그를 보좌하는 사람들조차도 다른 구성원들에 비해 단지 서열상으로만 조금 상위에 존재할 뿐, 기본적으로는 모두가 동등한 원시적 인간들일 뿐이다. 즉, 물론 그들 간에 위계는 존재할지라도 그럼에도 불구하고 〈생활습속〉(Lebenssitte)에 있어서는 〈계층화〉는 거의 존재하지 않았다. 상하가 모두 같은 식탁에서 동일한 음식으로 식사를 하며, 이때 서열이 높은 사람의 자리는 단지 존경받는 상석에 위치할 뿐이다. 모든 일은 전통적인 방식을 따라 행해지며, 그러한 방식을 뛰어넘는 자질이 발휘될 기회는 거의 없었다. 어쩌면 같은 혈연에 속하는 사람들의 자질은 상호 차이가 없었는지도 모른다. 어쨌든, 뛰어난 자질을 발전시킬 수단들은 많지 않았고 그것들을 배양할 도움도 존재하지 않았다. 모든 이들은 대체로 자신들 〈대부족〉의 존속과 자신의 삶을 유지하기 위한 최소한의 생필품만을 확보하기 위해서 일하며, 그러한 범위를 벗어나서 발전할 수는 없었다. 외부로부터의 자극에 의하여 위협받지 않는 한, 발전을 이끄는 힘은 살아 움직이지 못하였던 것이다.

또한 자신들이 원래 속해있던 〈대부족〉에서 분리되어 독립된 집단들과도 어떤 의미 있는 교류는 없었다. 외부 〈소민족〉(Völkerschaft)[67]들과 연결되는 최초의 수단이자 분업의 전제인 물물교환조차도 행하여 지지 못하였는데, 이는 그 분리된 〈무리〉들조차도 원래 속해있던 모(母) 〈대부족〉과 거의 비슷한 생활 방식을 유지하기 때문이었다. 어떤 장소

---

[67] 민족보다는 작은 범위의 소규모의 민족을 의미한다. 종종 〈종족〉으로 번역되기도 하는데, 이전에 사용한 〈종족〉(Geschlecht)과 구분할 필요가 있어서 부득이 〈소민족〉이라는 단어를 사용하였다.

를 막론하고 자신들이 거주하고 있는 토양에서만 생산되는 차별화된 물건들조차도 [교역을 통하여] 다른 곳으로 확산시키기 위한 지식은 존재하지 않았다. 상호 간의 정신적인 교류를 위한 모든 전제조건은 더더욱이 전적으로 결여되어 있었으며, 모든 정신은 한결같이 미성숙한 상태였다. 심지어 이들은 지척에서 위협하는, 이미 존재하는 각종 장애물조차 극복하지 못하였다. 아직도 주위를 둘러싼 장애물들을 극복하기 위한 힘들이 부족하였기 때문이다.

원동력이 되는 자극은 인간에게 본래적으로 내재된 **무력**(Gewalt)**의 성향**에서 나온다. 역사가 시작되었을 때의 인간은 무력의 인간이었고, 길들여지지 못한 자연과의 투쟁 속에서 생존하기 위해서는 그러할 수밖에 없었다. 〈무력적 성향〉(Gewalttrieb)은 〈혈연공동체〉 내에서는 억제되어 있었다. 하지만 그것은 일단 같은 모 〈대부족〉으로부터 분파되어 이탈한 〈대부족〉을 향하여, 그리고 전혀 혈연으로 엮이지 않은 〈대부족〉을 향해 점차 표출되어 간다. 전쟁의 가능성은 그곳에 항상 상존하였고, **이방인은 곧 적을 의미하였다**. 이 공식은 문화적 인간에게도 해당되는데, 하물며 원시상태의 인간이 이에 예외일 수 있을까? 일반적으로 이야기 하자면, 인간의 삶이 출현한 이래 인간들 간의 이해의 충돌은 피할 수 없었다. 사냥터와 어장, 목초지와 농토, 가축과 기타 희소한 소유물 등이 자신의 것이라고 주장하며, 그것들을 전력을 다해 지켜야 한다는 절박감을 느꼈다. 또한 마음의 평안을 위해 그보다 더욱 중요한 것은, 끊임없는 위협으로부터 자신과 자신에 속한 사람들의 자유와 생명을 지키는 일이었다. 반면, 전쟁에 있어서 여성은 주요한 전리품이었는데, 이는 전사들의 열정을 가장 뜨겁게 달구었다. 욕망, 불신, 공포, 호전성은 전쟁을 발발시키는 끊임없는 동기였다. 방어와 공격, 승리와 패배의 끝없는 연속 속에서 마침내 최강의 〈대부족〉이 승리자로 나타나고 이들은 점차 약한 이웃을 정복해 간다. 그 결과 제국의 탄생과 영멸(永滅)이 반복되고 마침내 외적인 힘과 내적인 힘이 가장 강한 승자가 영속적인 지배를 확립하게 된다.

이제 확고한 국가가 성립되고 그 속에서 〈소민족〉들과 대중이 성장한다. 계속되는 승리의 결과 구래의 〈혈연공동체〉가 해체되면서 그 해체의 뒤로 남겨진 대중들의 잔해 위에 광범위한 사회적 〈무력적 집단〉이 생겨난다. 과거의 편협한 삶에서는 자양분을 얻지 못하였던, 구성원들이 간직해온 잠재적 자질들이 이제는 풍요로운 발전의 토양을 찾을 수 있었다. 생사를 건 싸움으로부터의 긴장은 인간으로 하여금 최고의 노력을 경주하도록 하였으며, 그러한 노력의 완전히 결실은 승리의 쟁취로 나타난다. 이렇듯 더욱 강한 권력을 쟁취한 민족은 지금까지 자제해온 자신들의 욕구를 일깨우기 시작하고, 피지배자의 소유물을 탈취하고, 자신들을 위해 피지배자가 일하게 함으로써 자신들의 부를 증대시킨다. 외부를 정복하여 인구를 늘리려는 충동은 더 이상 자국에서의 인구 부족을 극복하기 위함이 아니었다. 더욱 중요한 이유는 〈인민의 힘〉(Volkskraft)은 그 수가 늘어날수록 커지기 때문이었다. 모든 비천한 노동에서 해방되고 〈지배의식〉(Herrensinn)을 고취시키는 전쟁에만 시간을 집중하게 된 승리한 민족은 더욱 고상한 활동을 위한 심적인 안정과 여유도 획득할 수 있었다. 이렇게 등장한 승자의 문화는 최초에는 단지 외적인 영광을 찬양하기 위함에서 출발하였지만, 우수한 민족의 경우에는 곧 내적인 추구로 돌아선다. 정신적인 욕구가 각성되고, 그것을 통해 정신적인 힘도 자극된다. 그로 인해 유치한 미신의 어둠이 밝혀지고 이제 해방된 정신은 그간 누적되어 온 경험들을 새로이 해석하려고 한다. 그리하여 **협소한 시야에서 넓은 시야로 이르는 길은 동시에 어두운 곳에서 밝은 곳으로 인도한다. 국가의 기초를 다지는 작업은 결국 문화의 기초를 형성하는 작업과 긴밀히 결부되어 있었다.** 역사의 초기에 있어서는 다른 어떠한 작업들도 이러한 외적, 내적인 두 가지 형태의 〈사회적 과업〉에 우선하지 못하였다. 위대한 사회적 힘들은 바로 이러한 〈사회적 과업〉 위에 기반을 두어 형성되며, 그것들이 바로 그 당대의 〈지배적 권력〉(herrschende Macht)들이 되었다. **무사와 승려**, 혹은 세속적 위대함과 정신적 위대함으로 불리는 귀족과 성직자가 그 시대의 〈권력자〉가 된 것이다.

이에 후속하는 각 시대는 특정한 각 시대별 〈사회적 과업〉에 의해 특징지어 지는데, 그 〈사회적 과업〉들은 그 시대가 가진 힘과 요구에 의하여 도전받기도 하고 또한 실현되기도 한다. 〈역사서술〉이 더욱 넓은 시야하에 역사를 개관하는 경우, 각 시대 고유의 〈사회적 과업〉에 따라 시대를 구분할 수 있다. 또한 각 시대 별로 그 시대의 과업을 달성한 지도자들의 위대함의 정도를 측정할 수 있다. 다른 환경에서는 전혀 결실을 보지 못한 자질도 때가 무르익는 경우 그것이 가진 풍부한 잠재력을 쏟아부어 놓을 수 있다. 이용할 수 있는 모든 사회적 힘은 그 시대의 지도자에게 강제적으로 봉사하게끔 되거나 혹은 그러한 목적을 위해 자발적으로 바쳐진다. 새로운 지도자들의 이름은 그들이 달성한 〈사회적 성공〉의 대명사로서 추앙되고, 그 이름들은 〈권력자〉의 반열에 오르게 되는 반면 과거의 〈힘있는 자〉들이 누렸던 권력은 점차 쇠락하게 된다.

7. 사회 발전에 있어 두 가지 형태의 중요한 경향

사회의 발전에 있어서는 두 가지 중요한 경향을 발견할 수 있다. 첫 번째는 〈계층화 심화경향〉(Tendenz zunehmender Schichtung)이다. 사회는 〈상위지배〉 계층과 예속 계층 간에 더욱 다양한 세분화를 보이고 있으며, 두 층 간의 간격은 더욱 넓어지고 있다. 왜냐하면 새로이 창출되는 물질적 가치나 정신적 가치는 우선적으로 〈권력자〉들에게 축적되고 하위 계층은 그러한 진보에서 차지하는 역할이 적으며, 오히려 후자들은 약탈과 억압에 시달리기 때문이다. 문화의 발흥은 먼저 사회의 상층부를 비추고, 하층부는 일단 어둠 속에 머무르며, 혹은 그러한 어둠의 상태를 영원히 지속하기도 한다. 그렇듯 억압받던 모든 계층들도 모두 한결같이 진정한 인간으로서의 위상까지 격상된, 그러한 역사를 가진 진보된 〈문화민족〉이라는 것은 오늘날에도 존재하지 않는 것이 사실이다. 하지만 그러한 진보의 방향으로 움직이는 경향은 모든 불굴의 민족들에게는 존재한다. 이것이 바로 우리가 인지하는 두 번째의 발전 경향이며, 어떤 정신적 사상가가 현대의 상황을 충분한 숙고한 후에 명명한 바 있는 바로 그 〈**계급운동 상승경향**〉(Tendenz der aufsteigenden Klassenbewegung)이다.[68] 강인한 국민들의 특징은 그들을 구성하는 하층이 위로부터의 압력에 완전히 굴복하지 않고 저항할 수 있는 건강한 힘을 가지고 있으며, 상층에서 새롭게 창조된 물질적 가치와 정신적 가치를 스스로 점점 더 자각하게 됨에 따라 비록 뒤늦게나마, 그리고 서서히 그것들을 유용하기 시작한다.

---

[68] 이는 독일의 진보 경제 사회학자인 로렌쯔 폰 슈타인(Lorenz von Stein 1815-1890)이 말한 〈계급운동 상승의 사회적 과정〉(soziale Prozeß der aufsteigenden Klassenbewegung)을 지칭한다. 슈타인에 의하면, 역사적으로 볼 때 생산하는 자와 〈착취〉하는 자 간의 계급 갈등은 불가피하였으며, 부르주아지 혁명은 노동자에게 법적인 측면에서만의 자유는 보장하였지만 경제적으로는 노동자와 자본가 사이의 불평등은 상존하였고, 이러한 자본에 의한 지배는 평등한 분배와 노동자들에 의한 〈계급운동 상승의 사회적 과정〉을 저지하는 역할을 하고 있다는 것이다(Stein, 1870: III S.34). 그런데, 어느 국가형태를 막론하고 계급이라는 것은 상존하기 때문에 사회는 단일한 계급으로만 이루어지지 못하고, 또한 각 계급은 다른 계급을 지배하며 자신만의 이익을 추구하려고 하는 경향이 있고 이것이 가속화되는 경우 그로 인해 독재로 변질될 수 있다고 보았다. 그러한 상황에서는 계속적인 밑으로부터의 혁명과 새로운 독재자의 출현이라는 악순환만이 반복될 수 있는데, 어떠한 사회적 혁명, 심지어 프롤레타리아 혁명으로 인하여 기존의 자본가와 노동자 간 계급 구분이 사라지더라도 여전히 다른 형태로 지도자와 피지배자의 갈등, 그리고 상위계급과 하위계급의 갈등은 나타나기 마련이라는 것이다. 따라서 힘이 없는 각 개인들 스스로는 창출해 낼 수 없는, 개인적, 경제적 그리고 사회적 발전을 위한 제 조건들을 형성하는 역할, 즉, 하위 계급의 삶의 질을 높이기 위한 개혁을 추진하는 역할을 국가가 대신 수행함으로써 불평등과 계급 갈등의 악순환을 피하도록 하여야만 한다는 것이다. 참고로 슈타인의 저작들은 마르크스에 의하여 찬사를 받은 바 있다.

〈인민의 힘〉(Volkskraft)을 더욱 잘 활용하기 위해서는 인민이 가진 힘을 고양하여야만 한다는 점을 현명한 〈권력자〉들은 충분히 인식한다. 또한 그러한 〈권력자〉들은 항상 〈인민감정〉과 매우 친화적이다. 비록 오랜 역사 속에서도 〈공공의 권력〉(öffentliche Macht)[69]은 대중이 나누어 가지지는 못하였지만,[70] 평화의 지속과 사회적 교류를 통하여 전파되는 기술력의 발전으로 인해 대중들은 사적인 영역에서는 더욱 많은 것들을 성취하고 발전시킬 기회를 부여받고 있었다. 조용하게, 그리고 불굴의 정신으로 농민의 힘은 그들의 힘이 닿는 모든 주변의 숲들을 정리하고 대지를 경작 가능한 농토로 변환시켰으며, 도시 주민의 근면함은 도시의 모든 구석을 채워나가며 풍요롭게 발전시켰다. 현대에 들어서서 지구의 표면은 지도하는 위치에 있는 산업노동자와 수행하는 위치의 산업노동자들의 활동에 의해 기술적 측면에서 변화하고 있다.[71] 이렇듯 조용히 미래를 예비하며 부상하고 있는 〈인민의 힘〉은 과거에 있어서 점차 〈사회적 권력〉으로 변신하여 왔으며, 또한 미래에도 그러할 것이다. 그러한 힘들은 최초에는 저항하는 세력으로 나타났지만 궁극적으로는 능동적인 지도자의 역할을 하게 될 것이다. 그리하여 점차 새로운 역사의 시대가 도래하기 위한 기반이 형성된다.

---

69 이때의 의미는 '공권력'이 아니라, 대중 전체로서의 〈공공〉이 가지고 있는 권력이다.

70 권력은 기본적으로 〈공공〉이 가진 '힘'(Kraft)을 자신에게 집중시킴으로써 생성된다. 즉, 〈공공〉은 자신들이 가진 힘을 권력자에게 양도하는 것이고, 자신의 힘을 자신들을 위한 권력으로 만들지 못한다. 이러한 의미에서 대중은 〈공공의 권력〉을 나누어 가지지 못한다는 것이다.

71 이는 마르크스와 엥겔스의 구분을 따르고 있는 듯 보이는데, 마르크스는 노동을 〈구상노동〉(構想勞動 conception labour)과 〈수행노동〉(遂行勞動 execution labour)이라는 두 가지 형태의 기본적인 노동으로 구분하였다.

8. 사회에 있어서 〈경제적 과업〉, 〈유물사관〉(唯物史觀)의 오류

현대에 접어들면서 비로소 경제활동은 〈사회적 과업〉으로서 가장 중요한 위상을 차지하게 되었다. 그 이전의 아주 오랜 기간 동안 상품 생산은 공간적인 제약에 가로막혀 〈사회적 과업〉이 아닌 단지 개별 경제 주체의 문제였다. 〈사회적 과업〉을 사회적으로 발전시키는 것을 방해하는 가장 강력한 장애 요인은 거리였다. 단순히 장거리 운송에 따르는 높은 수송비용의 문제가 아니라, 오히려 생산요소들의 자유로운 이동이 제약되었기 때문에 더욱 그러하였다. 노동의 이동의 제약으로 인하여 필요한 노동을 적소에서 고용하지 못하였고 자본축적이 미흡한 곳으로 자본이 쉽게 이동할 수도 없었다. 〈유물사관〉에 따르자면, 경제활동이야말로 유사 이래 가장 중요한 인간사이며 따라서 그것이 최초부터 사회를 주도하는 주요 동인이라고 가르친다. 하지만 이는 잘못된 해석이다. 그렇게 최초에 행해진 **일반적인 과업들은 아직 〈사회적 과업〉은 아니다. 그 〈사회적 과업〉**이 가지는 중요한 의미는 [단순히 개인이 아닌] 〈과업공동체〉가 달성하는 과업이라는 면에 있다. 사실 모든 일들은 굳이 공동으로 할 필요는 없었다. 이웃 농부가 나의 농토 옆에서 경작을 하고 있다는 사실은 그저 개별적 작업에 불과하며 공동으로 수행하는 작업은 아니다. 단지 내가 옆집의 경작을 관찰하고 그로부터 배울 수는 있다는 점에 있어서만 사회적인 영향을 가질 따름이다. 이러한 **병렬적** 작업 차제에는 여전히 그 기본적인 개별적 성격이 남아 있을 뿐이다. 분업에 의하여 각 개별 주체들이 연결되어 있고 그에 의해 개별 기업들이 충분히 발전되었다고 하더라도 그러한 발전이 바로 그 개별 주체들이 가지고 있는 기본적인 개별적 성격을 제거하는 것은 아니다. 즉, 각 생산자나 사업가는 여전히 독립된 상태로 있을 수 있다. **사업의 규모가 거대화됨으로써 진정한 〈과업공동체〉들을 탄생시켰다.** 아마도 그러한 사업들의 더 큰 발전은 사회주의자들이 요구하는 바인 국민경제 전체의 〈과업공동체〉화로 이어질 것이다. 이는 결과가 입증하는 문제이지만, 현재까지는 아직 그러한 단계에는 이르지 못하였다. 어찌 되었건, 현재의 경제에 있어서는 많은 부분은 공동에 의해 수행되는 것으로 인식되고 있으며, 더 넓은 범위에 걸쳐있는 경제 구성원들에게 상호 유대감을 일깨우고 있다. 그리고 경제가 경이적인 부를 축적하여 나감에 따라, 그 부가 가진 힘들을 〈사회적 권력〉들로 변모시키기 시작하는 것도 우리는 알 수 있다.

일면, 경제적 이해관계는 유사 이래 중요한 사회적 영향력을 행사해 왔는데, 특히 아주 최초의 시점부터 사회적 갈등을 야기해온 근본적 이유들 중 하나였다. 그런데 그 최초의 시점에서는 〈소유〉(Besitz)를 둘러싼 갈등과 일하는 인간 자체에 대한 예속적 속박으로부터의 해방을 위한 더욱 중대한 투쟁이 있었다. 후에 〈문화민족〉들에서 '노동자'의 인간으로서의 자유가 마침내 법률로 보장되었을 때는 이러한 [과거의] 예속적 속박으로부터의 해방을 위한 투쟁은 이제 노동의 자유를 위한 투쟁[72]으로 대체되었다. 정치적 투쟁에서도 경제적 이해가 크게 연관되어 있었으며, [과거의] 내전이나 혹은 외부와의 전쟁에서도 그러하였던 것과 마찬가지로 현재에도 그러한 경제적 이해가 중요하다. 세계대전의 발발의 원인으로 간주되어 온 국민적 차원에서의 위협이나 혹은 〈국민감정〉이라는 요인들에 추가되어 경제적 욕구 내지는 경제적 불안이라는 경제적 요소들이 존재하지 않았더라면 세계대전은 아마도 전혀 발발하지 않았을 수 있다. 하지만 확실히 경제적 이해관계만이 전쟁을 촉발시킨 유일한 이해관계는 아니다. 〈유물사관〉의 주장과는 달리 국가의 기초를 정립하는 투쟁을 경제적 투쟁으로만 특징지울 수는 없을 것이며, 또한 국가건설의 작업이 순수한 경제적 이해관계에 의해서만 추진된다는 주장은 무리가 있다. 마지막으로 문화의 기반을 세우는 작업에서는 경제적 성격이 가지는

---

72   시장 경제하에서는 과거의 예속적 지배를 벗어나서 노동자의 〈노동력〉은 '자유롭게' 매매할 수 있는 것처럼 보이더라도, 여전히 자본의 지배하에 예속되어 있기에, 그로부터 완전한 자유를 획득하기 위한 투쟁을 의미한다.

위상은 조금도 없다고 할 수 있다.

9. 역사적 성장기와 개인적 성장기

사회가 지향하는 〈사회적 과업〉 그리고 그러한 과업들이 전개되는 배경인 사회의 〈계층화〉의 형태는 오랜 기간의 역사적 성장 과정 속에 연속적으로 변화하며 나타났다. 성장의 각 단계에 상응하는 〈사회적 과업〉을 달성하기 위하여서는 그에 충분히 적합한 〈권력장치〉(Machtapparat)가 필요하며, 따라서 그것들을 창출해 낸다. 이러한 새로운 〈권력장치〉의 구축을 위하여서는 특히 역사적으로 선행하는 작업들을 위하여 봉사하여야 하였던 구래의 〈권력조직〉(Machtorganisation)으로부터의 거센 저항을 항상 극복하여야만 하기에 어느 정도 시간이 소요되기 마련이다. 하지만 이렇게 새롭게 형성된 〈권력조직〉도 구래의 것들과 마찬가지로 자신들의 본래의 역할이 완료되었더라도 지속적으로 잔존하기 위해 사력을 다하기 마련이다. 이때, 〈사회적 과업〉들은 [사회가] 이용 가능한 힘이 풍부해질수록 더 광범위하여지며, 그러한 다양한 〈사회적 과업〉들이 만일 동시적으로 추구되는 경우에는 각자에 필요한 〈권력조직〉들은 상호 간에 균형을 이루어야만 한다. 하지만 이러한 균형은 종종 장기간에 걸친 상호 투쟁을 거친 이후에야만 달성될 수 있다. [예를 들자면] 국가와 교회는 국가 형성과 문화 발전이라는 두 가지 상이한 〈사회적 과업〉들을 지향하고 있다. 따라서 로마-게르만 민족 내부에서 그 각각을 위해 창출된 〈권력조직〉들 간의 대립은 중세에서 근대까지에 이르는 수세기 동안에 걸쳐 지속되었다. 즉, 교회와 국가는 자신들 각자가 성취한 〈성공〉을 바탕으로 강성해졌고, 서로에 대해 〈우세적 권력〉(dominante Macht)이 되기 위해 다투고 있었다.

모든 민족들의 소질에는 한계가 존재하기 마련이다. 따라서 재능과 행운을 동시에 가장 타고난 민족들의 소질들도 장기적으로 보면 고갈될 가능성이 있다. 그러한 경우 발전은 답보상태에 빠질 수밖에 없으며,

이러한 답보 상황하의 민족들은 타민족들 간의 경쟁에서 열세적인 위치에 놓이게 되며, 아마도 더욱 생명력이 강한 타민족의 희생양이 될 것이다. 중국이 그 좋은 본보기를 보여준다. 그러나 어떤 민족이 정체 상태에 이르는 이유는 단지 그들 전체가 가진 힘의 총량이 완전히 소모되었기 때문만은 아닐 수 있다. 즉, 구성원들 간의 권력의 불균형이 그 주요한 원인일 수 있다. 만일 상위 계층에 과도한 권력이 집중되어 있고, 그들이 막 성장하고 있는 하위 계층의 힘을 억누르는 반면, 그러한 상류 계층이 자신들이 가진 힘을 이미 모두 소모하였다면, [그 사회는] 더 이상의 새로운 진보를 이룰 수 있는 역량을 결여하고 있기 때문이다. **사회적 힘의 성장과 〈사회적 권력〉의 〈계층화〉의 진전은 서로 엄밀히 구별되어야 할 현상들이다.** 하지만 통상적으로 우리는 이러한 상이한 두 가지 유형의 전개 중 전자에만 주목하기 마련이다. 전자는 한 개인이 가진 힘의 성장과 유사하기 때문에 우리에게 더 쉽게 이해될 수 있기 때문이다. 하지만 두 번째 유형은 가장 독특하면서도 어두운 사회 문제를 유발할 수 있기에 사회과학은 이에 대하여 더욱 지대한 관심을 가져야만 한다. 숲속에서 군집으로 서식하는 수목들은 홀로 서 있는 수목과는 상이한 성장 양태를 보인다. 전자는 주변 수목들의 영향을 받기 마련이기 때문이다. 공기와 태양으로부터 차단되지 않기 위하여서는 더 높이 하늘로 뻗어 오르도록 사투를 하여야만 하며, 너무 약해면 쉽게 시들어버릴지도 모른다. 주위의 나무와 어깨를 맞대고 서 있기 때문에 비록 풍성한 수관(樹冠)을 형성할 수는 없겠지만 풍해(風害)의 위험으로부터는 보호받을 수 있다. 마찬가지로 어떤 〈사회적 그룹〉의 성장도 사회의 권력계층 관계 내로 편입(Einordnung)되어 있을 때는 그로 인하여 촉진되거나 혹은 억제되는 등의 영향을 받기 마련이다. 〈상위계층화〉(上位階層化 Überschichtung)[73]의 결과로

---

73 사회의 〈계층화〉가 진행되면서, 한 계층을 다른 계층의 위에 중첩시키는 형태로 위상을 끌어 올리는 작용.

더욱 강한 권력을 가지게 된 상위 계층이 등장하게 되는데, 그들은 하위 계층의 성장을 보호하고 촉진하기도 하지만, 그 성장을 저지하거나 절멸시킬 수도 있다. 따라서 사회 〈계층화〉를 이루는 여러 환경상의 모든 변화는 항상 [사회 전체의] 힘들의 성장에 영향을 미치기 마련이다. 그것은 하위 계층에 대하여 가하는 압력을 증가시킬 수도 있지만 반면 억압되어 온 힘들을 사회를 위하여 해방시킬 수도 있다. 과거에는 복속된 농민들 위로 형성된 〈상위계층화〉는 너무도 억압적인 형태를 보였기에, 〈인민의 힘〉의 역사적 근원인 농민들이 가지고 있던 구래의 힘은 절멸될 위기에 처한 바 있었다. 근대 군주국들에서 일어나기 시작하여 혁명으로 완성된 농민해방은 농민계층, 그리고 더 나아가 〈민족성〉(Volkstum)의 형성을 위해 재차 자연스러운 역사 발전의 길을 열어주었다. 프롤레타리아 또한 자신들이 해방되는 경우 같은 결과를 가져다줄 것을 기대하고 있다.

    마치 개인적 권력이 최초에 그것을 생성시켰던 힘이 쇠멸하거나 또는 더욱 강한 권력에 의하여 압도되었을 때에는 실패로 인한 압력에 의해 비틀거리거나 무너지는 것과도 같이, 사회 전체로 볼 때 어떤 사회 전체의 전반적인 붕괴는 내적인 힘의 감소 혹은 〈상위계층화〉라는 두 가지 주요 원인에 기인한다. 대중이 가진 커다란 힘과 이반(離反)하여 그 힘을 〈착취〉하는 〈패권적 권력〉들은 반드시 [사회의] 전반적 붕괴를 초래하기 마련이고, 사회의 상층부 또한 그것을 지탱하여 왔던 하층부가 약화될 때는 당연히 붕괴될 수밖에 없다. 고대 아시아의 역사를 창출한 위대하였던 지배 민족들은 현재는 인구 규모, 소유, 문화의 모든 측면에 있어 자기들이 최초에 발흥하였던 시대 이전의 수준으로까지 수축되었고, 그들은 더 이상 역사를 만들어 나아갈 역할을 수행할 능력을 가지지 못한다. 물론 그들이 가진 힘들의 상당 부분은 잔학한 전쟁으로 소모되었던 것도 사실이다. 하지만 오히려 권력의 〈상위계층화〉가 그 모든 쇠락의 주요한 원인이었다.

    어떤 민족의 쇠퇴는 아직은 그 민족의 완전한 몰락을 의미하지는 않는다. 실상, 한 민족의 완전한 절멸은 아주 드물다. 완전한 의미에서의 민족 절멸의 경우는 이태리의 고트(Goth)족이나 아프리카의 반달족(Vandal)처럼 어떤 민족이 [다민족으로 이루어진] 어느 국가의 상층부에만 아주 얇게 포진하면서, 야만적 영웅주의에 사로잡혀 자신들의 지배를 유지하기 위하여 [외부의 침략이 있을 때] 최후의 일인까지도 목숨을 바쳐 항전하는 〈소민족〉에게만 해당된다. 이러한 예외적인 경우를 제외하면 **어느 민족도 물리적 절멸을 맞이하지는 않는다.** 또한 한 민족이 다른 민족과 피가 섞임으로 인하여 자신들의 '고유한 존재성'이 없어지는 경우도 존재한다. 하지만 우리는 이것이 바로 [그 민족의] **정신적 멸망**이라고 해석해서는 안 된다. 로마제국의 멸망이 로마인 전체의 멸망을 의미하지 않듯이 영국의 색슨(Saxon) 왕국이 노르만족(Norman)에 의해 정복된 것이 곧 색슨족의 멸망을 의미하지는 않는다. 이러한 경우나 혹은 다른 경우에 있어서는 피정복자는 **민족 정체성**을 상실하고 독립성을 상실하며 외세가 수립한 〈상위계층화〉에 편입되었다. 하지만 노르만족과의 융합된 이후에도 색슨족은 영국국민을 이루는 가장 중요한 구성원으로 남아있었다. 또한 구 로마제국의 로마인의 경우에도 승자였던 게르만족과의 융합 과정에서 승자에게 오히려 자신들의 언어를 따르게 하였다. 더욱이 그들은 자신들이 가지고 있던 문화의 상당 부분을 다음 세대를 위해 보존하고 있었다. 이러한 사실은 과거의 〈역사서술〉에 있어서 아마도 일방적으로 과소평가 되어 온 듯하다. 쇠퇴하였던 로마제국으로부터 야만인 통치하의 신흥왕국으로 전달된 언어와 문화는 르네상스 문화의 전개 과정보다도 훨씬 풍부한 〈실질적 내용〉을 지니고 있었다. 사실 르네상스는 단순한 이념의 전달이었다. 르네상스 〈인본주의자〉들은 키케로(Cicero)[74]를 읽으면서 라

---

74 Marcus Tullius Cicero(BC106-43). 고대 로마 공화정 말기의 정치가, 변호사, 웅변가, 문학가, 철학자, 집정관. 당대의 최고 문필가 중의 한 사람. 그의 작품은 고전 라틴어의 기준으로 간주되었다.

턴어를 갈고 닦았고 조각가나 건축가는 새로 발굴된 로마의 모델에서 배운 것에 불과하였다. 로마제국의 멸망은 로마에 있어서 큰 인구적 희생을 초대하였던 것은 사실이다. 하지만 로마에 정복자로 새로 이주하여 온 승전 민족에게는 여전히 압도적 수의 로마 주민들은 계속 잔존하였고, 이러한 잔존 주민들은 비록 과거 자신들이 누리던 〈외적 권력〉은 상실하였더라도 여전히 이전 세대의 사회 문화력의 개인적 담지자로서 생명력을 유지하고 있었으며, 그들이 전수받은 문화의 우월성을 통해 지속적으로 영향력을 발휘할 수 있었다. 이들은 교회와 로마 교황청을 배경으로 당대의 신흥 〈지배적 권력〉에 접근할 수도 있었다.

본서에서 소개하는 역사적 성장에 대한 견해는 통상적 견해와는 차이가 있다. 통상적으로는 **사회적 성장의 법칙을 개인적 성장에서 유추하**고, 그 결과 사회에서도 개인생활과 마찬가지로 청년기, 장년기, 노년기라는 **세 가지 단계**가 있다고 주장하고는 한다. 그럼으로써 의인화된 관점을 따라 사회적 삶을 분석하려고 한다. 또 한편으로는 이러한 시각을 통해 개인적 삶의 활동이라는 더욱 단순하고 친근한 이미지를 이용하여 사회생활의 복잡한 형성과정을 더욱 가까이 이해하려고 한다. 따라서 예를 들자면 사회 내에서의 행동을 결정하는 것은 〈사회적 의지결단〉(gesellschaftliche Wiillensentscheidung)[75]으로 여겨지는데, 그것은 완전히 〈개인적 의지결단〉의 방식을 따라 진행된다고 가정된다. 유일한 차이 점은 그것을 한 개인이 단독으로 실행하는 것이 아니라, 수천 혹은 수백만 명의 사람들이 함께 실행한다는 것이다. 사실 〈사회적 의지〉의 형성에 있어서는 그에 참여하고 있는 대중의 개인적 의지가 사실상 완전히 배제되거나 혹은 단지 보조적 역할만을 하는 것으로 한정되는데, 이러한 형태의 참여 형태에서는 개인적 의지의 행동을 충분히 설명할 수는 없다.

---

[75] 본서에서의 의지결단(성)의 의미는 '의지에 의한 결단(성)'이다.

이러한 〈사회적 의지〉의 형성에 관하여서는 다른 곳에서 더욱 상세하게 논하기로 한다. 마찬가지로 개인적인 성장과정 단계 중의 거의 대부분이나 아마도 가장 큰 부분은 사회적 성장으로 직결되지 않는다. 노년기에 접어들면 그들의 힘은 사라지고 〈사회적 과업〉에의 참여로부터 점점 멀어진다. 전체적으로 볼 때, 사회적으로 왕성하게 활동하는 것은 장년층들뿐이고, 청소년들이 개인적으로 성장하는 전 과정은 사회라는 관점에서 볼 때는 의미가 없다. 그들은 사회를 전진시키는 역할을 하는 층이 아니며, 단지 청소년들의 사회참여가 필요한 어떠한 상황에서만 일정 역할을 수행할 뿐이다. 청소년들의 성장은 그들이 성장하고 있는 환경에서 나타나는 새로운 움직임에 부응할 수 있다는 점에서만 사회의 성장에 중요하다. 그러나, 대략적으로 보자면 청소년은 우선 사회의 선행하는 발전경로를 따라잡아야만 한다. 인간의 태아가 기본적인 발생학적 법칙에 따라 가장 단순한 생물에서 인간까지에 이르는 종의 〈진화〉가 이루어진 경로를 반복하듯이, 젊은이의 정신도 그 성장과정에서는 인간의 정신이 역사적으로 경험하였던 과정을 반복하는 것이다. 유아기에는 단순히 즐거운 장난을 하다가, 이후에는 인디언 부족들의 잔혹함을 어떤 동정심도 없이 즐기게 되고, 그에 따라 모험적이며 영웅적으로 변해간다. 그리고 이후에는 모종의 진보를 학수고대하며 어떠한 높은 이상을 추구하기 위한 신념의 열정에 빠진다. 그런데 장년기에 이르러서는 많은 사람들의 정신은 현명한 경제적 〈영리함〉이라는 이름의 항구에 닻을 내리고 이전 시기의 환상에서 깨어난다. 그러나, **사회의 성장은** 결코 이같은 **개인의 성장을 반영**하는 것이 아니다. 왜냐하면 설령 장년층이라도 자신이 개인적으로 가지고 있는 힘들 중 단지 부분만을 〈사회적 과업〉을 위해 할애하는 것이며, 나머지는 자신의 사적인 삶을 위해 유보하고 있기 때문이다.

〈사회적 과업〉에 참여하기 위하여 할당되는 부분은, 밀접하게 얽힌 두 개의 과정, 즉, 힘들이 〈수련〉(Übung)을 통하여 성장하는 측면과 힘들이 〈사회적 권력〉으로 전환되는 측면으로 나누어서 고찰할 수 있다. 이

두 번째 과정은 개인적 삶과의 유사성이 전혀 없다. 사회적 차원에서 볼 때는 전자조차도 기묘한 위치에 놓여있다. 왜냐하면 알다시피 그러한 발전은 사회계층별로 차별화되어 나타나거나 혹은 [모든 이에게 동일하게 나타나지 않고] 계층별로 점진적으로 이루어지는데 이러한 성장과정은 개인적 성장 과정과는 유사성을 가지지 않는다. 발전 과정에 있는 국가에서는 그것을 구성하는 모든 계층이 균등하게 성장하지는 않는다. 상층부는 이미 그 성장의 활력을 상실하였을지 모르며, 반면 중층부나 하층부는 아직 활력을 잃지 않았을 수도 있고, 혹은 오래전부터 억제되어 왔거나 퇴화된 상태일 수도 있다. 개인적인 연령 구분을 사회 조건 전반에도 유추하여 적용하여 이야기하자면, 발전 과정에 있는 국가에서의 **각 계층들은 그 발달 수준의 측면에서 서로 발달 연령이 상이하다**. 국민 전체가 똑같은 연령층에 속한다고 생각할 수 있는 경우는 아마도 최초 역사의 시작 단계와 언제 달성될 수 있을지 모르는 그 최종적 완성 단계뿐이다. 서양의 경우, 기사도와 부르주아지의 성숙기에는 각 계층별로 발달 연령상의 차이가 크게 존재하였다. 그러나 프롤레타리아의 성숙기에는 그것이 어떠한 상태일지 아직 이야기하기에는 이르다. 물론 사회는 일반적으로 연관되어 구성원 간에 영향을 주고받고 있기에, 그 성장에 있어 각 계층의 발달 수준은 항상 다른 계층의 수준에서 영향을 받는다. 따라서 이미 활력을 상실한 계층은 활력으로 충만하여 분투하고 있는 다른 계층으로부터 새로운 자극을 받기도 한다. 따라서 모든 민족의 역사에는 〈**사춘기의 반복**〉(wiederholte Pubertät)**이라는 현상**이 나타나는데, 이러한 반복 현상은 개인의 성장 영역에서는 알려지지 않았거나, 굳이 괴테를 인용하자면 예외적으로 특출한 인물에게만 발생하는 것이다.[76]

---

76   괴테에 의하면 천재들의 사춘기는 반복하여 나타남에 반하여, 보통 사람들은 단 한 번의 사춘기를 겪는다. 원문은 다음과 같다: "[…] sind geniale Naturen, mit denen es eine eigene Bewandtnis hat; sie erleben eine

왜 민족의 성장을 개인적 인생의 성장과 동일시하여 유추하게 되었을까? 물론 이에는 어떠한 정당화는 있을 듯하다. 역사적 관찰을 통해 민족의 성장과 개인적 성장 사이에는 몇 가지 유사점이 있음은 알 수 있었다. 하지만 그러한 유사성은 개인적 성장에 관한 개념을 민족에게도 완전히 이전시켜 적용할 수 있을 정도로 충분한 것은 아니다. 물론 민족의 성숙은 설령 그것이 개인과는 비교가 안 될 만큼 오랜 시간에 걸쳐 일어난다 해도 개인의 성숙과 유사한 점은 있다. 개인과 마찬가지로 모든 민족은 모종의 자질을 가지고 있고 그것이 서서히 개화하여 결실을 맺고 결국은 고갈되기 마련이다. 역사를 만들어 갈 천부적 자질은 가지고는 있으나 아직 역사의 일부가 되지 못한 민족의 경우에서 우리는 젊음의 느낌을 받을 수는 있다. 하지만 분명 장년들과 건강한 노인들에게조차 그간 눌려왔던 그들 내부의 힘을 일깨우는 감정을 불어넣음으로써 동일한 활력이 나타날 수도 있다. 반면 역사를 만드는 자질이 결여되어 일찍부터 노인처럼 시들어 버린 민족도 있다는 것을 잘 알 수 있다. 하지만 모든 민족들이 그러한 쇠퇴를 겪는 것은 아니다. 새로운 세대로 계속 이어져 새로움을 유지하는 민족은 물리적 사망을 경험하지 않듯이, 강한 민족도 마찬가지로 죽음의 전조인 힘의 쇠약을 경험하지 않는다 어떠한 민족에게서 **힘이 고갈**되었다는 것은 주어진 자질을 이미 충분히 개화시켰기에 더 이상의 **발전이 정체**되었다는 것을 의미한다. 사회적 힘이 진정한 의미에서 쇠퇴하려면 매우 특별한 원인이 작용하여야 한다. 특

---

wiederholte Pubertät, während andere Leute nur einmal jung sind."(1828년 3월 11일 에커만(Eckermann)이 남긴 괴테와의 대화에 대한 기록). 나폴레옹에 대한 대화 중, 괴테가 자신이 나폴레옹이라면 부하들을 젊은 사람으로만 뽑을 것이라고 말하자 이에 에커만이 기이하게 여겨 반문하였는데, 그때 괴테가 답한 말. 보통 사람은 나이가 들면 사춘기와 같은 열정을 상실하고, 오로지 특출한 인물들만이 나이가 들어도 그 열정을 간직한다는 의미.

히 사회 최상층은 자신들에게 책임이 부과된 전쟁을 위한 과도한 노력이나, 열정적으로 몰두하고 있는 지적 작업, 또는 타락적 낭비로 인해 자신들의 힘을 고갈시키기 마련이었고, 그로써 운명은 그들을 위협하고 있었다. 반면 대중들이 그들이 처한 비참함조차 스스로 무디게 느끼고 수동적 예속에 빠지는 순간 운명은 그들 또한 위협한다. 하지만 이미 시들어 버린 상층부 밑에 놓인 대중은 철저히 생명력을 간직할 수도 있다. 후자의 경우 대중은 그들 계층의 위상이 높아짐에 따라 새로운 남성다움, 나아가 새로운 청춘을 경험하게 된다. 고전적 〈역사서술〉은 고대의 대부분의 민족에 있어 단지 최상위 **〈지배계층〉**의 상황만을 서술하며, 그들의 쇠락이 마치 어떠한 역사적 시기의 종언이라는 식의 인상만을 전하고 있다. 물론 대체로 상위 계층의 역사가 〈대중의 역사〉(Volksgeschichte)를 공동으로 결정하는 것은 사실이지만 결코 후자를 최종적으로 결정하는 것은 아니다. **〈지배계층〉**의 쇠락은 그 힘에 의해서만 유지되던 제국의 붕괴로 인도한다. 그 경우 대중 역시 무한한 고통을 겪으며 몰락으로 이끌리게 된다. 그러나 대중은 다음 세기에 새로운 성장과 풍요로운 내용을 도출할 수 있는 활력을 간직하고 있다. 결국 민족의 발전이라는 것은 그것을 구성하는 사회 계층별로 단계적으로 이루어진다는 사실을 거듭 강조할 필요가 있다. 만일 〈역사서술가〉가 어떤 민족의 발전을 단순한 개인의 성장 과정으로만 묘사하려 한다면 결코 〈역사서술가〉로서의 책무를 다하고 있다고 할 수는 없을 것이다. 〈지배계층〉이 권력을 장악하고, 그럼으로써 상층의 압력이 대중을 압박하고, 반면 대중은 충분히 자신들의 힘을 축적한 후에는 자신 앞에 놓여있는 압제의 상황을 극복하고 그간 축적된 힘을 발현시켜 새롭게 개화시키는 등의 그러한 전환들이 역사적으로 발생한다는 측면들을 〈역사서술가〉들은 가장 주의 깊게 살펴보아야만 한다.

고대의 〈소민족〉들의 경우 문화의 발전은 **단일 문화층에 의해서만 유지**되었기 때문에 그 문화는 분할되지 않은 전체로 볼 수 있다. 그런데 아테네의 문화는 준(準)시민이나 노예들 위에 위치한 완전시민이라는 얇은 계층에 한정되어 발전하였다. 반면 근현대의 민족들에서는 법적으로나 실질적인 면에서 엄밀하게 보자면 문화층은 그 어디에서도 일반 대중과 분리되어 독자적으로 존재하고 있지 않다. 따라서 근현대 민족들의 문화사 및 일반 역사를 〈고전적 시대〉에 있어서의 그것들과의 연속선 위에서 보여주는 것은 불가능하다. 또한 그것들이 지니는 다양성을 개별 인간의 성장과정과 비교하려는 단순한 구도로 환원할 수도 없다. 독일의 음악이나 시(詩)들 내에 표현된 내적 진실성을 느끼기 위해서는 독일의 부르주아지가 궁정이나 귀족의 외면적 허세와는 상이한 경건함과 심적 평화를 느끼고 있었음을 이해하여야 한다.[77] 그러나 동시에 그 이전의 시대에는 군주와 기사들이 힘에 넘치는 정복자이자 일반 대중에게는 우월함의 전형이었던 것을 간과해서도 안된다. 이러하듯 변천해 나아가는 시대와 그것의 계층구조는 각 민족들의 특징을 형성해 나아가는 경로를 보여준다.

우리는 필히 〈**사회적 관점**〉(gesellschaftlicher Gesichtspunkt)을 경주하여야만 한다. 물론 개인이라는 관점을 무시할 수는 없다. 그러나, 그러한 개인에 주목하는 관점은 〈사회적 관점〉을 수립하기 위하여 필요한 기반으로서만 우리의 관심사에 포함될 수 있다. 즉, 개인적인 측면들은 그것들이 사회적으로 영향을 발휘할 경우에만 고려의 대상이 된다. 단지 개인들이 자신의 성장을 위해 노력한다는 측면에만 주목하는 경우 우리는 역사적인 발전을 이해할 수 없다고 생각한다. 오히려 성장의 궤도에 있는 내적인 힘들이 사회적 영향력을 발휘할 수 있게끔 인도하는 경로를 열어주거나 혹은 차단시키기도 하는, 그러한 각종 외적인 상황을 항상

---

[77] 노르베르트 엘리아스에 의하면, 독일의 부르주아지는 궁정을 차지하고 있는 귀족과는 차별화하여 자신들의 지적, 정신적 우위를 추구하였고, 귀족의 문화를 모방하려던 프랑스 부르주아지와는 달리 대학 등을 중심으로 자신들만의 독자적인 문화를 개진하였다(참고: 엘리아스 2002).

주의 깊게 고려하여야만 한다. 역사 초기 시대에 결정적이었던 야만적 무력을 단순히 유년기 인간의 미숙함의 발로로서 설명해서는 안된다. 오히려 이는 그 초기 환경적 상황하에서 극복하여야만 하였던 각종 장애물들이 강건하게 버티고 있었음에서 기인한다. 그러한 초기 역사의 단계를 지나, 더욱 부드러운 〈내적 권력〉이 더욱 융성하게 성장하는 것을 목격하였을 때, 그것을 단지 개인의 성장과정상의 성숙기가 진행되고 있다거나, 혹은 노령기의 노쇠 현상과 비유하여 이유를 찾아서는 안된다. 그러한 〈내적 권력〉의 발흥은 오히려 외적인 평화 내지는 부의 달성에서 비롯되었음을 이해하여야만 한다. 그러한 외적 평화와 부는 그간 오랜 기간 동안 억눌려 잠재하고 있던 더욱 부드러운 감정이 표출될 수 있는 길을 열어주고, 결국 갈망하는 순수한 영혼을 자유롭게 해방시켜주었다. 또한 우리는 일단 확립된 권력이 가지는 후유증세라고도 할 수 있는 자기 보전적인 성격에 대해서도 항상 고려하여야 한다. 새로운 힘들의 도전과 직면하거나 자신 내부적인 이유로 자신의 힘이 무너지고 몰락하지 않는 한, 일단 견고히 수립된 권력은 경쟁에서 우위를 점하며, 또한 그러한 우위에 근거하여 지속적으로 자기 자신을 보전하고자 한다. 하지만 궁극적으로는, 더욱 강력한 새로운 힘들이 출현하는 경우 이전의 권력은 마침내 새로운 힘들에 굴복하지 않을 수 없게 된다. 혹은 그러한 이행의 초기 단계에서는 과거의 권력이 새로 출현한 힘들을 위하여 봉사를 할 수도 있다. 그러한 봉사의 모습들은 과거의 권력들이 새로운 상황에 적합하도록 그들 내부에서 변모할 때 분명히 드러난다. 어느 경우이든 새로운 권력은 낡은 권력이 성취한 〈성공〉의 기반 위에 세워진다. 이러한 [과거 권력과 새로이 발흥하는 힘들이 움직이는] 두 방향은 서로 교차하거나 혹은 얽힐 수 있는데, 따라서 역사연구자의 시선은 그러한 움직임에서 일반적인 발전의 경로를 파악할 수 있다. 역사 연구자가 가진 올바른 성찰력은 과거에 국가를 설립하였던 야만적 무력이 〈자유적 권력〉들을 수립하기 위한 유리한 토양을 조성하기 위한 필요조건이라는 사실을 드러낸다. 정치적 열정은 과거와 미래의 결과에 유념하지 않고 현재에만 안주하며, 아마도 현재의 당면 과제를 완수하기 위해서는 그러할 수밖에 없다. 현대의 진보정당은 자유를 위한 투쟁의 선봉에 나서는 과감한 지도자를 임명하기 마련이고 현재의 〈무력통치자〉(Gewalthaber)들을 조롱하면서 그들에 대한 적대적 분노를 표출한다. 진정 자유의 순간이 도래하면 그들의 행동이 정당화될 수 있기에 그들은 행동한다. 그러나 국가를 수립하기 위한 야만적인 무력이 요구되었던 과거의 당시에도, 당대 가장 우수한 자들은 승리한 군주의 궁정에 모여들어 군주를 위해 봉사하면서, 자신들을 마찬가지로 정당화하였다. 그러한 자들 중 일부는 단순한 자신들의 외적인 〈성공〉을 추구하기 위하여 그러하였고, 반면 다른 일부의 진실한 자들은 강한 자신의 신념의 바탕 위에 그 시대의 진보를 위해 헌신하기 위해 그러하였다. 아마도 후자들 중 어떤 이들은 지속적 점진적 진보가 결국 자유를 가져다줄 것이라는 확신을 가지고 있었을 것이다. 하지만 그러한 과제들이 어떻게 다르게 향후에 전개될 것인가에 대하여서는 전혀 고려하지 않고, 당장 당면한 과제만에 전념하던 그러한 사람들도 존재하였기에, 그러한 사람들의 역할도 또한 충분히 인정되어야만 한다.

행운이 수반되는 한, 건전한 민족은 모든 발전의 경로를 거쳐 결국 풍성한 결실에 다다를 수 있는 힘을 가지고 있다. 약한 민족과 운명이 저버린 민족들은 실패하기 마련이고, 그들은 과거의 무력이 가진 〈패권적 권력〉에 도전하기 위한 대항력을 발휘할 수도 없고, 강대국의 침략을 저지할 수도 없다.

10. 사회에 있어서의 〈공리주의 원칙〉

위의 논의를 통해 알 수 있는 바는, 〈사회적 성공〉(gesellschaftlicher Erfolg)에 기원을 두고 그와 함께 성장하는 권력이 가장 높은 수준의 〈사회적 효용〉(gesellschaftlicher Nutzen)을 항상 보장하는 것은 결코 아니라는 점이다. 사회적 발전에 있어서 〈공리주의 원칙〉(utilitarisches Prinzip), 즉 〈사회적 효용〉의 최대화 원리는 일정한 조건하에서만 실현될 수 있다. 최고의 힘과 생명력을 가진 민족들만이 그 조건들을 충족시킬 수 있으나, 그러한 민족들에게 있어서도 발전은 단지 계층별로 차별화되어 서서히 진행된다. 우리가 말하는 **〈사회적 성공〉이라는 것은 그 사회에 속한 어떠한 개별적 〈사회적 성공〉을 의미할 수도 있으며**, 설령 대중의 희생 위에 어느 한 그룹이 자신의 〈성공〉을 달성하더라도 그 자체로서는 일종의 〈사회적 성공〉이라고도 말할 수 있다. 〈소수의 법칙〉은 소규모 그룹들이 성취하는 〈사회적 성공〉에 기반을 둔다. 그러나 최초에는 소규모 그룹들은 자신의 이익만을 위해 새로운 권력을 형성하는데, 그러한 권력에 대한 〈통제처분권〉이 그들의 손으로부터 사회 전체로 이양될 때야 비로소 이들 **소규모 그룹들의 〈사회적 성공〉은 완전한 의미의 〈사회적 성공〉으로 승화**될 수 있다. 최초에는 군주가 대중들을 규합하고 자신의 이익을 위해 대중들을 이용한다. 하지만 국가의 질서를 설립하기 위한 투쟁의 과정에서 입은 대중들의 상처가 그렇게 수립된, 군주적 국가의 확고한 질서로 인하여 치유된 순간, 대중들은(물론 그렇게 몰고 갈 추동력이 충분히 남아있는 한) 그들의 지도자였던 군주를 제거하고자 한다. 이제 그들에게는 군주는 단지 불쾌하며 비용이 많이 드는 존재에 불과할 뿐이다. 그리하여 대중은 이제 새로운 작업 감독을 선임하고 그들의 지휘하에 진보적 발전을 향한 새로운 과업에 눈을 돌린다. 그리고 새로운 지도자의 지휘하에서 자신들의 삶이 더 나아졌는지를 주목하게 된다. 하지만 심지어 가장 발전한 민족에게 있어서도 평화가 유지되고 〈보편적 복지〉(allgemeine Wohlfahrt)가 추구되는 황금시대에 도달하기까지는 아직도 갈 길은 멀다. 어느 민족도 〈사회적 효용〉의 극대화라는 목표에는 도달하지 못하였다. 그리고 그러한 목표에 도달하는 발전의 경로를 파악하는 것이 도대체 가능할 것인가조차도 의문시되고 있다.

III. 〈사회의 강령〉에 있어서의 근본 바탕: 지도자와 대중

1. 〈대중기법〉로서의 리더십(Führung)

모든 〈사회적 집단〉은 〈강령〉(綱領 Verfassung)[78]이 필요하며 또한 그것을 제정하고 있다. 모든 〈국가집단〉(Staatsverband)도 훨씬 이전부터 그러한 〈강령〉을 필요로 하였으며 제정하였다. 이는 근대적 의미의 〈강령〉이 등장하기 이전에도 그러하였는데, 단 후자는 더욱 포괄적이며 정교하게 입안되고 또한 엄숙히 서명된 차이가 있을 뿐이다. 〈국가집단〉뿐만 아니라 〈교회집단〉(Kirchenverband), 〈군사집단〉(Heeresverband), 〈국민경제적 집단〉, 심지어는 단순한 사교조직들에 이르기까지 모든 자유로운 〈사회적 집단〉들은 〈강령〉을 필요로 하고 있고 또한 제정하고 있는데, 그것의 형태는 법적으로 확립된 〈강령〉이거나 혹은 실질적으로 준수되는 〈강령〉일 수도 있다. **〈법적 강령〉**(法的綱領 Rechtsverfassung)이란 어떠한 집단 내에 존재하는 〈권력의 권한〉(Machtbefugnis)들에 대하여 명확히 규정한 질서(Ordnung)이며, 이와는 달리 **〈실질적 강**

---

78 독일어 'Verfassung'이라는 단어는 한글로 번역하기가 쉽지 않다. 통상적으로 '헌법'으로 번역하나, 이같은 용법은 이 단어를 아주 협소하게 적용한 경우이다. 원래는 중세 독일어에서는 '쓰인 문서 내지 계약'의 의미이고, 현대적 용법으로는 '헌법' 이외에도 '일반적 상태'(Zustand)(예를 들자면 건강 상태, 가난한 상태 등), 혹은 법적인 측면에서는 '법적으로 규정된 상태' 내지는 어떠한 '특정의 상태나 형태를 규정하는 법'을 말한다. 혹은 이따금씩 정치체제를 의미하는 '정체'(政體)로 번역되기도 한다. 본문에서의 의미는 어떠한 조직이나 집단을 규율하는 규범체계나 혹은 질서 체계를 의미한다. 그러한 의미에서 비록 완전하지는 못하지만 〈강령〉(綱領)으로 번역하였다. 단, 문맥에 따라서 헌법이나 '정체'로 번역한 곳도 있다. 참고로 영어의 번역어는 'Constitution'이다.

령〉(tatsächliche Verfassung)이란 어떠한 집단들 내에 존재하는 권력이 [자신이 소유하고 있는 권력을 이용하여 구성원들로 하여금] 사실상 준수하게끔 하는 질서이다. 후자의 경우의 권력관계는 지배 내지는 예속, 혹은 대등함 등의 상호 관계로 나타나며, 사회적 힘들의 분포 상태가 이러한 관계를 설정한다. 즉, 〈사회의 강령〉(gesellschaftliche Verfassung)은 사회에 존재하는 힘과 권력이 분포되어 있는 상태를 반영한다. 이는 마치 개인이 소유한 〈정신상태〉(Geistesverfassung)는 그가 가진 [다양한] 정신적인 힘들이 놓여있는 상태를 반영함과 같다. 법적으로 기술된 질서체계가 실질적으로 준수되는 질서와 근접할수록 〈법적 강령〉은 더욱 실질적으로 되며, 따라서 더욱 효과적이다. 아무리 정교하게 제정된 〈강령〉일지라도 그것이 현실과 전혀 부합하지 않는다면 [즉, 기존의 권력의 분포에 입각하여 제정된 것이 아니라면], 일찍이 라살이 지적하였던 바처럼 그것은 단지 종이 조각에 불과하다. 영국은 유럽국가 중 가장 현실을 반영한 〈강령〉을 가진 동시에 가장 비 성문화된 〈강령〉을 가지고 있다.

모든 〈강령〉은 **기본 형태가 반복되어 나타난다는 의미에서, 기본 형태의 변형**이라고 할 수 있다. **그 본질적인 내용은 지도자와 대중 간의 권력 배분 형태**를 반영한다. 사회생활에서 지도자와 대중은 각자 고유한 활동을 영위하고 있으며 각자의 효율성의 정도는 상당히 다르게 나타난다. 하지만 어찌 되었건 양자는 동시에 효율적으로 작동하여야 한다. 만약 어떤 집단이 행동을 취할 수 있으려면 그 집단은 [지도자와 대중이라는] 두 종류의 기관(器官)을 모두 통제(verfügen)할 수 있어야 한다. 〈직접 민주주의〉는 그 이상적인 형태로는 실행 불가능하다. 왜냐하면, 대규모의 대중들 모두가 직접 지도자로서 역할을 할 수 없으며, 그를 위하여서는 항상 그들을 대표할 수 있는 특별한 기구가 필요하다. 지도자와 대중 사이의 협력이 어떠한 형태를 가져야만 〈사회적 성공〉을 달성할 수 있는지는 오늘날 조직의 가치를 인정하고 있는 프롤레타리아에 의해 분명히 이해되고 있다. 〈**조직화**〉란 **무엇을 의미하는가**? 그것은 대중들이 자신들이 신뢰할 수 있는 **지도자 밑에 자기 자신을 위치시키는 것**이다. 지도자는 운동에 그 목표와 계획을 주고 대중은 그 운동에 그 무게를 얹는다.

오늘날 사회학자들이 대중이라는 현상에 대해 언급할 때 그들은 〈집단심리〉(Massenpsychologie)에서 출발하는 경향이 있는데 이러한 분석의 경우에는 대중에 대하여 대체로 매우 부정적인 결론을 도출해 낸다. 그들이 생각하는 과학적인 연구는 대체로 가장 가시적이고 폭풍우와 같이 격렬하고, 또한 가장 전락한 형태의 〈대중운동〉들에 초점 맞추기를 선호하며, 또한 현재 대중의 역할이 가장 두드러지게 부각되어 보이는 정치적 환경에만 관심을 두는 경향이 있다. 하지만 우리는 좀 더 일반적인 경향을 연구의 출발점으로 삼아야만 한다.

리더십의 필요성은 대중을 구성하고 있는 보통 사람들의 부족함에서 기인하는 것은 전혀 아니다. 심지어, 대체로 그러한 것조차도 아니다. 의회에는 선거에 의해 선출된 대중의 지도자들이 모여 있다. 하지만 의회에서 모여 있을 때 그들 역시 지도자를 필요로 하는 일개 대중에 불과하다. **리더십은 〈집단심리〉에 의해 요구되는 것이 아니며, 〈대중기법〉**(Massentechnik)[79] **이라는 차원에서 가장 중요하게 요구된다.** 즉, 아무리 유능한 사람들이라도 대중의 구성원으로서 모이게 되면 지도자가 나타나야만 행동할 수 있다. 단순히 개인들 간의 소통에서 그들 간의 단합과 공동행동을 달성하기 위하여 사용되는 수단은 대규모로 모인 대중에게는 적용될 수 없다. 계약이라는 것은 두 사람 또는 혹은 아주 밀접한 소규모 인간들 간의 합의를 위하여서는 적절한 형식일 수 있지만, **수백만의 대중 사이에서는 그러한 계약이란 존재할 수 없다.** 개인 간의 〈사회계약〉(Gesellschaftsvertrag)

---

79 이 용어의 정확한 의미는 다소 모호하다(Wieser 1983: viii, Kuhn교수의 커먼트). 역자가 이해한 의미는 '대중을 결집하여 행동을 하게 하는 기법'이다. 이 용어는 본서에서 반복되어 나타나는 중요한 개념이기에 각별히 주의할 필요가 있다. 본서 192, 382쪽을 참고할 것.

이나 국가 간의 조약을 연구의 출발점으로 하는 학자들은 〈대중기법〉이 가지는 본질을 이해하지 못한다. 그들은 다른 많은 사회과학적 〈사유〉들이 항상 범하는 바와 같은 큰 오류에 사로잡혀 있다. 즉, 그들은 거대한 대중 속에 놓여있는 한 인간을 마치 독립된 개인적 삶을 영위하고 있는 개인으로서 비춰지는 바로만 파악한다. 하지만 인간은 거대한 대중이라는 환경으로부터 오는 힘들의 영향을 받는다. 또한 인간이 그러한 환경과 관계를 맺게 하는 수단은 그가 이미 친숙하여 있는 서로 친밀한 관계들 간에서 이루어지는 개인적 소통의 수단과는 상이하다.

만약 두 사람이 상호 간에 '[사적] 계약'을 체결하는 경우, 각각은 일단 먼저 자신이 추구하는 바를 스스로 생각하고 또한 그것을 상대에게 밝혀야만 한다. 하지만 수백만 명으로 구성된 다중 간에서는 그러한 방식으로 직접 상호 소통하는 것은 불가능하며, 단지 수천 명 내지는 수백 명으로 구성된 의회에서도 어떠한 결론을 도출하기 위해서는 그 의원들이 모두 다 발언하는 것은 허용되지 않는다. 대다수는 그저 조용히 앉아 듣기만 할 뿐이다. 〈회의〉(Sitzung)[80]라는 단어의 의미에 이미 함의되어 있듯이, 발표자만이 발언하는 동안 나머지는 그저 가만히 듣고 있어야만 한다. 그러하기에 남의 이야기를 듣는다는 것은 그 이야기가 추구하는 목적에 도달하기 위해서 자신 스스로의 생각을 포기하도록 만들기 쉽다. 하지만 의원들은 어떠한 생각도 없이 무조건 행동하는 것은 원치 않으므로 일단 안건의 심의를 위해 위원회가 성립되고 진행을 위한 하나의 기법으로서 그 안에 소위원회가 임명되며, 그 소위원회는 제안자들을 정하여 그들에게 상세한 심의(Überlegung) 임무를 넘겨주기도 한다. 마지막으로 제안자들 또는 반대자가 안건을 제출하고 소위원회, 위원회, 본회의가 승인 혹은 거부함으로써 결의가 이루어진다. 모든 국민 전체를 구속하는

---

[80] 독일어에서 '회의'의 어원은 '앉아 있음'(Sitzung)이다.

결정은 국민대표들 대부분이 어떠한 자신의 의사도 표명하지 않고 단순한 찬반의 표시만 함으로써 다수결로 이루어지기 마련이다. 이러한 상황에서는 '사적 계약'이라는 것은 의미가 없는 유명무실해진 것이 된다. 왜냐하면 [사적 계약에 있어서] 어느 한쪽의 계약 당사자는 〈대중기법〉이 국민들의 대표자들 대다수에게 부과하는 것과 같은 [자신의 의사 표명이 없는] 단지 소극적인 역할을 하는 상황으로 전락하기 때문이다.

정치적 선거를 살펴보는 경우 이같은 대중행위의 작동에 대한 특히 유익한 통찰을 얻을 수 있다. 유감스럽게도 정치적 선거는 유권자나 혹은 〈입법자〉들이 생각하는 것과 같은 단순한 행동은 결코 아니다. 일단 그 명칭부터 오해의 소지가 있다. 왜냐하면 유권자는 모든 선거에 있어 핵심이라고 할 수 있는 선택의 권리를 행사하기 위해 스스로 투표에 참여하는 것이 아니다. 그들은 당 지도부가 이미 선정한 후보자들의 이름에 찬반만을 표명하는 역할만을 수행할 뿐이다. 유권자들은 우선 자신들이 표를 던지고 싶은 정당을 선택한다. 흔히 있는 일이지만 그들은 자신들이 가지고 있던 이해 관심사에 따라서 어떠한 정당에 애당초 가입하였다. 그렇기에, 따라서 그들은 투표를 통하여 그 당에 대한 지지를 재표명하는 역할만을 함에 불과하다. 미국 대통령은 민중에 의해 선출된다고 가정되고, 그는 [민중의 대표인] 의회에 대해 최대한 권한을 가진다. 그러나 진정한 의미에서 보자면 그는 국민에 의해서 선택을 받은 것이 아니다. 적어도 〈대중기법〉의 차원에서 보자면 그렇다. 신랑이 신부를 결정하는 것과 같은 의미에서 수백만 명의 유권자인 국민 모두가 대통령을 선출하고 싶어 한다면 미국은 결코 대통령을 선출하지 못할 것이다. 다수의 후보자 중에서 선출하는 실제 선거는 대규모 주요 정당들의 전당대회에서 치러진다. 이에 있어서는 전당대회를 운영하는 영향력 있는 소그룹의 생각이 결정적 요인이 된다. 물론 군소 정당들은 대통령 선거에 전혀 영향력이 없다. 실제 국가 선거일에 행해지는 투표라는 것은 단순히 자기가 지지하는 당에 대한 신앙 고백에 불과하다. 그렇다고는 해도 그 투표는 각 정당 간에 배분되는 표의 상대적 크기를 가늠하는 것이라는 의미에서는 중요하다. 그러나 이러한 중요한 투표 이전에는, 어떤 후보자를 먼저 선출하고 그에게 그 정당에 신앙고백을 한 유권자들의 표를 결집하여야만 할 필요성이 있다. 그러한 후보의 선출은 그 당 지도부의 작은 그룹 내에서 정해진다.

선거에서와 마찬가지로, 어떤 형태를 막론한 모든 〈사회적 행동〉들은 〈대중기법〉이라는 측면에서 볼 때 지도자를 절대적으로 필요로 한다. 이러한 리더십은 단지 대중이 타성적이거나 또는 무관심하기에 절대적으로 내지는 대부분 그 기원이 있는 것은 아니다. 물론 이러한 타성적인 자세가 어떤 경우들에 있어서 실제로 그 리더십의 기원에 기여하는 바도 있다. 하지만 오히려 리더십이라는 것은 대중 소통을 위한 기법으로서 불가피하게 요구된다. 무장한 용맹한 병사들이라고 하더라도 자신들이 지휘자에게 복종하는 경우에만 효율적인 전투부대로 변모된다. 전쟁의 기법에 있어서는 지도자라는 지휘관을 요구한다. 이는 마치 총탄이 빗발치는 전장에서 돌격의 선봉에서 병사들을 이끄는 깃발이 이전 세대의 전쟁에서 중요한 원칙이었던 바와도 같다. 마찬가지로 모든 〈사회적 행동〉은 그 위에 우뚝 서 있는 지도자를 필요로 한다.

2. 리더십의 본질

우리의 일상 〈언어용법〉에서는 '지도자'는 바로 역사상의 〈위인〉들만을 위하여 준비되어 있는 이름이다. 하지만 이론적인 측면에서 생각한다면, 그 자리를 채우는 사람들이 누구이건 상관이 없다는 것은 절대로 아니지만, 그 〈지도적 지위〉(Führerstellung)는 단지 〈위인〉만을 지칭하는 것은 아니다. 즉, 이론적으로 볼 때, 그 이름은 대중 위에 놓인 〈지도적 지위〉를 가진 모든 사람을 지칭하여야만 한다. 좋은 의미든 나쁜 의미든 또는 잔학한 아틸라나 퇴폐적인 군주이건 선두에서 이끄는 사람들 그 모두는 지도자로 간주되어야 한다. 이 명칭을 군사적 또는 정치적 지도자,

군주, 군사령관, 정치인, 당 지도자 등으로만 한정해서는 안된다. 종교적 지도자, 예술과 과학의 지도자, 그리고 일반적으로는 사회활동의 분야에서 길을 이끄는 모든 사람, 그리고 비록 작은 그룹에 한정되어 있더라도 교사, 스승, 개척자, 선구자, 현장 감독 등에도 똑같이 그 이름은 적용된다. 지도자는 엄격한 명령, 지도 혹은 지시에 의해서만 대중을 이끄는 것은 아니다. 대중들에 의하여 받아들여지는 제안이나 권고에 따라서, 혹은 그가 내린 판결에 따라, 혹은 학생이나 제자들이 그를 따르도록 하는 가르침에 의하여, 충실히 받아들여지는 조언에 따라, 혹은 〈성공〉 사례를 보여줌에 의하여, 그리고 다른 경우에는 모범적 사례를 통하여 지도할 수 있다. 그러한 지도의 모습은 처음에는 아직 확실하지 못한 단지 예감이나 혹은 분투로만 여겨질 수도 있다. 이러한 이론적인 의미에서 볼 때, 지도자가 된다는 것은 어떠한 **공동체 조직에 있어서 으뜸이 되는 것을 의미**한다. 지도자가 행하는 사회적 기능은 대중을 이끄는 〈선도행동〉(先導行動 Vorangehen)이고 대중의 기능은 지도자를 따르는 것이다. 몇백, 몇천 그리고 몇백만 명이라도 어떠한 〈성공〉의 사례에 의하지 않고서는 하나의 통일된 운동으로 결집되어 나갈 수 없는데, 이때 〈성공〉의 사례라는 것은 결국 지도자라는 인간 속에 체화되어 뚜렷이 나타난다.

3. 리더십의 형태

리더십의 최고 형태는 지도자가 자신의 숭고한 과업의 수행을 통하여 강력한 힘을 발전시키는 경우 발현된다. 이를 〈**권위적** 리더십〉(autoritäre Führung)[81]이라고 부르기로 한다. 이런 지도자야말로 **위대한** 지도자이며, 우리는 그를 '타고난' 지도자라고 부를 수도 있다. 위대한 지도자는 진정한 의미에서의 개인적 자질에 기반하고 있는 지도

---

[81] 막스 베버가 제시한 지배(Herrschaft)의 분류에 따르자면 '카리스마적 지배'에 해당한다.

자이다. 그는 타인에게 의지하여 자신의 자리를 쟁취하지 않는다. 그는 모든 면에서 자기 자신 스스로의 권능에 기반하고 있는 지도자이다. 〈성공〉을 통하여 그가 최고임을 증명하고 따라서 그의 자리는 가장 순수한 형태의 〈역사적 선택〉(geschichtliche Auslese)의 결과이다. 단지 사회가 그를 불러들인다고 하더라도 그러한 부름이 그에게 권능을 자동적으로 부여하는 것은 아니다. 그는 〈성공〉에 의하여 최고임이 입증된 인물로서 인식되고 있고 따라서 그가 길을 선도할 때 타인들이 기꺼이 따르게 되기 때문에 그의 권능이 부여되는 것이다. 이러한 위대한 지도자가 압도적인 〈성공〉을 스스로 쟁취하여 마치 개선장군과도 같이 되는 경우, 즉각적으로 대중들의 열광적인 지지를 획득하고 그 자신의 뜻을 펼친다. 하지만 때로는 어떤 다른 종류의 지도자들의 경우에는 사람들의 가장 깊은 내면으로부터의 사색과 생각의 개종을 요구하기 때문에 강렬한 반발에 부딪힐 수도 있다. 그러한 지도자들의 사상은 [예수처럼] 스스로 죽음의 길을 택함으로써 입증하지 않는 한 받아들여지지 않을 수도 있다. 엘 시드 캄페도르(El Cid Campeador)[82]의 시신이 전장(戰場)의 최전방 대열 앞에 놓여져 군대를 따르게 하였듯이, 위대한 정신적 지도자의 사상은 인간 영혼들을 보호하고 동시에 고양시키면서 먼 미래를 향해 그 영혼들을 계속 인도한다.

초인적인 능력으로 달성한 업적을 바탕으로 사람들의 정서를 압도

---

82   본명은 로드리고 디아스 데 비바르(Rodrigo Díaz de Vivar, 1040-1999). 스페인 중부의 카스티야 지방 출신의 장군 및 외교가. 스페인을 침공한 회교도 무어인인 무라비트 술탄국을 격파하고 발렌시아를 수복하였으나 이후 무어인들의 재침공 이후 심장에 화살을 맞고 죽음이 임박하였다. 그는 자신의 시체를 살아있는 것처럼 말에 태워 선봉에 서게 하라고 유언하고 죽는다. 죽었던 것으로 알았던 그의 재등장에 무어인들의 사기가 하락한 순간 그 기세를 몰아 스페인 군대는 무어인을 격퇴할 수 있었다.

하였던 위대한 지도자들은 역사상 사실 아주 드물다. 하지만 그럼에도 불구하고 그들의 모습은 우리에게 리더십이 가지는 본질을 밝혀주기에 가장 적합하다. 왜냐하면 그의 사례는 그 [리더십의] 본질을 가장 순수하고 명확하게 보여주는 이상적 형태이기 때문이다. 이러한 이상적인 형태를 살펴봄으로써 우리는 〈선도행동〉이 가지는 기능과 〈성공〉을 통한 〈선택작용〉이 가지는 기능을 가장 명확하게 알 수 있게 된다. 하지만 현실의 대다수 경우에서 보이는 리더십의 형태에서는 이 두 가지 기능이 다소 모호하게 나타나기 마련이다.

이러한 형태는 특히 역사의 최초시기의 나타나는 **〈무력적 리더십〉** (Gewaltführung)의 형태에서 가장 현저하게 볼 수 있다. 상대를 패배시키고 약탈하여 승리를 쟁취하는 〈무력통치자〉(Gewalthaber)는 다중 위에 군림하는 제 일인자이다. 그의 우위성은 분명하다. 하지만 그의 [그러한 무력적] 행동은 추종자를 만들어내는 〈선도행동〉이라고 간주될 수는 없다. 〈무력통치자〉는 피지배자인 대중을 진보시킬 생각을 가지지 않는다. 그는 오히려 그들의 저항의 힘을 약화시키기 위하여 그들을 제약하고 싶어 한다. 물론 그가 행사하는 무력으로 창출하는 [전쟁에서의] 승리는 대중들의 정서에 영향을 미치기는 한다. 하지만, 어떤 위대한 이름을 부여받기에는 그것들은 너무도 초라하며, 단지 원시적인 형태를 가진 〈선택작용〉에 불과하다. 진정한 〈지도자〉로서의 발자취의 시작은 그러한 〈무력통치자〉들이 대중을 집결시켜 그들을 지도자 자신을 위한 전쟁에 동원하거나 혹은 노동을 하게 할 때 발견할 수 있다. 그리하여 〈무력적 리더십〉이 〈영주적 리더십〉(Herrenführung)으로 발전한다면 〈선도행동〉은 이미 더욱 효과적으로 수행되어 진다고 볼 수 있다. 영주(Herr)가 그 신하들에게 요구하는 명령을 준수하는 것은 이미 진정한 추종(Nachfolge)이라고 할 수 있다. 이 경우 [계율로] 지배하는 영주로서 자처하는 〈무력통치자〉는 더 이상 단순히 그가 가진 힘에 의해서만 〈선택〉되는 것이 아니다. 그는 동시에 모종의 〈문화적 우월성〉(Kulturvorzug)에 의해 대중과 차별화되는 것이다. 〈영주적 리더십〉이 그 발전의 정점에 도달하면 그것은 〈군주적 리더십〉(herrschaftliche Führung)으로 이행된다. 이는 중세부터 〈계몽적 절대군주제〉 시대에 이르기까지의 유럽의 〈군주정〉(Fürstentum)에서 찾아볼 수 있다. 〈군주적 리더십〉도 물론 〈무력적 리더십〉이 가지고 있던 강제력은 여전히 유지하고 있다. 하지만 이러한 강제력은 그의 선견적인 〈선도행동〉에 기인한 〈성공〉을 통해 그가 획득한 〈내적 권위〉(innere Autorität)를 더욱 강화하기 위하여 필요할 뿐이다. 그러한 형태의 리더십은 역사의 전 과정을 통틀어 가장 효과적인 리더십 중의 하나이다.

〈길드〉와 같은 작은 〈사회 집합〉(gesellschaftliche Kreise)들에서도 최초에는 지도자의 **〈집단적 임명〉**(genossenschaftliche Bestellung)은 선거를 통하여 이루어진다. 서로들 간에 아주 친숙한 동료들로 이루어진 작은 규모의 집합에서는 이와 같은 형태가 자연스럽다. 물론 올바른 〈선택〉이란 언제나 최적의 인물을 선출하는 것이다. 선거라는 형태로 임명되는 동료들의 위상은 이미 이전에 그들이 성취하였던 〈성공〉이라는 〈선택작용〉(Auslese)에 따라 정해졌을 것이다. 물론 선거 결과가 그 집합 내에서의 〈힘있는 자〉들의 이해관계나 인맥에 좌우되는 것은 전적으로 불가피하다. 하지만 선거에서 선출된 지도자(gewählte Führer)가 그를 선출한 동료들에 대해 행사하는 권위의 정도는 〈권위적 지도자〉(autoritärer Führer)의 그것보다는 일반적으로 훨씬 약할 것이다. 선거에서 뽑힌 지도자는 그 선거집단의 공론을 쉽게 거역할 수 없기 때문이다. 일반적으로 그는 공론에 의해 좌우되는데, 그럼에도 불구하고 물론 그는 세부 실행에 있어서는 그 선거집단을 선도하여야만 한다. 그렇지 못하는 경우 그의 존재 가치를 상실할 수밖에 없다. 더 큰 범위의 집합에서도, 특히 〈국가공동체〉(staatliches Gemeinwesen)에 있어서는 자유의 확대에 따라 지도자의 〈집단적 임명〉이 일상화되고 있다. 〈민주주의〉에서 대중의 대표나 대중을 위한 위원회의 위원의 선출은 단지 그 규모가 확장되었다는 점을 제외하고는 지도자의 〈집단적 임명〉과 다름없다. 하지만 〈집단적 리더십〉

의 형성의 순수한 형태를 거대화한 국가에도 그대로 적용하는 것은 오늘날 생각하는 것처럼 단순하지만은 않다. 권위를 가진 어떤 측의 강력한 제안이 없는 경우, 다수의 후보 중에서 선출하는 방식에 의하여 선거를 진행하는 경우 그 표는 분산되어 갈리기 마련이다. 앞서 말한 바, 선거도 마찬가지로 〈사회적 행동〉이며, 다른 〈사회적 행동〉과도 마찬가지로 [권위적 제안을 하는] 리더십을 필요로 한다. 선거일이라는 것을 자유로운 대중들이 자신들이 가지고 있는 **숭고한 주권**을 행사하여 지도자에 대한 심판을 내리는 날이라고 생각하는 것은 중대한 착각이다. 정당에 속한 대중은 투표하러 갈 때 그들의 지도자로부터 지침을 항상 수동적으로 받고 있음에 불과하다. 선거 결과는 선거를 이끄는 지도자가 누구인가에 크게 좌우된다는 점을 지도자들은 잘 알고 있다. 즉, 선거는 '만드는' 것이라는 이야기가 이러한 점을 상징적으로 표현하고 있다. 이러한 〈대중기법〉이라는 악기를 연주하는 것은 단순한 인간들이 쉽게 믿는 것처럼 그렇게 쉬운 일은 아니다.(덧붙여서 말하자면 정치적 문제에서는 있어서는 지식인이라고 할지라도 대체로 그렇게 단순하게만 생각한다). 투표함에서 개봉된 표들이 사람들에게 있어서의 진정 최선의 것을 지시하는 것이라면, 선거라는 악기는 가장 고도로 세련되고 완성된 것이어야만 한다. 또한 가장 정교하게 완성되어 있어야만 할 악기보다 더 중요한 요소는 고도로 능숙하게 악기를 다루는 연주자의 존재이다. 선거를 통한 지도자의 임명이 다중에서 가장 훌륭한 자를 선출한다는 목적을 진정으로 달성하기 위해서는 이미 **그 이전의 지도자들도 〈역사적 선택〉에 의하여 선출되었음을 전제로 한다.** 그러하기에, 신생 민주국가들에게 있어서는 이러한 전제조건이 충족되지 못한다.[83]

---

[83] 즉, 이전에 이미 〈선택〉이라는 과정을 통하여 선발된 우수한 지도자가 먼저 있고, 그가 선거라는 대중 기법의 형태를 능숙하게 운영하여 그 선거 과정을 통하여 가장 훌륭한 자가 선발되도록 하여야만 한다. 그런데, 선거 이전

오랜 시간에 걸쳐, 그리고 적절한 환경하에서는 초기의 개인적 혹은 〈권위적 리더십〉과 〈집단적 리더십〉(genossenschaftliche Führung)은 점차 **〈역사적 리더십〉**(geschichtliche Führung)[84]으로 변질된다. 후자에 대한 언급은 권력이 어떤 〈역사적 과업〉을 수행하는가에 대한 이해가 전제되어야만 하므로 당분간 보류하기로 한다.

이론적으로는 거의 무시되고 있지만 매우 효과적이며 사회 번영에 사실상 필수적인 또 다른 형태의 리더십도 존재한다. 그것은 〈자유적 결사체〉(freie Gesellschaft)에서 통용되는 형태의 리더십이다. 그런데 과연 〈자유적 결사체〉는 지도자가 없어도 그것이 주장하듯 위대한 업적을 완성시킬 수 있을까? 또한 자유로운 국민경제의 구축, 분업의 형성, 화폐경제의 형성 등은 리더십 없이도 성공할 수 있었을까? 그리고 기적과도 같이 형성된 언어, 예술과 과학, 법과 〈윤리〉, 그리고 심지어 외적인 〈습속〉도 리더십 없이 발전할 수 있었을까? 그러나 군대나 국가의 결단처럼 통일적인 리더십을 필요로 하는 〈전체적 결단〉(Gesamtentscheidung)은 〈자유적 결사체〉의 영역에서는 결코 내려치지 않는다. 반면 〈자유적 결사체〉에서의 리더십은 더욱 덜 속박적으로 이루어져야만 하고, 또한 더욱 부드러운 형태이어야 하지만, 그럼에도 불구하고 리더십이 결여되어서는 안된다. 대중의 〈사회적 행동〉은 대중을 선도하는 리더십이 없이는 절대로 불가능하기에 〈사회적 행동〉이 필요한 모든 분야에서 리더십이 필수적이기 때문이다. 따라서 〈자유적 결사체〉에서 달성되어야만 할 과제들도 〈사회적 행동〉을 필요로 함은 의심할 여지가 없다. 무수한 개인

에 그러한 지도자가 먼저 있지 못한 경우, 선거 과정은 가장 훌륭한 자를 선발하는 소기의 목적을 달성하지 못하게 된다(예를 들어 신생국의 경우처럼 다양한 종류의 부정선거).

84   그 효율성 여부와는 상관없이 과거의 역사에 의하여 화석화되어 유지되는 리더십.

들은 외적인 〈습속〉을 통해 타인과 불가피하게 마주치게 되는데, 그러한 상호 간의 교류가 가능한 것은 서로 〈유사행위〉(gleichartiges Verhalten) 내지는(우리가 이미 사용한 바 있는 표현을 반복하자면[85]) 〈병렬적 행위〉(paralleles Verhalten)[86]를 따라야만 하기 때문이다. 또한 토지경제와 기업, 혹은 개별 기업들 사이의 분업을 위해서는 개별 경제주체들 간의 〈보완적 행위〉가 필요하고, 이러한 분업의 필요성은 예술과 과학 그리고 법과 〈윤리〉에서도 드러난다. 그러하기에 〈유사행위〉, 〈병렬적 행위〉 혹은 〈보완적 행위〉를 하려면 수백만 명의 사람들이 의사소통을 할 수 있어야만 하는데 이러한 의사소통은 리더십 없이는 이루어질 수 없다. 그런데 이러한 과정에는 **〈비개인적 리더십〉**(unpersönliche Führung)**이라는 매우 특수한 형태의 리더십이 작동**하고 있으며, 이러한 형태의 리더십은 분명 〈개인적 리더십〉(persönliche Führung)에 비하여 과학적 해명이 훨씬 어렵다. 이러한 두 종류 리더십의 통일적 작동은 언어의 형성에 기인하여 가능하게 되는데, 우리는 언어에서 두 가지 형태의 리더십이 가지는 효과를 비교할 수 있는 가장 훌륭한 예를 발견할 수 있다.

　모든 〈문화언어〉(Kultursprache)의 형성에는 위대한 정신적 지도자, 뛰어난 수사력을 가진 지도자, 그의 말로써 인간들의 모든 도정(途程)에 침투하는 거장들이 관여하고 있었다. 단테의 《신곡》(*Divina Commedia*)

---

[85]　본서 100쪽의 내용을 말함.

[86]　저자는 이 문장에서 인간들 간의 소통이 가능하기 위해서는 인간의 행위가 이미 서로 간에 유사하거나(대표적인 예는 같은 언어), 혹은 타자를 모방함에 의하여 가능하다는 점을 말하고 있다. 참고로 〈병렬적 행위〉(Parallelverhalten- '병행적 행위'라고 번역되기도 함)이란 경제학적으로 사용될 때, 시장에서 선도적 역할을 하는 회사의 행위를 직접적인 담합이 없이 모방하여 따르는 행동을 의미한다. 이 개념이 사회학적으로 사용되는 경우에는 어떠한 롤 모델이나 주위의 다른 사람들의 행위를 자신의 행위의 준거로 삼아서 모방하는 행동을 의미한다.

은 이태리 문어체에 결정적인 영향을 미쳤고, 루터가 번역한 성경은 독일 문어체에 결정적인 영향을 미쳤다. 그러나 가장 강렬한 수사를 구사하는 시인들이나 예언자들로부터 분출되는 힘조차도 그들 자체만의 단독적 힘들에만 의지하여 한 나라의 〈국민언어〉(Nationalsprache)를 창조한 것은 아니었으며, 그들이 창조한 작품들은 이미 〈대중언어〉의 존재를 전제로 하고 있었다. 또한 그들의 작품이 등장한 이후에도 〈국민언어〉는 계속 발전해 나갔음은 분명하다. 그리고 위대한 선지자들 이외에도 그들의 전후에는 크고 작은 많은 선지자들이 언어의 형성에 일익을 담당하였음을 알 수 있다. 또한 무미건조한 관용어(官用語)나, 사업상 혹은 길거리에 사용하는 말들도 마찬가지로 그 일익을 담당하여 왔다. 어떠한 찰나의 번뜩이는 착상으로부터 태어난, 선명하고도 재치 있고, 물론 거칠 수도 있지만 그래도 시의적절한 문구들에 의하여 어휘는 풍부해진다. 그 어휘들은 대중들 중의 어떤 무명의 사람들로부터 탄생한 후 최초에는 소수의 그와 가까운 청자들로부터 시작하여 외연을 확장하고 결국 점차 모든 사람의 입에 회자되었다. 언어의 형성에 있어서 발생하는 이렇듯 작은 사건들은 끊임없이 진행되고 있으며, 그 형성에 있어서 지도자 격인, 어떤 어휘의 최초의 발화자(發話者)의 이름은 남기지 않는다. 역사에 위대하게 남은 유명한 지도자들뿐만이 아니라, 영멸하는 다양한 **〈무명적 지도자〉**(anonymer Führer)들도 존재하기 마련이며, 그들은 각기 자신들만의 아주 작은 공적을 남기고 있는데, 그들 전체가 미친 영향은 헤아릴 수 없이 크다. 커다란 족적을 남긴 위대한 지도자와는 달리, 그들의 이름은 단지 크게 공개적으로는 기록되지 못하기에 그러한 무수한 사람들을 우리는 〈무명적 지도자〉들이라고 부른다. 대중은 알려진 그들의 위대한 지도자들을 따르는 것처럼 이러한 작은 〈무명적 지도자〉들도 따르며, 그들에게서 적절한 말이나 문구를 열심히 발굴하여 자신들의 〈언어용법〉으로서 사용하기 위해 받아들인다. 그러한 〈무명적 지도자〉들이 언어를 풍부하게 만드는 작자 미상의 민요들에서 볼 수 있는바, 어떤 〈무명적 지도자〉들은 언어를 만드는 과업에 있어서 대중들이 그를 따르게 하였음을 분명히 알 수 있다. 시를 짓거나, 노래를 작곡하는 것은 일반 대중이 쉽게 할 수 있는 바가 아니고, 어떤 재능이 있는 개인들이 창조하는 바이다. 하지만, 비록 시인이라는 명칭에는 어울리지 않을지언정, 대중도 때때로 어떤 순간에는 좋은 가사를 우연히 떠올려 시인이라는 이름에 걸맞게 보여질 수도 있다. 비록 만든 사람 자신의 이름은 그 가사의 뒤로 남지 않는다고 하더라도, 대중들은 그들의 마음을 끄는 그 가사를 기억하고 그들이 가지고 있는 어휘에 추가하고, 또한 미래를 위하여 그 말들을 보존하기 마련이다.

그렇기 때문에 이러한 〈무명적 지도자〉들은 화폐(Geld)의 형성에서도 또한 중요한 역할을 한다. 명석한 자들은 자신의 효용을 더욱 증가시키기 위하여서 물물교환이라는 불편한 형태의 교환을 극복하기 위한 편리한 교환수단을 모색하였다. 처음에는 개별적으로 작은 규모에서 시작된 〈성공〉은 많은 모방자를 만들었으며, 그리하여 더욱 매끄러운 형태를 가진 돈이 주조되기 시작하였고, 사람들이 점차 그것을 〈집단적 습관〉(Massengewohnheit)으로 받아들이게 됨에 따라 일반적 교환수단으로 자리 잡게 되었으며, 이후 국가에 의하여 기술적으로 그리고 법적으로 완성되었다.[87]

물론 〈무명적 리더십〉이라는 것도 그 지도자들이 자주 교체되는 것을 제외하자면 기본적으로는 개인적 성격을 가진다. 그것은 여러 다른 개인들이 계속하여 좋은 아이디어를 만들어 내고 그 아이디어가 모방되는 형태의, 지속적으로 변화하며 전파되는 형태의 리더십이다. 그러한 〈무명적 지도자〉는 혼자서 거대한 것을 만들어 내는 것이 아니며, 그가 달성하는 바는 단 하나의 작은 요소일 수도 있고, 여러 다양한 장소에

---

[87] 이러한 의견은 칼 멩거의 화폐이론을 답습하여 요약한 것이다. 이에 대하여서는 역자의 용어해설 '화폐'를 참고할 것.

서의 작은 개선에 그칠 수도 있다. 따라서 그것들을 만들어낸 개인들이 쉽게 무시되어지는 것은 충분한 이유가 있다. 하지만 물론 그 개인들 자체의 이름은 영원한 어둠 속에 남아있고 그러한 의미에서 그 무명인들의 이름들은 〈선택〉되지 못하였지만, 그들의 작업들은 널리 계승되고 그들이 남긴 작업들은 〈선택〉된다.

사적 생활의 영역에서는 이러한 〈무명적 리더십〉이 가장 중요하다. 그것은 바로 여기에 존재하는 더욱 좁게 한정된 환경에서는 적합한데, 그럼에도 불구하고 모범적인 사례를 제공함으로써 주위에 의한 모방을 자극하기에 충분하며, 결국 더욱 넓은 범위에서 〈병렬적 행위〉 또는 〈보완적 행위〉를 가능하게 한다. 한편, 사적인 영역의 더욱 큰 〈사회적 통일체〉들에 대해서도 〈개인적 리더십〉의 중요성이 두드러지게 나타난다. 확고한 〈개인적 리더십〉은 어떠한 종류의 경제적 사업에 있어서도 필요하며, 수백 명, 수천 명의 종업원 및 노동자를 거느린 더욱 광범위한 대규모 기업에서는 당연히 지도자의 지위에 있는 그 개인 인물의 존재감이 강하게 부각된다. 현대의 대기업가들 중 많은 사람들은 일급 사회지도자에 속한다. 그들이 내리는 결단에 그 기업에 직접 고용된 대중의 운명이 좌우될 뿐만 아니라 그들이 주는 자극은 경제 전체의 발전, 그리고 아마도 그가 속한 국가의 정치적 발전에 방향성과 속도를 부여하며, 나아가 심지어는 그들에 의해 세계도 영향을 받는다.[88] 그런데 법적으로 보자면 기업가의 경영권은 단순한 사적인 작업에 불과하다. 기업가는 거래 상대방인 공급자, 고객, 종업원, 노동자를 계약에 의해서만 구속할 수 있으며, 그 계약 체결에 있어서는 후자들은 동등한 〈권리능력〉(Rechtsfähigkeit)[89]을 가지고 기업가와 대등한 입장에 선다. 즉, 법적으로는 기업가

---

[88] 슘페터는 비저의 제자였고, 이러한 비저의 지도자의 역할에 대한 견해는 슘페터의 《경제발전의 이론》에 반영되어 있다(참고: Schumpeter 1934).

[89] 권리와 의무의 주체가 될 수 있는 법적 자격.

는 그들 개인들 자체에 대한 아무런 권한도 없다. 그러나 실체로 그는 지배적이며, 때로는 매우 압도적인 권력을 손에 쥐고 있다. 그는 상대방에 대해서도 일종의 〈강압적 권력〉, 더 나아가 〈강압적 무력〉(Zwangsgewalt)을 가지고 있는데, 이러한 권력 내지는 무력은 사실 그가 계약을 체결한 직접적 당사자뿐만 아니라 직접적인 개인적 대면이 전혀 없는 무수히 많은 대중들에게도 [간접적으로] 행사되며, 그럼으로써 후자들을 시장에서 퇴출시키거나 직접적 또는 간접적으로 그들의 경제적 생활 환경에 피해를 줄 수 있다. 그의 권력은 매우 크기 때문에 그가 제약받지 않고 그 힘을 행사할 수 있는 어느 곳에서도 그는 마치 〈영주적 지도자〉처럼 공공의 경제에 강압을 행사할 수 있는데, 이는 과거 영주의 시대에 기사들이 성채에서 무기와 군대를 통솔하던 바와 같다. 심지어는 국가가 노동자와 노조를 보호하기 위한 규제를 부과하더라도 대규모 자본주의 기업이나 그들의 〈기업결합체〉(Konzern)들은 자신의 **사적인 권리를 추구한다는 명목으로 〈공공의 권력〉을 행사**할 수 있다. 이는 극단까지 과열되는 경쟁이라는 자극 속에서 지도자로 〈선택〉되기 위해서는 그 개인적 자질에서 나오는 힘이 특출하여야만 하기 때문이기도 하다. 하지만 격동적인 현대 경제에서 주기적으로 발생하기 마련인 산업발전의 정체기에서는 부를 일단 먼저 획득한 산업 왕들이나 금융계의 거물들은 그들이 가지고 있는 자본이 점하는 우위에 의해 심지어 가장 우수한 개인적 자질을 가진 자와의 경쟁에서도 승리하기 마련이고, 그들이 개인적 〈선택〉의 과정을 통해 쟁취한 지위를 자식이나 손자에게 상속이라는 이름으로 계승할 수 있는 것으로 보여진다.[90] 하지만 그러한 산업발전 정체기 이후, 국가 경제와 세계 경제의 발전이 재개되기 시작하면 다시금 강한 두뇌와 감각을 가진 인물들이 지도자의 자리를 차지하기 위한 경합에서 승자로 부상할 것이다. 오늘날 미국의 거대 기업의 상당수는 밑바닥으로부터 올라선 사람들이

---

90 이 대목은 짐멜의 분석과도 유사하다.(Simmel, 2011: 235, 281).

소유하고 있다.

위에서 기술한 리더십의 형태는 아직 현실에서 나타나는 다양함을 정확히 보여준다고는 할 수는 없다. 우리는 단지 가장 순수한 형태로 보여지는 유형만을 설명한 것이며, 현실에서 나타나는 형태는 더욱 다채롭다. 인간의 정신적인 원칙이 과학적 분석에서 기술하려고 추구하는 순수한 형태로만은 완전히 환원되지 못하듯이 〈사회의 강령〉도 마찬가지이다. 성문화된 〈강령〉 또한 현실이라는 육체 위에 완전히 각인될 수 없다. 하지만 그것들은 모든 종류의 전형적인 표현들을 담고 있는데 단지 그러한 표현들은 국가가 가진 힘이나 권력들을 이용하여 공백을 채울 수 있는 한에서만 진정한 가치를 얻을 수 있다.[91] 같은 〈민주주의〉라는 공식에 의하더라도 영국에 있어서는 더욱 효율적인 힘의 배분을 통한 강력한 정부의 권력을 의미하며, 독일에게는 제정의 전복 이후에서 보여지는 혼란과 무기력, 그리고 볼셰비키 러시아에게는 공포의 지배를 의미하는 등, 그 공식은 상이하게 나타난다.

4. 〈리더십의 위계〉

최고 지도자의 리더십이 확실히 발휘되기 위해서는 부하 조력자들의 지지가 절실하다. 군대, 국가, 혹은 교회이던 어떤 조직을 막론하고 대중을 인도하는 과업을 위해서는 형식적인 **〈리더십의 위계〉**(Hierarchie der Führung)가 확립되어 있어야만 한다. 최고지도자는 항상 자신을 보좌하는 사람, 특히 가장 최측근에서 보좌하는 사람들의 인선에 세심할 수밖에 없다. 사도들은 그리스도가 가진 권능에 의해서만 임명될 수 있었고, 마찬가지로 그들의 제자들 또한 사도들에 의해서만 임명될 수 있었다. 지도자에게 있어서 보좌하는 사람이 의미하는 바는 미국에서 가장

---

[91] 어떠한 법조문이라도 해석과 적용의 여지는 존재하기에, 법정에서 그를 판단하여야만 하고, 또 강제력을 동원하여 집행하여야만 한다는 의미.

성공한 경제 지도자 중 한 명인 카네기의 명언에서 명확히 읽을 수 있다. 그는 자본을 잃느냐, 혹은 자신의 부하 직원을 잃느냐를 선택하여야 한다면 자본을 잃는 쪽을 주저 없이 선택할 것인데, 그 이유인 즉, 부하 직원을 유지하면 반드시 자본은 언젠가는 되찾을 수 있기 때문이라고 언명한 바 있다. 〈군주정〉에 있어서는 명확한 〈권력의 이익〉(Machtinteresse)를 보존하고자, 국가 그 자체뿐 아니라 교회나 〈공동체〉 등의 모든 조직에 있어서의 리더십의 지위에는 가능한 최대한 군주 자신이 직접 임명한 사람을 앉혔다. 혹은 예를 들어 정신적 지도자의 경우와 같은 경우처럼 그러한 직접적인 공식임명이 존재하지 않는 경우, 영예, 칭호의 수여나 그와 유사한 수단 등을 통해 리더십의 지위에 있는 자들에게 영향을 미치려고 노력해 왔다. 〈민주주의〉의 경우에는, 최고지도자는 물론 하위지도자도 가능하면 선거로 임명하려 한다. 〈민주주의〉에서 있어서는 정당들이 가장 영향력이 있기 마련이다. 선거에서의 승리는 국민의 대표 자격과 최고 중앙 정부의 권력을 획득할 수 있게 할 뿐만 아니라, 직간접적으로 국가의 여타 주요 직책에 자신들의 당원들을 임명함으로써 자신의 권력을 증대시킬 수 있다는 점을 정당들은 잘 알고 있다. 더욱이 그들은 자신들이 가진 조직력을 통하여 사회의 다른 부분 또한 지배하고자 한다.

하층의 지도자는 최고지도자와 대중 간의 가교의 역할을 수행한다. 대중의 측면에서 보았을 때는 그들은 최고지도자의 활동을 보조하기에 지도자의 한 부분이며, 반면 지도자의 측면에서 본다면 그 하층 지도자 역시 최고지도자의 명령에 복종하는 대중의 한 부분에 불과하다. 그들은 위계상 최고 지도자 밑의 맨 처음의 서열에 있는데, 더욱 광범위한 대중과 매개하는 역할을 담당한다. 이는 그들이 대중과는 멀리 유리되어 있는 최고 지도자들보다는 대중과 훨씬 더 긴밀한 유대를 가질 수 있기 때문이다. 실제로 이러한 하층 지도자들은 대중과 많은 감정을 공유하고 있다. 그러한 대중과의 관계는 예를 들어 함상에서 [장교들보다] 부사관들이 일반 승조원들과 훨씬 더 가까운 것과도 같다. 공장에서도 또한 그러한 관계를 엿볼 수 있는데, 예를 들어 작업반장은 기술적으로만 보자면 경영자를 보좌하는 역할을 수행하지만, 그들이 가지고 있는 〈계급감정〉(Klassengefühl)은 종종 노동자의 그것과 끈끈히 유착되어 있기에, 경제적 투쟁에 있어서 그들은 지도자로서 노동자들을 이끌기도 한다.

5. 〈지도적 계층〉(〈지도적 민족〉, 〈지도적 지위층〉, 〈지도적 계급〉)

각 개별 지도자들뿐만 아니라 지도자 계층들의 출현도 또한 주의 깊게 살펴보아야만 한다. 그러한 〈지도적 계층〉(Führerschicht)들은 〈지도적 민족〉(Führervolk), 〈지도적 지위층〉(Führerstand), 그리고 〈지도적 계급〉(Führerklasse) 등의 다양한 모습으로 비춰진다. 예를 들자면, 로마 시민은 〈지도적 민족〉이고, 귀족이나 성직자는 〈지도적 지위층〉이며, 자산가나 지식인의 계급은 〈지도적 계급〉이다. 순전한 무력을 통하여 지배를 성취하는 야만적 〈지도적 민족〉은 장기간 그 지배를 유지하기 어렵고 최상의 경우에 있어서도 그 야만적 지배형태를 극복할 수 없는데, 그 때문에 그 이상의 발전은 불가능하다. 반면, 고귀한 국민으로 구성된 제국은 특별한 큰 재난에 직면하지 않는 한 지속되고 번영한다. **고귀한 혈통을 간직한 〈지도적 민족〉들은 모든 위대한 역사 발전의 일역을 담당하였으며, 그 이후의 발전을 이끈 〈지도적 지위층〉과 〈지도적 계급〉은 대부분 이러한 우월한 〈지도적 민족〉의 혈통에서 유래하였다.**[92] 최고지도자들은 〈지도적 계층〉에서 선출될 뿐만 아니라, 국가나 사회를 지도하는 주요 요직을 차지할 권력 내지는 권리를 가지고 있는데, 그러한 요직을 점유하는 것은 더욱 광범위한 사회적 영향력 내지는 우위성을 유지하는 것과 깊게 연관되어 있다. 따라서 예를 들어 프롤레타리아의 대두 이전에는 자산가와 〈지식인

---

[92] 이 대목은 자칫 인종우월론으로 간주될 소지도 있다. 하지만 저자는 본서의 뒷부분에서 고비노 등의 인종론을 비판하면서 그 차이 점을 정확히 하려고 시도한다.

계급〉이 더욱 중요한 결정권을 가진 정부 직책으로 진출할 전망이 높았으며, 마찬가지로 전문 직업이나 특히 기업가라는 중요한 〈지도적 지위〉에 대한 전망도 높았다. 하위 계층의 경우에는 오로지 가장 탁월하고 가장 행운이 따르는 자들만이 〈지도적 계층〉의 반열에 올라 〈지도적 계층〉을 위해 이미 예비된 자리로 상승할 수 있었다. 무자산 대중이나 피지배 민족의 유능한 지도자들은, 특권을 가진 책임 있는 지도자의 자리가 개인들의 자질을 척도로 배분되는 것이 아니라 단지 〈지도적 계층〉을 위하여서만 이미 예비되어 있으며, 그 결과 우둔하면서 자질이 결핍된 〈지도적 계층〉의 구성원에게 그러한 자리가 할양되는 것은 각 개인적 차원에서 볼 때는 뼈아픈 퇴보이며 사회적으로 볼 때는 공공의 악이라고 느끼고 있다. 그러나 〈지도적 계층〉의 구성원들이 그들의 인종적 자질, 〈역사적 선택〉의 위치, 그리고 교육 수준 등을 활용하여 사회적으로 기여함으로써, 이러한 제도가 초래하는 개인적 차원에서의 불공평함을 보상할 수 있는지의 여부는 각기 주어진 환경에 달려있다.

  강한 인종이나 계급은 어느 정도로, 때로는 매우 높은 정도로 약한 개인을 보호하거나 혹은 증진시키기도 하며, 반대로 약한 인종이나 계급이 우수한 개인들을 억압하기도 한다. 〈퀴라이트〉가 전성기를 구가하였을 때, 천박한 야만족은 그들이 자연적인 능력에서는 뛰어났다고 하더라도 로마에서의 어떤 공적 직책에는 적합하지 않았다. 마찬가지로 현대 국가에 있어서 무학자는 모든 종류의 직책에서 요구하는 최소한의 형식적 자격조차도 구비하지 못한다. 또한 선발 과정은 〈지도적 계층〉 스스로가 개인적 자질에 의한 선발을 얼마나 중요하게 고려하는가의 여부에도 항상 좌우된다. 〈지도적 계층〉은 우월한 개인을 가장 최전방에 위치시키는 한에 있어서만 자신들의 높은 위상을 유지할 수 있고, 그러한 우월한 개인적 자원들이 풍부하지 않다면, 그 〈지도적 계층〉은 애당초부터 자신의 영광스런 위상을 획득하지도 못하였을 것이다. 따라서 현명한 〈지도적 계층〉은 하층으로부터 상승하려고 분투하는 특별한 인재들을 자신의 계층으로 흡수하기 마련이다. 예를 들자면, 교회는 그 정점기에 이러한 방법을 실천하였고, 현명한 계몽군주 정부도 이에 주목하였으며, 심지어 귀족들 또한 때때로 이러한 방식을 따르면서, 그들 계급을 〈지식인계급〉 또한 하층에서 성장하는 인재들을 선발하여 자동적으로 충원한다. 〈지도적 계층〉이 자신의 혈통과 경험상의 우월성을 이미 상실하였음에도 불구하고 조상 대대로 잘 보존되어 온 권리에 의존하여 그들의 사회적 위상을 계속 유지하기를 원하는 경우, 장기적으로 볼 때 이러한 하층 계층을 흡수하여 상승시키는 경향은 광범위하게 나타나기 마련이다. 하지만 이러한 계층상승의 동력이 부족하다면 그 지도자와 그를 따르는 대중 모두 똑같이 몰락하기에 그 민족 또한 종언을 고할 수밖에 없다.

6. 〈대중의 추종〉

대중의 입장에서는 모든 것은 훨씬 단순해 보일 수 있지만 이때도 주의 깊은 관찰자는 애당초 단순히 예상하였던 것보다 더 다양한 형태와 마주치게 된다. 가장 단순한 경우, 추종이라는 것은 단순한 모방에 머무른다. 〈무명적 지도자〉가 보여주는 모범적인 사례가 그의 주변 사람들에 의해 모방되고 더 넓은 범위로 확산되어 나간다. 반면 위대한 지도자가 성취한 바는 일반인이 흉내도 낼 수 없을 만큼 위대한 것이어서 대부분은 그와 같이 시도하려는 엄두도 내지 못한다. 그리스도를 따른다는 것은 그리스도의 흉내를 내는 것이 아니라, 그 종교의 창시자가 인간의 힘의 나약함에 비추어 **적합하다고 생각하여 만들어 낸 계율을 따르는** 것으로 만족하여야 한다. 보통의 인간이 뛰어난 인물들의 의태를 그대로 흉내 내고자 한다면 단지 정신 나간 사람으로 여겨질 뿐이다. 그리고 대중에게 요구되는 계율을 단순히 지키는 것만도 많은 사람들에게는 감당하기 어려운 일이다. 모든 사회의 가장 밑바닥에는 마치 〈시체와도 같은 대중〉의 층이 존재하는데, 그들은 그저 역사가 남긴 잔해에 불과하다. 그러한 잔해 층의 바로 위에 존재하는 대중의 층은 전적으로 수동적이며 따라서 〈맹목적 추종〉(blinde Nachfolge)에만 적합하며, 실상은 그들의 지도자를 따르기보다는 자신들의 바로 옆에 있는 어떤 환경만을 따르는 것에 불과하다고 이야기하는 것이 더 정확한 표현일 것이다. 그들은 지도자의 높은 위상과는 어떠한 접촉점도 가지지 못한다. 그렇기 때문에 그들은 사회가 움직임에 있어서 마치 배의 균형을 유지하기 위한 선박평형수와도 같은데, 따라서 위험한 존재들일 수 있다. 왜냐하면, 그들은 모든 운동을 아무런 의미도 없이 증폭시켜서 [배를] 항상 전복시키는 경향을 가지고 있기 때문이다. 항상 **숙고**(überlegen)**하고 모색**(prüfend)**하는 추종만이 진정한 추종**이다. 하지만 그러한 진정한 추종은 모든 대중이 자기와 똑같은 열정을 가지고 있다고 망상하는 성급한 〈민주주의〉자가 상정하고 있는 것만큼은 결코 널리 확산되어 있지 않다. 그러한 망상은 〈민주주의〉 운동에 있어서 겪을 수밖에 없었던 무수한 실패에 있어 주된 원인이다. 가장 높은 수준의 추종은 〈**능동적 추종**〉(tätige Nachfolge)인데, 이는 따르는 각 대중으로 하여금 각자의 행위에 있어서 독립성과 주어진 환경에 따라 대처할 수 있는 능력을 요구한다. 그렇기 때문에 그러한 〈능동적 추종〉을 할 수 있도록 단련되기 위하여서는 가장 자질이 있는 사람조차도 큰 결단과 부단한 노력이 필요하다. 그런데, 카이사르 휘하의 군인들이나, 나폴레옹 휘하의 고참병들과도 같이 잘 훈련된 병사들도 그들이 지도자의 명령을 따르는 한에 있어서만 훌륭한 성과를 쟁취할 수 있다. 그들의 〈능동적 추종〉은 신체적인 측면에서도, 그리고 정신적이며 도덕적인 면에 있어서도 모두 비상한 성과물이다. 참호의 은신처를 박차고 뛰쳐나와 지도자를 따라 적의 포화 속으로 돌진하는 것은 그 병사의 전 인격의 혼연일체를 필요로 하는 의지의 작용이다. 대중이 아마도 이러한 행동을 보이기 위하여서는 각자가 다른 사람에게 그러한 행동을 요구하면서, 동시에 자신만이 뒤에 남아 있는 경우 자신의 동지들 앞에서 뼈저리게 수치스럽게 된다는 것을 느끼는 경우이다. 대중의 진정한 〈능동적 추종〉은 전적으로 **정신적이며 도덕적으로 지탱**되어야만 한다. 그렇지 못한 경우, 어떻게 법과 〈윤리〉에 대한 감정이 형성되고, 진정한 교육이 이루어지며, 또한 불굴의 자유 의식이 생길 수 있겠는가!

7. 지도자와 대중의 역할

우리는 지도자의 〈선도행동〉과 〈대중의 추종〉(Nachfolge der Masse)이 가지는 사회적 기능을 파악하였다. 하지만 이러한 일반적인 인식은 상세한 추가적 논의가 필요하다.

오늘날까지 발전해 온 사회이론은 사회적 지도자와 대중이 수행하였던 기능을 매우 미흡하게 평가해 왔다. 또한 심지어 지도자와 대중이라는 현상 자체를 파악하는 것조차도 크게 부족하였다. 전체적으로 그것들은 단지 겉으로만 뚜렷이 보이는 형태로만 파악되고 그 본질은 제대로 파악되어 오지 않았다고 말할 수 있다. 예를 들어 〈집단심리〉에서 다루는 이론은 주로 범죄자, 병리학적 증상을 가진 대중, 특히 자기가 가진 권력에 대한 최초의 〈의식〉에는 도달하였지만 아직도 자신의 권력에 대한 확신에는 도달하지 못하는, 단지 혁명적 상황에 의해서만 고조된 상태에 있는 대중만을 다룬다. 이들 대중의 상태는 부분적으로는 거의 병적이고 어찌 되었건 정상은 아니다. 그런데 〈집단심리학〉 이론들은 이러한 것들을 매우 충실히 관찰하지만, 사회에 존재하는 대다수의 건강한 대중이 수행하는 기능에 대해서는 아무것도 가르쳐 주지 않는다. 또한 사람들은 지도자에 관해 말하기는 하지만 일반적으로는 매우 위대한 인물에만 국한하여서만 주목하기 마련이다. 칼라일(Carlyle)은 '영웅'에 대하여,[93] 에머슨(Emerson)은 '대표적 인물,'[94] 그리고 니체는 '초인'을, 스

---

93 Thomas Carlyle(1841), *On Heroes, Hero-Worship, & the Heroic in History*.

94 Ralph Waldo Emerson(1850), *Representative Men*.

펜서는 〈위인〉을 각각 이야기할 뿐이다.[95] 니체와 스펜서는 지도자와 대중의 관계를 다룬 다른 사회 사상가들이 가지고 있었던 편견의 정도 이상으로 스스로의 편견에 의거하여 탐구를 하였고 따라서 그것은 사실 탐구가 아니라, 니체의 경우는 초인의 칭송을 위한, 그리고, 스펜서의 경우는 대중의 자유의 보존에만 국한된 단순한 변론에 지나지 않았다. 니체는 초인의 모습을 이상화하였고, 반면 물론 여러 가지 유보조건들을 제시하였음에도 불구하고, 스펜서는 이미 충분히 성숙한 상태의 대중들만을 염두에 두었다. 하지만 대부분의 경우 현실에서의 지도자와 대중 모두 니체나 스펜서가 상정하고 있는 것보다 훨씬 사소한 힘들만을 가지고 있기 마련이고, 따라서 그것들이 성취할 수 있는 바도 훨씬 제약적이다. 니체나 스펜서가 멈춰선 곳은 결국 어떠한 〈이념형화〉된 모습인데,[96] 물론 이는 인문학적 연구에 있어서 필수불가결하다. 그러한 〈이념형화〉된 모습들은 더욱 해석하기 어려운 현실에서 나타나는 복잡한 형상들을 연구하는 길을 지향은 하고 있지만, 그 자체로는 더 이상 그 길을 향해 발을 내딛지는 못한다. 그 두 사람이 표현한 바를 출발점으로 우리는 그들이 내딛지 못한 길로 나아가 보려 한다.

    니체는 〈위인〉들에게서 진정한 생명의 담지자를 보고 있다. 그에게는 〈무리본능〉(Herdentrieb)에 이끌린 대중은 〈위인〉들이 그들의 작품을 빚어내는 재료에 불과하다. 〈위인〉은 대중을 자신의 반대 세력, 위험 세력, 투쟁 상태로써 필요로 하며, 그것이 없이는 자신의 강한 지향점을 주장할 수도 없고, [자신과 대중 간의] 차별성을 인식할 수도 없다. 반면 스펜

---

[95] 스펜서는 이러한 위인론에 대하여 신랄한 비판을 하였는데, 그에 의하면, 〈위인〉에게 역사상의 모든 성공을 귀속시키는 것은 유치한 발상이며, 소위 〈위인〉은 그가 처한 사회적 환경의 소산이고, 후자가 〈위인〉을 형성시킨다고 주장하였다. 참고: Herbert Spencer(1869), *The Study of Sociology*.

[96] 이념형화의 방법론에 대하여서는 역자 해제 762쪽을 참고.

서는 [이같은] 〈영웅사관〉은 기껏 하여야 부분적인 진리밖에 갖지 못함을 설파한다. 왜냐하면, 상호 간 파괴하거나 정복이 만연하였던 과거의 사회에 국한된다면 물론 유능한 지도자의 존재가 전적으로 중요한 것으로 비춰질지 모르지만, 그러한 경우라도 그를 따르는 자의 수와 질은 완전히 무시되어서는 안 되기 때문이다. 전쟁이 종식되어 그 전쟁이 남성 인구 전체와 더 이상 관련되지 않는 순간, 강제 내지는 군주나 〈입법자〉에 대한 두려운 생각이 없는 새로운 제도, 새로운 행동, 새로운 이념과 주장, 새로운 〈습관〉 등의 현상이 나타난다. 이러한 전개는 위대한 지배자들에 대한 전기를 아무리 맹목적으로 몰두하여 읽더라도 제대로 파악할 수 없다는 점, 따라서 〈위인〉이 사회를 새롭게 만들기 전에 사회가 먼저 그 〈위인〉을 형성시켜야만 한다는 것, 그리고 그 〈위인〉이 가장 직접적인 창작자인, 그 모든 변화의 중요한 원인들은 바로 그가 전수받은 이전 세대의 유산들이라는 점을 스펜서는 또한 가르친다. 즉, 아리스토텔레스가 얼굴 각도가 50도 빗나간 아버지나 어머니에게서 태어났거나, 혹은 베토벤이 인육을 즐기는 향연의 준비를 위해 필요한 리드미컬한 울부짖음을 합창하는 식인종에게서 태어날 가능성은 없다. 셰익스피어는 그를 둘러싼 잉글랜드의 풍요로운 생활과 수백 년에 걸쳐 통용되어 풍부히 발전해 온 영국의 언어가 없이는 그의 드라마를 쓸 수 없었다. 4천만 명 국민들이 강건한 몸과 강인한 정신, 순종적인 성격, 그리고 명령을 수행하는 지적인 능력을 겸비한 장정들을 제공하지 못하였다면 천재적 전략가인 몰트케(Moltke)[97]백작이 승리를 쟁취하지는 못하였을 것이다. 따라서 〈위인〉에 집착하여 〈사회현상〉을 설명하는 것은 점화된 탄약, 폭탄, 대포알, 그리고 이러한 것들과 화약의 분말을 만들어낸 방대한 보조수단을 언급하지 않고, 단지 단 한 줌의 화약 가루의 폭발적 효과만을 언급하는 사람

---

[97] 헬무트 요하네스 루트비히 폰 몰트케(Helmuth Karl Bernhard Graf von Moltke, 1800-1891).

과도 같이 비합리적이다.

천재는 역사적 유산과 당대의 대중들과의 〈공동과업〉에 깊이 의존한다는 것을 보여 주는 점에서는 스펜서는 분명 옳다. 그러나 그는 사회를 긴장 상태로 몰아가는 시대의 번뇌를 치유하기 위해서는 새로운 것이 창출되어야 한다는 사실을 간과하고 있다. 그 새로운 것은 옛것과 비교하였을 때 최초에는 너무도 기이한 것으로 보여지고, 따라서 역사적 유산이라고 하기보다는 그것의 폐기로서 나타난다. 하지만 위대한 영혼이 가진 그 신비로운 어둠 속에서만 생성되는 이 새로운 것들은 그 역사적 유산하에서만 발생할 수 있었다. 물론 그 위대한 영혼에 작용하는 힘이 이전의 사회 상황에 그 원인이 있음을 아무리 확신한다 할지라도 과연 그것이 어떻게 탄생하였는지를 말하기는 어렵다. 단지 우리 인간의 눈에는 정말로 새로운 무엇인가가 보일 뿐이다. 그것은 우리가 통제할 수 있거나 혹은 어떤 형태로든 예상할 수 있는 어떠한 규칙에 따라 단지 낡은 힘이 새로운 형태로 변환되고 있는 것은 아니다. 발전의 길을 보여주기 위해 프로메테우스(Prometheus)의 거대한 힘에 의해 점화된 새로운 사상의 빛, 새로운 감정의 숨결, 새로운 행동에 대한 용기에 의거하여 천재의 섬광이 정신의 자유로운 공간으로부터 놀라운 빛을 거듭 발산하여야만 하였다. 이렇게 조망하건대, 역사가 이룬 건설적인 과업들은 위대한 지도자가 성취한 바에 기반한 일련의 진보들의 연속으로 분해된다. 〈위인〉들 없이는 발전은 없다. 〈위인〉들은 〈인간성〉을 발전시키는 원동력이며, 그들이 없으면 대중들은 더 이상 대중이 될 수 없고, 세계 또한 세계가 될 수 없다.

한 가지 중요한 점에 있어서는 스펜서는 분명히 틀렸다. 지도자의 개인적 특질은 최초의 야만적이며 파괴적인 전쟁에서만 '전적으로 중요(allwichtig)'할 뿐만 아니라 그 이후에도 영원히 중요하며, 실제로 그것의 중요성은 문화가 수행하는 역할이 커질수록 증가한다. 결정적으로 중요한 지도자가 없는 경우 최초의 〈무리〉나 〈대부족〉 간의 파괴적인 전쟁도 그 의미 없는 목적조차도 달성하기는 쉽지 않은 반면, 그러한 초인적인 지도자가 없다면 과학의 시대 내지는 〈윤리적〉 기준이 존재하는 시대에서의 과업도 달성되기가 훨씬 어렵다. 단지 힘만을 이용하여 약한 것을 제압하는 투쟁에 있어서는 어둠에 싸인 야만적 삶으로부터 빛으로 인도하는 터널을 일단 가장 무르고 저항이 적은 암반으로부터만 시작하여 뚫기만 하면 된다. 하지만, 더욱더 전진하려는 경우, 그래서 암반이 더욱 단단해질수록 지도자의 과업이 마주치는 역경은 더욱 커지기 마련인데, 그때 지도자는 그의 정신이 가지고 있는 금강석과도 같이 단단한 굴착기로 여하한 저항도 극복한다. 당대의 과학적 정신에 투철한 스펜서는 과학적 결정론이 쉽게 적용 가능할 것처럼 보이는 사회적 관계로부터 어떠한 일정한 진보의 법칙을 따르는 대중의 움직임을 분석하였다. 그는 천재가 따르는 경로에서는 어떠한 법칙을 발견할 수는 없다고 생각하였고, 따라서 그 〈위인〉들을 가급적 왜소하게 만들어 역사적 맥락에서 최대한 배제하려 하였다. 따라서 그는 〈위인〉에 대한 분석은 거의 아무것도 남기지 않았고, 그에게 있어서 나폴레옹은 단지 강도들의 위대한 우두머리에 불과하였다.

사회적인 과업을 달성하기 위하여서는 선두에 위치하는 지도자의 활동이 필수불가결한 것처럼, 〈대중의 추종〉도 불가결하다. 지도자가 파종을 하는 자라면 대중은 그것을 받아들이는 토양이며, 따라서 자갈 밭에서는 그 씨앗은 말라 버리고, 비옥한 토양에서는 풍성한 열매를 맺는다. 지도자의 힘만으로는 아직 사회에 법을 세울 수 없다. 지도자의 업무는 영혼을 통솔하여 그 자신을 따르게 하는 것이다. 그렇게 함에 있어서, 지도자는 먼저 자신을 위해 봉사하는 하부지도자(Unterführer)를 양성하여야 한다. 그 이후 하부지도자에 의해 자극되어 광범위한 대중 중 가장 능동적인 그룹들이 지도자의 부름에 호응하면서 〈능동적 추종〉을 하게 되고, 점차 다른 그룹들도 이에 동참하여, 결국 〈맹목적 추종〉의 그룹들까지도 움직이기 시작하며 최종적으로는 시체와도 같은 최하층 그룹들까지도 추종하여 무게를 더하게 된다. 이러한 추종이 〈보편성〉을 가지게 됨에 따라 〈사회적 계율〉은 모든 것을 강제하는 성격을 갖게 된다. 화폐를 〈집단적 습관〉의 결과로 가지게 된 것도 이러한 사회적 명령이 일반화된 뚜렷한 예라고 생각될 수 있다.

대중이 추종을 보류하는가 혹은 그에 동의하는가에 따라 어떤 지도자에 대한 최종적 판단은 내려지게 된다. 지도자들에게 세계 역사적, 법률적 판결을 내리는 것은 이들 대중이다. 〈성공〉이라는 시험 기준을 통하여 **대중은 지도자에 대한 〈선택〉을 한다.** 물론 대중이라는 인간들은 단순하기에 지도자의 이념을 말로 표현할 수도 없고 말로써 판단할 수도 없지만 그럼에도 불구하고 각기 자신의 환경에 비추어 적합한 행동으로 표출함으로써 지도자에 대한 판단에 기여한다. 대중이 지도자의 업적을 판단함에 일조함을 부인하는 것은 어리석다고도 할 수 있다. 초인으로서의 예수의 모습까지도 판단하여 인정하고 경외를 바칠 수 있었던 인류이기에, 인류가 판단할 수 없을 정도로 위대한 인간은 존재하지 않는다. 그리고 그 대중 속에는 이미 사도와 그들의 제자들과, 또한 전 〈리더십의 위계〉도 모두 포함되어 있다는 점도 또한 잊지 말아야만 한다. **대중의 평가를 통과하지 못하는 것은 결국 인간의 본성에 어긋나거나 혹은 인간의 힘의 한계를 넘어선 것이다.**

대중이 지도자에게 의미하는 바는 지도자 자신의 행위에 의해 가장 잘 드러난다. 지도자들의 많은 경우는 맨 처음부터 대중의 태도에 자신을 맞추면서 대중의 인기에 영합하기 위한 적절한 수단과 방법만을 찾는다. 하지만, 〈습관〉화 된 것(Gewohnten)에만 집착하는 사람들을 어쩔 수 없이 뿌리치고 최초에는 자신이 옳다고 믿는 길만을 홀로 찾아가는 강인한 정신이라도, 그가 적절한 길을 찾았다고 생각하는 순간 곧 대중들에게로 눈을 돌려 자신의 추종자들을 전력으로 구하고, 그러한 추종자들이야말로 자기가 바른길을 찾았음에 성공한 것을 입증해 주는 척도로 간주한다. 그리고 지도자는 자신이 찾아낸 길이 **보편적인 길**임을 주장한다.

그 길 안에서 그 지도자가 사회에 행하는 헌신이 존재하며, 또한 그 길을 통하여 〈보편적 본성〉을 고양시킨다. 하지만 세상의 인정을 얻고자 하는 열정 때문에 스스로를 왜소하게 만들지 않는 지도자가 과연 얼마나 있겠는가! 또한 공허한 박수 소리를 갈구하며, 그러한 공허한 박수를 대중들의 진정한 평가로 간주하고 결국은 스스로를 타락시키지 않는 지도자는 또 얼마나 있겠는가! 그러한 경우, 초인은 결국 **그저 평범한 인간으로 전락하며, 더욱이 너무도 평범하게 되어 버린다.** 미사여구 식의 진부한 찬사를 싫어하는 지도자들조차도 대중의 행동을 통하여 인정되기를 종종 조바심을 가지고 바라기에, 그러한 고상한 바람의 희생양으로 전락한다. 진정 위대한 정신만이 그러한 나약함을 딛고 그 위로 군림할 수 있다. 그들의 **마음은 그가 추구하는 과업에 완전히 몰입해 있고,** 그들은 자신의 존재를 확신하기 때문에 자기 안에서 균형을 찾는다.

한 민족에게 있어서 〈지도적 계층〉의 쇠락은 중대한 사회적 불행이다. 새로운 시대에 맞추어 새로운 리더십을 육성하기 위해서는 새롭고 강력한 동인이 필요하다. 궁정-교회-기사 문화 이후 모든 민족이 부르주아 문화로 이행할 힘을 가진 것은 아니다. 새로운 사회계층이 대두하기 위해서는 그 깊은 곳(Tief)에는 대중이 건전하게 존속하여야만 하였다. **바로 그 깊은 곳에는 〈대중의 힘〉이라는 수원**(水源)**이 흐르고 있는데, 대중이야말로 [그 수원을 발흥시키는], 민족의 젊음의 샘**(Jungbrunnen)**이고, 민족의 미래를 위한 저수지라고 할 수 있다.** 예를 들자면, 농민의 힘이 쇠락해 버리면 민족 또한 자신의 역사적 역할의 수행을 영원히 멈추기 마련이다.

여기서 말하는 대중이란 한 민족 내의 건전한 대중을 말하는데, 단 지도자와 같은 혈통을 가지고 있으나 아직 역사적으로는 그 혈통이 희석화되지 않은 대중만을 지칭한다. 오만한 〈지도적 계층〉은 이러한 대중을 열등한 자들로 간주하는 경향이 있는 것은 사실이다. 하지만, 실제로는 그 대중들은 결코 열등하지 않다. 비록 그 대중들이 일상의 과업에 속박되었고, 따라서 역사적 측면에서 볼 때는 뒤처져 있더라도, 이는 단지 그 자신들의 가치를 아직 충분히 전개시키지 못한 것에 불과하고 따라서 그들의 힘은 아직 소진되지도 않았다. 적절한 때가 무르익으면 건전한 대중은 이미 기력이 쇠잔한 〈역사적 리더십〉을 대체하여 새로운 계층을 리더십의 위치로 내보낼 것이다. 하지만 〈민주주의〉라는 관념에 너무 경도된 사람들은, 열등하거나 혹은 희석화된 혈통을 가진 대중에게조차도 완전한 가치를 부여하는 오류를 범하기 쉽다. 그 대중이라는 단어가 일종의 경멸적 의미를 가지도록 하는데 기여한 바 있는 이러한 후자의 종류의 대중은 민족의 역사에 있어서 어떤 필요한 역할을 수행하지 않았으며, 어쩌면 그들은 전적으로 무가치하고, [민족의 역사에 있어서] 저해이자 위협 요소이었으며, 그러기에 오합지졸이고 혼돈 그 자체이다.

모든 강한 민족들은 적절한 시기에 적절한 지도자가 자신들을 위해 태어난다는 확신을 가지고 있다. 필요한 상황에서는 항상 **"신의 손가락이 위대한 지도자를 불러일으킨다"**고[98] 종교는 가르치고 신앙심 가득한 자들은 또 그렇게 믿는다. 학술적 〈역사서술〉도 오랫동안 이러한 의견에 동참하였다. 스펜서조차 이런 의미에서 역사를 서술한 당대의 유명한 영국 역사가들을 상대로 논쟁하여야만 하였다. 하지만 현대의 학술적 입장에서는 이러한 종류의 기적을 다른 모든 기적과 마찬가지로 부정한다. 오히려 스펜서의 예에서 보듯 역사적 발전의 일관성을 유지하기 위해 **〈위인〉**을 부정하는 경향이 강하다. 최근의 종교사에서는 주저 없이 조로아스터나 붓다, 혹은 그리스도 같은 위대한 종교 지도자가 실존하였는지 여부에 대한 의문도 표명한다. 즉, 그 〈위인〉들의 가르침은 [위인들이 실존하였기 때문이 아니라] 단지 당대에 퍼져있던 신념들을 반영한 것이라고 유추하기도 한다. 하지만 이러한 견해를 유지함으로써 얻을 수 있는 것은 무엇인가! 그리스도의 실존 자체를 부정한다고 하더라도 오로지 그리스

---

98   성경 다니엘서(2: 20-22): "신은 왕들을 일으키고 또한 그들을 몰락시킨다."

도와도 같은 정신만이 만들어낼 수 있는, 압도적으로 단순 명료한 어투로 남아있는 그리스도의 말씀은 존재하며, 그러한 그리스도의 말씀 자체를 부정한다고 할지언정, 사도 베드로의 존재는 부정할 수 없이 남아있다.

역사적 비평에 있어서는 알렉산더 대왕이나 카이사르가 존재할 여지는 어차피 허용하여야 한다. 그렇다면 만약 알렉산더의 생명이 더 일찍 단축되었더라면, 그리고 만약 음모자들의 단검이나 갈리아(Gallic)족의 검에 의하여 카이사르의 생명이 더 일찍 마감되었더라면 과연 세계사는 어떻게 변하였을 것인가 하는 물음에 부딪힌다. 만약 역사적으로 〈위인〉의 입지를 우리의 분석에서 허용한다면, 그것은 단지 역사 발전에 있어서의 논리적 일관성(Folgerichtigkeit)을 부정하는 단순한 우연의 산물에 지나지 않는가? 이 문제에 대해 우리는 올바른 입장을 찾아야만 하며, 이 문제를 간과할 수는 없다.

8. 〈위인〉

첫 번째로 잊지 말아야 할 바는 〈위인〉이란 결코 대체 불가능한 존재는 아니며, 한번 사라지면 다시는 나타나지 않는 존재는 더더욱 아니라는 점이다. 당대의 흐름에 편승하여 위대한 이념이 여러 사상가들에 의하여 동시에 표출된 바가 많았음을 볼 수 있는데, 그 잘 알려진 예로는 라이프니츠와 뉴턴에 의하여 거의 동시에 발표된 수학적 발견을 들 수 있다. 만약 콜럼버스가 일찍 요절하였다면 미대륙은 발견되지 않고 남아 있었다고 가정할 수도 없다. 아마도 콜럼버스 이후 콜럼버스의 발견을 답습한 용기 있는 뱃사람들 중에서는 콜럼버스 대신 코페르니쿠스적 생각을 실천에 옮길 수 있었던 사람도 분명히 존재하였을 것이다. 위대한 탐구자들의 계속적인 연구로 과학이 연속적으로 구축되어 나가는 것을 고려할 때, 선배 연구자들이 이미 발견하여 이제는 후배 연구자들은 단지 그 선배들의 연속선상에서 연구하고 있는 주제들도 만일 그 선배 연구자들이 존재하지 않았다고 하더라도 후대의 연구자들이 틀림없이 발견하였으리라고 생각할 수 있다.

이 첫 번째 생각은 두 번째 생각으로 이어진다. 모든 산맥에는 그 주변에 비하여 우뚝 솟아있는 봉우리가 있듯이, 모든 강한 민족에는 그 중에서도 반드시 〈위인〉들이 있기 마련이다. 천부적 재능에 있어서 개개인이 전적으로 혹은 거의 대체로 균등하게 배분된 민족은 지금까지 존재하지 않았다. 우리가 일반적으로 이야기하는 〈민족성〉은 사실 다양하게 **분포되어 있는 재능**들에 대한 평균에 불과하다. 그리고 그러한 분포의 정도도 각 민족 별로 상이하다. 로마인은 그리스인보다 그러한 분포에 있어 더욱 균일하고 할 수 있다. 몸센(Mommsen)[99]의 견해에 의하자면, 카이사르를 제외하고는 어떠한 로마의 정치가나 장군도 진정으로 독창적이며 위대하지는 못하였지만, 그러한 부족함은 대중 일반이 가지고 있던 유능함에 의해 메워졌다. 로마에서는 해마다 그들의 전통적인 병법에 의거하여 군단을 통솔하는 방법을 아는 두 명의 집정관이 반드시 발견되었고, 따라서 로마 군단은 수 기 동안 승리의 힘을 변함없이 발휘하였다. 어느 민족에게 있어서나 그 민족을 구성하는 대중들이 뛰어난 자질을 가진 분야에 있어서는 강력한 지도적 인재를 더 많이 보유하고 있다. 그렇다면, 민족 자신들이 지향하는 바에 부응하여 **적절한 지도자가 적절한 시점**에 언제나 등장한다는 것은 과연 우연일까? 그러한 지도자를 모색하게끔 하는 전반적인 긴장 상황은 특히 예민한 지도자적 재능을 겸비한 자들을 일깨울 것임이 틀림없다. 함께 노력하지만, 비록 재능 면에서는 떨어지는 많은 동료들에 의해 그러한 인재들은 종용되고 추앙받는다. 그렇게 추앙된 지도자의 성취가 기대되고 받아들여지는 가운데 형성된 뜨거운 열정은 많은 동료들의 내면적 단결을 최고조로 끌어올리며, 그들의

---

99 Christian Matthias Theodor Mommsen(1817-1903). 독일의 역사학자. 그의 저서 《로마사》(Römische Geschichte)로 노벨문학상 수상. 19세기의 가장 위대한 역사가로 일컬어진다.

힘의 표출을 최대화한다. 지도자들의 모습과 활동은 결코 우연의 산물이 아니다. 그 모습과 활동은 그들이 처한 **환경에서 비롯된 일관적 귀결**인데, 하지만 동시에 그렇듯 고양된 힘의 개인적 표출을 통해 지도자들은 자신의 환경에 영향을 주는 능력을 가지고 있다.

물론 알렉산더나 카이사르의 행동, 셰익스피어의 《햄릿》이나 괴테의 《파우스트》는 이러한 방식의 역사적 해석으로는 이해될 수 없다. 하물며 위대한 정신적 지도자인 [종교적] 선지자들은 더 말할 나위가 없다. **어쩔 수 없이 개인적 잔향이 남아있는 것만은 틀림없다.** 그러나 위대한 지도자들이 겸비한 [위대함의] 총체는 이러한 불가해한 개인적 잔향으로만 이루어지는 것이 아니다. 즉, 위대한 지도자 고유의 개인적 요소라는 것은, 그들이 행하지 않았더라면 바로 그들을 대신하여 민족 혹은 세계라는 영역 내에서 그 일을 수행할 수도 있었던 차선의 인물과의 차이만큼에 국한될 것이다.¹⁰⁰ 국가의 외연이 확대되고 그 구성 인자들이 더욱 이질적이고 다양화됨에 따라 그러한 새로운 환경과 구래의 도시적 〈집단적 강령〉은 더 이상 병존할 수 없었기에, 카이사르가 없었다면 폼페이우스(Pompeius) 대제나 그의 유력한 아들들 중 누군가가, 혹은 지배에 뜻을 둔 다른 로마인 누군가가 국가를 군주적으로 확립하는 역사의 사명을 수행하였을 것이다. 만일 그 주체가 카이사르 이외의 인물이었다면, 카이사르에 버금갈 정도로 천재적으로 기획할 수는 없었을 것이며, 카이사르적인 〈지배의지〉(Herrenwille)가 관철되기까지는 수차례의 시행착오를 겪었을 수도 있지만 결국은 그러한 과정은 필히 성취되어야만 하는 것이었기에 결국은 관철되었을 것이다. 마르쿠스 안토니우스(Marcus Antonius), 아우구스투스(Augustus), 티베리우스(Tiberius) 같은 인물들을 보면 당시 로마의 세대는 〈지배본능〉(Herrennatur)을 가진 인물들이 충분히 풍부하

---

100   이 대목은 경제학에서의 가치 평가에 대한 〈귀속이론〉을 위인들의 가치를 평가함에 적용시킨 듯 여겨진다. 〈귀속이론〉에 대하여서는 역자해제 참고.

였음을 알 수 있다. 아무리 위대한 지도자라 할지라도 어느 정도는 그 **민족과 시대를 표현하는 자**들이다. 어찌 되었건 그가 역사에 개입한 그 순간 이후의 과정들은 [위대한 지도자들의 개입 여지가 없이] 엄밀히 일관된 법칙 하에 진행된다. 지도자들이 개인적인 성취를 유지할 수 있는 여지는 **각 민족이 가진 기질하에서 계속적으로 허용될 수 있는 범위** 내에만 한정된다.

〈위인〉과 대중과의 관계는 비스마르크와 독일 민족의 사례에서 뚜렷이 볼 수 있다. 비스마르크의 정치적 재능이 없었다면 독일제국이 그렇게 빠른 시간 내에 강력하게 수립되지는 못하였을지도 모른다. 그는 자신을 국민이라는 물살이 가지는 힘[권력]이 없이는 아무것도 할 수 없는 조타수에 불과함을 천명하였다. 그렇기 때문에 비스마르크가 없었더라도 그에 비하여서는 재능이 떨어지더라도 그를 대체할 조타수는 반드시 나타날 수 있었을 것이며, 민족의 물살이 더욱 강해지고, 또한 빠르게 상승 기조에 있었으므로 그 대체 조타수도 제국을 목표에 인도할 수도 있었을 것이다. 영국인, 프랑스인, 그리고 이태리인에 비해 독일인들의 정치적 미숙성은 머리와 손발에 있어서도 그리고 지도자와 대중에 있어서도 매우 격차가 크고, 따라서 **비스마르크에서 발견되는 불가해한 순전한 개인적 잔향은** 다른 나라 국민들의 위대한 정치지도자보다 **훨씬 크다**고 할 수 있다. 독일의 국가들 중, 정치적으로 가장 잘 조직화된 프로이센에서는 비스마르크는 프리드리히 대제 이후에는 최초로 세계 정치의 무대에 나설 수 있던 사람이었다. 그는 백성을 너무나 잘 알고 있었기 때문에 자신이 이룩한 제국이 지속될지 여부에 대하여 심각한 우려를 갖지 않을 수 없었다. "나는 독일 국민을 말안장에 올렸으니 이제 그들이 스스로 말을 타는 방법을 알아야 한다"는 그의 말은 곧 다가올 붕괴의 전조처럼 들린다. 세계대전을 막기 위해, 혹은 그것이 발발하였을 경우에는 군사적으로 승리하기 위한 정치적 준비를 위해서는 제2의 비스마르크가 필요하였다. 하지만 그러한 제2의 비스마르크는 존재하지 않았다. 세계를 선도할 수 있는 자질을 가진 정치가가 독일에 등장하는 역사적인 우연은 그 짧은 시간에는 다시금 발생하지 못하였다. 개전 시에는 〈연합국〉(Entente)에서도 또한 기껏 하여야 중급 정도의 정치가만이 존재하였지만, 그 〈연합국〉의 정치적 훈련은, 특히 유럽에서 역사적으로 가장 성숙한 영국에서는 독일이나 기타 〈중앙열강〉들에 비하여 월등하였다. 따라서 〈중앙열강〉들은 오로지 뛰어난 군사적 작전에 의하여서만 승리를 쟁취할 수 있었으며, 그것도 대전 중의 어떤 특정 국면에서만 실현되었지, 장기적으로는 지탱할 수 없었다. 결국 독일 민족은 17세기의 30년 전쟁에서 패배한 것과 동일한 이유로 20세기의 세계대전에서 패하였고 또한 그럴 수밖에 없었다. 독일 내의 종교적인 내전으로 시작된 30년 전쟁은 처음에는 덴마크인, 다음에는 스웨덴인, 마지막으로 프랑스인, 그리고 그다음에는 마자르(Magyar)족의 개입으로 인해 점차 대외전쟁으로 발전하였고, 이는 황제가 대다수의 **프로테스탄트 신분층**과의 강화를 체결한 이후에도 지속되었다. 이 대외전쟁에서 독일 황제와 제국은 옥센슈티엔나(Oxenstienna)와[101] 리슐리외가[102] 가진 〈정치적 기술〉(Staatskunst)[103]과 비교하여 열등하였으며, 그들에게 필적할 지도자는 발렌슈타인(Wallenstein)의 몰락 이후 없었다. 과거나 지금이나 그 정치적 미숙함의 당연한 귀결로 인하여 독일 민족은 지대한 피해를 입게 되었다. 독일 민족은 비스마르크의 유산을 지속적으로 간직하여 왔지만, 그 유산은 단지 독일이 가진 힘의 역사적인 제약하에서 유지할 수 있는 범위로만 한정되었다. 위대

---

101 Axel Oxenstierna(1583-1654). 스웨덴의 정치인 겸 재상. 30년 전쟁의 종식을 위한 베스트팔렌조약을 체결하는 과정에서 중요한 영향력을 행사하였다.

102 Armand Jean du Plessis, cardinal-duc de Richelieu et de Fronsac(1858-1642). 프랑스의 귀족 정치가 및 로마 가톨릭 추기경. 중앙 집권체제를 강화하기 위해 위그노와 지방 귀족들을 탄압하였고, 이후 루이 14세 시대의 절대 왕조를 열 수 있도록 한 공로자이다.

103 이때의 '기술'(技術)은 영어로 표현하자면 technic이 아니라 art이다.

한 지도자들이 충분히 존재할 수 있는 더욱 증대된 내적인 힘이 고양된다면 독일 민족은 새롭게 다시 일어설 수 있음을 역사적 논리는 입증할 수 있을까?

또한 **내적인 〈대중의 힘〉**도 지금까지 이야기해 온 '불가해한 개인적 잔향'과도 마찬가지로 그 기원은 불가해하지 않을까? 초인적인 지도자와 마찬가지로, 대중들이 존재의 심연에서 부상하는 것과 그들이 가진 힘의 목표가 결정되는 법칙을 파악하기는 쉽지 않다. 그렇기에 지도자와 대중이 각기의 힘을 바탕으로 무대에 등장하는 순간 역사가 생성된다는 역사적 진화에 있어서의 일관성을 보여주는 바에 성공한다면 그에 만족하여야만 한다.

9. 〈강령체제〉 발전을 위한 〈근본적 특징〉들에 대하여

어떠한 시대에 주어진 〈역사적 과업〉을 수행하기 위하여서는 지도자와 대중은 그들의 자질과 〈역사적 도야〉(geschichtliche Erziehung)에 기반하여 힘을 형성하는데, 민족들의 〈강령체제〉(Verfassungswesen)도 그러한 힘에 상응하여 결정된다. 그때의 활동을 이끄는 힘은 항상 〈최상위 힘의 법칙〉(Gesetz der höchsten Kraft)[104] 또는 〈성공의 법칙〉(Gesetz des Erfolges)에 따라 형성된다.

어느 시대에 있어서건 사회에는 두 가지 종류의 과업이 존재한다. 첫째는 〈집단과업〉(Gesamtwerk)인데 그를 위해서는 **단결된 대중**(geeinigte

---

104 〈최상위 힘의 법칙〉(Gesetze höchster Kraft)에 대한 정확한 정의는 본서에서 제시되지 않고 있다. 역자의 생각으로는 '가장 큰 힘(Kraft)을 가지고 있는 세력은 종국적으로는 지배적 권력을 가지게 된다'는 의미로 여겨진다. 이에 의하면, 물론 과도기적으로는 힘을 가진 피지배자들이 자신들의 힘을 소수의 지배자들에게 착취당할 수 있음에도 불구하고 그 피지배자들이 각성함에 따라 자신의 힘을 자신의 권력으로 변환시킬 수 있게 된다.

Masse)이 〈통일적 리더십〉(einheitliche Führung) 휘하에 단결하여 공동의 전진을 수행하는 형태이다. 다른 하나는 〈개별과업〉(Sonderwerk) 혹은 〈사적 과업〉(privates Werk)들인데, 그 주체는 일견 개인들로 보이지만 더욱 자세히 살펴본다면 그곳에서도 역시 항상 대중이 관련되어 있음을 알 수 있다. 그러한 [개별과업을 행하는] 대중은 〈무명적 리더십〉들하에 '〈**분산된 대중**〉(zerstreute Masse)'으로서 〈병렬적 행동〉이거나 〈보완적 행동〉을 수행하기 위한 규율을 스스로 부여하고 있음을 알 수 있다. 이때 공적 행동의 주체는 특정 지도자가 가진 〈통일적 권력〉(Einheitsmacht)들에 지배하에 결집되어 있는 대중이며, 반면 사적 행동의 주체는 〈무명적 지도자〉하에 분산되어 존재하며 〈무명적 권력〉들하에 놓여있는 〈**분산된 대중**〉이다. 공적 체제뿐만 아니라 사적 체제에서도 각기의 〈강령〉이 존재하며, 더욱 정확히 말하면 [다양한] 〈강령〉들이 존재한다. 왜냐하면, 각 개별적 영역들 내의 과업들을 수행함에 있어서는 〈사회적 행동〉을 필요로 하며, 따라서 개별적 〈강령〉들은 연관된 〈사회적 행동〉의 모든 영역에 항상 적용되기 때문이다. **〈국가강령〉(Staatsverfassung)은 상호 연관되어 있는 다양한 〈공적 강령〉**(öffentliche Verfassung) **중의 하나일 뿐이고, 마찬가지로 〈경제적 강령〉**(Wirtschaftsverfassung)**도 상호 연계되어 있는 다양한 〈사적 강령〉**(private Verfassung) **중 하나일 뿐이다.** 이러한 다양한 공적 및 사적 〈강령체제〉 간의 연계를 통해 비로소 사회의 **〈총체적 강령〉**(Gesamtverfassung)이 형성된다. 〈국가강령〉을 단지 그 자체로 주어진 것으로만 간주하는 법률가들은 그 〈국가강령〉를 이루는 심연까지는 이해할 수는 없다. 〈국가강령〉의 저울추 내지는 무게 중심은 항상 〈총체적 강령〉에 의해서 정해진다. 힘과 저항의 표출로서의 정치적 권리들과 의무들은 〈종교적 강령〉(religiöse Verfassung)과 기타 〈공적 강령〉, 또한 이들과 함께 〈경제적 강령〉과 기타 〈사적 강령〉에 의하여 지탱되고 있다.

  지도자와 대중 간의 권력의 배분 방식은 최고지도자의 개인적 성격에 의하여서만 결정되지는 않는다. 어떤 시점에서 그 최고 지도자에게 부과되며 동시에 최고 지도자가 영향력을 행사할 수 있는 범위의 크기를 결정하는 당대의 과업과, 그러한 권력을 배분하는 방식이라는 두 가지는 항상 본질적으로 서로 연관되어 있고, 특히 〈지도적 계층〉과 대중을 대표하는 계층들이 가지는 구조 및 그들 사이에 존재하는 긴장 관계와도 관련되어 있다.

〈**사적 과업**〉의 달성은 무엇보다도 먼저 개인들에 의존한다. 따라서 그러한 과업이 〈성공〉하기 위해서는 **대중은 변함없는 능력**(Tüchtigkeit)**을 유지하고** 있어야만 한다. 대체적으로 볼 때, 〈무명의 러더십〉보다도 더욱 강한 리더십은 없다. 〈무명적 지도자〉들은 끊임없이 세대를 거듭하며 유지되는 대중으로부터 출현하므로 대중과 밀접하게 얽혀 있고, 따라서 대중의 전반적 능력이 〈무명적 지도자〉들이 능력을 가질 수 있기 위한 불가결한 전제조건이다. 그러한 〈무명적 지도자〉들은 다른 모든 이들과도 마찬가지로 자신들이 수행하는 독자적인 〈사적 과업〉에서 그 동기를 부여받는다. 다만 적절한 시대를 만나면 그에 더해 지금까지 행하여온 〈수련〉들을 다양한 방법으로 다양한 장소에서 더욱더 성공시킬 수 있다. 그들의 꾸준한 〈선도행동〉에 전 대중이 따를 때, 장기적으로 볼 때는 일반적인 상황들이 획기적으로 개선되기 마련인데, 물론 이는 단기적으로는 미미하여 느껴지지 못할 수도 있다. 그에 의하여 점차로 새로운 토양이 형성되어 가며, 그 토양 위로 더욱 철저한 변혁이 준비된다. 예를 들어, 농촌 가내 경제 속에서 무역이 잉태되며, 길드적 사업 내에서 대규모 기업들의 성립을 위한 기반이 준비된다. 그러나 더욱 근본적인 변혁을 위해서는 〈개방적 리더십〉(offene Führung)[105]이 필요하다. 그것은 사적 영

---

105 본서에서 '리더십' 혹은 '지도자'라는 단어의 수식어로 등장하는, 독일어 'offen'(= open, '개방적')의 의미는 모호하다. 누구나 자질이 있는 자가 그 리더십의 자리에 오를 수 있다는 의미로 해석할 수도 있고, 구래의 것에 얽매이지 않고, 새로운 변혁을 추구한다는 의미로 해석할 수도 있으며, 혹은 이전

역에 기반을 둔 위대한 기업가들의 예에서도 볼 수 있듯이 사적 분야에서도 작동할 수 있는데, 그 범위는 공적 영역까지 확장될 수도 있다.

모든 〈신앙공동체〉, 모든 〈윤리적 공동체〉, 기타 모든 〈내적 공동체〉는 〈무명적 리더십〉 아래 광범위한 대중이 참여하는 견고한 기반을 필요로 하며, 만약 철저한 변혁이 발생하려면 그러한 토양을 바탕으로 위대한 〈권위적 지도자〉들이 탄생하여야만 한다. 〈강제적 공동체〉들이나 〈통일적 집단〉(Einheitsverband)들의 〈집단과업〉은 항상 개방적인 〈개인적 리더십〉을 전제하고 있으며, 그에 따라 그 당시 존재하는 〈지도적 계층〉에서 지도적 인물들이 출현한다.

건국과 문화의 건설 시기에는 개방적인 〈개인적 리더십〉이 가장 전형적인 형태로 보여진다. [이 시기에는] 〈무력적 리더십〉, 〈영주적 리더십〉, 그리고 〈군주적 리더십〉이 요구되고 최고 〈권위적 지도자〉가 부상하며, 대중들의 위로 전사와 승려라는 〈지배계층〉(herrschende Schicht)이 일어선다. 그것은 [즉, 이러한 과정의 양상은] 〈지배계층〉의 기질과 〈역사적 도야〉, 그리고 아마도 외부환경에도 좌우될 것이다. 또한 〈지배계층〉의 입장에서 볼 때 자신들만을 위한 특별한 〈집단적 강령〉(genossenschaftliche Verfassung)을 고수하거나, 혹은 군주들 내지는 왕족들의 리더십하에서 종속되는 것 중 어떤 방식이 그들 그룹의 이익을 더 잘 만족시킬 수 있을 것 인가에도 달려있다. 로마의 농민들은 이웃 나라와의 전쟁에서 원래 공격보다는 방위가 그 주목적이었기에, 유력 〈종족〉의 지도하에서 충분히 그러한 소기의 목적을 달성할 수 있었고, 따라서 그들은 왕을 필요로 하지도 않았고 또한 인정할 필요도 없었다. 로마가 칸나에전투(Cannae)에서 괴멸적인 패배를 겪어 국가 소멸의 위기가 절박함을 통감하였으나 결국

에 등장하였던 '무명적'과 같은 의미로, '불특정'의 의미로 사용되었을 수도 있다(본서 368쪽에서 '지도자' 앞의 수식어로서 등장할 때는 '불특정'의 의미로 사용되었다). 그런데 여기에서는 문맥상 두 번째의 해석이 타당할 듯하다.

한니발의 공격을 격퇴한 후, 로마의 왕들은 세계 지배를 확보한다는 높은 목적을 향하였다. 따라서 그 이후로는 이같은 세계정세하에서 변화하는 과업들을 달성하기 위하여서는 구래의 〈전통〉에만 의존하던 당대 〈지도적 계층〉은 더 이상 충분한 역할을 수행하지 못하였다. 지속적으로 반복되어 온 국가 생존의 위기를 넘기기 위하여서는 스키피오(Scipio), 마리우스(Marius), 술라(Sulla), 폼페이우스(Pompeius)와도 같은 강력한 개인 지도자가 필요하였으며, 결국 〈통치권〉은 최강의 지도자였던 카이사르로 넘어갔고, 그로부터 율리우스 왕조(Julian), 그리고 그 이후의 왕조와 또 다른 왕조들로 계승되었다. 국가 건설을 위한 그러한 장기간 투쟁의 기간을 통해 **〈군사적 강령〉(Militärverfassung)이 이제 〈국가강령〉의 골격을 이루게 되었다.** 이러한 원칙은 야만족 정복자들에 의한 〈독재〉 국가들뿐만 아니라 융성기의 로마국가, 그리고 게르만-로마 국가의 전성기에서 있어서도 똑같이 적용될 수 있다. 심지어 현대에 있어서의 유럽의 〈문화국가〉에서조차도 군주가 자신의 신분을 가장 잘 나타내는 의복으로서 군복을 착용하는 바에서 이러한 원칙이 가지는 유산이 아직도 잔존하고 있다.

〈전쟁의 강령〉(Kampfverfassung)을 이용한 압박하에서는 모든 연약한 민족이 가졌던, 농민의 낡은 힘은 점차 사라지고, 강인한 민족의 그것마저도 이제는 소멸될 우려에 처한다. 한편, 이제 더욱 확고해진 국가질서하에서는 새로운 힘들이 대두하게 된다. 순수한 신앙의 힘에 뒤이어 부르주아지가 가진 경제적 힘과 〈지식 계층〉(Bildungsschicht)들의 힘이 부상하고, 결국 그들과 연계하여 농민의 힘이 재차 결집하고 회복된다. 그리고 자본주의 국민경제에 접어 들어서는 노동자 프롤레타리아의 힘이 대중화되고 조직화된다. 그러한 이행 과정에 있어서 **새로이 등장하는 계층들은 최초에는 구래의 권력들에 대항하는 효과적인 저항을 수행하는 자**로서만 자신을 규정할 뿐이다. 하지만 결국은 **그러한 계층 중 가장 강한 계층이 스스로 〈지도적 계층〉**(führende Schicht)**의 반열에 올라서고**, 또한 최종적으로는 프롤레타리아 계층도 국민들에 대한 리더십을 주장하며, 부득이

한 경우에는 〈독재〉를 주장한다. 교회 당국이 근대적 〈교육의 권력〉(Bildungsmacht)과 절충을 할 수밖에 없었던 이래, 부르주아지와 프롤레타리아가 이룬 지적, 경제적 성취에 따라 군주와 귀족들도 모두 〈강령체제〉하에 편입되기 때문에, 그들 모두 시대가 요구하는 민주화의 견인력에 굴복하여야 한다. 군주와 귀족들은 그와 절충하거나 혹은 혁명의 무력적 힘에 의하여 제거될 수밖에 없었다. 이렇듯 군주제-봉건제를 정점으로 하는 〈전쟁의 강령〉은 **부르주아지와 프롤레타리아의 〈민주주의〉**로 대체되고 자본주의적 혹은 집단주의적 목표하의 **〈경제적 강령〉**이 이제 그 틀을 형성한다.

오늘날까지의 수세기, 수천 년에 걸친 〈민족사〉(Volksgeschichte)를 통해 개인적 지도자들, 〈지도적 계층〉들, 그리고 대중들 간의 상호 대항 관계가 사회적 삶의 구조에 〈근본적 특징〉(Grundlinie)들을 부여하여 왔다. 시간은 항상 각 행동 주체들에게 그들에 맞는 역할을 부여하고, 각 주체들은 그들의 혈통과 〈역사적 도야〉에 의해 획득된 힘의 크기에 따라 자신들에게 주어진 역할을 수행하여 나아간다.

IV. 〈권력심리〉

1. 〈대중의 혼〉(Massenseele)

〈사회적 권력〉은 그것이 최고조에 달한 경우 인간을 초월하는 어떠한 것 내지는 그 자체로서는 비인간적인 어떤 것을 내포하고 있다. 따라서 〈권력현상〉(Machterscheinung)을 다루어야만 하였던 역사가, 정치학자, 법철학자, 경제학자, 사회학자들의 대부분이 그 〈사회적 권력〉의 기원을 개인적 존재의 영역 밖의 어떤 객관적 요소에서 찾으려 하여 왔음은 충분히 납득할 수 있다. 그러나 이렇듯 외적영역에서 객관적 요소를 찾는 자들은 이중의 오류를 범하기 마련이다. 즉, 그들은 〈외적 권력〉의 영역에로만 자신들의 분석을 한정시키는데, 이때 〈외적 권력〉은 외적 〈권력수단〉에만 의지하는 것으로 비춰진다. 더 나아가 그들은 외부적으로 보이는 〈권력현상〉이 바로 〈권력수단〉이라고 혼동한다. 물론 이렇듯 외부적으로 보이는 〈권력수단〉을 인간의 감정에 반하여 통용할 수 있는지에 관한 결단은 각기의 〈권력수단〉이 가지고 있는 성질에도 달려있는 것은 사실이다. 하지만 **〈권력자〉**의 신념이 〈권력수단〉을 어떻게 사용하는가를 최종적으로 결정하기 때문에 〈외적 권력〉은 순수하게 외적인 객관적인 요소에만은 의존할 수 없다. 반면, 〈내적 권력〉의 경우 그 기원이 인간의 마음(Sinn)에 있음은 의심의 여지가 없다.

스탕달(Stendhal)이나 니체 같은 철학자들은 대중이 단지 〈무리본능〉에만 지배되는 것으로 인식하고 있는데, 따라서 그들은 권력이 가지는 초인적 성격이 바로 초인 자체에게서 연원하는 것으로 당연히 간주하였고, 그 과정에서 후자가 비인간적으로 인간의 경계를 벗어나는 것을 오히려 특별한 위대함의 증거로 간주하였다. 그러나 이러한 해석은 대부분의 경우 명백히 불충분한데, 초인 내지는 체사르 보르자(Caesar Borgia)[106]와 같

---

106 Cesare Borgia(1475-1507). 르네상스 시대의 이태리 정치가, 장군. 초

은 비인간적인 냉혹한 성격의 존재는 단지 아주 예외적인 인간이기 때문이다. 참고로 체사르 보르자는 스탕달이 제시한 것과 같은 위대함을 겸비하고 있지는 않았다는 점은 확실하다. 그는 당대의 이태리 상황하에서 군주의 자리에 오르기 위한 충분한 수단과 동기를 가지고 있던 수많은 〈콘도티에로〉(용병대장 Condottiero)들 중 한 사람이자 아마도 가장 저돌적인 사람이었으며, 그 시대의 진정한 아들이었다. 그런데 그가 이룩한 과업은 근대 이태리의 토양이 구축한 〈역사적 권력〉(geschichtlichen Macht)들의 도움에 의해 이루어졌다. 즉, 그의 행동이나 악행은 그가 단독으로 창출한 것이 아니라, 그것들을 위한 목적, 수단, 조력자, 그리고 사람들이 말하는 소위 시대적 〈요청〉은 그가 살고 있던 역사적 환경으로부터 잉태되었다. 역사에 우뚝 서 있는 아주 위대한 정신적 지도자들만이 자신이 가진 힘에만 의거하여 창조할 수 있다. 하지만, 그들의 과업의 성취에 있어서도 대중들은 핵심적 역할을 수행한다. 왜냐하면 그러한 과업이 달성되기 위해서는 우선적으로 대중이 그러한 과업과 자신들을 일체화시켜야만 하기 때문이다.

〈권력의 체험〉(Machterlebnis)[107]에 대중들도 어떠한 개인적 역할을

기에는 추기경이었으나, 이후 교회군의 총사령관, 그리고 용병대장으로 활약하였는데, 31세에 전장에서 죽음을 맞이하였다. 마키아벨리의 《군주론》의 모델로도 알려져 있다.

107 〈권력의 체험〉이라는 용어는 앞으로 자주 등장하는 중요한 표현인데, 저자는 그에 대한 정확한 정의는 내리고 있지는 않지만, 본서 165쪽 이하에서 더욱 자세히 설명하고 있다. 역자의 해석으로는 이는 어떠한 권력이 가지는 힘이 자신의 정서에 각인되어 짐을 느끼는 체험이라는 의미이다. 즉 권력이 가지는 힘을 체험하는 것은 바로 〈권력의 체험〉이다. 이러한 〈권력의 체험〉은 자기 자신으로부터 비롯될 수도 있고, 외적인 권력의 힘을 느낌으로써 주어질 수도 있다. 또한 후자의 경우에 있어서, 이러한 〈권력의 체험〉은 수동적일 수도 있고, 어떠한 경우에는 기쁘게 받아들여지고 내재화되어 자발적인 충동으

한다는 사실을 알고 있었던 철학자들 중 상당수도 〈권력의 체험〉을 개인들 각자라는 한 개인에게까지 소급하여 파악하지는 않았다. 개인은 때때로 〈반개인성〉(Antiindividuelle)의 정도로까지 심화되는 권력의 〈초인간성〉(Übermenschliche) 내지는 〈초개인성〉(Überindividuelle)을 감당하기에는 너무도 나약해 보이기 때문이다. 이는 왜 사람들이 **대중, 즉 국민 전체라는 〈집단주체〉**(Kollektivsubjekt)**가 권력을 행사하는 것으로 파악**하고자 하였는지를 설명하고 있다. 그런데, 이러한 방식의 설명은 필히 **〈대중의 혼〉**(Massenseele) 또는 **〈인민혼〉**이라는 개념에 의존하게 된다는 것을 의미하며, 이러한 거창한 울림을 가지고 있는 개념들을 사용하고자 하는 유혹은 실로 크다.108 상상력과 뛰어난 수사력을 구비한 연설가들이나 저술가들은 당연히 이러한 개념들을 적재적소에서 사용하면 매우 효과적이라는 것을 잘 알고 있다. 오스왈드 슈펭글러(Oswald Spengler)와도 같은 사람들은 〈문화적 이념〉(Kulturidee)들이 가지고 있는 압도적 성격을 강조하기 위하여, 그가 사용하는 언어용법상 존재하는 〈시적 자유〉(dichterische Freieit)를 사용하여 그러한 이념들을 발흥시키는 〈인민혼〉에 대하여 이야기할 법도 하다. 로맹 롤랑(Romain Rolland)과도 생각이같은 사람들은 〈길거리의 생각〉(Gedanken der Heerstraße)들이 심지어 고귀한 정신까지도 홀리면서 그들의 정신에 각인되어질 수 있음을 말하려 할 때, 〈대중의 혼〉을 언급할 것이다. 이러한 말들이 가지는 형상화 작용의 의미를 이해한다면 이런 말을 사용함으로써 인간들의 마음에 강력히 침투할 수 있다. 그러나 실제로 그러한 〈시적 자유〉를 이론적으로 심각하게 받아들이며, 〈인민혼〉이나 〈대중의 혼〉이라는 것이 민족이나 대중 내에 위치한 각 개별 정신들과 조화되어 존재하는 것이 아닌, 그 개별의 정신들의 상위

로 연결될 수도 있다.

108   저자는 어떤 집단행동을 마치 외적으로 독립적으로 존재하는 어떤 전체적 실재의 행동으로 환원하는 자세에 대하여 경고하고 있다.

에 존재하는 독자적인 생명력을 가진 특별한 존재로서(무의식적으로나 혹은 완전히 의식적으로) 간주하는 것 큰 잘못이 아닐까? 그리고 통상 그들이 간주하는 바처럼, 각 개별 주체들이 높은 곳에 떠 있는 그러한 고고한 정신에 부수되어 억지로 만들어진다고 해석하는 것도 또한 큰 잘못이 아닐까? 우리는 이러한 그릇된 해석에 반대한다. 모든 사회적 관계에 있어서 정신이 놓여있고 또한 계속 머무르는 장소는 바로 개인들의 내부라는 사실을 명확히 하여야만 한다. **사실 〈인민혼〉도 〈인민의지〉(Volkswille)라는 것도 존재하지 않는다**. 더 나아가 엄밀히 말하자면 사회의 공론(öffentliche Meinung)이라는 것도 그 자체의 독립적 형태로서 존재하지 않으며, 사람들이 가지고 있다고 여겨지는 〈보편적인 법적 확신〉(allgemeine Rechtsüberzeugung)도 하나의 〈통일성〉으로서는, 그리고 대중의 〈윤리적〉 감정이라는 것도 하나의 〈전체〉로서는 존재하지 않는다고 단언할 수 있다. 자동적으로 머리에 각인되기 마련인 이러한 단어들은 명확한 듯 보이지만 동시에 오해를 부르는 것들인데, 이는 단지 대다수 내지는 모든 국민들, 혹은 타인들의 정서들을 지배하는 소수들이 가지고 있는 정신, 의지, 의견, 신념, 감정이 **같은 방향을 향하고 있음**을 의미할 뿐이다.[109]

---

109 이러한 같은 방향으로 '정렬'되었다는 개념은 어쩌면 스피노자의 철학상 권력은 '정서'에 대한 지배라는 해석의 필연적 귀결인 듯 하다. 스피노자에 의한다면 '정서'라는 것은 '백지'의 상태이며, 정서를 지배한다는 것은 그 정서에 어떤 특정한 방향성을 부여하는 행위라고 할 수 있다. 흥미로운 것은 현대에서도 스피노자에 기반한 프랑스 제도주의자 마르크스주의자들이 비저와 동일한 의견을 개진하고 있다는 점이다. Lordon과 같은 프랑스 제도학파 학자는 〈공선화〉(共線化 collinearity)라는 표현을 사용하여, 지배는 "노예의 욕망을 주인의 욕망에 부응하여 일직선 방향으로 정렬(整列)시키는 것"이라고 표현하며, 피지배자의 〈코나투스〉에 방향성을 부여하는 것, 즉, 지배자인 주도하는 자(개인이거나 조직이거나)의 〈코나투스〉가 가리키는 방향을 따르게 하는 것의 문제라고 이야기한다(Lordon 2014, 제 2장 참고). 참고로 본서가 권력의 '거시

〈다중〉(Vielheit)에 속한 개인들을 동조(同調)시키는 원인은 권력의 기원과 성장을 연구함으로써 밝힐 수 있다. 개개인이 서로 같은 보조를 맞추게 됨은 바로 〈성공〉에 기인한다. 이처럼 다수와 같은 보조를 취하게 되는 경우 한 개인은 그 자신보다 더 강력한 상위의 강권(Gewalt)에 의한 속박을 받는 것처럼 느끼게 되며, 자신도 실제 그 형성에 관여하고 있다는 사실을 쉽게 파악하지 못하게끔 된다. 물론 최초의 잠깐 동안은 자신도 그 상위의 강권의 형성에 관여하고 있다고 생각할 수 있다. 하지만 그가 처한 주변 환경에서 오는 중압의 영향으로 결국 그러한 생각은 잊어버리게 된다.[110] 따라서 메피스토펠레스(Mephistopheles)가 《파우스

적, 역사적' 분석이라고 한다면, Lordon(2014)은 권력에 대한 '미시적' 분석이라고 볼 수 있기에 상호 보완적인 저술이라고도 할 수 있다.

[110] 이 대목도 스피노자의 철학에 나오는 〈자기변용〉(auto-affection)과 〈다중의 힘〉(potentia multitudinis)이라는 개념과 유사하다. 인간은 그 자신 주위에서 가장 널리 확산되어 있는 정서를 모방하고자 한다. 이러한 모방은 인간이 자신을 둘러싼 모든 세계가 불확실할 때 준거할 수 있는 유일한 기준이 되기 마련이다. 이것을 〈심정적 모방〉(sympathetic emulation)이라고 한다. 이러한 〈심정적 모방〉은 일단 자신과 근접하고 있는 가장 가까운 이웃 내지는 지역사회로부터 시작한다. 그러한 최초의 모방 행동은 다소 의식적이고, 가시적일 수 있다. 하지만 그 좁은 영역을 넘어서 확산되기 시작하면, 각 개인은 어디에서 유래가 되었는지 모르는 단지 거대한 〈집단적 정서〉(collective affects)만을 느끼게 되기 마련이다. 이러한 인간들의 〈심정적 모방〉 행동이 수렴되고 확산되기 시작하면서, 그것을 통하여 사회적으로 승인되고 혹은 배척되는 기준들이 발생하고, 그 기준들이 사회 구성원에게 일률적으로 적용되기 시작한다. 이렇게 하여 생성된 〈집단적 정서〉가 각 구성원에 영향을 주는 것을 우리는 그 사회체의 〈자기변용〉이라고 부른다. 어떠한 다른 외적 요인이 개개인에게 영향을 주는 것이 아니라, 각 구성원 개인에게서 나와서 형성된 것이 다시 구성원에게 영향을 주는 것이고, 그 영향은 사회 구성원 모두에게 적용된다는 의미이다. 이때, 그렇게 발생하게 되는 〈자기변용〉은 이제는 구성원들을 구속

트》의 《발푸르기스의 밤》(Walpurgisnacht)에서 밀려드는 군중 속에서 파우스트를 향해 "**선생이 사람들을 떠민다고 생각하겠지만 사실은 선생이 떠밀리고 있는 것이라오**"[111] 라고 말하였을 때와 동일한 감정이 생겨난다. 하지만 어떤 개인을 미는 것은 다름 아닌 그와 함께 군중 속에 운집하여 있는 다른 사람들일 뿐이다. 그 모든 사람들은 모두 똑같이 외부로부터 누군가가 밀고 있다고 느끼고 있다. 〈다중〉이 움직이게 되는 것은 그 모든 정신들이 같은 방향으로 동조되어 있기에 가능한 것이다. 모든 〈다중〉 속에서는 그 〈전체〉의 움직임과는 배치되는 개별적 특수성이 억눌려 있게 되거나, 혹은 모가 나지 않게끔 연마되어 있다. 이처럼 그러한 다중의 운동은 초개인적이고 반개인적이기까지 하다. 하지만 그렇다고 그 운동은 **인간을 초월한 것**(unpersönlich) 것은 아니다. 그것에 작용하는 힘의 기원은 바로 그 **다중 속에 결합되어 있는 사람들 개개인 자신들**이다. 모든 진정하고 강력한 〈사회적 권력〉은, 관련된 모든 개인들의 정신들 속에서 같이 체험되는 것이어야만 한다. 국가는 그 결단에 무게를 더하는 시민의 올곧은 마음 없이는 기능할 수 없고, 군대는 병사들이 가진 용기와 그들의 거대한 수적 우세가 만들어내는 살아 숨 쉬는 기세 없이는 기능할 수 없으며, 교회는 신도들의 경건함이 없이는 기능할 수 없고, 법률은 권리를 가진 자와 의무를 가진 자들 모두의 확신이 없이는 기능할 수 없다. 어떤

하는 '권력'이 된다. 이것이 소위 〈다중의 힘〉이라는 것이다. 이 〈다중의 힘〉은 사회 구성원들이 가진 '힘'에서 비롯되지만, 이것이 사회 구성원 개인들의 '힘'의 합을 능가하게 된다. 그리고 그 사회 구성원들에게 동질적으로 적용된다. 그것의 원천은 각 개인이지만, 그럼에도 불구하고 이제는 개인의 위에 군림하게 되어 개인들 각자의 '힘' 을 정해진 방향(사회 규범 등)에 맞추어 움직이게끔 한다. 즉 이 〈다중의 힘〉은 각자의 힘에 정서적으로 영향을 가하는 '권력'이 된다. 참고: Lordon & André Orléan(2008), Lordon(2010b), Lordon(2010c).

111 괴테 《파우스트》 4115절.

이념이 기능하기 위해서는 그 시대의 〈지도적 계층〉의 뇌리에 그 이념이 살아 있어야 하며, 〈사회운동〉 내지 조류(潮流)는 그들의 가슴속을 관통하여 흐를 필요가 있다.

〈사회적 권력〉이 수행하는 초개인적 혹은 반(反)개인적 작용이 관찰된다고 하더라도 과학적 〈사유〉는 그것을 개별 주체라는 기원으로까지 거슬러 올라가 분석하여야만 하며, 그렇지 않다면 과학적 사고는 자신의 임무를 다하였다고 할 수 없다.[112]

2. 대중의 〈권력심리〉

확고히 정립된 〈외적 권력〉에 대하여 대중은 수동적으로만 〈권력의 체험〉을 자신 속에서 느낄 뿐이다. 아마도 가장 강한 사람은 [그러한 〈외적 권력〉에] 저항하려는 충동을 느낄 수 있다. 특히 자신이 위협에 처하거나 혹은 특별히 유리하다고 생각되는 기회를 가지게 되면 그러한 경향은 두드러진다. 하지만 대부분의 약자는 무딘 체념 속에 침잠해 버리게 된다. 장기적으로는 〈무리본능〉이 작동하게 되어, 모든 사람들은 단지 주어진 조건에만 복종하게 하며, 〈대중전체〉(Volksgesamtheit)는 모두 동일하게 예속(Unterordnung)이라는 감정을 따른다.

이에 반하여 〈내적 권력〉은 〈자발적 추종〉의 본능을 대중에게 심어 준다. 개인은 자신의 본능을 따를 뿐만이 아니다. 그의 주변과 전체 대중의 행위에 대해 그가 가지는 감정도 중요한 요소이다. 권력에 자신을 예속시키는 개인들이 점차 합류하여 〈무리〉의 규모가 커질수록 그에 따라 동시에 〈내적 권력〉이 사회에서 작동하는 무게가 증가되며, 이러한 과정을 통하여 그들이 느끼는 〈권력의 체험〉의 무게 또한 증가된다. 비록 각

---

[112] 그렇다고 해서, 모든 것을 개인이라는 원자로만 환원시키고 그 개인들이 모인 결과인 집단성이 개인들을 규정하는 측면을 무시하는 견해에 대하여서도 비저는 강한 경고를 하고 있다.

자가 권력에서 차지하는 점유율은 미미하더라도 어찌 되었건 그들은 사회적 〈권력자〉의 대열에 합류하게 되는 것이다.

일반적으로 〈외적 권력〉과 〈내적 권력〉이 결합하여 공동으로 작용함으로써 대중의 〈권력의 체험〉의 〈실질적 내용〉은 더욱 풍부해진다. 병사들의 〈권력의 체험〉은 이같은 점을 특히 강하게 시사해 주는 좋은 예라고 할 수 있다.

스스로의 안위만을 위해 전쟁과 피를 피하고 싶어 하는 평화를 사랑하는 어머니들이 키운 아들들이, 냉철한 심사숙고 끝에 적들의 포화에서 비롯되는 공포를 극복하며 결연한 용기를 가지고 그 포화 속을 향하여 돌진하는 단련된 전사로 탈바꿈되는 기적은 모든 탁월한 군대에서는 발생하기 마련이다. 이러한 탈바꿈을 달성하기 위해서는 군대 규율이라는 강제적 수단에 대한 두려움만으로는 충분하지 못하다. 수동적인 〈권력의 체험〉에 불과한 두려움은 무딘 복종만을 낳을 뿐이다. 또한 적의 포화의 작렬에 위축된 신병이 그럼에도 불구하고 자신 주변에서부터의 심적인 압박에 의하여 과감히 돌격할 때조차도 아직 그러한 변신은 완료되지는 못한다. 그것은 단순히 권력의 〈집단적 체험〉(Herdenerlebnis)일 뿐이며, 이는 쉽게 공황적 심리로 바뀔 수 있다. 병사들이 군률(Mannszucht)의 의미를 진정으로 이해하였을 때야 비로소 그 변신은 시작된다. 그러한 이해가 없이는 〈성공〉은 지속될 수 없다. 부대가 그러한 단계까지 다다르게 되면, 상관뿐 아니라 부대의 각 개별 병사들 또한 자신 주변의 다른 모든 병사들에게도 각기 자신들의 의무를 최대한 경주하도록 요구하게 된다. 또한 다른 모든 병사들 또한 자신에게 동일한 요구를 하고 있다는 생각도 느끼게 된다. 지극히 생동하는 명예감으로 충전된 용감한 마음은 이러한 주변의 기대에 부응할 수 있고, 심지어는 나약한 마음도 이러한 명예의 명령을 거역할 수 없다. 부대 모두의 신뢰를 받고 있는 상사의 명령은 곧바로 정신적으로 받아들여진다. 다른 사람보다 뒤처지는 것은 어떠한 극한적 상황에서조차 누구에게도 견디기 어려운 일이기 때문이다. 최종적인 변신은 병사들이 가지는 명예의식에 그들의 자부심이 더해져 승리를 쟁취할 때야 비로소 완료된다. 승리의 개가 속에서 병사들은 최고조에 달한 힘의 고양을 체험하며 그럼으로써 그들은 온갖 두려움을 재차 극복할 수 있게 된다. 그것은 그들이 그들 자신 속에 알지 못하였던 〈힘의 체험〉(Krafterlebnis)이며, 이제 그들은 그러한 고양된 높이에서 속물들을 경멸하고 내려다볼 수 있다. 이러한 〈힘의 체험〉은 정서에 미치는 거대한 효과를 체험하는 것이기 때문에 동시에 〈권력의 체험〉이다. 그 현장에 있던 전원이 그 힘을 공유하여 가지고 있듯이, 그 권력도 또한 공유하게 된다. 즉, 그들은 그 권력에 의해 고양되며, 동시에 그 권력이 가지는 마성에 의하여 홀리게 된다. 병사들의 명예와 긍지는 병사들의 정신으로 흘러들어 각인되며, 병사들의 의무감도 그러한 정신에 포함되게 된다. 이러한 정신에 충만한 수천, 수백만 명의 사람들은 마치 그들 자신의 의지를 매개로 하여 자신의 의식적인 결정을 행동에 옮기듯 지도자의 명령을 자신의 행동으로 체화시키고, 자신들을 단일체하에 결속시키는데, 그러한 〈통일체〉를 통하여 가장 강력한 효과가 발산된다.

대중 각자의 개별적 의지를 결집하여 〈사회적 권력〉이라는 베를 짜는 모든 경우에 있어서 정신의 과정은 다음과 같은 동일한 과정으로 진행된다. 먼저 함께 가야 할 필요성의 자각, 그다음에는 **〈단결적 행동〉(Zusammengehen)을 하여야만 한다는 상호 간의 〈요청〉과 기대**가 있어야 한다. 이러한 생각들은 잠재의식(Unterbewußtsein)에 내재한 〈본능적 충동〉(Trieb)들에 의하여 생겨난다. 또한 의지가 강한 동료뿐 아니라 약한 동료 또한 이러한 기대에 부응하고자 하는 명예감으로 흥분된 상태가 고조된다. 이때 〈힘의 체험〉(Krafterlebnis)은 〈권력의 체험〉이라는 형태로 변모되어 느껴지고, 그러한 〈권력의 체험〉이 더욱 강화되는 경우 〈본능적 충동〉이라는 모습을 가지게 된다. 그럼으로써 〈성공〉에서 비롯되는 성취감, 그리고 그러한 〈힘의 체험〉에서 발현된 긍지, 이 두 가지는 마침내 〈사회적 의무감〉(gesellschaftliches Pflichtgefühl)으로 승화된다. 그 〈힘의 체험〉이 더욱 내면적일수록

IV. 〈권력심리〉   **165**

더욱 강력한 의무감에 얽매이게 된다. 강도들의 명예나 그들의 긍지도 물론 인간의 사회적 성격의 한 가지 표현이지만 그것들은 단순한 그들 〈무리〉 내에서의 동지 간에 존재하는 의무감을 넘어서지 못한다. 하지만, 시민으로서의 명예와 긍지 그리고 시민의식은 양심(Gewissen)을 일깨운다. 법과 〈윤리〉는 그러한 **양심 속에 깊게 자리 잡고 있다.** 물론 명예감과 자긍심도 법과 〈윤리〉 속에 배어있다. 무결점의 명예라는 옷에는 어떤 때도 묻어서는 안 되고, 올곧은 사람은 힘든 의무를 완수하였음에서 오는 긍지를 느낄 자격이 있는데, 이는 바리새인들의 위선으로 간주될 수 없다. 타고난 악한들만이 혼자서 모든 사람들을 상대하려는 무모함을 가지고 있다. 일반적 인간 대중은 연약하며 따라서 〈공동의 의지〉(allgemeiner Wille)가 내려 누르는 중압감에 굴복하기 마련이다. 그런데 그들은 단순히 그러한 중압을 고통스럽게 감내하는 것은 아니고, 오히려 정의의 승리에 수반되는 〈권력의 체험〉을 향유하고, 적극적으로 그 〈공동의 의지〉를 따르며, 또한 그 〈보편적 규범〉(allgemeine Regel)에 따라 내면의 자신을 만들어 간다. 유혹에 굴복하여 양심이 금하는 바를 한두 번의 개별적 경우에 범하지 않았던 사람은 비록 없을지라도, 유혹을 이겨내는 내적인 〈권력의 체험〉은 대다수의 경우에 있어서 반복되어 나타나며, 그럼으로써 재차 양심을 불러일깨우고 또한 강화하기 마련이다. 물론 외부의 도움을 전혀 필요로 하지 않는 내면적으로 올곧은 사람의 수는 그다지 많지 않을 것이다. 세계대전과 혁명 이후의 법과 〈윤리〉는 광범위한 쇠락을 겪었는데, 그로 인해 그 이전까지 모든 존경을 받고 있던 많은 사람들이 가지고 있던 도덕적 기반이 얼마나 취약한지를 놀랍도록 분명하게 볼 수 있었다. 법원, 경찰, 그리고 교회의 권위가 흔들리고, 사람들이 삶의 고통에 놓이게 되자 유혹은 늘어났으며 법과 〈윤리〉를 무시하고 성공한, 양심을 잃은 자들이 높이 오른 나쁜 전례로 인하여 많은 유약한 정서들은 의무의 길에서 벗어나게 되었거나 혹은 그 의무에 게으르게 되었다. 하지만 법을 어기는 자들의 소란에 휩싸인 세상의 피안에는 흔들림 없이 양심을 계속 따르고 있는 굳건한 자들도 주위에 존재한다는 것을 관찰할 수 있기에 마음의 위안을 얻기도 한다. 후자들은 서로 간에 많은 이야기를 주고받지 않아도 서로를 이해하고, 본연적인 사회의 표상(表象 Vorstellung)을 흔들림 없이 지켜나가며, 그들의 의지를 매개로 해서 그러한 사회의 표상을 행동으로 실천하고 있다. 내적인 〈권력의 체험〉으로 인해 따뜻해진 그들의 온기 속에는 더 나은 미래의 싹이 보존되어 있다.

신앙에서의 〈권력의 체험〉은 가장 내면적인 것이다. 강한 신앙으로 무장한 영혼은 명예나 긍지 따위는 무게를 두지 않으며, 사도들이 말하듯 그들이 가지는 영광은 양심의 순수함과 마음의 겸허함에서 비롯된다. 그들은 전 세상의 권력에 대항하여 그들의 신앙을 증명할 각오가 되어 있는데, 순교는 그들에게 있어서 가장 숭고한 〈권력의 체험〉이며, 그들 자신과 내적으로 긴밀히 연결된 것으로 느껴지는 초월적 권력을 입증하기 위해 그들은 순교를 택한다. 그들의 〈권력의 체험〉은 명예를 위해 전쟁터에서 싸우는 병사보다 훨씬 더 순수하며 풍부한 체험이다.

자신을 큰 〈전체〉에 종속시키고 동시에 그 〈전체〉의 〈성공〉을 자신의 〈권력의 체험〉으로서 인식하는 것, 이것이 바로 수천 가지의 다양한 형태로 반복되어 나타나는, 대중이 느끼는 〈권력심리〉의 진정한 의미이다.

3. 〈집단심리〉에 관한 이론

우리가 이제 방금 마주친 〈권력심리〉의 문제는 타르드(Tarde), 시겔레(Sighele) 및 르 봉(Le Bon) 등의 여러 사람들이 전개한 〈집단심리〉(Massen Psychologie)의 이론들에 어느 정도 맞닿아 있다. 이러한 방향을 따르는 저술가들처럼 대중의 행동을 추적하여 그것을 야기하는 정신의 〈본능적 충동〉으로까지 소급해 본다면 대중의 행동을 유발하는 마력(魔力)을 가진 〈권력현상〉과 필연적으로 조우하게 된다. 따라서 예리한 통찰력과 마음으로 〈집단심리〉의 연구에 임하는 경우, 〈권력현상〉을 조명해 주는 많은 것들을 알 수 있다. 그러나 이 이론들은 〈권력현상〉에 대한 진정한 분석에 기반을 둔 것이 아니며, 또한 이 이론들에서의 대중의 개념은 우리가 이해하는 방법, 즉 지도자와 대립하는 대중이라는 모습으로는 이해되지 못하고 있음을 분명히 알아야만 한다. 그들의 이론에서의 대중은 어떤 주어진 상황에서 동일한 심적 인상을 느끼는 모든 다수의 군중, 즉 어떠한 **많은 다수의 사람**들을 지칭한다. 대중에는 지도자 또한 포함되는데, 이때 지도자라 함은 최소한 하급 지도자 내지 〈무명적 지도자〉도 포괄하고 있으며 그 이상은 그들 간을 구별하지 않으며, 심지어는 대중과는 너무도 뚜렷이 차별화되는 예외적으로 위대한 지도자를 제외하고는 거의 모든 상급 지도자 또한 대중에 포괄시킨다.

〈집단심리〉의 이론들은 먼저 〈집단정신병〉(Massenpsychose)을 설명한 후, 대체로 그러한 설명에 근거하여, 〈지배권〉을 쟁취하기는 하였으나 아직 그 지배에 대하여 확신할 수 없는 현대 대중들의 〈권력의 체험〉을 주로 설명한다. 르 봉의 저술은 대중의 심리에 대해 널리 읽힌 책으로,[113] 대중 심리 이론의 체계를 재기발랄한 표현과 살아 숨 쉬는 명료함으로 소개하고 있다. 이러한 회의론자들의 비판적 시선은 가차 없이 〈민주주의〉의 허점을 폭로한다. 이 새로운 이론의 가치는 바로 이러한 진리에 대한 불굴의 탐구와 그것이 가지고 있는 경험적인 진지함에 있다. 따라서 그러한 이론은 큰 영향력을 발휘할 수 있다. 즉, "공허한 말을 하지 않는 자에게 영광을. 왜냐하면 그들의 말은 이해될 수 있으니"라는 말이 이에 해당된다.[114] 이 새로운 이론은 〈민주주의〉라는 진부한 단어에 대한 성실한 반성을 의미함과 동시에, 〈사회적 행동〉에 관한 과학적 사고에 있어서 단순한 말(Wort)뿐인 서술로부터 사실(Tatsach)들에 대한 분

---

[113] Gustave Le Bon(1895, 2002). 한글 번역판: 르 봉(2008).

[114] 이 말의 정확한 출전을 알 수 없는데, 역자의 생각으로는 성경의 마태복음 5:3에 나오는 "마음이 가난한 자는 복이 있나니. 왜냐하면 천국이 그들의 것이기에"를 저자가 변형한 것으로 여겨진다.

석으로의 전환을 의미하는 것이다. 그 이론에 있어서는 경험(Erfahrung)만이 단지 중요하기에, 그 경험을 이루는 근본을 탐구한다. **대중 속에서 하나로 되어 있고, 이 대중 속에서 행동을 할 때는 개인 단독으로 있었을 때와는 본질적으로 다른 행동을 취하는 개인의 심리**를 이러한 이론은 인식하고 있는데, 이러한 인식은 〈사회적 행동〉의 원천에 대한 그 이전에는 존재하지는 않았던 명확하고도 중요한 통찰이라고 할 수 있다. 〈대중의 삶〉(Massenleben)에 있어 가장 격동적인 무대에서조차 대중은 그들 각자 개인 이외의 무대 위의 연기자들은 알지 못한다. 그러나 그러한 무대 위에서 연출되는 흥분된 〈공공생활〉에서는, 단순한 사생활에서는 무대 전면에 전혀 나서지 않거나 혹은 거의 나오지 않는 행동의 동기가 전면에 부각된다. 사생활에서는 〈본능적 충동〉을 억제하려는 자도 대중의 일원으로서 〈공공의 권력〉을 의식하게 되면 자제력을 상실하고 충동에 몸을 맡기곤 한다. 가장 냉정한 사람조차도 군중의 일원으로서 특히 강한 외부적 자극에 의하여 노출되는 경우, 그 이전에는 의식하지 못하였던 〈본능적 충동〉을 표출할 수 있는데, 그러한 충동들은 병적이고, 아마도 도착적인 〈본능적 충동〉일 수 있으며, 그러한 것들은 〈집단적 암시〉(Massensuggestion)의 영향을 받아 전염되고 확산되어 범죄나 기타 집단정신병적 현상들로 타나나게 된다. 〈집단심리학〉은 이러한 생각들에서 진일보하여 분석하면서, 대중 속에서는 개인이 더 흥분하기 쉽고 **〈본능적 충동〉**(Triebhaft)**이 전면으로 나서는 반면 〈이지〉**(理智 Intellektuelle)**는 뒤로 후퇴**한다고 주장한다. 자신의 개인적 범위의 테두리 내에서는 각양의 거칠고 천박한 것들로부터 멀리 거리를 두고 있는 교양 있는 인간조차도 〈공중〉이라는 잡다한 무리에 휩쓸리면 그들과 똑같이 움직이며, 또한 그들과 마찬가지로 잘 속고, 한 극단에서 다른 극단으로 쉽게 변화되기 쉽다.

　　르 봉과 그 신봉자들은 잘 선택되고 효과적으로 제시된 일련의 사례들을 통해 이들 명제를 경험적으로 뒷받침하고 있지만 우리는 이러한 수준에만 만족해서는 안된다. 〈집단심리학〉이 사적 생활을 완전히 옆으로 내몰아 버린다는 사실을 제쳐두고라도-이에 대해서는 후술하겠지만-그 이론들은 〈공공생활〉의 영역에서조차 〈대중의 삶〉에 있어서 아주 예외적으로 현저하게 보이는 현상들에만 거의 전적으로 집착할 뿐이다. 하지만 후자는 결국 소수적인 현상들에 불과하며, 통상적인 〈대중의 삶〉에 있어서는 어떤 중요성도 가지지 않는다. 즉, 그 이론에서 관찰하는 대중은 병적 흥분 상태의 대중, 아니면 격앙되고 교란된 대중이며, 그 이론은 지도자들의 강력한 지배하에 놓여있는 냉정한 대중에게는 아무런 관심도 보이지 않는다. 그 이론은 혁명기나 혹은 운명의 가장 결정적 전환기에서 흔히 볼 수 있는, 약하고 불안정한 방식으로만 이끌려지고 있는 대중을 특히 다루고 있을 뿐이다. 르 봉이 말하는 〈집단심리〉는 기본적으로 **현대에 있어서의 민주적 다중의 심리**인데, 그들은 비록 자기 권력을 충분히 의식하고 있지만 그 권력을 제대로 사용하는 방법을 아직 배우지 못하였다. 사실 그들에게 있어서는 본능(Instinkt)이 심사숙고나 통찰보다 우선하며, 단호한 의지보다 암시(Suggestion)가 더 큰 영향력을 가진다. 현대적 이론은 권력을 〈집단적 체험〉으로 묘사하며, 흥분된 〈공중〉 속에서 불가사의한 감염력으로 확산되고 도를 넘는 경우 그 자체로 다시 광기가 되는 대중의 감정을 기술하고 있다고 단언해도 거의 틀리지 않을 것이다. 혁명의 시기는 비교적 오래 지속될 수 있다. 하지만 그것은 장구한 역사적 발전 과정에 있어서는 작은 단절의 세월에 불과하다. 그 이전에는 비교적 평온한, 그리고 어쨌든 더욱 안정된 발전의 오랜 시기가 있었으며, 그 혁명의 이후에도 또 그러한 시기는 아마도 지속된다. 이러한 혁명기와는 다른 발전의 시기에서도 대중의 〈권력의 체험〉은 〈성공〉이라는 요소에 의하여 커져 왔으며, 단순한 〈집단적 체험〉보다 더 중요하게 되어 왔다. 왜냐하면 이러한 여러 세기와 천년에 걸쳐 대중들은 단순한 엄격함을 넘어 냉혹하며, 아마도 잔혹한, 그러나 동시에 〈성공〉을 보여줌으로써 스스로 확고해진 지도자에 의해 지배되어 왔기 때문이다. 따라서 새로운 〈집단심리학〉은 이러한 [변혁기가 아닌] 시대들의 심리에 대해 아무것도 가르쳐 주지는 못하고, 단지 혁명에 휩싸인 순간에서 보이는 가시적인 현상들만을 기술하고 있는데, 이는 향후 더욱 진일보한 이론으로 성숙될 것을 기대하며 내딛는 첫걸음에 불과하다. 그 이론들은 자신의 관찰 영역을 너무도 협소하게 제한하여 왔기에, 우리는 이제 그러한 영역을 역사의 모든 지평으로 확대하여야만 한다. 즉, 이러한 현대적 **〈집단심리〉 이론을 완전한 〈권력심리〉의 이론으로 확장**시켜야만 하며, 후자의 〈권력심리〉 이론은 어떠한 정신병이나, 정서불안 내지는 급격한 감정 기복에 시달리지 않는 건강한 **대중의 〈권력의 체험〉**에 대하여 기술하여야만 한다.

확고한 지도하에 놓여있고 순하게 길들여진 대중은 적극적이지 못하며 오히려 보수적이다. 때로는 르 봉 자신도 대중은 원래 보수적이라는 사실을 시인하곤 한다. 만일 그가 다른 〈집단심리학〉 학자들과 마찬가지로, 마음이 항상 변하고 끊임없이 흔들리는 것이 대중의 결정적인 특징이라고 표현한다면, 그 이유 중의 하나는 아마도 그의 관찰은 주로 갈리아인(Gallic)들을 대상으로 행해졌기 때문인데, 카이사르는 이미 그들에 대하여 "변화를 갈구하는 자들"(*novarum rerum cupidi*)[115] 이라고 이야기한 바도 있다. 그러나 이는 무엇보다도 르 봉 자신이 혁명 시기에 대중을 관찰한 바에도 기인하고 있음은 확실하다. 즉, 대중들에게 확고한 지도력 없다면, 상황이 변화하는 경우 대중들은 주변의 혁명적 분위기에 스스로를 맡겨 버린다. 반면 평상시의 대중은 매년 고된 삶의 과제들을 불굴의 정신으로 수행하며 자기 시야에만 굳게 틀어박히기에 절제적이고 완고하며 협량적(狹量的)이기 마련이다. 그들은 매사에 보수적이며, 특히 전통적인 형태들의 리더십에 안주한다. 이렇듯 **완고하고 충성스러운** 기질이 그들의 참모습이다.

---

115   로마인들이 개혁을 주장하는 자들을 통칭하여 부르던 말.

〈집단심리학〉에서 주장하는 개인들의 〈방종〉(Zügellosigkeit)[116]은 그들을 통제하는 확고한 리더십이 없는 대중들에게만 적용된다. 안정된 대중은 그 구성원 모두를 묶어두는 전통적인 권력들의 굴레 아래에 있다. 하지만 이러한 권력들은 대중이 동요하기 시작하는 순간 무너지고 구래의 권력으로 인해 그간 억제되었던 개인의 〈본능적 충동〉은 이제 그러한 권력으로부터 해방되어 나온다. 그럼에도 불구하고 그들이 완전히 자유롭게 방치되지는 않을 것이다. 왜냐하면 대중에 속한 개개인이 대중이라는 무리의 통제하에서 행동하는 한, 대중은 자신의 구성원들에게 어떠한 규율을 부여하고, 특히 그들이 흥분된 상태에서는 더욱 엄격한 규율을 강요하는 〈통일체〉이기 때문이다. 르 봉은 이에 대하여 매우 좋은 지적을 하고 있다. 즉, 대혁명 기간 중의 대중은 물론 가장 방종적인 상태에 있었음에도 불구하고 자신들에게는 수행하여야만 할 공공을 위한 의무가 있다는 감정에 이끌렸다는 것이다. 그가 제시한 이러한 감정의 좋은 예는, 혁명 중 9월에 발생한 살인 사건들에서는 폭도들이 판사의 역할을 하게 되었는데, 이때 그들은 판결받은 피고들의 소유물들을 누군가가 유용하지 않도록 세심한 주의를 기울였다는 사실이다. 대중 속에서 단지 어떤 한 개인이 스스로의 주먹을 사용하는 〈방종〉은 용인될 수 없다. 하지만 최악은 〈대중전체〉가 그렇게 방종적으로 돌변하는 경우이다. 법관으로서 본분을 행할 자는 사라졌기 때문에 [우연히] 법관의 직무를 맡게 된 폭도는 보복이라는 가장 무서운 형태의 수단을 이용하여 법관의 직무를 행한다. 그리고 그 이외에 있어서는 과도한 〈권력의 체험〉을 느끼게 되면 부당한 욕망에 빠지게 된다. 리더십은 〈통일체〉를 유지하기 위해 필수불가결한 요소이다. 하지만 이같은 경우에는 리더십은 가장 광란적

---

116 어떠한 윤리, 법, 혹은 기타 준칙에 의하여 통제되지 않고 제멋대로 행동하는 모습.

인 〈확증편향자〉(Schwarmgeister)들[117]에게 맡겨지고, 인간들의 〈무리 본능〉은 인간의 본성 중에 존재하고 있는 가장 천한 동물적 본능에 따르게 된다. 그리하여 이제는 원래 행실이 올곧다고 할 수 있었던 인간들조차도 이같은 동물적 본성의 노예가 된다. "인간의 정서들 가운데에는 지옥보다도 더 깊은 심연이 입을 크게 벌리고 있다"라고 일찍이 어떤 시에서도 표현한 바 있다.[118]

〈집단심리학〉이 주장하는 바의 〈경신성〉(輕信性 Leichtgläubigkeit)[119]이라는 속성에 대하여 몇 가지 분명한 설명을 추가할 필요가 있다. 대중의 〈경신성〉이라 함은, 대중은 자신들이 즐겁게 되고 싶은 상황에서는 그들에게 주어진 모든 것을 좋아하게 된다는 것을 의미한다. 그러나 그 이외의 상황에서는 어떤 특별한 관심을 보이지 않는다. 반면 어떠한 관심사를 행한다는 것은 대중이 자신들이 믿고 싶은 것만을 믿기 때문인데, 왜냐하면 그러한 경우에는 관심사라는 것은 자신들이 믿고 싶은 바에 이미 끼워 맞추어 있기 때문이다. 대중은 가장 있을 수 없는 일이라도 그 안에서 자신들의 관심과 부응하는 모습에 대한 단서를 찾을 수만 있다면, 그러한 것들조차도 당연히 믿을 준비가 되어 있다. 반면 대중 자신들의 관심과 배치되기 때문에 그들이 믿고 싶지 않은 것에 대하여서는 완전히 냉담하게 되거나 혹은 그것이 강요되는 경우 완강히 거부한다. 이 점에 있어서는 가장 냉철한 보수적인 대중과 가장 불안정한 대중은

---

117   자기 신념에만 집착하여 모든 판단에 미리 결론을 정해놓고 그에 꿰어 맞추려는 자.

118   독일 시인 아우구스트 그라프 폰 플라텐(August Graf von Platen 1796-1835)이 1828년에 출판한 《시집》(Gedichte) 중 《응답》(Antwort, p. 48)이라는 시에 나오는 구절.

119   그릇된 말들에 쉽게 믿고 속는 성질. 영어로는 gullibility라고 표기된다. 〈피암시성〉이라고 불리기도 한다.

서로 다를 바 없다. 사람을 자신의 감정에 집착하게 만드는 〈자기암시〉(Autosuggestion)를 조장하기 위해서는 이러한 종류의 〈경신성〉을 이용하는 것이 효율적 방법이다. 모든 개인이 그러하듯이 대중 또한 스스로에 대한 믿음을 필요로 한다. 즉, 적들은 사악하며 증오의 마땅한 대상이라고 정형화시키는 것이 필요하듯이 자기 스스로는 탁월함과 우월한 전쟁 능력을 가지고 있다고 정형화할 필요가 있다. 그렇지 않으면 [민족 간의] 권력을 쟁취하기 위한 투쟁에서 요구되는 바인, 그들이 가진 모든 종류의 힘들을 영웅적으로 발휘하는 것은 불가능하게 된다. 생존을 위한 투쟁에서 그러한 힘들을 발휘할 수 없는 민족은 스스로를 지속시킬 수 없다. 모든 민족의 역사에서 볼 때, 큰 국가의 위기 시에는 국민들은 지고의 헌신을 바쳐왔다. 최강의 민족은 스스로를 최고의 위치에 올려놓고자 가장 열정적으로 분투하며, 강렬한 믿음을 바탕으로 그러한 열정을 유지하기 위해 필요한 동기들을 배양하는 것을 가장 강렬하게 바라고 있다. 따라서 모든 능란한 지도자들이 그러하듯, 〈대중의 삶〉을 간파하고 있는 경험이 풍부한 전문 조리사들은 필요하다고 생각되는 순간 지체 없이 이러한 대중에게 그들의 굶주린 믿음이 갈구하는 식단들을 제공하려고 한다. 하지만 그럼에 있어서 그 대중들에게 제공하는 식단을 까다롭게 선정할 필요는 전혀 없다. 오히려 그 식단이 단순하면 단순할수록 더욱 효과적이다. 이러한 점이 모든 능란한 리더십을 발휘할 수 있는 바로 그 비결이다. 영국민은 국가사의 결단에 대해 유럽인 중 발언권이 가장 큰 민족들 중의 하나임에도 불구하고 그들의 지도자가 행하는 선전공세에 가장 많이 노출되어 있다. 일어나야만 할 일이 일어난 연후에야 비로소 아이올로스 신(Aeolus)[120]은 폭풍을 멈추게 하여 파도를 다시 가라앉힌다.

---

120 그리스 신화의 바람의 신. 그런데 그는 하급 신으로서 다른 높은 신들의 명령에 의하여서만 바람을 다스리며, 자기 마음대로 결정할 수 있는 권한은 없다.

그때서야 비로소 현명하며 침착한 사람들의 목소리도 다시 들리게 되는 때가 도래한다. 이전의 격동의 소란 속에서는 그러한 사람들의 목소리는 들리지 않았다. 혹은 그들은 오히려 자기 자신에 대한 확신을 상실하였거나 아니면 거칠게 주변으로 밀려났었다. 올곧은 민족은 이제야 비로소 그러한 현명한 사람들의 질책과 훈계 아래 자신들의 과거가 잘못됐음을 깨닫고 또한 아직까지도 개선의 여지가 남은 것들을 고쳐 나가기 시작한다. 하지만, 그럼에도 불구하고 전쟁의 승리로부터 쟁취한 열매들의 많은 부분은 양보하려 하지 않는데, 이러한 점에 있어서는 보수성을 여전히 지니고 있다. 그리고 그다음의 전쟁이 발발하게 되면 〈인민혼〉은 결국 동일한 〈경신성〉에 의하여 다시 똑같은 열광에 휩싸인다. 이제는 재차 거리낌 없이 어제의 친구들이라도 적으로 간주하고, 바로 얼마 전까지도 칭송하던 그 친구들의 장점들을 이제는 주저 없이 재앙적인 악의 근원으로 간주하려 한다. 이러한 바는 세계 속에서 자신을 주장하려는 강한 민족들이 가지고 있는 지속적인 성향에 속한다.

우리는 여전히 〈본능적 충동〉이 〈대중의 삶〉 속에도 표출된다는 주장에 대하여 명확히 이해할 필요가 있다. 강력한 공동의 힘의 일부가 될 수 있는 〈본능적 충동〉만이 전면에 부각될 수 있으며, 또한 그것만이 의식적 의지의 차원으로까지 상승할 수 있다. 한편 〈본능적 충동〉들 중 인간의 가슴속 깊은 곳의 비밀들에 속하는 것들은 단지 개인적 생활에만 국한된 채 머물러 있을 뿐인데, 물론 이러한 종류의 〈본능적 충동〉이 개인적인 영역에서는 가장 큰 영향을 미치는 것은 사실이다. 예를 들자면 굶주림과 사랑은 사회라는 톱니바퀴에서도 물론 항상 광범위하게 중요한 작용을 하고 있다. 하지만, 〈사회적 권력〉의 요인이라는 측면에서 보았을 때는 거대한 대중을 〈통일체〉로 묶는 다른 충동들에 비하여서는 미미하고 할 수 있다. 다른 한편, 대중 속에서는 〈이지〉(理智)라는 요소는 깊이 아래로 가라앉아 숨어버린다는 주장 또한 건전한 사회적 삶에서는 입증되기 어려운데, 실제로 대중은 자신들의 지도자들이 가지고 있는 사상들을 공유하게 됨으로써 그 격이 동반하여 상승된다. 특히, 성공적인 〈단결적 행동〉을 통하여 인간의 〈이지〉는 특별한 추진력을 부여받게 된다. 교육이라는 것은 일종의 〈사회적 과업〉인데, 그러한 과업은 어떤 때는 꾸준하고 그리고 차분히 진행되며, 어떤 때는 급류처럼 거센 기세로 진행되기도 한다. 후자의 경우는, 새로운 이념이 오랜 회임 기간을 거친 후 돌연 어떤 시점에서 갑자기 〈권력의 체험〉을 통해 대중들의 정서로 확산될 때 일어나며, 이러한 〈권력의 체험〉을 통하여 대중들의 정서를 지배하게 되고, 이때 대중들은 그러한 〈권력의 체험〉으로 인하여 발생되는 새로운 흔들림(Schwung)을 기쁘게 받아들이게 된다. 그럼으로써 그 새로운 생각은 추진력을 획득하고, 또한 초개인적인 힘도 얻게 되는데, 이때의 초개인적인 힘은 각 정신들이 서로를 자극하여 모두가 전진하도록 하는 사회적으로 절박한 요구로부터 생성된다. 이러한 사회를 향한 새로운 생각들은 그것이 한껏 고조된 상태에서는 정신과 또한 욕망(Verlang)들에 의해서도 일깨워진다. 그리고 그 정도에 있어서는 진리를 위한 충동에 사로잡힌 개별 사상가들이 느끼는 것보다 더욱 강력하다고 할 수 있다. 그러한 상태는 **매혹적인 빛을 발하는 환상**(Wahn)과 넘쳐흐르는 기대(Erwartung)로 가득 차 있다.

4. 사적 삶에 있어서의 〈개인주의〉

〈집단심리학〉의 대전제는 대중에게 나타나는 현상은 각 개인이 '스스로 홀로'(für sich) 서 있는 개인 고유의 사적인 삶에서는 발견될 수 없다는 것이다. 하지만 이러한 전제는 옳지 않다. 사실 [사적인 삶에서] **'스스로 홀로'**(für sich) **존재하는 개인이라는 것은 있을 수 없으며**, 그러한 개념은 성립될 수 없다. 자기 가정의 사적 삶이나 자신만의 일터에 갇혀있더라도 모든 사람은 모두 〈사회적 권력〉, 즉 우리가 〈무명적 권력〉이라고 부르는 것에 의하여 영향을 받는다. 그러한 모든 곳들에서조차 사람들은 타인들로부터의 평가 앞에 서고 싶어 하는데, 우리가 잘 알고 있듯이 타인의 눈은 어느 곳에서건 자신을 따라온다. 마찬가지로 모든 사람은 타인의 〈성공〉으로부터 배우기를 원하는데, 타인으로부터 물리적으로 거리를 두고 어떤 사업을 영위하더라도 각자는 이러한 [타인의] 〈성공〉의 사례를 열심히 파악하고자 한다. 각 개인이 타인을 지향하고 있다는 것은 〈대중의 삶〉의 본질이다. 이러한 경향은 비단 공적인 영역에서만이 아니라 사적인 영역에서도 발견되며, 양자 간에는 단지 정도의 차이만이 있을 뿐이다. 물론 사적인 삶에 있어서는 개인이 타인의 영향을 받는 바가 단지 덜하기 때문에 다소 더 자립적으로 움직일 여지만이 있을 뿐이다. 반면 〈공공생활〉에서는 인간 간의 거리는 아주 가깝기 때문에, 긴밀한 집단들에 있어서는 메피스토펠레스의 표현을 빌리자면 서로가 서로를 밀고 또한 그들에 의해 밀린다.[121]

    이러한 점은 사적 삶에서는 누구나 자신을 돌보아야 하고 자신의 〈개별과업〉을 수행하여야 하는 반면, 공적인 삶에서는 공동의 사안을 조정하여야 하고 〈집단과업〉을 수행하여야 한다는 사실과 관련이 되어있다. 하지만 주지하듯이, 사적 삶에서의 특수한 〈개별과업〉이라도 그것은 고립적으로만 행하여지는 것이 아니며 그 또한 그 행하여지는 방식에 있어서는 〈사회적 과업〉과도 같다. 개인은 그 특별한 개인적인 작업에 있어서 법과 〈윤리〉로부터 기인되는 권력의 범위 내로 구속되며, 그러한 범위 내에서만 어느 정도의 자신의 움직임의 운신의 폭이 정해진다. 하지만, 심지어는 그렇게 제약된 좁은 범위 내에서조차도 완전히 자유롭게 움직일 수 있지 못하다. 사회에서 인정되는 모범을 전혀 따르지 않는 가정은 거의 없을 것이며, 대부분의 가정은 그 모범에 따르며 또한 타인의 비난을 사는 것을 두려워하며 피하려고 노력한다. 개인이 가지고 있는 실행력은 대체로 〈보편적 규범〉의 제약하에서의 개인적 상황에 놓여

---

121 역주 111을 참고할 것.

있다는 의미에서 상대적으로만 독립적이라고 이해되어야 한다. 즉, 법적으로 허용된 〈활동의 자유〉들 중, 대다수의 사람들에 있어서 남아있는 실질적 자유는 〈일반적 규범〉을 충족할 수 있는 방식 중에서 선택할 수 있는 자유일 뿐이다. 〈이기심〉(Egoismus)이 [단지 개인적으로만 적용된다고 생각하여] 한 개인과 다른 개인을 철저히 구분하게 한다고 간주하는 것은 잘못이다. 마치 많은 사람들에게 있어서 〈이기심〉은 어떤 개인이 개인 자신만을 배려하는 것과도 같이, [다중에게도 적용되어] 다중이 그 다중이라는 〈전체〉 자신을 배려하도록 움직이도록 한다. 그 이전에 내가 전에 사용한 표현을 이용한다면 대다수의 사람들 각자의 개인사에 있어서는 소위 〈**인간의 심리**〉(Psychologie des Man)가 적용된다.[122] 평균적인 인간들은 어떠한 일에서도 자신이 할 수 있는 만큼 [마음대로] 행위하고 싶어 한다. 그렇기에 〈개인적 정체감〉(Ichgefühl)에 의하여 그 개인들은 자신들이 타자와 구별되는 존재라는 것을 그의 마음속 깊이 느끼게끔 된다. 하지만 대중을 구성하는 대다수의 사람들은 심적으로 약하기에 부지불식간에 불가항력적인 〈사회적 권력〉에 의하여 영향을 받고 있으며,

---

[122] 저자의 이전 저작《법과 권력》(Recht und Macht)에 나오는 구절이다 (Wieser 1910: 25). 그에 의하면, 〈호모 이코노미쿠스〉(*homo oeconomicus*)라는 가정에 의한 〈원자론적 이론〉은 그 유용성이 심히 제약되는데, 〈사회적 존재〉로서의 인간 간의 '공존의 질서'를 분석하기 위해서는 적합하지 못하다. 후자의 분석을 위해서는 비저는 〈인간의 심리〉라는 개념을 도입하였다. 이는 사회에 속하여 존재하는 인간의 행동을 지칭하는데, 인간은 타인들이 하는 바에 의하여 영향을 받는다. 패션에 따라 입는 옷을 선택하며, 〈습속〉은 인간들의 행동을 규정한다. 즉, "보통 사람들은 일반적으로 사람들이 생각하는 바대로 생각하며, 사람들이 믿는 바를 믿으려 하고, 말을 할 때도, 행동을 할 때도 또한 사람들이 일반적으로 하는 바를 따르며, 그가 하는 모든 것에 있어서 다른 사람들이 걷는 큰길에 머무르려고 한다"(전게서). 참고: Morlok(2013: 103-104).

따라서 그들이 지향하는 바는 더 이상은 순수히 개인적일 수 없다. 〈의식〉에는 무수히 많은 침입할 구멍이 존재하기에 그러한 구멍들을 통하여 사회적인 영향을 받아들이고, 그러한 영향에 의하여 〈의식〉은 그 〈의식〉의 깊은 곳까지 사회적으로 고착화된 경로로 이끌린다. 사회적으로 충분히 사육화된 개인의 〈개인적 정체감〉은 결국 모든 주요 사회관계에 있어서 사회와 동화되지 않으면 결코 만족을 느낄 수 없다. 사회화 교육이 철저히 진행되는 경우, **개인에서 출발한 〈이기심〉은 결국 사회라는 종착점에 다다르기 마련이다.** 그리하여 개인적 〈이기심〉은 결국 〈사회적 이기심〉(gesellschaftlicher Egoismus)이 되며, 사회적 〈인습〉에 부합하는 한에서만 자신을 위하여 가능한 한 모든 것을 요구하며 또한 그렇게 할 수밖에 없다.

이 명제는 개인이 사회적 고려라는 제약에 분명히 얽매여 있음을 분명히 느끼는 경우에만 해당되는 것이 아니다. 이는 심지어 자기 자신에만 전적으로 의존하고 있다고 그가 믿고 있는 경우에도 해당된다. 대중 속에서의 인간은, 즉, 평균적인 인간은, 그 자신이 자신만이 가진 요소가 있다고 철저히 느끼는 순간에서조차 가장 경미한 정도로만 자신만을 위한 개인이다. 그는 오히려 자기 자신을 사육시켜 온 환경과 시대의 산물일 뿐이다. 이렇듯 **평균적인 인간들에게 있어서의 〈개인주의〉**(Individualismus)**는** 사실 이름뿐인 개념일 뿐이다. 왜냐하면 **개인적인 것은 존재하지 않으며**, 실제적으로는 진정으로 개성적인 것도 남아있지 않기 때문이다. 가정과 학교는 그들 내의 고유한 것들을 연마하여 닳아 없어지게 만들었으며, 그들이 진정 깨닫지 못하는 사이에 불가항력적인 압력에 의하여 그들의 완전한 예속을 강제해 왔다. 그들이 그러한 압력에 저항하여 보았자 그것은 단지 고집이 센 아이들이 저항하는 것에 불과하다. 이들은 아무리 법적으로는 독립적이라 할지라도 실제로는 자유로운 결정권을 희생시키고 있는 것이다. 그들이 마주치는 모든 상황에서 그들은 다른 사람들이 그러한 상황에서 일반적으로 행위하는 바를 열심히 따르려고 하고 있다. 즉, 그들은 무엇이 가장 유익하고, 가장 경제적이며, 가장 기술적으로 효과적이고, 또한 가장 현명한 것인가를 결정하기 위해 항상 일반적인 사례로부터의 준거를 필요로 한다. 평균적인 인간으로 이루어진 대중은 **사회의 동질화된**(gleichgerichtet) **구성원들**이며, 사적 영역에서 가지는 자신들의 권리를 그 사회를 위하여 어떤 주저함도 없이 양도한다. 따라서 〈개인주의〉에 반대하는 이같은 입장에서 볼 때는 사회를 단지 개별 원자로 분해할 수 있는 가능성은 없어진다. 그들이 각기 처한 상황에서 기쁘게 받아들이는 미미한 〈권력의 체험〉이라도 기존의 질서 속에 그들을 가두기에 충분하다. 고전적 〈개인주의적 교리〉가 통상적인 인간들로 구성된 대중이 개인들의 〈활동의 자유〉를 남용하지 않는 경우에서만 적용되는 것으로 상정되었다면, 그러한 교리는 비판에서 제외될 수 있다. 하지만 그 교리가 그러한 정도의 주장에만 머물렀다면, 애당초 그 교리 자체는 주장되지도 않았을 것이다.

사적 경제생활에 있어서의 진정한 〈개인주의〉는 단지 지도적 위치를 차지하는 기업가들에서만 타당하게 적용된다. 생산기술과 시장의 급속한 발전은 분명한 비전과 강한 의지를 가진 사람들에게 이익을 쟁취할 기회를 제공하였고, 그들은 그러한 환경을 단호하고 때로는 냉혹하게 이용하였다. 그들은 개인적으로 자유롭게 행동하였을 뿐만 아니라 자신들만의 안녕과 자신의 의지를 향유하기 위한 목적을 위하여 **〈개인주의적〉인 방식으로**(individualistisch) 행동해 왔다. 그러나, 이러한 〈개인주의〉는 그 완전한 의미에 있어서는 그들 기업가 중에서도 오로지 가장 강한 자, 즉 다수의 기업인들의 상위에서 지도하는 기업인에게만 국한되어 적용된다. 여타 모든 기업들은 외견상 그들이 아무리 독립적이고 자유로운 것처럼 보일지라도, 대부분에 있어서는 그 시대적 조류에 따라 자신의 힘을 얻고 있을 뿐이다. 그 시대적 조류는 그러한 기업들뿐만 아니라 서로 협업하여 같은 경로를 따라가는 다른 많은 기업들에 영향을 준다. 마르크스가 옳게 지적하였듯이 기업가는 그 시대의 피조물이다. 그는 다른 주위의 기업가가 원하는 것을 동일하게 원하여야만 하며, 그렇지 못한 경우 그는 주위로부터 홀대받을 것이고, 결국 그가 속한 동료들은 그를 뒤로 밀쳐버릴 것이다. 새로운 경로들을 모색하는 기업가는 단순한 기업가가 소유하고 있는 수단을 능가할 수 있는 힘을 소유하여만 하고, 그를 기반으로 자신 주변 동료 경쟁자들을 물리치고 전진하여야만 한다.

기업가들은 그들 자신의 개인적 이익을 위해서라기보다 〈보편적 이익〉(allgemeines Interesse)을 위해서 활동하는 것이라는 의미로서 자신들의 〈사업심리〉(Geschäftspsychologie)를 포장하고 위안받고 싶어 한다. 그런데 그러한 심리는 사실 〈권력심리〉와 다름이 없다. 그들은 자신들을 사회적인 기구(機構), 즉, 공공을 위한 자선가로서 포장하고, 자신들이 얼마나 높이 사회의 역량을 증대시켰으며, 얼마나 많은 새로운 업적을 만들어 내었고, 또한 얼마나 많은 고용기회를 창출하였는지 자랑하고 싶어 한다. 물론 그들을 위선자라고 비난할 필요는 없다. 하지만, 비록 넓은 사회적 분야에서 자신의 힘을 발휘하고 싶다는 충동이 그들을 매료시키고 있음은 인정하여야만 할지라도, 이들 대부분이 개인적인 〈권력의 체험〉에 의하여 매료되지 않았더라면 이러한 〈사회적 본성〉(gesellschaftliches Wesen)이라는 측면에 대하여 그렇게 민감하지는 못하였을 것이라고 생각해도 거의 틀림없다. 어찌 되었건 개인적인 〈권력의 체험〉이 가지는 매력으로 인하여 그들은 협력자와 경쟁자에게 강력한 강제를 부과하고, 또한 후자들에게 무거운 희생을 강요하는 것도 서슴지 않는다.

5. 지도자들의 〈권력심리〉

경제계의 지도자와 마찬가지로 모든 〈공공생활〉에 있어서의 지도자는 평균보다 더 뛰어난, 즉 어떠한 특별한 개인의 자질을 갖추고 있어야 한다. 하지만 이는 반드시 그들도 경제계 지도자들과 마찬가지로 〈개인주의적〉임을 의미하지는 않는다. 모든 지도자가 항상 자신의 권력을 사리사욕을 위해 유용하기를 바라는 것은 결코 아니다. 자신의 〈이기심〉을 더욱 넓은 〈사회체〉, 당, 계급, 그리고 국가 등을 위하여 바치려는 사람도 결코 적지 않으며, 위대한 영혼의 지도자들은 〈보편적 복지〉를 위해 아낌없이 스스로를 바치고 있다. 지도자가 권력을 자신의 이익을 위하여 이용하고자 하는 경우, 단순히 자기 자신의 경제적 이익만을 추구하는 조야한 방법만에 의거하지는 않는다. 개인적인 야심의 충족이 거의 모든 경우에서 작용하는 중요한 동기이며, 그것이 다른 모든 동기들을 대체하는 경우도 드물지 않다. 〈지배욕〉(Herrschsucht)은 강자를 전진시킨다. 하지만 그 이유가 그는 주변의 다른 누구보다도 사회적 업무에 대한 소명을 느끼기 때문인지, 아니면 다른 누군가가 선두를 점하는 것을 용인할 수 없기 때문인지를 구분하기 어려울 때도 많다. 어찌 되었거나, 강한 지도자는 **자신의 힘을 무제약적으로 발휘**하고 싶은, 그의 본성에서 우러나오는 〈본능적 충동〉을 억제하기 어렵다. 그럼에도 불구하고, 니체가 언급한 소위 〈자유로운 정신〉(freier Geist)들이라고 부를 수 있을 만큼 홀로 강인하게 서 있는 지도자는 극히 드물며, 권력을 행사하려는 대부분의 지도자는 동시에 역사적인 〈권력의 흐름〉(Machtströmung)에 속박되어 있다. 그렇기 때문에 가장 선택된 지도자들만이 아직 미약한 새로운 역사적 운동이나 심지어는 비참하고 무거운 짐에 눌린 자들을 위하여 자신의 힘을 바친다. 반면 〈통상적 지도자〉(typischer Führer)들은 역사적으로 이미 확고하거나 혹은 최소한 새로이 부상하고 있는 **권력과 영합**한다. 왜냐하면 권력만이 유일하게 그들의 영혼이 갈구하는, 즉, 지도자만이 향유할 수 있는 그 중독적인 〈권력의 체험〉을 제공하기에 적합한 수단이기 때문이다. 이는 많은 지도자들의 〈권력심리〉에서 보이는 전형적인 특징이다.

〈통상적 지도자〉는 대중의 본능이나 소망이 추구하는 목표에 영합하기 위한 **수단과 방법**을 제시함으로써 대중을 선도하고 또한 대중이 따르도록 함으로써 그 지도자로서의 역할을 수행한다. 그러한 〈통상적 지도자〉는 대중이 가진 역사적 목표에 영합하기 위하여 봉사하는 법이다.

하지만 자신이 가진 권력을 확신하고 대중의 반감에도 굴하지 않는 **강력하고 지배적인 지도자**야말로 가장 독립적으로 대중의 지평 위로 일어설 수 있다. 독일 황제의 고문이었던 비스마르크와 같은 인물은 아무도 도전할 수 없는 절대적 지위를 가지고 있었는데, 그는 〈국민국가〉의 초석을 다지기 위하여서는 철과 피라는 〈권력수단〉이 필요함을 간파하였고, 따라서 부르주아지들의 저항을 무릅쓰고라도 그들에게 군사적 의무를 강제할 수 있었다. 전승 후 독일 황제나 군사령관들이 적에게 부과하려던 강화조건은 적에게 괴멸적일 수 있다고 판단하였을 때 그에 과감히 반대하였을 만큼 비스마르크는 개인적으로 충분히 강건하였다. 결국 독일 국민이 처한 상황이 이제는 만족스럽다고 인식한 후에는 전쟁을 고조하는 그 모든 분위기를 불식시키고, 그때부터는 제국이 그들 국민들을 평화적으로 유지할 수 있게 하기 위해 자신의 모든 장인적인 능력을 발휘할 수 있었다. 물론 군주국들의 경우 각자의 성격상 사태는 다르게 진행되기도 한다. 〈역사적 선택〉이 된 강력한 왕조들의 경우라고 할지라도 그 왕조들을 대표하는 자들이나 그들의 고문들 모두가 항상 비스마르크처럼 강하지는 않기 때문이다. 〈민주주의〉 체제에 있어서는 모든 지도자들은 일정한 선발 과정을 거쳐야만 한다는 장점이 있다. 하지만 그러한 지도자의 선발과정에 있어 국민 중에서 항상 가장 뛰어난 자만을 추앙하는 것이 보장되어 있거나 혹은 그렇게 보장할 수 있도록 설립될 수 있는 것도 아니다. 〈민주주의〉의 지도자들이 정상에 오르고 그 위치를 유지하기 위해서는 대부분의 경우 대중의 분위기에 굴복하여야만 하며 또한 시대의 흐름에 영합하여야만 한다. 따라서 그들은 시대에 있어 약한 흐름을 피하고 오로지 가장 강한 흐름만을 따라가려 한다.

　　아주 위대한 지도자를 제외하고는 이같은 〈통상적 지도자〉들은 대중의 욕구를 균형 있게 조절하지 못하고 오히려 과장, 증폭해 버린다고 말할 수 있다. 위대한 종교 지도자들은 항상 전체적인 인간 본성이라는 [우물에서 물을] 긷고, 새로운 힘을 불러일으키지만 동시에 항상 영혼의 균형을 다시 회복시킨다. 반면 다른 지도자들, 즉 단지 [어떠한 목적을 이루기 위한] 수단과 방법만을 추구하는 지도자들은 두 가지 종류의 부류로 나뉠 수 있는데, 여러 가지 다른 측면에서는 비록 상이할지언정, 그들 모두 균형을 교란시킨다는 점에서는 공통점을 가진다. 첫째 종류는 일종의 일반적인 리더십 재능을 겸비하고 있다. 필요하거나 관심이 가는 대로 모든 방향으로 나아갈 수 있는 유연성을 지니고 있으며 무엇보다 이들은 웅변력과 문장력에 있어 뛰어난 재능을 타고났다. 논쟁 중에는 이들은 가장 큰 목소리로 외치고, 어느 장소에서나 가장 적절한 말을 사용하고, 가장 신속히 퍼져나갈 수 있으며 입에서 입으로 쉽게 전해지는 슬로건을 매일 주조하며, 그로써 의견의 일치를 가장할 수 있다. 대중은 오늘 이들에게 박수를 보내겠지만 내일은 조소할 수도 있다. 어쨌든 그들은 필요한 존재이고 〈공공생활〉이라는 무대에 있어서는 **불가결한 선수**들이다. 두 번째 종류는 훨씬 더 효용과 가치가 있는 자들인데, 이들은 어느 특정한 방향에서만 특수한 재능을 가지고 있으며 삶의 각기의 분야에서 진보를 가져오는 사람들이다. 그들은 이른바 대중의 [세분화된 작은 작업만을 지시하는] 작업반장이라고도 할 수 있는데, 그들의 과업은 각자 자신만의 특정한 분야로만 제한돼 있다는 점은 부인할 수 없다. 자신들의 전문 분야에서는 이들은 일반인보다 훨씬 뛰어나다. 하지만 일반인들이 가진 기질은 더욱 균형 잡혀 있기에 종합적으로 볼 때, 이러한 두 번째 부류의 지도자들은 일반인들보다 낫다고 볼 수 없다. 이들은 자신들의 [신체의] 어떤 특정 기관(器官)만이 비대하게 성장해 버린 경우에 해당하는데, 아무리 수련을 한다고 하더라도 그들은 종종 **자신만의 특수한 악기에 있어서의 명인**만이 될 수 있을 뿐이다. 그리고 이들의 〈성공〉이 반드시 올바른 종류의 〈성공〉만은 아닌데, 그들은 목표를 달성할 수는 있지만 그렇게 달성된 〈성공〉은 또한 쉽게 놓칠 수 있는 종류의 것에 불과할 수 있고, 따라서 **단순히 수단만에 있어서의 〈성공〉**인 경우도 많다. 예를 들자면, 단지 유능한 군사적 리더십만을 가지고 있을 뿐이고 그 이상은 아닌 군사 지도자들은 전장에서 승리하는 방법은 알고 있지만, 그 승리를 평화를 위해 이용하는 방법은 모른다. 따라서 행운의 여신이 그 승전한 민족에게 군사적 지도자들을 보완할 유능한 정치적 지도자를 동시에 내려주지 않는다면 그 민족은 승전의 결실을 향유하지 못할 것이다.

편협한 지도자는 자신의 명예감을 더욱더 추구하려는 욕심과 결부될 수 있기에 대중에게 더욱 큰 위험을 야기할 수 있다. 지도자에게 있어 명예란 자신 스스로의 야심이자 명예에 대한 탐욕이다. 지도자의 직무는 더 큰 노력과 희생, 그리고 위험을 그에게 부과하기 때문에 [그에 대한 보상으로] 높은 명예를 향한 감정을 필요로 하기는 한다. 전장에서의 장교의 희생은 언제나 일반 병사들의 희생보다 크기 때문에, 지도자들은 그에 대한 대가로 더 큰 명예를 얻을 수 있는 가능성을 부여받아야 한다. 다른 모든 사람보다 뚜렷하게 앞서서 전진하는 자에게로 〈성공〉은 귀속된다. 물론 일반 대중도 그 승리에 기여함은 분명하지만, 지도자만이 승리의 월계관을 쓸 수 있다. 그런데 대중의 희생을 강요하면서까지 지도자의 **명예를 체험**하는 가능성을 높이려는 유혹이 존재하지 않는다고 말할 수 있을까? 또한 지도자에 있어서 가장 큰 유혹은 지도자로서의 자신의 권력을 지배자로서의 권력으로 끌어올리는 것이다. 이러한 〈지배욕〉은 단순한 지도자로서의 야심보다 훨씬 더 위협적이다. 그러한 욕망의 가장 강한 형태는 〈**권력을 위한 권력의 추구**〉(nach der Macht um der Macht)이다. 모든 승리는 새로운 승리를 갈구하고 승리의 원래 목적 그 자체인 평화의 전망과는 점점 멀어져 간다. 〈지배욕〉은 그 권력의 정점에 이르기까지 대중이 치러야 할 희생을 자신의 기쁨으로 삼는다. **나폴레옹의 〈권력의 체험〉**은 승리 후 전장에서 말을 달리며 그 전장이 죽은 자와 부상자의 시체로 넘쳐나는 것을 볼 때 더욱 고조되었다. 나폴레옹은 단순히 전쟁의 막강한 달인이었던 것만은 아니었다. 그가 지배자로서 가진 역사상 가장 인상 깊은 소질은 군대의 통솔 이외의 가장 다양하고도 어려운 일을 파악하고 습득할 수 있게 하였다는 점에 있었다. 하지만 그의 〈지배욕〉은 너무나 왕성하여 그 〈지배욕〉은 그가 날카롭게 연마할 수 있다고 믿고 있었던 모든 힘들을 검을 이용한 세계 지배라는 하나의 목표에 복속시켰다. 나폴레옹의 등장 이전에 부상한, 혁명으로 고조된 대중들의 지도자였던 **자코뱅 공포주의자들의 〈권력심리〉**는 나폴레옹보다 더욱 이해하기 어렵다. 이들의 경우 〈지배욕〉과 의무감은 모두 정점에 이르러 있었으며 상호 분리하기 힘들 정도로 결합하여 있었다. 그들은 광신적 신앙의 하수인으로서 그러한 신앙의 〈요청〉에 부응하여 자기희생의 각오를 마다하지 않았다. 하지만 그들의 후계자들은 더 이상 자신들에게는 의무감이 남아있지 않았음에도 불구하고 그 의무감을 단순히 가장하고 있었다. 나폴레옹과는 대조적으로 그들은 당통이라는 한 사람을 제외하고는 모두 협량한 인간이었다. 그들 모두는 거대한 〈대중의 힘〉을 통제할 능력이 없었는데, 그때 대중들은, 바로 속박으로부터 벗어나기는 하였지만 아직도 자신들 내부에 존재하는 거대한 잠재력을 자각하지는 못한 상태였다. 그러한 지도자들은 〈인민주권〉이라는 새로운 사상에 편협하게 사로잡혀 있었기 때문에 이러한 〈인민주권〉 사상에 대한 역사적 저항이 아직도 불식되지 않았던 과도기적 시기에서는 있어서는 가리지 않고 오로지 수단과 방법만을 추구하는 형태의 지도자에 불과하였다. 그들은 대중 자신보다도 오히려 더 심각하게 혁명의 정신병을 전반적으로 앓고 있었으며, 고삐 풀린 〈권력의 체험〉에서 오는 짜릿한 전율을 누구보다도 열렬하게 즐겼던 반면, 매일 매일 시간이 지나면서 자신들의 손에 맡겨져 왔던 바로 그 무서운 권력의 처분에 언젠가 그들 자신도 넘겨질 것을 각오하고 있었다. 크로노스(Kronos)[123]는 자기 자식을 잡아먹는다. 이 표현은 프랑스혁명을 지칭한 한 말인데, 사실 이보다 더 적절한 표현

---

123 고대 그리스 신화에 등장하는, 하늘의 남신 우라노스와 땅의 여신 가이아 사이에 태어난 최초의 타이탄 중의 하나. 농경의 신. 신들의 왕이 된 후 자신의 권좌를 지키기 위하여 위협이 되는 자식을 삼켜 먹는 악행을 저질렀는데, 그로 인해 그의 막내 아들 제우스가 이끈 올림포스 신들이 반란을 일으켜 그는 결국 감금되었다.

은 없을 것이다. 〈권력에의 충동〉은 스스로 자멸할 때까지 멈추지 않았다.

위대한 지도자가 경험하는 〈권력의 체험〉의 가장 가까운 주위로는 항상 특권을 향유하려는 사람들이 몰려들기 마련이다. 더 나아가 그 지도자의 〈성공〉을 위해 필요한, 더욱 중요한 전사들이나 조력자들의 그룹, 대중에게 산재하여 있는 하위 지도자들, 그리고 그 지도자를 추종하는 사람들의 긴 행렬 자체도 그런 부류들에 포함된다. 즉, 국가와 교회의 고위 관료, 유력 자본가부터 시작하여 귀족, 성직자, 장교, 관리, 최하층의 신봉자에 이르는 사람들까지, 그리고 그로부터 프라이토리아니(Praetoriani),[124] 예니체리(Yeniçeri;Janizary),[125] 소상인, 하인 근성을 가진 자들에 이르기까지, 마지막으로는 최고와 최악의 여성 대표까지도 망라하는 실로 다양한 사람들이 그에 포함된다. 그들 모두 그 지도자가 권력을 유지하는 것을 돕고 그 지도자의 권력이 바로 그들의 권력이 된다. 한 군주 혹은 극소수의 특권자만이 수백만 명의 사람들에게 법을 부과하고 있다는 사실을 이해하기 위해서는 바로 이러한 점을 간과해서는 안된다. 하지만 동시에 오늘날의 민주주의적 감정에만 경도하여 편견을 가지고 이해하려고 시도하는 경우, 〈성공〉을 현시한 군주적 지도자가 가장 순수한 의미에서 대중의 인기를 얻을 수도 있었다는 점을 파악할 수 없다는 점을 간과해서도 안된다. 현재의 민주주의적 감정에만 의거하여 판단할 때는 과거의 〈군주정〉을 동경하는 감정은 무엇보다도 단지 비굴한 순종의 표현으로만 비쳐질 뿐이다. 이러한 사례들은 무수하며 굳이 증거를 찾기 위하여 아시아나 아프리카로 눈을 돌릴 필요조차 없고 과거에 군주에게 충성을 맹세하였던 당대 시민들이 가지고 있던 정신의 입장으로 되돌아가 생각해 볼 필요가 있다. 그들의 눈앞에 비추어지던 군주는 그들이 공

---

124 고대 로마 황제의 친위부대.

125 오스만 투르크 술탄의 최정예 근위부대.

동으로 쟁취한 승전과 개가(凱歌)를 이끈 지도자이며, 그들은 그 군주와 고결하며 **사내다운 충성심**으로 맺어져 있었다. 나약하거나 혹은 퇴폐적인 아들이 유능한 아버지의 뒤를 이어 왕위에 올랐더라도, 시대에 의해 요구되고 〈전통〉에 의해 신성화되며 당분간은 다른 질서로 대체될 수 없는 당대의 제도를 위하여 그러한 강직한 마음들은 봉사할 수 있었다. 역사적으로 현시된 〈왕조적 리더십〉을 민중이 탈피하기 위하여서는 먼저 자신들의 〈권력의 체험〉이 우선적으로 선행되어야만 하였으며,126 그렇지 못하였던 경우에는 그 오랜 기간동안 군주의 의지를 추종하며 바쳐온 희생적 헌신도 모두 수포로 돌아가는 쓰라린 경험을 맛보게 되었고, 결국 불행과 무력감으로 종지부를 찍는 경험을 겪을 수밖에 없었다.

군주라는 지배자의 〈지배의지〉는 자신의 개성과 처한 역사적 상황에 따라 잔혹함과 엄격함, 자부심, 우월감, 자비, 혹은 군주다운 숭고한 의무감 등의 감정을, 자기 자신을 두려움과 경외심을 가지고 바라보는 대중의 마음에 불러일으킨다. 공동의 〈권력의 체험〉은 그 동료 구성원들을 단결시켜 그들 공동의 입장을 지키거나 향상시키기 위하여 서로를 돕게 만든다. 이같은 공동의 〈권력의 체험〉은 지배자들의 입장에서는 그들을 단결시켜, **같은 목소리로 거부 내지는 관용(寬容)을 표명**하게 하며, 마찬가지로 피지배자 쪽의 입장에서는 그들 피지배자들이 **동일한 목소리로 충성 내지 반항의 감정을 표명**하게 한다. 이같은 원칙이 지배자와 피지배자의 관계에서 적용되듯이, 그 원칙은 지도자와 대중이 함께 걸으며 그 과정에서 상호 간의 의존과 이해 갈등의 관계를 동시에 인식하게 되는 그 모든 상황에 있어서도 각 경우의 특수한 상황에 따라 변형된 모습으로 적용된다.

---

126 즉, 자신들이 가지고 있는 힘이 바로 권력의 원천이라고 느낄 수 있고, 그럼으로써 자신들이 권력을 행사할 수 있다고 자각할 수 있어야만 한다는 의미.

6. 〈권력의 체험〉에 있어서의 〈자발적 희생〉

자코뱅 공포주의 지배자들의 〈권력에의 충동〉이 가진 〈초개인성〉과 〈반개인성〉은 크로노스가 자신의 아이를 잡아먹는 이미지로서 단적으로 표현된다. 그러나 〈초개인성〉, 그리고 아마도 〈반개인성〉은 〈권력집단〉들에 속하는 모든 경우에서도 볼 수 있는 것이며 따라서 비록 그 정도에 있어서는 차이가 있을지언정 〈권력심리〉의 본질적 요소이다. 장애물을 타인과 함께 공동의 힘으로 단합하여 제거하기 위해서는 각자의 근육을 제멋대로 사용하는 것은 단념하여야 하는 것처럼, 〈사회적 집단〉들에서는 대중에게 속하는 지도자로 등장하든 자신의 개성을 부분적으로 포기하여야만 하는데, 이에는 아마도 힘든 노력과 위험이라는 희생, 그리고 **최소한 개인의지가 가진 독립성의 희생**이 수반되어야만 한다. 그러한 〈자발적 희생〉(sacrificium voluntatis)은 어떤 유리한 상황에서는 더욱 높은 〈성공〉의 창출에 기여하는 강력한 공동의 힘들의 일부가 되며, 그로 인해 보상받을 수 있다. 번영하는 사회에 있어서는 그러한 유리한 상황들은 일상적으로 조성될 수 있기에 그들의 희생은 결코 헛되지 않을 것이다.

사적 생활에서는 친척, 이웃, 직장 동료, 자신의 계급 등에 대해 불편함과 부담에도 불구하고 자신이 사회적 의무를 수행하기에, 그에 따른 〈자발적 희생〉을 느낀다. 자신의 〈신분층〉에 따라, 특히 가진 것이 많지 않은 자도 희생하여야만 하는 부담으로 인한 압박감을 느낀다. [그러한 부담으로 인해] 특히 자신이 기호하는 것을 포기할 때는 물론 그 상실감을 생생하게 느끼게 되지만 그럼에도 불구하고 우선적으로 생존 수단의 획득을 해결하는 것 이외의 그러한 기호품들을 즐기는 바는 희생되는 것이다.

〈공중〉이 최대한 밀집되어 있는 완전한 공적인 영역에서는 〈단결적 행동〉의 필요성은 불가피하다. 단순히 어느 정도의 간격은 유지하면서 정렬하는 것만으로는 부족하며, 빈틈없는 〈통일체〉를 형성하여야 한다. 〈성공〉을 쟁취하기 위해서는 〈집단과업〉이 절실히 필요하며, 따라서 가장 독립적이고자 하는 마음도 〈공동의 의지〉를 따르게 된다. 개인은 자신만이 혼자 떨어져 있기를 바라지 않고 자발적으로 대열을 이루며, 모두는 자신의 의지를 의식적으로 그리고 감성적으로 희생하고 있다. 명예, 자존심, 그리고 의무는 개인들을 압도하며, 각자는 자신들이 공감하는 일반적인 〈권력의 체험〉을 위해 기꺼이 자신들을 희생한다. 이러한 과정은 한편으로는 기쁨을 다른 한편으로는 고통을 수반하기 마련이다. 왜냐하면 〈자기보존본능〉(Selbsterhaltungstrieb)에서 최대한의 포기를 이끌어내기 위해서는 고통을 수반하여야만 하기 때문이다. 대중 속의 개인은 자신이 〈공중〉의 강력한 권력에 굴복한다 하더라도 여전히 자신은 개인임을 느낀다. 하지만, 단지 자신의 개인적 이익이라는 의미에서의 〈개인주의적〉 감정은 더 이상 가지지 않게 된다. 모든 개인은 자기 자신을 〈공동의 의지〉(gemeiner Wille)[127]를 수행하는 능동적인 신체적 기관으로 간주하고, 자신의 의지를 매개로 하여 그러한 〈공동의 의지〉를 〈합목적적 행동〉(zweckvolle Handlung)[128]으로 변환시킨다. 이때 자신이 소유한 것들을 그 〈공동의 의지〉를 위하여 바치며, 큰 노력과 극도의 위험을 최대한 무릅쓰고 필요하다면 자신의 〈자기보존〉도 포기하면서 목숨을 희생하는 것조차도 주저하지 않는다. 즉, 개인의 〈자기보존본능〉을 의식적으로 사회적인 〈권력에의 충동〉에 종속시키고 개인의 의지는 초개인적인 〈요청〉에 부응하여 작용하는 것이다. 그 어떤 외적인 강제력에 의한 것보다도 최대한을 [자발적으로] 자기 자신으로부터 이끌어내기에 결국 그러한 의미에서 개인은 **자기 파괴에 다다를 수도 있는 반 〈개인주의적〉인 방식**으로 움직인다.

지도자로서의 명예는 앞서 전진하는 지도자에게 더 큰 〈자발적 희생〉을 강요한다. 어느 누구보다 앞서 그들은 희생적으로 일할 것이 요구

---

[127] '보편의지,' '일반의지' 등으로도 번역할 수 있겠지만, '개인의 의지'와 대비되어 사용되고 있기에, 〈공동의 의지〉로 번역하였다.

[128] 즉, 〈공동의 의지〉를 달성하는 것을 목적으로 지향하고 행동을 하게 된다.

되고 위험에 처하였을 때 가장 먼저 몸을 던져야 한다.

7. 개인의 〈자기보존본능〉과 〈권력유지본능〉

위와 같은 통찰은 〈공중〉의 영역에서의 개인의 행위뿐만 아니라 공동체 전체의 행동을 이해하기 위한 열쇠를 제공한다. 각자가 자신의 의지에 의하여 타인들과의 조화를 지향한다는 사실로 인하여 전체 대중은 결합되는데, 대중은 그러한 단결을 통하여 추진력과 지속성을 얻게 된다. 이 통찰은 매우 오래되었고, 또한 모든 과학적 사회학 이론보다도 오래된 것이며, 오래전부터 전래되어온 **버드나무 가지의 우화**에서 말하는 바이다. 그 버드나무 가지들은 개별적으로는 연약하지만 하나로 묶여지게 되면 휘어지지 않고 견고해진다. 단, 이러한 통찰의 완전한 의미를 파악하기 위해서는 [그 단결을 구성하는 인간이라는 나무가지들은] 한번 묶여진 상태가 되면 쉽게 다시 해체되지는 않는다는 점을 추가하여야 한다. 〈사회적 집단〉은 일단 구성원의 〈자발적 희생〉에 의해 하나로 뭉쳐지면, 그것이 비록 그 구성원들에게 희생을 강요하더라도 더 이상 쉽게 흔들리지는 않는다. 일단 〈성공〉으로 인하여 지도자와 대중이 〈단결적 행동〉을 하게 되었다면 차후 비록 실패로 인한 손실이 야기될지라도 자동적으로 지도자와 대중 간의 분리를 유발하지는 않는다.

민족이 가진 강고함은 그 민족의 종말의 시점까지도 지속될 수 있다. 강한 민족들이야말로 [자신들의] 역사적 역정(歷程)을 완성하기 위해 오랫동안, 그리고 어떤 민족의 경우에는 영구히 자신에게 부과된 희생을 감수하였고 그로 인해 종종 스스로를 오랜 기간 동안 소진시키기도 하였다. **강한 민족은 강한 인간보다 더욱 강고하다.** 단순히 강한 인간은 전쟁으로 치러야만 하는 희생에 의하여 자신이 피를 흘리며 죽음에 이를 수 있다는 것을 깨닫는 순간 결국 즉각 되돌아갈 결심을 여전히 할 수 있다. 개인은 이렇듯 개인적 열정에 의해서만 속박된다. 하지만 한 민족에 속한 수천, 수백만 명의 대중들은 그에 더하여 상호 간에 가하는 압박에 의해 서로를 얽매며, 일반적인 〈자발적 희생〉에 의해서 묶이는 것이다. 그들의 입장은 단지 자신들이 자라온 역사적 조건에 적응되어 있으며, 그들은 쉽게 새로운 입장으로 향하는 길을 모색할 수 있도록 하는 내적인 균형감을 지니고 있지 않다. [대중을 새로운 상황에 적응하도록 하기에는 그를 위한] 〈대중기법〉은 아주 천천히 기능하며 때로는 완전히 실패하기도 한다. 사람은 과거에서 지금까지에 이르기까지 항상 〈성공〉을 가져다준 권력, 〈성공〉 속에서 위대해진 권력, 그리고 그로부터 더 이상 벗어날 수 없는 권력을 마지막까지도 믿으려 한다. 설령 실패로 인해 그 거짓이 명백히 드러난다고 해도 그러하다.

이러한 통찰을 통해서만 지금 우리는 〈권력심리〉에 내포된 가장 심오한 비밀에 다가설 수 있다. 개인의 힘이 유사한 지향점을 공유하는 〈다중〉의 힘과 더불어 느껴지는 경우, 그 힘은 단순한 개인적 차원을 훨씬 넘어 증대되고 그와 동시에 〈권력감정〉(Machtgefühl)[129] 또한 커진다. 하지만 동시에 **개인적으로는** 그 힘의 적지 않은 부분을 **상실하게 된다.** 개인적 삶에서는 많은 종류의 잘못에 다다를 수 있음에도 불구하고 〈자기보존본능〉은 건강한 인간을 항상 본능적으로 지탱하고 있다. 하지만 사회적 삶에 있어서는, 자신의 의지를 희생하고 그들의 개인적 〈자기보존본능〉이 사회적 〈권력에의 충동〉에 종속되는 순간 이러한 〈자기보존본능〉이 보장하는 개인적 안정성은 상실된다. 다수가 의지를 통일하고 개인은 독립성을 희생함으로써 각자는 자신의 의지에 대한 지배력이 저하되는 것을 경험한다. 결국 권력은 초개인적, 반개인적일 뿐만 아니라 어떤 상황에서는 **반사회적 성격**을 가지기도 하는데, 후자의 경우에는 〈성공의 법칙〉(Gesetz des Erfolges)을 완전히 역전시키면서 사회를 자기 파멸에까지 도달하게 할 수 있다.[130] 이러한 측면에 대하여서는 차후 설명할 예정이다.

---

129   권력을 느끼는 감정.

130   즉, 권력이 일단 고착되어 버리면, 그것이 더 이상 〈성공〉을 결과하지

V. 국가와 사회에 있어서의 권력의 분할

1. 권력 간의 경쟁

어느 국가에서나 반드시 다수 내지 거의 무한하다고 할 수 있을 정도의 집단들이 병존하고 있고, 그 국가의 모든 장소에서는 지도자와 대중이 공동의 과업을 위해 결합되어 있다. 각 집단에 있어서 〈성공〉은 권력에 의한 결속을 직조(織造)해 내며, 그 집단의 구성원들을 내부적으로 단결하도록 한다. 이러한 모습을 가장 뚜렷하게 보여주는 예는 시민 총체를 결속시키는 대규모 〈권력집단〉들이다. 〈국가집단〉, 다양한 〈지역연합집단〉(örtliche Gesamtverband), 〈교회집단〉, 〈국민적 집단〉(nationale Verband), 그리고 그다음으로는 특히 강력히 효과적인 힘들을 소유하고 있는 〈군사집단〉 등이 그 예이다. 그리고 최고의 정신적 이익의 추구로부터 순수히 물질적이며 상호 계산적으로 주고받는 이익의 추구에 이르기까지의 다양하고도 특별한 이익들을 위하여 기능하는 무수한 조직들이 있다. 사람들의 눈에 가장 띄지 않는 집단들로는 〈무명적 리더십〉하에서 〈무명적 권력〉을 행사하며 활동하면서 어떠한 고정된 조직을 가지지 않은 〈자유적 결사체〉, 즉 소위 〈무명적 집단〉(anonymer Verband)들이 존재한다. 각 집단들은 그들 자신의 독자적인 특별한 〈강령〉을 가지고 있는데, 그러한 〈강령〉들은 그 집단의 〈성공〉을 성취하기 위해 수행하여야만 할 일들에 적합하게 만들어지며, 또한 그에 따라 지도자와 대중 간에 권한을 분배하는 기능을 수행한다. 이때, 지도자가 〈주도적 권력〉(Vormacht)에 있어 우월한 경우는 **〈리더십집단〉**(Führungsverband)이, 대중이

않더라도 비효율적으로 지속될 수 있다. 그런 상황이 지속되면 결국 사회는 쇠망할 수 있고, 애초에 권력을 등장시킨 〈성공의 법칙〉은 더 이상 유효하지 않게 된다.

우월한 경우는 〈대중집단〉(Massenverband)이 형성된다. 〈리더십집단〉에는 과거에 무력에 의존하던 집단에 추가하여 별개로 권위주의적이거나 지배적(herrschaftlich) 집단들이 포함되며, 〈대중집단〉에는 협동적-민주적인 집단들이나 〈무명적 집단〉들이 포함된다. 단, 어느 쪽도 순수한 형태로만 존재하는 경우는 드물고, 일반적으로는 어느 한쪽에서 다른 쪽으로 이행하는 형태 내지는 양자가 혼합된 형태로 존재한다.

누구나 항상 다수의 집단들에 동시에 속하여 있으며, 따라서 다양한 〈사회적 권력〉의 영향을 받고 있다. 가장 중요한 관계만 언급한다면 독립된 모든 개인은 제국의 시민으로서, 국가의 시민으로서, 마을이나 동네의 주민으로서 넓은 범위의 의무를 다하여야 한다. 그중 병역 의무라는 하나의 고리가 이미 가장 엄격하게 그를 묶고 있고 다른 고리는 국민, 교회, 계급, 〈신분층〉, 특정 직업의 일원으로서 그에게 영향을 준다. 그리고 〈사회적 권력〉들은 각자의 사생활도 제약하고 있는데, 예를 들자면 각자는 소비자 내지는 생산자로서 시장의 법칙을 따라야만 하며, 또한 남성 또는 여성의 일원으로서 남성 또는 여성 각자에 요구되는 명예의 규범에도 따라야 한다. 그리고 다른 모든 것과는 별도로 인간으로서 일반적 〈윤리적 권력〉에 따라야 한다. 결국 〈사회적 권력〉의 영역에서는 **다신교적 원리**와 유사한 원칙이 적용되는데, 크고 작은 여러 신들이 병존하며 우리 각자는 다양한 제단들 앞에서 무릎을 꿇어야 한다.

〈교회집단〉의 사제들이나 신자들이 그렇듯 다른 모든 종류의 집단들에서도 지도자와 대중은 그 집단의 권력을 최대한 고양하려고 노력한다. 집단의 권력의 크기에 따라 자신들 개인적 권력도 커진다고 생각하기 때문에 지도자들에게는 대의에 대한 열의 이외에도 개인적인 야심이 작용한다. 대중들 가운데에서도 거대한 군중이라는 어둠 속으로 완전히 사라지기를 바라지 않고 다른 동료들보다 조금이라도 위에 서려고 노력하는 사람들이 항상 상당수 존재한다. 더욱 평범한 재능의 소유자들은 이를 위하여 소위 〈무명적 리더십〉을 발휘하여 좋은 기회를 발견할 수 있거나, 혹은 지도자들의 〈보조지도자〉(Führerstab)로서 기회를 얻을 수도 있다. 특히 주(主) 지도자들이 더욱 광범위한 〈사회적 과업〉을 수행하여야만 할 때는 언제나 자신들의 곁에 그러한 〈보조지도자〉들을 고용하기 마련이다. 사회에는 다양한 종류의 〈보조지도자〉들이 존재한다는 점을 고려할 때, 권력과 지위에 있어 다양한 위계가 그들을 둘러싸고 형성되고, 또한 그 주변에는 야심, 〈권력에의 충동〉, 그리고 〈지배욕〉의 충돌이 항상 불타오른다. 그런데 집단들 사이에는 이러한 집단 내의 개인 간의 투쟁보다도 더 치열한 권력 내지 지위 다툼이 항상 벌어진다. 어떤 사람들은 작은 마을에서까지 주민들의 서열을 정하는 것에 중요성을 부여하고 이를 엄격하게 유지하는 것을 비웃기도 한다. 하지만 그러한 서열을 정하고 유지한다는 것은 인간 본성의 심연에 자리 잡고 있는 본능을 따르고 있는 것뿐이다. 그 인간의 본능은 역사의 시작부터 카스트라는 장벽을 통해 수백만 인간들의 위계를 엄격한 질서하에 묶어놓고 계급과 민족 사이의 수많은 피비린내 나는 충돌을 야기한 바 있다. 권력을 가진 모든 것을 국가하에 집결하려는 지배자가 자신의 목적을 달성하기 위하여 수행하는 특수한 역할은 모든 권력들의 위계가 궁정에서 정해지도록 하는 것이다. 그리고 그렇게 정해진 그 위계는 많은 사람에게 있어서는 인생의 최고 목표가 된다. 왜냐하면 그 위계야말로 그들 자신이 사회에서 가지는 〈권력의 위상〉(Machtgeltung) 전체에 대한 권위적인 인정 내지는 징표이기 때문이다. 외적 지위를 위한 투쟁을 중재하려는 부단한 노력이 요구됨에도 불구하고 권력의 쟁취를 위한 투쟁 자체는 끊임없이 이어진다. 오로지 선진 국가에서만 일반적으로 이러한 시민들 간의 투쟁이 평화적 수단에 의하여 이뤄질 수 있는 단계까지 진보되었는데, 그럼에도 불구하고 가끔 내전과 국가전복이 불가피한 지경에 이르기도 한다. 더욱이 국가 간에는 권력에 대한 상호 경쟁심이 끊임없이 전쟁을 발발시켜 왔다. 사실 세계대전을 일으킨 궁극적인 원인은 이러한 경쟁심에 있다고 말할 수 있다.

2. 〈질서유지적 권력〉, 〈생활권력〉, 〈문화권력〉

어떠한 집단들과 권력은 원래는 〈**권력자**〉의 이익을 증진하기 위해 설립되었으나, 그 이후 발전 과정에서는 원활한 〈공동체 생활〉을 유지하기 위한 질서를 보호함으로써 사회의 일반적인 이익을 도모하며 존재한다. 우리는 이러한 질서를 보호하기 위한 집단과 권력 각각을 〈질서유지적 집단〉(Ordnungsverband)과 〈질서유지적 권력〉(Ordnungsmacht)이라고 부르기로 한다. 이와 별도로 직접적인 〈생활자원〉(Lebensgut)들이나 〈생활가치〉(Lebenswert)들을[131] 얻을 수 있도록 하는 더 무수히 많고 다양한 집단들이나 권력들도 존재한다. 〈신앙의 권력〉(Glaubensmacht), 〈교육의 권력〉(Bildungsmacht), 〈경제권력〉, 〈윤리적 권력〉이 그에 속하며, 이러한 권력들을 포괄하여 우리는 〈생활권력〉(Lebensmacht)[132]이라고 부르기로

---

[131] 본서에서는 〈생활자원〉과 〈생활가치〉의 정의가 명확히 제시되어 있지는 않다. 단, 다음의 문단에서는 이 두 가지 종류 모두에 있어 가장 높은 형태의 예로는 '자유, 명예, 모든 〈소유〉, 아내와 자녀, 그리고 자신의 생명'이라고 예시하고 있다. 이들 중 〈생활자원〉은 대체로 소유물 내지는 부를 의미하는 것으로 파악해도 무방할 듯하다. 반면 그 중 〈생활가치〉의 예로는 '자유, 명예, 가족, 자신'을 들 수 있다. 그런데 이하 문단에서의 다른 부분에서 저자가 언급한 바로는 〈생활가치〉는 다시 두 가지 형태로 나뉜다. 즉, 〈생활가치〉는 대체로 어떤 삶의 목적 자체(근원적 내지는 〈직접적 생활가치〉), 그리고 그것을 달성하기 위한 필수불가결한 수단(파생적 내지는 〈간접적 생활가치〉)를 포괄한다. 그런데, 〈간접적 생활가치〉와 〈생활자원〉 간의 차이는 모호하다.

[132] 〈생활권력〉(Lebensmacht) 은 일종의 '문화를 규정하는 권력'이다. 푸코(Michel Foucault)식으로 그 의미를 더욱 확장시키면 '규범을 통해 삶을 통제하는 능력'이다. 이에 대하여 '후생적 권력'(welfare power) 으로 번역하는 경우도 있는데, 그러한 번역은 의미를 모호하게 만든다. '후생'이라는 단어는 긍정적인 의미를 함축하는 데 반하여, 본서에서의 〈생활권력〉은 삶을 압박하거나 규정하는 역할을 하기도 하기 때문이다.

한다. 그러나 모든 〈생활권력〉은 그 자체에 〈질서유지적 권력〉(Ordnungsmacht)을 만들어 낼 잠재력을 가지고 있다. 왜냐하면 〈생활권력〉은 지도자와 대중이 각자 가질 수 있는 강권(Gewalt)을 규제하는 특별한 질서를 자신의 강령을 통해 제정할 필요가 있고 또한 그렇게 하여야만 하기 때문이다. 어떠한 적절한 상황에서는 이러한 강권들이 부과하려는 특정 질서가 일반적으로 사회적으로 공인될 수 있고 그로 인해 〈생활권력〉은 동시에 〈질서유지적 권력〉이 된다. 이는 교회의 예가 가장 명확하게 보여주는 바이다. 역으로 말하자면 모든 〈질서유지적 권력〉은 자신에 봉사하는 〈생활가치〉들을 만들어내고 그로 인해 〈생활권력〉으로 작용하고 있다고 말할 수 있다. 따라서, 이와 같이 최종적인 목적에 따라 구별되어야 할 두 가지 종류의 권력 [즉, 〈생활권력〉과 〈질서유지적 권력〉]들은 그것들이 수반하는 작용에 있어서 다시 상호 간에 연계된다. 이같은 점은 이 두 가지 유형의 권력에 속하는 각각의 주요 사례에 대한 설명을 제시 함으로써 더욱 명확하게 파악될 수 있다.

역사상 최초로 출현한 〈질서유지적 권력〉은 **〈군사적 권력〉**(Waffenmacht)이다. 태고로부터 사람들은 적대 세력이나 외국 지배에 의한 예속에 저항하고, 가능하다면 승리를 통하여 자신의 〈상위지배〉(Überordnung)를 쟁취하기 위해 〈군사 공동체〉(Waffengemeinschaft)를 형성해 왔다. 피지배자는 자유, 명예, 모든 〈소유〉, 아내와 자녀, 그리고 자신의 생명 등의 최고의 〈생활자원〉들과 〈생활가치〉들을 승자에게 빼앗길 위험에 처해 있다. 반면 승자는 적의 〈생활자원〉들과 〈생활가치〉들을 탈취함으로써 자신이 풍요롭게 되기를 기대한다. 따라서 사람들이 승리를 쟁취하기 위해 필요한 군사적인 〈권력수단〉은 그 자체가 지고하며 가장 사랑받는다. 전쟁에서의 다른 필요 요건이나 개인적 무훈 내지 미덕에 못지 않게 무기는 지고하고 최고의 가치를 지닌다고 일반적으로 평가된다. 그 자체를 위해 요구되고 삶을 충족시켜 주는 근원적(ursprünglich) 내지는 〈직접적 생활가치〉(unmittelbarer Lebenswert)들과 대비시켜, 우리는 그것들을 [즉, 여타 전쟁을 위한 필요요건, 개인적 무훈 내지 미덕, 그리고 무기 등의 모두를] 〈파생적 생활가치〉(abgeleiteter Lebenswert) 혹은 〈간접적 생활가치〉(mittelbarer Lebenswert)들로 파악하여야 한다. 그것은 사람이 삶의 목적을 향유하기 위하여 필요한 여타의 것들의 〈소유〉를 확보하기 위한 필수적 수단이며, 그것들을 통하여 삶의 목적의 성취가 기대될 수 있고, 따라서 우리가 어느 나라에 있어서나 그 나라의 부를 추정할 때에 항상 고려하여야만 하는 요소이다.

〈법적 권력〉은 무엇보다도 〈내적 권력〉이 지니고 있는 〈질서유지적 권력〉이다. 그것은 한편으로는 시민의 〈법감정〉을 일정한 규율로 형상화시키고 다른 한편으로는 [사회적으로] 인정된 〈법적 소유〉(Rechtsbesitz)를 제3자의 무단적 침해로부터 보호함으로써, 〈생활가치〉들과 〈생활자원〉들을 안심하고 소유하거나 사용할 수 있도록 보장하는 것이다. 법이 가진 〈질서유지적 권력〉은 또한 법적 제도나, 재판관 및 기타 법률 전문가들이 이룬 바에 의거하여 새로운 〈간접적 생활가치〉들을 창출하는데, 그러한 〈간접적 생활가치〉들은 어느 곳이건 높은 〈문명적 가치〉(Zivilisationswert)들이라고 간주되어진다.

마지막으로 [〈군사적 권력〉, 〈법적 권력〉에 추가하여] 세 번째의 중요한 〈질서유지적 권력〉으로는 공동체의 〈정치적 권력〉(politische Macht)을 들 수 있다. 모든 공동체에서 있어서 〈군사적 권력〉은 〈민간의 권력〉들(bürgerliche Macht)에 의해 보완돼야 한다. 일단, 〈통치권〉(Hoheit)과 행정을 수행하는 모든 기구(Organ)들은 상호 견제 관계를 유지하여야 하며 또한 이들 기구들 간의 관계에 있어서는 〈상위지배〉와 복종이라는 위계화가 필요하다. 이 점에서 〈정치적 질서〉(politische Ordnung)는 〈법질서〉(Rechtsordnung)와 결합되면서 〈공법〉(öffentliches Recht)[133]을 만들어 낸

---

133 국가의 조직이나 공공단체 상호 간 또는 이들과 개인의 관계를 규정하는 법률.

다. 그러나 [그러한 〈공법〉의 질서의 확립 이외에도] 〈통치권〉과 행정의 모든 임무가 [생활가치라는] 목적에 합당하게 수행되도록 하는 것도 그 〈정치적 권력〉이 가진 주 임무에 포함된다. 〈정치적 기술〉이란 〈정치적 권력〉을 효과적으로 사용하는 기술(Kunst; art)이다. 위대한 정치인은 그가 달성한 공적들이 그 국민들의 〈생활가치〉들로서 인정되기에 칭송된다. 또한 그러한 공적들은 위대한 〈문명적 가치〉들에 속한다.

가장 높은 차원의 〈생활권력〉 즉, 〈신앙의 권력〉, 〈교육의 권력〉, 〈윤리적 권력〉들은, 그것들이 삶의 힘을 고양하는 경우 **〈문화권력〉**들이 된다. 순수한 〈신앙의 권력〉, 함양된 〈윤리적 권력〉, 개선된 〈교육의 권력〉은 최상위의 〈문화권력〉들이다. 〈교회지상주의시대〉(Zeitalter der kirchlichen Vorherrschaft)에서의 기독교가 가진 〈신앙의 권력〉은 세속 권력과의 싸움에 도전해 오랫동안 승리할 수 있을 정도로 강한 〈질서유지적 권력〉으로 발전하였다. 교회는 군사력에 의존하지 않고도 로마 〈세계제국〉하에서 살아남았고 이후 로마제국을 정복한 자들마저도 굴복시켰다. 이것은 우리에게 많은 것을 생각하게 하고 배우게 하는, 우리가 가장 주의 깊게 살펴보아야만 할 역사적 과정 중 하나이다.

모든 진정한 〈질서유지적 권력〉은 **〈문명적 활동〉**(Werke der Zivilisation)들을 진작함에 기여하며, 그렇듯 〈문명적 활동〉의 진작은 [개인들 간의] 교류와 상호 이해의 더욱 폭넓은 가능성을 열어주고 그로 인하여 시민적 평화를 가져다 주기에, 〈질서유지적 권력〉은 또한 **문화적 성취**에도 일조를 한다. 투쟁의 결과 확립된 국가의 평화로운 내부에서는 문화적 활동을 위한 안전한 기반이 확보된다. 유대 민족이 국가를 잃고 여러 국가로 흩어져 있었을지언정, 지금 [각국에 있어서] 강한 〈경제적 권력〉으로 성장되기까지는 국가질서의 유지에 필요한 노고와 투쟁을 [그들이 흩어져 살고 있는 국가의] 타민족들이 대신 도맡았기 때문이다. 국가의 완전한 〈질서유지적 권력〉은 어떤 특정 범위를 가지는 영토에 대한 〈영토적 권력〉(Gebietsmacht)이어야 하는데, 그러한 〈영토적 권력〉은 자신의 영역 내의 어떤 곳에서든지 힘을 상실하지 않고 유효할 수 있다.

3. 국민들에 있어서 〈권력자원〉(Machtbegabung)

위대한 민족들은 모든 결정적인 〈질서유지적 권력〉과 〈문화권력〉의 자질을 타고나며 역사적 발전 과정 속에서 그것들을 모두 단련시킨다. 그러나 어떤 민족들은 전자에, 어떤 민족들은 후자에 더욱 자질을 가지고 있으며 그에 의거해 그들의 힘들을 발휘하고 있음에는 의심의 여지가 없다. 스파르타는 탁월한 군사적, 정치적 〈질서유지적 권력〉를 가진 세력이었다. 하지만 〈문화권력〉에 있어서는 아마도 역사상 출현한 모든 뛰어난 〈질서유지적 권력〉을 가진 세력 중에서 가장 빈약하였다고 여겨진다. 아테네는 스파르타와 패권을 다툴 정도로 〈질서유지적 권력〉에 있어 탁월하였고 동시에 풍요로운 〈문화권력〉도 가지고 있다고 생각되었기에, 자신들이 만들어낸 가치로 〈고전적 시대〉의 역사를 채웠고 세계의 패자인 로마제국을 그리스 문화에 예속시켜 그리스 문화가 로마 문화의 큰 부분을 이루게 할 수 있었다. 전체적으로 그리스 민족들은 세계적으로도 전무후무하다고 말할 수 있으며, 현대의 문화는 그리스의 정신 속에 숨쉬고 있다. 로마인은 유례없이 강력한 〈질서유지적 권력〉을 가지고 있었으며, 동시에 군사적, 법적, 정치적을 망라한 모든 면에서 고르게 강력하였고, 그들의 〈역사적 과업〉 또한 현재에 이르기까지 그 영향을 계속 미치고 있다.

수천 년에 걸쳐 많은 다른 〈세계제국〉들이 〈군사적 권력〉과 〈정치적 권력〉에 의해 수립되어 왔다. 그러나 대부분에 있어서는 〈무력통치자〉가 자신들의 권력의 이미지를 불멸의 것으로 만들기 위하여 건축한 거대한 기념비의 잔해만 남길 뿐, 과거 위대함의 흔적은 남지 않고 사라져 버렸다. 과거 제후의 영화를 되돌아볼 때, 그들의 **〈무력적 권력〉**(Kampfmacht)은 쇠잔하여지고 오로지 〈문화권력〉만이 남아있다고 생각할 수밖에 없다. 하지만 이러한 이야기는 자신들의 승리가 결국 영속되지 않고 소멸되었던 아틸라나 타메를란(Tamerlane)의 경우 타당하지만, 반대로 로마인이 거둔 승리는 이와는 다르다. 몇 가지 예외적인 경우들을 제외하고는 로마인은 복속시켰던 모든 민족을 단일의 〈민족성〉으로 통합시키지도 못하였고, 또한 폭풍과도 같이 밀려오는 이민족들에 대항하여 장기적으로 제국을 유지하지도 못하였다. 하지만, 그들은 대체로 일반적으로는 지중해 연안 지역 전체에 큰 영향을 끼친 진정한 〈질서유지적 권력〉이 되었다. 그들이 창조한 〈문명〉의 업적은 그들의 제국과 함께 공멸하지 않았다. 로마의 도로는 완벽하게 건설되어 있어 별다른 관리 없이도 여행자들과 군대를 위해 천 년 이상 사용될 수 있었다. 그렇게 존재하였던 도로에 대한 아주 초보적인 관리조차도 할 수 없던 상태에 이르러서야 도로의 황폐화가 비로소 시작되었다. 라틴어는 로마 계통의 언어에 풍부한 가지를 치고 있었으며, 더욱이 중부 및 서구 유럽에 있어 교육 언어로서 천 년 이상에 걸쳐 계속 사용되어 왔다. 중세 및 근대 〈법률학〉(Rechtswissenschaft)들은 자신들의 법체계를 구축하기 위한 명확한 근거를 〈로마법〉에서 찾았다. 로마의 〈제국주의〉의 사상은 프랑크 왕국과 독일제국 속에서 부활되었다. 그러나 가장 광범위한 의미에서 볼 때, 가톨릭교회는 고대 로마가 가지고 있던 〈문화권력〉과 〈정치적 권력〉의 계승자가 되었다. 로마는 무력을 통하여 처음으로 세계의 수도가 되었으며, 그 이후 교회의 〈신앙의 권력〉이 지배를 위한 〈전통〉으로써 모든 시대에 걸쳐 정착되게 됨으로써 재차 세계의 수도가 되었다.

    영국인은 세계 지배를 사명으로 한다는 점에서 로마인과 매우 매우 닮았다. 영국인은 로마인처럼 〈군사적 권력〉, 〈법적 권력〉, 그리고 〈정치적 권력〉에 있어서의 자질을 결합할 수 있고, 따라서 〈질서유지적 권력〉을 쟁취하기 위한 [강대국과의] 경쟁 속에서 우월한 지위를 얻을 수 있다. 과거 영국이 참전하였던 대륙에서의 전쟁에는 한동안 "외국의 검"[즉, 식민지 군대]으로 싸우고, 단지 군대 파견을 필요로 하는 중대한 결정을 내리기 전까지는 자국민의 〈군사적 권력〉은 직접 간여하지 않는 경향이 있다는 사실을 근거로 영국이 군사적 자질이 없다고 주장될 수는 없다. 그것은 오히려 영국의 정치적 자질을 입증하는 것이며, 그러한 사실은 동맹국이나 자신이 지배하고 있는 민족들이 가진 〈무력적 권력〉을 최대한 이용하는 방법을 알고 있다는 점에서 증명되는 것이다. 하지만 로마 내지 영국에 있어서의 전형적인 본질적 특징은 여타의 위대한 문화적 민족이 지닌 풍부한 예술적 재능에 대한 결여라고 볼 수 있지 않을까? 특히 영국인의 경우 예술에 대한 창조적 재능이 결여되어 있는 것이 현저히 나타난다. 사실 근대적인 예술적 감각은 그것의 가장 독특하고 내면적인 표현을 음악예술 속에서 찾고 있다. 음악적 재능이 있는 민족이 〈주도적 권력〉을 다투는 결정적 싸움에서 승리를 거두는 것을 보지 못하였다. 이는 결코 우연이 아니다. 그들이 모두 지나치게 내적으로만 지향하고 있기에, 외적으로 지배적인 〈질서유지적 권력〉으로서 자신을 주장하기 위해 필요한 힘을 돌릴 수 없기 때문이 아닐까?

독일 민족에게는 다양한 권력의 요소가 특이하게 혼재되어 있다. 북부 독일과 남부 독일의 특질의 차이는 〈질서유지적 권력〉과 〈문화권력〉의 상대적 크기에 있어서의 차이에 근거한다. 프로이센과 오스트리아 간의 패권 다툼의 결과는 스파르타와 아테네의 싸움과 마찬가지로 어떤 특정한 〈질서유지적 권력〉에 유리하도록 결정되었다. 프랑스에 승리한 프로이센 독일은 유럽 대륙의 〈주도적 권력〉이 되는 것처럼 보였다. 세계대전에서 영국과 프로이센은 대립하는 양 진영에서 각각의 〈질서유지적 권력〉으로서 경쟁하였는데, 그 전쟁의 결과 영국이 유럽의 〈질서유지적 권력〉로 등장한 것은 세계사적으로 의미 있는 결과였다. 만약 본래 가지고 있던 〈군사적 권력〉에만 의존하여 승패가 갈리었다면, 프로이센 독일은 탁월한 군사적 양성에 의존하여 〈중앙열강〉에게 승리를 가져다주었을 것이다. 그러나 영국이 가진 뚜렷한 정치적 우위에 의존하여 최종적으로 〈연합국〉은 승리를 쟁취하였는데, 그러한 영국의 가진 정치적 우월성으로 인하여 영국은 자신의 〈경제권력〉에 더해 〈연합국〉이 가진 우월한 군사력을 활용할 수 있었다. 그럼에도 불구하고 영국이 세계의 〈주도적 권력〉의 위치를 쟁취하는 것은 결코 확실히 보장받은 바는 아니었는데, 이는 영국의 리더십하에만 의거할 때 〈연합국〉은 강력한 적과의 전쟁에서는 독자적으로 승리를 쟁취할 수 없었기 때문이었다. 따라서 전쟁으로 인하여 양 진영이 가진 힘들이 모두 소진되었을 때 제3의 국가, 즉 〈어부지리〉(漁父之利 tertius gaudens)의 위치를 누리고 있던 북미의 미국에 도움을 요청하지 않을 수 없었다. 영국계 미국인들은 많은 방면에서 영국이 〈질서유지적 권력〉을 가지도록 할 수 있었던 동일한 특성을 더 두드러지게 가지고 있다. 하지만 그들은 예술 분야에서는 아직 한참 뒤처져 있으며, 영국의 정신은 과학 분야에 있어서는 최고도로 뛰어난 반면 미국은 아직 그 분야에 충분한 관심을 두지 않는다. 하지만 미국은 자연의 혜택에 힘입어 자국의 토양 내에서는 최고의 〈경제권력〉을 누리고 있다. 그러나 과연 이러한 여러 조건으로 인해 미국이 세계의 지도권을 획득할 수 있을지에 대한 판단의 여부는 그들이 역사적 고립에서 영구히 벗어나 대등한 군사적 조건들을 확보하고 동시에 〈문화권력〉으로서 스스로를 증명할 때까지 기다려야만 한다.

이하에서는 이러한 주요한 국제 관계에 대한 논의는 잠시 멈추고, 〈민족사〉라는 범위 내에서 논의를 진전시키고자 한다.

4. 〈지배적 권력〉들과 〈극대화〉를 위한 본능. 〈우세적 권력〉(dominante Macht)

각 민족들 내에 존재하는 헤아릴 수 없이 많은 권력들 중, 약한 권력은 다른 권력에 의지하기 마련이다. 그러한 약한 권력들은 보호를 필요로 하고, 특히 강력한 〈지배적 권력〉과의 〈공생관계〉 속에서 보호막을 찾아내며, 역으로 그 자신들은 〈지배적 권력〉에게 힘들을 제공한다. 강력한 권력들은 스스로를 자각하기 시작하는 과정에서 독자적으로 기립하기를 원하며, 그 과정 중에서 조우하게 되는 다른 권력들과 다투게 된다. 이때 타 권력에 대하여 단순히 저항하는 것이 아니라, 만약 가능하다면 오히려 상대방을 복종시키려고 한다. 약자를 압도하려 하며, 강자에 대해서도 승리하기 위해 전력을 다한다. 자신 이외의 다른 독자성을 용납하지 않는 모든 거대한 〈질서유지적 권력〉과 일반적인 〈문화권력〉은 그 자신들을 주장함에 있어 그 어느 것에도 방해받지 않고 동시에 절대적으로 우월하게 군림하는 〈지배적 권력〉으로 간주되기를 바란다. 〈지배적 권력〉으로서 자신의 사명을 느끼는 모든 권력은 〈극대화〉(Maximum)를 추구하려는 〈본능적 충동〉을 자신 내에 가지고 있다. 강력한 권력은 어떠한 제약도 느끼지 않는다. 이는 신은 오직 다른 신에 의해서만 다시 맞서게 될 수 있다는, 즉, 어떤 힘이 스스로를 자제하기를 기대하는 것은 부조리하며 그 힘은 오로지 다른 힘에 의해 억제될 뿐이라는 괴테의 말[134]이 지극히 타당하다는 것을 증명하여 준다. 그렇기 때문에 〈질서유지적 권력〉은 배타적 〈영토적 권력〉이길 바라며, 외부로부터의 침입을 자신의 경계 내로는 허용하지 않고 동시에 자신의 경계를 더욱 확장시키려 한다. 또한 그렇기 때문에 그 [〈질서유지적 권력〉의] 가장 심오한 핵심에 있는 〈신앙의 권력〉은 어떠한 타협도 없이 일반적으로 자신이 타당하다고 간주되는 것들만을 지향할 수 있으며 〈지식권력〉도 만약 자신이 충분히 강하다면 마찬가지 성향을 가지게 된다. 손이 닿는 곳에 있는 모든 권력들을 종속시키고 최종적으로 자신이 전능한 위치에 도달하기 전까지는 끊임없이 솟아오르려는 〈지배적 권력〉은 그가 가진 〈극대화〉에 대한 충동을 잠시도 쉬게 하지 않는다. 그러한 권력들은 내부에서 스스로 붕괴되지 않는 한 오로지 외적 저항에 의해서만 저지될 수 있다. 따라서 충돌하는 〈지배적 권력〉들 간에는 **처음에는 반드시 상호 간의 투쟁**를 통하여 결과가 결정되고 어느 쪽에서도 결정적인 〈성공〉을 거두지 못하고 한쪽의

---

134 괴테의 《시와 진실》(Aus meinem Leben. Dichtung und Wahrheit) 4부의 제목인, "신을 제외하고는 신에 맞설 자가 없다"에서 인용한 대목.

힘이 다른 한쪽의 그것과 대등하게 될 때만 비로소 **평화적 화합**(Auskommen)에 다다르게 되어 결국 〈**공생관계**〉(Symbios)로 변화되기도 한다. 또한 구권력들이 서로 단결하는 경우는 새로운 권력의 대두로부터의 위협에 대항하여 더 이상 개별적으로는 싸울 만한 힘을 느낄 수 없을 때이다.

〈지배적 권력〉들의 결합이 완전한 조화를 이루거나 또는 완전한 융합을 이룬다고 생각해서는 안된다. 각각은 자신에 고유한 〈사회적 과업〉에 직면해 있기에, 그 고유의 과업에 적합한 특수한 강령을 유지하여야만 한다. 반면 각각 완전한 독립성을 주장하는 것도 옳지 않다. 세상에서 가장 훌륭한 의지를 가지고 있더라도 항상 [권력들 간의] 마찰은 생기고, 어느 한 권력은 [타 권력에 대하여] 항상 일정한 우위를 주장하기 마련이기 때문이다. 우리는 우위를 주장하는 이러한 권력을 〈**우세적 권력**〉(dominante Macht)[135]이라고 부를 수 있다. 하지만 〈우세적 권력〉은 다른 권력들 위에 전적으로 군림하는 것은 아니고 **단순히 〈주도적 권력〉**인데, 이는 어느 정도 **자율성을 가진 여러 권력들** 중 가장 강력한 권력일 뿐이며, 어떠한 포괄적인 위계 서열상에 있어서 모든 최종적 결단을 자신 스스로 도출할 수 있는 **최정점에 위치한 것은 아니다.** "**카이사르는 문법학자보다 높지 않다**"(Cäsar nun supra gruniinaticos)는 말은 〈사회적 과업〉의 전 영역에서 적용된다. 언어와도 마찬가지로, 모든 〈사회적 과업〉은 그 자신 내부로부터 자신만의 독자적인 규칙(Regel)을 도출하여 형성시킨다. 〈우세적 권력〉은 자신이 아직 용인할 수 있는 범위 내에서는 다른 권력들이 자신들만의 독자 영역에서의 가지는 자치는 인정하여야만 하며, 〈법률학〉에서 말하는 바의 〈권한판단권한〉(Kompetenz-kompetenz),[136] 즉, 다른 권력과

---

135 〈지배적 권력〉(herrschende Macht 또는 Herrschermacht), 〈패권적 권력〉(Übermacht)과 〈우세적 권력〉(dominante Macht) 에 대하여서는 역자의 용어해설 '권력'을 참고할 것.

136 국내에서는 '재판권에 관한 재판권'으로 불러지기도 한다.

의 충돌이 발생하는 경계 영역에 있어서만 규제를 가할 수 있는 특권만을 자신을 위해 천명한다. 그 〈우세적 권력〉은 자신에게 유보된 경계 내에서는 다른 여하한 권력의 간섭도 받지 않으며, 동시에 다른 권력들이 가지고 있는 텃밭 영역(Stammgebiet)에 간섭하지 않는다. 반면 〈우세적 권력〉은 어떠한 타고난 장점을 누릴 수 있는 위치에 놓여 있다. 즉, 새롭게 부상하는 권력들은 우선적으로 그리고 가능한 한 그러한 〈우세적 권력〉의 주변으로 운집하게 된다. 따라서 그 〈우세적 권력〉은 다른 권력들에 비하여 빠른 성장을 누릴 수 있는 운명을 타고났다.

애당초부터 국가는 〈군사적 권력〉에 의존하여 그 지배적인 지위에 올랐다. 그렇기 때문에 국가가 〈군사적 권력〉에 더하여 〈법적 권력〉과 〈정치적 권력〉의 결집에 성공할수록 그것이 가진 강권(Gewalt)은 더욱 커지게 되었다. 〈문화국가〉로 성장한 국가는 마침내 어떠한 〈문화권력〉을 결집하거나 스스로 발전시키는 방법을 배움으로써 비로소 자신의 우위성을 더욱 높일 수 있었다. 당대의 〈교회지상주의〉(kirchliche Vorherrschaft)도 〈신앙의 권력〉에만 의존하였던 것은 아니었다. 교회는 그러한 〈신앙의 권력〉을 배경으로 〈법적 권력〉, 〈정치적 권력〉, 그리고 당대의 〈문화권력〉 등의 주관자의 역할도 동시에 수행하였다. 〈우세적 권력〉은 결코 무제한적 〈주도적 권력〉 내지는 모든 것을 통치하는 〈상위지배〉는 절대로 아니라는 점을 교회의 예를 통하여 분명히 이해할 수 있다. 교회와도 마찬가지로, **〈우세적 권력〉으로서의 국가** 역시 모든 노력에도 불구하고 **전능하지 못하였고** 지금도 그러하지 못하다. 가장 억압적인 〈전제정치〉(Tyrannei) 시대에서조차 국가에 있어 전지전능한 **〈권력자〉**가 존재한 적은 한 번도 없었다. 프롱드의 난(La Fronde, 1648-1653)[137]을 진압한 루이 14세는 절대 군주로 등극하였지만 결코 모든 사람, 모든 사물들을 지

---

137 프랑스의 고위 귀족들이 절대 군주정에 반기를 들어 일으킨 정치적 운동.

배하는 〈독재〉 군주가 되지는 못하였다. 프롱드의 난에서의 승리는 왕국에 〈군사적 권력〉의 독점적 지배(Herrschaft)를 확보하도록 하였고, 동시에 최고의 〈법적 권력〉과 〈정치적 권력〉도 보장하였다. 더욱이 봉건영주들을 궁정의 시종으로 변모시켰고 이에 따라 그들은 옛 장원에서의 특권의 행사를 즐기기보다는 궁정에서의 봉사를 통해 왕실의 총애를 얻는 데 관심을 가지게 되었다. 왕국은 이러한 〈성공〉에 만족하여 [영주들의] 상당한 정도의 봉건적 특권들을 존속시켰는데, 그러한 특권들은 이후 혁명 전까지 지속되었다. 교회도 당연히 강력한 권력을 유지하였으며, 다양한 원천의 〈문화권력〉들도 융성해졌다. 그리고 〈질서유지적 권력〉를 담당할 자격의 일부는 지속적으로 지방단체(örtliche Korporation)에 배속되었다. 따라서 모든 왕들 중에서도 가장 절대적인 왕은 비록 그의 이전의 어떤 선왕들에 비하여도 '짐은 곧 국가'라는 말을 더욱 정당화할 수 있었을지언정, 국민생활의 상당 부분은 그의 간섭으로부터 멀어졌다.

5. 〈저항권력〉(〈시민기본권〉)

〈우세적 권력〉과 더불어 여전히 자율적으로 기능하고 있는 권력들, 즉, 〈질서유지적 권력〉, 그리고 〈생활권력〉 내지는 〈문화권력〉들은 각자의 고유 영역에서 그것들이 수행하는 특별한 기능과는 별도로, 〈우세적 권력〉이 가하는 침해에 대하여 대항하는 역할도 수행한다. 그러한 측면에서 그 권력들은 일반적 사회 기능도 수행하고 있다고 할 수 있다. 〈교회지상주의시대〉에서는 이러한 일반적 사회 기능들을 수행할 임무를 가진 주체는 주로 국가였고, 이후 〈국가권력지상주의 시대〉(staatliche Vorherrschaft)에서는 주로 교회였는데, 그러한 기능들은 사회의 〈총체적 강령〉을 유지하기 위하여 가장 중요한 요인이었다.[138] 건물을 곧게 유지하

---

[138] 이 문단의 첫 문장들은 얼핏 보면 이해하기가 쉽지 않다. 저자의 의도는 〈교회지상주의시대〉에 있어서는 〈교회권력〉이 〈우세적 권력〉이고, 그것에

기 위하여서는 돔의 지붕으로부터 가해지는 압력을 받침대와 지지하는 벽의 구조가 견뎌낼 수 있어야 하듯이, 〈사회체〉(gesellschaftliche Körper)가 건강함과 힘을 유지하기 위해서는 〈우세적 권력〉이 내리누르는 중압감에 대항하여 지탱하여 주는 강력한 〈대항권력〉들과 〈저항권력〉(tragende Macht)[139]들을 필요로 한다. 〈대항권력〉은 자신 스스로의 자율성을 가지고 있는 〈지배적 권력〉들로 구성된다. 반면 〈저항권력〉은 특히 〈자유적 결사체〉에 존재하는 〈무명적 권력〉을 포함하고 있다. [이 〈무명적 권력〉의 기반인] 시민들은 우월적인 〈국가권력〉과 〈교회권력〉에 저항하여 자신들 가정의 영역과 소득, 그리고 개인의 사생활을 지킬 수 있도록, 〈윤리의식〉(sittliches Empfinden)과 〈법감정〉에 의거하여, 그리고 교육과 경제적 힘을 도야하여 자신들이 올곧은 인간으로서 정립할 수 있게 되어야만 한다. 그 기념비적인 〈인권선언〉(Erklärung der Menschenrechte) 이후 모든 강령의 바탕에 남아 있는 〈시민기본권〉(bürgerlichen Grundrechte)의 권리가 **〈무명적 권력〉에 의하여 지지**되지 못하면, 그 강령의 공표(verfassungsmäßige Verkündigung)는 그저 빈말에 그치고 만다. 마지막으로 주목할 점은 〈윤리적 권력〉이다. [역사적으로 돌이켜 볼 때] 〈윤리적 권력〉이 〈우세적 권력〉으로 성장한 적은 단 한 번도 없었고 그렇게 되도록 성장할 수도 없다. 그것은 너무 내적이기 때문에, 〈우세적 권력〉이 [작동하기 위해] 필요

대한 길항 권력이 〈국가권력〉이었으며, 반대로 국가지상주의 시대에서는 〈국가권력〉이라는 〈우세적 권력〉에 대항하는 역할을 〈교회권력〉이 하였다는 것이다. 이때, 이러한 〈국가권력〉과 〈교회권력〉이 다른 권력에 대하여 견제하는 역할을 하는 것을 '일반적 사회 기능'이라고 표현하였다. 뒤 문장에 나오는 〈대항권력〉, 〈저항권력〉이라는 것이 바로 이러한 일반적 기능을 수행하는 권력이다.

139 원래의 의미는 '[하중을] 견디어 내는 권력'이다. 앞에서 언급한 〈대항권력〉은 이 〈저항권력〉에 비하여 적극적인 반대의 뉘앙스를 가진다.

로 하는 조직을 [직접] 가능하게 할 수는 없다. 그럼에도 불구하고, 만일 정치인들이 이 〈윤리적 권력〉을 도외시한다면 바로 최악의 실수를 범하는 것이다. 왜냐하면 이 〈윤리적 권력〉은 **모든 〈저항권력〉들 중 가장 강력한 〈저항권력〉**이기 때문이다. 사회적 의무의 달성이라는 목표를 향해 〈윤리적 권력〉은 인간의 양심 깊은 곳에서부터 모든 개인적인 행동들을 촉구하며 또한 각성시킨다. 무엇보다도 이 〈윤리적 권력〉을 통해 개인은 〈사회적 존재〉로 성숙해 가며, 그로 인하여 사회는 유지된다.

한 민족 내의 대중에 고유한 모든 〈저항권력〉들은 〈민족성〉(Volkscharakter)에 집약되어 있다. 〈민족성〉은 그 민족이 타고난 자질과 〈역사적 도야〉의 산물로서, 그 〈민족성〉에 부합하여 모든 〈법적 강령〉이 형성된다. 조직화된 〈우세적 권력〉들이 한 민족의 〈사회적 과업〉들을 영예롭게 달성할 수 있는지의 여부는 그 〈민족성〉이 가진 [저항권력의] 내하성(耐荷性 Tragfähigkeit)의 정도에 달려있다.[140] 그러한 〈민족성〉은 〈민족사〉를 만들어 나가기 위한 지속적 기반이다.

6. 〈강권분할의 원칙〉(Lehre von der Gewaltenteilung)

한편으로는 〈우세적 권력〉 내지는 〈지배적 권력〉, 그리고 다른 한편으로는 〈저항권력〉이라는 양자 간의 대립의 측면에서 볼 때, 〈국가강권 분할의 원칙〉[141](Lehre von der Teilung der staatlichen Gewalten)은 깊은 의

---

140 이 문장은 자체로 이해되기가 쉽지 않다. 저자의 의도는, 〈우세적 권력〉과 〈저항권력〉이 상호 견제와 균형을 이루는 상태가 되어야만 그 민족의 사회적 과업이 훌륭하게 달성될 수 있다는 의미로 여겨진다.

141 원문에서는 Gewaltung으로 표현되어 있고 무력이 어느 정도 내포된 힘을 시사한다. 하지만, '무력'을 사용하면 어감이 부드럽지 못하기에 이하에서는 이를 〈강권〉(強權)으로 번역하였다. 아래에 나오는 입법권, 사법권, 행정권도 직역을 하자면 입법적 무력, 사법적 무력, 행정적 무력이라는 어색한 표

미를 가지게 된다. 이 원칙은 입법권, 사법권, 행정권의 [삼권을] 모두를 통합하여 쥐고 있던 절대 군주에 반대하는 성격을 가지고 있으며, 이러한 가장 강력한 [세 가지] 〈강권〉(Gewalt)들을 분할시킴으로써 막강한 군주의 권력에 의하여 압사당할 위험으로부터 국민의 자유를 지키기 위하여 제기된 것이었다. 만약 군주가 입법권을 의회와 공유하겠다고 스스로 선언하였다고 하더라도 그것이 단지 선언에 그치지 않고 실제로 실행되기 위해서는 의회의 배후에 〈실질적 권력〉이 존재하여야만 한다. 헌법 조항에서 〈강권분할〉[142]을 정한 것만으로는 〈우세적 권력〉을 가진 군주에 대해 충분히 대항할 수 있다고 말할 수는 없다. 이러한 〈실질적 권력〉은 **대중의 강력한 〈저항권력〉이** 지배적인 왕권을 실질적으로 견제하고 있는 경우에 있어서는 진정으로 존재하였다. 계몽의 세기에 있어서는 〈교육의 권력〉과 〈경제권력〉을 모두 쥐고 있던 부르주아지는 그러한 〈저항권력〉을 충분히 확보하고 있었고, 따라서 계몽의 세기의 바로 한 세기 전에는 공허한 말 그 자체였던 〈강권분할〉의 〈요청〉은 〈권력분할〉(Machtverteilung)이라는 측면에 있어서 충분히 실질적인 의미를 가지게 되었다. 절대 군주국에서와는 달리, 최소한 그 이름값만이라도 할 수 있는 〈민주주의〉에서는 자유를 지키기 위해서는 별도의 특별한 보증(Bürgschaften)이 더 이상 필요하지 않다. 진정한 〈민주주의〉는 자유이기 때문이다. 그러한 점에서 〈국가강권분할의 원칙〉은 과거의 의미를 잃어버린다. 왜냐하면 이 원칙은 최초에는 〈국가적 강권〉(staatliche Gewalt)들과 관련된 것이었기 때문이다. 하지만 우리가 그 범위를 **〈사회적 강권〉**(gesellschaftliche Gewalt)들까지 확장하여 적용한다면 그 원칙은 가장 완전한 〈민주주의〉

현이 된다. 이러한 〈강권〉을 이용하여 타인을 지배할 수 있는 경우, 그것은 '권력'이 된다.

142   의미를 명확히 하기 위해 일부러 직역을 하였다. 한국어에서 더욱 친숙한 표현은 '삼권분립'이다.

에서조차도 중요하며 타당하게 적용될 수 있다. 〈민주주의〉에 있어서의 〈국가권력〉은 역사적으로 국가가 스스로 성취한 〈성공〉에 의해 만들어진 자연스러운 경계는 유지하여 가지고 있더라도, 반면 〔〈질서유지적 권력〉이나 〈문화권력〉의 영역에서는 국가와 함께 성공적으로 발전해 온 자율적인 〈사회적 권력〉들에 대한 간섭은 삼가야 한다. 자유가 지배하는 사회하에서는 지배적 〈국가권력〉이 모든 것을 지배하는 최고권력이 되어서는 안된다. 그 〈국가권력〉은 〈국가권력〉이 〈사회적 과업〉들을 수행할 때 나타나기 시작하는 다른 모든 권력들도 이제는 〈국가권력〉과도 마찬가지로 중요하다는 사실을 인정하여야만 한다. 반대로, 전능을 요구하는 과도한 민주주의적 갈망에 대하여도 이들 다른 권력들이 저항할 수 있어야만 〈사회적 균형〉이 보장된다.

7. 〈사회적 균형〉(gesellschaftliches Gleichgewicht)

〈권력분할〉은 곧 그 권력들이 다양화(Vervielfältigung)됨을 말하는데, 그것은 인간의 본성과 연관된 제 욕망들이 가지고 있는 다양함(Vielfältigkeit)을 적절히 표현하고 있다. 많은 개인들에 의하여 공유되고 있는 이러한 개별적 욕망들을 위하여 그러한 〈권력분할〉은 사회적 차원에서 도움을 준다. 하지만 분명 분할된 권력 사이에는 대립이 생기기 마련이고, 그러한 대립은 각 권력에 복종하는 사람들의 양심에 가장 아픈 반향을 불러일으킬 수 있다. 우리가 전통적으로 그 앞에서 무릎을 꿇어온 크고 작은 신들 간에 분쟁이 생기는 경우, 우리는 과연 어느 제단의 신들을 섬겨야 할까? 국가와 교회 사이의 분쟁은 신앙과 조국에 동시에 충실하기를 바라는 모든 이들을 얼마나 심각한 내적 갈등으로 몰아넣었을까! 오늘날 세계권력을 추구하는 전쟁은 자신의 국민들과 인류의 이상에 동시에 충실하려는 모든 사람들을 얼마나 큰 내적 갈등에 휘말리게 하고 있을까?

〈사회적 권력〉 간의 투쟁은 개인 마음속의 개인적 열정들 간의 충돌보다 더 지속적이며 날카롭다. 자극된 열정들이 개인의 가슴 속에서 서로 격렬하게 충돌하고 있더라도, 건강한 인간은 그 근본에 있어서는 정신적인 〈통일체〉를 유지하며, 궁극적으로는 항상 자기 존재의 균형을 찾을 수 있다. 하지만 사회는 개인과는 달리 자기 완결적인 〈통일체〉는 아니다. 사회는 단순히 각 부분에 해당하는 권력들에 의해 [부분적으로] 지배되고 있고 그 권력들은 서로 간의 균형을 달성하려 하지 않는다. 그들 중 약한 권력들만이 〈공생관계〉에 굴복하고, 반면 강한 권력들은 〈자발적 희생〉과 〈대중기법〉의 작동의 둔중함(Schwerfälligkeit) 때문에[143] 자신의 권력에 내재된 〈권력유지본능〉(Machterhaltungstrieb)만을 일방적으로 따르려 하고 있다. 스스로를 〈극대화〉하려는, 즉 자신의 최대 확대를 위한 힘이 이러한 권력들 중 가장 강한 권력들에게 작동하고 있다. 〈우세적 권력〉으로서 이들 각각은 궁극적으로는 스스로 전능해지기 위하여 다른 모든 것들을 복종시키려는 경향을 자신 속에서 가지고 있다. 특히 지도자들이 가진 야심과 그들의 미혹된 협량성이 그러한 경향을 만든다. 어떤 〈권력집단〉에서도 그 집단이 지향하는 특정 방향으로 가장 멀리 가는 자가 항상 전면에 나선다. 격동의 시대에는 군중의 귀는 가장 목소리가 큰 대변인에게 솔깃하게 되기에 그러한 목소리 큰 자들이 리더십을 주장하기 마련이다. 결국 실패로 인하여 그들의 방종적인 행동이 처벌될 때에 이른 순간에만 자연적 균형을 회복하려는 노력이 지도자와 대중들의 전면에 부각되기 시작하며, [이때서야 비로소] 상호 대립하는 권력들을 조화시키는 방법을 아는 자가 전면에 등장한다. 〈사회적 권력〉 간의 균형

---

143 〈대중기법〉이 둔중하게 작동한다는 표현은 그 의미를 쉽게 파악하기 어렵다. 기존의 권력에 대항하는 어떠한 새로운 방향으로 대중이 결집되기 위하여서는(즉, 〈대중기법〉이 작동하기 위해서는) 오랜 시간이 걸리고, 따라서 기존의 권력들은 스스로를 보존하기 쉽다는 이야기로 해석할 수 있을 듯하다. 〈자발적 희생〉과 〈대중기법〉에 관하여서는 본서 192, 382쪽을 참고할 것.

은 힘겨운 투쟁의 결과로 달성된다. 냉정함을 유지하고 있는 〈저항권력〉들이 강할수록 그 균형은 더욱 빨리 발견되고 더욱 오랫동안 유지되는 법이다.

모든 〈사회적 권력〉 중에서 그들 간의 평화적 조화를 가장 갈망하는 것은 가장 내면적 권력들이다. 물론 세계적 종교들이 가지고 있는 신념들 간의 충돌이 발생하는 순간에는 상황을 더욱 악화시킬 것은 확실하다고 하더라도, 미신이라는 외적인 현혹에서 해방된 순수한 신앙은 세계적 종교들 속에서 수백만 명의 사람들을 서로 연결하고 있다. [인간 간에 느끼는] 〈공감〉(Mitgefühl)이라는 감정의 근저까지 파고드는 〈윤리관〉(sittliche Anschauung)은 감정을 가진 세계의 모든 인간들을 강건하게 단결시킬 것이다. 하지만 물론 가장 깊은 〈내적 권력〉은 역사에 있어 가장 최후로 일어서는 것이며, 우선은 〈외적 권력〉, 특히 그중에서도 가장 야만적 권력이 가장 먼저 존재하기 마련이다. 즉, **가장 깊은 〈내적 권력〉은 가장 깊이 간직되어 있기 때문에 마지막에 일어서기 마련**인데, [이는] 사람의 영혼은 자신의 영혼의 부드러운 떨림을 쉽게 느낄 수 있게 되기 전에 우선적으로 삶의 고난에서 해방되어야 하기 때문이다. 물론 이러한 [내적] 권력들은 평화를 가져오지만, 우선적으로는 [내적] 권력들이 배아(胚芽)의 상태로부터 성장하기 위해서는 평화가 먼저 필요하기도 하기 때문이다.

당분간 〈지배적 권력〉들은 여전히 민족과 국가 안에서 그리고 세계 안에서 첨예하게 분열되어 대치하고 있기 때문에 그들 간의 균형이 최종적으로 달성되기에는 아직도 요원하다.

8. 사회의 개념

〈권력분할〉이라는 사실을 염두에 두는 경우 간과하지 말아야 할 바는, 그 어떤 의미의 사회라는 개념도 현실 세계에서는 완전히 상응하는 대상이 존재하지 않는다는 점이다. 이는 그 사회가 〈인류사회〉, 유럽사회, 시민사회 또는 심지어 단순한 교양사회 등의 여하한 의미에서의 사회라도 마찬가지로 적용되는 바이다. [인간들의] 〈공동체 생활〉의 현실에는 어느 곳에서나 깊고 날카로운 균열이 존재하고 있다. 순수한 〈윤리감〉(sittliches Gefühle)이 갈구하는 사회, 사랑의 공동체로서의 사회라는 이념은 아주 소수의 영혼 속에서만 진정으로 살아 있다. 특히 넓디넓은 세계에서는 이러한 이념들은 거의 무용하다. 소수의 정열을 가진 사람들만을 제외하고는, 〈세계시민〉(Weltbürger)이라는 개념은 항상 종이 위에만 존재하여 왔으며 심지어 오늘날에는 종이 위에조차 거의 존재하지 않는다. 아무도 세계합중국을 생각하지 않으며, 대부분의 사람들은 유럽합중국조차도 비현실적인 요청으로 여긴다. 〈인류사회〉라는 사상에서 출발한 세계종교조차 이 사상을 현실화할 수 없었고, 실제로 그러한 종교들이 진정한 세계종교가 된 적도 없었으며 전 세계인의 마음을 하나로 모으는 데 성공한 바도 없었고, 그들 중 적지 않은 종교들은 전쟁을 통하여 다른 종교들에 대항할 태세가 되어 있다. 대륙들이 분리되어 있듯이, 인류들을 역사적으로 서로 간에 분리하며 성장해 왔던 집단들은 오늘날에 이르기까지 이질감(Fremdheit)과 불신감, 혹은 증오의 바다에 의해 서로 격리되어 있으며, 그러한 낯설음은 원칙적으로 정복자의 약탈욕, 모험심 넘치는 탐험가의 용기, 혹은 이윤욕에 사로잡힌 상인들의 상술에 의해서만 극복될 수 있다. 그들 모두는 개인적인 이익만을 추구하며, 그들과 다른 부류로는 오로지 선교사들이 가진 종교적 열의만을 언급할 수 있다. 비록 그러한 선교사들은 실제로는 자신들의 교회의 확대만을 지상 목적으로 하고 하지만, 적어도 그들이 〈인간성〉(Menschentum) 이라는 사상을 위한 기여도 할 수 있다고 예상된다. 현실에서의 〈인류사회〉라는 개념은, 지구라는 땅 위의 도처에 존재하면서 서로 접촉하며 서로 간에 가하는 압력에 노출되어 있는 〈소민족〉들과 민족들이 단순히 외양적으로만 병치되어 있는 경우를 제외하고는 의미를 상실하였다. 〈공동체 생활〉의 필요성에 의하여 인간들이 어쩔 수 없이 상호 간에 일종의 균형 상태를 모색하려고 한다. 하지만 내적 〈일체감〉으로 인간들이 맺어지지 않은 상태하에서는 그러한 균형 상태는 오로지 상호 투쟁의 과정에 의해서만 발견될 수 있으며, 그 균형의 무게중심은 대부분 무력에 의해서만 결정된다.

[하지만] 인간들 간의 〈공동체 생활〉을 이해하기 위하여서는, 이 〈공동체 생활〉에 있어서 발생할 수 있는 각종 마찰이나 방해가 존재하지 않는다는 [비현실적] 가정하에 상정된 사회라는 개념이 불가피하게 필요하다. 사회학자는 물리학자와 마찬가지로 〈이념형화〉(Idealisierung)하는 방법을 사용하여야 하며,[144] 그렇지 않으면 삶을 지배하는 형식적 법칙을 밝혀낼 수 없다. 예를 들어 지도자와 대중의 관계에 있어서의 법칙을 이해하려면 먼저 이 관계를 모든 마찰과 방해가 없는 가장 순수한 경우를 상정하여 생각하여야 하는데, 바로 이러한 목적을 위해서는 〈이념형화〉된 사회개념이 필요한 것이다. 이러한 방법론은 큰 장점이 있는데, 즉, 현실의 마찰이나 방해로부터 야기되는 결과들을 [그것이 존재하지 않는 순수한 형태와 비교함으로써] 명확히 규명할 수 있기 때문이다. 인간들 간의 〈공동체 생활〉을 위한 모든 제 법칙들을 규명함에도 마찬가지의 방식을 적용할 수 있다. 우리는 이러한 법칙들을 **사회에 대한 형식적 개념**(Formal-begriff)들을 이용하여 개진시키려고 하는데,[145] 단 이때 우리가 사용하는 사회개념은 실제로 존재하는 사실에 근거하는 것은 아니고 〈이념형화〉된 것임을 기억하여야만 한다.

---

[144] 이는 막스 베버의 〈이데알 티푸스〉(Ideal Typus; 〈이념형〉으로 번역되기도 함)적 방법론을 따르고 있다. 이에 대하여서는 역자 해제762쪽을 참고할 것.

[145] 어떠한 표준적인 사회를 가정한 후, 그 사회를 구성하는 제 형식들(예: 지배 형식 등)을 추상화하는 것을 의미하는데, 단, 그렇게 순수하게 개념적으로 추상화된 것은 현실에서는 존재할 수 없다.

VI. 〈법적 권력〉과 〈법적 형식〉

1. 〈관용〉(慣用)의 권력과 지식과 미를 향한 본능의 권력, 그리고 〈윤리감〉의 권력

최초에 있어서의 법의 지배는 〈혈연공동체〉라는 좁은 범위 내에서만 존재하였다. 최초에 그곳에서는 상호 간의 애정에 의하여 상호 결속되어 있었지만, 그러한 연결이 불확실하게 되자 확고한 규칙을 수립함으로써 [단지 애정에 의한] 결속을 보완하였다. 오늘날 법의 지배는 국가와 민족에게 있어 사회적 관계의 대부분을 지배한다. 또한 민족 상호 관계에 있어서도 〈국제법〉(Völkerrecht)이 형성되어 출현되기 시작한다. 법의 지배가 이렇듯 확산되어 가고 머지않아 인간관계 전체에 확산될 것으로 예상되고 있는가를 이해하기 위해서는 최초에 법의 지배가 어떻게 생겨났는지를 알아야 한다. 법에 의한 지배가 외적 강제에 따른 지배와 다른 점, 그리고 그에 추가하여 법에 의한 지배가 그와 유사한 듯 보이는 〈관용〉(慣用 Brauch),[146] 진리(Wahrheit)와 미(Schönheit)를 추구하는 본능, 그리고 〈윤리〉 등과 연관된 지배들과 어떠한 점에서 차별화되는지를 명확히 규명하여야 한다. 우선 아주 간단히 말하면 외적 강제는 〈너는 하여야만 한다〉(Du mußt), 〈관용〉은 〈사람들은 하여야만 한다〉[147](Man muß), 진리나 미의 추구는 〈나는 하여야만 한다〉(Ich muß)[148]라고 표현될 수 있다. 그러나 법률은 〈나는 할 의무가 있다〉(Ich soll) 내지는 이와 밀접하게 연결

---

[146] 〈관용〉(慣用)과 〈습속〉(習俗), 〈관습〉(慣習), 〈관행〉(慣行 Übung), 〈수련〉(修錬 Übung)에 대하여서는 역자의 용어해설 '습속'을 참고할 것.

[147] 달리 표현하자면, "사람이라면 늘상 그러하여야만 한다."

[148] 즉, 자신의 내면의 독자적 가치판단 기준에 의한 내적 결단을 말한다.

된 〈나는 하여도 된다〉(Ich darf)라는 명제에 근거하고 있다.[149] 이러한 〈할 의무가 있다〉와 〈하여도 된다〉라는 명제는 〈윤리〉의 영역에서도 적용되기 때문에, 법과 〈윤리〉는 가장 밀접하게 관련되어 있다. 그러나 이 둘은 밀접한 관계에 있다고는 하나 자세히 살펴보면 그 기원과 본질은 별개이며 따라서 그 효과 또한 별개임을 알 수 있다.

법은 사회질서의 거대한 기반 중 하나이며 사회구조를 이해하기 위해서는 그것의 근저부터 이해할 필요가 있다. 따라서 우리는 세심한 주의를 기울여 법을 따르고자 하는 충동(Rechtstrieb)을, 가장 밀접하게 관련된 다른 충동과 그 근원에 있어 명확히 구분하여야만 한다. 그런데 외적 강제와 관련된 〈너는 하여야만 한다〉에 대한 논의는 잠시 뒤로 미루고자 한다.

〈관용〉(慣用)은 그것의 계율이 [사회생활에서] 절실히 필요하다는 면에서 볼 때, 법률과 매우 밀접하게 관련되어 있다. 적지 않은 사람들에게 있어서는 [〈관용〉에 속하는] 외적 〈습속〉(Sitte)[150]이라는 계율은 사실 가장 절실한 필요를 느끼는 〈사회적 계율〉이거나, 혹은 사람들이 그에 스스로를 따르려 하는 여러 〈사회적 계율〉들 중 자기 자신과 가장 가까운 주위에서 마주치게 되는 계율이다. 자만심이 강한 여성은-이는 자만심 많은 남자의 마음 속에서도 마찬가지인데-훌륭한 품격으로 간주되는 여러 계율 중 하나를 자신이 위반하고 있음을 주위의 조롱을 통하여 알게 되면 타는 듯한 부끄러움의 감정이 치밀어 오르기 마련이다. 또한 상류사회에서는 외형적 형식을 지키는 것이 그 자신의 사회적 지위를 나타내는 특

---

149 진리와 미의 추구에 대한 위의 〈나는 하여야만 한다〉와 법률의 〈나는 할 의무가 있다〉라는 명제 간의 관계는 전자가 후자를 위한 가교역할을 하는 것이다. 이에 대하여서는 뒷부분에 자세한 설명(222쪽)이 나온다.

150 〈습속〉은 〈관용〉이 오랜 기간 정착된 경우를 말한다. 역자 용어해설 '습속'을 참고.

별한 의미를 가진다. 어떤 사회적 지위 층에 자신도 속하는 것을 주장하는 자는 반드시 그 지위 층에서 요구되는 외형적 형식을 완전히 체득하여야 한다. 그런데 어떤 경우에는 외적인 〈습속〉의 위반을 확인하고 처벌할 판관이 없는 것은 아니며,[151] 이러한 점에서 법의 경우와도 마찬가지라고 할 수 있다. 예들 들자면, 어느 사회 계층에나 그 구성원으로 이루어진 일종의 〈페메 법정〉[152]과도 같은 것이 존재한다. 이러한 〈페메 법정〉에서는 여성 구성원도 투표권과 발언권을 가지고 있어 왔으며 가장 엄한 벌, 즉 소속 사회 계층으로부터의 추방을 선고하는 광범위한 관할권(Kompetenz)을 가지고 있다고 볼 수 있다. 그러나 이러한 외적 〈습속〉(Sitte)은 〈정의감〉(Rechtsempfindung)을 특징짓는 것과도 같은 깊은 내적 유인(Antrieb)에 기반하고 있지는 못하다. 〈습속〉이 가장 피상적으로 표현되는 바인 〈유행〉(Mode)을[153] 아무리 열렬하게 추구하더라도 대다수 사람들은 어떠한 신념을 가지고 그에 따르는 것이 아니라, 다른 사람들이 모두 그렇게 하고 있기 때문에, 그리고 혼자서만 그 〈유행〉에 뒤처지지 않으려고 따르는 것일 뿐이다. 하지만 〈유행〉이 바뀌자마자 정반대의 〈유행〉에도 그들은 똑같이 기꺼이 따를 각오가 되어 있다. 물론 〈유행〉에 심취하여 따르는 사람들도 존재하고, 그렇게 열중한 나머지 철에 따라 바뀌는 기괴한 〈유행〉들을 인간 본성의 가장 진실한 고백이라고 옹호하는 사람들도 있기 마련이다. 하지만 이러한 특정인들은 도대체 무엇이 인간의 본성이고 무엇이 진실한 고백인지에 대해 전혀 알지 못한다. 외적 〈습속〉은 그 〈습속〉이 가진 일반성에 의해 사람들의 정서를 지배한

---

151 즉, 어떠한 경우에는 외적인 강제가 있을 수도 있다.

152 역주 55참고.

153 막스 베버에 의한 정의는 다음과 같다. "〈유행〉은 〈관용〉(慣用)에 속한다. 〈습속〉과는 대비되어, 어떤 행위가 새롭다는 사실 때문에 그것을 지향하는 행동의 원인이 되는 경우이다"(Weber 1922: 15).

다. 그리고 그것은 〈사람들은 하여야만 한다〉라는 〈사회적 압력〉에 의해서만 널리 적용될 수 있다. 하지만 그 안에서 작동하는 것은 순수한 〈무리본능〉은 아니다.[154] 내가 만약 '[사회 안의] 어떤 사람'으로 말하고, "[사회 안의] 어떤 사람"으로 행동할 때, 나는 순수하게 다른 사람을 모방하는 사람으로 [기계적 〈무리본능〉을 따라] 무심코 행동하는 것이 아니라, 가능하다면 다른 이들에게 거슬리는 인상을 주기 싫어서 그렇게 [의식적으로] 행동할 뿐이다. 그리고 많은 경우에 있어서는, 일반적 〈관행〉(Übung)이라는,[155] 비록 자신이 아마도 완전히 알지 못할 수도 있는, 자신을 둘러싸고 있는 느낌(Sinn)에 따르게 된다. 어쨌든 일반적 〈관용〉(慣用)이라는 것은 〈사회적 성공〉에 기반한[156] 의미 있는 결과물이며, 개인들은 그에 순응한다. 사회에 있어서 〈사람들은 하여야만 한다〉라는 명제는, 일종의 〈자발적 희생〉 내지는 [개인이 가진] 독립성의 희생이다. 그러한 희생은, [개인들의] 〈전체〉(Allgemeinheit)는 어떠한 개인이 단독으로 행동하는 경우에는 도저히 도달할 수 없는 거대한 권력을 발휘하고 있음을 느끼고 있기에 유발된다. 〈사람들은 하여야만 한다〉라는 사회적 강박의 다른 측면은 그 개인들이 어떤 사회에 속함으로써 누리는 〈권력의 체험〉이다. 특히 어떤 사람이 상류사회에 속하면 자신이 가진 사회적 무게는 증가되므로, 그 결과 상류사회에 속하고 싶은 자는 〈사람들은 하여야만 한다〉라는 강박을 크게 받게 된다. 반면 그에 의하여 자신을 평민 사회의 일원들과 구별하려 한다.

---

[154] 이때 순수한 〈무리본능〉의 의미는 명확하지 않으나, 대략 동물의 무리에서 볼 수 있는, 〈의식〉의 작용이 개입되어 있지 않은 기계적인 동일 행동을 의미하는 것으로 생각하면 된다.

[155] 〈관행〉의 의미에 대하여서는 역자 용어해설 '습속', '수련'을 참고.

[156] 어떠한 효율을 가지기 때문에 사회적 〈진화〉를 통하여 살아남은 제도라는 의미에 있어서 〈성공〉이라는 단어를 사용하였다.

한편, 진리와 미의 인식에서는 〈사람들은 하여야만 한다〉라는 명제가 적용되는 것이 아니라, 루터(Luther)가 보름스 의회(Reichstag zu Worms)에서 "나는 여기에 서 있으며, 달리 어찌할 수 없다"(Hier stehe ich, ich kann nicht anders)[157]라고 말하였듯이, 여기에는 일종의 〈나는 하여야만 한다〉가 적용된다.[158] 누구나 이같이 루터와도 같은 위대한 지도자가 가졌던 마음을 순수하게 자신 속에 간직할 수 있는 것은 아니다. 대중은 앞서 나서는 지도자를 필요로 하고 동시에 자신들의 주위 사람들 또한 동참할 것을 요구한다. 하지만, 이 지도자의 〈선도행동〉과 사회적인 〈단결적 행동〉이 존재한다는 것은 단순히 개인의 [진리의] '깨달음'(Erkennen)과 [예술적] '느낌'(Empfinden)을 도와주는 역할만을 한다. 그 도움은 불가결한데, 개인은 자신의 힘만으로는 그러한 '깨달음' 내지는 '느낌'을 결코 얻을 수 없기 때문이다. 하지만 그러한 '깨달음'과 '느낌'을 진정으로 얻기 위해서는 결국 자신의 개인적 경험에 의존하여야만 한다. 진리의 깨달음과 예술적 느낌의 경험이 없는 사람은 진정으로 앎을 얻지 못하고 진정으로 즐기지 못하며 단지 그렇게 스스로 착각하고 있을 뿐이며, 따라서 차후에 일반적 분위기가 바뀌는 순간 그들이 가진 의견은 쉽게 번복되기 마련이다. 그러한 사람들은 〈사람들은 하여야만 한다〉라는 [〈관용〉에 의거한] 명제만을 단순히 따르는 자들일 뿐이다. 이러한 가담자들은 심지어는 가장 진정한 종류의 어떠한 운동(Bewegung)에 있어서도 예외 없이 존재하며, 그 수는 종종 놀랄 만큼 많다. 하지만, 그 운동을 신봉하는 가장 중요한 핵심 구성원들로이 진정한 깨달음과 진실한 느낌에 대한 타는 듯한 〈본능적 충동〉으로 충만하지 않다면, 과연 그 운동은 진실하다고 할 수 있을까?

157　루터가 1521년 4월 18일 보름스에 소환되어 황제 앞에서 자신의 저술의 내용을 철회할 준비가 되어 있는가에 대한 질문에 대하여 대답한 말.

158　역주 148 참고.

진리와 미를 추구하는 〈나는 하여야만 한다〉는 명제는, 법과 〈윤리〉를 의미하는 〈나는 할 의무가 있다〉이라는 명제로 이행하기 위한 중간 가교의 역할을 한다. 지도자, 그리고 동행하는 동료들로부터의 사회적 도움 아래 [양자에 있어서는] 동일한 내적 충동이 곳곳에서 작동하고 있다. 이러한 법적 내지는 〈윤리적〉 〈당위성〉(Sollen)이 가진 특수함은 바로 그것이 의지(Wille)를 대상으로 한다는 사실에서 찾을 수 있다. 하지만 모든 사상가나 예술가들이 그 〈당위성〉을 깨닫고 느껴야만 한다고 자신들을 설득하는 것은 결코 아니다. 물론 그 〈당위성〉을 명확히 인식하기 위하여 개인들은 종종 열정적으로 노력을 하는 경우도 있다. 하지만 결국 그 〈당위성〉은 내적인 직관과도 같이 그들의 위에 있는 어느 곳으로부터 내려온다. 반면 법적 내지는 〈윤리적〉 〈당위성〉을 준수하는 경우, 인간은 [자신의] **의지가 요구하는 의무**를 다하게 된다. 어떠한 경우에는 사람들은 강제에 따르는 것이 아니라, 기쁨을 느끼면서 의무를 완수한다. 어머니가 아이를 돌볼 때는 자신의 본성을 누르고 억지로 하는 것이 아니다. 그녀가 가진 헌신적 사랑은 혈연적 본능에 의해 인도된다. 마찬가지로 이웃이 고통을 겪고 있는 것을 볼 때는 감수성을 가진 마음속에서는 〈공감〉이 생겨나며, 그러한 연민(Mitleid)을 통하여 인간은 깨우치게 된다. 이 모든 경우에 있어서 항상 의지의 작용이 필요한 것은 아니다. 하지만 법과 〈윤리〉의 의무를 다하기 위해서는 먼저 자신의 이기적인 욕망이 억제되어야만 한다. 어느 경우이든 법적 내지는 〈윤리적〉 〈당위성〉은, 외부적 대상에 대한 갈구라는 이미 지향점이 고정된 **〈이기적 당위성〉**(egoistisches Sollen)과는 확연히 다르다. 앞으로 향해 전진하고자 하는 젊은이는 평균을 넘어선, 그리고 어쩌면 자신의 힘을 넘어선 과제를 자신에게 부과한다. 그에 있어서는 [자신의 능력을 넘어선 과제를 향해] 채찍질하는 〈나는 할 의무가 있다〉라는 명제는 〈성공〉을 향한 성급한 그의 갈망에서 비롯된다. 그의 야심이 작아서 그러한 과제를 회피한다고 해도 그를 비난할 이유는 없으며, 오히려 너무 무리한 것을 추구하는 경우 꾸짖을 수도 있다. 반면 법과 〈윤리〉에 있어서의 〈당위성〉의 근원은 더욱 깊은 곳에 위치하여 있다. 즉, 개인의 양심에 놓여 있다. [이 경우] 인간은 단순히 외면적인 〈성공〉을 원하는 것이 아니라 내면적 만족을 갈구한다. 법과 〈윤리〉의 의무를 다하지 않은 자는 사회적 비난에 자신을 노출하기 마련이며, 더욱이 자기 양심으로부터의 괴로운 질책에 시달리게 된다. 허세적인 마음은 외적 〈습속〉을 위반하는 경우 수치라는 감정적 동요를 수반한다. 반면 반성하는 〈자기의식〉은 깨달음이나 예술적 느낌에 있어서의 잘못에 대해서 스스로 미흡하다는 질책에 시달리고, 법적 내지는 〈윤리적 의무〉(sittliche Pflicht)에 대한 잘못에 대해서는 뚜렷한 자책의 감정에 괴로워한다. 윤리적 〈당위성〉은 법적인 〈당위성〉보다 더욱 근원이 깊다. 이런저런 사람들은 순전히 외면적으로만 요구되는 법률적 행동을 내면적 마음의 동참 없이 하기도 한다. 그런 경우, 적어도 법률상의 〈당위성〉은 만족시킬 수는 있다. 즉, 〈법감정〉(Rechtegefühle)이라고는 전혀 없어도 많은 사람들도 법률적으로 흠잡을 데 없는 올바른 사람으로 간주될 수도 있다. 반면 〈윤리적〉 행동은 그 이름에 걸맞기 위해서는 항상 마음의 〈공감〉을 수반하여야 한다. 〈윤리적〉 행동을 단지 외적으로 보여주기 위해서만 행하는 경우 그의 행동은 결코 미덕으로 칭송될 수 없고 그는 단순한 위선자에 불과하다. 순수한 〈윤리의식〉은, 미처 실행에는 이르지는 못한 영혼의 나쁜 떨림도 비난하고 기소할 것이며, 그중에서도 특히 단지 외적인 억제에 의해서만 자제되는 영혼에 대하여도 그러할 것이다. 어떠한 상황에서는, 〈윤리적〉 판단은 원래 따뜻한 마음이 실수로 인하여 저지른 부적절한 행동보다, 단순히 우연적 방해로 인하여 어떤 악행을 실행에 옮기지 못한 사악한 마음의 악의를 더욱 강하게 비난할 것이다. 그렇다고 해서 전자의 행동이 도적적인 기준으로 평가받을 필요가 없다는 것은 물론 아니다. 어찌 되었건, 잔혹한 결의하에 자신의 악행을 완전히 성취될 때까지 조금도 쉬지 않는 철저한 악인일수록 그러한 악을 완수할 힘을 가지지 못한 자들과 비교할 때 양심의 법정 앞에서는 더욱 큰 처벌을 받는다.

〈윤리적 의무〉는 내적으로 생겨나는 것이기에, [외부에서] 그 자신의 의무를 이행할 것이 〈요청〉되기 이전이라도 그 의무를 다한다. 강자는 자력이 부족한 약자를 도와주어야만 하고, 자신이 필요로 하는 것이 무엇인지도 모르는 어린이들은 그 부모가 보살펴야만 하며, 부자는 빈자를 위하여 그의 부를 나눠줘야 하고, 건강한 자는 병약한 자를 돌봐야 하며, 경험이 많은 자들은 그렇지 못한 자들을 도와야 한다. 비록 타인들은 자신의 권리만을 주장한다고 하더라도 '나는' 그와 상관없이 이러한 의무는 수행되어야만 한다. 순수한 마음은 인류 공동체 내에 존재하는 유대감과 그 가치를 강하게 느낀다. 그 결과 자신을 그 〈보편적 본성〉에 종속시키도록 격려하며, 그의 의지는 이를 희생이라고 느끼지 않는다. "**주는 것이 받는 것보다 축복이 있다**"라는 말은[159] 이러한 기본적인 〈윤리감〉을 표현하고 있다. 이러한 근본적인 감정에서 도출되는 의무들에 대하여 모두 상세하게 열거하는 것은 거의 불가능하다. 위대한 윤리 교사는 단지 장황한 〈윤리〉 강령의 규정집을 만들기보다는 "자신처럼 남도 사랑하라" 라는 계율처럼 단 하나의 계율로 모든 것을 응집시켜 표현한다. 자긍심과, 그리고 자신과 동등하게 타인을 존중함이 모든 〈윤리적〉 가르침을 총괄한다. 즉, [많은 계율을 설정하는 것보다는] 단순한 몇 개의 위대한 계율만을 제시하는 것이 오히려 더 적절할 것이며, 그 나머지 모든 것들은 각 개별 경우에 있어서 양심이 그러한 가장 근본적인 사랑의 계율을 어떻게 적용할지를 결정하게끔 하여야 한다.

2. 법의 목적과 〈법감정〉

법에는 〈윤리〉의 근저에 있는 것과 같은 깊은 내적인 연원은 없다. 법은 행동의 세계에 적용되며, 따라서 법에서는 외적 관계가 전면에 부

---

[159] 성경 사도행전 20장 35.

각되기 마련이다. 법은 인간들이 공동의 이해를 도모하거나 혹은 각자가 나가는 길이 서로 충돌하는지에 상관없이 인간들의 행동이 서로 만나는 모든 곳에서는 언제나 그들 간의 상호 행동을 규제한다. 단, 법에서는 인간 행위의 순전히 기술적인(technische) 측면은 논외로 한다. 즉, 행동에 사용되는 **물질적 기구**들이 가진 기술적인 측면을 규제하는 것이 법의 임무가 아닌 것처럼 예를 들어 군대들이나 여하한 경영 활동들에 필요한 **개별적인 기계 장치**들이 가진 기술적인 측면을 규제하는 것도 법의 임무가 아니다. 소재들이나 도구들이 아닌 인간, 그 인간의 의지가 각자의 이익을 추구한다는 사실하에서만 〈법질서〉가 필요하게 된다. 인간 간의 마찰이나 분쟁을 최대한 제거하기 위하여 관계된 개개인 혹은 그들로 구성된 〈다중〉이 각자 행동할 수 있는 범위를 한정할 필요가 있다. 이러한 의도에서 〈법질서〉는 [각 개별 주체가 가진] **〈의지의 권한〉**(Willensbefugnis)[160]들을 정확하게 규정한다. 개인 또는 〈다중〉에 부여된 행동의 범위에 대하여 〈법질서〉는 다음과 같이 선언한다. "여기에서는 당신의 이익을 좇아 행동할 수 있도록 **당신에게 허락한다**(du darfst)." 그때 각자는 자신의 〈재산〉을 자신의 의지에 따라 사용함이 허가되는데, 단 〈법질서〉가 타인이나 〈공중〉의 이익을 위하여 유보하여 놓은 어떠한 행동의 영역을 그가 침해하지 아니하는 한에서만 그러하다. 이렇듯 자유로이 허락된 행동의 범위 내에서는 각자는 타인과 계약들을 체결하고, 그 계약들로부터 발생하는 〈청구권〉(Forderung)들을 처분(verfügen)할 수 있다. 〈법적 의무〉(Rechtspflicht)는 사실 [이러한 청구권이 발생한 후] 2차적으로 생기는 것인데, 즉, 〈법적 의무〉는 **〈법적 권리요구〉**(Rechtsanspruch)가 **투영된 그림자**이다. 권리를 가진 자가 〈나는 하여도 된다〉를 외칠 때, 그것은 동시에 타인들의 입장에서는 〈나는 허락되지 않았다〉(Ich darf nicht)를 의미하는 것

---

160 각자가 자신의 의지에 따라서 할 수 있는 범위.

이며, 더 나아가서 〈나는 하지 말아야 할 의무가 있다〉(Ich soll nicht)라는 의미까지 그 뜻이 강화될 수 있다. 다른 누구도 나의 〈법적 권리영역〉(Rechtssphäre)을 침범해서는 안 되며 그럼에도 불구하고 타자가 그것을 침범할 경우 타자는 나의 〈법익〉(法益 Rechtsgut)[161]을 유용하는 것이며, 그로 인하여 나에게 끼친 손해를 배상하여야 한다. 대부분의 경우 권리자는 특정인 또는 특정 대다수에게 자신이 가진 〈청구권〉의 이행을 요구한다. 이 경우, 권리자의 〈청구권〉은 [상대방에게 있어서는] 이행의 요구에 따를 적극적인 의무, 즉 〈너는 할 의무가 있다〉에 해당되며, 그에 따라 의무의 부담자는 그 의무의 이행뿐만 아니라 〈법적 의무〉의 이행의 지연에 따라 생기는 손해 배상의 책임도 지게 된다.

    법은 항상 외적인 행위에 대하여만 관여한다는 사실로 인해 법의 전 범위는 외적 강제라는 수단을 향하여 열려 있는 것이며, 반면 그에 대해 〈윤리〉가 가지는 깊이는 닫히게 된다. 즉, 허용된 [개인의 자유] 의지의 범위가 지켜졌는지, 혹은 그것을 넘어서게 되었는지, 그리고 부과된 의무가 충족되었는지 여부는 항상 외적으로 확인 가능한데, 그럼으로써 강제의 가능성이 열리는 것이다. 사실 의무를 짊어진 사람이 그 의무를 완전히 이행하도록 외적으로 [물리적] 강제를 행사하기는 어려운 경우가 존재한다. 그 예로서는 어떤 의무자(Verpflichtete)가 애초에는 도움을 주기로 한 일에 대하여 실제로는 도움의 제공을 단호히 거부하거나, 또는 시간의 경과 내지는 여타의 외적 이유들로 인하여 그 이행이 불가능하여지거나 하는 경우들을 들 수 있다. 하지만 그러한 경우에서조차 경제적인 측면에 있어서의 손해의 정도는 통상 금전적으로 계산할 수 있고 따라서 보상의 의무는 금전적으로 정해질 수 있으며, 그에 대하여 의무를 부담한 자가 충분한 재원을 소유하고 있는 한 법적으로 집행을 실행할 수 있다. 이와 같이 직접적인 [물리적] 강제가 배제된다고 하더라도, 경제적

---

[161] 법의 규정이 보호하려고 하는 이익.

측면에서는 궁극적으로 권리는 화폐 가치 단위로 환산 가능하며, 따라서 그 이행 여부를 명확히 판별될 수 있기에, 이같은 점은 법을 구성하는 주요한 요소가 된다. 하지만 〈형법〉(Strafrecht)상에서는, 특히 개인적인 〈법익〉들의 보호라는 측면에서는 상황은 쉽지 않게 보인다. 만일 그러한 〈법익〉들을 보호하는 차원에서 침해에 대하여서는 형벌이 부과되더라도, 일단 [〈법익〉이] 파괴되면 어떠한 형벌이 부과되고 또한 아무리 강력한 강제라도 그 파괴된 〈법익〉을 다시 원상태로 복구하거나 또는 똑같은 것으로 대체하기는 불가능하다. 이러한 점은 법률 학자나 혹은 〈입법자〉들이 그 처벌의 근거와 정도를 결정함에 있어서 어려움의 원인이 된다. 그러나 어쨌든 어떤 상황에서는 악을 방지하기에는 충분하지 못하더라도 처벌의 위협은 다른 악의 시도의 싹을 자르는 바에 있어 효과적임은 분명하다. 그렇기 때문에 처벌의 위협에도 불구하고 악행이 계속 발생하는 경우라도, [그 법이 무익하다고 포기하기보다는] 그 법이 가진 진정성에 대한 의심을 피하기 위하여서는 그 법을 강제할 수밖에 없다.

국가와 사회는 강제를 이용하여 〈법적 의무〉들의 이행을 보장할 수 있도록 하는 다양한 기회들을 최대한 활용한다. 이러한 의도하에 국가는 〈법적 의무〉인 〈너는 할 의무가 있다〉라는 명제를 〈너는 하여야만 한다〉라는 법적 강제로 대체하는데, 후자를 위하여 재판소를 설립하고, 〈재판권〉(Gerichtsbarkeit)에 대한 규정을 〈실체법〉(materielles Recht)들에 추가한다. 이에 더하여, 사회는 〈사람들은 하여야만 한다〉라는 〈사회적 압력〉도 이용하여 [〈법적 의무〉의 이행을 돕기 위해] 최대한 광범위하게 개입한다. 따라서 명백히 위법적인 행위는 그것을 느끼는 많은 사람들로 하여금 분노를 자극하게 하고, 그에 대항하는 행동을 유발한다. 어떤 사람이 사회의 기준에 의하여 판단할 때 잘못을 범한 경우, 그의 사회적 지위는 훼손되며, 그는 불리한 판결 내지는 처분을 받거나, 혹은 가장 극단적인 경우 사회적으로 추방될 수 있음을 두려워하게끔 되어야만 한다. 이때 사회적 추방이라는 것이 단순히 그가 속한 동료들의 범위에서의 추방인 경우라도 그에게는 현저한 심적 부담을 줄 수 있다. 심지어 이러한 추방에는 그를 사회 전체로부터 배제하는 것도 포함된다.

하지만 국가에 있어서의 〈너는 하여야만 한다〉와 사회에 있어서 〈사람들은 하여야만 한다〉라는 명제가 요구하는 한도만을 준수하고 그 이상은 하지 않으려는 정도만의 올바름의 기준을 가지고 있는 사람은 항상 많이 존재한다. 그러한 사람들이 준수하는 법의 범위는 결국 **〈강압적 형식〉**(Zwangsform)**의 법**이 지정한 범위와 동일하다. 입센(Ibsen)이 묘사한[162] 노라의 남편인 헬머박사가 그러한 부류의 인물이다. 그가 노라의 행동에 격노한 이유는 노라에게 법적 판결이 선고되어서 그녀가 세간의 비난을 받을 위험에 처하였기 때문이다. 하지만 그러한 [법적] 위험이 사라져 버린 것을 알자마자 그 사건은 더 이상 그에게는 문제시되지 않는다. 그의 처가 위반한 법 자체가 옳은지 그른지, 그리고 그녀의 위반이 〈윤리적〉으로 용인될 수 있는지의 여부는 전혀 그가 개의할 바가 아니다. 입센이 풍자적으로 헬머박사를 묘사한 바는 헬머박사 자신이 변호사라는 사실 때문에 더욱 통렬한 인상을 준다. 아마도 법률가라는 직업은 다른 직업을 가진 사람들보다 훨씬 형식에 치중하고 〈실질적 내용〉 자체에는 무관심한 경향이 있기 마련이기 때문이다.

우리의 관점에서 볼 때 무시하면 안 되는, 헬머박사가 잊고 제기하지 못한 문제가 있다. 〈법규〉가 가진 내용이 연원하는 기원을 모른다면 우리가 진정으로 법을 이해하고 있다고 믿어서는 안된다. 국가와 사회가 그 법에 대하여 일정의 〈강압적 권력〉을 부여하는 바에 합의할 때 법에는 특별한 가치를 지닌 내용(Inhalt)이 존재하게 된다.

이는 실제로 그러하다. 건전한 법에 의해 제정되는 규정(Regeln)들에는 그 깊은 내면적 근거(Begründung)가 있다. 규제하여야 할 행동의 목

---

[162] 입센의 희곡 《인형의 집》.

적을 달성한다는 의미로부터 그 규정들의 내용이 도출된다. 법의 시발점이라고 할 수 있는 〈관습법〉(Gewohnheitsrecht)의 모습에서 법의 기원은 그 〈합목적성〉(Zweckmäßigkeit)[163]에 있었음을 명확히 볼 수 있다. 즉, 〈합목적적 행동〉을 〈성공〉(Erfolg)을 토대로 지속적으로 〈수련〉함[164]에 의하여 법이 개화(開化)되는 것을 볼 수 있다. 〈힘있는 자〉들의 이해(利害) 관계에 의해 그들 자신만을 위해 추구하는 목적들을 [법 제정 시] 특별히 강조할 수밖에 없다는 사실이 위와 같은 생각에 대한 반론의 근거가 될 수 있다는 생각은 하지 말아야 한다. 바로 그러한 〈힘있는 자〉들에 의해서 사회에서의 〈성공〉이 가장 먼저 결정되며, 따라서 그들은 어떤 다른 누구의 목적보다도 우선하여 자신들의 개인적 목적을 달성하기 위하여 효과적인 법적 보호장치를 확보하는 방법을 알고 있을 뿐이다.

법의 기원은 〈법적 목적〉(Rechtszweck)에서 가장 명확하게 파악할 수 있는데, 〈재산법〉(Vermögensrecht)과 〈경제법〉(Wirtschaftsrecht)이 성취한 〈성공〉[165]에서 이러한 점이 잘 드러난다. 〈경제법〉은 스스로 유지되기 위하여서는 항상 〈사회적 성공〉이라는 시험을 거쳐야만 한다. 〈사적

---

[163] 베버는 행동을 다음과 같이 네 가지 형태로 구분하였다: (1)〈합목적적〉(zweckrational) (2)가치합리적(wertrational) (3)감정적(affectual) (4)전통적(Traditional). 이 중, 〈합목적적〉이란 "외적인 세계의 대상물들이나 혹은 타인들의 행위들에 대한 예상(Erwartung)에 기반하여, 〈성공〉을 지향한다는 면에서 합리적이며, 또한 자신에 의해 추구되고(erstrebt) 신중하게 사려된(abgewogen) 목적들을 달성하기 위한 조건 내지는 수단으로서 이러한 예상들을 이용하는 경우"(Weber 1922: 12, 2019: 101)를 의미한다.

[164] 즉, 어떠한 〈합목적성〉을 가지고 있는 행동이 어떤 성공적인 결과를 시현하며, 그러한 행위가 반복되어 정착되고 인정됨으로 인하여 그 행위의 옳고 그름에 대한 판단이 부여되고, 따라서 법을 만드는 기반이 된다는 이야기. 〈수련〉의 의미에 대하여서는 역자 용어해설 '수련' 참고.

[165] 이때 〈성공〉이라는 것은 〈진화〉 과정 중에서 적자생존하였다는 의미.

소유권〉은 일반 시민과 농민에게는 신성한 것으로 알려져 있다. 왜냐하면 아주 오랜 기간의 경험을 통해 〈사적 소유권〉은 성공적인 것으로 신성화되어 왔기 때문이다. 만일 [미래에] 상황이 변화하여 사회적 기업이 가진 기술이나 조직이 더 이상 〈사유재산〉과 부합되지 않게 되면, 그때는 사회주의도 〈성공〉을 성취하였다고 스스로 주장할 수도 있을 것이다. 대규모의 [사적] 기업들이 확산되기 전에 〈사유재산〉이 그러하였던 것처럼, 그때는 사회주의하의 〈제도〉들도 과거의 오랜 경험 속에서 이미 시험을 거쳤다고 이야기할 수 있고, 따라서 시간의 흐름에 따라 신성시될 수도 있다. 〈경제법〉과 마찬가지로, 여타 〈법제〉(Rechtswesen)에 있어서도 가장 명석한 조언자들의 경험에 의하여 각 시대와 민족이 이해하는 〈삶의 의미〉(Sinn des Lebens)를 가장 적절하게 표현할 수 있는 [법적 체제의] 형식이 결정되게 된다. 이 이야기는 그 과정에서 비록 다양한 부침(浮沈)이나 실수가 동반되더라도 성립한다. 〈국가법〉(Staatsrecht)은 〈정치적 영리함〉(Staatsklugheit)[166]없이는 성립될 수 없고, 〈행정법〉(Verwaltungsrecht)은 명백히 실용적인 목적에 따라 제정되며, 〈절차법〉(Prozeßrecht)에서의 〈증거의 원칙〉(Beweisregel)들은 그것이 엉성하든 치밀하게 만들어져 있든지 상관없이 단 하나의 목적, 즉 진실을 규명함을 지향하고 있다. 〈형법〉은 그 기원에서 볼 때 아마도 〈영리함〉과는 가장 동떨어진 법률로 여겨질 수 있다. 최초에 있어서의 〈형법〉은 복수를 하고자 하는 분노의 감정적 충동에 의하여 만들어진 것인데, 이러한 복수의 충동에는 사실 어떠한 스스로의 [합리적] 목적도 존재하지 못한다. 하지만 그럼에도 불구하고 〈형법〉은 아마도 그 진화 과정에서는 어떠한 〈합목적성〉(Zweckmäßigkeit)을 가진 〈요청〉이 있기에 형성되어 온 것이 아닐까? 아니면 〈법률학〉이 형벌의 목적들을 탐구하고, 또한 그러한 목적에 견주어 형벌

---

166 〈영리함〉의 정의에 대하여서는 아래 역주167참고.

의 정도를 설정하려고 노력하여 왔음에도 불구하고, 그러한 노력은 단지 헛수고였을까? 어떠한 〈합목적적〉인 〈성공〉을 지향하는 〈법규〉는 사실 일종의 **〈영리의 규칙〉**(怜悧 規則, Klugheitsregel)이다.[167] 그리고 이러한 〈법적 영리함〉(Rechtsklugheit)은 [보편적으로 적용되는 것이며] 단순히 개별적으로만 타당할 수 있는 〈영리함〉은 아님이 명백하다. 확고한 〈법질서〉는 확고한 보편적 〈법규〉들을 필요로 하며, 그것은 확고한 보편적 〈영리의 규칙〉들 위에 기반하여야만 한다. 법률이 지향하는 바를 사람들이 신뢰할 수 있도록 하기 위해서는 이 개인과 저 개인 간, 혹은 오늘과 내일 간에 법률이 다르게 적용하면 안된다. 행동과 〈성공〉 간의 **전형적인 지속적 연결고리**가 그 내용을 형성하여야만 하며, 그리고 또한 다양한 현상에 대응하는 별개의 〈법규〉들이 필요하다. 일반적 〈민법〉(bürgerliches Recht)[168]에 추가하여, 상인들, 광부, 노동자, 혹은 다른 여러 그룹들에 고유한 법들이 필요한데, 이는 그들 각각은 자신들 그룹들에 고유한 어떤 특정한 전형적 조건하에서 삶을 영위하고 있기 때문이다. 대중 중에서 〈힘있는 자〉들은 자신들의 위치를 특별한 [권리를 가진] 〈유형〉(Typus)으로서 관철시킬 수는 있겠지만, 그렇게 만들어진 〈유형〉 내에서는 개별적인 차별이

---

167 이때의 〈영리의 규칙〉은 칸트적 용어이다. 칸트에 의하면, "이성적인 존재자인 인간의 이성은 욕구의 대상을 쫓아가는 데 있어 지혜 내지 영리(怜悧)함으로써 봉사하거나 그러한 어떤 객관의 추구를 선악의 기준을 내세워 통제한다. 즐거움을 주기 때문에 취하고 고통을 주기 때문에 피하는 방법을 찾아내는 이성은 욕구의 시녀로서, 그 시녀가 고안해 내는 것은 충고이거나 처세술의 말, 말하자면 〈영리의 규칙〉일 것이다. 그와 반대로 설령 즐거움을 가져다준다 해도 '해서는 안된다' 하고, 설령 고통을 동반한다 해도 '모름지기 하여야 한다'고 이르거나 지시하는 이성은 욕구의 통제자로서, 이 통제자가 명령하는 바는 〈윤리의 규칙〉인 도덕법칙일 것이다"(백종현, 칸트에서 선의지와 자유의 문제, 인문논총 제71권 제2호(2014.5.31), pp. 11~42에서 재인용).

168 혹은 〈시민법〉으로 번역되기도 한다.

없이 동일한 법이 적용되기 마련이다. 현대에서는 법률 이론을 단지 법률의 형식에 대한 이론으로만 구성하려는 경향이 있고, 이같은 사고는 효과적이며 또한 독창적인 방식으로 발전하여 왔다. 하지만 그러한 사고가 과도하게 발전되어 이같은 경향들이 [법의] 목적을 법의 외부 영역에 존재하는 것으로 상정한다면 그것은 큰 잘못이다. [법의] 목적이라는 것은 법에서 일종의 '번식을 시키는 자'(Zeugend)의 역할을 한다.[169] 마치 조개껍질이 조개와는 불가분인 것처럼, 〈법적 형태〉(Rechtsgestalt)와 [법의] 목적은 불가분이다. 자신 내부에 생존을 하기 위한 충동을 가진 어떤 것이 존재하지 않는 경우 〈법적 형태〉와 조개의 껍질은 성장을 이룰 수 없다.

가장 높은 위치에 있는 사회적 〈영리의 규칙〉은 아직은 그 자체로 〈법규〉는 아니다. 영악한 이기주의자는 아직은 법적인 인간이 아니다. 왜냐하면 비록 그가 당장의 득실을 포기할 자세가 되어 있더라도 만일 그로 인하여 미래에 더 큰 이득을 예상하는 경우, 그리고 만일 그가 판단할 때 〈법적 영리함〉보다 자신이 한 수 위라고 생각하면 그는 언제나 여전히 아주 냉정하게 그의 [법적] 의무를 회피할 것이기 때문이다. 〈영리함〉은 인간의 〈오성〉(Verstand)에 호소하지만,[170] 반면 법률은 〈법감정〉(Rechtsgefühl)을 충족시켜야만 한다. 〈법감정〉을 느끼는 사람은 각기의 법이 가진 〈영리의 규칙〉들 뒤에 숨어있는, 그 규율을 자신들의 이득을 위하여 제정되도록 한 사람들을 발견할 수 있다. 그때 그 사람이 가지고 있는 그 〈법감정〉은 자신에게 요구되는 〈법에 대한 존경〉(Rechtsachtung)을 그같은 후자의 사람들에게도 제시할 의무를 느낀다. 하지만 자긍심과 타인에 대한 존경은 모두 〈윤리〉의 기초가 아닌가! 만약 그렇다면 〈법감

---

169 즉, 법의 목적이 명확히 규정되고, 그를 사람들이 따르는 한에서만 법은 성장할 수 있다.

170 〈오성〉에 대하여서는 역주 45참고.

정〉은 〈법적 내용〉(Rechtsinhalt)과 관련되는 〈윤리감〉이며, 〈법규〉는 〈윤리적〉으로 여겨지는 〈영리의 규칙〉이다. 하지만 이는 〈법규〉들을 실행할 때 항상 그 〈윤리적〉 〈실질적 내용〉을 명확히 인식하여야 한다는 의미는 아니다. 그 〈법규〉들을 사람들이 정확히 따르는 한 그럴 이유는 거의 없으며, 〈법규〉들이 단지 〈영리의 규칙〉으로서 간주되고 적용된다면, 그리고 단지 외적인 〈관용〉(慣用)으로 따르게 된다면 그것만으로도 충분하다. 각각의 〈법규〉는 그 자체로 볼 때 어떠한 〈윤리적〉 〈실질적 내용〉(Gehalt)을 밝힐 필요가 전혀 없다. 예를 들어 외적인 〈절차적 규율〉(Regel des Verfahrens)들을 생각하면 이 점이 이해될 것이다. 〈실질적 내용〉에는 [이미] 그 내용이 속한 법적 체계에 고유한 〈윤리의식〉을 내재하고 있기에, 그 〈실질적 내용〉은 그러한 〈절차적 규율〉과 근접하게 된다. 하지만, 법에 내재한 〈윤리의식〉은 사람들이 이미 정해져 있는 규칙을 어기려는 유혹에 빠졌을 때 항상 선명하게 일깨워지게 된다. "살인을 하면 안된다" 내지는 〈형법〉에 의하여 처벌될 다른 법적 금지에 대하여서는 사람들은 그러한 법률을 어기는 것이 바로 〈윤리적〉 범죄임을 명백히 느낀다. 그리고 단순히 〈민법〉상의 잘못인 경우, 즉 어떤 사람이 다른 사람에게 지불하여야 할 의무를 어겼을 때, 또는 그에게 부당한 것들을 요구하였을 때, 그리고 사실을 입증하는 증거를 은닉하였을 때 등의 경우에 있어서는 〈정의감〉을 가지고 있는 사람이라면 누구라도, 자신 개인만의 이득을 추구하려는 유혹에 못 이겨 〈윤리적 의무〉를 저버렸다고 외치는 양심에서 울려 나오는 비난의 목소리를 듣기 마련이다. 반대로 중요한 〈법적 의무〉를 수행하기 위하여 자신 내의 [윤리적] 힘을 불러일으켰을 때, 그는 〈윤리적〉 승리를 얻었다는 느낌으로 고양된다.

〈요청〉(Forderung)이 수반되는, 〈윤리적〉으로 여겨지는 〈법규〉조차도 대다수의 경우에 있어서는 〈인인애〉(隣人愛 Nächstenliebe)라는 위대한 〈윤리적〉 계율이 정하는 기준에는 대체로 훨씬 미치지 못한다. 가족의 내부에서조차 이 기준은 항상 완전히 달성된다고는 할 수 없지만, 대부분의 경우 가족 간에는 자식에게 주는 부모의 사랑, 그리고 나중에는 감사한 마음으로 보답하는 자식들의 부모에 대한 사랑은 좁은 〈법규〉를 넘어 〈윤리적〉으로 〈요청〉되는 바에 따라 행하여진다. 그리고 혈연적 본능이 온전히 살아 숨 쉬는 가족 구성원 간에는 〈평등한 보상적 정의〉(ausgleichende Gerechtigkeit)[171]의 정신에 입각하여 재화가 분배된다. 하지만 혈연의 좁은 범위를 넘어서도 〈조화로운 윤리〉(ausgleichende Sittlichkeit)의 정신에 입각하여 비록 어떠한 〈법적 의무〉도 없더라도 자신에게 가능한 능력 내에서, 도움을 필요로 하는 사람들에게 육체적 내지는 정신적인 도움을 기꺼이 헌신하는 사람은 항상 많이 있다. 교회는 언제나 자선사업을 위한 중개자였으며, 수도원에서는 무수한 사람들이 자발적으로 〈청빈서원〉(淸貧誓願 Gelübde der Armut)을 하였고, 기타 다양한 방법으로 〈법질서〉가 가진 그 날카로움은 부드러운 〈사랑의 질서〉(Ordnung der Liebe)에 의해 완화되었다. 그럼에도 불구하고, 모든 시대, 모든 민족의 경험에서 비추어 볼 때, 〈법질서〉에는 **〈윤리〉가 단지 제한적으로만** 적용된다. 그런데 그 제한적인 〈윤리〉조차도 사회 형성의 초기에는 법에 선행하였던 무력의 잔재 아래로 묻혀지기도 하였다. 많은 인간들의 상호 간을 연결시키는 사랑의 감정은 엄격한 〈법질서〉들을 완전한 〈조화로운 윤리〉로 변모시킬 만큼 강하지는 못하다. 사회주의 사상은 그 정열적인 태동의 시기에서는 사회를 하나의 큰 가족처럼 조직화하려는 다양한 시도를 모색한 바 있었으나, 그러한 시도들은 모두 실패하고 말았다. 〈법규〉가 어떠한 전형적인 상황들에 부합되게 표현되어 있듯이, 그러한 〈법규〉가 사람들로부터 기대하고 있는 〈법에 대한 존경〉의 정도에 관하여서도 마찬가지라고 할 수 있다. 즉, 〈법질서〉는 〈인인애〉의 전형적 수위에 맞

---

[171] 지위와 상관없이 인간으로서 동등한 보상을 받아야만 한다는 〈절대적 평등〉의 개념. 대비되는 개념은 〈배분적 정의〉인데, 이는 어떠한 합리적인 기준에 따라 차별적으로 취급하는 〈상대적 평등〉이다.

추어져 있다. 그런데 〈법질서〉는 다른 근거에서도 유효한가?

3. 법의 불공평에 대하여

지금 우리가 과거의 오랜 시간을 되돌아볼 때, 과거의 〈법질서〉(Rechtsordnung)는 비윤리적으로 보인다. 주인으로서 노예를 지배하던 과거의 인간들에게 고유하였던 편협한 〈윤리〉로 우리는 더 이상 회귀할 수 없다. 현재에는 동료 인간들로부터 자유를 박탈하는 것은 자연의 순리에 반하는 범죄로 간주된다. 마찬가지로 후대에 있어서도 현재 우리의 〈법질서〉를 〈윤리적〉이지 못한 것으로 받아들일지도 모른다. 〈법적 소유〉의 극단적 불평등은 지금 우리 감정에는 무리 없이 받아들일 수 있을지언정 장래에는 빈자에 대한 중대한 억압으로 인식될 수도 있다. 하지만 그럼에도 불구하고 아주 오래전부터 노예제가 전승되어 온 시대에 있어서는, 그리고 노예제에 기반하지 않는 국가를 상상할 수 없었던 시대에는, 주인은 그가 가진 노예 〈소유권〉을 비윤리적인 것으로 느끼지 않았고, 그렇게 느낄 수도 없었다. 이는 현대에 우리가 〈법적 소유〉의 불평등이 만일 심각하지는 않다면, 그리고 그 불평등이 야만적인 무력에 의하여 생겨났거나 혹은 증가되지 않았다면 그 불평등을 굳이 비윤리적이라고 느끼지 않는 것과도 마찬가지이다. 어떤 한 시대에 있어서의 〈윤리의식〉에는 [미래의] 그다음 세대가 가질 수 있는 견해는 아무런 의미도 없는데, 그 시대의 〈윤리의식〉은 바로 직전 세대의 견해에서 비교의 기준을 찾기 때문이다. 그런데, 선조들이 살아온 법보다 부드러운 법을 후손들은 〈윤리적〉인 법으로 간주할지도 모른다. 그뿐만이 아니라, 실질적으로 사용되고 있는 법은 경험에 의하여 검증된 것으로 간주될 수 있다. 그 법은 현재 여기에 존재하고 또한 존재할 수 있으며, 그것이 실질적으로 존재하고 있음으로써 가능한 것으로 확인된 것이다. 따라서 이러한 사실만을 바탕으로 고려할 때도, 우선적으로 경험의 검증을 먼저 거쳐야만 하는 순전히 자의적으로 만들어진 질서(Ordnung)보다 [이미 존재하는 법은]

훨씬 강력하다. 법이 가지고 있는 〈영리의 규칙〉은 이미 〈성공〉에 의하여 확고히 수립되어 있기에,[172] 단순히 〈인인애〉라는 계율에 의하여 흔들리지 않는다. 그렇기 때문에 〈인인애〉는 그 완전한 〈실질적 내용〉에 있어서는 보통 인간의 힘을 초월하는 것이며, 직접적인 규범이라기보다는 지향하여야만 할 목표를 의미한다. 또한 개인적 불평등이 법의 본질과 근본적으로 위배된다는 주장이 잘못된 것임에는 또 다른 이유가 있다. 법의 형태는 그것이 결합시키려는 인간들에 의하여 결정될 뿐만이 아니라, 그것이 규제하여야만 할 사물에 의해서도 결정된다. 〈전체〉의 〈성공〉은 오히려 불평등한 법에 따라, 즉, 공동으로 수행하여야만 할 〈사회적 과업〉에 있어서 각자가 공헌하는 바에 따라 정해지는 지휘와 복종의 위계 체계에 의하여 구성원 간들이 서로 협력하는 경우에 있어서 가장 효율적으로 달성될 수 있고, 또한 종종 그러하다. 만약 그렇다면 〈법감정〉은 권리와 사회적 지위의 불평등도 용인할 수 있다. 법률상에서 보이는 매우 많은 불평등이 항상 〈패권적 권력〉과 외부적 강제에 기인한다고 생각하는 것은 완전한 잘못이다. 오히려 그러한 불평등은 종종, 혹은 자주, 스스로를 적극적으로 전개하는 힘(Kraft)에 의하여 생성된 결과이다.[173]

4. 〈권리를 위한 투쟁〉(Kampf ums Recht)

사람들이 〈영리함의 규칙〉을 〈윤리적〉인 것으로 간주할 때 그 규칙

---

[172] 즉, 어떤 법이 과거부터 성공적으로 적용되어 온 것이라면, 그러한 〈성공〉으로 인하여 그 법은 확고한 유용성을 가진다는 의미.

[173] 이 문장의 의미는 이해하기 쉽지 않다. 이때의 〈힘〉은 '자연적 법칙'과 유사한 의미로 사용된 듯하고, 따라서 대략적으로 법적 불평등은 자연적으로 내부에서 형성된 것이라는 의미로 유추된다.

은 〈윤리적 권력〉을 가지는 위치로 격상된다.174 법이 가지고 있는 〈영리함의 규칙〉도 그것이 관철되기 위하여서는, 〈너는 할 의무가 있다〉라는 양심에서 나오는 소리에 의해, 국가의 〈너는 하여야만 한다〉, 혹은 사회의 〈사람들은 하여야만 한다〉라는 요구를 불러들이는 것이 정당화할 수 있을 정도로 격상되어야만 한다. 이때는 또한 〈나는 하여도 된다〉라는, 〈법적 영리함〉을 통해 의지의 영역에 속하는 다양한 것들 중 [어떤 것이 허용되는지를] 구별하도록 하는 명제조차도, 그 완전한(voll) 〈법사상〉(Rechtsgedanke)이 무력에 의해 훼손되지 않는 한, 모든 〈법질서〉에서 있어서의 〈나는 할 의무가 있다〉라는 명제의 높이로 격상된다. 그렇기에 어떤 이가 자신 스스로의 권리를 행사하는 것은 어떤 누구에게도 피해를 입히지 않는 것이라는 [즉, 단지 타인에게 피해를 가하는 지 여부에만 주목하는] 오래된 격언은 사실 이야기하는 바가 너무 적다. [더욱 중요한 점은] 단순히 자신에게 주어진 〈허용됨〉(Dürfen)의 범위 내에서 행동하는 것은 비윤리적인 것은 아니라는 의미를 넘어서, 오히려 나에게 허용된 범위의 것들을 내가 충분히 달성하는 것을 사회가 기대하고 있다는 점이다. 왜냐하

---

174 이하의 한 문단의 원문은 직역을 하는 경우 결코 쉽게 이해될 수 있지 않기에, 가급적 의역하여 맥락이 부드럽게 연결될 수 있도록 하였다. 이해를 돕기 위하여 정리하자면, 나에게 허용된 권리라는 것은 도덕적인 양심과 결합이 될 때 사회에 대한 의무로 격상되는 것이고, 그래서 사회적으로 그 권리는 정당하게 관철시킬 수 있다는 것이다. 그리고, 그러한 권리가 행사되어야만 하는 것이 사회의 〈성공〉을 위하여 중요한 것이며, 그러한 권리가 훼손되지 않도록 투쟁하여야만 한다. 반면 그러한 권리가 행사되지 않는 경우(권리를 가진 자가 그 권리 행사의 의무를 저버린 경우, 내지는 그 권리가 어느 한 개인에게 과다하게 집중되어 있어서 일부가 낭비되어 지는 경우 등)는 오히려 비도덕적일 수 있다. 반면 나의 권리의 행사는 타인이 어떤 것을 하도록 의무를 부과하는 것인데, 만일 타인이 자신의 귀책 사유가 아닌 이유로 그 의무를 행할 수 없음에도 불구하고 계속적으로 그 의무를 강요하는 것은 비도덕적이라고 간주된다.

면 그 〈허용됨〉의 범위는 〈성공〉을 달성하기 위한 전형적인 경험에 의하여 정해지는 것이며, 이때 어떠한 권리자(Berechtigter)도 [그 사회에서 필요로 하는 〈성공〉을 달성하기 위하여 자신의 권리를 행사하여야만 하고] 그러한 〈성공〉을 달성하기 위한 과업에서 낙오되어서는 안 되기 때문이다. 그 〈허용됨〉이라는 것은 실제로 내가 권리를 주장할 수 있는 어떠한 대상물에 대한 것이 아니라 나의 권리 주장을 충족시킬 의무를 가진 사람들을 지향하는 것이기 때문에 [내가] 그들에게 [나에 대한] 의무를 수행하도록 요구한다고 해서 내가 그들에 대하여 비윤리적으로 행동하는 것은 절대로 아니다. 더욱이 내가 사회가 기대하는 〈성공〉을 달성하려 하고, 그래서 나에게 주어진 어떠한 권리도 포기하지 않는 경우, 비폭력적인 틀 내에서 나의 권리가 행사되는 경우 나는 심지어 〈윤리적〉으로 행동하는 것이다. 이러한 의미에서 자신의 〈권리를 위한 투쟁〉은 허락될 수 있으며, 어떠한 적절한 한도 내에서는 요구되기도 한다. 양심 내에서 나로 하여금 타인의 권리 또한 존중하도록 부과하는 〈윤리의식〉은 동시에 내가 가진 고유의 권리 또한 보호하는 권리도 부여하며, 타인이 나의 권리를 찬탈함에 대하여 거부할 때, 그 투쟁은 정당한 것이다. [나의] 〈권리를 위한 투쟁〉이 정당하지 못하게 되는 경우는, 타인이 자신의 잘못에 기인하지 않는 이유로 인하여 더 이상 자신의 의무를 수행할 수 없게 되었을 때도 그 타인을 향하여 나의 공격이 지속적으로 행해지는 때뿐이다. 우리의 〈윤리의식〉은 이러한 종류의 공격을 더 이상 용인하지 않는다. 이는 어떤 권리를 가진 사람이 그 권리를 행사하지 않거나 혹은 어떤 자들에게 그 권리들이 너무 과다하게 축적되어 있는 경우 등에 있어서와 같이 어떠한 권리들이 더 이상 사회적으로 유용하게 사용되지 못하는 경우를 우리의 〈윤리의식〉이 용인하지 못 함과도 같다.

〈법규〉는 결코 개별적 사례들로부터가 아니라 항상 전형적인 일반적 조건으로부터 얻어지는 것이므로 처음에는 단지 두 사람의 개인들 사이에서 벌어지는 법적 〈권리를 위한 투쟁〉은 결국 사회적으로는 볼 때 그 의미가 더욱 크게 된다. 즉 양자 간의 투쟁은 동시에 각자가 속한 동료 구성원, 당, 그리고 계급의 이익을 위한 것이 된다. 따라서 〈공중〉은 법정과 사회적 판결이 어느 쪽의 손을 들어 줄지를 가슴 졸이며 기다린다. 그러한 흥분이 고조되면, 각자가 속한 동료 구성원, 당, 그리고 계급은 법적 투쟁에 돌입하는데, 이때에 그 투쟁은 단순한 개인적 이해를 넘어서는 중대한 일반적 이해관계의 문제와 관련된 것이기에 결국 완전한 의미의 〈윤리적〉 투쟁으로 변모하게 된다. 아무도 억압된 사람들의 자유를 위한 투쟁이 〈윤리적〉 투쟁임을 의심하지 않는다. 반면, 기존의 권력을 옹호하는 측도 어떠한 중요한 〈법사상〉들을 보호하려고 하기 마련이다. 대중들이 자신들의 불가침의 권리를 지키려고 투쟁하는 것과 마찬가지로 군주 또한 자신의 고귀한 소명은 역사적 의무라는 생각을 가지고 투쟁하고 있다.

5. 내적인 〈법적 권력〉과 외적인 〈법적 권력〉

국가의 〈너는 하여야만 한다〉나 사회의 〈사람들은 하여야만 한다〉라는 명제 위에 기반하여 법이 소지하게 된 **〈외적 권력〉에 비교하였을 때, 법의 〈내적 권력〉은 더욱 강하다**. 〈법질서〉에 반항하는 의지들을 억제할 필요가 있는 경우에는 국가에 의한 강제(Zwang)는 불가결하다. 하지만 국가의 강제적 수단은 반항하는 시민이 소수인 경우에 있어서만 감당할 수 있다. 현저한 다수에 대하여서는 그들이 노예적으로 종속되어 있지 않는 한, 국가는 그 다수를 이겨낼 수 없다. 소수라도 강력한 힘을 가진 경우에는 국가는 〈계엄령〉(Standrecht)과 〈계엄법〉(Kriegsrecht)이라는 수단을 동원하여야만 하는데, 그것조차도 장기적으로 사용할 수는 없다. 결국 국가가 〈사회적 압력〉과 양심(Gewissen)을 자신의 편에서 이용할 수 없는 경우에는 전혀 자기주장을 관철시킬 수 없다. 예를 들자면, 〈사회적 압력〉에 의하여 군인, 귀족, 학생 계층에서 결투가 만연되어 있는 경우, 비록 국가가 그 결투를 범죄로 처벌한다고 할지라도 결투라는 그 관행은 지속되기 마련이다. 또한 알프스에 사는 용맹한 사나이들이 자행하는 밀렵에 대하여서는 그들의 세계에서는 그것이 불명예로 간주되지 않고 오히려 명성만을 높여준다면 국가는 그 밀렵을 저지하는 바에 성공하지 못한다. 한편, 누구인가가 〈사람들은 하여야만 한다〉라는 명제를 위반하였을 때 그것이 공개적으로 모든 이에게 보여져 이목을 집중시키는 경우, [그로 인해 생기는] 〈사회적 압력〉은 균형을 회복시킬 반작용이 될 수 있기에 매우 효과적이다. 교통량이 많은 다리 위에서는 보행자나 차량 운전자는 오랫동안의 반복적 〈수련〉에 의하여 체득하게 된, 준수하여야만 할 통과 규칙을 대체적으로 자발적으로 따른다. 경험이 적거나 고집이 센 사람이 그 준수하여야만 하는 바를 어길 경우, 그들과 마주친 사람들은 다소 퉁명스럽더라도 옳은 방향을 가르쳐 주기 마련이고, 경찰은 단지 극단적인 경우에만 개입할 필요가 있으므로 한두 명이면 족할 수 있다. 하지만 사태가 그렇게 공공연하게 드러나지는 않을 경우 〈사회적 압력〉은 〈법감정〉에 의해서도 뒷받침돼야만 한다. 즉, 〈자발적 희생〉이 양심과 결부되어야만 하며 의지는 〈윤리적 권력〉의 가장 깊은 곳에 위치하여 그로 하여금 〈윤리적 권력〉이 일역을 담당하도록 하여야 한다. 만약 모든 시민이 〈법감정〉으로 충만하다면 〈법질서〉을 유지하기 위해 재차 강압의 행사는 전혀 필요하지 않다. 유럽인들과의 교류가 미치지 못해서 아직 그 성격이 변하지 않은 중국 내륙의 전통 사회를 잘 아는 여행객들은, 그곳에서는 유럽 〈문명〉 어느 나라보다 법원과 국가 행정에 훨씬 덜 의지하고 있다고 알려준다. 법에 의한 질서를 확보하기 위해서는 불가결하게 국가의 압력, 사회의 압력 그리고 양심의 압력이 동시에 같이 작용하여야만 하는 더욱 격동적인 유럽의 생활에서는 불가능하다고 생각될 정도로, 수천 년에 걸친 정체된 중국 〈문명〉은 확고히 발전된 〈생활습관〉(Lebensgewohnheit)들에 의해 인간을 외적으로나 내적으로 모두 인도하여 왔다. 양심에 의한 압력이 약화된 곳에서는 법의 질서 또한 불완전하기 마련이다. 왜냐하면 〈사회적 압력〉도 그에 따라 동시에 약해지기 마련이고, 반면 국가가 그 자체로는 너무 약하기 때문이다. 오늘날의 길거리가 이전 시대보다 안전해진 것은 국가가 가진 경찰력이 향상되었기 때문이 아니라 시민들이 더욱 예의 바르고 평화적인 기질을 가지게 되었기 때문이다. 세법 위반에 대해 국가가 부과하는 벌칙은 사적인 부정에 대해 부과되는 벌칙보다 훨씬 큼에도 불구하고 조세 체제는 민간 간의 〈법제〉보다 훨씬 완전하지 못한 것은 왜일까? 그 대답은 명백하다. 많은 국민에게 있어서 세법은 〈민법〉의 규칙만큼 〈윤리적〉으로 지켜야만 할 규칙으로 받아들여지지 않고, 따라서 세법을 지배하는 도덕 관념은 〈민법〉에 있어서의 그것보다 훨씬 낮을 뿐이다. 교회는 인간의 본성을 확실히 인지하고 있기에 개인 생활에 있어서의 〈윤리적 계율〉(Sittengebot)에 대한 위반 여부를 가르는 척도를 조세에 관련된 도덕에 대한 위반에도 적용시키는 것을 현명하게도 삼가고 있다. 국가가 가진 그 모든 권력에도 불구하고 일반시민은 [탈세와 같은] 자신들이 국가에 대해 저지른 위반은 용서받을 수 있다고 생각하는 반면, 그 동일한 위반이 가장 허물없는 관계에 있는 동료 시민에 대해서 행하여진 경우에는 용인될 수 없다고 생각한다. 사람들은 동료, 거래 상대, 고객과 지속적으로 거래하며 개인적으로 그들을 알고 있다. 그러면서 그들과의 마찰 없는 협력이 가져올 〈권력의 체험〉을 높이 평가한다. 그리고 그들의 협력을 확보하기 위해 우선 그들로부터 존경받기를 바란다. 그리하여 이 모든 것을 통해 자신을 그들에게 매우 친근하게 만들며, 자신의 〈영리함〉은 그들을 셈에 포함시킨다. 그뿐만 아니라, 전적으로 무례한 자가 아니라면 누구라도 먼저 그들에게 자신이 〈법에 대한 존경〉을 가지고 있다는 감정을 표하고자 하며, 자신이 그들에게 행하여야만 하는 의무를 법이 강제할 때까지 미루지 않는다. 반면 국가라는 존재는 〈국민의 감정〉에는 선명하게 나타나지 않고 그에 대한 감정이 쉽게 일어나지도 않는 어떤 추상적인 대상으로서 일반 상식과는 괴리된 것으로 남아 있으며 더욱이 양심과는 이질적인 것이다. 대중이 국가에 대한 의무에 눈을 뜨는 계기

VI. 〈법적 권력〉과 〈법적 형식〉　241

는 아마도 대중 영합적인 전쟁과도 같이 〈인민감정〉을 열광적으로 흥분시키는 방식에 의하는 경우뿐이다. 그러한 경우, 대중은 거대한 〈의지의 희생〉(Willensopfer)을 위한 각오를 가지게 되는데, 왜냐하면 그때에야 비로소 그들은 국가의 지속적인 생존이 그들에게 시사하는 〈권력의 체험〉을 느끼게 되기 때문이다.

〈공법〉이 가지는 특이한 성질은, 큰 그룹들 간의 대립되는 이해가 충돌하는 곳에서는 법의 〈내력 권력〉이 작용되지 않는다는 점이다. 그곳에서 각각의 그룹들은 자신들의 편에 법이 서 있다고 믿고 상대방의 정당성을 부정한다. **이것이 바로 〈공공생활〉에 무력이 들어오는 입구이다.** 〈내적 권력〉이 미약하므로 외적인 무력이 그 역할을 대신하여야만 한다. 신들이 침묵하게 되니 명계의 악마가 풀려나고, 따라서 정당, 계급, 교회들, 그리고 무엇보다도 국민들과 국가 간의 투쟁이 발생한다. 개별 국가 내에서의 강제력은 주로 법을 따르기를 거부하는 반항적인 소수에 대해서만 행사되지만, 상대방을 존중하기를 거부하는 국가 간에 있어서는 강제력은 항상 준비되어 있는 무기이기 마련이다.

6. 〈법적 확신〉에 있어서의 〈보편성〉의 필요성

〈법적 권력〉(Rechtsmacht)이 그 본질에 있어서 개인의 양심에 뿌리를 둔 〈윤리적〉이며 〈내적 권력〉으로 인식되고 있다고 해서 그 〈법적 권력〉이 〈사회적 권력〉의 성격을 가지고 있음을 결코 부정할 수는 없다. 인간은 그의 내면의 가장 깊은 곳으로부터 추구하는 것들에 있어서도 어떠한 〈사회적 확인〉(gesellschaftliche Bestätigung)이라는 도움을 받기를 갈망한다. 지식에 대한 충동이나 미에 대한 충동이 그러한 〈사회적 확인〉이라는 도움을 필요로 하듯, 종교적 충동이나 〈윤리적 충동〉(sittliche Triebe) 또한 마찬가지라고 할 수 있다. 개인이 아무런 도움에도 의지하지 않고 자신의 힘만으로 할 수 있는 바를 넘어서는 그러한 과제들은 도처에 존재한다. 그렇기에 진리는 다른 사람과 함께 발견한다고 해서 그 진리가 거짓으로 되는 것은 절대로 아니며 오히려 더욱 명확하고 확실해질 뿐이다. 인간은 상호 간에 아주 유사하기 때문에 앞서 전진하고 있는 최상의 인간을 따르면서 서로 의지하는 경우 그 본성을 그르치는 경우에 처하지 않는다. 만약 내가 동일한 상황에 놓인 타인과 함께 도모하여 동일한 법을 발견한다면, 나는 나의 〈법감정〉을 부정할 필요가 당연히 없고, 오히려 나는 홀로 가는 것보다 훨씬 더 〈법감정〉을 실행할 수 있다. 〈법적 확신〉(Rechtsüberzeugung)[175]의 〈보편성〉(Allgemeinheit)은 **법을 판단하는 가장 강력한 시금석**이다.

그렇다면, 이 시금석을 완전히 통과할 수 있는 법은 존재하는가? 그리고 완전한 〈보편성〉을 가진 〈법적 확신〉이 존재하고, 〈법감정〉에 대하여 아주 둔감한 단지 소수들만이 그 〈법적 확신〉으로부터 등을 돌리는 것이 가능할까? 대중은 자신들의 삶을 영위하는 기반이 되는 법을 진정 알고 있을까? 대중 속의 개인들은 자신의 한정된 영역 내에 적용되는 법만을 알기 마련이고, 그러한 법의 어떠한 인습적인(herkömmlich) 형식만을 이용하여 행동하지만, 그 법에 대하여 신념을 가지고 말하기 위해 필요할 정도의 이해력은 가지고 있지 못하다. 많은 대중들은 자신에게 긴밀한 이해와 연관된 〈사법〉(Privatrecht)이 가지고 있는 의미에 대하여서는 어느 정도 이해하고 있지만, 반면 그들로서는 파악이 어려운 공적인 성격을 가지는 문제에 대해서는 모든 판단이 결여된 것은 아닐까? 사실 〈법적 확신〉이라는 표현은 대중을 구성하는 하나의 원자에 불과한 개인을 넘어서는 그 이상에 대하여 말해준다. 〈보편적인 법적 확신〉이라는 의미는 대중을 구성하는 모든 개인들이 진정한 확신을 가진다는 그 단어

---

[175] 어떤 민족이 가지는 법적 정신의 발현을 의미한다. 사비니(Friedrich Carl von Savigny)에 의하면 법은 〈입법자〉의 개인적 의지와는 상관없는, 민족정신의 발현 내지 민족의 〈법적 확신〉의 표현으로서, 각 민족의 발전단계에 따르지 않는 법은 법의 기능을 다할 수 없다고 본다.

의 말뜻 그대로의 의미가 아니다. 〈법적 확신〉이란 다른 방식을 통하여, 즉, 모든 〈사회적 의지결단〉이 지도자에 의한 〈선도행동〉과 〈대중의 추종〉이라는 방식을 통하여 얻어진다. 법의 문제에 관한 한, 대중의 통상적인 자질에 걸맞은 정도 이상의 것을 대중으로부터 기대할 수는 없다. 즉, 대중들은 그들 앞에서 전진하는 지도자의 행위에 부응하여 추종하고, 그 행위를 **확인**(bestätigen)하는 것만을 할 수 있을 뿐이다. 사회적인 〈법발견〉(Rechtsfindung)은[176] 법을 만드는 자, 법을 위해 투쟁하는 자들이 가지고 있는 〈법의식〉의 〈선도행동〉이 선행되어야 함을 필요로 한다. 법적인 문제에 있어서 대중이 지도자가 걸어가는 길을 〈능동적 추종〉하는 것 자체가 바로 그들이 〈법적 확신〉의 형성에 적절한 역할을 수행하는 것이라고 할 수 있다. 또한 그와는 다른, 즉, 자신들의 감정과 배치되는, 그럼에도 불구하고 그에 따라 살 것으로 요구되는 다른 법에 대하여는 강력한 저항의 힘을 보여 줌으로써, 대중은 자신들이 타당한 법에만 동참하고 있음을 입증한다. 반면 〈공공생활〉의 연단(演壇)을 우연히 지배하고 있는 사람들에 의해 공표된 결단을 그저 받아들이는 무디고 무관심한 대중 또한 발견할 수 있는데, 이러한 경우에는 사회적인 〈법적 확신〉이라는 것은 의미가 없다. 그와 같이 생겨난 법률에 대해서는 대중은 결국 지지하지 않을 것이며, 따라서 그러한 법률은 결정적인 시금석을 통과할 수 없다.

---

[176] 관련된 법에 의거하여 어떤 것이 부합되는지를 결정하는 행동(Duden). 즉, 해당되는 법 문제에 대한 해결책을 기존 법문의 가능한 의미 안에서 찾는 것이다. 이에 반하여 〈법형성〉은 법문의 가능한 의미 안에서 해결책을 발견할 수 없는 경우, 즉 법적인 흠결이 있는 경우 그러한 흠결을 유추 등에 의해 보충하는 것이다.

7. 〈법적 형식〉의 의미

법률은 비록 〈내적 권력〉이라 할지라도 적절한 외적 형태를 필요로 한다. 왜냐하면 법은 사람들의 외적인 행위를 규제하도록 요구되기 때문이다. 법에는 어느 정도 〈강압적 형식〉이 필요한데 그렇지 않으면 저항하는 소수에 대처할 수 없다. 그러나 일반적이고 완전한 〈법준수의지〉(Rechtswilligkeit)가 있으며 외부로부터의 강제가 불필요한 아주 이상적인 경우에 있어서도 **완전한 〈법적 권력〉을 확보하기 위해서는 〈법적 형식〉**(Rechtsform)[177]**을 필요로 한다**. 〈법준수의지〉가 있더라도 논란의 여지가 있는 개별적 경우에는 일반적인 법의 규칙을 적용하는 훈련된 법관이 필요한데, 이때 법관 또한 판결을 자의로부터 보호할 수 있도록 일반적인 〈법규〉를 명시한 법률을 필요로 한다. 〈자유로운 법발견〉(freie Rechtsfindung)을 지지하는 현대 학파는, 사건에 대하여 재판관 자신이 인식하는 본질에 따라 판단할 권한을 재판관에게 부여할 것을 바라는데, 이는 위대한 로마 법학자와도 같은 입법자적 정신을 재판관 자신 내에 소지함을 전제하고 있다. 하지만 평균적 판사들은 대체로 법률이라는 견고한 기반 위에 놓여 있어야 한다.

〈입법자〉의 임무는 사회에서 가장 중요하고 어려운 리더십 과제 중 하나이다. 사회적으로 판단할 때 위대한 〈입법자〉는 항상 지도자들 중 가장 전열에 놓여 있다. 그가 명확하게 드러내야 할 〈법적 내용〉은 인민의 본성과 신념에 기반하여 준비되어야만 한다. 왜냐하면 여타의 모든 다른 영역에서도 위대한 지도자는 항상 〈인민정신〉(Volksgeist)에 기반하고 있기 때문이다. 그럼에도 불구하고, 그 〈입법자〉 자체도 여전히 중요하다. 〈입법자〉의 특별한 임무, 즉, 삶에 있어서의 〈영리한 경험〉(Klug-

---

[177] 법이 존재하는 형식. 법이 이루어진 원천을 기준으로 관례법, 판례법, 규범적 법 문건으로 나눌 수 있고, 법문화되었는가 아닌가를 기준으로 성문법과 불문법으로 나눌 수 있다(표준국어대사전).

heitserfahrungen)으로부터 확고한 규칙을 도출하는 것은 삶에 대한 깊은 통찰에서 우러나오는 지식을 필요로 하며, 그것은 판단에 있어서의 가장 높은 예리함, 그리고 가장 섬세한 〈법감정〉과 결합되어야 한다. 그러한 섬세함은 어떠한 예술적인 언어적 감각을 통해 표현된다. 〈입법자〉는 〈법률학〉의 도움을 필요로 하는데, 그럼에도 불구하고 〈입법자〉 자체는 여전히 중요하다. 모든 강력한 민족들 사이에서 〈법률학〉이 가진 외연과 중요성에서 〈법적 형식〉이 가진 의미(Bedeutung)를 충분히 인식할 수 있다. 율법의 선포와 재판을 둘러싼 엄숙함(Feierlichkeit)에서 〈법적 형식〉은 그 외적인 표현을 발견한다.

법학자와 마찬가지로 〈입법자〉와 판사들도 자신들의 필요에 의하여 〈법적 형식〉을 연마하려고 한다. 〈인본주의〉(Humanismus) 시대와 르네상스 시대에 있어 법제정자들이 로마 〈사법〉을 수용한 바는 당시 법의 정신에 있어서 그 로마 〈법적 형식〉이 매력적으로 비춰지고 있었음을 보여준다. 혁명 시대에 있어서 그들이 영국의 〈헌법규범〉(Verfassungsrecht)을 수용하였을 때, 이에는 대중의 자유에 대한 갈구뿐만 아니라 당시 법률 전문가들의 〈법적 형식〉에 대한 감각도 반영하고 있었다. 하지만 두 경우 모두에 있어서 법률은 형식 면에서 훌륭히 제정되었지만, 그럼에도 불구하고 인위적인 법률로 인식되어야 하였다. 왜냐하면 그것은 법률의 자연적 토양, 그리고 인민들의 고유한 〈법감정〉과 연관이 없었기 때문이다. 그러한 인위적인 법률은 절반뿐인 법률일 뿐이며, 그 〈법적 형식〉이 그 인민의 〈법감정〉이 요구하는 내용에 적합할 때야 비로소 〈완전법〉(Vollrecht)[178]으로 성숙된다. 외국법에서 보여진 모범을 바탕으로 하되, 자기 자신의 법률 형성에 대한 갈구를 그 내용에 적합한 형식의 틀에 부어 [법률을] 주조하는 방법을 배워야만 한다.

---

178 완전한 성립 요건 규정과 완전한 효과 규정으로 이루어진 법 규정.

법조인들이 강성하여 [법 제정에 있어서] 〈지도적 지위〉를 차지하는 때도 있었던 반면, 그들이 수축되어 법 제정에 있어서 그들의 〈선도행동〉의 의무를 다하지 못하는 때도 있었다. 언젠가는 딱딱하고 건조한 〈법률가법〉(法律家法 Juristenrecht)[179]이 지배하던 시대가 있었는데, 그때는 〈법률학〉과 〈판례〉(Rechtsprechung)들은 단지 자구(字句)적 해석에만 집착하였고 따라서 메말랐었다. 그런데, 인민들의 힘이 강해지자, 그들은 자신들을 위하여 형식에 얽매이지 않은 〈법적 형태〉를 창조하려고 모색하였고, 그러한 경향이 〈관습법〉의 특징이 되었던 바가 있었다.

　〈법적 형식〉을 통제(Beherrschung)하는 것의 가장 큰 장점은 단절 없는 법의 〈진화〉를 보장할 수 있다는 점이다. 즉, 그 목적은 현명한 선견에 근거하여, 구법이 이성적인 것(Vernunft)에서 무의미한 것으로, 혜택에서 저주로 바뀌기 전에 그 구법을 신법으로 이행시키는 것이라고 할 수 있다.

　완전히 건강한 〈민족성〉조차도 그 성숙기의 정점에서만 〈법감정〉과 〈법적 형식〉의 축복스러운 결합, 나아가 완전한 내적인 〈법적 권력〉을 획득할 수 있는데, 반면 미성숙기나 혹은 쇠퇴기에서는 〈외적 권력〉을 쟁취하기 위한 투쟁으로 가득 차게 된다. 성숙한 〈민족성〉에게 있어서 법의 평화적 〈진화〉는 동요하는 세력(Kraft) 간의 투쟁으로 중단되는 일이 간혹 벌어질지 모르지만, 내적 평화는 비교적 빨리 회복되어, 투쟁의 상처는 다시 올바르게 치유될 것이다.

---

[179] 법률가가 제정한 실정법. 〈법률가법〉이란 〈로마법〉 학자들이 봉건법의 해체기에 만든 법에 대한 총칭으로서, 독일에서는 15세기 이후에 받아들여져서 〈독일민법〉(Bürgerliches Gesetzbuch)이 공포된 1896년 이전까지 독일 법률가들(특히 학자)이 만들어낸 법률 체계이다.

8. 〈법적 형식〉과 〈강압적 형식〉

역사적으로 볼 때 〈법적 권력〉으로 향하는 길은 상당 부분 〈강압적 권력〉을 통해 인도되었다. 〈무력통치자〉들은 항상 법에 의해 승인되고 추앙되려는 욕망을 느낀다. 그가 정당한 왕을 왕위에서 폐위시켰을 때, 그 전임자의 자리에 앉아 전임자의 왕관으로 장식되기를 원하고, 그는 자신이 지배하는 〈강압적 형식〉에 대해 자제하려 하지 않으며 그에 더해 모든 〈법적 형식〉 전체를 소유하기를 원한다. 그렇지 않으면 자기 자신이 사람들의 정서들을 완전히 지배하고 있다고 믿지 않는다. 따라서 그는 〈법적 형식〉의 아주 작은 부분이라도 간과하려 하지 않는다. 그는 자신을 법에 의한 지배자로 선언하고 법관을 임명하며 자신을 지배자로 인정하지 않는 자를 처벌하도록 명령한다. 그러나 이러한 행동은 정말로 그의 정당한 전임자가 가지고 있던, 사람들의 가슴을 지배하는 권력을 그에게 부여하는 것일까? 절대로 아니다. 그의 법률은 양심을 구속할 수 없으며, 그의 재판관들의 판결은 부당한 강압으로 사람들에게 인식되고 있다. 그가 이용하는 외적 〈법적 형식〉은 **〈강압적 형식〉의 지속**일 뿐이다. 그가 과거 무기를 이용하여 적군과 싸운 전쟁 이후, 이제는 더 이상 감히 전장에 나서지 못하는 개별 인간에 불과한 반대자들을 상대로 그는 쇠사슬과 교수대를 이용한 또 다른 전쟁을 벌이고 있을 뿐이다. 사람들이 그가 요구하는 영예를 공개적으로 거부하는 경우 그들을 체포하고, 그들이 자신에 대한 음모를 만들고 있다고 의심하게 되면 그들의 집까지 추격한다. 그에 의해 공포된 법률은 〈법적명령〉(Rechtsgebot)이 아니라 단지 〈강압적 명령〉(Zwangsbefehl)이며, 그에 의해 임명된 법관들은 재판관이 아니라 마치 루이 14세의 용기병과도 같은 집행자(Nachrichter)들이다. 왕위 찬탈자가 행사하는 강압이 신앙심이 깊은 위그노(Huguenots)들의[180]

---

180 캘빈의 영향을 받아 천주교에서 개신교로 개종한 프랑스인들. 천주교를 반대하여 세 차례의 전쟁을 일으킴. 1572년 8월 24일에 일어난 "성 바돌로

마음을 개종시키지 못한 것만큼 그 찬탈자의 강압은 [이전의] 정당한 왕에 대한 사람들의 충성심을 억제할 수는 없다.

　오늘날의 새로운 〈권력자〉들은 지난 세기와 수천 년 동안의 〈권력자〉들과도 마찬가지로 〈법적 형식〉을 갈구하고 있다. 제1차 세계대전 후 오스트리아-헝가리 땅에 세워진 새로운 국가에서는 〈강압적 형식〉이 서슴없이 〈법적 형식〉을 사칭하고 있으며, 이러한 새로운 강압에 저항하는 누구라도 대 반역자가 되었다. 소수민족은 아무리 그 규모가 크더라도 근본적인 국민의 〈자결권〉을 주장할 수 없는데, 그러한 〈자결권〉은 이미 단지 승자들만이 자신들을 위해 엄숙히 선언할 수 있는 것이기 때문이다. 원천적 권리를 말살시키면서 〈강압적 선고〉(Gewaltspruch)로 법을 제정할 수 있는가? 〈강압적 지배자〉(Zwingherr)는 법의 지지를 시급히 필요로 하기 때문에 강압을 법이라고 단지 우기기만 함으로써 법으로 전환시킬 수 있다는 자기기만에서 벗어날 수 없다. 노르만의 윌리엄(William Norman)이 헤이스팅스(Hastings)의 피가 낭자한 들판에서 색슨(Saxon)의 왕 해럴드(Harald)를 격파하고 살해하였기 때문에 그가 색슨(Saxon)인들의 가슴속에 정당한 왕으로 인정되었던가? 노르만과 색슨이같은 영국의 공통의 언어와 공통의 〈법감정〉으로 형제자매로서 결합되기 전까지는 강압에 의한 폭군들이 연속적으로 왕위를 계승하였다. 진정한 〈법적 권력〉은 〈내적 권력〉이며, 그것은 가슴에서 따르는 것이고, 그러한 가슴에는 더 이상 강압이 필요하지 않거나 무법 치하의 단지 소수에 대해서만 강압이 필요하게 된다. 진정한 법적 권력은 실제적인 권력이며, 가슴으로 인정된 왕은 자신의 명령에 대한 자발적 추종자를 찾을 수 있다. 손을 들도록 강제되지 않는 한 압제자에 대하여서는 어느 누구도 손을 들지 않으며, 그의 압제가 끝나면 그는 사람들의 증오에 쫓기는 무기력한

메의 날 대학살 사건"에서 천주교도들에 의하여 학살당함.

구걸자로 전락할 뿐이다.

역사적으로 수립된 〈무력지배〉들 중에서 진정한 〈법적 권력〉으로 성숙하게 된 것들은, 최초에는 군대를 이용한 공포에 의해 지배하였지만 이후 대중의 정서를 〈문명〉과 문화의 도움으로 인하여 얻을 수 있도록 스스로 변모한 경우뿐이다. 인민대중의 〈강제적 추종〉(erzwungene Nachfolge)이 **〈법에 의한 자발적 추종〉**(rechtswillige Nachfolge)으로 바뀌기까지 거쳐왔던 긴 도정에서 〈강압적 형식〉이 마침내 전적으로 〈법적 형식〉으로 온전히 느껴지게 되기까지, 인민대중의 정서는 다양한 일련의 **과도기적 분위기**(Übergangsstimmung)들을 겪어야 하였다. 자유의 상태를 당연시 여기는 현대인의 마음은 더 이상 그러한 분위기들에는 공감할 수 없으며, 현대인들에게 노예 상태는 항상 참을 수 없는 강제로 느껴지기 마련이다. 그러나 인구의 다수, 그리고 종종 대다수가 노예 법 아래 살았던 수천 년 동안도 정말 현대인처럼 느꼈을까? 노예란 단지 자신에게 주어진 〈재산〉에 속하는 것으로 여기는 주인들은 이러한 장구한 시간을 통해서 자신들이 노예에 대하여 가지고 있는 〈지배권〉을 〈완전권〉이라고 간주하였고, 노예 〈소유권〉을 자신들에 속한 여타 물질적 〈재산〉에 대한 〈소유권〉과 다르게 간주하지 않았다.[181] 또한 속박된 노예들의 관점에서 볼 때도, 그나마 그들이 가지고 있는 〈삶의 감정〉(Lebensgefühle)을 자위하기 위하여서는, 일반적으로는 거의 변화시킬 전망이 없는 그들의 운

---

181 '지배'를 뜻하는 라틴어 *dominium*은 원래 주인, 혹은 노예 소유자의 뜻이며, 이는 *domus*(형용사로서 '가족의', '가계의'의 의미)에서 유래되었는데, 후자는 집에서 일하는 하인을 지칭할 때 쓰였다. 이는 가족을 의미하는 *familia*가 *famulus*(노예)에서 연원하는 것과 유사하다. 하지만, *dominium*은 항상 사람과 사람 간의 관계에서만 사용되었다. 그런데 노예가 인간이 아니고 '물건'으로 간주되기 시작하자, 노예에 대하여 사용되던 '지배'라는 단어는 점차 사물에도 적용되기 시작하였다(Graeber, 2011: 201).

명에 대하여 체념할 수밖에 없었다. 농촌에서 농노들이 견뎌야만 하였던 더욱 약한 형태의 예속에 있어서는 이같은 상황이 확실히 해당된다. 대체로 영주나 그의 대리인들이 거친 팔로 간섭하지 않는 한, 농노들은 스스로의 노동에서 나오는 육체적인 활기를 누릴 수 있었고 특히 그들은 당대의 자유농민들만큼이나 그들의 노동에서 나오는 결실을 향유할 수 있었다. 실상 당대의 환경에서는 자유농민은 사실상 농노만큼이나 강하게 법에 의하여 토지에 속박되어 있었다. 그러나 더욱 가혹하게 속박되어 있던 대다수의 비자유인들도 무기력한 체념을 통하여 장기적으로 자신들의 운명을 받아들여야만 하였다. 본능적으로 자유에 대한 갈망과는 거리가 있던 〈대부족〉의 구성원들은 자유로운 상태로 있는 것보다는 오히려 어느 정도 자신들을 돌봐주는 영주에게 의지하는 것이 더 편하였을 것이다. 이 모든 분위기들은 일종의 〈지배권〉(Herrenrecht)를 인정하는 것이 아닐까? 적어도 단순히 고립되어 발산되었던 개인적인 저항 이외에는 다수의 정신들이 조용히 복종하면서 보낸 그러한 아주 오랜 기간 동안에 관해서는 적어도 그러한 〈지배권〉이 있었음을 인정하여야만 한다. 하지만 영국, 프랑스의 자크리(Jacquerie), 또는 독일의 〈농민반란〉(Bauernkrieg)들과 같은 대규모 노예 봉기나 농민 반란이 일어난 곳에서는 억압당한 자들의 〈법감정〉은 굴복하지 않았을 것이라는 분명한 증거가 우리 앞에 있으며, 비록 반란이 잔혹한 무력에 의하여 진압되었더라도 그들의 이반(離反)은 소멸되지 않았다고 생각하여야만 한다. 결국 유럽인들의 마음은 모든 형태의 예속, 심지어 그보다 약한 종류의 속박도 자신들의 본성과는 양립할 수 없음을 느끼게 되었고, 따라서 그러한 속박을 폐지하게 되었다.

법적으로는 자유롭지만 빈곤의 압박을 받고 있는 대부분의 오늘날의 프롤레타리아가 느끼는 분위기는 과거의 자유롭지 못한 사람들이 느꼈던 분위기와 밀접하게 연관되어 있다. 또한 그러한 분위기는 또한 자신들의 〈자결권〉이 심각히 훼손되었다고 느끼는 소수 민족들이 느끼는 분위기와도 유사하다. 소수 민족들이 자신들 스스로 문화적 가치를 창출할 만큼 충분히 성숙되지 않은 경우 자신들이 아직 〈자결권〉을 주장할 자질이 부족함을 시인하여 왔다. 그러나 충분한 단계에 이르렀음에도 불구하고 〈자결권〉이 없다는 것은 거의 참을 수 없는 강제에 기인한다고 인식한다. 더욱이 과거에는 민족의 자유를 소유하였고 또한 자신 고유의 문화를 향유하였지만, 이제는 불운한 전쟁으로 인하여 독립성을 잃은 〈소민족〉들은 외세에 의한 주권 행사하에서 가장 큰 고통을 받는다. 하지만 19세기의 민주화 운동은 이미 정치적 독립과 문화적 독립을 모두 완전히 상실한 듯 보인 적지 않은 수의 그러한 민족들에게 새로운 힘들과 요구들을 일깨웠다.

새롭게 발흥하는 법은 오래된 기존 법에 계속해서 추가되기 마련이다. 최초에는 이 새로운 법은 법의 중요한 특성이라고 할 수 있는 내적인 〈당위성〉이라는 형태로 사람들의 감정에는 침투되지는 못하였고, 일종의 외적 〈습속〉(Sitte)으로만 여전히 비춰졌다. 아마도 새로운 법을 **추종하려는 열정**은 특히 생생하였지만 그 법은 아직 굳건한 **의무**(Pflicht)가 될 만큼 견고하게 되지는 못하였을 것이다. 명망 있는 지도자의 지휘 아래 해외 원정에 나선 도전적이고 모험적인 청년들은 정확하게 계산된 어떤 규범에 의한 지시보다는 지도자가 그의 불굴의 의지와 강인한 팔에 의하여 유지하는 엄격한 규율에 기꺼이 복종한다. 그때 지도자가 추종자들에게 내리고 또한 그의 대중들이 열성적으로 복종하는 명령들은 일종의 〈계엄법〉과 같은 형태로 나타난다. 어떠한 명령들이 선택되고 그것이 성공적인 것이 확인되었을 때 그러한 명령들에서 유럽 군대에서 인정을 받고 있는 〈전시법〉(Kriegsgesetz)이 싹트게 되었다. 그 이후 군사적 행동으로 국가가 수립되고 이에 〈계엄법〉이 〈평시법〉(Friedensrecht)에 의해 보완되는 경우, 그 〈계엄법〉은 〈민중법〉(民衆法 Volksrecht)[182] 내지 〈완전법〉의

---

[182] 〈법률가법〉(Juristenrecht)과 대비되는 개념. 〈시민의 법〉 혹은 〈인민법〉

위상으로 격상된다. 그러나 군사적 행동이 강도짓 수준의 규모를 넘어서지 못한다면 그때의 법은 강도들과도 같이 〈보편법〉(allgemeines Gesetz)이 미치지 못하는 곳에 존재하는 소수의 사람들의 그룹만을 위한 〈특별법〉(Sonderrecht)일 뿐이다. 강도의 법은 두려움과 공포를 이용하여 자신들의 무리 내에서는 관철될 수 있거나 혹은 칼 무어(Karl Moor)[183] 같은 사람의 마음에는 순수한 법으로 간주될 수 있지만, 결코 〈완전법〉이 될 수는 없다. 무법자들의 무리에서는 건전한 도덕적 충동이 그 무리 내의 동료의식의 정신을 그 무리에 대한 지속적 의무감으로 고양시키는 것은 불가능할 뿐만 아니라, 그러한 강도의 법은 필연적으로 〈대중전체〉의 법과 상충되기에 결코 진정한 법이 될 수 없다. 진정한 법은 모든 개별적 규칙들을 하나의 일관된 〈전체〉하에 결합하는 보편적 질서의 일부로서, 내적 일관성을 가져야만 하기 때문이다.

9. 〈법형성〉의 방식과 발전에 대하여

최초의 〈법적 형식〉은 엄격한 전형에 맞추어져 있었다. 이는 마치 초기 예술에서 보이는 엄격히 전형적인 형태(Gestaltung)와도 비교될 수 있다. 삶에서 보이는 다양한 〈법형성〉(Rechtsgestaltung)들을 표현하는 바를 〈입법자〉들은 단지 점차적으로만 배우게 된다. 이 점에서 로마 판사는 로마 〈입법자〉보다 앞선다. 왜냐하면 전자는 동시에 과학적으로 훈련된 법률 전문가였기에 〈법형성〉의 임무에 특히 적합하였기 때문이다.

가장 뛰어난 법적 재능을 가진 민족들 사이에서도 **〈법적 형식〉을 형**

으로 번역되기도 한다. 신이나 혹은 〈입법자〉가 제정한 법이 아닌, 자율적 질서에서 생성된 법으로서, 각 개인의 양심, 그리고 그에 대한 모든 사람의 확신에 기초한다.

183 실러(Friedrich Schiller)의 희곡 《군도》(群盜 Die Räuber)에 등장하는 주인공으로서 귀족 출신의 산적단 두목.

성(Formbildung)하는 기술(Kunst; art)은 일반적으로 〈법적 내용〉상의 발전보다 뒤처져 있기 마련이다. 그러한 기술은 다른 모든 기술과도 마찬가지로 그 개발에 시간이 소요되기 마련이다. 어떠한 한 국가의 〈힘있는 자〉들은 주로 자신의 권력 유지를 위한 〈법적 형식〉에 대한 승인을 얻는 바에만 관심이 있으며 이러한 이유로 처음에는 자신만을 위한 〈법적 형식〉을 형성시킨다. 반면 그와 병행하여 〈민중의 권리〉(Recht des Volkes)는 말하자면 '억센 풀처럼' 성장한다. 한편, 국가에서의 〈힘있는 자〉들은 자신들이 만든 법과, 통제되지 않으며 성장을 하고 있는 〈민중의 권리〉에 대한 폭넓은 관용(寬容)이라는 두 가지 모두를 결합하여야만 한다는 것을 잘 알고 있다.

태초의 법은 일방적으로 지배자의 성향에 맞춰 형성되었지만, 동시에 지배자가 부여하였던 실제적인 권력에 의하여 지지되고 있었다. 이집트에 관한 에르만과 랑케[184]의 훌륭한 책에서는 이러한 상황을 왕과 그의 궁정에 관한 장에서 가장 적절하게 설명하고 있다. 이에 관련된 구절을 그대로 인용하고자 한다.

> 그리스와 로마의 정신적 유산으로부터 우리의 살과 피로 전해진 국가라는 이념은 고대 동양인들에게 여전히 낯설 뿐만 아니라, 현재의 동양인들에게도 생소한 것이다. 동양에서는 전체 국가라는 기계는 지배자를 위해서만 작동한다는 관점이 지배적이었고 많은 경우에 그러한 견해는 여전히 지배적이다. 지배자의 금고를 채우기 위해 세금이 바쳐지고, 그의 영광을 위해 전쟁을 일으키고, 그의 명예를 위해 대규모 건축이 행하여진다. 모든 토지와 모든 재화는 그의 〈재산〉이며, 다른 사람에게 토지를 할당하여도 사실 그것은 어느 순간에라도

---

184 Adolf Erman & Hermann Ranke(1885). *Aegypten und aegyptisches leben im altertum*(고대 이집트와 이집트의 삶). Tübingen, H. Laup.

철회할 수 있는 것이다. 백성들 자체도 그에게 속해 있고 그가 원하면 언제든지 그들의 생명을 처분할 수 있다.

물론 이것은 공식적인 관점일 뿐이다. 하지만 실제로는 여기에도 상황은 많이 다르고, 모든 것을 신처럼 지시하는 것처럼 보이는 왕은 일반적으로 그렇게 독립적이지 않다. 그 왕 옆에는 이미 선왕을 섬겼고 서기들과 관리들의 무조건적 충성을 확보한 늙은 고문들이 있고, 또 그 옆에는 맹목적으로 복종하는 군인들을 거느리는 장군들과 하층 계급들에 대하여 무제한적인 권력을 가진 사제들이 있다. 그리고 멀리 떨어진 수도에 사는 지배자 자신보다 훨씬 근거리에서 있는 개별 영지에 위치하면서 백성들을 통치하는 부유한 귀족 가문들도 있다. 왕은 이러한 강력한 자들 중 어느 누구와도 관계를 훼손하고 싶어 하지 않았을 것이다. 왕은 그의 예민한 장관들을 조심스럽게 다루어야 하고, 해롭지 않은 한, 장군들이 야망을 배출할 수 있도록 출구를 열어야 하고, 자신의 신하들이 결코 귀족들을 거스르지 않도록 살펴야만 하며, 무엇보다도 그는 사제들과 잘 지내는 법을 알아야 한다. 그가 이러한 모든 필요 사항을 충족하는 방법을 알고 동시에 이러한 각 요소들이 서로를 견제하고 균형을 이루게 하는 방법을 이해하는 경우에만 그는 길고 축복된 통치를 할 수 있는 가능성을 가질 수 있었다.

여기에서 고대 이집트에 대해 설명하는 내용은 〈법적 권력〉이 〈법적 형식〉으로 아직 완전히 정립되지 못한 모든 시대와 모든 민족들에게 적용된다. 이러한 의미에서 우리는 예전부터 많이 인용되어 온 바 있던 문구를 올바르게 이해하여야 한다. "**그리고 왕은 절대적인데, 단, 우리가 원하는 대로 하는 한 그러하다.**" 이 구절은 보수적인 융커(Junker)들이 만들었다고 알려져 있다. 그렇기에, 이 말은 단순히 흔한 유머가 아니라, 현실을 충실히 반영하는 정확한 관찰의 표현이다. 〈군주의 법〉(Königsrecht)

만이 유일하게 공식화된 법률이며 유일하게 공식화된 법률로 남아 있어야 함을 융커들은 인정한다. 그들은 자신들에 고유한 〈신분적 권리〉(Standesrecht)를 왕의 절대권(absoluten Recht)과 같은 위상으로 명시적으로 인정할 것을 요구하지는 않는다. 왜냐하면 융커들은 직접 나서지 않고 왕의 커튼 뒤에 숨어서 백성들과 상대하기를 원하기에, 자신 스스로는 왕의 절대적 권리를 온 힘을 다하여 유지하기를 바라기 때문이다. 융커들은 자신들의 〈권력의 이익〉이 실체적으로 용인되는 한, 그것만으로 충분히 만족한다. 반면 군주는 융커들의 추종이 필요하기 때문에 기꺼이 융커들의 〈권력의 이익〉을 허락한다. 왕 혼자서는 백성 전체에 대항하기에는 너무 약하기 때문이다.

10. 특히 현대의 〈헌법규범〉의 형성에 관하여

현대의 〈헌법규범〉(Verfassungsrecht)에는 특이한 점이 있다. 그 형태는 삶에 기반하여 직접적으로 형성되지는 않으며, 대체로 〈공공생활〉에 대하여 형성된 관념(Vorstellung)들에 의해 결정된다. 이러한 명제는 또한 〈헌법규범〉에 나타나는 경제적 측면에도 해당되는데, 그러한 〈헌법규범〉의 경제적 측면은 오늘날 〈개인주의〉나 사회주의에 관한 관념이 지향하고 있는 바에 따라 결정되며, 그 이상들이 실제적 〈성공〉을 성취하였는지의 여부에는 주목하지 않는다. 사적 생활은 더욱 작은 범위의 영역을 다루고, 또한 그 형성(Gestalt)은 더욱 명료하게 법적으로 파악될 수 있다. 그에 반해 〈공공생활〉은 그 범위가 아주 크고 또한 거대한 부침(浮沈 Treibne)이 있기에 관찰자의 시선이 개관하기는 쉽지 않다. 따라서 〈헌법규범〉은 〈공공생활〉에서의 실제 모습을 재현하는 대신, 〈권력욕〉과 이상화된 〈사유〉에 따라 원하는 모습의 국가 건설을 할 수 있도록 하는, 어떠한 실현 가능한 것으로 여겨지는 관념에 근거하기 쉽다. 따라서 최초의 〈군주의 법〉은 **이상적인 군주제라는 사상**에 기초하여 형성되었고, 군주의 권리는 완벽한 군주가 자신의 최선을 다할 수 있게 하기 위해 필요로 하는 바를 충족시키기 위해 설정되었다. 하지만 그 이후 당대의 유약한 후계자들은 자신들의 권리를 최대한 활용하는 방법을 몰랐거나 혹은 더 일반적인 경우에는 그들에게 주어진 권력이 과다하여 남용하기에 이르기도 하였다. 따라서 유약한 군주는 자신의 변덕의 산물에 사로잡혔거나, 그가 가장 친애하는 사람들과 그 자신의 정부(情夫)들, 또는 주변의 힘이 강한 사람들에 의해 좌우되는 경우도 발생할 수도 있었다. 그러한 자들은 모두 군주에게는 없어서는 안 될 시종들로 보좌하였다. 군주는 이제 이름뿐이었고, 단지 권력이 주는 외면적인 영예만을 누린 반면, 그 주변인들이 실제로 왕의 권력을 철저히 향유하였다. 바로 이 점에서 〈법적 형식〉이 가지는 중요성이 드러난다. 왕이 총애하는 그 전능한 남녀들은 일반인에 적용되는 〈법적 형식〉과는 떨어진 치외법권적인 무대 뒤에 항상 숨어있었다. 그리고 실제로 발생한 일은 항상 왕의 이름으로 발생한 것일 수밖에 없었고, 외부의 대중들은 도대체 어느 누구의 머리속에서 그들의 운명이 결정되었는지 전혀 알지 못하였다. 오로지 궁정 내부자들만이 이러한 상황을 알고 있었고 또한 이런 상황을 이용하였다. 리슐리외(Richelieu) 또는 쥘 마자랭(Mazarin)[185]과 같은 강력하고 정치가적 자질이 뛰어난 장관들조차도 각광을 받을 수는 없었다. 만일 그들이 권력의 행사를 보조하는 데 그치지 않고 자신 스스로가 권력을 소유하고 있음을 외부적으로 인정받기를 원하였다면 그들의 권력은 순식간에 종식되었을 것이다. 메로빙거(Merovingian) 왕조의 궁재(宮宰)[186]가 메로빙거 왕조를

---

[185] Jules Raymond Mazarin, cardinal-duc de Rethel et de Mayenne et de Nevers(1602-1661). 이태리 출신 프랑스 추기경 및 정치가. 루이 14세 시대의 섭정.

[186] 피피누스 3세 브레비스(Pippinus III Brevis)(714-768) 혹은 피핀을 지칭한다. 그는 741년부터는 네우스트리아와 부르군트의 궁재였고, 748년부터는 프랑크 왕국의 궁재였다. 751년에 메로빙거 왕조의 이름뿐인 왕이던 힐데리

타도하고 카롤링거(Carolingian) 왕조를 열었을 때, 그가 왕권에 대한 권리를 마침내 성공적으로 주장할 때까지 오랫동안 국가의 실질적인 수장으로 두각을 나타내야 하였다. 이러한 예를 보자면, 〈법적 형식〉에 큰 비중을 두는 것은 의미가 있을까? 〈법적 형식〉은 단지 **평화로운 법의 시행**만을 보장하는 반면 실체적 권력은 여전히 그 권력 자신의 텃밭에서 작용하고 있다. 물론, 강력한 대표자가 너무 오랫동안 부재하는 경우 〈군주정〉은 결국 무너지고 와해되기 마련이다. 메로빙거의 역사가 그 좋은 예이다. 루이 16세는 전임자들의 죄를 속죄하기 위해 비극적인 종말을 맞이할 수밖에 없었다.

〈경제적 자유주의〉(wirtschaftliche Liberalismus) 역시 중상주의 체제하에서의 간섭(Bevormundung)에 대한 반발이 탄생시킨 이상적인 표상들에서 출발하였다. 개인의 직업에 대한 자유와 경쟁의 사회적 효과에 대한 과장된 가설에 사람들은 쉽게 빠져들었다. 그리하여 중상주의가 확립한 바 있던 〈법적 형식〉들의 대부분은 〈강압적 형식〉으로 인식되어 폐지가 요구되었다. 즉, 국가 경제는 기본적으로 국가의 개입으로부터 자유로워야 한다고 주장되기 시작하였다. 물론 적절한 장소에서는 경제적 자유는 실로 위대하였고 또한 가장 큰 〈성공〉을 창출하였던 것도 사실이지만, 그러한 경제적 자유가 잘못 적용된 많은 영역들도 있었고 그러한 영역에서는 [그 경제적 자유의 잘못을 치유하기 위하여] 강력한 〈강압적 권력〉들이 요구되었다. 역으로, 국가 경제의 확장에 의해 강화된 〈자본주의 권력〉(kapitalistische Macht)은 국가가 그 권력의 자유로운 작동이 허용되자마자 즉시 〈패권적 권력〉의 위치로 성장할 수 있었다. [그러한 〈자본주의 권력〉하에서는] 대중 내의 약한 계층들은 스스로 자조적 해결책을 찾지 못하게 되는 경우 심하게 억압당하고 곤경에 빠지게 되었다. 그 이후 프롤레

히 3세를 폐위하고 왕위에 오르게 된다.

타리아 사상가들이 이상적 경제 국가라는 표상을 도입하였고, 경제의 가장 외적인 〈강압적 형식〉을 〈법적 형식〉(Rechteform)으로서 요구하게 되었다. 그럼으로써 현대의 법적 생활(Rechtsleben)에 커다란 혼란을 야기하게 되었다. 〈법적 권력〉이, 원래 그것을 탄생시킨 요인으로 간주되는 〈성공〉과 가지고 있던 순수한 관계가 단절될 위험에 처하였기 때문이었다. 즉, 〈법적 권력〉은 어떠한 **실제적인** 〈성공〉에 의존하는 것이 더 이상 아니고, 이제는 어떠한 이념이 국민의 마음을 얻을 수 있는 여부에 달리게 된 것이다. 그럼으로써 이미 많은 불행이 사람들에게 닥쳤고 여전히 위협적인 문제는 상존한다. 이제 우리 자신의 사고(Besonnenheit) 자체를 가혹히 시험할 때가 온 것이다.

우리 시대에 있어서의 〈민주주의〉 운동은 민주적인 〈강령형식〉(Verfassungsform)를 이상화하여 천진난만한 믿음을 가지고 받아들인다. 이는 〈절대주의〉 시대에 그 〈법적 형식〉을 받아들였을 때에 그러하였던 것과도 마찬가지이다. 후자가 이상화된 군중을 전제로 하였던 것처럼, 〈민주주의〉 운동은 이상화된 대중을 전제로 한다. 사람들은 〈보통선거권〉 제도에서 무결점의 〈법적 형식〉을 발견하였다고 믿고 있다. 하지만, 대중 중에서 최고의 인물을 선택하는 것은 생각만큼 간단한 문제가 아니다. 역사적으로 시도되었고 충분한 시험을 거친 오래된 〈민주주의〉 국가에서만 성숙한 대중이 존재하며, 따라서 참된 선거를 시행할 수 있는 필요조건이 발견된다. 유아기의 〈민주주의〉는 아직 그 수준으로 발전하지 못하였다. 이에 관하여 추후에 이야기하고자 한다.

VII. 〈문화권력〉들

1. 〈신앙공동체〉

〈문화권력〉들의 내면적 가치는 삶을 풍요롭게 하며, 그것들에 내재된 감수적인 정신은 가장 거대한 외적 보물에서 얻는 것보다 더 큰 만족을 부여한다. 그것들은 삶을 옷과 관(冠)으로 장식하기 때문에 중요할 뿐만 아니라 가장 높은 수준의 [인간 간의] 결속력(bindende Kraft)을 가져오기 때문에 중요하다. 하지만 사람들이 이러한 〈문화권력〉들이 가지고 있는 결속력을 느낄 수 있기에 앞서 우선적으로 먼저 무력(Gewalt)이라는 철을 이용한 의한 강제로 인간들을 결속하고 〈질서유지적 권력〉에 의해 교육을 시켜야만 하는 것은 사실이다. 하지만 일단 이 〈문화권력〉들이 작동하기 시작하면, 〈문화권력〉은 권력의 우월성을 보여주기 시작한다. 〈문화권력〉은 자신의 〈실질적 내용〉을 감소시키지 않고도 다른 사람들과 공유될 수 있다. 실제로 〈문화권력〉은 공동으로 소유할 때 더욱 강화되기에, 상호 간의 투쟁이 아닌 평화를 창출시킨다. 그 〈문화권력〉들은 본질적으로 [공유되더라도] 불변하기에(beständig) 이러한 목적을 달성할 수 있는 것이다. 그렇기에 세계 종교를 발흥시킨 〈세계제국〉들이 이미 멸망한 지 오래지만, 위대한 종교들은 여전히 살아남아 있다.

모든 위대한 종교 중에서 기독교는 가장 강력한 결속력을 가지고 있음을 입증하였다. 그것은 개인들을 뭉치게 하고, 동시에 용서하는 힘을 가졌기에 〈세속적 지배〉(weltliche Herrschaft)를 초월하였다. 이는 다른 어떤 것도 달성할 수 없는 바였다. 신앙이 인간 정서들에 대하여 행사하는 권력을 보여주는 가장 중요한 대표적 사례를 교회에 의한 지배에서 찾을 수 있다. 〈역사서술가〉들은 오랫동안 이에 대한 연구를 소홀히 해왔지만, 이러한 〈문화권력〉은 적어도 〈군사적 권력〉의 역사만큼 관심을 기울일 만한 가치가 있다.

천지의 전능한 창조주인 유일신에 대한 믿음은 그 유일신에 충심으로 헌신하는 영혼들을 굳건한 공동체하에 결속시킨다. 유일신, 유일 교회!-믿는 마음은 그와 달리는 생각할 수 없기 때문에 기독교 교회는 태초부터 자신을 신자들의 〈공동체〉로 간주하였고, 첫 신앙 고백에서도 스스로를 가톨릭 또는 〈보편교회〉(allgemeine Kirche)[187]로 명명하였다. 볼셰비키주의자들은 자신들의 메시지가 "모든 사람에게" 전달되었다고 주장하였는데, 이같은 말은 교회에도 해당된다. 최초의 사도들과 제자들처럼 오늘날에도 그들의 선교사들은 구원의 메시지를 전하기 위해 세상으로 나간다. 인류가 갈망으로 가득 차 있던 〈고전적 세계〉(antike Welt) 말기와도 같이, 믿음을 갈망하는 시대에 있어서 이 메시지는 강건한 영혼뿐만 아니라 영혼이 가난한 자들을 포함하여 많은 사람들의 모든 정서에 깊이 받아들여졌다. 강한 영혼들은 단순히 믿는 척하는 것이 아니라 진정으로 믿는 자들이었고 그들은 다른 사람들을 믿음으로 인도하는 자들이었다. 그들의 믿음이 아무리 세련되지 못하였더라도, 영혼이 가난한 사람들은 단순한 몸짓만이 아닌 자신의 영혼으로 따랐고, 그 영혼들은 믿음으로 위로를 받았다. 전능한 신은 전지하며 절대 선이기에, 신에 대한 믿음과 신의 사랑이 영혼에 동시에 심어진다. 그리고 신은 자신의 형상대로 사람들을 창조하였기에 신의 사랑은 〈인인애〉를 또한 요청하며, 이는 가장 상위의 〈윤리원칙〉(Sittengesetz)으로서 다른 모든 〈윤리〉의 〈요청〉을 포괄한다. 따라서 **신자들의 공동체**는 단순히 결속되어 있는 것이 아니라 **동시에 〈윤리적〉 〈삶의 공동체〉**로서 결속되어 있다.

그러나 초기 기독교에서는 지상에서의 삶과의 관계는 덜 중요하였

---

187 Katholikos(καθολικός)는 원래 '보편적'이라는 고대 그리스어 형용사에서 유래하였다. 이는 그리스어에서 '~에 관하여'를 의미하는 katá(κατά)와 '전체'를 의미하는 hólos(ὅλος)라는 두 단어가 합성된 형태이다. 후기 라틴어에서 catholicus로서 광범위하게 사용되기 시작하였다.

다. 왜냐하면 이것은 불교와 마찬가지로 이 세상과의 단절에서 위로를 구하였기 때문이다. 그러나 교회가 이 세상의 표상과 내세의 표상을 통합하는 방법을 알고 있었다는 점에서 볼 수 있었던 바처럼, 교회는 새로 자신으로 유입되는 서양 민족들이 가지고 있던 활력에 적합하도록 점차 변모하게 되었다. 로마교회는 속세에서도 신자들의 지도자가 되었고 특히 영적인 문화의 지도자가 되었다. 개신교의 열광적 지지자들이 후에 충동적으로 [교회 내의] 우상 파괴를 통해 교회를 정화하였지만, 사실 동방 교회는 그보다도 더 나아가 아예 〈고전적 문화〉의 잔재를 세상에서 없애려고 노력하였다. 로마 교회도 그러한 경향을 어느 정도 따랐다. 그에 의해 그 당시 〈고전적 문화〉의 위대한 보고들이 파괴되었다. 그렇기에 교회가 속세에 대한 권리를 주장하는 순간, 교회는 새로운 학문의 창조자가 되었다. 믿는 마음들을 괴롭히는 난해한 형이상학적 문제에 대처하면서 스콜라적 사유가 연마되었고 그 스콜라 철학의 부족한 면은 진실함으로 메꿔졌다. 스콜라적 사유는 나름대로 다른 인문학과 자연과학에도 영향을 미쳤다. 신학이 자신 스스로를 여주인으로 칭하고 과학은 단지 시중을 들고 있다고 하였을 때 그것은 주제넘은 이야기는 아니었다. 사실 신학은 과학에게 나아갈 길을 제시하였다. 신앙의 감정은 위대한 예술에서도 당당하게 표현되었다. 교회 예술은 아치형 모양의 하나님의 집에 그려져 있는 〈성스러운 밤〉(ehrwürdige Nacht)을 통해 헌신적 신앙을 상징화하였다. 또한 교회 위로 우뚝 솟은 첨탑들을 통해 신을 찾는 믿음의 열정을 상징화하였다. 도시에서 도시로 이어지는 하늘을 찌르는 듯한 수백 개의 대성당들은 신앙이 가지는 에너지가 속세의 어느 곳에서도 존재함을 증명한다. 또한 그 성당들을 장식하는 성스러운 형상들은 그 신앙의 충만함을 증언한다. 한 시대에 있어 [사람들이 가지는] 〈삶의 감정〉의 강도를 예술적 창조물로 측정한다면, 현재는 〈교회지상주의시대〉에 비해 그 활력 면에서 현저히 약해 보일 수밖에 없다.

    이에 더해 교회가 경제 발전을 위해 수행한 과업과 교육, 법률, 후견 등의 분야에서 〈공동체〉를 위한 행정가로서 공헌한 바를 고려하면 [교회에 내재한] 포괄적인 〈문화권력〉의 상(像)을 얻을 수 있는데 그러한 모습은 그 이전과 이후에 전무후무하다. 교회는 **모든 사람과 모든 사물의 지도자**가 되기를 원하였다. 교회가 축적한 부를 차지하더라도, 어떤 무력이라도 마음대로 사용할 수는 〈외적 권력〉이라도 교회의 〈내적 권력〉에 필적할 수는 없었다. 또한 교회의 보편적인 권력 앞에서는 어떤 〈외적 권력〉도 단지 부분적인 권력만을 주장할 수 있었다. 각 군주는 자신의 영토 내에서만 군림한 반면, 그러한 국가 간의 경계는 〈교회권력〉에는 적용되지 않았다. 끊임없는 전투로 인해 군대에 의한 〈지배권〉은 바뀌기 마련이며, 그 〈지배권〉은 모든 방향에서 생명과 〈재산〉을 위협하는 위험에 대해서는 충분한 보호를 제공하지 못하였다. 하지만 국가가 제공할 수 없는 것을 교회는 제공할 수 있었다. 내세의 세계에서는 〈평등한 보상적 정의〉(ausgleichende Gerechtigkeit)[188]가 달성될 수 있으므로, 선이 결국은 승리를 할 것이라고 사람들은 기대하게 되었다. 교회는 주변을 둘러싼 모든 악의 한가운데에서도 경건한 사람들에게는 영원한 행복이 보장된다는 흔들리지 않는 목표를 제시함으로써 **신자들에게 확고한 〈생의 감정〉을 불어넣었다**.

교회는 자신의 〈리더십의 위계〉를 이용하여 지상에서도 자신의 질서를 관철하기 위한 확고한 발판을 마련하였다. 공동의 신앙이 요구하는 공동 수행과 가르침을 위하여 각 마을 공동체마다 교회가 건축되고 사제가 임명되고, 사제는 주교하에, 그리고 주교는 교황까지 연결되어, 세상의 다른 어떠한 조직과도 비교될 수 없는 조직이 만들어지게 되었고, 모든 국가 조직을 자신의 그늘 아래로 가려버렸다. 물론 힘든 투쟁도 존재하였지만 [그러한 질서의 수립을 통하여] 비로소 교회는 **당대의 〈우세적 권력〉**

---

188 역주171참고.

으로 자리매김할 수 있었다. 교회는 국가를 능가하였고, 자신의 통치와 국가의 통치 사이의 경계를 스스로 결정하였다. 교회는 너무 강력해져서 이제는 심지어 국가의 영역 내에서도 자신의 이익을 가장 강력하게 보호하는 방법을 알고 있었다.

때때로 교회를 괴롭혀 왔던 최악의 외부 및 내부적 혼란에도 불구하고, 로마 교회의 권력은 천 년 동안 거듭되었다. 하지만 결국은 그간 점진적인 성장을 이루어 온 국가의 존재에 의해 제한을 받게 되었다. 국가는 자신의 〈내적 질서〉(innere Ordnung)를 확립한 후 넓은 〈삶의 영역〉(Lebensgebiet)을 독점하기 시작하였다. 반면 교회 교육과 병행하여 생겨나기 시작한 일반인을 위한 독립적 교육은 국가에게 영적 조언자 대신 세속적인 관료들을 공급하였다. 교회는 국가 행정의 관리라는 측면에서 영향력을 상실하게 되었는데, 그에 더하여 이전에 자신의 관리하에 있었던 많은 〈삶의 영역〉들을 이제는 사회의 자치적 관리로 넘기게 되었다. 이러한 국가와 사회에 있어서의 교회의 양보는 종교개혁의 결과로 일어난 종교적 분열과 밀접하게 연관되어 있다. 종교개혁 이후로 신자들의 공동체는 사분오열하게 되었고, 이제 신자들의 개별적 공동체는 이전과 같이 단합된 전체 〈신앙공동체〉가 가졌던 휘광을 더 이상 가질 수 없었다. 물론 그 개별 공동체들을 모두 합하면 산술적으로는 같은 수에 이르겠지만, 부분들의 합이 행사할 수 있는 영향력의 합은 분할되기 전의 〈전체〉의 영향력보다 훨씬 작았다. 이전에는 가톨릭교회가 국가보다 우월하였다. 그러나 이제 국가는 자신의 영토에 존재하는 교회보다 우월하게 되었다. 그리고 이제 국가는 자신이 신민의 종교를 결정한다고 주장함으로써 자신이 누리는 교회에 대한 우월성을 천명할 수 있었다. 그리하여 종교는 정치적 사안에 의해 좌우되게 되었고 〈정치적 영리함〉(Staatsklugheit)에 의할 때, 국가는 자신의 국경 내에서는 어떤 외세의 권력도 용인하기를 원하지 않았다. "*cuius regio eius religio*"(통치자의 종교는 피통치자의 종교를 지시하는 것)라는 말에서 볼 수 있듯이,[189] 군주는 신도가 가진 종교에 대한 〈통치권〉을 행사함을 통해 그가 신민에 대하여 가지는 〈통치권〉을 제고할 수 있었다. 프로테스탄트 군주는 국가 교회의 수장으로서 특히 유리한 위치를 차지하였지만, 가톨릭 군주 역시 가톨릭교회를 국교로 인정하고 그 대가로 가톨릭교회가 군주 자신의 권력을 위해 보조하도록 함으로써, 자신의 권력이 강화됨을 느끼게 되었다.

오랜 발전 후에야 정치적 자유와 함께 종교적 자유도 달성할 수 있었다. 하지만 많은 국가에서 국교는 여전히 다른 〈종교적 결사체〉(Religionsgesellschaft)들보다 특권적인 위치를 유지하였다. 물론 순전히 〈민주주의〉 성향의 국가에서는 종교는 사적인 문제라고 선언되었다.

장기간의 종교 전쟁이 종식될 때까지 누적된 과도한 피로감으로 인해 결국 [종교에 대한] 관용(寬容)이 승리하게 되었다. 그런데 이에 더해 현대 과학의 발전에 의해 촉발된 의심도 그러한 관용적 태도를 유도함에 있어 훨씬 더 크게 기여하였다. 국가가 강성해지자 교회가 자신의 신앙적 본분을 넘어서 간섭한 영역을 국가로 양도할 수밖에 없었다. 그런데, 이에 그치지 않고, 가톨릭교회는 신앙의 분열로 인해 프로테스탄트에게 많은 민족과 국가를 양보하게 되었다. 그리고 **믿음의 영역 자체에** 있어서의 **신앙에 대한 회의심**으로 인하여 수백만의 영혼들이 새로이 발흥한 프로테스탄트와 구 가톨릭을 포함한 여하한 교회들로부터도 이반되었다. 현대과학은 자연의 관찰을 통해 증명된 실증적 방법을 터득하였고, 전혀 실제적 효용이 없는 스콜라적 학문의 방법론과 결별하여 버렸다. 그리고 또한 인문학이 현대적 의미로 재정립된 후에는 과학적 지식은 더

---

189   신성 로마 제국 황제 카를 5세와 프로테스탄트 제후 간의 강화인 아우크스부르크 화의(1555)에서 나온, 로마 가톨릭교회와 개신교 간의 갈등을 조정하기 위한 원칙. 하지만 개인은 종교의 자유를 선택할 수 있는 권한이 없었고, 군주가 정한 종교에 따라야 하였다.

이상 신학에 봉사하지 않게 되었다. 이제 과거의 하녀는 여주인에게 자신의 봉사를 종료한다는 통지를 보냈고, 오히려 하녀는 여주인과의 결투를 발표하였다. 과학적인 마음은 맑은 시선을 통해 신앙 뒤에 감춰져 있던 유치한 미신을 드러냈고, 따라서 명철한 판단력에 의해 "[과학은] 신앙의 가장 소중한 아이"라는 더 이상 믿기 어려운 이야기는 사라지게 되었다.

그런데, 현대 사상가들은 처음에는 신앙의 정화만을 목표로 삼았지만, 이는 의도하지 않게 훨씬 광범위한 결과를 야기하였다. 과학적 지식과 신앙이라는 각자가 〈요청〉하는 바를 동시에 만족시키기 위하여서는 인간 내에는 어떠한 자질이 요구되는데, 높은 의미에서의 이러한 요구는 가장 강력한 정신적 자질을 가진 사람들만이 동시에 충족시킬 수 있다. **[애석하게도] 〈사유〉(Denken)의 밝은 빛에 익숙한 사람들은 신앙이라는 신비한 어둠 속을 볼 수 있는 능력을 아주 빨리 상실하기 마련이다.** 더욱이, 거친 삶을 사는 대중들은 경제가 크게 발전함에 따라 물질적 가치에만 관심을 집착하게 되어 신앙을 향한 내적 충동은 감소하게 되었다. 따라서 신앙은 더 이상 정서 위에 군림하는 〈지배적 권력〉이 아니었다. 계급 의식에 투철한 프롤레타리아들은 교회로부터 멀어졌고, 그나마 교회에 충성을 맹세하던 농민층들은 교회의 가르침보다는 교회의 형식에만 더 집착하게 되었다. 프로테스탄트 국가에서는 〈교육계층〉 내에서도 신자의 수는 여전히 많다. 그러나 가톨릭에서는 지식과 신앙을 하나로 묶을 수 있는 사람은 단지 소수에 불과하다.

그럼에도 불구하고 오늘날에도 기독교 교회가 가진 〈사회적 권력〉을 과소평가해서는 안된다. 교회에 신앙을 고백하는 사람들의 통계적 숫자는 여전히 모든 〈문화국〉(Kulturland)의 인구를 합한 것과 거의 같다. 분명히 이 수치도 다른 많은 통계적 수치와도 마찬가지로 전체 수치를 그대로 있는 그대로 받아들이면 안된다. 다른 통계와도 마찬가지로 통계 분석가는 공식적인 교회 신봉자의 숫자에 의해 나타난 것을 단지 외적으로만 나타나는 유형적 특징을 파악하는 용도로만 사용할 수 있고, 그 자료를 이용하여서는 신앙의 내적 체험에 관하여 유추할 수는 없다. 그러나 외적인 종교 고백이라는 사실도 그 자체로는 어떠한 내적인 의미도 있음을 인정하여야만 한다. 신앙에 무관심해진 사람들이라고 할지라도 당장 교회를 거부할 결심을 할 수는 없는데 이는 그 사람들에게 있어서는 교회에 속해있다는 그 사실 자체가 여전히 어떤 가치가 있음을 보여준다. 그리고 그러한 이유는 단지 〈관습〉이 가지는 가치에 의하여 〈교회집단〉에 남아있도록 하는 것뿐만이 아니라, 신념(Überzeugung)의 남아있는 끝자락이 가지는 가치도 여전히 존속하고 있기 때문이라고 생각하면 틀리지 않을 것이다. 사람들은 더 이상 진심으로 믿지 않을 수는 있지만 아마도 그러한 마음을 인정하지는 않을 수 있고, 할 수만 있다면 여전히 믿고 싶어 하기 마련이다. 그리고 그들이 이러한 감정을 조금이라도 가지고 있다면, 그들은 믿지 않는다는 공식적인 선언을 함으로써 과감히 공허함 속으로의 뛰어 들어가는 결정을 무리하게 시도하지는 못한다. 그런데, 더 이상 신자가 아닌 사람들은 그 수가 아무리 많더라도 서로 단결하기는 힘들고, 더욱이 그러한 그들이 연합하여 〈교회조직〉을 반대할 수도 없다. 반면에 기독교에는 거의 2천 년 동안의 증언이 축적되어 있다. 그리고 오늘날에도 여전히 확신에 찬 지지자들이 너무 많기 때문에 지극히 단호한 정신만이 이러한 사실이 짓 누르는 중압감에서 벗어날 수 있다.

단순히 국가에만 묶여있는 사람들의 정서와 상상력(Einbildungskraft)에는 남아있는 것이라고는 거의 없다. 예를 들어 출생, 결혼 및 사망과 같이 가슴속의 가장 깊은 감동이 필요한 곳이면 일반적으로 어디에서나 영적인 사람이 연설을 한다. 그러나 만일 국가에서 파견된 대표가 대신 연설을 한다면 그의 무미건조한 축하 연설 방식은 감동이 필요한 상황에서 기대할 수 있는 표현을 제공하지 못한다. 〈신앙의 권력〉에 기반한 조직은 존재하는 모든 것 중에서 참으로 가장 인간적(menschenkundig)이다! 교회의 제도, 특히 가톨릭교회가 예배, 봉헌, 서임 및 각종 의식(儀式) 등에 있어서 보여주는 효과는 심지어 가장 단순한 형태일지라도 그 화려함과 웅장함에 있어서 여전히 매혹적이다. 가장 깊숙이 의심이 자리 잡은 국가들에서도 〈신앙의 권력〉은 신자들뿐만 아니라(그 신앙에 이미 익숙하거나 혹은 신앙을 갈망하는) 반(半) 신도들에게도 행사되며, 또한 미신에 사로잡힌 사람들이나 심지어 신앙을 완전히 부정하는 소수의 사람들에게조차도 여전히 인상적으로 보여진다. 신앙으로 인하여 여전히 많은 사람들의 그룹들이 인간 양심을 지배하는 권력을 가진 〈공동체〉 내로 결합된다. 가장 극단적으로 신앙을 절실히 희구하는 사람들은 교회를 떠나 자신 홀로 그들의 신을 갈구하지만 이러한 독립된 정신의 수는 많지 않다.

국가가 종교를 사적인 차원의 문제로 선언하는 것은 국가가 이전에 종교에 제공한 바 있던, 더욱 커져 버린 보호막을 이제는 철회한다는 의미일 수 있다. 그러나 이러한 선언으로 인하여 종교가 인간 정서들에 대하여 행사하는 지배를 약화시킬 수는 없다. 이러한 지배는 여전히 어느 곳에서나 분명히 존재한다. 어느 곳에서도 종교가 공적으로는 더 이상 중요하지 않은 순수한 개인적 문제라는 의미에서의 사적 차원으로만 국한된 바는 없었다. 그렇기 때문에 국가가 종교의 자유와 종교의 평등을 인정하였을 때, 그것은 개인의 순수한 사적 영역과는 비교할 수 없을 정도로 높은 가치를 종교적 영역에 인정하는 것이다. 오늘날 어느 곳에서나 신앙은 그 마력에 사로잡혀 있는 대중들과 그 대중들을 자신의 마력 아래에 장악할 수 있게끔 하는 권위적 분위기를 통해 〈공공의 권력〉으로 된다. 가장 강력한 국가조차도 신앙을 쉽게 무시하는 것을 신중하게 생각하여야만 한다. 〈세속적 지배〉를 상실한 후에도 교황의 권력은 〈국가강권〉(Staatsgewalt)과 동등하고 〈국제법〉에 의해서도 국가 권력의 불가침의 영역으로 간주되는 것처럼, 모든 교회 건물, 특히 교회 첨탑은 그것이 대중의 감정에 여전히 불가침하고 또한 초인간적인 것으로 받아들여지는 한, 여전히 경외의 대상으로 남아있다.

2. 〈지식권력〉

과학적 〈사유〉가 추구하고 있던 숭고한 목표는 증명할 수 없는 〈신앙적 세계관〉(Weltanschauung des Glaubens)을 대체할 임무를 가진 확고한 기반을 가진 〈세계관〉을 제시하는 것이었다. 그러나 많은 대중들은 곧 그들이 이해 가능한 범위를 넘어설 수밖에 없는 〈과학적 세계관〉(wissenschaftliche Weltanschauung)에로 개종하는 것은 절대로 불가능함을 깨닫게 되었다. 따라서 대중을 자신의 편에 위치시키려고 하는 자들은 오히려 대중들이 교회를 찾도록 하여야만 하였다. 그리하여 그때까지 존재하였던 하나의 〈신앙공동체〉는 믿는 자와 지식인이라는 양 진영으로 분열되었다. 그러나 장기적으로 볼 때 지식인의 진영조차도 이러한 자신들의 새로운 〈세계관〉에 의한 지배에 만족할 수는 없다는 것이 드러났다. 자연과학이 가르치는 세상의 멸망(Weltuntergang)에 대한 보고는 소심한 정서를 가진 자들을 두려움에 떨게 만들었고, 물질주의가 자신의 우월성을 더욱 과시하며 득세하기 시작하면서 감수성이 예민한 사람들의 마음을 상하게 만들었다. 반면, 자신의 정서에서 우러나오는 〈요청〉을 거부하고 스피노자식의 고고한 지시에 따라 깨달음 자체로도 흡족할 만큼 강인한 영혼은 아주 소수에 불과하였다. 인간이 "우리는 정말로 아무것도 알 수 없다"라는 자조를 하며 고개 숙일 때, 지식을 향한 충동은 마침내 그것의 가장 깊은 내면에서 막다른 길에 봉착하게 되었다. 철저한 비판을 통해 인간 정신은 자신의 최종 한계가 "*Ignoramus, ignorabimus*"(우리는 알지도 못하고 알지도 못할 것이다)[190]라는 것을 깨닫게 되었고, 또한 그것이 과학적 지혜의 최종적 결론이라는 것도 알게 되었다. 인간의 정신은 〈현

---

190 이 용어는 과학적 지식은 제약될 수밖에 없다는 의미를 가지는데, 독일 심리학자인 뒤부와 레이몬드(Emil Du Bois-Reymond, 1818-1896)가 그의 저서 《과학의 한계》(Über die Grenzen des Naturerkennens, 1872)에서 사용함으로써 대중화되었다.

상〉(Erscheinung)의 본질을 꿰뚫어 볼 수 없고, 그렇게 할 수도 없을 것이다. 인간의 정서를 동요시키는 〈사말〉(四末 letzte Dinge)[191] 앞에서는 정신이 가진 힘은 아무런 소용이 없다. 아무리 정신이 자신의 힘을 최대한 경주하여도, 그 힘은 〈사말〉에 빛을 밝히기에는 역부족인데, 이는 인간의 손으로 불붙인 가장 강력한 근원의 빛이라도 우주의 어둠을 꿰뚫을 수 없는 것과도 같다. 헤아릴 수 없는 유익함을 가져다줄 뿐만 아니라 정신을 고양시키고, 순수하게 파악하는 경우 가장 순수한 기쁨을 가져다주는 수천, 수만의 지식에 의해 인간이 풍요로워진 것은 사실이다. 하지만 그럼에도 불구하고, 비록 과학적 이해는 힘들더라도 신앙으로 믿고 있던 〈삶의 의미〉(Sinn des Lebens)를 잃어버렸기 때문에 인류는 과학으로 인해 오히려 더 빈곤하게 되었다.

궁극적인 목표는 달성하지 못하였지만, 그럼에도 불구하고 과학은 가장 높은 단계의 〈권력요인〉(Machtfaktor)으로 성장하였다. 과학은 현대적 교육의 전형인 〈지식교육〉(Wissensbildung)을 형성시켰는데, 그것은 가장 성공적인 〈사회적 권력〉(gesellschaftliche Macht)들 중의 하나가 되었다. 아는 것이 힘[권력]이라는 말은 이를 일컫는다. 오늘날 과학 기술은 국가와 사회를 혁신적으로 변모시키고 있다. 현재의 〈지식교육〉은 삶을 위한 투쟁에서 가장 중요한 무기이며 심지어 〈소유〉보다 더 중요하다. 물론 후자는 한 가지 이 점이 있다. 즉, 〈소유〉는 자질이 부족한 사람들에게도 〈지식교육〉을 받을 수 있게 하고, 그와는 부수적으로도 교육은 부족한 사람들에게도 자신의 입장을 주장할 수 있는 수단을 제공한다. 그러나 교육이 없이는 가진 〈소유〉는 항상 흩어지기 마련이며, 교육받은

---

[191] 이는 기독교에서 말하는, 삶과 내세에 있어서 영혼이 최후로 만나게 되는 단계인데, 즉 죽음, 심판, 천국, 그리고 지옥을 의미한다. 라틴어로는 *quattuor novissima*으로, 그리스어로는 *ta eschata*(τὰ ἔσχατα)로 표기되며, 독일어에서는 die vier letzten Dinge 혹은 줄여서 die letzten Dinge로 표기된다.

자들은 최초에는 〈소유〉가 없어도 신분이 상승하여 결국 〈소유〉를 획득할 수 있다. 〈유산계급〉(besitzende Klasse)과 〈무산계급〉(besitzlose Klasse)이라는 계급으로 사회를 일반적으로 나누는 것은 일반적인 분류법이 그러하듯 눈에 현저하게 보이는 외부적 사실들에 따라 분류한 것에 불과하다. 우리가 그 단어들을 완전하게 사용하고자 한다면, 〈유산계급〉은 〈지식인계급〉(gebildete Klasse), 그리고 〈무산계급〉은 〈비지식인계급〉(ungebildete Klasse)이라고 지칭되어야 한다. 〈유산계급〉에는 오로지 정신적 힘에 의해서 빈곤의 최하층에서 탈피하여 고소득을 얻고 심지어 스스로 많은 자산을 축적하게 된 수많은 사람들이 항상 포함되는데, 이들은 그 계급의 가장 강력한 대표자들 중 하나이다. 부르주아지의 부상은 그들이 현대적 〈지식교육〉의 가장 상위의 담지자(Hauptträger)가 되었다는 사실에 기인한다. 지식이 힘[권력]이기 때문에 부르주아 혁명은 승리할 수 있었고, 〈자유주의〉(Liberalismus)는 전성기를 구가하였다. 반면, 프롤레타리아에게도 그들이 접할 수 있는 교육의 범위는 제약될 수밖에 없었을지라도 마찬가지로 지식은 힘[권력]이 되었다. 만일 프롤레타리아가 〈지식인계급〉 출신의 지도자들에 의하여 인도되지 않았고 또한 최소한 초등교육을 받지 못하였다면 결코 〈사회적 권력〉을 행사할 수 있는 위치를 얻지는 못하였을 것이다. 의무교육으로서의 초등학교가 없었다면 프롤레타리아는 자신의 언론을 확보하지 못하였을 것이고 스스로 조직할 수도 없었을 것이다.

〈지식권력〉의 구조는 〈신앙의 권력〉의 구조와는 본질적인 특징에서 상이하다. 〈신앙공동체〉는 지식의 공동체보다 훨씬 더 친밀하여야만 한다. 믿음은 단순하지만 지식은 다양하기 때문이다. 동시에 아무리 믿음의 내용이 단순하더라도 너무 모호하기 마련이기에, 신을 찾는 믿음이 의심에 의해 현혹되지 않기 위해서는 많은 사람들의 화합(Übereinstimmung)이 필요하다. 반면 지식은 사말(letzten Dinge)로까지 소급하여 탐구하려 하지 않는 한, 차츰 성장하여 완전한 확실성에 다다를 수 있다. 지식인(Wissende)은 자신이 가진 증거에 입각하여 무지한 자(Unwissend)들이나 오류가 있는 자(Irrend)들을 논박한다. 반면 신자들에게 있어서 이단 또는 불신자의 존재는 그들의 정서에 불쾌함을 유발하며, 그러한 불쾌감은 그들을 증오로 채우고 이단이나 불신자들과 싸우게 한다. 믿음은 그 자체로 [최초부터] 〈통일성〉을 향한 불굴의 충동(Drang)을 가지고 있지만, 지식은 경험과 숙고가 모여진 다양한 출발점들에서 시작되어 확장된 넓어진 영역(Kreise)과 점진적인 성장에 기반하여 스스로를 구축한다. 그 후에서야 비로소 다양한 지식에 〈통일성〉을 부여하려는 요구를 스스로 천명하기 마련이다. 〈신앙의 강령〉(Glaubensverfassung)은 처음부터 중앙집권화를 요구하며, 반면 지식의 영역은 학자들로 구성된 공화국, 즉, 독립적인 영혼들의 자유로운 연합체로 구성된다.

지식의 영역에서 가장 위대한 정신은 또한 가장 높은 〈권력자〉가 되어야만 하는가? 간략히 살펴본다면, 그들은 결코 그렇지 못하였는데, 적어도 대중에 대한 직접적 지배를 하지 못하였다는 점에서 그러하다는 점을 알 수 있다. 위대한 정신에 의한 진정으로 일반적이며 포괄적인 사상(Gedanke)은 대중이 직접 수용할 수 없을 정도로 추상적이며 심오하다. 그것들을 이해하기 위하여서는 일종의 중개자 역할을 하는 정신이 필요한데, 이러한 중개자들은 일반적인 이론들을 지식의 특별한 개별 영역에 대해 적용할 수 있게끔 하는 연결고리를 만들어 낸다. 진정으로 위대한 모든 사상을 실현하기 위해서는 대중이 수용할 준비가 될 때까지 중개자들의 일련의 개입이 필요하며, 또한 더 오랜 기간 동안 교육을 지속적으로 제공할 필요가 있다. 특히 지식이 외적인 힘과 결합되어야 하는 활동에 적용되는 경우, 과학자 자신의 업적을 실질적으로 완전히 활용할 수 있도록 하는 지도자들의 뒤로 그 과학자 자신들은 감춰져 있어 대중들의 눈에는 보이지 않는다. 아리스토텔레스는 알렉산더의 스승은 될 수는 있었지만 그 자신은 알렉산더가 될 수 없었고, 아리스토텔레스의 가르침이 세간에 가장 큰 영향을 미친 때는 고대 그리스 세계가 사라진지 오래 후 로마 교회가 아리스토텔레스의 사상을 따라 사람들의 마음을 훈육한 이후였다. 칸트와 다윈은 인간의 〈사유〉에 강력한 영향을 미쳤지만 군중들은 그들을 알지 못하였고 그들의 생각을 실행에 옮긴 제자들의 이름만 대중에 익숙하다. 대중의 권리를 옹호하였던 루소와 마르크스조차도 그들의 후계자들을 통해서만 대중에 대한 권력을 얻을 수 있었다. 루소는 〈민주주의〉의 승리를 경험하지 못하였고 마르크스는 프롤레타리아의 승리를 경험하지 못하였다. 오늘날 평범한 프롤레타리아 선동가들이 마르크스에서 찾아낸 위대한 말들을 악용하여 대중들에게 영향을 미치는 것처럼 로베스피에르는 〈인민주권〉이라는 공식을 이용하여 프랑스를 통치하였다. 볼타(Volta)와 암페어(Ampere)는 전기 산업의 선조인데, 그들의 이름은 오늘날 모든 전기 기술자의 입에 오르내리고 있지만, 그들 자신은 자신의 생각의 결실인 이윤과 〈사회적 권력〉의 혜택을 받지 못하였다. 그들은 당대의 물리학자들에게 자신들의 생각을 전파함에 만족하여야 하였다. 그들의 기술은 더 많은 과학적 진보와 실생활에 적용하기 위한 실제 경험에 의해 먼저 활용 가능한 형태로 바뀌어야만 하였다. 즉, 기술 장비와 관리에 필요한 자본을 먼저 확보하여야만 하였으며, 또한 조직을 운영하는 기업가가 먼저 훈련을 받고 사업을 개시하여야만 한다. 결정적 이익과 대중을 지배하는 높은 권력은 위대한 인물들이 이미 정신적으로 준비한 바를 실천으로 옮겨 성취할 수 있도록 하는 유리한 발판을 차지하고 있는 자들에게 돌아가기 마련이다.

    지식은 결코 대중의 깊숙한 곳까지 완전히 침투하지 못한다. 따라서 지식에서 나오는 권력은 대중을 완전히 지배하지 못한다. 대중이 감당하기에는 교육의 학습 시간과 학습 비용이 너무 크며, 매우 뛰어난 자질을 가진 사람만이 이러한 장애를 극복할 수 있다. 광범위한 대중은 초등 교육과, 그 교육이 가장 [기초적으로] 가르칠 수 있는 저항권에만 만족하여야 한다. 대중이 매일 빵을 구하기 위하여 힘을 바쳐 노동하여야만 함을 강요하는 경제적 조건하에서는, 그 사회는 교육받은 사람과 교육받지 못한 사람의 두 종류의 계급으로 나뉘어 지는 것이 필연적인 결과이다. 더구나 교육을 독점함으로 인하여 〈경제권력〉 및 〈사회적 권력〉 상 우위를 점하려고 하는 〈지식인계급〉의 이기주의에 대하여 인식하여야만 할 필요가 있다. 물론 지식의 내용을 타인에게 전달한다고 해서 그 〈실질적 내용〉이 줄어들지 않는 것은 사실이다. 오히려 타인의 승인을 받는 경우 그 지식은 더욱 안전하게 보호된다. 또한 지식은 사람들로 하여금 다른 사람들에게 가르치는 것을 즐기게 할 수 있다. 하지만 가르치고자 하는 지식의 충동은 개종시키려는 신앙적 충동보다는 훨씬 약하다. 따라서 지식의 보급으로 인하여 자신이 가진 권력에서 나오는 이익을 상실할 수 있다는 이기적인 생각으로 인하여 가르치고자 하는 충동은 쉽게 억제된다. 〈유산계급〉들은 사회의 가장 낮은 **〈신분층〉**이 이전과 같은 무지의 상태로 남아 있지 않았다는 불평을 종종 한다. 또한 지식은 대중을 호도하고 사회에 위험을 초래할 뿐이라는 말도 한다. 인정하고 싶지는 않겠지만, 사실 이러한 불만의 진정한 이유는 대중이 무지하여야만 대중의 저항력이 약화될 수 있고 따라서 더 쉽게 그 〈유산계급〉이 대중들에 대처할 수 있기를 기대하기 때문이다. 〈지식권력〉의 〈이기심〉은 그것이 가진 오만함으로 인해 어느 정도 가중된다. 사람은 자신이 받은 우월한 교육을 자랑스럽게 여기고 계속해서 그러한 감정을 즐기고 싶어 한다. 〈지식인계급〉들의 교육에 관한 〈요청〉들의 적지 않은 부분이 이러한 감정으로 설명될 수 있다. 중국에서의 교육은 대중을 막기 위해 벽을 세우려는 의도로서 만든 제도적 설정이었다는 점을 유럽인들은 잘 알고 있다. 하지만 솔직히 말해서 유럽의 제도들도 또한 동일한 욕망에서 자유롭지 못하다는 점을 유럽인들은 인정하여야 할 것이다. 일반 평민들은 교육받은 사람들이 그 평민들 위에 자신을 위치시키고자 하는 〈이기심〉과 거만함을 가지고 있음을 잘 알고 있다. 일반 평민은 도전적인 증오심으로 이에 대응하여, 오히려 그들 측에서도 두 계급을 갈라놓는 간격을 확대시킨다. 인간의 본성을 꿰뚫어 본 셰익스피어 역시 이러한 특성을 관찰하고 묘사하였다. 그의 작품《헨리 6세》에서 존 케이드(John Cade)가 이끄는 반항적인 폭도들은 단순히 남을 가르칠 수 있다는 이유 때문에 교사들을 살해하고, 로드 세이(Lord Say)를 라틴어를 알고 있다는 이유로 살해하는데, 실상 그러한 장면은 현실에 대한 매우 충실한 묘사이다.

〈지식권력〉은 〈신앙의 권력〉처럼 〈윤리〉(Sittlichkeit)에 의해 전달되지는 않는다는 것을 우리는 분명히 인식하여야만 한다. 〈신앙의 계율〉(Glaubensgesetz)은 〈윤리원칙〉이 전제됨을 필요로 하는 반면, 지식은 하나의 〈세계관〉으로서 자신도 스스로 신앙이 되어 신앙의 정점에 오르려고 하지 않는 이상, 윤리 중립적이다. 인간이 자연과 자신에 대한 지식을 증가시킨다고 해서 〈윤리적 위상〉(sittliches Wesen)은 향상되지 않는다. 지식의 우월성은 교육받은 자를 구별할 수 있지만 교육받은 자를 가슴에서 우러나오는 자들만큼이나 더 자비롭게 만들지는 않다. 오히려 그것은 사람들을 거만하고 냉정하게 만든다. 코메니우스와 페스탈로찌(Pestalozzi)와도 같은 사람들이 일반 대중의 자녀들을 가르치려고 하는 것은 그들이 가진 지식에서 비롯된 충동에서 기인하는 것은 아니다. 그들이 배우지 못한 자에게 교육을 통한 혜택을 가장 효과적으로 가져올 수 있는 방법을 모색하도록 만든 것은 인간에 대한 애정이었다.

마지막으로 중요한 하나의 특성을 언급하여야만 할 필요가 있다. 이는 구조적으로 〈신앙의 권력〉과 〈지식권력〉을 구분하는 기준이다. 〈신앙의 권력〉은 친밀한 〈공동체〉를 유지하기 위한 확고한 조직을 필요로 하고 또 그러한 조직을 형성하지만, 〈지식권력〉은 그 세부 분파의 다양성으로 인해 분화(分化)되기 마련이다. 〈지식인계급〉과 〈비지식인계급〉이라는 두 계급은 각 〈계급감정〉에 의해 함께 묶여 있지만 교회와는 달리 지도자들의 위계가 잘 확립된 확고한 집단들로는 결성되지는 않는다. 이때의 [〈지식인계급〉의] 〈계급감정〉은 그 해당 계급을 단결시키는 일종의 〈무명적 권력〉이다. 프롤레타리아는 최소한 포괄적인 정치 조직, 산업 노동자는 특히 투쟁을 위한 경제 조직을 구축하는 바에 성공하였다. 하지만 어느 곳에서나 〈지식인계급〉은 정치적 통합이 결여되어 있다.

3. 예술의 〈사회적 과업〉

"지식은 힘[권력]이다"라는 문장과 "예술은 힘[권력]이다"라는 문장은 동등한 차원에서 비교할 수 없다. 〈군사적 권력〉과 〈신앙의 권력〉의 역사적 시대에 뒤이어 〈지식권력〉의 시대가 도래하였지만, 〈예술권력〉(Kunstmacht)의 역사적 시대에 대해서는 이야기하기 힘들다. 위대한 예술의 시대에도 페이디아스(Phidias)와 프락시텔레스(Praxiteles), 라파엘로(Raffael)와 미켈란젤로(Michelangelo), 셰익스피어와 세르반테스(Cervantes), 바흐(Bach), 베토벤 그리고 모차르트는 비록 그들이 사람들을 명령하는 자들은 아니었지만 영혼에 강력한 영향을 미쳤다. 그럼에도 불구하고 예술에 의하여 〈지식인계급〉의 우월성이 결정되는 것은 아니다.[192] 지식은 앎의 증대를 통해 자연에 대한 인간의 지배력을 증가시키고, 아주 큰 정도는 아니더라도 어느 정도까지는 인간들에 대한 지배력을 높인다. 하지만 예술에 있어서는 이러한 형태의 지배가 적용되지 않는데, 예술은 인간의 지배 범위(Herrschaftsbereich)를 확장시키지 않기 때문이다. 괴테와 같은 사람은 **"뮤즈는 동행할 줄 알지만 안내할 줄은 모른다"**(die Muse zu begleiten, doch zu leiten nicht versteht)라고 말하였다.[193] 이것은 예술의 〈사회적 과업〉에 대한 가장 적절한 표현일 수 있다. 인간의 상상력(Einbildungskraft)이 예술을 느낄 수 있는 한, 예술은 인간의 삶 속에서의 〈감정적 가치〉(Gefühlswert)에 중요성을 부여하면서 우리의 삶과 동반한다. 예술이 우리에게 가져다주는 이 점은, 그것이 매혹적인 숨소리를 통해 이러한 〈감정적 가치〉를 완전히 우리 자신의 것으로 만들게 하고 그 가치

---

[192] 즉, 예술에 의하여 〈지식인계급〉이 지배적 권력을 가지게 되는 것은 아니라는 의미.

[193] 괴테의 시 《부드러운 경구》(Zahme Xenien 1832)에 나오는 구절.

에 대한 우리의 감정을 승화시킨다는 점에 있다. **모든 예술은 르네상스이며, 삶의 재탄생이며, 영혼으로부터 펼쳐지는 〈삶의 형태〉**(Lebensgestalt)이며, 이때 영혼은 자신과 현상세계(Erscheinung)를 자각하게 된다. 〈예술권력〉(Macht der Kunst)은 예술이 부수적으로 재생산하는 〈생활권력〉들로부터 파생된다. 그러나 예술은 〈생활권력〉들을 더 높은 수준으로 펼치기 때문에 예술이 가지는 권력은 〈생활권력〉들을 넘어서서 찬란하게 자라나며, 영혼의 가장 깊은 곳을 따뜻하게 한다. 시인은 자신이 겪는 고통을 말할 수 있는 재능을 신으로부터 부여받았고, 그 재능을 이용하여 고통을 승화(Erhebung)시킨다. 즉, "행복과 불행은 노래가 된다(Glück und Unglück wird Gesang)."[194]

자연 속에서 우리를 둘러싸고 있거나 혹은 인간이 스스로 창조한 〈삶의 형태〉들을 따라서, 상상력은 삶이 가치는 〈감정적 가치〉들을 느낀다. 예술은 단순히 아름다움을 재현하는 것이 아니다. 즉, 그것이 재현하는 것은 단지 희열(Wohlgefallende)이나 기쁨(Gefällig)에만 국한되지 않는다. 인간은 모든 사악함, 비천함, 어리석음, 바보 같음이 침투하여 가득찬, 인간을 둘러싼 환경이 가진 [인간에 대한] 〈패권적 권력〉하에 놓여져 있다. 그러한 인간에 대하여 인간의 본성이 요구하는 바를 예술이 표현하는 한, 예술은 오히려 '감정적으로 의미 있는'(Gefühlsbedeutende) 그리고 상상력이 닿을 수 있는 모든 것을 포착하려 하는데, 이에는 신성하고 숭고한 것부터 또한 비극적으로 감명을 주며 심지어 두려운 것까지의 그 모든 강렬한 것들도 포함한다.

각 시대별로 인간의 상이한 〈삶의 형태〉들이 나타나며, 또한 자연도 인간의 감정이라는 매개체를 통해 각기 다른 모습으로 나타나게 된

---

[194] 괴테의 시 《노래들》(Lieder)에 서두에 나오는 구절. 전체 문장은 다음과 같다 "Spät erklingt, was früh erklang, Glück und Unglück wird Gesang"(앞선 소리가 뒤따라 반향하며 울리듯, 행복과 불행은 노래가 된다).

다. 이는 각 시대는 상이한 종류의 〈사회적 과업〉을 만들어 내기에 상이한 감정들을 인간에게 불러일으키기 때문이다. **예술의 발전은 역사적 진보의 반향(反響)이다.** 거대한 권력의 축적과 〈권력투쟁〉들의 시대에는 거대한 피라미드와 여타 장엄한 궁정 건물을 창조해 낸 〈권력예술〉(Machtkunst)[195]이 탄생하였다. 이러한 〈권력예술〉은 시에서는 영웅적 서사시로 표현되었다. 한편, 신앙의 시대에서의 종교 예술은 신전, 모스크, 대성당, 신들의 형상, 마돈나, 어린 예수, 기타 다양한 모습의 그리스도상 등에서 볼 수 있는 위대한 발전을 이루었다. 반면 네덜란드에서의 자기 만족을 즐기는 부르주아지는, 속화되기는 하였지만 더욱 친숙한(intimen) 예술을 즐겼다.《젊은 베르테르의 슬픔》에서,《빌헬름 마이스터》에서 이르기까지, 괴테는 자신이 그 시대와 공유하였던 분위기를 표현하였다. 자유를 향한 강렬한 갈망이 역사적으로 국가 권력을 붕괴시킨 혁명의 시대는 사회의 전통적인 〈감정적 가치〉로부터 등을 돌렸다. 이러한 전통적 가치에 대하여 이후 입센(Ibsen), 스트린드베리(Strindberg)와 그 후예들이 자유로운 영혼이 가진 깊이에 기반하여 인습적인 사회의 모습에 대하여 경멸적인 비판을 가하면서 그 가치들의 모습들을 새롭게 하고자 하였다. 반면 그 시대는 그 과정에서 열정이 단지 난잡함으로 퇴화되어 버렸음에도 불구하고 대체로 만족하였다는 점도 인정할 수밖에 없다. 오늘날의 예술 연구자는 예술사를 집필할 때 현대사와 〈민속사〉를 공히 포함시켜야만 한다는 점을 잘 알고 있다.

    본서의 목적상, 예술과 〈사회적 과업〉의 관계에 대한 세부적 논의는 더 이상은 불필요하다. 다만 음악은 〈고전적 시대〉의 예술과 르네상스가 달성한 영광에 필적하는 유일한 현대 예술이기 때문에 이제 우리는 특히 음악이라는 예술에 대해 말하고자 한다. 또한 우리는 음악이 〈삶의 형

---

[195] 이 책에서는 〈권력예술〉에 대한 정의는 없다. 하지만, 권력을 칭송하거나 혹은 그 힘을 증가시키기 위한 목적의 예술로 이해하면 된다.

태〉와 관련되어 있는 특별한 관계를 명확히 밝혀야만 한다. 음악도 역시 특정한 〈삶의 형태〉로부터 출발하지만, 개별적인 〈삶의 형태〉를 초월할 수록 〈삶의 감정〉을 더욱 완벽하게 표현한다는 점에서 특별하다. 음악은 걸어갈 때와 춤을 출 때의 리듬, 사냥과 싸움에서의 고함, 기쁨이나 슬픔이 무의식적으로 인간의 가슴에서 분출시키는 환희나 고통에서 그 계기를 찾는다. 마치 숲의 움직임과 불의 마법에 투영된 자연의 소리가 음악으로 승화되듯 이러한 모든 것들은 〈예술적 형식〉(künstlerische Form)으로 고양된다. 그러나 음악은 개별적 〈삶의 형태〉를 극복하고 감성(Empfindung)을 가장 깊이 표현할 때에서야 비로소 그 절정에 이른다. 다음과 같은, 실러(Schiller)의 잘 알려진 구절은 이러한 점을 시사한다. "그러나 영혼은 오직 폴리힘니아(Polyhymnia)[196]만을 말한다"(Doch die Seele spricht nur Polyhymnia aus).[197] 음악이 예술의 최후단계로서 위대함을 가진다는 사실은 그것이 어떤 예술보다도 가장 내면적인 것이라는 사실로 설명된다. 모든 외적인 요인들이 각자의 〈역사적 과업〉을 완수한 이후에야 우리의 모든 내면적 힘들은 자유로워지고 커질 것이다. 그때서야 우리 존재를 억압하였던 삶의 압력은 더 이상 우리 존재의 가장 깊은 부분에 부과되지 않는다. 괴테의 베르테르는 자신의 고통스러운 감수성에 온통 몰두하여 스스로 즐길 수 있었는데, 이는 그가 일상생활에서의 번잡에 더 이상 직면하지 않았기 때문이다. 마찬가지로, 인간이 [외적으로] 방해 받지않고 자신 영혼의 깊은 내면의 소리를 들을 수 있기 전까지는 위대한 음악을 완전히 감상할 수 있을 시간은 오지 않는다. 그런데 종교적인 감정이 가장 우선적으로 인간의 마음을 지배하였기 때문에 위대한 음악은 종교 음악에서 비롯되었다. 영혼이 자유로워질수록 음악적 표현은

---

196 그리스 신화에 나오는 찬미가의 뮤즈. 명상과 농업의 여신이기도 하다.
197 실러(Johann Christoph Friedrich von Schiller, 1759-1805)의 《2행시》(Distichen) III 에 나오는 구절.

더욱 풍부해진다.

예술가는 삶을 이끌어가는 것이 아니라 삶과 동반할 뿐이다. 그럼에도 불구하고 **위대한 예술가는 지도자들 중에서도 최상의 자리에 위치한다.** 그의 명성을 따르는 추종자들을 만들어내기에 예술가는 항상 새로운 삶의 도약(Bewegungen des Lebens)을 알리는 전령이었다. 물론 시적 감수성과 상상력을 가진 철학자들도 대중을 이끌 수 있지만, 아마도 철학자보다도 먼저 시인은 대중이 가지고 있는 새로운 감성을 가지고 있다. 그런데 시인이나 예술가가 만일 스스로 홀로 작업을 지속한다면 결코 그의 과업을 완성할 수 없다. 그는 사상과 실천의 측면에 있어서의 지도자들을 자신의 곁에 두고 있어야만 하는데,[198] 그러한 지도자들은 물론 시인 등이 없이도 자신의 과업을 훌륭히 수행할 수 있고 종종 그래왔다. 이러한 후자의 경우에 있어서는 예술은 그러한 여타 지도자들의 과업이 달성된 후에야 그 자신의 영예를 얻을 수 있었고, 과거의 기억에 대하여 상상력을 유지하는 것이 자신의 임무임을 깨달을 뿐이었다. 예술은 언제나 새로운 〈삶의 형태〉(Lebensgestalt)들로 펼쳐지는 새로운 삶의 과제들에 의해서만 자신의 새로운 과업을 설정할 수 있다. 인간의 생명력(Lebenskraft)의 성장이 없다면, 예술도 성장을 멈출 것이다.

냉정하게 사물을 통합하여 규칙성을 만들어내는 과학보다는, 인간의 감정을 고양시키는 작용이 본질에 속하는 예술은 오히려 신앙과 가깝다고 할 수 있다. 높은 수준의 예술은 마치 신앙인이 그 대상에 대하여 가지는 것과 같은 친밀감을 가지고 대상에 몰입한다. 과학적 비평은 신앙을 절멸시키지만, 예술을 침범하지는 않는다. 따라서 예술이 현대인에게 있어서는 신앙을 대신한다는 말을 자주 듣기 마련이다. 사실, 예술은 신앙이 신도에게 제공하는 바와 같이, 인간에게 〈탈속〉(Weltentrücktheit)

---

[198] 이 문장의 정확한 의미는 모호한데, 아마도 사상과 실천 면의 지도자들에게서 시인은 영감을 받기 마련이라는 의미로 생각된다.

과 〈세계의 화해〉(Weltversöhnung)[199]를 제공한다. 팔시팔(Parsifal)[200]에서 감화를 받은 많은 청중들은 경건한 예배자가 교회에서 느끼는 것과 같은 느낌을 경험할 수 있다. 그러나 그들이 극장으로부터 가져 나오는 삶을 향한 힘(Kraft zum Leben)은 신도가 교회에서 나설 때 가져오는 것과 과연 같을까? 믿음은 신도들에게 다음과 같이 말한다. 내세에서는 속세에서의 삶에서의 불공평을 보상하도록 하는 재판관이 있으며 그 재판관이 최고 재판관의 뜻에 따라 그의 힘을 사용한다면 현생의 모든 불행도 초월할 수 있게 해준다고. 그렇기 때문에 신도는 자신 홀로 신앙을 추구하는 것이 아니라 동시에 많은 사람들이 그와 함께 걷고 있으며 교회 공동체가 그를 보호한다는 것을 알고 있다. 진정으로 깊은 신앙심을 가진 자는 공동체가 그에게 전달하여 주는 〈힘의 감정〉(Kraftgefühle)에 의하여 내세의 세계에 대한 확신을 가지게 되고, 그 감정은 내세의 세계로 향한 문을 열어주기 때문에 동시에 그는 속세의 세계에 대한 확실성을 가진다. 따라서 그에게는 믿음에서 오는 축복은 현실로 느껴진다. 신앙심이 깊은 청중에게 있어서는 팔시팔의 무대 상연은 단순한 연극이 아니라 예술적으로 승화된 현실의 표현을 의미하는 한 그것은 동시에 그에게 축복된 신앙의 확신을 부여하며, 그는 성배의 기적 안에서 〈그레고리오 미사〉(Meßwunder)[201]를 함께 체험할 것이며, 따라서 그는 진정한 믿는 자

---

199 독일 시인이자 번역가인 뤼케르트(Friedrich Rückert, 1788-1866)가 중국 《시경》(詩經)의 문구를 인용한 그의 시집 《시의 정신》(Die Geister der Lieder)의 서문의 마지막에서 "Weltpoesie ist Weltversöhnung"(세계의 시는 세계의 화해)라고 서술한 바에서 기인한다. 이 용어는 민족 간의 상호 문화적인 이해와 융합을 의미한다.

200 바그너(Richard Wager)의 오페라.

201 라틴어로는 *Missae Gregorianae*. 가톨릭교회에서 30일 동안 죽은 이를 위해 계속하여 봉헌하는 미사. 즉 신의 자비와 은총으로 죽은 자의 영혼이

로 거듭나게 됨에 틀림없다. 그렇지 않다면 그가 추구한 높은 예술적 즐거움은 그저 지나가는 아름다운 꿈과 같을 것이고, 그 뒤에는 잔혹한 현실에 대한 환멸감이 뒤따르게 될 것이다. **바흐의 열정과 바흐의 칸타타의 감동으로 인해 신도들은 자신들의 신앙심이 더 커짐을 느낄 것이다.** 그러나 숭고한 예술은 믿지 않는 자를 신도로 바꿀 수는 없다. 숭고한 예술은 기껏 하여야 짧은 시간 동안 믿지 않는 자에게 믿음의 행복을 가장할 수 있을 뿐이다. 예술을 종교적 믿음과 동일시하는 사람은 믿음이 무엇을 의미하는지 모른다. 그릴파르처(Franz Grillparzer 1791-1872)[202]는 종교는 시적 감수성이 없는 자의 시라고 말하였다. 역으로, 시와 예술 전반은 **비종교인의 종교**라고 말할 수 있다.

예술은 신앙과도 같이 전체 대중을 위한 작품을 창조하는가, 아니면 대체로 지식인들만의 전유물인 지식과도 같은 방식으로 작품을 창조하는가? 오늘날 인구 중 많은 계층은 모든 예술에서 소외되어 있고, 반면 지식인들은 대중의 야만적인 비난에 의해 그들의 예술적 가치들이 파괴되지 않도록 그 가치들을 조심스럽게 보호한다. 그런데 심미주의자는 예술을 위한 예술을 요구하는 반면, 노년의 톨스토이는 지식인들을 위한 예술을 거부하고 대중을 위한 예술만을 추구하였다. 지식인들을 위한 예술을 거부하는 톨스토이가 보여준 그 냉정함은 확실히 잘못이다. 지식인들의 삶은 다른 모든 삶이 그러하듯이 예술적 표현들과 동반함을 요구하였고 여전히 요구한다. 그리고 삶은 과거에도 다양하였고 지금도 여전히 다양하기에 예술로 하여금 광범위한 활동을 수행하도록 한다. 그러나 동시에 오늘날 지식인들의 예술은 지나치게 기교적이 될 위험이 있으며, 스스로를 예술로 포장하고는 싶지만 더 이상 예술이 아닌 많은 모습들을

연옥에서 구원받기를 기도하는 것인데, 이 미사의 효력에 대하여서는 교황이었던 성 그레고리오(St. Gregorius) 1세의 사적인 계시에 근거한다.

202   Franz Seraphicus Grillparzer(1791-1872). 오스트리아의 극작가.

분명 톨스토이가 지적할 수 있었음을 인정하여야 한다. 지식인들의 지나치게 기교적인 예술들은 그럼에도 불구하고 예술이 스스로를 비출 수 있는 거울인 자연으로 돌아가는 길을 찾을 수 있다. 그러나 그것은 대중의 예술이 도움을 주어야만 가능하다. 그러므로 모든 예술을 상실할 정도로 대중이 천박하게 영락하지 않은 사회는 운이 좋다고 할 수 있다. 독일의 시는 헤르더(Johann Gottfried Herder 1744-1803)가 수집한 바의 대중들의 목소리로 새롭게 되었다. 지식인들의 기형적인 정신들에 의해 오랫동안 잊혀져 왔더라도, 건강한 〈대중의 힘〉의 시대에 시인의 입에 의하여 불려진 노래들을 미래를 위해 보존하는 것은 대중을 위한 커다란 이바지가 될 수 있다. 대중들의 토양에서 예술은 그 뿌리를 신선하게 유지하였고, 다시 때가 되었을 때 새로운 추진력을 가질 수 있도록 배양되었다. 살아남게 되는 모든 예술은 대중의 〈삶의 형태〉를 모델로 하여 뿌리 내려야 한다.

4. 우리 문화의 위기

신앙과 지식 간의 싸움에서는 잠정적 휴전협정이 체결되었다. 양측의 지도부는 미국 테네시주에 위치한 시민과 농부들의 청중 앞에서 검사와 변호사가 〈진화론〉과 신앙의 교리와의 관계를 놓고 논쟁을 벌였던 〈원숭이 재판〉(monkey trial)[203]과 같은 간헐적인 충돌에는 더 이상 관여

---

203 1925년, 공립학교에서는 〈진화론〉을 가르치지 못한다는 테네시주의 법률을 어긴 교사 스콥스가 기소되어 유죄판결을 받고 벌금형에 처해졌던 사건. 양측에서는 거물급 변호사들이 고용되어 격렬한 논쟁이 벌어졌고, 그 재판은 라디오로 전국에 생중계되었다. 이를 스콥스 재판이라고 불리운다. 당시 법에 의하여 스콥스는 유죄 판결을 받기는 하였지만, 재판 중 결국 성경으로는 설명할 수 없는 부분이 있음은 인정되었고, 이 재판으로 인하여 이후 과학자들이 생물학을 포함한 과학 교과서를 집필하도록 하는 법규가 제정되었다.

하지 않는다. 그 논쟁은 단지 양측에 속한 작은 집단들 간의 고립된 교전이었으며, [원고와 피고를 지지하는 각각의] 더욱 큰 집단들은 [그 재판의 결과로 인해] 자신들의 때가 오기를 기다렸는데, 과학자 측이 승리를 확신하는 위치에서 그 전쟁은 종료되었다. 그들은 모든 믿음은 미신에 불과하고 정신이 부상하여 일단 과학이 비추는 햇살에 드러나면 다시는 신앙이라는 어두움으로 되돌아가지는 않을 것을 증명하였다고 생각하였고 최초에 인간이 굴복하였던 신앙의 시대는 지식의 시대에 의해 영원히 극복되었다고 믿었다. 하지만 이러한 새로운 신념이 가진 권력을 이용하여 〈과학적 세계관〉을 확립하려는 시도는 실패하였다. 인간은 형이상학적인 모든 것을 무관심하게 외면하고 구체적인 과학적 문제에 관하여서만 몰두함에서 만족감을 발견하였는데, 하지만 그러한 과학적 문제는 그 자체가 그렇게 대수롭지 않은 작은 일은 결코 아니며, 정신의 가장 높은 힘을 작용시켜야만 해결할 수 있다. 교회의 입장에서는 과학 활동을 제약하려고 하였던 기존의 금지를 철폐하였다. 교회는 과학적으로 훈련된 사람들 앞에서 무지하다는 비난을 종식시키기 위해 자신들도 과학적 연구를 발표하고, 또한 적절한 과학적 결과를 자체적으로 유용하기 시작하였다. 마침내 교회는 과학적 결과를 신앙에 부합하는 의미로 해석할 수 있도록 과학 연구에 적극적으로 참여하는 추가적인 조치를 취하였다.

과학이 크게 발흥함에 따라 기독교 교회는 단지 〈관습의 권력〉(Macht der Konvention)에 의해 그 존재를 유지해 온 것처럼 여겨졌다. 하지만 비록 교회가 인간 영혼들에 대한 장악력을 완전히 상실하였음에도 불구하고, 과학적 〈사유〉로는 무력함을 느낄 수밖에 없는 사랑의 가장 깊숙한 곳에서 결국은 교회가 스스로를 다시 주장하는 것이 가능하다고 사람들은 생각하게 되었다. 많은 가슴들은 간절하게 신앙으로 회귀하였다. 또한 인간의 정서가 요구하지만, 과학은 충족시킬 수 없는 삶에 대한 긍정을 정화된 신앙에 의해 인간의 가장 깊은 곳에서 일깨우는 것이 가능하다는 확신을 오늘날 그러한 신앙을 요구하는 강건한 마음들은 가지고 있다. 그들은 지식의 정당한 영역은 지식에게 넘기고, 지식으로는 접근할 수 없고 신앙의 영역이어야만 하는 가장 깊은 곳으로 신앙은 물러나야 한다는 생각을 가지고 있으며 신앙의 완전한 정화를 원한다. 그러나 구원의 메시지로 신앙과 지식을 화해시킬 수 있는 예언자는 아직 나타나지 않았기에, 양측 모두의 손실을 초래하는 신앙과 지식 간의 전쟁은 당분간 휴전된 상태이고, 아무도 **정신세계를 지배할 수 있는 왕좌는** 차지하지 못하고 있다.

  교회 문화는 통일적이었고, 어떤 상이한 문화 원칙도 교회의 전체적인 모습을 수정시키지 못하였다. 반면 세상에는 수많은 다스리기 쉽지 않은 세력들이 존재하고 있었고, 그들의 열정은 길들여지지 않았기에 어떠한 문화적인 계율에로 복종시키는 것에 대하여 저항하기 마련이다. 하지만 교회와 교회의 문화의 존재는 삶의 거친 광야에 화해의 태도를 보여주었다. 개인이 죄의 삶을 종식하고 수도원이라는 보호소에서 피난처와 속죄를 찾은 것처럼, 국가와 사회는 인간들이 저지른 모든 잘못을 사면해 줄 수 있는 구원의 기구가 교회라는 형식을 통해 존재한다는 사실에서 위안을 얻었다. 악인들은 열정의 유혹에 더욱 쉽게 굴복하지만, 교회는 [마음이] 흔들리는 자들을 강건하게 만들 수 있었고, 교회로 집중된 권력을 악과 싸우기 위해 사용할 수 있었다. 현대문화와 교회문화 간의 대립은 기본적으로 이러한 **집중화된, 화해를 가능하게 하는 〈통일성〉**이 상실되었다는 사실에 기인한다. 따라서 현대문화는 자유를 통해 더 풍부해졌을지라도 오히려 더 혼란스러워졌다. 우리가 지금 위기로 인식하는 것은 이러한 문화의 혼란이다.

  그런데 과학은 이러한 영향을 가장 적게 받는다. 우리가 단순히 과학체계가 개별적으로 작동하는 방식에 관하여서만 주목하여 살펴본다면 과학이 가지고 있는 자유로 인하여 과학이 가지는 풍부한 결과가 창출된다는 것을 알 수 있다. 과학 자신이 스스로의 [최적의] 방법을 결정할 수 있기 때문에 지식으로 향하는 모든 길들이 과학에게는 열려 있고 과학이 성취한 일들은 경이롭기만 하다. 그리고 과학이 지금까지 규칙을 찾을 수 있는 모든 것들에 대하여서도 그 규칙을 부여하기 위한 노력을 전력으로 경주하였음에서 볼 수 있듯이, 과학은 이미 수집된 지식들이 마침내 하나의 거대한 〈통일성〉하에 통합될 수 있다는 기대에 빠져 있다. 모든 지식이 통합되는 목적점이 어느 곳에 위치하는 지는 현재로서는 명확히 알 필요는 없으며, 과학은 단지 현재 자신에게 주어진 작업에만 완전히 집중하고 그 이외의 나머지는 미래를 위해 남겨둘 수 있다.

하지만 도덕에 관한 현실은 훨씬 유감스럽다. 도덕은 먼 미래를 언급할 필요는 없으며, 현재에 대하여 평가함으로 자족하여야 한다. 기독교 민족들의 〈도덕률〉은 지금까지의 모든 위대한 〈도덕률〉과도 마찬가지로 신앙에 기초를 두고 있으며, 오늘날에도 학교와 강단 위의 영적 교사들은 〈윤리〉를 가르치는 직분을 맡고 있다. 하지만 〈윤리〉 교육이 사회의 많은 그룹들이 이미 이탈해 나가버린 신앙에 근거하고 있다는 점을 고려할 때, 과연 장기적으로 충분할 수 있을지에 대한 의문이 제기된다. 사회적 〈윤리〉는 모든 사회에 공통된 토대 위에 세워져야 한다. 그러나 과학은 그 토대가 무엇인지를 밝힐 수 없고, 〈윤리적 충동〉은 아무리 강한 과학적 노력으로도 [사람들의 마음에] 옮겨 심어질 수 없다. 그 〈윤리적 충동〉은 원래부터 인간에게 주어졌던 것이거나 혹은 반대로 전혀 주어지지 않았던 것일 수도 있다. 현대적 〈윤리〉 운동은 〈윤리원칙〉을 〈신앙의 계율〉(Glaubensgesetz)과 분리하여 독자적으로 발전시키는 과제를 표방하였으나, 지금까지는 동조한 지지자들은 단지 작은 범위에 속한다. 대체로 오늘날의 〈윤리적〉 사안들은 교회 규범들에 그 기원을 두고 있는 〈인습〉에 의해서 규제된다. 하지만 그렇지 못한 경우에는 현대 사회에서 작동하는 힘에 의해 움직이는 삶의 자유로운 운동에 따르거나, 혹은 아주 다양한 이질성을 보이는 지도자들에 의하여 지시되는 상이한 방향을 지시하는 목표들을 따른다. 이는 매우 혼란스러운 상황을 연출하고 있다. 반면 국가가 제정한 〈형법〉은 가장 현저하게 드러나는 위협의 경우만을,

그것도 거의 적절하지 못한 수단들만을 이용하여 통제할 수 있다. 더욱이, 냉철한 마음을 가지고 우려하는 사람들의 판단에 따르자면 [물질적] 풍요를 위한 노력의 냉혹한 진행으로 인하여 문화의 〈윤리적〉 토대가 심각하게 흔들렸다. 그러한 [물질적] 풍요는 경제적 기회들의 기적적인 발전에 기인하였지만, 반면 세계대전과 혁명이라는 재난의 원인이기도 하였다. 유럽과 미국이라는 서구 세계는 절망적인 〈이기심〉에 사로잡혀 있기에, 따라서 아직 때 묻지 않은 동쪽만이 세계의 구원을 위한 희망이라는 주장도 제기된다.

    삶의 충실한 동반자로서의 예술에서 우리 문화의 위기를 분명히 찾아볼 수 있다. 건축술이 이룬 성과를 인류의 건설하는 힘의 표현으로 받아들인다면, [그러한 기준에] 의해 우리 시대의 문화에 대한 판단을 내리는 경우 부끄러움을 느낄 수밖에 없다. 우리 시대의 문화가 가진 무미건조함은 중세 시대 사람들이 경쟁적으로 창조하였던 교회 예술의 위대함에 접근할 수 없고, 심지어 마치 회화 속의 장면과도 같이 보이는 과거 부르주아의 도시의 정경 내지 아늑한 동네 마을에서 보이는 완벽한 모습들도 충분히 재현하지 못한다. 그렇기 때문에 우리 시대에 지어진 시들조차도 과거 모든 시대에 있어서 위대한 시들을 구별해 주는 순수한 이상주의적 성향이 결여되어 있다. 그 [우리 시대의] 시들에서도 진실을 추구하려는 강력하고도 올바른 성향들이 보이는 점을 간과해서는 안 되지만, 그럼에도 불구하고 그 성향들은 모순과 공허로 이끄는 다른 성향들과 이상한 방식으로 혼재되어 있다. 즉, 삶에서와 마찬가지로 예술에서도 시대의 열망은 혼란스럽게도 서로 조화되지 못한 채 병치되어 있다고 할 수 있다. 문화에 있어서의 〈통일성〉이 수복되기 전까지는 [문화의] 위기는 극복되지 못할 것이며, [문화의] 건강성도 회복되지 못할 것이다. 하지만 혹시 문화 세계는 그러한 [〈통일성〉의] 목표를 향해 나아가고 있는 것은 아닌가? 특히 현재의 도덕에 있어서 보이는 혼란은 확장된 현재의 사회적 관계에 대하여 도덕이 자신의 방향성을 암중모색하여 나가는 경로에 있기에 초래되는 불가피한 결과는 아닐까? 이러한 질문에 대한 대답은 우리가 역사적 발전에 대해 충분히 설명할 때까지 유보하여야만 한다.

우리는 여기에서는 모든 문화적 힘이 결합되어 〈국민문화〉(Nationalkultur)로 되며 그로 인하여 각 국민들에게 있어서 하나의 결집 점이 생성된다는 점만을 말하고자 한다. 물론 일반적인 [문화의] 위기는 이러한 결집 점이 비록 존재한다고 하더라도 종식된다고는 볼 수는 없다. 또한 〈국민문화〉가 모든 문화 중 가장 높은 위상을 가진다고 할 수도 없다. 왜냐하면 그러한 생각은 [더 높은 차원인] 〈인류문화〉(Menschheitskultur)를 도외시 하는 것을 의미하기 때문이다. 또한 신앙과 지식의 갈등, 그리고 현대 문화에서 보이는 다른 혼란스러운 대립들은 그러한 〈국민문화〉에서는 모두 해소되지 못한다. 그러한 〈국민문화〉는 〈국민감정〉에 내재된 〈이기심〉에 의해 지탱된다. 그럼에도 불구하고 그러한 〈국민감정〉이 더욱 보편적인 〈문화적 과업〉을 당당하게 의식하게 되어가고 있다는 점은 부인할 수 없다. 그러한 〈문화적 과업〉은 모든 국민들이 지향할 수 있고 또한 개별적으로는 상호 적대적 〈문화권력〉들이 공동의 목적을 위하여 봉사할 수 있는 지향점이다. 오늘날 존재하는 〈국민문화〉는 문화에 대한 인간의 갈망에 궁극적인 만족을 줄 수는 없다. 하지만 그럼에도 불구하고, 〈국민문화〉에 대한 사회적 고찰이 충분히 있어야만 한다. 그 〈국민문화〉들은 현재의 권력이 행사되는 방식에 지대한 영향을 미치고 있으며, 따라서 우리는 이 책의 마지막 부분에서 이 문제로 다시 돌아가 서술하고자 한다.

VIII. 〈사회적 의지결정〉

A. 개인과 사회적인 〈의지결정〉에 대한 일반적 고찰

1. 사회에서 '〈타인들〉'이 가지는 의미

한 무리의 소년들에게 그들이 행한 나쁜 장난에 대해 문책한다면, 일반적으로 **"아무도 하지 않았다"**면서 모두가 책임을 '〈타인들〉'(die andern)에게 전가한다. 이러한 행동은 일반적으로 생각하는 것처럼 단순한 변명의 문제가 아니며 우리가 이야기하려는 문제의 핵심을 시사한다. 이 예에서의 아이들의 발언은 사실이거나 혹은 거의 사실이고, 아이들의 입이 진실을 말하고 있다고 할 수 있다. 확실히 소년들 각자는 그 장난에서 자신이 한 역할이 있었지만 개인이 한 역할은 나머지 전체의 역할에 비해 대부분 매우 작으며 이것이 '〈타인들〉'이 결정하였다고 책임을 남들에게 전가하는 이유이다. 아무리 많은 군중 앞에서도 위축되지 않고 자신의 뜻을 관철시키는 〈지휘지도자〉(指揮指導者 gebietender Führer)[204]는 찾아보기 힘들다. 히틀러는 학창 시절에 그러한 〈지휘지도자〉였다고 한다. 그는 나중에 독일의 〈인민의 삶〉(Volksleben)에서도 그같은 지도자가 되고 싶었지만 그의 힘은 그에 이르기에는 충분하지 않았다.[205] 거대한 〈인민

---

[204] 주체적으로 앞장서서 부하들을 거느리고 이끄는 지도자. 영어 번역은 '지휘하는'(commanding)으로 되어 있다.

[205] 본 저서가 출판된 1926년은 히틀러가 집권하기 이전이었고, 그가 1924년 감옥에서의 석방 이후 공공에서의 연설이 금지되어 있던 해였다. 1926년은 히틀러의 《나의 투쟁》이 출판된 해이기도 하다. 이 문장은 자칫 히틀러의 지도자적 능력에 대한 칭찬으로 여겨질 소지도 있있고, 이 한 문장과 혹 반유대주의를 시사한다고 여겨질 수 있는 대목들, 그리고 어쩌면 파시즘적

의 삶〉에서 있어서 〈지휘지도자〉는, 학교라는 작은 범위에서의 그것보다 훨씬 드물며 독일 민족은 비스마르크 이후로는 그러한 지도자를 배출하지 못하였다. 〈지휘지도자〉와는 달리 평범한 지도자는 [위의 소년들의 경우와 마찬가지로] '〈타인들〉'에 의해서 결정되는데, 소년들의 장난의 예에서 우리는 이 과정이 어떻게 일어나는지 분명히 볼 수 있다. 그 장난의 주동자들이 그저 평범한 지도자라면 그리고 '〈타인들〉' 앞에서 자신을 중요한 사람으로 여기도록 하고 싶지 않았다면 나쁜 생각을 전혀 하지도 않았을 것이고, 그들이 '〈타인들〉'을 곤경으로 뛰어들게 할 기회를 포착하지 않았더라면 그러한 행동을 감히 하려고도 하지 않았을 것이다. 아마도 성급한 제안을 하는 순간에서조차도 그들은 그것이 진정 실행될 수 있다는 생각조차 하지 않았을 것이다. 많은 어른들조차도 모르는 것처럼, 어떤 생각은 확실하게 표현되는 순간 벌써 반은 행하여 지는 것이라는 것을 그 어린이들은 몰랐기 때문이다. 만약 그 계획이 충분히 용감하게 명시적으로 제안되는 경우, 청중 중의 단지 판단력 있는 소수만이 남에 휩쓸리지 않고 생각하면서, 그 성급한 제안이 실제로 가능한지 여부에 대하여 의구심을 제기할 것이다. 많은 대중은 그들이 느끼는 의심을 단지 혼자만 간직하고 겉으로는 아마도 확신에 차서 동조하는 것처럼 스스로를 과장할 것인데, 그러한 [성급한] 행동은 그 이후 철회가 허락되지 않고 결국은 성급하게 생각 없이 내뱉은 말들을 심각한 것으로 만든다. 결국 아무도 원하지 않는 것을 단지 '〈타인들〉'이 원한다고 생각하기 때문에 모두가 함께하게 되는 사태가 발생한다.

　　소년들의 장난의 경우와 마찬가지로 모든 〈사회적 행동〉(gesell-

이라고 여겨질 수 있는 대목들은 사실 반감을 일으킬 수도 있다. 그런데, 과거의 오스트리아에 대한 향수와, 새로운 질서에 대한 동경이 팽배하였던 당대의 절망적인 비엔나의 상황에서는 이같은 비저의 평가는 오히려 자연스럽게 여겨질 수 있는 심적 분위기였음은 부인할 수 없다(Kolev 2017).

schaftliche Handlung)에 대하여 가장 직접적으로 정신적인 면에서 지지하여 주는 것은 **〈동반〉**(同伴 Miteinandergehen), 즉, **'〈타인들〉'과의 〈단결적 행동〉**이 가져다주는 **유혹**(Reiz)에서 찾을 수 있다. 군중이 지도자를 따를 때 이러한 유혹에 몸을 맡길 뿐만 아니라, 정말 위대한 정신적 지도자를 제외하고는 지도자 자신도 대중이 자신을 추종하기를 기대할 때 이러한 유혹을 느낀다. 그런데 추종하는 대중은 그러한 감정을 단지 지도자에 대하여서만 느끼는 것이 아니며, 같이 〈동반〉하는 '〈타인들〉'에게서도 느낀다. 즉, 그 대중에 속한 각 개인들은 '〈타인들〉'도 자신과 마찬가지로 그 지도자를 추종하며, 그 '〈타인들〉' 또한 그 자신이 그 지도자를 추종하는 것을 기대한다는, 그러한 '〈타인들〉'과의 접촉(Fühlung)을 느낀다. 개별 병사가 선두에 서 있는 지도자를 알지 못하고 '〈타인들〉'도 그와 함께 돌격한다는 확신을 가지지 못하는 경우에는, 참호를 박차고 나와 적의 살인적인 포화 속으로 뛰어드는 일은 결코 발생하지 않을 것이다. 적의 포화 속으로 돌진하는 것은 고립된 인간의 〈개인적 의지결정〉(persönliche Willensbestimmung)이 실행하는 것이라고는 생각할 수 없으며, 이는 '〈타인들〉'이 결정적인 요인인 〈사회적 의지결정〉의 결과이다.

위의 예에서와 같이 병사들이 적의 포화 속을 돌풍과도 같이 뛰어드는 상황과 마찬가지로, 개전(開戰)하겠다는 결정은 각 개별 시민의 입장에서는 실행할 수 없으며, 오직 고조된 〈대중전체〉의 〈사회적 의지결정〉만이 그러한 사태를 만들어 낸다. **개인의 입장**에서는 이해할 수 없는 사태가 사회적으로는 불가피한 사태가 될 수 있다. 개별적 경우에는 드러나지 않지만 〈사회적 의지결정〉에 속하는 모든 행동에 있어서는, **비합리적인 것**(Irrational)은 아닐지라도 개인적으로는 이해될 수 없는 어떤 것이 존재한다. 그렇기 때문에 이러한 것들은 [타인과의] **〈동반〉을 통해서만 의미 깊은** (sinnvoll) **사태**로 나타난다. 위대한 정신적 〈지휘지도자〉의 경우에도 '〈타인들〉'의 존재는 중요한 역할을 한다. 그러나 이러한 경우에는 그들의 역할은 위대한 지도자가 가지는 통솔자로서의 위상을 낮추는 것이 아니라 제고시킨다는 측면에서 특별하다. 위대한 지도자가 그의 정신에서 우러나와 행동할 때, 그것은 비단 개인적 차원에서의 행동일 뿐만은 아니다. 그의 정신은 〈보편〉(Allgemeine)이라는 넓은 범위로 펼쳐지기 때문에 그는 보편적인 차원에서도 행동하는 것이다. 미켈란젤로나 베토벤 같은 사람들은 일단 자신만의 만족감을 위하여 작업을 하지만, 동시에 〈국민정신〉의 가장 높은 예술적 충동을 만족시킨다. 또한 자신의 내면 가장 깊은 곳에 위치한 갈구를 만족시키기 위하여 신앙의 말씀을 추구하는 선지자와 같은 사람은 그럼으로써 신을 추구하는 인류를 위하여 갈구하는 것이다. 대중이 위대한 지도자를 추종할 때는 가장 순수한 〈사회적 결정〉(gesellschaftliche Bestimmung)이 보이는 것이며, 그 안에는 어떠한 여타 비합리적인 것도 포함되지 않는다. 하지만 그 결정에는 개인적인 차원에서는 설명할 수 없는 것이 있는데, 이는 그 결정은 대중의 마음이 스스로는 도달할 수 없는 높이에 있기 때문이다. 위대한 지도자의 모범, 그리고 동시에 보편적 〈단결적 행동〉에 의하여 대중 자신의 감정이 원래 자신이 가지고 있던 정도를 훨씬 넘어서 고양된 경우에 있어서만 비로소 대중은 그 위치에 도달할 수 있다.

　　위대한 정신적 지도자는 자신에 대하여 먼저 깨달은 후에(erkennen) **그럼으로써 타인들에 대하여 깨닫게 된다.** 반면 그보다 낮은 위치의 지도자들과 특히 일반 대중들은, **자신에 대하여 깨닫기 위해서는 타인들이 필요하다.** 그들의 눈앞에서 분명히 발생하는 타인들의 행동을 통해 자신의 존재가 깨어나고 자신의 행동이 지향하는 목표점이 드러나며, 또한 자신의 힘은 증가한다. 인간들 간의 〈집단성〉하에서의 감정은 또다시 감정에 작용하고, 상호 간의 의견의 교환은 상호 간의 자극을 유발한다. 그러한 접촉의 과정에서 표상들이 형성되고 강화되며 마침내 의지는 공동의 길을 따라 인도된다. 따라서 〈사회적 의지결정〉은 다수의 사람들의 〈의지결정〉으로서 생성되는데, 그러한 〈다중〉의 〈의지결정〉은 **상호 접촉** 과정 중에 실행된다.

하지만 이것은 〈사회적 의지결정〉의 전 영역을 포괄하지는 않는다. 〈타자들〉은 우리의 감정에 대해 이중적 의미를 가진다. 무기력하고 나약하다고 느끼는 외로운 사람에게는 타인은 반갑게 맞을 수 있는 친구이자 그와 함께하고 싶은 진솔한 마음을 나눌 수 있는 동지이다. 하지만 이미 동지들과 함께하고 있는 집단들에 속한 사람에게는, 그래서 그 집단에 대하여 강력한 소속감을 가지고, 또한 그 자신의 존재에 대하여 확신을 가지는 사람에게 있어서는 [집단의 밖에 있는] **그 〈타자들〉은 단지 다른 부류이고 이방인**들이며, 자신들만을 걱정하는 사람들일 뿐이다. 따라서 그러한 사람은 자신의 존재에 〈타자들〉이 해를 가할 수 있다는 두려움을 가지기에 의심의 눈으로 〈타자들〉을 거부하기 마련이다. 따라서 사람들이 서로 〈동반〉하여 걷는 것도 볼 수 있지만, 반면 서로 적대적으로 걷는 것도 관찰할 수 있다. 또한 같은 편에 속하는 사람들은 항상 서로 단결할 자세가 되어 있는 반면, 불신과 공포로 인하여 상대에 대한 두려움을 가지는 경우에는 각자는 상호 적대적인 그룹들로 갈라지게 되고 서로에 대하여 방어하고 공격할 준비가 되어 있다는 점도 볼 수 있다. 무력(Gewalt)이 역사에서 수행한 역할을 이로써 설명할 수 있다. 사람은 자신이 불신하거나 혹은 두려워하는 타자들에 대하여서는 싸움을 통해 자신을 방어하여야만 한다고 믿으며, 전쟁은 초기에는 방어에서 시작하더라도 갑작스레 공격으로 전환된다. 승자는 패자에 대하여서 자신과 같은 부류라고 생각하지 않으며, 단지 하대를 하는 대상이자 경멸적인 이방인들로 간주하기에, 승자는 패자들에 대하여 어떠한 극단적인 말살을 실행에 옮기더라도 일말의 동정심도 느끼지 않는다. 승자가 패자의 목숨을 부지하여 주는 것은 오로지 가혹하게 〈착취〉를 하기 위한 목적에서 비롯될 뿐이다.

따라서 처음부터 **싸움과 강압**을 통한 〈의지결정〉은 〈사회적 의지결정〉의 일부분이었으며, 사실 사회의 초기 단계에서는 가장 우세적인 〈의지결정〉의 유형이었다. 애당초에 인간들은 아주 작은 범위 내에서만 같이 속한 서로를 동지로 의식하고, 반면 거대한 대중들을 상호 낯설고 적대적으로 여겼다. 싸움과 승리를 통해서만 그러한 적대적 관계들을 〈사회적 통일체〉를 향해 상호 연결할 수 있다. **거대한 사회로의 성장은 강압이라는 쓰라린 뿌리에서 싹이 트기 마련이다.**

아리스토텔레스의 유명한 말에 따르면 인간은 〈사회적 존재〉(gesellschaftliches Wesen)이다. 이는 물론 훌륭한 명제이지만, 단 올바른 이해가 전제되어야만 한다. 인간은 사회적으로 부름을 받은 존재이다. 사회 없이는 인간은 자신의 본성을 충족시킬 수 없었고, 자신이 가진 힘을 일깨워 효과적으로 사용하기 위해서는 상호 협력이 필요하다. 그러나 그들이 상호 협조를 통해 자신의 힘을 어느 정도 사용함에 성공한 순간, 이미 그 다음 과정을 위한 〈**사회적 소명**〉(gesellschaftlicher Beruf)이 충족되었다고 느끼고, 이제는 원래 자신들이 속한 집단들의 외부에 존재하고 있는 타인들과의 화합을 적대적으로 거부한다. 자연이 사람에게 부여한, 타인과 동행하는 〈사회적 소명〉이라는 원초적 성향은 그렇게 강하지 못하기에, 아무 거리낌 없이 서로를 완전히 결합하고 싶게 만들지 못한다. 오늘날의 문화 수준에서도 〈인류사회〉 전체를 포괄한다는 사상은 현실과 부합하지 않는 단지 아름다운 몽상에 불과하다. 오늘날에 이르러서도 사람들은 **아직 거대한 평화의 사회 아래 단결되어 있지 않고**, 반대로 서로 **투쟁적인 사회로 분열**되어 있으며, 심지어 개별 사회 내에서도 여전히 내전으로 발전할 수 있는 위험을 잠재하는 강압의 잔재들이 남아 있다. 인간의 감정들은 '〈타인들〉'이라는 거대한 대중을 여전히 형제나 동료 인간으로 여기지 않는다. 그들을 자유롭게 움직일 수 있도록 그리고 자신들의 길을 가도록 놓아둔다면 사실 많은 것을 이룰 수 있지만, 우리는 자주 그들을 적대적으로 간주한다.

2. 권력과 목적

〈언어용법〉은 〈사회적 집합체〉(gesellschaftliche Vielheit)들을 하나의

〈통일체〉로 다룰 수 있도록 한다. 이때 그 〈집합체〉(Vielheit)의 구성 요소들은 서로 긴밀하거나 혹은 느슨하게 연관되어 있을 수 있다. [이러한 〈언어용법〉에서는] 국가도 〈통일체〉로 언급되고, 마찬가지로 민족, 교회, 〈신분층〉, 계급, 당, 그리고 사회 및 〈공공〉, 심지어 어딘가에 그저 모여있는 군중들까지도 그와 같이 〈집합체〉로 명명이 가능한데, 이러한 〈집합체〉들을 지칭하는 이름들은 수없이 나열할 수 있다. 더욱이, 〈언어용법〉은 〈사회적 통일체〉들을 의인화함으로써 그 〈집합체〉들의 행동과 관련된 모든 것을 마치 한 개인의 행동처럼 생각할 수 있게 한다. 〈국가의지〉(Staatswille), 〈민족정신〉(Volksgeist), 사회진보(Fortschritt der Gesellschaft), 〈공론〉(公論 öffentliche Meinung),[206] 〈보편적인 법적 확신〉, 〈국민감정〉 등, 이러한 일련의 의인화된 개념들을 끊임없이 나열할 수 있다. 이 모든 표현들은 적절하게 이해된다면 〈사회적 집합체〉하에 결합된 수천, 수백만의 사람들이 자신들의 감정, 관점(Anschauung), 판단, 그리고 〈의지의 결의〉(Willensentschließung)들을 공유하며 모여있음이 나타내는 결과들을 훌륭하고도 간결하게 요약하는 바에 도움이 된다. 하지만 그로 인한 오해의 위험도 작지는 않다. 의인화된 진술 형식은 심지어 극단적으로 대규모적인 〈사회적 행동〉도 본질적으로 개인적 행동과 동일하다고 전제하는 오류를 범하기 마련이기 때문이다. 〈공론〉에 대하여서도 이러한 이야기를 적용하자면, 〈공론〉이란 모든 정신들의 만장일치의 외적 표출로 이해되어야 한다고 흔히들 상정하게 된다. 그러나, 아주 종종 많은 수, 혹은 심지어 대다수의 시민들은 그 〈공론〉 형성에 참여하지 않으며, 심지어 그 〈공론〉에 동조한다고 표명하는 사람들 중에서도 아주 많은 혹은

---

[206] 이 또한 의인화된 개념인데, 여러 사람의 목소리가 '공공'이라는 만장일치의 목소리로 집약되어 나오는 것으로 의인화된 표현이다. 〈공론〉은 아래에서는 문맥에 따라 〈공론〉(公論), 세론(世論), 여론(輿論)이라고 번역하였는데, 이들은 모두 같은 의미이다.

대다수는 단순히 말뿐인 경우가 다반사이다. 아마도 아주 소수의 유창한 연사나 신문기자들만이 [자신들이 만든] 어떤 〈공론〉을 〈공중〉에게 부과하는 것일 수 있다. 〈국민정신〉이라는 말을 사용할 때, 자칫 그것을 국민 전체의 만장일치의 산물로 이해하기 쉬우나 실지로는 아주 얇은 계층만의 전유물일 수 있는데, 둔감한 대중은 그 얇은 계층 아래에 단지 무관심하게 살고 있다. 〈인민의지〉를 말할 때 쉽게 상정하는 바는 그것이 천만, 수백만 대중이 가진 의지를 엄밀하게 합산한 것으로서, 마치 강물이 그 지류들을 모아서 흐르듯이 그 〈인민의지〉가 개별의 모든 의지들을 모두 포섭한다는 것으로 이해하고자 하는 경향이 있다. 그러나 일반적으로 그러한 상정은 옳지 않다. 이른바 〈인민의지〉를 형성함에 있어서는 수천, 수백만의 개별적 의지들은 결합되고 강화될 뿐만 아니라, 서로 마찰하고 교차하며, 서로를 방해하고 상잔(相殘)하고, 서로를 밀쳐 움직이게 하고 배척하며, 그럼으로써 일반적으로 힘의 상실, 그리고 심각한 실패 내지는 목표의 변조(變造)를 초래한다. 현대적 〈강령체제〉에 대한 이해를 혼란스럽게 하는 몰이해의 연원이 바로 이데올로기 주장자들의 견해라고 할 수 있는데, 그들은 〈주권적 인민〉(souveränes Volk)[207]이라는 개념이 〈의지의 힘〉들의 〈전체〉를 대표하고 있다고 생각하였다. 그들에게 있어서는 〈인민의지〉란 단지 몸이 커진(gesteigert) 개인의 의지로서, 〈인민의지〉는 개인적 의지보다 훨씬 더 명확하고 확고하게 목표를 향해 나아가고 있으며, 무게와 존엄성에 있어서 훨씬 더 뛰어난 것으로 간주된다. 그러나 이것은 치명적인 결과를 가져올 수 있는 잘못된 생각이다. 국가에 대한 실질적인 이념이 아직 형성되지 않았던 과거 시대에 있었던 강령들은 단지 당대에 주어진 조건들과 또한 당대에 주어져 있던 〈힘의 관계〉(Gewaltverhältniss)들에 마치 **자연스럽게 각인**되어 있는 것처럼 만들어

---

[207] 국가의 법률, 규범 및 상호 공존을 위한 규칙을 자유롭고 자주적으로 제정하고 결정하는 인민.

져 있었다. 하지만 현대의 강령들은 그와는 다르다. 미성숙된 민족들은 그들 자신 스스로 만들었거나 혹은 〈현실정치〉에 있어서 제대로 훈련도 되지 못한 그들의 지도자들이 만든 강령조차도 제대로 실행시킬 수 없을 만한 저급한 수준을 가지고 있을 뿐이다. 즉 [현대의] 강령은 그들에게는 **적합하지 못하며**, 따라서 그들의 결정을 악화시키거나 혹은 왜곡하기 마련이다. 강령이 자신에게 주어진 임무를 제대로 수행하지 못하는 경우, 그 강령을 고치려는 의사들은 일반적으로 문제의 소재를 파악하지 못한다. 명료한 진단을 위해서는, 그 근본까지 내려가서 〈사회적 의지결정〉의 과정을 최초부터, 그리고 그것의 모든 본질적 과정에 있어서 엄밀하게 추적하여야만 한다.

이러한 과제를 수행하기 위한 예비 작업은 이미 이전에 본서에서 제시하였다. 지도자와 대중 사이의 관계, 〈권력심리〉, 〈사회적 권력들의 분할〉에 대하여 우리가 이제까지 발견한 모든 통찰들은 이러한 과제들을 풀어 나가기 위해서 도움이 될 것이다. 이러한 논의의 결과를 요약하면서 우리는 '〈타인들〉'이 〈사회적 의지결정〉에 결정적 중요성을 가지고 있다는 우리가 방금 개진한 생각과 연결하고자 한다. 사람들이 서로 접촉하여 동행하던, 혹은 상호 서로 반목하고 압박하던, 〈사회적 의지결정〉은 항상 어느 정도 불안정한 상태에 있는 것이 사실이다. 〈개인적 의지결정〉이 확실하게 실행될 수 있도록 하는 〈자활력〉(自活力 Kraft)[208]과 목적

---

208 이 문장에서 나오는 Kraft(=힘)가 무엇을 뜻하는 것인지는 자체로는 쉽게 이해되기 힘들다. 영어 번역판에는 이를 〈수단〉(means)로 번역하였는데, 그러한 경우 문맥이 맞지 않게 된다. 그런데 이 〈힘〉을 스피노자가 이야기한 〈코나투스〉(conatus)로 해석하면 문맥에 들어맞는다. 아래의 번역에서는 〈코나투스〉 대신 〈자활력〉이라고 번역하였는데, 이에 상응하는 원문의 단어는 모두 Kraft(=힘)이다. 이같은 역자의 해석은 저자가 이미 이전에(역주 27) 모든 〈권력현상〉에는 스피노자가 부여한 해석이 어떤 예외 없이 가장 정확히 적용

VIII. 〈사회적 의지결정〉 **299**

(Zweck)²⁰⁹이라는 양자 사이에 뚜렷이 보이는 연관성은 〈사회적 의지결정〉에 있어서는 이러한 '〈타인들〉'의 개입으로 인하여 흐려지기 때문이다.

개인적인 의지조차도 항상 〈합목적결정적〉(zweckbestimmt)²¹⁰이 되지는 못한다. 그 의지는 종종 실수나 열정으로 인해 목표를 놓칠 뿐만 아니라, 목표가 설정되기 전에도 이미 〈자활력〉은 존재하면서 움직이고 있다. 〈자활력〉은 그러한 목적들을 자신이 먼저 찾아 나서거나 혹은 최초에는 아예 목적들을 추구하지도 않는데, 이는 그 〈자활력〉은 먼저 자신 속에서 자족감을 찾기 때문이다. 의지가 성숙하게 된 이후에야 비로소 숙고함(Überlegung)이나 〈수련〉이라는 수단을 통해 〈자활력〉과 목적이 서로 결합되게 된다.²¹¹ 성숙한 사람에게는 권력과 목적이 의미 있는 방식으로

된다고 언급하면서, 권력을 인간의 정서(Gemüt)에 대한 지배라는 스피노자의 정의를 도입하였으므로 타당할 수 있다. 참고로 스피노자의 〈코나투스〉는 역자의 용어해설 '코나투스'를 참고할 것.

209 이하에서 말하는 '목적'은 정확히 정의되어 있지 않다. 하지만, 이 '목적'이라는 것을, 내가 숙고와 〈수련〉 끝에 나의 의지에 의하여 나의 〈자활력〉을 주체적으로 지향하게 하는 '방향성'이라고 이해하면 좋을 듯하다. 아래의 문단에 그와 같은 내용이 나온다. 또한 아래의 역주 211을 참고할 것.

210 원문은 '목적'과 '결정'을 조합하여 한 단어로 표기하였기에 그에 충실하고자 다소 어색하더라도 한 단어로 표현하였다. 어떠한 목적에 의하여 행동이 결정되는 경우를 말한다. 참고로, 본서에서는 〈~결정적〉이라는 표현이 자주 등장한다. 이후에는, 〈권력결정적〉, 〈강압결정적〉, 〈자활력결정적〉 등의 조합어가 사용되는데, 모두 '~에 의하여 결정된다'라는 의미이다.

211 앞의 세 문장은 스피노자의 〈자활력〉(=〈코나투스〉)라는 개념에 익숙하지 않으면 이해가 쉽지 않은 대목이다. 〈자활력〉은 자신의 존재를 유지하려는 힘 그 자체이고, 그 존재를 유지하게 됨에 만족하고, 그 안에는 어떠한 특정한 방향성(즉, 목적)이 없다. 즉, 〈자활력〉은 단지 크기만을 가지고 있지 방향

서로 결합되어 있으며, 따라서 의지는 **〈자활력결정적〉**(kraftbestimmt)이며 동시에 **〈합목적결정적〉(zweckbestimmt)이 된다.**

〈민족의 삶〉(Völkerleben)에 있어서는 혼란스러울 정도로 많은 사람이 각기 활동적인 〈자활력〉들을 가지고 있으며, 그 규모와 방향은 매우 상이하다. 일반적인 개별적 삶에서와는 달리, 그 〈자활력〉들은 상호 간에 긴밀하게 결합되어 있지도 않고 또한 통제되어 있지도 않다는 사실에 놀라지 말아야만 한다. 물론 우리는 어디에서나 성숙한 개인들과 마주칠 수 있지만, 반면 역사에 있어서는 성숙한 민족들은 오직 드물게만 발견될 뿐이다. 따라서 〈자활력〉과 그 목적은 〈민족의 삶〉에서는 너무 자주 괴리되어 있으며, 따라서 대체로 〈사회적 의지〉(gesellschaftlicher Wille)는 〈합목적결정적〉이라기보다는 훨씬 더 〈자활력결정적〉이 된다. 사회에 있어서의 〈자활력〉은 정서(Gemüt)들에 영향을 미치는 권력으로 작용하기 때문에, 〈사회적 의지〉는 〈합목적결정적〉이 되는 것이 아니라 결국 **〈권력결정적〉**(machtbestimmt)이 되는 점을 이해할 수 있을 것이다. 물론, 권력은 〈성공〉을 기반으로 하여 형성되며, 또한 그 〈성공〉이라는 것은 목적 내에서 승인되는 것이고, 따라서 이에서 알 수 있는 바는 권력과 목적은 서로를 향하여 수렴하기 위하여 애쓰고 있다는 점이다. 그러므로 〈권력결정적〉 의지는 항상 어느 정도 〈합목적결정적〉이 됨에 틀림없다. 하지만 그럼에도 불구하고 **권력이 완전히 성숙되었을 때에만 비로소 그 의지는**

성(=목적)은 그 자체에는 없는, 수학적 비유를 사용하자면 〈자활력〉은 스칼라(scalar)이지 벡터(vector)는 아니다. 이를 2차원상의 벡터 그림으로 표현하자면, 벡터의 화살표의 방향(즉, 목적)은 어떠한 각도로도 놓여질 수 있는 것이다. 따라서 그 방향성은 성숙한 의지가 숙고함과 〈수련〉이라는 과정을 통해서 부여하는 것이다. 참고로, 나의 〈자활력〉이 타인의 〈자활력〉에 의해서 그 방향이 결정되는 경우에는 결국 스피노자가 말한 타인의 나의 정서에 대한 지배이다. 이같은 사항을 염두에 두어야만 다음 문단의 이해도 쉽다. 참고로, 역자의 용어해설 '자활력', '지배'를 참고할 것.

순수하게 〈합목적결정적〉이 될 것이다.

강압에 의한 〈사회적 의지결정〉에서는 권력과 목적 간의 부조화를 분명히 감지할 수 있다. 강압에 의한 〈사회적 의지결정〉은 전제자의 목적을 향해 있고, 예속된 대중은 자신의 목적에 따라 살 권리가 없으며, 전제자는 그가 가진 무력의 정도에 따라 대중들을 마음대로 〈통제처분〉하고 그들을 그의 개인적 목적에 복속시킨다.[212] 그 전제자가 대중을 전제자 자신을 위해 〈착취〉[213]하는 한, 대중의 행동은 자신들의 개인적 차원에서는 〈합목적결정적〉(zweckbestimmt)이지 못하고, 〈강압결정적〉(zwangsbestimmt)이 된다.

평화적 〈단결적 행동〉의 경우에는 모든 동반자들 각각의 삶의 목적들은 원칙적으로 동등한 가치를 지녀야만 한다. 그런데 각 개인들의 삶의 목적이 상충되면 소수의 의지는 다수의 의지에 굴복하여야 한다. 여기에서도 복종이 강요되는데, 그럼에도 불구하고 소수는 자발적으로 그 복종을 바치게 된다. 소수는 더 큰 총체(Gesamtheit)에 자신을 편입시킴으로써 얻게 되는 더욱 커진 〈권력의 결과〉(Machterfolg)을 알게 되고 그

---

212 다시 〈자활력〉(= 〈코나투스〉)을 이용하여 설명하자면, 전제자의 〈자활력〉의 방향으로 피지배자의 〈자활력〉의 방향을 '정렬'시키는 것이다.

213 참고로, 〈착취〉란 어떤 대상을 '빼앗는' 것이다. 마르크스적으로 표현하자면, 노동의 산물의 가치에서 〈노동력〉의 가치(=임금)를 공제한 부분에 해당하는 잉여가치를 노동자에게서 빼앗는 것을 〈착취〉로 정의한다. 이 이론이 성립하기 위해서는 어떠한 빼앗기는 것의 '가치'를 계산할 수 있어야만 한다. 마르크스는 그 가치를 노동으로 표현하고자 하였다. 그런데, 스피노자식의 정의를 따르자면, 〈착취〉는 지배자의 〈자활력〉(= 〈코나투스〉)에 피지배자의 〈자활력〉을 '정렬'시키는 것이고, 피지배자를 그럼으로써 지배하는 것이다. 스피노자의 체계에서는 마르크스적인 노동가치론에 의존함이 없이도 〈착취〉를 설명할 수 있으며, 〈착취〉라는 개념을 다시 정의할 수 있게 된다. 이러한 〈착취〉의 개념의 재정의에 대하여서는 Lordon (2014)를 참고할 것.

것을 즐기기를 원하기 때문에 기꺼이 자발적으로 복종한다. 소수들이 내리는 결정은 〈권력결정적〉이지만, 동시에 여전히 〈합목적결정적〉인데, 단지 **더 높은 〈권력의 목적〉**(Machtzweck)**을 위해 그보다 훨씬 사소한 목적을 희생시킬 뿐이다.**

소수가 동의하며 바치는 〈자발적 희생〉은 가장 분명하게 보여진다. 하지만 그것이 평화로운 사회에서 요구되는 유일한 〈의지의 희생〉은 결코 아니다. 사회적 〈단결적 행동〉이 행하여지기 위해서는 모든 면에서 개인 상호 간 끊임없는 〈의지의 조화〉(Willensanpassung)가 필요시 된다. 소수는 다수에 복종하는데, 이때 다수는 이러한 〈의지의 조화〉 없이는 자신 자체 내부적으로 **단합될 수 없고**, 그러한 〈의지의 조화〉가 없는 경우 소수 또한 단합될 수 없다. 그런데 이러한 〈의지의 조화〉는 항상 뚜렷한 숙고함과 결의로 이루어지는 것은 아니다. 대부분의 경우 인간은 주변 환경에서 느끼는 자극에 비자발적으로 굴복하기 때문이다. 대중을 조소하지 않을 수 없었던 니체를 비롯한 많은 그의 후예들은 인간의 〈무리본능〉에 대해 이야기한다. 하지만 이 개념은 대중이 모두 같은 방향으로 함께 움직이고자 하는 동물적 본능에 의해서만 마음이 지배되는 상황, 즉, 공황 및 기타 유사한 경우에는 타당하다. 그러한 [동물적] 본능은 인간이 더욱 세심하게 정신을 가다듬을 힘이 더 이상 남아 있지 않은 경우에도 작동하기 때문이다. 그런데 만일 사람들의 〈단결적 행동〉이 단지 〈무리본능〉에 의해서만 인도되는 것이라면, 〈사회적 행동〉들이 〈합목적결정적〉이 되는 경우는 오로지 **그 〈류적 목적〉**(類的目的 Gattungszweck)**이 이미 본능 내에 뚜렷이 각인되어 있는 경우뿐**이다. 하지만 〈대중의 추종〉을 단지 〈무리본능〉으로만 받아들인다면 그것은 대중이 사회적 기능을 크게 오해하는 것이다. 유능한 사람조차도 다른 사람들과 동반하여야만 할 충분한 이유가 있으며, 그러한 필요성은 [머리로는 생각하지는 못할지언정] 이따금 감정상으로는 잘 알고 있다. 대중은 〈능동적 추종〉-그것이 단지 감정에 의하건 아니면 더욱 명철한 숙고함에 기반한 추종이건-을 통해 그 지도자를 승인하는데, 그 대중들은 지도자의 행동이 〈합목적결정적〉이라고 추인한다. 그리고 그 대중들 중 유능한 자들도 그 지도자를 추종한다는 사실 자체가 여타의 사람들의 정서들에 인상을 주기 때문에, 그러한 유능한 자들의 추종은 그 대중 자신들에게 대하여도 〈권력결정적〉으로 작용한다.

양보하여 말하자면, 〈사회운동〉(gesellschaftliche Bewegung)들에서 자주 마주치는 소위 유상무상적(有象無象的) 인간들은 대부분의 경우는 일종의 〈무리본능〉을 따른다. 보통 사람은 권력이 누르는 압력에 쉽게 굴복하기 마련이다. 그는 자신이 '〈타인들〉'과 부딪힐 때 걱정하여야만 하는 그들로부터의 비난, 조롱, 거부에 노출되기를 원하지 않는다. 사람들의 비난을 받지 않기 위해서는 비록 자신과 직접적인 연관을 내적으로는 느끼지 않으며 또한 자신에게 어떤 이득이 올 것도 기대하지 못하는 어떤 〈전체적 운동〉(allgemeine Bewegung)들에 참여하기 마련이다. 그러나 그보다는 조금 더 나은 이유를 가진 유상무상적 인간들도 있다. 모든 선거에서 주요 정당은 약한 정당의 진영이나 아직 정당의 형태로 조직되지 못한 진영에 속한 유상무상적 인간들을 영입한다. 그러한 유상무상적 인간들은 따라서 자신이 가입한 정당이 지향하는 목적을 위해서 개인적 목적을 어느 정도, 때로는 상당히 크게 희생하고, 또한 자신들의 도움으로 권력을 장악한 자신들이 지지하고 있는 정당이 비록 자신들의 마음에 들지 않는 어떤 것을 행하더라도 참아야만 한다. 하지만 그럼에도 불구하고, 만일 자신들이 완전히 착각하지는 않는다면, 자신들이 단지 자신들 자체에만 침잠하여 완전히 후퇴하여 있을 경우 홀로 할 수 있는 것보다는 자신들의 의지를 더 많이 관철시킬 수 있다. 그들은 그들에게 가장 근접하여 있는 권력을 따르기 마련이다. 그들의 의지는 〈권력결정적〉이 되는데, 그 이유는 그것이 **어느 정도 〈합목적결정적〉**이기 때문이다.[214]

---

[214] 즉, 자기 자신의 어떠한 유리함을 얻기 위한 목적으로 상위 권력의 목

유상무상적 인간들 위에는, 그 수도 또한 많지만 너무 약하여 공공연히 권력에 저항할 수 없고, 반면 추종하기로 결심하기도 원하지 않기에 그저 조용히 그 권력이 알아서 하도록 내버려두는 사람들도 있다. 어떤 〈전체적 운동〉에 반대하는 경우, 비록 강한 감정적 거부감을 가지고 있더라도 만일 저항이 자신 혼자만의 수단에만 의존하는 경우라면 그 저항을 실행하기 위해서는 아주 큰 용기가 필요한데, 이는 아주 극소수에 불과한 사람들만이 가능한 일이다. 같은 생각을 가진 여러 사람들과 함께 모여 같이 도모하는 경우에 있어서만 그러한 거부감이 결국 저항(Widerstand)의 수준으로 상승하게 된다. 그러한 경우에 도달하기 전에는 그저 방관적인 입장에서 자신이 방지할 능력이 없는 사태를 그냥 발생하도록 수수방관할 뿐이다. **〈사회적 의지〉는 〈권력결정적〉**이기 때문에, 권력을 자신의 목적과 연계시킬 수 있을 만큼의 수준에 도달하지 못한 모든 사람들은 [자신들의] 〈사회적 의지표현〉(gesellschaftliche Willensäußerung)을 포기하여야만 한다.

〈공동의 의지〉에 의하여 지지된다고 주장하는 권력의 경우에 있어서도, 유상무상적 인간들 전체, 그리고 아무런 말도 할 수 없는 자들, 또한 나태함과 우유부단함으로 방관하고 있는 자들의 숫자를 일단 제외하고 나머지의 권력에 단지 복종하는 사람의 수는 의도적으로 동참하는 강한 의지를 가진 자의 수는 더욱 훨씬 크다.

심지어 〈합목적결정적〉으로 동참하는 의지가 강한 자들이라도 자신의 의지를 희생하여야만 한다. 상호 간의 접촉을 통한 〈공동체 생활〉에서는 개인적 특성을 지워버리는 과정이 수반되는데, 그러한 과정은 각자 개인적인 수준에서는 쉽게 감지할 수는 없으나 전체적 〈현상〉을 결국은 바꿀 수 있다. 개인의 특성을 가지고 있던 모서리와 가장자리는 그 과정

적에 지배된다.

에서 마모되거나 심지어 부스러지게 되면서 결국 균일한 모습을 보이게 된다. 어떤 불편함을 감수하여야 하는 경우에도 인간은 결국 [사회의] 〈보편적 본성〉에 순응하기 마련이다. 이는 모든 것을 고려하였을 때 자신만의 독자적인 의향에 따르는 것보다는 일반적인 방식을 수용하는 것이 더 편안하게 느껴지기 때문이다.[215] 인간은 이웃, 동향, 자신이 속한 사회 계층, 계급 그리고 국민들에서 찾아볼 수 있는 일반적인 〈전형〉에 스스로를 맞춘다. 왜냐하면 이것이 결국 타인들과 원만하게 지내는 가장 좋은 방법이며 결국에는 자신의 인성도 향상될 것이라고 생각하기 때문이다. 〈통일적 목적〉(uniformer Zweck)이 바로 〈보편적 목적〉(allgemeiner Zweck)이며, 그러한 〈보편적 목적〉이 결국 〈권력의 목적〉이 된다. 자신의 〈유형〉에 확고히 자리 잡은 이후에 낯선 환경에서 다른 〈유형〉을 만나는 경우 인간은 그 상이한 〈유형〉에는 **더 이상 적응을 거부하기 마련이다**. 그 이유는 이제 낯선 것을 자신의 본성에 반하는 것으로 인식하기 때문이다. 이전에는 분리되어 있던 그룹들을 〈결속감〉(Zusammenfühlen)을 가지게 하여 그들 간의 반목을 해결함으로써 마찰이 제거되면, 따라서 〈합목적결정성〉(Zweckbestimmung)이 가지는 〈권력범위〉(Machtkreis)도 확장된다.

이제까지 서술한 바는 비단 대중들에게만 적용되는 것이 아니며 지도자들에게도 적용된다. 〈상호 공감〉(wechselseitige Einfühlung)의 과정에도 지도자가 필요하다. 좋은 〈습속〉을 유지하기 위해서는 강한 인간들의 모범이 필요하기 때문이다. 또한 새로운 〈습속〉의 도입, 그리고 그것과 전통적 〈습속〉 간의 갈등을 좁히기 위해서도 특별한 힘을 가진 지도자가 필요하다.

---

215 이는 후에 케인즈(John Maynard Kaynes)가 주장한 〈관습〉(convention) 내지 〈관습적 판단〉(conventional judgement)이 가지는 기능과 동일한 맥락이다. 케인즈는 관습의 기능을 편리함과 불확실성의 (심적) 감소로 보았다. 이에 대하여서는 Keynes(1937: 217)와 Dupuy(1989)를 참고할 것.

많은 경우에 있어서는 〈공동대의〉를 위해 바치는 개인적인 희생이 권력에 복종함으로써 기대할 수 있는 이익보다 더 커지게 된다. 이러한 경우 개인적인 〈합목적결정성〉은 〈권력결정성〉(Machtbestimmung)에게 자리를 양보할 수밖에 없다. 국민은 조국을 수호하기 위해 자발적으로 피를 희생하며 [개인적인] 〈자기보존본능〉을 이겨낸다. 또한 자신의 국가가 요구하는 충성심에 부응하여 그는 기꺼이 목숨을 바친다. 그가 속한 국가의 권력을 유지하기 위해서는 그는 자신을 희생할 각오가 되어 있다. 왜냐하면 국가가 특정 수의 시민의 생명을 부득이 죽음의 위험에 노출시키지 않는다면, 호전적인 적에 대항하여 국가 자신을 보전할 수 없다는 것을 개인 자신들은 충분히 인식하기 때문이다. 마찬가지로 협동정신이 충만한 노동자들은 노동조합의 방침이 자신들의 개인적 이익을 심하게 훼손한다고 하더라도 그 방침에 복종한다. 또한, 자질이 더 뛰어난 노동자들도 비록 자신은 손해를 보지만 평균 노동자에 맞춘 임금 체계에 복종한다. 개인적으로는 아무것도 더 이상 요구할 것이 없는, 처지가 좋은 노동자라도, 비록 자신은 반대투표를 하였더라도 파업 결정에 복종한다. 심지어 비노조원들도 [노조의] 연대감이 가진 권력에 굴복하고, 파업의 종식이 아무리 그들의 직접적인 이익과 일치한다고 하더라도 감히 파업을 와해시키려고 하지 못한다. 그러한 모든 경우에, 그 사회에 있어서의 〈의지의 결의〉는 외부적 강제에 의해 결정되는 것이 아니며, 그것은 〈권력결정적〉이기 때문에 더 이상은 개인적 차원에서는 〈합목적결정적〉이지 않다.

대중과 마찬가지로 그리고 심지어는 더욱 강도 높은 정도로 지도자도 〈공동대의〉에 기꺼이 헌신하여야 한다. 예를 들자면, 전장에서는 지도자가 가장 먼저 목숨을 감수하여야 한다. 권력을 구성하는 요소인 희생을 함에 있어서도 그 지도자가 선두에 서지 않는 한, 그는 권력을 움켜쥐게 되는 지도자가 결코 될 수 없다.

〈사회적 의지〉가 충분한 무게를 가지고 또한 자신의 목적을 달성하려면 권력에 의하여 무게를 얻어야 한다. 그렇지 않으면 〈사회적 의지〉는 사회 곳곳에 둥지를 튼 나태와 우유부단함을 통제할 수 없을 것이고, [사회를 구성하는] 개별 주체들이 가지는 특성들의 튀어나온 가장자리와 모서리들을 부드럽게 만들 수 있는 동인을 너무 많이 상실하게 될 것이며, 심지어는 그 〈사회적 의지〉는 자발적 의지를 가진 자들(Willigen)조차도 견인하지 못할 것이고, 〈지고의 힘〉(höchste Kraft)을 끌어내기 위하여 필수적인, 앞서 걷고 있는 지도자들을 뒤에서 밀어줄 수도 없을 것이다. 또한 자신의 편협한 이해관계만 염두에 두고 사회질서를 무시하는 반대자들의 저항에도 대처하여야 한다. 권력에 의하여 무게가 실리지 않은 의지는 그가 맡은 〈사회적 과업〉에 비해 너무 약하고, 그 의지와 연계되어 있는 **개인적 목표들을 달성하기에는 너무도 무력**하다. 〈권력의 목적〉은 그것이 물론 촉진하여야 하는 각 개인의 개인적 목적들보다 우선한다. 물론 〈권력의 목적〉이 자신 자체에만 한정되어서는 안 되며, 그 권력의 존립 근거인 개인적 목적들을 촉진하는 바를 삼가서도 안된다. 그러나 어찌 달리할 수 없는 경우에는, 궁극적으로는 〈권력의 목적〉이 주요한 측면에서는 관철되도록 하기 위해서 이러저러한 개인적인 목적들은 거리낌 없이 희생되어야만 한다.

물론 〈사회적 의지〉는 권력에 의해 무게를 얻기 때문에 개인의 의지가 가지고 있는 높은 유연성은 상실되기 마련이다. 〈사회적 의지〉는 **둔중하여 느리고**(schwerfällig), 앞으로 설명할 것처럼 어떠한 상황에서는 사회적 목적 자체까지도 상실하게 되는 무서운 결과를 낳을 수도 있다. 목적을 위해 만들어진 수단이 오히려 목적을 지배한다는 것을 우리는 매우 자주 경험한다. 이러한 이야기는 〈권력수단〉에도 적용되는 바이다. 이러한 경우 **〈권력의 목적〉**은 하나의 **독립적인 목적**으로서 존립하게 되며, 그것이 봉사하여야 하는 다른 목적들보다 실로 상위에 위치하게 되는 상황이 연출된다.

3. 권력의 〈자기보존본능〉 그리고 권력의 사회적 전도(順倒)와 자기파멸

어떠한 민족, 심지어는 가장 발전된 민족에 있어서도 〈사회적 권력〉들이 사회적 목적들에 완전히 조화롭게 조율되어 있는 경우는 없었다. 강력하게 형성된 권력의 중압 아래에서는 그러한 사회적 목적들이 훼손될 수 있는데, 이는 단지 훨씬 약한 권력들만이 그러한 [강력한 권력이 도외시하는] 사회적 목적들을 보호하려고 하기 때문이다. 또한 모든 강력한 〈군주적 권력〉(Herrenmacht)이 사라진다고 하더라도, 권력과 목적 자체는 절대로 서로 완벽한 균형을 이루지는 못한 채 지속적으로 남아있기 마련이다. 유능하고 경험이 풍부한 개인은 자신의 힘들을 그가 가진 다양한 목적들의 가치에 따라 그 목적들 간에 현명하게 배분하여 자신의 삶의 계획을 수립한다. 하지만 이와는 달리, 〈사회적 행동〉은 근본적으로 어떠한 통일된 계획에 의한 균형을 절대로 이루지 못한다. 지금까지의 모든 〈사회적 의지결정〉이 〈개인적 의지결정〉에서 볼 수 있는 바와 같은 〈통일성〉으로 발전한 적은 전혀 없었다. 따라서 〈개인적 의지결정〉이 개인의 보존과 삶의 발전을 위해 기여하는 것과는 달리, 〈사회적 의지결정〉이 지고의 〈사회복지〉(gesellschaftliche Wohlfahrt)에 기여한 바는 어느 곳에서도 없었다. 〈사회적 행동〉은 명료한 숙고하에서 일어나는 것은 절대로 아니고, 힘과 〈성공〉의 점진적인 〈결속감〉들에 기반하여 만들어진다. 〈사회적 행동〉은 최상의 〈사회적 효용〉이라는 **지도 원칙에 의거하여 위에서부터 발전되어 온 것이 아니라** 개인적인 부분적 힘들에 의하여 형성되어 온 **경험에 의해서 아래로부터** 만들어져 온 것이다. 즉, 〈사회적 권력〉은 [다양한] 개별적 목적에 따라 배분되어 질 수 있도록 조화를 이루는(einheitlich) 형태로 주어지는 것은 아니다. 많은 종류의 부분적 권력들은 항상 병렬적으로 움직이며 서로 투쟁하고, 그들 간에 균형을 유지하려고는 하지만 그럼에도 불구하고 완전한 균형을 이루지는 못한다. 〈결속감〉은 너무도 느리게 작동한다. 싹트기 시작하는 권력이 인간들의 정서들을 지배하기 위해서는 우선적으로 그것들은 〈성공〉을 통하여 인간 감정에 와서 닿을 필요가 있다. 따라서 각 개별적인 하위 권력들이 스스로 형성되기에는 많은 제약이 존재하기 마련이다. 반면, 이러한 다양한 권력들이 단지 점진적으로만 성장할 수 있듯이, 마찬가지로 그들이 사라져가는 것도 점진적이다. 최초의 실패는 그 권력을 소멸시키거나 혹은 심지어 감소시키는 바에도 충분하지 않으며 오히려 더 많은 노력을 경주하도록 자극할 수도 있다. 이미 존재하는 그러한 권력에서 인간의 정서들을 사로잡는 마법이 제거되기 위해서는 실패가 반복적이고 또한 지속적이어야만 한다. 한번 존재하기 시작한 모든 권력은 지속적으로 존재하기를 원하는 본성을 자신 내에 가지고 있다.²¹⁶ 그 권력에 종속된 개인들은 '〈타인들〉'도 마찬가지로 여전히 권력의 마법 아래 있다는 사실을 항상 염두에 두어야만 한다. 또한 그 개인들은 단지 자신 홀로에만 의지하고 싶지는 않기에, [다른 사람들처럼] 여전히 기존 권력의 마법 아래 머물러 있기 마련이다. 즉, [기존의 권력에 저항하기 위해서는] 다른 사람들도 더 이상 그 권력 아래에 머무르기를 원하지 않는다는 상호 간에 형성된 감정이 기존 권력에 종속된 마음들 사이에서 먼저 [동시에] 생겨나야만 한다. 이렇듯 **권력의 〈자기보존본능〉이 권력의 본질에 속한다**는 사실을 인식할 때에서야 비로소 우리는 〈권력에의 충동〉을 완전히 이해할 수 있다. 모든 부분적 권력은 자체적으로 〈자기보존본능〉을 가지고 있으며, 더 이상 목적을 제대로 수행할 수 없더라도 계속 작동하기를 원한다. 〈사회적 의지〉는 더 이상 **사회적으로는 적절하게 〈합목적결정적〉**(zweckbestimmt)**이지 못하더라도 여전히 〈권력결정적〉으로 남아 있으며**, 따라서 무용하거나 혹은 오히려 해악으로 남아 있는 그 의지들을 극복하기 위해서는 힘겨운 투쟁이

---

216 이는 개인적 차원에서 적용되는 스피노자의 〈코나투스〉의 자기 보전 원칙을 사회의 권력에 적용시킨 것으로 보인다. 역자의 용어해설 '자활력'을 참고할 것.

궁극적으로 필요할 수 있다.

그러한 〈사회적 의지〉는 사회적 목적에 더 적합한 새로운 권력들이 발흥하지 않는 한 전복될 수 없다. 그러나 그러한 새로운 권력들은 구권력들의 거센 저항에 부딪힐 수밖에 없기 때문에 빠른 속도로 부상할 수는 없다. 새로운 힘이 가진 활력(Auftrieb)은 구권력의 저항을 이겨내고 자신도 권력으로 변모할 수 있을 만큼 강력하여야만 한다. 그 새로운 **힘에 내재한 〈전개본능〉**(展開本能 Entfaltungstrieb)은 권력들의 〈자기보존본능〉과 균형을 이루어야 한다. 구권력들이 역사에 너무 깊이 뿌리박혀있기 때문에 더 이상 새로운 〈성공〉을 보일 수 없더라도 그러한 구권력들은 때로는 더 이상 흔들리지 않을 수도 있다. 따라서 활력을 상실한 민족들은 발전의 정체상태에 머무르고, 더 이상 구권력의 장벽을 넘을 수 없다. 신선한 생명력을 가진 민족들만이 더욱 커지고 높은 수준에 위치한 〈사회복지〉를 지향하여 움직이는 〈권력에의 충동〉을 지속적으로 발전시킬 수 있다. 한편, 강한 민족과 강한 정당들은 역사적으로 전수된, 자신들을 지금까지 항상 〈성공〉으로 이끌었던 권력을 유지하기 위하여 분투하고 있기 때문에, 그들은 그러한 〈권력유지본능〉에 의하여 피를 흘리며 목숨도 감수한다. 그리고 결국은 그들의 **〈권력의지〉는 아마도 자멸**(Selbstvernichtung)**이라는 대가를 치르게 될 수도 있다.** 그러한 경우 〈성공의 법칙〉은 전도(顚倒)되고[217] 〈권력결정적〉 의지는 사회의 〈자기보존〉이라는 사회의 최고의 목표와 상충하게 된다.

대중과도 마찬가지로, 그리고 심지어는 대중보다 더욱더 강하게 지도자에게도 〈권력유지본능〉은 작용한다. 〈인민의 목적〉(Volkszweck)들의 총체를 조망하고 그것을 마음에 소중히 간직하는 위대한 지도자는 극

---

217   다분 변증법적인 표현인데 결국 〈성공〉의 결과로 인하여 수립된 권력은 고착되고 정체되며 그로 인하여 과거의 〈성공〉이 오히려 사회의 멸망을 초래한다는 의미. 이미 이전에도 저자는 동일한 표현을 사용하였다. 역주 130참고.

히 드물다. 위대한 지도자들의 활동 시기는 역사의 전성기인데, 그때에는 서로 상충하는 기도(企圖 Bestrebung)들이 서로 균형을 이루고 상호 보완하여 각자가 새로운 결실을 이루도록 하였다. 일반적으로 [개별 분야의] 지도자는 일반 시민에 비하여 훨씬 시야가 좁은 마음을 가지고 있는데, 이는 그 자신의 특별한 목적에만 완전히 전념하고, 그 목적만을 위해 훈련되어 있으며, 또한 자신의 모든 것을 그 특별한 목적을 위해서만 바치고 다른 모든 것을 잊어 버리고 무시하기 마련이기 때문이다. 따라서 지도자는 종종 전적으로 군인이거나 전적으로 정치인이거나 전적으로 사상가이거나 혹은 전적으로 예술가인 경우가 많다. 이처럼 지도자는 자신의 분야에서 우월성을 가지고 있는데, 그럼으로써 오히려 사회적으로는 위험요소가 될 수 있다. 그는 자신만의 대의에 전적으로 전념하고, 따라서 그 대의를 위해서는 자신이 모을 수 있는 모든 권력을 사용하여 〈사회체제〉가 가진 〈통일성〉을 파괴하려고 위협한다. 물론 그 〈사회체〉는 이미 그 이전부터 느슨하게 연결되어 있을 뿐인 경우도 많다. 이러한 지도자에 대하여 균형을 회복하기 위해서는, 그 지도자에 대하여 보완적인 반대입장을 견지하는 다른 지도자들이 그 지도자에 맞서야만 하며, 결국 유능한 시민들이 가지고 있는 〈삶의 감정〉, 건강한 대중의 〈삶의 감정〉이, 권력의 장악을 위하여 상호 경쟁하는 지도자들 중에서 선택을 할 수 있도록 요구된다. 이러한 선택은 올바르게 균형 잡힌 삶의 노선(Linie des Lebens)을 지키기 위함이라고 할 수 있다.

B. 〈공론〉(öffentliche Meinung)

1. 일반적 고찰

〈공론〉[= 〈공공〉의 의견][218]은 〈사회적 권력〉 중에서도 독특한 위상을 가진다. 〈공론〉은 〈사회적 행동〉에 직접적으로 방향성을 부여하는 권력, 즉 〈행동지시적 권력〉(Macht des Handelns)들에 필요한 원칙(Gesetz)을 형성시키기 때문이다. 이러한 권력들의 지위가 이미 확고히 정립되어 있는 경우에는 〈공론〉은 [기존의] 〈행동지시적 권력〉들이 가지고 있는 그러한 원칙의 내용을 수용한다. 이러한 경우에 있어서 〈공론〉은 보수적으로 기존의 권력들을 강화하는데, 그러한 권력들하에서 경험이 가진 의미들을 사회에서 공유되는 일정 문구 형태로 표현한다. 반면에 [기존의] 〈행동지시적 권력〉이 사회적 감정과 상충하는 경우에는, 〈공론〉은 기존 질서를 해체하고 새로운 질서를 준비하기 위한 새로운 이념을 형성시킨다.

〈사회적 행동〉에 관련된 모든 사람들이 〈공론〉의 형성에도 관여하는 것은 아니다. 그런데 자신의 행동의 의미를 공개적으로 명확하게 표현할 수 없는 사람들에 비하여서는 〈공론〉을 형성시킬 기회가 주어진 사람들은 큰 이 점을 가진다. 〈공론〉의 제조자(Schöpfer)들은 그 〈공론〉이 가지고 있는 어떠한 고유한 권력의 담지자(Träger)가 된다. 〈행동지시적 권력〉들은 나머지 사회의 이익에 해를 가하더라도 자신들만의 이익을 추구하는 목적을 위해 〈공론〉을 장악하여 기존 질서를 지지하고 강화하려 한다. 혹은 그들은 자신들의 이익을 위해 필요한 경우라면 오히려 기존의 질서에 반하는 방향으로 그 〈공론〉을 몰고 갈 수도 있다. 남성 중심적으로 사회적 이념이 형성되는 경우에는 남성의 지배가 증가할 것이다. 반면, 여성의 부상은 〈공중〉을 자신들의 사상과 감정을 따르도록 설득하

---

[218] 공론을 직역하자면, '〈공공〉의 의견'이다.

는 바에 얼마나 그들이 성공할 수 있는가에 달려있다.

〈공론〉을 형성할 수 있는 측은 다른 〈권력수단〉을 사용하는 것보다도 훨씬 더 〈사회적 의지결정〉에 영향력을 행사할 수 있다. 프랑스 혁명은 만약 자신을 지지하는 〈공론〉을 얻지 못하였다면 결코 성공하지 못하였을 것이다. 과거의 프랑스에서는 농민 봉기와 폭동이 빈번하였지만 왕은 군사력으로 그들을 쉽게 진압하였다. 하지만 지금은 대중들이 지지하는 〈공론〉이 가진 막강한 권력 앞에서는 왕이 병사들을 소집하여도 헛되고, 병사들의 대열은 흐트러질 수밖에 없었다. 〈자유주의의 시기〉에 있어서는 〈지식인계급〉은 큰 이 점을 누리고 있었다. 왜냐하면 그들은 당시 〈공론〉을 장악하였고, 새로운 사상을 모색하였으며, 그러한 사상을 대중에게 보급하기 위해 문학과 언론을 독점하였기 때문이다. 하지만, 비록 그들이 비록 자신들 계급의 이해를 대표하기도 하였지만, 그들은 동시에 넓은 의미에서는 나머지 대중 모두의 이익의 옹호자였다. 그런데 프롤레타리아의 자생적인 출현으로 인하여 그 〈지식인계급〉이 가지고 있었던 〈공론〉상의 〈주도적 권력〉의 상당 부분은 상실되게 되었다. 실상 근본적으로 이러한 사태는 불가피하였다. 하지만 부르주아지들 자신들이 [위와 같은 사상의 전파 등과도 같은] 〈주도적 권력〉을 행사하는 방식은 동시에 프롤레타리아가 정신적 무장을 갖추는 바에 도움을 주었다고 말하여야만 한다. 즉, 〈자유주의 교리〉(liberale Doktrin)가 발산한 열기는, 부르주아 자신의 이익만을 위하여 필요하고 유익한 수준의 사상을 훨씬 넘어서게 되었다. 프롤레타리아 사상가들은 이러한 〈자유주의 교리〉가 가진 장점을 주의 깊은 눈으로 파악하였고 그 장점을 자신들의 계급 이익을 위해 유용하였다. 〈경제적 가치〉(wirtschaftlicher Wert)가 노동에 기초한다는 [아담 스미스와 리카르도와 같은] 〈자유주의〉 경제학자들의 이론은 노동의 〈착취〉(Ausbeutung)와 〈잉여가치〉(Mehrwert)에 대한 [마르크스와 같은] 프롤레타리아 경제학자들의 이론의 기초를 제공하였다. 마찬가지로 부르주아 계몽주의자들이 군주들의 권력에 반대하여 사용하였던 〈인민주권〉이라는 개념은 프롤레타리아 사상가들에 의해 그들이 대변하는 대중에게 유리하도록 변형되었다. 즉, 부르주아 계몽주의자들의 사상에 의하면 대중이야말로 바로 국민을 구성한다는 점을 시사하고 있지 않은가? 〈자유주의자〉들은 대중을 전면적으로 부각시켰는데 그들은 〈보통선거권〉(allgemeines Wahlrecht)이 자신들의 〈정치적 권력〉을 위협할 수 있음에도 불구하고 그에 대해 반대할 수 있는 여지가 거의 없었다. 결국 〈자유주의〉 사상은 〈자유주의자〉들이 이익 추구심보다도 우위에 놓이게 되었다.

이러한 사실은 〈지식인계급〉이 예전과는 달리 더 이상 〈공론〉을 중요하게 받아들이지 않으려고 하는 사실과 연관이 있다. 오늘날 지식인들은 〈공론〉을 불신하고 자신들이 그 〈공론〉을 더 이상 통제할 수 없다면 어떤 장소이건, 특히 그들의 정치적 생활에 있어서는 그 〈공론〉을 비판한다. 지적인 〈공공〉 앞에서는 더 이상 쉽사리 〈공론〉을 언급할 수 없으며 그 〈공론〉에 호소하는 이유에 대해 [그 지적인] 독자나 청자들에게 우선적으로 명확히 밝혀야만 하지만 개별적인 경우에 있어서는 그렇게 일일이 설명하는 것만으로는 절대로 충분하지 않다. 사회적 문제에 대해 솔직하게 사유하는 사람은 누구나 〈공론〉이 가지는 의미에 대하여 근본적으로 명백히 밝혀야만 한다. 하지만 이는 결코 쉬운 일이 아니다. 〈공론〉에는 **건강한 의미와 부패한 의미가 잡다하게 혼재**되어 있다. 또한, 〈공론〉이 형성되는 방식에 따라 심각한 날조(Verfälschung)의 위험에 노출되어 있으며, 〈대중운동〉의 시대에 형성된 정치적 〈공론〉에 있어서는 이같은 점이 특히 문제시된다.

2. 건강한 〈공론〉

건강한 〈공론〉이 비로소 처음 생겨나기 위해서는 사회를 만드는 개인들의 긴밀한 개인적인 이해 관심사가 개입되어야만 한다. 가정이나 경제생활의 문제에 있어서는 삶에서 경험하는 바에 따라 의견들이 형성되며, 그 의견들은 이미 주어져 있는 가능성들과 상황들을 반영한다. 이미 진보적 발전을 경험하였기에 높은 위치에서 조망할 수 있는 후대의 시각에서는 이러한 의견들이 조잡하거나 심지어는 해로운 것으로도 보여질 수도 있다. 하지만, 대중들이 건강한 한, 그러한 의견들은 생동적 삶과 진보를 가져다 주기 때문에 건강하다고 할 수 있다. 가장 강력한 류의 〈무명적 지도자〉들은 다른 사람들이 본받을 모범을 보이고 일반적인 〈성공〉을 통해 그 모범이 입증되면 사람들 사이에 [그 모범에 따르는] 일치된 의견이 나타나고 그럼으로써 그 의견들은 사람들의 정서를 지배하게 된다. 경제생활과도 마찬가지로 가정생활은 누구에게나 예외 없이 영향을 미치기 때문에 [그러한 생활들에 있어 사람들의 행동을] 〈보편적 행동〉(allgemeines Handeln)으로 인도하는 〈공론〉은 〈보편적 의견〉(allgemeine Meinung)이다.[219] 모든 사람이 그 〈공론〉을 정확히 표명할 수 있는 것은 아니고 극히 소수만이 그러할 수 있는데, 반면 모든 사람들은 그 〈공론〉이 가지는 의미에만 순응한다. 그로부터 결속력 있는 〈보편적인 법적 확신〉들이 생겨나는데, 이에 대하여서는 기껏하여야 비뚤어진 소수만이 반대할 뿐이다. 사회적 삶이 복잡하여지는 정도에 비례하여 더욱 넓은 〈삶의 영역〉에 〈공론〉들이 침투해 들어간다. 권위력을 가진 지도자들이 등장하여 정화된 믿음을 공포하거나, 더 높은 수준의 〈윤리〉를 설파하거나 혹은 그들은 과학자, 사상가, 시인 그리고 예술가로서 위대하게 활동함으로써 정서들을 고양하려 한다. 이에 따라 새롭고 더 고귀한 힘들이 사회에서 깨어나고, 〈복지〉를 달성하기 위한 수단들을 장악하며, 무엇보다도 삶의 목표를 제고하는 등의 진보를 만들어 낸다. 대중들은 이렇듯 지도자가 인도(Weisung)하는 길을, 자신들의 행동을 통하여 검증해 나감에 따라, 〈생활권력〉과 더불어 〈문화권력〉도 성장한다. 그러한 〈문화권력〉

---

[219] 즉, 공론은 사람들의 〈보편적 행동〉을 유도하는 사람들이 가지는 보편적인 의견이다.

도 이렇듯 〈공론〉이 가지는 사람들을 움직이는 힘에 기초하고 있다. 모든 곳에 있어서 〈공론〉은 〈성공〉으로 입증된 의견이며, 그에 따라 〈사회적 행동〉을 인도한다. 〈공론〉은 **〈사회적 행동〉으로 인하여 입증되어 신념의 차원으로 승화된 의견이다.**

모든 현명한 군주는 〈공론〉에 의존하며, 그 〈공론〉은 〈생활권력〉들과 〈문화권력〉들이라는 형태를 통하여 자신을 드러낸다. 심지어 전제군주도 자신이 대중의 인기를 얻기 위해서는 〈공론〉을 관대하게 내버려두어야만 한다는 것을 잘 알고 있다. 만일 소수의 〈권력의지〉가, 넓게 확산되어 있는 [공공이 가지는] 〈삶에 대한 의견〉(Lebensmeinung)과 〈문화에 대한 의견〉(Kulturmeinung)[220]을 무시하며 넘어서려 한다면, 그 소수의 사람들은 막강한 대중에 대하여 절대로 법을 부과할 수는 없을 것이다. 마키아벨리는 그의 《군주론》에서 군주는 시민들의 〈생활습속〉과 그들의 물질적 이해를 존중하여야만 한다고 주장한 바 있다. 국가는 자신의 권력을 약화시키려고 위협하는 종교 운동들을 그 초기 단계에서부터 가장 가혹한 무력적 수단을 행사하여 억압하는 경우가 많았다. 하지만 국가가 그 종교 운동들이 가지고 있는 인간 정서에 대한 지배는 절멸시킬 수 없다는 것을 깨닫게 되자, 국가는 종교 운동들과 평화적 타협을 유지하게 되었고 또한 그것들과 결합되었다. 결국 자신의 숭고한 과업을 수행하려는 모든 국가는, 〈생활권력〉과 〈문화권력〉하에서 적극적으로 표현되는 **〈공론〉도 법적인 구속력**이 있다는 것을 인정하였고 입법 행동을 통해 그 〈공론〉에 명확한 역할을 부여하는 것을 의무로 여겼다. 그에 따라 〈민법〉과 〈형법〉이 제정되고 국가는 교회에게도 자신들의 〈교회법〉(Kirchenrecht)을 용인하여 주었다. 또한 프로테스탄트가 자신의 모태인 가톨릭 교회에서 분리되었을 때, 가톨릭 국가들은 격렬한 전쟁을 겪은 후 결국

---

220 즉, 삶과 문화에 대한 〈공론〉.

종교적 신념에 기반한 지배에는 절대로 대항할 수 없다는 점을 충분히 깨닫게 되었고 그 후에는 그 가톨릭 국가들도 마침내 프로테스탄트들에게도 권리를 허용하였다.

3. 그럴듯한 〈공론〉-〈억견〉(臆見)[221]

마지막으로 언급할 바는, 〈공론〉은 결국 국가 자체에 대하여서도 승리를 쟁취하였다는 점이다. 그 모든 것을 모색하고 개선하고자 전진하고 있던 계몽주의는, 가장 중요한 〈보편적 이익〉들을 장악하고 통제하고 있던 국가에게 드디어 공격의 화살을 겨누게 되었다. 부르주아지의 부와 교육이 성장하자 그들은 이제는 더 이상 구세력의 후견인들을 용인하기를 원하지 않게 되거나 용인할 필요가 없게 되었는데, 그 후견인들은 구시대의 좁은 시야로 판단하고 무엇보다도 자신의 권력 유지에만 관심을 가진 자들일 뿐이었다. 농민 그리고 프롤레타리아 계층 또한 자신들이 겪고 있는 고통의 압박으로 인하여 각성되어 구권력과 맞서 싸우게 되었다. 프랑스 혁명의 한 과정 중에서 파리 교외에 내걸린 '빵과 헌법'(*Du pain et la constitution de 1793*)[222]이라는 슬로건은 모든 현대 〈대중운동〉

---

221 참고로 이 절에서 말하고자 하는 바는 〈공론〉의 일종으로서, 플라톤 식으로 말하자면 〈독사〉(δόξα; *doxa*)에 관한 것이다. 〈독사〉를 굳이 번역을 하자면 〈억견〉(臆見)이다. 〈독사〉란 말은 고대 그리스어에 어원을 가지고 있는데, '보이다', 생각하다, 받아들이다'라는 단어인 '*dokein*'에서 나왔으며, 인기 있는 대중적인 믿음이나 의견을 의미한다. 플라톤은 참된 지식 〈에피스테메〉(ἐπιστήμη; *epistēmē*)와 〈독사〉를 구별하였는데 이 〈독사〉는 하위의 인식이라는 부정적인 의미로 사용되었고 예를 들자면 그는 궤변론자들의 의견들을 〈독사〉로 간주하였다.

222 1795년 필립 륄(Philippe Rühl 1737-1795)이 프랑스 혁명 중(1795년) 폭도들에게 한 연설의 제목.

의 특징을 잘 말해 주고 있다고 할 수 있다. 즉, 자신들에게 절실한 〈삶에서의 이해 관심사〉(Lebensinteresse)들을 보호하기 위해 대중은 정치적 재편을 요구하였다. 하지만 아무리 대중의 고통에서 오는 압력이 정치적 재편에 기여하였다고는 할지언정, 그 압력 자체는 결코 결단에 이르게 하는 요인은 되지 못하였다. 결국 가장 중요한 것은 부르주아 혁명이 〈공론〉의 지지를 받았기에 승리할 수 있었다는 점이다. 또한 프롤레타리아 운동의 진보는 〈민주주의〉 이념이 〈공론〉 상에서 더욱 큰 가치를 가지게 되었다는 사실과 맥을 같이 한다.

하지만 그 이후로는 부르주아 계급의 〈공론〉은 [대중의] 〈공론〉과 반대하는 방향으로 선회하였다. 아버지들과 할아버지들 세대에서는 그들의 청년기에는 실러의 작품 중 등장인물인 포사 후작(Marquis Posa)에 감명받았다.[223] 그 후작은 필립 왕에게 "생각의 자유를 달라"고 말하였는데 이 말은 그들의 심장을 울렸다. 한편, 그들의 아들들은 대중의 심리에 관한 르 봉의 신랄한 글을 읽고, 아무리 현명한 사람들도 군중 속에 모이면 바보가 된다는 르 봉의 주장에 흔쾌히 동감하였다. 젊은 세대들 중 더욱 단호한 자들은 질서를 회복할 강력한 손을 요구하는, 반면 마음이 훨씬 유약한 몽상가들은 〈낭만주의〉(Romantik)의 [원시적] 이상을 갈망하였다. 그러나 이미 영원히 사라져 버린 과거의 상황으로 회귀하는 몽상이 과연 소용이 있을까? 오늘날 세상은 '대중'이라는 적혀있는 표식(Zeichen) 아래 살고 있다. 즉, 역마차를 타고 전국을 여행하는 것이 더 목가적일 수는 있지만 대중교통 시대에는 철도를 이용하여야 한다. 그리하여 대중은 정치적 삶에서도 자신의 역할이 있으며 따라서 정치적 사상에서도 자신의 목소리를 낼 수 있어야만 한다고 말한다. 하지만 오늘날 모든 신중한 사람들은 대중들이 그러한 과정 중에 공공 생활의 모든 영역에 해를

---

223 실러의 희곡 《돈 카를로스》에 등장하는 인물. 왕에게 아첨하지 않고 강직한 신하였다.

끼치는 중대한 실수들을 범하고 있음을 깨닫게 되었고, 대중의 마음에 대한 무력적인 억압이 사라진다면 이제 자동적으로 대중들이 올바른 길로 인도될 것이라는 유치한 정치적 신념을 버리게 되었다. 하지만 대중들의 마음이 항상 잘못된 길을 걷기 마련이라는 설명도 허구이다. 우리는 진실(Echte)과 허구(Unrechte)들을 구별하는 방법을 알아야만 한다. 이론(Theorie)이 무엇보다도 기여할 수 있는 바는 무엇보다도 오늘날 정치적으로 〈대중의 이미지〉(Massenvorstellung)에 관해 잘못 알게된 원인들을 규명하는 것이다.

주의 깊게 살펴보면 우리 시대의 정치적 〈공론〉 형성에는 인간을 미혹(Verleitung)시키는 요소가 작동하고 있음을 알 수 있다. 그러한 요소는 확고한 지도력 없이 대중이 방치된 곳에 존재하는데 다른 무엇보다도 그 요소는 지속적으로 작용한다. 물론 〈풍문〉(Gerücht)들을 〈공론〉의 표현으로 간주할 필요는 없지만, 우리는 이러한 [미혹시키는] 요소들을 〈풍문〉의 형성 과정에서 특히 분명히 볼 수 있다. 대중에게는 가장 터무니없는 〈풍문〉도 믿게 되는 성향이 있다는 것은 항상 잘 알려져 왔다. 그러한 〈풍문〉이 가지는 거의 어처구니없는 효과를 설명하기 위해 어떤 로마 작가는 파마(Fama, 풍문의 여신)[224]를 형태도 없고 거대하며 시력을 빼앗긴 끔찍한 괴물로 묘사하였다. 어떤 〈풍문〉을 아무것도 아닌 것으로 쉽게 무시할 수 있는 권위를 가진 신중한 사람이 주변에 없는 곳에서는, 아무리 과장된 것이라도 단지 아주 최소한의 믿을 만한 점이라도 있다면 〈풍문〉 속에서 쉽게 전파된다. 그렇다면 〈풍문〉에게 자양분을 제공하는 근원들은 무엇인가? 잘 알려진 이야기가 있다. 단지 주변에서 상어가 단 한 번만

---

[224] 그리스 신화에 나오는 풍문의 여신. 산 정상의 집에 거처하는데, 그 집은 항상 열려있는 수 천개의 문을 가졌고 잘 울리도록 청동으로 만들어져 있다. 항상 이러저러한 이야기로 시끄럽다. 그 여신은 참과 거짓을 혼합시키고, 아무것도 아닌 것을 과장하는 것을 좋아한다.

목격되었던 어떤 해변 휴양지에서 일부 관광객들은 상어가 그 휴양지 자체에서도 나타났다는 소식을 사람들에게 자유롭게 퍼뜨렸다. 그 이유는 단순하였다. 감히 수영을 할 엄두를 내지 못하고 있는 ‹타인들› 앞에서 자신들만이 유일하게 수영할 용기가 있음을 과시하기 위함에 불과하였다. 그러나 그들의 의기양양함도 잠시뿐이었는데, 상어의 위험에 대한 소식이 사람들에게 점차로 더 확실한 것처럼 여겨지게 되고 또한 사람들 입을 통해 위험한 것으로 회자되기 시작하자 정작 ‹풍문›의 창작자들도 그 ‹풍문›을 스스로 믿게 되기 시작하였고, 그래서 그들도 역시 결국은 안전한 육지에만 머무르게 되었다. 그리하여 너무나 많은 다른 사람들이 그 무시무시한 상어를 보았거나 혹은 그 상어를 분명히 보았다고 하는 사람들에 대하여 알고 있다고 말하게 되었다. 이러한 방식으로 ‹풍문›은 생성되고 커지기 시작한다. ‹풍문›은 더욱 말초적으로 사람들을 자극하기 위하여 과장되기 마련이고, 그것이 유포됨에 따라 더욱 부풀어져 버린다. 그러한 ‹풍문›을 이용하여 ‹타인들› 앞에서 자신을 중요한 존재로 보이려고 하는 노력에 의하여 그렇게 ‹풍문›은 생성된다. 그리고 그 ‹풍문›이 가진 모든 비현실성에도 불구하고, 그 ‹풍문›들이 많은 사람들의 입에서 회자되기 시작한다면, 결국 계속적으로 ‹타인들›의 입에 회자됨으로써 생긴 권위에 의하여 그 ‹풍문›은 더욱 큰 확실성을 얻게 된다.

그 ‹풍문›이라는 것은 '군중 속을 가로지르는 판단'과 유사하다고 봄이 옳다. 세인들에게 어떠한 관점(Ansicht)이 옳다고 주장을 하기 위해 필요한 가장 강력한 논증은 이미 그와 같은 관점을 많은 ‹타인들›도 표명하였다는 사실을 항상 언급하는 것이다. ‹공중›은 ‹타인들›이 쉽게 받아들일 수 있는 관점들만 받아들인다. 따라서 더욱 면밀한 조사가 필요하거나 어떠한 특별한 지식이 전제되어야만 알 수 있는 진실은 사람들 사이에 쉽게 **회자될 수 없다**. 이것이 바로 오늘 새로 밝혀진 진리가 소수의 독립된 마음에만 간직되는 비밀처럼 되는 반면, 대중은 현재의 상황이 크게 바뀌더라도 어제의 일반적인 진리를 지속적으로 믿는 이유이다. 그와 마찬가지로, 〈공중〉은 사람들 사이에 보편화된 욕구들이나 필요, 널리 퍼진 감정이나 또는 그러한 감정의 표면에 드러나는 동요(動搖)와 부합되는 것들만을 받아들이기를 좋아한다. 일례로, 재앙이 발발하여 즉각 사람들의 정서들을 공포에 떨게 하지 않는 한 사람들은 현실에 존재하는 심각성을 믿기 싫어한다. 그러하기에 실제로 그러한 재앙이 발발한 경우라면 오히려 아마도 가장 극단적인 과장에도 솔깃할 것이다. 이렇듯 인구에 회자되면서 형성된 의견이 가지는 특징 중의 하나는, 개인이 자신의 특별한 상황에 대한 숙고함과 경험을 통해 얻은, 그리고 자신의 행동을 지시하는 더욱 우월한 지식으로부터 개인들을 차단시키는 것이다. 이때 괴테가 말한 바 "**〈조용하고 더 나은 지식〉**"(stille bessere Wissen)[225] 은 각자 개인들만이 간직할 수밖에 없다. 그러한 지식이 군중들의 마음 속에 들어가는 입구는 찾을 수 없다. 군중의 의견은 [진정한] 이해를 위해 사실에 근거한 정확한 뒷받침을 요구하는 자세보다는 쉽게 유포될 수 있는 단순한 표어로 연상되는 것들을 좋아한다. 실제로는 공허하지만 그럼에도 불구하고 자극적인 단어, 어떠한 합리적인 행동들과 연결되지는 못하지만 그럼에도 불구하고 무절제하게 과장된 이미지와 헛된 기대만을 불러일으키는 **세간의 상투적인 표현들이** [세상을] **지배하는 사실**은 이로써 설명된다. 능란한 대중 웅변가는 〈공공〉의 이러한 특성을 너무도 잘 알고 있다. 그는 청중들은 그러한 상투적인 표현들에 결코 지겨워하지 않는다는 점을 또한 잘 안다. 또한 그 청중들에게 중요하게 여겨지고 동시에

---

225 깊은 통찰에 근거한 '직관적 지식'으로서, 말로는 표현하기 힘든, 오로지 정적 속에서 경험할 수 있는 지식이며, 실재 자체를 보는 지식이다. 괴테의 시 《최종의 시》(Schlußpoetik)에 나오는 구절. 원문은 다음과 같다. "Und, im wüstesten Gedränge, Dankt's die stille bessere Welt"(가장 거친 군중들 속에서, 조용하고 더 나은 지식에 감사한다).

그 중요성을 청중들이 자랑스레 평가하는, 시류에 가장 적절한 슬로건들을 청중 앞에서 자주 사용하지 않을 수 없다는 점도 잘 알고 있다. 그 슬로건들이 불러일으키는 일반적인 박수갈채는, 더욱 올바르게 알고 있는 자들의 발언을 억제하기 마련인데, 왜냐하면 후자들은 타인들의 〈단결적 행동〉에는 대항할 수 없다고 믿기 시작하고 결국 스스로 갈 길을 찾지 못하기 때문이다. 사회적 생활의 모든 영역에서 사람들은 대중들이 계속 되풀이하는 관습적인 의견들과 마주치게 된다. 현명한 사람은 그러한 의견들을 믿지 않는다. 하지만 사회에 편입되기를 원하는 다른 모든 사람들이 그 앞에서 무릎을 꿇어야만 할 관습적 거짓말들을 그들은 계속 마주쳐야만 한다. 결국 이러한 모든 경우에 있어서, 〈공론〉이란 **공개적으로 표출된 의견**으로서 정의되어야 한다. 그리고 그것은 대중 연설에서의 〈성공〉을 획득할 수 있는 수단으로서의 의견이며, 반면 〈사회적 행동〉의 〈성공〉에 기여하지 않거나 심지어 위험에 빠뜨리는 것들도 포함된다. 가장 낙관적으로 보자면 사람들은 이러한 의견들을 실제 행동할 때에는 진지하게 받아들여지지 않는다고 스스로 위안할 수도 있다. 그러나 종종 그러한 의견들이 가지는 권력이 너무 커져서 행동을 억제하거나 잘못 인도할 수 있기에, 훌륭한 자들은 우선 그러한 의견들과의 투쟁에서 쟁취한 〈성공〉을 통하여 스스로를 입증하여야만 한다.

4. 〈민주주의〉에서의 〈공론〉

〈민주주의〉 운동에 의하여 대중이 부상한 이후, 훨씬 더욱 다양한 〈공론〉이 사회생활의 다른 어떤 영역보다도 특히 정치 생활에 퍼졌다. 민주적인 대중의 〈정치적 의견〉은 어떤 다른 근거도 없이 그들만이 독자적으로 만들어 낸 산물은 아니다. 대중은 〈공론〉을 형성하기 위하여서 항상 지도자를 필요로 하기에 그 지도자를 찾아내기 마련이다. 〈민주주의〉 운동도 그와 다르지 않았다. 〈민주주의〉하에서의 대중의 〈정치적 의견〉은 위대한 지도자들이 끊임없이 경주한 인상 깊은 노력들의 결과이다. 국가와 사회에 대한 현대적 이념들은 단지 가장 널리 유포될 목적만을 위해 고안되었던 것에 불과하다고 비난하면서, 그 이념들을 개발해 낸 정신들을 폄하하는 것은 가장 공정하지 못한 평가이다. 그 정신들은 마음속 가장 깊은 확신에 의해 인도되었는데, 그들은 국가와 사회의 전부가 과거 역사를 반복해서는 안 되며 모든 것은 처음부터 근본부터 다시 정립되어야만 한다고 믿었다. 그들의 업적은 **진실하고 위대한 〈리더십과 업〉**(Führerwerk)**의 발현**이었다. 확고히 고착된 〈전통관〉(festüberlieferte Anschauung)들에서 탈출하여 강력한 정부에 맞서 싸우고, 또한 그러한 것들을 유례없이 새로운 것으로 대체하기 위해서는 거대한 용기와 넓은 정신적 대역(帶域)이 필요하였다. 이러한 사람들은 **비평가와 사상 개혁가**로서 국가와 사회에서 과업을 달성하였고, 그리하여 불멸의 영향력을 행사하였다. 그러나 그들의 건설적인 이념들은 가끔 어느 정도 잘못되었거나 때로는 심각하게 잘못되기도 하였다. 그들은 그러한 이념에 기초하여 국가와 사회를 재건하려고 착수하였으나, 사실 그러한 과업은 그들의 힘을 넘어서는 것이었기 때문이다. 모든 사회적 문제에 관한 이념들은 〈성공〉이라는 잣대로 검증받아야 한다. 하지만 [이념들을 최초로 제시한] 〈혁신가〉(Neuerer)들은 자신들의 이념을 지속적으로 그리고 세부적으로 입증할 수 있는 위치에 있지 않았다. 즉, "실제 경험해 보는 것이 학식보다 낫다"[226] 속담은 바로 그들이 가지고 있던 한계를 말해준다. 그들은 머릿속에서만 체계를 완성하고 그것의 시행은 단지 미래에 맡겨야만 하였고, 따라서 모든 이데올로기들이 겪은 동일한 운명을 공유하였다. 즉, 자신들의 이념을 상상 가능한 극단적 결론까지 몰고 갔으며, 이때, 현실에 존재하는 상충되는 사실들이 만들어 낸 장애물들을 충분히 인식하고 있지 않았다. 그들은 대중이 겪고 있는 모든 악들은 과거에 대중을 억압하였

---

226 원문은 "Probieren über Studieren geht"(푸딩임을 확인하려면 먹어 보아야 한다)이다.

던 〈역사적 권력〉들을 제거만 함으로써 쉽게 종식시킬 수 있다는 생각을 가지고 있었다. 하지만 그들은 이러한 [과거의 역사적] 권력들도 나름의 수행하여야 할 사회적 임무가 있다는 점을 인식하지 못하였다. 또한 스스로를 〈우월적 권력〉으로부터 단순히 해방한다고 하더라도 대중은 아직은 그러한 임무를 잘 수행할 수 있지 못하거나 혹은 전혀 수행할 능력이 없다는 사실도 인식하지 못하였다. 선동적 지도자들과는 달리 최초의 위대한 지도자들은 대중에게 아첨하기를 원하지 않았고, 오히려 대중들에게 가장 높은 수준의 요구를 하였는데, 사실 그들은 대중들의 힘을 너무 과대평가하였다. 그들은 부르주아나 하류 대중들이 가진, 아직도 빈약한 〈수용력〉(Aufnahmefähigkeit)에 눈높이를 맞추려는 시도는 하지 않았다. 루소의 《사회계약론》(Contrat social)이나 마르크스의 《자본론》을 읽으면, 가장 높은 수준의 이해력이 필요되는 이러한 책들이 어떻게 동시에 대중에게도 침투할 수 있었는지 경이스럽게만 느껴진다. 사실 마르크스의 《자본론》의 최초 100페이지는 경제학 문헌들 중에서도 가장 어려운 부분이라고도 할 수 있다. 〈잉여가치론〉(Lehre vom Mehrwert)을 개진하기 위하여 필요 불가결한 그 부분에서 보이는 그 과감한 비약의 이유를 이해하기 위해서는 독자는 처음에서부터 자신을 프롤레타리아의 입장에 위치시켜야만 한다. 편향되지 않고 객관적으로 분석하려는 독자들에 있어서는, 마르크스 자신까지도 혼란시키고, 또한 그 문체적 기교(Kunst des Vortrages) 때문에 마르크스 자신에게도 숨겨져 보이지 않았던 복잡하게 얽혀있는 오류들에 절망적으로 빠지지 않기 위해서는, 그 책을 읽어나가는 도중 계속 멈춰서서 다시 곰곰이 생각하여야만 한다. 열렬한 부르주아 독자들은 루소를 읽었고 열광적인 프롤레타리아 독자는 신자가 성경을 읽는 것처럼 마르크스를 읽었다. 사람들은 그 뜻을 정확히 이해할 수 없었기 때문에 오히려 무언가 〈거창한 말〉(hohes Wort)들에 고취되었다. 물론 성경과 그 〈거창한 말〉들과는 차이 점이 존재한다. 성경은 엄격한 증명이 불가능한 신비한 영역을 지시하고 있다. 반면 사회와 경제에 대한 진술은 명확하게 이해될 수 없을 때는 그 자체로 비난을 받기 마련이다. 그럼에도 불구하고 〈민주주의〉 운동은 대중의 이익을 위해 쓰여졌기 때문에 많은 지지자들을 끌어들였다. 그 〈거창한 말〉들은 그 말들의 인도하에서 사회적 관계를 이해하기를 희망하는 다수의 열정적인 정신들을 확보할 수 있었고, 또한 그러한 것들을 이해할 능력은 없을지언정 그 〈거창한 말〉들이 가진 의도에는 공감하였던 그 이외의 수많은 대중 또한 확보할 수 있었다. 애당초 그 〈거창한 말〉들은 널리 유포되기에는 적절하지 않았다. 그럼에도 불구하고 그것들은 당대 상황이 가지는 힘[권력]에 의하여 유포되기 시작하였고, 그 〈거창한 말〉들에 수반되어 오해를 불러일으킬 가능성을 가진 〈공론〉들이 만들어졌다. 자유, 〈인민주권〉, 완전한 노동의 대가, 〈착취〉, 〈잉여 가치〉 등의 그 위대한 〈거창한 말〉들은 비록 그 말들을 만들어낸 저자들에 의해 심각한 의미가 부여되었을지언정, 대중의 〈공론〉에서는 단순히 선동 정치가들이 사용하는 슬로건으로 전락하였다. 왜냐하면 그 선동 정치가들은 그 슬로건들이 효과적일 수 있음을 확신하였기 때문이다. 이러한 슬로건들이 집회에서 제시되고 수많은 파업 결정들이 만장일치의 박수로 가결됨으로 인하여 더 이상의 신중한 숙고함들은 차단되었고, 개인들이 가진 〈조용하고 더 나은 지식〉[227]을 침묵하게 만들었다. 박수로 결정에 동의한 노동자들은 집으로 돌아가는 길에 자신이 왜 박수를 쳤는지 스스로에게 자문하기도 하지만 간혹 답을 찾지는 못하였을 것이다. 그들은 단지 **'〈타인들〉'이라는 낭떠러지에서 방금 실족**해 버린 것에 불과하다. 사실 그 '〈타인들〉'이라는 존재는 진지한 이론적 사상가조차도 철저히 파헤치기 가장 어려운 주제이다. 〈사회적 의지결정〉과도 같이, 대중을 위한 〈공론〉은 명철한 숙고의 산물이 아니며, 단지 **공감적**(zusammengefühlt)인 것이다. 개인적인 의견

---

227 이 문구의 의미에 대하여서는 역주 225참고.

은 아마도 타인의 의견에 대하여 느끼는 감정에 마지못해 종속되기 마련이다. 〈공론〉에서 비롯되는 오류를 근절하기 위해서는 〈실패의 논리〉(Argument des Mißerfolges)가 필요하며,[228] 그것만이 잘못 인도된 대중들을 회유하는 유일한 길이다.

대중의 이익을 보호하기 위한 최선의 의지를 가진 지도자들이 설파하였음에도 불구하고, 〈성공〉이라는 시험을 통과하지도 못하였고 반면 실패도 입증되지 않아 결정적으로 반박되지도 못한 상태에 머무른 채, 대중이 열렬히 수용하고 있는 모든 일련의 명제(Satz)들은 아직도 현재의 정치적 〈공론〉에 포함되어 있다. 이것이 사실이라면, 그 명제들은 성공적인 〈사회적 행동〉의 기반이 되지 못한 채 그저 공개적인 공언(空言)에 불과한 그러한 혼란스러운 〈공론〉에 속한다. 오늘날 많은 국가에 존재하는 공적 현안상의 혼란은, 말뿐이고 어떤 의미도 없는 〈공론〉에 의해서 국가 수립이 주도되었다는 사실에 크게 기인한다.

〈공론〉 중에서도 가장 **과장된 이념**이 항상 승리한다는 명제가 있다. 하지만 이 명제는 건강한 〈공론〉에는 적용될 수 없다. 왜냐하면 그러한 건강한 〈공론〉에서는 가장 큰 〈성공〉을 거둔 이념들만이 승리할 것이며, 또한 그러한 생각들은 가장 과장된 것이 아니라 오히려 신중하며 또한 중도적인 이념이 될 것이기 때문이다. 하지만 이 명제는 '말뿐인 〈공론〉'에는 적용될 수 있다. 소리가 큰 말들은 덜 시끄러운 것들을 가려버린다. 어떤 주장이 말로 발화되어 박수갈채를 받을 수 있다는 사실은 오늘날 '말뿐인 〈공론〉'이 얼마나 강력한지를 입증한다. 위의 명제는 노도와 같은 〈대중운동〉의 시기에 특유한, 그리고 특히 혁명의 격랑 속에서 전면에 부각되었던 경험을 표출하고 있다. 우리 시대의 이데올로기가 경험적 사실들에 의해 시험을 받을 때야 비로소 그 과격한 흔들림은 가라앉을

---

[228] 즉, 실패를 경험하여야지만 그 오류가 드러난다는 의미.

것이다.

5. 〈공론〉의 형성에서 지도자와 대중의 역할

지도자들은 우리의 정치적 〈공론〉을 올바르게 선도하는 역할을 주도하여야만 한다. 〈사회적 의지결정〉의 다른 어떤 부분보다, 숙고함의 역할은 지도자의 몫이다. 욕구(Bedürfnisse)들은 자동적으로 사람들의 정서들에 각인된다. 결핍(Not)과 열정에서 오는 압력으로 많은 사람들의 팔과 다리는 행동을 개시하기 위해 쉽게 결집하게 된다. 반면 숙고함은 평정을 요구하기에, 수많은 머리들이 모인 〈다중〉이라는 상황에서는 불가능하다. 물론 지도자도 숙고함에 있어서 자주 실수도 하고 그의 어리석음은 사회에 재앙이 될 수도 있다. 하지만 올바른 지도자는 결국 올바른 결론에 이르게 될 것인데, 이는 대중이 스스로는 결코 할 수 없는 바이다. 하지만 그렇다고 해서 대중이 사회적으로 숙고함에 있어서는 어떤 역할도 해서는 안된다는 것을 말하는 것이 아니다. 그들도 자신만의 방식으로 올바른 판단에 기여할 수 있다. 대중 자신의 욕구들에서 나오는 압력은, 생각들을 〈보편적 복지〉를 지향하게 만들고, 또한 대중이 자신들의 지도자의 판단을 철저히 검토한 후 추인하도록 하는 역할을 하도록 하기 마련이다. 결단이라는 추(錘)가 진동할 때 그 기준이 되는 **중점**(重點 Schwerpunkt)은 유지할 수 있을 만큼 **대중이 가지는 중력**(Gewicht)은 충분히 강하여야 하며, 반면 지도자에게는 중점이 놓인 위치를 볼 수 있는 명확한 비전과 그 중점을 향한 방향에서 벗어나지 않도록 할 수 있는 불굴의 의지도 함께 있어야만 한다. 〈공론〉을 정화하는 책무는, 〈대중의 힘〉을 옳게 평가하고 지도자 자신의 권한을 견지하는 〈현실정치〉의 지도자에게 속한 일이 될 것이다. 경험이 많은 지도자는 결정적인 숙의를 함에 있어서 비공개적으로 진행하고 결정들의 선택지를 작은 범위로 한정하여, 〈공중〉이 그러한 결단을 추인하는 것 이외에는 다른 선택의 여지가 거의 없도록 모든 것을 기획하려 한다. 즉, 유능한 〈민주주의〉 지도자 또한 자신을 위해 전술적인 선택을 하려는 경향이 있다. 그런데 이를 위해서는, 대중들이 자신들의 지도자는 추구되는 목적을 달성하기 위한 올바른 수단을 선택할 것이라고 그 지도자를 신뢰할 것이 요구된다. 하지만 선동적 지도차는 군중들 앞에서 상투적인 슬로건을 사용하는 방법에 모든 것을 맡긴다. 그리고 동료들만이 함께 모인 자리에서는 [그 슬로건은] 행동의 필요성에 의한 것이라고 하면서, 모든 사기 점쟁이들이 [고객을 비웃으면서] 그러하듯이 그러한 슬로건들 자체의 의미는 폄하하면서 비웃기 마련이다. 하지만 진정한 지도차는 다른 방식으로 생각할 것이다. 즉, 그는 〈공론〉이 〈공공의 이익〉(Gemeinwohl)를 해한다고 생각한다면 주저하지 않고 단호하게 반대할 것이다. 그리고 그렇게 함으로써 그는 건강한 〈공론〉만을 자신의 행동에 대한 가장 강력한 지지의 기반으로 인식하고 사용할 것이다. 그리하여 비스마르크는 독일 제국의 국민들의 원대한 목표를 달성하기 위해 철과 피에 기반한 정책이 필요함을 알았기 때문에 프로이센 국회에서의 협조를 얻은 후 군사적 충돌을 무릅썼다. 동시에 아무리 〈공론〉이 자신에게 적대적이라고 할지라도, 프로이센 민병대는 결국 왕의 부름에 따라 하나의 깃발 아래 모일 것이라고 그는 철저히 확신하였다.

강력한 지도차가 〈공론〉에 맞선 싸움에서 사용할 수 있는 마법적 수단은 **〈성공〉**이다. 그는 〈성공〉을 거듭해 마침내 국민을 정치적으로 교육하는 바를 달성할 것이다. 만일 대중들이 자신들이 할 수 있는 바를 넘어서는 권한을 가지게 된 경우, 그 지도자는 대중의 권한을 제한할 수도 있다. 그러나, 대중에게 있어서는 충족되지 못한 채 남아있으며 아마도 오랫동안 대중들이 거짓된 지도자와 기만적 의견들에 의해 미혹 당해 인식조차 하지 못하였던, 그러한 대중들의 진정한 욕구들의 깊이를 그 지도자는 확실하게 파악하여 대중들을 위로할 것이다. 동시에, 위대한 지도차는 오늘날 모든 정치적 무대는 대중적 발판에 기반하여 있음을 알고, 그 무대에서 대중을 밀어 내려는 시도는 결코 하지 않을 것이다. 오히려 그는 대중 자신들과 〈보편적 이익〉에 부합하여 대중이 역할을 다할 수 있도록 대중을 교육하기 위해 끊임없는 노력을 경주할 것이다.

C. 대중의 〈자결권〉(自決權)

1. 〈민주주의〉를 이상화하는 자들의 견해

신생 〈민주주의〉 국가의 〈공론〉은 다음과 같은 주장을 너무도 당연하게 여긴다. 즉, 오늘날의 모든 유럽 사람들, 그리고 아마도 문화 내지 심지어는 반쪽의 문화만이라도 형성한 다른 모든 민족들 모두는 〈자결권〉을 가질 수 있고, 따라서 별다른 자신의 우월한 힘이 없더라도 자신의 운명을 자신의 의지에 따라 올바르게 이끌 수 있다고 생각한다. 〈자결권〉이라는 개념은, 불가피하게 〈대중기법〉(Massentechnik)의 필요성에서 비롯된 것 이외에는[229] 자신에 어떠한 다른 한계가 부과되어 있지 않다는 것을 시사한다. 물론, 헤아릴 수 없이 많은 사람들이 모두 참석하여야만 하는 총회를 통해서만 국민이 결의를 통과시키는 것은 불가능한 일이며, 현재는 이러한 〈직접 민주주의〉가 가지는 오류는 극복되었다. 매우 특별한 경우에 있어서만 국민의 직접적 결정이 허용될 수 있고, 일반적으로는 국민의 대표나 혹은 그들에 의하여 위임된 자들로 구성된 기구가 의사결정에 참여한다. 물론 그러한 대표자들은 〈명령적 위임〉(imperative Mandate)[230]에 의해 제약될 수 없다. 그러한 위임 형태는 〈직접 민주주

---

[229] 즉, 대중을 단결시키기 위해서 불가피하게 필요한 제약을 가하는 것 이외에는.

[230] 〈명령적 위임〉이란 선발된 대표자의 면책 특권을 배제하고 유권자의 의사 내에서만 대표성을 가지도록 하는 헌법상의 개념이다. 만일 지정된 위임 범위를 벗어나서 대표자가 행동하는 경우 그 대표자는 소환되고, 파면될 수

의〉에서는 존재하지만, 여기서는 그러한 〈직접 민주주의〉는 일단 논외로 하겠다. 하지만 국민 대표나 피 위임자들은 그럼에도 불구하고 선거를 통해 국민들의 의지에 종속되며, 국민들은 그들을 통제하면서 그들의 성과에 따라 직위에 임명하거나 해임하는 것으로 생각되어 진다. 또한 국민은 모든 시민권자로 구성되어 있으므로 〈인민의지〉들을 정확하게 표출하기 위해서는 모든 시민권자들이 투표에 참여할 수 있어야 한다고 믿어진다. 성년에 달하였고, 자기 의사에 따라 행동할 수 있고, 〈시민권〉을 박탈당하지 않은 모든 성인 남녀가 동일한 권리를 가지고 투표할 자격이 있다고 선언함으로써, 대중의 〈자결권〉을 향한 확실한 길이 정초되었다.

확신에 찬 〈민주주의〉자에게 있어서 〈자결권〉은 국민들이 가진 **자연적 상태**이다. 그러한 〈민주주의〉자들의 생각으로는, 〈민주주의〉화 이전의 예속의 시대에서는 대중의 본성에 대한 폭력이 가해졌으며, 따라서 〈자결권〉에 대한 선언은 바로 인간의 권리들에 대한 선언이며, 자연적 권리로 회귀함을 의미한다. 그런데, 〈민주주의〉를 이상화하는 자들은 부적절하게 무력과 혼합되어 버린 국가라는 개념을 정화하면서 국가라는 것은 국가라는 어떤 특정한 목적을 달성하기 위하여 건전한 사람들이 모인 [단순한] 〈단체〉(Verein)로만 간주한다.[231] 따라서 그들은 일반적인 〈단체〉와 부합하는 형태의 조직만이 〈국가라는 단체〉(Staatsverein)에 적합할 수 있다고 문제를 제기한다. 단, 국가의 구성원은 일반적인 〈단체〉의 구성원보다는 훨씬 많고 또한 시민들 모두의 대규모 총회는 여타 다른 [〈단체〉들의] 총회에서 겪는 어려움에서 볼 수 있듯이 심의를 검토하고 의결

있다. 반면 〈자유위임〉이란 대표자가 면책특권을 가지고, 국민 전체, 선거민 집단, 선거구 그리고 정당과 교섭단체 등에 대하여 독립적인 지위를 가진다는 헌법상의 원리이다.

[231] 즉, 마치 개인적 이해에 따라 어떠한 계약 관계하에 가입과 탈퇴가 자유로운 집단으로 생각한다.

을 통과시키기에는 적합하지 않다는 사실을 고려는 하여야만 한다고 이야기한다. 〈단체〉의 회원들은 일반 총회에서 물론 〈직접 민주주의〉 원칙에 의하여 특정 권한을 부여받을 수는 있지만, 국가의 구성원인 시민들의 권한은 본질적으로 투표권으로만 한정될 수밖에 없다. 그러나 이러한 제약은 〈대중기법〉상의 불가피한 필요성에 의한 것이며,[232] 그로 인하여 〈국가라는 단체〉의 성격은 변하지 않는다고 그들은 생각한다.

2. 〈단체〉와 주식회사에 있어서의 〈자결〉

〈민주주의〉를 이상화하는 자들의 국가에 대한 견해는 위와 같다. 그런데 실상 그들의 견해는 실체 국가와는 아무런 상관이 없다. 현실에서의 국가는 〈단체〉와는 달리 자유로운 계약에 의하여 탄생한 것이 아니다. 그것은 오히려 〈권력의지〉에 의한 역사적 창조물이다. 일반적인 〈단체〉가 수행하는 업무는 매우 좁게 한정되어 있어서 그 안에서는 쉽게 신중한 숙고와 결정을 할 수 있도록 되어 있다. 그 〈단체〉라는 것은 단일 목적을 가지고 있으며 그것을 위해 모든 구성원들이 단결하게 되는데 물론 극단적인 경우에는 상호 연결된 다수의 단일 목적들로 구성되어 있기도 하다. 또한 그 〈단체〉에서 사용하는 수단들은 그 구성원들의 가시적인 범위 내에 놓여 있으며 또한 그 구성원들은 공동의 과업을 위해 서로 긴밀하게 연결되어 있기 때문에 각자를 친밀한 동료로 간주한다. 따라서 그들의 관계에 있어서는 적대성이라는 것은 있을 수 없다. 그러한 형태의 [작은] 조직에서는 이사회에 광범위한 권한이 부여되지도 않고 또한 〈권력욕〉을 충족시킬 기회, 야망 그리고 심지어는 무해한 허영심조차 충족시킬 기회도 제공되지 않는다. 반면에 국가는 역사적으로 생겨났고 어디에서 유래하였는지 아무도 모른다. 국가의 확장은 대체로

---

232 즉, 사람들을 단결시키고 집단의 의사를 결정하기 위한 불가피한 수단으로 필요하다.

무력을 통해 가능하다.

    사람들은 자기 자신의 자유의지에 따라서 시민이 되는 경우는 거의 없으며, 또한 사람은 태어나면서부터 국가에 속하게 되며 특히 강제적으로 국가에 편입되게 된다. 노동자가 동료의 이름을 자국의 노동조합에서 자국과 적대적인 다른 국가의 노동조합으로 옮기려면 이름을 위조하지 않고는 불가능하다. 스웨덴과 노르웨이는 얼마 전에 분리되었고, 오스트리아-헝가리 제국은 최근에 붕괴되었고, 심지어 아일랜드인들은 자유가 보장되는 영국으로부터 스스로를 분리하려고 시도하고 있지만, 최근까지도 시민 대중의 반발에도 불구하고 살아남은 국가는 물론 많이 있었다.

    실제적으로는 국가가 가진 목적들은 항상 넓은 가능성을 향해 열려 있어야 하고 지도자는 광범위한 권력을 가져야 한다. 그리고 가끔은 국가가 가진 목적들은 과학적으로도 정의될 수도 있다. [하지만 국가에 있어서는] 권력이 항상 요구되며, 단순히 〈합목적결정성〉으로는 충분하지 않고, 〈권력결정성〉은 반드시 존재하여야만 한다. 시민들이 비록 공동의 정신 아래 단합하여 있더라도, 이같이 권력이 요구된다는 사실은 한 국가 내의 정치에 관한 한 이미 널리 발견되고 있다. 대외적인 관계 있어서도 이같은 [권력이 필요하다는] 사실은 당연히 적용되는데, 특히 외국과의 관계에 있어서는 아직은 함께 〈동반〉한다는 사회적 개념은 정립되어 있지 않고, 단지 각자의 욕망만이 첨예하게 대립되어 있을 뿐이다. 그리고 지도자뿐만 아니라 대중들 자신에게도 권력을 향한 야망과 욕망은 존재하기 마련이다.

    매우 강한 사람들만이 〈자결〉의 길을 따라 확실하게 전진할 수 있다. 대다수의 사람은 〈결사체〉(Vereinswesen)에서 볼 수 있는 것과도 같은 아주 단순한 사회적인 〈단결적 행동〉의 상황에 있어서초차도 〈자결〉의 길을 찾는 방법초차 모른다. [회사나 단체의] 정관을 알고 있거나 읽어본 적이 있는 구성원은 항상 극소수에 불과하다. 선거에 있어서도 소수의 배타적인 집단의 영향력이 결정적이다. 이사회만이 [소수들이 모인] 각종 회의들에 투표 정족수가 모일 수 있도록만 신경 쓰고, 이따금씩 선거가 필요할지 여부를 결정한다. 작은 〈단체〉에서조차 준비가 되어 있지 않은 사람들이 과연 국가를 위하여 준비가 되어 있다고 말할 수 있을까? 느슨한 결합 형태의 〈단체〉는 어떤 상황에서도 국가와 비교될 수 없다. 자연은 집파리보다 사자를 더 강력하게 만들어 주며, 따라서 국가의 기구가 권력을 행사함에 있어서 더욱 효율적이기 위해서는 〈단체〉와 비교할 때 더 강한 뼈대, 더욱 풍부한 혈액 공급, 더 많은 신경체계를 구비하고 있어야 한다. 민주주의적 전통이 유구하다면 단순히 이념적 처방에 따라 헌법이 구성된 [이상적인] 순수한 형태의 〈민주주의〉에는 결코 만족할 수 없을 것이며, 오히려 역사에서 배운 처방을 따라 헌법을 제정할 것이다. 예를 들자면 영국은 여전히 왕과 상원을 보유하고 있으며, 무엇보다도 강력한 지도력을 기반으로 하는 역사적 정당 구성을 가지고 있다.

주식회사(Aktiengesellschaft)는 영리적인 〈단체〉인데 그러한 형태의 조직을 운영함에 있어서조차도 단순한 형태의 〈단체〉가 가지고 있는 강령으로는 충분하지 못하다. 왜냐하면 그 주식회사에서는 〈권력에의 충동〉이 이미 강력히 일깨워져 있고 그 회사의 껍질은 더욱 견고하게 만들어져 있어야만 하기 때문이다. 주식회사에서 요구하는 거대한 자본을 조달하기 위해서는 수많은 주주들이 참여하여야 되는데 그들은 그 회사에서 어떤 일도 하지 않고 단지 자본만 출자하거나 혹은 단적인 경우에는 그 사업에 대한 어떤 지식도 없는 경우가 있다. 다수의 소액주주를 포함하는 이들 출자자들에 비해 설립자 및 이사회는 권력과 〈패권적 권력〉에 있어 월등한 〈지도적 지위〉를 점하며, 따라서 이러한 상황은 그들에게 [소액 주주들에게 대한] 충분한 〈착취〉의 기회를 제공하여 준다. 용감한 설립자는 주주들을 통제함에 있어서 전혀 두려워하지 않으며 또한 만일 그가 경험이 없는 일반 투자가들을 상대하며 그 일반 투자가들의 수익을 추구하는 욕망을 유인하는 방법을 알고 있다면 더욱이 절대로 두려워 필요가 없다. '〈타인들〉'도 그의 리더십을 따르는 것을 발견하는 한, 사람들은 그 설립자의 리더십을 확신을 가지고 따를 것이며, 또한 그 '〈타인들〉'은 주가가 상승하는 한 그 리더십을 따를 것이다. 주식의 시장가격만이 사람들이 신경을 쓰는 유일한 변수이기 때문이다. [주식] 가격이 비합리적으로 높고 기업이 일반적으로 건강하지 않다고 스스로는 믿는 경우에도 주가의 상승 추세를 볼 때 향후 그가 주식을 팔아 이익을 볼 수 있는 매수자를 찾을 수 있다고 예상하는 한, 투자자는 계속 그 주식을 살 것이다. 하지만 언젠가는 강세장이 붕괴되고 비관적 예상이 옳았음이 증명될 때는 이미 때는 늦기 마련이다. 국가는 설립자와 이사회의 권한을 어떤 형태로든 국가가 가진 권력을 통하여 제한함으로써 자신 스스로를 보호할 수 없는 소액주주들을 보호하여야만 한다. 일반 〈공공〉은 최소한 주식회사 형태에 대하여는 충분히 성숙하여야만 그때야 비로소 그들은 여타 자유로운 형태의 〈단체〉에 있어서의 〈자결권〉도 안전하게 가질 수 있다.

3. 대중의 〈자결력〉에 관한 역사적 진실

이러한 〈공공〉 투자자와 설립자 간의 차이와 비교하였을 때, 일반 사회에서 보이는 개인 간의 힘들의 격차는 월등히 크다. [어떤 사회 있어서] 개인의 〈자결력〉이 아직 성숙하지 않은 경우, 〈패권적 권력〉이 가져오는 기회와 그리고 그것을 남용하려는 유혹은 주식 시장보다 훨씬 더 크다. 아마도 역사의 최초에 존재하였던 〈소민족〉들은 그와는 달랐을 수도 있고, 그 당시 사람들의 상호 간의 관계는 더욱 안정적 균형을 이루고 있었기 때문에, 〈패권적 권력〉으로부터 보호받았을 수도 있었다. 하지만 실제로 이것이 사실이었다면, 그러한 역사적 사실은 그 이후로는 이미 오랫동안 잊혀져왔다. 〈소민족〉을 민족으로 통합하기 위한 투쟁의 결과, 〈평등〉과 자유는 상실되었다. 민족의 실제 역사는 강압과 〈강압적 리더십〉(Zwangsführung), 그리고 위로부터의 〈상위계층화〉와 복종으로부터 시작된다. 성숙한 민족들이 고양되어 마침내 그 절정에서 자유를 획득하는 하게 되는 것은 **결코 [최초의] 자연으로의 회귀가 아니라, 성숙한 민족들의 〈자결력〉이 뒤늦게나마 고된 노력을 통해 쟁취한 발전의 상태이다.** 민족들은 무력의 멍에 아래에 오랫동안 묶여 있었는데, 그 무력은 단지 외부에서만 밀려온 것은 아니었다. 그 무력은 각 민족 자신의 본성에 기인하여 넓게 확산될 수 있었다. 외국의 정복자에게 패한 민족을 스스로 독립하기에는 너무 약한 자들이라고 말할 수도 있으나 국가 내부에서도 [정복자와도 같은 지위를 가진] 〈패권적 권력〉들이 성장하기 마련이기에 이 말은 국가의 내부에도 적용된다. 그런데 로마인들이 단지 귀족에게 [수동적으로] 종속되었고 독일인들은 단지 군주와 귀족에게 [수동적으로] 종속되었다면, 그 민족들은 자신들이 가진 힘—아직 다듬어지지는 못하였지만—에도 불구하고 자유로운 〈자결력〉을 기반으로 그 시대가 부과한 과업을 수행할 수는 없었을 것이다. 시대는 전쟁을 요구하였고 전쟁은 군주들을 성장시켰다. 〈**역사적 귀납**〉(Induktionsreihe der Geschichte)**에 의하면, 과거 수천 년 동안의 기간은 〈강압결정성〉**(Zwangsbestimmung)**을 보여주며,** 심지어 가장 강한 민족의 경우에도 〈자결력〉이 보이는 기간은 모두 합하여도 **단지 몇 세기**를 넘지 못한다. 〈대중의 역사〉의 시작 시점을 1789년이나 1848년, 심지어 1917년과 1918년 등으로 단순히 지정할 수는 없다. 마침내 자유를 쟁취하게 된 그 시점들 이전에 있어서도, 대중들 내부에서 일어난 모든 사태들은 그들의 본성(Wesen)이나 혹은 최소한 그 본성에 부응하여 작용한 요인들로부터 성장하여 나온 것이다. 빙하 시대를 지구의 발전의 역사에서 지울 수 없는 것처럼, 이러한 무력과 폭력의 기간은 대중들의 발전해 온 역사의 일부이기에 결코 지울 수 없다. 지구의 누적된 지층을 지울 수 없는 것처럼, 민족의 지층에도 그 발전 단계에 따르는 지울 수 없는 흔적이 남아있다. 그리고 또한 그러한 발전의 흔적들을 따라가는 것만이 그 내부에서 펼쳐지는 본질을 이해하기 위한 통찰력을 줄 수 있다. 어떠한 지질학자도 지층의 발전을 연구하지 않고서는 지구의 구조를 이해하기를 기대할 수 없다. 정치가도 마찬가지이다. 그가 자기 민족의 역사를 이해하지 못하는 경우 자기 민족을 이해할 수 없는데, 그러한 역사에 대한 이해는 자기 민족의 강점과 약점을 드러내기 때문이다.

어떤 대중이 과거의 무력에 의하여 강제된 멍에를 벗어버렸다는 단순한 사실을 그들이 완전히 성숙에 이르렀다는 증거로 받아들여서는 안 된다. 무어인 정복자들을 나라에서 추방한 스페인 사람들은 그 이후 스페인 왕이 부과한 멍에에 속박되었는데, 그 속박은 이전에 비해 절대로 가볍지 못하였다. 러시아인들은 짜르 정권에서 해방된 후에 오히려 훨씬 더 가혹한 볼셰비키주의에 복종할 수밖에 없었다. 대중들이 자신들이 선택한 대표자를 통해 민주주의적 〈법적 형식〉를 천명하였다는 사실조차도 그들의 진정한 〈자결권〉을 보장하는 것은 아니다. 〈자유주의〉가 선언한 경제적 자유는 미숙한 일반 투자자들의 이익에 반하는 약탈적 기업 설립자, 무력한 채무자에 대한 고리대금업자, 무력한 노동자에 대한 착취적 기업가들을 배불려 주었다. 이에 국가는 자신의 〈국가강권〉을 사용해 경제적 강자들로부터 경제적 약자들을 보호하기 위해 우선적으로 개입하여야만 하였다. 시기상조적으로 〈민주주의〉를 선언한 정치적 자유 역시 약자를 희생하여 강자에게 이득을 주었으며, 더욱이 약자를 보호할 수 있는, 양자를 균형시킬 수 있는 상위의 권위도 결여되어 있다. 대중들의 상태가 아직 〈자결〉의 단계로 성숙 되지 못하였지만 그럼에도 불구하고 단지 〈자결〉이라는 껍데기만을 가지고 있는 경우에는, 그 대중이라는 토양 위에 자신의 씨를 뿌리는 〈패권적 권력〉들은 어떠한 장애도 만나지 않고 싹을 피울 것이다. [현행] 법조문이 〈패권적 권력〉들의 앞을 가로막을 수 있더라도 개의치 않고, 그들의 **권력은 맹렬히 성장하여** 자신의 범위를 넓혀가며 마침내 최대의 힘에 도달한 자신의 강권을 이용해 스스로를 합법이라는 면류관으로 치장하게 된다. 물론 아마도 그 과정에서는 〈패권적 권력〉들은 자기들 내부의 서로 간의 싸움으로 무기력할 정도로 약해질 수도 있다. 성숙을 향한 도정에 있는 대중들은 이미 〈성공〉이라는 면류관을 쓴 가장 유능한 조타수에게 자신을 맡길 때야 비로소 무력을 지닌 스킬라(Scylla)와 무기력한 카리브디스(Charybdis)[233]라는 양극단 사이에서 가장 훌륭히 항해할 수 있다. 이것은 〈자결〉을 할 수 있는 수준으로 현재 성숙된 민족들의 조상들이 역사의 어려운 시대에 수행하였던 과업인데, 그 조상들은 자신들이 이미 성숙의 단계에 도달하였다고 시기상조 적으로 선언하기보다는 자신의 후손들이 더욱 효율적으로 성숙의 단계에 도달할 수 있도록 도와주었다.

지금까지 말한 일련의 〈역사적 귀납〉을 통해 알 수 있는 바는 주로 [대중의] 〈자결력〉에 대하여 부정적이다. 그러한 점에서 보수적 정신을 가진 자들은 이러한 〈자결력〉이 대중의 본성과 모순된다는 결론을 도출해 낸다. 하지만 이러한 해석은 역사적 경험을 무시하는 민주주의적 해석 못지않은 나쁜 실수를 저지르고 있다. **〈역사적 귀납〉은 발전의 연속만을 보여 줄 뿐이다.** 또한 극도로 긴 그 역사의 시간에도 불구하고 그 발전 과정 중에 지금까지는 진정한 성숙의 경우들이 그다지 많이 나타나지는 못하였다는 사실은 단지 역사의 발전을 위한 과업은 그다음 단계에 이르기까지 매우 느리게 진행된다는 것만을 말할 뿐이며, 민족의 성숙이 완성되기까지는 더욱 시간을 요한다는 점을 설명하고 있는 것 이상은 아니다. 좋은 상황들이 발생할 때까지는 시간이 필요하다. 수백만이 발전을 이룬다는 것은 쉬운 문제가 될 수 없다. 특히 그 발전 과정의 제1막은 지배적 위치의 소수가 대중들을 억압하는 단계인데, 그에 대항하기 위해서는 대중들이 우선적으로 자신들의 힘과 인간적 존엄성을 회복하여야만

---

233 스킬라와 카리브디스는 모두 그리스 신화에 나오는 바다의 괴물이다. 오디세우스가 전쟁 후 귀향을 하면서 거쳐야만 하는 좁은 해협의 양단에 이 두 괴물이 위치하고 있었다. 이러한 '두 괴물의 사이'라는 표현은 진퇴양난의 어려운 상황을 의미한다.

한다.

　　대중의 〈자결〉에 필요한 정치적 성숙은 언제쯤 도달할 것인가? 역사의 도정 중에 파인 구덩이를 메워 완전히 평평하게 하는 것이 필요하다면, 그리고 마치 이상화된 민주주의적 견해가 꿈꾸는, 올바르게 단합된 동료들 간의 〈단체〉를 대중이 결성할 수 있도록 성장하지 못한다면, 그러한 〈자결〉의 가능성은 희박할 것이다. 심지어 [민족 차원에서의] 〈자결권〉이 있고 그것을 행사하기 위한 힘을 가지고 있는 영국 민족조차도 아직 그 단계까지는 이르지 못하였다. 〈사회적 의지결정〉과 〈개인적 의지결정〉이라는 양자 간에 놓여있는 불균형은 결코 완전히 평탄화될 수는 없다. 하지만 사람들은 완전한 〈통일성〉을 느낄 수 있는 정도로까지 어려움을 극복하여야만 하고 또한 극복할 수 있다. 대중의 〈자결〉은 대중들 스스로가 자신들을 그 자체로 [독립된 개체로] 느끼고 [그에 기반하여] 상호 끌어당김으로써 하나의 견고한 〈전체〉가 됨을 무엇보다도 전제로 하며, 우월한 〈지배적 리더십〉이 그 자신만의 이득을 위하여 자신 아래에 있는 그 모든 것들에게 통째로 강요함에 의하여 달성되는 것은 아니다. 교육, 〈소유〉 및 사회적 영향력에 있어서의 수평적 분화와 수직적 〈계층화〉의 성향은 상존하기 마련이지만, 그것들이 [각 개별 요소들 간의] 〈연관성〉(Zusammenhang)을 단절시키지 말아야 하며, 어떤 힘도 다른 힘들을 방해하지 말고 오히려 촉진하도록 그들 간의 균형이 유지되어야만 한다. 대중 내의 각기 분파들이 자신들만의 〈자결권〉을 무자비하게 주장하는 한, 그것은 **대중의 〈자기부정〉**(Selbstverleugnung)으로 귀결되며 또한 그러한 경우에는 대중의 〈자결〉의 여지는 존재하지 않는다. 대중은 그들이 가진 모든 힘들을 **철저하게 조직화**하여야만 하며, 그럼으로써 어떤 [우월에 근거하여] 조직화된 그룹들이 자신들의 우월성에 근거하여 다른 그룹들을 배척하지 못하도록 하여야만 한다. 또한 국가라는 조직은 사회에 편재되어 있는 모든 사회 조직들의 총착점(Abschluß)이 되어야만 한다.

D. 부록: 〈집단적 죄〉의 문제

1. 〈집단적 죄〉에 대한 사회학적, 법적 견해

이 부록에서 우리는 〈집단적 죄〉(gesellschaftliche Schuld)의[234] 문제에 대해 간략하게 논의하고자 한다.

죄의 판단 기준을 흔히들 사회가 가지는 것으로 생각하는 소위 〈사회적 의지〉에도 적용할 수 있을까? 현재의 〈언어용법〉의 관점에서 우리는 주저하지 않고 이에 대하여 그렇다고 대답하기 마련이지만, 사실 이에 대한 답을 하기 위해서는 신중한 생각을 요한다. 우리는 당, 민족, 국가, 정부 그리고 대중이 범한 죄에 대해서 말하기도 하고, 마치 우리가 개별 인간으로서의 죄인들을 비난할 때와 마찬가지로 그러한 집단들이 가지고 있다고 여겨지는 악한 의지나 혹은 태만을 비난한다. 그러나 〈사회적 의지〉들을 의인화함에는 신중하여야 한다. 그것들이 형성되는 방식에 따라 죄의 개념이 적용되지 못할 수도 있기 때문이다.

개인의 의지가 더욱 높은 〈보편적 규범〉을 경시하거나 따르지 않는 경우, 그 개인은 유죄이다. 다수의 사람들로 구성된 집단도 이러한 의미에서 유죄라는 개념을 적용시킬 수 있다고 흔히들 의심의 여지 없이 생각할 수도 있다. 예를 들어 도둑 무리나 강도의 무리, 의무에 불복종하는 군대, 또는 질서를 어기거나 재산을 파괴하거나 선동 행동을 저지르는 모든 무리도 이에 해당한다. 그러나 다중이 집단적으로 범한 〈집단적 죄〉를 판단할 때는 새로운 관점이 필요하다. 우리는 그들 구성원들 간에 잘못의 정도를 구별하고, 지도자들을 가장 죄가 많은 사람으로 인식하거나 아마도 책임을 져야 할 유일한 사람으로 인식하기도 한다. 따라서 일반 구성원에 대하여서는 관용(寬容)을 베풀거나 혹은 아예 처벌하지 않도

---

[234] 직역하자면 '사회의 죄'가 되지만, 죄를 범하는 주체가 사람들의 집단 자체라는 뜻을 명확하게 하기 위하여 〈집단적 죄〉로 번역하였다.

록 내버려둔다. 아마도 그 많은 사람들을 동시에 처벌할 수 없기 때문에 그러한 관대한 결정을 내릴 수도 있다. 예를 들자면, 적의 공격에 대하여 전선을 사수하지 못하였을 경우 부대의 지휘관은 부하 열 명 중 단지 한 명만을 처형하거나 혹은 단순한 태형만을 가할 수도 있는데, 이는 모든 부하들에게 죽음으로 죄를 보상하도록 할 수는 없기 때문이다. 하지만 또 다른 이유도 있지는 않을까? 전체 구성원을 모두 처벌 하는 것이 옳지 않다고 생각하기 때문인 것은 아닌가? 여기에서 바로 우리는 〈집단적 죄〉의 문제를 조명할 수 있는 단서를 만나게 된다. 군중 속의 한 개인은 그가 감히 맞설 수 없는 다수 중 그저 한 명일 뿐이기 때문에, 어느 정도는 혹은 완전히 그 죄를 면할 수도 있다. 바로 이전에는 임무를 다하지 못한 군인도 적절한 리더십하에서 인도되고 더 나은 상황으로 배치되면 이제는 자신의 임무를 완전히 수행할 수도 있다.

이 점에 근거하여 〈집단적 죄〉를 말할 수 있는 경우를 논의할 수 있다. 이러한 〈집단적 죄〉라는 표현을 사용할 때의 대전제는, 어떠한 특별한 〈사회적 통일체〉(gesellschaftliche Einheit)에 속한다는 공동의 믿음을 가지는 사람들이 존재하고, 그들이 [집합적으로] 〈보편적 규범〉을 어긴다는 것이다. 그런데 그들은 기존의 지배적인 규범(Regel)에 반하는 어떠한 새로운 규범을 만들어 그 새로운 규범하에 상호 단결할 수 있다. 예를 들자면 프롤레타리아의 운동은 그들의 계급적 견해에 근거하여 부르주아적 법개념에 반대한다. 이는 채무자, 노예 내지는 농노들이 냉혈한 채권자나 지주에 대항하여 전개하는 운동에 있어서도 다르지 않았으며, 오직 자신만이 구원을 가져다준다는 가톨릭교회에 대항한 분리주의자들의 운동, 그리고 왕정에 반대하는 열광적인 〈자유주의자〉의 운동도 이와 다르지 않았다. 〈지배적 권력〉은 그러한 반대적 운동을 기존 준거법을 위반하였기 때문에 처벌을 받을 수 있는 중대한 범죄로 간주하였다. 하지만, 억압받는 자들의 입장에서 보자면, 자신들의 반란은 잔인한 오만(Übermut), 음울한 노예화, 치명적인 지적 압박에 반대하는, 인간의 정서로부터 우러나오는 항거이다. 열정적인 〈혁신가〉는 자신 스스로가 진정한 사회 그 자체이고 인류의 대표자로 생각하며, 자신들이 패배하는 경우에는 자신들을 위한 순교자들을 위대한 사상을 지키기 위해 희생된 사람들로 공경하고, 새로운 사상이 마침내 승리하면 그들을 영웅으로 격상하며 그들의 행동에 고취된다.

현존하는 권력들의 입장에서 법을 제정하여야만 하는 법률학자조차도 가장 잔혹한 시대에 행해지는 〈혁신가〉들의 혁명적 행동을 더 이상 일반적인 범죄로 간주하지는 않고, 오히려 정치적인 범죄로서 별도로 분류함으로써 그러한 운동가들이 가지는 확신에 대하여 절충적인 입장을 취하고 있다. 예를 들자면, 일반 범죄에 적용되는 〈명예형〉(名譽刑 Ehrenstrafe)[235]을 면제하고 덜 억압적인 형태로 투옥하며, 아마도 선고에 있어서 더욱 관대하게 대우를 하는 것 등이 그러한 양보에 속한다. 하지만 그러한 법률학자들은 정치범들이 협의의 정치적 강령에 반대하는 경우에 한하여서만 그러한 관용(寬容)을 베풀 준비가 되어 있다. 만일, 그들이 전체 사회 질서를 심각하게 훼손시키는 선동을 하는 경우에는 아마도 더욱 가혹한 형벌을 선고할 것이다.

하지만 사회학자들은 다른 입장을 취한다. 그들은 관련 법률이 제약한 범위에 얽매이지 않는다. 그들은 서로 다른 질서를 대표하는 대표자들 간의 투쟁을 보게 되는데, 그들 간에 투쟁의 결과가 결국 역사가 내리는 최종적 판단이 되기 마련이다. 모든 위대한 〈인민운동〉(Volksbewegung)들에 있어서는, 선과 악, 그리고 참과 거짓을 초월하는, 그 자체로써 단순한 힘으로 인정되어야만 하는 어떤 것이 작용하며, 이는 자연에서의 위대한 운동과 다르지 않다. 오제(Augier)의 희곡 《펠리컨》(Pelican)에서[236] 지부와에(Giboyer)는 아들에게 "격랑은 실패 없이 도도히 흐른

---

[235] 범죄자의 명예 또는 자격을 박탈하는 것을 내용으로 하는 형벌.

[236] 1862년에 쓰인 코미디로서 원래 제목은 Le Fils de Giboyer이다.

다"라고 말하였는데, 이는 지부와에 오랜 삶에서 얻은 지혜의 총합을 그의 아들에게 전해주는 것이라고 할 수 있다. 하지만 그렇다고 하여도 이는 사회학자가 거대한 〈사회적 권력〉들 중 〈법적 권력〉이 중요하다는 점을 부인하는 것은 아니다. 단지 어떠한 일방이 다른 쪽에 대하여 침해된 권리에 대한 속죄의 명목으로 처벌 하는 것은 다름 아니라 우선 그 자신의 이익을 지키기 위하여 〈권력수단〉을 사용하는 것일 뿐이며, 그것이 진정으로 사회적 이득을 위한 것인가의 여부는 단지 차후에 밝혀진다는 사실을 그 사회학자는 알고 있을 뿐이다. 아마도, 그리고 이것이 일반적인 원칙일 듯한데, [대립하는] 양방 각자는 어느 정도 자신만을 위한 특정한 법을 가지고 있고, 그러한 법을 넘어서는 그 모든 것은 옳지 않다고 생각한다. 따라서 서로 투쟁 하는 두 질서가 균형을 이룰 때야 비로소 정화된 새로운 법이 출현할 것이다. 마치 〈게슬러의 모자〉(Geßlers Hut)[237]와도 같이, 모든 외적 〈법적 형식〉은 전제자들도 쉽게 제정할 수 있다. 하지만, 진정한 〈내적 권력〉은 양심들 간의 접촉(Fühlung)에 의해서만 형성된다.

오늘날에도 다양한 민족들 간의 관계에서는 그들 간에 가장 우선하는 법이라는 것은 존재하지 않는다. 우리가 〈국제법〉이라고 부르는 것은 기껏 하여야 유아기 단계에 있는 법이거나 단지 인간의 감수성의 높이에 부합하는 〈윤리적〉 〈요청〉일 뿐인데, 따라서 아직 [최종적 판결을 위한] 대법관은 임명되지 않았으며 대체로 그 모든 〈국제법〉들은 각국의 〈비상국가법〉(Staatsnotrecht)에 의하여 쉽게 무력화될 수 있다. 또한 [일국 내에서도] 이른바 〈인민의지〉들의 형성에 있어서는 다수 내지는 아마도 대다수의 시민은 대체로 참여하지 않으며, 자유가 없는 사람들의 의사는 전혀 고려되지 않고, 심지어는 자유인들 사이에서도 많은 사람들의 아마도 대

---

237 합스부르크의 압제자 헤르만 게슬러는 광장에 창을 꽂아놓고, 그 위에 자신의 모자를 걸어 모든 행인들이 모자에 절을 하도록 강요하였다.

부분은 자신의 의지와는 상관없이 그냥 휩쓸릴 뿐이며 혹은 단지 조용히 침묵할 뿐이다. 물론 이때 그 모든 사람들이 면죄부를 받는다. 또한 공개적으로 참여하는 사람들조차도 죄가 성립되기 위한 전제 조건인, 자신의 의치에 의한 결정이 없이 참여하기 때문에 면죄부를 받을 수 있다. 강력한 〈인민운동〉에서는 모든 사람은 '〈타인들〉'이 하는 일만을 따라 하고, 그와는 달리할 수 없으며, 개인으로서는 저항할 수 없는 압도적인 일반적 흐름에서 오는 압력 아래 행동하고, 아마도 조국을 구하기 위한 충성스러운 희생으로 고양된 기분 속에서도 행동한다. 그런데 수백만 명의 사람들 중 어느 누구도 죄를 추궁받을 수 없다면, 단지 개별 시민들의 합인 전체 국민에 대하여 어떻게 죄를 주장할 수 있겠는가! 이러한 점은 지도자들의 죄의 유무에 대한 판단과는 다른 차원의 이야기다. 그러나 위대한 운동에 있어서의 지도자들도 또한 대중의 흐름에 저항할 수는 없었다고 변명할 수 있지 않을까? 그 지도자들도 그들 자신의 악의에 의해 대중들을 선동한 경우에만 유죄가 된다. 예를 들자면 러시아 짜르는 세계대전에 대한 죄가 있는가? 그는 총동원령을 공표하였고 그로 인하여 필연적으로 선전포고 선언이 초래되었다. 그러나 이 포고 선언은 정말로 그의 의지의 행동이었을까, 아니면 압도적인 상황의 압력이 그를 짓누른 결과였을까? 덧붙여서, 전쟁에 관한 한 선전포고를 죄로 간주하는 〈법규〉가 과연 존재하는가? 정의로운 전쟁은 모든 국가에서 합법적으로 간주된다. 세계대전까지 존재하였던 〈국제법〉에 따르자면 모든 사람들은 자신들의 전쟁이 정의로운지의 여부는 자신 스스로 결정하는 문제였다. 그 때문에 사람들은 지금까지의 모든 전쟁을 허용 가능한 것으로 간주하였다. 이전까지 모든 전쟁에 사람들이 공감할 수 있는 강한 설득력이 있던 이유는 항상 존재하였기 때문이었다.

2. 〈사회적 위협〉(gesellschaftliche Gefährdung)과 〈사회적 안전〉(gesellschaftliche Sicherung)이라는 판단 범주

전쟁에 대한 책임을 묻고 싶은 경우에는 죄의 관점에서는 접근할 수는 없으며 단지 위협(Gefährdung)의 관점에서만 접근 가능하다. 호전적이고 쉽게 흥분하는 사람들은 의심의 여지 없이 이웃, 그리고 아마도 전 세계를 위협할 수 있다. 따라서 이웃과 세계가 그러한 사람들에 대한 적절한 보호 장치를 설치하는 것은 정당하다. 혹자들은 킴브리족(Cimbri)과 튜튼족(Teuton)을[238] 경계하여야 한다고들 말한다(물론 이같은 이야기는 현대 독일인은 킴브리족과 튜튼족으로 구성된 민족에 불과하다고 믿고 있는 사람들에게는 아무 의미가 없는 이야기이다). 그러한 사람들은 〈민족적 죄〉(Volksschuld)라는 주제를 〈민족적 위협〉(Volksgefährlichkeit)의 주제로 이전시켜 논의하는 것을 반길 것이다. 죄와 형벌에 의한 기준보다는 위협과 안전의 관점에 근거할 때 킴브리족과 튜튼족에게 대한 훨씬 더 광범위한 억제를 요구할 수 있기 때문이다. 그런데 유럽 국가들에는 더 이상 킴브리족과 튜튼족은 존재하지 않는다. 신중한 정신들은 현대 국민들에게 있어서 어느 곳에 전쟁의 위험이 도사리고 있는지를 [킴브리족과 튜튼족의 위험을 주장하는 자들보다는] 더욱 잘 파악할 수 있다. 그 유럽 국민들은 정열적으로 평화를 유지하기 위한 작업에 헌신하고, 반면 자신을 둘러싼 주변국들의 야망에 대하여 우려하며 불신의 시각으로 주의 깊게 살펴보고 있으며, 자신의 독립을 최대한 유지하기 위한 결의로 충만하다. 조국의 구원을 위한 외침이 조국의 성벽의 망루에 있는 파수꾼들에 의해 외쳐지면, 자부심을 가진 각 국민들은 하나가 되어, 국민들을 지키고자 〈단결적 행동〉을 하려는 강력한 힘에 휩싸여 일제히 일어선다. 그때는, 〈꼭 그래야

---

[238] 유럽 중서부에 활약하던 게르만족은 킴브리족과 튜튼족들이었으며, 이들은 갈리아와 로마 본토로 진군한 바 있었다.

만 한다〉(es muß sein)²³⁹라고 모두가 외치게 되고, 이에 어느 누구도 주저하지 않는다. 동참하지 않는 사람은 겁쟁이와 배신자뿐이다. 새로운 세계대전의 재발을 방지하기 위해서는, 모든 문화 국가에서는 **자신들이 믿기 싫었던 경악스러운 사태의 발생**과 갑자기 고조될 수 있는 **각 국민들의 열병과도 같은 격정**으로부터 자국을 보호할 안전장치를 설치함이 절실히 필요하다.

---

239 베토벤 현악 사중주 16번 op.135, 4악장 악보에는 이 문장이 의문형으로 적혀 있었다.

제 2부
권력의 역사적 작용

IX. 〈제도〉, 〈역사적 형성체〉 그리고 〈역사적 도야〉

1. 힘과 사명

이른바 《파우스트초고》(Urfaust)라고 불리는 《파우스트》의 초안은 26세의 괴테가 1774년 10월부터 1775년 초 사이의 짧은 기간에 집필을 시작하였다. 그 후 1775년 늦여름과 가을의 또 다른 왕성한 창작 활동 기간 중에 그 집필을 이어 갔다. 젊은 괴테는 고도로 창조적인 영감에 고취된 이 짧은 수 주일 동안 그의 영혼을 사로잡은 파우스트적 충동(Drange)[240]에 시적인 표현을 부여할 수 있도록 한, 그리고 파우스트, 그레첸, 메피스토펠레스와 바그너(Wagner)[241] 등의 인물을 창조할 수 있도록 할 수 있는 내적 에너지가 높이 충전되고 있음을 체험하였다. 브란데스(Georg Brandes)는 이러한 인물들이 세상에 존재하는 시에서 등장하는 어떤 유명한 인물들에 비하여 결코 뒤떨어지지 않는다고 평한 바 있다.[242] 그러나 [젊은] 괴테는 이 최초의 분출에서는 여전히 〈파우스트적 문제〉[243](Faustproblem)의 해결을 위한 실마리를 결코 찾을 수 없었다. 괴테는 그 실마리를 찾기 위하여서는 먼저 인간적으로 더욱 성숙하여야만

---

240   권력이나 부를 얻기 위하여 영혼을 팔아버린 파우스트적인 행동을 지칭.

241   파우스트의 조수.

242   Georg Brandes(1920), *Wolfgang Goethe*, Gyldendal.

243   저자가 이 〈파우스트적 문제〉라고 지칭하는 바는, 방대한 지식을 가지고 있던 파우스트가 고민하던 문제, 즉, 자유에 대한 욕망과 그 자유를 제약하는 여러 요소들간의 긴장 사이에 존재하는 인간이 도대체 어떻게 살아야만 하는가 하는 궁극적 문제를 말한다. 괴테는 이에 대한 해답을 《파우스트》 2부에서 제시하려고 노력하는데, 그것이 과연 무엇이었는지는 논쟁거리이다. 단지 신은 실제로 파우스트가 그 어떤 것을 이루었다고 여기고, 그를 구원하였다.

하였으며, 그때서야 비로소 그는 메피스토펠레스가 신에게 제안한 내기를 통하여 전개되는 《파우스트》 제 1부 《천상의 서곡》(Vorspiel im Himmel)을 완성할 수 있었다. [청년기 이후] 아주 오랫동안 이 작품은 중단되었으나 이후 괴테가 노년에 접어들었을 때야 비로소 제 1부의 장면들이 결합되어 제 자리를 찾을 수 있었다. 그의 일기장에서 말하고 있듯이 괴테가 노년에 이르러서야 《파우스트》는 괴테가 그 당시 하루 일과의 모든 정력을 바친 가장 '중심적 주제'가 되었다. 이제 그는 그 작품의 완성을 위한 사명에 몰두하였다. 그가 《파우스트》를 청년기에 완성을 시키려고 하였다면 그 작품은 지금 우리가 아는 《파우스트》와는 다른 작품이 되었을 것이다. 《파우스트》가 있을 수 있었던 것은 그 작품을 **시작하였을 당시**에는 괴테가 어떠한 사명에도 얽매이지 않고 단지 표현으로 분출하고자 하는 **에너지만을 가지고 있었기 때문**이었다. 쇠약해지고 있던 기력을 다시 모을 필요가 절실해진 그의 노년기에 이르러서야 비로소 그 사명이 저절로 대두되기 시작하였다. 제2부에서는 〈시적 맹세〉(dichterische Pflicht)를 충족시키지 않는 문구들만이[244] 유일하게 제1부의 수준에 견줄 수 있다. 그런데 [2부의] 그 문구들에서는 예민한 청춘의 감수성이 아직도 충분히 남아 있기에 "최초에는 흐린 시야에만 비춰졌던" 동요하는 인물들을 포착할 수 있었다.

이같이 개인의 경우에 있어서도 향후 달성할 어떤 사명을 미리 염두에 두고 발전 과정이 진행되지는 않는다. 하물며 심지어 민족의 발전 과정에 있어서는 미리 어떤 사명을 전제하고 진행되는 발전의 경우는 개

---

244 이 문장에서 〈시적 맹세〉의 의미는 이해하기 쉽지 않다. 줄거리와 전개가 명확한 1부에 비하여 《파우스트》의 2부는 종교, 철학, 예술, 학문, 정치, 국가 등의 무거운 주제에 대한 상징이 많이 포함되어 있는데, 이러한 무거운 주제들을 다루는 것이 '시적 맹세'라고 표현한 듯하다. 따라서 본 문장에서 지시하는 부분은 이러한 무거운 주제를 다루는 문구를 제외한 부분을 의미하는 듯하다.

인보다도 훨씬 드물다. 민족의 정신은 무수히 많은 소(小) 지도자들로 나뉘어 있고, 그들은 우선 각기 자신들이 지도자임을 주장하면서 서로 경쟁하고 차례로 자리를 차지하면서 앞장서며, 뒤처진 자들은 따르는 대중으로 남게 된다. 지도자의 야망, 오만, 열정, 망상, 편협함이 만들어내고 또 무너뜨리고 그리고 재편하는 모든 계획들 중에서는, 대중들의 힘에 의하여 지지되는 것들, 그리고 주변 민족들의 힘에 의해 파괴되지 않는 것들만이 관철될 수 있다. 그 계획들 중에 최초부터 충분한 힘들에 의해 지지되었던 것들은 그 힘들이 성장해 감에 따라 점차 범위를 넓혀 가게 된다. 그리하여 최초의 지도자들이 가지고 있던, 바로 다음 순간의 미래만 걱정하며 미래가 가져올 놀라운 전환을 예측하지 못하였던 최초의 제약된 지평을 넘어서게 된다. 농경민족에 불과하였던 고대 로마의 입장에서는 세계 지배라는 개념이 현실적이라고 간주될 여지는 전혀 없었다. 이 로마 민족이 역사적 상황에 의해 주어진 현실에 완전히 적응하지 않았다면 그 이후에 드러난 바와 같은 위대한 능력을 획득하지는 못하였을 것이다. 그 어떤 역경도 헤쳐 나갈 수 있고, 더 큰 역경에도 대처할 수 있는 여분의 힘이 남아 있었기에 그들의 미래는 보장되었던 것이다. 그리하여 로마 도시가 건설된 후 7세기가 경과한 후에야 비로소 카이사르가 등장하여 로마의 세계 지배를 실행할 수 있었다. 30년 전쟁의 참화와 베스트팔렌조약으로 분열된 후의 독일제국을 재건하기 위해 응집하여야만 하였던 국민적 힘들은 가장 혼란스러운 악조건을 딛고 일어섰는데, 사실 그러한 악조건하에서는 어떤 최고의 독일인이라도 제국을 재정립하는 사명을 쉽게 수행할 능력은 없었을 것이다. 당시 독일 땅에서 영향력을 행사하였던 모든 사람들은 구 제국의 마지막 잔재를 말살시키고 그 자리를 극단적으로 분열된 소국가들로 대체하기에만 몰두하였고, 오직 오스트리아와 프로이센의 군주적 〈권력정치〉(Machtpolitik)[245]만이 그러한 분

---

245 단지 권력의 유지를 위한 목적만을 가진 정치형태. 조소적 의미를 가

열을 반대하였다. 당시 독일의 소 군주들과 그 소 군주들에게만 충성하는 대중들의 의지에 의해 지탱되어 온 이러한 독일의 분열은 결국은 극복되어 다시 치유되었다. 하지만 비스마르크 등장 시기의 이전에 있어서는 오히려 외국의 무력 군주 나폴레옹이 이러한 소국가 체제를 극복함에 있어서 어떤 독일인보다 훨씬 큰 공헌을 하였다. 그럼에도 불구하고 30년 전쟁에 뒤이은 극도의 국가의 쇠퇴 시기는 정치적으로 볼 때는 결코 잃어버린 세월은 아니었다. 독일 민족이 탄생시킨 최고의 지성들은 조용히 문화적 활동에 정진하였고, 현대에 보이는 위대한 독일의 문화 업적을 이루기 위한 초석들을 정초하였다. 그리고 그러한 문화 업적들은 정치에서도 개화(開花)될 수 있었다. 그 끔찍한 30년 전쟁 후의 몇 년 동안은 정신적 침묵 속에 흘러간 것이 사실이다. 국가 재건을 탄생시킬 어떠한 힘도 남아 있지 않은 것처럼 보였다. 전쟁의 포효 후의 고요함 속에, 영혼에서 영감을 받은 순수하고 엄숙한 음악의 멜로디가 울려 퍼지자 비로소 〈국민정신〉이 응집될 수 있었다. 그러한 도중에 그 〈국민정신〉은 갑자기 내면의 〈질풍노도〉(疾風怒濤 Sturm und Drang)에 휩싸여 표출되었으며, 〈문화적 과업〉을 건축하는 벽돌들을 계속 만들어내고 또 그것들을 결합시켰다. 괴테의 《파우스트》는 그를 위한 주춧돌 중의 하나였다. 괴테가 《파우스트》를 통해 정치적인 목표에 대해 생각한 것만큼 많은 다른 사람들도 그와 같이 생각하였는데, 그들도 자신들의 내적 충동에 의하여 자신들만의 벽돌로 문화 작업을 정초함에 공헌하였다. 19세기 중반경에는 당시 독일문화의 대표 주 자격인, 성 베드로 교회에 모인 사람들만이 제국을 재건하기 위해 단결할 수 있을 만한 지적 수준으로 진보되어 있었다. 그때 준비 작업은 사명에 착수할 만큼 충분히 진전되었지만 성 베드로 교회에 모였던 사람들은 목표에 관한 중요한 측면에 대한 합의도

진다.

없었고, 더욱이 실제 국가의 건설 기법(Technik)에 대한 이해도 부족하였다. 이를 위해서는 건물의 완공을 가로막는 역사적 장애물을 제거하기 위한 군사적 수단을 사용하는 방법을 동시에 알고 있는 정치 전문가가 필요하였다. 운명의 여신은 독일 국민에게 비스마르크라는 장인을 내려주어 그에게 그 최종 목적을 달성하기 위하여 필요한 가용한 힘들을 응집하는 **사명을 부여하였다**. 결국 그는 탁월한 장인 정신으로 사명을 완수할 수 있었다. 하지만 그가 사명을 수행하기에 앞서서 우선 괴테와 실러가 전제되었어야만 하였다. 그 제국의 형성을 위하여 아직도 부족한 요소들을 독일 국민의 문화적 힘들을 통하여 보완한 이후에야 비로소 독일 제국은 형성될 수 있었다.

2. 〈역사적 형성체〉에 있어서의 문제점

이러한 설명은 우리에게 〈역사적 형성체〉(歷史的形成體 geschichtlichen Bildung)의 개념을 〈사회적 제도〉(gesellschaftliche Einrichtung)의 개념과 구별하고 〈역사적 형성체〉의 본질을 규명할 수 있도록 하는 기반을 제공한다.

〈사회적 제도〉[246]는 정부 또는 기타의 〈조직하려는 강권〉(ordnende Gewalt)들이 신중히 고려된 계획에 따라 특정 목적을 달성하기 위해 설립되어진다. 그 〈사회적 제도〉들은 〈전체〉의 이익 혹은 심지어 그것들을 설립한 권력 주체들의 이익만을 추구하려는 목적을 위해서도 존재한다. 만일 그들의 목적상 필요한 경우에는 이미 존재하는 〈사회적 제도〉들이라도 변경되거나 폐지될 수 있다. 이러한 〈제도〉들의 형태는 매우 다양한데 관청, 기업 및 매우 다양한 종류의 작업 조직들 등 이루 열거하기

---

246 우리가 통상적으로 사용하는 '제도'라는 단어는 인간이 의도적으로 형성시킨 것뿐만 아니라, 비의도적인 것도 포함되나, 본서의 번역상의 의미에 있어서는 전자로만 한정하기로 한다.

어렵다. 반면에 〈역사적 형성체〉의 경우에는 그것을 만들어낸 배후의 어떠한 특정한 창조자를 찾아내지 못한다. 그 〈역사적 형성체〉들은 사회의 깊은 곳에서 발생한 특정한 힘들이 만들어 내었고, 이미 〈성공〉하였음이 입증되었기에 존립할 수 있게 된 역사적 발전의 산물이다. 또한 그 〈역사적 형성체〉들은 사람들에 의하여 지배되는 것이 아니라 오히려 사람들을 휩쓸어 몰고 가고 또한 사람들을 지배한다. 가족과 〈무리〉에서 시작하여 국가, 민족, 국민, 그리고 사회와 같은 모든 집단들은 이러한 〈역사적 형성체〉에 속하며, 좀 더 세분화하여 말하자면 위와 같은 [비의도적인 인간 집합으로서의] 형성체들은 〈인적 형성체〉(persönliche Bildung)라고 부른다. 그 외에도, 아직 국가에 의한 규제가 개입되지 않은 원시 형태의 화폐에서 그 예를 찾아볼 수 있는 〈물적 형성체〉(gegenständliche Bildung)[247]도 있다. 이것은 결코 의도된 〈제도〉는 아니며, 성공적임이 판명되었기에 존립하고 성장할 수 있게 된, 역사적 발전의 결과이다. 그럼에도 불구하고 그러한 〈객관적 형성체〉는 인간의 의도하에 만들어진 〈제도〉와 유사점이 많다고 느낄 수도 있으므로 '〈조성체〉'(造成體 Gebilde)라고 명명되기도 하는데, 이는 적어도 반은 인간의 의지에 의하여 창조된 것으로 간주될 수도 있기 때문이다. 하지만 이 글의 목적상 우리는 〈물적 형성체〉를 〈인적 형성체〉와 구별하지 않고 양자 모두 〈역사적 형성체〉의 일부로만 간주하는 것이 더 나을 것이다. 왜냐하면 이 양자는 종종 경계가 불분명하기 때문이다. 반면, 〈역사적 형성체〉와 〈제도〉 사이에는 경계선이 명확하므로 앞으로는 이러한 〈역사적 형성체〉와 〈제도〉라는 두 가지 명칭과 개념만 사용하고자 한다. **〈역사적 형성체〉**들은, 아직 자신의 〈실질적 내용〉을 뚜렷하게 볼 수는 없지만,[248] 그럼에도 무엇인가를 강력히 요구

---

247 실체는 있되 인간으로 구성되어 있지 않다는 의미에서 '물적'이라는 표현을 사용하였다.

248 미리 정해진 목적을 의식적으로 염두에 두고 발전하지는 않기에, 자신

하고, 시행착오를 겪고, 그러한 과정을 통해 자신을 재발견하고자 하는, [무엇인가를] **'갈구하는'**(suchenden) 힘들이 만들어낸 결과이다. 반면, 〈사회적 제도〉들은 〈조직하려는 의지〉(ordnende Wille)가 주어진 목적을 달성하기 위하여 설정한 제 **사명들을 수행**하기 위하여 만들어진다.

모든 〈사회적 제도〉는 밀접하게 혹은 비교적 간접적으로라도 대체로 〈역사적 형성체〉에 그 기반을 두고 있다. [〈사회적 제도〉인] 〈시장질서〉(Marktordnung)는 수요와 공급의 균형을 달성하게 하는 시장이라는 〈역사적 형성체〉를 전제로 한다. 한 국가의 〈통화체제〉(Geldwesen)가 가지는 질서는 〈역사적 형성체〉의 일종인 화폐라는 보편적인 현상에 기초하고 있으며, 이때 화폐는 무수히 얽혀 있는 교역의 결과로 형성되었다고 말할 수 있을 뿐, 그 정확한 발생 과정에 대해서는 아직 충분히 연구되어 있지 못하다. 한 국가의 〈군사체제〉(Militärwesen)의 질서는 강력한 군주나 장군에 의하여 정립되었지만, 역사적으로는 [원시 집단에서] '자생적'으로 발생된 전투력(Kampfkraft)으로 그 기원을 거슬러 올라갈 수 있다. 모든 〈제도〉들의 기반은 궁극적으로는 〈역사적 형성체〉들로서, 전자가 작동하기 위해서는 후자의 본질에 적절히 부합되어야만 한다. 수요와 공급의 법칙에 어긋나는 〈시장질서〉는 존재할 수 없으며, 국가의 과다한 화폐의 발행으로 인해 화폐가치가 더 이상 유지될 수 없게 되었음에도 불구하고 그 [평가절하된] 〈화폐가치〉를 억지로 관철시키려는 〈화폐질서〉(Geldordnung)도 결코 존속되지 못한다. 군대의 규율이 아무리 가혹하다 할지라도 기력이 이미 소진된 대중들로부터 징집된 군대에 진정한 투지를 불어넣는 것은 절대로 불가능하다. 모든 실제적인 〈제도〉들이 가지고 있는 〈근본적 특징〉은 그 〈제도〉가 기초하고 있는 〈역사적 형성체〉의 〈내적 법칙〉(inneres Gesetz)들에 따른다는 점이다.

의 내용 자체는 확정된 것이 아니라 비의도적으로 변화한다는 의미이다.

그러나 훌륭한 정부라면 모두 모든 일들을 전적으로 마음대로 통제할 수 있는 권력을 가지고 있다는 [잘못된] 견해를 일반 국민들은 항상 가지고 있기 때문에, [국가의] 일들이 그 국민들 자신의 뜻대로 되지 않을 때마다 정부를 무자비하게 비난하기 마련이다. 정부가 규정하고 있거나, 충분히 어떤 한도까지는 규정할 수 있거나 혹은 규정하여야만 하는 그 모든 것들은 항상 힘들에 의존하는 〈내적 법칙〉을 따르기 마련인데, 그러한 힘들 자체는 규제될 수 없는 것이며 그 자체로 받아들여야만 하는 것이다. 그러나 일반 국민들은 이런 사실을 충분히 깊이 알 수는 없다. 〈역사적 형성체〉들은 항상 상호 간 균형을 이루며 그 균형 속에서 번성한다. 만일 국가의 〈제도〉들을 이러한 〈역사적 형성체〉들에 기반하여 형성시키지 못한다면, 그래서 만일 국가 자신이 스스로 장려하거나 혹은 규제하는 각종 수단들에만 의지한다면, 아무리 최고의 지혜를 가지고 있는 국가라고 하더라도 국가의 일들 간의 **균형을 유지**할 수도 없고 더 나아가 그것들을 발전시킬 수도 없다. 사람들에게 낙관적인 확신을 주는 원동력이 무엇인지를 감지할 수 있는 능력이야말로 정치가가 가진 최고의 기술(Kunst: art)이다. 그는 주어진 〈역사적 형성체〉와 부합하는 〈사회적 제도〉가 무엇이며, 또한 전자의 〈내적 법칙〉이 어떠한 제약을 부과하는지를 파악하고, 〈사회적 제도〉들을 그러한 제약과 조화롭게 운영하여야만 한다.

정치가 자신이 〈사회적 제도〉와 〈역사적 형성체〉를 개념적으로 구분할 능력이 있는지의 여부는 중요하지 않으며, 심지어 그는 그러한 이름초차도 구분할 필요조차 없다. 정치가 자신이 세우려고 의도하는 건축물을 정초하기에 충분히 확고 불변한 기반의 수준을 결정하는 것은 주어진 개별적 상황에 따라 그 자신이 결정할 문제다. 반면 이론가의 역할은 개별 사례를 총괄하여 〈보편적 지식〉(allgemeine Erkenntnis)을 도출하는 것이다. 이는 역사라는 거대한 과정을 설명하기 위해서 그러한 〈보편적 지식〉이 필요한 것과 마찬가지이다. 그리고 어떤 개념을 명료하게 설명하기 위해서는 일단 그 이름이 명료하여야 되는 것처럼, 〈제도〉와 〈형성체〉(Bildung)이라는 개념을 이해하기 위해서는 먼저 그 이름들에 주목하여야 한다. 왜 우리는 〈형성체〉에 대하여 말하는 경우 '역사적'이라고 하며, 반면 〈제도〉를 이야기할 때는 '사회적'이라는 한정어를 사용하는가? 이에는 타당한 이유가 있으며, 이러한 이유를 추구하는 과정에서 우리는 〈역사적 형성체〉와 관련하여 해결하여야 할 본질적인 문제에 즉시 마주치게 된다. 〈사회적 제도〉라는 명칭을 사용할 때는 어떤 특정한 주체가, 결정된 지향점과 부합하는 특정한 사회적 목적을 달성하기 위하여 그 〈사회적 제도〉를 만든 것임을 말해 준다. 반면에 〈역사적 형성체〉의 명칭은 그 기원이 **암흑에 덮인 역사**임를 시사한다. 그것들이 태고 시대부터 존재하였다는 사실 이외에는 그것들의 기원에 대하여 우리는 알지 못한다. 확실한 창조자를 확인하기 위한 욕구에서 역사의 어둠을 파헤치더라도 그러한 창조자를 확인할 수 없다는 것을 곧 알게 될 것이다. 이는 단순히 역사적 사료 부족의 문제는 아니다. 더욱 근본적인 이유는 그것을 만든 사람이 어떤 인물로 특정되지 못 함에 있다.

그렇다면 〈역사적 형성체〉의 기원을 다른 방식으로는 이해할 수는 있을까?

과학적 사고는 어떠한 것의 기원은 그것의 본질 및 〈내적 법칙〉과 연결되어 있다는 생각하에 어떠한 현저하게 나타난 〈역사적 형성체〉의 기원을 밝히는 바에 오랫동안 몰두해 왔다. 화폐와 국가라는 현상이 그 대표적인 예이다. 가장 단순한 사람이라도 일반적으로 돈을 어떻게 사용한다는 것을 알고 있다는 것은 실로 놀라운 일이다. 최고로 현명한 이론가들은 화폐의 기원과 본질을 설명하기 위해 고전적 사상가들에게로까지 거슬러 올라가면서 오랜 세대에 걸쳐 과학적 탐구의 노력을 경주해 왔지만 그럼에도 불구하고 어떤 결실도 보지 못하였다. 멀리 떨어져 있고 서로에 대해서 전혀 알지 못하는 사람들을 화폐가 서로 연결한다는 사실이 놀랍지 않은가? 국가는 인간의 삶에 있어서 가장 밝게 빛나는 중심점이며, 모든 이들은 국가에 헌신하지만, 여러 나라의 학자들은 국가가 어떻게 생겨났으며 그 본질이 어떤 〈내적 법칙〉을 따르는지에 대해서는 여전히 합의점을 찾을 수 없다. 모든 〈역사적 형성체〉에 있어서는, 그것이 실제로 존재하여 작동한다는 사실과 의문에 싸인 그것의 과학적 본질에 대한 해명 간에는 예외 없이 커다란 간극이 존재한다. 모든 〈역사적 형성체〉의 기원과 또 그 기원과 연결된 본질은 어둠 속에 묻혀 있다. 하지만 사람들이 그것들이 작동하는 법칙을 파악할 수 없음에도 불구하고, 그것들이 모두 인간의 창조물임은 분명하다.

3. 문제 해결을 위한 이전까지의 시도

과학은 최초에 〈역사적 형성체〉를 설명하기 위하여, 개념적으로는 분류할 수 없는 것들을 단지 비유나 이미지를 통해 설명함으로써 절충하였다. 가장 일반적인 설명 방식을 이야기 하자면, 〈역사적 형성체〉는 주춧돌과 갓돌이 있는 예술적 건물, 혹은 상부 지층과 하부 지층을 가지고 있는 지질학적 구조로 설명하는 방식 등이 있다. 혹은 장기(臟器) 및 중요한 기능을 가지고 있는 살아있는 유기체에 비유하여 설명되기도 한다. 그러한 비유는 마음속에 자동적으로 연상을 불러일으키기 마련이다. 또한 그러한 비유는 사람들의 마음에 깊게 각인되기에, 그 어떤 표현(Darstellung)도, 심지어 가장 정확한 표현도 그러한 비유에는 필적할 수 없을 것이다. 왜냐하면, 그러한 비유들 각각은 관련되는 것들을 쉽게 이해하기 위한 훌륭한 단서를 제공하기 때문이다. 하지만 그러한 비유가 더 이상 적용되지 않는 곳에서조차도 그것들은 계속 사용되게 될 위험을 내포하고 있다. 왜냐하면 자연스럽게 발생하는 유혹적인 연상의 효과에 사람들은 저절로 빠지기 때문이다. 즉, 사람들은 무의식적으로 현실에 대한 가상의 이미지를 만들기 마련이기 때문이다. 따라서 〈역사적 형성체〉는 건물의 이미지를 통하여 친숙한 의미로 변하며, 그러한 건물을 만든 대건축가가 존재하였을 것이라는 생각도 동시에 수반하기 마련인데, 사실 그러한 대건축가와 같은 존재는 〈역사적 형성체〉의 발생에는 개입되어 있지 않다. 또한 지층의 형성을 이용한 비유는 〈역사적 형성체〉의 형성에 필요한 장구한 시간을 강조하기 마련이며 또한 그것이 발생하기 위하여 필요한 강한 압력이 존재하였음을 시사한다. 하지만 그러한 지층의 형성을 이용한 비유를 사용함으로 인한 대가로 유기적 생명체에게 있어서만 고유한 발전의 과정을 파악하지 못하기 마련이다. 반면 〈진화론〉이 특히 시사하는 유기체의 비유는 여러 가지 비유 중 가장 위험할 수도 있다. 이러한 유기체의 비유들은 너무 많은 측면에서 남용되어 오히려 자연스럽게 보이기에 학자들은 더 이상 그것을 비유로 보지 않고 오히려 그것을 실질적 설명으로 간주하며, 이때 그 〈역사적 형성체〉의 본질과는 상충되는 너무나도 많은 요소들을 연상의 힘을 통하여 남용하며 끌어들이고 있다는 것을 깨닫지는 못한다. 어떤 이채로운 사회 사상가는 죽음에 대한 비유를 즐겨 사용하며, 국가 내지는 사회도 인체의 모든 중요한 기능과 유사하다는 점을 찾으려 노력하였다. 국가는 인간과 똑같이 유기적 〈통일체〉로 만들어져 있고 〈의식〉, 〈이성〉, 그리고 의지를 갖추고 있으며, 또한 마치 살아있는 인체처럼 국가도 그 내부에 각자의 기능을 하는 모든 기관(器官)을 가진 존재라고 그는 진지하게 생각한다. 하지만 이보다 진실을 더 왜곡시키는 주장은 없다. 〈역사적 형성체〉에 있어서는 많은 **개별 〈의식〉들은 그것들을 대체하는 포괄적 상위 〈의식〉의 작용이 없더라도 자신들의 독립성을 어느 정도만 포기하고 유지한 채 상호 간에 조화를 이룰 수 있다.** 하지만 유기체의 비유는 이 점을 설명하기 어렵다. 왜냐하면 인간이란 이와는 다른데, 상위 〈의식〉으로서의 정신은 존재하며 작동하는 반면, 유기체를 구성하는 부분인 장기나 세포는 각자 자신의 개별적 〈의식〉을 가지고 있지 않다. '장기의 영혼' 또는 '세포의 영혼'과 같은 종류의 표현은 단지 어눌한 생각에 불과하다. 신체의 장기나 세포는 사회에서의 개인처럼 독립적으로 행동하지는 못한다. 혹은 달리 표현하자면, 사회에서의 개인은 중추 기관에 완전히 종속적인 신체의 장기나 세포처럼 철저히 종속적일 수도 없다. 군인이 상관의 명령을 수행함에 있어서 상관이 무시하고 싶은 것에는 신경을 쓰지 않는 방식의 복종은 맹목적이라고 할 수 있는데, 그러한 맹목의 경우 그는 단지 상관이 신경 쓰는 바에만 현명하게 주의를 기울인다. 하지만 군대의 전력은 [이렇듯 맹목적인 복종에 의존하는 것이 아니라] 수천 명의 병사들 각각이 가지고 있는 [독자적] 개별 〈의식〉들의 조화에 연유한다. 이런 조화의 근원은 [단지 수동적으로만 작동하는 기관을 가지고 있는] 유기체에 대한 비유에서는 찾을 수는 없다. **〈역사적 형성체〉를 유기체와 비교하는 것으로는 문제의 본질을 절대로 파악할 수 없다.**

반면 〈역사적 형성체〉에 대한 〈개체주의적 설명〉(individualistische Deutung)을 채택함에 있어서는 더욱 신중하여야 한다. 이러한 설명 방법론은 더욱 사실적인 설명을 시도하며 논리적 정합성을 강조한다. 또한 이 방법론은 사회를 구성하는 원자인 개인으로부터 모든 분석을 시작하기 때문에 이질적인 요소들을 분석에 포함시키는 것을 피할 수 있는 장점은 있다. 하지만 이러한 설명 방식이 가지는 단점은 실제 사회에서 존재하는 인간과는 다른 방식으로 개인을 취급하는 중대한 과오를 저지르고 있다는 점이다. 〈개체주의적 설명〉은 사회 속의 **개인을 마치 자신의 개인의 힘에만 의존하는 독립된 존재이고**, 자신의 이득을 합리적으로 계산하여 사려 깊게 그리고 결단력을 가지고 행동하는 존재로만 간주한다. 사실, 사회에서는 가장 강력한 사람이라도 다른 사람들의 영향을 아주 크게 받을 수 있으므로 그러한 영향에 의하여 그의 힘의 표출은 증가되거나 혹은 억제 내지 좌절되는 등, 어떤 방식으로도 실질적으로 변화되기 마련이다. 더욱이 〈개체주의적 설명〉이 가지고 있는 견해는 〈역사적 형성체〉의 기원을 단지 개인적인 영역에서 있어서의 개체들 간의 [계약적] 관계로만 서술할 뿐, 그 이상은 아무런 설명도 제시하지 않는다. 이러한 견해는 결혼, 사업체, 그리고 거래 관계가 계약에 근거하는 것처럼 화폐나 국가도 사적 계약에 따라 만들어진 것으로 간주한다. 그들이 상정하는 세계에서는 무력이나 명령은 존재하지 않는다. 하지만 그러한 무력이나 명령과 같은 요소들이 없었다면 국가는 애당초부터 존재할 수도 없었을 것이다. 이러한 예는 화폐에서도 분명히 드러난다. 국가나 화폐 현상을 설명하기 위해서는 불가피하게 〈강제하는 힘〉의 작용을 고려하여야만 한다. 하지만 〈개체주의적 설명〉에 의한다면, 〈계약적 국가〉(Vertragsstaat)에서는 각 개인이 마음대로 계약을 해지하고 더 이상 소속되지 않을 결심을 할 수 있으며, 또한 화폐도 개인이 원한다면 수취를 거부할 수 있는 것으로 간주된다. 〈역사적 형성체〉에 대한 이러한 〈개체주의적 설명〉은 현실과는 괴리가 크며, 그러한 설명의 기반인 개인적 힘은 너무 약하기에 그것으로써는 〈역사적 형성체〉가 가지고 있는 지배적인 〈권력성〉을 설명할 수는 없다.

　〈개체주의적 설명〉이 가지는 이러한 단점을 극복하기 위한 숙고 끝에 〈역사적 형성체〉가 가지고 있는 거대함을 큰 맥락에서 조명하고자 하는 학자들은 **〈전체주의적 설명〉**(kollektivistische Erklärung)을 채택하고는 한다. 그들은 사회에 존재하는 창조적 힘으로서 〈인민혼〉 또는 〈대중의 혼〉이라는 개념을 불러낸다. 이 말은 큰 사회적 운동에서 보이는 민중이나 대중에 속한 수많은 정신들이 마치 하나의 정신의 인도를 받는 것처럼 통일적으로 움직인다는 것을 강조하기 위한 목적을 위해서는 가장 효과적인 수사적 표현이다. 그러나 이러한 설명은 그들이 어떤 방식으로 통일적으로 움직이게 되었는가를 설명하지는 못한다. 우리가 이전에 〈권력심리〉에 대해 논의할 때 이미 설명하였듯이, 그 이름에서 시사하듯 힘에 있어서는 개인보다 월등하지만 동시에 마치 개인의 정신과 같은 본성을 가지고 있는 그러한 의미의 〈인민혼〉, 〈대중의 혼〉이라는 것은 실제로는 존재하지 않는다. 하지만 [월등한 힘을 가지고 동시에 정신을 가지고 있다는 식과는] 다른 방식으로 [민중 내지는 〈대중의 혼〉이라는 개념을] 상상할 수 있는 여지는 없으며, 따라서 그 개념들은 단지 공허한 단어들일 뿐이다. 궁극적으로는 〈전체주의적 설명〉은 〈개체주의적 설명〉의 변종일 뿐이며, 후자와 마찬가지로 대중이나 민중을 개인으로 보는데, 단지 **몸집이 커진 개**

인으로만 간주할 뿐이다.

위의 각 설명들은 어떤 특정 단일 요소에만 환원하여 설명하는 방식을 따르기에, 이러한 접근방식을 모두 〈일원론적〉(monistisch)이라고 말할 수 있다. 이러한 〈일원론적 설명〉(monistische Erklärung)들은 실패하기 마련이기에, 그 대안으로 두 가지 상이한 요소들이 작용하는 것을 상정하는 〈이원론적 설명〉(dualistische Erklärung)들을 시도할 필요는 있지 않을까? 실제로 이러한 시도는 있어 왔으며, 그러한 시도에서는 **주관적인 요소와 객관적인 요소**라는 두 가지 요소를 도입하였다. 주관적인 요소는 개인적 또는 개별적 영향을 설명할 수 있고 객관적인 요소는 개인적 또는 개별적인 것을 넘어선 영향을 설명할 수 있다고 믿었다. 그렇다면 이러한 두 가지 상이한 요소들을 서로 논리적으로 확고하게 연결하는 방법을 찾아야 하였다. 〈이원론적 설명〉 방식이 일반적으로 직면하는 이같은 어려움을 그 방식을 추구하는 대부분의 학자들은 해결하지 못하였다. 더욱이 〈역사적 형성체〉를 설명함에 관련하여서는 당연히 어려움은 상존하기 마련이다.

이러한 〈이원론적인 설명〉이 범하고 있는 오류를 비교적 단순하게 보여줄 수 있는 예는 〈고전파 국민경제학〉(klassische Nationalökonomie)에서 상정하고 있는 〈주관적 교환가치〉(subjektiver Tauschwert)와 〈객관적 교환가치〉(objektiver Tauschwert) 사이의 구별이다. 시장에서 흔히 사용하는 용법에 따르자면, 어떤 유통되는 상품의 교환가치란 시장가격과 정확히 일치하는 가치이며, 이는 경제의 모든 사람들에게 동일하게 적용된다. 즉, 시장가격이 100원인 재화는 누구에게나 예외 없이 100원의 동일한 가치가 있다고 간주된다. 이러한 〈언어용법〉에 기초하여 〈고전파 국민경제학〉은 〈주관적 사용가치〉(subjektiver Gebrauchswert)와 대조되는 〈객관적 교환가치〉라는 개념을 만들어냈다. 〈객관적 교환가치〉는 [사람들 간의] 경제적인 측면에서 중요시되는 가치이며, 반면 〈주관적 사용가치〉는 개별적 사적 경제주체에게 있어서 [개인적으로] 중요한데, 전자는 객관적이고 획일적이며, 후자는 주관적이며 개인 간에 다르다고 본다. 이와는 대조적으로, 더욱 최근의 이론은 〈객관적 교환가치〉라는 것은 존재하지 않으며 재화의 〈객관적 교환가치〉는 항상 **개인이 느끼는 〈효용의 체험〉** (Werterlebniss)의 표현일 뿐이라고 주장한다. 즉, 모든 사람에게 객관적으로 적용되는 소위 〈객관적 교환가치〉는 결코 존재하지 않는다는 것이다. 수요 측면에서 볼 때, 그 교환가치는 지금 가격을 지불할 수 있는 의사가 있는 사람들, 즉 재화를 획득함으로써 얻는 〈효용의 체험〉이 그 가격을 지불함으로써 포기하여야 하는 〈효용의 체험〉보다 최소한 크다고 느끼는 사람들에게만 적용된다. 마찬가지로 공급 측면에서 볼 때도, 그 교환가치는 판매할 가격에서 얻을 수 있는 〈효용의 체험〉이 소유하고 있는 재화를 포기함으로써 생기는 〈효용의 체험〉의 감소분을 최소한 상쇄할 수 있는 경우에만 적용된다. 즉, 동일한 객관적인 시장가격도 어떤 사람은 사도록 하고, 다른 사람은 팔게 하고, 그 이외의 다른 사람들은 거래에 참여하지 않도록 한다. 그리고 그 가격은 거래에 참여하는 사람 중에서도 어떤 사람은 '더' 사게 그리고 어떤 사람은 '덜' 팔도록 한다. 그러나, 〈객관적 교환가치〉를 인정하는 사람들에게 있어서조차도 객관적으로 결정된 가격이라는 것은 단지 가장 근접한 기준만을 제공할 뿐, 궁극적인 평가 척도가 되지는 않는다. 왜냐하면 동일한 금액이라도 가난한 사람과 부자, 내지는 욕구하는 자와 욕구하지 않는 자, 그리고 이미 충분히 가지고 있는 자들 간에는 완전히 **다른 크기의 〈효용의 체험〉**을 의미하기 때문이다.249 따라서 이른바 〈객관적 교환가치〉란 다름 아니라 동일한 가격하에 교환에 참여하는 모든 사람들이 느끼는 〈주관적 교환가치〉를 말할 뿐이다. 그 〈객관적 교환가치〉라는 것은 비록 가격이라는 객관적 기반에 근거하고는 있지만, 결과적으로는 각 개별 경우에 있어서의 〈개

---

249 이에 대하여 비저가 개진한 가치론적 논의에 대하여서는 역자해제의 779쪽 이하를 참고할 것.

인적 사용가치〉(persönlicher Gebrauchswert)라는 주관적 잣대에 의해 결정된다. 결국은 이러한 〈객관적 교환가치〉와 〈주관적 사용가치〉 간의 대립은 단지 **〈다중〉의 병존하는 주관적 판단들과 고립된 개별적인 각자의 주관적 판단 간**의 차이에 불과하다고 이해하는 것이 올바르다.

4. 특히 〈객관적 정신〉에 관한 이론에 대하여

독일에 널리 퍼져 있는 사회의 〈객관적 정신〉(objektiver Geist)에 대한 딜타이(Dilthey)의 이론은 객관적인 것과 주관적인 것의 대립을 올바르게 도입하였다는 점에서 여타의 이론들과는 구별된다. 딜타이는 〈객관적 정신〉을 단일지향화된(gleichgerichtete) 〈다중〉이 보이는 〈외면적 표현〉(Äußerung)으로 이해하고, 사람들은 **모두 같은 류에 속하기 때문에** 사회에서는 이러한 〈외면적 표현〉이 나타난다고 인식하고 있는데, 이러한 견해는 충분히 옳다. 이러한 통찰은 〈사회적 존재〉의 상호 〈연관성〉에 관련하여 매우 중요한 결론에 이르게 한다. 즉, 〈다중〉의 인간들이 가지는 삶의 표현들이 동일점을 지향하기에 그로 인하여 인간 상호 간 이해할 수 있음이 분명해진다. 우리는 각자의 자신을 통해 다른 사람들을 이해한다. 딜타이를 따라 프레이어(Hans Freyer)도 그의 저술 《객관적 정신의 이론》(Theorie des objektiven Geistes)에서 다음과 같이 말한다.

> 우리는 타자들이 쓰는 것을 읽고, 타자들이 그린 것을 보며, 타자들이 세운 것을 발견한다. 지구의 일정 부분은 부분적으로 다른 사람의 정신의 작용에 의해 형성되었다. […] 세상이 돌아가는 이치에 의해 이러한 작용들의 침전물이라는 잔해가 우리에게 전달되었기 때문에, 이제 시간과 공간을 초월하여 정신은 정신에게 자신을 드러낸다. […] 우리 자신은 감정들에 의해 움직이고, 충동들을 따르고, 목적 지향적이며, 표상들을 연상시키고, 개념을 주조하기 때문에, 그리고 또한 정신들 간에 존재하는, 우리 자신의 본성인 〈구조적 연관성〉(Struktur-

zusammenhang)을 우리 자신은 체험을 통해 느끼게 되기 때문에, 우리는 다른 인류가 만들어낸 결과에 공감할 수 있고 또한 그것들에 포함되어 있는 정신의 〈실질적 내용〉들을 재창조할 수 있다.[250] [⋯](타자가 우리를 단순히 한 가지의 특정한 방향으로 인도하지는 않고), 언어, 문학, 국가, 건축 양식, 교회, 〈관습〉, 예술 및 과학 체제 등에서 볼 수 있는 아주 다양한 그리고 서로 이질적인 현실들로 인도하더라도, 타자는 우리가 따를 수 있는 〈이정표〉(Wegweiser)가 된다.[251]

차후 살펴볼 바에 따르자면, 사람들 상호 간의 정신적 이해 작용을 강조하는 딜타이 방식의 주장은 너무 지나친 면도 있다. 물론, 작품 중의 파우스트가 자신이 느끼는 세상에 대한 불만에서 토로한 만큼의 심각한 수준은 아닐지라도, 괴테의 〈역사정신〉(Geist der Geschichte)과 과거의 〈일곱 봉인〉에 대한 언급은 충분한 이유가 있는 것도 사실이다.[252] 그러

---

[250] Freyer(1923: 1).

[251] Freyer(1923: 27). 단, 역자가 이 출전을 확인한 바로는 괄호 안의 표현은 원전에 그대로 등장하지는 않고, 비저가 압축 요약한 부분이다.

[252] 즉, 사람들의 상호 간의 정신적 이해 작용으로서는 인간들의 단일지향성을 충분히 설명할 수 없다. 참고로, 이때 언급한 〈역사정신〉과 일곱 봉인은《파우스트》의 '장면 1: 밤'의 대사 중의 일부이다. 제자 바그너가 자신의 즐거움은 과거의 〈역사정신〉을 발견하고 그것이 어떻게 훌륭히 발전되었는가를 보는 것이라고 말하자, 이에 대하여 파우스트가 비꼬면서 말하는 다음과 같은 대사에 등장한다. "아 그래, 별까지 달하도록 멀리도 발전시켰지! 이 친구야, 과거의 시대란 우리에겐 일곱 인으로 봉인된 책일세. 그대들이 〈역사정신〉이라고 부르는 것은 실로 매 시대를 반영하고 있는 저자 양반들 자신의 정신에 불과하다네"(파우스트, 김수용 옮김. 책세상 2014; 역자가 다소 수정). 이때 일곱 인으로 봉인된 책은 성경 요한계시록 5장에 나오는 일곱 인으로 봉인된 두루마리 책이다. 성경을 인용하자면, "내가 보매 보좌에 앉으신 이의 오른손에 두루마

나 이러한 [딜타이방식의] 평가 자체는 최우선적으로 거부하여야만 할 견해는 아니더라도, 그러한 평가는 우리가 지금 주장하는 맥락에서는 사회적 상호 〈연관성〉에서 기원하는 힘[권력]을 아직도 충분히 감안하지 않기 때문에 반대하여야만 한다. 대중들이 성취해 나가는 역사적 작업은 현재에도 지속되고 있는데, 그러한 작업은 우리 마음대로 따라가거나 말거나 하는 그저 단순한 〈이정표〉는 절대로 아니고 그 이상(以上)이다. 그 역사적 작업이 생동하는 힘으로 우리를 사로잡는 경우 우리는 받쳐주는 거대한 힘을 그 작업에서 느끼기 때문에, 그 작업은 우리가 자발적으로 몸을 맡기게 되는 격랑(Strömung)과도 같은 것이다. 비록 그것이 우리를 심연으로 몰고 가는 것을 발견하고 공포에 사로잡히더라도, 우리는 그것이 가지는 압도적인 강권(Gewalt)으로부터 벗어날 수는 없다. 〈역사적 형성체〉의 불가항력적인 성격에 대해 설득력 있는 설명을 할 수 있는 경우에 한해서만 〈객관적 정신〉이라는 이론은 비로소 자신의 역할을 다할 수 있다. 그러나 그 이론은 정신이 〈객체화〉(Objektivation)된 대상을 스스로 만들었다고 주장하는 반면, 그러한 대상에 생을 불어 넣는 힘을 충분히 설명하지 못하기 때문에 자신의 역할을 다하지 않고 있으며 또 그렇게 할 수도 없다. 딜타이는 자신이 주장하는 〈객관적 정신〉은 실제의 심적 영역과는 거리가 있다는 사실은 인정한다. 국가, 교회, 〈관습〉, 서적, 그리고 예술 작품에 들어있는 '〈내면성〉'(Innere)은 실제로는 심적인 것은 아니다. 딜타이는 그 〈내면의 것〉이 **고유한**(eigenartig) **구조와 어떠한 법칙성**(Gesetzlichkeit)**을 가진 정신적인 〈조성체〉**라고 생각한다. 그것은 특정한 법, 종교 내지는 예술의 정신인데, 어떠한 외적으로 〈객체화〉된 장치

리가 있으니 안팎으로 썼고 일곱 인으로 봉하였더라"(계 5:1). 이는 아무나 볼 수 없도록 일곱 인으로 봉인된 비밀의 책이며, 그 안에 어떤 내용이 들어있는지에 대한 해석은 학자마다 다양하다. 《파우스트》에서 일곱인으로 봉인된 책이라 함은 우리에게는 불가지한 것이라는 의미이다.

(Apparat)들을 통해 자신의 존재(Dasein)를 현현(顯現)한다. 슈프랑어(Eduard Spranger)는 〈개별적 가치부여〉(individuelle Wertgebung)들에서 〈사회적 형성체〉(gesellschaftliche Bildung)로, 그리고 후자들에서 다시 개별적 영역으로 이어지는 섬세한 연결고리를 예리한 눈으로 가장 명확하게 파악하였지만, 그럼에도 불구하고 마침내 그는 "개별적 정신(Einzelseele)에서는 대체로 **떨어져 나왔지만**, 오히려 그 개별적 정신들을 **포용하고 지속시키는**" 〈객관적 정신〉의 존재를 주장하였다.

하지만 우리는 정신이 〈객체화〉된 대상들은, 그것들을 만들어내며 또한 그것을 느낄 수 있는 [인간의] 마음을 통해서만 [사람들을] 제약할 수 있다고 주장하여야만 한다. "〈객관적 정신〉"이 정신의 실제 세상에 더 이상 머무르지 않고 개별적인 정신과 정말로 완전히 분리되어 있다면, 그렇듯 제약하는 작용은 하지 못할 것이다. 객관적으로 이미 단단히 굳어진 것은 **정신적 연결 기능**을 할 수 없다. 무관심한 사람들의 눈에는 교회 건물은 돌, 모르타르, 나무, 철근 및 기타 모든 재료들로 이루어진 단순한 구조물이며 그 재료들은 다른 용도로 사용하기 위해서 단지 분해될 수 있는 구조에 불과하다. 예술적인 눈을 가진 사람에게는 그 교회 건물은 예술적 가치에 따라서 즐겁게 감상할 수 있는 대상이다. 또한 건축가에게 있어서는 기념비적인 기술적 업적이 될 수 있다. 하지만 대립되는 종교를 열렬히 추종하는 사람들에게 있어서는 그 교회 건물은 증오의 대상이 될 수 있고, 또한 파괴시켜야만 하는 표적이 된다. 오로지 독실한 신자에게만 교회 건물은 기도로 이끄는 장소이다. 신자들의 전체 집합은 종교적 신념에 동의하기 때문에 확고해진 〈교회집단〉하에 단결되어 있다. 이는 국민들이 애국심으로, 군대가 군인정신으로, 계급이 계급적 연대감으로 결속되어 있는 것과도 마찬가지이다. 〈역사적 형성체〉의 결속력이 때때로 너무 커져서 그것이 결속하고 있는 개인들을 짓밟는 경우도 있다. 하지만 그 〈역사적 형성체〉라는 것은 결속하는 작용을 하지만 그럼에도 불구하고 궁극적으로는 개인의 정신에서 태어났다는 사실을 망각해서는 안된다. 주변의 〈집합체〉들에 순응하려는 충동, 그리고 그들로부터 탈피할 수 없는 무력감이 때때로 개인에게는 너무 커서 자신의 개인적 이익에 반하고 개인의 파멸로 마감되는 결과를 초래하기도 한다. 또한 실제로 어떤 상황에서는 이러한 충동과 무력함이 더욱 커져서 결과적으로 〈집합체〉 전체가 무너질 수도 있게 된다.

5. 〈권력형성체〉로서의 〈역사적 형성체〉

이러한 숙고들은 우리에게 전혀 새로운 것은 아니다. 이는 우리가 〈권력심리〉에 대한 현실과 〈사회적 의지결정〉에 대해 명확히 설명하려고 시도하였을 때 이미 다룬 바 있다. 그럼으로써 그때 권력의 〈초개인성〉과 〈반개인성〉에 대하여 논하지 않을 수 없었다. 우리의 이러한 설명이 옳았다면, 이러한 논의를 주의 깊게 따라온 독자들이 지금까지 보인 인내심은 충분한 보상을 받게 될 것이다. 왜냐하면 그럼으로써 〈역사적 형성체〉의 기원과 본질에 관한 문제를 해결할 수 있는 문을 이미 열었기 때문이다. **모든 〈역사적 형성체〉들은 〈권력형성체〉**(Machtbildung)[253]**들이다.** 권력의 기원을 알면 〈역사적 형성체〉의 시원을 둘러싼 신비를 밝힐 수 있다. 올바른 〈권력론〉은 동시에 올바른 〈역사적 형성체〉의 이론이며, 우리는 후자를 〈권력형성체〉라고 보아야 한다. 〈권력형성체〉로서의 〈역사적 형성체〉들은 주어진 힘들이 〈성공〉을 쟁취함에 기반하여 성장하고, 그 힘들을 통해 사람들의 정서를 지배한다. 그런데 이때 그 힘들은 어떠한 계획에 따라 이미 설정된 사명을 위해 작용하는 것은 아니다. 즉, 그 〈역사적 형성체〉들은 순수히 〈합목적결정적〉(zweckbestimmt)이 아니다. 그것들은 〈불특정 지도자〉(offener Führer) 혹은 〈무명적 지도자〉에 의한 〈선도행동〉과 〈대중의 추종〉에 의하여 형성된다는 면에서 〈권력결정적〉이다. 그 〈역사적 형성체〉들은 〈생활권력〉, 〈질서유지적 권력〉, 〈문화권력〉

---

253   권력에 의하여 형성되었다는 의미로 〈권력형성체〉로 번역하였다.

등의 형성, 그리고 또한 〈저항권력〉, 〈지배적 권력〉 내지는 〈우세적 권력〉을 담지하는 〈형성체〉이다. 그 〈역사적 형성체〉들 간에는 서로를 침범하고, 상호 경쟁하고 이기려고 하지만 다른 한편으로는 〈공생관계〉를 유지하기 위하여 서로를 북돋우고 결합하게 되는데, 그러한 의미에서 각각의 〈형성체〉들은 〈부분적 형성체〉(Teilbildung)들이다. 만약 우리가 그간 너무 오래 〈권력론〉에 대해 고민하였더라도, 우리는 이 짧은 언급을 통해 〈역사적 형성체〉의 이론을 정리할 수 있다.

하지만 한 가지 특별한 점에 대하여 간단히 이야기할 필요가 있다. 리더십은 〈사회적 제도〉와 〈역사적 형성체〉에서는 각기 다르게 작용하는데, 그러한 리더십의 영향에 관한 언급이 필요하다. 모든 〈사회적 제도〉는 가시적인 〈개인적 리더십〉을 요구한다. 〈제도〉는 계획을 준비할 때, 그 계획을 구현하고 실행할 때, 그리고 그 〈제도〉를 운영할 때에 있어서 리더십을 항상 필요로 한다. 더욱 광범위한 제도들의 경우에는 단일 리더십이 아니라 〈리더십장치〉(Führungsapparat)가 아마도 필요할 것이다. 그리고 그 제도가 달성 하여야 할, 상호 경쟁하면서 대체하는 과정을 통해 서로를 보완해 나가는 다양한 이해관계를 충족시키기 위하여는 어떤 특정한 리더십이 작동하고 있어야만 한다. 대규모화된 제도의 경우에는 일련의 모든 지도자들 전체가 협력하거나 또는 차례로 역할을 맡아 일들을 추진하고는 한다. 하지만 그러한 과정 중에서도 지도자들 중의 지도자는 존재하며 이들이야말로 그 제도에서 가장 핵심적이기에 다른 지도자들과는 구별된다. 반면에 어떤 예외도 없이 〈역사적 형성체〉의 전체적 모습과 그것이 걸어온 시공간적 발전 경로는 실로 광대하여, 가장 위대한 지도자들조차 그 앞에서는 위축될 수밖에 없다. 모든 〈민족성〉의 특징은 〈대중의 힘〉에 기초하며, 위대한 지도자는 단지 대중이 모여드는 중심점이며 또한 대중을 대표하는 뛰어난 지도자일 뿐이다. 로마 민족의 역사에 등장하는 일련의 위대한 이름들을 모두 열거해 보더라도, 결국 로마 〈민족성〉의 발전은 결코 그 위대한 이름들 자신의 힘으로만 달성된 것은 아니었다는 것을 알 수 있다. 기독교 형성에 관련된 모든 사람들 중에서도 최초의 기독교 창시자는 의심할 여지 없이 가장 위대한 업적을 남겼다. 왜냐하면 그야말로 정신 속에서 영속하여 각인될 말씀들로서 기독교 이념을 최초로 설파하였기 때문이다. 하지만 기독교 사상이 발전하여 전 세계에 침투되기 위해서는 베드로에 의하여 그 사상들이 집대성되고, 그 이후 무수한 지도자들과 믿음을 가진 대중들이 수세기에 걸쳐 함께 노력을 경주하여야만 하였다. 〈역사적 형성체〉는 단순히 그 배후에 있는 이념을 통해 실현되는 것은 아니며, 그 이념은 〈사회체〉들의 모든 곳에서 활성화되고 생동하여야만 한다. "이 대업을 이루기 위해서는 수천 개의 손을 부리는 단지 하나의 정신이면 족하다"라는 시인의 말은 확실히 일리가 있다.254 하지만, 그 천 개의 손들에게는 동기가 부여 되어야만 하고, 앞을 향하는 지도자는 추종자들의 지칠 줄 모르는 결의와 함께하여야만 한다. 그 과업이 진정으로 위대하여 사람과 사람 사이로 널리 전파되고 역사를 통하여 꾸준히 성장한다면, 마치 어디에서나 필요한 식물처럼 그 과업은 사방으로 옮겨 심어지고, 모든 나라에서는 그에 순응하기 마련이며, 그 과업들을 이해하고 가꾸는 정원사의 손질에 의하여 더욱 성장할 것이다. 더 나아가 〈대중의 기분〉(Massenstimmung)을 이해하고 활용하기 위한 지도자들을 위한 특수한 학교도 모든 곳에 출현하기 시작한다. 이러한 분명한 예를 우리는 기독교에서 찾을 수 있다. 기독교라고 단일하게 총칭되는 이름은 사실 연속적으로 발전하여 온 많은 종파들 내지는 그 모든 외적 유사성에도 불구하고 아마도 사실은 전혀 다르게 분화된 종교들도 포함한다. 그러므로 〈역사적 형성체〉의 성장 과정은 역사의 빛 속에 분명히 드러날 수는 있어도, 그 창시자들을 모두 열거할

---

254 《파우스트》 2권 5막에 등장하는 문구. "Daß sich das größte Werk vollende, genügt ein Geist für tausend Hände."(Goethe, Johann Wolfgang von(1832), *Faust. Der Tragödie*. Zweiter Teil. Stuttgart, p 318).

수는 결코 없을 것이다. 그들의 창조물은 리더십과 〈대중전체〉의 공동 작품이며, 가장 위대한 지도자들, 심지어 압도적인 정신적 지도자들까지도 거센 힘으로 몰아치는 조류들에 휩싸여 움직이며, 그 결과로 〈역사적 형성체〉가 출현되는 것이다.

6. 학교와 삶에서의 교육

프레이어[255]의 견해로는 우리가 발견한 고대 작품 유적은 "시간과 공간을 초월하여 정신은 정신에게 자신을 드러내기" 때문에 우리에게 "〈이정표〉" 역할을 한다고 한다. 발견된 유적에서 정신과 정신 간의 대화를 실제로 찾을 수 있다면, 우리는 적어도 이론적으로는 그 유적들을 재건할 수 있을 것이다. 아테네 아크로폴리스의 웅장함을 재건하는 것은 현대 건축가에게 충분히 가치 있는 사명이다. 그리스 예술의 섬세함을 파악하기 위한 부단한 노력에 힘입어 현대의 예술가들은 비록 명장(名匠) 페이디아스(Phidias)[256]의 작품을 대리석으로는 완벽하게 재현할 수는 없더라도 최소한 종이 위에는 그려서 성공적으로 그 모습들을 재현할 수는 있다. 하지만 고대 그리스의 정신은 후대의 조각가들의 손들을 인도하지는 않았고, 로마 시대의 모사품들조차도 더 이상 원작의 수준에는 미치지 못하였다. 이후 그리스인들의 작품을 통해 형성된 르네상스의 위대한 예술가들도 [그리스 정신이 아닌] 다름 아닌 자기 자신들의 시대에 고유한 정신에 의해서만 감화되었을 뿐이다. 후대에 다시 〈고전적 시대〉에 접근하려고 시도한 최초의 시기에는 공허한 형식만을 어떤 감정도 없이 복사할 뿐이었다. 결국 〈이정표〉는 **그 표지를 읽을 능력**이 있는 자에게만 도움이 되며, 위대한 〈문화적 연관성〉(Kulturzusammenhang)으로 안내하기 위

---

255 본서364쪽 참고.
256 그리스의 조각가(기원전 500?-432?).

한 〈이정표〉를 읽기 위해서는 그 위에 단순히 쓰여진 글을 읽는 것만으로는 충분하지 않다. **자신의 내면의 눈으로 그 〈이정표〉 위에 쓰여진 글들의 의미에 생명을 불어넣어야만 한다.** 아무리 설형 문자를 해독하는 방법을 배운 학자라도 앗시리아인들의 〈삶의 감정〉을 피부로 자연히 느낄 수는 없다. 함무라비 법전중에서도 단지 현대적 생활방식과 동일하거나 최소한 유사한 것들만이 이해될 수 있을 뿐 그 이외의 것들은 모두 모호하게 남아 있을 뿐이다. 유머로 가득 찬 마크 트웨인(Mark Twain)은 아더 왕의 궁정으로부터 추방되는 어떤 양키의 모습에 대한 풍자로 가득한 책을 출판하였다.[257] 이 책은 원탁의 기사들과 여주인공들이라는 설정으로 치장한 낭만이라는 마법의 베일에 가려진 가혹한 현실을 폭로하려는 의도로 쓰여졌다. 하지만 이 책은 양키들의 정신과 감수성이 예민한 마크 트웨인 자신의 정신을 아더 왕의 무용담이 생겨난 당대의 〈삶의 감정〉으로는 되돌릴 수 없으며, 따라서 마크 트웨인은 아더 왕 당대의 현실에 있어서의 가장 핵심적 부분을 파악할 수는 없었다. 현대 문화에서 〈고전적 시대〉의 귀중한 정신적 보고들을 보존하고 복구시키는 바에는 로마 교회와 〈인본주의〉가 큰 역할을 하였다. 그렇지 않았다면 우리가 그 이후 도야한 것들은 실제 과거의 역사 속에서 보여진 바와는 완전히 다른 경로를 걸어갔을 것이다. 그러나 우리 현대인, 심지어 우리보다 더 강인한 르네상스 시대의 사람들이라도 〈고전적 시대〉에서의 통치 민족들의 〈삶의 감정〉에 완전히 감정이입을 할 수는 없으며, 따라서 고전적 특성에 대한 광대한 영역을 우리는 이해할 수 없고 그것들은 또한 항상 이해할 수 없는 상태로 남을 것이다. 소크라테스의 말씀을 통한 가르침에서는 마치 기독교의 가르침을 미리 예견하는 것처럼 보이는 부분이 남아 있다. 소크라테스의 가르침에서 명확히 보이는 신념과 그러한 [기독교의 가

---

[257] 《아서 왕 궁정의 코네티컷 양키》(A Connecticut Yankee in King Arthur's Court, 1889).

르침을 예견 하는] 부분을 어떻게 조화시킬 수 있을까? 그런데 반면《소크라테스의 회고록》의 저자인 크세노폰(Xenophon)[258]은 [그가 지휘한] 일만 병사가 페르시아 원정에서 탈출하는 과정에서 부유한 페르시아인과 그의 가족을 사로잡아 노예 시장에 팔아넘기고 그 돈을 위험한 후퇴의 여정에 보태려고 하였을 때, 그러한 [비윤리적] 행동조차 자신의 스승의 가르침과 양립할 수 있다고 생각하였다. 키케로(Cicero)가[259] 많은 〈인본주의자〉들에게 감명을 준 자신의 철학적 단상들을 집필하였을 당시에는 검투사들의 결투와 그보다 더 잔인한 각종 서커스 게임은 당시 보편화된 일상이었는데, 그 같은 잔혹한 경기들은 그러한 것들을 보면 으레 공포에 질리기 마련인 현대의 관객들에게는 외면되기 마련이다.

우리 현대인들도 어떠한 양심의 가책도 없이 수많은 나쁜 〈습관〉들을 반복하고 있다. 하지만 이러한 것들은 후대에 있어서는 그들의 정신적인 삶과는 부합하지 못한다고 할 것인데, 후대들의 삶의 방향은 인류의 진보와 그 궤를 같이할 것이기 때문이다. 모든 시대와 모든 사람들에 있어서는, **〈삶의 감정〉과 조화를 이루는 어떠한 특별한 균형 상태**가 존재하는데, 그러한 〈삶의 감정〉을 당대의 사람들 중 단지 소수만이 거부할 수 있으며, 많은 수의 지도자를 포함한 모든 대중들은 그러한 〈삶의 감정〉을 긍정하고 그것에 철저히 동화된다.

저개발된 민족들은 단지 삶에서 얻는 가르침에 의해서만 균형을 이

---

258 (BC. 430~355). 소크라테스의 제자로 알려진 그리스의 장군. 페르시아에서 황제의 동생이 반역을 시도하며 그리스 용병을 모집하자, 그는 그리스에서 군대를 소집하여 용병으로 참전하게 된다. 하지만 그러한 반역이 수포로 돌아가자, 그는 남은 병사 만여 명을 이끌고 그리스로 탈출하는 고된 시련을 겪어야만 하였다. 이러한 그의 시련은《페르시아 원정기》(*Kyrou Anabasis*)에 잘 묘사되어 있다(참고: 페르시아 원정기, 크세노폰 저, 천병희 역. 숲 2011).

259 역주 74 참고.

루는 반면, 문화 민족의 경우에는 학교에서의 교육이 큰 역할을 수행한다.

학교 교육은 〈보편교육〉(allgemeine Bildung)과 〈전문교육〉(Fachbildung)이라는 두 가지 종류의 사명을 가진다.

〈전문교육〉의 목표는 쉽게 이해될 수 있다. 각 전문학교는 학생들이 특정 제도들을 사용하기에 필요한 지식, 기술 및 능력을 함양할 수 있도록 교육을 시킨다. 예를 들자면, 군사 학교는 군사적 제도, 기술 학교는 전문기술 조직, 신학교는 교회 제도, 법률 학교는 법률 제도 등에 적합한 교육을 행한다. 그러나 이러한 학교가 소기의 목적을 달성하기 위해서는 해당 제도가 근거하는 〈역사적 형성체〉의 의미를 학생들이 충분히 깨닫도록 하여야만 하는데 사실 이러한 목적은 종종 무시 되기도 한다. 왜냐하면 그러한 의미에 대한 이해가 없이는 해당 제도의 본질을 파악하기가 불가능함에도 불구하고, 교사들은 단지 쉽게 설명할 수 있다는 이유로 어떠한 주제의 대상이 가진 단순한 외적인 측면에만 중점을 두기 마련이다. 의과대학의 경우, 의사가 가지고 사용하여야만 하는 기구 장치를 이용하는 방법을 배우는 바에 그쳐서는 안 되며, 인간의 신체가 형성되는 법칙에 대한 지식도 가르쳐야만 한다. 이는 자연 과학자가 인간 외부에 존재하는 다양한 자연의 형성에 대한 지식을 필요로 함과도 같다.

전문학교에서의 교육은 일단 초등학교, 그리고 그 이후 고등학교라는 준비 과정을 거치며 이들 학교들은 〈보편교육〉을 담당한다. 〈보편교육〉은 특정 〈사회적 제도〉와의 관련성은 없으며, 주로 [그 이전까지 소년들이 가지고 있던] 좁게 한정된 삶의 범위를 탈피하려고 할 때 필요한 기본적인 지식과 능력들을 전수함에 그 목적이 있다. 그렇기 때문에 그러한 〈보편교육〉 과정 중 가장 높은 학년에 올라가면 삶에 있어서 직면하는 보다 고차원적인 문제 내지는 가장 차원이 높은 문제들에 있어서 학생 자신의 위치를 설정하기 위한 지식과 능력을 전수하여 준다. 이러한 〈보편교육〉의 가치는 아주 중요하다고 할 수 있다. 그러나 학교는 우선 따라야 할 규칙들만 제공할 뿐이며, 또한 항상 학교가 학생들이 이러한 규칙을 자신감 있게 활용하도록 함에는 성공하지 못한다는 점도 명심하여야 된다. 학교를 통한 가르침은 궁극적으로는 삶에서의 가르침을 통해서만 완성되며, 후자가 그 역할을 충분히 수행할 때가 되면 학교 규칙은 더 이상 필요하지 않게 되어 대부분 잊혀진다. 학교 규칙은 마음속에 무미건조한 것으로 남아 있기에 때때로 삶에 있어서 보이는 다양한 형상들을 파악하는 바에 있어서는 장애물이 되기도 한다. 처음 배우기 시작한 아동들에게 있어서는 이러한 다양한 형상들이 어떠한 규칙을 따르지 않는 것으로 보여진다. 학교에서 읽고, 쓰고, 계산하는 법을 배운 소년들은 인생의 앞마당을 여는 열쇠를 받지만, 그곳에 들어간 후에는 스스로 움직이는 방법을 먼저 배워야만 한다. 이는 여행자들이 여행국의 언어를 배우고, 그 다음으로는 우선 그 해당 국가를 잘 알아야만 하며, 또한 그 나라의 시장에 갔을 때는 그 시장에서 거래되는 화폐단위를 먼저 알아야만 그 이후에 거래를 위한 셈법을 사용할 수 있는 것과도 마찬가지이다. 학교 교육은 단지 사고력과 암기력을 가르칠 뿐이며, 그 이후에는 삶에서의 철저한 교육이 따라야만 한다.

 삶에서의 교육은 부모의 슬하에서 아이가 음식을 먹고, 보고 만지는 법을 배우며 모국어의 첫 발음을 더듬더듬 발성하는 것으로 시작하여 죽음으로 끝난다. 부모의 가정에서는 어머니와 아버지는 사랑으로 충만한 교사인데, 그들은 자식들에게 인간은 혼자가 아니고 항상 주변에서 용기와 도움을 받는다는 안도감을 심어준다. 놀이터와 학교에서는 형제자매들과 급우들로 인해 협동 정신이 처음으로 일깨워진다. 그들의 영향력은 부모와 교사가 쉽게 생각하는 것보다도 훨씬 크다. 왜냐하면 아이들은 자신과 같은 동류인 아이들에 의하여 가장 잘 이해될 수 있고, 또한 그 속에서 다른 사람들을 모방하거나 혹은 능가하려는 야망이 싹트기 때문이다. 그 이후의 삶에서의 교육의 영향을 통하여 보이는 바에 대하여서는 사실 자세히 설명할 필요도 없고, 그에 대한 구체적인 예를 제시할 필요도 없다. 그것은 단 몇 마디로만 축약할 수 있다. 교육은 한편으로는 사람들에게 〈사회적 제도〉라는 존재를 알게 해 주고 다른 한편으로는 사람들을 〈권력형성체〉들에 적응하도록 만든다. **권력이야말로 진정한 삶의 교육자이다.** 가정에서, 학교에서, 놀이터에서의 참된 교육자는 사랑의 힘[권력]과 공동체 의식이었다. 가장 불행한 사람을 제외하고는 모든 사람은 어느 정도 자신을 도와주는 힘들을 가지고 있기 마련이다. 이러한 종류의 힘들을 예외로 한다면 그러한 가정, 학교 그리고 놀이터의 외부에는 온갖 종류의 거칠고 적대적인 권력들만이 존재할 뿐이다. 인간들이 살아가면서 접하는 권력들은 〈생활권력〉이라고 부를 수 있을 뿐만 아니라 〈질서유지적 권력〉 내지는 〈문화권력〉이기도 하다. 한편으로는 그러한 권력들에 우리를 내맡길 때 얻을 수 있는 이득을 통해, 다른 한편으로는 그러한 권력들과 충돌하였을 때 받는 충격을 통해 그러한 모든 권력들에 대한 감정을 우리는 습득한다. 또한 우리는 '인간'의 심리를 체험하고 그것을 통해 [인간들이 따르는] 일반적 경로를 좇고 타인들에 자신을 정렬하는 법을 배우며, 아직은 자신에 있어 독립적으로 남아있는 분야에서 기회들을 포착하는 방법들도 배운다. 그러한 경로에서는 강압적인 강권에 대항하여 같이 싸워 나갈 수 있는 동료를 찾을 수도 있고 새로운 경로들을 향해 따라갈 지도자를 만날 수도 있다. 이는 가장 평범한 사람도 일반적 지적능력에 의거하여 권력의 가르침을 배우는 경우 무한한 양의 지식과 역사성을 배울 수 있음을 보여준다. 교육이 가지는 권력은 평범한 사람에게는 틀림없는 〈이정표〉의 역할을 하며, 각자가 처한 상황에 따라 그들을 적합한 자리에 위치시키는 역할을 한다. 만일 천년 후에 어느 학자가 그때까지 전해 내려올 [현재에 쓰여진] 역사적 작품들을 읽는다면, 지금 가장 평범하고 무지한 사람도 당연히 여기고 있는 내용에 대하여서도 제대로 이해하지는 못할 것이다. 왜냐하면 지금의 그 평범한 사람들은 그러한 작품들을 이해할 수 있도록 교육받았기 때문이다.

사회적 분업과 〈계층화〉의 상황에서는 일반 대중들은 그들에게 할당된 좁은 분야에 한정하여 교육을 받는다. 그들에게는 국가와 대중이라는 거대한 권력들이 펼치는 게임에 대해서 통찰을 얻을 수 있는 기회는 없으며, 그들은 체험을 통해서 그러한 권력들과 충돌하는 상황이 어떤 것인지를 배우거나 그 권력들에 복종하는 방식만을 배울 뿐이다. 활동영역이 넓은 사람은 시야가 넓으나, 그럼에도 불구하고 단순히 일개 국가와 민족에게 있어서도 그 안에 존재하는 〈역사적 형성체〉들 모두에 대해 정통한 사람은 존재하지 않는다. 전체 체제를 움직이게 하려면 항상 많은 사람들과의 협력이 필요하다. 비록 상호 〈연관성〉에 대한 완전한 그림을 알고 있는 사람은 없지만, 각자 개인은 자신의 환경하에서 통상적으로 자신의 길을 찾아가기 마련인데, 이러한 사실에 의해 인간들 간의 〈협업〉이 가능해진다. 이런 방식으로 [인간 간의] **'〈연결들의 사슬〉'**(Kette der Verbindungen)**은 모든 곳에서 완성되며, 이미 수립된 역사적 경로를 따르는 한** 무한한 복잡성을 가진 수많은 인간 〈집합체〉들 간의 〈협업〉도 무리 없이 원활하게 진행될 수 있다. 또한 그 성장의 경로가 너무 조급히 미지의 영역으로 뻗어 나가지 않는 한, 그 경로는 커다란 마찰이 없이도 확장되어 나갈 수 있다. 지도자라고 하더라도 그들의 시야는 항상 제약될 수밖에 없으며, 그들도 마찬가지로 〈역사적 도야〉라는 과정에 묶여 있을 수밖에 없다. 그 지도자들 대부분은 기존 제도들의 개선을 목적으로 하는 사명에만 만족하고 있다. 그러한 제도들을 운영함에 있어 활용할 수 있는 필요한 수단들에 있어서 그들이 일반 대중보다 우월한 위치에 있다면 [그러한 사명을 달성하기 위해서는] 그러한 수단을 가지는 것만으로 족하다. 더 많은 일들을 앞장서서 추진하고, 새로운 힘들을 이끄는 지도자로서 길을 개척하는 사람은 상대적으로 희소하다. 이러한 위대하고 또 최고로 위대한 지도자들이 **역사적으로 주어진 것들을 그 근본부터 재편하고 싶더라도, 그들의 출발점은 역사적으로 이미 주어진 조건들이어야만 한다.** 결국 〈대중의 추종〉을 확보하여 힘을 불러내는 것이 지도자들의 〈성공〉을 좌우하는 것이며, 이것은 〈역사적 연관성〉(geschichtliche Zusammenhang)을 완전히 벗어나서는 결코 성취될 수 없다.

X. 〈역사적 권력〉, 그것의 형태와 변모

1. 〈역사적 고착권력〉과 〈역사적 성장권력〉

기존 권력을 지지하는 사람들은, 존재하는 것은 존재하고 있다는 그 사실 자체에 의해 자신의 의미를 정당화할 수 있다고만 생각한다. 그들에게 구래의 것은 안정, 질서, 힘을 의미하고 새로운 것은 불안, 파괴, 그리고 무력함을 의미한다. 반면에 〈혁신가〉들은 낡은 것들은 외부적 힘에 의해서만 그 존재가 유지된다고 생각되며, 따라서 그 의미를 부정한다. 그들은 활동적인 일상의 삶의 움직임에 부응하는 요구들만이 의미가 있다고 주장한다. 하지만 이러한 〈혁신가〉들은 단순한 상상이라는 희박한 공기 밑에서의 영역에서만 판단 기준을 찾으려 한다. 그들에게 현상적 질서는 억압, 정체, 우민화, 빈곤화, 대중의 굴종이며, 반면 새로운 것은 정신적이며 물질적인 진보, 자유 그리고 〈보편적 복지〉이다. 그렇게 함으로써 각 당사자는 자신의 선의에 따라 행동한다고 생각한다. 왜냐하면 각자 자신들만의 이익에 부합하는 사회적 가치를 보호하여야 한다고 느끼는 열정은 그 이익의 범위 밖에 있는 모든 것에는 시야를 닫히게 하기 때문이다. 하지만, [올바른] 이론가는 이 양 측 모두를 사회적 삶에서 불가결한 대표적 기능으로 간주하며, 따라서 중립적으로 파악할 수 있다. 사회에서 권력 보존의 충동이 없다면 내적 안정을 유지할 수 없고 [따라서 그 사회는] 나날이 분열될 운명에 처할 수밖에 없다. 반면 권력을 쇄신하려는 충동이 없다면, 그 사회는 경직될 수밖에 없다.

이러한 두 가지 충동 간의 상호작용을 탐구하려는 [올바른] 이론가가 직면한 과제 중에서 우리는 〈역사적 권력〉(geschichtlichen Macht)을 가능한 한 철저히 살피는 작업에 우선 매진하여야 한다.

〈역사적 권력〉이란 **인간의 정서를 지속적으로 지배할 수 있는 시간**, 그럼으로써 자신의 강인함(Stärke)을 증대시킬 [충분한] 시간을 누려 왔던 권력을 말한다. 개별적으로는 눈에 거의 띄지 않게 작용하더라도 아주 오랜 기간 동안 작용해 왔으며 그럼으로써 강력한 효과를 발휘할 수 있도록 강화된, 그러한 힘들의 침전물들을 〈역사적 권력〉 내에서 찾아볼 수 있다. 온 세상은 자발적으로 혹은 마지못하여 이러한 〈역사적 권력〉 앞에 고개를 숙이고, 또한 모든 위대한 정치가는 자신 앞에 보이는 이러한 〈역사적 권력〉을 항상 염두에 두어야만 한다. 이데올로기에 사로잡힌 자들은 자신들의 허망한 공상이 그 〈역사적 권력〉에 의하여 전도(顚倒)되기 전까지는 이러한 〈역사적 권력〉을 알아차리지 못한다. 사실 사회학과 〈역사서술〉은 그러한 〈역사적 권력〉을 너무 드물게 다루었다. 물론 〈역사서술가〉들은 때때로 그 〈역사적 권력〉이 수행한 작업에 대해 이야기하기는 하였지만 〈역사적 권력〉의 본질은 그들에게는 여전히 낯설은 대상으로 남아있었다. 〈역사적 권력〉의 법칙을 알지 못하는 〈역사서술〉은 시간이 주는 영향을 고려하지 않는 지질학만큼이나 자신이 연구하는 대상을 파악할 수 있는 능력이 없다고 할 수 있다. 시간적 사건을 다루는 과학은 **〈시간의 권력〉**을 무시하면 안된다.

〈역사적 권력〉에는 크게 두 가지 형태가 있다. 〈역사적 고착권력〉(geschichtlich eingelebte Macht)과 〈역사적 성장권력〉(geschichtlich wachsende Macht)이 그 두 가지이다. 역사적으로 이미 고착된 것들은 오로지 사람들의 마음과 제도들이 이미 그것들에 적응되어 있기에 자신들의 권력의 크기를 증대시켜 왔다. 그럼에도 불구하고 이러한 〈역사적 권력〉은 수많은 다른 〈형성체〉들과 매우 밀접하게 얽히게 되고 후자들에 의하여 더욱 확고해진다. 반면 자신의 활동(Wirksamkeit)이 시간의 흐름에 따라 증가하는 사회적 힘들에 있어서는 그들의 권력의 크기의 증가가 더욱 현저히 보인다.[260] 건강한 나무가 수년과 수세기의 시간이 흐름에

---

[260] 이는 두 번째 〈유형〉인 〈역사적 성장권력〉을 지칭한다.

따라 점차 위풍당당하고 주위를 내려볼 수 있는 높이까지 자랄 수 있는 것처럼, 당당하고 압도하는 〈역사적 형성체〉는 비록 출발점에서는 자신의 존재가 미미하였더라도 시간이 지남에 따라 점차 융성해진다. 그리고 나무의 줄기는 나무의 수명이 다한 후에도 나무와 나무껍질의 견고한 구조로 인해 오랫동안 똑바로 서 있을 수 있듯이, 〈역사적 권력〉도 일단 형성된 이후에는 더 이상 애초에 그 탄생을 야기시킨 생성의 힘은 가지고 있지 못할지라도 여전히 견고한 〈형성체〉로서 오랫동안 유지될 수 있다.

2. 〈집단적 습관〉

흔히 그렇듯이 〈습관〉, 〈인습〉, 〈전통〉 등이 행사하는 〈사회적 권력〉을 인정할지라도, 이 모든 이름들은 우리가 지금 논의하고 있는 거대한 [집단적] 현상을 다루기에는 너무 협소하다. 이러한 이름들은 자칫 〈집단적 습관〉이 가지는 권력은 〈개인적 습관〉이 가지는 권력의 단순 합으로 환원될 수 있다는 생각을 야기할 수도 있는데, 그러한 생각은 잘못이다. 물론 〈집단적 습관〉이 〈개인적 습관〉과 공통되는 어떤 요소를 가지고 있는 것은 사실이다. 하지만 더 높이 그 위에 존재하는 다른 요소에 의해 증폭되기 때문에 더 이상 그것을 단순히 〈개인적 습관〉의 단순 합으로는 간주할 수는 없다. 〈집단적 습관〉은 오히려 〈개인적 습관〉들이 상호 간의 상승작용을 통해 [단순 합의 그 이상으로] 커져 버릴 수 있는 가능성을 가지고 있다고 보아야만 한다. 〈개인적 습관〉이란 한 개인의 자유로운 의사 결정 시 불필요한 노력을 생략하기 위하여 필요하다. 〈집단적 습관〉은 연관된 모든 사람이 일단 선택된 〈의지의 경로〉(Willensbahn)를 따를 수 있도록 함으로써 편리를 제공할 뿐 만에 그치는 것은 아니다. 더 나아가 우리가 이해하여야만 할 더욱 중요한 점은 그 경로가 보편적인 경로로 되는 순간 모든 사람들도 그 경로상에 있어야만 된다는 사실이다. 사회 문제에서 대체로 그러하여야만 하듯이, 가장 자유로운 영혼이라도 다른 사람들과 공생하고 싶다면 사람들이 느끼고 생각하고 행동하는 바를 이끄는 역할을 하는 그 일반적 경로에서 완전히 벗어나서는 안된다. 그런데 그 경로에는 일반적 규율이라는 것이 있기 마련이며 그러한 규율은 사람들의 마음속에 이미 각인되어 있어 일정한 구속력을 가지기 마련이다. 따라서 사람들은 그 일반적 경로를 따라 걸어가는 한 그 경로에서 정해진 규율에 복종하여야만 한다. 〈집단적 습관〉은 모든 개인들을 규제한다. 왜냐하면 모든 개인들은 다른 모든 '〈타인들〉'도 그 〈집단적 습관〉에 묶여 있다고 느끼고 있음을 알고 있기 때문이다. 다른 사람들이 전통적 방식을 계속 따르는 한, 개인적 방식을 바꾸고 싶어도 다른 사람의 방식을 계속 따라야만 하며, 마찬가지로 다른 모든 사람들도 그렇게 생각하기 때문에 결국 모두는 타인에 의해 구속되기 마련이다. 각 개인의 의지는 〈공동의 의지〉에 비해 무력할 수밖에 없다. 〈집단적 습관이 가진 권력〉(Macht der Massengewohnheit)을 파괴하기 위해서는, 모두 혹은 최소한 대부분의 사람들이 자신의 의지를 동시에 변화시켜야만 한다.

그러나 이러한 변화는 대중의 본성 내지는 **〈대중기법의 법칙〉**(Gesetz der Massentechnik)에 의한다면 불가능하다.[261] 단지 소규모의 사람들 간에서만 가능한 방식으로는 〈대중전체〉가 결정을 내리거나 합의에 이를 수는 없다. 소수의 서로 인접한 사람들은 그들 간에만 〈통용〉(Gebrauch)되는 것들을 변경하는 바에는 쉽게 동의할 수 있지만, 그것이 일부 인접한 사람들 간의 〈관행〉이 아니라 전국적 〈관용〉(慣用)[262]인 경우 그러한 합의에 도달하기란 불가능하며, 심지어는 단지 마을 내의 〈관용〉이라고 할지라도 [합의에 의해] 바꾸는 것은 불가능하다. 그리고 일단 확립된 것

---

261   다음의 문장이 이 법칙에 대한 정의라고 할 수 있다.

262   본 장에서 나오는 〈관행〉(慣行 Übung), 〈관용〉(慣用), 그리고 다음 장에 나오는 〈습속〉(習俗 Sitte), 〈관습〉(慣習 Konvention)의 구분에 대하여서는 역자 용어해설 '습속'을 참고할 것.

은 단지 그곳에 존재하기 때문에 그 이후에도 계속 유지된다. 새로운 지도자 아래 새로운 자극이 출현하여 대중을 새로운 행동 방향으로 이끌지 않는 한, 기존의 〈삶의 질서〉(Ordnung des Lebens)들을 유지하는 〈사회적 관성의 법칙〉(gesellschaftliches Gesetz der Trägheit)은 어디에서나 존재한다. 사람들에게 일단 선이라고 자연스레 받아들여진 것들은 그보다 나은 것의 관점에서 보자면 적이며, 역으로 오히려 덜 나은 것이 더 나은 것을 적으로 간주하기 마련이다. 이러한 관찰은, 항상 가능한 한 가장 좋은 것을 원하고 수백만 명의 생각을 단합시키는 것이 세상에서 가장 간단한 것처럼 믿는 사람들을 놀라게 하며 마음 상하게 한다. 반대로 수백만, 수십만, 수천 명이 그들의 행위에 대하여 상호 전체의 상의에 기반하여 명시적으로 합의할 기회도 없었음에도 불구하고 그들이 자신들 간의 [암묵적] 상호이해에 기반하여 어떠한 결과들을 이루어 낸다는 사실은 항상 놀라움을 불러일으킨다. 오늘날의 일반적 생각은 모든 경제적 생산과정에는 고유한 법칙이 있으며, 이미 주어진 생산과정은 실제로 어떠한 경제적 효율을 실현할 수 없을지라도 그 과정을 이용할 수밖에 없다는 것을 잘 알고 있다. 왜냐하면 새로운 과정의 도입을 가로막는 각종 장애물들을 전혀 극복할 수 없거나 혹은 극복하기 위해서는 너무 큰 비용을 감수하여야만 하기 때문이다. [마찬가지로] 우리의 기술자들은[263] 절대로 관심을 가지고 깊게 이해하려고 하지 않지만 〈대중기법〉[264]에 있어서

---

263 이때의 '기술자'의 의미는 모호하다. 앞에서 언급한 생산과정에 '비유'하여 '기술자'라는 용어를 사용한 듯 보인다. 이는 대중을 지휘하는 위치에 있는 사람 혹은 대중의 행동을 분석하려는 사람 어느 쪽으로도 해석할 수도 있다.

264 이 문장은 다소 혼란스럽다. 이때 〈대중기법〉은 다소 중의적인 표현이라고 여겨진다. 이는 본서에서 계속 사용하고 있는 대중을 이끄는 기술을 뜻하지만(역주 79참고), 동시에 앞 문장에서 언급한 생산 기술과 관련되어 '대량

도 고유한 법칙[265]이 있다는 것도 잘 알려져 있다. 즉, 〈대중기법〉은 모든 이가 의견의 일치를 달성할 것을, 그리하여 그들 모두는 자신 스스로 획일적 표준을 따라야만 한다는 것을 요구한다. 이러한 방식은 사실 힘들고도 복잡한 과정이라고도 할 수 있다. 그리고 그 과정 중에 최선의 방법이 실제로 발견될 수 있는지, 그리고 시간적으로 선행하여 적용된 어떠한 경로가 단순히 그것이 현재 일반적으로 사용되고 있다는 이 점 때문에 다른 가능한 경로들을 배제하고 있는지 등은 충분히 고려되지 않는다. 이제까지 말 한 바와도 같이 대중이 새로운 자극과 새로운 지도자들의 통솔하에 움직이고 구래의 〈관행〉들을 무너뜨리기 위한 새로운 질서가 수립되기 위하여서는 상황이 근본적으로 변하고 동시에 이전까지 받아들여졌던 질서들이 이제는 용납될 수 없는 것으로 [모두에게] 느껴져야만 한다.

3. 〈의향〉, 〈관용〉(慣用) 그리고 〈관습적인 것〉들

〈대중기법〉은 한편으로는 〈의향〉(Sinn)[266] 그리고 다른 한편으로는 〈관행〉 내지는 〈관용〉(慣用)이라는 두 가지 종류의 요소와 함께 작용한다.[267] 〈사회적 결단〉(gesellschaftliche Entscheidung)들에 있어서 그 두 가

생산기법'이라는 뜻도 가지고 있다. 이러한 중의적인 표현을 사용한 이유는 '대량생산 기법'에서 필요한 표준화와 〈대중기법〉에서 요구하는 대중의 획일화는 유사한 과정임을 보여주려고 한 듯하다.

265   이때 말하는 고유의 법칙은 뒤의 문장에 표현되어 있다.

266   원래의 독일어 Sinn은 여러 가지로 해석되는데, '마음'이 될 수도 있고, '의미'도 되고, 어떤 때에는 〈의향〉 내지 〈지향성〉의 뜻도 가지고 있다(예를 들어 큰 '뜻'을 품고 있다고 말할 때의 한국어 단어 '뜻'과도 유사하다). 본 장에서는 〈의향〉으로 번역하였다. 본 장에서의 의미는 '목적 지향성'이다.

267   이 문장도 그 자체로는 쉽게 이해되지 않는다. 〈대중기법〉이 작용하기

지 부류 중에 어떤 것이 더 영향력이 있을까? 일반인은 〈의향〉이 절대적 결정권을 가진다는 견해에 동조하기 쉽지만 사실 결코 그렇지는 않다. 〈의향〉 혹은 〈관용〉 중 어떤 것이 더 큰 〈사회적 성공〉을 가져다주는가에 따라 달라진다. 왜냐하면 〈사회적 결단〉은 결국 〈성공〉이라는 잣대에 의해 내려지기 때문이다. 〈의향〉은 분명히 〈성공〉과 긴밀한 연관이 있는데, 〈의향〉은 이미 인식된 〈합목적성〉(Zweckmäßigkeit), 즉 만족할 만한 〈성공〉을 지향하기 때문이다. 반면 〈관용〉을 통하여 얻어지며 동시에 〈관용〉에 권력을 부여하는 〈성공〉은 마음속에 뚜렷하게 떠오르지는 않는다. 사람들은 〈관용〉(慣用)이 지향하는 어떠한 목표(Gegenstand)을 먼저 찾아보려고 하지만, [그런 목표를 찾을 수 있다고 하더라도] 그 목표가 〈성공〉을 결정짓는 것은 아니다. 오히려 〈성공〉은 **〈관행〉이 시간이 지남에 따라 〈일관성〉**(Einheitlichkeit)**을 획득하기 때문에 기인한다.**[268] 〈관행〉이 비록 목표와 관련된 가장 높은 〈의향〉에는 부합하지 못하더라도, 그 〈관행〉으로 인해 획득된 〈일관성〉을 통하여 순전히 개인적인 해결책에 있어서 항상 수반되기 마련인 마찰과 혼란을 줄일 수 있다는 특수한 의미는 찾을 수

위하여서는 대중이 어떠한 일치성 내지는 획일성을 가지게끔 되어야만 하는데, 의식적 지향성 혹은 의향, 관용, 관행이라는 요소에 의하여 그러한 상태가 달성할 수 있도록 된다는 의미로 이해된다.

268 어떤 행동의 대상이 그 자체로 어떤 목표와 부합한다고 해서 실제로 성공적일 수는 없다는 것이다. 예를 들어 '정의'를 추구하는 행동이 실제로 정의 사회를 실현할 수는 없고, 좋은 조직을 만들겠다는 이상을 가지고 있다고 해서 성공적으로 그러한 조직을 만들 수는 없다는 것이다. 그 실행 과정에서 각종 마찰과 저항에 직면하게 되고 따라서 좌절될 수 있기 때문이다. 오히려 어떠한 행동을 꾸준히 반복하고, 그 행동이 일정한 일관적인 규칙을 가지게 됨으로써 행동은 효율적이 되고, 따라서 성공적인 무엇인가가 탄생하게 된다는 것이다. 이같은 비저의 견해는 앞서 이야기하였듯이 케인즈가 이야기한 '관습'의 기능과 유사하다. 케인즈에 대하여서는 역주 215참고.

있다.

〈관행의 권력〉(Macht der Übung)은 사회에서 〈관습적인 것〉들이 가지는 가치에서 분명히 드러난다. 〈관행〉은 〈통용〉됨을 통해 받아들여지고 동시에 마치 구속력이 있는 〈관습〉에 의해 고정된 것처럼 확고하게 지켜지는 그 모든 것으로 이해되어야 한다. 물론 〈관습적인 것〉들도 어떠한 형식적 〈관습〉에 의거하여 합의되어진 것일 수도 있는 것은 사실이다. 하지만 국가, 언어, 화폐가 단지 계약에 의해 생겨났을 가능성이 희박한 것처럼, 외부 〈습속〉(Sitte)의 규칙이나 〈관습적 질서〉(konventionelle Ordnung)의 대상(Gegenstand)의 경우에도 계약에 의해 생성된 것은 아니다. 일반적으로 〈관습적인 것〉은 〈무명적 리더십〉이라는 쉽게 감지할 수 없는 영향 아래에서 성장하였다. 어떤 경우에는 그것은 일종의 조직화된 힘들이 만들어 낸 결과일 수도 있지만, 그것이 생겨난 방식은 그것이 현재 가지는 타당성을 판단하는 바에는 더 이상 중요하지 않다. 〈관습적인 것〉들이 가지는 〈의향〉(Sinn)은 상대적으로 덜 중요하다. 물론 〈관습적인 것〉이 〈의향〉과 상충하여서는 안 되고, 길이를 측정하는 자는 실제로 측정하여야 하는 길이의 비율에 어떻게든 맞춰져 있어야만 한다. 하지만 이러한 [의향과 상충되지 말아야 한다는] 조건을 만족시키는 한에 있어서는 여러 가지 선택지가 있으며, 〈관습적인 것〉에 의한 해결책은 가능한 방법 중 하나일 뿐이며 최상의 해결책이 아닌 경우가 많다.

예를 들자면, 1년을 월과 주로 나누는 관행적인 구분 방법이 그것이다. 그런데 이 방법이 모든 가능한 [달력상의] 구분법 중에서 가장 효율적인 방법으로 인정된 것은 아니다. 오히려 대다수의 사람들에게 있어서는 여전히 어떤 달이 30일이고 어떤 달이 31일인지 결정할 수 없을 정도로 비합리적인 것이 사실이다. 역사에 정통한 사람들은 이같은 달의 구분이 어떻게 생겨났는지, 그 이전에 어떤 다른 구분이 있었는지, 어떤 세속적 또는 종교적 권위가 최종적으로 그러한 구분을 만들었는지 알고 있기는 하다. 그러나 대다수의 사람들에게는 이러한 역사는 전혀 중요하지 않다. 그들이 그저 과거로부터 전승된 전통적인 달력 체계를 타당한 것으로 그저 사용하게 하는 것이 바로 〈역사적 권력〉이다. 일반적인 사람들은 이 〈역사적 권력〉에 완전히 종속되어 있어, 일주일의 요일의 일반적인 명칭을 단순한 '이름'으로 사용하지 않고 어떠한 '사태'(Sache) 그 자체로 간주한다. 즉, 그에게 있어서는 일요일은 일요일이라는 명칭을 가진 어떤 요일이 아니며, 일요일은 그날에 행해지는 특별한 〈습속〉(Sitte)과, 그날의 느낌으로써 다른 요일과는 분명히 구별되는 일요일이다. 프랑스 혁명 이후 유포된 달력 체계는 그 이전의 달력 체계에 비하여서는 확실히 사람들에게는 더욱 의미 있도록 배열되어 있었다. 그 표시 체계는 매우 잘 선정되었고, 또한 대체로 10진법을 사용한 방식을 사용하였다. 하지만 그 달력 체계의 공표는 큰 착오였다. 그 시대의 혁명적 충동, 〈이성〉의 승리에 대한 프랑스 인민, 더 정확하게는 혁명 지도자의 강한 신념으로 인해 입법부는 그 이전의 어떤 절대 군주도 감히 시도하지 못한 새로운 달력 체계를 공식적으로 통용할 수 있었다. 하지만 그 이전 달력 체계가 가지고 있었던, 사람들의 마음을 이미 정복한 〈역사적 권력〉을 극복할 수는 거의 없었다. 당대의 어떤 유머 있는 관찰자는 십진법 체계는 노동자가 일요일에 느끼는 **"흰 셔츠를 입을 수 있게끔 하는 권력"**에 맞서서 감히 도전할 수 없다고 이야기한 바 있다. 어쨌든 프랑스 공화국은 그 달력 체계를 다른 나라에 강요할 힘이 없었고, 자국민들만이 다른 세계와 고립되어 단절되기를 원하지 않는 한 결국 일반적 〈관행〉으로 돌아갈 수밖에 없었다.

〈관습적인 것〉은 항상 상대적으로 좁게 한정된 지역에서 먼저 발전하기 마련이다. 하지만 지역 간의 교류가 증가함에 따라 그 지역 간의 교역 관계에 있어 주도적인 한 지역의 질서는 가장 가까운 다른 지역을 시작으로 하여 다른 지역에도 확산될 가능성이 많다. 많은 경우에는 뿌리 깊게 오래된 지역적 차이를 완전히 없애기 위해서는 국가나 교회에 의한 도움이 필요하였다. 물론 이런 경우에도 국가와 교회는 이미 수립된 것들의 〈역사적 권력〉으로부터의 거센 저항을 완전히 극복하기 위해 자신들이 가진 모든 권력을 사용하여야만 하였다. 심지어 과학적으로는 전혀 흠결이 없는, 그레고리력의 개혁을 시행하기 위해서도 가톨릭 세계는 교회가 가진 전지전능한 권위를 필요로 하였는데, 그때 교회는 자신의 조직에 힘입어 모든 교회의 설교대에서 교황령을 선포할 수 있는 위치에 있었기에 그것은 가능하였다. 개신교조차도 이러한 개혁의 훌륭한 정신에 승복하기까지에는 어느 정도 시간이 걸렸다. 세계 간의 교류의 중요성이 커지고 있음에도 그리스 동방 교회가 지배하고 있던 세계에서는 종래의 달력 체계가 가지고 있던 〈역사적 권력〉은 이러한 새로운 달력 체계를 여전히 부정하고 있었다. 〈통화체제〉나 도량형 체계를 변경하는 것과 같은 비교적 작은 규모의 과업조차도 사람들이 가진 〈관행〉으로부터의 커다란 저항에 부딪혔고, 정부가 개입하여 이러한 저항을 무마하기 위해서는 우선 그러한 변화에 대해 정부 자신이 특별한 이해관계를 가지고 있어야만 하였다. 충분히 합리적인 장점에도 불구하고 사실 도량형 체계는 아직 세계에서 완전히 단일하게 확립되지 않았으며, 또한 단일한 세계 통화는 당분간 확립될 가능성이 전혀 없다.

4. 〈생활권력〉과 〈문화권력〉이 가지고 있는 〈역사적 권력〉

모든 위대한 〈생활권력〉은 관습적으로 강한 영향을 미치고 있다. 그것들은 완전히 뿌리내린 모습을 가지고 있고, 따라서 더 이상의 지지가 없어도 단순히 〈통용〉됨만으로도 스스로를 지속시킬 수 있는 〈역사적 권력〉을 획득하게 된다. 이같은 사실은 가장 높은 차원의 〈문화권력〉에도 동일하게 적용된다. 신앙은 항상 신앙을 실천하는 의식(儀式)을 통해 수많은 대중들에게 영향을 미치며, 모든 교회는 이러한 작용 수단을 어떻게 사용하여야 하는지 잘 알고 있다. 종교적 확신에 못지않게 전통적 종교 의례에 대한 숭배는 대중의 종교적 감정에 있어서 중요한 부분을 차지한다. 마찬가지로 〈윤리〉, 법, 예술, 과학에는 항상 외적인 규칙이 있고 이러한 규칙에는 자신에 고유한 생명이 있으며, 왜 그것들이 계속 적용되는지를 후대에서는 더 이상 이해하지는 못할지라도 그것들은 단지 〈전통〉을 통해 후대에도 계속 사용된다. 실제로 그것들은 〈내면적 가치〉를 상실한 후에도 어느 기간 동안 지속된다. 그러나 〈문화권력〉은 궁극적으로 〈내면적 가치〉에 의하여 항상 결정된다. 즉, 결국 모든 〈문화권력〉은 그것이 [내면적으로 가지는] 의미에 달려 있으며, 장기적으로 볼 때, 〈관행〉은 사람들에게 의미가 있어야만 비로소 지켜질 수 있는 것이다. 확실히 **대중이 이해할 수 있어야** 비로소 의미는 타당하게 여겨지는 것인데, 문화생활의 초기 단계에서의 의미라는 것은 그 시대의 가장 재능 있고 현명한 인간들에게 있어서도 거칠고 거의 야만적이며 동시에 유치하고 거의 단순한 의미였다. 발전 가능성이 없는 소양이 부족한 〈대부족〉들이 파악하는 의미는 더욱 성숙한 이들의 관점에서 보았을 때 전적으로 언어도단인데, 후자의 눈에는 전자들의 믿음은 우둔한 미신, 그들의 도덕은 범죄적 잔인함, 그들의 법은 폭력, 그들의 지식은 어리석음, 그들의 예술은 단지 더듬거리는 말에 불과하기 때문이다. 그러나 최초에는 그와 같이 거의 발달되지 않은 기형적인 모습의 의미라도 그 발전단계 바로 위에 위치한 사람들에게는 충분한 설득력을 가지며, 그 의미는 외적인 〈통용〉을 통해 가지게 되는 가치에 덧붙여 〈생활권력〉에 〈내면적 가치〉를 부여하고 정서들에 대한 확고한 지배를 행사하게 한다. 야만적인 〈대부족〉의 제사는, 그들의 야만적 의미로는 절대 이해할 수 없는 자비롭고 정의로운 신과는 아무런 관련성이 없으며, 악마 또는 다른 삶에 대한 두려움을 표현하는 대상들과의 관련만이 있다. 그럼에도 불구하고 이러한 관계들을 통해서도 그들의 제례는 정신과 융합된다. 그리고 그러한 그들의 제사 행동을 방해하는 것들은 기존에 그들이 가지고 있던 〈습관〉으로부터의 강력한 저항에 마주칠 뿐만 아니라, 인간 본성에 반하는 모든 것에 본능이 저항하는 바와는 비교할 수 없을 정도로 더 강력한 저항에 직면할 것이다. 낮은 수준의 정신은 너무 높은 의미를 가진 모든 것에 대해서도 똑같이 저항한다. 그들은 분노에 치밀어 심지어 자신들을 고양시키려는 모든 시도들을 거부한다. 이는 지면에 누워서 자라는 눈잣나무가 높이 성장하려면 자신의 줄기가 부러지는 것과도 마찬가지라고 할 수 있다. 하지만 후진적 민족의 저급 문화로 밀집되어 있는 저목림(低木林)조차도 그 천박하고 나약하고 무력함에도 불구하고 〈역사적 권력〉임에는 틀림 없다. 고도로 진보된 사람들의 경우, 〈문화권력〉들은 〈내면성〉(Inner)과 가장 밀접히 연결되어 있다. 순수한 믿음, 건강한 법, 통찰력 있는 앎, 높은 예술에서 뿜어나오는 의미의 충만함은, 감수성 있는 정신들에 의해 열렬히 받아들여지고 그러한 정신들과 더불어 고양된 삶으로 발전한다. 그리고 외부로부터의 모든 개입은 삶에 있어서 아프게 베인 상처처럼 느껴지며, 따라서 가장 강렬한 〈자기보존본능〉을 일깨운다. 진정한 확신에 근거한 믿음은 〈자기보존본능〉이 가진 모든 힘을 바쳐 자신을 지키려 한다.

〈역사적 권력〉의 성장 속에서 〈의미의 힘〉(Kraft des Sinnes)이 표출된다. 역사적으로 형성된 〈관습의 권력〉은 종종 불변의 형태로 시간의 흐름을 거스르는 경우가 많기 때문에 더욱 강력해 보인다. 이러한 관성적인 성향은 [〈역사적 권력〉의 성장이 가지는] 의미(Sinn)가 더 이상 중요하지 않은 사회에서만 부합될 수 있다. 그러나 그 의미가 살아 숨 쉬며 작동하는 곳에서는 그러한 〈불변성〉(Unveränderlichkeit)은 단지 경화물(硬化物)일 뿐이다. 따라서 〈역사적 고착권력〉이 아닌, 창조 과정에서 파괴하고 그렇게 파괴함으로써 새로운 것을 창조하는, 살아있는 〈역사적 성장권력〉이 사회의 이익을 위해서 요구되는 바이다.

5. 역사적 〈공생관계〉

모든 선진적인 민족들을 살펴보자면, 공동의 과업들을 공유하면서도 그 힘의 크기에 있어서 차이가 있는 수많은 〈역사적 권력〉들이 항상 병렬적으로 존재하며 성장하고 있음을 알 수 있다. 그들의 발전은 종종 끊임없는 상호 간의 투쟁을 동반하는데, 그 각각은 상대방에 대하여 우월한 〈주도적 권력〉를 쟁취하고자 하며, 심지어 가장 강력한 자들 사이에서도 지배적 지위를 차지하기 위한 투쟁이 생겨난다. 예를 들자면 교회와 국가 사이의 투쟁이 그것이다. 그러나 새로운 권력들이 등장하게 되면 과거 오랫동안 상호 적대 관계에 있던 권력들은 서로 간에 연합하여야만 그 새로운 권력에 맞설 수 있기 때문에 상호 간에 공동전선을 구축하는 경우도 볼 수 있다. 따라서 국가와 교회, 군주와 귀족은 새로 부상하는 부르주아지에 맞서 연합하였고, 그 이후에는 부상하는 프롤레타리아에 맞서 부르주아지와도 연합하게 되었다. 이러한 예에서 살펴볼 수 있듯이, 〈역사적 권력〉들은 [새로운 다른 권력과의] 투쟁의 필요에 의하여 외부적으로 상호 연합할 수 있고, 또한 상황이 바뀌게 되면 그 연합은 쉽게 와해될 수도 있다. 예를 들자면, 교회는 쇠락하는 군주제와 끝까지 연합하여 함께 몰락하는 길을 선택하지는 않을 것이다. 오히려 교회는 현존하는 권력들에 영합한다는 원칙하에, 공화정 내지는 심지어 사회주의와도 후자들이 교회에 날을 세워 전쟁을 공표하지 않는 한 상호 공생하는 방법을 배워나간다. 그런데 〈역사적 권력〉들 간의 연합은 단순한 연결을 넘어서 훨씬 더 밀접하게 결합되어 성장하여 왔다. 이러한 모습을 심지어는 역사적 〈공생관계〉들이라고도 일컬을 수 있는데, 이는 각 권력이 하나 이상의 다른 권력과 〈공생관계〉로 연결되어 있음을 말한다. 예를 들자면, 영주는 외부의 적들로부터 농민을 보호하는 군사적 역할을 제공하고, 반면 농민은 영주에게 재정(Haushaltung)을 유지할 수 있는 경제적 서비스를 제공한다면, **그 양자 간에는 〈성공〉을 통해 입증된, 각자의 생존을 위한 상호 의존에 기반한 진정한 〈공생관계〉가 존재하게 된다.** 하지만 부연하자면 그러한 어떠한 〈공생관계〉도 영원히 유효하게 유지되지 못할 수 있다. 왜냐하면 역사에서의 모든 것은 끊임없이 유전(流轉 Werden)하기에 〈성공〉을 입증하지 못한다면 그러한 〈공생관계〉도 결국 그 정체성을 완전히 상실할 수 있기 때문이다.

오늘날에는 국가와 그 국가의 구성원 간의 관계에서 가장 다양한 형태의 〈공생관계〉를 발견할 수 있다. 국가는 구성원들에게 군사적 및 법적 보호를 제공할 뿐만 아니라, 개인의 힘으로는 충분하지 못하여 집단적 힘이 개입할 필요가 있는 모든 영역에서 가장 다양한 종류의 도움을 제공한다. 반면 국가는 그 자신의 강력한 존립을 유지하기 위한 수단을 국민들로부터 제공받는다. 국가와 국민들 사이를 양방향으로 엮고 있는 모든 실타래는 역사적으로 직조(織組)되고 그 매듭을 지어 왔다. 국가는 모든 방향에서 [국민들의] 정서를 지배할 수 있는 〈역사적 권력〉을 획득하였고, 반면 국가는 국민들이 역사적으로 획득하여 온 위상을 존중하려는 성향을 가지고 있다.

6. 〈대중언어〉의 발전

이 장에서는 〈역사적 권력〉이 어떻게 〈관용〉(慣用)을 통해 지탱되며, 동시에 그 〈역사적 권력〉이 그것이 가지는 의미(Sinn)와 함께 성장하고 몰락하는지, 그리고 결국 〈공생관계〉를 통하여 어떻게 자신의 가치를 증가시키는지를 보여주는 특별히 분명한 예를 제시하려 한다. 이를 살펴보기 위한 좋은 예로 우리는 〈대중언어〉의 발전 과정을 선택하려 한다. 사실 언어의 기원에 대하여서는 많은 연구가 있어 왔지만 〈대중언어〉의 발전 과정은 상대적으로 훨씬 덜 주목받아 왔다. 언어의 기원에 대한 탐구는 본능이 결정적으로 작용하는 시원의 신비한 어둠에 대한 연구로 회귀하기 마련이다. 반면 사회과학은 사회 생활에 있어서의 더욱 명확하게 드러나는 〈의식〉의 상호 〈연관성〉을 탐구하기 때문에, 사회학자에게는 발전 과정에 대한 연구가 더 적합할 수 있다. 언어의 발전은 더욱 명확한 〈의식〉의 영역에서 나타나기 때문이다.

살아있는 언어는 우리가 구분 가능한 두 가지 종류의 원천에서 〈역사적 권력〉을 도출해 낸다. 표현을 가능하게 하는 〈형식〉(Form)들, 특히 언어상의 단어들은 우선적으로는 〈관용〉(慣用)에 의하여 유효하게 되는

〈관습적 형성체〉(konventionelle Bildung)인데, 이러한 〈형성체〉는 재차 인간 본성에 내재하는 〈본능적 충동〉에 결국 근거할 수 있다. 일례로 모든 언어에는 특정 자연 소리를 모방하여 자신의 고유한 발음을 가지는 특정 단어가 존재한다. 반면에 언어의 〈내용〉(Inhalt)을 구성하는 것은 말로써 전달되어야만 하는, 기존에 누적되어 온 관점, 감정 그리고 사상 등의 풍부한 유산들이다.

    모든 살아있는 언어에서는 〈형식〉과 〈내용〉이 밀접하게 연결되어 있다. 모국어를 사용하는 사람은 자신이 〈관습〉화된 〈형식〉을 부지불식간에 사용하고 있다는 사실을 더 이상 인지하지는 못한다. 그에게 단어[의 형식]와 그 단어의 의미는 불가분하게 얽혀있기 때문이다. 아직 그 언어에 통달하지 않은 외국인만이 단어를 먼저 보고 그다음 순차적으로 그 단어의 의미를 이해할 수밖에 없다. 이는 마치 어느 나라의 물가 수준을 잘 모르는 외국인은 그가 지불하거나 혹은 그에게 지불되는 돈의 가치를 먼저 [의식적으로] 머리에 떠올려야 하는 것과 같다. 말의 〈형식〉은 〈관용〉에 의해 정해지는데, 그렇게 정해져 있기 때문에 스스로 저절로 바뀌지 않게끔 확고하게 자리 잡고 있다. 반면에 한 국민에 있어서 전달하고자 하는 〈삶의 내용〉(Lebensinhalt)이 가지는 풍부함이 역사적으로 발전하고 쇠퇴함에 따라 언어의 〈내용〉도 성장하고 쇠퇴한다. 이전과 마찬가지로 화폐를 통한 비유를 이용하는 경우 이러한 점에 대하여 더욱 명확히 관점을 제시할 수 있을 것이다. 거래에 지불하는 〈화폐금액〉(Geldzeichen)의 양이 유통되는 〈경제적 가치〉의 다소에 의해 결정되는 것처럼, 전달하려는 가치들의 양이 증가할수록 더욱더 많은 단어들이 점차로 형성 내지 '주조'되어야만 한다. 원시인은 조잡하게 주조된 '단어 코인'[269]이 거의 없이도 충분히 삶을 영위할 수 있었다. 하지만, 거대한 국민들은 일상

---

269 단어를 화폐 동전(코인)에 비유하고 있다.

적으로 통용되는 어휘들을 풍부하게 가지고 있다. 그 국민에 속하는 시인, 작가, 웅변가들은 자신들의 창조력 혹은 국민들의 감춰진 심연에 존재하는 유산에 의지하여 이러한 보고(寶庫)를 가장 훌륭한 방법으로 증식시키고 또한 다채롭게 변화하는 빛으로 반짝이게 하는 방법을 알고 있다. 자신들의 조국과는 아무런 상관 없이 멀리 떨어진 러시아 땅에 정착하여 그곳에서 단조로운 농민 생활만을 이어온 독일 농민으로 이루어진 식민지 개척자들은 가장 단순한 독일어만을 이주 당시부터 계속 보존해 왔다. 반면 모국에서의 독일인들이 점차로 획득한 새롭고 풍부한 문화적 내용들은 더욱 확대된 표현 수단을 필요로 하였는데, 이는 그 이전에 각 지역에서 사용되었던 방언으로는 표현되기 힘들었다. 이러한 원칙은 모든 문화 민족들에게도 동일하게 적용된다. 문화가 성장함에 따라 모든 곳에서 풍부하고 세련된 언어가 만들어져야 하였으며, 그 언어는 단순한 삶에서 보이는 생생한 현상과 사건뿐만 아니라 새롭게 나타나는 복잡한 〈삶의 형태〉와 그에 수반되는 사상까지 표현하였다. 이를 위해 방언이라는 원료를 정제하는 동시에 그 원료들이 가지고 있는 〈형식〉의 논리와 문법을 더욱 명확하고 유연하게 만들어야만 하였다. 언어가 표현하여야만 하는 의미의 보고(寶庫)는 국민들 속에서 성장하여 왔고 앞으로도 또 그렇게 성장하여야만 하고, 따라서 그를 위하여서는 그 언어는 모든 국민들에게 통용되어야만 하기에, 특히 그렇게 새로이 만들어진 언어에서는 기존 방언들에 존재하며 서로를 단절시키는 특수성이 제거되어야만 하였다. 어떠한 한 〈대부족〉이라는 협소한 영역에서는 그들이 아무리 뛰어난 재능을 가졌다고 하더라도 새로운 〈문화적 과업〉은 성취될 수 없었고, 그 막중한 과업은 전 국민을 이끄는 지도자들이 최선을 다하여야만 달성 가능하였다. 물론 특정 〈대부족〉, 특정 지역, 특정 도시가 항상 주도권을 쥐고 있었고, 그들이 문화적으로 가장 풍요로운 자들이었기에 가장 먼저 자리를 선점할 수 있었으며, 그들의 가슴을 가득 채운 의미의 충만함에 의하여 그 〈문화적 과업〉을 추진하여 나간 것이 사실이다. 이러한 선도 집단의 새로운 주창(主唱)을 다른 국민들이 기꺼이 받아들이게 됨에 따라 그 선도 집단의 방언은 문어(文語)로 간주되고 또한 그렇게 형성된 문어와 그것이 가지고 있는 내용은 국민들의 소유가 되며, 그러한 내용들은 재차 다른 모든 곳으로부터 유입되는 내용들의 기여에 힘입어 증가되고 또한 정치화(情緻化)되었다. 이렇게 하여 피렌체어는 현대 이태리어의 기초가 되었다. 하지만 결국 이태리의 〈문화언어〉를 이태리 문화와 더불어 완성하기 위해서는 이태리 북쪽과 남쪽에 존재하였던 이태리의 위대한 정신들도 통합하여 함께 작용하여야만 하였다. 프랑스, 영국, 독일 및 기타 모든 〈문화국민〉(Kulturnation)에도 이와 동일한 이야기가 적용된다. 그들 모두에게 있어서 **한 국민에 속하는 수백만이같은 언어로 말하는 기적**이 일어날 수 있었던 것은 어떤 국민 전체를 이끄는 지도자들이 [270] 동일한 열망을 가지고 그들 간에 서로 소통하는 언어를 만들었기 때문이며, 또한 그 지도자들이 이끄는 문화적 경로를 추종하여 온 대중들이 그 새로운 문어를 〈국민언어〉로 인정하였기 때문이다.

중부 및 서부 유럽의 국민들 사이에서 새로운 〈국민언어〉가 부상하였다는 점은 **라틴어의 사멸**과 대응하여 특별히 많은 시사점을 제공한다. 라틴어는 그때까지 서구의 〈문화언어〉였으나 그 새로운 언어들이 라틴어가 존속하는 의미를 흡수함으로 인해[271] 라틴어는 죽은 언어가 되어버렸다. 당시의 야만인의 〈대중언어〉로는 당대에 존재하던 소박한 세계의 문화적 내용조차 표현할 수 없었기 때문에 중세 라틴어는 그것을 지탱하는 국가나 국민도 없었음에도 불구하고 절대적으로 불가결하였고 그때까지는 살아있는 세계어였다. 그런데 중세 문화 활동이 저점에 이른 시점에서는 라틴어도 영락하였다. 그 이후 〈인본주의〉를 내세우는 교육적

---

270 이에는 〈무명의 지도자〉들도 포함된다.

271 즉, 라틴어가 수행하던 기능들을 이제는 대신 행하게 됨으로써.

열기 속에서 라틴어는 위대한 순수성을 되찾게 되었고, 〈인본주의〉의 몰락과 함께 다시 죽은 언어가 되었다. 〈고전적 교양〉(klassische Bildung)[272]이 〈인본주의자〉들의 작업에 의해 완성되어 서구에서 드디어 완전히 성숙하게 된 이후에서야 비로소 〈국민문화〉의 토대는 이제 자립적으로 스스로 성장할 수 있을 정도로 폭넓게 자리 잡게 되었다. 종교적 교육과 더불어 근대적 일반 교육이 등장하였고, 후자는 전자를 곧 능가하게 되었다. 후자는 국민의 〈문화언어〉를 사용하게 되었고, 따라서 그 언어는 더 이상 한정되고 고립된 사람들을 대상으로 하지 않고 전체 국민을 대상으로 한다는 사실에서 그 추동력을 얻었다. 그리고 사람들의 끊임없는 사용(Übung)을 통해 그 생명력을 지속하게 되었으며 또한 더욱 성장해 가는 〈대중문화〉(Volkskultur)가 가지는 의미에 의해 충만하게 되었다. 사회의 모든 곳에서 학교와 생활을 통해 〈교육계층〉 전체는 증가하였고, 〈비교육계층〉의 많은 사람들도 문어상의 형식과 의미에 익숙해지게 되었다. 그러한 문어는 한 세대에서 다음 세대로 쉬지 않고 이어지는 소통으로 인해 전승된다. 어떠한 강력한 힘이 생겨나더라도 이렇듯 생동하는 〈문화언어〉의 모든 뿌리 조직을 당장 제거할 수 있다고는 상상하기 힘들다. 살아있는 〈문화언어〉는 오로지 대중문화와 함께 궤를 같이할 뿐이며, 그러한 〈대중문화〉와 〈문화언어〉는 폭넓은 〈공생관계〉로 연결되어 있다.

어떤 국가가 살아있는 힘을 유지하고 있는 한 그 〈국민언어〉 또한 마찬가지로 생생한 힘을 유지한다. 〈내셔널리즘〉(Nationalismus)의 시대에 있어서 **〈국민언어〉의 〈역사적 권력〉은 실로 무적의 힘을 가지고 있다.**

---

272 그리스 및 고대 로마 시대에 형성된 문화적 토양.

7. 〈소수의 법칙〉에 대하여

역사와 사회에 대한 이해를 위하여서는 〈역사적 권력〉을 인식하는 것이 중요하다. 이는 〈역사적 권력〉의 인식에 의거하는 경우 소수가 다수에 대한 지배를 유지할 수 있는 기묘한 사실을 설명하는 단서를 찾을 수 있다는 점에서 분명히 그러하다. 이것이 바로 우리가 이전에 명명하였던 〈소수의 법칙〉에 관한 문제이다. 사람들은 일반으로 이 문제에 대해서는 무력(Gewalt)이라는 요소 이외에 다른 방식의 설명은 제시하지 않기 마련이다. 그러나 어떤 지배자가 그의 의지를 전체에 강요하기 위해 필요한 무력은 어디로부터 획득하여야 하는가? 그 지배자는 자신이 마음대로 사용할 수 있는 무력적 수단에 추가하여 어느 정도 정신적(moralisch)[273] 요소도 무게 천칭에 얹을 수 있을 때만 대중이 가지는 물리적 우세를 극복할 수 있다. 이 정신적 요소가 바로 그가 가진 〈역사적 권력〉인데, 이는 개인적 권력이나 혹은 더 나아가 〈왕조적 권력〉(dynastische Macht)에 속해있다. 마찬가지로, 귀족의 지배나 지배 민족에 의한 지배는 항상 역사적으로 획득하여 온 권력에 의존하며, 사람들의 정서 위에 군림하는 지배의 본질적 부분은 그러한 권력에서 나온다.

〈고전적 시대〉 전반에 걸쳐, 그리고 아마도 역사 전반에 걸쳐 가장 강력한 지배력을 가졌던 로마 민족의 성장은 다른 어떤 민족의 역사보다도 〈역사적 권력〉의 성장에 대해 명확한 통찰력을 제공한다. 그러므로 로마의 〈역사적 권력〉의 성장 과정상의 주요한 특징을 좋은 일례로 살펴봄으로써 〈소수의 법칙〉을 개진시키고자 한다.

로마인들이 그들과 수세기에 걸쳐 경쟁하여야 하였던 다른 어떤 민족들보다도 우월하지 못하였다면 결코 세계를 정복할 수는 없었을 것이다. 하지만 그들이 최초에 역사에 등장할 수 있도록 한 힘은 그들이 이후

---

[273] 직역하자면 '도덕적'이지만, 동일한 단어는 '정신적'이라는 의미로도 사용되며, 아래의 맥락에서는 후자가 타당한 듯 여겨진다. 역주 54참고.

점차적으로 정복한 모든 민족들의 위에 군림할 수 있도록 할 수 있을 힘과는 비교되지 못할 만큼 약하였다. 로마인은 처음에는 북부에 인접한 강력한 에트루리아인(Etruscan)들과 비교할 때도 심각히 불리한 위치에 있었고, 동쪽과 남쪽에 이웃하여 위치한 같은 피를 가진 라틴인들과 비교 할 때도 뚜렷한 유리함은 없었다. 로마인들이 에트루리아인들을 몰아내고 또 라틴인들을 정복하고, 더 나아가 중부 이태리의 가장 용맹한 〈대부족〉인 삼니움족(Samnites)들을 정복하기까지는 수세기에 걸친 힘들고 파란만장한 투쟁이 필요하였다. 결과가 백척간두에 선 것처럼 아슬아슬하였던 더 많은 전투를 치른 후 결국 카르타고(Carthaginian)라는 라이벌이 제거되었을 때야 비로소 후대에서의 더욱 광활한 세계에 대한 정복들이 더 쉽고 빠르게 이어질 수 있는 기반이 로마에 마련되었다. 즉, 그때서야 비로소 로마 민족의 우월성이 명백해진 것이다. 로마는 이제 거대한 국가의 중심지가 되었고, 점점 더 많은 외적 〈권력수단〉이 세계의 승리자로서의 로마로 집중되었으며, 점차적으로 더 많은 동맹국과 종속된 민족들을 관할 통치할 수 있었다. 또한 전 세계의 왕들과 자유로운 국가들이 과거에 축적하였던 부는 이제는 승자에게 양도되었으며, 그것을 이용하여 로마는 더욱 효과적으로 자신의 힘을 결집하여 사용할 수 있었다. 그러나 무엇보다도 결정적인 요인은 로마인들은 자신들이 처한 환경이 커져감에 따라 스스로도 성장해 나갈 수 있는 재능을 가지고 있었다는 사실이었다. 다른 대부분의 정복 민족들과는 달리 로마인들은 단순한 전사들의 민족에 안주하지 않았다. 물론 로마의 많은 총독들은 자기 마음대로 정치를 하는 경우도 있었지만, 그럼에도 불구하고 스스로나 혹은 백성들에게 훌륭한 〈법질서〉를 부여하는 방법을 알고 있었다. 끊임없이 연속되는 승리 가운데 로마의 〈지배본능〉은 스스로 지고의 목표들을 수립할 수 있는 〈지배의지〉로 성장하였고, 군사적 탁월성에 더해 〈지배〉(Herrschaft)라는 단어가 의미하는 최대한을 달성할 수 있는 정치적 탁월성 또한 획득하게 되었다. 로마 원로원처럼 그렇게 많은 경험을 축적하고, 가장 냉혹한 무자비함에도 불구하고 많은 선견지명과 〈영리함〉를 결합하였던 정치 기구가 역사상 존재한 바 있었을까? 그들이 이룬 수많은 승리가 환경과 피정복민족의 마음에 미친 영향도 실로 지대하다. 위대한 로마의 권력이 강대해지면서 그 피정복 민족들은 무장 해제되고 영락하게 되었는데, 무엇보다도 가장 중요한 것은 그 피정복민들은 조직, 지도력, 그리고 자신감을 상실하게 되었다는 사실이다. 그렇기에 누가 여전히 세계의 정복자인 로마와 대결하기를 원할 수 있었겠는가? 때때로 〈대부족〉들이나 지역에서는 반란이 발생하였지만, 로마인들은 단순히 자신만의 힘뿐만 아니라 제국 전체의 힘을 항상 반란 세력을 진압하기 위해 사용할 수 있었다. 로마인들은 너무나 많은 나라들을 점차적으로 정복하였기에 그들은 자신의 광활한 〈지배권〉 내에 존재하는 압도적인 다수 민족들에 대하여서 단지 더욱 큰 목소리만을 가지는 소수에 불과할 뿐이었다. 모든 피정복민이 결집하여 동맹을 형성하였다면 로마인들을 쉽게 물리칠 수 있었지만, 그러한 동맹을 위한 모든 역사적 전제 조건은 결여되어 있었다. 더욱이 과거에도 그러한 동맹의 〈전통〉은 없었고 지금 또한 그러한 〈전통〉을 만들 수 있었던 신념도 없었다. 정복당한 민족들 사이에는 〈민족의식〉(Volksbewußtsein)이 거의 남아 있지 않았고 민족들 사이의 상호 연결도 거의 없었다. 로마가 모든 길이 통하는 제국의 거대한 도로망의 중심이었던 것처럼, 로마는 세상 사람들의 정서의 중심으로서 로마에 세상 모든 것들이 복종하며 고개 숙였다. 어느 로마 시인이 "*vos non vobis*"("일을 하지만 자신을 위해서는 아니다")라고 말하였을 때,[274] 그 시

---

[274] 원래의 문구는 "*Sic vos non vobis.*" 로마의 아우구스투스(Augustus)황제 시절 어느 축제에서 로마의 시인 베르길리우스가 익명으로 공공장소에 어떤 시를 적어 놓았는데, 마침 황제가 그 시를 보고 감탄하여 작자를 찾으라고 지시하였다. 이에 바틸루스(Bathyllus)라는 사람이 영예를 얻고자 자기가 쓴 시라고 거짓으로 이야기하였다. 그런데, 같은 장소에 같은 익명의 시인이 "*Sic*

인 자신이 의도하지는 않았을지언정 이 말은 로마의 피정복민들에게도 적용된다. "너희가 땀 흘려 일하지만, 자신을 위함이 아니라 주인을 위하여 그러하는 것이다." 그들 모두는 자신들이 가진 모든 힘을 바쳐 승자를 섬기며 그 승자의 권력을 배가시키지만, 승자는 전쟁과 평화에 있어서 모두가 공동으로 달성한 〈성공〉으로부터 나오는 가장 좋은 몫을 향유한다. 단순히 **외적인** 계산에 따르자면, **인구수자 상으로만 볼 때** 다른 압도적 다수 민족에 비하여서는 로마인은 제국에서는 **극소수**였다. 하지만 **정치적 결정력을 가늠하는** 〈정신적 요소 감안법〉(moralischer Kalkül)[275]을 따르자면 로마인은 **절대적 우월성**을 누리고 있었다. 지중해 유역의 민족들에 대비하여 전성기의 로마 제국이 향유하고 있던 우월성은 초기 로마 시대의 왕들이 주변의 국가에 비하여 누렸던 우월함과는 비교할 수 없을 정도로 강력하였으며, 또한 로마는 압도적인 〈역사적 권력〉을 획득하게 되었다. 그런데 이러한 〈역사적 권력〉이 유지되기 위해서는 〈소수의 법칙〉도 지속적으로 관철되어야만 하였다.

로마제국의 〈역사적 권력〉이 커질수록 **로마제국 내부의 지도자들의 권력**도 커져갔다. 또한 주변 세계의 규모가 커짐에 따라 [로마] 대중들의 기

---

vos non vobis"라는 완성되지 않은 문구를 네 번 반복하여 적어 놓았기에, 황제는 바틸루스에게 이 문장들도 완성하라고 지시하였지만 바틸루스를 포함하여 어느 누구도 그 시를 완성시키지 못하였다. 이에 베르길리우스가 나서서 자기가 진정한 작자임을 밝히고, 그 문장을 완성시켰다. 그 완성된 시는 다음과 같다: "새는 자신의 새끼들을 위하여 둥지를 만들며 일을 하지만 자기 자신을 위함이 아니고, 양은 양모를 만들기 위해 일을 하지만 자신을 위함은 아니고, 꿀벌은 꿀을 만들기 위해 일하지만 자신을 위함이 아니며, 소는 쟁기를 끄는 일을 하지만 자신을 위함이 아니다." 이는 또한 자신의 작품을 바틸루스가 가로챈 것을 빗대는 의미도 포함되어 있다.

275   외적으로 물리적으로 드러나는 것이 아닌 정신적 요소들도 계산에 넣는다는 의미.

여에 비해 군사적, 정치적 리더십의 중요성은 높아졌다. 그 지도자들이야말로 정치적 경험을 장인적 경지로까지 발전시켰으며, 그들만이 정치적 게임의 의미를 이해하였고, 따라서 그들만이 **거대한 게임을 진행**하였으며, 일반 시민은 단지 **그들의 손에 쥐어져 있는** 주사위에 불과하였다. 과거에 부의 영광을 향유하였던 지역으로 로마의 권력이 점차 확대됨에 따라 게임에서 얻은 보상도 더욱 막대해졌으며, 지도자들은 자신들만을 위해 그 거대한 보상을 점점 더 많이 소유할 수 있게 되었다. 시민들의 다수가 전쟁으로 끝없이 죽어가는 동안 지도자들이 가지는 〈지배의지〉는 더욱 강건해졌다. 결국 시민들은 단지 영광에만 도취해 있었으며, 그에 덧붙여 생필품이 제공될 수 있다는 사실만으로 만족할 수밖에 없었다. 우리가 이전에 살펴보아야만 하였던 바인, 승전 민족과 패전 민족, 그리고 귀족들과 일반 대중 간의 세를 가늠하기 위해 적용하였던 〈정신적 요소 감안법〉은 그때부터 로마인에게도 적용되기 시작하였다. 그리고 계속되는 승리 속에서 귀족들은 대중들에게 지도자들을 공급하였다. 이는 동일한 과정을 겪으며 승리를 쟁취한 모든 민족들에게 공통으로 적용되는 사실이다. 이러한 방식으로 〈지도적 민족〉에 속하는 대중들은 애당초부터 지도자들에게만 유리하게 적용되는 "*vos non vobis*"("일을 하지만 자신을 위해서는 아니다")라는 말과 자신들에게는 불리하게 적용되는 〈소수의 법칙〉이 가지는 그 중요한 의미를 알게 된다. 물론 처음에는 그 대중들은 예속 민족에 대해 어떤 특권적 지위를 유지하였다. 하지만 그 대중들이 자신들 간의 내면적 동질감을 상실하고 단지 지도자들을 통해서만 결집하게 된 이후에는 그들도 결국 예속 민족이 겪은 심연까지 가라앉아, 〈역사적 권력〉을 통하여 〈소수의 법칙〉을 자신들의 이득을 위하여 사용할 수 있게 된 귀족들에 의하여 지배당하게 될 수밖에 없었고 그러한 면에서 자신들과 다른 예속 민족들과의 구분도 사라지게 되었다.

　　소수의 경제적인 〈지도적 계급〉이 행사하는 지배도 같은 방식으로 형성되기 마련이다.

군주에 의한 지배체제는 실로 〈소수의 법칙〉의 완성판이라고 할 수 있다. 외적인 적이든 내적인 반대자던 불문하고 모든 권력을 제압할 수 있었던 최고의 군사적, 정치적 지도자는 〈유일지배자〉가 된다. 이는 모든 대중의 정서가 그의 앞에서 절하도록 훈육되었고 또한 모든 권력이 그 지배자 안에서 결집되어 있다는 것을 그 모두가 알 수밖에 없기 때문이었다. 옳든 그르든 루이 14세가 이야기한 것으로 알려진 자주 인용되는 문구가 있다: "짐은 국가다"라는 문구는 군주제 국가의 실상들을 가장 간단하면서도 정확하게 표현하고 있다. 사람들 사이의 모든 연결 고리는 군주에게 수렴됨으로써 모든 권력은 그의 것이 되었다.[276] 군주 자신이 모든 것을 손에 쥐고 있으며 어느 누구도 그의 〈패권적 권력〉에 대항할 수 없다는 말들이 대중 사이에 회자되었다. **대중이 가지는 모든 힘은 그 군주에 봉사하며 이는 재차 모든 대중을 억누르기 위해 사용된다.** 일반적으로 판단하건대 그 대중이 가지는 모든 힘은 군주의 권력에 귀속된다. 군주는 어떤 제약도 없이 모든 정서를 지배하기 때문에 〈절대적 지배자〉(absoluter Herrscher)이다.

8. 교회가 가지는 〈역사적 권력〉

이제 우리는 소수에 의한 〈세속적 지배〉보다 분석하기 훨씬 더 어려

---

[276] 이는 프랑스 사회학자 미셸 칼롱(Michel Callon)이 1984년 발표한 핵심적 논문, 'Some Elements of a Sociology of translation: Domestication of the Scallops and the Fishermen of St Brieuc Bay'에 나오는 〈강제적 통과점〉(obligatory point of passage; OPP)과 개념적으로 유사하다. 〈강제적 통과점〉은 최초에 모든 행위자들의 관심이나 사고가 수렴하는 주제, 목적 등을 일컫는데, 이로 인하여 행위자들 간의 네트워킹이 성립되기 시작한다. 이러한 위치를 통제하거나 독점하는 것은 권력의 원천이 된다. 이 개념은 현대의 Actor Network Theory의 핵심적 개념 중의 하나이다.

위 보이는, 〈교회의 지배〉(kirchliche Herrschaft)에 관한 문제를 해결하는 실마리를 찾을 수 있게 되었다. 그를 위하여 이 기회에 〈문화권력〉에 관해 이전에 언급하여야 하였던 몇 가지를 다시 요약하고자 한다. 단 분석 대상의 범위가 너무 넓어서 다양한 측면에서 조명할 가치가 있고 또한 그러할 필요성도 존재한다.

어떠한 무장도 하지 않은 교회가 오랫동안 세속적 무력의 위에 군림해 왔다는 사실이 놀랍지 않은가? 일반적으로 널리 각광받는 견해들은 단지 [교회가 가진] 힘의 우월함에 근거하여 교회가 가진 권력을 설명하지는 않는다. 그러한 견해들은 군중의 순진한 정서에 대하여 교회가 행하는 기만에서 그 권력의 연원을 찾는다. 물론 이러한 설명을 우리가 반박할 필요는 없을지라도 그럼에도 불구하고 그것은 절대로 만족스럽게 여겨지지는 않는다. 교회가 경우에 따라서 사용하였을 수 있는 모든 기만과 도덕적 남용 이외에도 교회는 교회에 반대하는 강력한 물리적 힘들을 제압하기 위해 실질적이며 압도적인 〈도덕적 힘〉(혹은 정신적 힘, moralische Kraft)들을 필요로 하였다. 우리가 교회의 발전 과정을 신중하게 살펴본다면, 교회는 처음부터 그러한 압도적인 〈도덕적 힘〉들을 부여받았고, 더욱이 이 힘은 천 년이 넘는 기간 동안의 지속적인 성장을 통해 사회의 전반적인 발전을 이끌 잠재력을 가지고 있었다는 사실을 발견할 수 있을 것이다. 실로 교회는 〈역사적 성장권력〉의 가장 위대한 본보기를 우리에게 제공한다. 하지만 그 성장 과정은 실로 광활한 영역에 걸쳐 있기에 교회의 권력은 그 자체로 하나의 예외적인 사건이며 결코 어떠한 일반적인 〈전형〉에 속하는 예로 정형화될 수는 없다. 교회에서 발견할 수 있는 모든 특징들이 똑같이 결집된 사례를 다른 어떤 경우에도 발견하지는 못할 것이며, 역사를 돋보기로 확대하여 보았을 때 그 특징들의 개별적인 모습들이 교회에서처럼 명확하게 드러나는 예 또한 아마도 없을 것이다. 그러므로 교회에서 발견된 통찰을 다른 곳에서 적용함에는 각별한 주의를 기울여야만 한다. 하지만 다른 어떤 사례보다도 교회를 분석함으로써 〈역사적 권력〉에 대한 이해를 증진 시킬 수 있다.

물론 교회가 후에는 〈통용〉이나 〈관습〉에서 비롯되는 권력에 비록 의존하게 되었다고 하더라도 그러한 요소들은 교회의 〈역사적 권력〉의 수립에 있어서는 단지 부차적인 것들이라고 가정하여야만 한다. **교회는 〈의미〉(Sinn)[277]라는 반석 위에 세워졌고** 〈통용〉됨이라는 것은 단지 이러한 〈의미〉로부터 파생된 것에 불과하다. 교회가 쇠퇴하는 것은 바로 이 〈의미〉라는 반석이 와해되고 있기 때문이며, 속이 비어있는 〈통용〉됨은 이러한 〈의미〉의 반석을 영원히 지탱하지는 못한다는 것을 우리는 알 수 있다.

교회는 그리스도가 가르친 내세와 내세에 존재하는 천국이라는 사상으로부터 그 〈의미〉를 부여받았다. 인간의 정서를 이토록 깊게 어루만진 새로운 사상은 유례가 없었다. 새로운 세계가 영혼들에게 열렸고, 영혼은 그 세계에 존재하는 깊이를 잴 수 없는 진리를 지치지 않고 갈구하였으며, 그 세계 앞에서는 감각적 세계의 모든 화려함과 부는 어떤 의미도 가질 수 없었다. 기독교의 창시자가 박해의 희생양이 되었을 당시에는 그의 가르침은 로마제국의 작은 구석에 사는 매우 소수의 가난하고 단순한 사람들에게만 살아 있었다. 그러나 지도자가 죽었어도 천국이라는 사상은 제자들의 영혼을 사로잡았기 때문에 그들 속에 살아남을 수 있었고, 그 사상은 그 제자들 스스로를 지도자로, 그리고 그들을 통해 그들 옆에 있던 자들을 새로운 지도자로 깨어나게 하였다. 그들 사도 중에 가장 강건한 자는 사울이었는데 그는 후에 베드로로 개명하였다. 동시에, 이따금 사람들에게 찾아오다 쉽게 시들어 버리는 종류의 황홀감과는 달리 이 영혼 속의 깊은 감동은 쉽게 사라져 버리지 않고, 때로는 피로감

---

277 이때의 〈의미〉에 대한 설명은 다음 문단에 나온다. 주 266에서 언급하였던 '의향' 내지 '지향성'의 의미도 함축한다. 문맥상 '의미'로 번역하는 것이 더 자연스럽다.

에 쌓이더라도 영속적인 상태로 지속되어 그 감동이 침투하는 **영혼의 깊은 곳**으로부터 가장 왕성한 힘을 일깨우게 되었다. 무엇보다 교회는 그러한 감동에 의거하여 전지전능한 로마제국의 박해에 맞서 스스로를 지속할 수 있는 힘을 얻을 수 있었고, 마침내 제국으로부터 공인받게 되었으며, 심지어는 로마 제국의 몰락에도 불구하고 그 후에도 영속하게 되어 결국 국가보다도 강해졌다. 교회의 교리와 의식을 정립하는 과업은 수세기에 걸쳐 끊임없이 사람들의 정신을 사로잡았고, 교회를 전파하는 과업은 십자군 전쟁이라는 〈인민운동〉[278]에서 가장 잘 보여준 바 있던 그러한 강도로 계속해서 사람들을 사로잡았다. 처음에는 세속에서 완전히 등을 돌린 바 있던 기독교는 후에는 결국 그 세속으로 시선을 전환하는 **괄목할 변모**를 시도하였는데, 하지만 그로 인하여 인간의 정서를 지배하는 권력이 줄어들지는 않았다. 기독교는 이제는 삶에 있어서의 물질적인 〈생활가치〉들과의 타협을 발견하게 되었고 또한 그러한 물질적 〈생활가치〉들을 영적으로 승화시키는 방법을 알게 됨으로써 인간의 영혼을 지배하는 권력을 획득하게 되었다. 기독교는 내세의 목표에로의 의미로부터 **현세에서의 삶에 있어서의 의미**를 도출할 수 있었는데, 이는 구세계의 붕괴에 대한 절망, 민족 이동의 결과로 밀려드는 재앙, 그리고 국가 재건을 위한 끊임없는 투쟁으로 인한 혼란을 극복할 힘을 사람들에게 심어 주었다. 새롭게 발견된 〈삶의 의미〉는 중세 미술에서 가장 밝게 조명되었고, 또한 그 이외에도 그 의미는 모든 삶의 방향에 침투되었다. 교회는 외적인 〈생활습속〉뿐만 아니라 〈윤리〉의 영역에서, 법과 신중한 행정의 영역에서, 그리고 마지막으로 경제 및 과학 등 그 모든 영역에서 지도자였다. 기독교를 탄생시킨 내적 힘만큼 다종다양하게 변모할 수 있고 또한 다산

---

278 십자군 전쟁은 그 실제 목적이 지배자들이 탐욕이었음의 여부와는 상관없이 그 이데올로기는 인민들의 정서를 사로잡았기에 〈인민운동〉이라는 표현을 사용한 듯 보인다.

(多産)의 능력을 가진 외적 힘은 없었다. 그 내적 힘은 영혼의 깊은 곳에 자리 잡고 영혼이 향하는 모든 길을 지배하였다. 민족들의 삶을 채우고 있는 모든 〈형성체〉들은 교회의 창조물이었거나 교회의 축복의 손길 아래 생겨난 것들이었고, 전쟁을 치루기 위하여서도 그들은 하늘의 은총을 구하여야 하였다. [기독교보다] 정서들을 더욱 완전하게 지배하고 또한 삶의 모습들과 더욱 풍요로운 〈공생관계〉로 연결되어 있었던 권력은 일찍이 없었다.

그러므로 삶에 있어서의 모든 성장은 〈교회권력〉의 성장을 의미하였다. 세속적 지배자들이 그들이 가진 무기의 공포에 의존하여 행사한 〈외적 권력〉은 교회가 가진, 모든 곳에 편재된 권력과는 필적할 수 없었다. 교회가 그들 모두에 대해 결정적인 우위를 점하게 된 것은, 모든 세상을 다 어우르는 집단으로서 국경을 넘어 서방의 모든 민족들에게 적용되는 〈보편교회〉 내지는 세계 교회라는 위치 때문이었으며, 그것이 가지는 〈보편성〉은 교회 자신이 신성하게 설립되었음을 확증하는 것으로 비추어졌다. 그렇기 때문에 세속적인 팔과 다리가 교회를 섬기고 있었고, 교회는 또한 자신의 권력을 강제적 수단에도 의지할 수 있었다. 중세의 군주적 주권들과의 투쟁에서도 결국 교회는 승자로 남게 되었는데, 이는 군주국들이 많은 굴욕 끝에 영락하는 동안 교회는 항상 똑바로 서서 성장하였기 때문이다. 이에 더해 교회가 신자들의 헌납을 통해 부를 축적할 수 있었던 것을 고려한다면, 비록 만일 교회가 〈내적 권력〉을 모두 상실하게 되는 상황에 처한다고 할지라도 한동안은 단지 〈역사적 권력〉에 의존해서 스스로를 유지할 수 있는 능력을 부여받았다는 점도 충분히 이해할 수 있다―하지만 물론 그러한 수준의 상실은 아직은 일어나지 않았다. 거의 전지전능한 권력에 있어서 필연적으로 수반되는 모든 퇴행에도 불구하고, 심지어는 최악의 시대에서도 조차도, 그리고 아무리 어리석은 미신이 순수한 신앙의 원천과 마구 뒤섞여 있다고 하더라도, 성직자와 평신도 사이에 여전히 편재되어 있는 맹목적인 믿음은 지속되었기 때문이다. 이따금 그 운동이 썰물처럼 밀려 사라질 위험에 처하였다고 하더라도, 원시 기독교에서부터 비롯되어 지속되는 그러한 **감동의 새로운 용솟음은 항상 영혼의 깊은 곳에서 계속해서 일어났다.** 그리스도 이후 천 년이 지난 후에도 신앙의 정신을 일깨워준 아시시의 성 프란치스코(Sanctus Franciscus Assisiensis 1181-1226)는 그의 이전에 등장하였던 어떤 성인들보다 기독교의 창시자와 더 밀접하게 정신적으로 연결되어 있었다. 그리고 교회는 우리가 로마 시대의 정치적 유산으로 간주할 수 있는 〈정치적 기술〉을 배우게 되었다. 따라서 교회는 항상 새로운 방식으로 수도회들을 교구사제들과 결합시킴으로써, 교회의 엄격한 위계적 구조에 도움이 될 수 있도록 종교적 의미에서 나오는 끊임없는 감동을 이용하는 방법을 터득해 왔다. 또한 교회는 너무 지나치게 앞서나간 이상주의자들을 종파주의로 간주하여 엄단하였고 교회의 〈통일성〉이야말로 가장 강력한 보루임을 깨달았기 때문에, 주저하지 않고 그러한 자들에 대하여 영적인 공포의 수단뿐 아니라 세속적 무력까지 가장 잔인하게 동원하였다.

교회가 사람들의 정서를 지배하던 힘이 〈문화의 힘〉(Kulturkraft)들의 전개와 더 이상 보조를 같이할 수 없게 되자 교회의 권력은 쇠퇴하게 되었다. 첫째로, 정신적 삶의 타락, 특히 교황이 높은 직위의 권력을 남용함으로 인해 사람의 정서들은 교회로부터 멀어지게 되었다. 프로테스탄트 운동은 처음에는 〈윤리적〉인 항거였지만, 사실은 그 이상이었다. 그렇지 않았다면 가톨릭교회는 이미 과거에도 자주 그러하였던 것처럼 내적인 정화를 통해 사람들의 정서를 다시 자신에게로 돌릴 수 있었을 것이기 때문이었다. 그 당시에 가톨릭교회는 물론 그러한 노력을 분명히 아끼지 않았고, 또한 전면적으로 교리와 교회의 〈습속〉에 있어서 전례 없는 개혁을 단행하였으나, 그럼에도 불구하고 효과를 거둘 수 없었으며 이미 프로테스탄트로 전향한 북부를 되돌릴 수는 없었다. 그 당시 북부의 게르만 민족은 가톨릭교회가 해석한 바 그대로의 〈삶의 의미〉을 그대로 받아들일 수는 없을 만큼 성숙하게 되었고, 가톨릭교회에게는 더 이상 그러한 새로운 의미와 동반할 수 있을 만한 힘은 남아있지 않았다. 가톨릭교회는 더 이상은 〈역사적 성장권력〉이 아니었고, 그 이후로는 〈역사적 고착권력〉을 유지하고 있는 바에 만족하여야 하였다. 프로테스탄트 정신은 가톨릭교회가 수립한 신앙과 삶을 연결해 왔던 〈공생관계〉를 무너뜨렸으며, 또한 신앙을 정화하였고, 물론 아직도 신앙에서 삶의 목적과 〈삶의 의미〉를 이끌어냈지만 반면 동시에 삶의 에너지가 더 자유롭게 흐르도록 하였다. 이후로 가톨릭교회는 이전에 그리스 정교와의 관계에서처럼 정서에 대한 〈지배권〉을 프로테스탄트 교회와 분할하여야만 하였다. 하지만 이러한 새로운 분할은 훨씬 더 민감한 영향을 끼쳤는데, 그 분할은 당시 발전의 동력을 유일하게 지니고 있던 서구의 민족들에게 지대한 영향을 주었기 때문이었다. 그 과정에서 가톨릭교회 자체는 힘을 상실하였을지라도, 기독교의 입장에서 볼 때는 프로테스탄트 교회를 통함으로써, 그렇지 못하였다면 기독교가 발전상의 보조를 맞추기 어려울 수 있었던 민족들의 정신에 접근할 수 있게 되었다는 사실을 간과해서는 안 된다.

가톨릭교회에 대한 새로운 반대 세력이 생겨난 것은 그보다 훨씬 뒤였을 뿐이다. 그 세력은 비록 그 이전에 비해 정도는 작지만 동시에 프로테스탄트 교회를 위협하기도 하였는데, 그것이 바로 현대 과학적 〈사유〉라는 세력이다. 이러한 새로운 내부 세력의 등장에서 야기된 영향으로 가톨릭교회의 〈역사적 권력〉은 그 이전에 노출되었던 가장 가혹한 공격에 의한 것보다도 더욱 심각한 와해를 경험하였다. 갈릴레오와 현대 과학적 〈사유〉를 재판정으로까지 호출한 권력은 더 이상 시대를 따라갈 수 없다는 것은 자명하였다. 그리고 프로테스탄트 교회가 지식을 향한 자유로운 통로를 제공하였을지언정, 그것도 마찬가지로 시대를 따라잡을 수는 없었다. 그러나 정화된 믿음으로 다시 한번 세상의 정서들을 지배할 수 있게 하는, 영혼이 최초로 느낀 그러한 감동에 의한 흔들림이 이제는 영원히 불식되었다고 판단할 수도 없다. 어찌 되었건, 기독교 교회들이 그간 겪은 모든 상처에도 불구하고 여전히 소유하고 있는 〈역사적 권력〉의 정도는 그들의 새로운 부상을 위한 더할 나위 없는 강력한 발판을 오늘날의 사람들의 정서에 제공한다.

9. 〈역사적 기억〉이 가지는 권력

〈역사적 권력〉을 획득한 민족들은 자신들의 〈성공〉과 그러한 〈성공〉을 이끈 인물들을 기리고 싶어 한다. 그 민족들에게 그들의 승리와 영웅들의 역사를 전달해 주는 〈역사서술〉은 비록 〈역사적 권력〉의 위대함에 내재된 본질을 깨닫지는 못하더라도 그 위대함 자체는 경배한다. 스스로 강력한 독립을 유지하였던 시대 이후 예속 상태로 나락한 민족들은, 과거 자신들이 누렸던 〈역사적 권력〉의 마지막 잔재를 아직도 〈역사적 기억〉(geschichtliche Erinnerung)들 속에 간직하고 있다. 그들이 더 나은 시대와 마주치게 되어 다시금 부상하려고 분투할 때는 이러한 과거의 〈역사적 권력〉은 그 민족들에게 큰 도움이 되기 마련이다. 아일랜드, 폴란드, 체코, 마자르 및 세르비아에 있어서는 왕정제도는 그 국민 대중의 정서에 대한 역사적 지배력을 아직도 유지하였으며, 훗날 그들의 국가 권력이 나아갈 새로운 경로를 제시하였다. 그들의 지도자들이 가진 야망은 과거에 누렸던 위대함의 〈전통〉들에 의하여 고양되었고, 대중이 그 지도자들의 발자취를 따르도록 인도하는 작업은 적어도 대중들이 이미 자신들의 기억에 의거하여 그러한 경로에 친숙하기 때문에 훨씬 수월하였다. 그러한 기억이 더 깊이 뿌리 박혀 있고 더 널리 확산되어 있을수록 대중이 가지는 〈추종각오〉(Nachfolgebereitschaft) 는 더욱 커지게 된다.

10. 〈역사적 권력〉의 변모

인간이 유아기에서 시작하여 육체적, 정신적 성장의 완성에 이르기까지 성장하면서 변화하는 것처럼, 모든 살아있고 자라나는 권력도 성장함에 따라 변화한다고 말할 수 있다. 이는 권력이 새로운 힘들을 얻어 감에 따라 그 권력은 외관과 〈실질적 내용〉에 있어서 변모하기 때문이다. 시들어 가는 권력들의 경우를 육체적, 정신적 힘들이 쇠퇴하는 인간의 노년기에 해당하는 퇴행적 변화의 과정에 비유하여 이야기할 수도 있다. 가장 현저한 의미에서의 역사적 변모는 성장 과정에서 〈역사적 형성체〉 전체의 성격이 동시에 변하는 경우이다. 왜냐하면 단순히 그 〈역사적 형성체〉가 지배 통제할 수 있는 수단에 추가하여 그것이 추구하는 목표 또한 변모하기 때문이다. 야만적 전투 민족이 평화롭고 유순한 노동 민족으로 변모하는 것이 이러한 종류의 예이다. 로마와 게르만계의 문화 민족들 내에서 브레누스(Brennus)의 갈리아인(Gallier), 킴브리족, 그리고 튜튼족(Teuton)들을 비롯한, 로마 세계를 공포에 떨게 한 야만인의 혈통을 알아보는 것은 그리 쉬운 일이 아니다. 그럼에도 불구하고 이러한 발전은 또한 엄격한 변모의 과정을 따라서 일어났다. 그리고 근본적으로 말하자면, 종국에 결국 찬란하게 빛나게 되는 순수한 힘은 이미 영혼들 속에 처음부터 예비되어 있었다. 이는 마치 광기의 헨리 왕자에게서 넘쳤던 생명력에 힘입어 헨리 5세가 프랑스 아쟁쿠르전투(Azincourt)에서의 승리를 거머쥘 수 있었던 것과도 같다.

 어떤 민족 내에서의 권력의 변모는 종종 새로 상승하는 계층이 자신들의 새로운 지도자를 양성하기에 생겨난다. 따라서 프롤레타리아의 부상과 마찬가지로 부르주아지의 부상은 새로운 지도자를 추앙하게 하였으며, 이는 새로운 형태의 자유 아래에서 자신들의 권력을 행사하는 여타의 범위에 속한 다른 사람들에 있어서도 같이 적용되는 이야기이다. 하지만 새롭게 등장한 더욱 성공적인 리더십에 의하여 정서들에 대한 지배력을 이미 빼앗기게 되었을지라도 오래된 리더십은 한동안 외견상은 그 모습을 유지한다. 메로빙거 왕조는 자신이 이미 쇠약해진 이후에도 몇 세대 동안은 왕좌를 계속 유지하였으나, 그 위상이 높아진 궁내성 장관들이 점차 지배자로서의 공적 의무를 수행하였고 마침내 왕권이 가지는 외적인 위엄까지도 나눠 가지게 되었다. 또한 법조문들 자체는 한동안은 유효하게 유지되는 경우가 드물지 않다. 하지만 권력 분포가 바뀌는 경우에 있어서는 그 법조문들이 이제는 삶에 있어서의 상이한 〈법적 구성요건〉(Tatbestand)들에 적용되기 때문에 그 법조문을 해석하는 의미도 바뀌게 된다. 이러한 방식으로 저명한 〈공법〉 학자들이 주목하여 온 바의 〈강령의 개정〉(Verfassungswandlung)이 이루어진다. 이는 종교법과 〈도덕률〉에 있어서도 마찬가지로 적용되는데, 그 법조문 자체는 여전히 동일하게 유지될지라도, 삶에 있어서의 새로운 내용에 영향을 받아 그 강도와 방향은 변화하게 된다.

역사적 이해를 위해 특히 중요한 것은 〈리더십권력〉의 변모이다. 그러한 변모의 과정 중에서는 구래의 **〈권력자〉**는 여전히 권력은 유지할 수 있지만 **삶에 있어 부상하는 새로운 세력**에 부응하여 스스로 적응해 간다. 그런데 기존의 리더십은 자신들이 여전히 집권하고 있는 한 신진 세력을 끌어들일 수 있는 유리한 기회를 가지고 있고, 시대적 이 점도 있으며, 또한 새로이 부상하는 리더십에 비해 중요 위치를 선점하고 있는 유리한 점도 누리고 있다. 또한 신진 세력 집단들도, 기존 세력에 대하여 전면적으로 반대하지 않는 한 철저히 계산된 자신들의 이익을 위해서는 이미 그 시대의 현상적(*status quo*) 권력인 기존 세력들로 머리를 돌려 그들에 의지하고, 또한 모든 새로운 것들에 있어서는 피할 수 없는 수많은 저항들로부터 보호를 받는다. 루이 15세의 궁정에서 왕실 의사로 근무한 케네(Quesnay)는 훗날 〈자유주의〉 경제학 그리고 사회주의 경제학 모두에 있어서의 근간 중의 하나가 된 〈중농주의 경제학〉을 발표하였다. 교황은 훗날 자유로운 학문의 요람이 된 대학을 설립하고 보호하였다. 장차 닥칠 일에 대한 올바른 예지를 지닌 **〈권력자〉**는 호시절에 이미 그러한 미래를 위하여 예비한다. 대중이 경제와 문화에서 가지는 힘이 커지기 시작하자 현명한 군주는 자신의 영도력이 더 이상 백성의 의사와 반하여 놓여질 수 없음을 깨닫게 되었다. 전통적인 억압적인 정부 형태를 유지하여 자신의 권력을 위태롭게 할 것인지, 아니면 방향을 바꿔 스스로를 새로운 열망의 지도자로 만들 것인지 하는 선택에 직면하여, 중세에서 근대로 이행하는 과도기에는 실질적으로 모든 곳에서의 유럽의 〈군주정〉들은 다소 시간적 차이는 있을지언정 모두 〈입헌군주제〉를 채택하였다. 물론 그 정도에 있어서는, 어떠한 커다란 변모에 대하여 더욱 환영하는 자세를 취하거나 혹은 아주 조심스럽거나, 그리고 내적인 동인에 의하여서거나 마지못하여 강요된 경우 등의 차이는 있었다. 군주의 편협함, 오만함, 그리고 태만으로 인해 변모를 위한 유리한 기회를 포착하지 못한 경우 대중들이 일어나게 되었고 군주들은 자신의 머리를 바쳐서 [즉, 단두대에서] 스스로를 속죄하여야만 하였다. 프랑스 왕들이 역사적으로 축적하여 온 자산을 탕진한 루이 16세는 자신의 방탕으로 인해 당시 급격히 성장하고 있던 근대 프랑스가 가진 힘들을 혁명 지도부에 넘겨줄 수밖에 없었다. 교황권이 세계를 지배하게 된 계기는 이미 우리가 이전 장에서 자세히 이야기한 바 있던 괄목할 만한 변모에 기인한다. 동방 정교가 단지 관조적인 태도를 견지하고 있었음과 대비하여 그러한 변모에 의해 로마 교회는 자신의 목적을 내세 세계로부터 현세에서의 영적 삶으로 전환시켰고 그럼으로써 그 자신의 영적인 에너지를 전개시키기 시작하였던 수세기에 걸쳐 서구 민족들 위에 최고 지도자로서 군림할 수 있었다. 급진적 계층과 혁명 계층도 일단 그들이 권력을 잡은 후에는 과격함을 탈피하고, 새로운 상황을 전개함에 있어 필히 동반하여야만 할 대중이 가진 지속적인 힘과 타협하기 위한 일련의 변모를 겪는다는 것도 명백히 보여진다. 자본가가 권력을 유지하는 한 자본을 〈착취〉의 도구로 공격한 사회주의자들도 자신들이 권력을 잡은 후 자본이 국가 경제의 〈성공〉에 있어 필수불가결한 도구임을 인식하게 되고, 그 순간 자본의 수호자로 변모하게 된다.

사람들은 역사적 유전(流轉 Werden)을 〈진화〉와 혁명으로 소급해 설명하는 것을 좋아한다. 하지만 우리가 이해하는 한의 변모는 단순한 〈진화〉를 넘어선 어떤 것도 포괄한다. 〈진화〉라는 것은 단지 발전 과정에 있어서 생겨나는 성장만을 의미하기 마련이기 때문이다. 변모는 동시에 구세력이 신세력에, 그리고 신세력이 구세력에 서로 적응하는 **힘들 간의 상호 조정**도 표현하는데, 이러한 조정은 사실 많이들 논의되어지는 지리적 혹은 여타의 외적인 환경에 대한 적응보다도 훨씬 중요하다. 혁명은 구세력이나 신세력의 담지자들이 너무 비합리적이거나 완고하여 권력 간의 〈적응적 변모〉(anpassende Wandlung)를 결정하지 못하는 경우에 발생한다.

권력의 〈적응적 변모〉는 역사적 발전에 있어서의 연속성을 보장한다. 인류에 있어서는 다행스럽게도 초기의 무력적인 상태로부터 후기의 문화적 상태로의 전환은 주로 권력의 〈적응적 변모〉를 통해 이루어졌다. 초기에 만연하였던 야만적인 외적 〈강압적 권력〉들은 〈내적 권력〉이 부상함에 따라 대체로 평화적인 변모를 통하여 결합되었다. 심지어 혁명에 있어서도 결정적인 요소는 혁명에 수반되기 마련인 〈무력성〉(Gewaltsamkeit)은 아니었으며, 지속적인 〈성공〉은 항상 진정한 변모를 통해서만 달성될 수 있었고, 그를 통해 서로 간의 이해가 상충하는 당사자들은 물론 심한 마찰을 겪기는 하였더라도 마침내 그들의 마음에 있어서 다시 결합되게 되었다.

XI. 〈역사적 리더십〉

1. 추종을 위한 대중의 〈집단적 각오〉

국가 내부에서의 투쟁이 발발하더라도 〈대중전체〉를 항상 동요시키는 것은 결코 아니다. 매우 많은 경우 투쟁은 지도자와 그 가장 측근의 사람들 사이에서만 오가는 문제일 뿐, 많은 대중들은 그 투쟁에 참여하지 않으며, 따라서 그러한 모든 경우에 있어서 그 투쟁으로 인해 고통받을 필요조차 없다. 로저스는 그의 저서 《노동과 임금의 6세기》[279]에서 수십 년 동안 지속된 붉은 장미와 백장미 간의 투쟁 기간[280]은 오히려 실제로는 영국 농민들이 가장 번영을 누렸던 시대였다고 설명한다. 서로 패권을 다투던 이 양 파벌들 모두 대중들에게 피해가 가지 않도록 조심하였음에도 불구하고, 로저스의 기록에 따르자면 요크 공녀 마거릿(Margaret of York)의 부르고뉴(Burgundian) 용병들이 지방에서 난동을 부리면서 랭커스터가는 심각한 타격을 입을 수밖에 없었고, 그로 인해 농민들은 요크가의 편으로 돌아서게 되었다. 대중은 내전에는 참전하지 않았지만 전쟁터에서의 결과에는 자진하여 승복하였고, 승리한 요크가에 복종하였다. 이는 그들이 요크가 바로 이전에는 랭커스터가에, 그리고 이후에는 튜더 가문에 복종하였던 것과도 같다. 〈군주적 권력〉이 지배하던 시대를 통해 동일하게 볼 수 있는 바는, 때때로 불복종과 저항에 의한 동요에 의하여 생겨나는 불연속적인 모습을 무시한다면 대체로 대중은 〈군

---

279 James Rogers(1884), *Six Centuries of Work and Wages. The History of English Labour*.

280 프랑스와의 백년전쟁 이후, 잉글랜드 왕위 계승권을 두고 벌어진 내전인 장미전쟁(1455-1485)을 일컫는다. 대결의 당사자인 랭커스터가는 붉은 장미, 요크가는 백장미였기에 붙여진 이름.

주적 권력〉을 가지고 있는 세력이 바뀐다고 하더라도 그 새로운 〈군주적 권력〉에 대하여 〈추종각오〉를 보이는 경향이다. 그것은 국가를 수립하는 작업에 있어 〈군주적 권력〉이 행사한 강압의 역사적 귀결이다. 반면 초창기의 〈소민족〉들은 자유 의식이 매우 강하였기에 대중은 무력에 대해 매우 민감하게 반응하였다. 발전의 절정기에 도달해서야 〈민주주의〉 국가에서나 볼 수 있는 〈자유적 감성〉을 만날 수 있는데 이는 〈대중운동〉이 추진력을 가지게 되어 대중이 다시 각성된 결과이다. 완전히 무기력해진 민족의 경우, 대중의 복종하려는 〈추종각오〉는 대중의 완전한 굴종의 단계까지도 진행될 수 있다. **〈권력자〉**에게 예속하는 다른 모든 '〈타인들〉'과의 일상적인 만남이 반복되는 경우에는 심지어 아무리 강건한 정신력을 가진 자들조차도 자유에 대한 희구의 감정은 제대로 일어나지 못한다. 다중 속에 예속의 성향이 일단 자리 잡고 있다면 그것은 〈사회적 자기암시〉(gesellschaftliche Autosuggestion)를 통해 계속 작동하고, 자기최면에 의해 〈사회체〉 내에 〈의존성〉(Unselbständigkeit)이라는 독을 퍼뜨린다.

잉글랜드 농민들은 선조가 플랜터지넷(Plantagenet)[281]에서 유래하는 가문 출신으로서 패권을 잡은 분파는 기꺼이 추종하였지만, 반면 그 혈통을 전혀 물려받지 못한 찬탈자나 외국 정복자들에 대해서는 단호히 저항하였을 수도 있었다. 이는 완전한 예속 상태에 빠지지 않은 모든 민족에서 볼 수 있는 〈추종각오〉에 있어서도 적용된다. 그러한 〈추종각오〉는 역사적으로 조건 지워지는 것이기에 오로지 **〈역사적 리더십〉**만이 그것을 유용할 수 있다.

원래는 대중들 중 전체 자유민들만이 관여하던 전쟁이라는 과업의 수행은 국가가 성립되면서는 점차 귀족과 그 가신들만이 수행하게 되었고, 반면 정치적 문제에 있어서는 교회가 군주들에게 조언을 제공

---

[281] 헨리2세를 시작으로 리차드 3세까지의 1154년부터 1485년까지 잉글랜드를 통치하던 왕들이 속한 가문.

하게 됨으로써 군주들이 가지는 역사적 〈영주적 리더십〉은 고양되었다. 자유민의 대부분은 더욱더 경제적 노동에만 종사하게 되어 갔고, 자신들의 생존을 위태롭게 하지 않고서는 그러한 노동을 회피할 수는 없었다. 그렇기 때문에 국가적 갈등이나 결정은 모두 〈리더십계층〉(Führungsschicht) 내부의 일이었고, 대중은 단지 그 결과를 받아들여야만 하였다. 이는 마치 하늘이 맑던 비가 내리던 어쩔 수 없이 그들이 수동적으로 적응할 수밖에 없음과도 마찬가지였다. 〈역사적 리더십계층〉 내부를 살펴볼 때, 〈개인적 리더십〉이 우위에 설 수도 있고 혹은 왕조의 〈역사적 권력〉이 우위에 설 수도 있었다. 또한 결단은 개인 또는 그룹들의 투쟁 속에서 이루어질 수도 있고 평화적 해결 속에서 발견될 수도 있었다. 어떤 완전히 새로운 변혁이 나타나서 대중들의 이해관계나 혹은 〈습관〉을 너무도 민감하게 건드리지 않는 한, 대중은 언제나 같은 방식으로 추종할 자세가 되어 있었다. 〈역사적 리더십계층〉(geschichtliche Führungsschicht)에 기반한 지도자들은 항상 대중으로부터의 〈추종각오〉를 얻어낼 수 있었다. 〈역사적 리더십〉에서는 개인적 자질에 의한 지도자 선출보다는 **〈리더십계층〉을 선택하는 것**이 우선하는 법이다.

대중이 영향을 미칠 수는 없더라도 〈역사적 리더십계층〉 내에서는 **매우 특수한 〈리더십제도〉**(Einrichtung der Führung)**가 역사적으로** 결정될 수도 있다. 점차 자본가적 속성을 가진 기사단이 로마 귀족(patricius)들에 가담하게 되었음에도 불구하고 전통적인 공화적 지도 체제가 〈세계제국〉을 유지하기 위해 필요한 요구를 충족시키지 못하게 되었을 때, 로마 귀족들은 천재적인 카이사르가 창시한 바 있고 그의 후계자인 아우구스투스가 형성시킨 황제 제도를 용인하여야만 하였다. 비록 왕좌에 오른 황제 가운데 개인적으로 충분한 리더십의 능력을 가진 사람은 극소수였음에도 불구하고 역사적인 상황의 〈요청〉에 따라 이 제도는 제국의 종식 때까지 존속하게 될 필요가 있었음이 입증되었다. 이러한 황제의 임명이 개인적인 자질에 의하여 선택되는 경우는 거의 있을 수 없었다. 후계자 내지 〈공동 황제〉(Mitkaiser)의 지명은 황제 자신이 하는 것이 가장 믿을 만한 것으로 생각되었지만 그 이상의 권력의 이양을 위한 전제 조건은 황제 자신이 자신의 권력에 대한 상당한 자신감이 있어야만 하는 것이었다. 백성들에 의한 임명은 있을 수 없었고, 시대는 너무 격동적이어서 세습에 의한 임명도 항상 적용되는 규칙은 될 수 없었다. 대부분의 경우에는 그 시대의 〈우세적 권력〉인 〈군사적 권력〉에 의해 임명되었다. 처음에는 왕좌의 가장 측근에서 보좌하였던 귀족들이 유리한 위치를 차지하였지만, 후에는 지방에 기반하던 군벌들이 끼어들기 시작하였다. 그들은 자신들의 마음에 드는 지도자를 황제로 공표하였고 따라서 이같은 상황하에서는 개인적 자질에 의한 〈선택〉이라는 개념은 무의미하게 되었다. 각 지방 간의 대립은 결국 무력에 의해 해소되었다. 하지만 대립되는 황제들 간의 전쟁으로 인해 야기되는 끝없는 혼란 속에서도 황제 제도 그 자체는 존속되었는데 이는 당시의 상황이 요구한 바였기 때문이었다. 승리한 황제는 항상 대중의 〈추종각오〉에 의존할 수 있으며, 새로운 황제가 기존의 황제를 권좌에서 내리지 않는 한 가장 무능하고 보잘것없는 황제조차도 계속 자신의 권좌를 유지할 수 있었다.

리더십 위계의 전체 체계에 있어서도 〈역사적 리더십〉이 가지는 권력은 점차로 부각되기 시작하였다. 공식적 위계질서는 일단 친숙해지게 된 이후에는 스스로 존속하려는 관성이 강하기 때문에 아무리 강력한 지배자라 할지라도 그것을 쉽게 변경하거나 제거할 수 없었다. 〈권력자〉들은 대체로 그 공식적 위계질서가 역사적으로 성장해 온 바대로 존속하도록 내버려둘 따름이다. 군대나 관공서에서 일하는 사람들의 경우 그 수가 많기 때문에 아무리 성실하게 선발을 하더라도 모든 자리를 최적의 사람으로 채울 수는 없고 이곳저곳에서 자격 미달자를 기용하는 것은 불가피하다. 따라서 직위(Amt)가 그에 적합한 사고를 만든다는 옛말이 있다. 물론 이 말에는 조롱의 의미도 있지만, 관리들이 그 직위에 걸맞은 사고를 가지고 있는지에 관계없이 당사자들은 그 직무에 복종하도록 되어야만 한다는, 더욱 심각한 의미도 내포되어 있다. 이것이 〈대중기법〉이 〈요청〉하는 바이며, 그렇기에 이를 완전히 회피할 수는 없다. 왜냐하면 확장된 직위 체제의 모든 자리를 적절한 인물로 채우고 싶은 욕망은 결코 충족될 수 없기 때문이다. 가장 적절한 인재를 적소에 배치하기 위한 노력에 많은 사회적 정력이 낭비되고, 더구나 그것은 결코 달성할 수 없는 목표이기 때문에, 각 개인 자질 면에서는 열등하거나 혹은 무능한 관리들을 받아들이는 것이 오히려 현명할 것이다. **직위가 리더십을 발휘하는 장소**라는 사실은 최소한 어떠한 장점을 가지고 있다. 지도자의 선출이 항상 성공적이 될 수 없다는 사실은 옳지만, 그럼에도 불구하고 이러한 장점은 어느 정도는 존재한다.

대중이 부상하여 자유를 획득하더라도 〈추종각오〉가 종식되는 것은 아니다. 어떤 당의 지도자가 지향하는 목적은 그 당의 이익에 부합하도록 결정되지만, 그러한 리더십이 〈성공〉하기 위해서는 당원들의 〈추종각오〉가 있어야만 한다. 당내에서는 동지들은 상호 단합적인 행동을 하여야만 하고, 각 개인은 그 당을 구성하는 다중들 속에서 자신의 위치를 알고 공동의 지향점을 추종할 각오가 있어야만 한다. 동지들 모두가 지켜보고 있다는 사실은 그 구성원들의 〈집단적 각오〉(Massenbereitschaft)를 다짐하기 위한 특별한 압력으로 작용한다. 조직은 전반적인 참여와 일치된 행동을 강요한다. 당은 대중의 〈자기암시〉라는 수단을 사용하는 전략을 활용하기 마련이다. 그 당의 강인함(Stärke)을 과시하려는 공식적인 정당의 행사에서 당원들은 서로 잘하려고 경쟁한다. 이는 그 이전 시대에 있어서의 군대 의장 행렬과도 유사한데, 단, 이전의 경우에는 물론 군주 혼자만을 위한 행사로서 공개적으로 깊은 인상을 심어주기 위하여 개최된 것이기는 하였다. 그리고 대중의 〈추종각오〉가 뚜렷이 부각되는 계기는 정치적 선거가 아닐까? 각 당의 유권자들은 지도자들이 지목한 이름의 목록에 쉽게 찬성으로 회답하고, 더욱이 그와 동시에 투표를 함으로써 결국 선출된 지도자를 추종할 각오가 되어 있음을 암묵적으로 선언하는 것이다.

정부 기관의 장악에 성공한 〈권력그룹〉(Machtgruppe)은 이후 반대 세력이 결집되기 전까지는 여전히 대중의 〈추종각오〉를 유지할 수 있다. 반대 세력의 집결은 그를 위한 〈대중기법〉이 단지 서서히 작동하기 때문에 어느 정도 시간이 걸리기 마련이다. 지도자들이 신중하다면 불만자들 중 가장 광적인 자들이 종종 무용한 음모를 시도함으로 인하여 대중에게 악영향을 끼치는 경우가 발생하지 않도록 한다. 결의에 불타는 광란에 사로잡힌 자들은 지배자들 개인에 대한 암살 내지는 정부 권력을 대표하는 특별히 유명한 인사들에 대한 테러를 감행하려 하고는 하는데, 이는 단지 현행 **〈권력자〉**들로 하여금 더욱 가혹하게 반격할 수 있는 구실만을 제공할 뿐이다. 왜냐하면 이는 그 〈권력자〉들이 그들이 가진 권력을 행사하여 반격을 할 수 있는 충분한 빌미를 제공하기 때문이다. 영국에 대하여 무력으로는 저항할 수 없었던 인도에서 간디는 〈비폭력적 저항〉, 즉 [영국에 대한] 〈대중의 추종〉을 단절시키는 역할을 하는 일종의 수동적인 저항을 시도하였다. 결국, 최종적인 결단은 조용히 형성되는 〈공론〉에 의하여 내려지기 마련인 법이다. 이러한 〈공론〉은 **〈권력자〉**에 대한 〈추종각오〉를 [대중의] 정서 속에서 제거할 수 있으며 어느 순간에는 경쟁적인 위치의 지도자들이 결국 〈대중의 추종〉을 위한 〈집단적 각오〉를 얻어낼 수 있게 되어 [기존 지배자에 대하여] 과감히 반기를 들거나, 혹은 더 이상 싸울 필요조차도 없어질 수도 있다. 멍크(Monk) 장군[282]에 의해 스튜어트(Stuarts)가문이 회복될 수 있었던 것이 그 좋은 예이다.

단순한 정치적 영역 이외의 관계에서도 추종을 위한 〈집단적 각오〉는 큰 사회적 중요성을 가지고 있다. 교회의 권력도 그러한 추종에 의존

282　George Monck(1608-1670년). 1658년 크롬웰의 사후 계속된 권력 투쟁에 의해 공화정이 민심을 잃고 국민들이 왕정복고를 지지하자 공화파를 무너뜨리고 찰스 2세에 의한 왕정을 복구하였다.

하며, 아직 자신의 힘을 자각하지 못한 프롤레타리아에 대하여 자본이 지배하는 것조차도 그와 마찬가지로 〈대중의 추종〉에 근거하고 있다. 과거 귀족계급이나 왕조들이 그러하였듯이, 기업인들 간의 경쟁적 투쟁에서의 승자는 오늘의 새로운 승자를 위해 기꺼이 일하고자 하는, 어제의 승자를 위하여 봉사하였던 노동자 대중의 유입에 항상 의지할 수 있었다. 최근에는 자신에 대해 자각한 조직화된 노동자들은, 자신들이 [자본가들을] 추종함에 있어서의 제 조건들을 개선하는 것이 가능해 질 때까지의 오랫동안 [노동자] 〈대중의 추종〉을 위한 〈집단적 각오〉를 확보하기 위하여 파업을 단행하기도 한다. 자본이 가진 리더십의 〈역사적 리더십권력〉(geschichtliche Führungsmacht)은 이러한 일시적 방해로 인해 없어지지는 않지만 그럼에도 불구하고 현저하게 감소할 가능성은 있다.

2. 〈왕조적 권력〉

왕조에 대한 정서가 아직 살아 숨 쉬는 곳에서는 대중들의 〈추종각오〉는 왕좌를 차지한 인간 그 자체가 아니라 세습 왕조를 향하게 된다. 이야말로 〈역사적 권력〉의 전형적인 예를 보여준다. **〈왕조적 리더십〉**(dynastische Führung)**이란 〈역사적 리더십〉의 한 종류인데**, 위대한 수세대에 걸쳐 〈리더십과업〉을 성공적으로 수행한 지도자나 혹은 그의 가계에 의해 확립된다. 지속적인 〈성공〉으로 인하여 왕조는 대중의 정서에 대한 지배를 획득하게 되고, 더욱이 왕좌를 차지한 자는 자신의 왕좌를 후계자에게 대대로 물려주리라는 당연한 염원을 가능하게끔 하는 지배의 수단을 축적할 수 있게 된다. 이 경우 왕위 계승에 의한 지위의 세습이 개인적 자질에 의한 지도자의 선발을 대체한다. 왕위 계승자가 모두 왕조의 창시자와 같은 위대함을 가질 필요는 없게 되고, 또한 그들 모두 그럴 수도 없다. 어떤 이들은 그 숭고한 소명에 비추어 필요한 소정의 능력이 부족하더라도 그 자리를 지킬 수는 있다. 이러한 면에서 있어서 **〈대중기법〉**의 계율이 적지 않은 기여를 한다. 〈대중기법〉이 작동하기 위해서는 〈지도적 지위〉가 필요하기 마련이기 때문에 최고의 〈지도적 지위〉가 국가에 설치되어지고, 또한 그 지위의 계승을 위해 왕위 계승에 대한 명확한 〈법질서〉가 확립되어 있다는 이러한 두 가지 사실은 공공을 다루기 위한 일종의 장점으로 여겨진다. 이러한 장점은 설령 〈지도적 지위〉가 어떤 경우에는 지도자라는 [자질을 가진] 인물에 의해 적절히 채워지지 않을 수 있다 하더라도 쉽게 무시될 수는 없다. 그러한 정당한 왕위 계승 절차는 대중들이 그 〈지도적 지위〉를 쟁취하려는 내전을 피할 수 있도록 하기에 중요하다. 하지만 이러한 왕위 계승을 위해서는 지도자들의 위계적 조직이 충분히 확립되어 있고 또한 법과 행정 질서가 정립되어 있어서 군주는 대부분의 계속적으로 반복되는 공무의 짐으로부터 자유로울 수 있어야만 한다. 맹신적인 수많은 대중들에게 보여주기 위하여 왕좌를 차지한 자가 정부의 주요 행사를 주관하면서 마치 그가 지도자로서 길을 선도하는 것처럼 가장하는 것은 어렵지 않다. 따라서 너무 거대한 난관에만 봉착하지만 않는다면 이러한 방식으로 어느 일정기간 동안은 개인적 자질이 뛰어난 지도자 대신 오히려 잘 수립된 체계에 기반한 지도자가 대중의 〈추종각오〉를 잃지 않으면서도 그 역할을 수행할 수 있다. 그 왕좌를 차지한 인물이 사실은 보잘것없거나 심지어 형편없는 사람이라도 대중은 그의 직위가 가지는 찬란함에 눈이 멀고, 따라서 적어도 어느 기간 동안 대중은 속게 되기 마련이다. 일단 정통성이라는 원칙이 대중의 정서에 뿌리를 내리게 되면, 아무리 위대한 재상이 자신의 큰 〈성공〉을 거두더라도 그는 승계적 질서에 의해 임명되는 군주의 자리로 승격되지는 못한다. 왜냐하면 아무리 그러한 재상이라고 할지라도 대중의 〈추종각오〉를 쉽게 획득할 수는 없기 때문이다. 리슐리외(Richelieu)[283]와 비스마르크는 정통성 있는 지배자들에 자신들을 단지 고문으로서 복속시키는 방

---

283 주 102 참고.

식으로만 그 위대한 업적을 달성할 수 있었는데, 사실 그 이외의 다른 방식은 그들에게 가능할 수는 없었다. 그들은 **〈지도적 지위〉를 차지한 역사적 지도자**의 장막 뒤에서 활동하던 **개인적 지도자**에 불과하였다. 왕조의 〈역사적 리더십〉이 파국에 직면하고 난 이후에야 비로소 개인적 자질에 따른 〈선택〉으로 국가의 최고 지도자의 임명이 다시 개시될 수 있었다.

3. 교황의 권력

교황의 리더십도 〈역사적 리더십〉으로 이해되어야 한다. 교황의 권좌(權座)에는 때로는 노쇠하고 무능한 인간이나 심지어 사악한 인간이 앉기도 하였지만, 그 권좌에서 나오는 광채는 여전히 가톨릭 세계에서 눈부시게 빛나고 있었고 또한 위계 제도도 계속 효과적으로 작용하였기 때문에 교황의 위신은 대중 앞에서 손상되지 않았다. 하지만 물론 로마의 르네상스 시대를[284] 바라보던 루터의 시선을 속일 수는 없었다. 교황의 지위는 역사적으로 이미 확고하였기 때문에 그 지위는 사악한 교황이 등장하더라도 유지될 수 있었고, 반면 위대한 교황이 등장하면 그 효과는 더욱 특별히 강력하게 작용하였다. 비록 개인적 자질을 통해 권위를 가지게 된 〈권위적 지도자〉는 아닐지라도 교황은 바로 그가 가진 지위를 통해 〈역사적 권력에 의한 지도자〉(geschichtlicher Führer)가 될 수 있었다. 그의 권력은 베드로의 후계자로 선발된 교황에게 기꺼이 복종하려는, **가톨릭 대중들이 가지고 있는 역사적으로 사육된 자발적 마음 자세**에 궁극적으로 기초를 두고 있다. 이러한 역사적 사실 때문에 나약한 교황이나

---

[284] 아비뇽유수(1309-1377) 이후 로마로 복귀한 교황이 교권의 재확립과 로마를 재건축을 위하여 면죄부를 판매하여 막대한 헌금을 모으고, 그 자금으로 이태리 각지의 르네상스 예술가들을 고용하여 성 베드로 성당을 건립하기 시작한다. 1447년 니콜라스 5세 교황이 등장하면서 르네상스는 로마로 옮겨지게 되었다. 로마의 르네상스 시대는 이러한 시대를 일컫는다.

심지어 자질이 형편없는 교황이라도 강력한 권력을 획득할 수 있게 되었다. 반면 영적 지도자로서의 직분에 대한 확신을 가진 강력한 교황은 강한 호소력으로 대중의 마음으로부터 자발심을 이끌어낼 수 있기에 가장 강력한 영향력을 발휘할 수 있었다. 그리하여 그레고리 7세(Gregory VII)는 카노사(Canossa)에서 독일 제국의 지배자를 굴복시켰으며, 이노센트 3세(Innocent III)에 이르러서는 교황의 세계 지배가 확립되었다. 대중기법적인 측면에서 볼 때, 신자들이 가지는, 믿음을 향한 〈집단적 각오〉는 그 교황들이 지도자적 지위를 유지하기 위한 도움을 제공한 셈인데, 이는 왕조의 지위를 긍정하는 강한 신념이 그에 상응하여 그 왕조에 대하여 대중이 〈집단적 각오〉를 하도록 한 것과도 마찬가지였다.

추기경들은 교황 신출권을 가지고 있고, 교황의 모든 약점도 간파하고 있으며, 아마도 교황에게 매수당해 투표하는 성직 매매라는 범죄를 저지를 수도 있었겠지만, 일단 교황이 임명되는 순간 이후에는 다른 모든 가톨릭 세계에 속한 대중들과 마찬가지로 그 교황이 차지하게 되는 권좌의 역사적 무게에 압도당한다. 추기경에 의한 교황 선출은 동지들 간에 지도자를 선출하는 것과는 다르다. 왜냐하면 그렇게 선출된 교황이라는 지도자는 단순히 추기경단(樞機卿團)이라는 작은 집단 내에서의 지도자로서 선출되는 것이 아니기 때문이다. 그 선출은 선출된 교황을 베드로의 권좌로 올리고, 이는 전 세계에 알려지는 것이며, 또한 그는 베드로의 후계자로서 그를 선발한 추기경들의 위에 군림하며 그때부터는 추기경들은 더 이상 교황의 동료는 아닌 것이다. 식스투스 5세(Sixtus V)는 선출되자마자 바로 전까지만 하더라도 그가 속해있었던 추기경단에게 있어서는 공포의 대상이 되었다.

4. 〈역사적 권력〉으로서의 〈무명적 권력〉들

〈무명적 권력〉들은 〈역사적 권력〉들이다. 대중들은 〈역사적 도야〉를 통해 그러한 〈무명적 권력〉들에 익숙해져 있기에, 대중은 일반적으로 그리고 명백하게 그들에 대해 추종을 하려는 〈집단적 각오〉가 되어 있다. 이에는 〈대중기법〉이 기여하는 바도 있다. 개인들이 일반적인 〈습속〉에 기대어 행동하는 경우 자신 스스로 심사숙고하여 결정하는 부담을 경감할 수 있고, 또한 사회적 마찰이나 충돌로부터 가능한 한 보호받고 있다는 사실에 안도감을 느끼게 된다. 그렇듯 〈습속〉에 의존하게 되면 자신의 존재만이 가지는 독자성을 향유할 수 있는 기회는 상실하게 될 수 있다. 왜냐하면 강하게 정립된 〈보편적 본성〉하에서는 이제 더 이상 개인은 혼자서만 조용히 안주할 수는 없게 되었기 때문이다. 그럼에도 불구하고 그러한 상실은 충분히 견디어 나갈 수 있다.

대륙과 비교할 때 영국과 미국의 환경에서 더욱 높은 획일성이 보이는 이유는 그곳에서는 물질적 진보가 더욱 빠르게 진행되고 있기 때문이다. 그곳에서는 시간은 곧 돈이라는 생각이 팽배한다. 유럽에서 미국으로 이주한 이방인들에게 있어서는, 종종 융통성이 결여되고 모든 것을 너무 세세하게 규정한 그 새로운 장소의 일반적 공동 질서에 적응하기 위해서는 시간이 소요되기 마련이다. 미국의 많은 도시에서는 9월 15일이 되면 '사람'들은 일제히 여름용 모자를 벗고 겨울용 모자를 쓴다. 이때의 '사람'들이란 어떤 '특정한 사회'에 속해있는 자들만을 지칭하는 것은 아니다. 사실 미국에서는 그러한 '특정한 사회'일지언정 다른 〈공중〉으로부터 괴리되어 있지는 않다. 그 '사람'들은 소시민, 노동자 그리고 시골에 사는 농민들을 망라한 전체 〈공공〉을 포함한다. 이렇듯 정해진 날짜에 모자를 교체하는 규칙이 정해져 있기 때문에 소비자들은 제날짜에 맞추어 가게에서 필요한 모자를 찾을 수 있다는 확신을 가질 수 있다. 또한 그럼으로써 판매자는 수요의 시점을 예상할 수 있고 따라서 비용을 절감할 수 있으며, 구매자 역시 저렴하게 구매할 수 있는 이 점을 누릴 수 있다. 사람들은 여름용 모자를 너무 늦게까지 착용하거나 혹은 겨울용 모자를 너무 일찍 꺼내는 경우 등의 남의 시선에 띄는 행동을 자제하려 한다. 미국의 〈공중〉들이 보여주는 획일성에 익숙하지 못한 새로운 이주자들은 이러한 획일성이 가져다주는 장점이 과연 그러한 〈습속〉이 보편화되어 모두를 제약하여야만 할 만큼 그렇게도 중요한지에 대하여 의아하게 여길 수 있다. 또한 그 〈습속〉이 가지는 강력한 권력은 위와 같은 단일 사례로만은 충분히 설명될 수 없고, 미국의 생활 전반의 성격으로부터 설명할 수밖에 없다. 미국의 생활에 있어서는 획일성이 가져다주는 명료함은 가파르게 증가하는 수백만의 인구들과 그것보다도 더 빠르게 증가하는 물질적 가치들을 정연히 움직일 수 있도록 한다. 대중이 대규모로 획일적 추종을 할 각오가 되어 있듯이 동시에 그들은 작은 규모나 더욱 미세한 세부 이르기까지도 추종의 태세를 가지고 있다.

〈무명적 권력〉들에 대한 〈추종각오〉는 마치 스스로의 의지에 근거하여 [자발적으로] 행동하는 각오와도 같다는 인상을 불러일으킬 수도 있다. 하지만 그렇지는 않으며 그럴 수도 없다. 단지 그들의 자발적 의지에 의지한다면 수백만 명의 미국 국민 모두가 획일적으로 정확히 9월 15일에 모자를 바꾸어 쓸 수는 없다. 즉, 각자의 자발적인 의지에 따른다면 어떤 이는 조금 더 빨리, 어떤 이는 조금 더 늦게 모자를 바꾸어 쓰기 마련이다. 이 날짜가 정확히 일치한다는 사실은 명확히 적용되는 엄격한 〈사회적 계율〉(gesellschaftliches Gebot)이 간섭하고 있다는 사실을 분명히 보여 준다. 이날을 준수하지 않은 사람은 〈습속〉을 어긴 죄로 타인에 의해 모자가 벗겨질 수도 있다고 한다. 물론 이러한 행동 자체는 너무도 불손하기는 하지만, 이는 재차 일반적 〈습속〉이 가진 권력을 입증하는 것이다. 일반적인 〈습속〉을 위반하는 행위는 〈사회적 의지〉에 대한 모독이며, 따라서 그에 대한 가혹한 처사도 당연한 것이 된다. 이처럼 거칠고 불손하게 표출되는 〈사회적 의지〉라도 똑같이 존중됨으로써 〈사회적 의지〉가 가장 중요한 〈삶의 영역〉에서 〈무명적 권력〉을 행사할 수 있게 하고 결국 사회의 이익을 도모할 수 있게 한다. 어디서나 **신속하고도 단호히** 〈공중〉의 계율을 위반하는 자들을 제한할 수 있는 수단을 〈공공〉이 가지고 있는 곳에서는 **법, 〈윤리〉 그리고 자유**가 제대로 정립될 수 있다.

〈무명적 권력〉이라도 지도자는 존재하는 법이다. 군중 속에서 자기 자신의 방향을 가장 강렬히 자각하는 자가 타인들의 **자연스러운 지도자**가 되기 마련이다. 자신들이 모범을 보임으로써 올바른 길을 제시하기 위해서는 그들 자신이 특별한 지도력을 가질 필요는 없다. 그들의 〈선도행동〉은 새로운 목표들을 찾는 것만은 아니다. 단지 과거에 시행되었고 또한 검증된 바 있던 경로를 계속하여 따라가면서, 단지 결의에 찬 주장을 통해 대중을 그러한 경로를 따르도록 결집시키는 것도 그와 같은 행동에 포함된다. 즉, 어떤 방향에 있어서 그들이 평균보다 다소 상위에 위치한 것만으로도 충분하다. 물론 진정으로 새로운 과업을 달성 하기 위해서는 강력한 지도자가 필요하지만, 〈무명적 지도자〉는 역사적으로 입증된 것을 고수하고 〈대중의 추종〉을 위한 〈집단적 각오〉에 의지할 수 있기 때문에 그에게 필요로 하는 힘은 전자에 비해 더 약해도 충분하다. 많은 〈무명적 지도자〉들이 〈선도행동〉을 할 수 있게끔 하는 용기의 원천은 〈전통이 가진 권력〉(Macht der Überlieferung)에 기반한 스스로에 대한 확신, 그리고 그에 대해 대중의 지지가 존재한다는 믿음이다.

〈무명적 권력〉은 서서히 성장하기 마련이다. 그것이 가지고 있는 모든 계율이 처음부터 대중의 공통 자산이었던 것은 아니며, 소수의 아주 탁월한 사람들의 마음속에만, 혹은 상류층 내에서만 적용되었을 수도 있다. 그것이 최종적으로 대중에게 뿌리내리기 위해서는 영적 혹은 세속적 〈입법자〉들이 불굴의 투지를 가지고 개입하고 또한 오랜 기간 동안 대중들이 엄격히 길들여질 필요가 있었을 수도 있다. 세련된 〈습속〉을 규정하는 상당수의 요소들은 사회의 정상에 위치한 사람들로부터 대중의 저변 깊숙한 곳까지 가로질러 관통하는 경로를 살펴보면서 명확히 추적할 수 있다. 예를 들자면, 문자의 형성은 지도자들이 수세대에 걸쳐 성취한 훌륭한 업적이었다. 하지만 민족의 문자 체계가 확립된 후에도 그 사용은 오랫동안 대중과는 뚜렷하게 유리되어 있던 협소한 전문 계층만이 간직해 온 비밀의 영역이었다. 반면 오늘날에는 최빈곤층의 어린아이들조차 읽고 쓰는 것이 의무화되어 있다. 또한 사회는 기초적인 교육의 제공을 위하여 학교 교사 층 내에 〈무명적 지도자〉들에 해당한다고도 볼 수 있는 하급의 지도자들을 양성하고 있다.[285] 많은 중류 계층의 가정에서는 어머니는 모범적인 〈인습〉에 따라 일종의 〈무명적 지도자〉로서 훌륭하게 아이들에게 가장 기초적인 사항을 교육하고 있다. 교양을 가지게 된 모든 이들에게 있어서는 〈사치금지법〉(Luxusgesetze)[286]은 더 이상 불필요하다. 이제는 대다수 사람들에게 있어서 더 이상 그러한 법은 필요하지 않고, 삶을 유지하는 좋은 〈습속〉을 간직하기 위해서는 역사적으로 이미 익숙해진 〈무명적 권력〉에 의존하면 충분하다.

〈무명적 권력〉이 대중의 깊은 곳에 자리 잡은 곳에서는 〈사회체제〉는 안정적이고 안전해진다. 반면, 생명력이 떨어졌거나 결핍된 민족은 마비와 정체의 위험에 처할 수 있다. 그러나 아직 발전의 잠재력을 가진 민족의 경우에는 그 기반이 안정적이고 확실할수록 발전에 유리하게 작용한다. 하지만, 대중이 보수적인 마음을 가지고 있기에 추종을 거부하는 경우에는 과격한 전환은 발생하지 않는다. 또한 **역사적 발전의 선**(線)이 일단 그어지면 그 방향을 향해 진보는 계속된다. 역사적으로 형성된 국민 특성을 가진 민족에게는 그러한 특질에 따라 운명의 선이 정해져 있다. 따라서 그 민족이 계속 지속되는 한 근본적으로 그 본질은 더 이상 변할 수 없다. 그 민족을 지도하는 자가 자신을 기꺼이 추종하려는 대중을 찾기 위해서는 그 민족이 가진 방향성에 자신을 정렬시켜야만 하는데, 그 민족의 대중들은 역사적으로 확립된 〈무명적 권력〉의 지배하에

---

285   학교 교사들도 그 급이 낮을 뿐, 일종의 지도자이다.

286   개인들 혹은 계층별로 각자가 의복, 가구, 연회, 가족 모임 등에 있어서 어느 정도까지 지출을 할 수 있는가를 규정한 법으로서, 고대, 그리고 중세를 거쳐 근대에 이르기까지 일관적으로 적용되어 왔으나 현대에서는 폐지되었다.

놓여있다. 하지만 〈무명적 권력〉도 발전할 수 있다! 발전 가능성이 잠재된 사람들에게는 〈무명적 권력〉들도 또한 그 진보를 이룰 수 있는 것이다. 또한 〈무명적 지도자〉들이 새로운 것들을 모두 부정하는 것은 아니다. 그들은 이미 입증된 구래의 것과 결합이 가능한 새것들을 신중하게 선택하고 저울에 올려 가늠한 후 받아들이게 되는데, 그렇게 받아들이는 것은 구래의 것과 유사성이 있기 때문이다. 그리고 성공적인 사례를 모방하는 대중에 의해 대중이 가지는 역사적인 〈권력위상〉(Machtbestand)은 더욱 제고된다.

XII. 무력의 역사적 작용과 〈무력감소의 법칙〉

1. 〈만인의 만인에 대한 투쟁〉으로부터 자유로운 〈인민국가〉에로의 이행

아리스토텔레스에 따르자면 인간은 〈사회적 존재〉이다. 한편, 로맹 롤랑은 《클레랑보》(*Clérambault*)[287]에서 문화의 정점에 있는 오늘날의 인간을 아직도 야수라고 부르고 있다. 두 사람의 주장은 일견 모순적으로 보이더라도 조화될 수 있는데, 역사를 이해하기 위해서는 필히 이러한 양자를 조화시키는 방식을 이해하여야만 한다. 역사의 최초에는 인간은 야수였으나 그때 이미 〈사회적 존재〉가 될 소명을 자신 내면에 간직하고 있었다. 역사는 그러한 야수로서의 인간을 〈사회적 존재〉가 되도록 서서히 〈도야〉시키는 과업을 수행한다. 그 〈도야〉의 초기 단계에는 철의 무력이라는 강압이 사용되었다. 그러한 면에서 이는 태초의 야수적 인간들이 행한 무력과 다름이 없다고 할 수 있다. 또한 그 〈도야〉는 아직도 완성된 것은 아니며 그 본질적인 부분에 있어서는 여전히 무력을 동반한다.

이전의 장에서는 역사의 여명기에 무력이 수행한 과업에 이미 서술한 바 있다. 하지만 다음에서 간단히 이를 다시 요약하고자 하는데, 이는 어떠한 과업들이 그러한 무력에 의존하고 있었고 현재에도 그러한 지를 보여주기 위하여서는 필요하다고 생각되기 때문이다.

최초의 〈삶의 공동체〉는 혈연 본능으로 맺어진, 가족의 연장선상에 있는 혈연적 집단이었다. 하지만 이러한 인간의 혈연적 집단은 동물의 무리처럼 그 외연이 쉽게 확장될 수는 없었다. 인간 집단의 확장을 위해

---

[287] 프랑스의 문학가 겸 사상가인 로맹 롤랑(1866-1944)이 1920년에 발행한 소설. 부제는 〈전시의 독립적인 정신의 이야기〉. 1차대전 중 자식을 잃은 아버지가 전쟁에 항거하는 이야기.

서는 꿀벌이나 개미의 군집, 풍부한 평원에서 풀을 뜯어 먹는 버팔로 무리 등과는 비교할 수 없을 정도로 더욱 많은 요구 조건들을 충족시켜야만 하였다. 〈문명〉의 혜택을 받지 못한 개척되지 않은 땅에서 인간의 생존에 필요한 충분한 영양을 확보하기 위해서는 더욱 광대한 면적의 땅을 필요로 하며, 세대를 거치면서 인구가 증가됨에 따라 생존을 위해서는 모집단에서 분리되어 더 먼 곳까지 개척하여야만 하였다. 이러한 분리로 인하여 〈혈연공동체〉에서 공유하는 감정은 곧 상실되기 마련이다. 조만간 각 집단은 서로에게 이방인이 되며, 자연을 상대로 한 생존경쟁에 직면하여 각 집단은 타 집단과의 전면적인 싸움에 돌입하게 된다. 이것이 바로 과거 정치학자들이 논의하였던[288] "〈만인의 만인에 대한 투쟁〉"(*bellum omnium contra omnes*)이 역사적 맥락에서 보여주는 진정한 모습이다. 숲이나 하천에서 공급되는 식량이 부족하다면 인근 〈대부족〉에서 약탈하는 것만큼 더 자연스러운 것이 있을까? 이렇듯 〈무력의 법칙〉(Gesetz der Gewalt)이 역사 전면에 등장하게 된다.

가족이라는 협소한 범위에서 드디어 사회라는 범위로 이르는 길을 열어주는 것이 바로 이 법칙이다. 그러한 의미에서 이웃의 재화, 땅 그리고 여자를 탐하는 욕망이야말로 최초의 〈사회적 태동〉(gesellschaftliche Regung)이라고 할 수 있다. 하지만 승자가 패자에 속한 모든 남성들을 말살함에 그치는 한, 인간은 아직도 〈혈연공동체〉라는 좁은 울타리를 벗어나지 못한다고 할 수 있다. 사회에로 이행하는 결정적 전환의 계기는 바로 패자에 속한 모든 이들을 **노예화**하는 것이다. 수많은 인민대중을 굴복시키는 강대한 승전 민족은 상대를 멸종시키는 것에는 결코 만족하지 않으며, 복속시킨 자들을 자신들 승자를 위한 노예로 부리는 것이 더 이득이 많다는 점을 인식하게 되었다. **타인의 노동에 의거하여 편히 쉬고** 타인

---

[288] 홉스(Thomas Hobbes), *De Cive*(1642), *Leviathan*(1651).

의 힘에 의거하여 자신의 힘을 키운다는 생각은 **최초에는 사회에 적대적인 것이 전혀 아니었으며, 오히려 사회에 건설적인 발상이었다.** 이제 국가가 형성될 수 있고, 〈세계제국〉이 생겨날 수 있으며, 또한 끊임없던 무익한 소규모 분쟁에서 비롯되는 혼돈은 종식되고 이제 분쟁은 더욱 거대한 규모로 발전되어 간다. 단순히 무력에만 의존하던 1차적 〈선택〉이 이루어진 후, 약한 민족들은 도태되고 이제는 강한 민족들만이 흥기하게 된다. 그러나 그 이후에 발생되는 더욱 세련된 종류의 〈선택〉의 과정은, 강인한 민족들 중에서 단지 무력만을 행사할 수 있는 민족들과, 그와는 반대로 문화적 소명을 간직하고 있으며 그로부터 장기적으로 국가를 유지할 수 있는 고차원적인 힘들을 도출해 낼 수 있는 고귀한 민족을 구별하게 된다. 아틸라가 세운 왕국은 그 무력적 인물의 사망 뒤에는 무너져 내려, 이제는 끝없는 파괴의 잔해만 남아 있다. 반면 알렉산더의 제국은 그의 사후 약한 후계자들 간으로 분열되었지만, 헬레니즘 문화의 힘에 의해 그 일부는 보존되고 있다. 로마제국은 수세기 동안 지중해 연안을 지배해 왔다. 물론 로마제국은 그 이전의 그리스 국가들과 마찬가지로 검을 휘두르는 힘이 마비되면서 침몰하게 되었다. 하지만 그 침몰의 이전까지는 가장 위대한 정신의 힘이 개화되었다. **검에서 나오는 무력과 정신의 힘은 서로 상승작용을 한다.** 그리스나 로마라는 작은 민족이 세계를 정복할 수 있었던 것은 그들이 호전적이었음과 동시에 〈고전적 문화〉의 담지자였기 때문이었고, 그들 앞에서는 다른 민족들은 단지 야만인으로만 보여졌기 때문이었다. 그러나 그들의 문화가 그 정도로 번영하기 위해서는 전장에서의 불타는 숨결과 승리의 태양이 반드시 필요하였다. 페르시아와의 전쟁과 한니발과의 전쟁을 이겨내기 위해 사람들의 모든 정신은 최고도로 분발할 필요로 있었고, 마침내 승리를 쟁취하였을 때는 넘치는 〈생의 감정〉이 분출되었다. 이러한 투쟁 속에서 역사적 〈자기도야〉(Selbsterziehung)는 유례없는 결실을 맺을 수 있었고, 그 승리는 세계에서도 전례없는 위대한 조각과 건축 작품으로 표출되었다.

이후 고대의 문화제국을 정복한 새로이 등장한 위대한 민족들은 피정복민들이 성취한 바를 관찰하며 배우고 모방함으로써 〈자기도야〉를 완성하였다. 반면 패배한 야만족들 또한 자신들의 눈앞에 펼쳐진 승자가 보여주는 위대한 모범을 바탕으로 스스로를 고양시켰다. 그리스 문화는 그들의 언어를 매개로 고전적 세계의 동부로 퍼져나갔고, 또한 정복자인 로마의 〈교육계층〉에게까지 침투할 수 있었으며, 이어 로마 문화는 유럽의 서부까지도 장악할 수 있었다. 언어와 〈습속〉을 공유하게 되고, 또한 안정적인 내적 평화가 수립됨으로 인하여 모든 피정복자들은 통합되었다. 물론 총독들에 의한 강탈과 산발적인 반란은 존재하였지만, 그것들은 안정적 평화를 그다지 크게 교란시키지는 않았다. 이러한 점이 그 이전에 존재하였던 〈만인의 만인에 대한 투쟁〉의 시대와 비교할 때 보여지는 큰 차이 점이다. 또한 이 평화의 시대에는 경제적 번영을 구가하였고 거대한 영토를 아우르는 다양한 교역이 발생하였다. 이러한 제 요소들은 〈역사적 도야〉를 통해 얻은 가장 숭고한 결실이라고 할 수 있는 〈보편적 신뢰〉(allgemeines Vertrauen)와 연대감을 형성시켰다. 그리고 그 연대감이 탄생시킨 가장 숭고한 결실은 정화된 종교적 감정, 그리고 그것과 함께 꽃피운 〈인애〉(人愛 Menschlichkeit)의 감정이었다. 모든 〈세계제국〉에서와 마찬가지로 로마제국에서도 세계 종교가 발현하였다. **이러한 일련의 과정에는 필연적인 법칙성이 존재한다. 실상 로마가 가진 검이 기독교를 위한 길을 닦은 것임은 틀림없다.** 사람들이 이질감이라는 극복할 수 없는 벽에 의하여 분리되어 있고, 끊임없는 싸움으로 사분오열되어 있었다면 그 기독교가 전달하고자 하는 메시지에 귀 기울일 수는 없었을 것이다. 그런데 심지어 그 이후 교회가 이미 막강해졌을 때도 교회는 선교사들의 설교에 더하여 날카로운 검을 이교도들에게 보냈다.

따라서 무력이 없었다면 국가 건국의 과업뿐만 아니라 문화창조의 과업도 결코 시작될 수 없었을 것이다. 무력을 통해서만 야만족들의 반항적 독립심을 잠재울 수 있었고, 무력에 의해서만 광활한 영역을 진정시켜 그 안에서 수백만 명의 인간들이 이질감을 잊고 이제는 자신들을 같은 시민으로, 그리고 같은 인간으로 인식할 수 있었다. 따라서 옛 역사학자들이 오로지 전투와 국가의 행동, 그리고 군주와 장군들만에 대하여 서술하는 것도 충분히 이해될 만하다. 민족들의 운명은 우선적으로 전쟁터에서 먼저 결정되었다. 또한 당대를 관철하는 〈사회적 권력〉이 형성되는 계기도 무력에 의거해서 열리게 되었다. 즉, 무력의 옆에서 문화적 정신이 강력하게 등장하기 시작함에 따라, 〈사회적 권력〉이 세계라는 무대의 배경을 점점 더 채워나가며 침투하면서 형성될 수 있도록 하는 기반이 구축될 수 있었다. 우리가 역사 기술을 할 때 단순히 문화사에서만 주목한다면, 더 이상은 무력에 의지하지 않고 확실히 자신을 유지하고 발전할 수 있는 문화의 단계에 이르기 이전까지 민족들이 불가피하게 겪어야만 하였던 수천 년간에 걸친 투쟁의 기간에 대하여 간과하기 쉽다.

무력과 문화 간의 상호 침투가 더 커질수록 원래의 야만적 모습의 무력은 세련된 형태로 변모하게 된다. 앞서 말하였듯이 그 야만적인 시작에 있어서는 무력은 적을 무자비하게 절멸시킴을 목적으로 사용된다. 하지만 그다음 단계에서는, 빼앗을 수 있는 모든 것을 강탈하고 적을 복종시키는 것에 만족할 수 있다. 그리고 마침내는 승자를 위하여 패자를 영원히 〈착취〉하여 승자 자신의 권력을 더욱 빠르게 성장하게 만들 수 있도록 하는 형태의 예속의 형태를 승자는 발견하게 된다. 이 시점에서 무력은 〈강압적 리더십〉로 변모한다. 〈권력자〉는 놓여진 각 상황에 따라 복속된 대중들이 지배자 자신에게 유용하다고 생각되는 모든 종류의 봉사를 제공하도록 하는 형태의 예종을 받아들이도록 강압한다. 따라서 **주인은 노예나 가신**을 강압하고, 그보다 한 차원 높은 형태는 **지배자나 〈지배계층〉이 신민들을 강제**하는 형태로 나타난다. 그런데 주인은 아직 노예에 대한 불신 때문에 노예들이 가진 힘을 제약하기 위하여서 그들을 인신 구속하지 않을 수 없었다. 반면, 지배자는 신민들 각자가 원하는 방향을 추구하도록 허락한다. 즉, 지배자는 신민들이 일을 더욱 효율적으로 달성할 수 있도록 하기 위해서는 그들 각자가 자신들의 성향에 맞추어 발전할 수 있도록 방임하는 것이 오히려 현명하다는 생각에 도달하게 되었다. 〈계몽적 절대군주제〉는 〈강압적 리더십〉[289]의 정점이라고 할 수 있으며 그때 바로 이러한 강압이야말로 모두를 앞으로 전진시키는 수단이 된다. 샤를마뉴(Charlemagne)와 표트르 대제(Peter der Große)는 **무력성**과 위대함을 결합하였기에 백성들로부터 **막강한** 존재로 숭상된 〈강압적 지배자〉였다. 프리드리히 대제와 프란시스 요제프 황제(Kaiser Josef)는 의식적으로 자신들의 〈통치권〉을 강화하기 위하여 노력한 대표적 〈지도적 지배자〉(führender Herrscher)들이다. 〈계몽적 절대군주제〉란 다름 아닌, 지배자 자신의 권력은 대중이 가진 힘에 비례하여 커져간다는 것을 이해하고 있는 **지배자가 추구하는, 더욱 현명한 〈이기심〉**(verständige Egoismus)이다. 계몽군주(aufgeklärter Fürst)는 자신의 리더십은 신이 부여한 왕조적 혈통에 의한 개인적 권리임을 강조한다. 물론 그는 항상 자신의 권력의 관점에서 국가를 이해하고 있기는 하지만, 동시에 자신의 권력은 국가의 이익을 위해 사용하여야만 한다는 의무도 스스로에게 부과한다. 그가 자신의 국가를 운영할 최고 관리를 임명하는 경우에 있어서도 그는 자신의 〈지배권〉을 포기하고 싶지는 않는데, 이는 완전한 〈성공〉을 이루기 위해서는 자신 스스로가 무제한적 권리를 가져야만 한다고 확신하기 때문이다. 그는 〈대중의 힘〉이 성장하는 것을 두려워하지 않는다. 왜냐하면 대중은 감사의 마음을 충성심으로 그에게 보답하고, 자신의 〈성공〉이 곧 자신의 권위를 제고시킬 것이라고 기대하기 때문이다. 민중을 진흥시키기 위한 방안으로 그는 주저 없이 강압을 행사한다. 왜냐하면 강압이야말로 그에게 있어서는 유익한 것으로 비춰지기 때문이다. 하지만 이때 그가 사용하는 것은 [무력이 아닌] 주로 법적, 〈정신적 강제〉이다.

---

289 이때의 강압은 무력적인 강압만을 의미하는 것이 아니다. 이 문단에서 후술하는 바에 따르면 법에 의한 강제와 〈정신적 강제〉가 더 중요하게 부각된다.

역사를 관통하여 볼 때, 이러한 〈군주적 리더십〉으로 인하여 위대한 과업이 완수하였다는 것이 당연하지 않은가? 그러한 리더십 속에서 무력은 자신 내에 내재되어 있는 건설적인 의미를 자각하게 된다. 대중의 자유에 대한 열망이 아직은 미성숙한 상태에서는, **지배자의 〈이기심〉**은 스스로를 〈공공의 이익〉과 결부시킴으로써 가능한 최대의 정치적 수확을 거두는 바에 성공한다. 이때 그 지배자가 성취하는 바는, 후대에 있어서 자유에 대한 열망이 충분히 자라났을 때 시장의 **경쟁적 상황하에서 생산자들이 추구하는 〈이기심〉**이 성취하는 바와도 같다고 할 수 있다. 첨언하여 말하자면, 그럼에도 불구하고 정치적 영역에서도 경쟁의 영향은 존재한다. 외적인 〈권력의 위상〉을 쟁취하기 위한 경쟁이 존재하기에 그로 인하여 지배자의 〈이기심〉에 팽팽한 긴장감이 더해진다.[290]

모든 아시아계 민족을 포함한 많은 민족들은 역사적으로 다양한 형태의 〈강압적 리더십〉에 의해 고통받아 왔다. 이윽고 민중은 자신들의 희생이 짓누르는 중압에 지치게 된다. 지배 종족들의 권력은 지나치게 성장하지만, 그들 자신도 곧 쇠약해지기 마련이고 이제는 대중과 기존의 지배자 모두가 새로운 〈무력통치자〉의 먹잇감으로 전락한다. 고대에 있어서 고결한 유럽인들도 이같은 상황에서 벗어나지 못하였다. 그들에게 주어진 〈역사적 과업〉은 그들에게는 너무 힘에 부쳤다. 하지만 자신들의 선조가 이전에 세운 토대 위에 건설을 지속할 수 있었던 근대 유럽 대중들의 삶은 윤택하여졌고, 이어 그 대중들은 〈군주적 리더십〉에 도전할 수 있는 높이까지도 자신의 위상을 격상시키면서 결국 민주정으로 이행할 수 있기 위한 신체적, 정신적 건강을 함양할 수 있었다. 하지만, 그들의 경우 〈민주적 강령〉(demokratische Verfassung)의 수립을 가능하게 하고 또한 실제로 그렇게 수립되도록 만들 수 있는 역량을 가진 국가의 뼈

---

290 예를 들자면, 다음의 문단에서 이야기하는바, 대중의 부상으로 인하여 결국 지배자의 이기심이 견제된다.

대는 〈군주적 리더십〉에 의해 완성되어 온 것이다. 그 〈군주적 리더십〉은 신민이 **시민으로서의 의무**를 다하도록 〈도야〉시킴으로써 자신의 〈역사적 과업〉을 완수한 것이라고 볼 수 있고, 그 결과 더 이상 신민에게 있어서 국가 시민의 권리들이 보류될 수 없게 되었다. 사회에서는 〈**최상위 힘의 법칙**〉이 항상 작용하며, 시민들이 〈**국가공동체**〉를 **지향하여** 〈**도야**〉되는 순간 사회의 〈지고의 힘〉은 그 시민들에게 귀속되었다. 〈자유적 국가〉(freier Staat)에로의 이행은 부분적으로는 지배 왕조나 〈지배계층〉이 자신들의 특권을 포기함에 따라 평화적으로 이루어졌는데, 이때 그들은 자발적 혹은 비자발적으로 대중 운동의 발흥 앞에 무릎을 꿇을 수밖에 없었다. 하지만 부분적으로는 무력의 크기가 결정적인 경우도 있었다. 그런데 이제 군대는 자신들의 원천이 대중에 있다는 것을 자각하게 되고, 그 순간 그러한 무력조차도 이제는 대중의 편에 서게 되었다. 〈군주적 제국〉(Fürstenreich)은 어떠한 경로를 통하던 〈국민제국〉[291](nationale Reiche)으로 이행하였고, 동시에 궁정 문화와 귀족 문화는 중산층의 지적 지도층에 의해 〈국민문화〉(nationale Kultur)로 변모해 갔다. 현대의 〈국민문화〉는 그 〈실질적 내용〉 면이나 화려함에 있어서도 과거에 가장 찬란하였던 귀족 문화에 못지않은 성숙한 문화이며, 어떤 면에서는 그 문화는 협소한 특정 계층의 전유물이 아니라 교육받은 전 대중이 공유할 수 있는 것이고, 대중들의 심층에서 잠자고 있는 모든 힘들을 일깨워 결실을 맺을 수 있게 한다는 점에서 오히려 우월하다. 자유로운 〈인민국가〉에서는 문화뿐만 아니라 국가 자체가 더 확실한 존립 근거를 가진다. 국가가 협소한 〈지배계층〉의 힘에 의존하고 있는 한, 그 국가의 운명은 이 협소한 계층의 운명에 묶여있기 마련이다. 그리고 자신의 계층의 지배를 보전하기 위한 끝없는 투쟁의 결과 그 자신들의 힘을 완전히 탕진할 수밖에 없는

---

291 이때의 제국의 의미는 황제가 다스리는 나라가 아니라, 일반 국가에 비하여 대 영토를 지배하는 국가를 의미한다.

〈지배계층〉이 가진 힘이 소진되면 그로써 국가도 멸망하기 마련이다. 하지만 평화롭게 결집된 위대한 국민의 힘은 더욱 오래 지속될 전망을 가진다. 만일 로마가 건립한 〈세계제국〉이 자유롭게 연합된 국민들로 이루어진 제국(Reich), 즉 〈국민적 범세계 제국〉(nationales Weltreich)이었다면 로마 부족이 여전히 전성기에 있었던 과거에 킴브리족과 튜튼족을 물리쳤던 때와도 같이 [마침내 로마를 멸망시켰던] 고트족과 훈족, 프랑크족과 반달족의 〈질풍노도〉와도 같은 공격도 격퇴하였을 수도 있었을 것이다.

2. 자유로운 〈인민국가〉에서의 〈강제〉

가장 자유로운 〈인민국가〉라 하더라도 〈강제〉는 일정 역할을 수행한다. 어떤 광적인 숭배자가 주장하던 바와는 달리, 자유란 모든 종류의 지배가 종식되어야만 함을 의미하지는 않는다.[292] 자유로운 사람들조차도 존재하는 여러 삶의 목적을 자신들의 모든 힘을 경주하여 달성하기 위해서는 〈강제〉를 이용하여 〈통일성〉을 확보할 필요가 있다. 모든 사람의 결정이 전적으로 각자의 재량에만 맡겨진다면 수백만 명의 사람들의 결정이 어떠한 마찰 없이 일치되는 것은 불가능하다. 자유로운 〈인민국가〉가 〈지배적 국가〉와 다른 점은 전자가 〈정신적 강제〉에 의해 단결된 〈강제적 공동체〉임에 반해, 후자는 기본적으로 외적 〈강압적 권력〉에 의해 단결을 성취한다는 점에 있다. 그러하기 때문에 [자유로운 〈인민국가〉에서도] 〈강제적 공동체〉를 결속시키는 〈공동체정신〉(Gemeinsinn)은 재차

---

[292] 이 인용의 정확한 출전은 확인할 수 없지만 아마도 오스트리아의 정치가이며 사회 민주노동당원이었고 후에 수상이 되었던 칼 레너(Karl Renner, 1870-1950)의 《모든 것으로부터의 자유》(Die Freiheit über alles! 1908)라는 글을 염두에 둔 듯하다. 그 글에서는 다음과 같은 문구가 등장한다: "지배가 종식되지 않는다면 해방은 종식되지 않는다. 모든 것으로부터의 자유!"(Ohne Herrschaftslosigkeit gibt es keine volle Befreiung. Die Freiheit über alles!).

엄격한 〈사회적 권력〉들이 가하는 압력의 영향을 받는다. 계약 관계에 있어서의 개인의 의지와는 달리, 국가에 대한 개인의 의지는 그만큼 자유롭지는 못하다. 그러나 사람들은 여전히 국가의 〈강제〉에 복종하는데, 다만 이제는 국가의 〈강제〉에서는 **무력적이거나 야만적인 것**이 제거되고, 그 국가의 〈강제〉는 더욱 부드러운 형태의 **도덕적 혹은 법적인 힘으로** 나타나고 있는 한에서만 그러할 수 있다. 인간은 국가라는 〈강제적 공동체〉에서 태어나며 일단 그것에 속하게 되는 한 그 국가가 추구하는 공동의 길을 따라 걸어야만 한다. 국가가 붕괴되지 않으려면 소수파는 다수파에 복종하여야 하는데, 〈공동체정신〉이 진정으로 존재하는 곳이라면 그 소수파도 기꺼이 복종하게 된다. 선거나 혹은 국회에서의 투표도 투쟁의 일종이지만 더욱 문명화된 형태의 투쟁이다. 정당들은 더 이상 무기에 의존하지 않고 '말'로써 투쟁하는 것이며, 그 '말'은 당론으로서 일치되어 한목소리를 내는 것이기에 결국 정당들은 지지자들의 숫자로 경쟁한다. 이러한 [정당 간의] 단순한 '모의 전쟁 게임'이 실제적 투쟁을 대체하여 행하여지기 위해서는 적어도 모든 정당들은 서로 간의 상이함에도 불구하고 〈공동의 국가〉(gemeinsamer Staat)에 대한 사랑 그리고 〈공동체 정신에 의한 지배〉(Herrschaft des Gemeinsinns)라는 관점에서는 확실히 의견이 일치하여야만 한다. 만일 더 이상 그렇지 못한 상황이 도래한다면 그 게임의 테이블을 엎어버리고 재차 무기를 이용하여 승부가 다시 결정될 수밖에 없으며, 그리하여 또다시 무력은 작동하기 시작할 것이다.

어떤 이들은 국가 활동의 현실을 감추고 있는 상투적인 구호들로 만들어진 외투를 직시하고 그것으로부터 탈피할 수 있다. 또한 그들은 상당수의 국가들이 비록 순수히 민주주의적 방식에 따라 강령을 제정하였더라도 그에 더해 광범위한 무력을 사용하고 있다는 사실을 간파할 수도 있다. 다수파라고 할지라도 종종 무력에 의거하여 지배한다. 그런데 더 나쁜 상황은 권력을 추구하는 소수의 지배 의지가 자신을 다수파로 가장하는 경우이다. 사실 많은 곳에서는 대중들은 자신들의 의지로 선거권을 행사할 수 있을 만큼 성숙하지는 못하다. 몇 세대에 걸쳐 단지 우매한 복종밖에 가르치지 않았던 역사의 뒤안길에서 대중이 어떻게 자신들의 의지를 관철할 수 있었겠는가! 단지 소수의 민족들만이 〈역사적 도야〉를 통해 〈인민의 힘〉이 성숙하는 경험을 할 수 있는 특권을 누리고 있었으며, 특히 그러한 민족 내에서도 특권계층들만이 일반적으로 그러한 경험을 가질 수 있었다. 많은 유권자들은 실제로 전혀 투표에 참여하지도 않는다. 극한적인 상황에 처하게 되지 않는 한, 그들은 선거에 의해 선발되는 어떠한 〈권력자〉에게도 단지 수동적으로 복종할 자세가 되어 있을 뿐이며, 그러한 의미에서 그들은 대중 안에서도 단지 〈시체와도 같은 대중〉293에 불과하다. 또한 투표에 참가하는 유권자들의 상당수도 국가라는 배가 움직임에 따라 이리 저리로 흔들리는 평형수(平衡水)에 불과하다. 많은 유권자들에게 있어서의 선거권이라는 것도 사실 자신들의 힘에 비해서는 과분한 권리일 뿐이다. 선거권을 통해 지도자를 통제한다는 결정적인 기능을 대중이 수행할 수 있는 경우에만 선거권이라는 것이 그 진정한 의미에 있어서 행사된다. 하지만 그렇지 않은 경우가 오히려 더 일반적이지 않을까? 유권자에 속하는 모든 대중들은 어떤 거리낌도 없는 압제적인 정부가 사용하는 무력 수단에 저항하지 않고 그저 복종할 뿐이다. 또한 자신들만의 협소한 이해만을 달성하기 위하여 아첨, 기만적인 말들, 혹은 어떠한 양심의 거리낌도 없이 사용되는 표현들을 사용하여 대중들을 현혹시키는 방법을 터득하고 있는 선동적 지도자들이 내세우는 구호만을 그들은 맹신적으로 추종할 뿐이다. 이들에게는《파우스트》에서 [메피스토펠레스가] 명품 베에 비유한 바가 적용될 듯하다. 즉, "**어떤 유권자들도 과연 그가 선택하는 것이 무엇인지 모른다.**"294 단순히 법 구절

---

293 본서136쪽에서 "모든 사회의 가장 밑바닥에는 마치 시체와도 같은 대중들의 층이 존재"한다고 말한 대목을 참고할 것.

294 《파우스트》중 메피스트텔레스가 철학에 있어서의 '사유의 공장'을 학

상으로는 자유롭게 보이는 선거라도, 명백히 외적인 강제하에서 투표하는 유권자 그룹들에게는 당연히 자유롭지 못한 것이며, 또한 〈정신적 강제〉하에-더욱 정확히 말하자면 후자의 경우는 당 지도부에 속하는 동료들이 행사하는 부도덕한 압박하에-단순히 투표용지에 기입하는 유권자들에게 있어서도 자유로운 투표가 아닌 것이다. 또한 후자의 경우 선거는 법적으로는 비밀투표를 표방하지만, 인간 본성에 대하여 통달한 지도부가 고안한 가장 효과적인 통제 방법에 의하여 투표는 실제로는 공개적으로 시행되는 것과 마찬가지라고 할 수 있다. 따라서 이런 경우 〈민주적 강령〉은 자유적인 형태에서 실제적으로는 강압적인 강령으로 퇴행한다. 더욱이, 뛰어난 강력한 지도자들을 가지고 있던 과거 시대에 존재하던 〈강제적 강령〉(Zwangsverfassung)들과 비교하자면 이제는 **열등한 소수 파들이 강압을 행사**하는 괴상한 〈강제적 강령〉으로 전락되기 마련이다. 물론 이러한 상태가 장기적으로 유지될 수 없음은 분명하다. 하지만 사회는 더 이상 이러한 폐단에서 스스로 자유로울 수 없다. 변화를 이루기 위해서는 오히려 무력과 현명함을 동시에 겸비한 민주적인 〈카이사르〉가 필요하다. 〈카이사르〉는 〈대중 선동의 기술〉(Kunst der Demagogie)을 배운 후,[295] 그 〈대중 선동의 기술〉이 가진 권력을 행사하여 대중들에 잠재되어 그간 억눌려왔던 생산적 힘을 발현시켰고 그럼으로써 그간 억제되어 왔던 〈최상위 힘의 법칙〉(Gesetze höchster Kraft)이 다시금 작동하도록 만들었다.[296]

생들에게 우화적으로 설명하면서, 그 '사유의 공장'은 직조 장인이 만든 명품 [베]를 이해할 수 있게 할지언정, 그 학생들을 직조 장인 자체로 만들 수는 없다고 언급한다(《파우스트》, 비극 제1부 1896 ff.).

[295] 이 용어는 앞서 계속 사용되던 〈대중기법〉과의 유사점이 존재하는 듯하지만, 이에 대한 정확한 정의는 본서에서는 없다.

[296] 〈최상위 힘의 법칙〉에 대하여서는 역주 104을 참고.

〈자유적 국가〉에서는 〈결사체〉의 자유가 허용된다. 하지만 엄격한 〈지배적 국가〉에서의 상황은 다르다. 진정 〈절대적 지배자〉가 되고자 하는 군주는 심지어 자신 주변의 〈지배계층〉들의 〈결성체〉(Korporation)들 마저 무너뜨릴 수밖에 없었다. 그러나 아무리 가장 강력한 군주라도 교회를 완전히 지배할 수는 없었다. 그리고 그 〈지배적 국가〉에 〈정치적 집단〉(politischer Verband)들이 결여되어 있다 하더라도 〈직능집단〉(Berufsverband)이나 기타 〈이익집단〉은 더욱 풍부하게 존재하고 있었다. 격동적이며 빠르게 돌변하는 삶과 마주치고 있는 상황에서 이들 집단 모두는 집단의 구성원들의 연대와 집단의 위상을 유지할 수 있도록 어떤 강제적인 성격을 가질 수밖에 없었다. 혈연과 카스트에서 교파와 〈길드〉에 이르기까지, 이방적인 것들로부터 스스로를 차단시키고 확고한 규칙을 제정하여 스스로를 속박하려는 충동은 어디에나 존재하여 있었고, 〈공동체 정신〉이 고양됨으로써 그러한 확고한 규칙들은 〈강제하는 힘〉을 부여받았다. 지금 우리가 가지고 있는 현대적 형태의 집단들은 그들 〈결사체〉의 외적인 〈법적 형식〉 면에서 볼 때는 매우 느슨해져 왔고 가입과 탈퇴도 자유로워졌으며, 회원은 언제든지 탈퇴함으로써 〈법적 의무〉를 면할 수 있다. 그럼에도 불구하고 모든 자생 가능한 집단들에는 연대감에 의해 자양분을 공급받는 〈정신적 강제〉가 여전히 살아 숨 쉬고 있다. 어느 그룹들에 있어서도 이반하지 말고 동지와 함께 있도록 명령하는 것은 개인의 머리에 의한 숙고가 아니라 사회적 본능이다. 또한 어느 집단에서도 존재하기 마련인, 자발적으로 전진하기에는 너무도 우유부단하거나 혹은 너무도 게으른 그러한 나약한 자들조차도 결국 주변의 환경에 휩쓸려 움직일 수밖에 없다. 주변 환경의 움직임이 그러한 자들에게 전달되고, 더 나아가 가장 강력한 사회적 강압 수단인 동료들에 의한 평판에서 아무도 자유로울 수 없기 때문이다. 개인은 사회적 의무는 쉽게 방기(放棄)하려 하고 반면 사회적으로 창출된 이익만을 향유하려 하지만, 다른 한편으로는 집단에서의 의무를 완전히 준수하도록 강력히 요구받는다. 일단 군중들이 움직이기 시작하면 그 군중에 속한 다른 사람들이 자신들 제멋대로 움직이도록 허용하는 것은 군중의 정신에 위배된다. 〈집단적 감정〉(genossenschaftliches Gefühl)이 격렬하게 일어나면 그러한 감정은 연대감이라는 강박을 거의 폭력의 공포로까지 몰고 갈 수 있고, 억눌린 〈내면성〉의 과도한 힘은 외부로 폭력적 형태로 방출되기 마련이다 정치적 투쟁에 있어서는 정당 내에서, 그리고 경쟁하는 정당 간에는 항상 과열된 감정이 작동한다. 그러므로 일종의 **팔꿈치로 밀어낼 권리**[297]는 최소한 항상 작동하며 결국은 공공연한 폭력으로 치달을 수 있다는 가능성도 상존한다.

3. 국가와 대중의 내부에 있어서 〈무력감소의 법칙〉(Gesetz der abnehmenden Gewalt)

〈자유적 국가〉와 대중에게는 이러한 모든 무력이 잔존하여 아직도 자행되고 있지만, 그럼에도 불구하고 지난 수세기와 수천 년에 걸쳐 돌이켜 보면 국가와 대중 내부에서 진행되어 온 발전에 의해 〈무력감소의 법칙〉이 관철되고 있음을 관찰할 수 있다. [오히려] 무력은 어떤 일정한 영역에 있어서는 평화를 용인하고 또한 그러한 영역을 확대한다. 따라서 무력은 인간의 심층에 존재하는 법과 〈윤리〉의 씨앗이 더욱 자유롭게 번성할 수 있는 기회를 부여한다. 그런데 인간 상호 간의 교류를 통하여 인간은 스스로를 통제하고 타인을 존중하는 바를 배운다. 따라서 장기적으로는 〈법적 영리함〉이 무력보다 강하고 진정한 법적 정직함은 단순히 약삭빠른 사고보다 현명하다는 것을 경험한다. 무력에 대한 법의 승리는 도시에서 가장 효과적으로 보이는데, 그곳에서는 유능한 대중이 평화적인 노동으로 달성한 〈성공〉을 통하여 자유와 번영을 향하여 성장한

---

[297] 괴테의 〈발푸르기스의 밤〉에서 파우스트와 메피스토펠레스가 군중들이 서로 밀고 밀리는 모습을 보며 주고받은 대화를 참고할 것(본서 162 쪽).

다. 그러한 **평화 속에서 생활하고 일하는 사람들이 시민**으로 뭉치고, 그 결과 **도시 시민**의 마음과 이름은 **국가 시민**의 그것들로 성장하고, 세계라는 종교가 인간의 마음속에 퍼져 공유되는 순간 동료 시민의 마음은 다시 동류 인간의 그것으로 승화된다. 법과 〈윤리〉가 지배하는 곳에서는 더 이상 무력은 필요 없는데, 그러한 법과 〈윤리〉는 더 포괄적으로, 더 순수하게 그리고 더 영속적으로 무력을 작용시켜야 할 필요성을 소멸시키기 때문이다. 따라서 이때는 더 이상 필요 없게 된 무기는 녹이 슬고 사용되지 않으며, 마치 역사의 태동기에는 완전히 자유로운 인간이 자연의 섭리에 따라 행하였던 바와도 같이 더 이상은 무력에 의한 자구의 노력은 하지 않게 된다. 국가의 〈무력통치자〉들은 자신들의 권력을 유지하기 위해서는 이제는 대중들의 무력 사용을 억제하고 평화의 기운을 고취시키는 역할을 수행한다. 결국 인간과 인간이 상호를 신뢰하고 화합하게 되어 평화가 일상화되고 무기를 들고 활보하는 것은 더 이상의 의미는 없어진다. 아직도 무기를 소지하는 것이 허용된 영주나 기사조차 그 무기는 단지 장식이나 상징용으로만 지니고, 결국은 자신 스스로도 무기를 버리게 된다. 국가의 거대 정당도 점차 스스로 평화의 상태에 순응하면서, 물론 간혹은 무력에 호소하고 싶은 충동이 있을지라도 무혈적 투쟁을 하는 것을 배운다. 국가의 〈권력추구 이기심〉(Machtegoismus)은, 국가로 하여금 국민으로부터 재화나 생명의 희생을 통한 봉사를 증가시킬 것을 요구하지만, 국민과 국가 간의 유대감이 깊어질수록 **공적인 〈법적 의무〉**의 영역은 넓어지고 동시에 그러한 공적인 〈법적 의무〉라는 개념은 심화된다. 이에 있어서도 〈강압적 형식〉은 이제 〈법적 형식〉를 띄게 된다. 그리고 자신에 직접적으로 관련된 개인들뿐만 아니라 눈에 보이지 않는 추상적인 〈보편성〉에 대해서도 **의무감**이 점차 커져 간다. 이러한 의무감이 가장 강하게 발달하게 되는 곳은 관공서이다. 국가는 공무원들을 국방과 평화적인 사업 모두에 있어 최대한 결속시키는 바에 가장 큰 관심을 가진다. 그들에게는 외견상 높은 지위를 부여한다. 물론 그들이 그 지위를 오만하게 남용하는 일도 적지 않지만, 반면 그들을 〈지배적 권력〉에 충성하도록 종속시킨다. 어떠한 불가피한 예외적인 경우를 제외하고는 모든 선진국에 있어서는 공무원들이 공평무사하게 자신들의 의무를 수행하도록 할 수 있었다는 점에서 〈역사적 도야〉의 위대한 과업이 달성되었다고 볼 수 있다. 올바른 장교들과 공무원들은 그들 자신이 가진 **〈신분층〉** 상의 명예를 강하게 의식하고 있으며 공무를 성취하는 것이 바로 그들에 있어서의 〈명예적 의무〉(Ehrenpflicht)가 된다. 유능한 귀족들에 대해 '노블레스 오블리주'라는 말을 사용할 수 있듯이 이러한 공무원들은 자신에 대해서는 이제 '〈권력 오블리주〉'(Macht verpflichtet)라는 용어를 적용할 수 있다. 혁명 후에 있어서는 그 이전 이미 유능함이 입증된 유능한 관리들이 해고되고 그 자리가 혁명의 열기에 의해 일약 부상한 사람들로 채워지며, 후자들은 오로지 당에의 충성심이나 개인적인 사욕에 사로잡혀 그 직책을 자의적으로 수행하게 된 것을 보고 있자면, 공무에서 요구되는 〈윤리적 정신〉(sittlicher Geist)이 의미하는 바가 분명히 드러난다.

　군주제 국가에서 공무원의 의무는 그 최종적인 발전 단계에 있어서는 군주 자신을 구속한다. 군주는 **국가의 최고 공무원**일 뿐이다. 최고 공무원이라는 이 호칭은 종종 단순한 말에 불과하였더라도, 그 호칭은 뚜렷이 큰 변화를 보이게 되는데, 그 변화는 〈무력감소의 법칙〉(Gesetz abnehmender Gewalt)에 의하여 시간이 경과함에 따라 야기되는 것이다. 과거에는 군주적 **〈권력자〉**들이 자신을 위해 가장 단순한 〈도덕적 계율〉조차도 무시하는 것이 허용되었고, 그러한 전횡은 아무도 제어할 수 없었다. 물론 교회만이 유일하게 그 역할을 행할 수 있었겠지만 교회는 자신에 호의적인 군주를 위해서 관대한 묵인을 하였다. 이태리 군주는 도적들을 거리낌 없이 기용할 자유가 있었다. 가족 내의 여성에게는 가문의 명예에 반하는 죄를 범하였거나 의심이 가는 경우 사형과도 크게 다르지 않은 방법으로 〈초법적 정의〉(Kabinettsjustiz)에 의하여 판결을 내린 반면, 한편으로 군주 자신은 "간음하지 말아야 한다"라는 계율로부터 면죄부를 가지고 있었다. 더욱이, 자긍심을 가지고 있던 귀족과 대중조차도 군주의 타락에 대하여 면죄부를 인정하였다는 점은 그 이상으로 놀라운 일이었다. 그리하여 많은 나라에서 있어서 군주의 정부(情婦)는 대부분 국가적 제도화 되었다. "부모를 공경하라"는 계율이 그러한 **군주들에** 있어서처럼 현저하게 무시된 **신분층은** 없었다. 아들이 떨쳐버릴 수 없는 〈권력욕〉에 사로잡혀 아버지 왕관에 손을 뻗친 것도 다반사였기 때문이다. [하지만 시간이 흐름에 따라] 지배 가문들조차도 적어도 외견상으로는 〈보편적 도덕〉(allgemeine Moral)이 유효함을 인정할 수밖에 없게 되고 지배자 자신도 헌법에 따라 더 이상 공개적으로 그것을 회피할 수 없게 된 것은 결국 〈보편적 도덕〉의 힘이 커지고 있음을 증명한다.

4. 국가와 대중 내부에서의 무력의 재발

〈역사서술가〉들은 내전이나 종교전쟁에서 볼 수 있는 강력한 무력 행사의 재발에 의하여 국가와 대중들이 평화적으로 발전해 나가는 과정이 때때로 중단되었다는 사실에 유념하여야만 한다. **새로운 발전 단계에 진입할 때**는 그 이전까지의 유지되어 온 구래의 〈역사적 권력〉들로부터의 저항을 극복하여야만 한다. 하지만 이때 구권력은 그 시대의 흐름에 순응하려고 하지 않고, 결국은 무력 앞에서만 굴복할 뿐이다. 따라서 이러한 경우 항상 무력행사의 가능성이 잠재한다. 앞서 지적하였듯이 〈종교적 이념〉이나 〈자유주의 이념〉처럼 그 본질이 평화를 취지로 하는 이념이라도 다른 방도가 없는 경우에는 [무력적] 투쟁을 통하여 자기주장을 관철하는 경향이 있다. 이렇듯 평화롭게만 여겨지는 환경에서도 무력이 재발하게 됨은, 결국 인간의 본성은 평화를 거부하는 야수적 성질에서 탈피할 수 없다는 증거라고 민감하게 생각하는 관찰자들도 있다. 그러나 이런 경우라도 무력은 가슴속에 간직하고 있는 평화의 이념을 실행하기 위해 임시 방편적으로만 사용되고 있을 뿐이며, 무력이 자신의 역할을 완수하는 순간 다시 **면직**될 것은 분명하다. 프랑스 혁명과 그 후속인 나폴레옹의 〈독재〉는 국가를 새로운 발전 단계로 고양시키기 위해, 이를 방해하던 당대의 내외적 저항을 불식시키기 위해 무력을 사용한 전형적인 예이다. 극한까지 고조된 혁명으로 인해 고삐 풀린 힘을 자제시키고 질서를 부여하기 위하여서는 나폴레옹이 승리로 쟁취한 압도적 권위가 필요로 하였다. 하지만 그 당시 세계는 [나폴레옹에 대해] [똑같은] 무력으로 회답하였고, 그 참상을 목격한 사람들에게는, 그리고 그 여파를 겪고 있었던 그다음 세대들에게도 그보다도 심각한 무력은 존재하지 않았던 것처럼 여겨졌다. 그러나 프랑스 국가의 창건과 강화(強化)를 위해 치러야 하였던 〈역사적 과업〉에 비하면 혁명과 나폴레옹에 의한 압제, 그리고 나폴레옹 자신의 〈무력지배〉의 시대는 아주 짧은 여운에 지나지 않는다. 1848년 혁명과 나폴레옹 3세의 제2제정이 이미 주어졌던 〈삶의 질서〉에 미쳤던 영향은 훨씬 미미하였고, 불랑제(Boulanger)[298]의 시도는 단순히 장난에 불과하였다. 무력이 거대한 운동을 방해하는 장애물을 제거하자마자 사람들은 무력에 의존하는 지도자들로부터 멀어지고 재차 평화의 지도자들로 돌아서게 된다.

이제 〈국민국가〉 내부적인 측면에만 국한된 갈등은 더 이상 그 〈국민국가〉를 파열시키는 목적으로 일어나는 것이 아니며, 이는 오로지 국민 생활에 있어서의 우선순위를 정하는 바에 관한 것으로 된다. 국민들 내에 도사리는 각종 이해관계들이 서로 간에 아주 밀접하게 얽혀 있는데 그로 인한 갈등은 장기간 지속될 수 없고, 종식되어야만 한다고 생각되기 때문에 사람들은 우선순위에 대한 합의를 도출하여야만 한다. 일단

---

298 불랑제(Georges Ernest Jean-Marie Boulanger, 1837-1891). 프랑스 제3공화국의 군인 겸 정치가. 파리 코뮌을 진압. 강력한 프랑스를 구호로 하며 보불전쟁의 패배에 대한 복수를 주장하였고, 우익 민족주의 정당을 창시. 국민들에 의하여 일종의 메시아로 추앙받았으나, 이에 대하여 공화주의자들은 연합전선을 형성하여 그를 몰락시킴.

전국적인 통일이 달성된 국가는 그 내부에서 발생하는 종교 갈등에 의해서 [그 정체성이] 분열된 바는 없었다. 종교상의 갈등이 있더라도 영국은 영국이라는 단일성은 유지하며, 마찬가지로 프랑스는 프랑스이고 독일은 독일인 것이다. 비록 발전의 모든 중요한 단계에서는 새로운 조건 변화에 상응하는 〈국가강령〉의 변경을 최종적으로 실행하기 위하여서는 무력은 필요하며, 또한 그를 위해 좌파이건 우파이건 철과 피를 이용한 〈독재〉가 요청된다. 그러나 최고의 〈평화적 권력〉이 가진 내적 힘을 완전히 전개하기 위하여 철과 피를 이용하는 그러한 위대한 국민 정치가가 결국은 옳았음이 입증될 것이다. 신체적, 정신적 건강을 유지하고 있는 모든 국민들에게 있어서는 예외 없이 〈평화적 권력〉이 무력에 대해 승리하는 결과를 가져올 것이며, 〈평화적 권력〉의 약진에 방해되는 걸림돌을 제거하기 위하여 사용될 수밖에 없는 무력의 개입은 점차로 줄어들고 그 지속 기간도 짧아질 것임은 의심의 여지가 없다.

5. 〈계급투쟁〉에 있어서의 무력

〈문화국가〉들에서 오랜 기간 지속되고 도처에서 이미 공공연한 내전의 불을 점화시킨 〈계급투쟁〉은 부르주아적 평화가 정착된 상태에서는 잠잠해질 수 있을까? 전쟁 전부터 '가진 자'들의 정서들은 심각한 불안 상태에 놓여 있었고, 전란 이후에는 그 불안이 최고조에 달하였다. 그 결과 문화의 정점기보다도 더 심각하고 더욱 지속적인 무력의 재발이 예상된다. 〈소유〉나 경제 질서의 운영에 대한 우려뿐만 아니라 문화 전반이나 〈윤리적 위상〉에 대한 우려 또한 야기되고 있다. 〈계급투쟁〉이 공공연히 발발할 때 나타나는 그 격렬함은 언젠가 그것이 보편화될 때 발생할 최악의 사태에 대한 심각한 우려를 야기할만한 충분한 이유가 된다. 만일 그러한 재발이 현실화되는 경우에는 〈무력감소의 법칙〉에서 말하는 주장이 근본적으로 부정되는 것은 아닐까?

그러나 이런 경우라고 할지라도 무력은 인간 본성 내에 존재하는 통제될 수 없는 야만성에서 비롯된 것이 아니라, 그러한 무력을 이용하는 것은 평화적 질서가 아직 실현 가능하지 않기 때문에 무력을 요청할 수밖에 없는 **새로운 〈사회적 과업〉**에서 비롯되는 것임을 깨달아야만 한다. 이러한 [무력을 요청하는] 새로운 〈사회적 과업〉은 프롤레타리아가 아니라 자본에 의해 먼저 주도된다. 그리고 〈무력성〉을 수반하는 프롤레타리아의 운동은 자본 자신의 과업을 수행하는 과정에서 행사하는 무력[강권]으로부터 오는 압박에 대한 반작용에 지나지 않는다. 그러나 자본가인 기업인조차도 이러한 압박을 행사할 때 단순히 자신의 조야한 〈이기심〉의 발로로서 행동하는 것이 아니다. 자신들의 과업은 다른 방법으로는 달성할 수 없고, 따라서 〈사회적 과업〉의 지도자로서 그러한 과업을 달성하기 위해서는 인간의 본성에 따라 당연히 무력[강권]이 필요시 되기에 그들 또한 그렇게 [무력[강권]을 사용]할 수밖에 없는 처지에 있다고 생각하는 것이다. 물론 아직도 인간은 평화적인 합의에 의하여 그 과업을 달성할 수 있을 정도의 도덕적 발전 단계에는 이르지 못한 것도 사실이다. 현대 기술의 경이로운 성과로 인하여 달성할 수 있는 예상되는 이익은 너무도 지대하기에 그 경제적 이익을 향한 유혹에서 벗어나기 힘들다. 따라서, 예상되는 그러한 이익의 수준이 너무 크기에 도덕적 균형감을 유지할 수 없게 된다. 그 도덕적 균형감은 사회적 도덕과 사회적 기술 진보가 상호 적절히 보조를 맞추는 경우에야 비로소 달성될 수 있기 때문이다.

〈자본주의적 기업가〉가 달성하여야 하는 새로운 〈사회적 과업〉은 비록 여러 면에서는 상이하다고 하더라도 그 목적과 경로에서 볼 때 국가를 수립하는 과업에 가깝다. 사회주의자들의 의견에 비추어 보자면, 분산된 소규모의 이윤추구 경제 단위에서 더욱 광범위한 이윤추구 단위로 이행은 전 국가 경제의 통일을 완결시키기 위한 이행 과정이다. 투쟁으로 인하여 지난 수세기 동안 소국들이 대국에로 정치적으로 통합되었는데, 이와 같은 과정이 경제적 영역에서도 발생하는 것이다. 그러한 정치적 영역에서 일어난 바와 마찬가지로, 경제적 영역에서의 **거대함과 〈통**

일성〉으로의 이행도 무력으로 강제될 수밖에 없다. 왜냐하면 구래의 〈역사적 권력〉이 행사하는 저항은 다른 방법으로는 극복할 수 없기 때문이다. 우리의 눈앞에서 보이는 바, 국민경제 내에서 발생하는 현상들은 무력이 과거에 전형적으로 수행하였던 〈역사적 과업〉의 반복이라고 할 수 있다. 현대 과학이 인식하고 있는 자연의 힘들은 매우 커서, 그것이 인도하는 무궁무진한 가능성을 활용하기 위해서는 대규모 생산이 기술적으로 필요시 된다. 그런데 왜 그 많은 제조업자들이나 임노동자는 그러한 시대적 기술적 가능성을 보고 기회를 포착하는 눈을 가지지 못하는가? 과거에는 진취적 사업가적 정신을 기반으로 한 장인들과 임노동자들이 대중의 최하층의 지위를 박차고 부상하였음에도 불구하고, 왜 그들은 현재 작은 출발점에서 시작하여 큰 사업의 전개로 이행할 수 있는 활동력과 용기가 또다시 없는 것일까? 사실 장인 또는 임노동자를 배척하는 것은 비단 자본의 소유 여부 그 자체는 아니다. 왜냐하면 많은 성공적인 기업가들은 일천한 자본으로부터 시작하여 성공할 수 있었기 때문이다. 그리고 실상 대부분의 경우에 있어서는 대기업의 거대 자본은 처음부터 주어진 것이 아니라 번영의 과정에서 축적된 것이지 않은가! 또한 왜 장인도, 그리고 임노동자도 고립된 개인으로서의 취약성을 극복하기 위해서 협동조합을 결성하지 못하였을까? 국가 건설의 과정과도 마찬가지로, 이러한 경제적 과정에서도 대중은 자신의 의지로는 자연적 질서가 요구하는 큰 규모로 접어드는 결정을 할 수 없고, 이미 친숙한 작은 것에만 집착하고, 또한 그 친숙한 작은 것들을 자발적으로 포기하기는 더욱 힘들다. 결국 국가의 발전이 그렇듯이 경제의 발전도 강력한 지도자의 〈선도행동〉이 필요하며 길을 저지하는 것들을 극복하기 위해서는 가장 강력한 강제력과 무력[강권]이 수반되어야만 하고, 그러한 단어들을 사용함에 주저해서는 안된다. 거대한 규모를 지향하는 경제적 대로에서 쓰러진 희생자들의 숫자와 그들이 겪어야만 하였던 고통의 총합은 [정치적 영역에서의] 국가에서의 투쟁과도 비교될 수 있을 정도로 방대하였다. 물론 그 과정에서 [경제적 영역과 정치적 영역은 각기] 다른 형태의 무기를 사용하였지만, 그로 인한 상처는 똑같이 깊었다.

    기업가들이 부담하는 비용 가운데 임금의 지출은 매우 큰 비중을 차지하고 있기에 그들이 이러한 임금 지출을 특히 절감하려고 시도하는 바는 충분히 이해할 수 있는 점이다. 하지만 그들이 임금 절감을 하도록 유도하는 것은 비단 이윤 추구를 위한 동기뿐만이 아니다. 경쟁의 와중에서는 모든 면에서 어쩔 수 없이 가장 실천적인 방법을[299] 채택하기 마련이다. 더욱이 그들은 증가된 이윤을 통하여 자본 축적을 하고, 그로 인하여 자본을 늘려 기업을 확장시키겠다는 강력한 욕구를 가지고 있다. 그리고 마지막으로 대규모 사업 초기에는 원자재 비용을 줄이는 것은 강력한 저항에 봉착하기 때문에 오히려 그보나 손쉬운 임금 지출 절감을 고려할 수밖에 없다. 특히 대기업 형성의 초기의 노동 시장은 노동자에게 매우 불리한 상황이었다. 기계가 도입되고 거리로 내팽개쳐진 실업자들로 인하여 산업예비군이 축적되면서 노동 시장이 과잉 공급에 처해 있던 시절이었다. 노동자는 장시간 노동과 최악의 생활 환경에도 불구하고 저임금을 받아들여야만 하였다. 노동자, 적어도 큰 집단 내에 속한 노동자들이 특히 자신 스스로를 조직화하는 것을 배우고 난 이후부터는 비로소 상황은 점진적으로 개선되기 시작하였다. 그리고 이제 기업가는 인간의 힘에 의한 저항이 원자재 공급 측에서 보여질 수 있는 가장 강력한 저항보다 오히려 더 파장이 크다는 것을 깨닫게 되었다. 왜냐하면 인간의 힘은 스스로 방어에서 공격으로 전환될 수 있기 때문이다. 조직화된 프롤레타리아는 대기업과 대치하고 있던 모든 전선에서 공격으로 전환하였고, 임금, 노동 시간, 일반 근로 조건에 관한 그 모든 측면에서 차례로 승리를 거두었다.

---

299   예를 들어, 임금을 삭감하는 것이 대기업으로부터 구입하는 원료 가격을 협상하는 것보다 쉽다.

프롤레타리아의 대두는 그들의 열정적인 〈무력성〉에 기인한다는 사실에 놀랄 필요는 조금도 없다. 국가와 사회는 오랫동안 많은 중요한 일들에 있어서는 소홀하여 온 반면, 프롤레타리아의 〈윤리적〉 자질을 오히려 퇴행시키도록 적극적으로 조장한 측면이 있다. 라살이 독일의 프롤레타리아 계급을 상대로 선동 활동을 시작하였을 때 그 자신이 어떤 위험한 힘을 불러들이고 있는지 잘 알고 있었다. 그의 저서 《자본과 노동》 (Kapital und Arbeit)의 모두(冒頭)에서 그는 그 같은 사실을 명확히 표어로서 내걸고 있다. "Aeberonta movebo."[300] 즉, "나는 명계를 깨어나게 하였다." 그렇기에 만약 어느 누가 그 역할을 하지 않았다고 하더라도 다른 누군가는 대신하였기 마련이다. 왜냐하면 프롤레타리아 대중은 이미 움직일 준비가 되어 있었으므로 그들에게는 항상 지도자가 있기 마련이었기 때문이다. 자본 측에서도 자신들의 충동을 통제할 수 없었다. 그들에게 새롭게 펼쳐질 가능성은 너무도 매력적이었기에 그 어떤 의구심의 여지도 없이 자본가들을 즉각 행동으로 옮기도록 하였는데, 그들의 행동으로 인해 사회적 질서가 파괴될 수도 있다는 걱정조차도 충분히 불식시킬 수 있을 만큼 거대한 힘이 자극되었다. 모든 우려에도 불구하고, 자본은 경제적 파괴를 동시에 수반하기 마련인 경제 건설의 과업에 매진하였다. 과거 지주계급이 농민을 무자산 농업 임노동자로 전락시켰던 것처럼, 대기업이 중소기업을 구축(驅逐)하여 감에 따라 지금의 제조업자는 그 이전에는 독립적이었던 장인들을 임노동자 계급으로 전락시켰다. 동시에 자본은 증가된 인구를 자신들의 기업 내로 포섭하였다. 하지만 공장 내로 그 인력들을 대규모로 포섭한 결과 오히려 대중들이 조직화할 수 있

---

[300] 로마 시대의 위대한 시인 베르길리우스의 시구절인 "*Flectere si nequeo superos, Acheronta movebo*"에서 유래. 직역하자면 "만일 내가 강력한 힘들을 저지하지 못하는 경우에는, 그때는 아케론강(그리스 신화에 나오는 저승에 흐르는 강)이라도 움직여 [저지할] 것이다."

는 길로 인도하였다는 점은 상상하지 못하였다. 무력의 의한 지배의 증가, 그리고 법과 〈윤리〉가 가진 영향력의 저하는 이러한 경제적 이행 과정상의 필연적인 부산물이며 이를 부정하는 것은 어리석은 일이다. 하지만 현재 우리 앞에 보이는 바는 [과거와도 같은] 통제될 수 없는 야만성의 발발은 아니다. 또한 그 이전의 다른 역사적 후퇴와도 마찬가지로, 현재 우리가 경험하는 무력에로의 회귀도 현재의 시대가 제시하는 새로운 과업들의 도전에 직면하고 있기 때문임을 깨달아야만 하며, 그러한 깨달음은 우리에게 적잖은 위로가 된다. 따라서 이렇듯 새로운 단계가 최종적으로 달성되고 사회가 그 달성된 상태에 안정적으로 정주하게 되는 순간 무력의 열정을 잠재우게 된다. 그리고 이제부터는 평화적 방법에 의한 투쟁을 가능하게 하는 더욱 높은 수준의 사회의 도덕이 고양된다는 희망을 품을 수 있다.

현재 진행 중인 경제적 과정의 세부 사항, 그리고 그것이 어디까지 확대되고 그로 인해 어떠한 새로운 질서가 어떻게 형성될지에 대하여서는 여기서는 논의를 피하고자 한다. 과거 국가 형성의 과정이 그랬듯이 이 과정이 무력에 대한 법과 〈윤리〉의 승리로 끝날 수 있다고 말할 수 있음에 만족하고자 한다. 물론 최종 결단은 재차 철과 피에 의해 이루어질지도 모른다. 그러나 전술한 바를 다시 반복하자면, 신체와 정신의 건강을 유지하는 모든 국가에서는 위대한 국민 정치인이 철과 피에 의존하는 것이 허락되는 경우는 단지 치고의 〈평화적 권력〉들 내에 잠재된 힘을 완전히 전개시킬 수 있도록 하는 용도의 한도 내에서만이라는 것이 재차 증명될 것이다. 강한 개인은 폭풍 노도와도 같은 청춘을 보내지만, 노년기에는 청년기보다 그렇지 못하기 마련이고, 따라서 그 근본은 더 이상 열정에 의해서 움직이지는 않는다. 이는 강한 민족들에게도 적용되는 이야기이다. 최초의 발흥기에는 전장에서 포효하지만 성숙기에는 접어들면 평화적 힘을 사용한다. 비록 시대의 변화로 인해 이따금 전운에 휘말리는 한이 있더라도, 신체와 정신 건강을 유지하는 한 〈최상위 힘의 법칙)이 작용하여 결국 평화적 작업으로 인도하는데, 이러한 평화적 작업은 가장 큰 결실을 맺을 수 있는 힘이다. 그들이 행하는 [무력적] 투쟁은 **삶의 규칙에 있어 예외**라고 할 수 있는데, 이는 강인한 신체가 이따금씩 외과의사의 메스에 의존하는 경우가 있다고 하더라도 궁극적으로 질병을 극복함과도 같다고 할 수 있다.

6. 문화 민족들 간의 전쟁과 〈인인애〉의 계율

하지만, 심지어는 〈문화민족〉들 간의 관계를 망라한 민족들 간의 관계는 개별 민족 내에서 보이는 관계와는 상이하다. 〈문화민족〉들은 자신들이 소유한 노동과 자본으로부터의 생산되는 산출에 깊이 의존하고 있으므로, 그러한 경제질서를 교란시키는 전쟁은 회피되어야만 한다고 생각할 수 있다. 하지만 실상은 다르다. 전쟁은 〈문화민족〉 간에 현재도 빈번히 발생하고 있으므로 예외로 간주되어서는 안된다. 그러나 전쟁은 **삶에 있어서의 일종의 규칙성**에 속하는 것이며, 맑은 하늘과 정적 뒤에 폭풍우와 비가 내릴 수 있음과도 같다고 할 수 있다. 따라서 항상 전쟁에 대비하여야만 한다. 그뿐만 아니라 모든 강대 민족들에게 있어서는 전쟁을 할 권리는 필수적인 권리라고 생각되며, 어느 민족이건 수많은 지도자들은 국민들이 전쟁을 통해 주기적으로 최대의 강인함을 경주할 기회가 없다면 〈인민의 힘〉이 나약해질 것이라는 견해를 가지고도 있다. 물론 야만족 내지는 반(半) 〈문화민족〉과 전쟁하는 것은 의심의 여지없이 허용되고 있다. 또한 이러한 경우 〈문화민족〉들은 지구상에 〈문명〉을 확산시키는 숭고한 임무를 전면에 부각시킬 수도 있기 때문에 전쟁의 책임을 면할 수도 있다. 하지만 비록 〈문화민족〉들 사이에서 발생하는 야수적 전쟁 내지는 부당한 전쟁 일반은 경멸의 대상이 될 수 있더라도, 각 민족은 각자의 대의명분을 내세우며 판단하기 때문에 스스로 정의롭다고 여겨지는 전쟁은 필요에 따라서는 항상 존재하기 마련이다. 〈문화민족〉들이 서로 벌인 기나긴 전쟁들 중에 당사자 모두가 대의와 정의를 주장하지 않았던 전쟁은 없었으며, 그들의 대의에 대하여서 신의 은총을 교회로부터 구하지 않았던 전쟁도 〈역사서술가〉들은 거의 발견하지 못할 것이다. 그렇기에 대중들은 이러한 전쟁들을 단지 군주들의 개인사로만 이해하려 하였고, 따라서 사람들은 일반적 의견에 따라 대중 자신이 국가를 지배하게 되면 전쟁은 종식될 것이라는 것을 [순진하게도] 확신하였다. 그러나 역사 전문가들에 의하면 〈민주주의〉 국가조차도 전쟁을 단순히 포기하지는 않을 것이라는 점은 자명하고, 통상적인 형태의 군주들 간의 전쟁은 세계대전에 비해 그 규모 면에서는 비교할 수 없을 정도로 작다는 바는 최근의 세계대전에서 이미 입증된 바이다. 이러한 점은 세계대전의 근원뿐만이 아니라 그 소모적인 전개 과정에서도 잘 보여진다. 또한 결국 국가 간의 군사적 전쟁보다 훨씬 잔학한 내전을 발발시킨 것도 대중이 아니었던가? 그리고 종교전쟁 중 잔혹함과 광기를 보여준 것도 바로 대중이 아니었을까? 노동자들은 종종 전쟁 발발의 책임을 자본가들에게 떠넘기고자 한다. 하지만 노동자가 국가와 경제를 지배하는 경우에는 과연 전쟁이 불식될까? 전쟁을 하고자 하는 정신이 모두 소진되어 이미 말라 버리지 않았다면 여전히 대다수 대중의 핏속에 그러한 정신은 남아 흐르고 있다. 그들은 여전히 무용(武勇)을 남자들의 전형적인 미덕으로 간주하고 있으며, 그들에게 전쟁은 여전히 국가의 운명을 결정하는 궁극적인 해법으로 간주되고 있다.

세계대전 이전에는 〈문화국가〉들이 상호 공유하는 세계적 과업이라는 생각은 있을 수 없었고, 또한 전후에도 거의 없었다. 어느 국가도 스스로를 〈세계제국〉에 속한 회원국가라고 생각하지 않는다. 각국이 다른 나라와 협정을 맺더라도 이는 자국의 이익을 위하여, 그리고 자국의 주권을 절실히 지키기 위해서 그렇게 할 뿐이다. 국가와 국가 사이에는 '배려'라는 인간적 감정이 개입될 여지는 더욱 드물다. 이러한 [배려라는] 감정은 세상에서 이해되고 있는 바의 사물의 본성에 철저히 어긋나는 것인데, 그 이유는 외국의 국가 존재 그 자체는 자신과 동류인 인간의 총체가 아닌 **초 인간적이며 따라서 비인간적 존재**로 대중 일반의 감정에는 비춰지기 때문이다. 군주들이 서로 간의 혈연관계 내지는 오랜 상호 관계를 통해 서로를 알아 왔고 상호 신뢰하고 있는 경우에 있어서는 국가가 모종의 개인적 성격을 가지는 것으로 비추어질 가장 가능성은 높다. 그들에게 있어서는 '짜르 삼촌' 내지는 '기사도 정신에 충만한 프란시스 요제프 황제'가 어쩌면 평화를 보증하는 인물로 등장할지도 모르기 때문이다. 하지만 그와는 반대로 군주나 정치가의 인품 때문에 깊은 불신이 야기하게 되는 경우도 있었다. 그러나 근본적으로는 개별 인물 그 자체가 중요한 것이 아니다. 외국 국가는 〈권력의 법칙〉을 따르는 비인간적인 악마적 존재로 남아있기 마련인데, 이는 어떤 때에는 베일로 감춰져 있고 때로는 그 잔혹성을 공공연히 과감하게 드러낸다. 따라서 그러한 **어떠한 위험성**이 잠재되어 있는 외국 국가에 대하여서 조심하여야만 한다. 우리가 '국가들'이라는 이름하에 직면하는 인간 대상들은 동종의 인간으로서 생활의 모든 현장을 통해 알게 된 영국인, 러시아인, 그리고 독일인은 아니다. 그들은 객체화되고 역사적으로 고착된 성격을 가진 영국인, 러시아인과 독일인이며, 더욱 정확히 말하자면 지리적, 역사적으로 규격화된 인간 집단들로서 〈권력의 중력법칙〉[301](Gravitationsgesetze der Macht)에 따라 규정된 영국, 러시아, 독일이라는 국가 그 자체이다. 그들은 바다로 둘러싸여 있기에 해양의 패권을 장악하여야지만 생존 가능한 영국, 부동항을 갈망하는 내륙에 고립된 러시아, 그리고 양단의 전선을 형성하여 결국 두 개의 상이한 전쟁에 시달릴 수밖에 없는 독일일 뿐이다.

자신이 속한 국민과의 관계에서와도 같이 각 〈문화국가〉의 국민들은 다른 〈문화국가〉의 국민과의 사적인 거래에 있어서도 [무력을 수반한]

---

301 각기 개별 〈권력현상〉들은 마치 중력의 작용처럼 한곳으로 수렴하여 일반화된 형태로 보여지게 됨을 의미하는 것으로 여겨진다. 이 의미에 대한 정확한 정의는 본서에서 주어져 있지 않다.

자구의 노력이 없이도 사적인 거래를 진행할 수 있음을 배워왔다. 처음에는 외국인들과의 거래가 다소 낯설다고 생각할지도 모른다. 하지만 곧 외국의 특이성에 친숙하게 되기 마련이다. 놀랍게도 결국은 자국에서는 없었던 많은 것을 이해하게 된다. 그 과정에서 비록 여러 가지 결점을 발견할 수 있다고 해도 경험상 전체적으로는 모든 것이 잘 진행된다는 것을 발견하고 결국 적응되게 된다. 도처에서 물론 발견되는 예외를 도외시한다면, 어느 나라이건 상대방 국민들도 도덕적이며 올바른 행동을 하는 사람들이므로 그들과 함께 생활하거나 일을 도모할 수도 있다. 그러나 시민들이 국가에 대한 의무를 수행하는 입장에서 서로 마주칠 때, 즉 병사가 전투에서 적병과 부딪칠 때는 사태는 달라진다. 병사는 자신의 자유 의지로 행동하는 것이 아니다. 그는 국가에 부속된 하나의 기관(器官)으로서 행동하고 그 명령을 거부할 수도 없고 원칙적으로 거부하겠다고도 생각조차도 하지 않는다. 이는 자신의 국가에 충성하는 것이 최고의 계율이기 때문이다. 국가는 그 병사들의 검이며 방패이자 최고의 가치이다. 이때문에 자신의 국가의 명령에 따라 행동한 적병에게는 개인적 책임을 묻는 법이 없고 오히려 용감한 전사로 칭송된다. 또한 그 적병의 총구에서 발사된 탄환은 한 인간으로서가 아니라 자기 나라의 승리를 쟁취하기 위한 의무에 경도된, 무기를 소지한 적병이 발사한 탄환일 뿐이다. 왜냐하면 그들 적병에게 있어서는 그의 국가가 옳다는 것은 의심할 여지가 없고, 반대로 그에게 있어서 상대방 국가는 완전한 악으로 비추어질 것은 의심할 여지가 없는 사실이기 때문이다. 적국은 가장 사악한 의도로 전쟁을 발발시킨 주범이며, 따라서 사람들의 상상력에는 적국은 가장 어둡고 가장 괴물과도 같은 모습으로 그려지기 때문이다. 포로가 되었거나 부상당한 병사들은 이후 다시 인간으로서 대면할 수 있다. 그때 그들은 국가로부터의 속박에서 해방된 상태이고 따라서 그들은 재차 서로를 인간으로 간주할 것이다. 전쟁 중 일시적으로 포화가 중단된 순간에는 서로를 인간으로서 대할 수 있게 되고, 서로의 인권을 고려하는 경우도 있다. 예를 들면 참호를 사이에 두고 솟아오르는 샘물을 공유하기 위하여 어떤 엄격한 상호 합의하에 서로가 만날 수도 있다. 물론 전쟁의 포화 가운데에서는 조상들이 가졌던 야만적인 정신이 다시 눈을 뜨게 되어 끊임없이 적의 피를 갈구하고, 국가의 명령에 따라 적병을 살해하는 것을 마치 양심의 의무에 따른 살인으로 치부한다. 결국 수백만의 맹수들이 가진 야생적 본능이, 작렬하는 전쟁의 포화 속에서 분출되게 된다.

명령을 내리는 위치에 있는 국가의 지도자조차도 자신의 의지대로만 행동할 수는 없다. 그리고 그들은 한 인간의 자격으로서 자유로이 다른 사람들에 대해 결정할 수도 없다. 그들 또한 **국가에 대해 의무**에 묶여 있기 때문이다. 그들은 자신의 국가에 대해 상당히 **특별한 의무**를 지고 있기 때문에 그와 동시에 국가의 권력에 상당히 특별한 정도로 복종하게 된다. 그들의 현실들이라 함은 그들 자신들이 당면하고 있으며 또한 〈**권력형성체**〉들로서 파악되어야만 하는 〈국가체제〉이다. 그러한 현실들에 자신의 행동을 정확히 부합시키는 경우에만 그들은 자신들의 의무를 다할 수 있을 뿐이다. 그들 중 통상적 의무만을 수행하는 바에만 오로지 관심이 있는 자들은, 어떤 주어진 정치적 지형하에서 [우연히] 〈통치자〉(Regent)로 군림하게 되면서 명령하는 위치에 있게 된 〈권력자〉들에게 처음부터 복종을 맹세한다. 반면 그들 중 강한 개성을 가지고 있어 자신의 [강한] 의지로 인해 모든 사람들에게 위대한 〈**권력자**〉로 비추어지는 자들조차도 모두 권력이 가지는 **마성**(魔性)에 사로잡히고, 따라서 이들의 자유로운 의욕 또한 엄연한 〈필연〉(Müssen)이다. 그들이 느끼는 새로운 사회적 힘들에 내재된 정신은 이제 그들의 주인이 되고 따라서 그들은 그 새로운 사회적 힘들을 섬기지 않을 수 없다. 그런데, 나폴레옹의 개성이 가진 대단한 점은 그 시대가 가진 힘들을 결집하여 발현시키는 최고도의 재능을 가지고 있었던 바에 있었다. 그는 자연계에서조차 좀처럼 생성될 수 없는 그러한 에너지로 충만한 강력한 사회적 매체 그 자체였다. 그 에너지는, 그가 전쟁으로 끌어들였던 프랑스인과 여타 민족들 내에 잠재하였던 호전적 본능을 결집하여 분출할 수 있었다. 그가 벌였던 그렇듯 대단하였던 전쟁들은 그 자신뿐만 아니라 동시대 사람들에 대한 인간들의 기록이기도 하다. 이는 여느 전쟁에서나 마찬가지이다. 전쟁은 결코 지도자만의 문제가 아니다. 전쟁에 참여하는 〈대중집단〉이 가지고 있는 본능이 그 기저에 항상 작용하고 있다.

〈인인애〉를 최고의 계율으로 인정하는 정서들이 그와 동시에 국가의 명령에 의한 전장에로의 부름에 기뻐하고, 더 나아가 기꺼이 따르는 것은 인간 본성에 내재한 가장 기묘한 수수께끼 중의 하나다. 전쟁의 과정에서는 수천수백만 명의 대량 살상이 행해지고 있지 않는가? **단순한 일개의 살인에도 분개하는** 인간의 감성이 어떻게 전쟁이라는 **대량 살상을 용인**할 수 있는가?

오늘에 이르기까지 인간들은 전쟁과 전쟁의 소란에 파묻혀서 이러한 모순성을 거의 인식할 수 없었다. 국가가 내부에서 성숙해지게 되어 더 확실한 평화와 평화의 감정을 가지게 될 때야 비로소 처음으로 국제적 평화를 향한 의지도 눈을 뜨게 된다. 이때야 비로소 일국 내에서 〈정글의 법칙〉(Faustrecht)에 반대하여 국내 평화가 주장되기 시작하며, 그럼으로써 여러 〈민족의 삶〉들 간의 관계에서도 〈정글의 법칙〉 대신 평화가 요구될 수 있다. 현대에서는 이렇듯 평화를 향한 운동이 추동력을 얻고 있다.

〈평화주의〉(Pazifismus)라는 믿음에 대한 최초의 신봉자들은 어떠한 새로운 신앙이 나타났을 때와도 같은 감정을 느끼기에 그러한 믿음을 거부하기 어렵다. 전쟁, 특히 〈문화민족〉 간의 전쟁은 그들에게는 이해 불가해한 인간 본성의 퇴보였다. 이러한 점을 사람들에게 설득시키는 것만큼 간단한 일은 없다고 그들은 천진난만하게도 굳게 믿었다. 왜냐하면 전쟁이 가진 그 모든 잔혹성을 사람들에게 보여주기만 하면 된다고 생각하였기 때문이다. 《무기를 내려놓아라》(Die Waffen nieder)[302]의 저자 베르타 폰 주트너(Bertha von Suttner)는 1866년 전쟁 중에서 받은 충격에 전율하며, 자신의 경험을 말함으로써 그 자신과도 마찬가지로 독자들도 경각심을 가지게 될 것이라는 생각에 펜을 들었다. 물론 그녀의 생생한 글은 강한 충격을 줄 수 있었다. 하지만, 그 글로 인하여 전쟁에로의 의지를 현저히 약화되지 못하였다. 만약 베르타 폰 주트너가 살아있어서 세계대전을 목격하였더라면, 전쟁에서 아무리 극도의 잔학성이 입증되더라도 전쟁에 대한 의지를 누그러뜨리기에는 충분하지 않다는 것을 실감하였을 것이다. 러시아인과 동맹국들 각기의 국민이 전쟁에 등을 돌린 것은 단지 그 전쟁으로 인한 전율에 겁먹었기 때문은 아니었다. 그들 모두는 만약 승리의 희망이 존재하였다면 전쟁을 지속하였을 것이다. 이는 〈연합국〉에 속한 국가들이 그 수많은 불리한 시기 동안 전의를 누그러뜨리는 여러 일시적인 충격을 겪었음에도 불구하고 어떤 승리의 전망이 다시 가시화되었을 때 다시 불굴의 투지를 가지게 되었음과도 같다. 마침내 국가 간의 전쟁을 비난하였던 바로 그 프롤레타리아가 주저함 없이 계급 간의 전쟁을 개시하였고, 볼셰비키 전쟁에서 보여준 잔혹성은 그 이전에 짜르가 주도한 전쟁에서 볼 수 있었던 모든 잔혹성을 능가하였다. 그리고 그러함에 있어 전쟁의 목적을 달성하기 위하여서는 잔혹함이 필수불가결하였다는 등과도 같은 어떠한 치졸한 변명조차도 제시하지 못하였다. 그러한 잔혹성은 가장 잔인한 충동의 분출이었다.

인간의 신체의 병을 고치려는 의사는 신체를 정확히 알아야만 한다. 이와 유사하게, 진지하게 평화를 사랑하는 사람이 전쟁이라는 악을 고치려고 한다면 그는 〈사회체〉의 몸 상태를 정확히 알아야만 한다. 단순한 일개 살인에는 분노하고 전쟁이라는 대량 살상을 용인하는 인간의 감정

---

302 여류 작가 베르타 폰 주트너(Bertha von Suttner 1843-114)가 1889년 발행한 이 소설로서 1905년 노벨 평화상을 수상. 평화주의의 선구자로 알려짐.

상의 모순을 비난하는 것만으로는 극복할 수 없는, 그러한 인간의 본성에 대한 문제에 우리가 당면하고 있다는 사실을 직시하여야만 한다. 이는 과거 수천 년 동안 보여진 〈전쟁성향〉(Neigung zum Kriege)으로 입증된다. 논리에 의하여 단순히 감정을 부인하기 전에, 일견 모순처럼 보여지는 것들의 심층에 존재하는 의미를 파헤쳐야만 한다. 그렇듯 심층의 의미를 파악하는 경우, 일견 모순적으로 보이는 것들이 해소되는데, 왜냐하면 **자연은 결코 스스로 모순되지 않으며**, 지난 몇 세기 동안 되풀이되어 온 경험은 자연적 순리와 어긋날 수 없기 때문이다. 사실 극소수의 예외적인 사람들을 제외하면 정의로운 전쟁에서 적을 살상하는 것은 많은 사람들의 감정상 살인으로 간주되지 않는다는 것이 지극히 당연하다. 즉, "살인하지 말아야 한다"는 계율은 정의로운 전쟁에서는 적용되지 않는다. **왜 적용되지 않을까**? 한 국가 내에서 적용되는 〈도덕적 계율〉이 국가들 간에는 아무런 힘도 가지지 않는다는 것을 어떻게 설명할 수 있는가? 이는 전쟁에 대하여 더욱 균형 잡힌 판단을 하려는 모든 사람이 답하여야 할 **근본적인 물음**이다.

그 해답은 기독교와 인류에 있어서의 지고의 도덕적 권위를 살펴본다면 명확하게 찾을 수 있음을 발견할 수 있다. 자신처럼 이웃을 사랑하라는 계율을 설파한 그리스도 자신은 **전쟁을 세계로부터 즉각 일소**하고 싶다는 뜻으로 이 계율을 주창한 것은 아니었다. 그는 자신의 두 번째 계율인, "〈카이사르의 것은 카이사르에게〉"를 추가함으로써 전쟁과 평화의 모든 시기에 있어서 세속적인 권력을 인정하고 용인하였다. 그렇기에 기독교인들은 로마 황제의 군대에 참여하여 용감하게 종군하였다. 이후 지중해 사람들이 모두 기독교인이 되었을 때조차 그들은 이교도들에 대해서 뿐만 아니라 자신들 사이에서도 지속적으로 전쟁을 벌였다. 그리고 그러한 전쟁은 교회의 보호 아래 이루어졌는데, 교회는 그 자신의 목적들을 위하여 세속적인 무기들을 어떻게 사용하는 바를 잘 알고 있었고, 또한 고위 성직자 자신들도 종종 갑옷을 걸치기도 하였다. 교회는 자신들의 신처럼 "〈카이사르의 것은 카이사르에게〉"돌려주고, 기존의 세속적 권력에 순종함을 신도들에게 가르쳤는데, 이때 말하는 그 세속적 권력은 정당한 권력일 필요조차 없었다. 이러한 가르침은 깊은 지혜로 가득 차 있다. "너의 이웃을 너 자신처럼 사랑하라"는 계율은 인간이 할 수 있는 바를 초월하는 말이며, 아주 점진적으로만 어느 정도 자기주장을 할 수 있었다. 부단한 노력 끝에 '인간 대 인간' 간의 관계를 순수한 높이까지 고양시킬 수 있었을 때야 비로소 '국가 대 국가'의 관계에 무력이 침투하는 것을 근절할 수 있게 된다. 그러나 기독교의 그 창시자는 **강한 자의식을 지닌** 세속적 〈권력자〉에 대한 훈계는 아주 현명하게도 생략하였다. 사실 그러한 훈계는 더욱 순종적인 개인들 간에서도 아주 점진적으로만 받아들여질 수 있는 것이다. 그렇기에 일단은 사랑의 씨앗이 '감수성 있는' 가슴 속에서 발아되면 그로써 충분한 것이다.

하지만 왜 〈국가적 세력〉은 **자의식을 가졌고,** 반면 왜 개인들은 순종적인가? 이것이 이제부터 설명을 요하는 중요한 점이다.

7. 국가의 자율권

우리는 **개인의 힘과 정부의 힘의 대비**를 통하여 원하는 설명을 찾을 수 있다.

개인의 힘은 약하다. 그렇기에 처음부터 그 힘의 나약함을 느끼면서 사람들은 최대한 밀접하게 가족 집단들로 결집하게 되는데, 더 긴 지평으로 보자면 이러한 가족 집단조차 너무도 나약하기 때문에 결국 〈국가집단〉을 결성하게 된다. 약한 계층과 개인은 국가로부터의 보호를 요구하며, 그 국가가 강해질수록 그로부터의 보호를 더 수월하게 받을 수 있게 되었다. 반면 힘이 강한 계층과 개인들 중의 어떤 사람들은 국가 건설에 있어서 주도적 내지는 보조적으로 참여하며, 그럼으로써 개인적으로 유리한 권력의 고지를 점하게 되었다. 그러나 다른 부분에 속한 사람들은 자신들의 전력을 다해, 타협 없이 격렬하게 자신들의 독립성을 주장하며, 자신들의 작은 민족 존재들이 더욱 거대한 구조에 흡수되지 않도록 저항한다. 후자와 같은 계층과 개인들이 결국은 자신들의 저항의 희생물로서 소모되지 않는 한, 그리고 그들과 그들의 후손이 발전할 자질을 가지고 있는 한, 그들은 승리자로서의 국가에 결국은 포섭되었으며, 그 이후 그 〈국가체제〉의 거대함과 평화로부터 자신들의 이익을 추구하는 바를 배웠다. 건강한 민족에서의 국민은 결국 결실을 맺을 수 있는 〈공생관계〉로 서로 결합하게 되었다.

하지만 충분한 권력을 가지고 있는 〈국가집단〉은 결국은 자력에 의존할 뿐이며, 다른 국가에 기댈 필요가 없다. 그들은 오히려 타국에 대하여 저항하는데 이는 불신과 두려움을 동시에 조장하는 이질적인 특성을 그 타국에서 발견하기 때문이다. 그렇기에 모든 나라는 자신의 자치를 목표로 한다. 그럼에도 불구하고 그 목적을 달성하기에는 스스로 약하다고 생각하면, 결국 자립을 달성하기 위하여 충분할 만큼 그 규모를 확장시키려고 모든 수단과 방법을 다한다. 그리고 각자는 시행착오를 통하여 주어진 상황에서 허용될 수 있는 바가 무엇인지를 결정한다. 무기력한 소국은 투쟁을 통하여 서로 합병되어 대국을 형성하였으며, 그러한 대국은 자국의 국경을 더욱 확대하고, 더욱이 그 경계를 넘어서는 국민적인 〈지배적 국가〉는 자신과도 같이 확장하려는 이웃 국가들과의 경쟁 속에 자신의 힘이 허락하는 한 더욱 약한 이웃 국가들과 식민지들을 복속시키려 한다. 심지어는 가장 평화를 사랑한다고 자칭하는 국가들조차도 자신들의 독자성만은 열렬히 유지하려 한다. 어느 국가도 자신의 자치권을 포기하는 것을 원하지 않으며, 더욱 거대한 국가에 복종하거나 심지어 무기를 내려놓는 일은 자신이 가지고 있는 의무와 자긍심과는 상충한다고 여겼다.

전쟁은 이러한 전제에서 도출되는 **논리적 귀결**이다. 국가 간의 갈등을 중재하여 판결하는 상위의 권위적 존재는 존재하지 않는다. 따라서, 자신의 가장 주요한 〈삶에서의 이해 관심사〉가 위협을 받고 있다는 느끼는 〈문화국가〉는 결국 무기를 들고 결단을 모색하는 이외의 방도는 없다. 이는 개인이 스스로 자구책을 강구할 수밖에 없었던, 평화라고는 존재하지 않았던 야만적 시대와도 같다고 할 수 있다. 국가가 과거 그러하여 왔던 것처럼, 무기에 의존하여 결단을 하려는 시도는 국가의 본성과 어긋나는 바는 아니다. 더욱이 그 국민의 〈자기의식〉은 자신의 생존과 명예에 위협을 느끼는 경우 그러한 방법을 택하도록 한다. 오늘날과 같은 국가의 문화적 수준에서 볼 때, 농민과 시민들은 이미 오래전에 〈평시법〉에 복종하였음에도 불구하고 국가는 마치 여전히 〈정글의 법칙〉에 의존하는 기사와도 같다고 할 수 있다. 어떤 무기를 든 기사가 역시 무기를 들고 남성의 자존심을 지키려 하는 다른 기사들에게 둘러싸여 있음을 아는 것처럼, 국가도 전쟁을 준비하고 있는 다른 국가들에 둘러싸여 있음을 알고 있다. 또한 그 다른 국가들 또한 전력을 다해 자신들이 가진 〈권력의 이익〉를 유지하려 하고, 또한 이미 수세기 동안 입증된 바와도 같이 그들도 평화의 우월성은 믿지 말아야 한다고 생각하고 있다는 것도 알고 있다. 기사가 필요하다면 적에게 결투를 걸고 자신의 권리를 주장하였듯이 국가 자신도 그렇게 하여야 한다고 스스로 생각한다. 전쟁이 불가피하다고 생각할 만한 상황에 임박해서는 적의 공격을 먼저 받는 위험을 감수하기보다는 오히려 먼저 공격을 감행하는 것이 〈정치적 기술〉의 측면에서 유리하다고 여긴다. 왜냐하면 신속한 공격은 벌써 반은 이긴 것이기 때문이다. 프리드리히 대제와 몰트케는 나폴레옹이 그러하였던 바와 마찬가지로 기습으로 개전하였다. 전쟁이 일단 개전되면 전쟁에 대하여 호의적인 눈길을 보내지 않았던 군주와 정치가들은 자신들이 마치 [오진이라는] 중대한 과오를 범한 의사와도 같이 느낄 것이다. 비스마르크는 개전 전에 국가가 처한 상황을 마치 야생의 밀림 속에서 어떤 이가 무장한 낯선 남자와 조우하자 자신이 살해당하는 것이 두려워서 그를 먼저 살해함과도 같은 것이라고 비유하였다. 이러한 비유에서 받을 수 있는 인상은 과연 비스마르크답다고 할 수 있다. 이같은 비유가 시사하는 바는 〈권력욕〉을 향한 이기주의가 위대한 〈문화국가〉들조차 상호 대립 관계로 몰고 간다는 실로 소름 끼치는 사실이다. 일단 이러한 〈권력추구 이기심〉이 상호 간에 일깨워지는 순간에는 상대에 대한 가장 적대적인 불신감 이외의 것은 더 이상 존재하지 않게 된다는 점을 생각할 때, 이는 충분히 전율을 느끼게끔 한다. 그들이 간직하는 모든 높은 문화에도 불구하고, 숲속의 섬뜩함 속에서 낯선 사람과 서로 만나는 경우 어제는 평화의 사도로서 치부하던 그들이 오늘은 자신이 죽임을 당하지 않기 위해서 어떠한 심사숙고의 여지도 없이 먼저 상대를 살상하여야 하는 이러한 상황은 실로 끔찍하지 않을 수 없다.

이렇듯 생각하는 것은 실로 무서운 일이다. 하지만 정부나 국민은 **〈권력의 논리〉**(Logik der Macht)**가 가진 불가항력적인 힘**에 의해서 그렇게 생각하지 않을 수 없었던 것이 세계대전 발발 직전에 전개된 상황이었다. 감정상으로 느껴지는 모순은 사고의 모순은 아니다. 국가 내의 시민들 사이에서는 법의 준수를 요구하고 반면 국가 사이에서는 무력행사를 요구하는 것은 바로 **〈권력의 법칙〉**, **〈최상위 힘의 법칙〉** 내지는 **〈성공의 법칙〉**에 다름 아니다. 시민들 상호 간에는 **평화적인 협력 관계**를 통해서 상호 이익을 얻을 수 있음을 인식할 수 있다. 하지만 현재에 이르기까지 국가 간의 관계에서는 각자가 **독립**을 유지하는 것만이 각자에 있어서의 최대의 〈성공〉을 보증할 수 있다는 확신이 존재한다. 이 때문에 국가들은 전쟁이라는 무기를 포기하기보다는, 그로 인해 아무리 인간의 〈공감〉상 전율을 느끼더라도 그럼에도 불구하고 전쟁의 부담과 고통을 스스로 부담하기를 원한다.

영국인에 대해서 칸트가 언급한 잘 알려진 구절에서는 영국인은 자신들 간에 있어서는 가장 고귀한 인간 집단이지만 외국과 대치하고 있는 국가로서 판단할 때는 가장 위험하고, 무력적이며 지배적이고 또한 호전적이라고 묘사하고 있다. 독일에서는 이 구절은 이미 전쟁 전부터, 그리고 특히 전쟁 중에 회자되었는데, 이는 영국이 위선적이라는 비난을 뒷받침하기 위해서 사용되었다. 칸트가 강조한 이러한 모순성은 관찰자의 감정에 강하게 와닿는다. 하지만 이 모순성은 시민이 가진 평화적 기질과 국가의 입장에서 가지는 호전적 기질 간의 관계를 설명하는 방식과도 마찬가지 논리로 결국 〈권력의 논리〉에 의거하여 설명될 수 있다. 외적 위협에 노출된 시대에 있어서는 지켜야만 할 내적 및 외적인 가치들이 많을수록 자신의 주위에 존재하는 더 많은 〈권력수단〉들을 결집하여 단호히 그것들을 행사하게 된다. 그러한 상황이 바로 칸트가 언급한 18세기 영국인의 입장이었다. 그들은 다른 어떤 국가보다 더욱 풍부하고 발전 가능성이 있는 가치들을 유지하고 있었다. 동시에 당시 이미 국제정치를 위한 수단들을 다루는 방법에서 있어서 다른 국가보다 앞서고 있었다. 영국인은 그들에 대한 외부적 관찰자가 평가하는 것보다도 훨씬 더 스스로의 민족 〈전체〉에 대하여 높이 평가하였음에 틀림없다. 또한 그러한 〈전체〉를 외부의 침략으로부터 수호하고, 흔들림 없이 믿고 있던 자신들의 가치에 따라 더욱 발전시키기 위한 결의에 차 있었다.

8. 〈사적 도덕〉(private Moral)과 〈공공도덕〉(öffentliche Moral)

"살인하지 말아야 한다"라는 계율은 부득이한 정당방위를 제외하고는 예외 없이 개인들에게는 적용된다. 하지만, 〈사적 도덕〉과 〈국가도덕〉(Staatsmoral) 간의 차이는 단지 이 계율을 국가가 면제하여 주는 점에 있지만은 않다. 가장 발달한 문화 민족 사이에서도 보편적으로 받아들여지는 관점은, 국가는 건전한 양식을 가진 사람이라면 누구라도 지키려고 느끼는 많은 〈윤리적 계율〉로부터도 자유롭다는 점이다. 사생활에 있어서는 결코 범하고자 할 수 없는 〈윤리적 의무〉들이라도 정치가들은 큰 이해가 걸린 사안의 경우에 있어서는 굳이 얽매일 의무가 있다고는 생각하지 않는다. 정치가는 필요한 상황에서는 혹은 필요한 것처럼 보이는 상황에서는 거짓말을 할 권리가 있고 또한 그 거짓말을 하는 것이 의무인 경우가 있다. 그에게 있어서는 "속이거나 비방하지 말아야 한다"라는 계율은 적용되지 않는다. 왜냐하면 그렇지 않으면 그가 결코 포기하고자 할 수 없는, 필수불가결한 결과를 가져오기 위한 전쟁을 위하여 선동을 실행할 수 없다. 국가는 이웃 국가의 영토를 탐내기 마련이다. 〈하지 말아야 한다〉(Du sollst nicht)라는 양심에 호소하는 신성한 계율은 오직 개별 인간에게만 적용되는 바이며, 인간 존재들의 공동체에 적용되는 것임이 아님을 분명히 하여야 한다. 〈공중〉에게 강요되는 〈권력의 명령〉(Machtgebot)은 양심이라는 영역의 밖에서부터 나타난 것이며, 〈개인적 도덕〉을 지키고자 하는 신념은 단지 아주 점진적으로만 그러한 명령의 형성에 스며들 뿐이다.

이러한 사실은 비단 국가와 국가 간의 관계에만 국한된 것만은 아니다. 물론 그 정도에 있어서는 비교되지 못할지라도 이는 국가 내부에서 자행되는 〈권력정치〉(Machtpolitik)에 대해서도 적용된다. 〈권력정치〉는 한 국가에 있어서 지배를 행사하려는 〈권력그룹〉의 이기적인 동기에서 촉발된다. 그 외에도 〈권력정치〉는 국가 내의 정당들이 가지는 〈권력획득욕구〉(Machtbestrebung) 내지는 〈공중〉들을 향하여 나타나는 여타 모든 종류의 〈권력획득욕구〉에 대해서도 해당된다. 정치인들과도 마찬가지로 정당의 지도부도 그들의 〈공공도덕〉의 규범을 단순히 〈사적 도덕〉의 규범에서 도출해 내지는 않는다. 정당은 국가 내에 존재하는 소(小)국가이며, 대중이 국가의 이기적 소망을 신성시하는 것과 마찬가지로 그 정당 자신들의 소망이 가지는 〈이기심〉을 신성시하고 있다. 정당뿐만 아니라 교회의 파벌과 모든 사회적 당파들도 그 기원과 목적에 불문하고 모두 당리당략(黨利黨略)의 법칙을 그 구성원들에 부과하고 있다. 이것이 바로 예민한 양심이 정당 제도에 대하여 적응하지 못하는 이유이다. 정당이 부과한 의무의 범위는 그 당이 가진 〈권력에의 충동〉의 정도에 의해서 가늠된다. 따라서 정당의 본성은 이기적이고 가차 없고 무관용적이며, 그렇기에 자비심이라고는 전혀 없는 냉혹함, 부정의(不正義), 그리고 배은망덕까지 내닫는다. 현명한 당수는 당의 결속을 유지하기 위해서 최대한의 노력을 하므로, 그 정당이 주장하는 대의는 물론, 자신 개인에 대한 신념도 흐려지지 않도록 특히 신경을 쓰게 된다. 만일 그의 주변에 있는 동지들의 태도, 미덕, 그리고 성과에 대해 아부로 칭찬할 필요가 있다고 생각하면 주저 없이 미사여구를 늘어놓는다. 만약 그가 정적들의 대의나 인물됨을 폄하함으로써 자신이 이끄는 대중들이 가지는 자긍심을 고양할 수 있게 된다고 생각되면 그는 가장 현란한 색채를 띤 열정적인 수사를 동원하여 아주 자연스레 중상모략이 시작되는 경계선을 넘어선다. 그럼에도 불구하고 사적인 자리에서 자신이 바로 전에 비방하였던 상대 정당의 지도자들을 만나게 되는 순간 화기애애한 분위기를 연출하기도 한다. 사적이거나 비밀스러운 회합의 자리에서는 자신의 정당 내의 정적들과도 아무런 거리낌도 없는 허심탄회한 대화를 주고받을 수도 있다. 그렇기에 신뢰를 저버리고 사적인 양해를 공적으로 남용하려는 자에게는 화(禍)가 있으리라. 루터가 말한 바처럼, 사적으로는 '네,' 공적으로는 '아니요'이다.

⟨정치학⟩(Staatslehre)과 ⟨정치적 기술⟩은 이러한 ⟨권력정치⟩의 모든 것을 ⟨국가이성⟩(Staatsraison)이라는 이름을 가진, 근대국가가 완성된 이후 수세기를 지배하였던 체계로 정립하였다. 이 분야에서 가장 특징적인 저술은 그 악명이 자자한 마키아벨리의 《군주론》이다. 뚜렷한 확신하에 국가의 자연적 발달사를 설명하는 이 책은 이태리인들이 로마인에게서 물려받은 견고한 사실적 감각에 의해 쓰여졌다. 그 발언의 솔직함은 현대 독자들을 당황스럽게 한다. 왜냐하면 현대 독자들의 정숙한 귀는 이런 거침없이 솔직한 말들을 듣지 못하고 듣고 싶지도 않기 때문이다. 프로이센 군주였던 프리드리히 대제조차도 마키아벨리를 읽으면서 그에 대한 명쾌한 판단력을 가지지 못하였기에 오히려 '반(反) 마키아벨리론'을 집필하며 반박하고 있었다. 하지만 군주가 자신의 의도에 따라 행동하려면 스스로 먼저 권력의 마력에 사로잡혀야 한다. 근본적으로 프리드리히 대제는 마키아벨리보다도 더욱 마키아벨리적이었다. 단지 차

이가 있다면 프리드리히 대제는 처음에는 아직 타국으로부터 먼저 공격 받지는 않았고 오히려 그가 공격하는 위치에 있었기에, 그의 〈권력통치〉(Machtregierung)를 위해서는 마키아벨리가 가졌던 바와 같은 강한 동인은 가질 필요는 없었다는 점뿐이다. 그와는 달리 마키아벨리의 경우에는 그가 태어나 자랐고 번성하였던 피렌체와, 그의 조국으로서 위대하여 지기를 간절히 바랐던 이태리의 다른 모든 도시들이 모두 동시에 전쟁의 온갖 공포로 인해 찢겨지게 된 상황에 처해 있었고, 따라서 현재 다시 정치 세계에서 재발되어 확산되고 있는 사태보다도 훨씬 심각한 도덕적 위기 속에서 마키아벨리의 《군주론》은 집필되어졌다. 당시 정치인들은 도처에서 거짓말과 속임수에 둘러싸여 있었기 때문에 그들 모두는 스스로도 거짓말과 속임수가 없이는 활동할 수 없었다. 그렇기에 마키아벨리는 정치인은 절대로 약속에 얽매이지 않을 것이라고 단언하고 있다. 비록 아무런 득도 없는 잔학한 행동은 삼가하여야 하지만, 근본적으로 정치인에게는 목적을 달성하기에 필요한 모든 종류의 무력도 용인되는 것이다. 그들이 추구하는 목적은 모든 사람들도 자연스럽게 원하는 것처럼 〈지배권〉을 획득하는 것뿐이다. 자신의 〈지배권〉을 유지하려는 군주는 우선 그와 경쟁하고 있는 다른 지배 왕조들을 제거하여야만 하고, 심지어 그 왕조들을 계승할 수 있는 마지막 인간까지도 철저히 절멸시켜야 한다. 마키아벨리는 그의 《군주론》에서 체사르 보르자를 비난하지는 않는다. 그가 사절로서 보낸 보고서에서는 체사르 보르자가 자신의 부친이 사망한 이후로는 냉혹한 결단력을 잃었다고 비판하였고, 현대의 우리가 혐오감을 느끼게 되는 체사르 보르자의 행동을 마키아벨리는 오히려 칭찬하고 있다. 당대의 곤경을 타개하기 위하여 마키아벨리는 모든 무력적 수단을 권장하고 있지만, 그와 동시에 그는 길게 보았을 때 군주는 〈무력성〉에만 의하지 않고, 〈인민의 힘〉을 신뢰하면서 이용함으로써만 자신의 지배를 확고히 할 수는 있다고 인정하고 있음도 간과해서는 안된다. 그에 의하면, 시민의 물질적 이익을 장려하여야만 하며, 군대는 유급 〈콘도티에로〉[용병대장]의 지휘에서 탈피하여 군주의 명령하에 자국의 청년들로부터 징집되어야만 하고, 외국의 군주들과 맞서 싸우기 위하여 결국 요구되는 결정적 힘은 통일된 이태리의 〈민족성〉에서 나오는 권력이다. 마키아벨리의 〈국가이성〉은 그 수단의 선택에 있어서는 어떠한 주저함도 없지만, 그 목적에 있어서는 가장 순수한 〈국민감정〉에 의해 인도되고 있으며, 그러한 점에 있어서 그가 말한 〈국가이성〉은 여타 유럽 민족이 오직 〈국민국가〉 시대에 이르러서야 비로소 도달할 수 있었던 도덕적 높이에 이미 도달해 있었다. 〈국가이성〉이 〈성공〉을 거두었다면 그 이유는 그에 필수불가결한 〈도덕적 힘〉들도 동시에 작용하였기 때문이었을 것이다. 장기적으로 볼 때, 〈문화민족〉 간에는 시대정신에 부응하는 도덕적 포장이 된 〈권력정치〉만이 〈성공〉을 거둘 수 있다.

따라서 우리는 〈정치적 권력〉의 문제는 도덕에 의해서는 해결될 수 없다는 피히테(Fichte)의 말에는 완전히 동의할 수 없다. 〈공중〉도 또한 [자신들이 행사하는] 〈권력의 도덕〉(Moral der Macht),[303] [즉, 〈공공도덕〉을] 가지고 있다. 하지만 그러한 〈공공도덕〉은 그 뿌리에 있어서는 〈사적 도덕〉과 연계되어 있다. 단지 〈공공도덕〉은 [〈사적 도덕〉보다] 몇 세기 혹은 천년까지도 후진적이라는 비판을 받기도 한다. 왜냐하면 하나의 폐쇄적 집단들이기에 거의 움직이지 않거나 단지 아주 조심스럽게만 진보할 수 있게 설계되어 있는 국가나 기타 공적 기구에 그 〈공공도덕〉도 보조를 맞추어야만 하기 때문에 그러하다는 것이다. 그런데 이러한 후진성에 대한 비판은 한 가지 본질적인 면에 있어서는 다소 수정되어야만 한다. 〈공공도덕〉은 〈사적 도덕〉과 비교해 후진적인 것은 사실이지만, 이러한 후진성은 **국가나 기타 〈권력집단〉들이 서로 간에 가지는 관계에 있어서만 그러한 것**

---

303 직역을 하는 경우 이해가 힘들 수 있는데, 이는 〈공중〉이 권력을 행사함에 있어 적용되는 도덕을 의미한다. 아래에는 이는 바로 〈공공도덕〉이라고 설명하고 있다.

이다. 하지만 **그러한 공적 기구와 그 구성원과의 관계**에 있어서의 〈공공도덕〉은 〈사적 도덕〉에서는 **찾아볼 수 없는** 무거운 무게를 가진 공적인 〈**도덕적 의무**〉(Moral Pflicht)를 부과하고 있다. 공직에 있는 사람은 누구나 가장 엄격한 계율을 따라야 하며, 그를 위반하는 경우 종종 가장 냉혹하게 처벌받는다. 〈계엄법〉은 비단 적에게 엄중할 뿐만 아니라 자국 병사나 시민에 대해서도 똑같이 엄중할 것이며, 후자들에게 대하여서도 각자가 [그것을 준수하기 위해] 최대의 노력을 하지 않으면 가장 혹독한 처벌을 할 것이라고 위협한다. 개인과 개인의 관계에서는 "너의 이웃을 너 자신처럼 사랑하라"라는 계율이 적용된다. 하지만, 국가와 국민 간의 관계에서는 너 자신보다 국가를 더 사랑하고, 필요하다면 기꺼이 재화나 피의 희생을 할 것을 요구하고 있다. 국가는 이러한 계율을 〈요청〉할 뿐만 아니라, 그러한 〈요청〉을 실제로 강제할 수도 있는데, 왜냐하면 시민적 충성심은 가장 가혹한 희생도 치를 각오가 되어 있기 때문이다. 〈사적 도덕〉 교육보다 훨씬 광범위하게 〈공적 강권〉(öffentliche Gewalt)들은 의무를 수행하게끔 대중의 의지를 교육해 오지 않았던가! 국가 내에서 대중이 평화적으로 살 수 있음은 대중이 가진 선한 의지가 작용해서 뿐만 아니라 〈공적 강권〉이 작용해서 가능해진 것이다. 일반적으로 사적인 관계에서 국민이 자신에게 부과하는 희생보다도 국민들이 국가에 바치는 〈자발적 희생〉은 훨씬 더 멀리 나간다. "조국을 위해 몸 바치는 것은 달콤하며 합당한 일이다"(Dulce et decorum est pro patria mori).[304] 물론 당을 위해서도 협력하려는 마음은 자신을 희생할 각오는 되어 있지만 당을 위해 자신의 목숨까지 희생한 사람의 수는 역사의 흐름 속에서 국가를 위해 목숨을 바친 사람의 '〈헤카톰베〉'(hekatombe)[305]와 비교할 때 추호도 못 미친다.

---

304 로마의 시인 호라티우스(Horatius BC 65~8)의 시구절.

305 고대 희랍어로서 hekatombē [ἑκατόμβη] = '황소 100마리의 가치'를 의미하는 '가치의 단위'이다. 고대 희랍에서는 황소를 제물로 사용하였는

이러한 측면에서 볼 때, 전쟁이 일단 진행되고 병사들을 미치도록 만드는 그러한 공포가 엄습하기 시작하면 전쟁은 그 이전과는 또 다른 양상을 보이게 된다. 세계대전이 시작되자 전쟁에 연루된 각 국가에서 병역의무를 다하기 위해 모인 수백만의 시민들에게 조장된 감정은 과연 어떤 것이었을까? 그들의 열정적인 결의에 불을 지른 것은 야수적 본능이었는가, 아니면 그것은 오히려 비열한 적국으로부터의 위협에 시달리는 자국의 평화를 구하기 위한 지고의 의무감이었는가? 확실히 전쟁에 있어서의 의무감은 고양된 [야수적] 〈힘의 감정〉과 뒤섞여 있게 되는데, 후자는 자신의 강인함을 자랑스럽게 느끼는 것, 그리고 동일한 깃발하에 모여든 대중의 〈집단적 감정〉(Gesamtgefühl)을 통하여 고조 상승된다. 아마도 이러한 동물적 요소가 추가되지 않으면 도덕적 본능만으로는 전쟁이 요구하는 거의 초인적인 수준의 노력과 위험을 병사들이 기꺼이 감수하게 하기에는 너무도 미약할 것이다. 하지만, 그럼에도 불구하고 이러한 동물적 요소를 인간 속에 내재하는 야수적인 피의 굶주림으로 변환시키기 위해서는, [병사들 내에서] 극도의 〈정의감〉의 상실과 영혼의 존재에 대한 믿음의 상실이 수반되어야만 한다. 이는 본능적 흥분이 고조된 상태인데, 그로써 자신 안에 잠재되어 있던 이전에는 느끼지 못하였던 [야수적] 에너지를 순식간에 깨닫게 한다.

전쟁 예찬론자들은 전쟁은 다른 어떤 인간의 활동보다도 인간이 가진 육체적, 정신적, 그리고 〈도덕적 힘〉들을 긴장상태로 유지시킬 수 있다고 계속 강조하여 왔다. 그들에 의하면, 전쟁이야말로 최고의 용감성과 규율을 가르치는 교육의 장이다. 전쟁이라는 역사적 발판이 없었다면 국가 건설, 그리고 그것과 동반되는 사회질서의 구축은 전혀 성공하지

데, 이로써 황소가 가치의 척도가 되었다. Cf. Bernhard Laum(1924), *Heiliges Geld*(신성화폐, 본역자에 의해 2023년 영역판 *scared money*가 출판됨)에 이에 대한 자세한 역사적 분석이 나온다.

못하였을까? 전후에 평화라는 명목으로 무장 해제된 국가들의 시골 곳곳에서는 심지어는 전쟁에 동조하지 않는 신중한 어른들도 자신들의 아들들이 군사훈련을 받지 못함에 불만을 토로하는 것을 들을 수 있는데, 이들은 군사적 훈련이야말로 일반 시골의 격리된 생활에서는 접할 수 없는, 세상의 지혜를 배울 수 있는 기회라고 여긴다. 이러한 견해에 의할진대, 전쟁 예찬론자들의 생각에는 어느 정도 옳은 요소가 있다. 따라서 평화주의자들이 전쟁을 비난할 때에는 이러한 견해에도 주의를 기울여야만 하며, 그렇지 못하다면 그들의 사회적 통찰력이 부족한 탓으로 돌려야 한다. 하지만 그러한 긍정적 효과가 있다고 해도 결코 전쟁은 정당화될 수 없음도 역시 자명하다. 전쟁은 국가의 본질에 따라 필연적으로 요구된다는 것이 입증될 수 있는 경우에 한하여서만 정당화될 수 있다. 그런데 전쟁으로 수립된 국가가 추가적인 전쟁 없이는 계속 존속할 수 없다면 전쟁은 지속적으로 행해져야만 하는데, 그들에게는 이렇듯 **전쟁이 지속되는 것은 오히려 선(善)일 수 있다. 왜냐하면 국가를 존속시키는 것이 그들에게는 선이기 때문이다.** 그러나 더 이상 전쟁을 하지 않더라도 국민들이 국가로부터 충분한 혜택을 향유할 수 있는 상황이 도래하면, 그러한 경우에는 합리적인 생각을 가진 사람이라면 전쟁이 가져올 수 있는 교육적 효과에 대하여서는 쉽게 동조하지 않을 것이다. 아마도 그때는 우리는 청년들과 심지어 소녀들에게도 부과되는 병역의무에 대하여 좀 더 새롭고도 평화적인 의미를 부여할 수 있다. 즉, 일반적으로 요구되는, 그럼에도 불구하고 다른 방법으로는 쉽게 시행될 수 없는 어떠한 사회를 위한 사업에서 육체적이나 정신적으로 봉사하게 하도록 장려함으로써 그러한 병역의무를 〈노동의무〉(Arbeitspflicht)로 변환시키는 것이다. 하지만 평화를 확보하기 위해서는 전쟁이 더 이상 필요 없다고 간주된다면 전쟁이 줄 수 있는 **교육적 효과 중의 가장 큰 부분을 상실하게 되는 것도 사실이다.**

스탕달(Stendhal)이 전쟁에 찬성하며 발언한 바는 특별한 성격을 가지고 있다. 그는 나폴레옹의 승리의 위대함과 화려함을 목격하였다. 그렇기에 그는 왕정복고 후의 쁘띠 부르주아 계급에게서는 더 이상 희망을 찾지 못하였다. 그에게 있어서는 황제라는 우뚝 솟은 유일 존재가 없는 세계는 너무도 빈약해 보였다. 또한 힘을 갈구하는 그의 이상을 추구할 전망이 없는 당대의 상황으로 인하여 그는 부득이 르네상스 시대에 등장하는 무력적 인물들을 시적으로 재창조하는 바에 매료되었다. 니체는 스탕달보다도 그러한 시야를 더욱 확장시켜 나아갔다. 그에게 있어서는 소수의 진정한 〈위인〉이 역사를 가치 있게 만들며, 대중이라는 것은 그러한 〈위인〉들이 역사를 가치 있게 만들기 위해 필요한 질료일 뿐이다. 그에 있어서는 대중이 가진 도덕은 단지 〈노예의 도덕〉(Sklavenmoral)일 뿐이며, 역사의 큰 흐름을 주도하는 것은 오직 〈주인의 도덕〉(Herrenmoral)인 것이다. 또한 이러한 위대함을 억압하는 〈평등〉이라는 개념은 그에게 있어서는 퇴폐로 생각되었다. 〈평등〉이라는 계율에 바탕을 두고 있는 기독교의 사랑의 도덕은, 오히려 떠밀려 행동할 뿐인 약자에 불과한, 그런 종류의 대중의 입맛에만 부응할 뿐이며, 〈위인〉은 이러한 종류의 도덕에 얽매여서 공적인 임무를 행하면 안된다고 주장하였다. 물론 니체의 이같은 발언은 진정한 사랑에서 우러나오는 도덕에 내재하는 위대함을 폄하하고 있다는 점에서는 반박될 수 있다. 하지만, 그같은 니체의 발언이 고리타분한 도덕주의자들을 겨냥하고 있다는 점에서는 충분히 동감을 할 수 있다. 그러한 류의 도덕주의자들은 〈위인〉들의 과업이 부르주아적 온상에서 통용되는 규칙들과는 어긋난다는 이유로 그 〈위인〉들을 비난하기 마련이다.

〈공공생활〉에 있어서는 〈공공도덕〉이 **적용될 것이며** 그러한 〈공공도덕〉은 자신만의 **특수한 척도**를 가지고 있다. 여기에서는 사적 생활에서는 정의롭지 못하게 여겨지는 무력이 정의롭게 되며, 이곳에서는 황제의 것은 황제에게 귀속되어야만 하며, 비록 무력에 의할지라도 시대의 〈요청〉에 따라 정치적으로 필요한 것들은 충족되어야만 한다. 만일 〈위인〉이 그의 동시대인들과 비교하여 더욱 앞서가는 경우, 속인들의 평가에 앞서서 우선적으로 그가 달성한 위대한 〈성공〉이라는 잣대로 평가되어야만 한다. 그 〈위인〉은 〈최상위 힘의 법칙〉을 통하여 승리를 쟁취한다. 대중은 〈위인〉이 가지고 있는, 가장 〈지고의 힘〉에 의하여 정서를 저항할 수 없이 압도해 버리는 마성의 권력에서 나오는 주술에 걸려 〈위인〉을 추종하게 된다. 우리의 눈이 우리를 두려움에 전율하게 하면서 동시에 경외하게 하는 자연의 장대한 광경에 사로잡히듯이, 위대한 지도자와 그를 따르는 대중의 정서는 아무리 공포스러울지라도 어떤 것에도 제약되지 않은 〈인간의 힘〉(Menschenkraft)이 만들어낸 마법을 피해 갈 수는 없다. 그곳에 존재하는 것, 이끄는 것, 지배하는 것-이것들을 지각하게 되면 그에 비하여 위험과 고통은 어떠한 무게도 가지지 못한다. 사적 생활에서의 도덕과 〈공공생활〉에서의 〈강압적 권력〉들이 행사하는 〈무력성〉 간의 갈등은 비록 그것이 고통스럽게만 느껴질지라도 〈최상위 힘의 법칙〉을 전혀 손상시키지 않는다.

그렇다면, 〈공중〉의 생활 모든 영역에 있어서 가장 심층에 자리 잡고 있는 〈평화적 권력〉들이 가장 강력한 〈지고의 힘〉으로서의 권력들임이 입증되고, 〈공공의 강제력〉이 완전히 무장 해제될 날이 과연 도래할 수 있을까? 후자의 경우, 사적인 삶에서의 〈사회적 권력〉들은 오늘날 그렇게 되고 있음을 볼 수 있다. 〈위인〉이 무력의 시대에서는 무력에 입각하여 승자로 등극할 수 있었던 것처럼, 그러한 때가 도래한다면 그 〈위인〉은 이제는 사랑의 힘에 의한 승리자일 것이다. 〈평화의 의무〉(Pflicht des Friedens)는 그것이 〈지고의 힘〉을 획득하게 된 이후에서야 비로소 확실히 완전히 승화되어 최고의 법이 된다. 그 의무가 아직 그 〈지고한 힘〉을 가지지 못하는 경우 그 힘은 아직 평화라는 이념과 연결되지 못한다.

9. 민족들 간에 있어서의 〈무력감소의 법칙〉(Gesetz der abnehmenden Gewalt)

만약 역사를 아주 장기적으로 개괄하여 조망하고, 이따금씩 발생하는 무력으로 인한 퇴보에 괘념하지 않는다면, 그래서 그 무력이라는 것도 큰 안목으로 보아 진보로 향하는 경로에 위치한 것이라고 생각한다면, 국가들이 〈문명〉과 문화를 진보시킬수록 국가 간에서도 마찬가지로 무력의 사용이 감소하게 됨을 발견할 수 있다. 또한 이러한 경향은 단순한 우연이 아니라 어떠한 법칙성을 따르는 **내적 필연성**의 결과라는 인상을 지울 수 없다. 민족들이 그 초기 발흥 시대를 지나면 그 이전에 '전쟁을 위해서 그리고 전쟁에 의하여' 삶을 유지하였음과는 달리 전쟁은 더 이상 사람들에게 있어서 일반사가 아니게 된다. 야만족에게 있어서 전쟁은 단지 그 이전의 수렵 생활이 단순히 규모가 커진 것에 불과하였다. 적들은 가장 귀중한 사냥감이며, 전쟁은 단순히 상대방을 절멸시킴으로써 끝이 났다. 하지만 로마인은 이와는 전혀 다른 차원에 놓여 있었다. 로마인은 최고 수준의 전사(戰士) 민족이었으나, 그들의 전쟁은 최초에는 정복을 위한 목적으로 행하여진 것은 아니었다. 그들의 전쟁은 처음에는 방어를 위한 전쟁이었는데 주변 환경 상황에 따라 끊임없이 그 전쟁들은 새롭게 유발되었다. 또한 그 전쟁들은 권력 유지를 위한 전쟁이었다. 전적으로 권력을 보존하기 위한 절실한 이해 관심사에 의하여만 권력을 확장시켜 왔으며, 그것이 변천되어 결국은 대규모 정복 체계가 발전된 것이었다. 하지만 적의 절멸 자체는 전쟁의 목적이 아니었다. 카르타고에 있어서처럼 전쟁이 극단적인 살육전으로 치달았을 경우에야 비로소 이러한 극단적인 상대방의 절멸이라는 전쟁의 목적에 휩싸이게 되었다. 예를 들자면, 로마인의 강인한 정신은 한니발(Hannibal)이 칸나에전투(Cannae)에서 자행한 절멸적 전쟁에 보복하기 위하여 "카르타고는 멸망하지 않으면 안된다"(Carthaginem esse delendam)라는 요청을 내걸며 똑같은 절멸적 전쟁으로 회답하였다. 로마제국의 붕괴와 민족 이동의 시대에 접어들자, 무력에 의존한 가장 힘든 퇴보의 시대가 열렸다. 그 시대 이후의 기독교 시대에 있어서는 기독교 민족 간의 전쟁은 그들 공통의 교회에 의해서 완화될 수 있었고, 그 후에 〈국제 전시법〉(Völkerkriegsrecht)의

골자를 형성하였다. 절멸적 전쟁은 오로지 이교도 내지는 기독교 다른 종파에 대해서만 이뤄졌다.

중세의 국가 형성기부터 근대에 걸친 유럽 국가의 확장기 동안의 왕조 간에 치루어진 전쟁에서는 전쟁의 목적은 상당히 한정되었다. 그러한 전쟁의 동인은 영토의 규모 확대였으나, 결국은 단지 근방의 영토만을 확보하여 기존의 정치 구조를 완결하고 강화하는 바에만 만족할 수밖에 없었다. 그러한 과정 중에 전쟁의 양상은 점차적으로 부드럽게 되었다. 〈콘도티에로〉들은 압도적인 승리를 추구하는 것이 목적인 위대한 장군들과는 크게 달랐으며, 이태리의 콘도티에로(용병대장)들은 전쟁의 양상을 거의 일종의 전쟁 게임으로 바꿨다. 종교전쟁, 터키와의 전쟁, 스페인과 프랑스 등의 강대국이 야기시킨 대규모 전쟁으로 인한 [역사의] 역주행은 군사적 재능을 최고도로 발전시키는 바에는 공헌하였다. 그런데 전쟁은 점차 직업 군인들 간의 그것이 되었고, 시민 개개인과 그들의 〈재산〉은 그러한 전쟁들에서 가능한 한 배제되게 되었다는 점에서 전쟁은 점차 부드러운 양상을 띠게 되었다.

그리하여 점차적으로 유럽에서는 〈힘의 균형정치〉(Gleichgewichts-politik)[306]의 시대에 접어들게 되었는데, 이는 대부분의 거대 국가들은 이미 영토 합병을 완성하였고 서로 간의 행보를 주의 깊게 관찰할 수 있었기 때문이었다. 종종 공동의 위험한 적국을 견제하기 위하여 국가 간의 동맹들을 형성함으로써 오히려 더욱 광범위한 전쟁이 야기되기도 하였지만, 궁극적으로 그러한 동맹들로 인하여 국가 체제에 안정성을 부여된 결과가 만들어 지기도 하였다. 이는 특히 강대국들이 동맹을 통해 그 힘에 있어서 상당히 서로 대등하게 되면서 장기적으로 볼 때 어느 나라

---

306 권력들 간의 균형을 유지시키려는 형태의 정치. 어떤 한 권력이 다른 권력에 비해 강대하여지는 경우, 여타 권력들이 연합하여 그 강대하여진 권력과의 균형을 수복하는 형태를 말한다.

도 다른 나라에 대하여 결정적인 우위를 유지할 수 없음을 깨달았기 때문이었다. 결국 유럽 대륙에 있어서 전쟁은 전쟁에서의 운에 따라서 단지 작은 면적의 영토만을 어떤 나라에서 다른 나라로 이전하는 효과만을 가져올 뿐이었으며, 따라서 하찮은 영토의 추가를 위해 피를 뿌릴 가치가 없었다.

사람들은 각 문화 국가는 어떤 외적 무력에도 지배당하지 않는 무적의 권력을 자체에 지니고 있다고 이해하였기에, 그러한 문화 국가들 간의 전쟁은 더 이상의 의미는 없다고 생각하기 시작하였다. 프랑스 혁명 운동과 그들이 권좌에 앉힌 나폴레옹이라는 인물에 의하여 더욱 악화된 무력에의 퇴행과 그리고 그 무력의 결과를 목격하고 난 후 이러한 인식은 공감을 얻게 되었다. 나폴레옹은 자신이 강한 힘을 가졌다고 느꼈고, 그럼으로써 또한 자신은 고전적 세계의 정복자들이 누린 명성을 19세기에도 수복할 수 있고, 카이사르가 갈리아를 정복한 것과도 마찬가지로 자신은 유럽을 정복할 수 있는 능력을 가졌다고 믿고 있었다. 하지만 그의 탁월한 군사적 재능도 결국은 [여타 국가의] 국민적인 저항력에 의하여 패배하게 되었다. 〈해방전쟁〉(Befreiungskrieg)[307] 이후 유럽은 어느 정도 그 내부적 힘의 균형을 상당히 되찾은 것처럼 보였다. 이태리와 독일이 자국의 확대를 추구하면서 치른 비교적 짧은 기간 동안의 전쟁 이후에는, 이제 다시금 평온을 다시 되찾은 시민들은 〈문화민족〉들 간에는 영원히 평화가 정착되었다고 믿을 수도 있었다. 비록 최초에는 경미한 영향력을 가졌더라도, 헤이그 만국평화회의와 세계 재판소 설립은 평화의 정신이 전진하고 있다는 표식이라고 볼 수 있었고, 그것들이 향후 더욱 높은 수준으로 진일보할 수 있다는 큰 기대를 사람들에게 안겨 주었

---

[307] 1813-1815년 사이에 진행된 나폴레옹의 정복 전쟁. 프러시아나 오스트리아 입장에서는 나폴레옹과 싸웠다는 의미에서 〈해방전쟁〉이라고 불리운다.

다. 그런데 그 이후 20세기에 들어서야 새로운 갈등은 발생하기 시작하였고, 이는 결국 세계대전으로 비화되었다.

그로써 평화에 가졌던 기대는 통렬한 배신감을 느낄 수밖에 없었다. 강대국 간의 마찰의 심화, 군비증강, 그리고 그들 간의 동맹의 수립은 전쟁이 임박하고 있다는 공포를 불러일으키기 시작하였다. 그런데, 한두 번 쯤은 그러한 류의 전쟁이 불가피하다고도 보여지기도 하였지만 그때마다 평화를 유지하는 것은 가능하였다. 또한 이미 문화 세계는 깊은 평화에 익숙해져 있었고 그 사회의 모든 것들은 또한 이미 평화에 길들여져 있었다. 그렇기에 정치가들과 선견지명을 가진 시민들이 가진 심각한 우려에도 불구하고, 일반 대중들은 그러한 평화가 언젠가는 사라져 버릴 수도 있다는 가능성을 쉽게 믿지 않았다. 그러나 막상 전쟁이 개전되었을 때는 그 이전에 가졌던 상상력을 초월하는 대참사가 초래되었다. 그 과정에서 전쟁이 인간의 생명과 재화라는 희생물을 삼켜버렸기에 야기된 공포 이외에도, 전쟁에서의 패자뿐만 아니라 심지어는 승자에게 있어서도 그 전쟁이 몰고 온 물질적이며 도덕적 충격이 장기간 지속됨으로 인해 그 전쟁은 더욱 인간들을 짓누르게 되었다. 종전 후로부터 수년이 지난 오늘에도 평화의 감정은 아직 자신에 대한 충분한 확신에 이르지 못하였다. 민족들은 단지 서로 만나 평화의 과업에 대하여 상호 대화만을 시작할 수 있게 되었을 뿐 실제로 그들의 마음속에는 그 과업이 현실적으로 지속될 것이라는 진정한 믿음은 없었다. 가장 평안한 평화의 상태로부터 대량 학살과 비참함의 공포로 무서울 만큼 퇴보하게 됨으로써, 〈인간성〉을 믿었던 많은 사람들은, 결국 인간의 야수적 본능은 길들여 질 수 없으며 인간이 가진 모든 문화는 결국 전쟁에서의 살상 무기를 증가시키기 위해서만 도움이 된다는 증거로 생각하게 되었다.

본서의 제3부에서 세계 평화의 가능성에 대해서는 논할 때 우리는 세계 평화의 가능성에 대하여 더욱 깊이 고찰할 예정이다. 지금 이 자리에서는 역사적으로 과거를 되돌아볼 때 도출할 수 있는 결론만을 간단히 요약하고자 한다. 우리는 다음과 같은 두 가지의 관찰에 주목하여야 한다.

첫째, 세계대전은 인간이 야만성을 탈피하게 된 이후 발발한 모든 전쟁과도 마찬가지로 인간 본성에 내재하는 살인의 본능에 의해 야기된 것은 아니었다는 사실에 관한 것이다. 확실히 전쟁의 본능은 여타의 모든 전쟁과도 마찬가지로 최근의 세계대전에서도 유감없이 표현되었다. 인간이 천계의 천사처럼 평화로운 존재라면 그들 간의 전쟁은 물론 발발하지 않을 것이다. 반면 전쟁의 본능이 문화인들에게 여전히 잠재하여 남아있더라고 하더라도 전쟁이 촉발되기 위하여서는 반드시 어떠한 전체 조건이 충족되어야만 한다. 자신이 반드시 필요하다고 여기고, 또한 스스로 정의롭다고 간주하는 전쟁에 한하여서만 그 본능은 용기 충전하여 전쟁을 유발시킨다. [1차] 세계대전의 발발 당시 연루된 모든 민족들에게 있어서 자신들이 행한 전쟁은 모두 정의의 전쟁이었다. 왜냐하면 그들 모두는 자신들이 적대국에 의해 오만하고도 악의적인 공격을 당하였다고 느꼈기 때문이다. 비록 그들이 전쟁에 참전할 때 필요한 과감한 용기를 가지고 있다고 하더라도, 그것이 반드시 그들 간의 전쟁을 야기시키지는 않는다. 하지만 이번의 전쟁처럼 상대방이 자신들을 먼저 도발한다고 생각하면 또다시 양국 간의 전쟁은 재발되기 마련이다. 종교 전쟁이나 해방을 위한 전쟁과도 마찬가지로 세계대전은 인간이 가진 전쟁의 본능에서 유래된 것이 아니며, 그것은 **이미 가지고 있던 평화의 감정으로부터 재차 무력에로의 회귀**한 것이었다. 종교 내지는 해방의 전쟁과도 마찬가지로 새로운 〈사회적 과업〉을 실행하는 과정은 인간들을 동원하기 마련인데, 이때 기존의 〈역사적 권력〉들과 새로이 부상하는 사회적 이해들이 그 과정에서 충돌하게 될 수 있고 그때 전쟁은 발생하게 된다. 즉, 민족의 새로운 발전 단계를 달성하여야 하는 반면, 그를 위해 필요한 제반은 역사적으로 아직 준비되지 않았던 상태에서 전쟁이 발생하는 것이다. 강대국들은 더욱 부유하여지고, 그 힘은 강성해지게 되어 그들의 확장

야욕은 세계로 뻗치게 되었고, 결국 세계의 분할을 두고 상호 분쟁이 발생하였다. 그 결과 유럽에서는 이미 균형이 유지되고 있어 더 이상의 기회를 찾을 수 없던 유럽의 여러 민족들은 북미와 일본이라는 강대국들과 대치하며 〈**세계적 힘의 균형**〉(Weltgleichgewicht)도 모색하여야만 하였다. 따라서 이런 상황하에서는 각 민족들은 자신이 가진 모든 무게를 힘의 균형이라는 저울 위로 얹어야만 하였으며, 만일 자국의 이해가 외국에 의해 침해될 것이라고 여겨지면 무력에 의존할 수밖에 없었다. 이러한 점은 충분히 이해할 수 있다. 그러나 이러한 사실로 인해 세계를 분할하는 작업은 항상 무력에만 의존할 수밖에 없다는 것이 과연 입증된 것일까? 공통의 〈사회적 과업〉의 일환으로 〈문화국가〉 간의 평화적 합의에 의하여 해결하는 것은 정말 불가능한가? 국가 내부에 있어서는 거의 완전히 관철되었고, 국가 간의 관계에서도 현저한 진전을 보인 〈**무력감소의 법칙**〉이 세계 평화의 확보라는 선의의 목적의 달성을 위해 작용될 수는 없다는 것은 진실일까?

둘째, 국가는 **전쟁 속에서 성장하여 왔고 따라서 전쟁 속에서만 자신을 보전할 수 있다**는 일반적으로 받아들여지는 견해를 반박할 필요가 있다. 그들의 견해에 의하자면 삶에 있어서의 일반적 법칙이 국가에도 역시 적용되는데, 삶의 존속을 위해서는 그 삶을 애당초 생성시킨 힘의 존속이 지속적으로 필요하다는 것이다. 하지만 이러한 견해는 역사적인 발전을 고려하지 않은 점에 있어 근본적인 오류를 가지고 있다. 자연계는 오로지 아주 경미한 정도로만 〈진화〉하기 때문에 그것을 지배하는 법칙이 변화의 과정을 거친다는 것을 쉽게 관찰할 수는 없다. 따라서 과거에서 타당하던 것들은 현재에 이르러서도 지속적으로 적용된다. 반면 역사적 발전은 현저한 변화를 보이며 진보하고 있고, 따라서 특히 격동의 시대에는 그러한 변화가 사람들의 바로 눈앞에서 급속히 진행되고 있다고 말할 수 있다. 이제까지 우리가 보아온 바에 의거한다면, 〈군사국가〉(Kampfstaat)는 역사적으로 볼 때 〈문화국가〉로 도약하기 위한 발판이었고, 따라서 그 발판이 더 이상 필요하지 않게 되면 어떠한 문제도 없이 그 발판을 제거해도 무방한 날이 올 것이며, 혹은 [이제까지 성취한] 과업을 충분히 향유하기 위하여서는 이제 그 발판은 제거되어야만 하는 것은 아닌가? 〈만인의 만인에 대한 투쟁〉은 분명 무력에 의해서만 극복되기 마련이다. 따라서 그러한 시대에서는 영웅적인 불굴의 용기가 남자의 미덕이었다. 하지만 〈만인의 만인에 대한 투쟁〉이 국가 내부에서 종식된 것처럼 국가 간에서도 극복되는 것도 가능하지는 않을까? 그러한 경우 무력은 국가들의 관계에서는 더 이상 어떤 역할도 하지 못하게 될 수 있지 않을까? "살인하지 말아야 한다"라는 계율은 국가의 형성기에는 적용되지 않았으며, 최근까지도 심지어 〈문화국가〉들에게 있어서도 이 계율을 받아들일 수 있는 자세가 충분하지 않다는 점은 입증되고 있다. 그렇다고 해서 이는 "살인을 해라"라는 계율에 국가가 따라야 함을 시사하는가? 문화와 〈문명〉이 지속적으로 발전함에 따라, 마침내 그 국가들은 평화의 힘이 그들 간의 최대의 〈성공〉의 길을 예비한다는 점을 깨닫게 되지는 않을까?

XIII. 자유와 〈평등〉 증가의 법칙

1. 무력, 법 그리고 〈윤리〉의 〈응집상태〉(Aggregationszustand)들 간의 관계

역사의 여명기에 있어서는 법과 〈윤리〉라는 사회의 가장 심오한 권력은 단지 가족과 그 가족의 연장선상에서만 존재할 여지가 있었다. 물론 이는 〈혈연공동체〉의 감정이 여전히 살아 있는 경우에만 해당한다. 하지만 가족의 활동이 상호 밀접하게 연결되어 있기에 그 좁은 범위 내에서조차도 사회적 〈응집상태〉(Aggregationszustand)[308]는 여전히 매우 속박적이었다. 즉, 집안의 가장은 종종 아내나 아이들에 있어서 잔혹한 주인이었을 수도 있었다. 하지만 그렇다고 해서 당시에 [가족 내에] 존재하였던 〈윤리적〉 가치를 간과하여서는 안된다. 가족 내의 [윤리적] 〈응집상태〉는 당시의 삶에서 볼 수 있었던 일반적 야만성보다 우위에 있었으며, 그리고 그 정도는 현재에서의 가족의 그것이 외부적 환경에 내하여 우위에 있는 정도를 넘어선다고 할 수 있다. 푸리에(Charles Fourier)의[309] 말을 빌리자면, 혈연의 〈무리〉 밖에서는 '도둑질을 할 수 있는 원시적 권리'가 적용되고 있었다. 반면, 오늘날에는 주요 〈윤리적〉 계율, 혹은 적어도 주요한 〈윤리적〉 금기 사항은 모든 곳에서 유효하게 적용된다. 하지만 〈혈연공동체〉의 범위를 넘어선 〈국가집단〉의 확장은 단지 무력에 의하여서만 가능하다. 즉, 역사의 여명기부터 그 이후 아주 오랜 기간 동안 국가의 〈응집상태〉를 유지하기 위해서는 가장 강력한 무력이 필요하였다.

---

308 〈응집상태〉는 기체, 액체 등과 같이 물리학에서 그 구성 분자들이 결합되어 밖으로 나타나는 형태이다.

309 François Marie Charles Fourier(1772-1837). 프랑스의 철학가이자 사회주의자로서, 공상적 사회주의의 창립자.

그런데, 존속하고 운영되고 있는 〈국가집단〉의 내부에서는 국가에 의하여 안전이 편리하게 유지되기 때문에 각종 〈과업공동체〉들이 활동할 수 있는 여지가 생기게 되었다. 지배자들의 이익을 위해 봉사하는 [상위] 무력의 질서와 모순되지 않는 한에서 그 〈과업공동체〉들은 자신이 이룬 〈성공〉을 기반으로 자신들만의 확고한 규칙을 정립하였다. 초기 법률은 모두 혹독한 법률이었지만, 법률인 한에 있어서는 그 법률에 내포된 〈영리의 규칙〉들은 여전히 〈윤리적〉으로 정당화되어야만 하였다. 따라서 법의 발전은 항상 그것을 지탱하는 〈윤리적 권력〉의 발전을 의미하였다. 물론 그러한 〈윤리적 권력〉은 어려운 시대에는 아주 엄격하였지만, 반면 그것은 법의 〈응집상태〉에 어느 정도의 부드러움도 제공하였다. 국가에서의 삶이 안정될수록 법과 〈윤리〉가 차지하는 공간은 늘어난다. 이러한 〈내적 권력〉들의 실효성이 커짐에 따라 〈외적 권력〉의 그것은 점차 약화되고, 그 결과 전자의 발전으로 인하여 후자가 가지는 명령적 지시는 점차로 불필요하게 되는 것이 자연스러운 흐름이라고도 할 수 있다. 이때 사람들은 외적인 무력이 없이도 더욱 잘 생활할 수 있다. 결국 법과 〈윤리〉는 무력이 할 수 있었던 것보다 더욱 긴밀하게 인간들을 결합시킨다. 그것들은 인간의 정서에 영향을 미치거나 혹은 억제하기 때문에 무력으로는 도달할 수 없는 인간들의 정신적 경로에 더욱 깊숙하게 침투한다. 이로써 〈무력감소의 법칙〉은 설명될 수 있다. 이 법칙의 역은 법과 〈윤리〉가 가치는 비중의 증가라는 현상이다. 높은 〈사회적 성숙〉(gesellschaftliche Reife)이 달성되면 법과 〈윤리〉가 무력보다 우위에 서게 되는 변화가 일어난다. 이제 길을 인도하는 것은 법과 〈윤리〉가 된다. 그 법과 〈윤리〉는 그 자신들이 가진 힘에 의존하며, 그것이 가져다주는 〈성공〉의 혜택이라는 수단을 통해 더욱 영향력을 확대하고, 반면 무력은 적절하지 못한 저항들을 분쇄하기 위한 최후의 방법으로만 필요하게 될 뿐이다.

그 이후에는 이러한 법과 〈윤리〉의 발전은 〈대중운동〉의 고양과 결부되어 간다. 시민, 농민, 노동자는 각자들이 수행한 과업에서 이룬 〈성공〉에 기반하여 자신들의 특별한 권리를 쟁취하고, 그로 인하여 〈상위계층화〉에서 비롯되는 압박에 저항할 수 있고, 후에 자신들의 사회적 진출을 위한 기반을 마련할 수 있었다.

이러한 발전은 대부분 〈무명적 리더십〉에 의한 비가시적인 〈선도행동〉과 대중의 조용한 추종하에 점진적으로 진화된다. 그럼에도 불구하고 그 효과의 긴 지속 기간과 풍부한 개별적 사례들의 누적에 힘입어 거대하고도 지속적인 효과를 보여준다. 그 과정에서 지배자가 만든 법들은 변모하면서 동시에 그것들은 대중을 위하여 부상하는 법이 가진 힘에 의하여 점차 뒤로 밀려나게 된다. 그리하여 그 발전이 어떠한 수준에 도달하게 된 이후에는 사회의 기초적 사고방식 또한 그 발전에 적응하게끔 변화되는 중대한 전반적인 결과를 초래하게 된다. 구세력들이 가진 기본적인 고정 관념으로 인하여 그 혁명들이 방해받는 곳에서는 그 발전의 양상은 **정신적 혁명**들의 모습을 띠게 된다. 하지만 만일 구세력의 저항이 다른 방식으로 제거되지 못하는 경우에는 그러한 혁명들은 무력으로의 심각한 퇴행을 수반하는 **행동의 혁명**으로 나타나기 마련이다.

그 순수함이 유지되는 한 이러한 정신적 혁명들은 내면적인 것이다. 또한 그것은 무력을 조소하며, 동시에 무력을 필요로 하지 않는 매혹적인 힘을 지니고 있다는 점은 가장 주목할 만한 점이다. 그런데 이러한 위대한 〈윤리적〉 혁명은 오랫동안 이미 무력에 의한 기율(紀律)과 법에 대한 교육의 결과로 정서들이 지배에 길들여 있게 됨으로써 가능한 것이다. 그리고 그 원형은 **신앙에 있어서의 혁명**이었다. 그러한 〈신앙적 혁명〉(Glaubensrevolution)은, 〈윤리적 이념〉을 그 자체에 포함하고 그것에 확신의 자명성을 부여하는 〈신앙적 이념〉(Glaubensidee)에서 비롯된다. 세계의 모든 종교들은 모두 이같은 방식으로 부상하였다. 즉, 그것들은 예언적 지도자의 부름에 부응하여 적절한 시기에는 대중을 압도하는 사회적 영감이라고도 할 수 있다.

우리는 세계적 종교의 힘에 의하여 사회의 〈윤리〉가 전환점을 맞이하는 이같은 대중 현상의 과정을 기독교의 예에서 가장 명확히 볼 수 있다.

기독교는 로마의 검에 의해 정복된 로마 세계 제국이라는 토양 위에서 발생하였고, 로마의 검에 의한 준비 작업이 없었더라면 세계 종교로 확산될 수 없었다. 그러한 작업이 없었다면 기독교는 유대교의 한 종파에 그치기 마련이었고, 그것이 없었다면 베드로는 [유대인 이외의] 이방인들에게 있어서까지의 위대한 사도가 될 수 없었을 것이다. 기독교 교의는 그 사상에 있어서 유대교의 일신교와 그리스 철학에 의해 준비되었고, 더 나아가 아시아 내부로부터 밀려온 종교의 물결에 의해 그 추진력을 받고 있었다. 하지만 이런 모든 예비적 환경에도 불구하고 기독교적 감각은 역사적으로 볼 때 전혀 새로운 것이었다. 이에는 내세라는 생각이 인간들의 정서에 파고들게끔 하였던 그 비교할 수 없을 정도로 강력한 감성이 작용하였다. 구약성서상의 기록이나 고대 말기의 철학적 저작 중에는 철저히 기독교적인 정신과 일치하는 바가 적힌 문장은 많이 발견된다. 하지만 유대인에게 있어서는 여호와는 항상 선택된 백성들만의 신으로 느껴졌고, 그들은 이교도들의 철학은 신에 깃들어 있는 최고의 관념에는 절대로 도달하지 못한다고 여겼다. 더구나 예언자나 철학자들의 숭고한 말씀들은, 당대 [유대] 사람들의 정신을 정확히 반영하고 있던 그들의 삶에서의 보이는 모습들과는 모순되었다. 적에 대한 승리를 만끽하고자 하는 냉혹함, 그리고 동류 인간이 가지는 개인의 자유라는 원초적 권리를 많은 부분, 혹은 대부분 당연히 부정하고자 하는 당대의 실상적 모습들은 [경전에] 쓰인 바를 무색하게 만들었다. 또한 사무엘기에는 다윗 왕이 아말렉인(Amalekite)의 도시 라바(Rabbah)를 점령한 후 포로가 된 주민들을 벽돌 가마 속에서 태워서 죽이거나 톱으로 잘라 죽인 일이 기록되어 있다.[310] 그가 백성들의 인구를 조사한 오만함에 대하

---

310 이에 대하여서는 상이한 해석이 존재한다. 단순히 백성들에게 톱질을 시키고 벽돌을 굽게 하였다는 식으로(한글 성경처럼) 잔인함을 제거하고 아주

여 [신이 죄를 물으면서 벌 중의 하나를 선택하라고 하자] 역병을 선택하여 신에게 속죄하는 것은 기록되어 있지만,[311] 정복된 적을 잔혹하게 응징한 바에 대하여 그가 [신의] 처벌을 받은 바는 적혀 있지 않다. 더욱이, 그러한 잔혹한 응징은 확실히[신에 의해] 선택된 유대 백성들이 적에 비하여 강력한 권력을 가지고 있음을 보여주려는 의도로 서술되었음이 분명하다. 반면 신약성경은 진정한 사랑의 책이고 그곳에는 무력의 사용에 대하여 말하고 있지 않다. 모든 세계의 종교가 그렇듯이 기독교라는 종교는 믿는 자의 영혼을 사로잡는다. 세계 종교는 인간을 신과의 관계에 위치시킴으로써, 인간 영혼의 발견이라는, 모든 발견들 중 가장 위대한 발견을 할 수 있었다. 신을 믿는 사람은 영혼을 통해 믿는 것이며, 자신의 영혼을 자각함으로써 자신과도 마찬가지로 다른 모든 인간도 그들의 영혼을 통해 신과 연결되어 있고, 따라서 그들 모두도 자신의 동료임을 알게 된다. 인간관계에 있어서의 그 모든 혼란스러운 불평등에도 불구하고 모든 인간이 평등하게 가지고 있는 신앙의 힘을 통하여 영혼을 자각함으로써, 모든 인간은 모두 단합할 수 있다는 사상을 발견한 것이다. 영혼에 대한 깨달음은 〈윤리〉에 광범위하고 확실한 기반을 제공하였다. 〈인인애〉의 계율은 **인권에 대한 〈윤리적〉 선언**이다. 그렇기에 존재하고 있는 모

부드럽게 번역하기도 한다. '백성을 끌어내어 톱과 쇠도끼와 돌 써래로 일하게 하니라'라고 한글 성경은 의도적으로 잔인한 부분을 삭제하고 번역하고 있다.

311 다윗이 전쟁을 위해 병력을 차출하기 위해 무자비한 장군인 요압을 통해 이스라엘 전역에 대하여 인구 조사를 시켰는데, 이에 대한 형벌로 신은 기근, 전쟁, 역병, 세 가지 중 하나를 선택하라고 하였고, 다윗은 그 중 역병을 선택한다. 실제로 전염병이 발발하여 이스라엘 전국에서 7만 명을 죽게 되었다. 그런데 인구조사를 하게 한 것이 왜 신의 형벌을 받는 근거가 되는 지는 명확하지 않다. 그리고 다윗은 왜 역병을 선택하였는지, 그리고 왜 그 역병으로 인하여 백성들이 왜 피해를 받아야만 하는지도 그 이유도 또한 불분명하다.

든 사람들은 〈윤리적〉인 〈삶의 공동체〉에 포함된다. 즉, 영혼 간에는 차별이 없으므로 적어도 교리상에서 요청하는 바로는 모두 평등하게 그 〈윤리적〉 공동체에 포함되어 있다.

이 발견의 특별한 효과는 그것이 무력과 법과 가지는 관계에서 보여진다. 〈인류사회〉의 가장 깊은 근본이 발견되며, 그로 인하여 사회의 〈윤리적〉인 〈응집상태〉는 이제는 인간의 본성이 요구하는 것으로 인식된다. 모든 사회적 가치의 재평가는 이로 인한 필연적인 귀결이며, 그것은 니체의 의견과는 반대로 사랑이라는 의미하에 이루어진다. 그리고 역사가 짓누르는 중압으로부터 해방된 영혼은 이제는 자신 스스로 사회에 지고의 법률을 부여하게 된다. 도덕적 감정이 이제는 주도권을 잡고 무력에 대하여서는 제한을 하게 되며, 그리하여 법의 기초를 정초한다.

2. 기독교 내에서의 자유와 〈평등〉

기독교만큼 〈윤리〉의 실천에 있어서 뛰어난 세계 종교는 없다. 이슬람교는 신자들에게 비단 신앙을 가지는 것뿐만 아니라 그 신앙을 위해 전쟁을 하는 것도 의무화하고 있기 때문에 [윤리적 측면에서 볼 때] 기독교에 비하여 뒤처진다고 할 수 있다. 모하메드는 예언자였지만, 동시에 국민적 정복자이기도 하였기 때문이다. 반면 불교는 실천적인 생활을 외면하고 있고, 그 종교가 가진 가장 큰 목적은 속세를 초월하는 것이다. 기독교도 처음에는 전적으로 내세를 지향하였고 특히 동방 정교에 있어서는 그 신도들은 동양 민족들이기에 그들의 속성에 따라 기독교의 본래적 정신이 많이 유지되었다. 하지만 로마교회는 현세에 초점을 두었는데, 이는 서구 민족들이 가진 [현세적] 삶에 대한 지향을 반영한 것이다. 그럼에도 불구하고 내세에로의 지향성으로부터 현세의 삶을 지도하는 관점, 즉, 〈윤리적 정신〉을 도출하여 냈다. 하지만 인간은 신 앞에서 〈평등〉하다는 생각으로부터 바로 지상에서의 〈평등〉이라는 결론을 도출하는 바에 추저하였던 것은 [그들의 입장에서 볼 때는] 어쩌면 현명한 처사였다. [로마 교회는] 〈평등〉이라는 것은 단지 〈교회법〉상에 있어서만의 〈평등〉으로 만족하였고, 그리하여 이러한 〈교회법〉은 세속의 법에 영향을 미쳤다. 기독교가 지배하는 땅에서 법 앞의 〈평등〉이라는 개념이 완전히 실현된 곳은 아직 없다. 하지만 상당한 정도로 근접하게 된 것은 사실이며, 모든 곳에서는 **개인적 자유라는 사상**은 받아들여졌는데, 이러한 개인적 자유는 〈평등〉을 위한 첫째 선결 조건이었다. 이러한 개인적 자유라는 사상이 승리를 거둘 수 있었던 것은 주로 기독교에 의한 것이다. 이같은 목적을 위해 성취된 대부분의 과업들은 교회의 비호 아래에 있던 〈교회지상주의시대〉에 이루어졌으며, 〈계몽군주정〉(aufgeklärtes Fürstentum)과 혁명이 수행하여야 할 남은 과제란 단지 농노들이 가지고 있던 속박의 잔재를 제거하는 것뿐이었다.

오늘날 가톨릭 국가들 그리고 특히 개신교 국가들의 식자들 중 아마도 대다수는 로마 교회에 있어서의 교황권과 성직자의 타락, 수도원의 방탕, 면죄부의 판매와 기타 몽매한 미신, 종교 재판의 잔혹성, 양심의 자유와 정신의 진보에 대한 부정, 그리고 예수회의 위선밖에 보지 못한다. 사실 그 어느 누가 교회가 심각한 탈선을 범하였다는 것을 부정할 수 있는가? 〈역사서술〉이 편견을 자제하고 이러한 과정을 파악한다면, 이러한 탈선도 역사에 있어서 필연적인 것이었고, 다른 여타의 강력한 권력들과도 마찬가지로 교회도 자신의 〈패권적 권력〉에 도취하게 되는 퇴행을 겪게 되었음을 알 수 있다. 반면 〈역사서술〉이 편견 없이 관찰하는 경우, 로마 교회의 인도하에서 인류가 스스로의 존재를 격상시킬 수 있게 하였던 도덕적 가치들을 주저함 없이 칭송하며 열거될 수 있다. 교회로 인하여 세계는 많은 전쟁을 겪었지만, 그 이상으로 교회는 세계에 많은 사랑을 가져왔다. 〈무력적 권력〉으로서의 교회는 여타의 많은 〈무력적 권력〉 중의 하나였지, 그들 중 최악의 것은 아니었다. 반면 교회는 세계 역사적으로 볼 때 최초로 보여진 〈사랑의 권력〉(Liebesmacht)이었다. 세계의 모든 권력들 중에서 교회는 가장 먼저 가난한 사람들의 생존권을 인정하였고 고통받고 억압받는 사람들을 위해 자비의 제도를 도입하여 법의 제도를 보완하였다. 또 인간에게 정신적 생존권을 인정하고 또한 인간이 교회가 이해하고 있었던 바의 정신적 발전을 이룰 수 있는 권리가 있음 또한 인정하고 있었다는 점도 잊지 말아야 한다. 어떤 사회 계층에 속한 인간이건 상관없이 인간이 가진 모든 재능을 교회 자신에 속한 학교 등을 통해 계발하고 또한 그 조직에서 활용하였다. 교회는 사상가, 학자, 예술가, 수도원장, 주교, 그리고 교황을 전 계층에서 선발하였으며, 지난 천년 세월 동안의 〈자힐리야시대〉(무지의 시대 Jahiliyyah)[312]에 있어서 정신의 가치를 인정하고 시대의 깊은 어둠을 밝히는 유일한 권력이었다.

기독교가 가지는 〈사랑의 권력〉은 나약함과 퇴폐적 도덕의 발현이라는 니체의 관점은 천 년 동안의 〈교회지상주의시대〉에 보여진 역사적 증거를 고려할 때 반박될 수 있다. 기독교가 가진 〈사랑의 권력〉은 〈고전적 시대〉를 붕괴시킨 야만적인 무력에 대하여서도 자신을 유지할 수 있었다. 〈고전적 시대〉 시대에 있어서는 국가를 수립하고 문화를 확립하는 〈역사적 과업〉을 수행하여야 하였던 것은 무력이었지만, 〈교회지상주의시대〉에 접어들어서는 교회라는 〈우세적 권력〉이 그 과업을 수행하는 결정적인 역할을 담당하였다. 교회의 지도자들은 선구자의 역할을 다하였고, 따라서 그들은 역사상 보이는 영웅적 지도자들의 대열에 합류할 수 있었다. 그 〈교회지상주의시대〉의 말기에 도달하였을 때, 대중들은 그 이전의 〈군주적 권력〉의 시대에 있어서는 전혀 확보하지 못하였던, 정신적, 육체적인 건강을 가질 수 있었다. 따라서 이처럼 대중을 예속으로부터 풀려나게 하거나 최소한 그러한 예속을 약화시키는 것을 지향한 〈사랑의 권력〉은 결국 [대중을] **나약하게 만든 것이 아니라 강인하게 만들었음**이

---

[312] 이슬람교에서 말하는 이슬람교 출현 이전에 이슬람 정신을 모르던 시대에 비유하여 표현하였다.

충분히 입증된다. 이는 그동안 배제됐던 〈사회적 과업〉에 대중이 적극적으로 참여할 기회가 부여되었음을 고려하였을 때 충분히 수긍할 만한 견해이다. 기독교가 가져온 〈인류사회〉라는 이념이 없었다면 국가는 전 대중이 획득한 〈자유의 힘〉을 바탕으로 그 확고한 기반을 정초할 수 없었을 것이다. 교회가 가진 〈사랑의 권력〉에 의한 〈준비적 과업〉(Vorarbeit)이 없었다면 현재 유럽의 자유 국민들은 그들이 가진 권력과 문화의 발전은 물론 스스로를 형성할 수도 없었을 것이며, 교회의 그러한 〈준비적 과업〉이 없었다면 그들은 세계에서의 패권 또한 쟁취할 수도 없었을 것이다.

3. 프로테스탄트들의 〈자유주의 이념〉의 혁명

종교개혁을 통하여 신앙은 재발견되었다. 그러한 재발견은 신앙이 새로운 〈자유의 권리〉(Freiheitsrecht)를 정초한 새로운 〈윤리〉를 실어 나르는 힘을 가지고 있음을 입증하였다. 하지만 독일 농민들이 루터의 프로테스탄트적 자유의 교리를 자신들의 방식대로 이해하려 하였을 때, 그래서 그들과 그들의 생계를 억누르고 있던 멍에와 속박을 제거하기 위해 봉기하였을 때는 패배를 맛보아야만 하였다. 그런데 종교적 자유에의 갈망에 의하여 눈뜨기 시작한 영국과 네덜란드에서의 〈자유적 감성〉은 처음에는 외국의 〈무력통치자〉에게 대항하여 국민들의 자유를 쟁취하기 위한 길로, 그리고 이후에는 군주의 〈권력욕〉(Machtgelüst)에 대항하는 길로 인도되었다.

근대적 혁명 시대의 서막을 알리는 네덜란드에서의 봉기는 신앙의 동기에 의한 것이었으며, 신앙에 의하여 충전된 힘에 의해 그 목표를 달성하였다. 영국에서의 찰스 1세에 대한 투쟁에서 결정적인 역할을 수행한 것은 〈독립파〉(Independents)의 일파인데, 그것은 현재의 프롤레타리아에 기반한 〈독립당〉(Unabhängigkeitspartei)에 가까우며 같은 이름도 공유한다. 또한 후자가 〈평등〉의 이념에서 출발하여 경제적 〈평등〉을 요구한 것처럼 전자는 종교적 자유의 이념에서 출발하여 정치적 자유를 요청하였다는 점에서 [즉, 이념에 기반하여 출발하였다는 점에서] 특히 그 공통점은 두드러진다. 제1차 영국 혁명은 〈크롬웰의 성도들〉(saints), 즉, 철기병(ironsides)들에 의해 승리를 쟁취하였지만 결국 신앙의 신념이 그들에게 불굴의 정신을 부여한 것이었다. 유럽에서 최초로 천명된 〈인권선언〉은 크롬웰의 군대-현대식으로 말하면 군 평의회-에 의하여 만들어졌는데, 이들은 평등주의자들이었던 수평파(Levellers)가 자신들의 종교적 열정에 휩싸여 옹호한 종교적 〈평등〉 사상에서 그 정당성을 찾았다. 그 선언은 종교적 자유를 위해 새 고향을 찾아 유럽에서 이주한 분리파 프로테스탄트(필그림, Pilgrims)들이 새로운 미국 식민지에서 채택한 〈인권선언〉과 그 맥을 같이 한다. 이들의 흔들림 없는 정신에 의하여 그들의 손자들이 다음 세기에 이르러서 영국과의 독립전쟁에서 승리할 수 있었던 기반이 마련된 것이다. 영국의 〈고교회파〉(高敎會派 High Church)[313]가 어려움을 무릅쓰고, 대중들이 신의 명령이라는 이름하에 자신에 복종하고 있다고 생각한 국왕에게 저항하기로 결심하였을지라도, 영국의 2차 혁명 혹은 〈명예혁명〉은 프로테스탄트에 의한 왕위 계승 전통을 정립하였는데, 이 혁명은 믿음이라는 표식하에 성공할 수 있었다.

영국의 〈명예혁명〉이 가지는 세계사적 의의는 근대의 강력한 국민들 중에 최초로, 그것도 신의 은총에 의거하여 완전히 의식적으로 군주제를 변혁시킨 바에 있다. 영국 국민은 종전처럼 '왕의 것은 왕에게'라는 명제는 고수하되, 반면 '왕도 백성의 것'이라는 문장을 추가하였다. 로크(Locke)가 국민은 자신들에게 가장 적합한 정치 형태를 지지할 권리가

---

[313] 주교제하에서 일치된 교회의 권위와 성사와 전통을 중요하게 여기고 천주교나 정교회와 같은 유산을 공유하는, 기존의 가톨릭에 비하여 온건한 수준의 개혁만을 추구하고자 하는 성공회 내에서의 분파. 다른 분파로는 저교회파(복음주의), 그리고 광교회파(자유주의)가 있다.

있다고 설파하였을 때는 그는 당대의 지배적 〈공론〉을 표명한 것이었다. 그 이후 수세기 동안 영국 국민은 **개인적 자유**를 보장받았다. 그리고 이제 영국 국민은 **정치적 자유**도 쟁취하였다. 이러한 정치적 자유 또한 결국 개인적 자유를 쟁취하였던 바에서 와도 마찬가지로 **신앙의 힘**에 의해 쟁취된 것이었다.

4. 부르주아 〈자유주의 이념〉의 혁명

제2차 영국 혁명은 1789년 이후 이어진 근대적 혁명으로의 이행을 보여준다. 구 혁명은 **신앙이라는 반석**에 의존하여 투쟁한 〈**윤리혁명**〉이었음에 반하여, 그 이후의 혁명은 〈**법감정**〉**의 혁명**으로 볼 수 있을 것이다. 후자는 새로 부상한 사회세력이 스스로의 〈성공〉을 거듭하여 강해지고 〈사회의 강령〉 내에서 자신들을 위한 법적 표현을 추구하면서 발생한 것이다. 이러한 새로운 요구들은 더 이상 신의 말씀이나 혹은 다시 표현하자면 하늘을 통한 우회로에 기초하여 합리화되는 것은 아니다. 반대로 인간의 〈이성〉 내에서는 절대로 오류를 범하지 않는 인지적 수단이 있다는 믿음에 근거하여 그러한 〈요청〉을 도출해 내는 것이다. 도출된 〈합리적 이유의 근거〉(Vernunftgrund)들은 가장 단순하면서도 가장 보편적으로 적용될 수 있는 추상화에 의거하고 있다. 또한 그에 의해 가장 숭고한 〈인간적 원리〉(menschliches Prinzip)들이 도출되었으며 국가와 사회의 이론들이 고안되었다. 영미의 〈자유주의헌법〉(Freiheitsverfassung) 모델은 이같이 분출되는 사상들에 일정한 경험적 근거를 제공하였고, 고전적 모델도 정서에 강한 영향을 미쳤다. 사람들은 일종의 정치적 르네상스를 경험하였고 고대 로마 시대의 자유로운 영웅을 본받으려고 하였다. 이와 더불어 루소는 스위스 〈국가체제〉와 스위스연방의 주(州 Kanton)들에서 찾아볼 수 있는 단순한 환경으로부터 빌려온 사상을 프랑스로 도입하였다. 자신들은 전혀 체험하지 못한 이념과 외국의 경험이라는, 그 근거가 희박한 체계로부터 프랑스 국민이 앞으로 지키면서 살아야만 할 법을 도출하기까지는 지난한 노력과 정신 그리고 능변력(能辯力)을 모두 응집할 필요가 있었다. 그러나 이렇듯 인위적으로 만들어진 법률에는 안정성이나 실행 가능성은 전무한 것임이 곧바로 드러났다. 반면, 기독교를 지탱해 온 〈윤리감〉은 이와는 철저히 상이하였다.

그 기독교의 〈윤리〉는 깊은 인간 본성에 뿌리를 둔 것이므로 모든 시대를 거쳐 법적 발전을 위한 생산적 원천이 되고 나아가 더욱 광범위한 목표를 제시하였다. 결국 〈이성〉으로부터 도출된 법률적 원리들 중에는 오로지 프랑스 국민의 실제 사회활동 속에서 배양된 감정과 부합됨으로써 사람들의 정서를 지배할 수 있었던 것들만이 유효할 수 있음이 입증되었다. 최초에 생성되기 시작하였던 추상적인 **〈이성법〉**(Vernunft-recht)[314]은 오랜 순화의 과정을 거쳐 프랑스의 구체적인 **〈경험법〉**(Erfah-rungsrecht)으로 스스로를 정립해 나갔다.

프랑스 혁명의 자유, 〈평등〉, 그리고 〈우애〉(Brüderlichkeit)라는 3가지 구호 중 〈우애〉는 혁명에 따른 동족상잔의 내전 속에서 금세 질식사하였고, 마찬가지로 세계적 〈우애〉라는 이념도 그 혁명이 세계에 확산시킨 전쟁 속에서 사라졌다. 또한 부르주아지가 〈평등〉이라는 구호를 자신들의 깃발에 새겨 놓았을 때, 그 단어는 본래적인 완전한 의미와는 다른 어떤 것에 불과하였다. 그들에게 있어서는 경제적 〈평등〉은 전혀 고려 대상이 아니었다. 자코뱅들이 자신들이 계급적 이해에 도움이 된다고 생각하였던 프롤레타리아들과 일정 타협에 동의하였을 때, 그 개념은 철저히 변질되었다. 사실 자코뱅은 그러한 타협을 하기 위한 상당히 좋은 구실이 있었다. 왜냐하면 그들은 그들의 권력 획득을 위한 계획을 실행하기 위한 즉각적인 도움을 프롤레타리아로부터 받을 수 있음을 발견하였고, 따라서 그들의 입장에서는 당대의 자신들의 필요성이 지속되는 한,

---

314 이성에 기초한 법.

〈평등〉이라는 슬로건을 기꺼이 내세울 각오가 되어 있었다. 그 후 [자코뱅들이] 프롤레타리아를 제거하려고 하였는데, 따라서 [공산주의자였던] 바뵈프(Babeuf)315와 그의 추종자들은 너무 순진하게 자신들이 〈평등〉에 대한 요구를 하였음에 대한 대가를 지불하여야만 하였다. 하지만 이러한 〈평등〉에 대한 요구는 결코 빈말은 아니었다. 억압된 농민 대중의 희생 위에 지주들을 배부르게 하고 귀족과 성직자라는 제1, 2 **신분층**을 부르주아지보다 높이 위치시키는 **법적 불평등**(rechtliche Ungleichheit)에 대해서는 항거하는 한 그 [평등의] 요구는 생생한 의미를 지니고 있었다. 부르주아지들은 자신들이 외적 및 내적 가치, 부와 교육에 있어서 그러한 구래의 특권 **신분층**과 동등하다고 생각하였던 것이다. 더욱이 프랑스인의 민주주의적 감각은 〈평등〉 혹은 적어도 그와 근접한 것을 사회적 관계에 있어서 요구하였다. 혁명의 첫 흥분 속에서는 냉정한 상태에서 생각할 수 있는 것보다 훨씬 더 급진적으로 이러한 요구를 내세웠다. 하지만 국민 내에 속한 모든 계급에 대하여 서로 시민이라고 부르는 〈관행〉은 재차 곧 사라지게 되었다. 그럼에도 불구하고 국민이라는 뚜렷한 사회적 의식이 확립되었기에, 〈평등〉이라는 **사상의 잔향은** 지속적으로 사회적으로 유지되며 그 힘을 간직하고 있었다.

자유라는 구호는 가장 진지하게 받아들여졌다. 하지만 오랫동안 이 구호조차도 역사적으로 도야되어온 국민의 성격에 상응하는 법적 표현을 찾을 수 없었다. 헌법은 지속적으로 새롭게 생겨나고 다시 폐기되었고, 프랑스인들이 자신들의 상황에 맞는 헌법을 수립하여 장기적으로 유지할 수 있게 되기까지는 거의 1세기의 기간에 걸친 〈도야〉가 필요하였다.

열광적으로 논의되고 선언된 〈인권선언〉은 미국 식민지의 법령에서 종교적 자유 선언의 형태로 제정된 〈인권선언〉을 모방하여 도입된 것

---

315 프랑수아노엘 바뵈프(François-Noël Babeuf, 1760~1797). 프랑스의 혁명가이자 공산주의자. 공산주의 사상을 처음으로 정치혁명과 결부시킴.

이었다. 하지만 프랑스에서 표현하고자 하였던 자유의 감정은 더욱 세속적인 기원을 갖는다. 그것은 무엇보다도 자의적 〈국가권력〉으로부터 보호받기를 바라는 부르주아지들이 가지고 있던 고양된 〈힘의 감정〉을 표현한 것이었다. 실제적으로는 프랑스 혁명에서 말하던 인권은 강력한 부르주아지들이 가졌던 자유적 감정에 의하여 지탱되었던, 부르주아치들을 위한 기본권들에 불과하였다. 이러한 차원을 넘어서는 것, 가령 열광적으로 귀족제의 폐지를 주장하는 것 등을 넘어서는 것들은 당대 프랑스인들의 감정에는 용인되지 못하였다. 그것이 가지는 영속적인 〈실질적 내용〉으로 판단한다면 프랑스 혁명에 있어서의 〈인권〉(Menschenrecht)이라는 것은 기독교에 의해 주창된 〈윤리적〉인 **〈인권선언〉이 정치적인 영역에만 국한되어 천명**된 것에 불과하다. 전자에는 후자가 가지고 있었던 것과 같은, 외적으로는 현란하지 않지만 실제로는 그 내용이 한없이 풍부하고 지고한 인간적 의미는 없다. 기독교의 〈인인애〉의 계율은 영혼에서 비롯된 것이었으며 근본적으로는 전 〈인간성〉의 영역과 관계되어 있었다. 반면 국가에 의한 〈인권선언〉은 근대적 부르주아지 정신에서 비롯된 것이어서 정치적 영역에 있어서만 그리고 부르주아적 존재에만 국한되어 적용된다. 그리고 처음에 표방하였던 폭넓은 코스모폴리탄적인 유대는 혁명 이후에 발발한 세계대전으로 인하여 곧 다시 상실되고 말았다.

부르주아의 〈자유주의 이념〉의 혁명은 프랑스에서 시작하여 전 유럽, 그리고 동쪽으로도 전파되어 심지어 아시아에도 영향을 미쳤다. 대중에게 부여한 권리로 인하여 그러한 사상은 매력적인 모델을 제공하였고, 대중들은 그것을 둘러싼 불안과 두려움에도 불구하고 그 모델을 모방하기에 주저하지 않았다. 더욱 매력적이었던 바는 혁명적 이데올로기가 정신들에 영향을 미치도록 한 선전적인 힘이었다. 세계의 여론은 바로 그러한 힘에 의해 형성되었고, 모든 사람들은 자신들의 현실이 이념에 비해 얼마나 낙후되어 있는지를 스스로 경험하여야만 하였다.

5. 프롤레타리아 〈평등이념〉(Gleichheitsidee)의 혁명

부르주아 혁명에 뒤를 이어 프롤레타리아 혁명들이 일어났다. 그것들은 부르주아 혁명에 의해 형성된 이데올로기 속에 그 정신적 동인을 찾았고, 또한 당대 프롤레타리아가 처한 특수한 상황 속에서 그 실제적인 직접적 원인을 가졌다. 이러한 프롤레타리아 혁명은 부르주아 혁명에 비하여 종교적, 〈윤리적〉인 혁명으로부터 더욱 거리를 두고 있었다. 그러나 최초의 프롤레타리아 사상가들은 종교적 신비주의 사상 세계에서 출발하였으며, 계급들과 세계라는 경계를 초월한 형제애를 나누고자 한 열광적 〈윤리〉에 경도되어 있었다. 그들의 체제에 붙여진 사회주의나 공산주의라는 명칭은 [그러한 〈윤리〉에 기반한] 나름대로의 이유가 있다. 그러나 프롤레타리아 운동이 이념의 세계에서 현실의 세계로 이행되어 대중을 사로잡게 되자 그때부터 그들의 지도자들은 계급적 운동을 공공연히 천명하게 되었고, 이제 그들의 운동은 단순한 〈계급투쟁〉의 운동으로 전락하였다. 실상 부르주아 혁명은 프롤레타리아들의 생활에 있어서의 진보를 결과하지 않았으며, 오히려 이제는 부르주아적 자본이 지배자로 군림함으로써 프롤레타리아들의 삶을 퇴보시킨 것이었다. 따라서 프롤레타리아가 그들 자신에게 주어진 혁명적 투쟁의 상황을 이제부터는 자신의 이익을 위해 사용하려는 것은 조금도 이상한 일이 아니었다.

  부르주아적 〈자유주의〉가 〈인민주권〉이라는 미명하에 선언한 강령에서는 실상 프롤레타리아는 정치적으로 빈손이었다. 한편, 프롤레타리아는 대중들 사이에서는 가장 강력한 그룹들 중 하나였고, 대중의 대다수를 구성하였으며, 실제로 그들의 연설가들이 항상 반복하여 강조하였던 것처럼 그 자신이 바로 대중이었다. 〈자유주의〉 체제에서의 투표에 의거한 강령 제정에서는 대다수 임노동자의 선거권을 배제하고 있었지만 〈인민주권〉 사상의 논리는 〈평등〉한 〈보통선거권〉을 요구하고 있었다. 그런데 더 심각한 것은 노동자 대중들은 〈평등〉이라는 혁명적 구호와 실제적인 경제적 불평등 사이에 존재하는 모순을 느껴야 하였다는 점이다. 급속한 경제적 진보에 의해 들뜬 분위기 속에서도 기계화와 기업의 대규모화에로의 이행으로 인하여 노동자들은 최악의 비참함을 겪었다. 〈유산계급〉들은 자발적으로 프롤레타리아와 만나 중도적 해결 방안을 모색하려 하지 않았기에, 프롤레타리아는 자신들의 이익을 보호하기 위해 자신들에게 주어진 모든 권력을 행사하려 하였음에는 충분한 이유가 있었다. 그들은 과거 부르주아 혁명에서 그 방법을 찾았고, 급속한 성장을 거듭하며 형성된 그들의 조직은 그러한 방법을 그들이 실행할 수 있는 힘을 부여하였다. 기업의 대규모화가 급속도로 진전되자 의도하지 않게도 대중의 수는 급속히 증가하였고, 그러한 상황이 늘어나고 그와 동시에 실제로 존재하는 비참함도 커짐에 따라, 그리고 대중이 가진 권력도 더욱 증대될 전망이 커짐에 따라 프롤레타리아 운동에 있어 절실히 필요한 지도자들도 등장하게 되었다.

프롤레타리아를 대표하는 사상가들의 대부분은 부르주아의 출신 내지는 지식인들이었다. 그들의 과업은 부르주아 사상가들이 〈제3신분층〉(dritter Stand)[316]의 이익을 위해 고안한 과학적 체계를 이제는 프롤레타리아의 이익을 위한 정신적 지평으로 개조하는 것이었다. 안톤 멩거(Anton Menger)가 적절히 설명한 바에 따르자면 사회주의 사상가의 교의적 체계는, 〈대중의 삶〉에 있어서의 절실한 필요에서 도출된 **〈프롤레타리아적 법철학〉**(proletarische Rechtsphilosophie)**의 체계**다. 〈부르주아적 법철학〉(bürgerliche Rechtsphilosophie)에 의해 발전되고 부르주아 혁명을 통해 실행되어진 기본권은 오로지 〈유산계급〉의 관점에서만 도출된 것이며, 따라서 무산대중의 필요를 충족시키지 못하였다. 부르주아들에게 있어서는 일반적 〈권리능력〉과 이미 획득한 권리의 법적 보호만이 중요성을 가지고 있었는데, 그들은 그로 인해 〈평등〉한 권리가 이미 모든 사람

---

316 프랑스에 있어서 제1 신분층인 성직자, 제2 신분층인 프랑스 귀족과 왕족을 제외한 나머지 평민들 전체.

에게도 보장되어 있고, 또한 〈평등〉의 사상이 이미 충분히 실현되고 있다고 자위하고 싶었다. 그러나 일반적 〈권리능력〉과 획득한 권리의 보호라는 단어들은 〈재산〉이 없는 노동자들에게는 어떤 도움도 되지 못하였다. 노동자들은 어떠한 가치 있는 〈재산권〉도 소유하고 있지 않기에 〈권리능력〉을 가지고 있다고 하더라도 〈재산권〉을 취득하기 위한 실제적 근거는 결여되어 있었다. 〈부르주아적 법철학〉이 부르주아의 입장에서 부르주아적 기본권을 요구하였듯 이번에는 〈프롤레타리아적 법철학〉은 프롤레타리아의 입장에서의 **〈경제적 기본권〉**(wirtschaftliche Grundrecht)을 요구하였다. 〈경제적 기본권〉이 없다면 '모든 사람에게 〈평등〉한 권리'라는 추상적인 단어는 실체적으로는 노골적인 불평등에 다름아니다.

프롤레타리아 사상가들이 발전시킨 가장 중요한 〈경제적 기본권〉은 〈생존권〉(Recht auf Existenz), 그리고 자신들의 노동으로부터 창조된 생산물을 완전히 획득할 수 있는 권리였다. **〈생존권〉**은 생존을 위한 기본적 욕구의 충족, 더 나아가 더욱 광의로 해석하자면, 〈합리적 욕구〉(vernunftgemäßes Bedürfnis)들을 충족시킬 수 있는 권리를 말한다. 이 권리는 사실 인류가 가진 〈윤리〉 정신에서 비롯된 것이다. 이는 동정과 〈공감〉, 그리고 인류애라는 원천적인 감성에 호소하는 것이며, 결국 그 권리가 요구하는 바는 단순한 법적 〈요청〉이 아닌 **진정한 〈윤리적〉인 〈요청〉**이다. 그러나 〈프롤레타리아적 법철학〉은 오랫동안 이러한 〈생존권〉이라는 개념을 도외시하였고, 사회주의적 체제도 그와 마찬가지였다. 반면 오늘날 프롤레타리아의 사상 체계를 지배하고 있는 주요한 원리는 **노동의 생산물에 대한 완전한 권리**이다. 그들에 의하면 **모든 생산물은 노동의 산물**이고 자본과 토지는 노동을 단순히 보조하는 요소에 불과하며 그 자체로 독립적인 생산적 요소는 아니다.[317] 따라서 모든 산물은 노동자에 속한다. 칼

---

317   노동가치론에 의하면, 노동만이 유일하게 '가치'를 창조한다.

마르크스가 《자본론》에서 설명한 것처럼 〈사적 소유권〉이라는 법적 질서가 유효하게 지속되는 한 임노동자들이 자신들의 노동의 진정한 산물 전체를 임금 형태로 받는 것은 불가능하다. 왜냐하면 그러한 〈법질서〉가 유효한 한, 스스로의 〈재산〉이 없는 임노동자는 자신의 생존을 위해 필요한 최소한의 임금을 대가로 자신의 〈노동력〉(Arbeitskraft)[318]을 자본가에게 팔아야만 한다. 반면 **〈노동〉(Arbeit)에서 창출되는 잉여 산출물**, 즉, **〈잉여가치〉**의 전액은 자본가에게 귀속된다. 이때 임금은 다른 모든 가격들과도 마찬가지로 자본가에게는 일종의 생산비용이며, 따라서 사적 교환 경제가 지속되는 한 모든 산출물을 창출한 노동자는 잉여 가치만큼을 〈착취〉당하기 마련이다.

[마르크스의] 〈잉여가치론〉은 부르주아 경제학자들에 의한 거친 반론에 부딪혔다. 하지만 우리는 여기서는 그들 간의 이론적 논쟁에 대해 논의하지는 않겠다. 우리의 목적상 〈잉여가치론〉 자체는 경제적 〈평등〉 사상을 수미일관 유지하고 있지는 않다는 것만을 보여주는 것으로 족하다.

〈잉여가치론〉이 증명하고자 하는 〈노동〉의 산물에 대한 완전한 권리는 [이론적 측면에서] 그 자체로 볼 때 **수확물의 불평등한 분배**라는 논리적 귀결을 수반하기 마련이다. 그 이론에 의하면 더욱 높은 생산성을 가진 더 효율적인 노동자는 그에 상응하여 높은 임금을 받아야 함을 요구하는데, 따라서 미래의 사회주의 국가에서 그 노동자는 높은 소득을 가지기 마련이다. 이러한 요청들은 노동자들이 가지고 있는 〈법감정〉과도 부응하며, 노조의 정책도 실상 이에 동조하고 있는데, 유능한 노동자는 평범

---

318 〈노동력〉(Arbeitskraft)과 〈노동〉(Arbeit)의 차이에 주목할 것. 마르크스에 의하면 노동은 재화와 서비스를 생산하는 활동 그 자체이고, 〈노동력〉은 일할 수 있는 능력, 즉, 어떠한 유용한 가치를 생산하기 위하여 지출할 수 있는 정신적 육체적인 능력이다. 자본가는 〈노동력〉을 구입하는 것이지 〈노동〉을 구입하는 것이 아니고, 〈노동력〉의 구입에 대한 대가가 임금이다.

한 노동자와 같은 임금수준에는 절대로 만족하지 않을 것이기 때문이다. 〈성공의 법칙〉은 실상 사회 모든 계층에 불가피하게 자리 잡고 있다. 〈프롤레타리아적 법철학〉도 노동자들의 현실적 감각이 그러한 것과도 마찬가지로 이 〈성공의 법칙〉을 인식하고 있다. 만일 성취에 있어 각자의 성공도가 상이하다면 **불평등이 아니라 〈평등〉한 대우가 정의의 본질에 반하는 것**이며, 〈평등〉이라는 법을 완고히 고수하기 위해서는 강압을 행사하여야만 한다. 임노동의 경우와도 마찬가지로 이같은 명제는 경제적 영역 전체에 적용되어야 한다. 〈최상위 힘의 법칙〉에 의한다면 〈사회적 성공〉이 소유의 불평등을 가져오는 경우에는 소유의 불평등은 법적으로 인정되어야만 한다. 물론 이는 단순한 무력에 의해 쟁취된 〈성공〉도 인정되어야 함은 아니다. 모든 건강한 민족에 있어서는 장기적으로 볼 때 〈무력의 법칙〉은 평화의 시기가 도래하면 결국 〈자유의 법칙〉(Friedensgesetz)에 자리를 넘겨주기 마련이기 때문이다.

지도자의 업적이 그 사회에 가져다주는 〈성공〉이 커짐에 따라 그 지도자는 일반 대중에 비해 더욱 많은 권리를 항상 확보하기 마련이고, 또한 사회의 다른 영역에서와도 마찬가지로 경제적 영역에 있어서도 지도자와 대중들은 동등하다고 여길 수는 없다. 다른 영역에서도 마찬가지로 여기서도 성취의 불평등은 그 필연적인 결과로서 권리의 불평등을 초래할 것이다. 다만 〈경제적 과업〉(wirtschaftliches Werk)의 수행에 있어 더 이상 지도자를 필요로 하지 않는 경우, 그 지도자의 권리는 대중의 그것과 동등해져야만 한다.

하지만 그럼에도 불구하고 이같은 사실로 인하여 〈프롤레타리아적 법철학〉이 결코 부정될 수는 없다. 왜냐하면 그 법철학은 결코 〈평등〉이라는 슬로건의 존재 여부와는 궤를 같이하지는 않는다. 노동자의 전체 산물에 대한 권리 주장에 어떠한 오류가 있다 하더라도 그 철학이 주장하는 〈생존권〉은 어떠한 논란의 여지도 없는 것이다. 하긴 프롤레타리아는 단지 〈생존권〉만에는 만족하지 않을 것이고 〈프롤레타리아적 법철학〉도 그것만에 만족해서는 안된다. 그럼에도 불구하고 〈생존권〉을 정립하는 것은 큰 의미가 있다. 이러한 〈생존권〉은 〈경제적 기본권〉(wirtschaftliches Grundrecht)의 체계에 있어서 가장 저변에 위치한 것이며, 그것은 하회할 수 없는 **최소한**을 나타낸다. 오늘날과 같이 노동자 계급이 처한 상황하에서는 이같은 최소한의 정도를 측정하고 또한 그것을 지켜나가는 것은 소득이 최저 생활 수준 근방에서 머무르거나 혹은 최저 생활 수준을 하회하여 인간의 존엄성과는 양립할 수 없을 정도인, 더욱 광범위한 노동자 계급의 그룹들에게 있어서의 생사의 문제와 직결된다. 또한 결국 생존을 위한 최저 수준의 측정은 물질적인 것뿐만 아니라 **정신적이며 도덕적인 〈생존수단〉**과도 관련된 것이며, 단순한 생의 유지뿐만 아니라 **생이 가진 힘들을 개발함**에도 관련된 것이다. 모든 아이들이 평등하게 초보적 교육을 받을 수 있는 의무 초등학교 제도에서 이같은 〈평등〉의 구호가 적용되고 있다는 것은 실로 훌륭하지 않은가! 오늘날 대중 속에서 미성숙된 채 위축되어 있는 그 풍부한 힘들을 발현시키기 위하여 사회가 아직도 실행하여야만 할 모든 것을 보여주는 것이야말로 올바른 〈프롤레타리아적 법철학〉이 수행하여야만 하는 지대한 과제이다.

XIV. 〈소수의 법칙〉과 그것의 역사적 검증

1. 역사적 가능성들

〈사회적 행동〉은 지도자를 필요로 하고 또한 지도자를 소환한다. 순수한 이념적 관점에서 보자면 지도자는 대중들로 하여금 〈성공〉과 권력을 획득할 수 있게 하는, 대중들에게 있어서는 기술적으로 필요한 기관(器官)이라고도 할 수 있다. 그러나 만약 그 지도자가 대중을 지배하는 권력을 가지게 된다면 어떻게 될까? 그리고 지도자는 대중의 선두에서 전진하고 또한 외견상 대중들보다 강하기에 그 지도자는 대중을 지배하는 권력을 가질 수밖에 없는 것인가? 혹은 목적지에 도착한 여행자는 안내자의 봉사를 이미 충분히 이용하였기에 이제는 그를 해고할 권리가 있는 것과 마찬가지로 대중에게도 그러할 권리가 있기 때문이기에, 대중이 지도자보다 오히려 더 강한 것일까? 만약 그럴 수 있다면 분명 대중은 강하다고 할 수 있지만, 실상은 그렇게 하기가 쉽지 않은 것이 바로 대중이 가진 본질이자 한계이다. 그렇게 지도자를 해고함이 가능하고 실제로도 그렇게 하는 경우는 오로지 대중이 일단 그 지도자에 대하여 일반적으로 격앙하기 시작하여 그에 대한 분노의 폭풍이 대중의 대열을 통과할 때이다. 하지만 집단에 속한 개인들 사이에 존재하는 감정은 지도자를 해임하는 합의에 도달하기에는 충분하지 않다. 설령 불만스러운 사람이 많다고 해도 그들은 '〈타인들〉'도 똑같이 그렇게 할 각오가 되어있다는 확신이 없는 한, 그 지도자에의 추종을 중단하는 결단에 이르지는 못할 것이다. 따라서 낡은 지도자를 해임시키려면 새로운 지도자 밑에 집결하여야만 한다. 하지만 새로운 지도자가 일반의 감정 속에 자신을 부각시키려면 일정 시간을 필요로 한다. 이러한 조건이 아직 충족되지 않는 한 **낡은 지도자는 유리한 고지를 계속 점하고 있을 수밖에 없다.** 그 낡은 지도자는 그에 대한 **추종이 지속됨을 확신할 수 있고,** 따라서 일정 〈주도적 권력〉 내지는

〈패권적 권력〉을 획득할 수 있는 위치에 있으며, 그에 따라 자신의 개인적 목적들을 대중의 목적들에 비하여 어느 정도 혹은 매우 높은 정도로 우선시할 수 있다.

이같은 일반적인 고찰들은 단지 지도자의 의지와 대중의 의지와의 관계가 발전할 수 있는 가능성만을 보여줄 수 있다. 이러한 가능성이 실제적으로 어떻게 실현되었는가를 명확히 알기 위하여서는 역사 발전의 전반을 개관할 필요가 있다. 하지만, 물론 이런 역사 발전 과정 중의 세세한 부분에 연연할 필요는 없다. 개략적으로 살펴본다면 쉽게 파악할 수 있는 바는 최초부터 그리고 거의 오늘에 이르기까지 사회적으로 중요한 〈지도적 지위〉들은 예외 없이 대중에 대하여 강한 우위를 점하고 있었다는 점이다. 그 이전은 아니더라도 최소한 **〈민족사〉의 시작**부터, 즉 〈대부족〉이나 〈소민족〉이 모여 민족을 형성하였을 때부터 소수의 지도자가 〈다중〉을 지배한다는 **〈소수의 법칙〉**은 관철되어 왔다.

2. 〈무력적 리더십〉과 그것이 대중에 미치는 결과

어느 곳에서나 예외 없이 민족의 역사는 냉혹한 무력의 시대로부터 시작된다. 초기에 수행되었던 무력에 의한 과업의 달성은 **〈무력적 리더십〉**을 필요로 하였다. 막강한 지도자의 통솔하에 있던 최강의 전투 부족은 그렇지 못한 부족의 대중들을 복속시켰다. 동양에서도, 암흑의 아프리카에서도, 그 외의 야만적 세계 어디서나 광활한 지역에서 강한 인종은 약자에 대해 〈강압적 지배〉를 확립하였고, 그러한 지배가 확고히 견지되어 대중들을 절망적인 노예로 전락시켰다. 심지어 승자가 혈통상 현저히 우월하지 못하였던 곳에서도, 그리고 〈지배계층〉이 단지 시간상으로 앞서서 발전한 덕에 그들의 높은 위상을 확보하게 된 경우에 있어서도 〈강압적 지배〉는 오랜 기간 동안 유지될 수 있었다. 이는 승자들은 무기와 자본이라는 물질적 〈권력수단〉과, 그리고 조직과 문화라는 정신적 〈권력수단〉을 자신들 내로 통합할 기회를 부여받았기 때문이었다. 당대의 무력이 각인시킨 대중의 〈계층화〉라는 깊은 골은 심지어 가장 강한 민족에 있어서도 그 [계층] 구조를 영구히 결정지었고, 가장 선진화된 민족에게 있어서도 그 골은 결코 완전히 메꾸어지지 못하였다. 로마 탄생기의 로마인은 이태리의 다른 농경 〈소민족〉에 비교할 때 아직 우월하다고는 할 수 없는 단지 건장한 농민들로 이루어진 〈소민족〉에 불과하였다. 로마라는 도시가 세계 권력의 담지자가 된 이래 영원히 지속되는 전쟁은 사람들을 혼란스럽게 만들었고, 소수의 압도적이고 자신감 넘치는 〈옵티마테스〉(Optimates, 로마 귀족층)[319]들은 토지와 그 토지를 경작하여야만 하였던 가난한 소작인(colonus)과 노예로 이루어진 대중을 지배하였다. 이태리를 비롯한 남부 유럽 국가들의 토지 경작자들은 경제적으로나 사회적으로 반소작인 수준으로 전락하게 되었다. 그로 인한 결과는 오늘날까지도 감지할 수 있을 정도이다. 유럽의 게르만 민족과 슬라브 민족 사이에서도 그들 역사의 서막을 연 전사(戰士)의 지배는 농노제와 예속이라는 법적인 잔재를 남겼는데 이는 18세기부터 19세기까지도 이어졌고, 심지어 농노제와 예속제의 폐지 이후에도 넓은 지역에 걸쳐 열악한 농민 존재의 상황이라는 현실적 후유증으로 남아 있다. 이후 농민층으로부터 산업 프롤레타리아가 충원되는 경우, 그것도 전자들 중 가장 낮은 계층인 농민 프롤레타리아로부터 고용된 경우, 산업 프롤레타리아로서 고용되는 조건은 이미 그 이전부터 열악하였던 농민 프롤레타리아의 상황에 근거하여 결정되기 마련이었다. 따라서 이러한 상황을 감내하기 위하여서는 극도의 육체적, 도덕적 인내력이 요구되었다. 프롤레타리아들은 역사적으로는 이미 탈진되었고 저항할 힘은 아주 낮았기에, 자본가 계층은

---

319 라틴어의 '좋다'의 최상급인 〈옵티머스〉(optimus)에서 유래하며, '최상의 인물'로 해석된다. 고대 로마 공화정 말기에 원로원의 권력이 지속되는 것을 지지한 정치가들을 의미하는데, 그들 중에는 특히 신흥 귀족층이 많았다. 이에 반대되는 집단은 〈포퓰라레스〉(populares)로 불리웠다.

자신들의 급속히 증가되는 부를 이용하여 프롤레타리아들을 **현대적 〈무력지배〉(즉, 강권지배)하에 복속**시켰고, 이는 과거 무력에 의한 〈무력지배〉에서 느껴졌던 그 냉혹함에 결코 뒤지지 않았다. 이러한 상황은 국가와 사회가 프롤레타리아들이 구성한 조직들과 연합하여 자본주의자들에 대하여 반격할 수 있게 되었을 때야 비로소 제어될 수 있었다.

혁명의 시대에 대중들이 봉기하기 전의 상황에서는 거의 모든 문화민족들에게 있어서 하위 계층은 대중을 위한 중대한 과업을 행하거나 지도층을 효율적으로 통제할 수 있는 〈능동적 추종〉의 능력을 상실하였다. 대중들은 단지 구래의 지도자에게 무디게 체념하며 추종함이 습관화되어 있었다. 그들의 감성에는 지도자들을 축출한다는 생각은 너무도 이질적이었다. 그들 중의 한 그룹이나 다른 그룹이 지도자의 교체를 요구한다고 할지라도, '〈타인들〉'인 대다수의 대중들을 결집하여 새로운 경로로 나가게 하는 것을 기대할 수는 없었고, 그리하여 모든 것은 변함없이 이전처럼 그대로였다. 어떤 지도자가 자신의 후계자를 임명하려 하는 경우 그는 아마도 그의 동료들로부터의 반대를 걱정하여야 하였지만 대중들을 두려워할 필요는 없었다. 대중들은 [지도자였던] 아버지를 추종하였던 것처럼 그 아버지의 아들도 추종하였다. 이같은 방식으로 〈개인적 리더십〉은 〈역사적 리더십〉으로 고착화되었고, 특히 [고전적 시대에서] 선거를 통하여 군주를 선발하던 〈군주정〉은 세습을 통한 〈군주정〉으로 대체된 것이다. 세습 지도자의 등장으로 인하여 이상적 사회 지도자의 선발에 있어 핵심적 이념이라고 할 수 있는 〈선택〉이라는 작용은 소실되고 만다. 세습제가 그 이외의 점에서는 혹시 장점이 존재하는지의 여부는 이 장에서는 논하지 않기로 한다. 설령 지도자가 지도자로서의 내적 자질을 결여하고 있으며, 지도자가 자신의 지위를 만드는 것이 아니라 오히려 지위가 지도자를 만드는 상황에서도 〈소수의 법칙〉은 여전히 관철된다는 것만 언급하기로 한다. 대중이 역사적 압력에 의해 유순해지는 경우 〈소수에 의한 지배〉(Herrschaft der wenigen)가 유지되기 위하여서는 대중들의 삶에 있어서의 필요 불가결한 [생존을 위한] 요구와 그들의 〈생활습속〉들을 수용할 수 있는 충분한 지혜를 구비하고, 자극적인 방법으로 지배의 무게를 증가시키지 않도록 하면 단지 충분할 뿐이었다. 또한 개인적 존엄을 지키는 방법을 터득한 군주는 자신의 지배를 가부장적 배려라는 휘광으로 변모시키기도 한다.

유전적 병을 앓고 있는 부모나 할아버지의 피를 이어받는 사람이 가지고 있는 유전적 부담에 대한 우려는 오늘날의 의사나 판사뿐만 아니라 사회 사상가나 영혼의 탐구자인 시인들도 가지고 있었다. 입센은 그의 《유령》(Ghosts)이라는 작품 속에서 이같은 비참한 예를 보여준다. 그러나 하층민들이 그들의 부모나 선조들이 겪고 있던 압력이라는 유산을 상속받음으로써 짊어져야만 하는 역사적 짐은 그보다 훨씬 포괄적이며 무겁다. 하지만 건강한 후손들은 절망할 필요는 없다. **〈역사적 망령〉**(geschichtlicher Gespenster)은 퇴치될 수 있기 때문이다. 상태는 아직 절망적이지도 않고 치료 불가능하도록 혈액 속에 남아있는 것도 아니다. 그들의 약점은 사실 역사적으로 획득된 것이며, 환경이 개선되면 제거될 수 있다. 하지만 다른 모든 대중 질병과도 마찬가지로 그 치료에는 거대한 자원의 사용과 수세대에 걸친 인내심 있는 작업이 필요하다. 즉, 역사적으로 뿌리내린 악을 제거하기 위하여서는 지속적인 역사적 노력이 필요한 것이다.

3. 〈지배적 리더십〉과 〈민주적 리더십〉으로의 이행

〈무력지배〉가 자신에게 주어진 〈역사적 과업〉의 가장 중대한 사명을 완수한 후 교회와 부르주아지라는 새롭게 부상하던 온건한 권력에 서서히 자리를 내주게 된 것은 진보를 향한 첫걸음이라고 볼 수 있다. 이렇듯 **엄격한 강압에 의한 시대는 종언을 고하였지만 그렇다고 해서 〈소수의 법칙〉도 마찬가지로 종식된 것은 아니었다.** 교회는 군주나 귀족과 권력을 공유하였고, 그 이후에는 자산을 소유하며 교육을 받은 부르주아지 계급도 사회의 상위 일만 명이 속한 그룹에 합류하게 됐다. 교회와 부르주아지는 결코 자신들만을 위하여서만 활동한 것은 아니었다. 사회 전체의 이익을 염두에 두었던 〈요청〉도 제기하고 그것을 실행시키기도 하였다. 그 두 세력은 물론 **순수한 지도자의 이념**을 완성시키지는 못하였더라도 구래의 무력적 지도자들에 비하여 훨씬 더 그 〈전형〉에 근접하였다. 〈교회지상주의시대〉에도, 그리고 부르주아지들의 〈자유주의〉 시대에도 지도적 위치의 〈권력자〉들은 아직도 지배자적 특성을 간직하고 있었다. 부르주아지는 자신들이 역사적으로 쟁취한 권력과 수단상의 우위를 더 이상 대중을 무력적으로 억압하기 위하여 사용할 수는 없었다. 하지만 대중의 생존권을 인정하여야 하였음에도 불구하고 자신의 이익을 과도하게 추구하기 위하여 대중을 〈착취〉할 수 있었고, 그러한 기회는 그들에게는 충분히 존재하였다. 그들은 힘과 수단상에 있어서 그들이 쟁취한 역사적 우위를 유지하려고 분투하였고, 제약된 조건하에 놓여 있던 대중들로서는 이들과 경쟁할 수 없었다. 그들은 또한 지도자의 사무실에서의 행정 관료격인 역할도 수행하고 있었고 자신들에게 유리한 방향으로 공동의 목표를 설정할 수 있는 위치에 있었다. 그들이 지도자와 공동으로 〈성공〉을 쟁취한 후 지도자로서 향유할 수 있는 가장 중요한 몫을 자신들을 위하여 움켜쥘 수 있었던 반면 [사회적 비용의] 부담에 있어서는 보다 자유로울 수 있는 권력을 가지고 있었다. 심지어는 비록 다른 유리함이 없었더라도 교육이나 인맥이라는 자질을 통하여 국가나 사회에 있어서 자신의 구성원들에게 금전적으로 가장 유리한 지위를 확보할 수 있었다.

　새로운 환경을 맞이하여 〈군주정〉도 변화되었다. 전쟁에 관련된 일은 여전히 존재하였지만, 군주들은 증가되는 평화적 과업의 업무에 더욱 전념하게 되었고, 대중들이 가지고 있는 새로운 형태의 권력에 더욱 유념하게 되었다. 또한 계몽 군주들은 이제 정신적 지도자들의 후원자가 되기를 원하였다. 계몽 군주들은 자신들의 이해관계를 잘 이해하고 있었고 따라서 부르주아지의 후원자 및 농민의 해방자를 자처하게 되었는데, 이는 오로지 그로 인해 귀족과의 투쟁에서 결국 자신이 유리한 위치를 점하기 위한 이유에서였다. 스스로를 국가의 최고 관료로 간주한 **계몽 〈절대적 지배자〉만큼 리더십의 순수한 이상에 근접한 국가 지도자**는 아마도 존재하지 않았을 것이다. 그는 자신의 내부에 모든 권력을 결집하였고, 또한 완전한 행동의 자유를 가지고 있었다. 또한 그는 오로지 자신의 통찰력과 양심에 의해서만 제약되었고, 따라서 그를 제한할 수 있는 〈대항권력〉에 직면할 필요가 없었다. 확실히 그의 두 눈에 의해 모든 조건은 결정되었고, 비록 다른 모든 목적을 위하여 그가 대중이 가진 힘을 개발하려고 노력하였더라도 대중을 진정 자유롭게 만들기 위한 교육에는 거의 관심이 없었다. 인간과 민족은 자신들의 자발적 동기에 의해서만 자유의 상태로 올라설 수 있다.

역사상의 그 모든 압력을 견뎌낸 후, 유럽 민족들은 지속적인 평화와 개선된 질서를 영위할 수 있는 시대에 접어들어 마침내 부와 교육 면에서 점진적으로 발전을 가능하게 하는 충분한 생동력을 다시 회복할 수 있었다. 그들의 역량이 커질수록 그 힘을 더 자유롭게 쓰고 싶은 욕구가 생겼다. 최초에는 부르주아지, 그리고 그와 함께 농민, 그리고 마지막에는 프롤레타리아에 의한 〈대중운동〉은 끝없이 고조되었다. 〈강압적 리더십〉이 〈영주적 리더십〉으로, 후자가 〈군주적 리더십〉으로, 그리고 그것이 〈협동적 민주적 리더십〉(genossenschaftlich-demokratische Führung)으로 대체되었다. 이미 오래되어 화석화된 〈역사적 리더십〉이 그 과정에서 다른 형태로 변형되어 활력을 찾고, 종교적 권위에 의거한 리더십도 이미 오래전부터 개혁되고 있었다. 국가-교회 간의 삶을 연결하는 모든 연결선상에서 전통적인 엄격한 리더십의 형태는 더욱 자유로운 리더십의 형태로 대체되고 있었으며, 그 이후에도 그러한 리더십은 더욱 자유로운 형태로 변모하고 있다. 유럽은 민주화, 혁명, 그리고 변혁의 시대에 진입하고 있었다.

그리하여 과거의 〈권력자〉들은 민주화 운동 중 **거리의 승리, 대중의**

승리, 지도자의 의지에 대한 대중의 의지의 승리를 목격하며 두려워하게 되었다. 확실히 그러한 운동이 자체의 목표를 달성한 곳에서는 대중은 자신들의 이해 관심사에 대하여 상당히 유리한 〈사회적 의지결정〉상의 배려를 확보하는 바에 성공하였다. 그러나 이러한 점에 도달할 수 있기 위하여서는 지도력의 의지를 가지고 있는 지도자에 의지할 수밖에 없다는 것도 깨닫게 되었다. 그러한 리더십이 결국 대중의 이익을 위한 기관(器官)으로서 기능하기 위하여서 지도자의 의지가 필수불가결하였다. 또한 구권력과 싸워야 하는 어려운 투쟁에서는 지도자라는 기관(器官)의 기능을 최고도로 높여야만 하였다. 하지만 그러한 리더십 기능을 최고도로 진작시키기 위하여서는 대중 자신의 희생이라는 대가를 지불하여야만 하였다. 이러한 모든 위대한 혁명운동은 **사상과 실행에 있어서 강력한 지도자**를 필요로 하였고 또 실제로 가지고 있었다. 영국 혁명은 개혁파가 가진 종교적 자유라는 교의에 의해, 프랑스의 부르주아 혁명은 루소에 이르는 계몽사상에 의해, 그리고 러시아의 프롤레타리아 혁명은 마르크스에서 시작된 여러 사회주의 사상가에 의해 정신적 무장을 하였고, 이때 그들의 운동을 지휘한 자들은 **엄격한 지도자**들이었다. 캘빈, 루소, 마르크스는 그 추종자들의 사고에 절대적 영향력을 행사하였다. 이러한 정신적 지도자들의 대열에는 이윽고 〈행동의 지도자〉(Führer der Tat)들이 합류하였고, 그들은 사상을 실제적인 〈성공〉으로 변환시키는 역사적 사명을 가지고 있었으며, 또한 그들이 거둔 〈성공〉에 의해 대중을 사로잡았다. 그들 또한 엄격한 지도자였고, 또 그래야만 하였다. 왜냐하면 최대한의 노력을 경주하지 않는다면 구권력을 전복시키는 것은 불가능하기 때문이다. 찰스 1세는 크롬웰에게, 루이 16세는 공포 정치가들의 뒤를 이은 나폴레옹에게, 그리고 러시아 짜르 니콜라이 2세는 레닌에게 그들의 권좌를 물려주게 되었다. 군주국가에서는 "국왕은 죽었다, [새] 국왕 만세!"라는 구호가 적용되었다면, 〈인민국가〉를 정초하였을 때는 **"국왕은 죽었다, 독재자 만세!"**라는 말이 유행하고는 하였다.

4. 혁명과정 중의 대중의 의지와 지도자의 의지–특히 프랑스 혁명의 경우

최초의 근대 혁명인 영국 혁명은 위로부터의 혁명이었다. 찰스 1세는 대륙의 군주들처럼 절대 군주가 되기를 원하였다. 만약 프로테스탄트들이 가진 〈자유적 감성〉으로부터의 저항이나 크롬웰의 뛰어난 리더십과 대결할 필요가 없었다면 그는 자신의 〈권력의지〉를 관철시켰을지도 모른다. 하지만 혁명의 승리로 크롬웰은 이전까지 어떤 영국 국왕도 가지지 못하였던 막강한 권력을 손에 넣었고, 호국경이라는 칭호 아래 아무런 도전도 받지 않는 독재자로서 영국을 지배하였다.

프랑스 대혁명은 거대한 새로운 힘의 분출이었다. 프랑스 국민은 〈인민주권〉의 이념과 자유, 〈평등〉, 그리고 〈우애〉라는 축복받은 신념하에 자신들은 서로 밀접하게 연결된 〈통일체〉임을 인식하고 있었다. 그러나 새로운 사상을 전파한 정신적 지도자들의 뒤를 이어 곧바로 〈행동의 지도자〉들이 등장한 것은 아니었다. 로베스피에르는 의회 의장으로 취임하자마자 비웃음을 당하였다. 사람들은 새로운 힘에 대한 감정에 단지 자기도취 되었을 뿐이었다. 그러나 당대에 실제적 권력을 쥐고 있던 자들은 그러한 홍수처럼 밀려드는 거창한 구호들과 자기도취에 취한 정신에 의존하여 꾸준히 난관을 개척하여야만 하였다. 그러한 〈인민주권〉 사상이 빛을 발하면서 바로 얼마 전까지 사람들의 정서를 사로잡았던 군주주권 사상은 희미해져 갔다. 그러하기에 테느(Taine)[320]가 프랑스에는 정부가 없었다고 단언하였을 때 그는 실로 중요한 사실을 지적하고 있었다. 〈주권적 인민〉[주권을 가지고 있는 인민]은 2만 5,000여 개에 달하는 코뮌의 1차 집회에서 자신들의 목소리를 듣고 싶었다. 동시에 정부의 일을 처리하는 것도 시급하였다. 또한 굶주리고 절망적인 도시의 폭도 문제를

---

[320] Hippolyte Adolphe Taine.(1828-1893). 콩트를 계승하였던 프랑스의 실증주의 사상가.

해결하여야 하였고, 마찬가지로 도처에서 지주들에게 반기를 들고 봉기하는 격앙된 농민들에도 대처하여야만 하였다. 또 이러한 모든 개별적인 문제들과는 별개로 새로운 〈대중사상〉은 그 자신의 목적에 부합하게 국가, 교회, 그리고 사회를 변혁할 것을 강력히 요구하였고, 이러한 새로운 경로를 따라 나아가면 나아갈수록 만나게 되는 더 많은 내외의 적들과도 대치하여야만 하였다. 그런데 이제 갓 태어난 거대한 힘은 위대한 지도자를 필요로 하였지만 그러한 노력은 수포로 돌아갔다. 프랑스 국민들은 **대중들에게는 지도자가 필수적이며 올바른 지도자는 〈성공〉에 의해서만 〈선택〉된다**는 문장에 담긴 의미를 몸소 체험하게 되는 역사적 시험대에 올랐다. 이러한 조건이 결핍되었던 한, 프랑스는 독일의 호엔슈타우펜(Hohenstaufen)[321]의 몰락 당시와도 같은 일종의 공백 상태에 놓여있었다. 즉 실러가《합스부르크 백작》(Der Graf von Habsburg)[322]에서 말하듯, "**황제 없는 시간, 그 무서운 시간**"을 경험하였다. 전에는 전혀 경험해 본 적이 없을 정도로 강한 힘이 끊임없이 새로 풀려나왔다. 대중들의 열정이 분출된 상황들이 지속적으로 연출되자 그 순간이 우연히 만들어낸 〈**우연적 지도자**〉(Zufallsführer)들이 먼저 리더십을 장악하였다. [일례로] 세계대전 중에 〈중앙열강〉의 굶주리고 있는 도시에서 그러한 〈우연적 지도자〉들이 등장하는 것을 종종 목격할 수 있었다. 식료품점이나 창고 앞에서 흥분한 남녀 군중이 생필품 부족으로 모여 있을 때, 어느 누군가 '〈타인들〉'을 향해 도화선을 당기는 말을 던지면 자신들의 다중의 힘에 대한 의식하에 그들은 자제력을 갑자기 상실하며 가게로 쇄도하여 약탈하게 된다. "어느 누

---

321 1138-1254년 동안 존속하였던 중세 독일과 신성로마제국의 왕조. 신성 로마 제국과 이태리, 가톨릭 세계의 주도권을 차지하기 위하여 교황과 대립하였으나 결국 그 과정에서 몰락함.

322 실러가 그리스도교적 선행을 통하여 신성로마제국의 황제가 된 합스부르크 백작 1세(1218-1291)에 관한 1266년의 일화를 소재로 쓴 담시.

구도 진정 원하지 않았지만" 무분별한 행동이 순간적으로 자행되는 것이다. 이렇듯 작은 규모로 발생하는 사건들이 프랑스 혁명의 발발과 그 이후의 공포의 시대에서는 단지 거대한 규모로 일어난 것에 불과하였다. 더욱 신중한 정신이 아직 불확실성 속을 더듬는 동안 열광자들은 그들의 편협한 마음속의 결의하에 〈인민주권〉이라는 사상을 극한까지 추구하였다. 이 사상은 이제 대중들의 **정서를 지배**하게 되었고, 훗날 그 사상의 **실현 가능성이 검증대**에 오르기 전까지는 어느 누구도 반대할 수 없었다. 자유라는 거대한 울림을 가진 단어가 선언되자 그 단어는 [사람들의 정서에] 마법으로 작용하였다. 또한 그동안 민중 내에 억제되어 있던 폭력적인 요소를 자제시키던 결박도 풀려나와 버렸다. 이러한 과정 중에 지도자가 보여준 열정은 곧 많은 추종자들을 거느리게 되었다. 열광적 광기와 야만적 무력의 결합에 의존한 리더십은 그 이전에 시도된 다른 모든 형태의 리더십들을 무색하게 하였고, 새로운 지배자들은 그 이전 프랑스 왕들도 결코 가지지 못하였던 대중의 정서에 대한 지배를 확보하게 하였다. 과거 루이 14세조차도 외적인 적에 대하여 이제 공포 정치가들이 실행하였던 보편적 병역의무와 같은 방식의 전투 병력의 모집을 시도할 수 없었고, 그들과 같이 내적 저항을 퇴치하기 위한 거의 무제한적인 권력을 행사할 수도 없었다. 군주의 〈초법적 정의〉란 이러한 대중에 의한 폭력의 정의에는 비교조차 할 수 없는 것이 아니었을까? 하지만 이러한 힘들의 과잉은 바로 프랑스를 재앙으로 몰아넣었다. 왜냐하면 그러한 과잉은 결국 혁명의 소용돌이를 일으켰는데, 이는 단단한 둑에 의해 갇혀 있지 않은 물살이 폭우로 인하여 범람하여 넘쳐흐르는 것과도 같았다. 이러한 엄청난 힘[권력]은 최초에는 〈**자기보존**〉을 **유지**하고, **동시에 확장**하고자 하는 충동을 만족시키기 위해 사용되었다. 거의 무제한적인 자유에서 생성된 힘이 가진 잠재력을 최대한 펼쳐나가려는 억제할 수 없는 충동이 살아나게 되었다. 그리고 아직도 군주의 속박에 묶여 있는 주변의 민족들에게 그 힘을 전달하려는 충동, 그리고 프랑스 민족 자신 속에 순수한 형태로 그 힘을 최대한 발전시켜 어떤 반대 세력에 의해서도 그 힘이 흔들리지 않게 하려는 충동도 생겨났다. 열광적인 마음은 이런 숭고한 목적을 달성하기 위하여서는 가능한 모든 수단들을 허용하였고 심지어 그러한 수단들이 필수적이라고까지 여겼다. [고삐 풀린] 자유에서 생겨난 힘은 과거 교회가 사랑의 힘을 주장하면서도 [모순적으로] 그러하였던 것처럼 성급하며 잔혹하였다. 그리하여 길로틴은 [교회가 세운] 화형대보다 더 신속하게 작동하였다. 그 억제될 수 없는 충동을 가진 '갓 태어난 거대한' 힘을 통제하기 위하여서는 카이사르나 아우구스투스, 그리고 아마도 티베리우스(Tiberius)[323]만이 가지고 있었을 최고도의 탁월성이 필요하였다. 그러나 혁명적 본능을 가진 당통을 제외하고는, 이 힘을 통제하여야 할 위치에 있던 자들은 마치 클라우디우스(Claudius)[324]와도 같은 근시안적 사고와 네로 황제와도 같이 피에 굶주린 자들뿐이었다. 그때 그들은 [자신들이 감당할 수 없는 정도의] 현기증 날 정도로 우월한 위치에 있으면서도 모두 자신들이 카이사르라는 망상에 사로잡혀 있었다. 〈주권적 인민〉[주권을 가지고 있는 인민]은 그러한 지도자들이 내려친 일격에 괴로워 몸부림치고 있었다. 치열한 〈권력투쟁〉 속에서 그 〈권력자〉들 자신들끼리 서로 칼을 들이대며 싸우는 것만이 대중이 기대할 수 있는 유일한 구원책이었다. 이어 로베스피에르가 몰락함으로써 최악의 사태는 벗어날 수 있었다. 지도부는 더 이상 극단적인 공포의 수단이 필요 없게 되었고 길로틴 대신 국외 추방을 이용하였다. 그러나 그 이전의 자코뱅당과도 마찬가지로 자신들이 획득한 새로운 권력을 대중들을 위하여 어떻게 사용하여야 하는지를 몰랐고 그들 자신 간의 〈권력투쟁〉에만 몰두하였다. [대중이 가진] 힘은 군사적 〈성공〉이라는 〈선택〉 과정에 의하여 부상한, 독재자

---

323   로마제국의 2대 황제.

324   로마제국 제4대 황제(BC 10-AD54). 전임 황제 칼리굴라가 암살된 후 황제에 올랐다.

로의 최고의 자질을 가진 나폴레옹이 지도자로 등장하면서 비로소 **결실**을 맺을 수 있었다. 그는 〈인민주권〉이라는 이데올로기를 자신의 권위에 의존하여 무시하면서 [대중의] 자유에서 새로이 발생한 힘이 항구적 효과를 내적으로 발생시킬 수 있도록 조직화함으로써 프랑스인을 진정시키고, 유례없는 승전들을 거듭함을 통하여 자신 스스로와 국민들을 세계 제패의 위상으로 끌어 올렸다.

하지만 크롬웰의 〈독재〉와 마찬가지로 나폴레옹의 〈독재〉도 장기적으로 유지될 수는 없었다. 영국 민족과도 마찬가지로 프랑스 민족에게도 자유를 희구하는 힘은 워낙 강하였기에 그 힘을 장기적으로는 억누를 수는 없었다. 더욱이 전 유럽은 나폴레옹에게 반기를 들고 도전하고 있었다. 프랑스와도 마찬가지로 영국에서도 〈독재〉의 종식 뒤에는 반동적 복고가 등장하였고 , 따라서 영국에서는 스튜어트 왕조의, 그리고 프랑스에서는 부르봉 왕조의 통치로 이어졌다. 그러나 부르봉 왕조와 마찬가지로 스튜어트 왕조는 아무것도 [과거로부터] 배우지도 않았고 그렇다고 과거를 잊지도 않은 채 아무 것도 하지 않고 있었으며, 따라서 그들에 의한 복고는 지속되지 못하였다. 영국과 프랑스는 격동과 변화의 일련의 과정을 거친 후에야 비로소 영속적인 자유주의적 강령을 확보하기에 이르렀다. 그에 대하여서는 이곳에서 더 이상 자세히 상술하지 않기로 한다.

5. 로마와 영국의 체제에 있어서의 지도자의 통제

영국인은 그 기질과 역사에서 볼 때 유럽인들 중에서 자유라는 개념에 가장 걸맞은 민족이다. 대륙보다 훨씬 먼저 혁명기를 경험하였고 대륙보다 수세기 앞서 정치적 자유를 조직하였기에 그로 인한 혜택을 향유할 수 있었다. 영국에서 정치적 자유가 조직화되어 온 형태를 관찰한다면, 심지어 **자유로운 국민이라도 필히 확고한 리더십을 필요**로 한다는 사실을 발견할 수 있고, 이는 대륙의 민족들이 배워야만 할 시사점을 보여준다. 하지만 이는 또한 지도자들의 개인적 의지를 견제하고 그들 지도자들이 대중의 이익을 수호하여야만 하는 것을 의무화할 수 있는 〈대항권력〉을 대중이 가지고 있는 경우에 한해서만 적용되는 이야기이다. 그러나 이러한 〈대항권력〉은 대중의 의지에서 자발적으로 생성될 수는 없다. 대중은 리더십이 없이는 행동할 수 없고 그들 자체로는 [기존의] 지도자에 대하여 대항하기에도 충분하지 않다. 대중들이 그들 자신들에게만 의지하여 일어서려는 경우에는 그들은 언제나 〈우연적 지도자〉의 먹이로 전락하게 되며, 그러한 〈우연적 지도자〉들은 대중이 가진 가장 천박한 본능에 영합하고 질서를 혼돈으로 바뀌게 한다. 영국에 있어서는, 반대입장에 서서 집권 정부를 **억제할 수 있는 권력 그 자체도 그 집권 정부만큼 확고한 리더십의 형태하에 조직화되어 있다**는 점을 뚜렷하게 볼 수 있다. 이것이 **영국의 양당제가 가진 의미**인데, 이러한 양당제는 영국인의 정치적 경험의 소산이며, 또한 그들이 최근 겪고 있는 소요에도 불구하고 궁극적으로는 흔들리지 않는다. 다수당인 여당은 그 지도자들을 통해 정부의 운영에 간여하는 반면, 소수당인 야당은 자신들이 선거에서 과반수의 표를 획득하는 즉시 정부를 인수하게 될 내각을 그들의 지도자들 중에 예비하여 둔다.

  영국의 제도는 고대 로마 제국의 제도를 세련화하여 발전시킨 것이다. 로마에서는 집정관(*Consul*)들을 정기적으로 교체하는 것을 법제화함으로써 자유와 질서를 확보하고자 하였다. 집정관은 임기 연도 중에는 자신의 직무를 완수하기 위하여 필요하다고 생각되는 전권을 부여받았지만, 그의 주위에는 동등한 권리를 가진 동료들이 견제하고 있었으며, 더욱이 임기 말에는 새로 선출된 후계자에게 직무를 양보하여야만 하였고, 그로 인해 자신의 임기 중의 직무수행에 대한 책임을 져야만 한다는 사실들에 의해 그 권력은 억제되었다. 더욱이 로마의 독재정치도 또한 로마인의 정치적 자질이 이미 성숙하여 있었음을 더욱 분명히 입증하고 있다. 위기 시에는 무제한의 권력을 부여받고 어떤 책임으로부터도 자유로운 〈독재자〉에게 대중들은 복종하였다. 이는 〈독재자〉 자신이 임무를 완수하는 순간 권력을 정규 통치 기구들에 반환할 것을 로마 시민은 확신하고 있을 만큼 로마 시민이 강력하였기에 가능하였다. **로마 민족이 가진 〈권력의지〉가 승리할 수 있었던 것은 지도자의 권력 의지에 자신들이 복종함과 동시에 그것을 제한하는 방법도 알고 있었기 때문이었다.** 영국의 제도는 로마처럼 정권을 주기적으로 교체하는 형식적 규율에 얽매이지 않고, 의회에서의 투표와 다수결 원칙에 의하여 결정하는 총선의 결과에 의존한다는 점에서 더욱 세련된 형태를 가지고 있다. 정부는 그 지도부가 다수의 신뢰를 얻고 있는 한 그 자리를 유지한다. 따라서 정부와 야당 측 모두의 지도자들은 투표권을 가진 다수 국민의 이익을 항상 생각하고 그에 따라 행동하도록 주의하여야만 한다. 참고로 선거의 향방은 비교적 소수의 유권자 그룹들에 의해 좌지우지되는데 전문가의 추정에 하면 최근의 선거에서는 대략 그 수는 전체 유권자의 10분의 1 정도에 불과하다고 한다. 실상 대다수의 유권자는 [자신들이 지지하는] 정당이 가진 이해 관심사에 따라 정당이 지시하는 바에 순종하며, 따라서 그 정당이 전통적으로 제시하는 방향성에 항상 얽매여 있기 마련이다. 오직 가장 분별력 있는 유권자 그룹들만이 그에 얽매이지 않는 결정을 할 수 있다. 그러한 소수의 그룹들만이 현 정부가 국익에 반하는 행동을 하거나, 혹은 항상 그들 자신들은 그렇게 생각하듯이, 일반의 이익과 부합한다고 그들이 강변하는 자신들의 소수 그룹들이 가진 특정 이익에만 반하는 행동을 현 정부가 하는 경우, 그 정부로부터 등을 돌릴 수 있다. 그리고 바로 이들의 투표를 통해 야당이 승리하게 되고 그리하여 현 정부의 실책이 〈공중〉 앞에 드러내게 된다. 이러한 가장 성숙한 유권자 중 일부가 일종의 스윙보트 역할을 하는 한, 과격한 감정은 극복되고 온건한 중도 의견이 〈인민의지〉를 선도하게 된다.

    물론 정권을 장악한 지도자를 견제하는 것은 로마의 집정관적 강령에 적혀 있는 문자는 아니고, 또한 영국의 정당제도와 같은 형태도 아니다. 그것은 바로 영국인이 고유하게 가지고 있는 〈자유를 향한 힘〉(Kraft zur Freiheit)이었고 지금도 이러한 사실에는 변함이 없다. 이는 로마가 강건하였던 수세기 동안에 로마가 그러하였던 바와도 마찬가지다. 그러한 〈자유를 향한 힘〉을 보유한 모든 나라에서 있어서의 〈자유를 향한 힘〉은 신체와 정신에 있어서 끊임없이 유지되는 새로움, 경제적 번영을 가져오는 효율적인 노동, 질서를 유지시키는 좋은 〈습속〉, 그리고 진보적 문화의 추구에 그 기반을 두고 있다. 경제, 〈습속〉, 그리고 〈문화권력〉들은 〈무명적 지도자〉하에서 번성하거나 그로부터 파생되어 발달한 지도자 위계 체제와 조직을 가지고 있는데, 이런 권력들이 **정치적 자유를 지키는 〈저항권력〉들**이다. 그러한 권력이야말로 국가 〈지배권〉을 찬탈하려는 야심적 지도자들의 기도에 저항할 능력을 대중에게 부여한다. 그러한 권력들은 그들 각기 지도자들하에 조직되며, 정당들을 구성하는 소집단을 형성하고, 대체로 그러한 사회적 지도자들로부터 정당 지도자들이 선발된다. 자유로운 민족의 의지는 대중의 의지만이 아니다. 그것은 그 근본에서 볼 때 **대중의 의지와 지도자의 의지의 융합**이다.

6. 대중의 의지와 지도자의 의지—특히 러시아에서의 봉기 이후에 있어서

세계대전 이후의 혁명은 이전의 영국 혁명이나 프랑스 혁명과는 그 기원과 본질적인 측면에서 상이하지만, 과거의 혁명과도 마찬가지로 국가의 대격변기에서는 지도자가 특별히 중요하다는 사실을 입증해 주었다. 영국 혁명은 위로부터의 혁명이었는데 그렇기에 영국의 부르주아지들은 자신들의 힘도 확고함을 보여줄 필요가 있었다. 반면 프랑스 혁명은 프랑스 대중에 가지고 있던 새로운 〈대중의 힘〉의 분출이었지만 세계대전 이후에 있어서의 혁명은 좌절되었다. 그러한 혁명들은 지진으로 비유하자면 **화산 폭발성 지진이 아니라 지각변동에 의한 지진**인데, 전자에 비해 후자는 매우 광범위하고 효과도 크다. 패전국인 러시아, 독일, 그리고 오스트리아-헝가리에서는 로마노프(Romanov), 호엔촐레른, 합스부르크-로렌(Hapsburg-Lorraine) 등의 오래된 구체제 왕조의 기반은 무너져 내렸다. 사실 로마노프 가문, 호엔촐레른 가문, 그리고 합스부르크-로렌 가문 모두는 자신들이 거둔 승리의 월계관을 배경으로 최고의 군벌로서 왕좌에 오른 바 있었다. 하지만 세계대전에 있어서의 패배가 그들의 대중의 눈앞에 적나라하게 보여졌을 때는 어쩔 수 없는 역사의 논리에 의해 그들의 치세는 종식되었다. 물론 그들보다 앞서서 여러 왕조들도 패배의 비참함을 겪어야만 하였다. 나폴레옹은 아우스터리츠(Austerlitz), 예나(Jena), 바그램(Wagram) 그리고 모스크바에서 차례로 그들에게 굴욕적인 패배를 선물하였다. 하지만 그들은 결코 생명력을 상실하지 않고 언제나 새로운 〈성공〉들을 통해 재기할 수 있었다. 직업 장교와 하사관, 그리고 평시의 오랜 기간 동안의 훈련으로 단련된 병사들은 그들 군대의 핵심을 형성하였고 그들은 명예와 의무라는 신성한 〈전통〉에 의하여 자신들의 국기에 충성을 서약 하였으며, 또한 그들은 자신들이 가진 특별한 〈권력심리〉에 의해 지탱되고 있었는데, 그러한 심리는 전쟁이 부여하는 도취적인 힘과 승리 후에 얻을 수 있는 권력에 그들이 참여하도록 고취시킴으로써 병사라는 직업에 따르는 모든 희생을, 그리고 심지어는 자신의 목숨까지도 무릅쓰게끔 한다. 과거의 직업군인들 역시 항상 좌절과 나약함으로부터 자유롭지는 못하였는데, 그럼에도 불구하고 그들은 여전히 군인적 충정하에 다시 결집하였다. 세계대전에서 소집된 국민군의 핵심을 구성하는 직업군인들의 정신은 생명력에 충전하였고, 군대라는 강건한 신체의 전체에 확고한 규율을 유지할 수 있게 하였다. 더욱이 전쟁에 휘말린 모든 국민들은 자신들이 간악한 적에게 공격당하고 있으며, 자신들의 〈민족성〉을 수호하여야만 한다는 생각으로 충전되어 있었다. 어느 곳에서나 그들은 국가가 부과하는 무거운 의무를 기꺼이 받아들이고 있었다. 그럼에도 불구하고 문화 민족들은 일정 한도 이상의 〈전인민전쟁〉(全人民戰爭 Volkskrieg)은 견디어 낼 수 없다. 직업군인의 손실은 군대에, 시민 병사의 손실은 대중에 영향을 미치기 마련이고, 병사들뿐만 아니라 후방의 시민, 노인, 여자, 어린이까지도 그 〈전인민전쟁〉으로 고통받게 되기 때문이다. 전쟁이 수년간 지속되고 승리나 명예로운 평화의 전망마저 희박해지면 사람들은 왜 더 이상 전쟁을 지속하여야 하는가에 대하여 자문하게 된다. 끝없는 지속되는 전쟁으로 인해 가장 중책을 져야 하는 군대의 핵심적 직업군인들이 모두 소진되었을 때는 군대의 정신도 바뀌게 되고, 일과 가정과 가족을 소중히 여기면서 자신들 개인을 소중히 여기는 일반 시민의 심리는 병사들의 심리보다 우위에 서게 되며, 지금 무엇 때문에 전쟁을 하는가 하는 의구심이 최초에는 후방과 그리고 후방의 기지에서 그리고 결국은 최전방에 이르기까지 군대의 전 대열을 관통하게 된다. 그리하여 대중과 군대는 결국 군주들로부터 등을 돌리며, 전쟁과 그 끔찍한 고통을 그들 군주들의 책임으로 전가하게 된다. 결국 대중과 군대를 지배하던 군주의 **정신적 권력**은 이미 쇠잔하기에 이른다. 이제는 단지 몇 명의 굳은 결의가 있는 사람들만으로도 군주들의 하야 요구를 주도하는 것이 가능하게 되었고, 군주들을 옹호하는 사람은 더 이상 단 한 명도 남아 있지 않게 된다. 그리고 이제는 군대조차도 군주들을 위한 창과 방패가 되는 것을 거부하게 된다. 러시아와 독일에서 황제를 퇴위시킨 것은 전쟁 이전까지 최고의 지위를 누리며 충성심을 보여준 장군들이었다. 이제는 아무도 원하지 않았던 것을 국민 대다수는 감내하여야 하였으며, 더욱이 그들에게는 그러한 사태를 저지하기 위한 추진력도 결여되어 있었다.

〈군주정〉이라는 건축물을 떠받치고 있던 초석이 무너졌다고 단지 그것만에 그치는 것은 아니다. 이러한 전대미문의 사건을 목격한 사회 전체에 정신적 여파가 확산되면서 국가뿐 아니라 사회 전체의 구조도 흔들리게 되었다. 사실 사회라는 구조물은 외적 〈권력수단〉에만 의존하여 지지되는 것이 아니라 [대중의] 정서들이 가진 힘에 의존하는 바가 크기 때문이다. 이러한 [사회] 붕괴가 가져온 결과는 러시아 혁명에서 두드러지게 보여졌다. 과거의 러시아에서는 짜르를 제외하고는 어떠한 국민적인 지도적 권력도 강하게 발전하지 못하였다. 심지어 교회조차 짜르에 복속되어 있었고 〈듀마〉(Duma)[325]는 자신들만의 독자적인 〈전통〉도 없었으며, 토지에 대한 권리에 굶주린 농민들은 아주 오랫동안 귀족들에게 분노하고 있었다. 또한 부르주아지 지식인들은 거대한 대중에 비하자면 극소수였고, [사회의 다른 부분과는] 격리되어 있던 거대 기업가들은 노동자 프롤레타리아들과 대치하고 있었는데, 그 노동자들이 자신들의 처지에 대한 불만을 가지기에 충분한 이유가 있었다. 혁명 이후 잠시 동안은 〈듀마〉가 아직 민주적 정부를 유지할 수 있었지만, 그들의 결정은 이미 노동자의 평의회나 병사들의 평의회에서 내려오는 지시로부터 자유롭지 못하였다. 케렌스키(Kerenski)가 최전선에서 전쟁을 재개하면서 무력을 시험하려 하였는데, 이는 오히려 완전한 붕괴의 서막이었다. 이제 모든 곳에서 리더십은 부재하게 되었고 반면 아래로부터의 다수는 위의 소수에게 대항하기 위하여 봉기하였다. 전쟁에 지친 병사들의 대다수는 고향으로 도망쳤다. 군 조직에서 남은 것은 오직 병사 평의회뿐이었는데, 이들은 조직화된 노동자들에 의해 결성된 노동자 평회의와 공조하여 새로 수립된 정부를 전복시킬 수 있게 되었다. 이러한 일련의 일반적인 소요의 귀결로서 가장 급진적인 볼셰비키가 평의회를 주도하게 되었다. 사실 볼셰비키 조직은 전쟁 훨씬 전에 만들어진 것이다. 그것은 수년간 고도의 음모를 획책하며 걸러졌고 또한 단련되어 왔었다. 혁명가들을 집요하게 박해하여 왔던 구질서에 대한 증오, 그리고 새로운 세계를 건설하는 사명에 불타오르는 열정적 신념은 그들을 무쇠와도 같이 단단한 규율로서 단결시키고 있었다. 그들은 〈평등〉을 도모하는 계획을 냉철하고 일관적으로 구상하였고 그것을 자신들이 가진 에너지를 이용하여 냉혹하게 실행에 옮기기로 결심하고 있었다. 볼셰비키는 우선 권력을 장악하는 것만

---

[325] 러시아의 의회.

이 선결임을 분명히 깨달았다. 체제의 붕괴 이후 이들은 그토록 염원하던 기회를 얻게 되었고, 과거 프랑스 자코뱅파에 비하여 더욱 영속적인 지배를 확립할 수 있었는데, 실로 이들은 내부적 단결과 그 준비상태에 있어서 큰 장점이 있었다. 그들의 〈평등〉 이념은, 자신들의 위에 군림하던 지도자들을 축출하기를 간절히 바라던, 당시 나아갈 길을 찾지 못하던 대중들의 본능에 확고하게 호소할 수 있었다. 병사, 노동자, 폭도, 그리고 룸펜 프롤레타리아 이외에도, 볼셰비키의 구상에 따라 과거의 봉건적(herrschaftlich) 〈토지소유권〉을 획득할 수 있었던 농민들도 볼셰비키에게 동조하였다. 군대가 짜르를 등지고 〈자유주의〉 지식인들이 황제를 저버리면서 시작된 혁명은 이후 프롤레타리아의 리더십 아래 놓여졌고 〈토지소유권〉의 변혁을 통해 그 결정적 클라이맥스를 맞게 되었다. 봉건적 농토를 스스로에게 분배한 농민들은 절대로 과거로 회귀하려 하지 않는다. 국민의 대다수가 농민이었기 때문에, 짜르 체제가 신분적 지위를 이용하여 국가 위계의 주요 요직을 차지하고 있었던 귀족과의 역사적 유대를 단절하지 않는 한, 더 이상 체제의 복귀 전망은 보이지 않았다. 그리고 그러한 한, 농민의 이익과 볼셰비키의 이익은 오랫동안 밀접하게 연결되어 있었으며, 볼셰비키 정권은 이 상황을 훌륭하게 이용하였다. 볼셰비키 정권은 징발한 토지를 농민들에게 분배하였을 뿐만 아니라 과거 구정권이 강제하였던 각종 의무를 면제하여 주었다. 뛰어난 혜안을 가진 레닌은 훗날, 엄격한 당의 강령하에서는 인정되지 않았던, 농민들에게 필수적인 경제적 〈활동의 자유〉를 농민들에게 부여하였다. 그 결과, 정부가 러시아의 다른 계층에 대하여 〈독재〉를 행사하였을 때 그에 대하여 농민들이 반대하지 않기를 기대할 수 있었다.

    볼셰비키는 가장 단호하고도 흔쾌히 대중의 본능에 호소하였기 때문에 다른 혁명 집단들에 비하여 곧 우세를 획득할 수 있었으며, 또한 광대한 러시아의 사방에서 발발한 반혁명에도 효율적으로 대처할 수 있었다. 반혁명을 이끈 구 짜르의 장교들의 영웅적 행동도 대중이 그들과 함께하지 않았기에 실패로 막을 내렸다. 그리고 볼셰비키 지도부는 자신들의 숫자에 있어서의 열세를 가장 극단적인 공포라는 수단으로 보완함에 주저하지 않았다. 구정권과 연관성을 의심받던 자, 특히 장교와 관리는 물론 〈유산계급〉이나 〈지식인계급〉도 처형당하거나 해외로 도피하였다. 그리하여 볼셰비키 조직만이 광장의 유일한 지도 권력으로 남아 있었다. 볼셰비키는 비록 권력과 인원수에 있어서는 아무리 적었더라도(투쟁을 시작한 당시 음모에 가담한 자들의 수는 대략 1만 5,000명 정도로 추정된다) 거의 난공불락처럼 보이는 지배를 확립하는 바에 성공하였다. 외부에서 관찰하는 경우 그렇게 거대한 나라가 그렇게 적은 수의 사람들에 의해 흔들리게 됐다는 사실은 기적과도 같이 여겨졌다. 더욱이 그 사람들은 어두운 출신을 가졌거나 가장 억눌린 계층, 즉 프롤레타리아나 유대인 출신으로 자신의 민족으로부터도 소외받고 국가와 사회에서 밀려나 박해받고 무시당해 온 사람들이었다. 심지어 러시아는 과거 타타르족이 침범하였을 때와도 마찬가지로 외국인의 지배하에 들어갔다는 말도 회자되었다. 왜냐하면 새로운 〈권력자〉가 가장 신뢰할 수 있는 전위 부대는 다름 아닌 중국인, 라트비아인(Latvians), 바시키르인(Bashkirs), 헝가리인 등 러시아인이 아닌 사람들로 구성되었기 때문이다. **자신 내부에 〈지배의식〉이 결여된 민족은 필히 그들을 지배하는 자가 있어야만 존속할 수 있다.** 이집트 술탄의 호위 부대는 포로였던 코카서스인으로 구성되어 있었는데, 그러한 호전적인 직업은 맘루크(Mameluk)[326]들로 하여금 〈지배의

---

326 맘루크의 원래 의미는 '소유된 자'를 뜻하는데, 이는 구 이슬람 국가, 주로 이집트 및 북아프리카 내지는 중동에서 이슬람교로 개종한 백인(코카서스) 노예군인으로 구성된 정예부대를 지칭한다. 그들은 이집트 아이유브 왕조의 군사력의 핵심이었다. 십자군 전쟁 시기에 아이유브 왕조가 정권을 유지하기 위해 맘루크의 권한을 강화하였고, 또한 맘루크들이 십자군을 성공적으로 격퇴하면서 자신들의 권력을 증대시켜서 결국 자신들이 정권을 장악하였다.

식)을 가질 수 있게 하였고 결국 맘루크들은 자신들이 국가의 지배자가 될 수 있었다. 이같은 특성은 다른 민족들에게는 결여되었던 바이다. 러시아에서는 구 리더십의 정신적 붕괴와 그 리더십을 가장 확고히 대표하던 자들의 개인적 몰락 이후 볼셰비키 조직만이 〈지배의지〉를 가지고 있었고 실제적으로도 유일하게 리더십을 인정받고 있었다. 구 리더십이 제거된 후의 볼셰비키 지배하에는 자신의 의지로는 행동할 수 없는 철저히 평준화된 대중만이 존재하고 있었다. 대중들에게 희생양으로 바쳐진 〈개인적 리더십〉을 대체하여 최고의 [볼셰비키] 〈리더십권력〉이 수립되었으며, 이는 거의 모든 지도적 과업을 자신으로 집중시켰고, 특히 과거에는 황제의 권능으로도 통제할 수 없어 개인들의 자발성에만 의존하였던 경제적 리더십마저도 자신 내로 흡수하였다. 오로지 교회만이 볼셰비키의 리더십으로부터 벗어날 수 있었지만, 교회가 가진 권위는 많은 부분 상실되었고, 볼셰비키는 종교적 믿음을 동요시키기 위하여 모든 노력을 다 하였다. 지식인들 중 유순하게 남아 있는 자들은 국가를 위해 복무하게 되었고 비록 그들의 재능과 경험은 그럼으로써 활용될 수 있었지만, 그들의 생활은 평범한 수준으로 저하되었다. 모든 기구(機構)들은 그들이 이제부터 짊어지긴 모든 과업을 완수할 수 있도록 이전의 정부 기구로부터 다시 설립되었고, 특히 권력 행사에 필요한 기구들의 경우에는 이같은 설립이 더욱 현저하였다. 여러 면에서 그 냉혹함은 커졌고, 이는 과거 자코뱅과 무력 조직이 가지고 있던 기준에 도달하거나 심지어 그것을 훨씬 능가하기까지도 하였다. 증오의 대상이었던 짜르의 오클라나(Ochrana)[327]의 적지 않은 요원들이 그것을 계승한 공포의 대상인 소비에트의

결국 맘루크의 선봉장이었던 바 흐리 맘루크가 스스로 술탄이 되어 맘루크 왕조를 창건하였다.

[327] 러시아 황제의 비밀경찰조직.

〈체카〉(Tscheka)[328]로 흡수되었고, 폭도들이 가진 잔인한 욕망은 〈체카〉에게 자발적 협력자와 집행자들을 제공하였다. 또한 불가피하게 진행된 전쟁 중에 군의 규율은 재차 엄격하게 되었고 공장에서의 노동 규율도 그와 마찬가지였다. 정부의 기능은 다시 정상화될 수 있었고, 최초의 절망적인 무질서를 겪은 이후 서서히 최악의 사태로부터의 복구는 가능하게 되었다. 그럼으로써 이제 외국들도 주어진 현 상태를 인정하게끔 되었다. 이렇듯 짧은 시간 내에 정부는 확고히 정립되었다고 느껴졌기 때문에 공포정치는 다소 완화될 수 있었고, 또한 수백만 명 중 어느 누구도 '타인들' 모두가 타당한 것으로 받아들이는 볼셰비키 권력에 대해 감히 반기를 들 수 없었다. **다수라는 이름의 미명하**에 스스로 인민의 대표라고 자처하는 **소수의, 아니 아주 극소수**의 사람들이 이제는 **거대한 수의 인민들에게 법률을 강제**할 수 있었는데, 이러한 법률은 기존의 지배계급을 분쇄하려는 의도에서 시행되었지만, 이는 〈인민의 삶〉 전체를 뒤흔드는 것이었다. 왜냐하면 그로 인해 대도시들의 인구 공동화가 진행되었고, 그 도시들의 주택과 거리는 방치되어 폐허로 변하게 되었으며, 철도는 노후화로 훼손되고, 삼림은 황폐해지고, 농토와 우수한 농업설비들은 열악해졌으며, 농업은 다시 전근대적인 농민들에 의하여 경작되고, 공업과 상업이 축소되고, 학교는 피폐해지고, 교회는 버려지게 되고, 〈습속〉들이 타락해지며, 주택, 의류, 식량, 그리고 연료 공급 등의 모든 면에서 〈대중전체〉의 전반적 생활 여건이 저하되었다.

이 소수의 숫자가 전 러시아인들에게 엄격한 법률을 강요할 수 있었던 이유는, 러시아의 역사는 〈무력지배〉에 저항할 수 있을 만한 〈자유적 권력〉들과 자유의 지도력을 확보하는 바에 도움이 되지 못하였기 때문이었다. 즉, 러시아에 있어서의 수세기에 걸친 자유의 결핍이 초래한

---

[328] 소비에트의 비밀 경찰조직.

나쁜 결과가 이제 드러난 것이었다. 황제의 〈전제정치〉는 너무도 늦게 자유적 활동을 허용하였고, 그 전제 정치체제의 변모를 완성할 수 있기 이전에 이미 몰락하였다. 하지만 [완성되지는 못하였을지라도 이미 시작된] 그 변모는 이미 풍부한 힘들을 방출하고 있었으며, 또한 더욱 풍부한 가능성을 담지하고 있었다. 쇠약해진 몸은 예약도 없이 귀찮게 다가오는 의사들을 피할 힘도 없었고, 의사들은 열광적인 열의는 있어도 자신들의 열정에 눈이 멀어 무력적인 방법으로 환자의 몸을 치유하려고 하였다. 새로운 의사들에게 있어서는 인민들에게 대대로 물려 내려온, 인민들의 삶을 많은 범위에서 위축시키는 힘들을 지닌, 그리고 인민들을 더 이상 생존의 최소한의 수준에도 미치지 못하게 하는, 그러한 노골적인 불평등을 치유하는 방법은 오로지 불평등 자체를 철저히 제거하는 것뿐이었다. 그들은 평균적인 〈대중의 삶〉의 수준보다 높은 것은 아래로 끌어 내렸기에 결국 "**만물은 〈평등〉하다. 왜냐하면 만물은 모두 저급하기에**"라는 그릴파르처[329]의 예언적 경구(警句)를 현실화시켰다. 이는 마치 건장한 나무가 그보다 약한 초목들에 그림자를 드리워 방해한다고 믿어 그 건장한 나무의 뿌리를 송두리째 베어 버리는 정원사와도 같았다. 그러나 그들은 자신들의 무력적 지배에 저항할 것이 의심되는 사람들을 상대하고 있기 때문에 자신들 내에 더욱 초월적인 권력을 축적하여 가시적인 미래에 있어서도 어떠한 그들의 〈대항권력〉을 배제하는 것이 무엇보다 중요하였다. 그러한 과정 중에 이들은 과거 러시아 지배자들이 그러하였던 것처럼, **어떤 저항 세력도 없는 힘은 결국 〈패권적 권력〉이 된다**는 〈권력의 법칙〉에 빠져버렸다. 그들은 동시에 투쟁가이자 사상가이고 싶었지만 그러한 두 종류의 일을 동시에 수행할 수 있는 예외적으로 탁월한 사람들의 부류에는

---

329   원문은 다음과 같다. "Bis alles gleich, ei ja, weil alles niedrig." 그릴파르처의 유작인《합스부르크가의 형제싸움》(Ein Bruderzwist in Habsburg 1848)이라는 비극에 나오는 구절이다.

속하지 않았기 때문에 그들의 사고의 방향성은 오로지 단지 투쟁을 위한 필요성으로부터 주어졌다. 프랑스 공포정치가들처럼 그들도 새로운 〈패권적 권력〉은 낡은 〈패권적 권력〉과 맞설 수 있을 때까지 대중의 〈무력적 권력〉을 조직하여 구정권의 〈무력적 권력〉을 분쇄시킨다는, 이른바 〈역사적 파동의 법칙〉(Gesetz der geschichtlichen Wellenbewegung)을 보여주었다.[330] 아마도 앞으로 다가올 시대의 〈역사서술가〉들은 비천한 사람들의 자유를 압박하던 불평등이라는 압박을 제거한 것이 그들의 공적이라고 칭송할 수도 있을 것이다. 하지만 오늘날의 관찰자들은 그들이 〈평등〉이라는 미명하에서 압박을 이용하여 자유를 향한 가장 귀중한 본능을 억누르고 있음을 우선적으로 인식하여야만 한다.

7. 〈중앙열강〉과 승전국을 지배하던 환경

오스트리아-헝가리에서는 혁명의 파괴력이 러시아보다 더욱 강력하였기에 군대와 왕정을 각기의 두 국민으로 분열시켰다. 헝가리와 독일 도처에서도 〈소비에트 독재〉가 선언됐지만 그것은 어디에서도 지속되지는 못하였다. 독일, 독일령 오스트리아, 그리고 새로이 독립한 〈국민국가〉들에서는 어디서나 〈민주 공화정〉이 우세하였다. 최초 소요에도 불구하고 **어느 곳에서도** 정치혁명은 〈사회혁명〉으로 연결되지 않았다. 또한 러시아에서 볼 수 있었던 볼셰비키의 음모에 의한 준비와 같은 것은 그 어느 곳에서도 없었다. 러시아 밀정이나 러시아의 자금 제공의 유혹도 그러한 〈사회혁명〉을 야기하기에는 충분하지 않았던 것이다. 더욱이 새로이 건립된 〈국민국가〉들에서는 국민들이 자신들의 〈국민적 권력〉

---

[330] 이때 '역사적 파동'에 있어서의 '법칙'이란 것이 무엇을 지칭하는지는 불분명하다. 파동과도 같이 한 파동의 후에 다른 새로운 파동이 연속된다는 의미이거나, 아니면 한 파동은 다른 파동이 상쇄한다는 의미로도 해석이 가능할 듯하다.

(nationale Macht)을 수립하는 과업에만 전념하였기에 〈사회혁명〉을 위한 정신적 여유는 없었다. 따라서 헝가리에서의 볼셰비키의 시도는 국민적인 거부에 의해 곧 종식되었다. 특히 독일과 독일령 오스트리아에 있어서는 심지어 제국의 붕괴와 군대의 해산 이후에도 〈사회혁명〉의 확대를 저지하기에는 충분한 사회적 〈리더십권력〉은 남아 있었다. 의회, 공무원, 상공인들, 일반 〈교육계층〉, 그리고 교회 등은 그들의 〈전통〉에 기반한 취약하지 않은 견고함을 지니고 있었으며, 농민들도 대체로 만족하고 있었다. 불만 세력이라고도 할 수 있는 산업 프롤레타리아는 〈국가강령〉과 공장에서의 강령을 통해 자신들의 권리를 상당 부분 확대하는 바에 성공하였고, 또한 임노동자들의 대부분을 그들 공동의 이익에 동참하게 함에도 성공하였다. 그러나, [그러한 프롤레타리아들의 권력의 강화는] 〈국가강령〉에 있어서 민주주의적 이념의 침해를 초래하지 않았고 [그 이념이] 허락하는 한 최대의 수준에서 〈국가강령〉이 수립되었다. 또한, 사적 〈경제적 강령〉이 그 본질상 침해받는 사태는 발생되지 않았다. 그러나 산업노동자들은 대중의 모든 조직집단 중 가장 강력한 존재로서 국가의 결단에 대해 영향력을 행사하였다. 특히 격변 이후의 최초 수년간에 있어서는 그들의 영향력은 투표자들이나 그들의 대의원들로부터 얻은 투표수에 따라 누릴 수 있던 영향력의 그 이상이었고, 마찬가지로 기업에서 그 산업노동자들이 행사하는 실제 영향력은 법적 권한을 넘는 경우가 드물지 않았다. 도처에서 흥분된 노동자들은 그들이 지배하는 세계가 곧 도래할 것으로 생각하였고, 반면 더욱 온건한 전통적 지도자들이 그들을 만류하려 하면 그들은 자신들의 이익을 위하여 앞장설 새로운 지도자를 찾으려 하였다. 기존 조직이 조심스럽게 전진하려고 하는 곳에서는 난폭한 파업이 벌어졌고 거리에서는 지속적으로 폭동이 일어났다. 질서에 익숙하여 있던 시민들은 혁명은 아직도 계속되고 있다는 느낌을 가지고 있었지만, 사회구조 속에서 그들이 실감할 수 있었던 것은 오로지 왕조 붕괴로 인한 여진뿐이었다. 혁명적인 운동을 자극할 만한 거대한 원동력은 그곳

에서는 존재하지 않았다. 그리고 거대한 〈인민운동〉이 없었기에 인민의 위대한 지도자라는 자도 존재하지 않았다. 그 이전부터 국민들의 지지를 나누어 가진 상당수의 정당들은 자신들의 정당이 가진 제한된 시야와 그 한도 내에서 영향력을 지닌 지도자만을 유지하고 있었다. 지도자와 대중 모두 똑같이 약한 존재였고, 이 경우에 있어서 비난받아야 할 악은 **대중의 지배**가 아니라 **일반적인 무기력증**이었고 이는 지금도 마찬가지로 그렇게 남아있다.

독일 민족, 그리고 격변의 소용돌이 휩쓸렸던 민족들과도 마찬가지로, 유럽에서의 전승 민족들 또한 자신들의 힘을 회복하고 세계대전 이전에 그들이 경주하던 풍요로운 발전을 이제 재개하여야만 하는 최대의 과제에 당면하고 있었다. 하지만 세계대전과 격변들은 급속한 발전에 의하여 야기된 도처에서 발생하는 권력 갈등을 해소하지는 못하였고 오히려 그것을 증폭시켰다. 대중은 이같은 상황을 뼈저리게 느끼고 있었고, 고통스러워하는 인간의 정서를 다스릴 수 있는 법칙을 부여할 수 있는 위대한 지도자를 현재 도처에서 고대하고 있다. 국가에게 부어된 위대한 임무는 언제나 동시에 지도자의 위대한 임무이다. 또한 **대중이 가진 추진력을 대중의 의지로 바꾸고** 그들에게 목적의 확신성과 그 일관성을 부여하는 것이 바로 **지도자의 의지**이다. 이 두 가지 사실은 현재의 상황이 분명히 입증하고 있다. 자신 속에 리더십에 대한 강한 소명을 느끼고 있는 사람은 '다수'라는 바닷속으로 뛰어드는 것을 두려워하지 않는다. 파도가 요동치는 바다를 앞에 두고 주저하는 약한 마음을 가진 자와는 달리, 그 지도자는 그 파도가 자신을 나르고 위로 들어 올려 줄 것이라는 확신에 충만하여 있기에 굽히지 않고 앞으로 나아갈 수 있다.

XV. 〈역사적 권력의 순환〉과 시대의 구분

1. 역사의 〈동기성〉(同期性, Gleichzeitigkeit)[331] 이론에 관하여

서구의 국가들은 모두 혈연적 연관성이 있으며 역사적으로도 [운명을 같이하는] 동지라고도 할 수 있다. 이들은 모두는 전사(戰士)로서의 민족에서 노동하는 민족으로 변모하여 왔으며 〈지배계층〉과 피지배 대중 사이의 대립이라는 동일한 상황에 대처하여야만 하였다. 또한 이들은 모두 과학기술에 힘입어 기계화와 대기업화로 진전하였고, 자본과 철도의 시기[332]에 진입하여서는 국민경제와 도시와 농촌에서의 국가 체제들을 개혁하였고, 같은 사상과 이념에 기반하여 민주화 운동으로 이끌렸으며, 점점 프롤레타리아 대중으로 그 무게중심을 옮겨왔다. 우리가 이러한 과정들을 관찰하는 경우 비록 그들 간의 기질이나 외적 조건상의 혜택에 있어서의 차이는 어떤 형태로든 존재한다고 하더라도 그들의 발전 단계는 대체로 〈발전단계의 일치성〉(Gleichläufigkcit)을 보이는 것을 알 수 있다. 더욱이 긴 인류의 역사를 회고해 볼 때 현대인뿐만 아니라 고대나 중세인들 간에 있어서도, 서구뿐만 아니라 세계 전체에서, 또 같은 시대에 속하는 사람들뿐만 아니라 통시대적으로도 많은 측면에서의 그러한 대체적인 〈일치성〉를 발견할 수 있다. 예를 들자면 현대와 그 이전에 존재

---

331 어느 사회를 막론하고 역사의 발전 단계는 유사한 단계 내지는 발전의 시기를 거치는 성질을 일컫는다. 일반적으로 '동시성'으로 번역하고 있지만, 이는 시간적으로 같이 발생한다는 의미로 해석할 수 있는 여지가 있기에, 본 저서의 문맥과 일치하도록 〈동기성〉으로 번역하였다.

332 본문은 〈시기〉(Periode)와 〈시대〉(Zeitalter)를 구분하여 사용하고 있다. 전자는 후자에 비하여 훨씬 짧은 시간적 간격이고, 후자는 중요한 분수령을 기준으로 가르는 시간 기준이다.

하였던 민족들이 처하였던 상황은 많은 면에서 유사성을 보여주는데, 이전의 민족들은 그 고도 발전단계에서는 유사한 번영을 누렸고, 또한 유사한 악에도 시달렸다. 몸센이 묘사한 카이사르 시대의 로마의 국가모습 속에서는 우리는 현대인의 삶과 유사한 모습들을 계속해서 찾을 수 있다.

역사적 횡보의 큰 추세를 묘사하려고 시도한 저자들 중에는 그 안에서 어떠한 〈역사적 발전단계의 일치성의 법칙〉(Gesetz der geschichtlichen Gleichläufigkeit)을 파악하려 한 사람도 있었다. 예를 들어 드레이퍼(Draper)[333]는 그의 저작인《유럽의 지성 발전사》(History of the intellectual development of Europe, 1863)에서 유럽의 지적 삶에 있어서는 다섯 단계의 시대가 있었으며, 그것들이 모든 민족의 역사에 있어 반복되어 나타났음을 증명하고자 하였다. 그는 그 다섯 단계의 시대들을 각기 〈경신성의 시대〉(eras of credulity), 〈탐구의 시대〉, 〈신앙의 시대〉, 〈이성의 시대〉, 〈쇠퇴의 시대〉라고 명명하였으며, 철학, 과학, 문학, 종교, 그리고 〈국가체제〉라는 다섯 가지 종류의 정신적 발현(發現)이라는 관점에서 그 시대들을 추적하였다. 한편, 물질적 발전에 대해서는 그것이 자신의 연구 목적에 도움이 되는 단서를 제공해 주는 한에 한정하여 이따금 언급하고 있을 따름이다. 그는 우선 고대 그리스의 지적 운동을 검증하였는데, 이는 그 이후 유럽 대륙 전체의 정신 운동은 비록 아주 오랜 기간에 걸쳐 있음에도 불구하고 본질적으로는 [그리스의 지적 운동과] 같은 내용을 지니고 있음을 보여주기 위함이었다. 넓은 의미에서의 〈역사의 동기성〉(geschichtliche Gleichzeitigkeit)이라는 개념은 슈펭글러(Spengler)가《서구의 몰락》(Decline of the West)에서 주장한 바 있다. 그는 문화의 [발전] 과정은 엄격한 [발전 단계상의] 〈평행성〉(Parallelismus)이 있으며, 그 과정은 어느 곳에서나 대략 천년의 기간 동안에 걸친 전형적인 일련의 시기들로 구성

---

333 John William Draper(1811-1882)

되어 있다고 주장한다. 수백 년, 수천 년이라는 시간적으로 분리되어 있는 민족들에게 있어서의 발전은 그 시간적 간격에도 불구하고 〈동기성〉을 가지고 있으며, 각각의 경우 동일한 문화적 시기를 유사한 시간적 간격으로 경험한다는 것이다. 또한 브레이시그(Kurt Breysig, 1866-1940)는 그리스도보다 5세기 앞서 살았던 그리스인과 그리스도보다 330년 뒤인 로마인, 그리고 1500년 뒤의 독일인은 [발전 단계상] 같은 나이라고 이미 생각하였다. 슈펭글러는 이러한 〈역사의 동기성〉들의 정당화에 대하여서는 어떠한 설명도 제시하지 않고 또한 그 〈동기성〉들을 형성시키는 법칙에 대하여서는 탐구하지도 않은 채, 단지 그 〈동기성〉들을 관대한 마음을 가진 역사학자들이 받아들여야 할 당연한 사실로 간주하고 있다. 그 〈동기성〉들의 경로는 같은 시작점에서 출발하여 같은 종착점을 향하며, 또한 그 경로는 매우 엄격하게 결정되었다고 그는 여겼다. 단, 그러한 주장에서의 모순을 배제하기 위하여서는 [각 사회들이 가지는] 그 〈동기성〉들 간의 상호작용이나 [그 〈동기성〉이 가지는] 세계사적인 연결고리는 부정하여야만 하였다.[334]

슈펭글러가 자신의 대담한 이론을 세세한 부분에 있어서는 유지하지 못하였음은 현재 우리 논의의 관심사는 아니다. 하지만 그의 강한 역사 감각, 그리고 역사적 후각은 많은 곳에서 위와 같은 그의 이론과 상충을 일으키지 않을 수 없었다. 우리는 그의 이론을 그 자체로 비판적으로 검토하기 위해 언급한 것은 아니다. 그 이론에 포함된 모든 과장에도 불구하고 그 이론이 가지는 포괄성은 우리를 [중요한] 사실들의 정중앙에 위치시키기 때문인데, 우리는 그러한 사실들을 이제부터 냉정하게 다른 방식으로 해석하고자 한다.

우리의 연구 목적은 비단 문화사뿐 아니라 〈민족사〉의 모든 측면을

---

[334] 즉, 각 사회들은 자체 고립적이고, 다른 사회와 세계 전체에 영향을 주고받지 않는다는 가정을 암묵적으로 하고 있었다.

〈내적 권력〉과 〈외적 권력〉 간의 상호 〈연관성〉 속에서 종합하는 것이다. 그 모든 곳에 있어서 〈외적 권력〉은 〈내적 권력〉의 출현을 위한 보호 외피를 만들어야만 한다. 전자가 경험하는 모든 도움과 장애물은 항상 〈문화적 과업〉에 영향을 주기 마련이다.

이곳에서 시도하는 설명은 일단 선진 〈문화민족〉들에게만 국한하려 한다. 즉, 비(非) 문화적 민족이나 반(半) 문화적 능력밖에 없는 〈소민족〉들은 논외로 하기도 한다. 여름을 넘기지 못하는 [보잘것없는] 초목의 성장은 거대한 열대 침엽수나 전설 속에 등장하는 보리수의 성장과는 비교할 수 없음과 마찬가지로, 그러한 발육 부전 상태의 민족들은 위대한 민족들의 역사에서 보이는 그 풍부한 구조와는 비교할 수는 없다. 그런데 [문화적] 발전 능력이 있는 민족들도 그들의 발전의 정도를 구별할 필요가 있다. 그리스인이나 로마인처럼 주변 환경의 민족들을 능가하는 민족의 발전은 그 지속 기간도 길고 〈실질적 내용〉에 있어 특히 고도화되는 것 아닌가? 중국인은 슈펭글러에 의하자면 세계의 위대한 10대 문화 중의 하나로 간주되고 있음에도 불구하고, 모든 유럽 민족에 추월당하며 발전의 답보 상태에서 머물고 있다. 유럽에서 이주해 온 미국인을 포함한 유럽 민족은 결국은 가장 강한 민족임이 증명되었고, 그들의 역사는 아시아의 가장 발전한 민족들보다도 몇 단계나 높은 문화의 단계에 도달하였다. 유럽과 아시아의 역사는 결코 〈동기적〉(synchronistisch)이 되지 않았으며, 처음에는 후자의 발전 속도에 전자가 크게 뒤졌지만 결국 경쟁적인 생존을 위한 시간을 거치면서 마침내 유럽의 역사가 앞서게 되어 이제는 아시아가 그것을 따라잡을 전망은 거의 없다.

재능적 차이뿐만 아니라 어떠한 민족이 생활하는 외적 환경의 차이도 그 발전에 영향을 주기 마련이다. 남쪽의 따뜻한 태양 아래 자리 잡은 민족은 더 빨리 자신의 힘을 성숙시킬 수 있음에 반하여 북쪽의 추운 겨울 동안 양식을 확보하여야만 하는 민족은 더 힘든 일을 하여야만 하기에 오랜 시간을 바쳐야 한다. 하지만 그들은 쟁기로 더 깊게 땅을 파야

하기 때문에 자신들 안에 잠재된 더 깊은 힘을 일깨울 수 있다. 외적 환경 이상으로 중요한 것이 타민족과의 관계이다. 어떤 민족도 그 자신이나 자신의 재능에만 의존하여 홀로 설 수는 없다. 그 형성 발전 과정에서 각 민족들은 상호 촉진하거나 저해하는 타민족들과 반복적으로 조우한다. 멕시코의 아스텍 왕국은 스페인의 〈콩키스타도르〉(정복자, *conquistador*)의 공격에 의해 그 높은 위세가 무로 돌아갔다. 인구 과잉이라는 어려움을 겪고 있고 아직 노동의 효율성이 결여되어 있는 민족들에 있어서는 국외 이주가 늘어났고, 그러한 이주는 민족들을 섞이게 하였다. 가장 성공적인 민족은 가장 권력이 강한 지배 민족으로 자리 잡고, 다른 민족들은 비록 강한 활력은 여전히 간직하고 있더라도 그러한 민족 혼합 과정에서 자신만의 특이성을 상실하였다. 마지막으로, 가장 약한 민족들은 피지배 민족 내지는 심지어 노예 민족으로 전락하게 되었다. 지배 민족의 역사와 노예 민족의 역사는 상호 평행적으로 발전하는 것이 아니라, 전자는 상승하고 후자는 하강하면서 서로 간의 차이는 커져만 간다. 노르만 민족들처럼 비록 약탈적 이주를 통하여 유럽 전역의 패권을 자지하였던 힘이 있던 민족이었더라도 그들이 정복하였던 민족들의 환경에 적응해 나가야 하였다. 노르만 민족은 영국에서는 막강한 색슨 민족과 섞여서 세계의 주도권을 잡으려 하였으나, 반면 남부 이태리에 정착한 노르만들은 비교적 빨리 자신들의 힘을 소진하였다. 인도를 정복한 아리아인들 그들이 달성한 위대한 업적에도 불구하고 결국 유럽에 정착한 아리아인들의 문화에 뒤처지게 되었다.

    외적 환경과 내적 조건이 비록 같다고 하더라도 민족 역사의 과정은 각 민족이 처한 역사적 시간들의 전후 여부에 따라 항상 결정된다. 국가와 문화를 최초에 수립하고 일으키는 과업을 가진 민족은 가장 무거운 짐을 떠안기 마련이다. 그들의 힘은 그러한 과정에서 소진될 수 있는데, 그 뒤를 계승하는 민족은 이전의 민족이 달성한 **역사적 〈준비적 과업〉이 남긴 유산**을 전승받고 향유함으로써, 자신의 힘을 소진함이 없이 그 어려운 초기 단계를 지나갈 수 있고, 그들의 힘은 아직 신선함을 간직할 수 있었다. 이제 유럽인들이 아시아인들에 대하여 주도권을 가지게 된 것은 아마도 아시아인들은 자신들이 아직도 경험과 수단에 있어 일천하였을 때 가장 어려운 〈준비적 과업〉을 수행하면서 자신의 모든 체력을 일찌감치 소진하였다는 사실과 밀접하게 연관되어 있는 것은 아닐까? 만약 튜튼족이 그리스인 대신 페르시아인과 전쟁을 하였고 로마인을 대신하여 지중해를 중심으로 한 〈세계제국〉을 구축하여야만 하였다면, 그래서 그 이후 그리스인이나 로마인들은 오히려 자신들의 힘을 소진시키지 않고 단지 튜튼족을 계승하였다면 그들은 로마-게르만 문화를 훨씬 더 능가할 수도 있었을 것이다. 게르만 민족들이 중세에 행한 성과 중 〈고전적 시대〉부터 물려받은 유산에 기인하는 바는 이루 헤아릴 수 없이 많다. 로마 제국 멸망과 함께 로마가 이룩한 그 방대한 문화적 유산도 소실되었음은 의심할 여지가 없지만, 그럼에도 불구하고 남겨진 잔재로 인해 게르만에 속한 〈소민족〉들이 자신의 시대적 과업을 수행함에 있어 필요한 많은 정력을 아낄 수 있게끔 되었다. 게르만 민족은 로마 제국이 훌륭하게 건설한 로마의 도로망을 사용하여 로마를 침범하였으며, 그들은 그 이후 전시나 평화 시 모든 시기에 있어서 수세기 동안 풍랑을 견뎌내며 그 도로를 계속 사용할 수 있었다. 중세 도로의 황폐화는 신생 국가들이 아직도 일천한 자신들의 건축 기술에만 의존하였던 한계에서 처음 비롯되었다. 정복자들이 정주한 로마의 속주(provincia)에서는 로마 제국의 행정의 잔재를 계승할 수 있었는데, 그러한 작업은 자신들만의 〈정치적 기술〉을 이용하는 경우 처음부터 시작하는 것이 불가능한 작업이었다. 지속적인 원정 전쟁으로 인하여 주변 모든 환경이 황폐하게 되었음과 대비되어, 상업과 농업이 발달하였고 질서가 존재하는 생활을 영위하며 문화적 언어를 구사하는 비교적 온전한 도시에서는 이미 기독교에 귀의한 상당한 인구를 정복자들은 발견할 수 있었다. 그리고 야만적 정복자들이 자신들의 힘만으로는 절대로 기대할 수 없는 유일한 운명적 선물은 바로 로마 교회였다. 이후 고대 게르만인의 땅에 제국을 수립하였던 민족에게는 로마 땅에 오래전에 이미 정착하였던 게르만인의 도움으로 로마가 행한 〈준비적 과업〉이 계승되었다. 마찬가지로 그 이후 동부의 슬라브인은 비잔틴인과 동방교회로부터 물려받은 바를 부분적으로 포함하는 고전적 유산을 전승받게 되었다.

전승된 유산은 너무 거대하였기에, 새로이 등장한 민족들의 문화적 역량은 그 모두를 일시에 흡수하기에는 충분하지 못하였다. 유년 시절 아버지의 장서를 물려받은 아들이 성숙하게 되어가면서 점차 그 보고들을 읽을 수 있게 되듯이, 중세는 일련의 시간적 발전 단계에 따라 서서히 그 고전적 문화의 보고들을 소화할 수 있었는데, 이는 칼 대제(Karl dem Großen)에서 시작되어 〈인본주의〉와 르네상스, 그리고 그 이후의 경로상에서도 지속되었다. 물론 르네상스를 그 명칭으로만 파악하여 고대의 재생 그 자체로만 간주하여서는 안된다. 〈인본주의자〉들의 열정에 의해 교육받고 고전적 작품들을 이해할 수 있는 성숙한 수용력의 단계에 이른 르네상스인들은 자신들의 정신의 전력을 다 바쳐 〈고전적 시대〉의 작품을 공부하였는데, 그와 동시에 그 〈고전적 시대〉 작품들을 재탄생시킴으로써 자신 내에 그것들을 체화하였다. 르네상스 사람들은 즉시 인지하지는 못하였지만, 르네상스는 실로 고대와 당대의 방식들이 결합되어 생성된 결실이었다. 고대 작품들은 그 각기 분야에 있어 형식과 정신적 침투 면에서 완전성에 도달하였기 때문에, 르네상스 사람들은 자신들 스스로 완전성을 추구하기 위하여 그러한 고대적 작품들에 몰두하였다. 하지만 당대에서 나타난 형태(Gestalt)들과 갈등들은 아직 너무도 깊은 혼돈에 덮혀 있었기에 그것들에는 평화로운 고전적 리듬을 따른 질서가 부여될 수 없었음은 오로지 훗날에 이르러서야 깨닫게 되었다. 서양의 모든 민족들은 〈고전적 시대〉라는 거인의 앞에서 경외를 표하였고, 여러 부침을 거치면서 그 고대를 통하여 자신들의 존재를 충실하게 다져왔다.

왜 〈인본주의자〉들은 선도적 역할을 하자마자 일반적으로 경시되는 상태로 전락하였는가? 이는 〈인본주의자〉들은 당대의 스스로 자족하였던 시간과는 어울릴 수 없었기 때문이었다. [하지만] 만약 르네상스가 흔히 비추어지는 바대로 고전적 이교도 정신에만 진정 탐닉함에 그쳤다면, 게르만 북부를 요동치게 하였을 뿐만 아니라 로마교회 자체를 과격한 쇄신으로 이끈 종교개혁은 그와 직접적 연관성이 있을 수 없었을 것이다. 인본주의적 교육이 없었다면 울리히 폰 후텐(Ulrich von Hutten, 1448-1523)[335]의 주장도 없었을 것이며, 마찬가지로 종교개혁도, 그리고 그에 대한 반동도 침묵하였을 것이다. 또한 이러한 인본주의적 교육이 없었다면 루터 또한 성경 그 자체로 돌아가려는 개혁을 주장할 수는 없었을 것이다. 즉, 루터가 그러한 인본주의적 교육에 힘입어 동시에 신성한 성경의 원본을 자신이 사랑하는 독일어로 번역하는 힘과 충동을 자신 내에 느끼지 못하였다면, 그리고 독일인들이 자기 나름의 방식으로 신앙을 고백하는 힘과 충동을 느끼지 못하였다면 종교개혁이란 있을 수 없었다.

각 민족들이 서로를 계승하면서 과업을 지속함에 인하여 **〈세계사적 연관성〉**(Zusammenhang der Weltgeschichte)은 유지되어 간다. 세계사라는 것은 단지 〈민족사〉의 반복은 아니다. 이는 〈발전단계의 일치성〉이라는 이론을 진지하게 받아들인다면 이르게 되는 결론이다. 세계사적 맥락에서 보자면 최초의 시기들에 있어서의 각 민족의 역사는 최종 시기들에 있어서의 민족의 역사와는 서로 다른 방식으로 구성되어 있다. 그 최초 시기에 속한 초기 단계에서의 발전은 더욱 긴 시간 동안 서서히 진행되었고, 더욱 고된 과정이었다. 그 최초 시기의 마지막 단계에서도 발전은 불완전하였거나 혹은 전적으로 결여되어 있었다. 반면 최종 시기에 접어들어 시작된 그 최초 단계는 더욱 신속하게 경료되고 주요한 발전은 그 이

335　1448-1523 루터의 종교개혁기의 인본주의자. 개혁 운동 초기의 독일 민중의 지도자.

후의 단계에서 이루어진다. 강대국 중 마지막으로 등장한 미국이 자신의 역사를 써 내려가기 시작하였을 때는 유럽 국가들은 이미 천년의 역사를 가지고 있었으며 후자는 자신들이 발전의 절정기에 있다고 믿었다. 뉴잉글랜드에서의 정착은 역사적 잣대로 보자면 아주 짧은 시간의 경과에 불과하였고 더욱이 그중의 많은 부분은 초기의 정주를 위한 고된 노동과 원주민 〈대부족〉들과의 전쟁을 포함하였다. 따라서 [미국의 역사는] 이전의 유럽에서의 [긴] 원정 전쟁과 비교할 때 어쩌면 낭만적인 [짧은] 에피소드의 연속으로 축약되어 있었다. 유럽 어디에서 그러하였듯이 이전까지의 건국 행동은 전쟁으로 달성되었는데, 단 미국에 있어서는 유럽 국가 간의 전쟁의 규모와는 전혀 비교할 수 없는 미국 독립전쟁이라는 단 한 차례의 전쟁으로 미국의 헌법을 수립할 수 있었고, 미국인의 정치적 체제는 그로 인해 완성되었다. 그 자신 내에 올바른 〈국가체제〉를 건국하고자 하는 힘을 가진 자유로운 정신의 영국인들이 〈메이플라워호〉에 승선하였을 때부터 이미 미국인의 그러한 정치적 체제는 사실 이미 충분히 형성되어 있었다고 보아야만 한다. '지배와 자유 간의 전쟁'은 이들이 미국 땅을 밟았을 때부터 이미 시작되었다. 그들의 종교적 체제 또한 준비가 이미 되어 있었다. 그 시작부터 미국 헌법은 〈자유적 국가〉 내의 자유로운 교회를 천명한다. 반면 유럽에서 이러한 자유 교회라는 것은 아주 오랫동안의 변혁을 거치면서 등장할 수 있었다. 그 이후 그 풍요로운 땅으로 눈을 돌린 수백만 명의 이민자가 추가적으로 유입되었음에도 불구하고 이미 굳게 형성된 미국의 〈전형〉(Typus)은 바뀌지 않았다. 그 이주자들은 정복자로서 상륙한 것이 아니라 최초부터 새 국가를 위하여 기존의 자신의 국민성이나 기질을 희생한 헌신적 시민으로 도착한 것이었다. 과연 이러한 과정과 동일한 예를 유럽에서 찾을 수 있을까? 그 이후 미국에서는 급속한 진보가 계속된다. 미국의 부와 풍부한 자원, 그리고 대규모 생산 기술은 여러 면에서 유럽을 추월하였는데, 이는 단지 양적 차이에 불과한 것이 아니었고, 본질적으로 새로운 특질이 그 사회적 〈전형〉으로 형성된 것이었다. 토착 노동자 중의 상류층은 부르주아적 감정을 충분히 가지고 있었으며 그들의 태도 전반은 부르주아지에 가깝다. 여성은 유럽과는 전혀 다른 방식으로 사람들에게 존중되고, 자녀들은 가장 주의 깊게 보살펴지고 교육받는다. 국민들 간의 전쟁으로부터 격리됨으로써 미국인들은 유럽 전체를 소모시킬 수 있는 전쟁을 피할 수 있었다. '합중국'이라는 개념은 미국에서는 논란의 여지가 없는 현실이지만 유럽에서는 아마 실현 불가능한 소망일 것이다. 유럽의 국민들이 가진 힘들이 산에서 흐르는 개울 물처럼 물을 가르는 장애물들에 막혀 자신이 갈 길을 찾지 못하고 있는 사이에 미국에서의 삶의 흐름은 넓은 평지를 가로질러 확고하게 흘러가고 있었다. 유럽 국민들 간에 존재하는 경쟁이 만일 과열되지만 않는다면 그 경우 인류에게 주어진 힘을 가장 풍요롭게 전개함에 있어 도움이 될 수 있는지의 여부는 현재 우리가 논할 바는 아니다. 하지만 지금 우리는 단지 미국과 유럽이 그 개발의 경로에 있어서 동일한 과정을 겪는 것은 아니라는 점만을 분명히 하고자 한다. 미국 문화는 유럽 문화의 분파이며 역사적으로는 유럽에서 준비되었지만, 미국의 우월한 토양에서 자신 특유의 독자적인 발전을 계속하고 있다. 미국의 문화는 일단 완성되면 독자적인 형태를 보일 것이다. 이러한 형태는 유럽의 〈고전적 문화〉나 근대문화, 혹은 이집트, 중국, 그리고 아스텍의 문화들과는 동일한 발전선상에 위치될 수 없다.

〈동기적 병렬〉(同期的 並列 synchronistische Parallele)[336]이라는 이론이 성립될 수 없음은 이를 개인의 삶의 단계에 적용시키려고 할 때의 어려움을 통하여 잘 드러난다. 열 살의 아동은 예외없이 모두 같은 발달 단계에 속하는 것인가? 20세나 50세 성인은 단지 같은 나이이기 때문에 모두 동일한 발전 단계에 속하는가? 향후 위대한 지도자가 되고자 하는 사명

---

[336] 사회들은 나이에 따라 동일한 발전 단계를 보임을 의미한다.

을 느끼는 청년이 "벌써 20살이 되었지만 아무런 영구적인 업적도 달성하지 못하였다"라고 말하였을 때, 그가 가진 번민을 이해할 수 있는 자는 여타 20세의 청년 중에 과연 얼마나 있는가! 대다수의 대중들은 그들의 청춘 시절을 단지 무감각한 체념으로써 마감하고 만다. 반면 톨스토이는 그의 전 생애를 통하여, 심지어 노년에 이르기까지 젊음의 충동으로 가득 차 있었다. 창조적인 정신이 그의 발달기에 경험하는 내적 성장은 평균적 정신들이 수세대에 걸쳐 간신히 달성할 수 있는 과업보다 우월할 수 있다. 《군도》로 표현되는 시기의 실러와, 고전적 바이마르 시기의 실러 사이에는 일반적 서민의 개인적 삶 속에서는 전혀 유사함을 찾을 수 없는 큰 거리가 있다. 민족의 경우에 있어서의 내적 성장을 향한 충동은 개인의 경우와 유사하다. 물론 모든 건강한 민족들 간에 있어서는 이러한 발전의 경향은 다소 유사하다고 볼 수 있다. 하지만 결국 모든 민족들은 그들 자신만의 삶을 살고 있고, 또 그러할 수밖에 없기에, 그 민족들이 가진 특수성에 의하여 각자의 경험은 그들 자신만의 의미를 가지게 된다. 전열에 서서 세계사의 중역을 담당하는 모든 민족들은 그 어느 곳에서도 어느 누구도 그 이전에는 경험하지 못하였던 새로운 〈사회적 형성체〉을 향해 전진할 기회를 부여받고 있다. 그럼으로써 세계 역사는 발전하게 된다.

2. 사회적 힘을 측정하는 공통의 잣대

민족의 발전은 어떻게 측정되어야 하는가? 순차적으로 발흥하고 번성하며 쇠퇴해 가는 힘들의 크기로 측정하는 것이 가장 좋다. 그러나 〈민족의 삶〉과 관련된 다양한 힘들을 어떻게 저울질하여 비교할 수 있는가? 어떤 것들은 쇠퇴하고 있는 반면 어떤 것들은 새로 흥성하고 있다. 이런 다양한 모습들에 〈통일성〉을 부여하기 위하여서는 어떠한 가치 판단에 근거한 **비교의 척도**가 필요하다. 하지만 그러한 적용될 수 있는 가치들 간의 순서는 어떠한 것인가? 그 작용면에서 있어 가장 오래 사람들의 기억에 남는 힘에 가장 높은 가치를 부여하는 경향이 〈역사서술〉에는 존재한다. **그리스의 〈문화의 힘〉과 로마의 승리의 힘**은 세계사에 있어 잊을 수 없는 족적을 남겼다. 따라서 〈역사서술가〉들은 그리스와 로마가 가장 융성하였던 시간을 〈고전적〉 역사의 정점으로 간주한다. 현대의 관점에서의 지식인들은 **예술에 있어서의 최고점**에 중점을 두고, 초인에 대하여 동감하는 사람은 **최고점에 도달한 생명력**이 그 가치 기준이다. 체사르 보르자가 있었음에도 불구하고, 혹은 그의 존재가 있었기에, 스탕달이나 동세대 사람들은 르네상스가 역사의 최정점 중의 하나라고 간주하였고, 반면 그들에게는 기독교나 자비의 도덕은 일종의 쇠퇴의 표현이었다.

그러나 삶에 있어서 교차되는 다양한 힘들을 가늠하는 공동의 척도가 없는 한, 혹은 기껏 하여야 자의적인 척도밖에 없는 한, 역사의 〈실질적 내용〉은 불가해한 상태로 남아 있기 마련이다. 왜냐하면 역사적 발전을 회고하여 관찰하는 경우 [단일한 것이 아니라 그 역사적 발전을 구성하는] 각기 특별한 운동들로 분해되기 마련이다. 이는 마치 사람에게 있어서도 다양한 주요 힘들이 존재하고 있는 것과도 같다. 정치사는 종교사, 경제사, 그리고 예술사로 분리되어 구분되며, 예술사의 경우에도 각기의 예술 분과별 역사로 구분된다. 〈역사서술가〉가 개별 분야별 자료를 통합하여 전체적인 서술을 하고자 할 때, 아무리 근면한 〈역사서술가〉라도 그러한 노력은 내적인 분리를 극복하는 바에는 충분한 도움이 되지는 않는다. 그러한 서술에는 [각 분야 간의] 정신적 관련성에 대한 분석이 결여되어 있음이 분명하다. 물론 〈역사서술〉은 〈인민의 삶〉상의 다양한 개별적 내용을 탐구함에서 시작하여야만 하고, 보편적 〈역사서술가〉는 그러한 개별 전문가의 도움을 필수적 필요로 하지만, 보편적 〈역사서술가〉는 결국 모든 것을 통합하여야 하고 그 통합을 진정한 〈통일성〉으로 연결시킬 수 있어야만 한다.

〈인민의 삶〉의 현실에는 여러 다양한 힘들이 단순히 병렬적으로 [영향을 주고받지 않은 채] 존재하지는 않는다. 〈인민의 삶〉이 더욱 풍부하여질수록, 그 안의 모든 힘들은 생존 경쟁 속에서 더욱 밀접하게 상호 침투하게 되고 승리와 패배가 교차하는 가운데 다른 힘들을 물리치면서 서로를 대체한다. 일단 대중이 스스로에 대한 〈의식〉을 가지게 되면 **그 〈대중의 역사〉는 일관적 〈통일체〉로 경험하게 된다.** 물론 거대한 국민들에 있어서 과업은 개별적 소 과업으로 넓게 분화 확산되지만, 그 과정 중에 각기는 결코 단절된 상태로 남지 않는다. 오히려 군대의 장군이 위험이 닥치거나 혹은 성공이 야기되는 곳에서 부대를 집결함과도 같이, 거대 국민들에게 있어서도 지도자와 대중이 가진 힘을 가장 결정적인 곳으로 결집시키고, 그때 그러한 힘의 집중을 위해서는 이미 전면적으로 착수된 과업들을 조기에 중단시키면서 힘을 돌리는 것도 괘념하지 않는다. 후자들은 향후 국민들이 가진 힘의 균형이 회복되면 재개할 수 있기 때문이다. 영광스러운 기억이 간직되어 있는 엘리자베스 여왕의 치세 이후의 다음 한 세기 동안 영국은 뿌리째 흔들렸고 여러 사건으로 인한 깊은 심각성은 과거 영국의 호시절을 종식시켰다. 셰익스피어의 이름은 거의 잊혀지고 영국 문화의 많은 분야에서 분명한 쇠퇴를 경험하였고, [무너진] 영국 문학은 나중에 다시 소생되어야만 하는 상상할 수 없는 상황에 처하게 되었다. 국왕과 의회는 국가와 종교의 자유를 놓고 투쟁에 몰입하였기에, 다른 모든 분야는 관심 밖의 영역이었고, 따라서 이러한 사태는 불가피하기만 하였다. 국민 대중은 자신들의 직감만을 맹신하며 지도자를 교체하고 항상 그 당대에 부각된 가장 심각한 필요성에 우연히 부응하게 된 지도자들을 추종하였다. 세습 군주 다음으로는 국민적 〈독재자〉, 그리고 어두운 프로테스탄트들의 치세 후에는 다시 세습군주제로 회귀하였다. 그리고 그 이후 스튜어트 왕조가 보여준 궁정에서의 방탕, 루이 14세에 대한 불명예스러운 복종, 국가와 교회의 강령에 대한 공격의 재개 등의 일련의 사태들로 인하여 스튜어트 왕조는 〈인민감정〉과 완전히 이반하게 되었고 따라서 국민 대중은 스튜어트 왕조로부터 영원히 등을 돌리게 되었다. 영국의 자존심은 오렌지 공 윌리엄의 정치가적 자질에 근거한 리더십에 예속되었고, 마침내 외국의 하노버 가문에도 복종하였다. 하노버 가문은 프로테스탄트들의 왕위 계승권을 확보하였고, 그 치세하에서는 강대화된 휘그당의 귀족들은 의회를 국왕의 위에 위치시켰다. 그러나 이처럼 다양한 결단들이 교차하며 연속하는 가운데 미래에 결국 세계를 장악하게 되는 영국의 기초는 완성되었고, 그 이후에서야 비로소 가장 중요한 결정을 위하여 소홀시 되었던 다른 이익들에 대한 추구를 재개하기 위한 힘을 결집할 수 있었다.

활동적인 사람과도 마찬가지로 미래지향적인 분투하는 사람이 가진 힘도 그 결과로 측정된다. 그리고 모든 개별적 활동에 있어서의 기술적인 평가 기준은 경험에 의해서 제공된다. 그렇기 때문에, 더욱 중요한 결론적 사실은, 모든 각기의 활동들은 비록 각자의 개별적 방향은 상이하더라도 결국 **〈성공〉이라는 사회적 공통 척도**를 적용하여 평가될 수 있는데, 그 〈성공〉이란 **인간의 정서를 지배할 수 있는 권력**의 정도로 가늠된다는 점이다. 권력이야말로 사회적 힘들을 평가하는 공통의 척도이다. 힘들 간의 경쟁에서 가장 〈성공〉한 자에게는 최고의 권력이 부여된다. 〈역사서술가〉가 〈사회적 과업〉에 있어서 존재하는 〈통일성〉을 이해하려면 필히 〈권력에 의한 결단〉(Machtentscheidung)에 주목하여야만 한다. 수만 가지의 역사적 사례에 있어서 단지 외부적 권력, 그것도 가장 야만스럽고 잔인한 외부적 권력이 승리를 거둔다는 사실 자체에 기분이 상해서는 안된다. 도덕적 판단이나 기타 가치 판단을 요구하는 것이 〈역사서술가〉의 임무일 필요가 없으며, 적어도 그것은 그가 하여야만 할 가장 우선적인 과제는 아니다. 그의 우선적 과제는 서술(Beschreibung)이며 〈역사서술가〉는 마치 자연과학자가 가지는 공평무사함(Unparteilichkeit)에 근거하여 서술할 의무가 있다. 그는 단순히 옳고 그름이라는 판단의 차원을 넘어서서 〈인민의 삶〉에서 발생하는 사건에 대해 알려야만 한다. 자연과학자와 비교할 때, 〈역사서술가〉는 다양한 민족적 사건(Völkergeschehen)들의 상호 연관을 밝혀낼 수 있다는 특권적 입장에 있다. 반면 인간의 정신은 [자연과학에 있어서] 자연이 가진 모든 비밀을 밝혀내지는 못한다. 역사는 독자가 이해할 수 있도록 표현될 수 있고 또한 그럴 필요성이 있다. 물론 엄밀하게 말하자면 인간의 내면은 외적인 자연만큼이나 우리에게 불가사의한 것으로 남아 있다. 우리는 어느 곳에서 우리를 움직이는 힘들이 기원하는지, 난세에 어느 곳으로부터 〈위인〉이 불려 나오는지, 왜 신앙의 고양, 사고의 빛, 예술적 감정의 영감이 어떤 주어진 시간대에 있어서 영혼의 깊은 곳에서 분출되는지 그 이유를 모른다. 하지만 일단 그러한 힘들이 분출되면 사람들은 그로 인한 결과를 향유하고 그로 인해 달성된 〈성공〉 앞에 복종한다는 것은 이해할 수 있다. 즉 다시 간결히 정리 하자면, **그 힘들의 출현 과정**(Werden)**은 알 수 없지만 그 힘들이 변형되어 나타나는 권력에 내재하는 법칙, 즉 〈권력의 법칙〉은 알 수 있다.** 〈외적 권력〉과 〈내적 권력〉이 그 권력의 〈성공〉을 통하여 대중에 대한 지배를 획득하고, 그 힘들이 변화함에 따라 권력 또한 함께 변화하는 모습을 〈역사서술가〉가 우리에게 설명할 때야 우리는 그의 설명을 이해하며 공감할 수 있게 된다. 〈역사적 권력〉들이 계승되는 일련의 과정을 관찰하면서, 아무리 그 역사의 의미가 이따금 혐오스러운 야만성을 드러낼지라도 우리는 **역사의 의미**를 이해한다. 그런데 민족의 역사에서 보이는 야만성에 충분히 공감할 수 있을 만큼 현대 문화인들이 가지는 열정 속에도 야만성은 여전히 남아 있다.

보편적인 〈역사서술가〉들이 〈민족사〉, 그리고 더 큰 시야로 볼 때 세계사에 나타나는 바의 권력의 거대한 상호 관계를 서술하기 위해 모든 개별 자료를 통합하는 바에 성공한다면 그는 그에게 부과된 종합의 과제를 완수하였다고 할 수 있다. 여기에서도 다른 곳과 마찬가지로 일종의 **〈순환운동적인 의미〉**(Sinn eines Kreislaufes)를 가지는 질서에 의하여 발전이 전개된다. 이러한 움직임을 포착하기 위해서는 세계사라는 넓은 틀보다 먼저 〈민족사〉라는 제한된 범위에서 고찰하는 것이 더 수월하다. 따라서 우선 대중에 있어서의 〈역사적 권력의 순환〉(geschichtlicher Kreislauf der Macht)[337]을 설명하기로 한다.

3. 민족 내에 있어서 〈권력의 순환〉

어느 나라에 있어서건 출생으로 인하여 국민의 수가 증가하거나 타민족을 흡수하여 성장함으로써 확장하며 진보의 경로를 걸어간다. 로마의 귀족들은 마침내 평민들에게 〈민권〉(Volksrecht)을 완전히 인정하지 않을 수 없게 되었고, 로마인들은 라틴인이나 중앙 이태리의 근방의 〈소민족〉들과 동맹을 결성하는 과정에서 그들에게 〈시민권〉을 부정할 수 없었다. 카이사르와 아우구스투스(Augustus)[338]가 수립한 제국 강령은 광대한 제국의 모든 인구를 돌보는 것을 제국의 의무로 삼았고, 마침내 카라칼라(Caracalla)[339]는 [속주를 포함한] 제국 내의 모든 자유민에게(비록 그 권리는 그 후 오랫동안 그다지 가치는 없었다고 하더라도) 〈시민권〉을 인정하였다. 이처럼 민족의 범위(Volksrahmen)가 넓어질 때마다 **〈권력의 순환〉(Kreislauf der Macht)의 궤적도 확대되고** 또한 이때 [그 권력들을] 움직이게 하는 힘들 간의 긴장도 높아진다.

〈권력의 순환〉 과정은 두 가지 동인에 의해 민족 내에서 작동하기 시작한다. 첫 번째의 동인은 지도자로부터, 두 번째는 대중으로부터 발원된다. 전자는 〈상위계층화〉를 통하여 얇은 층에 불과한 지도 계층(즉 치도

---

337 이 〈권력의 순환〉이라는 용어는 단어 그 자체로만 이해할 때는 의미가 모호하다. 이후에 비저가 설명하는 바에 따르자면, 역사의 흐름에 따른 '권력의 중심점 내지는 담지자의 지속적인 이동'을 뜻하는 것으로 이해된다. 따라서 '권력의 순환'보다는 오히려 '권력의 변천'이 적합한 번역어로 여겨지지만, 원어의 단어 의미대로 '순환'이라는 번역어를 사용하였다.

338 로마 제국의 초대 황제(기원전 27년~서기 14년).

339 198년에서 217년까지의 로마 황제. 공식 명은 안토니누스(Antoninus). 로마 시민권을 모든 속주민들에게 부여하는 〈안토니누스 칙령〉을 발표.

자, 〈지도적 지위층〉들과 계급, 그리고 〈지도적 민족〉 등)을 [단순한 리더십의 위치에서] 지배(Herrschaft)의 위치로 끌어올린다. 이때 [이렇듯 〈지배권〉을 획득한] 〈지도적 계층〉들은 강압을 통해 정도의 차이는 있을지언정 대중을 극단적 나락까지 끌어 내린다. 반면 후자의 [대중으로부터의] 작용에 있어서는, 우선 대중에게 충동이 발생하고 그 충동은 그들을 끌어 올려 [상층 세력과] 균형을 이루도록 한다. 이 경우 구 지도자는 제거되거나 대중 영합적으로 스스로 바뀌어야만 한다. 왜냐하면 그들은 더 이상 과거와 같이 엄격하게 〈소수의 법칙〉을 견지할 수 없게 되기 때문이다. 대중은 자신이 지배적 존재라는 사실에서 안심을 느끼며, 그 아래에서 누리는 〈삶의 질서〉 내에서 자신의 힘들을 새로운 과업을 도모하기 위하여 집중시킬 수 있고, 이제는 자신들의 수적 우위에서 오는 무게를 주장할 수 있게 된다. 지도자들의 〈상위계층화〉는 처음에는 주로 [그들이 가진] 외적인 힘에 의해 초래되나, 그러한 〈상위계층화〉 이후부터는 풍부한 내적인 힘들이 점차 풀려나오기 시작한다. 대중의 부상도 어느 정도 외적인 힘들에 달려 있지만, 마찬가지로 결정적인 요인은 건강한 노동에 의해 각성되고 자양분을 획득하며 또한 교육의 확장 속에서 시민들이 습득하여 가는 내적 힘이다. 이러한 대중의 내적 힘에 의해 상부 계층의 〈지배적 권력〉에 저항하고 더 나아가 〈지배적 권력〉들에 동참하게끔 하는 〈저항권력〉들이 예비된다.

그리스 도시국가라는 좁은 범위 안에서는 이러한 순환의 과정은 쉽게 파악할 수 있다. 왜냐하면 이곳에서는 그 움직임이 비교적 단순하기 때문이다. 명석한 그리스인의 두뇌는 또한 그 순환을 분명히 인식하였는데, 폴리비우스(Polybius)[340]는 이미 이에 〈정체의 순환〉(政體의 循環, Kreislauf der Verfassungen)이라는 정확한 명칭을 부여하고 있다. 그리스

---

340 (기원전 203년~기원전 120년 추정). 헬레니즘 시대의 그리스 역사가. 기원전 220년에서 기원전 146년 시대를 다룬 《히스토리아》를 집필.

〈대부족〉은 끊임없이 계속되는 원정 전쟁들 속에서 전쟁 과업의 전면에 선왕의 리더십에 복종하였다. 이러한 전쟁들에서의 주역은 중장비로 무장하여 참전하는 부유한 귀족계급이었는데, 그들의 구성원들은 왕과 더불어 국민 중 최고의 특권을 누렸다. 원정 전쟁이 줄어들고 전시에 요구되는 왕의 확고한 지도력이 더 이상 필요 없게 되자 귀족들 전체의 권력은 이제는 왕의 권력을 초월하는 것으로 드러났고 따라서 왕정은 과두정으로 이행되었다. 하지만, 아테네인과도 같은 자질이 뛰어난 민족들에게 있어서는 과두정치가 우위를 점할 수는 없었다. 왜냐하면 전쟁을 위해서는 자유 시민들로 구성된 대중들의 참여가 절실하였으며, 또한 그들은 국가에 내적 위대함을 더하는 문화적 업적에 기여하였기에 결코 그들을 무시할 수는 없었기 때문이었다. 따라서 최초에는 전제군주가 대중의 지도자 역할을 수행하였으나 후에는 순수한 민주정이 우세하게 되었다. 그럼에도 불구하고 민주정은 페리클레스(Pericles)[341]와 같은 지도자가 실제적 국가의 원수 역할을 수행하였다는 사실과도 양립할 수 있었다. 이후 [정체(政體)는] 역사가인 폴리비우스적 의미에서의 〈중우선동주의〉(衆愚煽動主義, Demagogie)으로 전락하게 되어 결국 국가의 정상으로 다시 왕정을 불러들였고 이에 〈권력의 순환〉도 다시 원점으로 돌아와 일단락되었다. 추가하여 말하자면, 아테네의 몰락은 그러한 〈중우선동주의〉로 전락됨에 의한 것이라기보다는 오히려 아테네가 마치 신하처럼 지배하였고 과두정 체제하에서와도 같은 가혹한 방식으로 취급하였던 아테네의 동맹국들이, 펠로폰네소스전쟁 중 전쟁의 향방이 스파르타의 승리로 기울자 아테네를 이반하였음에 기인하였다.

로마의 역사도 시사점이 많다. 최초에는 좁은 민족의 범위 내에서만 닫혀있던 [권력의] 〈순환〉은 그 제국이 수행하여야 할 범위가 점차 확

---

341 (기원전 495년경~429년). 고대 그리스 정치가이자, 웅변가, 장군. 펠로폰네소스전쟁 시의 지도자. 그의 시대는 아테네 〈민주주의〉의 절정기였음.

장됨에 따라 지속적으로 새롭게 변모하는 모습을 보여주었기 때문이다. 최초에는 왕정으로 전개되었고, 그 이후 왕정에서 귀족의 지배, 그리고 평민의 대두 등과도 같이 아테네와도 유사한 이행의 행보를 보여 주었다. 하지만 중요한 차이는 평민의 부상(浮上)에도 불구하고 중요한 지도적 특권은 구 귀족과 신규로 진입한 평민 출신 귀족들로 구성된 원로원이 가지고 있었다는 점이며, 따라서 로마는 완전한 민주정이라고는 볼 수 없었다. 이는 "지배하기 위해 복종한다"라는 말로 특징 지어진 로마의 국민성으로부터 설명될 수 있을지도 모르지만, 전쟁을 지속하는 로마 국민은 자신들의 〈국가강령〉을 아테네인보다 훨씬 더 엄격히 〈군사적 강령〉에 맞추도록 하였기 때문이기도 하였다. 끊임없이 다시 반복되는 전쟁 속에서 평민 대중은 마치 근대의 프롤레타리아가 겪는 비참한 상황에 처하게 되었고, 그러한 로마 대중과 함께 여타 이태리 대중도 몰락하게 되었다. 지속된 전쟁과 내전 이후의 〈공권박탈〉(*proscriptio*)[342]을 겪으면서 구 귀족들은 우수한 인재들의 목숨을 희생시켰음에 반하여 새로 부상한 자본가 신흥귀족인 〈옵티마테스〉들이 부상하여 로마의 속주, 그리고 국유지 소작과 기타 큰 사업들을 〈착취〉하여 부를 얻었다. 하지만 이것들은 국가와 경제가 큰 규모로 확장된 결과였다. 그 이후 구 귀족과 신흥 부자를 포함한 전 국민은 그 광활한 〈제국〉의 통치를 위한 필요성에 의하여 카이사르의 지배하에 들어갔다. 하지만 과거의 낡은 도시적 강령은 그러한 세계 국가에 더 이상 적합하지 않았고 로마 시민군이나 이태리 연합군이 가지고 있던 이미 소모된 힘으로는 로마는 더 이상 자신의 방위를 수행할 수 없었다. 제국의 추가 확장을 포기하고 이미 쟁취한 국경의 방어에만 전념한 후에도 야만족들의 끊임없는 침범을 막아야 하였기 때문에 전쟁은 끊이지 않았다. 이러한 환경에서는 소집된 군대를 지휘하여 적을 격퇴하고 승리를 쟁취한 장군들은 자신들의 승전으로부터

---

[342] 국가 승인의 사형 또는 추방. 이 용어는 고대 로마에서 유래한 단어.

의 〈성공〉으로 인한 권력(Macht des Erfolges)을 얻었으며 그리하여 그러한 상황으로 인하여 그들은 지배자로 부상하였다. 서기 2세기의 트로야누스(Traianus)황제에서 마르쿠스 아우렐리우스(Marcus Aurelius)황제에 이르는 강력하고 의무감에 충실한 황제들의 치하에서는 그 광대한 제국에 걸쳐 번영을 구가하였고 교육은 번창하였다. 이에 〈인민의 힘〉이 고양되었으며, 또한 로마의 칼에 복종한 민족들이 로마-그리스 문화에 흡수되어 단결하기 시작하여, 이제 [권력의] 순환은 확장되어 더욱 큰 범위에서 운행되는 듯 보였다. 이같은 〈로마 세계제국의 평화〉(pax Romana)는 기독교 세계 종교가 가진 〈평화적 권력〉의 대두를 위한 기반을 마련하였다는 점에서 볼 때, 비교할 수 없이 큰 영향을 인류에게 미치게 되었다. 그러나 야만족의 공격을 방어하기 위하여서는 여전히 검의 사용은 필요하였으므로 군인 황제의 통치는 계속되었다. 그 이후 전쟁에서의 상황이 심각해 짐에 따라 그 군인 황제들이 가진 권력이 모을 수 있는 힘도 증가되었고 황제들의 통치는 점차 동양식 전제적 형태를 취하였으며, 이에 대중은 재차 절망에 빠져들었다. 비록 로마인이 아테네인에 비하여 더욱 현명하였고 동맹국과의 더욱 긴밀한 결속에는 성공적이었지만, 그들의 정치적 자질은 모든 피지배 민족을 항상 전쟁에 참여할 의지를 가진 시민으로 결속시키기에는 여전히 충분하지 못하였다. 그리스와도 마찬가지로 로마에서도 그들의 정신은 다수의 비자유인들에게 자유를 부여하여 그들을 부상시키겠다는 발상에는 아직 도달하지 못하였다. 이렇듯 최대로 확장되어진 범위 내에서의 〈권력의 순환〉을 완결시키는 것은[343] 그 당대에서의 작업이 아니었고, 그러한 〈고전적 시대〉에서 행한 〈준비적 과업〉에 의한 혜택을 누릴 수 있었던 그 이후 시대에

---

343 〈권력의 순환〉이 완결된다는 의미는 권력 간의 안정적 균형이 달성되어 그 안정적 균형하에 모든 권력이 통일체로서 공동의 목표로 전진하게 된다는 의미이다.

있어서 수행하여야만 할 과업으로 남아 있었다.

이러한 〈권력의 순환〉을 거치면서 최초의 지배적 〈대부족〉이 자신의 운동을 시작할 때 가지고 있던 [가족 내지 혈연관계 등에 의하여 〈평등〉하였던 상태의] 자유로 회귀한 민족은 **아시아** 민족들 중에는 거의 전무하다고 간주할 수 있다. 아시아에서는 최초의 강한 〈대부족〉이 향유하였던 자유는 이후 거대 제국을 수립하고 확장하려는 전쟁들을 겪으면서 희생양이 되어 버렸고, 그 때문에 아시아는 대체적으로 〈전제정치〉 체제에서 벗어나지 못하고 있었다. 또한 **중세 유럽**에 있어서도 어떤 강대국도 최초의 자유의 상태로의 회귀는 완료하지 못하였다. 스위스의 주(Kanton)들은 완전한 자유가 존속하는 장소로 남아 있었다고 말할 수 있을지도 모른다. 그들은 〈상위계층화〉에 노출되지 않았고, 사람들 서로 간의 상호 밀접한 관계로 인하여 〈권력자〉들과 권력이 없는 자들 간에 발생하는 긴장도 그다지 강하지 않았으며, 국가 간의 전쟁과 경제 발전의 중심에 위치한 민족들과는 달리, 무력에 의존하여 〈지배적 권력〉이 발흥할 수는 없었다. 그런데 거대한 전쟁에 노출되었던 유럽의 여러 민족들에 있어서 군인 군주들이 결국 민주적 정체(政體)를 인정할 수밖에 없었음은, 실상 이들 민족들이 가진 거대한 활력(Lebenskraft)의 소산이다. 역사에서의 모든 역경에도 불구하고 그 민족들에 속한 대중들은 다시 일어나 모든 곳에서 자유가 권리로서 공표될 수 있게 할 수 있을 만큼 강하였다. 이러한 권리가 충분한 〈실질적 내용〉을 가지도록 하기 위하여 추가적으로 필요한 것들에 대해서는 이곳에서는 더 이상 고찰하지는 않겠다. 우리는 유럽의 모든 민족들이 자신들 국가의 자랑스러운 이름을 가슴에 담을 수 있을 정도로 〈역사적 권력의 순환〉이 경료되었다는 점만을 말하고자 한다. 이렇듯 자랑스러운 국민의 이름을 가슴에 새길 수 있음은, 그들의 최초 역사에 존재하였던 밀접한 〈대부족〉 연합에서 그러하였던 바와도 마찬가지로, 이제는 그들의 거대한 〈민족집단〉(völkischer Verband)에 있어서도 동료적 관계로서 서로 간에 다시 밀접하고 또한 자유롭게 결합되어 있음을 느끼는 것을 의미한다.

4. 역사의 의미

그렇다면 민족 내의 〈권력의 순환〉을 이해하여야만 하는 이유는 무엇인가? 적어도 그 〈권력의 순환〉을 완결시킨 민족들에게는 그 순환 속에서 유의미한 법칙을 찾을 수 있기 때문이다. 이들 민족들에서는 모든 주어진 힘들이 최고의 발달을 이루어 **건강한 〈사회적 균형〉의 상태**가 달성되었다. 최초에는 지배적 상층(Oberschicht)이 〈인민의 힘〉들을 규합하고 그 힘들을 자신을 위한 최고의 〈성공〉을 쟁취하기 위해 조직하려 한다. 그 이후 권력의 변환과 대중이 부상하는 과정에서 리더십과 대중 간의 긴장이 발생하고, 결국 [양자의 권력 구도상의] 균형상태에 도달하게 되며, [그러한 균형 상태를 통하여] **사회 전체를 위한** 최고의 〈성공〉을 확보할 수 있게 된다. 이같은 요약은 [권력 순환] 운동에 대한 가장 함축적인 도식인데, 작용하는 힘의 다중성과 사회의 범위 확장에 따라 아주 다양한 방법으로 변형되어 적용될 수 있다.

이러한 과정은 상당히 일률적이어서 그 운동은 일관적인 것처럼 보이기에 관찰자는 무의식적으로 이 운동의 배후에는 일종의 **〈획일적 운동성향〉**(einheitliche treibende Tendenz)[344]이 있는 것으로 생각하고자 하는 유혹을 가질 수도 있다. 하지만 이러한 환상에서 해방되어야만 한다. 〈지배계층〉을 위로 부상하게 하는 힘들은 대중들과는 그 방향에 있어서 반대이고, 마찬가지로 대중들이 가진 저항과 그 이후 스스로 일어서는 힘은 〈지배계층〉과 반목되는 방향을 지향한다. 결국 그리하여 [이러한 두 방향의] 힘들 간의 균형이 성립되는 경우에만 비로소 양측의 열망이 [같은 방향으로] 일치하게 된다. 따라서 발전의 가능성이 전혀 없거나 혹은 아주 미약한 경우의, 따라서 가장 원시적인 상태에 머물러 있는 민족들에 있

---

344 단일한 방향으로 움직이게 하는 성향

어서 어떻게 그러한 동일한 방향으로 몰아가는 경향을 가정할 수 있겠는가? 그리고 이러한 민족들 내에서만 적용되는 원리는 서로 다른 민족들 간에 서로 마주치게 되는 경우에도 적용시킬 수 있다. 그렇다면 각 민족들이 상대를 말살시키는 수준까지 격화시키는 전쟁을 통해 서로 대립하는 사실과 그러한 〈획일적 운동성향〉이라는 가정이 어떻게 서로 양립할 수 있는가? 고트족(Goths)의 걸출한 영웅 토틸라(Totila)는 자신의 군대와 함께 고대 게르만족의 선두에 섰지만, 환관 나르세스(Narses)[345]와 보잘 것없는 민족들로부터 징집된 용병 앞에서 굴복하였다. 〈민족의 삶〉에서는 이러한 경우가 자주 발견된다. 이를 보고 우리는 **세계 역사의 심판이 잘못**되었다고 여긴다. 이는 마치 개인적 삶에서 정의가 패하고 악이 승리하는 사건들이 많이 발생하며, 그 후에도 [정의에 대하여서는] 어떠한 세속적 보상도 주어지지 않음과도 같다. 이러한 사실을 마주치게 되기에 우리는 결국 다음과 같이 서술할 수 있음에 만족할 수밖에 없다. 즉, 그럼에도 불구하고 결국 충분한 힘을 가진 많은 민족들이 〈역사적 과업〉을 수행하여 〈전체〉의 〈성공〉을 최고도로 높였으며, 전반적으로 말하자면 건강한 민족들은 그 자신 내에 [〈권력의 순환〉]을 만족스러운 상태의 균형상태에서 완결시킬 수 있도록 하는 충분한 [권력의] 균형을 유지하고 있다. 자신들의 잘못과는 무관한 이유로 인하여 그 과정에서 희생된 그 많은 사람들에도 불구하고 **사회 전체**는 멈추지 않고 움직이고 있다는 인상을 받고 있는데, 그에 의하여 각 개인적 경우에 있어서 부당하게 여겨지는 피해가 어느 정도 보상되고 있는 것으로 여겨진다. 물론 이때 말하는 '사회 전체'가 무엇인가 설명하여야만 한다면 그에 대하여 과학적 엄밀성을 가지고 대답할 수 없음은 인정하지 않을 수 없다. 근본적으로 생각

---

345 Narses(478-573). 아르메니아 출신으로, 벨리사리우스(Belisarius)와 함께 동로마 제국 황제 유스티니아누스 1세(Justinian I) 시대의 명장. 일생을 대부분 콘스탄티노플에서 환관으로 보냈다.

해 보자면 우리는 인류를 마치 하나의 〈통일체〉로 파악하고, 또한 그러한 개체화된 인류에 실제로 살아 움직이는 개인들은 전혀 인식하지 못하는 어떤 거대한 과업을 부과한다는 점에서 어쩌면 위에서 말한 바와 같은 환상을 공유하고 있다고 말할 수도 있다. 이러한 상상은 인간을 자신의 피조물로 여기며 행동하는 어떠한 초인적인 힘의 작용을 전제로 한다. 하지만 이러한 가정은 엄밀한 과학성의 영역에서 이탈하여 **종교적 초월성**으로 이행하는 것임을 분명히 하여야 한다.

5. 세계사에 있어서 〈권력의 순환〉

세계사적 규모의 전개는 아시아의 광활한 공간에 세워진 〈세계제국〉으로부터 시작된다. 사람들이 정주하는 토양의 지형은 취락 간의 거리, 혹은 취락 간의 상호 연결성의 정도에 영향을 줄 것이며, 따라서 이는 항상 국가라는 집단들의 규모를 결정함에 있어 중요하다. 만약 사람이 정주 가능한 땅이 마치 남양의 국가들처럼 단지 모두 작은 섬으로 나뉘어져 있거나 혹은 스위스처럼 상호 격리된 산골짜기로만 나뉘어져 있었다면 큰 규모의 제국은 어디서도 발생하지 않았을 것이다. 유럽에서 아시아적인 광활함을 찾아볼 수 있는 곳은 오로지 동부의 넓게 펼쳐진 저지대뿐이며, 그곳에서 아시아적 성격을 강하게 지니고 있는 러시아 〈세계제국〉이 건국되었다. 다양한 민족들의 모태라고 할 수 있는 아시아에 존재하는 중국, 고지대 아시아, 그리고 인도의 광활한 영토는 자연적 경계선에 의해 외부로부터 보호되어 있고, 반면 내부적으로는 상호 연관되어 있기 때문에 이들 지역을 단일한 국가형태로 통합하려는 권력의 확장 충동이 존재하였다는 것은 충분히 이해될 수 있다. 유프라테스강과 티그리스강의 비옥한 유역은 그 인근을 둘러싼 산지와 사막의 민족들이 계속 그쪽으로 침범하게 하였으며 그 승자가 근동 지역의 지배자가 되게 하였다. 그럼에도 불구하고 이러한 지형적 관찰만으로 역사의 전개를 이해하려 하는 것은 큰 잘못이다. **지리학은 아직 세계사는 아니다.** 역사적 발전의 원동력은 인간이며, 그 인간에게 있어서 토양은 **그 인간 스스로가 가진 힘의 성숙도에 따라 도움이 되기도 하고 방해가 되기도 한다**. 오랫동안 강과 바다는 인간이 극복하기에 불가능한 장애물이었지만, 훗날에는 원거리 여행을 위한 통로가 되었고, 마지막에는 세계는 대양을 통하여 연결되었다. 이미 민족들을 형성시켜 온 중미의 인디언들은 그 민족들을 기반으로 [산지 지형에도 불구하고] 멕시코라는 강력한 제국을 건설할 수 있었다. 반면 북미의 수렵〈대부족〉들은 자신들이 가진 광활한 영토에도 불구하고 국가를 형성시키지 못하였다. 하지만 이후 그 동일한 광활한 영토는 국가라는 개념에 이미 역사적으로 익숙하였던 유럽 이민자들에게는 〈세계제국〉으로서의 미국이 발흥할 수 있는 토양으로써 인식되었다. 또한 서유럽과 남유럽에서도 로마인들이 가진 그 탁월한 힘은 지형상의 모든 장애물을 극복하고 거친 땅들을 정복하여 나아갔다. 따라서 그 이후로 이어지는 역사적 기간 전체를 통틀어 이러한 지형적 성질이 동시에 인간과 국가를 구분하는 경계로 남아 있었다는 사실은 단지 지리적 성격에만 의존하는 것이 아니다. 오히려 그곳에 정착한 **민족들의 기질**에서 그 궁극적인 설명을 찾을 필요가 있다. 이러한 사실은, 아시아에서 유럽의 내륙까지 이어지는 긴 이동 속에서도 끊임없는 전쟁과 생존을 유지하는 강인한 힘을 간직하여, 최후에는 로마를 지배하게 되었고 결국 그들 문화에 동화된 민족들 자신들이 선택한 결과였다. 그들 자신들이 이미 강인하였기에 지형이 부여한 자연적 방어선을 이용하여 아랍인, 몽골인, 그리고 터키인 등의 수적으로 월등히 우월한 민족들로부터 스스로를 방어하기에 충분하였다. 또한 더욱 발전한 단계에 이르러서는 자신들이 가지고 있던 해안선의 이 점을 살려 대양을 장악하고 그를 통해 무기를 싣고 세계로 진출하여 제패할 수 있었다.

시베리아 북부를 제외하면 아시아의 광활한 토양은 대부분 비옥한 토질과 기후적 장점이 있기 때문에, 그리고 그곳에 정착한 민족 또한 자질이 풍부하고 노동 의욕이 넘쳐났기 때문에 민족들은 그곳에서 최초로 국가와 문화의 수립을 향해 전진하였고 또한 최초로 역사의 흐름이 대규모로 전개되었다. **근본적 〈역사적 과업〉**은 아시아에서 성취되었고, 그곳에서는 〈전통〉이라는 실을 풀어 모든 곳을 덮었으며, 그곳 모두에서는 〈성공으로 인한 권력〉이 작용하였다. 〈성공으로 인한 권력〉이 거리의 장애를 극복할 수 있는 한, 모든 시간적 시기에 있어서의 민족들이 서로 적극적으로 〈공동과업〉을 수행할 수 있었다고 생각하여야만 한다. 발전이 늦은 민족이나 후대의 민족들이 그들의 선행 민족들로부터 배워왔듯이 동일한 〈역사적 과업〉을 지향하는 현대의 민족들도 서로 배울 수 있다. 개인들에 대해서도 그렇듯이 민족들 전체에 있어서도 어떠한 과업에 대한 이해 관심은 타인의 성공적 업적을 모방하고자 하는 가장 강한 유인책이 되기 마련이다. 빈틈을 통하여 액체가 흐를 수 있듯이 서로 맞닿아 있는 민족들이 가진 정신을 통하여 이념을 전달하고, 국가에 의해 분리된 민족들이 다시 하나가 되고 확장되어 이제는 **문화적으로 통합된 〈민족연합체〉**(Völkerwelt)를[346] 형성한다. 역사적 연구를 통해 아시아 전성기에 존재하였던 정신적 삶을 명확히 밝힐수록 과거 천 년 동안 아시아 민족들을 가득 채웠던 〈내적 권력〉의 풍부함에 경탄하게 된다. 결국 아시아 〈민족연합체〉는 확장되어 **〈세계제국〉**을 형성하였고, 그러한 형성은 광대한 아시아의 영토에 의하여 가능하였다. 반면 이후에는 그로 인하여 **발전이 정체**되었다. 그들 자신들을 위하여 수행한 대규모 전쟁을 치루면서 〈군주적 권력〉의 〈상위계층화〉는 무서운 기세로 진행되었고 그로 인하여 대중들 절망적인 비참함을 겪을 수밖에 없었다. 비록 [전쟁 이외의] 평화로운 일에 종사할 기회를 되찾을 수 있는 경우라도 그들의 자유는 이미 상실되었고 또한 그들이 상승하여 [〈지배계층〉과] 균형을 이룰 수 있는 힘도 남

---

346   Völkerwelt는 번역하기가 쉽지 않은 단어이다. 직역하자면 '민족들의 세계'이다. 본서에는 〈민족연합체〉로 번역하였다. 참고로, 동일한 단어는 기독교적인 의미에는 '이방인들의 세계'라는 완전히 다른 뜻을 의미하기도 한다.

아있지 않았다. 안정적인 노동이 가능함으로써 결과된 인구 증가는 〈인민의 힘〉을 향상시키기보다는 오히려 저하시켰다. 왜냐하면 확보 가능한 식량의 할당량은 줄어들었고, 결국 그들의 힘을 유지할 수 없을 정도로 생활 수준을 저하시켰기 때문이다. 무기도 없고 또한 전투에도 익숙하지 않은 대중들은 전제적 지배자들에게 휘둘렸으며, 대중들은 이따금 국경을 넘어 침범하여 기존의 지배 군주와 일가들을 축출한 전사적 〈대부족〉들의 먹잇감으로 전락하게 되었다. 이집트와도 마찬가지로 중국에서도 왕조들이 계승되며 항상 순종적인 대중을 지배하였고 인도에서는 아리아 부족이 지배자가 되었으며, 외부에서 침범한 몽골인도 스스로 지배자의 위상에 올랐다. 물론 정복자들은 새로운 문화를 창조하기 위한 힘을 가지고 침범하여 들어올 수도 있었다. 아리아인 정복자들이 그러한 경우였다. 또한 아랍인들도 이슬람교를 전파하고 그들이 발견한 그리스 문화를 계승하여 발전시켰다. 하지만 장기적으로 볼 때 어떤 승전 민족도 저항력이 없는 대중을 그대로 내버려두지는 않았다. 최악의 사태는 정복자가 [문화적 힘은 없이] 오로지 파괴할 힘밖에 없었던 경우였다. 타타르족이 승전을 구가하며 전진하였을 때 기존에 번영하였던 아시아 지역에서는 인구 감소와 궁핍이 초래되었다. 또한 심지어 터키인들조차도 어떠한 문화적 자극도 주지 못하는 단지 전사(戰士)의 민족에 불과하였다. 대 제국의 거대한 영토의 경계에서 간신히 살아남은 작고 분열된 민족들도 영원히 지속되는 전쟁으로 인하여 그들의 힘을 상실하였고, 초원 지대의 유목민이나 산속의 〈대부족〉으로서 그 초원에서 자라는 풀처럼 나약하게 혹은 산속의 카르스트화된 지형처럼 그들은 자신들의 보잘것없는 삶을 근근이 영위하고 있었다. 단지 일본 열도에서의 일본 민족만이 과거 서양의 민족들과도 마찬가지로 격리되어 있었기에, 여타 아시아 민족들을 휩쓴 소용돌이에 휘말리지 않고 보호될 수 있었다.

유럽으로 이주한 강한 〈대부족〉들과 〈소민족〉들은 아시아에서 발생된 대규모 인구 이동의 물결로부터 격리되어 자신들의 신선함과 자유를 그대로 간직할 수 있었다. 물론 그 같이 격리되어 있었던 상황에서는 그들의 발전은 늦은 시점에서야 진행되었고 따라서 그들이 이미 아시아 〈민족의 삶〉에서 성취한 풍부한 유산을 활용할 수 있는 시간적 여유가 있었다. 그들이 [아시아에서] 획득한 것을 이후 상호 〈공동과업〉을 수행함을 통하여 더욱 풍요롭게 하였다. 이러한 과정은 그리스의 도시들 간의 경쟁으로 인하여 그리스인들의 힘들이 성숙하게 되었음에서도 확인할 수 있다. 그리고 로마인은 그리스인으로부터 많은 것을 배우지 않았던가! 로마 〈세계제국〉이 확장되면서 그들의 황제들이 동양의 전철을 밟기 시작하자 **유럽도 아시아의 운명을 따르는 듯싶었다**. 하지만 아직 소진되지 않은 그들 민족들이 간직하였던 생명력으로 인하여 그러한 상황은 회피될 수 있었다. 로마인들의 전진은 튜튼족의 핵심 부족과 스키타이족(Scythians)과도 같은 야만적인 민족에 의하여 저지되었고, 결국 야만족들은 그들이 가진 소진되지 않은 힘을 이용하여 당시 로마가 지배하였던 서구 유럽을 복속시킬 수 있었다. 그 이후 로마 〈세계제국〉은 지형적 조건에 따라 민족 제국들로 분열되었고, 더 나아가 〈부족 지배체제〉(Stammesherrschaft) 내지 〈영주적 주권 체제〉(Landeshoheit)[347]로 붕괴되었다. 아시아와 비교할 때 유럽에서의 그러한 국가의 형성 과정은 과거 그리스나 로마 이전의 상태로 후퇴하였다. 그렇기에 〈외적 권력〉상에서 잃어버린 것들은 점차 〈내적 권력〉으로 대체되었고, 그러한 〈내적 권력〉의 기반은 로마 유산의 일부인 교회에 의해 제공되었다. 국가들로 분열된 세계는 교회가 가지는 유대에 의해 다시 통일되었다. 로마는 비록 속세의 권력은 빼앗겼지만, 여전히 서구 유럽의 수도로 남아 있었고, 그로부터 분출되는 정신적 권력은 국가로서의 로마의 그것보다 더욱 지속적이고 침투력이 강하였다. 기독교적 인간 감성만이 대중에게 완전히 그에

---

347 *superioritas territorialis* 혹은 *ius territoriale*. 동로마제국 시대에 존재하던 체제로 영주가 자신의 영토에 대한 직접적인 관할권을 가지고 있던 제도

걸맞은 진정한 이름을 부여하였는데,[348] 고대에서의 가장 자유로운 국민들에게 있어서도 대중은 그 〈실질적 내용〉이 어느 정도 결여되어 있었다. 왜냐하면 그 어디에도 자유가 없거나 혹은 반자유민은 자신들의 〈민족성〉을 간직한 일원으로서 간주되지 못하였기 때문이다. 로마 제국에서의 대중이란 사실 로마 제국 전체 인구 중 아주 작은 부분에 불과하였다. 기독교와 그 기독교의 조직으로서의 교회에 의하여 비로소 대중은 승격될 수 있었다. 과거의 어떠한 〈내적 권력〉도 기독교 만큼과 **같은 정도로 하층민의 상승 운동**에 기여한 것은 없었다.

그에 못지않게 중요한 것은 교회가 기독교 교인 간의 상호 관계의 정립에 기여한 업적이다. 교회는 서구 유럽의 여러 민족들을 단일한 〈민족연합체〉로 결합시켰는데, 이는 그 이전까지의 존재하던 어느 다양한 〈민족연합체〉보다도 그 내적 유대감이 강하였다. 불교조차도 아주 오랫동안 아시아의 〈세계제국〉을 그와 같은 정도로 긴밀하게 결합시키지는 못하였다. **문화적 개념으로서의 '유럽'이라는 말은 교회에 의해 정립된 것이다.** 기독교인들 간의 전쟁은 종식되지 않았지만, [그러한 기독교 내의 전쟁에서는] 기독교인과 이단 내지 믿지 않는 자와의 전쟁에서 항상 보여졌던 야만성은 사라지게 되었다. 기독교인들 간의 전쟁은 더욱 부드러운 〈습속〉에 의하여 규제되어 향후 도입될 〈국제법〉을 예견하였다. 서구인들이 교회에 의해 서로 긴밀하게 연결되어 있었음은 십자군의 시기가 입증하여 주었다. 교황의 리더십하에 모든 국가의 사람들과 심지어 아이들까지도 참전하기 위해 모여들었다. 교회가 더 이상 영혼을 지배하지 않게 된 이후에도 유럽의 〈민족연합체〉가 가지게 된 상호 친밀성은 유지되었다. 민족들은 **국민들**이라는 형태로 심화되었고 후자는 각자의 특수성을 유지하면서 과학과 경제, 자유와 민주주라는 공동의 길을 따라 전진하며 상호

---

[348] 즉, 가톨릭이라는 이름에 걸맞게, 대중이라는 개념에 신분의 귀천에 상관없이 모든 인간을 포함시키게 되었다.

간의 지속적 접촉을 유지하여 왔다.

아시아의 〈세계제국〉과 유럽의 〈민족연합체〉 간에서는 〈준비적 과업〉과 〈공동과업〉을 통하여 서로 [영향을] 주고받으며 지속적인 접촉을 유지하여 왔다. 이런 현상은 특히 중근동에 적용되고 또한 인도, 그리고 멀리 떨어진 아시아 내륙으로부터도 유럽은 직간접적으로 모든 영향을 받아왔다. 인도는 예로부터 이집트나 레반트를 경유하는 교역을 통하여 유럽과 연결되어 있었다. 아래에서는 아시아의 〈준비적 과업〉으로 인하여 서양이 받은 혜택과 반대로 서양으로부터 아시아가 돌려받은 문화적 영향을 일단 논외로 하고, **전쟁적 충돌로 야기된 권력 지형의 변천만을 짧게 요약하고자 한다.**

아시아 〈세계제국〉은 〈고전적 시대〉의 유럽에서 자신의 입지를 거의 확보하지 못하였다. 페르시아인은 그리스인과 스키타이인의 저항을 이겨내지 못하였다. 아시아 세력이 카르타고(Carthage)까지 남하하여 그곳에 거점을 둔 해상의 패권을 수립하고, 더 나아가 한니발이 북아프리카와 스페인의 용맹한 민족들로부터 알프스를 넘는 원정을 통하여 이태리의 중심부에 침입하였을 때 고대 유럽은 최대의 위기를 맞았다. 하지만 로마가 가진 자유에서 용솟음치는 용기는 그 위험도 극복하였다. 그 이전에도 마케도니아에는 그리스 부족을 통합한 강력한 국가가 성립되어 있었으며, 그들의 힘을 이용하여 알렉산더는 페르시아 제국을 유럽의 지배 하에 두었다. 그러나 이 위대한 승리자도 다른 아시아적 세계 지배자들이 성공하지 못한 것처럼 자신이 기존에 정복한 제국에 이어 인도를 두 번째로 〈세계제국〉으로 편입하는 바에는 성공하지 못하였다. 심지어 그의 페르시아 정복에 있어서도 지휘관들 간의 의견이 분열되었다. 그러나 그리스 정신이 가진 〈내적 권력〉은 매우 강하였고, 별도로 수립되어진 〈독재〉 국가들에 있어서도 그리스주의는 근동 국가들을 지배할 수 있었다. 더욱 결정적이었던 것은 로마제국의 확장이 서쪽에서 동쪽에 미친 영향이었다. 그 후 수세기에 걸쳐 아시아의 전방은 유럽의 지배하에 있게 되었는데, 그 최초는 로마 자신에 의해, 그 이후로는 비잔티움에 의하여 계승되었다.

로마 붕괴 이후 유럽을 지배하던 신생 야만족들은 아시아 〈세계제국〉으로부터의 위협에 대한 저항력이 강하지 못하였고 그리하여 아랍인과 사라센인은 유럽의 남부 깊숙이, 몽골인은 동부로, 터키인은 남동부로 침입하였다. 십자군의 성지 탈환은 그저 아주 잠깐 동안의 에피소드에 불과하였다. 동양에서 확고히 수립된 지배체제는, 아직 정치적 통합에 있어 미성숙한 유럽보다 우월한 것으로 입증되었는데 유럽은 오로지 십자군이라는 종교적 정신의 고조 속에서만 단결할 수 있었다. 유럽이 아시아로부터의 위험을 더 이상 두려워할 필요가 없어지기까지는 향후 수세기에 걸친 유럽 내부의 정치적 결속이 필요하였다. 비엔나의 성벽 외곽에서 터키의 공격을 마지막으로 격퇴한 뒤 성숙된 서양의 힘은 그 이후 정체되어 있던 아시아에 마침내 눈을 돌렸다. 오스트리아군은 헝가리에서 터키군을 몰아냈고 러시아군은 터키군을 상대로 더욱 전진해 시베리아로 진출하였다. 해상에서는 더욱 결정적인 사태가 발생하였다. 유럽 정신이 과학기술을 통해 성취한 진보는 세계의 해양을 유럽의 확장을 위한 통로로 만들었다. 아시아의 낡은 세계는 많은 부분 정복되었고 미국과 호주라는 신세계가 개척되었고 이제는 그 작은 유럽이 세계의 패권을 쥐게 된 것이었다. 아시아의 유럽인이라고 불리우는 일본인만이 러시아의 극동 진출을 막을 수 있었다.

세계의 분할은 바다에 의해 이루어졌으므로 당연히 해양 국민들이 부상하게 되었다. 지중해의 해양 도시였던 베네치아와 제노바는 더 이상은 경쟁할 수 없게 되었고 따라서 해양 열강의 반열로부터 축출되게 되었다. 스페인과 포르투갈, 네덜란드와 영국, 프랑스, 그리고 마지막으로 독일이 열대지방의 민족으로 식민지 지배를 확장시켰다. 또한 그들은 모국으로부터의 이주를 통해 온열대 기후 지역에 식민지를 건설하였고, 세계를 자신들의 이해에 따라 분할하여 통치하였다. 미국의 독립선언 이후, 유럽인들은 대부분의 미대륙을 식민지로 편입하였는데, 그 이후 영국이 가진 〈정치적 영리함〉에 의해 여러 해외 피지배국들은 상당한 정도의 독립이 인정될 수 있었다. 그로 인하여 세계에서 유럽이 가지고 있던 우위는 많은 부분 감소하였지만, 그럼에도 불구하고 유럽계 혈통이 가지는 우위성, 넓은 의미에서 볼 때는 유럽의 우위성은 매우 확대되었다. 왜냐하면 온대에 위치한 미국의 주들은 이제 유럽 내륙으로부터 유입되는 이민자들의 거대한 흐름을 흡수하였기 때문이다. 그 결과 모국에서 인구의 법칙에 따른 제약하에 있던 유럽인들이 신대륙의 미개척지에서는 급속히 번성할 수 있었고, 그로 인해 인류 전체에서 유럽 혈통이 차지하는 비중도 크게 증가하였고, 유럽의 우위성도 더욱 넓은 민족적 기반 위에 자리 잡을 수 있었기 때문에 더욱 확고하게 정립되었다. 다만 북미 대륙에서는 유럽에 대한 질투심에 가득 찬 미국의 〈주도적 권력〉이 팽배하였기에 유럽의 영향이 비교적 약세였던 반면, 다른 대륙에서는 유럽 우월주의가 여전히 지배적이었다. 미국은 그동안 필리핀에로의 진출이라는 단 한 차례의 아시아의 진출과 필리핀과 가까이 위치하고 있는 중국에서의 권익만을 지켜왔다.

그 작던 유럽은 우선 군사적 우위에 의해 세계의 패권을 잡았지만, 인구가 적기 때문에 기본적으로 군사적 우위성은 자신이 가진 정신적, 사회적 자유에 의하여 고양된 문화적 우월성에 의존하고 있다. 세계에서 유럽의 패권 장악은 기본적으로 고양된 〈내적 권력〉이 무력에 의한 〈상위계층화〉를 극복하며 거둔 승리이며, 또한 **자유로운 〈민족연합체〉가 지배적인 〈세계제국〉**에 대해 거둔 승리, 즉, 〈독재〉에 대한 자유의 승리이다. 그렇듯 고양된 유럽의 〈내적 권력〉은 시공을 초월하였고, **세계사의 순환상 최초의 출발점**으로 [즉 지배가 없는 최초의 상태로] 되돌리는 듯한 강력한 움직임이었다. 아시아의 문화 국가에서 시작된 〈준비적 과업〉의 단계를 거친, 위대함을 달성하고자 하는 [유럽의] 충동은 이제 다시 아시아로 눈을 돌렸고, 아시아를 유럽으로부터 시작하여 신대륙과 구대륙의 모든 세계를 포함하는 〈세계적 집단〉(Weltverband)으로 편입시켰다. 하지만 그 결과로 형성된 바는 아직도 완전한 형태의 〈민족들의 공동체〉(Völkergemeinschaft)와는 괴리가 존재한다. 즉, 〈국제연맹〉(League of Nations)이라는 초보적 시도를 제외한다면 그것은 아직 정치적이며 법적인 질서가 확립된 집단은 아니다. 우월성을 입증한 유럽의 〈민족연합체〉는 그 자체로 자유로운 **〈민족들의 공동체〉**이다. 하지만 항상 많은 사안에서 불일치는 존재하였고, 더욱이 세계대전으로 인해 그 연대가 심하게 느슨해지게 되었으며, 또한 미국과도 세계 패권을 두고 경쟁 하여야만 하는 상황에 처해 있다. 그리고 또한 유럽인이 가지고 있는 우위는 아시아인과 유럽의 지배하의 북아프리카인들로부터의 저항의 증가로 인해 위협받고 있다. 이러한 저항은 〈국민감정〉이 가지는 〈내적 권력〉의 증대에 기초를 두고 있으며 동시에 그들은 〈외적 권력〉 또한 크게 증대시키려 하고 있다. 일반적으로 오늘날 보이는 바와 같은 **유럽인의 〈세계 패권주의〉**는 [〈권력의 순환〉] 운동의 종착점이 될 수 없다. 그것은 **지배적인 〈상위계층화〉라는 행동**에 불과하며, 그 [〈권력의 순환〉] 운동이 완결되기 위하여서는 **피지배 민족이 부상하여 균형을 수복**하는(ausgleichende) 과정이 필히 수반되어야만 한다. 유럽인들은 자신들이 원주민들을 복속시킨 곳 모든 곳에서 그 대가로 질서와 〈문명〉을 가져다주었다고 생각한다. 하지만 피지배자들은 법 대신 무력이 행사되고 있다고 유럽인들을 비난하며 항거하고 있다. 현재에 있어서는 어느 곳에 진실이 존재하는지 아무도 모른다. 그럼에도 불구하고 세계에 있어서의 〈권력의 순환〉은 아직 종료되지 않았음은 확실하다. 그 순환은 많은 곳에서 연속성을 상실하고, 역전되고, 확장되거나, 또한 보완될 것이다.

유럽인들의 〈세계 패권주의〉라는 사실은 고비노(Gobineau)[349]가 주장한 〈인종학적 이론〉(Rassenlehre)의 주요 사상을 지지하는 듯 보일 수

---

349 아르튀르 드 고비노(Arthur de Gobineau, 1816-1882). 19세기 프랑스의 외교관 및 고고학자로서, 저서 《인종불평등론》(*Essai sur l'inégalité des races humaines*)에서 아리아 인종의 우월성을 주장함.

도 있다. 그의 이론은 아리아인들이 세계를 지배하기 위한 소명을 부여받았다는 견해를 지지한다. 그러나 우리는 민족들과 세계에서의 〈권력의 순환〉을 제시하고 있으며, 따라서 고비노의 이런 주장과는 어떤 공통점도 없다. 우리는 비단 아리아인들만이 항상 〈상위계층화〉를 통하여 지배적 지위로 부상하였다고 주장하는 것이 아니며, 다른 민족들 또한 이러한 〈상위계층화〉의 과정을 겪어 왔음을 보여 주고 있다. 더욱이 인종에 대한 과학적 연구는 어떠한 특정 개별 국가의 역사를 연구함에 있어서는 어떤 중요한 통찰을 줄 수는 있지만, 일반적인 역사의 전 영역에 대한 이론화의 단계로는 아직 발전되지 못하였다. 이러한 미완성적 〈인종학적 이론〉에 기반하는 경우 〈권력론〉뿐만 아니라 어떠한 종류의 주장도 위태롭게 된다. 더욱이 고비노의 학설은 대중이 부상하는 추세에 대하여서는 침묵하고 있다는 중대한 결점이 안고 있다. 그의 이론은 〈권력투쟁〉으로 인해 힘을 상실하기 쉬운 **〈지배계층〉**만을 염두에 두고 있기 때문에 그의 이론의 [역사 전반에 대한] 적용 가능성은 매우 비관적으로 여겨진다. 대중의 상승 경향은 모든 인종에 걸쳐 문화 민족들에게서 공통으로 관찰될 수 있는 사실이다. 이같은 경향은 오랜 기간 동안 모든 아시아 인종에게 있어서 민족들의 번영이라는 결실을 가져다 주기도 하였다. 하지만 결국 아시아에서는 전제군주가 가진 〈패권적 권력〉에 의하여 그 경향은 모든 곳에서 좌절되었고, 오로지 유럽 민족들에게 있어서만 대중의 고양되는 힘이 낡은 〈역사적 권력〉들의 압제를 극복할 수 있기에 충분한 근성을 가지고 있음이 증명된다. 만약 다양한 유럽의 민족들이 아리아인의 단일 혈통에 기반하여 있다면 아마도 아리아인으로 구성된 대중의 우위성에 관한 고비노의 주장을 입증할 수 있을지도 모른다. 하지만 현대의 유럽 민족들이 과연 아리아인의 순혈을 철저히 계승하고 있는 것일까? 이 물음에 대해 인종학은 아직 명확한 답을 제시할 수 없는 듯하다. 인종학에 대하여 가장 널리 보급된 책의 저자는 심지어 누구보다도 베토벤이 저급한 혈통을 가졌고, 괴테에 대해서도 그의 얼굴 모습은 북구 유럽계가 아니며, 루터조차 저급한 피가 섞여 있다고 주장하였다. 우리가 여기서 주장하는 〈권력의 순환〉이라는 이론에 있어서의 오해를 피하기 위해서는 인종학적 교리와 단절하여야만 한다.

6. 〈민족사〉와 세계사에 있어서의 시대 구분

〈권력의 순환〉의 이론이 다루고 있는 사실들의 〈실질적 내용〉들은 단순히 고대, 중세, 그리고 근대라는 통상적 시대구분으로는 정형화될 수 없을 정도로 다양하다. 이러한 방식으로 세계사를 정리하여 구분하는 것은 분명히 부적절하며, 또 이는 더욱 넓은 시야를 가진 〈역사서술가〉들에 의하여 충분히, 그리고 자주 비판되고 있다. 특히 슈펭글러는 이 점에 대해 훌륭한 지적을 하고 있다. 통상적인 구분은 유럽만을 세계로 간주하는 유럽인의 좁은 시각하에서만 이루어진다. 로마제국의 붕괴가 지중해 연안 국가들에 끼친 충격은 아시아 극동에서는 물론 느껴지지 않았다. 로마 멸망의 해인 서기 476년은 중국이나 인도의 역사와는 전혀 관련이 없다. 일반적으로 바스코 다 가마(Vasco da Gama)나 콜럼버스에 의한 대발견의 시기 이전에는 '세계적'으로 큰 의미를 지닌 사건이란 존재할 수 없었다. 그 시기 이전의 수천 년 동안 '세계'로서의 역사는 아직 존재하지 않았고 단지 **개별 민족들의 역사**들만이 존재하였으며, 그것은 점차 〈**민족연합체**〉의 역사와 〈**세계제국**〉들의 역사로 확대되었다. 이후 그들 간의 상호 관계는 점점 더 긴밀해졌고, 그 속에서 그 이후에 달성될 세계사적 과업을 위하여 그 어느 때보다 중요한 〈준비적 과업〉이 이루어졌다. 그러나 이러한 세계사적 관계는 민족들 간의 역사를 제시하기 위한 틀을 제공할 정도로 아직 강하게 나타나지는 않았다. 그러한 틀은 〈민족연합체〉들과 〈세계제국〉들에 영향을 미치는 조건들에 의해서만 제공된다.

유럽이라는 한정된 〈민족연합체〉에서조차도 [고대, 중세, 그리고 근대라는] 세 가지 종류의 시대로의 구분은 결코 설득력이 없다. 그 구분은 너무도 피상적이어서 역사적 발전의 내용과는 전혀 관련이 없다. 중세라는 명칭은 문자 그대로의 의미로는 단지 고대와 근대의 중간에 위치하였다는 이름 이상의 의미는 없다. 만약 그 이상을 말한다면, 즉 성년기는 청년기와 노년기의 위치한다는 것과 같은 의미로 중세는 고대와 근대의 중간에 위치하는 때라고 정의한다면 그것은 우리를 완전히 곡해로 이끌 것이다. 고대에 있어서는 당대에 우월하였던 고전적 민족들의 삶의 행로는 이미 충분히 소진되어, 더 이상은 뻗어 나아갈 수는 없었다. 그러나 중세에 이르러서는 새로운 민족이 등장하였다. 물론 그들의 초기 단계는 〈고전적 세계〉로부터 물려받은 풍부한 유산 덕분에 상당히 수월할 수 있었고 그 준비 기간도 단축될 수 있었지만, 그럼에도 불구하고 그 모든 것을 처음부터 다시 시작하여야만 하였다. 사실 고대라는 이름은 중세라는 이름이 의미하는 바에 비하여 더욱 실질적이다. 고대는 오래된 민족들, 고대에 우월하였던 민족들과 깊은 연관을 가지고 있고, 그들의 생활은 유럽의 발전에 있어 중대한 기여를 하여 왔다. 그러한 의미에서 오히려 **〈고전적 시대〉**(Zeitalter der Antike)라고 하는 편이 더욱 적절할 수 있다. 제대로 이해하자면 이 〈고전적 시대〉는 고전적 영광이 종식되고 또한 지배자였던 로마인이 〈세계제국〉을 지배하던 권력이 소진됨과 동시에 종말을 맞았다고 말하여야만 한다. 역사라는 것이 자신의 법칙을 권력으로부터 부여받는다면 역사적 시대들은 **〈권력에 의한 시대적 구분〉**(Machtzeitalter)을 따라야 한다. 그러나 로마제국의 권력은 476년 허수아비 황제였던 로물루스 아우구스툴루스(Romulus Augustulus, 460-511)가 퇴위하면서 종말을 맞은 것은 아니다. 그 훨씬 이전부터 이미 로마제국은 멸망하고 있다고 보아야만 한다. 고대 로마가 가지고 있던 세계를 지배하던 권력은 정복자 아틸라가 과거 로마가 사용하였던 무기 대신 위대한 교황 레오 대제(Pope Leo the Great)의 정신적 위엄에 의하여 그 영원의 도시 [로마]의 문 앞에서 저지되었을 때야[350] 비로소 새로운 세계의 지배 권력으로 대체되

---

350   서기 450년 훈족의 왕 아틸라가 황위 계승권을 주장하며 이태리 반도

었던 것이다. 과거 〈군사국가〉였던 로마가 〈하나님의 도성〉(civitas Dei)으로 변모하게 되었음이 이때부터 그 동시대 사람들에게는 분명해졌다.

서양에 있어서의 중세는 〈교회지상주의시대〉이다. 그러나 이러한 〈교회지상주의〉는 교황 레오 대제로부터 비롯된 것이 아니라 교황의 권위가 야만족에게 [즉, 아틸라에게] 인정되기 오래전부터 이미 확고히 정립되어 있었다. 그 〈교회지상주의〉의 시작은 콘스탄티누스 황제가 교회를 공식적으로 승인하였을 때라고도 할 수 있다. 그는 교회 도움으로 반대 세력을 물리칠 수 있었으며 또한 이때는 그가 로마에서 비잔티움으로 본거지를 옮겼을 때였다. 중세를 〈교회지상주의시대〉로 이해한다면, 마찬가지로 그리스도의 탄생이 새로운 시대적 분수령(Ära)이라는 기독교적 달력 개념 또한 똑같이 타당할 수도 있다 [즉, 이러한 방식 모두 자의적이다]. 혹은 어떠한 시대적 분수령의 희망이 구현된 시점을 기준으로 하여 그 시대의 이름을 정하는 새로운 연대 규정(Zeitrechnung) 방식을 따라야 하는 것은 아닐까?

반면 〈교회지상주의시대〉의 종식은 어느 시점을 기준으로 설정되어야 하는가? 이에 대하여서는 사람들은 종교개혁의 시작점을 결정적인 날짜로 생각하는 것이 타당한 것으로 여기고는 하는데, 이 시점은 통상적으로 근대가 시작되는 시점으로 간주되는 미대륙의 발견 시점과 근접하여 있다. 하지만 과연 종교개혁이 신대륙 발견보다 더 중요한 시점일까? 새로운 시대는 교회의 〈추도적 권력〉을 극복하는 새로운 권력이 등장한 시대이어야만 한다. 종교개혁은 가톨릭이 가진 〈신앙의 권력〉을 후퇴시키는 바에 중요한 기여를 하였지만 그 이름에서도 알 수 있듯이 가톨릭 신앙을 뿌리째 일소하기보다는 정화하면서 단지 형태만을 바꾸려 하였다. 이후 〈교회지상주의〉는 개신교로 개종한 민족들 사이에서 붕괴

를 침범하여 로마로 진군하여 오자 교황 레오 대제가 협상을 통해 저지하였다고 함. 그 협상의 내용은 알려지지 않았다.

되었을 뿐만 아니라 가톨릭으로 남아 있던 민족들에서도 유지될 수 없게 되었다. 어느 나라에서나 교회가 가지고 있었던 〈우세적 권력〉은 국가로 이행되었지만, 사실 그 이행은 종교개혁 훨씬 이전부터 준비되어 왔었고 어떤 곳에서는 이미 매우 진전되어 있었다. 프랑스의 일명 미남왕 필리프 4세(Philippe IV le Bel, 1268-1314)가 교황을 강압해 로마에서 아비뇽으로 유수(幽囚)시켰을 때 교회는 이미 어느 정도 지배당하고 있었다. 교회 내의 분열, 연이은 수명의 교황들하에서의 로마 교회의 타락은 교황의 권위를 더욱 흔들었고, 이는 왕권에 유리하게 작용하였으며 특히 종교개혁 또한 왕권 강화에 기여하였다. 그럼에도 불구하고, 물론 왕권 강화가 이후에 〈자유적 권력〉들을 향한 이행 궤적에 있다고 할지라도, 이 새로운 시대가 가지는 실체는 단지 왕권 강화에 근거하고 있다고 생각하면 안된다. 근대의 첫 시기를 〈군주지상주의의 시기〉(Period der fürstlichen Vorherrschaft)라고 부를 수도 있지만, 이 시대는 자체로 그 큰 내용을 담고 있기에 별도의 호칭이 필요하다. 〈국가권력지상주의〉라는 더욱 포괄적인 명칭조차도 아직 충분하지는 않다. 왜냐하면 교회 세력의 약화를 초래한 것은 비단 국가의 기여 만에 의한 것은 아니기 때문이다. 국가의 기여와 동시에, 과학의 출현으로 인하여 아마도 그보다 훨씬 더 신앙이 제약되었고, 그 이외에도 많은 자유로운 힘들이 가진 열망이 유럽 사회를 움직였다. 이 시대에 도달하여서는 유럽의 〈민족연합체〉에서는 〈문화 권력〉, 그리고 경제적, 정치적 측면에 있어서 〈자유적 권력〉들이 관철되었고 이에 의하여 유럽이 가지고 있던 전 세계에 대한 우월성이 결정되었다고 할 수 있다. 그 시대는 〈**유럽의 세계패권시대**〉(Zeitalter der europäischen Weltvorherrschaft)이자 동시에 유럽의 역사가 **세계사**로 확장되는 시대이다.

    이러한 방식으로 새로운 시대가 가진 그 '내용'에 따라 역사적 시대를 이해하는 경우, 적절한 역사적 감각을 가진 많은 사람들이 그렇게 생각하는 바와 같이 그 시대의 시작점은 미 대륙의 발견으로 간주할 수 있다. 신대륙 발견으로 인하여, 격정적인 유럽의 세계사에 내재된 확장 하고자 하는 충동이 태고의 시대로부터 주어진 자신들의 물리적 경계선을 넘어 분출되게 되었다. 최초로, 그리고 가장 놀라운 방법으로 세계를 서서히 정복해 나가는 그 거대한 힘이 유럽의 신대륙 발견 속에 모습을 드러낸 것이다.

세계대전 이후에는 〈유럽의 세계패권〉이 종언을 고하고 그때부터는 **더욱 진보된 〈세계사의 시대〉**(Zeitalter der Weltgeschichte)로 접어들었다는 인상을 지울 수 없다. 유럽만의 연주회는 이제 일본과 미국도 동참하는 **〈세계적 연주회〉**(Weltkonzert)로 진화하였다. 콜럼버스가 세 척의 배로 서인도 제도의 첫 섬을 발견하고 그것을 스페인 왕의 이름하에 소유한 해에서 근대의 시대가 시작되었다고 생각할 수 있다. 역으로 현재의 〈세계사의 시대〉는 미국 함대가 수백만의 병력을 미국에서 유럽으로 파병한 시점에서 시작되었다고 말할 수 있다. 그러한 파병은 세계대전을 〈연합국〉(Entente) 측에 절대적으로 유리하게 만들었으며, 그 결정적인 성공으로 인하여 미국은 세계의 리더십에 참여할 의지와 권력을 입증하였다.

〈교회지상주의시대〉인 '중세'와 〈유럽의 세계패권시대〉인 "근대"는 모두 그 내용에 있어서 너무도 다양하고 풍부하게 때문에 그 시대들은 각기 짧은 개별적 시기들로 구분되어야만 한다. 하지만 이는 본서에서 다룰 과제는 아니다. 본서에는 〈유럽의 세계패권시대〉는 〈자유주의의 시기〉(Periode des Liberalismus)로 이행되어 끝을 맺고, 다시 그 〈자유주의〉는 외적으로는 〈내셔널리즘〉과 〈제국주의〉로 발전하고, 내적으로는 〈민주주의〉로 발전해 나아간다는 점만을 지적하는 것만으로도 충분할 것이다.

제3부
현대에 있어서의 권력의 경로

XVI. 〈자유주의〉(Liberalismus)

1. 프랑스 혁명에서의 〈자유주의〉의 탄생

〈자유주의〉는 특히 [프랑스 혁명에서의] 〈제3신분층〉[351]이 가지고 있던 정치적, 사회적 견해이며, 혹은 〈세계관〉이라고도 할 수 있다. 더욱 넓은 범위의 자유를 갈구하던 그들 〈제3신분층〉의 이해관계는 그들로 하여금 자유를 자신의 신조로 천명하도록 하였다. 〈제3신분층〉이 단지 이름뿐만 아니라, 동시에 모든 인민들의 이름으로 이러한 천명을 하였던 바는 〈자유주의〉를 위대하게 하였음과 동시에 그들에게는 저주가 되게 하였다. 사실 〈제3신분층〉은 '모두'가 되고 싶었다. 즉, 자유를 행사할 능력이 있으며 또한 자유에 대한 소명을 가지고 있는 모든 인민의 일부로서 자신들은 그들의 대표라고 느꼈다. 그리하여 그들의 자유에 대한 요구는 모든 인민들을 위한 대의라고 천명되었다. 하지만, 그 가장 가까운 근원은 결국 특정의 단일 〈신분층〉의 이익만을 위한 대의에 불과하였다. 부르주아지가 주도한 자유를 위한 투쟁은 그 부르주아지들이 여타의 인민들도 자신의 행렬에 동참시켜 따르게 함으로써 아무도 대적할 수 없는 추동력을 획득함에는 성공하였고, 구권력은 이러한 거대한 공격을 막아낼 수 없었다. 하지만 결국 장기적으로는 부르주아지들은 그 보편적인 자유라는 사상의 높이에 더 이상 머무를 수 없었다. [...] 부르주아지들은 점차 자신들만의 협소한 이해 관심사를 다시 마음에 떠올리기 시작하였으며, 그 결과 〈대중의 추종〉을 상실하기 시작하였다. 따라서 〈자유주의〉는, 모든 곳에서 결국 진부하고 이제는 폐허더미 속에 던져진 것으로 생각되는 〈개인주의〉와 동격으로 취급되었고, 따라서 어떤 한정된, 그리

---

[351] 정의에 대하여서는 역주 316 참고.

고 경멸의 대상이 된 소수들의 당파적 신조로만 단지 전락하게 되었다. 하지만 그러한 전락(轉落)에도 불구하고, 부르주아지들이 가지고 있던 자유의 사상이 남긴 최후의 〈성공〉은 그것이 〈민주주의〉 사상으로 변모하여 결국 광범위한 대중들이 권력으로 향할 수 있게 하는 길을 열었다는 점에 있었다. 하지만 비록 자유의 사상은 위대한 외적인 〈성공〉을 시현하였지만, 그와 동시에 내적으로는 그 한계점이 가장 극명하게 드러나게 되었다. 왜냐하면 그 자유를 획득한 폭넓은 대다수의 대중들은 부르주아지들과는 달리 그 자유를 실현할 능력과 처치가 결여되어 있었기 때문이었다. 실상 대중들의 현실은 자유를 위한 요구가 합리화되기 위하여 필요한 기저에 깔려있는 이상적인 가정들과는 너무도 거리가 멀었기 때문이었다.

〈자유주의〉는 기존의 사고방식에 대한 강한 부정에서 출발하였으며, 개인의 〈자결〉을 자연에 의하여 요구되는 상태로 파악하였다. 이러한 사고는 사회가 성숙하여 새로운 단계로 진입하였기였기에 일깨워질 수 있었는데, 이에 따라 기존의 역사적 〈리더십권력〉(Führungsmacht)은 더 이상 용인될 수 없는 장애물로 간주되었다. 이제 더욱 폭넓은 〈경제적 과업〉의 수행과 과학에 정초한 교육이 필요시 되었고, 이러한 새로운 과업을 수행할 수 있는 〈리더십 계층〉, 즉 기업가와 지식인 계층이 전면에 부상하였으며, 또한 자연적 섭리에 부응하는 새로운 리더십의 원칙, 즉, 자유의 원칙을 주장하게 되었다. 더욱이 경제와 과학에 있어서의 자유로운 리더십에 자족하지 않고, 더 나아가 국가와 교회의 권력이 그러한 경제와 과학에 있어서의 자유를 보장할 것을 〈요청〉하게 되었다. 그런데 초기에는 그러한 이상을 실현할 〈권력수단〉이 없었기에 현존하는 권력을 정신적으로, 특히 교육과 논증을 통해 극복함에 주력할 수밖에 없었다. 그리하여 〈자유주의〉는 자신의 교리를 정립하게 되었는데, 이러한 이상에 치우친 〈자유주의〉는 훗날 그것이 가진 치명적 오류들이 드러나면서 〈현실정치가〉들에 의해 비웃음을 사게 되었고, 또한 그것이 가진 탁월한 진리조차도 빛바래고 잊혀지게 되었다.

혁명의 초기에는 모든 대중이 영원히 완전한 자유를 확보한 것처럼 여겨지기도 하였고, 특히 루소를 위시한 계몽사상가들의 정치 이념들은 많은 대중의 정서에 반향을 일으켰다. 그리하여 그 이전까지는 잘 알려져있지 않았던 자유인민이라는 슬로건에 공론은 따랐는데, 이는 마치 종교운동 시기에 있어서의 종교적 공론들과도 비교되었다. 하지만 후대에서의 냉정한 입장에서는 당대에 대중들이 열광하던 〈거창한 말〉들은 사실 공허한 말들에 불과하며, 그것들은 단지 현대 사회의 기저에 있는 이념, 즉 〈사회계약론〉(contrat social)을 마음속 깊이 천명한 것에 불과하였다고 판단할 수 있다. 내전 중의 거친 당파적 투쟁 과정에서 정서들은 더 이상 일치되지 않게 되었고, 그들이 생각하던 정치적 사상들은 제정된 강령 속에서는 그 정확히 표현을 찾을 수 없었다. 그 이후 왕정복고를 거치면서 대중들 중 단지 소수에게만 제약적으로나마 정치적 권리는 부여되었지만, 대중은 정치적으로 재차 권리를 빼앗기게 되었다. 하지만 그러한 모든 시도는 결코 헛된 것은 아니었다. 혁명이 무르익고, 나폴레옹의 제도들이 도입되고, 그가 이끄는 전쟁을 겪는 과정에서 이전에는 계급으로 분열되어 있던 인민들은 결국 하나의 국민으로서 통합될 수 있었고, 그 이후 변화하는 상황 속에는 그에 대한 확고한 정치적 표현을 강령 속에서 찾지는 못하였더라도 이러한 국민적 통합은 유지되었으며, 그 순간 이후 프랑스는 자신의 국민의 역사를 가지게 될 수 있었다. 그 이후 계속되는 충격들을 견디며, 결국 복고 그리고 부르주아적 지배를 위한 강령을 철폐하는 일련의 시간이 경과한 후에야 국민은 자유의 강령을 완성할 수 있었다.

2. 영국의 역할

프랑스에서 시작된 자유사상은 〈공론〉이 가진 권력을 통하여 프랑스와 인접한 국가들을 시작으로 유럽에 빠르게 전파되었는데, 특히 나폴레옹의 지배가 그에 영향을 주었다. 이러한 전파 속도는 역사상 유례가 없었다. 하지만 영국은 내전 기간과 나폴레옹 전쟁 기간을 거친 후에도 상대적으로 보수성을 유지하고 있었다. 그러나, 변화되어 가는 환경에 맞추어 차츰 이후 세대들이 정치적 도야를 하고, 또한 전쟁 중에 영국의 상업과 산업, 식민지 확대가 급속히 진행되었으며, 전쟁 후의 평화기에 도래하여서는 그러한 진행이 가속화되고, 그 이후에는 다시 심한 불황기를 겪으면서 보수적인 영국의 성격도 차츰 변화하기 시작하였다. 그리하여 프랑스 혁명의 이념이 영국에서도 수용되기 시작하였으며, 그에 따라 급진 정치 정당들이 등장하고 프랑스 혁명에서의 구호들을 수용하기 시작하였다. 이에 급속히 증가한, 그리고 삶의 고통과 가난에 시달리던 불만에 찬 산업 프롤레타리아들은 그러한 급진 정당을 추종하기 시작하였다. 그리하여 기존 휘그당과 토리당에서도 변화가 생기기 시작하였다. 그 이후 영국은 프랑스보다 건강한 〈자유주의〉 사상을 꾸준히 발전시키기 시작하였고 결국 〈자유주의〉 사상의 아성이 되었다. 그리고 이에는 이데올로기적 영향이 큰 역할을 수행하였다.

3. 〈자유주의〉의 시대

1848년 이전과 이후의 대략 10년 동안의, 이태리가 통일되고 독일제국이 수립되기까지의 기간은 가히 〈자유주의〉의 전성기라고 불릴 수 있다. 이 시기는 혁명기간 동안의 폭력에서 어느 정도 치유되었고 부르주아지 지식층들에게 리더십이 넘겨진 기간이었다. 그들의 정치적 견해는 그간 명확히 정립되었고, [〈보통선거권〉제도가 아닌] 단지 제한적 선거권 제도하에서는 그들이 선거의 결과를 좌지우지할 수 있었다. 물론 반동도 있었지만 이제 〈군주정〉도 점차 자유주의적 사상을 수용하기 시작하였으며, 특히 경제적 현안과 일반 교육에 있어서 그러하였다. 부르주아지 자체로서는 자신들이 정부를 접수할 만큼 강하지 못하였기에 구권력들과의 일정의 타협을 도모할 수밖에 없었다. 하지만 실제 국가 강령에 적혀있는 것보다도, 여론을 지배하였던 부르주아지의 권력은 훨씬 강성하였고, 정부에 강한 영향을 미쳤다. 그럼에도 불구하고 〈보통선거권〉의 부재하에서는 '자유'라는 말을 온전히 사용할 수는 없었고, 정치적 권리를 가진 부르주아지 계층은 전체 대중 중에 아주 소수에 불과하였기 때문에 오늘날의 관점에서는 사실 기득 계층이라고 불리워질 수밖에 없는 것은 사실이다. 사회민주주의 관점에서 보자면 〈자유주의〉 시대에 있어서의 이들 부르주아지 계층은 또 다른 〈지배적 리더십〉을 행사하고 있다고도 여겨질 수 있다. 그래서 그들에게는 〈리더십 계층〉(führende Schicht)이라는 단어가 역사상 가장 잘 걸맞았다고 여겨진다. 하지만 〈자유주의자〉들은 애당초 그들이 대중 일반을 위한 요구를 관철시키려고 일어났다는 바를 망각하지는 않고 있었다. 물론 하위의 대중들은 정부의 의사결정에 참여하지 못하였고, 오직 한참 후에야 점진적으로 그것이 허용되었지만, 그럼에도 불구하고 〈자유주의자〉들은 자유의 원칙을 국가 제도를 운영함에 있어 적용함을 잊지 않았다. 물론 많은 점에 있어서는 **신분적 이해관계**(Standesinteresse)에 의하여 그러한 원칙들이 방해받기도 하였다. 계몽된 부르주아지들은 그 이전 계몽 군주가 하던 바를 지속적으로 수행하였다. 법과 행정의 실제적 내용, 질서 체계와 그것들의 시행 과정 등에 있어서 과거의 봉건적 잔재가 제거되었으며, 각 개인들에게 최대한 자신들의 의사를 표현할 수 있는 힘을 부여하는 현대적인 것들로 대체되었다. 기본권이 대중들에게 부여되었고, 약자가 보살펴지게 되었다. 교육이 장려되었고, 세제 면에서도 많은 발전이 있었다. 즉, 기초 생활자에 대한 감면, 누진세 등이 그것들이다. 또 다른 두드러지게 보이는 바는 의복과 외적 〈습속〉에 있어서의 〈통일성〉이다. 공장을 떠나 옷을 갈아입고 거리에 나서는 순간 노동자와 부르주아지 간의 차별은 없어진다. 외적 〈습속〉도 유사하게 닮아 가기 시작하며, 심지어 시골에 가더라도 그와 같은 유사성이 발견된다. 19세기의 거리에서 볼 수 있던 의복과 〈습속〉의 〈통일성〉은 18세기의 거리의 **정경에서 보이는 그것들의 신분적 차이와는** 현저한 차이를 보인다. 그 근원에 있어서 〈자유주의〉는 코스모폴리탄 주의를 지향하고 있었고, 사람들은 위대한 자유의 사상을 수용하였다. 그리하여 모두가 전쟁이라는 것은 단지 과거사로서 권력에 굶주린 왕가들 간의 사적인 일들에 불과하고 평화는 영원히 지속될 것으로 생각하였다.

〈자유주의자〉들은 그 정점에 있어서 사회적으로나 경제적 면에 있어서 발전을 주도하였고 외적으로는 평화를 달성하였다고 주장할 수 있었다. 사실 유례없는 경제적 성장이 달성되었다. 그리하여 근대적 정신은 자신에 스스로 도취되었고 자신의 바로 앞에 보편적 평화와 보편적 만족이 동시에 달성되는 황금시대가 금방 도래할 것으로 생각하였다.

4. 〈자유주의〉에서 〈민주주의〉로의 이행

하지만 〈자유주의〉의 시대에 있어서도 다른 모든 역사적 과정에서와도 마찬가지로 역시 〈권력의 법칙〉은 관철된다. 즉, 〈자유주의〉에서 방출된 비상하게 거대한 힘들이 이룬 〈성공〉은 그 〈자유주의〉로 하여금 폭넓은 〈사회적 권력〉을 부여하고, 기적과 같은 증가하는 〈성공〉으로 인하여 그 권력은 더욱 증대되었으며, 그 〈성공〉의 개가는 그 권력을 결국 〈패권적 권력〉으로 변모시켰다. 자유주의적 정당은 원래 그러한 〈패권적 권력〉을 지향한 것은 아니었다. 즉, 그것은 지배하기보다는 인도하기를 지향하였다. 그러나 결국은 그들의 정당은 과거에 전체 대중을 위하여 기도(企圖)하던 것들을 이제는 자신들의 이해만을 위해 유용하려는 이상적인 사고를 가진 사람들로만 가득 차게 되었다. 그리하여 특히 경제적 면에 있어서 높은 〈성공〉을 구가한 곳에서는 그러한 〈패권적 권력〉을 향한 유혹은 너무도 강하여 〈성공〉을 쟁취한 경제적 지도자들은 쉽게 그 유혹에 굴복하기 마련이었다. 그리하여 그 당시 거대 사업가들은 결국 무적의 존재로 변하였으며, 그들의 손에 떨어지는 막대한 이윤은 거대한 부로 축적되었고, 계속적으로 유입되는 수입은 새로운 투자로 전환되었는데, 물론 그러한 투자는 단지 그 사업가들 자신들뿐만이 아니라 그와 동시에 경제 전체를 풍요하게 만든 것도 사실이다. 따라서 이같은 측면에서 본다면 그들 사업가들이 자신들만의 〈이기심〉을 충족시키기 위하여 일하는 것이 아니라 국가 경제 전체의 진보를 위한 개척자의 노력을 한다고 천명하였을 때, 그들이 위선적인 거짓 발언을 하고 있다고 비난하는 것은 온당한 평가는 아니다. 단지 그들은 그들에 의하여 밀려나거나, 혹은 그들에 의하여 비참함의 나락으로 던져진 자들의 상황에 대하여 충분히 예민하게 느끼지 못하였을 뿐일 수도 있다. 이제 거대 기업가는 주인이 되었다. 즉, 그는 경쟁의 상황에 떠밀려 더욱 완고하게 변하여 수백수천 명의 노동자들 위에 군림하는 냉혹한 주인이 되었을 뿐이었다. 이러한 상황이 합해져서, 이제 대규모 자본은 수백만 명의 예속적 노동자를 명령하고 동시에 수백만 명의 중산층 중소 자영업자들의 경제적 지위를 훼손하거나 송두리째 파괴하게 되었다. 그리하여 〈소수의 법칙〉은 과거 무기에 의하여 달성한 바와 같은 똑같은 효과를 경제적 영역에서 관철하게 되었다. 부르주아지 중산층에서 시작하여 성장한 자본주의자들의 상층부는 약자로 구성된 대중을 짓누르며 이제 최고로 높은 위치에 자리 잡게 되고, 과거의 지배자들의 대열에 합류하거나 혹은 부에 있어서 그들을 능가하게 되었으며, 최종적으로는 막대한 사회적 영향력을 행사하게 되었다. 그런데 그러한 경제의 거대한 지배자들은, 어떤 제약도 없이 그들이 활동할 수 있는 길을 열어준 '자유라는 기치'하에 승리를 구가한 것이며, 그들은 계속하여 더욱 격렬하게 자신들을 위한 '자유로의 길'을 요구하였다. 그러나, 그들이 가진 권력은 결국 그들 앞에 가로막고 있는 모든 약자들에 대한 강압과 다름이 있었겠는가? 과연 〈자유주의〉는 아직도 자유를 이야기할 자격이 있는 것인가?

〈권력의 법칙〉은 과거 〈역사적 권력〉들을 위하여 작용하였던 바보다도 훨씬 더 신속하게 〈자유주의〉를 위해 작동하였다. 현대 과학기술로 인해 열린 부의 혈류는 상상할 수 없을 정도의 풍요를 의미하였고, 과학적 과업은 부를 증식시키기에 지침이 없었으며, 산출을 증대시켰다. 그리하여 현대에서의 인간이 매달려 있는 경제적 과학적 과업은 그것이 시현한 외적인 결실이라는 측면에서 볼 때 과거 정치적-종교적 과업이 달성한 바를 능가하게 되었다. 따라서 그것이 사회의 변화에 미친 영향은 커져만 가게 되었다. 도시와 산업은 단지 몇 세대만을 거치면서 놀라움게 성장하였고, 이는 과거 몇 세기에 걸쳐 성취한 바를 능가하였다. 그와 함께 도시와 농촌과의 관계도 근본적으로 전도되었고, 자본은 더욱 빠른 속도로 성장하게 되었다. 그러나, 소수의 자본가들이 가진 권력이 그렇게도 빨리 증가함과 동시에, 그러한 자본의 행진에 의하여 위협을 받고 있던 다수가 가지는 〈대항권력〉도 마찬가지로 커지게 되었다. 프롤레타리아들과 중소 부르주아지 자영업자들은 반대입장의 두 개의 커다란 축을 형성하였다. 농민들은 세 번째의 반대입장을 형성하였는데, 그들은 자본주의적 체제에 의하여 고통을 받고 있었으며, 더욱이 그들이 가지는 인생에 비추어 보았을 때 자유주의적 정신에 대한 거부감을 가지고 있었다. 비판적 사상가 내지는 지식인들 중 대중적 친화감을 가진 자들이 프롤레타리아들의 지도자로 부상하였으며, 중소 부르주아지 상인들 내지는 농민들 경우의 상당 부분은 물질만능적인 자유주의적 사상가들에 반감을 느낀 종교적 집단 내지는 〈자유주의〉를 자신들의 역사적 적으로 간주하는 보수적 그룹에서 자신들의 지도자들을 찾을 수 있었다. 그런데 이러한 발전의 속도가 너무도 빨랐기에, 부상하던 부르주아지들은 과거 군주나 영주들이 그러하였던 것처럼 자신들의 **신분층**을 굳게 다질 수 있는 기회를 가지지 못하였다. 그리하여 자유주의적 사상에 입각한 부르주아지들은 오로지 자신들만을 위하여 행동하지는 않았으며, 전체 대중을 위하여서도 일하였다는 것은 명백하게 드러나게 되었다. 정복자들이 우선적으로 고려하여야만 하는 것은 자신들의 권력을 유지하는 방법이며, 그에게 있어서는 피지배자들은 적으로서 그들의 힘은 분쇄되어야만 하는 것이다. 그런데, 자유주의적 정당들은 그러한 정복자적 정신은 없었다. 자유주의적 정당들은 전체 대중들을 자유가 가진 힘에 의하여 고양시키는 것을 목적으로 하고 있었다. 중산층 지식계급으로 구성된 부르주아지들의 핵심 세력은, 〈패권적 권력〉을 보존하고 확장하려 하며, 또한 대중에 압박을 가하는 각기 개별적 대규모 부르주아지들과는 어떠한 유대감도 가지지 못하였다. 그 중산층 지식계급은 사회의 다른 사람들과도 마찬가지로 최초에는 경제 발전, 기술의 경이, 그리고 눈부신 숫자들이라는 양지만을 보았다는 점에서 오류를 범하고 있었고, 그들의 가리운 시야는 음지의 어두운 곳을 보지 못하였다. 그들이 결국 경제적 진보의 이면에서 치루어야만 할 비용으로서의 희생을 깨닫게 되었을 때, 그들 자신의 전력을 다하여 사회적 개혁이라는 위대한 과업에 몸 바치게 되었다. 반면 그러한 상황 중에 프롤레타리아들도 지배자들에 대항하여 조직화하기 시작하였으며, 특히 그들은 공장이라는 집결된 장소에 모여서 일을 하였고, 또한 많은 공장들은 산업단지나 도시에 집결되어 있었기에 그러한 조직화를 하려는 가장 유리한 환경을 가지고 있었다. 그리하여 기업가들은 이러한 노동자의 조직화를 분쇄하기 위하여 자체적으로 군대를 유지하고 봉급을 지불하여야만 하였다. 그렇기에 과거 정복 군주, 자신의 성을 지키고자 하던 남작들이나 귀족 기사들과, 현대에서의 철도왕, 금융 남작, 혹은 벼락부자 귀족들은 큰 차이가 있다. 전자들의 행동은 모두에게 가시적이고 전쟁에서의 승리와 무용들은 모두에게 직접적으로 보여지며, 따라서 그들은 모두에게 숭상되고, 지도자의 위치로 올려진다. 또한 그 혈통과 용기는 후대에 계승되는 것으로 간주된다. 하지만, 후자의 경우에는 일반인의 눈에는 오직 그들이 축적한 부만이 비추어질 뿐이며, 그것을 얻기 위해 후자들이 바친 노력은 숨겨져 보이지 않는다. 또한 노동시장의 환경이 개선되어 과도한 노동의 강요로부터 노동자들이 보호되었을 때, 이들 후자보다도 훨씬 더 건강한 피와 정신은 프롤레타리아들 중 능력을 가진 상층부에서 성장하였다.

그럼에도 불구하고 프롤레타리아들과, 자유주의적 정당에 차츰 적대감을 보이게 된 각종 대중 그룹들은 자유주의적 이상주의가 대중의 발전을 위하여 공헌한 바에 의하여 혜택을 향유하였다. 이에는 대중을 위한 학교의 설립, 경제 발전이 해악적인 면이 있음에도 불구하고 대중에 끼친 낙수 효과, 대화와 소통, 집회의 자유로 인하여 열린 많은 가능성들, 1848년 이전의 예종적 지위로부터 충분한 시민적 권리를 보장받게 된 농민, 한낱 도시의 부랑자의 위치에서 출세한 사람들 등을 그 예로 열거할 수 있다. 과거 시대에는 단지 인구 계산을 위하여 필요한 숫자 이상의 사회적 의미가 없었던 이러한 그룹들은 이제는 자신들을 대중의 일원이라고 느끼게 되었다. 아담 스미스는 물론 어떠한 유보적 단서가 있기는 하지만, 모든 이윤은 노동으로부터의 이윤이며, 가치는 근본적으로 노동가치라고 가르쳤다. 리카르도는 아담 스미스의 유보적인 태도를 극복하려고 하였으며, 그로써 사회주의적 가치론과 경제이론이 정초되었고, 이제는 가장 높은 수준의 과학적 권위를 부여받게 되었다. 사회주의적 이론이 기업가의 이윤, 이자 그리고 지대가 모두 착취의 결과물이라고 가르쳤을 때, 이는 고전적 이론이 이미 수립하여 놓은 명제들로부터 도출된 논리적 결론으로 보여졌으며, 〈재산〉이라는 것은 도둑질이라는 명제가 주장되었을 때는 고전적 이론이 암묵적으로 말하던 것들을 이제는 명백히 드러내는 것으로 보였다.

자유주의적 경제이론이 프롤레타리아들에 미친 영향도 크다. 기업가들이 노동자들을 공장이라는 한정된 공간에서 일하게 함으로써 의도하지 않게도 결국 노동자들을 조직화시켰음과도 유사한, 노동자들을 조직화하는 역할을 하였다고 볼 수 있다. 그 상황에서 경제이론들은 노동자들에게 과학적 사고를 제공하였고, 심지어는 노동자들이 쉽게 이해할 수 있는 구호를 만들어주기도 하였다.

더욱 중요한 시사점은 자유주의적 정치 이론에서의 자유의 사상은 대중과 〈인민주권〉이라는 사상에 근거하고 있다는 점이다. 실제로 [삼부회에서] 〈제3신분층〉이 요구하였던 바는 자신들만을 위한 것이 아닌 〈대중전체〉를 위한 요구였다. 즉, 자신들만을 위한 자유의 특권을 요구한 것이 아니라 보편적 자유를 요구한 것이었다. 물론 그들이 합의한 제한적 투표권은 이러한 사상과는 모순되는데, 그것은 그들이 기존 보수세력의 이해를 고려하여야만 하였고 또한 당시 대중이 보여준 과격한 폭력성도 충분히 감안하여야만 하였으며, 제한적 선거권이 자신들에게 더욱 많은 권한 위임을 가져다줄 수도 있다는 자신들의 〈이기심〉도 개입된 일종의 타협의 결과였다고 보아야 한다.

사실 보편선거권은 그 이후 자유주의적 정당에 의하여 밀려난 세력들이 성장하여 〈자유주의〉에 대항할 수 있게 되자 신속히 도입되었다. 그리하여 보편선거권의 도입에 대하여 〈공공〉이 논의하게 되자 [제한적 선거권에 기반한] 〈자유주의〉는 어떤 변명의 여지를 만들어 낼 수 없었기에, 사실 이론적으로는 패배한 것이라고 보아야 한다. 〈자유주의〉의 사상가들은 애당초 대중의 주권, 그리고 대중적 사상과 대중이 가진 권력에 기반하여 당시 〈제3신분층〉을 대중의 지도자로 부상시킬 수 있었다. 그러나, 그들이 대중에 대한 지도자의 지위를 상실하자마자 〈자유주의〉의 시대는 종언을 고한 것을 의미한다. 〈자유주의〉는 대중에 호소함으로 인하여 신속히 승리할 수 있었지만, 정치적인 통찰력을 가지고 판단한다면, 그러한 승리는 결국 패배로 이어질 수밖에 없었다는 점도 인정하여야만 한다.

〈자유주의〉의 숭배자들은 그것이 가장 높은 〈보편적 복지〉를 보장할 수 있는 최후의 단계라고 환영하였지만, 사실 역사적 시간으로 보자면 아주 짧은 동안 지속되다가 극복되어지는 이행 단계에 불과하였다. […] 이러한 〈자유주의〉 시기에서 풀려나 도야된 힘들에 의하여 대중은 단지 두세 세대 만에 그 수와 무게에 있어 급속히 성장하였으며, 그렇게 〈자유주의〉가 열어 놓은, 정치적 세계로 향하는 문을 통하여 대중들은 어떤 방해를 받지 않고 유입되고 있다. 대중이라는 명칭은 과거에는 사실 공허한 말이었지만, 이제는 '그곳에 존재'(dasain)하게 되었고, 이로써 〈자유주의〉는 〈민주주의〉로 이행하게 된 것이다.

하지만 〈민주주의〉 내에서도 부르주아지들은 자신들의 머리 수자에 비해 훨씬 더 앞선 위상을 가지고 있다. 물론 정치적 리더십은 상실하였을지라도 지적인 리더십의 핵심적 부분은 여전히 간직하고 있다. 그리하여 비로소 부르주아지의 문화는 〈국민문화〉로 발전하였으며 〈자유주의〉를 통해서 〈내셔널리즘〉 내에서 자신의 후계자를 발견할 수 있었다. 그리고 사회민주주의는 자신이 그 상속자라고 잘못 기대하고 있었음을 알게 되었다. 현대 〈민주주의〉는 〈국민적〉이다.

XVII. 〈국민〉(Nation)과 〈내셔널리즘〉(Nationalismus)

1. 대중과 〈국민〉

19세기에 들어서 〈문화민족〉(Kulturvölker)들이 형성시킨 〈내셔널리즘〉(Nationalismus)의 시대에서는 〈국민〉[352]들이 국가 권력의 담지자가 되었다. 비록 〈군주정〉 시대의 정점에서 〈군주정〉이 보인 바와 같은 자기확신(Sicherheit)은 결여하고 있다고 하더라도 〈국민〉 대중의 거대한 수적 크기는 그 이전 세대와는 비교할 수 없을 정도로 정치적 운동에 무게를 더해 주게 되었다. 그런데 대중은 오로지 오랜 〈역사적 도야〉를 통해서만 자신들에게 필요한 〈자유적 기구〉들을 성숙시킬 수 있다.

〈국민〉이라는 것은 **현대에서야 정립된 〈대중적 형성체〉**(völkische Bildung)이다. 사실 이러한 〈국민〉으로 향하는 궤적은 아주 오래전부터 있었던 것은 사실이지만, 그것은 비로소 현대에서야 완성된 것이다. 사실 〈고전적 시대〉에서는 현대적으로 이해하고 있는 〈국민〉이라는 개념은 없었다.

그런데 그러한 〈국민〉들 중에서 미합중국에 있어서의 그것은 유럽과는 달리 과거의 역사적인 잔재로 인한 고삐를 잡히지 않은 채 가장 최근에 형성된 것이다. 미국에서는 다양한 인종들이 자유라는 정신하에 결집한 것이 그 특징이라고 할 수 있는데, 이것은 〈국민사상〉(nationaler Gedanke)이라는 현재 지배적인 생각과 모순되는 것은 아니며, 오히려 그것을 필요시 한다. 사실 사람들은 과거에는 어떤 한 장소에 정주하여 왔다는 사실과 연관하여 〈국민사상〉이라는 개념을 떠올리기 쉽지만, 작금 미국에서의 〈국민사상〉은 그와는 다르다. 지속적으로 몰려드는 이민자들은 자유의 공기를 마시고, 미국이라는 땅이 제공하는 기회를 찾기 위하여 자신의 이전 국적을 버리고 새로운 국가

---

352 독일어 'Nation'의 번역에 대하여서는 역자의 용어해설 '국민'을 참고할 것.

에 기꺼이 동참하려는 각오를 가지고 있는 사람이며, 또한 사회적으로도 그러한 자세를 요구하며, 또 그렇게 합류한 사람들은 미국식으로 교육받고 또한 미국의 대중이 가지는 감정에 동화되고 강력한 국가의 시민이라는 자긍심을 가지게 된다. 그렇게 미국의 〈국민사상〉이 형성되어 강력한 힘을 가지게 되는 것이다. 또한 각자는 공론을 형성함에 있어서도 기여를 하게 되는데, 실상 〈권력자〉들이 자신들의 의견을 대중에게 강요할 수단을 항상 가지고 있다는 사실은 오로지 그들만의 비밀이다.

그런데, 〈**정치적 국민**〉(politische Nation)과 〈**문화국민**〉을 **구분**하여야 한다. 이 둘은 항상 일치하는 것은 아니다. 이태리의 경우 오랜 기간동안 〈문화국민〉이었지만, 〈정치적 국민〉은 형성하지 못하였다. 〈정치적 국민〉만이 완전한 형태의 〈국민〉이다.

〈국민〉은 필히 혈연적 유대를 가져야 하는 것은 아니다. 물론 결합을 위하여 혈연적 유대감을 가장하는 것이 필요하기도 하다. 미국의 경우에는 다양한 인종들이 이미 완전히 〈일체감〉을 느끼고 있다. 어느 나라를 막론하고 다양한 피가 섞여지며 인구가 거대화되지 않는다면 결코 강대해질 수 없다. 그런 인종적 다양성에도 불구하고 결국 〈일체감〉이 달성되어야만 더 이상 작은 단위로 분열되지 않는 완전한 〈형성체〉가 된다. 그런데 단순히 무력에 의한 결합은 그러한 완전한 〈형성체〉가 될 수는 없다.

또한 단순히 같은 언어를 사용한다고 하더라도 물론 도움은 될지언정 그것으로 인해 필히 〈국민적〉 결합이 달성되는 것은 아니다. 더욱 중요한 것은 그 언어가 단순히 생활에서의 가치를 가지는 것을 넘어서서, 풍부히 누적된 **공통의** 〈**문화유산**〉(Kulturbesitz)을 표현하는 〈문화가치〉(Kulturwert)로서 모두에게 느껴져야만 한다. 더욱이 언어로 표현되지 않는 다른 분야, 예를 들자면 음악과 같은 다른 문화적 분야에서의 공감적 감정과 필히 동반되어야만 한다. 그리고 과거의 문화에 대한 공통의 기억을 간직하는 것에 더하여 더욱 중요한 것은 살아있는 현재의 문화를 공동으로 창조함에 모두가 참여하는 것이다. 이는 어떠한 공동의 문화적 기억이 존재하지 않는 미국의 예에서 알 수 있는데, 빠르게 움직이는 그들의 삶 속에서는 이미 미국을 특징짓는 특성이 발전되었다.

〈정치적 국민〉이 존재하기 위해서는 **〈국가감정〉**(Staatsgefühle)을 공유하여야만 하며, 그에 추가하여 그 국가의 역사에 있어서 위대한 행동에 대한 기억을 통하여 정치적으로 결집되어야만 한다. 이에는 영웅들, 그리고 각종 승전과 국난의 극복에 대한 기억이 포함된다. 가장 좋은 예는 3개의 민족으로 나뉘어 있는 스위스의 경우이다. 그들의 기억 속에는 〈빌헬름 텔〉 등의 기억이 남아 있기에 그러한 기억들이 정신들을 결집시켜 〈정치적 국민〉으로 존립할 수 있다.

그런데 이러한 〈국가감정〉은 속박이나 무조건적 복종이 아닌, 대중의 **자유에** 기반하여야만 한다. 오로지 그러한 민족들만이 자유롭게 자신의 삶을 영위하는 그러한 〈국민〉의 힘을 가지고 있다. 그렇지 않은 경우 대중은 희생의 용기가 필요시 되는 경우에도 전력을 다하지 않을 것이고, 자유로운 대중을 기반으로 한 〈국민〉에서 볼 수 있는 그러한 신속한 진보를 시현하지도 못할 것이다. 즉, 독자적인 〈국민적〉 운동을 보이지 못할 것이다. 대중의 자유가 없는 민족의 경우에는 〈국민적 자유의식〉(nationaler Freiheitssinn)도 없으며, 단지 자신의 이익을 따라 다른 〈국민〉의 지도자에 충성하거나 항복할 수도 있다.

그런데 이러한 자유는 오로지 공화정에만 존재하는 것은 아니다. 영국이 그 좋은 예인데, 〈군주정〉이 병존하더라도 성숙된 〈국민〉이 될 수 있다. 우리가 〈국민〉이라고 부를 때는 그 내부의 계층들이 그것을 지탱하여 주는 자유에 의하여 충분히 충전되어 대중들이 〈자기의식〉을 가지게 되고, 그리하여 자신들 모두를 공동의 이익을 지향하는 〈전체〉로서 인식하는 경우이다. 그리고 이를 위한 첫 번째 전제조건은 개인적 속박의 제거이며, 그다음으로는 정치적 자유이다. 이와 반하여 고대 그리스는 오로지 자유 시민들만이 진정으로 자유를 누릴 수 있었고, 로마의 경우에는 자신 영토 내 속주들의 모든 대중들을 포함하는 견고한 대중적 기반을 확보하지 못하였기에 진정으로 〈국민〉은 없었다. 〈국민〉이 수립되기 위하여서는 [과거 군주정 시대에 적용되었던 예를 들자면] 다음과 같은 일련의 과정들을 겪어야 한다. 우선 위대한 개별 군주들은 자신들의 개인적 권력을 증대시키기 위해서는 대중이 가진 힘을 고양시켜야만 한다는 인식하에 〈국민적〉〈왕권사상〉(Königsgedanke)을 가지고 있어야만 하며, 그가 가진 위상을 이용하여 대중들을 소집하고 그들 대중들이 대중들 〈전체〉를 위하여 적극적으로 봉사할 수 있도록 하여야만 한다. 그다음으로는 훌륭한 귀족들이 그러한 〈국민사상〉을 수용하여 따르고, 교회는 그러한 이념을 배양하며, 시인들이나 예술가들이 그 〈국민정신〉을 고양하기 위한 전령이 되어야만 한다. 그리고 생존을 위한 외부와의 투쟁은 대중들 자신이 가지고 있는 〈국민의식〉(nationale Empfindung)을 일깨울 수도 있다.

심지어 현재에 있어서도 유럽 내의 토양에서는 진정으로 통합되어 **철저히 국민화된** 민족들은 없다고 해도 과언은 아니다. 그런데 오직 부르주아지 계층만을 떼어서 생각한다면 철저히 국민화되어 있다고 할 수 있고, 다른 계층은 단지 부분적으로만 그러하다. 프롤레타리아의 계급적 이념은 종종 〈국민사상〉과 상충을 일으키기도 하기 때문이다. 그럼에도 불구하고, 부르주아지 계층은 국민적 운동의 담지자로서 충분히 포괄적이며 또한 영향력이 크기 때문에 모든 유럽의 민족들은 〈국민〉으로 되어 왔다. 단지 부르주아지들이 자신들만을 위한 협소한 이해 관심사를 탈피하여 〈대중전체〉를 위한 〈국민사상〉을 고려하는 것이 추가로 필요할 뿐인데, 그러한 고려는 실제 모든 곳에서 일어나고 있다. 부르주아 〈자유주의〉는 그 기원에서 볼 때 대중을 하나의 〈전체〉로 이해하였고, 그것이 출발점으로 하는 〈인민주권〉은 사실 국민적 이념이다. 고대의 지배적 민족과는 달리, 진정한 자유주의적 부르주아지는 대중을 같은 〈국민〉으로서 동지로 간주한다.

위와 같은 우리의 분석은 〈문화국민〉에도 해당되는 바이다. 그런데 이때의 〈문화국민〉은 어느 한 국가에 얽매이지 않기에 타국이나 멀리 떨어진 영토에 있는 동일한 문화를 공유하는 사람들을 포괄할 수도 있고, 그렇기에 더욱 광범위한, 공동의 소유로서 유산이 될 〈문화적 과업〉을 수행할 수 있다는 사실, 이같은 과업은 자신들이 가진 자유가 의식에 힘을 실어주는 그러한 자유로운 대중에 의하여 수행되어야만 한다는 사실, 그리고 비록 대중들 모두가 그 모든 〈문화가치〉들을 흡수하고 가치 있다고 평가하지는 못할지언정 그 모든 대중들은 그러한 과업과 그 과업의 위대함을 의식한다는 사실 등, 이러한 사실들은 진정으로 타당하다. 이러한 의미에서 그리스와 로마는 〈문화국민〉은 아니었고, 단지 **〈문화민족〉**에 불과하였다. 왜냐하면 그들에게는 자신들의 민족적 상황을 뛰어넘어 모든 대중에게 보편화하고자 하는 충동이 결여되었기 때문이었다. 그들이 말하는 교회, 궁정 그리고 기사의 문화는 아직은 진정한 〈국민문화〉(Nationalkultur)는 아니었고 이 시대에서의 민족들은 아직 진정한 〈문화국민〉도 아니었다. 후자로 발전하기 위하여서는 그들의 가진 민족적 특성에서 우러나오는 문화를 넓게 확산시켜 그것이 〈보편성〉을 가지게 되어야만 하였다. 일례로 계몽시대에 있어서 부르주아지가 실어 나른 모든 문화는 일반 대중을 지향한 것이었고, 따라서 진정으로 〈국민적〉이었다.

이전에 도입한 〈권력의 순환〉이라는 표현을 사용하자면, 〈국민〉이라는 것은 〈권력의 순환〉이 대중에게 있어서 완결되어 생겨난 〈형성체〉이다. 그 〈국민〉들은 〈성공〉에서 오는 권력에서 연원하며, 그 〈성공〉이 가지는 완결성(Geschlossenheit), 자유 그리고 〈자기의식〉을 통해 신흥 〈국민〉은 아직 그 국민성의 발달에 있어 초보 단계에 있는 대중들을 뛰어넘을 수 있고, 마찬가지로 성숙한 〈국민〉은 신흥 〈국민〉을 뛰어넘을 수 있다.

2. 유대인

[이 장은 다음의 이해를 위해서는 불필요한 사족과도 같은 부분이다. 저자의 요점은 유대인의 경우 〈정치적 국민〉화 되지 못하고 다양한 국가에 산재하여 존재하며 자신들의 문화적 유산을 유지하고, 동시에 자신들의 공

동의 이익을 추구하는 집단을 형성하였다는 것이다.

유대인들이 가진 훌륭한 지적, 예술적 자질들을 설명하고는 있지만, 반면 그들이 다양한 분야, 예를 들자면 특히 금융이나 사업 등의 분야에서의 이룬 성공은 그러한 자질에만 근거하는 것은 아니며, 일종의 폐쇄적 〈이익 집단〉을 형성하고 다른 인종들을 배척하기에 기인한 바도 크다고 언급하고 있다.

이는 읽는 이의 입장에 따라서 충분히 수긍할 수 있는 반면, 유대인 우월주의에 입각한 유대인들은 반감을 표시할 여지가 충분히 있으며, 자칫 반유대주의로 해석할 수도 있는 부분이다.

역자의 사견에는 이후의 논의 맥락상 사족과도 여겨지는 부분이라서 본 번역에서는 제외시키기로 하였다.]

3. 국민적 〈권력의 순환〉과 그것의 갱신

가장 발전된 〈국민〉 내에서조차도 건강한 〈사회적 균형〉이 달성되었다는 의미에서의 〈권력의 순환〉이 완전히 완결되지는 않았다.[353] 그 모든 곳에서는 〈사회적 과업〉을 달성하기 위하여 필요한 정도 이상의 〈상위계층화〉가 존재하며, 〈역사적 권력〉의 잔재가 잔존한다. 그리하여 어느 곳에서도 〈역사적 도야〉를 통하여, 발육부진 상태로 퇴화되어 버렸던 대중이 자신의 힘을 충분히 되찾아 전개하여 〈사회적 과업〉에 공헌할 수 있을 만큼 성숙해 있지 못하다. 그러기 위해서는 대중이 〈국민〉이라는 기치 아래 하나의 〈통일체〉로 결집되어야만 한다. 하지만 이러한 사실로 인해 자유로운 〈국민〉에 도달해서는 모든 분업과 차등이 철폐되어야만 하는 것이 아니라, 오히려 풍성한 결실을 얻기 위해서는 그것들이 어느 정도 필요하고, 단 그러한 상태가 균형을 이룰 필요가 있다. 물론 과거 계몽 군주 시대 이후에는 지속적으로 〈평등〉한

---

[353] 완전하다는 의미는 순환이 안정적인 균형을 달성하였다는 의미이다.

권리가 주창되어 왔으나 그것은 단지 법적인 〈권리능력〉에 불과하였고 〈재산〉이 없는 자들에게는 무용한 개념이었다고 할지라도 그것이 더욱 〈평등〉한 사회를 위한 길을 열었음은 인정하여야만 한다. 보통 선거권이 확립됨에 따라 대중이 가지는 영향력은 더 증대하였고, 대중이 '스스로 조직하는 방법'을 깨닫는 순간 자신들이 가진 수적 우세를 이용할 수 있고, 자신들의 삶을 개선할 수 있게 된다. 물론 개별적으로 고립된 대중 개개인이 개별적으로 신분이 상승하기 위해서는 각고의 노력과 인내, 비범한 재능, 그리고 '운'이 따라야만 한다. 하지만 지금은 프롤레타리아 조직이 등장함으로써 그 조직이 대표하는 모든 집단들의 위상이 격상될 수 있다.

〈문화국민〉이 형성된 경우 부르주아지들은 완전한 정치적 자유를 획득할 수 있었을 뿐 아니라, 높은 수준의 문화적 성취를 보여줌으로써 〈문화적 권력〉의 담지자가 되었다.

또한 자유로운 〈국민〉하에서는 농민들도 부상하여 과거 오랫동안 그들을 속박하던 멍에의 속박에서 벗어나게 되었음은 물론, 이제는 〈정치적 권력〉을 가지게 되었고, 건강히 살아 숨 쉬는 농민들은 〈국민문화〉를 위한 풍부한 힘의 원천이다.

하지만 프롤레타리아의 부상은 상대적으로 더디게 진행되고 있다. 물론 그럼에도 불구하고 과거의 노예와 같은 상태에서 탈피하고 있으며, 특히 프롤레타리아 조직의 부상으로 인하여 그들은 점차 〈우세적 권력〉으로 되어가고 있으며 도야되고 있다. 교조적 마르크스주의에서 이야기하듯 프롤레타리아는 국가를 초월한다는 생각은 옳지 않은데, 1차 대전의 경험에서 알 수 있는 바는 그들은 자신의 국가의 깃발아래 참전하였으며, 이러한 〈국민의식〉은 자신들의 국가에 대한 믿음을 상실하는 경우에만 동시에 약해질 뿐이었다. 또한 프롤레타리아가 〈계급적 국가〉(Klassenstaat)에 대항하여 투쟁을 하지 않게 되자 종래의 마르크스주의 구호는 빛바래게 되었으며, 현재의 떠오르고 있는 새로운 사회주의는 오히려 〈국민〉을 공공연히 천명한다.

그리하여 〈국민〉 내의 〈권력의 순환〉은 아직은 완성되지 않았을지언정,

〈대중의 힘〉을 놀라울 정도로 높이 고양시켜, 정치적, 경제적 그리고 군사적인 면에 있어서 그 힘을 시현하고 있다. 따라서 그러한 힘을 현명하게 사용하는 경우 풍부한 결실을 맺을 수 있는데, 최근의 세계대전에서는 이렇듯 그들의 결집된 힘을 과시하지 않았는가! 그러한 〈대중의 힘〉에 기반한 〈국민〉들은 오로지 내부에서의 서로 간의 투쟁을 통해서만 소진될 뿐이다.

〈대중의 힘〉이 이미 소진되어 고갈된 상태가 아니라면, 도야되어 〈국민〉으로 단결된 대중들은 **항상 스스로를 쇄신하여** 그 힘이 신선하게 유지된다. 그러한 상태에 도달하지 못하였던 대중들을 이에 대한 반증으로 지적하면서 대중들의 잠재력을 무시하는 것은 시기상조라고 할 수 있다. 대중에 기반한 〈국민〉의 도래로 인하여 역사는 새로운 시대를 맞게 되었고, 그러한 새로운 시대는 과거 단지 〈지배계층〉의 존속 여부에만 의존하였던 과거의 시대들보다 더 오래 계속될 것이다. 물론 그럼에도 불구하고 그러한 〈국민〉들을 단합시키는 힘들이 붕괴되는 경우, 그로 인한 갈등은 과거보다 더욱 심각해질 소지가 있다.

4. 〈국민문화〉와 〈국민이념주의〉(nationaler Idealismus)

유럽문화는 그 공동 뿌리에 있어서는 로마와 교회에 의존하고 있다는 면에서는 같고, 또한 피가 섞여 있었으나, 그러한 유대감은 점차 상실되고 교육어로서의 라틴어는 점차 각 국민 언어로 대체되었고, 그에 따라 문화는 각 국민에게 고유한 것으로 분리되었다. 그럼에도 불구하고 각 문화 간의 공통 분모는 지속적으로 존재하고 있다. 특히, 과학과 예술과도 같이 공통의 언어가 불가결하지 않은 분야에서의 공통성은 지속된다. 하지만 지식의 공유로 인하여 세계는 더욱 가까워졌음에도 불구하고, 그로 인하여 살상 무기의 생산을 위한 지식도 동시에 공유되기 시작하였다.

과거 국가와 교회는 자신들의 권력 유지를 위하여서 사고의 발전을 방해하였기에, 그에 대항하여 문화에 있어서의 자유를 위한 투쟁이 진행되어 왔다. 그러한 면에서 각국의 문화를 위한 투쟁들은 서로 긴밀한 유대를 가져

왔으며, 이는 과거 사회가 확장되면서 혈연관계가 소원하게 되어 벌어진 간극을 다시 좁히는 결과를 초래하였다. 그리하여 18세기의 문화는 가히 코스모폴리탄적이었다. 하지만 이러한 문화적 유대감의 증대는 전쟁의 발발을 저지하지는 못하였다. 즉, 프랑스 문화를 경외하던 프리드리히 대제는 그럼에도 불구하고 전쟁을 감행하였다. 그리하여 19세기에 이르자 이러한 코스모폴리탄적 문화에는 남은 것이 거의 없게 되었다. 하지만 그럼에도 불구하고 각 개별적인 문화들은 서로 간에 더욱 깊은 이해를 하게 되었고, 각 〈국민〉들의 문화들 간의 협업을 통하여 각 〈국민〉들은 더욱 밀접하게 될 수 있었던 것도 사실이다. 이는 특히 과학과 문화영역에서 두드러진다. 그리하여 평화의 분위기에 대한 낙관이 싹트게 되었는데, 세계대전으로 나타난 현실은 이러한 낙관론을 부정하게 되었다.

그런데 이러한 문화적 공통성이 비록 국가 간의 질서와 평화에 기여하기에는 미약하였다고 할지라도 〈국민국가〉(Nationalstaat) 내에서는 그 역할이 중요하여진다. 자신들 고유의 운율과 리듬을 간직한 언어로 쓰인 국민 영웅을 찬양하는 서사시, 가곡 등은 사실 외국어로 번역하기 힘들고, 번역된 괴테의 《파우스트》는 진정한 《파우스트》라고 말하기 어렵다고 한다. 그리하여 문화는 외국인이 이해하기 힘든, 각 〈국민〉에 고유한 정서를 담고 있는데, 이는 언어가 필요 없는 순수 음악에서조차도 발견될 수 있다. 그런데 그러한 외국민의 문화도 자국의 문화적 지도자들에 의하여 자국어로 표현되어 자국민화되고 자국민의 문화의 일부가 된다. 이러한 과정은 모든 〈문화국민〉에서 발생하여 왔다. 교회 문화의 보급과 자국민의 문화의 발전의 차이 점은 전자는 각국의 사람들을 '따라서' 변모되어 왔지만, 〈국민문화〉는 그 사람들로부터 발전하여 왔다는 점이다.

그리고 각 〈국민문화〉는 〈민주주의〉와 자유를 향한 움직임과, 그 국민의 독립과 단결을 위한 필수적 역할을 수행하여 왔다. 그리하여 〈국민문화〉는 각국의 〈국민이념〉을 성장시켜 왔고, 〈국민국가〉를 완성시켰다. 그리고 문화의 발전에 따라 이러한 〈문화적 권력〉은 결국 〈정치적 권력화〉 되고, 최초에는 온건하였더라도 시간이 흐름에 따라, 더욱 과격한 성향을 가진 지도자들이 나타나 더욱 강한 〈국민이념〉을 주장하게 된다.

사실 이러한 〈국민이념주의〉가 없었더라면, 세계대전은 발발하지 않았을 것이다. 사실 이렇듯 〈국민이념〉을 지키기 위해 심각히 피와 희생이 그것도 자발적으로 바쳐졌던 전쟁은 과거 왕조시대에도 없었다. 이러한 〈국민이념주의〉에 기반하여 발생한 전쟁은 상대국을 악마화시키며, 물리적 전쟁은 곧 상대방의 문화를 부정하는 문화적 전쟁으로 비화된다.

그리하여 문화적 유대감 그 자체로는 절대로 평화를 보장하지 못한다. 〈국민문화〉는 그 안에 국가에 대한 과도한 열정을 포함하고 있기에 〈국민이념주의〉로 발전하며, 결국 국가 간의 전쟁은 〈국민이념〉 간의 전쟁으로 치닫게 된다. 그렇지만, 그 각 〈국민〉의 문화들은 장기적으로 볼 때는 유대감과 평화의 가치는 그 안에 여전히 간직하고 있고, 또한 상대의 문화에 대한 존중도 그러하다. 따라서 〈국민문화〉는 그 자체로는 평화를 보장하지는 못할지언정, 그 평화의 가치에 대한 존중은 외적으로 평화를 위협하는 원천에 의한 적대감이 수그러지는 날에 이르면 충분히 그 진가를 발휘할 것이다.

5. 독일의 〈국민이념〉

〈국민문화〉의 발전은 국가의 통합을 먼저 전제하는 것은 아니다. 그리스의 경우 소국으로 분산되어 있었지만, '그리스적임'을 그 국가들은 이미 공유하고 있었고, 외부의 적에 대하여 공동 대응을 할 수 있었다. 독일과 이태리의 문화도 〈국민국가〉로 통합되기 이전에 교회와 세속의 군주들의 궁정과 자유 도시에서 발흥하였다. 그 문화의 풍성함을 더해준 것은 단지 소 군주들의 허영심과 질투 욕을 충족시키기 위한 그들 간의 경쟁이라고 할 수 있었고, 그런 의미에서 오히려 단일 〈국민〉으로 통합되었다면 그같은 발흥은 없었을지도 모른다.

하지만, 영국과 프랑스의 경우에 있어서는 〈국민〉의 발전과 〈국민문화〉는 그 궤를 같이한다. 하지만 이 경우도 마찬가지로, 〈국민문화〉가 발흥하기 위해서는 먼저 〈국민국가〉가 형성되어야만 하는 것은 아니었다. 풍부한 지역 문화가 전국을 통일하는 〈국민국가〉의 수립 이전에 이미 존재하고 있었으며, 단지 〈국민국가〉가 일찍 수립되었기에 그 시기적으로 발생이 유사하게 보일 뿐이다.

이태리와 독일 양국 간에서는 〈국민문화〉를 통하여 〈국민국가〉가 수립되는 유사한 과정을 보여주지만, 그 속도에 있어서는 현저한 차이가 존재한다.

이태리의 경우는 이미 그러한 문화적 소양이 일찍부터 존재하였지만, 〈국민국가〉의 정립에는 오랜 시간이 걸렸는데, 이는 주로 외부적인 권력의 침입 등에 기인하였다.

독일의 경우에도 물론 외부적 장애 요인은 존재하였지만, 사실 국민적 통합을 위한 가장 큰 저해 요인은 명목적으로 존재하던 제국하에 수많은 군소국가들이 〈실질적 권력〉을 행사하며 분할되어 있던 내적인 상태에 기인하였다. 이는 단순히 군주들의 욕심뿐만 아니라 자유도시들이 각자의 독립을 유지하고자 하였기에 기인하기도 하였다. 또한 종교개혁 시기에 무르익었던 많은 〈국민문화〉의 동인들은 그 후 종교적 분열과 내전으로 인해 시들게 되었고, 더욱이 그 이후 30년 전쟁을 겪게 되었는데, 그 기간 동안 이태리에서는 비록 국민적으로는 분열되어 있었지만, 문화가 비흥하여 꽃피우고 있었다. 독일에서는 그 이후의 오랜 침묵 끝에 비로소 19세기의 고전적 바이마르 시기에서 나타난 〈질풍노도〉의 시대를 맞이하여 다시 그 원동력을 회복하였다. 하지만 아직도 그 당시 독일은 거대한 정치적 움직임을 보이지 않았고, 특히 나폴레옹 전쟁 이후에는 그럴 여력이 없었다. 하지만 〈해방전쟁〉 중에는 〈국민정신〉이 자극된 것은 사실이다.

이러한 과정 중에 독일 특유의 〈국민이념〉이 탄생하게 된다. 이에 가장 중요한 역할을 한 것은, 진정한 정신적 지도자로서의 실러와 괴테이다. 실러는 "먼저 〈국민〉을 형성하려고 하는 것은 실패로 그칠 것이다. 사람들을 해방하기에 앞서서 자신을 스스로 완성하라"면서, 독일의 위대함은 절대로 군주의 자질에 의존하지 않았으며, 독일의 자긍심은 설사 제국이 무너지더라도 존속할 것이라고 천명하면서 독일의 사명은 모든 인류들을 통합하여 완성하는 것이고, 모든 인간에게서 싹튼 가장 아름다운 것들을 하나의 월계관으로 감싸는 것이라고 말하면서, 모든 민족들에는 각자 자신의 전성기가 존재하지만, 독일의 전성기는 그 모든 시간대에 걸친 성과들을 수확하는 것이라고 강조하였다.

물론 실러가 〈정치적 국민〉의 수립에 대하여 회의적이었더라도 이같은 실러의 생각들은 당대로서는 가장 순수한 〈국민적〉 정서를 표현하는 것이었다. 그리고 그가 독일인의 문화적 잠재력을 이야기하였을 때는 단순히 〈국민〉이라는 좁은 틀에 맞춰어 거세되어 버린 〈인간성〉에 적용되는 것이 아니며, 세상 모든 곳에 존재하는 인간의 영원한 가치를 자신의 〈국민문화〉로 승화시키는 사명을 이야기하였다. 그리하여 실러의 시는 당대 젊은 세대들에게 〈국민적〉 시로 받아들여졌으며, 이같은 정신은 《빌헬름 텔》에서 "너 자신을 소중한 조국과 합치시켜라"라고 표현되어 있다. 이러한 점에 있어서 괴테 또한 실러와 견줄 수 있으며 그의 독일 정신은 독일적인 바탕 위에 진정 범세계를 향하는 그의 작품 《파우스트》에서 잘 표현되어 있다.

당대의 이러한 정신적 표현들은 자긍심과 꿋꿋한 기상을 드러내고 있었으며, 그리하여 그것들은 독일의 정치적인 약세에도 불구하고 독일의 위대함에 대한 확신이 존재하고 있었음에 대한 증거이며, 그로 인해 국가 내에서 그리고 세계적으로도 독일의 문화에 대한 인정을 받을 수 있었고, 이후 결국 독일의 통합이 달성되었을 때는 그 독일 통합의 정당성에 대하여 어느 누구도 부인할 수 없게끔 하도록 공헌하였다.

1차대전 후에 겪은 수모에도 불구하고, 이러한 고전적 독일 정신이 지향하는 바는 꺾이지 않았으며, 아직도 여전히 독일의 위대함을 지향하고 있다. 독일은 세계인의 정서를 지배하는 〈내적 권력〉을 유지하고 있기에, 그로 인하여 독일은 가장 강력히 외부의 위협으로부터 스스로를 보호할 수 있다.

6. 〈국민국가〉와 〈국민적 안전〉(nationale Sicherung)

〈국민국가〉는 결국 오랜 역사적 발전의 결과이다. 즉, 아주 단순한 형태의 공동체에서 출발하여 〈성공〉을 지향한 분투에 의해 인도되었으며, 더 많고 다양한 민족적 요소들을 자체 내에 포섭하고, 또한 다양하고 더욱 광범위한 형태의 압제라는 과도기적 형태를 통해서 결국은 자유의 위치로 올라온 결과이다. 자연뿐만 아니라 사회에도 적용되는 〈적자생존의 원칙〉(Gesetze der Erhaltung des Stärksten)에 따라, 발전 잠재력을 가진 인민들에 있어서의 〈국민국가〉는 마침내 그 이전에 존재하던 약한 형태의 〈국가적 형성체〉들을 극복하게 된다.

국가라는 것은 그 개념상, 어떠한 지역의 전체 인구를 망라하는 〈시민공동체〉(bürgerliche Gemeinschaft)이다. 그런데 오로지 〈국민국가〉만이 완전한 의미에서의 국가에 해당된다. 과거 동양이나 중세에서 보여지던, 강압에 의하여 대중들을 국가로 편입시켰고 그 국가를 지배하던 자들의 이해에 의해서만 유지되었으며, 대중들은 그에 저항하였던 상황하에 존립하였던 〈군주적 국가〉(Herrenstaat)는 그러한 의미의 국가의 수준에 미치지 못한다. 〈군주적 국가〉에서는 대중의 지지가 없이, 그 지배자들 간에 지속적으로 그 권좌를 위한 투쟁이 연속되어 그 〈지배권〉은 안전하게 유지되지 못하기 마련이다. 반면, 〈국민국가〉에서는 모든 국민이 진정으로 국가를 원하며, 역사의 순환 과정에서 지속적으로 쇄신함으로써 어떤 역경에도 불구하고 결국 다시 온전히 그 힘을 되찾을 수 있기에 그 어떠한 역사적으로 선행되었던 형태보다도 우월하다고 할 수 있다.

그리하여 성숙한 〈국민국가〉에서는 〈국가이상〉(Staatsidee)이 내적으로 그리고 외적으로 모두 자연스러운 수준(natürliches Maß)에 도달하게 된다.

내적으로는 자연스러운 응집력을 확보하게 되며, 그러한 응집력은 전 인구에게 있어서 중요한 사안이다. 초기 국가에서 단결, 완전성, 질서, 그리고 자유를 달성하기 위하여서 필요로 하였던 강압이라는 수단은 더 이상 필요하지 않게 된다. 또한 정부는 더 이상 권력을 가지고 있는 소수에 의해 움직이지 않으며, 오로지 대중을 위하여 〈보편적 신뢰〉에 의거하여 정당성을 가지게 된 리더십에 의하여 인도된다. 만일 그 정체(政體)가 〈군주정〉이라고 할지라도, 그러한 〈국민국가〉에서는 군주가 단지 신의 축복에 의하여 정치를 하는 것이 아니고, 대중의 의지에 의하여 지배한다. 그러한 정당성이라는 생각은 그 군주 자신이 가진 권리가 아니라 전 대중이 가진, 권리를 부여하는 힘으로부터 나오는 것이기에 더욱 강화되기 마련이다. 군대 또한 군주가 휘두르는 수단이 아니며, 공무원들도 국민을 위해 봉사한다. 그리고 대중 내부에서도 종래에 존재하던 당파들 간의 적대감도 해소되는데, 이는 〈국민적 일체성〉(nationale Zusammengehörigkeit)이 그 당파들을 결속시키는 힘으로 작용하기 때문이다. 마찬가지로 이렇듯 〈국민국가〉의 단계에 이르면 프롤레타리아의 급진적 운동도 완화되고, 그러한 성숙된 국가에서의 민주화 운동은 프롤레타리아 계층까지 파급되더라도 그 운동은 체제를 전복시키는 것이 아니라, 〈권력의 순환〉이라는 의미에 있어서 아직 개봉되지 않은 토양의 상부를 걷어내는 쟁기와도 같이 심화시키는 작용을 한다.

따라서 그 국가가 분열되어 있는 상태라도 이렇듯 거대한 국가를 형성하기 위한 모든 전제조건이 갖추고 있다면 〈문화적 국민〉은 〈국민이념〉으로 자연스레 수렴하기 마련이다. 독일의 경우 제국이 형성되기 이전이라도 관세동맹 등을 통하여 내부의 장벽을 허물어 갔으며, 결국 제국이 형성되면서 동일한 화폐의 사용과 법률을 적용함으로 인하여 전체는 단결을 획득하였고, 그 이전까지 분리되어 있던 지역은 더 이상 자신만의 독자성을 고집하지 않고, 더욱 커진 권력에 속한 일원으로서 새로운 가치를 찾게 되었다.

외적으로 볼 때는, 〈국민국가〉는 **〈자연적 경계〉**(natürliche Grenze)를 가지게 된다.[354] 이는 지리적 경계나 국가의 법적 영토를 기준으로 한 경계를

---

354 뒤에서 계속 설명하듯이, '자연적'이라는 의미는 인위적인 것이 아니라 자연스럽게 형성되었다는 뜻인데, '물리적, 지리적'의 의미에서 자연적인 것이 아니라, 결국 대중의 가지는 소속감을 따른다는 의미에서 자연적이라는 뜻

의미하는 것은 아니고 공동체적 동질감으로 결속시키는 힘이 미치는 범위를 기준으로 한 것이다. 예를 들자면 라인 지역의 주민들은 비록 독일영토에 법적으로 거주하고 있다고 하더라도, 프랑스에 소속감을 느낄 수 있는데 그렇다면 라인 지방은 프랑스의 〈자연적 경계〉 내에 위치하는 것이다. 이러한 〈자연적 경계〉는 인위적으로 설정되는 것이 아니다. 그리하여 다른 〈국민국가〉의 〈자연적 경계〉 내에 위치한 지역을 강제로 병합시키려는 시도는 건강한 〈권력의 순환〉을 저해할 뿐만 아니라 평화를 위협하게 된다. 그러한 시도를 하는 경우 상대방 〈국민〉들은 그 보전을 위해 기꺼이 희생을 각오하게 되기 때문이다.

그리하여 충분히 발전한 〈국민국가〉들 간에는 전쟁이라는 것은 더 이상 의미가 없어진다. 각 〈국민국가〉들은 자신의 경계를 보전하기 의한 불굴의 투지를 가지고 있고 비록 이번 전쟁에서 패배하여 그 경계를 상실하였더라도, 다음번에는 반드시 수복하려는 각오를 가지게 된다. 과거 독일이 범하였던 실수는 단순히 군 수뇌부들이 전략적인 이 점의 시각에서만 근시안적으로 판단하여 타 〈국민국가〉의 경계를 병합하려 하였던 것이었다. 자긍심이 있는 모든 〈국민국가〉는 자신이 가지고 있는 〈자연적 경계〉는 불가침한 유산이라고 간주하며 모든 수단과 방법을 가리지 않고 보전하려 하기에, 이러한 자기 보전의 본능을 건드리는 시도는 자연에 대한 도전이라고 간주되고, 다시 상대방으로부터의 거친 보복에 직면하기 마련이다. 따라서 그러한 근시안적인 병합의 시도는 자신을 보호하기 위한 것이 아니라, 오히려 향후 위협을 확실하게 만드는 결과만을 초래할 수 있다.

충분히 성숙된 〈국민국가〉 간에는 따라서 안전이 보장되고, 그들이 가진 〈자연적 경계〉는 국가 간의 경계선을 따라 유지되기 마련이다. 그러한 〈국민국가〉에서는 〈국민적 자결〉(nationale Selbstbestimmung)이라는 생각

이다.

과 〈국민적 자기자제〉(nationale Selbstbegrenzung)는 상호 밀접하게 연관된 것으로서 정서에 이미 확고히 자리 잡고 있다. [즉, 스스로의 〈자결〉을 유지하기 위하여서는 상대방의 〈자결〉도 인정하고, 그리하여 무력적 수단을 통해 상태의 〈자결〉을 침해하는 것을 자제하는 것을 확실히 인식하고 있다]. 이러한 생각이 정서를 계속 지배할 수 있다면 그 생각은 곧 확고하게 자리 잡게 될 것이며, 각 〈국민국가〉들은 각자의 〈국민적 특성〉(Nationalcharakter)에 대한 상호 존중을 통해 각자의 국민적 경계를 보전함에 있어서 최대의 안전을 확보함과 동시에 그 경계를 확장하고자 하는 전쟁도 종식될 것이다.

[이 문단 이하는 영국, 독일, 오스트리아, 헝가리 등의 경우에 대한 설명이고, 특히 저자의 모국인 오스트리아의 경우에 대한 긴 예를 들고 있는데 중요하지 않은 부분이라서 생략한다.]

7. 〈내셔널리즘〉과 〈제국주의〉

19세기의 중반부터를 소위 〈내셔널리즘〉의 시대라고 명명할 수 있다. 이 시기에 있어서는 유럽과 세계에서 국가형태를 갖추고 있는 모든 곳에서는 〈국민적 권력〉이 〈우세적 권력〉이 되었으며, 국민은 문화와 국가의 단위로서, 국민이 가진 모든 힘들의 〈연관성〉(Zusammenhang) 하에 〈문화적 과업〉이 전개되었고, 그러한 힘들은 〈권력의 순환〉 과정 중에 항상 갱신되었다. 그리고 외부로부터 다른 것들을 수용하였을 때도 그러한 〈국민적 특성〉은 사라지지 않았다. 외국의 정신적이며 물질적인 가치들은 국내에서의 과업을 위하여 유용하게 활용되었고, 외국의 영토의 획득은 국민적 우월감을 과시하기 위한 방도이며, 외국의 국민과 함께 수행한 〈문화적 과업〉 또한 자국의 국민적 과업으로 간주되었다. 그 이전의 어느 시대와 장소를 막론하고 이렇듯 국제적 과업이 자국의 국민과의 〈연관성〉으로 철저히 녹아들어간 바는 없었다. 그리고 이러한 과정 중에 자신의 〈국민적 특성〉은 여전히 유지되고 있었다. 또한 〈경제적 과업〉도 국민적으로 수행되었는데, 경제에 있어서의 거대한 〈생활권력〉은 국민적 〈권력자원〉(Machtbestand)

의 일부가 되었으며, 이를 지탱하는 단위는 국민이었다. 그리고 이러한 〈국민적 힘〉(nationale Kraft)은 〈권력의 순환〉 과정 중에 지속적으로 갱신되었다. 이러한 〈권력의 순환〉 과정에서도 역시 〈국민적 연관성〉(nationale Zusammenhang)이 결정적으로 중요하였는데, 세계와의 〈연관성〉은 국민적 〈권력자원〉을 증가시키는 목적에 봉사하였다.

이러한 측면에서 보자면, **〈내셔널리즘〉은 〈국민적 힘〉을 이용하여 형성된 국민적 산물이라고 할 수 있다.** 하지만 이러한 〈국민적 힘〉의 표출은 동시에 국민적 〈권력감정〉을 수반하며, 따라서 〈내셔널리즘〉은 동시에 〈국민 권력〉의 표출이기도 하였다. 〈권력감정〉은 〈내셔널리즘〉에 항상 수반된다. 국민의 정서들은 국민적 과업이 전개되는 바를 따르게 되며, 그 과업의 가치에 대한 외적 표현인 통계 숫자에 집착하게 되고, […] 모든 커다란 〈성공〉은 국민적 칭송을 받게 되고, 반면 어떠한 커다란 상처는 국민적 고통으로 된다. 그리고 외국 세력의 부상도 국민적 걱정거리가 된다. 영국의 경우 자국민이 외국에서 받는 어떠한 조그마한 피해도 갑자기 국민적 관심사로 부각되어 〈공중〉은 그에 대한 응징을 요구하고, 이를 자신들 자존심에 대한 상처로 여긴다. 외국과의 사소한 충돌도 자국 국민들의 감정을 자극하고, 독일 카이저가 다소 격한 말을 하는 경우, 그것은 영국 〈공중〉의 감정에 소용돌이를 불러일으키는데, 사실 '냉정한' 영국인은 더 이상 없고, 영국의 자존심은 신중한 사려보다도 감정에 의하여 반응하면서 여하한 도전이나 혹은 영국이 도전이라고 간주하는 모든 것에 민감하게 되었다.

〈내셔널리즘〉은 국민적 〈권력감정〉이 자신들이 가진 〈국민적 힘〉을 초과할 때 발생하며, 이는 탐욕의 〈내셔널리즘〉이라고 할 수 있고, 또한 〈국수주의〉(Chauvinismus)로 변질된다. 정당하게 자신의 과업이라고 간주될 수 없는 것들까지도 자신의 과거의 과업으로써 자랑스럽게 포장하는 〈국민이념〉은 유럽 도처에서 만연하며, 심지어는 〈국민국가〉가 형성되지 않았기에 〈국민〉이라는 명칭이 적용될 수 없는 곳에서도 〈내셔널리즘〉은 기승을 부린다.

그를 위하여 그들은 자신들의 선조들이 창조한 높은 역사적 가치를 지적하는데, 그러한 가치들은 실상 〈국민〉들에 의하여 창조된 것은 아니고, 단지 이미 소멸하여 존재하지 않는 당대의 지배계급의 창조물이라는 것, 그리고 대중은 노예 상태로 있었기에 오늘날과는 달리 어떠한 〈문화적 과업〉을 수행할 능력이 없었다는 사실은 망각한다. 그러한 국가들, 예를 들어 작금의 이집트나 중국의 경우에 있어서는 그 선조들이 조국을 수호하기 위해 바친 숭고한 희생은 있었지만, 그럼에도 불구하고 깊은 〈국민적 힘〉은 없었다. 그리하여 그들이 만일 독립을 쟁취한다고 하더라도 내적으로 결집된 〈국민국가〉를 형성하기 힘든데, 이는 그 대중들은 여전히 예속 상태로 남아있기 때문이다. 반면 유럽의 많은 군소국들에 있어서는 대중은 힘은 아직 신선하게 유지되어 있고 지도층은 문화적으로 도야되어 있기에 〈국민국가〉로 가는 도정에 있다고 할 것이다. 명심해야 할 바는 독립을 위한 초기의 무력적 투쟁은 〈국민국가〉로 향하는 단계에서 단지 시작에 불과한 것이며, 후속으로 필요로 되는 〈문화적 과업〉은 〈대중의 힘〉을 필요로 하는데, 이는 훨씬 더 험난하고 어려운 과정이라는 것이다. 일찍이 리히텐베르크(Georg Christoph Lichtenberg 1742-1799)는 인간은 자신의 신념에 따라 사는 것보다 그에 따라 싸우는 것을 더 좋아한다는 잘 알려진 말을 한 바 있다. 우리는 인간은 〈국민이념〉에 따라 평화시에 과업을 수행하는 것보다 그 〈국민성〉을 보전하기 위해 전쟁을 하는 것에 경도되어 있다고 말하고자 한다. 아무리 위로부터 강제된 평화가 유지된다고 하더라도, 그리고 헌법이 수립된다고 하더라도, 자의적으로 구획된 국가 경계선하에 다종의 인종들이 섞여 살고 있는 국가에서는 이미 충분히 〈국민국가〉를 달성한 국가들에 비하여 수행하여야만 할 무수히 많은 어려운 숙제들을 가지고 있고, 이는 국가의 모든 면에 있어서의 도야와 또한 〈역사적 권력〉의 도움이 없으면 해결될 수 없다. 그런데 유럽의 소국들, 예를 들어 스웨덴, 노르웨이, 네덜란드 등은 〈국민국가〉로 성장하였는데, 이는 그들의 힘들이 풍부히 발현되었기에 가능하였다. 그리하여 지금 그들은 온건한 국민이 되었고, 그들의 국민의 용맹은 평화지향성과 결합되고 있으며, 도덕에 의하여 달성되는 안정이 군사적 확신의 그것보다 우선시된다. 그러한 〈국민국가〉가 되는 경우, 그들을 침범하는 경우 국제적 공분을 불러일으킬 것이다. 이러한 마음이 모든 국가에게 공유되는 경우, 그러한 〈국민국가〉들이 연합한 〈국제연맹〉은 진정으로 평화의 연맹이 될 수 있다.

반면 스페인, 포르투갈, 벨기에 등의 경우에는 상황은 다른데, 비록 외적인 평화는 달성되었을지언정, 내적인 평화는 존재하지 않고, 특히 스페인과 포르투갈의 대중들은 〈절대주의〉(Absolutismus)와 정신적 예속에서 아직 탈피하지 못하고 있다.

그런데 1차대전 이후에 성립된, 자신 스스로의 분투가 아닌 단지 외적 세력들이 자의적인 결정에 의하여 형성시킨 구 오스트리아, 러시아 서부, 그리고 터키의 동부 지역의 유럽의 일부 국가들에 있어서는 스스로를 지속시킬 능력이 있는지 의심스러운데, 그러한 국가에서 발흥하고 있는 〈내셔널리즘〉은 사악함을 가지고 있다. 과거의 〈역사적 기억〉과 결합되어 〈국민이념〉이 생성되어 〈국민의식〉을 심화시키는데, 사실 그 모든 국가들은 아직 〈국민국가〉의 단계에 도달하지 못하였으며, 그들은 단지 국민적 탐욕이 자신들의 국민의 능력을 초과하는 국민적 국가에 불과하다. 그들은 전쟁에서 노력하여 승자의 위치에서 그 위상을 얻은 것은 아니고, 따라서 그들에게는 노력과 분투의 시간이 없었고, 그러한 초보적 도야의 단계가 결여된 상태에서 작금과도 같이 어려운 시기에 국가를 성립시켰는데, 그들은 강국들의 권력 게임의 가운데 놓여있고 그들이 주장하는 불안정한 〈내셔널리즘〉은 전제 유럽과 세계에서 분쟁을 일으키는 도화선이 될 수 있다.

이태리에서도 〈내셔널리즘〉이 발흥하였는데, 그 형태는 동구 유럽과는 다르며, 이태리가 앓고 있는 〈내셔널리즘〉이라는 병은 가히 이태리를 '〈국수주의〉의 어머니'라고 칭할 만큼 심각하다. 사실 현대적 〈제국주의〉는 과거의 세계 제패를 꿈꾸던 지배자들의 그것보다 우월한데, 현대에서는 위로부터 세계를 제패를 기획하는 것이 아닌, 시민들이 가진 자제할 수 없는

[이윤을 향한] 충동에 의한 것이고, 이는 마치 벌꿀이 벌을 찾아 멀리 넓게 나가는 것과도 같다. 하지만 이태리의 경우에는 외국에 일자리를 찾기 위해 가장 가난하고 일자리 없는 프롤레타리아들이 수출되는 형태를 가질 뿐이다. 반면, 이태리는 과거 자신의 연방이었던 이태리 주변의 지역을 회복하려는 야심만이 충전하였고, '이태리는 도움 없이도 성공할 수 있다'는 등의 구호만이 난무하였다 그런데 그러한 목적을 외국의 원조 없이는 성취할 수 없을 정도로 자신의 힘은 미약하였는데, 그럼에도 그 미약한 힘을 과대평가하였고, 결국 이태리의 〈내셔널리즘〉은 자신의 힘이 닿을 수 있는 범위 밖의 것이었으며, 국수주의적 과장의 전형이었다. 이러한 상황에서 민주화에 뒤이은 국내의 정치적 혼란은 무정부적 상태를 초래하였고, 결국 그 결과 파시즘이라는 반동이 발흥하여 〈내셔널리즘〉과 결합되게 되었다.

영국은 천부적으로 제국주의자로 타고났다고 할 수 있다. 유럽 대륙의 국가들이 단 한치의 작은 땅을 놓고 전쟁을 하는 동안, 영국은 유럽으로의 확장은 무의미하다고 느끼게 되었고, 이에 바다를 통해 다른 대륙으로 눈을 향하였다. 특히 유럽에서의 전쟁은 이러한 영국의 [해양진출] 의도를 방해하는 [유럽] 세력들이 약화되는 계기로서 유리하게 작용하였다. 영국의 해외 식민지 개척은 전 국민적으로 이루어졌고, 이에는 조선, 상업, 공무원, 자본이 모두 연루되어 있었고, 영국의 사업가들은 사적 회사들 설립하여 인도와 같은 국가들 지배하였다. 그리고, 국가는 이에 부응하여 군사적 정치적 지원을 하였다. 영국의 〈제국주의〉는 자국 내에서는 국민의 자유에 기반하였으며, 해외에서는 타국이 영국의 영토에 대한 권리를 침범하지 않는 한 개의하지 않았는데, 단, 반(半) 〈문화민족〉 내지는 비 〈문화민족〉에 대하여서는 정복욕을 보이며 군주로서 군림하려 하였다. 즉, 내적으로는 이미 〈국민국가〉를 달성하였으며, 반면 해외에서는 국민적 〈자결권〉을 상실한 피지배자들 위에 군림하였는데, 이러한 자신들의 지배를 〈자결〉의 힘이 결여된 피지배자들의 이익을 위한 것이며, 그들을 속박하고 있던 전제정으로부터 해방시키는 것이라고 정당화하였다. 물론, 그 피지배민들은 국민으로서 성숙화되지 못한 상태였기에, 그들의 〈국민이념〉이 영국인이나 혹은 다른 유럽인들에 의하여 훼손될 여지조차도 없었던 것은 사실이다. 영국인이 자국 내에서 국민적 〈자결권〉을 가지고 있으면서 외적으로는 지배자로 군림한 것은 위선적 이중 행동은 아니었다. 그러한 국민에 의한 〈지배적 국가〉로서의 영국은 어쩌면 세계에서의 힘의 분배 상태에 의한 권력 표출이라는 논리적 결과였다. 또한 나쁜 의미에 있어서 국수주의적은 아니었는데, 이는 영국의 〈제국주의〉는 이태리의 경우와는 달리 자신 내에 존재하는 〈국민의 힘〉의 범위를 넘어서는 것은 아니었기 때문이다.

현대에서의 〈제국주의〉는 고대의 정복자들이 행한 바와 같은 차원으로 이해되어서는 안된다. 물론 유사한 경우는 로마의 〈제국주의〉였는데, 차이점은 로마의 경우에는 로마 민족의 본성에 기인하였고, 현대의 〈제국주의〉는 현대 국민의 본성에 의거한다는 사실이다. 즉, 현대의 〈제국주의〉는 로마의 경우처럼 '상위 지배 국민'에 의하여 주도되는 것이 아니라, '전 국민'적인 지지를 받고 있으며 그렇기에 더욱 광범위하고 영속적일 수 있다. 그런데, 지난 세계대전은 그러한 제국주의적 권력들이 최초로 본격적으로 충돌하였던 사건이었다.

〈내셔널리즘〉과 〈제국주의〉는 국민적 운동이 그 넘치는 힘을 자제하지 못한 젊음이 자신의 힘을 최대한 분출하려 하였던 결과였다. 그러한 힘을 자제시키기 위하여는 학교 등에서의 혹독한 역사적 교육이 필요하지만, 현재로서는 심지어 가장 발전된 국민들에서도 자신들의 자유를 행사하는 기구들의 사용에 있어서 충분히 성숙하지 못하다. 민족과 국가에 있어서 〈권력의 순환〉은 그들을 불가침한 자유의 위상으로 고양시켰지만, 반면 구래의 〈역사적 리더십〉을 약화시키거나 혹은 와해시켜 버렸고, 그를 대체할 똑같이 강력한 〈자유적 리더십〉은 아직 출현하지 못하였다. 따라서 어느 곳에서나 국가라는 배를 위협적인 충돌로부터 구조하고, 그 이후 재차 안전하게 조용한 항구로 인도할 안정적인 리더십은 결여되어 있는 상태이다.

XVIII. 현대의 〈권력기구〉들

A. 현대의 〈자유적 기구〉(Freiheitorgan)

1. 〈개인주의적〉(individualistisch) 사회학과 〈유기체론적〉(organisch) 사회학

현대적 〈자유주의〉 운동은 대중과 개인 모두가 〈자결〉에 근거하여야만 함을 요구한다. 이는 각자의 〈자발력〉(Eigenkraft)에 의거할 때 자신의 목적과 수단에 대하여서는 가장 현명한 판단을 하고, 자신의 〈복지〉를 위해 가장 큰 노력을 경주할 수 있으며, 외적인 힘에 방해받지 않아야만 스스로를 가장 발전시킬 수 있다는 주장이다. 그런데 이에는 개인을 넘어서는 경제, 사회, 그리고 더 나아가서는 사회 일반에서 작용하는 힘의 작용에 대한 중대한 통찰이 추가되는데, 타인을 위한 교환과 생산을 함으로써 각자 혼자만의 생활을 함에 비하여 산출을 늘려서 모두가 이득을 본다는, 즉, 개인의 〈이기심〉은 전체 〈사회복지〉를 증대시킨다는 생각이다. 그런데 이같은 경제적 자유에 관한 사고는 경제적 영역을 넘어 사회적 영역에서의 자유로도 적용시킬 수 있는데, 모든 사회적 힘들이 삶의 투쟁에서 상호 경쟁하도록 하고 일반 〈공중〉이 누구를 선택하여 상을 내릴지를 결정하게 한다면, 가장 높은 성과를 볼 수 있다는 것이다. 이때 국가의 역할은 사회의 힘을 결집할 필요성이 있지만 시민들 간의 자발적 협동이 가능하지 못한 분야에만 국한된다고 생각되어진다. 이러한 원칙은 공적 영역에까지도 확장시켜 생각할 수 있는데, 투표권자들이 가장 적합한 자를 대표자로 선발한다면, 그 후보자들은 투표권자들의 표심을 얻기 위하여 자신의 최선을 다하기에 대중의 요구를 충실하게 따른다는 것이다. 〈개인주의적 교리〉에 의한다면 이러한 **의미에서 경제적 자유의 〈최적화〉와 정치적-사회적 〈최적화〉는 동일한 논리를 공유한다.**

이러한 논리는 계몽과 혁명의 시대 이전의 〈군주지상주의〉하에서는 갈채를 받을 것을 기대하였다. 그런데 〈사회적 과업〉은 각 시대별로 〈권력의 순환법칙〉(Gesetze des Kreislaufes)을 따라 뚜렷이 구분되는 단계를 보이기에, 과학적 설명을 하기 위하여서는 우선 그를 지탱하는 사상들이 어떻게 각 시대별로 변천하는지를 살펴려 한다. 사회과학은 자연과학과는 달리 그 관찰 대상을 철저히 객관적으로 볼 수는 없는데, 특히 관찰자 자신은 아직 완성되지 않은 과정에 대해서는 자신이 내적으로 경험하지 않고서는 예리한 시각으로 파악할 수 없다. 그렇기에 위대한 사회사상가는 일종의 선지자적 역할을 하는데, 그는 미래에 동이 터올 것들을 미리 예감하고 그 도래를 앞당기거나 그에 빛을 더하려고 한다.

이것이 바로 사회적 자유의 도래를 알리는 전령들이 수행한 역할이다. 그들은 자유라는 사상을 스스로 만들어 낼 필요가 없었는데, 그것이 생성되고 있을 때 그것들을 삶에서 발견하였고, 그것이 완성된 모습을 보이기 전에 그것을 발전시키려고 하였다. 계몽과 혁명기에서는 과학과 〈경제적 과업〉들은 새로운 환경과 마주쳤고, 이에 새로운 위대한 사상이 회임되었고 또 실행되었는데, 그러한 사상의 실행은 자유라는 개념이 없이는 불가능하였다. 당대의 분위기에서는 자유는 일종의 공리였고, 어떤 증명도 불필요한 단어였다. 하지만 이를 위하여서는 구권력들의 저항을 분쇄하여야 하였고, 그 구권력들이 세워 놓은 벽을 허물기 위한 철저한 비판을 제기하여야만 하였다. 아담 스미스의 중상주의 비판이 그 예이다. 반면 새로운 것을 건설하는 과업에 있어서는 그들은 과거의 것을 비판함에 경주하였던 그 철저함은 결여되어 있었고, 스스로 쉽게 생각하거나, 청중과 독자들을 사로잡기 위하여, 또는 당시 유행하던 자유라는 개념을 따라 당대 지도적 정신들과 많은 대중들의 갈채를 받고자 사상들을 개진하였는데, 사실 그러한 자유라는 사상에 포함된 오류들은 후대의 비평가들에 의하여만 간파될 수 있었다.

최초에는 그러한 자유의 사상은 〈성공〉을 통해 스스로가 옳음을 입증하였다. 사회와 지적 영역에 있어서 방어의 장벽이 무너지게 되었고, 또한 해외뿐만 아니라 구 유럽 내의 새로운 땅으로 기회를 찾아 진출하는 것도 가능하였다. 그런데 그 새로운 땅은 결코 자유로운 영토가 아니며, 그 이전의 시대와도 같이 〈강압적 권력〉이 자라나기 시작하였고, 많은 곳에서는 자유의 희망은 존재하지 않았다. 이로써 이상적으로 주장되던 자유는 현실과는 괴리가 있음이 보여졌다.

　우리의 비판의 첫 번째 대상은 〈자유주의 교리〉에 내재된 〈개인주의〉 내지는 더욱 강한 어조로 사용되는 경우 〈원자론〉이다. 이 교리는 단지 단일 개체만을 염두에 두며, 사회가 정당하게 설 자리를 허용하지 않는다. 아무리 많은 사람들이 이 〈자유주의 교리〉를 주장한다고 하더라도 넓은 의미에서 정당화하기는 힘들다. 실제로 〈자유주의 교리〉도 국가에 정당한 설 자리를 부여하려 하고, 법과 〈윤리〉에 의해 설정된 한계들이 필요하다고 주장하며, 개인적 〈활동의 자유〉는 이렇게 한정된 범위 내에서만 인정한다. 또한, 과다한 개인적 〈이기심〉은 일반적으로 경쟁에 의하여 제약된다는 것을 증명하였다고 믿고 있다. 하지만, 그 교리는 개인의 〈활동의 자유〉의 범위를 제약하는 경계를 너무 멀리도 나아간 곳에 그렸다. 이러한 〈자유주의 교리〉가 법 제정이나 행정에 있어서 너무 깊숙이 간여한 경우에는 오히려 해악을 끼친다는 것은 신중히 과거 경험을 고찰하는 경우 간파할 수 있다. 이렇듯 그 경계선을 정확히 규정함에 있어 실패하는 궁극적인 이유는 단지 개인을 그가 속해있는 사회에서 분리하고자 함에 기인하는 것은 아니다. 오히려, 올바른 사회학 이론이 부재하기에 개인과 그 개인이 필요로 하는 사회 간의 관계를 적절히 규명하지 못하기 때문이다. 물론 〈개인주의적 교리〉는 노동의 분업, 공동 작업, 그리고 경쟁 등을 설명함에 있어서 풍부한 분석을 위한 기초적 초석을 정초하여 온 것은 사실이나 그럼에도 불구하고 그 건축물을 완성시키기 위하여서는 너무도 많은 것들이 아직도 준비되어 있지 않은 상태이다. 하지만 〈개인주의적 교리〉에 대한 종래의 비판은 전혀 성공적이지 못하다. 예를 들어 그것을 비판하기 위하여 〈유기체론적〉 견해를 이용하는 것이 어떤 도움이 되는가? 사회를 유기체에 비유하는 〈유기체론〉(Organismus)은 신체라는 유기체의 각 부분이 서로 연결되는 것처럼 사회도 그러한 개인들이 신체와도 같이 유기적으로 연결되어 있는 것으로 묘사한다. 하지만 사회에서는 각 개인들은 제한적이나마 독립성을 유지한다. 반면 유기체에서 신체의 각 부분은 독립성을 가지지 못한다. 이러한 〈유기체론〉은 〈개인주의적 교리〉와는 반대로 이러한 독립성의 영역을 인정하지 않기에 오류가 있는 것이다.

이러한 〈개인주의적 교리〉에 대한 가장 강력한 비판은 그 교리는 **'자유라는 권리'와 '자유라는 사실**(Tatsache)**'을 혼동**한다는 것이다. 사회적으로 약자는 단지 법적으로 자유롭다고 천명된다고 실제로 자유롭게 되는 것은 아니다. 그와는 반대로 이러한 법적 자유는 오히려 그들에게 해가 될 수 있다. 왜냐하면 지금까지 설치한, 사회적 강자의 권력을 약자에 대하여 악용하는 것을 방지하기 위한 목적을 가진 장벽을 허물 수 있기 때문이다. 이러한 사례는 자유주의적인 경제적 법령을 제정하는 과정에서 너무도 많이 경험한 바이다. 채무자 중 약한 자는 고리대적 대부자에게 악용당하고, 근로하는 노동자들 중의 약자는 착취적 공장주에게 수탈당하며, 저축한 푼돈을 투자한 약자인 소액주주들은 기업의 창립자들의 계략에 의하여 농간을 당한다. 영국의 경우 이러한 강자의 전횡을 방지하기 위한 여러 제도적 장치를 도입하였다. 하지만 강자가 대중을 〈착취〉하는 것을 방지하기 위하여서는, 즉, 도로를 통행하는 대중의 길을 막고 강제로 통행세를 징수하는, 남작의 탈을 쓴 강도의 성채를 부수어 버리기 위해서는 더욱 많은 보호장치가 도입되어야만 한다. 현대적 남작의 탈을 쓴 강도들은 더 이상 무기를 이용한 무력을 사용하지 않는다. 그는 위장된 형태를 사용하는 방법을 잘 알고 있고, 그들의 위상을 차유라는 이름에 호소함으로써 보전하려 하며 〈공중〉은 그 성스러운 자유라는 위대한 단어에 경외를 표하고 복종하며 받아들인다. 이러한 '사이비 자유'(Pseudofreiheit)에 대한 비판은 적지 않지만, 그 자유라는 이름에 현혹되어 지지하는 자들도 또한 많다. 일반적으로 강자가 기준을 정하고 약자는 그렇지 못하다는 것은 잘 알고 있다. 하지만 두 종류의 상이한 요구, 즉 약자를 보호하고 동시에 강자들로 하여금 일하도록 채근할 수 있게 하는 정신적 경계선을 어느 곳에 설정하여야 하는 바를 아는 사람은 없다.

양자 사이의 경계선을 설정하기 위해서는 잘 정립된 사회이론이 필요하며, 기존의 〈개인주의적 교리〉나 〈유기체론적 교리〉 모두 이에는 부합하지 못하다. 또한 일반적으로 말하듯, 완전한 자유는 진정으로 성숙한 사회에서야 가능하다는 논리도 충분하지 못한데, 이 경우 도대체 성숙하다는 정의가 무엇인지에 대한 의문이 제기되기 때문이다. 마치 어떤 기계를 조작하기 위한 방법을 알기 위해서는 먼저 그 기계가 어떤 방식으로 움직이는 바를 알아야 하는 것처럼, 자유와 예속의 정도를 측정하기 위해서는 먼저 〈사회적 행동〉이 어떻게 발생하는 지, 그리고 그 〈사회적 행동〉의 특수한 본질이 어떻게 구성되어 있는지를 명확히 이해하여야만 한다. 〈개인주의적 교리〉나 〈유기체론적 교리〉 모두 이에는 부합하지 못한다.

〈집단심리학〉은 〈사회적 행동〉을 이해함에 있어서, 순수히 개인적 행동과 집단의 행동은 다르다는 점을 보여주었다는 점에서 커다란 진보를 이루었다. 아무리 영리한 사람들이라도 그들이 모인 집단은 영리하게 행동하지 못할 수 있다. 하지만 이러한 〈집단심리학〉도 〈사회적 행동〉을 모두 설명하지는 못한다. 이전에 이야기한바, 그 이론은 단지 지도자가 없거나 약한 지도자하의 행동, 즉, 현대에서 볼 수 있는 바와 같은 불안정하고 병적인 상황에 대하여서만 외과 의사와 같은 눈으로 길게 설명할 뿐, 일반적인 경우에, 즉 확고한 지도자하에서 행동하는 경우에 대하여서는 말하지 않고 있다. 하지만 그 외과의사가 환자를 치료하기 위해서는 먼저 건강한 상태를 알아야 하는 것이 아닌가?

우리가 이미 지적한바 처럼, 건강한 상태에서의 〈사회적 행동〉은 지도자의 인도와 〈대중의 추종〉으로 이루어진다. 우리는 이미 〈사회적 행동〉은 〈권력결정적〉이라고 언급한 바 있다. 그럼으로써 우리는 순수히 개인적인 행동과 권력의 영향을 받는 경우 양자를 모두 추적하였다. 이제부터는 우리의 이같은 생각이 옳은지에 대하여, 그러한 생각이 사회에서의 자유와 예속 간의 관계를 측정할 수 있는지를 검토하여 봄으로써 결정적인 검증을 하려 한다.

2. 〈지배적 리더십〉과 〈자유적 리더십〉(freie Führung), 〈자발적 추종〉과 〈비자발적 추종〉

성공적인 〈사회적 행동〉에 있어서는 대중은 지도자를 추종하는데, 이는 반드시 비자유적인 형태의 추종만을 의미하지는 않는다. 즉 〈자발적 추종〉(freie Nachfolge)도 존재한다. 그리고 심지어는 〈비자발적 추종〉(gebundene Nachfolge)의 경우에도 〈역사적 권력의 순환〉이 경료되는 순간에는 자신의 자유를 획득하게 된다. 왜냐하면 그 경우 종전에는 비자발적으로 추종하던 자들에 의하여 지도자가 임명되기 때문이다. 〈사회적 과업〉은 두 가지 종류로 나뉜다. 〈개별과업〉과 〈집단과업〉(Gesamtwerk)이 그것이다. 〈집단과업〉에서 중요한 것은 〈전체적 효과〉(Gesamtwirkung)이며, 따라서 〈비자발적 추종〉이 필요하다. 반면 〈개별과업〉에서는 〈개인주의적 교리〉가 적용되는데, 〈성공〉은 그 행동을 하는 개인에 달린 것이며, 〈전체〉라는 관점에서 보았을 때는 그 개인이 행동하거나 혹은 〈성공〉을 달성하는 것은 큰 관심사가 될 수 없다. 하지만 〈개별과업〉이라고 하더라도 순수히 개인적인 문제는 더 이상 아니다. 왜냐하면, 그것조차도 사회라는 사슬을 떠나서는 성취될 수 없고, 보다 큰 〈성공〉은 결국 거대한 〈사회적 집단〉, 그리고 타인과의 〈연관성〉하에서 성취되기 때문이다. 사람들은 타인과의 공조하려 하고, 그러기에 특히 자신의 앞에서 모범을 보이고, 자신이 모방하려고 하는 지도자를 찾기 마련이며, 그러한 의미에서 〈사회적 권력〉의 영향하에 있게 된다. 하지만 이러한 경우에서의 〈사회적 권력〉은 명령과 복종이라는 의미에서의 외적인 〈강압적 권력〉은 아니고, 그것은 단지 정신적 영향만을 미칠 뿐이며, 물론 이러한 영향을 쉽게 떨쳐버릴 수는 없을지언정, 각 개인의 의지에는 선택의 자유는 남아있기 마련이다. 대다수의 대중들은 이미 정해진 일반적인 군사 도로를 따라서만 행진하며, 오로지 강한 개인들만이 자신의 결정에 있어서 [도로 선택의] 폭이 넓을 뿐이다. 그럼에도 불구하고, 추종 여부에 대한 결정이 개인들에게 맡겨져 있는 한, 개인들 앞에는 〈개별과업〉은 항상 존재한다. 사회는 그 개인에게 성공적인 행동을 위한 기회를 제공할 뿐이며, 그중에 어떤 것을 실현할 것인지는 개인이 무엇을 추종할 것인가에 대한 결정에 달려있다. 이같은 측면에서 보았을 때, 〈**집단과업**〉의 경우에는 〈**비자발적 추종**〉이, 그리고 〈**개별과업**〉에는 〈**자발적 추종**〉이 상응한다고 할 수 있다.

그런데 〈자유적 리더십〉(freiheitliche Führung)은 〈자발적 추종〉을 기초로 하는 리더십이다. 〈개별과업〉에서의 지도자는 높은 개인적 권위를 가지고 있을지는 모른다. 하지만 그런 경우에는 그의 리더십은 단순히 〈성공〉을 통하여 확립된 리더십이며, [과거 봉건 영주가 세습을 통하여 가지고 있던 것과 같은] 〈자체 권리적 리더십〉(Führung eignes Rechtes)은 아니다. 진정한 영적 지도자는 마음 깊숙한 곳에서 우러나와 그를 추종하는 추종자가 아닌 자들을 거부하기 마련이다. 〈개별과업〉에서 가장 많이 보이는 리더십은 〈무명적 리더십〉인데, 그러한 형태에서는 그 성취는 어떤 주체가 명백히 드러나지 않고, 대중이 거의 자동적으로 그에 길들여지는, 그래서 거의 추종이라고는 여겨질 수 없는 〈무명적 권력〉으로 응축된다.

모든 〈**집단과업**〉은 〈**비자발적 추종**〉을 요구하며, 그러한 한에서만 〈**전체적 효과**〉를 달성할 수 있다. 하지만 인간이라는 것은 기계적인 정확성으로 명령에 따라 움직이는 기계는 아니며, 따라서 명령을 수행하는 과정에서도 개인적 요소는 남아있고 그 개인적 요소에 따라 그 명령의 효과도 달라지기 마련이다.

만일 대중이 〈집단과업〉에 참여하기를 **꺼리는 경우에는 불가피하게 일종의 〈지배적 리더십〉이 요구된다**. 대중이 점차 〈집단과업〉에 참여하게 되는 경우, 그러한 〈지배적 리더십〉은 〈역사적 권력의 순환〉의 경로를 따라 점차 **협동적 리더십** 내지는 〈자유적 리더십〉으로 대체된다. 그때는 대중이 스스로 지도자를 임명하거나 적어도 그의 임명에 있어서 중요한 역할을 하게 되며 또한 그 지도자의 활동을 통제할 수 있게 된다.

그런데, 〈지배적 리더십〉의 정점에서는 〈지배계층〉이 그 본질에 있어 〈집단과업〉인 과업에 대하여 명령하는 것뿐만 아니라, **〈개별과업〉의 영역에까지도 침입하여 간여하며**, 그 과업에서 결과되는 〈성공〉을 자신을 위하여 유용하기 위하여 〈자결권〉을 박탈하는 경우도 있다는 것을 깨달아야만 한다. 즉, 〈지배계층〉은 노동자를 예속시키거나, 최소한 그 노동자의 〈노동수단〉을 법에 의하거나 혹은 실제적 권력을 이용하여 유용함으로써 그 노동의 결실을 빼앗아 자기 스스로의 부를 늘릴 수 있다. 따라서, 〈자유의 운동〉(Freiheitsbewegung)은 두 가지 목표를 동시에 가진다. 즉, **〈개별과업〉의 영역은 〈자발적 추종〉에 기반하도록 하며**, 그러한 목적을 위해서는 모든 개인적 자유가 보장되어야만 하고, 반면 **〈집단과업〉은 〈자유적 리더십〉에 기반하**도록 하는 것이다.

그런데 이같은 두 가지 목표를 달성하기 위해서는 〈역사적 도야〉가 필요하다. 강압에 의해 대중을 사회적 〈집단과업〉에 참여시킴으로써 역사적으로 도야시켜야 하는데, 물론 그같은 〈집단과업〉은 최초에는 그들에게는 낯설은 것이다. 또한 그들이 지배적 강압에서 벗어나기 위하여서는 자발적으로 추종을 하는 방법을 배워야만 한다. 그 이외에도 그들의 〈개별과업〉에 있어서도 〈능동적 추종〉을 할 수 있도록 교육되어야 하는데, 그럼으로써 〈지배적 리더십〉에 의한 남용에 반대하는 저항을 지탱할 수 있도록 되고 동시에 〈자유적 리더십〉이 될 수 있도록 하는 힘들을 창출하여 낼 수 있게 된다. 반면, 〈지배적 리더십〉은 역사적 교육을 통하여 〈자유적 리더십〉으로 변모하여야만 하며, 그럼으로써 그는 모든 진정한 사회적 목적을 파악하는 법을 배울 수 있고, 단지 그 자신의 〈지배욕〉, 야망, 그리고 자신의 타락한 만족만을 충족시키기 위한 모든 것을 떨쳐 버릴 수 있게 된다. 그리하여 그는 단지 그가 지배적으로 스스로 처분 통제할 수 있는 것들뿐만 아니라, 모든 〈사회적 힘〉들을 그의 목적을 위한 수단이 될 수 있게 하는 방법을 배우게 된다.

〈자유적 지도자〉는 그의 사회적 지도자로서의 기능을 고차원적으로 수행한다. 그는 자신이 가진 〈지배권〉을 단념하는 등의 일종의 타협을 하지 않는다. 인간사에 있어서 그 자신만의 판단을 하며, 그럼에 있어서 다른 사람들이 그를 임명하거나, 혹은 제약하지 못하며, 단지 그를 따르는 사람들의 〈자발적 추종〉에 의거하기에 언제나 〈자유적 지도자〉로 남을 수밖에 없다. 물론 외적인 권력의 행사에 있어서 그는 〈권력욕〉이나 혹은 도달할 수 없는 목표를 설정하려는 유혹을 떨치기 힘들다. 나폴레옹이나 알렉산더도 이에는 성공하지 못하였고 아마도 카이사르는 그에 근접할 수만 있었다. 그런데, 그러한 초인들의 〈권력에의 의지〉를 견제할 수 있기 위해서는 대중이 강력한 〈자유의 힘〉(Freiheitskraft)을 가질 수 있도록 도야되어야만 하였다. 이렇듯 〈자유적 리더십〉과 대중의 도야가 결합되어 높은 수준의 힘을 발휘할 수 있을 때야 비로소 지도자와 대중은 가진 가장 높은 수준의 과업을 수행할 수 있다. 아테네의 페리클레스가 그 일례이다.

무제한적인 〈**권력에의 의지**〉가 〈개인성〉(Persönlichkeit)이 도달할 수 있는 가장 높은 정점이라고 생각해서는 안된다. 〈권력에의 의지〉보다 더 높은 곳에 위치한 것이 〈**힘에의 의지**〉(Wille zur Kraft)이다. 후자는 〈지배욕〉, 〈권력욕〉, 야망에 수반되는 너무도 세속적인 모든 것을 떨쳐버리게 하고 인간의 본성을 가장 높은 곳으로 고양시켜 사회적인 〈성공〉으로 흘러 들어가게 한다. 그리하여 자신의 내면의 법칙을 따라 〈힘에의 자기의지〉(Eigenwille der Kraft)에 의존하여 사는 사람은 그의 과업이 사회적으로 인정을 받는 경우 주어지는 행복을 통해 자신의 〈인간성〉에 있어 최대의 행복을 얻을 수 있다.

사실 현대에 있어서 소위 자유의 전도사들은 인간이 자유를 향해 성숙해지기 위해서는 〈역사적 도야〉가 필수적이며, 또한 그 과정에서 무력의 채찍이 필요하다는 사실을 간과하는 오류를 범하였다. 그들이 생각하듯이 〈자유의 힘〉은 절대로 인간의 자연적 상태가 아니며, 무력이란 단지 법을 제정하여 쫓아버려야만 하는 사악한 〈역사적 망령〉도 아니다. 그리고 그러한 자들이 외치는 자유는, 리더십이 어떠한 권력에의 유혹에도 굴복하지 않는 내적인 자유를 얻게 되는 경우, 그리고 대중이 **내적인 자유**를 획득하여 궁구(窮究)하는 자세로 〈능동적 추종〉을 할 수 있을 때에서야 비로소 달성될 수 있다. 즉, 〈역사적 도야〉를 통하여 이러한 **〈자유를 향한 힘〉**이 생성되는 경우에만 비로소 〈자유의 권리〉가 천명될 수 있다. 왜냐하면 그때서야 비로소 외적 자유가 내적 자유의 자명한 표현이 된다. 그런데 지도자와 대중 모두가 이러한 〈자유를 향한 힘〉에 이르는 노정에만 머무르고 있는 경우, 혹은 특히 대중 중에 가장 낮은 층에 있어서 〈역사적 도야〉가 아직 완성되지 않았거나, 혹은 시작조차 되지 못한 경우에는 외적 자유로 인하여 성취된 〈성공〉은 결코 기대에 부합하지 못하였으며, 실제 당대의 상황에 의하여 정당화될 수 있는 자유의 정도를 가늠하기 위한 지속적인 투쟁이 재연되었다. 더욱이 단지 선진 외국의 사례에 기반하여, 자신이 가진 힘의 범위를 능가하는 자유를 천명하는 경우에 있어서는 그러한 성급한 천명은 현실과의 모순에 직면하였다. 그리하여 결국 〈지배적 리더십〉이 다양한 모습으로 다시 고개를 들기 마련이었다. 스스로 발전을 할 수 있는 잠재력을 가진 대중의 경우에 있어서는 그들의 〈역사적 도야〉를 완성시키기 위하여, 그리고 그 외의 사람들에게 있어서는 그 상황에 적합한 법적 체제를 영구히 정립하기 위해서는 그러한 〈지배적 리더십〉이 필요하였기 때문이었다.

오늘날에 있어서 〈경제적 과업〉은 지도자와 대중 모두에게 있어서 더욱 확대된 과업을 수행함을 요구한다. 그렇기에 새로운 〈지배계층〉을 부상시키고, 동시에 그에 대한 대중의 저항도 증가시킨다. 그리하여 사회적 적대감을 악화시키는데, 이는 모든 〈문화민족〉들에게서 보여진다. 과거의 국가적 과업에 있어서는 이미 완성되어진 것처럼 보여졌던 내적 자유에 대한 〈역사적 도야〉도 새로운 상황, 즉, 대규모화된 사업들에서 보이는 거대한 규모에 걸맞게 새로이 수정되어야만 하였는데, 과거의 부르주아적 중소 사업이나 혹은 농민들의 토지 소유와 관련된 과거의 〈역사적 도야〉는 새로운 상황에는 더 이상 적합하지 못하기 때문이다. 따라서 정치적 힘의 역학관계는 대형 자본가의 탄생과 노동자의 프롤레타리아로 인하여 변천하였고, 정치적 도야 또한 새로이 갱신되어야만 하였다. 18세기에 있어서 자유가 주창되어 그 개념이 받아들여졌을 당시에는 이러한 **〈대중적 관계〉**(Massenverhältnisse)는 예상하지 못하였기에, 이미 그 당시에서조차도 부적합하였던, 그들이 수립한 〈자유의 권리〉은 이러한 새로운 거대 규모로 전개되는 환경에는 철저히 부적절할 수 없었다. 〈힘에의 자기의지〉뿐만 아니라, 그보다 더욱 강도 높은 정열적인 〈권력에의 의지〉는 이러한 새로운 상황에 적응하는 방법을 곧 배우게 되었으며, 지도자와 대중 모두는 새로운 가능성들을 유용하고 또한 상대방의 커지는 저항에 대처하기 위한 투쟁의 과정에서 〈자유적 기구〉(Freiheitsorgan)들을 결성하였다. 그런데 이론들은 사실 이러한 상황을 제대로 포착하지 못하고 있다. 사회주의적 이론은 〈지배적 형성체〉(herrschaftliche Bildung)들이 가지고 있는 〈무력성〉만을 과장하여 강조하고, 반면 부르주아지 이론들은 대중들이 야기하는 위협만을 과장하기 마련이었으며, 그 모두의 이론에서는 자유라는 개념을 애용하였는데, 그 단어는 아직도 아주 피상적인 의미를 가지면서 마력을 발휘하고 있다.

이 다음 장에서는 이전까지 발전되어 왔고 현재의 〈대중의 삶〉 속에서 발전하고 있는 〈자유적 기구〉에 대한 논의를 진전시킬 예정인데, 그럼으로써 〈사회적 성숙〉이 의미하는 바에 대한 우리의 생각을 제시할 수 있을 것이다. 지도자와 대중이 모두 자유를 향한 성숙을 달성하기 위해서는 무엇보다도 그들이 이러한 특정한 〈자유적 기구〉들을 가지고 있어야만 한다. 각자는 자신의 권력 기구로서 이러한 기구들을 발전시킨다. 다른 측들에 앞서서 이러한 기구들을 발전시킨 측은 다른 측들의 관점에서는 〈패권적 권력〉으로서 자신들에 위협을 가하고 있음으로 간주된다. 건강한 사회가 달성되기 위하여서는 이러한 상호 간의 발전이 균형을 이루어야만 한다.

3. 〈자유적 리더십기구〉(freie Führungsorgan)와 〈자유적 대중기구〉(freie Massenorgan)

군주들은 절대적 지배 체제를 갖추기 위해서 군대와 공공기구들을 그가 신뢰할 수 있는 〈지배적 리더십〉을 가진 〈리더십기구〉(Führungsorgan)으로 만들었다. 단순히 봉신이 가진 군사력 대신 직접 징병제를 실시함으로써 그같은 목적을 달성할 수 있었다. 마찬가지로 자신이 관료들을 임명함으로써 그들의 충성을 얻어낼 수 있었다. 또한 교회와의 타협에 의하여 양자 모두의 이익을 지킬 수 있었다. 그리하여 모든 〈사회적 기구〉(gesellschaftliches Organ)는 국가에 의하여 관리되었고, 어떠한 〈자유적 리더십기구〉(freiheitliche Führungsorgan) 내지는 〈대중적 저항기구〉(Organ des Massenwiderstandes)도 용인되지 않았다.

〈자유주의자〉들은 사실 〈리더십기구〉에 대하여 그다지 관심을 기울이지 않았다. 즉, 군대와 공무원들은 자유로운 인민의 국가를 위하는 기구가 될 것이며, 교회는 그저 개인사일 뿐인 것으로 당연히 생각하였다. 그리고 기타 모든 기구들은 그것이 법과 〈윤리〉에 위배되지 않는 한 자유롭게 풀어 놓아도 무관하다고 생각하였다. 또한 군주가 존재하는 경우에는 그를 견제할 수 있는 〈자유적 리더십기구〉를 설치하고, 그가 제거된 후에는 그를 대신하여 주권을 행사할 또 다른 〈자유적 리더십기구〉가 설치되면 될 뿐인 단순한 사안으로 간주하였다. 하지만 실제적으로는 문제의 해결은 그렇게 단순한 일들이 아니다. 사실 문제에 대한 해결에는 무수히 많은 가능성들이 존재하며, 이에 대하여 일치된 의견은 존재하지 않는다. 즉, 자본에 의해 형성된 〈자유적 리더십기구〉처럼, 임노동자들로 구성된 대중을 억압하는 〈권력기구〉들이 등장하기 시작한 것에 주목하여야만 하며, 이에 사회주의적 교리들은 결국 자본과 전체 〈노동력〉의 국유화를 주장하며, 이상적으로 낙관적인 〈자유주의 교리〉에 대항하여 이상적으로 비관적인 요구로 대응하였다. 후자가 대중의 자유라는 미명하에 제기하였던 요구는 어쩌면 절대 왕정 체제에 비견되며, 자본과도 마찬가지로 그들의 〈자유적 리더십기구〉, 즉, 당에 의한 리더십과 언론은 많은 경우 자신의 이익을 위하여 권력을 유용하는 유혹에서 벗어나기 어려웠다. 그리하여 그들은 〈자유적 리더십기구〉로부터 〈자기강화권력〉(Eigenmacht) 적인 〈리더십기구〉로 전락하였다. 그런데 대중 또한 〈저항기구〉(Widerstandsorgan)와 권력 투쟁을 위하여 자신들의 기구를 창조하였는데, 그 예가 노동조합이다.

이러한 현대적 **〈리더십기구〉와 〈대중기구〉**에 대한 이해가 없이는 우리가 현재 처하여 있는 사회적 조건을 파악하기 어렵다. 그런데 그것들이 가진 **공통적 본질**에 대한 이해가 현재 부재하다. 이를 위하여서는 〈사회적 행동〉의 일부분인 경제 행동에서 그 특징적인 모습이 잘 파악될 수 있기에 **자본주의적인 〈리더십기구〉인 기업**을 예로 설명하고자 하는데, 우선 이를 단순히 일반 소비자들과의 관계에서만 간단히 고찰하고, 〈대중기구〉 내지는 노동조합과의 관계는 논의상 생략하고자 한다. 그리고 일단 현재의 조건들이 과거의 조건과 어떤 점에서 차이가 있는지를 알기 위해서 사회의 시작점으로부터 거슬러 올라가려고 한다.

〈경제적 과업〉은 가족이라는 좁은 울타리 안에서의 〈개별과업〉의 형태로 출발하였는데, 그 이후, 사냥, 목축, 그리고 원시적 형태의 농경으로 발전함에 따라 〈무리〉 내지 확장된 가족의 과업으로 변천하였다. 국가를 수립하고 문화를 정초하는 과정에서 전사들과 성직자들이 〈지배적 리더십〉의 위상에 올랐으며, 그들은 토지와 그 토지를 경작하는 대중들을 소유하게 되었고, 새로이 등장하기 시작한 사업들은 대체로 지배자들의 증가하는 수요를 만족시키기 위하여 지배자들을 위하여 비자유인들이 수행하였다. 그런데 생산이 더욱 발전하자 경제적 〈개별과업〉은 더욱 확대된 범위에서 수행되었는데, 그를 위하여 〈교환공동체〉(Tauschgemeinschaft)가 형성되었으나, 그것은 사회에 있어서는 단지 2차적인 중요성을 가지고 있었음에 불과하였고, 따라서 어떠한 〈사회적 권력〉도 가지지 못하였다. 그러한 〈교환공동체〉 내에서는 생산자는 비록 개인적으로는 자유가 있었다고는 할지라도 소비자에게 의존적이었다. 즉, 생산의 주문을 하는 위치의 소비자가 우위에 있었다. 이러한 상황은 더욱 상업이 발전함에 따라 바뀌게 되고, 생산자들은 더욱 독립적이 되었다. 그러나 초기에는 〈길드〉 내의 생산자들은 비록 생산의 권리를 가지고는 있었지만, 주로 부르주아지로 구성되어 있었고 자신만의 취향을 가진 구매자에 대하여서는 그들은 당분간은 우위에 있지 못하였다. 이러한 상황은 생산의 발전과, 대중으로 구성된 소비자에 대하여 사회적 위치가 우월해진 영리적 기업이 등장함으로써 최종적으로 전도되었다. 그리하여 후자는 〈사회적 권력〉을 지닌 지도자의 위치로 격상되었다. 물론 그들은 시장에서의 수요를 고려하여야만 하였지만, 이제는 미래에 대한 선견을 가지고 그 판매 방식과 생산되는 상품을 통제할 수 있는 위치에 있게 되었다. 그리하여 수요는 점차적으로 생산의 조건에 맞추어지게 되었고, 전반적 경제 환경에 부합하여 생산된 제품들은 〈성공〉을 거둘 수 있었다. 따라서 수요 행위는 결국 일종의 추종 행위가 된다. 그리고 개별 기업가는 대량 판매로 수익을 증가시키고, 그리하여 그는 사회의 평균적 지위보다 높이 상승한다. 물론 기업가들 간의 경쟁은 존재하더라도 그들은 공통의 이해를 위해 서로 연합하고, 그들의 이익을 위해 〈법제〉와 행정에 영향을 미칠 수 있게 되었다.

이러한 상황이 고전파 경제학에서의 자유 경쟁이 〈최적화〉의 상태를 가져온다는 이론이[355] 근거하고 있던 환경이다. 기업가가 부상하여 상위 소득자가 되고 〈사회적 권력〉을 가지게 되었지만, 아직은 패권적이지는 못하였다. 기업은 고도로 발달된 **〈사회적 기구〉**로서 다양한 생산 재료와 노동을 결합하는 살아있는 힘으로서 〈사회체〉에 편입되어 있었다. 그리고 그것은 **〈자유적 리더십기구〉**로 되었고, 대중적 추종에 의하여 살아있었다. 이때 기업가는 어떤 특권에 의하여 리더십을 가지는 것은 아니었고, 주인의 권리로서 리더십을 행사하는 것도 아니었으며, 그의 리더십은 단순히 〈성공에 의한 리더십〉(Erfolgsführung)이었다. 또한 그에 대한 추종도 어떤 식으로 강제된 것이

---

355 이는 소위 〈파레토 최적〉(Pareto optimality)이라고 알려져 있다.

아니라 추종자들이 검토하여 선택할 자유는 있었다.

　물론 고전파 경제학자들도 이러한 기업들이 변모하여 어떤 권리에 의하거나 아니면 자연적으로 독점화되어 생산과 소비를 지배하게 된다는 것은 인식하고 있었지만, 그러한 경우는 하나의 예외로만 생각하고 별다른 주의를 기울이지는 않았다. 그런데 이러한 고전파 경제학자들이 이론을 정립하던 시대 이후에는 환경이 급변하여 대규모 생산 체제가 가속화되었고, 따라서 기존의 거대화된 기업들은 신규 기업에 비하여 당연히 명백한 우위를 누릴 수 있었다. 기존 기업들이 단지 생산 규모만 늘리는 것은 신규 기업이 새로 진입하는 것보다 월등히 수월하기 마련이다. 물론 평화적 시기의 급속한 경제발전은 신규기업을 위한 호조건을 조성하기는 하지만, 기존 기업들은 훨씬 더 성장하기가 쉽기에 후자가 가지고 있는 우위는 유지된다. 따라서 자본가들이 가지고 있는 권력은 점차로 독점을 형성할 수 있는 기회를 크게 한다. 종래의 분업의 원칙과 반하여 대규모 기업들은 수직적 통합을 이루고, 또한 수평적으로도 확장한다. 더욱이, 기업가들은 자신들 간의 경쟁을 제약하고자 자신들의 단체를 조직하여 독점권을 보전하려고 한다. 그리고 카르텔과 트러스트에서 나오는 막대한 수익은 국가의 규제와 금지를 비웃는다. 실정법에 따르자면 영향력이 없는 그들 간의 단체들은 실제로는 막강한 영향력을 행사하며, 따라서 기업들은 더 이상 〈자유적 리더십기구〉가 아니고, 오히려 〈지배적 리더십기구〉(herrschaftliches Führungsorgan) 내지는 **〈자기강화권력〉을 가진 〈리더십기구〉**로 변모하며, 그에 대한 소비자들의 추종은 이제는 강제된 성격을 가진다. 물론 법적으로 볼 때, 독점적 기업들은 소비자들에게 자신의 의지를 강요는 못하고, 소비자들도 소비를 자제함으로써 추종을 거부할 수는 있다. 하지만, 최소한 생필품의 경우에 있어서는 소비자들의 추종은 강제적이라고 할 수 있다.

　그리고 경제적 효율을 달성하기 위하여 필요한 조건들, 그리고 기업가들의 힘과 사회 전체의 힘을 탕진시키는 또 다른 중요한 측면에 대하여서도 고전파 경제학자들은 간과하고 있었다. 그것은 투기적 탈선인데 특히 경기

순환 중에 보이는 창업 열풍으로 인한 흥분을 그 예로 들 수 있다. 기존 기업들이 기록적 이윤을 시현하고, [경제에] 자본 투자를 위한 기회와 자금이 풍부해지면, 지속적인 사업이 가능한 한 잘 계획된 사업뿐만 아니라 공허한 사업에도 투자를 하기 시작한다. 탐욕에 가득찬 모험가들과 함께, 어떤 경험도 없는 사업의 제안자들은 가장 대담하고도 무모한 계획을 수립하고, 그로써 마찬가지로 탐욕으로 가득 찬 일반 대중들에 쉽게 접근하게 된다. 사실 그렇게 설립된 기업들은 〈자유적 리더십기구〉라는 전통적인 형태를 가지고 있음에도 불구하고 그에 필요한 올곧은 힘은 결여되어 있었다. 그리하여 일단의 양심 없고 행운이 따른 투기가들은 돈을 벌고, 기업가들은 잠시 성공하는 듯하다가 무너지고, 그에 동참한 대다수의 대중들은 손실 이외에는 얻을 것이 없게 되었다. 이러한 경우 명백히 보이는 것은 경제적 자유라는 것이 아직 충분히 성숙되지 못하였다는 점이다.

그런데, 이와 동일한 과정은 정치적 자유라는 영역에서도 찾아볼 수 있다. 현존하는 성공적인 〈민주주의〉의 형태를 모방하려 할 때, 그를 위해 필요한 〈자유적 리더십기구〉와 〈자유적 대중기구〉를 실현시킬 수 있는 힘이 아직 결여되어 있다는 점을 간과하기 쉬웠다. 심지어는 자신들의 삶이 현실적으로 어떠한 상태에 놓여있는지도 모를 정도로 성숙되어 있지 못하였다. 경험이 없는 속기 쉬운 열광자들과 양심 없는 무모한 모험가들은 자신들이 리더십을 발휘할 기회를 항상 찾을 수 있으며, 대중들은 그에 열광한다. 그리하여 그 뒤에는 혼란과 무력감만이 찾아오고, 그 결과 그에 대한 비판 또한 과다한 열정에 사로잡혀 대중에게 "자유를 통해서는 아무것도 없다"[356]라고 가르친다. 그리하여 남겨진 것은 공허이거나 혹은 위장된 형태의 〈독재〉일 뿐이다.

356　"mit der Freiheit überhaupt nichts sei." 이 문장의 출처는 파악하지 못하였다.

19세기의 국민 운동은 정치적 자유를 수립하고자 하는 열기에 충분한 영양분을 공급하였다. 그리하여 그것은 〈역사적 도야〉에 의하여 〈능동적 추종〉을 할 수 있고 지도자를 통제할 능력이 결여된 많은 대중들을 성급히 정치적 삶의 현장으로 초대하였다. 최초 〈국민이념〉이 각광을 받기 시작하였을 때는, 그들은 성공적인 국민 지도자를 지칠 줄 모르고 추종하였다. 이런 시기에서는 국민 생활의 많은 영역에 있어서 위대한 지도자가 부상하게 되었으며, 이는 경제적 영역에 있어서도 마찬가지였다. 하지만 막대한 힘을 분출시켰던 경제적 영역에서와도 마찬가지로 미성숙한 국민들의 정치적 삶에 있어서도 그 효과는 오래 지속되지 못하였다. 그러한 미성숙한 국민들의 정치적 삶은 자유를 지탱할 수 있는 힘이 결여되어 있었기 때문이다. 지도자와 대중으로 구성된 수백만의 국민들이 자유를 충분히 활용할 수 있게 조직하기 위하여서는 그래서 그러한 노력이 만일 〈성공〉을 달성하게 된다면 먼저 적당한 때가 무르익어야만 하였다. 너무 성급하게도 자신들이 조숙하였다고 주장하는 국민들에게는 〈리더십기구〉와 〈대중기구〉 모두 똑같이 취약할 수밖에 없다.

B. 정치 정당과 계급

1. 〈인민 대표체〉(Volksvertretung)와 개인적 선거권

　선거는 인구 내의 권력 분포를 반영하기 마련이며, 또한 소수가 가진 권력이 대다수 시민을 능가하는 경우가 많다. 예를 들어 과거 영국에서처럼 토지 소유에 따른 선거권 할당은 당대의 〈사회적 권력〉의 분포를 반영함에 다름 아니었다. 대중이 〈민주주의〉 운동으로 인하여 부상하고 나서야 이러한 소수가 다수를 지배하기 위한 수단이었던 차별적 선거권이 폐지되었다. 그리하여 자유로운 보통 선거만이 인민의 의사를 충실히 반영할 수 있다고 여겨졌고, 〈민주주의〉에 있어서의 개인의 투표권은 일반적 보통 선거권이라고

할 수 있다.

그런데 선거에서 선출된 사람은 자신을 지지하는 사람들만을 대표할 뿐이고 전체 인구를 대표하는 것은 아니다. 그런데 그러한 사람들이 모인다고 과연 전체 인구를 대표할 수 있을까? 다수 대표제가 진정한 대표성이 있기 위해서는 같은 의견을 가진 사람들이 한 지역에 집중하여 거주하여야만 하는데[357] 현실은 그렇지 못하고, 따라서 이는 비례 대표제의 도입으로 보완되었다.

하지만 비례 대표제하에서도 본질적인 면은 변화하지 않았다. 개별 투표자들은 자신들의 의향과 부합하는 다른 투표자들과 연계하여 조직화되어 있지 않다면 아무것도 달성할 수 없기 때문이다. 선거권자들은 정당이라는 형태로 선거에 참여하기 마련이다. 그리하여 법에는 개인이 선거권을 행사한다고 명시되어 있지만 실제로는 정당을 통해 행사된다.

선거일은 〈주권적 인민〉이 그 지도자들에게 심판을 내리는 날이라는 세간의 〈공론〉은 오류이다. 대중은 지도자가 없이는 행동하지 못하고 승리하지도 못한다. 선거일에 어떤 결과를 도출하려면 그 또한 리더십이 필요하다. 구 지도자를 선거로 축출하려면 대중은 다른 지도자에 귀의하여야만 한다. 즉, 투표일이라는 것은 어떤 대중들과 지도자들 간에 결전을 벌이는 날이 아니라, 단지 선거권을 결집시키는 정당들 간의 결전의 날이다.

따라서, 〈인민 대표체〉(Volksvertretung)는 무엇보다도 각 정당들이 가지는 권력을 대표하고 있음에 다름 아니다. 그 대표체가 대중들이 가지고 있는 권력 분포를 충실히 반영하고 있다면, 그 대표체는 동시에 인민도 충실히 대표하고 있다.

---

357 극단적인 예는 모든 선거구에서 여당이 야당을 51: 49로 이겨서, 의석의 전체를 여당이 차지하는 경우이다. 진정한 대표제가 성립하려면, 각 지역은 각기 여당 100% 지역, 야당 100% 지역 등으로 구분이 되어야만 한다는 의미이다.

2. 국가 강령과 정당 강령

현대 국가에서조차도 국가를 위협하는 극단적 정당에 대하여서는 강압을 사용하는데, 그렇지 않은 경우 정당에 대한 자유를 허용한다. 그런데 선거법은 정당을 규정하지는 않고 개인의 선거권에 대하여서만 규정하고 있다. 법이 정당을 규정할 수는 없고, 국가도 정당을 통제하거나 그럴 필요가 없다. 반대로 정당들은 국가를 통제하고, 국가에 우선한다. 정당이라는 것은 인민의 자유로운 〈권력기구〉이며 국가가 승인을 해주는 한에서 활동하는 것이 아니다. 그들이 가진 자유에로의 본능은 너무도 강력하여 그 정당이 가진 힘이 어느 정도에 이르면 국가는 더 이상 그 정당들을 제어하지 못한다. 만일 국가가 그들을 제어하려 한다면 그 국가는 더 이상 자유로운 〈인민국가〉는 아니다.

즉 〈민주주의〉의 본질은 **국가가 정당에게 승복하는 것**이다. 〈민주주의〉에서는 선거의 결과에 따라 권좌에 있는 사람들이 바뀌며, 그 권좌에 앉은 사람의 기반이 되는 계층들도 바뀐다. 민주주의적 강령은 단지 그 선발에 관한 절차만을 규제한다. 그리고 대중들은 그렇게 반복되는 선발 과정이 인민들이 가진 힘을 극대화할 수 있다고 기대하며 자유의 승리를 만끽한다. 반면 구시대의 질서를 옹호하는 사람들은 그렇게 불안정하고 단지 〈공론〉이 변화함에 따라 급변하는 정부가 어떻게 강해질 수 있는지 의문을 제기한다.

이러한 상황에서 결국 정당의 강령은 국가 강령을 이루는 핵심적 부분이다. 승리한 정당에게 권력이 이양됨은 결국 국가 강령이 정당 강령에 그 세부적 역할을 할당하는 것이라고 할 수 있다. 국가 강령은 국가 지도자가 선출되는 절차를 형식적인 법적 규정을 통해 규정하는데, 정당 강령은 그러한 법적 규정에 '개별적 색채'를 가미한다. 왜냐하면 정당 강령은 그 내부의 지도자와 대중을 직접 규제하기 때문이다. 그리하여 승리한 정당에서 지도자와 대중 간의 관계가 느슨하여지면, 정부도 마찬가지로 약해지기 마련이고, 반대로 승리한 정당에서 지도자와 대중 간의 관계가 긴밀하게 유지되면 정부도 강해질 수 있다.

3. 정당 리더십의 조직구성

어떠한 정당도 모든 대중을 다 포괄하지는 못한다. 그리고 그 집단의 리더십 형태는 폐쇄적인 반면 그 집단의 가입에 있어서는 대중에게 개방적이다. 그리고 그 규모가 커짐에 따라 다양한 사회단체들을 포섭하게 된다. 그 정당을 지지하지만 가입하지는 않는 사람도 존재하고 반면 정당이 그 모든 당원들의 표심을 통제할 수도 없다. 정당이 사람들의 정서에 가장 영향을 미칠 수 있는 수단은 언론인데, 정당의 기관지의 구독자는 그 당이 미치는 영향력을 대변한다. 하지만 많은 수의 투표자는 태도를 바꿀 수도 있고 투표일 당일날에서야 자신의 표의 방향을 정한다.

그렇기에 모든 정당 집단은 반만 조직화되었다고 볼 수 있고 단지 그 지도부만이 불변적으로 남아 있다. 그리고 그 형태에 있어서는 당의 〈권력기구〉는 일종의 〈리더십기구〉로서 이는 기업에서 보이는 바와도 같다. 기업들과도 마찬가지로, 정당은 추종하는 대중에 의하여 유지된다. 기업들이 구매자들의 추종이 유지되도록 그 경영활동을 수행하는 것처럼, 정당의 경우에도 당의 〈리더십기구〉는 대중이 그 정당을 추종하고, 특히 선거와 같은 중요한 날에 있어서는 그 당의 수뇌부가 지시하는 바를 대중이 추종할 수 있도록 기능한다.

이에 〈리더십기구〉의 중요성이 부각된다. 리더십이 존재하지 않는 투표자 집단은 선거에서 이길 수 없으며, 심지어는 선거에 참여하지 않거나 아니면 자신에게는 어떤 이해도 없음에도 단지 친근해 보이는 당에 투표할 수도 있다. 먼저 조직화에 성공한 당은 당연히 여러 면에서 우위를 가질 수 있는데, 이는 자신들의 특별한 이해관계를 〈공론〉으로부터의 요구라고 가장하기도 쉽고, 상당한 〈역사적 권력〉을 확보하기도 쉽다. 그래서 〈자유주의〉는 초기에는 상당히 유리한 고지를 점하고 있었지만, 시간이 지남에 따라 대중이 자신들의 지도자를 가지게 됨에서 〈자유주의〉에서 이탈하게 되었다.

이러한 상황에서 비추어 본다면, 정당은 〈리더십기구〉로서 형성되었고, 그 지도부만 확고히 조직화되어 있기에 그 운영에 있어 지도부가 우월적 지위에 있기 마련이다. 그런데, 결국은 대중에게 의지하여야만 하기에 지도부의 우월성은 약화되지는 않는가? 이에는 두 가지 가능성이 있다. 이에 대답하기 위하여서는 더욱 현실 세계에서의 여러 면들을 고려하여야만 한다.

4. 대중 당원의 구성과 특히 계급에 관하여

유물론적 역사관에 따르자면 정당은 대중들이 가지는 경제적 구조의 상층부에 위치하는 소위 〈상부구조〉(Überbau)이다. 프롤레타리아는 사회의 나머지 모두들과 대립된다는 측면에서는 사회는 단순히 유산자와 무산자로 구분되고, 혹은 지배계급과 피착취 계급으로 구분된다. 그런데 마르크스 자신은 이러한 단순한 분석에는 머무르지 않았고, 그 유산 계급이 자신들의 특수한 이익을 따르는, 그리고 상호 간의 이익이 상충하는 개별적 그룹들로 세분화되어 가는 모습에 대한 통찰을 제시한다. 예를 들어 자영 소상공인들과 대규모 산업 기업의 이해(利害)는 같지 않다. 자영 소상공인들은 이미 프롤레타리아로 되었거나 혹은 간신히 생계를 유지할 정도로 전락하였고, 그리하여 자본가 계층에 의해 위협을 받는 존재가 되었을 뿐이다. 또한 자영 농민들과 대지주의 이해도 상이하다. 그리하여 자영 소상공인들과 자영 농민들은 중간 계층을 형성하여 간다. 또한 중산 지식인층들도 자본가들과는 이해와 사회적 기능을 달리하였다. 그들은 어떠한 〈권력자원〉도 없기에 지배할 수 있는 위치에 놓일 수 없었고 지적 리더십을 발휘하는 위치에서 사회에 기여를 하였다. 그런데 〈유산계급〉 내에서도 다양한 이해관계가 존재하기에 그들 간에는 〈결속감〉은 결여되었는데, 프롤레타리아의 위협에 직면하여서야 비로소 공동의 전선을 형성할 수 있었다. 그리고 유산자와 프롤레타리아 무산자와의 간극은 훨씬 심각하였다. 양측 간의 교류는 전자의 하층과 후자의 상층 간으로만 제약되었으며, 프롤레타리아를 가로막는 장벽은 너무도 높기에 운이 좋은 상황과 특별한 노력이 없이는 그 벽을 넘기 힘들었다. 또한 사는 공간에 있어서도 그들은 격리되어 있었다.

대략 이러한 상이한 이해를 가지는 경제적 그룹들은 그에 상응하는 정당이 있다. 그러나 그들 간의 갈등에도 불구하고 프롤레타리아에 공동 대응을 하기 위하여 단결한다. 그런데 〈유산계급〉 내에서의 단결을 위하여서는 어떠한 명시적 합의가 필요한 것은 아니며, 암묵적으로 작용하는, 그들의 의식 속에 각인되어 있는 〈무명적 권력〉에 의존하며 어떤 명시적 조직은 결여되어 있다. 이러한 상황은 프롤레타리아에서도 유사한데, 물론 유산자들에 비하여서는 더욱 잘 조직화되어 있기는 하지만 그럼에도 불구하고 그들의 조직은 완전하지 못하다. 하지만 그들은 필요할 때에는 〈계급감정〉으로 뭉친다.

물론 사회의 경제적 구조가 이러한 정당의 형성에 절대적 영향을 끼치는 것은 아니다. 그러한 점에서 유물론적 해석은 오류를 범하고 있다. 현대에서는 정당이 전적으로 그 구성원의 경제적 계층에만 의존하는 것은 아닌데, 다양한 민족으로 구성된 국가에서는 그 민족별로 정당이 나타날 수 있고 그로 인해 국가의 운명이 좌우될 수 있으며, 종교적 정당도 존재하고, 기타 지방적 정당, 이주 난민들의 정당 등도 존재한다. 하지만 물론 경제적 이해가 중요한 요소임이 틀림없다.

어찌 되었건 인구 내의 각종 구분은 정당의 형성에 있어 기본적 토양이 되며, 그것은 상당히 포괄적이며 또한 단단히 뿌리 내리고 있어 대중들이 정당을 따라 서로 구별되는 것이 현대적 추세이다. 〈사회적 그룹〉 중의 일부는 이미 정당을 언제든지 구성할 수 있는 조직을 이미 예비하고 있다. 예를 들어 프롤레타리아의 경우에는 이미 노동조합이라는 조직을 가지고 있다. 다른 그룹의 경우에는 우선적으로 자신들을 스스로 조직하는 방법을 배워야 하며, 따라서 정당을 가지고 있어도 그 조직은 훨씬 느슨하다. 이러한 조직화의 정도의 차이에 의하여서도 정당제도의 사회적 기반은 다양하게 보여지며, 또한 리더십과 대중과의 관계 또한 다양한 형태를 보이고 있다.

5. 〈역사적 형성체〉로서 정당

리더십과 대중과의 관계에서 보이는 차이에 의하여 보여질 수 있는 다양한 정당 조직의 형태 중 어떤 것이 실현될 것인지는 결국 대중과 그들의 그룹이 거쳐온 〈역사적 도야〉에 달려있다. 성숙한 대중 혹은 대중 중의 성숙한 계층들은 정당의 〈권력기구〉가 최고도의 효율성에 도달할 수 있도록 발전시키기 위한 역사적 〈수련〉을 하여 왔다. 심지어 문화 국가들 간에서도 이같은 〈역사적 도야〉의 수준은 상이하며 그들이 현재 처한 조건들이 동일하더라도 그 같은 〈역사적 도야〉의 정도에 따라 정당 제도는 상이한 성숙단계를 보인다. 특히 이러한 〈역사적 도야〉를 거쳐온 기간이 중요하게 부각된다. 오래된 〈민주주의〉는 신흥 〈민주주의〉보다 더욱 성숙하며, 오래된 〈민주주의〉라고 하더라도 그 안에서 차별을 보이는데, 정치에 일찍 간여한 계층은 그렇지 못한 계층보다 더욱 성숙하기 마련이다.

C. 오래된 〈민주주의〉와 신흥 〈민주주의〉에 있어서의 정당들

1. 〈입헌주의 정부체제〉에 있어서의 〈이익정당〉

두 국가의 강령의 형태에 있어서의 모든 자구(字句)까지 동일하더라도, 현실적으로 볼 때, 한 국가는 〈의회주의 정부체제〉(parlamentarische Regierungssystem)를 채택하여야만 할 것이며, 다른 국가는 〈입헌주의 정부체제〉(konstitutionelle Regierungssystem)[358]에 그쳐야만 할 수 있다. 이

---

358 이하에서 이야기하는 〈입헌주의 정부체제〉는 문맥상 통일 국가 형성기의 독일의 제국 회의와도 같이 단지 헌법만 제정되어 있고, 의원들이 국민 투표에 의하여 선발되기는 하였지만 정부를 구성할 권한은 없으며, 황제가 의회 해산권을 가지고 있었고, 그 정부와 재상은 황제에 의해 임명되거나 면직되며, 의회에 대하여 책임을 지지 않는 약한 형태의 의회 체제로서, 저자가 뒤에 후술하였듯이, 통치할 의지와 능력이 없는 경우이다. 이러한 점이 영국식의 〈의회주의 정부체제〉와 다른 점이다.

선택은 정당을 결성하여 자신의 의사를 표현하는 국가의 인민들이 얼마나 정치적으로 성숙한가의 여부에만 단지 달려있다고 할 수 있다. 〈**전국가적 정당**〉(Staatspartei)을 장려하는 〈의회주의 정부체제〉를 지향하기 위하여서는 우선 인민들이 성숙하여야만 하며, 그렇지 않고 단지 〈**이익정당**〉(Interessenpartei) 형태만을 조장하는 경우에는 〈입헌주의 정부체제〉에에 만족할 수밖에 없다.

〈전국가적 정당〉은 모든 계급과 〈직능형태〉(Berufsgestalt)를 초월하여 모든 인민을 포괄하는 광범위한 정치적 〈상부구조〉이다. 반면 〈이익정당〉은 이러한 포괄적 범위를 가지지 못하면서 단지 특정 계급이나, 경제적, 민족적, 종교적, 혹은 기타 주요한 〈직능형태〉들의 이익에 중점을 맞추는 형태의 정당을 말한다. 반면 〈전국가적 정당〉은 모든 〈직능형태〉 전체의 이익도 고려하지만, 또한 이를 넘어서 항상 그 국가의 〈보편적 이익〉을 근본적으로 추구한다. 반면 〈이익정당〉들은 주로 그 자신들이 속한 그룹의 편협한 이익을 위해 봉사하며, 다른 그룹의 이익은 단지 자신의 이익을 위하여 도움이 되는 한에서만 고려한다. 〈전국가적 정당〉의 구성원들이야말로 진정한 〈국가적 인민〉(Staatsvolk)[359]이며, 〈전국가적 정당〉은 진정한 〈인민대표체〉로서 인민을 대표한다고 할 수 있다. 그리고 국회는 성숙하여 국가를 자신의 대통령과 정부를 가지는 건강한 공화국으로 정립하거나, 혹은 〈군주정〉인 경우 국회는 군주에게 대다수가 동의하는 형태의 정부를 제시하며, 이에 군주는 그 정부 형태를 승인하여 실행시키지 않을 수 없다. 그러나 단지 〈이익정당〉만을 가지는 인민들은 그 스스로는 진정한 〈국가적 인민〉이 될 수 없고, [국가적 이익을 우선시하는] 군주와 함께 그를 추종하여 공동으로 국가적 과업을 수행하는 한에 있어서만 진정한 〈국가적 인민〉이 될 수 있을 따름이다. 그리고 그

---

[359] 국가적 이익을 우선으로 고려하는 인민을 말한다.

러한 〈이익정당〉라는 〈인민대표체〉는 진정한 〈인민대표체〉로 볼 수 없으며, 그것은 단지 자신들만을 위한 〈이익대표체〉(Interessenvertretung)에 불과하다. 그리고 그때의 국회는 군주에게 어떠한 정부 형태도 제시하지도 못하고, 단지 군주의 정부를 견제하거나 혹은 그에 자문을 하는 등의 소극적 역할만을 할 수 있음에 만족하여야만 한다.

〈입헌주의 정부체제〉는 〈민주주의〉가 결정적인 승리를 쟁취한 혁명 이전의 유럽의 대다수 국가들이 유지하고 있던 체제였다. 이는 유럽대륙의 군주들이 고양된 인민의 권력에 적응하기 위하여 자신들을 변모시킴에 따른 논리적 귀결이었다. 과거 유럽 국가들의 영토 확장을 위한 투쟁의 과정에서 군사적, 정치적 지도자로서 확립된 위상에 기반한 절대 권력은 더 이상 유지될 수 없었는데, 이는 군주들은 사회에서 더욱 두드러지게 부각되는 〈경제적 과업〉을 통하여 더욱 강력해지는 권력들을 염두에 두어야만 하였기 때문이다. 더욱이 과거 시대에는 〈신분층〉(Stande)[360]을 무마할 수 있었음과는 달리 이제는 부상하는 인민들에 대하여 같은 방식으로는 대처할 능력이 더 이상 없었다. 왜냐하면 과거 〈신분층〉에 대하여 그가 사용하였던 〈군사적 권력〉은 인민들을 향하여서 더 이상 그가 마음대로 행사할 수 없었고, 지금은 〈공론〉이 군대를 지배하게 되었기 때문이다. 과거 혁명기를 회고하여 보자면, 군주가 자유 혁명에 대항하여 전쟁을 하고자 하였을 때 군대는 군주를 배신하여 인민에 가담하였거나, 설사 과거 군대를 이용하여 혁명을 분쇄하였던 경우에서도 그 이후로는 군주의 전능은 더 이상 유지되기 힘들었기에, 새로이 부상하는 권력과 평화를 유지하여야만 하였다. 자유 운동의 초기에는 그 세력이 너무도 강력하였기에 〈군주정〉은 공화정으로 대체되거나, 혹은 군주는 의회 체제를 수용할 수밖에 없었다. 의회 체제로의 이행은 오스트리아의

---

360   예를 들자면 프랑스 삼부회에서의 소위 〈제3신분층〉을 지칭한다.

경우처럼 지식인 부르주아지들의 리더십하에 자유주의적 물결이 모든 국민들을 〈전국가적 정당〉하에 단합시켰을 때 일어났다. 하지만 이러한 변혁은 오래가지 못하였다. 일반적 정치적 감각은 너무도 미성숙하였고, 이러한 최초의 물결 뒤에 성립된 〈전국가적 정당〉은 곧 불가피하게도 작은 규모의 〈이익정당〉들로 분열되었는데, 이러한 〈이익정당〉들은 크게 〈유산계급〉의 정당과 프롤레타리아 계급정당으로 구분되었다. 최초의 자유화 운동을 이끌던 부르주아 정당은 어디서나 극명해지는 새로운 경제적 분열을 수용할 만한 기반이 너무도 취약하였다. 그리고 민족적으로 혼합된 국가의 경우에는 더욱이 자신들의 민족적 정당이 출현하였으며, 종교적으로 분열된 국가에서도 마찬가지로 종교적 정당들이 출현하게 되었다. 그리하여 유권자들은 자신들에게 가장 가까운 그룹의 이익들만을 이해하고 추구하려 하였다. 부상하는 각각의 이익 그룹들은 자신들의 지도부에 의하여 움직였는데, 투표권자들과 그들의 표심을 얻기에만 혈안이 되어 있었다. 그리고 최초의 보편적 운동을 주도한 지도자들은 아직도 그 최초에 분출된 위대한 자유적 사상을 간직하고는 있었지만 정치적 삶에서 은퇴하였거나 혹은 자신들에 가장 근접한 그룹들이 가지는 이해 관심사에만 초점을 맞추게 되었다. 장기적으로 볼 때, 군주들은 어느 곳에서나 자신들이 가지고 있는 [역사적 권력의] 유리함을 깨닫고, 그 최초의 폭풍우가 물러간 곳에서는 재차 그 모든 환경의 지배자로 귀환하였다. 그리하여 그는 내적, 외적인 거대한 정책을 시행하였으며, 이는 본질적으로 정당들이 가지는 이해 관심사 범위의 밖의 사안들이었다. 그리고 군주들은 정당들이 자신들의 특수한 이해 관심에 비추어 [군주의 정책에] 만족하는 한, 그것이 바로 인민들이 동의하는 신호라고 확신하였다.

이렇게 다수의 〈이익정당〉으로 국회가 나누어진 경우 어떠한 단일 정당도 의회의 다수를 장악할 수 없게 된다. 그리고 〈이익정당〉들은 당장의 목전의 이익에만 집착하는 너무도 근시안적인 자세를 가지고 있었기에 어떠한 꾸준한 지향점을 가진 집단으로 유지되기도 어려웠다. 그리하여 국가적 중대 사안에 대하여 투표로 결정하기 위하여서는 수시로 각 사안별로 정당 간의 연합을 하여 결정하여야만 하였다. 그런데 이러한 사안들을 처리하기 위하여서는 각 〈이익정당〉의 위에 존재하며, 군주가 그의 권한을 이용하여 임명하는 정부 기구가 필요하게 되었다. 그러한 임명은 군주 자신이 가장 가깝게 느끼는 정치인들 중에서 선택하거나 혹은 국가 부서를 설치하여 수행하기도 하였다. 즉, 그 〈이익정당〉들은 통치를 하기 위한 능력이 없었거니와 실제로 그렇게 하기도 원하지 않았던 것이다. 그들은 어떠한 정부 사안에 대한 고민으로부터도 자유로웠고, 반대를 위한 반대를 하는 것으로 인기를 회복하고자 하였다. 그런데 그들이 투표권자들에게는 자신들이 반대를 하는 당으로 비추어지도록 하였지만, 실제로 정부에 반대를 하는 것은 아니었고, 그런 시늉만 하면서 오히려 정부를 묵인하는 결과를 초래하였다. 즉, 항상 막후 협상을 통해 얻어내는 것이 중요한 역할을 하였다. 이러한 상황은 인민들이 취약하여 그 〈이익정당〉들이 선거에서 이길 수 있는 기회를 가질 수 있는 곳에서 특히 만연하였다.

많은 경우에 있어서 〈입헌주의 정부체제〉는 단기적인 과도기적 형태로 간주될 수 없었고, 장기적으로도 현상이 지속될 전망이 있었다. 신흥 정당들이 형성되면 선거를 거듭하며 그 새로운 정당들은 빠르게 성장할 것으로 예상되었지만, 일단 그들이 완전히 성장한 후에는 차기 선거에서 다른 당의 표를 잠식하며 확장을 지속하는 것은 힘들게 되었다. 이미 경제적, 민족적, 종교적으로 어떤 선거구 내에서의 선거권자의 구성은 고정되어 있었기 마련이기 때문이었다. 물론 농업사회에서 산업사회로의 이행, 도시화의 진전 등은 보여지지만, 이러한 이행은 아주 서서히 진행되는 것이었고, 그렇기에 〈유산계급〉을 대표하는 정당들은 이러한 인구 구성의 변화로 인하여 조만간 다수 의석을 확보하는 것을 기대하기는 힘들었다. 반면, 산업 노동자화의 진행도 더디게 진행되어서, 프롤레타리아 정당이 빠르게 부상할 수도 없었다. 사실 급격히 어떤 정당의 의석수가 변화하기 위해서는 마치 혁명기와도 같이 〈입헌주의 정부체제〉 자체를 불안정하게 할 수 있는 〈공론〉상의 커다란 변화가 필요하였다.

그리하여 〈입헌주의 정부체제〉가 유지되는 한에서는 단지 어떠한 단일 이익 그룹의 이해를 대변하는 〈이익정당〉들보다는 군주가 더욱 깊은 의미에서 인민의 대표자였다. 특히 그 군주 자신은 〈역사적 권력〉을 등에 업고 있었으며, 전 국가적으로 대중의 〈자발적 추종〉을 도출할 수 있었고, 그와 그가 조직한 정부는 개별적 이해 관심사를 넘어 국가 전체를 위한 거대한 정책 목표를 도출할 수 있는 임무를 가질 수 있었다.

따라서 통찰력이 있는 군주와 그 군주의 고문으로서 역할을 수행한 위대한 정치가가 존재하였던 경우에는 언제든지 국가의 이익은 충분히 확보될 수 있었다. 비스마르크가 건재하던 그 위대한 시절에는 독일 인민은 자신들이 가진 풍부한 힘들을 분출할 수 있는 형태의 정부를 가지고 있었다. 그리하여 세계대전이 발발하였을 때, 독일 인민은 그들이 당면한 전쟁이라는 시련을 뚫고 나가기 위한 최선을 다함에 있어 정부와 함께 단합하였고, 그들이 발휘한 〈국민적 권력〉은 〈자유주의〉 영국이나 프랑스가 보여준 단합에 못지않았다.

2. 〈의회주의 정부체제〉에 있어서의 〈전국가적 정당〉

위에서 말한 바와 같이 〈입헌주의 정부체제〉에서의 〈이익정당〉은 그 대중들이 가지는 특별한 이해 관심사에만 영합하는 성격을 가지는데, 반면, 〈의회주의 정부체제〉의 정당은 대중들에 대하여 아주 강력한 리더십을 가진다. 이는 후자의 경우 정당은 단순한 특별한 이익을 추구하는 정당과는 달리 완전한 형태의 〈전국가적 정당〉으로서 더욱 광범위하고 어려운 임무를 가지고 있기에, 더욱 그 중요성이 부각되기 때문이다.

그런데 이러한 〈의회주의 정부체제〉가 등장하기 위하여서는 무엇보다도 인민들이 〈역사적 도야〉를 통하여 충분히 성숙되어 있어야만 한다.

영국은 전형적인 〈의회주의 정부체제〉의 표상이다. 그런데 〈명예혁명〉 이후의 영국은 군주의 힘은 미약하였으며, 군주는 "신의 은총에 의한 것이 아니라, 대중의 은총에 의하여 왕권을 부여받았다"고 말할 수 있을 정도였다. 그리고 대중은 아직도 정치적 성숙도가 부족하였고, 혁명에서 승리한 휘그당이 당분간 권력을 행사하였으며, 따라서 영국의 정체(政體)는 군주 체제가 아닌 귀족정이었다. 휘그당에 대립하여 토리당이 등장하여 두 개의 기대한 〈전국가적 정당〉의 양강 구도가 진행되었다. 하지만 대중이 부상하여 점차적으로 이러한 귀족정을 〈자유주의〉와 〈민주주의〉로 이행하도록 하였으며, 그리하여 귀족 정당은 그러한 현대적 상황에 적응하여 변신하여야만 하였다. 그 대신 그 두 정당들은 지속적으로 정당의 리더십을 유지할 수 있었는데, 이는 오래된 〈전통〉과 새로운 발전들이 상호 타협한 형태였다. 양 당 모두는 자신들이 겪어온 〈역사적 도야〉의 정신하에, 부상하고 있던 대중들을 도야시키는 바에 전력하였다. 그리하여 물론 그 주변에는 많은 이해 관심사가 엮여 있었음에도 불구하고 그 두 정당들은 〈전국가적 정당〉으로 유지되어 왔다.

그런데 양당 모두 통치할 의지와 능력을 모두 겸비하였다. 어떤 정당이 의회에서 다수를 확보할 수 있게끔 하기 위해서는 양당 제도가 필요하였다. 그리고 각 당은 자신들의 의석을 확보하기 위해서는 각종 〈이익그룹〉들과의 제휴를 모색하였고, 그 어느 〈이익그룹〉도 배제하려 하지 않아야만 하였다. 무엇보다 중요한 점은 그 두 당 모두 국가의 더욱 높은 이익을 우선하는 소위 〈상위정치〉(hohe Politik)를 추구하였고, 따라서 이러한 점에서 공통 분모를 가지고 있었기에 정권이 바뀌더라도 주요 정책상에는 어떤 급격한 단절이 없었으며 영국의 평화와 질서는 지속적으로 유지되었다. 다수결 원칙에 의한 선거에의 패배에 모두가 승복하였으며 그것이 무기를 드는 내전으로 비화되지는 않았다.

이러한 〈전국가적 정당〉은 더욱 광범위하게 전 〈이익그룹〉들의 이해관계들을 반영하여야만 하며, 또한 모든 〈이익그룹〉들이 동의할 수 있는 〈보편적 이익〉을 파악하고 효율적으로 대표할 수 있는 지혜를 터득하여야만 한다. 그리하여 〈전국가적 정당〉은 과거 장기적인 혜안을 가지고 있었던 군주와도 마찬가지로 〈상위정치〉를 지향하게 된다. 그리고 모든 이해 관심사는 결국 국가가 외적으로 행사하는 권력이 효과적이게 하며, 내적으로는 가장 효율적으로 힘들이 발전할 수 있도록 단결을 유지하는 바에 수렴된다는 것을 그 정당들은 깨닫게 된다. 그리고 그러한 정당의 최고 지도부는 단순히 〈이익정당〉을 대표하는 당수들이 아니라, 과거 위대한 군주들과 그들의 고문들처럼 위대한 정치가가 되어야만 한다. 또한 그들은 전문적 정치인이 되어야만 하는데, 그러한 자질을 얻기 위해서는 당장 최근에 얻은 것이 아닌 아주 오랜 기간 동안에 지속적으로 누적된 경험, 그리고 역사를 통하여 성공적임이 입증된 그러한 경험을 통한 〈수련〉이 요구된다. 그리고 이를 위해서는 이미 충분히 입증된 역사를 가진 위대한 정당의 〈전통〉이 역시 필요하다.

그러나 유권자가 투표일에 결정적 표를 행사한다고 하여도 그것이 정당의 리더십이 가진 〈역사적 권력〉을 무력화시키는 것은 아니며, 투표권자들은 항상 '지도되는' 대중으로 남아있고, 지도자와 대중은 각기 자신의 역할을 수행한다. 그런데, 이러한 역할 분담을 통해 건강한 균형이 유지되는 것이다.

또한 왕권은 이미 그 역사적 사명을 다하고 퇴장한 것은 아니다. 영국인이 가진 역사적 의식 속에 왕권은 남아 있으며, 왕은 대영제국의 통합을 위한 인격화된 대표이다. 그리고 영국인의 〈권력심리〉에는 과거 제국의 역사적 영광은 왕이라는 인격과 긴밀히 결합되어 있다. 왕이 사라진다면 현재 영국이 유지하고 있는 식민지들은 이탈할 것이다. 즉, 대영제국의 제국주의적 이념에는 왕좌의 왕을 필요로 한다. 또한 의회에서의 다수당의 당수들도 국왕의 추인이 없이 그들이 단순히 대중의 다수에 의하여 지지받는 바에 그친다면 정부를 통치하는 완전한 권위를 가지지 못할 것이다. 즉, 최상의 〈역사적 권력〉의 소지자로부터의 승인은 선거를 통해 선출된 단순한 다수당의 정부를 대영제국 정부로 격상시키는 〈역사적 권력〉을 그들에게 부여하는 것이다.

영국인은 그들이 가진 추종이라는 대중적 기능을 완전히 사용하는 방법을 배움으로써 완숙한 〈민주주의〉로 이행하였다. 영국에서는 단순히 자신의 전통이나 이해관계에 따라 지지하는 정당을 불변적으로 추종하지는 않고, 이미 충분히 성숙하여 자신들의 추종을 신중하게 다시 고찰하고 선거 당일 결정적 표를 던지는 성숙한 유권자가 많이 존재한다. 그럼으로써 효과적으로 지도자를 견제할 수 있다.

  최근의 영국에서는 노동당이 부상하고 있다. 징병제가 도입되어 대중이 전쟁에 참전하게 되었고, 민주화 의식이 함양됨에 따라 그 징병제 도입 이후 〈보통선거권〉 제도가 도입될 수밖에 없었다. 그럼으로써 다수의 프롤레타리아 유권자가 새로 선거에 합류하였다. 그중 많은 사람들은 그들이 부여받은 새로운 권리를 행사하지 않았지만, 행사한 사람들은 과거 양당 중 어느 한 편에 어쩔 수 없이 투표하여야만 하였다. 그런데 전후에 닥친 공황은 노동자들에게 계급의식을 최고조로 각성시켰고, 이에 노동자들 자신의 정치적 조직이 결성되어 노동당이 탄생하였다. 그런데, 그에 가입한 사람들은 단지 프롤레타리아뿐만이 아니었고, 기존 양당이 가지고 있던 부르주아적 협량성에 불만을 가지고 있던 진정한 〈민주주의〉자들도 합류하였으며, 노동당은 소위 유산자들 중의 지식층들이 발휘하는 리더십에 의존하게 되었다. 그런데, 이러한 노동당이 유럽의 프롤레타리아 정당과 차별화되는 점은 노동당은 〈이익정당〉이 아니라는 점이다. 노동당은 지도부뿐만 아니라 그를 추종하는 대중들 모두에 있어서 전통적인 〈전국가적 정당〉의 모델에서 배운 〈전국가적 정당〉이다. 따라서 이러한 노동당의 부상은 영국을 〈이익정당〉에 의해 통치되는 상태로 전락시키지는 않았다.

  그런데 전쟁으로 분출된 [세계] 권력들 간의 갈등 속에서는 심지어 오래된 〈민주주의〉조차도 넘쳐흐르는 국민적 열정을 극복할 만큼 확고하지는 못하였다.

3. 혁명 이후의 신생 〈민주주의〉

  동일한 강령하에서도 독일, 헝가리, 오스트리아 등의 신생 민주국가들은 약하며 무기력하게 분열되고, 왜 오래된 민주국가들은 단결되고 강력한

가? 이는 전자의 경우 지도자와 대중 모두 성숙하여 진정한 〈전국가적 정당〉을 형성할 수 있었음에 반하여 후자는 오직 〈이익정당〉만을 가지고 있음에 연유한다. 이에 더하여 후자는 전자가 이미 극복한 내적, 외적인 위기에 끊임없이 노출되어 있기 때문이기도 하다. 위기와 같은 상황에서는 특히 지도자가 필요한데, 그는 자신의 뛰어난 자질이나 혹은 〈역사적 권력〉의 휘광의 도움으로 〈공중〉의 소요에 휩쓸리지 않는 충분한 견고함을 가지고 있다. 이러한 리더십을 가진 지도자가 신생 〈민주주의〉 국가에는 부재하고 이미 기존에 있었던 〈역사적 권력〉마저 찢겨 사라져 버렸다.

이에 관한 가장 훌륭한 서술은 투키디데스(Thucydides)의 《펠로폰네소스 전쟁사》에서 찾아볼 수 있다. 그 안에 등장하는 정치가 페리클레스는 전쟁의 시작기에 아테네인들에게 미리 충고한다. 즉, 그들의 함대를 신중히 다루고 냉정하게 유지할 것이며, 만일 전쟁 중에 그들의 영토를 무리하게 확장시키려 하지 않고, 그들의 도시를 위험에 노출시키지 않는다면 전쟁에서 승리할 것이라고 조언하였다. 하지만 아테네인들은 그러한 충고를 무시하였고, 실패할 때는 국가에 재앙적 결과를 가져올 수 있는, 지도자 개인들의 영광과 이득만을 위한 일들을 진행시켰다. 페리클레스와 같은 이는 누구보다도 부패하지 않았고, 군중들을 그가 가진 솔직함으로 자제시킬 능력이 있었다. 그는 군중들에 의해 휘둘리는 것이 아니라, 군중들을 지도하였다. 왜냐하면 그는 부정한 방법으로 권력을 획득하지 않았고, 따라서 아테네인들의 마음을 사기 위해 말할 필요가 없었으며, 필요하다면 열정적으로 군중들에 반대할 수 있었다. 따라서 대중에게 권력이 있다는 것은 이름뿐이었고, 실제적인 지배는 이 가장 높은 사람에게서 나왔다. 하지만, 그를 뒤이어 출현한 사람들은 서로 간의 서열이 비슷하였고, 그럼에도 불구하고 서로가 첫째가 되려고 노력하였는데, 따라서 그들은 군중들에 영합하기 위하여 국가의 중대사를 군중들에게 넘겨버렸다.

신생 〈민주주의〉 국가에는 과거 페리클레스와 같은 지도자를 발견하기 어렵고, 설사 있다고 하더라도 그를 추종할 대중을 찾기 어렵다. 그러한 위대한 지도자에 대한 보편적 추종의 자세는 역사적으로 뿌리 깊게 존재하여야만 하고, 지도자의 위상도 역사적으로 예비되어 있어야만 하는데, 그러한 위상은 그 위대한 지도자가 대중을 통솔할 수 있는 기반이다. 그런데 신생 〈민주주의〉 국가의 대중들은 이미 이전의 왕조가 임명한 지도자들에 대하여는 자발적으로 추종할 〈역사적 도야〉는 되어있었지만, 그러한 왕조는 이미 쇠멸하여 사라져 버렸다. 그렇다면 어디에서 위대한 지도자를 찾을 것인가? 평범한 지도자들은 대중들을 지도하는 것이 아니라 오히려 대중이 그들을 지도하도록 하며, 감히 대중에 맞서지 못하고 영합한다. 그 결과 과실, 나약함 그리고 무능함만이 지속된다.

열광적인 〈민주주의〉 신봉자들은 구 왕조가 물러나면 모든 것이 잘될 것이라고 낙관하였지만, 실제로 그 왕조들이 가진 역사적으로 성장해 온 권력은 하루아침에 다른 것으로 대체될 수 없음을 발견하고 놀라게 되었다. 즉, 〈민주주의〉는 그것이 가진 형태의 명확성에도 불구하고 역사적인 전제조건을 만족시켜야만 하는 것이며 그러한 조건들은 신속히 충족될 수 없는 것이다. 〈민주주의〉에서 선발된 대통령은 대중을 대표할 의무와 명예를 부여받았겠지만, 단순히 그로 인하여 대중들을 완전히 대표하는가? 신생 공화주의자들이 능력과 자질이 있는 지도자를 우연히 발견한다고 하더라도, 그 지도자는 자신의 정당 내에서는 단지 동료 정치인에 불과할 수 있고, 반대 정당의 입장에서는 신뢰할 수 없는 적으로만 비추어지기 마련이다. 따라서 그에 의하여 수립된 정부는 아직 〈전국가적 정부〉(Staatsregierung)가 아니라 단지 어떤 정당의 정부에 불과하다. 물론 그 지도자가 양심에 따라 보편 이익을 추구하려고 할 수 있지만, 그의 식견은 〈보편적 이익〉을 볼 수 있도록 〈수련〉되어 있지 못하고 단지 자신의 정당의 이익에만 국한된다. 그리고 그 지도자의 옆에 있는 동료들은 자신의 정당의 이익만을 무자비하게 추구하기 마련이다.

사태가 다르게 전개되기 위하여서는 국민에게 새로운 자극이 필요하며, 국가 운명을 가르는 중대한 시기에 그 강대한 국민 속에 깊숙이 남아있는 힘에서 분출되는 정신의 놀라운 발흥에 의하여 국민이 움직일 수 있어야 한다. 그러한 경우 자신들의 가장 가까운 이익에만 탐닉하는 낡아빠진 정당들을 무너뜨리고, 국민들은 자신들의 위대한 목적을 위하여 새로운 지도자하에 운집하게 된다. 그런데 그러한 전환기에는 이태리의 경우처럼 파시즘이 등장하는 계기도 된다. 그리고 이러한 자극이 결여되었을 때는 기존의 낡은 정당들이 자신의 이익만을 추구하는 관성이 지속된다. 비례 대표 체제는 정당의 관점에서 볼 때 투표권자들을 고정적으로 유지시킬 수 있기 때문에 일종의 보험적 성격을 가지고 있고, 따라서 자신들 정당의 이익을 지속시킬 수 있게 된다. 그리고 그들에게 있어서는 그러한 정당의 리더십은 전통적인 정당의 이익에 충실히 부합하여야만 하고, 그것을 국가 정치로 격상시켜서는 안된다. 그리하여 리더십이 추구하여야만 하는 위대한 과업은 수행되지 못하고 지도자들은 단지 대중과 행보를 같이 하려고 하며, 투키디데스가 언급하였듯이, 대중들을 지도하지 않고 대중에게 오히려 휘둘리며, 그들을 기쁘게 하려고만 노력하며, 그들에게 영합하며, 대중들을 근시안적인 협소한 사안에만 관심을 가지도록 부추긴다. 이러한 상황에서는 아마도 국가의 〈보편적 이익〉을 지킬 수 없을 것이다. 그리고 이미 몰락해 버린 왕조의 〈역사적 권력〉을 대체할 권력은 보이지 않는다.

그리하여 이 모든 환경은 파시즘이 등장하는 근원이 된다. 파시스트 〈독재자〉는 기존 정당이 가지고 있던 협량성과 맞서 싸우도록 국민 감정을 자극한다. 반면 〈프롤레타리아 독재〉는 이와는 다른 근원을 가지는데, 그것은 계급적 협량성이 너무 과잉되어 있음에서 비롯된다. 그리하여 그들은 민주주의적 원칙을 부정하며, 프롤레타리아들에게 '국민'에 반하여 일어서게 한다. 그 지도자들은 동료들에게 자신들 모두는 대중에 속하며, 이러한 원칙을 마음 깊이 간직하여야만 하고, 대중의 이름으로 대중을 지배할 명분이 있다고 강조한다.

D. 언론

1. 〈리더십기구〉로서의 언론

이 장에서 말하는 언론은 주로 일간지를 말한다. 제한된 수의 특별한 독자들만을 상대로 하는 기타 언론은 제외한다.

언론은 오랫동안 〈자유적 기구〉 중의 하나였고, 유일한 〈자유적 기구〉였다. 최초에는 부르주아지, 그리고 이후에는 프롤레타리아 등의 〈자유적 정당〉(Freiheitspartei)들의 대 정부 투쟁에 있어서 언론은 강력한 수단이었다. 그리하여 정부는 언론을 가능한 한 억압하려 하였으며, 언론의 자유를 향한 요구가 자유를 위하여 가장 절실히 필요되는 것으로 간주되었음은 충분히 이해할 수 있다. 그런데 최근의 상황은 그러한 과거와는 다르게 보이는데, 이러한 시각의 변화는 "우리가 현재 시대에 이해하고 있는 바의 언론의 자유는 다름 아닌 언론으로부터의 자유"라는 일찍이 슈펭글러가 말하였던 바에서 엿볼 수 있다. 그리하여 언론은 더 이상 권력과의 투쟁에서 필요한 〈자유적 기구〉가 아니며, 오히려 〈권력자〉의 권력을 강화시키는 〈권력기구〉가 되었으며, 자신 스스로의 거대한 권력도 얻게 되었다. 그리하여 자신이 〈세계제국〉의 옆에 존재하는 〈거대권력〉(Großmacht)이라고 불리우기를 바라게 되었다.

언론이 가지는 권력의 원천은 그것이 대중들을 자신 주위로 결집시킬 수 있다는 점이다. 외적인 구조상 언론은 〈리더십기구〉이며, 모든 언론은 〈리더십기구〉로서 독자와 광고주라는, 추종을 하는 대중들을 확보하고 있다. 물론, 이때 '대중'이라는 말은 사실 전체 인구에 비하면 작을 수 있다. 하지만 현재의 거대 언론은 초창기 그들의 설립자는 전혀 예상 못하였을 만큼 거대한 독자들을 확보하고 있다. 그리고 모든 언론은 〈대중기구〉로서, 대중의 정신과 접촉한다. 그런데 대중은 다양한 기질을 가진 사람들로 나누어지기에, 언론은 자신이 지지하는 정당의 색깔을 천명하기 마련이며, 혹은 기존 정당과는 무관한 색깔이라도 드러낸다. 그러나, 언론을 지배하는 것은 결국 독자들이며, 따라서 우리는 언론을 굳이 〈리더십기구〉라고 불러야만 하는가?

사실 언론은 〈리더십기구〉라고 불리울 수 있다. 언론과 대중의 관계는 지도자들과 대중과의 관계와도 같다. 하지만 언론은 [위대한 지도자들과는 달리] 정신을 인도하는 목적을 가지지 않는다. 그리고 독자들이 이해할 수 있는 눈높이에 맞는 수단과 방법을 사용할 뿐이다. 하지만 그럼에도 불구하고 언론은 힘든 지도자로서의 활동을 수행하며, 그럼으로써 광범위한 〈지도자적 권력〉(Führermacht)을 가질 수 있다. 언론이 하는 역할의 본질은 사막의 여행자가 그를 인도하는 베두인에게 의존하는 것과도 같이, 〈공중〉으로 하여금 언론에 의존하게 하는 것이라고 할 수 있다.

2. 언론의 독자들

언론이 리더십을 가질 권력을 부여받게 된 것은 〈공중〉이 가진 성격과, 그 〈공중〉이 놓여진 상황에 기인한다. 〈공중〉이 언론과 접하는 것은 그들이 극장에 들어가서 연극을 감상하는 것과는 질적으로 다르다. 연극을 감상하는 〈공중〉은 적어도 연극 애호가라고 할 수 있고 어느 정도의 평가 능력이 있기에 즉각 그 연극에 대한 평을 낼 수도 있고 박수로 그 평가를 보여준다. 마찬가지로 시장에서의 소비자들도 자신의 의견을 판매자의 면전에서 피력할 수 있다. 하지만 언론의 모든 독자들은 스스로 홀로 어떤 의견을 가져야만 하고, 어떤 언론의 논조에 불만스럽다고 해서 그와 직접 맞서서 논쟁을 할 수도 없다. 언론에 대하여 정정 요구를 하려면 용기가 필요한데, 이는 소수의 확실한 결단력이 있는 사람만이 할 수 있다. 그런데, 실상은 독자들은 신문을 어떤 비평적인 관점에서 읽지 않는다. 그가 비판적인 시각을 가지는 경우에는 오로지 자신이 가진 생각과 반대되어 이미 불신하기로 결심하고 있는 신문에 대한 경우인데, 그것도 그 언론에서 전하는 내용은 전부 거짓이라는 선입견을 가지고 비평하는 경우가 대부분이다. 하지만 독자라는 대중은 그런 반대 입장의 신문들을 그나마 읽지도 않는다. 그들은 자신이 지지하는 신문만 읽고, 그것도 어떤 비판적인 생각이 없이 그러하기 마련이다. 독자들은 그러한 신문들을 호감을 가지고 있는 친구이자 자신들의 고문으로 간주하고, 그 신문이 말하는 모든 바에 맹세하며, 그에 충성할 것을 다짐하는데, 이는 마치 대중이 자신이 따르는 지도자에게 표현하는 충성을 표현하는 바와도 같다. 그런데 이것이 어두운 측면의 전부는 아니다. 〈집단심리학〉에서 대중에 대하여 말하는 바는 독자들을 충분히 비하될 수 있는 논리로서 적용될 수 있다. 특히 독자들에 있어서는 감정 내지 충동이 앞서고, 〈이지〉(理智)는 후퇴되어 있다. 또한 실제로는 아주 적은 수의 사람들만이 신문을 읽으며, 자신들의 지식에 기반하여 읽는 사람들은 더욱 적다. 또한 독자들은 원래 신문이 독자들의 편의를 위해 기획되는 신문의 헤딩이나 볼드체로 강조된 문구에만 눈이 가고 그것만을 읽음으로써 만족한다. 독자들은 기사의 근거나, 그것이 진정한지 혹은 확인되지 않은 사실인지는 전혀 개의하지 않는다. 실제로 기사의 진정한 핵심을 정확히 파악할 수 있는 독자는 아주 소수이며, 대부분은 단지 그 기사를 아주 충실하게 옮기면서 떠들기만 한다. 그런데, 흔히들 비판하는 이러한 언론의 낮은 신뢰성에는 독자가 기여하는 바가 크다. 심지어 주요 언론이 고객으로 삼는, 충분히 교육을 받은 〈공중〉이라고 하더라도 단지 형편없는 이해도만을 가지고 있을 뿐이다. 현대와 같이 급변하게 발전하는 삶에서 〈공공〉의 일부가 되어버린 대중들은 심각한 몰이해를 범하지 않고는 그 언론을 통하여 스스로의 길을 찾아갈 수 있는 준비가 되어 있지 못하며, 언론이라는 기구에 대하여 아직 성숙하지 못하다. 즉, 그들 대중의 대다수에게는 신중하게 숙고하는 추종을 하는 대중으로서의 기능을 수행할 능력이 결여되어 있다.

3. 영리 기업으로서의 언론

언론이라는 직업적 사명을 가진 사람들은 결국 대중이라는 기반 위에 자신들이 놓여있다는 것을 깨닫게 되며, 정부 또한 언론이 대중을 상대로 정부를 크게 도울 수 있다는 것을 알게 될 수밖에 없었다. 하지만 그러한 언론 사업은 정부 자신들이 성공적으로 직접 수행할 수 없다는 점도 인식하게 되었다. 특히 언론 사업은 공무원들에게는 친숙한 개념은 아니며, 언론사의 수장은 어느 정도의 독립성을 요구하는 자리이기 때문이다. 그런데 언론이 정치에서 가지는 중요성에 대하여서는 이미 나폴레옹이 관제 언론은 국가 기구에서 필요불가결한 요소라고 말한 바 있고, 그가 대중을 굴복시키기 위하여 전진할 때 언론도 동참시켜 같이 전진하게끔 할 힘을 그는 충분히 가지고 있었다. 현대에서의 파시즘은 자신에 반대하는 언론을 공식적 방법을 통하거나 혹은 거리의 당원들을 동원하여 탄압하는 등의 방식을 통하여 언론의 권력을 자신의 이익을 위해 이용하는 방법을 알고 있었다. 볼셰비즘 역시 영화나 연극 이외에도 언론을 이용하여 학교에서부터 시작되는 〈대중교육〉(Massenbildung)을 완성시키려고 하며, 그로써 언론을 〈공중〉을 교육시키는 주요한 〈독재〉의 수단으로 사용한다. 그리고 대규모 정당 또한 자신의 기관지를 발간하려 한다. 그런데, 정당의 경우에는 자신의 정당 당원인 편집자가 주간하는 민간 신문을 이용하여 그 신문의 칼럼을 자신의 기관지화하는 것이 더욱 편리한 방법임을 안다. 그리고 〈대중기구〉인 대형 언론들은 동시에 대규모 사업체로서의 기업이며, 따라서 정당의 수뇌부가 직접 간여하기 어렵다. 그 언론의 편집인들은 언론 편집 이외에도 각종 기업체의 수장으로서의 역할도 하여야만 한다. 그리하여 가장 중요한 정치 섹션 이외에도 다른 분야를 추가함으로써 판매를 촉진하여야만 한다. 또한 다양한 독자층을 확보하여야만 하는데, 이에는 확고한 구독자로 자리 잡은 특정 정당을 지지하는 자들뿐만 아니라, 선거에 있어 부동층(浮動層), 정치적 무관심자, 사업가, 그리고 심지어는 반대 정당을 지지하는 자 내지는 외국 고객을 포함한다. 편집인이 판매를 늘이기 위해서는 특정 정당의 지지층은 너무도 협소하기 때문이다. 그렇기에 주요 언론은 거의 대부분 독립 언론으로 자라났다. 반면, 언론이 가지는 그러한 영향력 때문에 대규모 자본 권력이 대형 언론을 소유하려 하며, 자신들의 이익과 반하지 않는 한에서만 언론사 운영의 자율권을 부여한다. 막강한 편집인은 외적이나 언론사 내적으로 자신의 존재를 부각시키려 하는데 내부 직원에게는 사실 자유를 거의 용인하지 않는다. 그러한 자유는 그 편집인이 가치 있고 필요하다고 생각되는 소수의 인물들에만 한정되기 마련이고, 그 이외 모든 직원들은 군대가 지휘자에 복종하듯 그 편집인에게 절대복종하여야만 한다. 그런데, 그 직원들은 빈약한 수준의 임금에도 불구하고 골치 아픈 복잡한 일을 처리하여야만 한다.

언론은 대규모 사업을 영위할 완벽한 준비가 되어있다. 현대적 기술이 도입되었고, 다른 면에서도 자신의 능력을 사업에 십분 발휘한다. 정보 수집 능력, 편집 마감 시간을 맞추는 내부적 기강, 그리고 〈공공〉의 관심사를 파악하는 예민한 후각을 가지고 있으며, 또한 단순히 뉴스의 보도에 그치지 않고 이따금 연구기관의 역할도 수행한다. 그런데, 그 외에도 언론은 단순히 정치적 영역뿐만 아니라 사회생활의 전 영역에 걸쳐서 〈공론〉을 전하는 기구로서의 역할도 한다. 문화적 측면에서는 각종 문화 활동에 대한 비평가의 역할을 수행하고, 문학 작품을 연재하기도 하며, 사회적 관심사가 있는 분야에 관한 특별 연재를 게재하기도 한다. 그리고 사회적 지도자들을 위한 보좌역을 하며, 어떤 때에는 스스로 지도자가 된다. 또한 사람들에게 〈세계관〉을 제공하여 주기도 한다. 정치의 보조 수단으로서의 언론은 정부와 정당에게 필수적인 요소인데, 가끔 언론은 그들의 통제를 벗어난다. 경제적 측면에서 언론은 사업에 중요한 영향을 미친다. 이렇듯 현재 언론이 다루는 다양한 소재, 구독 가격, 그리고 광고 수입 등의 전반에 있어서 신중한 경영이 요구되며, 그럼으로써 광범위한 대중에 언론이 전달될 수 있다. 따라서 성공적인 언론 사업에 있어 편집인이 중대한 역할을 하며 그에 따른 개인적 보상도 주어진다.

언론은 사람들의 궁금증을 뉴스를 통하여 해소시킬 뿐만 아니라, 그들과 최상위 지도자들 간의 매개의 역할도 수행한다. 지도자들은 그들이 얻고자 하는 다양한 정보를 언론을 통해 얻는다. 그리하여 언론이 과연 대중을 인도하는 것인지 아니면 미혹시키는지에 대한 가치평가는 다를지언정,

그것은 대중의 생각을 지배하는 가장 효과적 수단 임에는 분명하다. 언론은 수백만 명의 두뇌 속에 확고히 일치된 표상들을 훌륭하게 창조해 낸다. 언론은 최고의 효율성을 자랑하는 〈세뇌기계〉(Gehirnmaschine)이다.

4. 언론의 권력과 그 권력의 남용

언론은 실로 다양한 능력들, 즉, 지식, 냉철한 판단, 그리고 도덕적 열정이 없었다면 그 가장 높은 기술적, 사업적 성과를 시현하지는 못하였을 것이다. 그리고 〈패권적 권력〉과 투쟁하였던 기간의 언론은 높은 정신적 고양과 용기를 발휘하였다. 이러한 동기들은 여전히 현대에서도 남아있다. 하지만 언론이 가진 가장 큰 결점은 그것이 가진 거대한 권력에서 비롯되는 잘못인데, 그 거대한 권력은 다름 아니라 사실 자신이 온 힘을 바쳐 얻어낸 결과이다.

언론에서 분출되어 나오는 거대한 힘은 그것이 어떤 현안에 대하여 강한 입장을 표명할 때 잘 드러나는데, 이는 특히 대중을 그 깊은 곳에서부터 움직이는 주요한 운동들에서 볼 수 있다. 예를 들어 전쟁 시에는 전시법을 이용하여 언론을 검열함으로써 정부는 언론을 이용하였는데, 이러한 언론의 역할은 전쟁의 승패를 가름에 있어서 무기보다도 중요한 역할을 한다. 언론은 전장에서 자국의 승리를 선전하고, 패배는 은폐하거나 혹은 그것을 어떤 희망을 주는 다른 소식으로 중화시켜 버리고, 가라앉은 분위기를 반전시킨다. 그리고 전쟁의 분위기를 고조시키기 전에 이미 반대의 목소리를 잠재워 버리기도 하며, 최종적 승전의 가능성이 조금이라도 남아 있는 한, 전쟁에의 의지를 유지시키는 역할을 한다. 그리고 적의 만행을 고발하면서 증오의 씨앗을 뿌리는 역할도 수행한다. 전쟁 중에는 국수주의적 언론, 평화주의적 언론 등의 다양한 종류의 언론이 등장하는데, 정부는 특히 국가의 〈공론〉을 지배하는 전쟁광적인 분위기를 예의 주시하여야만 하며, 그러한 분위기를 오히려 반길 수도 있다. 그리하여 만약 모든 언론이 평화주의적인 언론이었다면 전쟁이 없는 평화가 지속되었을 수도 있었다.

전시가 아닌 평시에는, 물론 언론은 그 방향성에 있어서 분열되어 있고, 따라서 전시만큼의 강력한 영향력을 발휘하지는 못한다고 하더라도 절대로 무시할 수 없는 영향력을 가지고 있다. 그리고 자유 경쟁의 원칙은 [언론이라는] '의견을 팔고 사는 시장'에서는 좀처럼 적용되기 힘들다. 일단, 정당의 기관지는 독점이다. 그리고 대형 신문사들은 대규모화된 〈자본주의적 기업〉이며, 자신 내에 인적, 물적, 자본적 축적이 강하지만 그럼에도 불구하고 경쟁사의 기반을 쉽게 잠식할 수는 없는데, 왜냐하면 각기 언론이 가지고 있는 독자층은 그 언론사들이 가지고 있는 일종의 〈역사적 권력〉으로 작용하기 때문이다. 그런데 부르주아지들은 자신들의 정당의 지지층이 가지는 높은 교육 수준, 자본 등에 있어서 장점이 있기에 최초로 언론시장을 지배할 수 있었다. 반면 프롤레타리아트의 경우에는 그들을 상대로 판매하는 다른 소비재들처럼, 그 대중들이 언론을 소비할 수 있기에는 시간이 걸렸기에 그 등장은 뒤처졌었다. 현대에서는 자신을 지지하는 언론이 없는 그룹들은 철저히 공적 활동에서 낙오되기 마련이다. 그런데 현대에서는 비록 부르주아지 언론은 그 정치적 영향력을 많이 상실하였지만 그럼에도 불구하고 경제, 비평, 문학, 생활 등의 영역에서는 아직도 영향력을 발휘하고 있으며, 이러한 후자의 분야는 그들이 가진 자유주의적 영광에서 남은 부분이고, 절대로 무시될 수 없는 부분 임은 틀림없다.

거대한 권력은 항상 남용되기 마련이다. 언론, 특히 고급 언론도 마찬가지라고 할 수 있다. 비평가들의 평론은 수천수만의 독자들이 읽게 되고, 따라서 독자들이 그에 박수를 치게 되면, 그 비평의 대상은 희생자로 전락하기 마련이다. 반면 그의 비평 여부에 따라 위대한 걸작도 오랫동안 성공하지 못할 수 있다. 그런데, 그의 비평은 무결점으로 완전할 수 없으며, 그 자신의 취향 여부가 반영되기 마련이다. 그리고 이러한 문제보다도 더 심각한 것은 경제 분야에서의 기사들인데, 대규모 언론들은 자본의 권력하에 있고, 따라서 자본의 권력은 언론을 자신의 사업적으로 이용하기 마련이다.

또한 금융 자본은 언론을 더욱 거대한 차원에서 자신을 위하여 봉사하도록 하는데, 특히 언론을 이용하여 자신의 이익을 보호하고자 각 정치 캠프에 영향력을 발휘한다.

5. 사실 전달 기능

더욱 성숙한 국민들과 정당들은 의무감을 포함한 모든 측면에서 더욱 성숙한 언론을 가지게 된다.

일단 관제 신문을 제외하고는 언론이 공공 기구라는 생각은 버려야 한다. 그리고 신문은 〈정파적 기구〉(Parteiorgan)이거나 최소한 어떤 정파와 같은 정신을 공유한다고 생각하여야만 한다. 〈공론〉이라고 오늘날 부르는 것들은 단순히 정파적 의견이며, 언론은 과거와같이 정부를 상대로 자유를 위하여 투쟁하는 기구는 더 이상 아니고, 공론의 기구도 아니며, 단지 정파적 의견을 표현하기 위한 기구이다. 〈공중〉을 위해 중요한 모든 뉴스는 증권시장에서 주가를 발표하는 것처럼 모든 뉴스를 통합하여 발표하는 기구를 만들어서 통일적으로 발표할 수는 없다. 왜냐하면 당분간 뉴스의 제공은 기본적으로 기자들의 노력과 직관에 의존할 수밖에 없기 때문이다. 그렇지 않고 더욱 현명한 전문가에게 맡겨서 모든 면을 검토하고 완전하고 순수한 진실을 규명하려 하는 경우에는 뉴스는 시간에 맞추어 나올 수 없다. 따라서 뉴스는 더욱 비 객관적인 사람들에 맡겨야만 한다. 〈공공〉은 단지 반만 사실인 뉴스에 대하여서도 타협하여 만족해야만 하며, 그렇지 않다면 과장된 〈풍문〉의 폭력(Gewalt)에만 의존해야 한다. 그리고 간과해서는 안될 바는 신문은 그날그날의 필요에 따라서만 뉴스를 전달하는 것이며, 너무 자세한 내용을 전하여 독자를 불편하게 만들거나, 혹은 어느 한 주제에 너무 길게 머물러 있으면 안된다는 점이다. 〈공공〉은 완전하고 순수한 진실에는 전혀 개의하지 않는다. 그러한 범위 내에서 충분히 정보를 얻는 한에서는 그들의 호기심은 충분히 충족될 것이며, 더 이상의 정보는 과감히 거부하기 마련이다. 그리하여 〈공공〉의 관심사는 언론이 그에 맞추어야만 할 기준을 제공한다. 그리고 한번 부정확한 정보가 전달되면 그것을 수정하고자 하는 선의가 존재한다고 하더라도 그것을 정정하는 것은 쉽지 않다는 점을 알아야 한다. 갈대는 한번 널리 뿌려지면 넓은 지역에서 자연스레 성장하며, 그 이후에는 그것들을 모두 찾아내어 발본하는 것은 불가능하다.

그런데 언론에 있어서는 순수한 의지는 결여되었다는 점도 추가적으로 명심하여야만 한다. 언론은 〈정파적 기구〉이며 또 그렇게 남아 있을 수밖에 없기에, 그것이 전달하는 기사와 판단은 자신들이 지지하는 정파의 정신하에 수집되어 쓰이는 것이다. 그리하여 이렇듯 정파적 성격을 가지는 신문은 반대파인 적의 이익을 위한 기사를 배포하고 싶은 마음은 없기 마련이다. 그리고 자신들이 지지하는 정파의 목적에 부합하는 글만을 열정적으로 실어 나르게 된다. 하지만 비록 〈공공〉이 환영하지는 않지만, 그 〈공공〉이 결코 멀리해서는 안 되는 〈보편적 이익〉을 위한 기사도 연재하여야만 한다. 그런데, 계속하여 언급해야만 하는 기사와 언급을 배제하여야만 하는 위험도 감수해야만 하는 기사를 구분하는 경계는 도대체 무엇인가? 완전한 진실을 요구하는 독자들의 입장에서 보자면 사실 그 경계선은 정파적 정신에 의하여 자의적으로, 그리고 부당하게 그어지기 마련이다. 사회주의자 업톤 싱클레어(Upton Sinclair)의 회고에 따르자면 부르주아적 언론에서는 자본주의 체제에 위해적인 기사는 게재될 수 없다고 한다. 즉, 대부분의 경우 그 '전달 경로'는 그에게는 열려있지 않았고, 높은 장벽이 자신의 진입을 방해하기에 결국 포기할 수밖에 없었다고 한다. 그런데 그러한 언론의 '진입 거부'는 결국 '정의에 대한 거부'인가? 언론이 〈공공〉을 위한 뉴스 제공의 임무를 가진다고 생각하는 자는 그렇다고 대답할 것이며, 반면 언론은 본질적으로 〈정파적 기구〉라고 생각하는 사람의 의견은 다를 것이다. 후자는 언론은 단지 자신들의 계급적 시각하에 주권적 권리를 행사하고 있는 것이며, 계급 간의 전쟁이 세상에서 지속적으로 존재하는 한, 언론은 다르게 행동할 수 없다고 변명할 것이다. 그런데 언론은 종종 자신들의 입장을 아주 영리하게 은

폐하는 장인적 기교를 발휘한다.

그리고 사실을 공식적으로 보도하지 않으려는 것보다는 덜 분명히 드러나지만, 더욱 해악적인 것은 진실의 왜곡인데, 이에 대하여서는 언론의 정파성의 책임이 크다. 즉, 정파적 인간들은 어떤 편견이 없이는 보지 못하고, 또한 편견 없이 생각할 수도 없다. 〈정파적 기구〉로서의 언론이 사실 그러한 편견이 없는 견해를 가지기에는 가장 부족하다고 할 수 있다. 언론은 대중의 눈높이에 맞추고, 대중의 마음에 맞추어 생각하여야만 하는데, 사실 대중이란 개별적 개인들 자신보다 훨씬 감정적이다. 따라서 대중에게 있어서는 개인적인 것은 중요하지 않으며, 단지 일반적인 것, 강한 것, 단순한 것, 어떤 유보나 복잡한 전제 조건 등이 없이 그 자체로만 말해지고 당장 감정에 와 닿는 것들만이 중요할 따름이다. 어떤 회합에 있어서도 가장 강경한 어조를 사용하는 목소리 높은 연설가가 가장 효과적이듯, 언론 또한 그와 다른 방식으로는 독자들의 시선을 사로잡지 못한다. 독자들의 대부분은 신문을 마치 소중한 책에 들어있는 모든 낱말들을 음미하듯이 읽지는 않고, 대충 빨리 훑어 내려가면서 가장 눈에 띄는 부분만 뽑아내며, 그럼으로써 그들은 이미 자신들이 가지고 있는 편견에 부합하는 기사만을 허락할 따름이다. 그리고 조간신문을 읽은 뒤 어떤 새로운 생각에 몰두하게 되어 바로 개시되는 일상 업무에 방해되지 않기를 바란다. 그리하여 그들은 신문을 읽으면서 자신의 입장만을 단지 재확인하며, 이미 가지고 있던 견해를 강화하려고 할 뿐이다. 정당에서의 연설이 그렇듯이, 언론에서도 모든 공적인 관심사는 이미 과거에 수용되어진 믿음에 의거할 뿐이며, 기존의 것과 부조화되어 더 이상 아무도 그 목소리를 듣지 않는 상황에 처하지 않기 위하여서는 그러한 기존의 믿음에 고착되어야만 한다. 그리고 자신들끼리 모여있을 때는 기사 중의 과장된 표현 등에 대하여 서로 비웃을지언정, 다시 업무에 돌아가면 그 똑같은 문구들을 독자들에게 내놓고, 정치적으로 견해를 달리하는 사람들과 사석에서 만나면 통상적인 방식으로 서로 좋게 대화하지만, 공적으로나 혹은 신문 지상에서 마주치게 되면 예절에서 벗어난 개인들 간에 벌어지는 정도보다 더 심하게 정적이나 상대방 정파의 사람들을 대한다. 이에는 악의가 있다고 의심되며, 실제로 정파적인 마음은 그렇게 하도록 한다. 언론의 판단뿐만 아니라, 사실 보도조차도 그렇듯 정파적 고려로 채색되어 있다. 운하가 열리게 되면 그 물은 진흙으로 가득 차게 되며, 사람들이 인지하지 못하는 사이에 샘물은 중독될 수 있다. 사실 언론에 대하여 가장 흔한 비판은 그것이 매일 매일 행하는 왜곡으로 인하여 사람들의 흥분에 불을 붙인다는 것이다. 아마도 이러한 주장은 완전히 정당화될 수는 없다 [하지만 어느 정도는 사실이다]. 〈정파적 기구〉로서의 언론은 단지 그 정파들이 가진 목소리의 메아리에 불과하고, 다른 목소리들은 정파적 흥분과 열정의 시끄러운 목소리에 눌려서 익사할 뿐이며, 그러한 흥분과 열정은 언론이 행하는 증폭시키는 반향 작용으로 인하여 더욱더 크게 효과를 발휘할 뿐이다.

그런데 신문 칼럼의 많은 부분은 정파적 기능을 하기보다는 〈공공〉이 가진 관심에 일반적으로 부합하도록 쓰인다. 그러한 칼럼은 정파적 정신에서 자유롭고, 반면 〈대중의 정신〉(Geist des Volkes)과 조화되어야만 하며, 동시에 〈대중의 영혼〉을 위하여 봉사하여야만 한다. 대중의 정신적 지도자로서의 언론이 성취할 수 있는 바는 많거나 혹은 아주 많다고 할 수 있는데, 이는 다양한 교시(敎示)와 교육이라는 방법을 통해서 가능하며, 단, 대중의 영혼이 머물러 있을 수 있는 영역의 밖으로까지 확장되어서는 안된다. 또한 언론은 대중에게 교시하는 역할을 하는 것이지 그들을 개량시키거나 혹은 개종시키는 역할을 하지는 않는다. 혹은 그러려하는 시도를 하지도 않는다. 그리고 신문은 그날그날의 시야에만 머무르고 또 그렇게 머물러야만 한다. 그날의 시야를 넘어서는 것은 언론과는 상관없는 것으로 남아있어야만 하고, 최소한 평일에는 〈공공〉에게 그러한 오늘 당장의 시야를 넘어서는 것을 제시하여서는 안된다. 대중이 매일 매일의 시야를 벗어나는 주제를 읽을 수 있는 때는 공휴일이거나 혹은 특별한 상황에서뿐이며, 특히 주요 언론들은 어떤 적절한 시점에는 국민들 중 가장 뛰어난 정신을 가지고 있는 집필진들이 칼럼을 게재하도록 하는데, 그럼으로써 대중들의 그룹에게 절대로 간과되어서는 안 되는 당면한 상황이 요구하는 바를 제시할 수 있다. 그러한 칼럼은 동시에 [대중에게] 일반적인 인상을 형성시켜 각인시키는 특별한 효과를 가지며, 언론이 보여주는 다른 종류의 기사들에 비하여 일상의 대화에 있어서 더욱 지속적인 반향을 일으킬 수 있다. 그리하여 신중한 독자들은 칼럼에 등장하는 관련 문구들을 오려내어 조심스럽게 간직하기 마련이다. 하지만 그럼에도 불구하고 매일의 삶에서 채집하는 그러한 일반적인 언론의 기조는 지배적으로 유지된다. 그리고 대중은 언론이 제시하는 그렇게 다채로운 색깔의 직물들 중에서, 가끔 그들에게 제공되는 귀중한 진주를 알아보지 못한다. 신문이 제공하는 일상적 소재들은 기자들에 의하여 가급적 신속하게 기사화되어 전달되어야만 하는데, 그러한 신속성은 신문이 지켜야 할 가장 중요한 의무이다. 신문 발행은 촌각을 다투어 준비되어야만 하고, 그럼에도 시간이 경과되어 이미 낡은 기사가 되기 전에 전달될 수 있는 모든 중요한 관심사는 다 포함되어 있어야만 한다. 경쟁사에 의하여 선수를 빼앗기는 경우가 최악이기 때문이다. 그리하여 신속성이야말로 매일 매일 정신적 스트레스를 받고 있는 기자들이 지켜야만 할 최우선적 의무이며, 사고의 신중성은 그 신속성이 유지되는 한에서만 중요한 부차적인 것이다. 그러한 신중한 사고가 결여됨으로써 만들어진 공백은 그 기사의 확실성에 의하여 보완된다. 이미 언급한바, 대중에게는 그 확실성은 그다지 중요한 사안은 아니며, 많은 부분에 있어서 진실성도 그다지 중요한 문제가 아니다. 중요한 것은 오로지 말초 감각을 자극할 필요성부터 아주 섬세한 예술적 취향의 만족에서 얻을 수 있는 쾌감에 이르기까지의 범위에 있는 정신적 만족일 뿐이다. 독자들은 자신들이 필요로 하는 소재에 대하여, 또한 그다지 노력을 경주하지 않아도 얻을 수 있는 것들에 있어서만 언론이 자신들을 즐겁게 하고, 자극하고, 자신들에게 아부하기를 원하며, 또한 언론으로부터 배우거나 혹은 용기를 얻기를 바랄 뿐이다. 이러한 점에 볼 때 기자들이 지켜야 할 두 번째 의무는 기사는 독자의 흥미를 유발하여야만 한다는 점이다. 즉, 완전한 진실성을 전달하지 못한다면, 그에 대한 보상으로 그 기사가 세련되어 독자의 시선을 끌어야만 한다.

언론에 있어 피할 수 없는 것은 기자라는 수공업자들이 사용하여 통용시키는 저급어들이다. 아무리 잘 관리되고 훌륭한 글들을 연재하는 신문이라도 그러한 용어들로부터 자유롭지는 못하다. 일단 신문사가 다루는 범위는 아주 넓기에 다소 자질이 부족한 기자도 고용하여야만 하고, 따라서 신문에는 좋은 글과 그렇지 못한 것들이 혼재될 수밖에 없다. 따라서 단지 일상적이고 다소 부주의한 문구들을 반복하며 써 내려가는 기자들이 존재한다. 반면 이렇듯 평범한 기자들이 부정적인 의미에서 언어 파괴적이고 아무 생각도 없이 사용하는 문구들 옆에는 〈공론〉이라는 도구를 최고도로 능숙하게 다루는 거장의 목소리도 있으며, 그 모든 소음에도 불구하고 그 진실함과 아름다움을 간직하고 있는 순수한 소리도 이따금씩 명확히 들려 나온다.

6. 언론의 영향력

과거와 같은 언론에 대한 예찬이나, 현재와 같은 저주의 비난 모두 정확하지 못하다. 각 시대적 단계와 장소에 따라 변화하는 언론 전체에 대하여 판단하건대, 신문에 대하여 일반적으로 기대되는 바는 아마도 세상에서 가장 뛰어난 의지에 대해 기대하는 바보다도 훨씬 높기에 이러한 엇갈린 의견이 나올 수밖에 없다는 점을 인정하여야만 한다. 언론은 다양한 임무를 수행하여야만 한다. 매일 발생하는 사건들을 교육 층이나 비교육 층 모두에게 보도하여야만 하고, 사회 지도자들의 입장에 순응하여 그러한 사건들을 대중이 이해할 수 있게 하기 위한 슬로건들도 작성하여야 한다. 그리고 기업으로서의 자신의 이해관계, 특히 그 판매 부수에 신경을 쓰지 않을 수 없다. 그리하여 그러한 모든 일들에서 최선을 다하여야만 하는데, 단, 그 독자층이 가진 지적 능력의 범위 밖의 것을 다루어서는 안 되며, 또한 그 독자들 간에 공유되고 있는 기본 견해와 열정들과 반대되는 것을 게재하여서도 안된다. 또한 새로이 형성되는 일반적 분위기들에 대하여 예민하게 주시하여야만 하고, 향후의 변화에 대하여서도 보조를 맞추어야만 한다. 하지만 당파적 견해와 현재 지배적인 일반적 견해에 단단히 뿌리내리고 있어야만 한다.

하지만 일간지의 지배는 단 하루만 유효한 지배이며, 현존하는 권력에 맞설 수 없다고 생각하는 것은 근본적인 잘못이다. 매일 발간되는 산더미 같은 높이의 신문은 오늘이 지나면 신속하게 자취를 감추지만, 그 신문이 가진 지배는 단지 그 종이 자체로써 대변되는 지배는 아니며, 이는 현재에 종이에 적혀있는 헌법 강령들이 단지 종이에 의한 지배에 그치는 것은 아닌 것과 마찬가지이다. 언론이 가지는 〈세뇌기계〉로서의 능력에 의하여 매일 매일 대중에 각인되는 인상은 아무리 그 세부적인 사항은 변동되더라도 현대 대중의 〈정신상태〉(Geistesverfassung)에 중대한 영향력을 행사한다. 언론이 현대 대중에게 제공하는 그 모든 교시에도 불구하고, 매일 매일 넘쳐흐르는 그 많은 내용들로 인해 대중의 배우고자 하는 본능을 현저히 둔감하게 만들며, 또한 정신의 신선한 수용성을 경감시킨다. 그리고 이에 대하여 너무도 성급하게 피상적으로 너무도 많은 것을 전달하려는 언론은 대중의 진실감(Wahrheitssinn)마저 억누르게 된다.

이러한 내적인 효과 이외에도 지속적으로 언론이 영향을 미치는 외적 효과를 간과하여서는 안된다. 언론은 현대에서 정치적 존재로 유입되어 흘러 들어오는 대중을 주무르며, 그들에게 동일한 방향성과 가장 기본적인 질서를 부여하는 임무를 지닌다. 그리하여 언론은 투표권을 가지고 있는, 혹은 투표권을 가지고자 하는 대중에게, 실질적인 정치 현안이나 혹은 공적 현안에 걸친 모든 방향에 있어서 갈 길을 제시하는 역할을 하는데, 이는 선동가들이 국회 내의 의원들에게 하는 역할과도 유사하다. 언론이 자신의 비상한 힘을 기반으로 그러한 역할을 수행하고 있음을 간과하여서는 안된다. 자신의 이해관계에 관한 한 언론은 예민한 후각을 가지고 과거의 어떤 〈역사적 리더십〉보다도 더 일찍 그리고 더 훌륭히 현대의 대중 체제를 간파하여 왔다. 언론은 지치지 않고 대중을 결집시키고, 그들의 전열을 가다듬으며, 정신적으로 그들을 단합시킨다. 만일 구 〈역사적 권력〉이 이렇듯 언론처럼 새로운 길을 찾아갈 수 있었다면, 그들은 훨씬 더 훌륭하게 사회에 이바지할 수도 있었을 것이다.

그런데 각 정당 간의 적대감은 언론이 개입됨으로써 더욱 악화된다. 자신들이 공통으로 지지하는 언론을 가지게 됨으로써 각 정당들의 구성원들은 자신들의 결집을 느낄 수 있고, 그리하여 서로 접촉하고, 그들이 가진 수적 위상을 파악할 수 있으며, 자신들이 서로를 확인하고 적에게 외칠 수 있는 캐치프레이즈와 슬로건들을 얻는다. 그리하여 그들 개인이 구독하여 보는, 자신의 정파적 정신하에 쓰이는 신문들을 통하여 보도된 기사들은 자신들의 정당함에 대한 확신을 심어주고 반대로 적의 부정의함을 보여준다.

대중을 조직화함으로써 언론은 대중을 기존의 리더십하에 예속시키는 중간자의 역할을 하고 그리하여 대중에게 리더십을 대표하는 역할을 수행한다. 그런데 그러한 대표하는 역할은 오히려 [최]상위 리더십의 〈상위지배〉를 약화시키는데, 이는 기존의 리더십이 가지는 〈리더십권력〉의 작지 않은 부분을 언론 자신에게 이전시키기 때문이다. 언론은 대중의 분위기에 촉각을 세우는데, 이는 판매 부수가 대중의 분위기에 민감하게 반응하기에 간파할 수 있다. 하지만 언론은 절대로 대중에게 예속적인 종복은 절대로 아니다. 언론은 또한 자신의 이해관계에 있어 가장 민감하게 여기는 부분에 있어서는 대중과 절충하여야만 한다. 그 나머지의 영역에서는 대중의 가장 큰 특징이라고 할 수 있는 대중의 호기심을 만족시키는 바와, 대중의 관심을 부추기는 공적인 사건들의 의미를 현대판 신탁(神託)으로서 대중에게 해석하여 주는 기능에 영리하게 주안점을 두어, 대중과 연맹 관계를 확고하게 할 수 있음을 확신할 수 있다. 자신을 대중의 기구로서 정립시킨 언론은 자신이 끌어모은 대중이 자신을 추종하도록 하는데, 그러한 추종에 의하여 언론은 사회의 리더십의 지위에 등극하게 된다.

언론은 하위 계층이 자신의 특수한 요구와 그들이 가진 수적 우위를 자각하게 함으로써 그들에게 큰 도움이 되며, 따라서 대중이야말로 진정한 자유의 진정한 담지자라고 간주하는 사람들은 언론을 〈자유적 기구〉라고 생각한다. 반면 진정한 자유에 대한 적, 자유로운 정신에 대한 자유의 적을 대중에게서 발견하는 자들은 언론이야말로 가장 압제적인 〈권력기구〉라고 믿기에 언론에 부정적이다. 그런데, 이러한 두 가지 견해 모두 각기 주어진 상황의 한쪽 측면만 보고 있기에 옳지 않다. 가장 높은 수준의 자유란 사회를 위한 길 안내 역할을 하는 인도하는 정신과 함께 할 때만 성취된다. 그러나 이는 대중이 그 지도자의 정당성을 추인하는 경우에만 성립되며, 따라서 대중은 추종을 선택할 자유가 있어야만 한다. 즉, 지도자에 의하여 결정된 어떤 길에 따라 대중이 지도자들을 강제적으로 추종하지 말아야만 한다. 모든 지도자가 인도할 수 있는 힘을 가지고 있어야만 하듯이, 대중 또한 〈저항하는 힘〉(tragende Kraft)[361]을 가지고 있어야만 하며, 후자는 〈사회복지〉를 위하여 전자와도 같이 필수불가결하다. 그리고 언론이 가지고 있는 가장 중요한 과업은 대중들로 하여금 대중들이 가지고 있는 〈저항하는 힘〉을 충분히 사용할 수 있도록 조언함으로써 대중의 자유를 함양하도록 하는 것이다. 만일 언론이 존재하지 않는 경우, 지도자가 내리는 결정은 어떤 견제도 받지 않게 되며, 그가 생각하는 목표를 더 빨리 실행할 수 있을 것이다. 반면 언론이 널리 존재하는 경우에는 그 지도자는 당연히 대중의 분위기를 더욱 신중하게 고려하여야만 할 것이며, 따라서 그가 행하는 과업의 속도는 더

---

361 본서의 앞의 많은 부분에서 저자는 〈저항권력〉(tragende Macht)이라는 개념을 언급하였는데, 〈저항하는 힘〉이란 〈저항권력〉을 만들어 내는 힘이다.

딜 수밖에 없겠지만 반면 만일 대중들이 언론에 의하여 올바르게 조언을 받게 된다면 그 지도자의 결정은 사회적으로 더욱 안전하게 내려질 것이다. 그런데 최악은 미성숙한 대중이 미성숙한 언론에 의하여 조언을 받는 경우라고 할 수 있는데, 그 경우 미성숙한 언론은 대중에 쉽게 휘둘리고, 그리하여 진보와 안전 모두 쉽게 위협받는다.

언론은 〈대중교육〉을 수행하고 있다. 이러한 점 때문에 〈대중교육〉은 바로 문화의 종언을 의미한다는 의견을 가진 사람들은 언론을 규탄한다. 하지만 그러한 오해는 쉽게 불식될 수 있다. 명심하여야 할 바는 〈대중교육〉이란 항상 나중에 진행되는 것이다. 문화란 것은 그 정점에 이르러서야 비로소 대중에게 전파된다. 하지만 그 문화가 그 폭을 넓히기 시작될 때 그 문화의 성장이 멈추어 버린다고 생각하는 것은 큰 잘못이다. 일반적으로 사회의 힘들이 재차 응집되어 새로운 높이에 도달할 때까지는 시간의 경과가 필요한 것이며, 최초의 문화 진보 이후에도 그를 넘어 지속적으로 상승하려는 힘이 자신 내에 결여되어 있다면 어떠한 국민도 위대한 문화에 도달할 수 없다. 그리하여 언론이 대중을 교육시킴에 일조를 한다고 하더라도 국가의 위대한 정신들은 지속적으로 길을 인도할 것이다. 물론 믿기 싫은 사람도 있겠지만, 만약 그 거대한 박해에도 불구하고 결국 세계에 전파된 기독교는 만일 당시 로마에서 막강한 언론이 존재하였다면 그 언론이 가지고 있는 견제적인 권력을 넘고 올라설 수는 없었을 것이다. 혹은 〈대중교육〉의 전파로 인해 새로운 발전을 여는 〈대중의 혼〉이 가지는 견인력은 과연 그 방향이 바뀌게 될 것인가? 한 가지 명심해야 할 바는, 언론은 그 자체로는 위대한 사회적 발전들을 야기하지도 않고, 반면 그 위대한 발전을 방해하는 것도 아니라는 점이다. 거대한 힘들은 언제나 위대한 영혼들의 비밀스러운 곳에서 각성하며, 그것들이 암흑에서 벗어나 양지로 나올 때까지는 시간이 경과되어야만 한다. 오로지 그렇게 될 때야 비로소 그 힘들은 언론의 주목을 받게 되는데, 그렇다면 왜 언론이 굳이 지금 정점에 도달하여 드러난 그 힘들을 반대하겠는가? 〈성공〉을 쟁취한 힘들은 항상 훌륭한 언론과 동반한다.

따라서 이러한 상황에서는 사실 '언론의 자유'를 옹호한다는 것 자체가 무의미하다. 이미 언론은 권력을 가지고 있고, 그렇기에 자유롭다. 언론이라는 것은 현대적 삶에서 존재하는 거대한 현실들 중의 하나이며, 국가와 사회에 존재하는 모든 다른 권력들이 그 언론과 타협하여야만 한다. 누군가 진정으로 '언론으로부터의 자유'를 부르짖는다면, 언론이 자신의 권력을 창출하였던 기반인 대중이라는 토양을 더욱 깊게 경작할 의지와 힘이 있어야만 한다. 그런데, 위대한 정신적 지도자들은 언론이 가지는 권력도 극복할 것이다.

E. 경제적 〈리더십기구〉와 〈대중기구〉

1. 〈자본주의적 기업〉(kapitalistische Unternehmung)

현대적 대기업은 과거 노예나 죄수들에 의존하던 대형 기업들과는 다르다. 첫 번째 특징은 그것의 추동력은 기계 및 각종 자본재를 투입함에 있다. 즉, 커다란 고정 자본 및 운전 자본을 동원하는 〈자본적 사업〉(Kapitalbetrieb)[362]이다. 그런데 두 번째 특징은 이윤의 추구이다. 더욱 효율적인 자본재를 사용하여 증가되는 수요에 대응하는 모든 활동에 있어서 최우선은 수익성(Rentabilität)에 대한 추구 내지는 자본 투입으로 나오는 〈이윤〉(Rente)의 추구가 최우선 목적이며, 이는 단순히 기술적 효율성에 우선한다. 이윤의 증대를 수반하지 않는 생산 증가는 시도되지 않으며, 역으로 이윤이 증가할 수 있는 한, 생산이 증가하지 않거나 감소하더라도 무관하다.[363]

---

362 대규모 자본을 투입하는 사업체를 의미한다. 이는 '자본주의적 기업'(kapitalistische Unternehmung)과는 다른 개념임에 유의할 것.

363 주류 경제학적으로 말하자면, 독점적 기업이 대표적인 경우이다. 참고

〈공론〉은 아직 〈자본주의적 기업〉이 경제의 생산성 발달에 기여하는 바에 대하여 제대로 평가하지 못하고 있다. 그래서 국민경제의 진보는 대체로 현대 과학에 의한 발견 내지는 발명의 덕으로 돌리기 마련이며, 기업가의 역할에 대하여서는 잘 기억하지 못한다. 하지만 실제로는 위대한 기업가가 존재하지 않는다면 기술적 진보는 존재할 수 없다. 그 위대한 기업가는 마치 사회적으로 광맥을 찾는 사람과 같은데, 이는 그가 현대 〈자본적 사업〉이 '결합'하여야 하는 많은 보완적 생산 요소들을 어느 곳에서 찾을 수 있으며, 수요와 생산의 변화가 어떻게 형성되는가에 대하여 알고 있기 때문이다. 이에 추가로, 위대한 기업가는 의지의 인간이어야만 하는데, 그런 의미에서 그는 경제에 있어서의 발렌슈타인(Wallenstein)[364] 장군이라고도 불릴 수 있는데, 그는 직원과 노동자들이라는 군대를 징집하여 그들이 일할 수 있도록 교육시킨다. 그는 주어진 기술과 시장이라는 구체적 상황에서 자신의 기업가적 구상을 실현시키기 위하여 지치지 않는 노력을 경주하여야만 한다. 최초의 기업가를 뒤이어 그를 모방하여 등장하는 기업가들은 최초의 기업가에 비하여 그 분투의 강도는 떨어지지만, 현대의 빠르게 변하는 기술과 시장 상황하에서는 항상 새로운 과업이 그들에게 등장하기 마련이며, 이는 무기 기술과 정치적 환경의 변화가 우리 시대의 군사 전략가와 전술가들에게 새로운 임무를 끊임없이 부여함과도 같다. 현대의 대규모 기업을 설립하기 위해서는 실로 높은 구름에 닿을 듯한 거대함에 근접하는 기업가적 힘을 요구한다.

  탐험가와 발명가, 그리고 군사적 지도자들과도 같이 그 시대에 계

로 비저는 현재 주류 경제학에서 말하는 공급곡선과 수요곡선이 만나는 점에서 가격이 결정된다고 생각하지 않았다. 현대식으로 말하자면 우하향하는 수요곡선만이 존재한다. 역주 447 참고.

364 역주 37참고.

속하여 변화하는 요구에 부응하기 위하여서 위대한 기업가에게는 정신과 의지의 자유가 불가결하다. 고전파 경제학에서 채택하고 있는 〈개인주의적 교리〉는 사실 18세기 중반부터 영국과 프랑스를 중심으로 등장한 근대적 기업가들을 그 모델로 하고 있는데, 따라서 고전파 경제학자들의 이론에서 요구하는 국민경제에서의 자유란 다름 아닌 기업가들의 자유 내지는 〈자결권〉이다. 하지만, 〈자본주의적 기업〉의 향후 발전 방향, 즉 심화되는 독점적 경향에 대하여서는 그러한 경제학자들은 알지 못하였고 또 알 수 있는 능력도 아직 없었는데, 이러한 독점하에서의 기업가의 〈자결〉이라는 것은 많은 사회 계층의 〈예속화〉(Gebundenheit)로 귀결되게끔 되어 있었다.

  기업과 소비자와의 관계 내지, 대기업의 제품과 용역을 구매하는 구매자의 수요라는 관점에서 〈자유적 기구〉로서의 기업이 어떻게 〈자기강화권력〉적인 기구로 변천하는 바는 이미 살펴본 바 있다. 이에 추가로 그 대기업에 의하여 약한 기업들이 구축되는 과정과 그 대기업에 고용되어 있는 노동자들에 대하여 고찰하려 한다. 소비자들에 비하여 이 두 종류의 그룹은 대기업이 가진 〈패권적 권력〉에 의하여 더욱 심각하게 영향을 받는다. 물론 소비자들은 대규모 기업이 자신들에 주는 명백한 장점은 알고 있다. 더욱 저렴한 가격으로 인하여 비용을 줄일 수 있으며, 또한 시장에 제품이 더 풍부히 그리고 더 신속히 공급되고, 제품의 질도 자주 개선이 되기 때문이다. 이러한 요소들에 의하여서 수요는 그러한 대규모 기업에게 향하게 된다. 즉, 소비자들이 그러한 기업에 대하여 추종한다는 것은 소비자들이 그 대규모 기업의 경제적 활동 자세가 가지는 우월성을 확인함을 뜻한다. 하지만 그 〈자본주의적 기업〉이 〈패권적 권력〉을 획득하고 자신이 추구하는 이윤과 가격 인상이라는 목표에 자신들의 생산을 종속시키려고 하는 경우에는 수요 측에서의 불만의 원인이 된다. 물론 이같은 상황이 아니더라도, 〈공공〉에게는 어떠한 추가적인 혜택이 돌아가지 않은 채 기업가들의 이윤만이 증가하는 상황을 알게 되는 경우에도 사람들은 이미 불쾌하게 생각하기 마련이다. 사람들은 그 기업의 이윤이 소비자들의 희생을 대가로 한 것이라고 생각하며, 따라서 기업이 독점적인 위치에 있더라도 마치 효율적인 경쟁 상태와도 같이 가격을 인하하기를 요구한다.

물론 기업이 고용하는 직원들과 노동자들은 그 기업을 추종함으로써 생겨나는 그 기업이 제공하는 고용의 기회는 여타의 기회에 비교할 때 유리한 것은 인정한다. 하지만 이러한 유리함은 그것이 정말로 좋은 것인지 혹은 진정 인간적인지와는 별개의 문제이다. 기업의 부름에 답하는 남녀 모두는 단순히 임금상의 숫자에 현혹되기 마련인데, 이에는 그들이 늘어난 일들의 부담과, 그들에게 부과된 일들을 수행하는 조건에서 오는 어려움 내지는 불확실성으로 인하여 추가적으로 지출하여야만 하는 비용을 고려하지는 않고 있으며, 그로 인한 자신의 생명력과 행복의 희생은 더더욱이 반영되어 있지 않다. 그리고 아마도 그들의 처와 자녀들까지도 노동에 종사함으로써 늘어난 수입으로 인하여 만족할 수도 있는데, 반면 그 처와 자녀, 그리고 가족의 생활에 있어서, 그리고 최종적으로는 자신의 생활에 미치는 결과에 대하여서는 예상하지 못할 수 있다. 그리고, 경쟁력의 약세를 만회할 수단이 없는 약한 경쟁자들은 그 〈자본주의적 기업〉이 가지는 〈패권적 권력〉에 눌려 시장에서 퇴출되는 최악의 결과를 초래할 수도 있다. 그러한 약한 경쟁자들이 자신들의 수입이 줄거나 혹은 더 이상은 중소 자영업자가 아닌 단순한 임노동자로 전락한 자신들의 처지에 만족할 수밖에 없게 되는 경우, 그들의 위상은 하위 계층으로 나락하게 된다.

이러한 자본주의적 〈패권적 권력〉에 의하여 영향을 받는 그룹들은 〈자본주의적 기업〉의 〈리더십기구〉에 저항하고 가장 높은 수준의 위안을 부여할 수 있는 〈대중기구〉를 조직하여 대항하고자 한다. 그런데 그들 그룹들이 나약한 경우 국가, 지역단체 내지는 여타 공동체들이 그러한 〈대중기구〉의 역할을 부담한다. 현대에서는 〈대중기구〉의 숫자는 어느 곳에서나 상당한 수에 이르고, 그들이 가지는 영향력 또한 크다. 하지만, 그들 모두는 〈대중기구〉의 본질상 할 수 있는 한계를 넘어서지는 못하며, 현재의 일반적 상황에서는 그들은 〈자본주의적 기업〉의 〈리더십기구〉를 완전히 대체하거나 없앨 수 있는 능력은 결여되어 있다.

2. 〈대중적 기업〉(Massenunternehmung)[365]

과거에는 기독교 사회당이 18세기 중반에 시도한 것처럼 자본의 착취적 지배에 항거하기 위하여 일종의 생산자 조합 같은 것이 시도되었고, 그에 필요한 자본도 모집하려 하였음에도 불구하고 수포로 돌아간 바 있다. 이는 자본의 문제가 아니라, 기본적으로 지도자와 대중이라는 근본적 관계에 대한 고려가 없었기 때문이다. 그러한 과거의 노력들의 경우에는 대중이 오직 지도자들만이 수행할 수 있는 기능도 할 수 있을 것으로 잘못 기대하였고, 어떤 사람을 그의 성과에 의하여 지도자의 지위에 임명하지도 않았다. 하지만 **기업가적 사고와 의지는 오로지 지도자의 정신에만 존재한다**. 물론 중소자영업자들은 그들만의 작은 사업에서는 지도자가 될 수 있지만, 대규모화된 기업을 요구하는 상황에서는 그들 각자의 소규모 사업장들을 묶어서 단일 거대 기업으로 만들 수 있는 능력은 결여되어 있었고, 결국 〈자본주의적 기업〉이 들어와서 그들의 독립성을 박탈하고 그들을 단순히 추종이라는 대중적 본능만을 가진 종속적 노동자로 예속시키게 되었다. 그리고 정부, 사회, 그리고 과학자들 모두 이러한 경향을 대규모화된 기업 체제로 경제가 전환되기 위한 필수불가결한 결과라고 수긍할 수밖에 없었다.

조합이 가진 힘은 대규모 사업에는 적합하지 않지만, 구매, 판매, 보관 그리고 신용 제공 등에서는 공동 경영이 중소자영업자들이나 농업기업들에게 유리한 점을 제공하기도 하였다. 이러한 형태가 대규모화되는 경우라도,

---

365 대중적 기업이라는 것은 소유권이 일반 대중에게 넓게 분산되어 있고, 그 소유권을 가진 대중들의 이익을 위하는 형태의 기업이다.

그것은 자본가적 회사로 변하지 않으며, 단지 그 회원들의 이익을 위하는 지평에 한정된 〈대중적 기업〉일 뿐이다. 하지만 이러한 기업이 대규모화되는 경우 그 회사를 구성하는 대다수 회원들에게 있어서는 그 회사의 경영은 능력에 부치는 일이다. 만일 그러한 조합적 회사가 성장하여 대형 기업이 되는 경우에 있어서는 결국 기업가적 힘이 필요로 되며, 그러한 경우 그 지도자에게는 〈권력에의 의지〉가 작용하기 마련이고, 이때 경영진은 자신들의 입지가 강하다고 느끼기에 통상적 임금 이외에도 소위 기업가적 이윤에 해당하는 보상을 요구할 수 있다. 따라서 지도자의 능력에 의하여 회사가 성장하는 경우에는 이따금 그 기업은 그 지도자들이 개인적으로 운영하는 회사처럼 될 수 있다.

또한 국가에 의하여 운영되는 사업도 존재한다. 그러한 국가적인 사업의 규모에는 한계가 있는 경우가 있어, 일정 이상 규모의 운영을 위해서는 부득이 민간이 운영하여야만 할 수도 있다. 중상주의 시대에 번성하던 대부분의 순수한 국가 소유 경제적 기업들은 더 이상 존속하고 있지 않으며, 그들은 〈자본주의적 기업〉을 따라잡을 수 없었다. 하지만, 여전히 국가가 관리하여야만 하는 사업들도 있는데, 예를 들어 삼림 관리, 그리고 철도 등이 그러한 예이다. 이러한 사업들은 〈공공의 이익〉을 위해 봉사하여야만 하며, 민간 운영에 의하여서는 그 사업에 있어서 바람직한 결과를 보장하기 어렵다. 철도의 초창기에는 여러 형태의 운영이 기술적으로나 상업적으로 제대로 구분이 되지 않았고 민간 기업들이 그 운영을 하였다. 하지만 공무원들이나 종사하는 노동자들이 훈련되고 운영에 있어서 규칙이 정립되기 시작하자 국가가 그 사업을 하기 시작하였다. 이러한 종류의 국가 기업을 운영하는 사람들도 여타 위대한 기업가들이 가지는 자질을 가지고 있어야만 하는데, 이는 기술적인 측면만이 아니라 상업적 자질도 포함한다. 그런데 그들이 〈자본주의적 기업가〉들의 기질을 모두 가져야 한다는 것을 의미하는 것은 아니다. 그들이 자본과 노동을 결합하는 새로운 방식에 대한 선견지명을 가지고 있다면 족하다. 그들은 공동체적 이익을 지향하도록 〈대중적 기업〉을 통제하여야만 하고 그렇게 함에 모든 관심을 집중시켜야만 한다.

아무리 부유하더라도 개인의 자본만으로는 대규모 회사의 설립이 쉽지 않은데, 이러한 점을 보완하고자 자본가와 저축자들을 포함하는 대중들을 끌어들여 후자들의 화폐 자본을 기업에 출자하도록 하는 형식으로 활용하도록 하는, **어느 정도 〈대중적 기업〉** 형태를 가지는 **주식회사**의 기업형태가 등장하였다. 그럼으로써 어느 정도로는 기업의 대규모화로 인하여 중소자영업자들이 구축(驅逐)당하는 사회적 변혁에 대하여 일정 균형을 회복하게 할 수도 있었다. 하지만 간과하지 말아야 할 점은 주식회사라는 형태는 이미 자신들의 사업이 타격을 받고 있던 중소자영업자 내지는 하위 계층에는 별로 도움이 되지는 못하며, 또한 그 출자된 자본의 수혜자에는 많은 상위 계층과 유산 계급이 포함되어 있다는 점이다. 그리고 아무리 그 주주에 대중들이 포함되어 있더라도 그럼으로써 그 주식회사가 완전한 〈대중적 기업〉은 되지 못하고 근본적으로는 단지 〈자본주의적 기업〉일 뿐이다. 주주로서의 대중은 사실 그 기업의 경영과는 아무 관련이 없다. 그리고 주주총회에서 그들이 가지는 법적으로 보장된 투표권도 사실 거의 그들에 의하여 행사되지도 않는다. 그 주주라는 대중의 〈자결〉의 능력은 아직 그러한 권리의 행사할 수준에 도달하지 못한다. 대주주만이 여타의 소액 대중 주주들보다 위에 위치하며, 혹시 경영상의 경험이 있다면, 그 회사의 지도자 그룹에 합류할 수도 있다. 소액 주주로서의 대중은 단순한 〈맹목적 추종〉을 넘어서지 못하며, 자신들의 추종에 대하여 제대로 이해를 하거나 혹은 그것을 신중히 검토할 의지조차도 없다. 따라서, 어떤 도덕관념이 없는 설립자에 의하여 미혹되는 경우에는 기업에서 발생되는 이윤을 분배받지도 못하고 오직 기업의 손실만을 분담할 뿐이다.[366] 기업의 이윤은 사실 애당초부터 설립자들을 위한 몫인데, 상장 가격을 결정할 때 이미 그 가격에 반영되어 있기 때문

---

366 즉, 주가 하락을 통해서 손실을 보게 된다.

이다.367 특히 투자은행은 이러한 신규 설립된 회사의 투자에 참여하여 지속적으로 투자를 갈아타면서 자본 소득을 노린다. 그리고 주식회사의 향후 실적 증가 예상으로 인한 이득은 〈공공〉보다는 오히려 시장에서의 가격 차이를 노리는 주식 시장의 투기자들에 의하여 향유되기 마련이다.

3. 노동조합

노동조합은 경제적 〈대중기구〉중 가장 두드러진다. 노동자 자신들의 소득을 지키기 위하여 설립된 노동조합은, 단지 자신들의 소득을 더욱 효율적으로 활용할 수 있도록 결성된 소비자 단체가 소비자들을 위해 성취하는 것보다 더 많은 것들을 노동자들을 위하여 달성한다. 또한 대규모 기업에 의하여 밀려나 버리는 취약한 경쟁자들보다도 비교할 수 없을 정도로 강한 저항력을 노동조합은 가지고 있다. 대부분의 취약한 경쟁자들은 어떤 희망도 없이 가라앉아 버리기 마련이지만 노동자들은 그들의 〈저항기구〉인 노동조합을 강력하게 결성하여 자본이 가진 가장 민감한 부분을 공격한다.

노동조합을 지탱하는 힘은 프롤레타리아들의 〈계급감정〉이며, 그 〈계급감정〉에 의하여 노동자들은 굳건히 단결한다. 현재와 같은 경제적 상황하에서는 그 프롤레타리아들의 〈계급감정〉이 가지는 〈무명적 권력〉이 가장 열정적으로 일깨워진다. 대규모 기업에서 일하는 임노동자라는 대중들은 중압적이며 더욱 높아지는 강도의 고된 노동하에서 궁색한 삶을 영위하고 있으며, 그보다 더 낮은 층은 빈곤에 허덕이고, 그리고 그들 중에서 가장 바닥의 층의 삶은 그저 비참할 뿐이다. 기업가들이 종종 화려한 삶을 살며 대체로는 좋은 환경에서 살고 있다는 것을 노동자들이

---

367 주식 상장 시에는 미래의 이윤을 반영하여 상장 가격이 결정되고, 따라서 초기 설립자는 미래의 이윤을 포함하는 가격으로 상장 가격을 책정함으로써 자신들의 몫을 현재에 챙긴다.

알게 될 때 당연히 그것은 그들의 정서를 자극할 수밖에 없다. 따라서 생산의 전체를 창조해 내는 노동자들은 그 전체 생산 중의 일부만을 보잘것없는 임금으로 받을 뿐이고 〈잉여가치〉의 전체를 갈취당한다는 이론과 신념을 프롤레타리아들은 자신들의 지도자들로부터 받아들이지 않을 수 없다. 로마의 시인이 읊은바, "일을 하지만 자신을 위해서는 아니다"(vos non vobis)라는 신랄한 비판은,[368] 자신들의 힘을 다 바치지만, 자신들을 위해서가 아니라 자신들이 봉사해야만 하는 자들을 위한 것이라고 스스로에게 읊조리는 수백만 명의 가슴에 다시 와 닿게 된다. 〈계급감정〉이 만들어 내는 권력이 없다면 프롤레타리아들은 노동조합이라는 자신들의 〈저항기구〉를 창출해 내지 못하였을 것이다. 같은 공장에서 근무하거나 같은 산업단지 구역에서 모여 있기에 그들은 조직하기 유리하지만 만일 〈계급감정〉이 자극하는 충동이 존재하지 않는다면 우리 시대의 노동자들은 과거 노예들이 단지 극한적인 상황에서만 봉기하여 싸운 것처럼 좀처럼 조직화하여 저항하려고는 하지 않을 것이다. 노동자들의 연대감은 그들로 하여금 노동조합을 가장 효율적인 형태로 조직하는 방법을 제시하는데 그 방법은 바로 각 노동조합들의 노동자들이 전체 국민경제적으로 단합하는 것이다. 그리하여 그들의 연대감은 그들로 하여금 노동조합원들이 지켜야만 할 철칙으로 생각하는, 그들의 지도자로부터의 명령에 복종하게 하며, 그러한 명령은 아주 예외적으로 지도부의 승인 없는 무모한 파업이나 다른 규율 위반으로 인하여만 아주 가끔 지켜지지 않을 뿐이다. 심지어 국민경제의 모든 숙련 노동자들을 유대감 하에 단결시키는 노동조합조차도 회원들이 파업에 불참할 걱정을 할 필요가 없다. 노동조합이 파업을 결정하면 그 산업 내에서의 전체 노동조합의 추종을 일거에 획득하게 되고, 그리하여 기업가의 자본은 완전히 마비되어 움직일 수 없게 된다. 그러한 단결을 위한 연합에 대한 합의가

---

368   역주 274을 참고할 것.

법적으로는 유효하지 않은 것이라고 천명하더라도 그 어떠한 의미도 없고, 파업을 하고자 하는 결정은 그것에 내재한 권력에 의하여 모두를 속박하기 때문에 법이 어떻게 규정하더라도 유효하게 남고, 노동자들 간의 유대감은 그러한 파업 결정을 지지한다. 그러한 파업 연합의 공표에 대하여 기업가들이 그 노동자들의 연합을 규정하는 법에 의하면 파업 결정은 법적 효력이 없으니 취소하도록 법정에 호소하는 일도 좀처럼 없다. 세상의 어떠한 법정도 그것을 취소시킬 수 있을 만큼 강력한 권력을 가지고 있지 못하기 때문이다.

    파업이 잘 계획되어 있고, 파업 기금이 충분히 준비되고, 파업의 공표 시점이 적절히 선정된다면 기업가들은 심각히 타격을 받을 수 있기에 자신들의 이해관계하에서 허락하는 한 최대로 양보할 각오를 가질 것이다. 그런데 사실 많은 수의 파업은 경제 활동이 활발할 때 발생하며, 반면 경제 활동이 저조한 경우에 있어서는 경험이 많은 노동조합의 지도자라면 절대로 노동자들이 양보할 수 없다고 믿는 임금 삭감의 경우 등과 같이 꼭 필요한 경우 이외에는 파업을 자제할 것을 조언할 것이다. 경제활동의 상승기에는 기업가들의 이윤 증가로 인하여 임금 상승을 위한 전망이 존재하는데, 기업가들의 입장에서는 파업 기간 동안 전혀 이윤을 창출하지 못하는 것보다는 그 증가된 이윤의 일부를 노동자들과 나눌 결정을 할 수도 있다. 이러한 방식으로 잘 조직된 노동조합은 대규모 기업이 발전해 나아감에 따라 그 노동자들이 애당초의 열악한 노동시장의 환경에 있어서 만족하여야만 하였던 보잘것없는 수준의 임금에 점차적으로 적지 않은 금액을 추가하여 나감에 성공할 수 있다. 기업가가 이에 대하여 저항하는 경우는 오로지 그가 소위 〈경제적 귀속의 원칙〉(Gesetz der wirtschaftlichen Zurechnung)들에[369] 따라 정당화할 수 있는 숫자 이상으로

---

369 귀속이론에 대하여서는 역자 해제 783쪽을 참고할 것.

노동자들에게 지불할 것을 요구받는 경우라고 할 수 있는데, 그 귀속의 원칙에 따르자면 기업가 자신이 수행한 특별한 용역에 대한 보수, 자본에 대한 이자(Kapitalzins),370 그리고 토지에 대한 지대를 우선적으로 공제하여야만 한다. 사실 이러한 모든 상황은 실로 주목할 만하다. 즉, 노동자와 기업가는 상호 간 반목하는 상황에 있는 것만큼 그들 간에는 실로 광범위한 〈이익공동체〉가 형성되어 있음을 의미한다. 현재와 같은 상호 적대적 분위기에서는 이러한 공동체는 물론 공개적으로 인정되지는 않지만 적어도 그것은 암묵적으로 작동하고 있다. 기업에 간여하는 사람들의 그룹 전체는, 즉, 최고 경영자에서부터 노동자까지 모두는 그 기업의 〈성공〉이라는 공동의 이해 관심사에 의하여 서로 단합되어 있으며, 고객이나 여타 경쟁자들을 상대로 하는 투쟁에서 서로를 〈통일체〉 내지는 운명을 같이 하는 동료로서 느끼고 있다.

노동조합은 실상 〈잉여가치론〉상 이해되어지는 소위 완전한 '노동의 산물'을 받겠다는 주장을 실현시킬 전망을 가지고 있지 못하다. 완전한 '노동의 산물'이란 기업활동에서 나오는 수익의 전체이고, 노동자들이 이를 모두 수취할 수 있는 경우라고는 기업가가 수행하는 활동의 전부를 노동자 자신들이 대신 수행하는 경우뿐인데, 이에는 자본이 제공하는 서비스뿐만 아니라 관리자로서 기업가가 하는 역할이 모두 포함된다. 하지만 현실에서는 그러하지 못한데, 기업의 최고 경영층이 이탈하여 나간 기업에서는 노동자라는 기반도 더 이상 작동하지 못하기 때문이다. 노동조합의 지도부는 영리하기에 이러한 점을 잘 알고 있고 주어진

---

370 독일어 Kapitalzins는 직역하지만 '자본에 대한 이자'이지만, 영리적 기업이 자신의 화폐 자본이나 자본재를 사용함으로 인하여 벌어들이는 최소한의 '정상이윤'을 말한다(Weber 1922: 50). 따라서 일반적인 차입에 대한 이자는 아니라는 점에 주의하여야만 한다. 후자는 독일어에서 Leihezins으로 표시한다.

환경에 따라 활동하려고 하며, 절대로 노동조합을 기업의 〈리더십기구〉로 만들려 하려고 하지 않고, 단지 저항을 위한 〈대중기구〉로서 유지하려 한다. 그리고 과거 기업의 〈성공〉 사례를 본다면 그러한 영리한 노동조합 지도부가 옳았다는 것이 입증된다. 사회주의자들이 주저하면서 내어놓는 몽상보다는 임금 상승을 위한 현실적 투쟁이 노동자들에게 더 많은 이득을 안겨 주었기 때문이다. 영국의 대규모 기업들의 번영기에는 노동조합이 점차 보수화되어 갔고, 그리하여 사회주의적 이론을 포기하기 시작하였는데, 그러한 이론은 이후 다시 커다란 주목을 받게 된다. 미국에서는 노동조합이 특별히 강력하였는데, 그럼에도 사회주의적 사상은 유럽에 비하여 덜 확산되었다. 독일의 대다수 프롤레타리아들이 혁명 뒤의 볼셰비키적 실험을 받아들이지 않았다는 사실을 결국 분석해 보자면 그들의 마음은 이미 경험의 학습에 의하여 성숙되어 있었으며, 따라서 사회주의적 프로그램을 신뢰하지 않았기에 실제로 실행하려고 하지 않았기 때문이다. 러시아에서는 반면 볼셰비키적 실험이 감행되었는데 이는 주로 이데올로기가 강하게 지배하고 있었기 때문이었다.

사회주의적 이론에 의하면 기업가라는 존재는 단지 〈착취〉를 위한 기구일 뿐이다. 그에 따르자면, 노동의 산물을 분배하는 과정에 이르게 되면 기업가는 〈잉여가치〉를 노동자로부터 빼앗는 존재일 뿐이며, 그는 그 분배 이전에 일어나는, 가치를 창조하는 과정에서는 어떠한 적극적 역할도 하지 않는다. 기업가는 〈생산수단〉을 소유하고 있음에 기인하는 자신이 가진 권력을 이용하여, 노동자들이 기업가 자신에게 〈잉여가치〉를 양도하는 임금협상에 합의하지 않는다면 그 〈생산수단〉을 노동자들이 더 이상 사용하지 못하게 할 뿐이라고도 이야기한다. 이러한 견해는 만일 리더십이라는 것이 필요 없이도 가치 창조가 잘 진행될 수 있어 그 생산의 전 과정은 단순히 소비를 위하여 이미 무르익은 과실을 분배하는 문제로만 귀착될 경우에만 해당되는 이론일 뿐이다. 하지만 이러한 경우라면 흔히들 이야기되는 "각자에게 각자의 필요에 의하여"[371]라는 공식이 분배에 적용될 것이며, 결국 〈경제의 원리〉(Wirtschaftsrecht)란 단지 〈향유의 원리〉(Genußrecht)로 귀착하게 된다. 그런데, 가치 창조의 과정이 스스로 알아서 다른 도움이 없이 진행되는 것이 아니라면 〈경제의 원리〉는 〈생산의 원리〉(Erwerbsrecht)에 의존하여야만 한다. 즉, 고용된 사람들이 자신들의 활동을 수행할 수 있는 충분한 동기를 부여받고, 또한 그가 최고의 수익률을 기대하는 투자를 유치하여 생산에서의 〈성공〉을 이룰 수 있다면 그로 이룬 〈성공〉에 기여한 바에 상응하는 보상을 할 수 있도록 하여야 한다. 이렇듯 능력 있는 기업가와 그에게 필요한 자본을 제공하는 투자가가 각기 〈성공〉에 있어서 역할을 함으로써 자신들에게 필수적인 보상을 받는다는 것은 사실 현실적 경험이 풍부한 노동자들에게는 의심스럽게 느껴지는 바가 아니다. 그들의 정당 강령이 어떤 식으로 이론적으로는 이에 대하여 그들에게 달리 말하더라도 그들에게는 현실감이 떨어진다. 새로운 기업가가 열정적으로 활동하여 새로운 고용기회를 창조한다면 노동자들은 모여들고, 그 〈자본주의적 기업가〉를 노동자들이 자발적으로 추종함에 의하여 그 기업가를 추인하는 것이다. 문화 민족들이 경험하여 온 바, 자본주의적 경제의 시대에서와도 같이 경제 발전이 맹렬한 기세로 진행되는 한, 새로운 기업가적 사고는 지속적으로 용솟음칠 것이며, 자발적인 추종을 통해 성공적인 지도자는 계속하여 추인될 것이다. 그런데 그러한 과정 중에서 노동자들은 가능한 최대한의 임금을 얻어내기 위하여 자신들을 조직할 것이며, 그러한 목적하에 자본가적 〈리더십 조직〉에 대하여 자신들의 〈대중조직〉을 이용하여 대항할 것이다. 따라서, 그러한 결과 기업가가 가지고 있는 권력은 노동자들

---

371 독일 사회주의 노동자당의 고타강령(Das Gothaer Programm 1875)의 서두에 나오는 말. 원문은 "Jedem nach seinen vernunftgemäßen Bedürfnissen."

의 권력을 고려하여야만 한다. 그리하여 이와 같은 상황에서는, 자본가들이 결국 자신의 무덤을 스스로 파고, 자본가의 후속으로 프롤레타리아들이 자본가의 자리를 차지한다는, 그 웃음거리처럼 여겨지는 공산당 선언은 결코 실현되지 않을 것이다. 노동조합과 같은 〈대중기구〉는 여전히 **저항을 위한 기구**로 남을 것이며, 자본주의적 〈리더십기구〉를 대체하지도 않고, 그러려고 의도하지도 않을 것이다.

그런데 조직화된 노동자들이 그들의 권력을 이용하여 노사관계상 도달할 수 있는 최상의 높이에 이르도록 부상하였다는 점을 이해하여야만 한다. 과거 독립적 중소자영업자들을 프롤레타리아로 전락시키면서 진행된 〈상위계층화〉를 뒤이어 이제는 광범위한 사회적 평준화의 과정이 뒤따르고 있다. 영국이나 미국의 경우 이같은 평준화가 상당히 폭넓게 진전되고 있으며, 독일도 마찬가지인데, 특히 독일에서는 정치적인 부상이 두드러져서 조직화된 프롤레타리아들이 민주적 운동에 있어 강력한 선봉이 되었다. 그리고 과거 독립적 중소자영업자의 몰락으로 야기된 사회의 경제적 구성상의 간극이 물론 모두 봉합된 것은 아닐지라도 프롤레타리아들이 획득한 정치적 위상은 과거 독립적 중소자영업자들이 가지고 있던 그것보다는 명백히 강하다고 할 수 있다.

자본가적 〈리더십 조직〉과 노동조합이라는 〈대중조직〉이 서로에 대하여 대치할 자세를 가지고 있는 한, 그리고 파업과 직장 폐쇄라는 수단을 이용하여 서로 투쟁을 하는 한, 〈사회복지〉를 달성하기 위해 필요한 계급 간의 균형상태에는 아직 도달하지 못한다. 이러한 상황은 전쟁을 억제하려는 목적으로 국민들 간에 군비경쟁과 연합을 하는 과정이 돌연 실제 전쟁으로 비화되는 것과도 유사하다고 할 수 있다. 계급 간의 완전한 균형은 그 〈계급감정〉으로 인한 긴장이 극복되며, 산업 노동자들이 〈보통선거권〉 제도를 통하여 정치적으로 동료 시민의 위상으로 격상되고, 동시에 경제적으로도 기업에 일종의 파트너로서 참여하여 '〈재산〉을 소유한' 시민의 위상에 이르게 될 때야 비로소 달성될 수 있을 것이다.

그리하여 자본가들의 〈상위계층화〉의 이전에 중소자영업자들에 있어서처럼 소유에서 오는 즐거움을 모든 경제적인 활동을 하는 대중들이 가지고 있었던 상태가 다시 회복될 수 있을 것이며, 이때가 바로 사회주의적 이념의 시작점이고, 소수의 지배를 다수의 소유로 대체시킬 수 있는 때이다. 대규모 기업의 강령은 소수에게 위탁된 리더십을 위태롭게 하지 않고서도 다수에게 권리를 부여할 수 있지 않을까? 기업가가 가지고 있는 절대적 군주적 위상을 강령에 의하여 제약할 있는 방식으로 대규모 기업의 강령이 제정되고, 그에 따라 그에 참여하는 대중들이 충분한 기본권을 보장받을 수 있지 않을까? 그러한 강령은 사실 충분히 생각 가능할 것이며, 단순히 생각 가능할 뿐만 아니라 실제로 많은 기업에서 이미 실행되어 왔고 또 그 가치가 인정되어 왔다. 그러한 강령은 노동자들의 이윤 분배에의 참여라는 생각에서부터 출발하며 또한 사업에서의 파트너십이라는 개념을 수용하고 더욱 확장시키며, 노동자들 중 가장 우수한 사람들을 선발하여, 기업가들에게 필수적으로 요구되는 자유에 의한 결정을 손상시키지 않는 범위 내에서 기업가들과 같이 [리더십 과업에 있어] 공조하도록 함으로써 그 정점에 도달할 수 있다. 그때는 기업가의 개인적 상속자라고 하더라도 그 기업가의 리더십 위상을 상속받는 것은 아니며, 그 리더십 위상이라는 것은 단지 그 기업의 엘리트 구성원에게 귀속되는 것이다.

하지만 이러한 방식의 발전은 노동조합을 위한 방향으로 전개되지는 않는다. 기업의 이윤을 노사 간에 나누어 가지는 것은 노동조합 자신의 이익과는 반한다. 왜냐하면 그럼으로써 개별 기업에 있어서의 노동자들을 전체 조직인 지역 노동자연맹으로 탈퇴시키고 그들이 가지는 그 개별 기업에의 소속감을 제고시킴으로써 전체 노동자의 유대감을 위협할 수 있기 때문이다. 노동조합은 대중의 경제적 투쟁을 위하여 결성된, 저항을 위한 〈대중기구〉이다. 노사 간에 평화가 달성된다면 〈리더십기구〉와 〈대중기구〉 간에 현재 존재하는 긴장도 사라질 것이며, 이 두 가지 기구가 상호 균형을 이루며 단합하게 될 시간은 올 것이다.

4. 〈자본주의적 기업〉이 국민경제와 세계경제에 기여하는 바

〈대중적 기업〉이나 노동조합에 의하여 〈자본주의적 기업〉이 약화되기는 하더라도, 후자는 아직도 넓은 범위의 활동을 하고 있고, 또한 아주 강력한 활동력을 유지하고 있다. 그리고 그 활동 범위는 단순히 내수시장을 넘어 세계적인 발전을 지향한다. 그러한 〈자본주의적 기업〉은 현대적 과학기술의 놀라운 진보에 의하여 생성된 막대한 경제적 힘을 충분히 활용하는 바에 지도적 역할을 함으로써 효율성을 달성할 수 있었다. 현대에서는 그 어느 〈사회적 과업〉도 건설적인 역할에 있어 〈경제적 과업〉과 견줄 수 없으며, 〈경제적 과업〉이야말로 우리 시대의 당면 〈사회적 과업〉이라고 할 수 있다. 이로써 〈자본주의적 기업〉이 시장에서 차지하고 있는 지배적 위상을 설명할 수 있다. 〈자본주의적 기업〉은 대량생산과 가격파괴를 통한 더욱 우월한 조건을 소비자에게 제시함으로써 중소자영업자를 시장에서 몰아낸다. 그리하여 그 〈자본주의적 기업〉은 소비자들의 강력한 추종을 얻어냄과 동시에, 그 〈자본주의적 기업〉의 광대한 생산 현장에 존재하는, 막대한 〈노동수단〉이 비축되어 있는 무기고를 노동자들에게 제공함으로써 〈노동력〉을 생산 현장으로 불러들임에 있어 〈대중의 추종〉을 얻어 낸다. 단순히 법적 측면에서만 보자면 그 〈자본주의적 기업〉은 구매자와 노동자와의 단순한 사적인 계약에만 의존하는 권력만을 행사할 따름이며, 이는 시장에서의 다른 관련 당사자와의 관계와도 그 구조상에서는 같을 수밖에 없다. 하지만 〈자본주의적 기업〉이 미치는 사회적 영향에 있어서는 거의 국가의 영향력과 유사하거나 때로는 그것을 능가하는 공적 권력을 가지고 있다. 더욱 약한 경쟁사의 시장을 잠식하는 권력은 가히 파괴적이라고 할 수 있고, 노동시장의 공급과잉 상황으로 인해 기업의 일방적 고용 결정에 의존할 수밖에 없는 노동자들을 지배하는 권력은 만일 대중적 〈저항기구〉의 견제가 없는 경우라면 과거

주인이 노예에 대하여 행사하던 명령이 가지던 권력과도 흡사하다. 그리하여 〈자본주의적 기업〉은 그것이 제공할 수 있는 재화와 용역에 근거하여 대중을 유혹함으로써 대중을 사로잡는다. 그리고 자신이 가지고 있는 권력이 만일 너무 남용되지만 않는다면 〈자본주의적 기업〉은 법적으로도 자신의 권력이 보장될 수 있으므로 인하여 유리한 위치를 점할 수 있는데, 그들이 가진 그러한 권력은 법적으로 보호될 수 있는 통상적인 〈법적 형식〉을 통하여 얻어지고 행사된다. 그리하여 구매자나 노동자들이 보이콧이나 파업과도 같은 대중적 저항 행동 등을 통한 〈단결적 행동〉을 통하여 더 이상 추종을 하지 않도록 함으로써만 〈자본주의적 기업〉은 저지될 수 있을 따름이다. 만일 그 〈자본주의적 기업〉으로 지속적으로 추종의 물결이 유입되는 경우에는 그 〈자본주의적 기업〉은 심지어 〈국가강권〉도 견줄 수 없을 정도의 위상을 확보하게 된다. 이같은 예는 그 〈자본주의적 기업〉이 지역적으로 멀리 격리되어 있는 외국에 미치는 영향으로부터 알 수 있는데, 군사적 침범이 허락되지 않은 평시에서조차도 양국 간의 국경이 칙령에 의하여 봉쇄되어 있지 않은 한, 국가는 외국의 사업가들의 제안에 개방적이다.

〈자본주의적 기업〉이 행하는 건설적인 역할은 심지어 사회주의적 비평에서도 인정하는 바이다. 사실 마르크스가 비판한 것은 공황의 가능성 및 〈자본주의적 기업〉이 자신의 과업을 수행하는 결과로서 필연적으로 야기되는 사회적 전도(顚倒)에 관한 것이며, 그 과업 자체는 실로 저항하기 어려운 경제적 집중을 통하여 기존의 분권화된 개별 경제적 결정들을 마치 미래의 국가 체제가 가질 수 있는 중앙집권적인 결정으로 유도할 수 있으므로, 오히려 사회주의적 관찰자들의 박수갈채를 받을 수 있는 것이라고도 할 수 있다. 그런데 우리는 여기서 우선 과학적인 관찰이 쉽지 않음에도 불구하고 특별히 중요한 측면, 즉, 거리의 장벽을 뛰어넘게 하는 측면에 대하여 고찰하여 보기로 한다. 일단 철도, 증기선, 전신, 전화, 라디오 그리고 항공 등이 그것인데, 이 분야의 진보는 물론 국가의 참여는 부인할 수 없더라도 다분 〈자본주의적 기업〉에 의하여 주도되었다. 그런데 이에는 단지 물리적인 거리의 장벽을 극복하는 것만이 중요한 것은 아니며, 그로 인하여 국민경제 내지는 세계 경제를 구도하는 효과에 주목하여야 한다. 그러한 효과는 두 가지 방향으로 진행되는데, 생산시설의 〈국지화〉(Lokalisierung)[372]와 〈사업의 계층화〉(Schichtung der Betriebe)[373]가 그것이다. 그런데 그러한 과정은 국민경제와 세계 경제에서 각기 상이하게 보여진다.

이때의 거리의 장벽을 극복한다고 함은 [제품의 시장과의 거리를 극복한다는 의미이며] 탄광 등의 자연적으로 결정된 움직일 수 없는 생산요소들이 존재하는 곳에 생산시설을 건설하고 이제는 자유롭게 움직일 수 있는 생산요소들을 그곳으로 이동시킴을 의미한다. 그러한 장소로 노동자와 기업가, 자본 그리고 필요한 자본 장비들이 결합되며, 이때 그 제품이 필요한 장소와의 거리는 운송수단의 발달로 극복된다. 이러한 〈국지화〉는 선진 문화국에서는 국민경제적으로는 대략 완성되었지만, 해운과 항공운송의 발전 등의 기술력의 변화로 인하여 새로운 변화가 예기되고, 이러한 국민경제상의 변혁으로 인하여 세계 경제적인 구조도 변화하여 간다. 이러한 변화가 자국에 미치는 영향에 대하여 사업가나 정치가들은 예의주시하여야만 한다.

세계 경제에서의 장애는 단지 지역적 거리에 따른 운송비용의 문제는 아니고, 사상, 인간, 금융자본 그리고 자본재와 상품의 이동을 저해하는 〈역사적 권력〉에 기인한다. 지구상의 다양한 민족들은 경제적으로 상이한 기질과 또한 아주 이질적인 〈역사적 도야〉의 과정을 거쳐왔다. 따라서 한 국가에

---

372 이 용어의 의미는 자칫 혼동될 수 있다. 이는 시장과의 거리가 교통의 발달로 극복되어, 시장과의 거리를 괘념함이 없이 생산이 가장 효율적으로 실행될 수 있는 장소에서 생산시설의 입지가 결정될 수 있다는 의미이다.

373 사업들이 일반적으로 노동의 분업의 원칙에 의하여 구분되어짐과는 달리, 사업들 간에도 수익성의 차이가 존재하며, 그에 의한 서열이 생긴다는 의미. 본서 679쪽에 바로 나오는 〈과업의 계층화〉와 동일한 의미이다.

서 이미 오랫동안 정착되어 자연스럽게 된 경제적 과정도 다른 나라에서는 적용되지 못할 수 있으며, 이는 새로운·기후와 친숙하지 못한 외국의 환경에서도 잘 일할 수 있는 〈노동력〉만을 이동시키는 문제는 아니다. 심지어 〈유동성〉(Flüssigkeit)이 높은[374] 화폐 자본도 경제적으로 취약하고 법적 불확실성이 높은 곳으로는 쉽게 이동하지 못한다. 이보다는 차라리 상품의 이동이 훨씬 자유롭고, 사실 가장 자유롭게 이동하는 것은 모험심 가득하고 이윤에 굶주린 사람들인데, 그들은 자신의 상상력에 기대어 거대한 〈성공〉을 달성하기를 기대하기 때문이다. 따라서 이런 의미에 있어서 세계 경제에 있어서의 〈국지화〉는 일국 경제에서처럼 합리적으로 일어나지 않는다. 외국의 상황이 더욱 이질적일수록 투자하려는 자금도 줄어들고, 마찬가지로 이주 등을 통한 〈노동력〉의 공급도 한계가 있다. 오래된 문화국은 더욱 자본집약적인 생산시설을 가지고 또한 양질의 〈노동력〉을 확보할 수 있지만, 반면 그렇지 못한 국가에서는 상황은 그러하지 못하다. 후자의 경우에는 심지어 많은 부존자원들도 기업가의 의지를 자극하지 못하여 방치되어 있다. 이러한 문제는 일개 사업가가 극복할 수 있는 일은 아니며, 다수에 의한 협동과 대량 이주가 필요하다.

현재 세계 경제는 그 발전 단계에 있어 유아기이지만 평화가 지속되는 한 아직 개척이 되지 않은 분야에서의 가능성을 모색하기 위하여 사업과 노동은 분주히 움직여 급격한 발전이 예상된다. 그리고 세계의 중심점도 유럽에서 다른 곳으로 이동할 수도 있다. 그리고 기업들은 더욱 밀접하게 연결되어 높은 수익성을 추구할 수 있다. 그런데, 자본의 힘이 풍부한 국가에서

---

[374] 〈유동성〉이 높다는 의미는, 일단 투자되면 큰 손실을 보지 않고서는 다시 시장에 팔지 못하는 고정 기계장치들과는 달리, 화폐처럼 어느 다른 형태로도 가치를 상실하지 않고도 쉽게 변모할 수 있는 속성을 가지고 있음을 의미한다. 쉽게 바꿀 수 있다는 의미의 '태환성'과 혼동하지 말아야 한다. 상장주식은 태환성이 높지만, 〈유동성〉은 낮을 수 있다.

는 높은 생산성과 수익성이 높은 사업을 유치할 수 있으며, 반면 그렇지 못한 곳에서는 단순노동에 의거한 저생산성 사업만이 영위될 수 있다. 영국이 좋은 예를 보여주는데, 국제 금융센터와 국제 해운회사 등이 자리 잡고 있고, 〈노동력〉은 생산성이 높은 사업 분야에서 활용되고 있다. 따라서 통상적으로 이야기하는 노동의 분업은 단순히 수평적인 분업만을 이야기하지 노동이 수직적으로 수익성에 따라서 〈계층화〉되고 있는 사실을 간과하고 있다. 즉, 국제 경제에 있어서는 국제적 〈과업의 계층화〉(Arbeitsschichtung)가 발생하고 있는데, 이는 자본이 풍부한 경제에 유리하게 작용한다. 후자는 가장 높은 이윤을 창출할 수 있는 인적 및 물적 수단을 구비하고 있으며, 또한 그러한 수단을 최대한 활용하고 있다.

그런데 자본이 취약한 국민경제의 경우에 있어서는 그들이 가진 가장 우수한 부존자원이나 혹은 지리적 우월성을 국제적 〈자본의 권력〉(Kapitalmacht)에게 내주게 된다. 또한 국제 자본은 다른 외국의 경쟁사에게 빼앗기지 않게 하기 위해서라도 그렇듯 귀중한 1차 자원의 공급원들을 인수한다. 미국이나 영국의 〈금융권력〉(Finanzmmcht)들은 중동의 석유자원을 인수하기 위해 경쟁하며, 다른 분야에 있어서도 거대 자본은 자원과 국제 경제의 허브를 차지하기 위하여 경쟁한다.

이러한 자본력이 강한 국가들은 단순히 국가적 경계를 넘어 국가의 〈군사적 권력〉이 닿지 못하는 곳까지 세계적인 영향력을 발휘한다. 세계 지도를 이러한 강력한 국가들이 발휘하는 경제적 지배를 기준으로 하여 다시 그려 본다면 그들의 영향력을 가늠해 볼 수 있다.

그런데 반면 자본력이 취약한 국가에서는 그 나라의 노동과 자본이 서로 단결하여 외국의 자본이 차지하는 〈패권적 권력〉에 대하여 저항하기 위하여 조직화될 수 있다.

자본의 권력 중에서 가장 효율적인 것이 **〈금융권력〉**이다. 일단, 〈금융권력〉은 프롤레타리아들과 직접 상대할 부담이 없고, 산업자본가들에 대하여 궁극적으로 우위를 점하고 있다. 물론 기업을 설립하는 일은 산업 자본의 역할이다. 하지만 일단 기업이 설립되고 나면 〈금융자본〉이 그 기업을 통제할 수 있는 위치에 있게 된다. 현대에서는 기업의 대형화로 인하여 가장 강력한 소수의 기업만이 필요한 자금을 스스로 조달할 수 있고 대다수는 결국 〈금융자본〉의 도움을 필요로 한다. 특히 이러한 현상은 공황 시기에 심한데, 금융자본은 〈유동성〉이 높은 자본의 소유로 인하여 산업자본 대비 월등한 유리함을 누릴 수 있다. 이는 마치 고리대금업자가 어려움에 처한 농민을 상대함과도 같다. 그리하여 〈금융자본〉은 가장 적절한 시점에서 자신의 화폐 자본을 실물 자본(Naturalkapital)으로 변환시킨다.[375] 그리고 〈금융자본〉은, 속성상 지속적으로 유지될 수 있는 기초가 확고한 사업들을 염가에 인수하고 이후 자신의 목적과 부합하는 특정 법적 방법을 이용하여 통제하며, 그럼으로써 사업에서 창출되는 이윤의 많은 부분을 스스로 확보하게 된다. 이러한 현상은 대부분 투자은행들에서 보이는데, 그들은 전망이 밝은 개인 기업들을 인수하고, 확장시키고 그리고 이를 주식회사 형태로 만들어 상장시킴으로써 자본이득을 얻으며, 그 이후에도 그 기업을 지속적으로 통제함으로써 수익을 확보한다. 또한 사업에 투자하여 이윤을 확보하는 형태에서 더욱 진일보하여 취약한 정부에 대출을 함으로써 정부 경제 정책에 영향을 미치고, 그럼으로써 당연히 일반적인 정부 정책상에 있어서 자신의 이익을 보호하려 하

---

[375] 참고로 이는 마르크스의 자본의 순환 과정에 대한 유명한 묘사, 즉, M(화폐 자본)-C(생산요소의 가치)-C'(증식된 상품 가치)-M'(증식된 화폐가치)와 흡사하다. 비저와 주류경제학적 사고방식과의 근본적인 차이는 '화폐 자본'과 '실물 자본'을 구분한다는 점인데, 마르크스적 견해에 의하면 자본이 〈노동력〉과 〈생산수단〉이라는 '상품'을 구입하여 생산을 하는 것, 즉 화폐 자본이 먼저 존재하는 것이다. 그런데 주류경제학적 관점에 의하면 자본과 노동이 동등한 지위를 가지는 생산요소로서 '동시에' 투입되는 것이고, 이때의 투입되는 자본은 기계장치이고, 화폐 자본이라는 개념은 이론상 존재하지 않는다. 역자 용어해설 '자본논쟁' 참고.

고, 그럼에 있어서 자주 자신의 소기의 목적을 달성하기도 한다. 또한 정부와 정당들도 〈금융자본〉의 조언에 귀를 기울일 수밖에 없는데, 그렇기에 당연히 후자의 이해 관심사가 반영될 수밖에 없다. 또한 그들은 정부와 정당이 원하는 수단을 제공할 수 있기에 정부와 정당의 형성에도 영향을 미칠 수 있다. 그리고 무엇보다도 자국이나 세계의 여론 기관을 장악하여 일반 〈공중〉의 분위기나 공론을 움직일 수도 있다. 그리하여 금융 자본가는 진정한 세계의 지배자라고 불리우기도 한다. 또한 정부의 비밀에 대한 정보 능력을 가지고 있고, 정부가 결정하는 중대 의사결정에 영향력을 행사한다. 마지막으로 언급할 점은 그들이 실제 세계대전에 어떠한 영향력을 미칠 수도 있다는 점이다. 특히 그들이 〈공론〉을 장악하고 있다는 점에서 그러하다.

  그런데 전쟁 발발의 동기 중에서 가장 강력한 이유는 결국 경제적 이해 관심사이다. 이는 과거에서도 그러하였고 현대에서도 그러한데, 과거의 경우에는 공공연하게 이러한 경제적 이해를 천명하였지만, 현재에는 그러한 이해 관심사를 베일로 가려 〈공중〉에게는 은폐하는 방법을 안다. 그런데, 과거에 있어서는 상인이나 사업가들이 직접 국가의 흥망에 간여하는 것은 아니었고 그들은 보조 역할만을 하였다. 대부분의 경우 그러한 작업은 상인이나 사업가와는 독립적으로 전사나 승려 계급에 의하여 주도되었고, 그리하여 그 전쟁에서 얻은 것들, 즉 〈토지소유권〉이나 노예화시킨 피정복민들은 자신들에게 우선적으로 배분하였다.

  그런데 자본주의의 시대에 있어서는 권력 형성의 과정은 과거와는 달리 반대 방향으로 진행되어 왔다. 이제는 〈경제적 과업〉이 사회에서 가장 중요한 위치를 차지하기에, 〈자본주의적 기업〉과 무엇보다도 〈금융자본〉은 그 자본주의적 시대에 있어서의 지도자로서 자본을 소유하고, 그로 인하여 일반적 〈사회적 권력〉을 소유하게 된다. 그리하여 그들의 〈상위계층화〉가 진행되어 그들이 사회의 정점에 오르게 된다. 오늘날에는 〈대중의 추종〉을 불러일으키는 승리는 과거와는 달리 경제적 전쟁에서의 승리이다. 또한 오늘날에 있어서는 사업가는 자신의 영리함을 이용하여 결정적인 [사업상의] 전쟁 계획을 수립하고 그리하여 〈기업결합〉(Kombination)의 무자비한 논리는 과거 성공적인 장군이 수립한 전략에 못지않으며, 그들이 달성하는 승리의 행진 뒤로 바쳐야만 하는 희생은 과거 살인적 전쟁에서 그 희생자에 대하여 생각하였던 바와도 같이 아주 냉정하게 받아들여진다.

〈자본주의적 기업〉의 부상에 있어서 가장 주목하여야만 할 점은 그들은 단지 자신의 국가의 국경 내에서만 머무르지는 않는다는 것이다. 그들은 국경을 초월하여 경제적으로 세계 구조를 재편한다. 각국들은 아직 정치적으로 연합된, 조직화된 세계 질서를 수립할 단계에 이르지 못하였지만, 〈자본주의적 기업〉들은 이미 국민경제적 질서를 수립하였고 그에 뒤이어 무기에 의존하지 않고 세계를 지배하기 위한 도정에 나섰다. 그런데 이에는 항상 〈국민이념주의〉가 수반되고, 외국의 권력이 자신의 이익을 위협한다고 느끼면 자신의 국가의 권력을 사용할 태세가 되어있다. 또한 그러한 〈자본주의적 기업〉들은 자신들이 자신의 국민적 정신에 의하여 자국의 지배력을 확장시키는 선봉의 역할을 한다고 자부하며, 당분간 실제로 그렇게 한다. 그리고 그들이 수행하는 자본가적 〈리더십기구〉로서의 역할의 결과로서, **국민적 〈리더십기구〉**로서의 그들 자신이 이제는 **세계적 〈리더십기구〉**로서 작용하려고 하며, 그럼으로써 범국민적 세계적 과업을 창출하려 한다. 물론 이러한 작용은 현재로서는 아직 초창기적이고 따라서 명확하게 규정할 수는 없지만, 그러한 거대한 힘이 현재 작용하는 것은 부인할 수 없고, 그럼으로써 그들은 세계의 경제적 재편뿐만 아니라 궁극적으로는 정치적, 일반 사회적 재편을 위한 기반을 위한 새로운 선을 그리고 있다.

5. 현대적 〈금권정치〉

거대 자본가들이 그들의 최정점에 도달하여서는 결국 〈금권정치〉(Plutokratie)를 형성시키는데, 그로써 과거 신분에 의한 귀족 계층의 옆에 자신을 위치시키거나 그들의 위상을 침범하며, 그러한 귀족층이 존재하지 않는 경우 그러한 자리를 새로 만들어서 자신이 차지한다. 물론 이러한 〈금권정치〉는 과거에도 존재하였지만, 현대의 그것은 과거보다 훨씬 강력하다. 왜냐하면 현대에서야 비로소 〈경제적 과업〉이 사회에 있어서의 건설적 과업의 바로 핵심으로 부각하였기 때문이다.

그런데 이러한 [자본가에 의한] 〈금권정치〉가 지배를 할 수 있는 위상은 결코 국가 강령에 의하여 보장되어 있는 것은 아니다. 심지어 그들은 국회에서도 자신들을 거의 드러내지 않는다. 또한 자신들을 위한 어떤 정당을 조직하지도 않고, 단지 기존 정당들에 영향력을 행사하거나 혹은 기존 정당들을 통하여 영향력을 행사하고, 정당들 이외에도 정부, 공무원, 그리고 어떤 경우에는 왕조 자체에까지 영향력을 행사한다. 그리고 언론과 〈공론〉의 형성을 통하여 주권적 대중에게까지 영향력을 발휘한다. 즉, 〈금권정치〉는 자신을 절대로 드러낼 필요가 없이 국가의 외적 질서에 대한 권력을 행사하는 것을 즐기며, 스스로 드러내는 것을 원하지도 않는다. 그들은 정부가 아닌, 정부의 뒤에 숨어있는 그림자로서 권력을 행사할 때 더욱 강력해질 수 있다. 자신 스스로가 정부의 기구로서 활동할 필요가 없는 이러한 금융 남작들은 정부의 대표자들을 그들의 대리인으로 만들면 족할 뿐이며, 이러한 의미에 있어서 과거 제수이트 교단이 권력을 가지고 있었을 당시 자신들의 방식대로 군주를 교육시키고 또한 자신들의 꼭두각시들을 모든 중요한 자리에 포진시켰음과도 유사하며, 워릭 백작(Earl of Warwick)은 킹메이커였지 자신이 왕이 아니었음과도 같다. 〈금권정치〉는 현대적 형태의 통치 방법을 통하여 자신의 권력을 행사한다. 즉, 인간의 정서에 대한 지배력을 확보할 수 있는 가능한 모든 방법을 이용하는 것이다. 자본이 가지는 권력의 비밀의 핵심은 그 자신을 가장 강력한 영향력을 발휘할 수 있는 형태로 수시로 변모시킬 수 있는 유동적인 능력을 가지고 있음에 있다. 그렇기에 〈금권정치〉는 어떠한 공적 지위를 가지려고 하지 않는데, 그러한 지위는 그들을 오히려 '비유동적'으로 만들 뿐이기 때문이다. 예를 들자면 과거 중미 대륙의 국가들에서 그러하였듯이 〈금권정치〉가 만일 혁명을 촉발시키는 경우에는 그 자신은 절대로 〈독재자〉의 권좌에 오르지 않고 단지 그의 대리인을 자신 대신에 그 자리에 앉히고 그에게 지시한다. 그 대리인에게는 온갖 명예와 근심, 그리고 권력에 따르는 위험을 모두 전가시키고, 자신은 단지 자신이 그 권력을 형성시키기 위하여 지불한 비용을 회수함과 동시에 그 권력이 만들어내는 황금으로 된 과일만을 원할 뿐이다.

F. 〈현대적 독재〉
1. 로마의 〈고전적 독재〉와 〈카이사르적 독재〉(Cäsarentum)

로마가 한창기였을 때, 난국에 처한 상황을 극복하기 위하여 집정관들에 의하여 〈독재관〉(獨裁官 Diktatur)이 임명되었다.[376] 〈독재관〉은 재임 중에는 무한적 권력을 행사하였고, 그러한 난국의 상황에서는 대중들은 가장 유능한 그 〈독재관〉에게 복종하였으며, 그로써 〈독재관〉은 대중이 가진 힘들을 어떤 제약 없이 활용할 수 있었다. 그러한 광범위한 힘을 남용하지 않는 보장은 〈독재관〉 그 자신이 바로 대중 중 가장 뛰어난 자들 중에서 선발되었다는 사실에 있었다. 그리고 그의 재임 기간은 6개월로 제한되어 있었고, 그 이후에는 다시 법률이 회복되어 지배하게 되며, 그 〈독재관〉은 다른 사람들과 같은 농민의 신분으로 돌아가 쟁기를 갈아야만 하였다.

이러한 〈독재관〉이 필요로 한 상황은 전시였으며, 〈독재관〉에 의한 지배하에서는 임시적으로만 법이 정지되었다. 그런데 그 〈독재관〉이 가지는

---

[376] 〈독재자〉'(Diktatur)에 대하여서는 역자의 용어해설 '독재자'를 참고할 것. 저자가 이하에서 논의를 전개하면서 '독재'라는 말을 사용할 때는 이러한 로마의 '직책'에서 유래되는 원래적 의미를 염두에 두고 있음에 유의하여야만 전체 맥락이 이해된다. 즉 저자가 어떤 정치 형태가 '독재'인가를 판단하는 기준은 로마 시대의 '독재'와 얼마나 부합하는가의 정도이다

비상한 권력은 결국 자유와 질서를 그 〈독재관〉에 의하여 보전하기를 원하는 자유 인민들의 동의에 의한 것이었다.

물론 내전 등의 내부적 소요의 시기에는 대중들 간의 적대관계가 형성되기에 〈독재관〉 제도는 정파적 〈독재관〉으로 전락할 수 있다.

카이사르의 경우, 임기 말에 다시 〈독재관〉의 지위가 갱신되게 되었으며 결국 영구적인 비상 권력을 행사하게 되었고, 그리하여 〈카이사르적 지배〉(Cäsarenherrschaft)을 정립하였는데, 그의 지배가 그 소기의 목적을 달성하기 위해서는 달리 방도가 없었다. 즉, 그는 과거의 도시국가 시대의 로마 강령은 세계 제국을 통치하기에는 더 이상 적합하지 못하다고 판단하였기에 로마 시민뿐만 아니라 점령지의 인구까지도 포함하는 제국의 이해를 돌보기 위해 새로운 강령을 제정할 필요가 있었으며, 그러한 새로운 강령은 최고 지배자를 필요로 하였다. 카이사르는 자신은 〈민주주의〉 정신을 망각한 것은 아니고, 대중의 이익을 위하여 그러한 최고 지배자의 역할을 행하는 것이라고 스스로 확신하고 있었고, 또한 대중이 그의 지배를 추인하며 추종할 것을 기대할 수 있었다. 〈카이사르적 독재〉는 대중을 위한, 그리고 대중에 의한 통치를 의미한다.

2. 〈혁명독재〉(Revolutionsdiktatur)와 〈질서유지독재〉(Ordnungsdiktatur)

〈현대적 독재〉(moderne Diktatur)는 근대의 혁명기에 등장하였던 형태의 〈독재〉를 지칭하는데, 로마의 〈고전적 독재〉와는 달리 강령에 의하여 정해진 것도, 혹은 제약되어 있지도 않다는 점에서 차이가 존재한다. 그렇기에 정파적인 〈독재〉와 유사하며, 어떠한 경우에는 상대 정파에 대하여 무력을 사용하기도 한다. 그럼에도 불구하고 단순히 정파적인 〈독재〉에 대비하여 더욱 높은 목적을 향하고 있음에 의하여 구별된다. 즉, 이러한 형태의 〈독재〉는 모든 대중의 이익을 위하여 구래의 〈전제지배자〉(Gewaltherr)들로부터 해방되기 위하여 무력을 사용한다. 이를 도입하였던 측은 이러한 〈현대적 독재〉를 더욱 제고된 〈법적 형식〉으로 나아가기 위하여 사용되는 〈강압적 형식〉으로 간주하고 있으며, 로마의 〈고전적 독재〉와도 마찬가지로 이는 비상시에만 사용되는 것이라는 점에서는 동의한다. 단, 그 사용은 전쟁 등의 외적인 사태에 대응하기 위한 것이 아니라 대중의 이익을 위하여 내적인 적들을 제어하기 위한 것이라는 측면에서 차이가 있었다.

이때 로마의 〈고전적 독재〉와 마찬가지로 〈독재〉는 국가 비상사태 등의 정당한 사유로 인하여 어떤 뛰어난 인물에 부여되며, 그에게는 법에 의한 제재가 적용되지 않는다. 그런데 〈현대적 독재〉에서는 로마 시대에 비하여서 더욱 강력한 개인적 자질이 〈독재자〉에게 요구되는데, 로마 시대의 〈독재〉는 법에 의해 설치 조항이 있었음에 반하여 〈현대적 독재〉는 오로지 그 개인의 의지에 의존하기 때문이다. 그런데, 〈현대적 독재〉의 경우에는 그 〈독재자〉가 전복되더라도 그 독재정 자체는 다른 사람에 의하여 유지된다. 즉, 로베스피에르의 실각 이후에도 〈혁명독재〉는 유지되었는데, 그 이유는 그에 반대하는 당파가 아직도 미약하였기 때문이었다. 하지만 로베스피에르의 공포지배에 의한 〈독재〉의 정점은 짧게만 지속되었고, 그 이후 곧 다른 강력한 인물이 부상하여 그 공포정을 종식시키게 되었다. 물론 로베스피에르는 로마와는 달리 강령에 의거하여 임명된 〈독재자〉는 아니더라도, 〈독재자〉임에는 틀림없고, 〈현대적 독재〉는 어떠한 특정한 〈법적 형식〉에 구애되지 않는다. 그런데 나폴레옹의 경우에는 최초에는 〈집정관〉(*consul*)으로, 그리고 이후에는 황제로 스스로를 불렀으며, 그는 결국 현대적 카이사르가 되기를 원하였다. 그러나 시대는 그와 반목하였고 그를 권좌에서 끌어내렸는데, 그리하여 그는 단지 임시적인 〈독재자〉에서 그치게 되었고, 그의 지배는 영구적인 지배가 아니었다. 우리는 그에게도 〈독재자〉라는 칭호를 사용할 수 있는데, 이는 로마 시대와도 같이 임시적 비상 무력을 사용하는 성격을 공유하고 있었기 때문이다.

이러한 〈현대적 독재〉의 등장은, 현대에 있어서의 자극된 대중의 〈무리〉는 너무도 자유를 갈구하지만, 반면 그들의 자유를 이용함에 있어서 충분히 성숙되지 못하였기에 기인하게 된 것이다. 그들은 자유를 너무도 격정적으로 밀고 나아갔기에 평화적 수단으로 새로운 법을 수립하기를 원하는 지도자들에게는 설득될 수 없었고, 따라서 법을 무시하고 무력으로 전진하는 지도차를 추종하였다. 그들이 그렇듯 자유를 사용함에 있어서 경험이 부족하였기에 그들과 대치하고 있는 모든 적들을 물리치기 위해 혁명적으로 폭발하였을 때 〈독재자〉가 가진 강한 손을 필요로 하였고, 〈독재자〉는 그들에게 목표를 제시하고 또한 그들의 힘을 결집시켰으며, 그들의 혁명적 분출이 지난 뒤에는 그들에게 질서를 부여하기 위하여 여전히 〈독재자〉의 강한 손이 필요하였다. 그리하여 〈혁명독재〉 내지는 좌익 독재의 뒤를 이어서는 〈질서유지독재〉 내지는 우익 독재가 등장하였다. 그런데 전자나 후자 모두 더욱 개선된 법적 상태로 이행하기 위한 과도기적 〈독재〉 형태였다. 그리고 각자의 시기에 있어서 그들 모두는 자신들을 위하여 〈대중의 기분〉을 사로잡으려 하였으며, 이는 그 대중이 없이는 비록 그들이 무력을 행사한다고 할지라도 자신의 입지를 오래 유지할 수 없었기 때문이었다. 현대적 혁명가들이 지향하는 강령의 변화는 사실 강령 전체를 변화시키는 것이며, 이같은 변화는 마찬가지로 〈질서유지독재〉에 의하여 수행된 퇴행(Rückbildung)적인 운동에도 적용된다. 이에 비하면 그라쿠스(Gaius Gracchus)[377]가 당대 로마의 현실을 개혁하고자 자신의 의지를 관철시키려고 행한 노력은 아주 온건하다고도 할 수 있다. 독일 프롤레타리아의 급진 그룹이 혁명 후에 그 이름을 사용한 바 있는 스파르타쿠스의 노예 반란도 사실 현대적 혁명의 규모에는 이르지 못하였는데, 그 반란은 단지 무법적인 대중의 절망적 행동이었으며, 또한 국가를 변화시키는 것이 목적이 아닌, 자신들을 국가로부터 해방시키는 것이 목적이었을 뿐이었다. 또한 단지 6개월간의 시간적 한정이 있는 로마의 〈고전적 독재〉는 현재의 대중 운동에 의하여 촉발된 〈현

---

377 기원전 154-121. 로마의 호민관. 민중을 위한 개혁을 추구하던 중 죽임을 당함.

대적 독재〉에게 주어진 광범위한 과제를 수행하기에는 너무도 짧은 기간의 〈독재〉에 불과하였는데, 사실 [현대에 있어서의] 그 필요한 〈독재〉의 기간은 예측 불가능한 사건의 전개에 달려있었다.

3. 크롬웰

최초의 현대적 혁명이었던 영국의 〈명예혁명〉으로 인하여 국가 무력의 권좌에 오른 크롬웰은 최초의 〈현대적 독재자〉였다. 그의 리더십 위상은 그가 보여주었던 아무도 도전할 수 없는 그의 권위에 의한 것이었는데, 당시 영국의 〈자유주의〉 전통은 아직 미약하였기에 다수당과의 갈등을 그의 군대로 제압할 수 있었다. 그럼에도 불구하고 그의 〈독재〉는 결코 일반적 의미에서의 〈군사독재〉(Militärdiktatur)는 아니었다. 청교도적 진지함, 종교적 의무로 단결한 군대에 의존하여 그러한 저급의 〈군사독재〉 방식에서 탈피하였고, 그의 〈독재〉는 무엇보다 크롬웰 자신의 인물에 의존하였던 〈독재〉였으며, 그는 향후 〈제국주의〉로 발전될 영국의 위상을 세계로 알리기 위하여 그의 권력을 사용하였다. 크롬웰이라는 인물이 그 〈독재〉에 결정적이었음은 그의 사후 그를 계승한 아들이 즉각 실각하게 되었음에서도 엿볼 수 있다. 크롬웰의 〈독재〉는 당시 영국인에게는 〈소수에 의한 독재〉(Minderheitsdiktatur)로 인식되었고, 결국 왕이 그 〈독재〉로부터의 해방자로서 다시 소환되었다. 하지만 크롬웰이야말로 진정한 해방자였는데 그로 인하여 왕정복고 뒤의 찰스 1세와 그의 아들은 단지 의회 강령의 한도에서만 왕권을 사용할 수 있었을 따름이었으며, 절대군주는 되지 못하였다. 그렇기에 크롬웰의 〈독재〉는 영국의 자유를 수호한 격이었다.

4. 프랑스에서의 〈혁명독재〉와 카이사르적 〈질서유지독재〉

자코뱅의 〈독재〉는 무엇보다도 공포에 의한 통치이고, 〈공공〉에게는 이는 소수의 어리석은 범죄자집단이 가진 피의 굶주림에서 탄생하였고 무장한 폭도들에 의하여 권력을 쟁취한 것으로 인식되었으며 지금도 그렇게 받아들여지고 있다. 그런데, 이러한 견해는 사실 모순적일 수밖에 없는데, 어떻게 단 한 줌도 안 되는 사람들이 가진 힘이 2천5백만 명의 의지를 지배하기에 충분하다는 말인가? 실제로 그 2천5백만 명이라는 압도적 대다수를 사로잡은 운동은 결국 불가항력적으로 자코뱅의 공포 체제로 끌려 들어가게 되었다는 사실은 엄연히 존재한다. 그런데 이는 〈인민주권〉의 사상이 대중을 파고들었고, 다른 대중적 사상들과도 마찬가지로 그 사상이 사람들의 정서를 넘쳐흐르는 열정으로 가득 채움으로 인하여 그 운동이 추동력을 얻게 되었기 때문에 가능하였다. 사람들이 〈인민주권〉을 믿는다면 군주의 주권에 의거하던 과거의 법률이 지속적으로 존재하는 것을 더 이상 용인하지 못하였기에 갑자기 무법적인 비상사태에 처하게 되었다. 하지만 새로운 법률은 아직 그 충분한 가치를 발휘할 수 없었는데, 이는 당대에는 단지 그 법의 가장 기본적인 생각만이 이해되었음에 불과하였기 때문이었다. 또한 아무리 열정적으로 궁구하였더라도 그 새로운 법률은 완성되기에는 너무도 불충분하였다. 그리고 무엇보다도 그 새로운 법률은 사람들의 정서에 정착되고, 성공적임을 통하여 먼저 스스로를 입증하여야만 하였기 때문이다. 따라서 이 모든 것을 위해서는 가장 우선적으로 대중들을 새로운 길로 인도하기에 적합한 사람을 찾는 것이 급선무였다. 하지만 이는 생각할 수 있는 바에 비해서 무척 어려운 과제였다. 특히 그러한 적임자를 선거로 선출하는 것은 우선 올바른 정당이 성립됨을 전제로 하여야만 함을 사람들은 깨닫지 못하였다. 그리하여 그 혁명 이후의 최초의 연도들에서는 흥분한 사람들로 구성된 정당이 가장 큰 영향력을 행사하였다. 〈국민공회〉(convention nationale)는 〈인민주권〉이라는 당시 절대적으로 지배적인 사상을 충분히 각인시킬 수 있는 방법을 아는 자들로 구성되었는데, 그러한 열정적 인사들 중에서도 가장 열정적인 사람이 결국 다른 모든 사람보다 앞서서 무대를 장악하였다. 이렇듯 자유를 사랑하는 군중의 고양된 감정은 인민의 자유가 내외의 심각한 위협에 직면하고 있다고 보았을 때 혁명으로부터 얻은 소중한 유산을 수호하기 위하여 가장 과격한 수단을 과감히 사용할 수 있는 자를 선출하였다. 그런데 이러한 공공연한 흥분상태가 지속되고, 〈국민공회〉가 자신이 가진 냉혹한 무력에 의한 통치에 대하여 압도적인 지지를 얻을 수 있다고 확신하는 한, 그러한 잔혹한 행동이 있어야만 역사적으로 고착화된 절대 〈군주정〉과 봉건주의를 일소할 수 있다고 생각할 수밖에 없는 상황이었다. 그리고 그 공포정치의 주역들도 혁명의 수호의 의무감에 불타고 있었고, 따라서 그들의 마음 가장 깊은 곳에서는 혁명 높은 대의를 수호하기 위하여서는 어떠한 종류의 공포도 아끼지 않고 사용하여야만 한다고 깊게 믿고 있었음에는 틀림없었다. 그런데 단지 과거의 〈구체제〉(Ancien Régime)를 옹호하는 자들뿐만 아니라 혁명의 급진성에 동조하지 않는 〈자유주의자〉들로부터 나온 저항은 강력하였다. 물론 그러한 반대입장의 〈자유주의자〉들 중 공공연히 반대의 입장을 표명하는 자들은 자코뱅에 지지를 보내는 사람보다는 수적으로 훨씬 열세이기는 하였다. 〈국민공회〉는 특히 국가에서의 최상위 〈권력기구〉가 되었기에 많은 이들의 정서를 지배하였다. 이러한 산악파(la Montagne)[378] 인간들은 어디서나 〈자발적 추종〉을 확보하였음에 반하여 그 〈국민공회〉에 반대하기 위해 지롱드(Girondins)들이 대중들에 눈을 돌렸을 때 사실 어느 곳에서도 〈대중의 추종〉을 찾아볼 수 없었다. 그리고 로베스피에르가 그 산악파 중에서도 가장 결연한 지도자들까지도 희생의 제물로 바치고자 하였을 때, 지롱드들은 자신들의 목숨을 부지하기 위해서 평원파(la Plaine)[379]에 찬동하였으며, 그럼으로써 〈국민공회〉가 로베스피에르로부터 등을 돌리게 할 수 있었다. 그런데 〈국민공회〉는 여전히 자신의 권위

---

378 자코뱅당 내의 파벌로서 산악파 또는 몽타뉴파로 불리우고 같은 당내의 지롱드파와 대립하였다. 프랑스 공포정치의 주도 세력이었다.

379 자코뱅 내에서 급진 산악파와 온건 지롱드파 내의 중도적 위치를 가진 파벌.

를 유지하고 있었고, 군중들의 지지가 있었으며, 따라서 로베스피에르는 실각할 수밖에 없었다. 그 혁명의 대의가 더 이상 위협받지 않는다고 간주된 이후에서야 비로소 나라에 있어서 〈질서의지〉(Ordnungswille)가 다시 강력히 소생할 수 있는 기반이 마련되었다. 하지만 그럼에도 불구하고 당대의 〈주권적 인민〉에게는 자신들의 〈질서의지〉를 충족시키기 위한 지도자나 혹은 수단이 결여되어 있었음이 명백하게 드러나게 되었다. 〈총재정부〉(directoire)[380]는 혁명전쟁 중에 훈련된 군대를 지배할 수 있었으며, 따라서 그 〈총재정부〉는 자신들로부터 등을 돌린 표심을 무마하기에 충분히 강력하였다. 그런데 자유를 위하여 봉사하기 위한 것으로 여겨졌던 〈독재〉는 결국 자신의 권력에 탐닉하게 되었고, 그 자신의 권력을 정당화시키는 바에 기여하였던 비상사태가 종식된 이후에도 권력을 내려놓기를 거부하였다. 이에 프랑스 국민들은 그러한 〈혁명독재〉로부터 자신들을 해방시키기 위하여 다른 새로운 중재자를 필요로 하였고, 그리하여 결국 나폴레옹이라는 〈질서유지독재자〉(Ordnungsdiktator)를 찾을 수 있었다.

나폴레옹이 권력을 쟁취하였던 과정은 과거 강력한 군주들을 권좌에 올려놓은 과정과 동일하였다. 과거 국가 형성기에 군주들이 의존하였던 군대는 국가에 있어서 최초로 확고히 결집된 〈사회체〉였으며, 그러한 군대의 지휘자는 군주적 위치로 상승할 수 있게 되었다. 나폴레옹은 군사적 승리를 통해 대중의 정서에 각인될 수 있었으며, 대중은 그가 혁명에 의하여 찢겨진 질서를 수복할 수 있는 강한 인물로 인식하게 되었다. 그리고 〈총재정부〉의 일원들도 부분적으로는 그의 권위에 굴복하였다. 〈원로회의〉(Conseil des

---

[380] 로베스피에르의 실각 후 성립된, 테르미도르파가 수립한 통치 체계. 나폴레옹의 등장으로 물러나고, 그 후속으로 나폴레옹에 의한 〈집정정부〉(consulat)가 들어서게 되었다.

Anciens)[381]도 그에게 고개 숙였으며, 이미 〈500인 위원회〉(Conseil des Cinq-Cents)[382]도 군대의 총검 앞에서는 무기력하였다. 나폴레옹은 위대한 입법자이자 행정가로서의 모든 자질을 구비하고 있었으며, 과거 〈주권적 인민〉들이 못하였던 바를 달성하였기에 인민들의 그에 대한 기대를 저버리지 않았다. 그리고 그가 프랑스에 설치하였던 제도들은 프랑스 대중의 기질과 부합하였기에 영속할 수 있었다. 그의 결정적 실수는 다름 아니라 그가 단지 〈질서유지독재자〉가 아닌 카이사르가 되고자 함에 있었다. 그가 비록 여러 제도들을 도입하였지만, 그는 프랑스 국민적 자유의 관념이 요청하였던 헌법을 제정하는 결정을 내리지 않았고 연속되는 전쟁을 종식시킬 수도 없었다. 그는 과거 세습에 의하여 정당성을 부여받아 권좌에 오른 사람이 아니었기에 지속적인 새로운 승전을 통하여 대중들을 결집시켰고, 그 이후 그의 아들은 평화의 황제로서 지배할 수 있으리라고 생각하였다. 그의 동기가 어떠하던 만일 그가 자유를 갈구하던 프랑스 대중들을 카이사르와도 같이 통치하기를 원하였다면 그것은 그의 치명적 실수라고 할 수도 있다. 카이사르는 사실 아주 소수의 로마 시민들 이외에도 야만적 세계의 복속된 많은 인구들과 상대하려고 하였음에 반하여, 나폴레옹은 세계의 〈문화국민〉들을 카이사르와 같은 방법으로 무기를 이용하여 복속시키려는 실수를 범하였다. 그리하여 다른 〈현대적 독재〉들과도 마찬가지로 나폴레옹의 카이사르적 〈질서독재〉는 결국 무력적으로 종식될 수밖에 없었다. 그는 외부와의 전쟁에서 패배하였고 연속된 승리에 의하여 이끌려져 왔던 프랑스 대중들은 이제 패배한 황제로부터 등을 돌리게 되었다.

---

381 〈총재정부〉하에서 존속하던 기구. 250명으로 구성. 일종의 상원 역할을 수행하였다.

382 〈500인 위원회〉는 입법권을 가진 기구이며 하원의 역할을 하고 있었는데 500인으로 구성되어 있었다. 그들의 결의한 법안에 대해 〈원로회의〉에서 거부권을 행사할 수 있었다.

프랑스인들은 그 이후 오랜 기간이 흐른 이후에서야 비로소 그들이 갈망하던 〈자유주의헌법〉을 영구히 제정할 수 있었다. 그 이전까지는 반복되는 많은 혁명적 물결에 휩쓸렸는데, 물론 그 이후의 혁명들은 최초의 그것에 비해 훨씬 덜 강력하였고 냉혹한 〈혁명독재〉를 수반하지도 않은 것은 사실이다. 부르주아지들은 점차 자유를 사용함에 익숙하게 되었고, 혁명적 과열을 자제하고 확고한 질서를 더욱 신속히 모색할 수 있도록 지도자들을 선출하였다. 반면, 프롤레타리아들의 부상으로 인한 무력적인 운동들은 거세어졌다. 나폴레옹 3세의 〈질서유지독재〉는 사실 프롤레타리아 운동에 대한 반동이었다. 그의 〈독재〉는 부르주아지와 농민 대중의 지지를 업고 있었으며, 그 외에도 나폴레옹적 전통에 입각한 군대에 의존하였다. 사실 그의 〈독재〉는 그의 위대한 전임자를, 그것도 훨씬 취약한 수단에 의하여 모방한 것에 불과하였다. 따라서 그도 전임자가 저지른 동일한 실수를 반복하였는데, 그는 당대의 갈등이 상존하는 상황에도 불구하고 민주주의적인 카이사르가 되기를 희망하였을 따름이다. 그는 전쟁 패배 후에 권좌에서 물러나게 되었고, 그리하여 마침내 그 오랫동안 대중들이 가져왔던 자유의 염원이 드디어 충족되어 공화국이 영구히 수립될 수 있었다. 즉, 더 이상은 수호자가 필요 없는 상태에 이를 수 있었다. 국민을 도야시킴에 있어 아직도 부족하였던 부분은 독일과의 재난적인 전쟁 이후에 국가의 번영, 부 그리고 군사적 힘을 재차 수복하기 위하여 분발한 〈국민감정〉의 강력한 분출에 의하여 완성되었다. 불랑제가 이러한 재난적 상황을 이용하여 그의 〈독재〉를 추구하려던 시도는 단순히 과거 나폴레옹의 모델을 바보처럼 구시대적으로 모방하려는 시도에 불과하였기에 비참하게 실패하고 말았다. 〈국민감정〉은 이제 아주 확고한 믿음에 기반하였고 국민의 질서는 확립되어 군대는 더 이상 국민을 이반할 수 없었고, 자신들은 국민을 위한 수단이라는 생각을 강하게 가지게 되었다.

5. 국민적 〈질서유지독재〉(이태리 파시즘과 스페인의 장군들에 의한 독재)

전후의 격변으로 인하여 러시아와 헝가리 혹은 뮌헨에서의 시도를 제외하고는 〈독재〉는 출현하지 않았는데, 이는 혁명의 강도가 그만큼 강하지 못하였기 때문이었다. 하지만 정당성 있는 정부의 붕괴 뒤에 새로운 질서를 수립하고자 하는 예외적인 강도(强度)의 무력이 출현한 경우도 있었고, 점차로 불만적인 감정이 누적되어 단결하게 되면서 〈질서유지독재〉에 대한 갈망이 더욱 무르익게 되었다. 그럼에도 불구하고 격변에 휩싸인 대부분 국가들에 있어서는 민주주의적 경향을 공개적으로 반대하는 반동은 일어나지 않았는데, 그럼에도 불구하고 그러한 반동적인 경향이 보여진 곳은 승전국인 이태리와 중립국이었던 스페인이었다. 그렇게 등장한 이태리의 무솔리니(Mussolini)와 스페인의 리베라(Primo de Rivera)는 현대판 〈질서유지독재자〉에 해당한다. 그들의 지배는 대중이 가지고 있던 〈질서유지성향〉(Ordnungsströmung)에 기반하며, 이는 당대의 급진적 프롤레타리아 그룹의 부상에 따른 공공 안전에 대한 증가되는 위협에 의하여 주로 야기되었다. 이태리에서는 이에 더하여 전쟁 후의 결과와 동맹국들의 태도에 대한 불만으로 〈국민감정〉이 격렬하게 자극된 상태였다. 스페인에서의 〈국민감정〉은 분리주의적 열망에 의하여 자극되었으며, 〈민주주의〉의 실패로 인하여 도처에서 국민적 감정에 충만한 국가 부르주아지들은 우경화되었다. 이는 여타 유럽 국가들의 경우 주로 정파적 분열과 정파적 이익이 국가의 전체적 이익을 위하여 강력히 단합하는 것보다 우선하였음과 대비된다. 스페인의 경우 정당 체제가 제대로 작동하지 않았고 정부 재정과 국민의 도덕감이 심각히 훼손되었으며, 또한 모로코 사태 등의 문제가 중첩되어 있었다. 이태리에서의 새로운 운동에 있어서는 국가주의적 청년층과 기타 무수한 국수주의적 단체들에게는 투쟁할 준비가 되어 있는 수천의 지지자들이 대기된 상태였고, 도처에서 파시스트 조직들이 출현하여 단기간 내에 군대적으로 조직된 수십만 명을 확보할 수 있었다. 파시즘은 무솔리니라는 선동적 웅변력과 비전, 그리고 결단력 있는 에너지를 가진 지도자도 가지고 있었다. 왕도 이러한 운동을 지지하였고, 군대도 그러하였다. 스페인의 경우에 있어서는 장성들에 의하여 통솔되는 군대가 이러한 운동의 담지자였는데, 그들은 국가라는 〈전체〉

를 믿는 생각을 가지고 있었고, 그들의 지도자인 리베라는 〈대중의 추종〉을 확신하였다. 이 두 사람 모두 군대라는 권력 수단에 의존하기는 하였지만, 결코 〈군사독재〉 혹은 카이사르적 지배와는 거리가 멀었으며, 그들 모두 민주주의적 이념에 반대하지 않았고, 오히려 단지 그것을 남용하려 하였을 뿐이다. 그들은 〈공론〉에 의거하려 하였고, 그러한 〈공론〉이 자신들을 추종하는 것을 대중들이 자신들에게 보내는 추인으로 간주하였다. 하지만, 그들이 추구하던 목적은 구래의 정당에 의한 리더십이 제거되고 대중이 강력한 국민적 리더십에 의하여 단결되는 경우에만 달성될 수 있는 것이었다.

〈국민적 독재〉는 국민과 반하는 어떤 것도 하기를 원하지 않았고, 어떤 별다른 지도자가 존재하지 않는 상황에서는 대중들이 추종할 수밖에 없는, 그러한 부적합한 정당적 리더십으로부터 대중을 탈퇴시켜 자신을 추종하게끔 하려 할 때는 자신은 항상 그 대중의 이익을 위하여 행동한다고 믿고 있었다. 그런데, 〈공중〉에게 진정한 리더십이 할 수 있는 바를 보여주기 위하여 성급한 나머지, 그리고 위협이 지척에 있다고 믿은 나머지 그 〈국민적 독재〉는 과감히도 법을 무시하고 결의에 찬 많은 추종자들의 도움으로 권력을 획득하며, 언젠가 결국 자신들의 〈성공〉이 투표권자를 자신에게 이끌리게 할 것이며, 그 투표권자들이 자신들의 불법적 행위에 대하여 면죄부를 줄 것이라고 확신하였다. 이것이 바로 비스마르크가 헌법을 무시하였을 때 발생한 바이며, 단, 그는 단순히 군주의 고문에 불과하였기에 형식적으로는 〈국민적 독재〉는 아니었지만 그럼에도 그가 제시한 조언들은 강령에서 허락한 권력의 범위를 초과한 것으로서, 그러한 조언에 내재한 성향은 결국 〈국민적 독재〉의 그것과 다를 바가 없었다.

분열에 시달리고 또한 편협한 정당 체제하의 신생 〈민주주의〉가 〈국민감정〉이 요청하는, 책임감 있고 강력한 정부를 형성할 능력이 없는 경우 파시즘이 목소리를 내게 된다. 그런데 그러한 상황에서 대중들이 강력한 인물인 〈독재자〉를 원한다고 하더라도 그것이 바로 대중들이 〈민주주의〉에 대하여 어떠한 기대도 가지지 않는다는 증거로 받아들여서는 안된다. 대중은 말뿐인 〈민주주의〉에 식상하였을 뿐이고 그 대신 행동을 하는 〈민주주의〉, 즉, 강력한 대중을 원할 뿐이다.

반면 강력한 〈자유적 리더십〉과 확고한 정당 정치에 기반한 대중(Parteimasse)이 존재하는 국가에서는 파시즘에 의하여 〈대중의 힘〉을 찬탈당할 염려가 없다. 〈국민적 독재〉는 〈민주주의〉의 발전이 충분히 성숙하지 못한 국민에게 해당되는 것이기 때문이다.

6. 독재와 〈민주주의〉

무력과 자유의 상호 작용은 역사를 관통하는 원칙이라고 할 수 있다. 자유를 향하는 길은 애초부터 무력에 의하여 열렸으며, 대중들은 국민적 자유의 전제조건인 국민적 〈일체감〉을 자발적으로 형성시키지 못한다. 결국은 후에 국민으로 결합하게 된 같은 혈통의 〈소민족〉들은 처음에는 상호 투쟁의 관계에 있었으며, 오직 강력한 전쟁 군주들이 가지고 있던 〈권력욕〉으로 인하여 점화된 전쟁이라는 불길을 이용하여 그들을 하나로 주조하지 않았다면 그들을 결합하지 못하였을 것이다. 그리고 그 이후에도 왕조들의 리더십이 작용하여 대중들에게 중앙화된 국가의 제도들을 제공하여야만 하였다. 그리하여 무력은 각 〈국민적 힘〉들이 충분히 도야되어 결국 무력이 더 이상 불가피하지 않게끔 될 때까지 오랫동안 자신의 〈역사적 과업〉을 수행하여야만 하였다. 구권력들이 결코 용인하려고 하지 않았던 〈민주주의〉의 형성은 〈혁명독재〉가 행사하던 무력과, 필요하다면 그 뒤를 잇는 〈질서유지독재〉에 의하여 완성된 것이다. 그리고 만일 그 이후 〈민주주의〉가 형성된 이후에도 여러 걸림돌들이 계속 등장하여 국민의 의지가 힘을 얻어가는 과정을 방해한다면, 과거에 자유를 향한 도정에서 만나게 되었던 장애물들을 헤쳐가는 과정에서 항상 그러하였던 바처럼 강력한 지도자가 등장하여 무력의 도움으로 그 역경을 헤쳐가도록 하여야만 하는 것이다. 만일 과거에는 자유로 향한 도정에서 마주친 군주적 전제주의에 반대하여 무력을 행사하여 극복하였다면,

이제는 자신 스스로 〈민주주의〉라고 부르지만 실로 그와는 전혀 달리 행동하는 그러한 정당들을 향하여 무력은 행사될 수 있다. 〈민주주의〉라는 것은 〈대중에 의한 지배〉(Volksherrschaf)인데, 이러한 [사이비적인] 정당들의 지배는 〈대중에 의한 지배〉를 질식시킨다. 〈현대적 독재〉는 그러한 정당들의 반동적 자세를 무력의 힘을 빌려 국민을 위한 의무를 다하도록 가르침으로써 〈국민적 자결〉을 향한 도야의 과업을 완성시켰다. 그런데 그러한 무력이 야만적 시대에 사용되었을 때보다 〈독재자〉가 〈민주주의〉에서 무력을 사용하는 경우 자신에게 더 큰 의무감을 부과한다. 왜냐하면 〈민주주의〉에서는 대중은 자신들이 이미 법이라는 안전한 항구에 들어왔다고 생각하고 있고, 따라서 법을 위반하는 것은 〈공중〉의 양심에는 깊은 충격을 줄 수 있기 때문이다. 그러나 결국 강건한 대중에게는 자유의 승리를 쟁취할 수 있도록 도울 수 있는 수단들이 항상 준비되어 있다. 그리하여 무력은 그 〈자유를 향한 힘〉을 가지고 있는 대중들을 결국 이겨낼 수는 없다. 〈권력자〉들이 가진 자신의 주위로 결집하는 무력은 반대 입장의 지도자들을 제압할 수는 있으며, 후자들에 대한 추종으로 향하는 길을 봉쇄하면서 그 자신에 대한 추종을 강제할 수는 있으나, 장기적으로 볼 때는 반항하는 전 국민을 자신을 추종하도록 할 수는 없다. 강건한 국민은 그 〈독재자〉가 국민 자신들의 이익을 위한 시종의 역할을 한다고 느끼는 한에서만 그 〈독재자〉에게 지배자의 역할을 부여한다. 그런데 국민이 더 이상 이러한 필요의 감정을 느끼지 않는다면, 그 국민은 조만간 그 지배자에 대한 국민들의 추종을 중단할 것이며, 어떠한 단 한 차례의 실수나 사고도 그 지배자를 실각시키기에 충분하다. 그리하여 〈독재자〉가 그의 대중들을 〈국민적 자결〉을 향해 도야시킨다면, 그의 〈독재자〉로서의 역할은 종료된 것이며, 따라서, 다음과 같은 말이 적용된다. "지배자는 이미 자신의 과업을 마쳤기에, 그는 이제 퇴장하여야만 한다."³⁸³ 자유의 감정이 강하였던 로마인의 경우에 있어서의 〈고전적 독재〉는 모든 정당한 법에 의거하였으며, 어려운 시대에 있어서 겪어야만 하는 곤경을 타개하기 위하여 필요한 더욱 강력한 권력을 부여받았다. 현대의 자유를 추구하는 대중들에게 있어서는 〈현대적 독재〉는 그러한 권력을 혁명적 무력의 형태로 부여받은 것이다. 그러나 결국 〈현대적 독재〉의 경우 그 〈독재〉가 가지고 있는 권력은 그것의 가장 깊은 핵심에 있어서는 대중으로부터의 지지에 의거하고 있었으며 그 대중의 이익을 위하여 봉사하기 위한 것임이 입증된다. 그런데 이 모든 이야기는 단지 강건한 대중에게만 적용된다는 점을 명심하여야만 한다. 약한 대중들은 〈군사독재〉나 혹은 어떠한 형태의 전제주의에도 굴복하기 마련이다.

7. 볼셰비즘

〈볼셰비키 독재〉는 그것이 뚜렷이 프롤레타리아 지향적인 점에서 그 이전의 여타 부르주아적, 민주주의적 독재와 차별화된다. 후자의 경우의 목표는 대중의 자유인데, 그것은 결국 유산 중산층에게 국가에 있어서 중요한 역할과 사회적 리더십을 부여하는 것이라 할 수 있다. 물론 〈평등〉에 대한 요구도 후자의 슬로건에 포함되어 있지만 그것은 단지 공허한 말로 남아 있었다. 반면 프롤레타리아 혁명은 그같은 관계를 전도시켜 국가와 사회의 그 중핵을 변혁시켰다. 보편적 〈평등〉을 관철시키기 위하여 국가는, 개인에게 남겨졌을 때 불평등을 조장하는 여하한 것들도

---

383 원래는 실러의 연극 《제노아에서 일어난 피에스코의 모반》(Die Verschwörung des Fiesco zu Genua, 1782)의 4장에서 나오는 대사인 "무어인은 그의 일을 다 마쳤으니, 그 무어인은 이제 물러가도 된다"(Der Mohr hat seine Arbeit getan, der Mohr kann gehen!)라는 대사를 바꾸어 표현한 것이다. 극 중 도리아(Doria)는 피에스코(Fiesco)를 살해하기 위하여 무어족(Moor) 멀리 하산(Muley Hassan)을 고용한다.

국가의 권력을 통하여 관장하였다. 국가는 경제와 노동자에 있어서의 주인이자 특히 자본이 가지는 권력에 대하여서 그러하였다. 또한 모든 교육제도, 문화에서의 주인도 겸하였다. 그리고 그간 경제활동과 문화적 활동에서 자유로이 기능하던 리더십의 힘들을 이제는 국가를 위하여 봉사하게끔 하였고, 국가 공무원, 장교, 혹은 판관들에게 적용시킨 바처럼 그것들을 일정한 규격으로 묶어 버렸다. 자신만의 권력을 가지고 있는 교회를 제외하고는 사회의 전 리더십 기능들을 국유화시켜 버렸고, 따라서 그 모든 것들을 유일하게 독립적 결정을 할 수 있는 최상위의 〈리더십 권력〉에 예속시켰다. 동시에 〈평등〉이라는 사상은 국가의 리더십 기능에 속하는 모든 사람들도 그들의 소득과 생활 수준에 있어서 노동자 대중과 같은 수준으로 평준화 되어야만 함을 의미하였다. 그리하여 이러한 일련의 조치들은 지도자의 선도 행동과 〈대중의 추종〉이라는 가장 기본적인 형태를 가져야만 하는 〈사회의 강령〉에 대한 가장 급진적인 간섭을 의미하였다. 물론, 이로 인하여 그 기본적 형태를 없애 버렸던 것은 아니었다. 즉, 리더십 기능이 없으면 대중은 전진할 수 없었기에, 그것은 여전히 작동해야만 하였다. 하지만 최상위 리더십을 제외하고는 여타의 리더십 기능은 그 추동력을 상실하기 마련이다. 이미 목표와 수단에 있어 위로부터 지시를 받는 지도자는 더 이상 지도자가 될 수 없다. 그렇듯 지도자가 대중과 같은 수준으로 격하된 위치에 놓여졌을 때는 그의 무게는 현저히 감소하기 마련인 것이다.

어찌 되었건 그들은 그 이전까지 존재하던 러시아에서의 리더십을 뿌리째 흔드는 바에 성공하였다. 차르와 그의 가족뿐만 아니라, 공무원, 장교, 지식인, 사업가, 그리고 대규모 지주들은 살해되거나, 전쟁에서 죽거나, 가난에 굶주리게 되거나 혹은 러시아를 탈출하였고, 오로지 유순한 자들만이 남아서 자신들의 봉사를 바쳤다. 자코뱅들과도 같이, 그들의 〈성공〉의 근원은 공포만이 유일한 것은 아니었고, 더욱 중요한 역할은 대중의 태도였다. 구 〈역사적 권력〉들은 대중에 대한 어떠한 〈내적 권력〉도 가지고 있지 못함이 그들의 붕괴 과정에서 입증되었다. 그리고 군사적 패배는 그들에게서 어떤 권위도 남기지 않게 되었으며, 대중들은 구 〈역사적 권력〉들에게의 추종을 거부하고 오히려 그들에게 공개적으로 반대하며, 대중의 수적 우위에 의하여 결국 구 〈역사적 권력〉들의 운명 위로 낙인이 찍혀진 것이었다. 이러한 상황하에서는 볼셰비키는 자연스럽게 대중의 지도자가 되었다. 볼셰비키는 대중과 공통의 적을 마주하고 있었고, 볼셰비키의 생각을 내면적으로 공유하지 않았던 농민 등을 포함하는 여타의 대중들도, 볼셰비키와 행동을 같이하는 것이 그들의 이익이라고 판단하여 볼셰비키로 하여금 자신들의 길을 인도하도록 하였다. 물론 후자들에게는 그 이외의 방도는 없기도 하였다. 모든 대중은 리더십이 필요하며, 특히 당대 러시아에서 만연되어 있었던 그러한 혼란스러운 상황에서는 더욱 그러하였다. 그리하여 대중이 그들이 대치하고 있던 구 〈역사적 권력〉에서 풀려나오게 되고 그럼에도 불구하고 자신들의 선택에 의하여 자신들의 지도자를 선발할 능력이 없는 상태에서는, 볼셰비키의 리더십은 국가에서 유일하게 남아있는 확고한 리더십으로서 광장을 장악하였다. 만에 하나 대중이 볼셰비키가 인도하는 방향을 추종하기를 꺼리게 됨이 뚜렷하게 보여진다면, 이러한 볼셰비키와 대중 간의 관계가 어떠한 방향으로 진화하여 나갈지는 미래만이 결정할 일이다.

만일 볼셰비키가 그 〈평등〉의 〈요청〉을 가장 밑바닥부터 실현하겠다는 시도라면, 그들의 지배는 과거에 보여진 부르주아지 혁명에 뒤이은 〈현대적 독재〉는 더 이상 아니다. 후자의 〈독재〉의 목적은 더욱 강도 높은 강압을 통하여 더 이상 강압에 의존하지 않는 순수한 법이 적용되는 상태로 인도하기 위한 것이었다. 하지만 볼셰비키가 주장하는 철저히 평등적인 체계는 강압의 연속 상태가 될 것임이 틀림없다. 왜냐하면 사회적 추동력 중의 가장 자유로운 부분, 리더십의 충동, 자유로운 정신에서 분출되는 충동들을 어떠한 엄격한 규준에 의하여 속박함이 없이는, 그리고 유일한 최상위 〈리더십권력〉에 예속시킴이 없이는 그들이 이상하는

〈평등〉의 체계는 실행될 수 없기 때문이다. 그렇기에 그들은 자칫 과거의 〈카이사르적 독재〉나 차르주의가 가지고 있던 권력을 훨씬 능가하는 권력을 가지게 될 수 있다. 볼셰비즘이 자신들이 가지고 있던 독재 사상을 이용하여 과거 역사적으로 전승되어 오던 국가와 사회에 있어서의 과다한 불평등을 개선하였던 바는 그들의 성과라고도 할 수 있으나, 이러한 과업들을 완수한 이후에는 다른 종류의 〈자유적 리더십〉에게 길을 양보하여야 할 것이다. 이러한 후자적 상황이 실현된다면, 〈현대적 독재〉가 그러하였던 것처럼 볼셰비즘도 과도기적으로 강화된 무력을 통하여 궁극적으로는 더욱 고양된 법의 상태로 인도하는 역할을 수행할 것이다.

XIX. 현재에 있어서의 권력의 균형

A. 현재의 권력의 위기

1. 현존하는 권력 갈등

세계대전은 세계 국가들이 보인 최초의 〈전체적 행동〉(Gesamthandlung)이라고 할 수 있으며, 이는 세계사적 진행에 있어 모든 국가들이 긴밀히 연결된 결과라고 할 수 있다. 그로써 〈무력의 역사적 과업〉은 정점에 이르게 되었다. 문화 민족뿐 아니라 비문화 민족들도 심지어 비자발적으로도 그 전쟁에 참전하게 되었다. 역사의 진행을 돌이켜 보자면, 이러한 주요 국민들 간의 전쟁은 단순히 국가의 최고 무력과 전문적 군인들만이 참전하였던 과거의 전쟁보다도 시기적으로 앞선 형태의 전쟁이었던 [고대의] 〈전인민전쟁〉의 성격으로 회귀하여 이제는 〈만인의 만인에 대한 투쟁〉이 되었으며, 그리하여 과거에서의 지도층 그들만의 전쟁과는 달리 모든 남자들이 전쟁에 참여하고 동시에 그 전쟁의 결과에 모든 사람이 영향을 받게 되었다. 거대 국가들은 전장에서 그 힘을 최대한 발휘하려고 하였기에 수백만을 가장 고도화된 전쟁 무기로 무장시켜 참전하게 하였고, 유럽 전역에 참호가 구축되었다. 이에 더하여 경제적 전쟁도 진행되어 과거 성채를 포위하여 봉쇄시켰던 것을 재현하여 이제는 아사(餓死)로 위협하는 봉쇄가 모든 제국과 대중들에게 가해지게 되었다. 그리하여 모든 측면에 있어서 세계 전쟁은 역사상 유례없는, 권력 간의 첨예한 갈등의 표현이었다.

문화 국민들은 과거의 호전적 민족들과는 다르다. 현대적 〈전인민전쟁〉은 농토를 훼손하며, 공장에서 노동자들을 무기 생산으로 전환시키며, 통신과 교통을 마비시키고, 경제적 재난을 초래하기 마련이다. 따라서 어떤 국민도 전쟁을 원하지 않는다. 그럼에도 불구하고 전쟁이 발발하는 경우 사람들은 경악하지만, 아무도 그 진정한 이유를 모르고 단지 적국의 사악함이 전쟁의 원인이라고 간주한다. 그런데 전쟁의 지속은 마치 사업가가 최초에 사업의 〈성공〉을 낙관하며 투자를 개시하지만 시간이 지남에 따라 상황이 예상과는 다르게 전개되는 경우도 지속적으로 자금을 투여하고, 절대로 뒤돌아갈 수 없는 것과도 유사하다. 그리하여 전비는 계속 증가되고, 결국 완전한 승리를 거두는 경우에만 그 비용에 대한 보상을 받을 수 있게 된다. 즉, 망치가 되는가 아니면 모루가 되는가, 혹은 패전이라는 납 사슬의 무게를 자신 위에 얹는가 아니면 적에게 짊어지게 하는가의 양자택일의 문제에 직면하였고 그 중도는 없었다. 반만 성취한 일은 그 반도 성취하지 못한 것이며, 결말을 보아야만 하는 것이다.

〈절멸전쟁〉(絶滅戰爭 Vernichtungskrieg)은 절대로 화해될 수 없는 전쟁의지의 표현이다. 그런데 유럽의 과거의 〈전인민전쟁〉과는 달리 고대에서는 단지 누가 더 강자인가를 결정하는 문제였고, 땅을 획득하는 문제는 아니었다. 그런데 〈연합국〉에 속한 국가들에 있어서는 자신과 회원국들에게 보다 많은 토지와 권력을 주장하였으며, 적의 군사적, 정치적인 절멸이라는 궁극적인 정신적 목표는 참전국들의 물질적 요구를 충족시킬 수 있는 불가결한 전제조건이었다. 그리고 무기를 이용한 전쟁과 더불어 비방전이 전개되었는데, 적의 신중함은 나약함으로, 적의 성급함은 적의 사악한 의지로 해석하는 자세가 국제전에서는 사용되었다. 적에게 모든 가용한 수단들을 사용하기 위하여서는, 〈절멸전쟁〉은 비방전을 필요로 하였는데, 비방전이라는 것은 파멸시키려는 적은 무가치하다는 것을 자기 자신에게 확인시키기 위하여 필요한 것이었다. 그리하여 전투에 참여하는 자들의 심장을 더욱 황폐하게 만들수록 그러한 비방은 더욱 넓게 유용하게 되었다. 과거 전문 군인들에 의하여 치루어지던 전쟁에 비하여 이제 전쟁은 진흙탕 싸움이 되며 이렇듯 현대전에서는 다양한 측면에서의 음영이 존재한다. 불가피한 필요성으로 인하여 자신의 군대를 더욱더 야만의 어둠으로 몰아놓을수록 각자는 자신들의 이러한 점에 대하여서는 별다른 반성 없는 관용적인 태도를 가지게 되었고 그 정도가 지나친 경우 항상 그에 대한 변명은 준비되어 있었는데, 반면 상대가 그 정도를 넘어서는 경우에는 절대로 이해하려고 하지 않았다. 이웃의 눈에 든 티끌이 잘 보여서 그것이 자신을 화나게 한다면, 적의 눈에 든 들보를 보았을 때 어찌 극도로 분노하지 않겠는가?[384]

〈연합국〉들은 〈아사전〉(餓死戰 Hungerkrieg)을 무기에 의한 전쟁과 동시에 진행시켰는데, 아무리 독일이 그에 굴복하지 않으려 할지언정 상관이 없었다. 이는 가히 〈절멸전〉의 논리적 완성판이라고 할 수 있었다. 현대적 〈전 인민전쟁〉에 있어서는 모든 시민이 남녀에도 불구하고 병사나 혹은 전쟁의 보조원으로 참여하고, 따라서 병사와 시민의 구분은 더 이상 무의미해졌다. 그리고 현대전은 가장 창의적인 방법으로 자신이 가진 모든 우월성을 활용하였는데, 특히 〈연합국〉은 자신이 가진 경제적 자원상의 우위, 그리고 해상권의 우위를 십분 발휘하였고, 이에 결국 승전할 수 있었다.

그런데 최악의 상황은 전쟁으로 인한 거대한 인적 물적 손실뿐에 그치는 것은 아니었다. 과거의 나폴레옹 전쟁과 같은 경우에는 전쟁 후에는 다시 정신적 회복기가 이어졌는데, 작금의 세계대전 후에는 그 같은 상황은 오히려 반대로 진행되어 갈등은 더욱 첨예화되었고, 이는 정서들 간의 더욱 민감한 만성적인 갈등으로 비화되었다. 과거 전문 군인들 간의 전쟁과는 달리 현대에서는 수백만 인구들 모두가 공유하였던 전쟁에 대한 열정은 전후에도 쉽게 식지 않았고, 국민들 간의 증오는 서로에 대한 불신으로 이어져 좀처럼 사그러들지 않았다. 그런데 지금 패전한 죄인은 다음번 설욕의 기회가 온다면 다시 자극되는 것은 당연하지 않을까? 이러한 분위기에서 승자는 패자에 대하여 일반적인 평화협정의 관행도 무시하고 어떠한 협상도 없는 일방적 판결을 내렸다. 이는 '전쟁은 단지 다른 수단을 이용할 뿐, 정치의 연속'이라는 클라우제비츠(Carl Phillip Gottlieb von Clau-

---

[384] 마태복음 7장 3절에 나오는 다음의 문장을 변형한 표현이다. "자기의 눈에 든 들보는 보지 못하고, 남의 눈에 든 티끌은 잘 본다."

sewitz 1780-1831)의 유명한 말[385]을 뒤집어서 '정치는 또 다른 전쟁의 연속'이라는 말이 적용되는 상황이라고 할 수 있다. 그 이후의 평화 시기에도 〈전인민전쟁〉에서 보여준 구태적이고 야만적인 방식으로 회귀하여, 문화 민족 간에는 유례가 없던 무력에 의한 퇴행을 보여주었다. 위대한 독일 국민은 과거에 항복한 로마군이 카우디움(Caudium) 협로에서 멍에를 통과하며[386] 삼니움족 앞에서 굴욕을 맛보아야만 하였던 것처럼 치욕을 감수하여야만 하였다. 독일인들은 자신들이 전범으로 인정되고, 문화 국민의 반열에서 강등되는 〈두격감등〉(頭格減等 Capitis deminutio)[387]의 수모를 겪어야만 하였고, 더욱이 이제는 철저히 무장해제당하여 주권적 국민의 명부에서조차도 삭제되었으며, 경제적 재정적 부담으로 하여금 벗어날 전망이 보이지 않는 채무노예로 이제 전락하였다. 그럼에도 불구하고 프랑스가 독일에 대하여 가지고 있는 불신은 아직도 누그러지지 않았고, 푸앙카레(Henri Poincaré)는 지치지 않고 독일의 몰락을 주시하려 하였으며 이에 제재의 고삐를 늦추지 않았다. 그의 리더십하에서는 프랑스는 적개감만을 더욱 심화시키는 정책을 추구하였고, 그 제재가 강화될수

---

385 Carl Phillip Gottlieb von Clausewitz(1832) *Vom Kriege*(전쟁론), 1권 1장 24절.

386 기원전 341년부터 290년까지 벌어진 로마와 삼니움족 간의 전쟁인 삼니움 전투 중, 기원전 321년 2만 명의 로마 병력이 카우디움 협곡을 지날 때 매복하고 있던 삼니움족의 공격에 대하여 항복하였고, 그 항복의 표시로서 삼니움족이 창 두 개를 양쪽에 세우고 창 하나를 그 위로 가로질러 얹어 황소에 사용하는 멍에와 유사한 형태로 만든 좁은 통로로 로마군이 갑옷을 버리고 그 밑으로 통과하게 하는 치욕을 선사하였다.

387 〈두격감등〉(頭格減等 *capitis deminutio*)은 〈로마법〉하에서의 신분 강등인데, 신분을 규정하는 요소인 자유(*libertas*), 시민권(*civitas*), 가족신분(*familia*)의 세 가지 중 그 정도에 따라서 모두, 혹은 시민권과 가족신분의 강등, 내지는 가족신분 한 가지에 있어서의 강등으로 구분되었다.

록 양자 간에 갈등의 골만이 더욱 깊어질 따름이었다. 하지만 프랑스의 정치인들은 자신의 국민들이 과거 패전 후에 겪었던 피해에 의하여 국민적 자존감이 심각히 상처받았던 과거의 경험을 돌이켜 생각해 보아야만 하였다. 독일인의 국민적 자긍심의 흔적이 남아있는 한, 그들이 더욱 철저히 분쇄될수록 언젠가는 그들을 내리누르는 그 납 사슬을 벗어 던지려고 노력할 것을 더욱더 확실하게 예상될 수 있었다.

전후에는 독일에 대비하기 위한 거대한 체제의 일환으로서, 〈국민적 자결〉이라는, 〈연합국〉들이 전쟁의 목적들 중에 포함시켰던 명목하에 독일을 둘러싼 지역에서 새로운 국가들을 독립시켰다. 하지만, 실상은 그 〈자결〉에 대한 존중이 목적은 아니었으며, 군사적 안전을 도모한다는 주장은 [패전국] 국민에게 어떤 거리낌도 없이 정당하지 못한 행동을 저지르기 위한 구실에 불과하였다. 물론 신생국에서의 〈국민감정〉은 국민적으로 고조되었지만, 패전국의 〈국민감정〉은 심각하게 상처를 입었다. 한편, 그 신생국들은 탄생 시점부터 국민적이었고, 그러한 한 그들의 새로운 국민적 삶을 최대한 구가하였지만, 그들에게는 어떠한 국민적 정의에 대한 감각도 결여되어 있었고 그들은 오로지 특히 경제적인 측면에만 몰두하려고 하였다. 그들은 권력의 갈등에서 탄생한 존재였고, 따라서 권력의 갈등을 증폭시켰다.

전쟁으로 인한 몰락과 그에 후속하였던 재난적인 상황으로 인하여 패전국 내에 존재하던 〈내적 권력〉 간의 갈등을 악화시켰다. 러시아의 경우가 사태가 가장 심각하였고, 기타의 국가들에서는 비교적 원만한 질서가 수립되었지만 구 〈역사적 권력〉을 대체하여 새로이 부상한 권력들은 어느 곳에서도 강력한 정부를 수립하기 위한 전제 기반인, 정서에 대한 지배는 확립하지 못하였다. 그리하여 어느 곳에서도 불안정은 팽배하였고, 구질서의 옹호자들은 재차 전쟁을 위하여 모여들고 있다. 〈파시스트 독재〉는 그들에게 모방할 모델을 제공하였다.

그러한 재난적 상황은 현존하는 〈사회적 권력〉 간의 갈등에 의하여 더욱 악화되었는데, 이에는 러시아의 〈소비에트 독재〉가 사용한 무력이 모델을 제공하였다.

국민적, 사회적 열정의 자극은 승전국 대중들에게도 사후적 영향을 미쳤다. 〈연합국〉이 일깨운 〈국민적 자결〉이라는 생각은 널리 수용되었으며, 특히 영국에 복속되었던 민족들에 있어서 그러하였는데, 유럽에서 그들의 주인들이 겪은 갈등과 난관을 목격하고 전쟁 후 고향으로 돌아온 유색인 병사들, 특히 인도인의 경우 "백인들도 우리와 다름없는 인간이다"라는 생각을 가지게 되었다. 그리하여 아시아, 그리고 이집트 등에서도 위협적인 구름이 드리우게 되었다.

전후의 세계에 드리운 긴장은 특히 경제적 측면에서 명백히 드러났다. 세계는 경제적 균형을 상실하게 되었다. 유럽은 전쟁 중에는 세계에서의 노동의 분업화에 대한 주도적 위상을 충분히 유지할 수 없었으며, 또한 유럽 바깥의 세상은 많은 측면에서 독립적으로 되었다. 더욱이 승전국이 패전국에 강제적으로 부가한 정치적 재편성과 경제적 부담으로 인하여 오히려 승전국 자신의 제품을 판매할 시장을 축소시키는 결과만을 초래하였다. 그로써 영국은 심각한 실업에 직면할 수밖에 없었으며, 그 결과 영국 국민이 가진 부의 상당 부분이 마비되었고, 그러한 실업의 부작용으로 인한 손실과 비용은 지속적인 전쟁으로 인하여 야기될 수 있는 비용과 근접하게 되었다.

물론 만연된 경제적 측면에서의 긴장 상태는 〈공론〉이 평화적으로 돌아서는 바에 기여하였다. 그리하여 최근에는 이와 관련된 다행스러운 진보가 이루어졌다. 독일의 전비 보상에 대한 합의는 그를 이루어낸 정치가들의 용기가 빚어낸 훌륭한 업적이었다. 그럼에도 불구하고, 경제적인 측면에서의 긴장에서 그 증후를 보이는, 더욱 깊은 곳에 도사리고 있는 악마를 아직 아무도 주시하지 못하였고, 주도권을 쥐고 있는 정치가들 중의 어느 누구도 현존하는 권력 갈등이 분출되어 나오는 그 점을 향하여 손가락으로 지적할 용기를 가지지 못하였다.

인간의 영혼을 뒤흔들어 놓았던 외적인 권력 갈등은 더욱 감수성 있는 정서들에게는 신앙, 지식 그리고 도덕적 방황에서 비롯되는 내적 갈등을 느끼도록 하였다. 신앙심이 깊은 자들은 이러한 세계대전은 세속적 부의 추구에서 비롯된 탐욕의 결과로서 그에 대한 벌이라고 간주하며, 지식인들 중 마음이 유약한 자들은 현존하는 권력 갈등은 세계 문화의 폐허를 초래할 것이라고 확신하고 있고, 그들 중에 마음이 강건한 자들은 새로운 전쟁에 대비하고자 한다. 그런데, 그들 중 과연 이러한 전쟁이 갈등을 해소할 것이라고 믿는 자가 과연 많이 있을까?

2. 전쟁의 전과 후의 상황 비교

　　세계대전은 국민들 간에 이미 존재하고 있던 과도한 긴장의 결과이며 다른 이유를 찾는 것은 허사이다. 〈내셔널리즘〉의 시대에 있어서는 지배자 한 사람만의 결정에 의하여 문화 국민들 모두를 전쟁에 몰아넣지 못하고, 그가 할 수 있는 역할은 단순히 촉매에 불과하다. 그런데, 불을 붙이는 자에 앞서 이미 쉽게 불이 붙을 수 있는 대중이 존재하여야만 한다. 세계전의 도화선이 된 세르바이계 청년에 의한 오스트리아-헝가리 제국의 황위 계승자의 암살 사건은 이미 존재하고 있던 국민적 열정이 없었더라면 전쟁으로 비화되지는 않았을 것이다. 그런데 당대의 유럽은 두 개의 커다란 캠프로 나뉘어져 상대를 예의 주시하고 있었고, 따라서 그 암살 사건의 해결을 위한 어떠한 합의를 도출할 수도 없었으며, 또한 오스트리아-헝가리의 입장에서는 자신의 명예와 권력에의 손실을 초래하지 않고서는 암살 사건을 용인할 수도 없었다. 이에 세르비아에 대한 전쟁이 개시되었고, 독일은 마찬가지로 자신의 영예를 지키고자 오스트리아에 가세하였고, 반면 세르비아의 보호자를 자처하는 러시아도 참전하게 되는 등, 참전국들은 자신들의 동맹을 저버리는 불명예를 피하기 위하여 참전을 하면서 세계대전이 발발한 것이다. 이러한 권력 간의 동맹을 가득 담은 용기(容器)가 가장 취약한 곳에서 파열되기 시작하면서 이미 상호 간에 존재하였던 불신이라는 독극물이 마치 판도라의 상자처럼 세계로 넘쳐 흘러나오게 되었다.

특정 지배자의 개인에게 전쟁의 책임을 몰아가는 것보다는 군국주의 내지는 자본주의에 그 책임을 돌리는 것이 더욱 합리적일 수는 있으나, 명심하여야만 할 것은 〈내셔널리즘〉의 시대에 있어서는 일개 군대나 왕조가 아닌 국민들 자신이 바로 그 군국주의의 담지자로서 전쟁을 부추기는 것이고, 마찬가지로 일개 무기 산업이 아닌 자본 집약적인 국민경제 전체가 그 자본주의의 담지자인 것이며, 후자가 바로 세계를 경제적으로 분할함에 가장 관심이 있다는 점이다. 그리고 후자에는 비단 기업가뿐 아니라 산업 노동자도 그 이해관계자에 포함된다. 자유주의적 부르주아지는 과거 자신들이 반대당의 입장에 있었을 때는 소비적인 전쟁에 반대하였지만, 〈내셔널리즘〉의 시대에 접어들어 자신들이 국가를 공동 통치하는 위치로 부상하면서 그러한 과거의 견해를 바꾸게 되었는데, 이는 **방랑 여행자가 그**가 있던 비좁은 계곡에서 빠져나와 산정에 올랐을 때 그 탁 트인 시야를 접하면서 변하게 되는 것과도 마찬가지라고 할 수 있다. 그리하여 군대는 부르주아지에 있어서는 이제는 〈국민이념〉을 실현하는 도구이다. 또한 자국의 해군이 세계 지배를 위한 확실한 보장이라고 믿는 영국의 시민들이 생각하듯이 유럽대륙에서도 같은 생각을 가지기 시작하였다. 거대한 문화 국민들의 〈노동력〉 과잉에 의하여 생성된 경제적 〈제국주의〉는 [그 과잉을 해소하는 일환으로서 세계시장으로 진출하는 과정에서] 과당 경쟁으로 인하여 발생할 수 있는 무력 충돌에 대비하여 충분한 군사적 보호를 요구하였다. 세계대전의 발발 이전부터 지속되었던 군비증강은 어느 곳을 막론하고 대중의 대표자들로부터 추인을 받았으며, 단지 사회주의적으로 조직된 노동자들만이 반대할 뿐이었는데, 러시아의 예에서 볼 수 있듯, 후자도 결국 징집령에 반대하지 않았을 뿐만 아니라 신념으로 가득 차 국민적 대의를 위하여 전쟁에 동참하였다.

〈내셔널리즘〉과 〈제국주의〉와도 같은 규모와 범위의 사회적 운동들은 그 배후에 거대하고 광범위한 원인을 가지고 있다. 전쟁 발발 전 10년 전의 상황으로 돌아가서 살펴보면 이러한 원인들이 명확히 드러난다. 그 원인들은 모든 국가의 국민들에 있어서 축적된 힘들의 과잉에 있었다. 거대한 〈국민국가〉들에 있어서는 특히 경제적 힘들이 과잉되어 있었기에 국경을 세계로 확대시켰고 문화 세계를 새로이 발견된 세계로 인도하여 각 대륙에서 숨겨져 있던 장소들을 발견하고 이주를 촉진시켰는데, 이러한 움직임은 유례없는 것이었다. 세계 경제를 구축하는 과업은 단순히 지구상에 빈 공간을 점유하는 문제가 아니었고, 그와 동시에 국민경제들을 더욱더 국제적인 노동 분업으로 연결시켰고, 결국 그 결과로 국제적인 〈과업의 계층화〉가 진행되었다. 하지만 그럼에도 불구하고 이렇게 형성된 세계적 경제 상태는 어떠한 확고한 〈정치적 질서〉를 결여하고 있었고, 각국은 정치에 있어는 각자의 자주(自主)의 원칙을 고수하였다. 이러한 자주의 원칙은 단순히 유지되었을 뿐만 아니라 오히려 그 목소리가 강해졌는데, 이는 분쟁에 대비하기 위하여 군비가 증강되었고, 그 자주에 대한 원칙은 단순히 지배 왕조만이 가지고 있던 전유물에 그치지 않고 전국민적으로 확산되었기 때문이었다. 그런데 세계에 편재되어 확산되고 있었던 국제적 교역을 규제하기 위하여서는 국가 간의 협약에 의존할 수밖에 없었고, 가장 보편적인 차원의 이익을 위하여서는 그러한 국가 간 협약은 세계적 협약으로 확장되었다. 하지만 그러한 세계적 협약에서는 국가의 〈자결〉이라는 원칙은 항상 고수되고 있었다. 이렇듯 다양한 세계적 관계 속에서 각자가 어떤 확고한 세계 연합이 없이 살아간다는 것은 당연히 불화를 야기할 수 있는 조건을 만들었으며, 결국 이러한 상황은 장기적으로는 볼 때 파국을 맞을 수밖에 없었다.

많은 국가의 사업가들이 거대한 경제적 〈성공〉에 유인되어 세계 시장에서 마주치게 되는 상황에서 만일 그들 간의 질서를 유지하기 위한 어떠한 상호 관리 기구가 존재하지 않는 경우, 그리고 각 참가자들이 상대의 공격에 대비하여 스스로 자구책을 가져야만 하는 경우를 상상해 보면 문제점을 알 수 있다. 물론 사업적 거래가 모든 이를 동시에 만족시키는 경우는 상관없겠지만 만일 이윤을 향한 본능이 질투와 시기를 유발시키고 모든 종류의 구래의 적대감이 아직 살아 있다면 문제는 다르다. 그럴 경우 각자는 자신의 동료들과 협력하여 자신의 무기를 준비하고 있어야 하며, 이러한 상황이 감정적으로 자극되는 경우 부지불식간에 각자는 자신이 싸움 중에 놓여있음을 깨닫게 되고, 그 싸움의 원인을 상대방의 책임으로 돌리게 된다. 이러한 상황이 국가와 세계라는 더 큰 규모로 확대된다면 그때에는 각자의 앞에는 세계대전이라는 상황이 놓여지게 된다. 세계는 현상(Geschehen)들의 〈내압과잉〉(drängende Fülle)[388]으로 가득 찬 반면, 아직 그것을 조화시키는 어떠한 강령도 존재하지 않았기에 세계대전은 발발한 것이었다.

현상들의 〈내압과잉〉은 모든 국민경제에서 거대 기업을 탄생시켰으나 그들을 규제할, 자본과 노동 간의 공평한 균형을 지향하는, 사업장에서의 강령을 형성시키지는 못하였다. 그리하여 수백수천이 밀집되어 있는 사업장에서는 소유주는 마치 과거에 장인 마스터가 가지고 있던 권능으로 직원들을 지배하였는데, 과거의 장인은 그의 도제와 긴밀한 유대가 있었음에 반하여 현대의 기업가는 〈소유권〉에서 배제된 수백수천의 직원들의 정서로부터 떨어져 있다. 그러한 〈내압과잉〉은, 국가 권력에 참여하고자 하며 또한 그러할 응당의 권리가 있는 현대적 민주 대중들을 부상시켰지만, 그들과 지도자는 아직 성숙하지 못하였고 그들에게 필수적인 〈자유적 기구〉는 아직도 형성시키지 못하고 있다. 또한 〈내압과잉〉은 남성들과도 같이 여성들을 공적인 삶에 초대하였지만, 새로운 〈윤리

---

[388] 이 단어는 이하에서 자주 반복되는데, 한국어로 번역하기는 아주 까다롭다. 굳이 직역하자면 '사태(Geschehen)들의 밀치고 나오는 충만함'인데, 이렇게 직역하는 경우 개념이 혼동스러워진다. 일단 '사태' 대신 '현상'(現像)으로 번역하였다. 뒷부분은 어떤 '힘'이 가득 차고 과잉되어 그 힘이 분출하려는 압력이 증가되는 모습을 표현한 것으로 여겨지기에 어색하더라도 〈내압과잉〉으로 번역하였다.

적〉 강령이 정착되지도 못한 채 과거의 전통적 도덕만을 붕괴시키는 결과를 초래하였다. 〈내압과잉〉은 과거에는 제한된 환경하에서 엄격한 규율로 훈육되었던 어린이들을 자유롭게 방치하였으나 어린이들은 그들이 새롭게 얻은 자유를 신중하게 사용하는 방법에 대한 신념은 결여되었다. 그리고 〈내압과잉〉은 문화를 건설하기 위한 사람들이 공유하고 있던 구래의 〈일체감〉을 분해시켜 버렸고, 그리하여 믿음이 가지고 있던 지배적인 힘은 지식이 가지고 있는 부상하는 힘에 의하여 파괴되었다.

이미 과거의 시대에 존재하였던 명확히 규정된 질서에 익숙하여 있던 많은 지식인들은 세계대전 이전 수년간 동안 현상들의 〈내압과잉〉의 상태로 인하여 〈문화국민〉들이 처하게 되었던 환경에 적응할 수 없었다. 그들은 그러한 환경을 쇠퇴이며 타락의 뚜렷한 신호로 보았다. 그런데 지식인 계층들은 과거 자신들이 차지하고 있던 리더십 위상을 상실하게 되었으며, 따라서 이같은 이러한 판단은 자신들의 계층이 놓여있던 경험에서 기반하고 있음을 알 수 있었다. 즉, 사회적 삶의 충만함에도 불구하고 자신들을 스스로 좁게 한정하였기에 결국 그러한 상실이 자신들의 과실이었음을 인정하는 대신, 그들은 자신들의 고립을 현대 세계가 "인간이 가진 최상위의 힘"[389]을 경시하는 증거로 보았다. 구시대에서와는 달리, 이러한 현상들의 〈내압과잉〉의 상태에서는 교육을 통하여 시대가 요구하는 과업에 참여함으로써 스스로 높은 리더십 위상을 창출하였다는, 너무도 쉽게 간파할 수 있는 사실을 그들은 보지 않았다. 일례로 라살의 경우에도 그가 종종 자랑스럽게 강조하였듯이, 그는 당대의 교육으로 자신

---

[389] 《파우스트》 1부 1880-1890중의 메피스토펠레스의 대화에서 나오는 구절. "인간이 가진 최상위의 힘"이라 함은 이성(Vernunft)과 학문(Wissenschaft)을 지칭하는데, 메피스토펠레스는 이것들을 경멸하라고 말한다. 원문은 "Verachte nur Vernunft und Wissenschaft, Des Menschen allerhöchste Kraft"(인간이 가진 최상위의 힘인 이성과 학문을 경멸하라).

을 철저히 무장하고 있었기 때문에 그 자신은 프롤레타리아들의 지도자 위상을 얻을 수 있었다. 실상 라살 이전과 이후 모두에도 많은 지식인 계층들은 자신들을 프롤레타리아들의 지도자로서 위치시켜 왔다. 그런데 기업가들도 자신들이 가진 세계와 인간에 대한 지식을 바탕으로 높은 권력의 쟁취라는 동일한 목적을 지향하였다. 반면 예술비평가의 경우에는 그들이 이미 전통적인 예술의 형식의 섬세함을 살펴보는 바에 길들어져 있었기에 그간 전통적으로 예술의 대상으로 간주되어 왔던 구래의 삶의 형식을 무시하는 새로운 세계에서는 길을 잃기 마련이었고, 또한 그러한 새로운 형식의 삶에 대하여서는 예술적 표현을 찾을 수 없게 되었다. 즉, 현재가 가하는 압력에서는 모든 것이 너무도 불확실하고 불안정하기에 그러한 예술적 표현에 필수적인 자기 확실성의 감정이 존재하지 않는다고 할 수 있다. 그래서 마천루와 대규모 기차역만이 당분간 예술가의 감각을 자극시키는 소재로 남아 있을 뿐이다. 그리고 구래의 전통적인 도덕관을 고수하는 학자들도 현재의 상태에 결코 만족하지 못해왔는데, 현재의 거대한 상황은 과거의 좁게 제한되어 있던 구질서에 맞출 수 없고, 반면 새로운 질서는 아직 출현하지 않고 있기 때문이다. 그리고 어떤 경험도 없이 선거권만 가지는 대중이나, 프롤레타리아 대중, 또한 부녀자와 어린이들도 자신들이 가지게 된 새로운 자유를 신중히 사용하는 방법을 아직 모른다. 세상은 이렇듯 도덕의 위기에 직면하여 있다. 하지만 도덕적 타락을 이야기하기에는 아직 섣부르다. 오히려 도덕의 위기는 새로이 부상하는 거대한 환경이 요구하는 바에 대처하기 위한 〈도덕적 힘〉이 아직은 충분하지 못하기 때문일 수 있다. 과거 장인과 도제 간에는 어떠한 엄격한 규율이 존재하였지만, 현재의 대규모 사업장에서의 기업가와 노동자 간에는 만족스러운 질서가 아직 발견되지 않고 있는데, 그렇다고 해서 그러한 상황을 극복하기 위한 〈도덕적 힘〉이 작용하지 않고 있는 것은 아니기 때문이다. 수천의 노동조합을 단결시키는 규율은 도덕적 자기 훈련의 결과라고 볼 수 있다. 또한 병사들을 단결시키고, 세계대전에서 기꺼이 자신을 희생시키는 헌신은 〈도덕적 힘〉이 존재하고 있다는 증거이다. 그리하여 세계대전을 단지 도덕적 야만성의 징표로만 간주하는 것은 잘못이다. 그러한 야만의 어둠 위에는 여전히 자신들의 의무를 이행하고자 하는 수백만 명의 열정적 헌신이 밝게 비치고 있다. 이러한 무한한 힘은 무한한 결과를 창출할 수 있으며, 그러한 의무감은 가장 좋은 결실을 맺을 수 있도록 활용될 수 있다. 물론 현재의 상황이 그러하지 못하다는 것에 대하여 유감스럽다고 하더라도 그 분출되는 힘의 충만함에 대하여서는 인정해야만 한다. 즉 최고도의 문화를 가진 국민은 동시에 가장 높은 수준의 자기 희생정신을 가지고 있다는 점은 그들의 내적인 힘이 절대로 소멸되지 않았다는 결정적 증거라고 할 수 있다.

전쟁 전의 문화 세계의 상태는 힘의 과잉 충만 상태로 특징지어질 수 있는데, 그 시대는 마치 어린이가 가장 순수한 행복으로 가득 차 있는 상태와도 같았다. 그렇기에 그 시대를 단지 타락의 시대라고 보는 것은 잘못이기는 하지만, 문제는 그 힘들이 서로 간에 긴장을 야기시켰고, 따라서 타락보다도 더 나쁜 결과를 초래하였다는 사실이다. 즉, 사람들은 그러한 과잉된 힘들을 손상 없이 질서 있는 〈사회적 권력〉으로 변환시킬 수 있는 바를 알지 못하였기에, 그러한 힘의 과잉에서 기인하여 괴멸적 권력 갈등이 초래되었다. 철로에서 안내원이 철저한 규칙을 따르고 충분히 훈련되어 있는 경우 재난적인 철도 충돌사고를 예방할 수 있는 것과는 달리, 거대한 〈사회적 과업〉이나 국가나 〈공중〉의 일을 수행함에 있어서 그러한 규칙은 부재하였고, 또한 그것을 규제할 기구도 존재하지 않았으며, 그러한 기구가 성공적으로 힘을 발휘하기 위하여 필요한 〈자유적 기구〉도 없었다. 반면 대규모 기업에서의 사정은 달랐다. 그곳에서는 가용할 수 있는 힘들이 넘쳤고, 동시에 〈성공〉을 위하여 결집하고자 하는 강한 이해관계를 바탕으로, 경쟁에 의하여 선발된 강력한 기업가의 리더십이 〈노동력〉을 이끌었으며, 그리하여 국가나 세계 경제에 있어서 경제를 건설하는 과업이 급속히 진행되었다. 물론, 이에 있어서 노사 양자 간의 갈등을 해소하는 작업은 단지 연기되어 있었을 뿐이고 그것은 결국 언젠가는 어떠한 방식으로도 해소될 것이지만, 그 과정에서 또 어떠한 긴장 관계가 야기될지는 모르는 일이다.

세계대전은 가용한 힘들과 그러한 힘들 간의 균형 또한 지대하게 파괴하였는데, 특히 인재들의 손실이 너무도 막대하였다. 그 손실로 인하여 힘에 충만하였던 지도층과 보조 지도층은 얇아지게 되었고, 그리하여 〈사회적 균형〉 상태가 불안정하게 되었다. 그럼에도 불구하고 전쟁 전에 보여졌던 여러 추세는 지속되고 있음을 확신할 수 있는데, 예를 들어 과학기술은 지치지 않고 그 잠재력을 실현하고 있다. 또한 세계 경제를 구축하는 과업을 지속하는 힘도 여전히 풍부하다. 그런데 그러한 물질적 진보가 필히 〈도덕적 힘〉을 저하시킨다고 생각해서는 안된다. 사실 전쟁으로 인한 힘의 손실을 보전하는 바를 가로막는 것은 각국의 국민들 서로 간의 만성적인 증오와 불신, 그리고 그러한 감정의 발산이며, 그로 인하여 국내적, 사회적인 권력 간의 갈등과 현존하는 도덕의 위기는 심화되었다. 그리고 전후에 사회적 힘들을 〈질서유지적 권력〉으로 전환시키는 작업은 아직 진행 중이며, 그에는 많은 갈등과 손실이 야기되고 있는데, 특히 많은 귀중한 〈역사적 권력〉들이 그 과정에서 파괴되었고 그것들의 기능을 대체할 것들은 아직 출현하지 않고 있다. 실업의 확산은 남아 있는 힘들을 온전히 활용하지 못하고 있음을 입증한다. 그리고 국가나 세계 강령은 전쟁 전보다도 더 열악하게 조직되어 있다.

그런데 심각한 갈등을 회피하기 위해서는 결국 지도자와 대중 간의 관계의 재편을 통하여 유럽의 국민들이 놓여있는 현대의 삶에서 보이는, 보다 다양한 측면들을 반영하여야만 한다. 즉 더 이상 적합하지 못한 과거의 구태적인 〈리더십권력〉이 이제 성공적으로 변신하거나 혹은 새로운 형태의 리더십이 등장하여야만 한다. 심지어 오래된 〈민주주의〉에서조차 〈역사적 리더십〉은 더 이상 안정적으로 유지될 수 없기 때문이다. 그런데 이러한 새로운 세계에서는 결국 전반적인 부의 증대가 현존한 갈등의 날카로움을 부드럽게 하여 줄 것이다. 일본의 경우는 상황에 다소 차이가 있는데, 그곳에서는 전통적으로 고착된 경로가 현대적 이데올로기에 의하여 흔들리지 않고 고수되고 있기에, 외적인 제도들과 〈민주적 강령〉들은 비록 유럽의 그것들을 따르고 있게 되었지만, 내적인 측면에서의 일본의 〈역사적 형성체〉는 아시아적인 모습을 간직하고 있고, 그곳에서는 민주주의적 강령에 따르기보다는 가장 경험이 풍부하고 이미 세계적인 〈성공〉을 통하여 자신의 입지를 증명한 원로 정치인들에게 진정한 권력이 주어져 있다.

그런데 현재 상황을 개선하기 위한 다양한 제안들은 결코 간과할 수 없는 것이 사실이기는 하지만, 우리가 새로운 제안을 추가하는 것은 본서에서의 주제의 범위를 넘어선다. 그럼에도 불구하고 다른 사람들이 주장한 바에 대하여 그것들이 우리가 이제까지 개진한 〈권력의 법칙〉과 부합하는지 혹은 모순되는지를 고찰하는 것은 의무일 것으로 여겨지며, 물론 그에 대하여 깊숙이 분석하지는 않겠지만 최소한 아주 일반적인 수준으로 언급할 필요는 있을 듯하다. 그러한 현존하는 갈등을 해소하는 방안은 올바르게 선택되어져야만 한다. 현재 만연되어 있는 조급함에 대처하여야만 하고, 또한 현존의 힘들을 효율적으로 사용하여야만 한다. 유럽이 가지고 있는 리더십 자원은 고갈되어 그것이 대중에 대하여 가지는 위상은 약화되었지만, 그래도 남아있는 것들은 그것들이 성공적인 진보를 향하여 역할을 수행할 수 있도록 적소에서 활용되어야만 한다.

B. 권력 간의 갈등을 해소하는 방안에 대하여

1. 〈교화〉를 통한 경로는 과연 효과적인가

현존하는 권력 간의 갈등을 해소하기 위해 사람들이 생각하는 대략적인 경로는 [인간 〈오성〉을 통하는] 〈교화〉(敎化 Belehrung)이다. 그런데 과연 이러한 〈교화〉라는 경로를 통하여 우리가 생각하는 목적에 이를 수 있는지는 의문시된다.

샤를 리셰(Charles Richet)는 그의 저서 《인간은 바보다》에서[390] 린네(Carl von Linné)가 이야기한 〈호모 사피엔스〉(Homo sapiens) 대신 인간은 〈호모 스툴투스〉(Homo stultus)[391]라는 명칭을 주장하였다. 즉, 인간은 그의 〈이성〉을 가지고 있기에 동물보다 상위에 있지만 그 〈이성〉을 사용하지 못하기에 동물보다 하위에 있으며, 인간은 습득한 지식을 그에 따라 행동을 하기 위해 사용하지 않으며, 인간은 무엇이 옳은지 분별할 수 있지만 그럼에도 불구하고 그른 것들을 행하고, 결국 인간은 만일 자신이 가진 〈지성〉(Intelligenz)을 고양시키지 않는다면 가장 원시적이고 야만적인 존재들보다 하위로 가라앉을 것이라고 이야기한다.

비록 리셰가 이야기한 인간의 어리석음에 대한 이론은 많은 공감을 이끌어낼지언정, 그의 사회 심리학은 〈사회적 행동〉에 관하여서 사실 현대의 일반 식자(識者)의 수준을 넘어서지는 못하고 있으며, 따라서 현존하는 권력 간의 갈등을 해소하기 위한 방안을 찾기 위해서는 그의 이론을 철저히 극복할 필요가 있다. 그의 이론의 가장 결정적 실수는 〈사회적 행동〉에 있어서 〈오성〉[392]이 수행하는 역할을 과장함에 있다. 물론 〈사회적 행동〉의 전제조건에 대하여 인식을 제대로 하지 못한다면 아무것도 할 수 없지만, 그렇다고 그 전제조건을 인식한다고 하더라도 항상 옳은 해결 방도를 찾을 수 있는 것은 아니다. 즉, 〈오성〉이 내린 결론을 따르기 위한 의지가 충분한 힘을 가지고 있는가 여부에 귀착하기 마련이다. 리셰의 개인적 일화는 자신이 말한 바와 모순되는데 이는 많은 시사점을 제공한다. 흡연이 건강에 미치는 해악을

---

390   (1850-1935) 노벨상 생리학 의학상 수상자 겸 심리학자. 본서에 인용된 그의 저술은, Richet, Charles Robert(1919), *L'homme stupide*; 영문은, (1925), *Idiot man or, the follies of mankind*, Norah Forsythe and Lloyd Harvey(trs.), London: Werner Laurie.

391   직역하자면 '바보인간'이다.

392   〈이성〉과 〈오성〉의 차이에 관하여서는 역주 45참고 요.

너무도 잘 알고 있으면서도 그는 자신이 폭연가라고 즐거이 이야기하곤 하였다. 즉, 어떤 것을 아주 잘 알고 있다고 해서 그것만으로는 인간을 오성적으로 행동하도록 하지는 않으며, 이에는 의지의 힘이 필요하다는 것이다. 즉, 중요한 것은 의지의 문제이며, 어떤 것에 대한 오성적으로 교육하는 것만으로는 부족한 것이다.

그런데 〈사회적 의지〉는 개인적 의지와는 또 다른 방식으로 격정(Leidenschaft)이 가진 권력에 의하여 〈오성〉이 제시한 경로로부터 이탈하는데, 다수가 모여있다는 것 자체가 정서에 행사하는 마법을 통하여, 그것으로부터 거리를 두고 싶어 하는 사람들에게 까지도 〈사회적 격정〉(gesellschaftliche Leidenschaft)이 강제적 영향을 행사하기 때문이다. 더욱이 〈사회적 의지결정〉은 그러한 〈사회적 의지결정〉을 행하는 장치(Apparat)들에 의하여 강력히 제약되며,[393] 이러한 점을 고려하지 못하는 일반인들이 가지는 〈사회적 행동〉에 대한 생각은 그릇될 수밖에 없는 것이다. 일반인들은 〈사회적 행동〉이 행하여지는 방식이 개인들이 자신들의 의지에 따라 행동하는 방식과 동일하게, 즉 〈합목적결정적〉으로 형성된다는 오해를 가지고 있다.

1부에서 이미 언급하였듯이 사회는 〈합목적결정적〉이 아니고 〈권력결정적〉인 방향으로 행동한다. 사회적 목적이라는 것은 대부분 〈권력결정적〉이고, 〈역사적 고착권력〉에 의하여 유지되는 것이며, 그러한 〈역사적 고착권력〉은 커다란 실패나, 새로운 〈성공〉에 따라서 그 내용상 급격한 적응적 변화를 겪거나 혹은 새로이 부상하는 더욱 강력한 권력에 의하여 대체되는 경우에 한하여 변모한다. 그리고 결정은 인도하는 지도자와 따르는 대중 모두

---

[393] 본문에서는 이러한 '장치'들이 무엇을 의미하는지 명확하지 않다. 즉, 사회적 의지결정을 하기 위해서 거쳐야만 하는 일종의 확립된 의지결정 '기구'를 뜻하는 것인지, 혹은 격정에 의해 휘둘리는 사회적 의지결정 자체를 '장치'라고 부르는 것인지는 모호하다.

에게 의존한다. 〈무력적 리더십〉에 의하여 최초의 거대한 〈사회체〉가 형성되었으며, 국가의 수립의 모든 기간에 걸쳐 〈사회적 의지〉는 〈강압결정적〉이었다. 그러한 〈사회체〉들이 형성된 이후에도 〈사회체〉 자체는 〈사회적 행동〉을 하기 위한 [내부를 통일적으로 결속하는] 단일체가 아니다. 그 내부에 있어서는 크고 작은 다양한 범위의 의지들이 공존한다. 그 〈사회체〉는 그러한 자신들만의 특별한 이해관계를 가지는 부분적 권력들이 서로 충돌하고 교차하고 그리고 상호 보완하는 과정을 통해서 〈사회적 행동〉을 하게 된다. 즉, 사회라는 것은 〈권력의 순환법칙〉에 따른 다양한 계층으로 이루어져 있는 것이며, 그러한 다양한 계층은 역사적으로 조건 지워진 힘들의 작용에 따라 서로 경쟁하고 서로를 상쇄시키기도 하는 것이다. 민주적인 대중을 고양시키는 〈권력의 순환〉의 단계에서는 그러한 〈사회적 의지결정〉은 특히 불안정한데 이는 대중들이 그들을 대표하는 성숙한 〈자유적 기구〉가 없이 자유에로 방치되었기 때문이다. 그리하여 새로운 발전 단계에 접어들면서 종종 무력에의 회귀가 발생하며, 그 과정에서, 결국 고집스럽게 자신의 권력을 보존하려는 본능을 가진 기존의 〈역사적 권력〉은 그들이 애당초 봉사하려고 하였던 사회를 파괴하기조차도 한다.

리셰의 경우에는 〈의지결정〉에 있어서의 모든 잘못을 단지 인간의 〈오성〉의 탓으로 돌리고 있는데, 그는 사회라는 것이 자신의 의지를 완전히 지배할 수 있는, 리셰 자신과도 똑같은 사람들로만 모여있는 집합으로만 생각하고 있고(단 그가 금연하지 못하고 있었음은 예외로 간주하자) 따라서 그러한 사회의 탈선은 오로지 그러한 사람들의 우둔함에 기인한다고 생각한다. 따라서 그는 만국 공통어로서의 에스페란토어(Esperanto)가 받아들여지지 않는 것은 단지 인간의 우둔함에 기인한다고 보았다. 그의 결정적 실수는 사회에서는 한 개인의 결정은 〈타인들〉의 결정에 의존하고 있기에 개인의 의지가 방해된다는 사실을 간과함에 있었다. 즉, 모든 〈타인들〉이 동시에 에스페란토어를 배운다는 확신이 존재하는 경우에는 모든 지식인들은 그 에스페란토어를 배울 것이지만, 과연 세상의 수억 명의 인구가 가진 의지가 어떻게 동시에 같은 방향으로 움직인다고 상상할 수 있을 것인가! 따라서 이렇듯 이상적인 세계 언어를 사람들이 배우지 않는다고 불쾌하게 생각하기 이전에, 리셰는 사람들이 현재 우리가 사용하고 있는 언어를 통한 이해에 이르기 위하여 거쳐왔던 그 이전의 수많은 단계들이 실제로 가능하였음에 대하여 경이적으로 생각해야만 한다.

리셰가 비록 빈부의 대립, 주인과 노예의 대립, 귀족과 평민의 대립, 왕과 신하 간의 대립 등에 대하여 우리 시대의 문화적 수준에서의 가장 훌륭한 지성이 가진 진정으로 따듯한 마음에 입각하여 사회적 불평등에 관한 실로 놀라운 척도들을 제시하고는 있지만, 그가 간과하고 있는 점은 무력이 다수의 저항하는 의지들을 단결시키는 〈역사적 과업〉을 수행하여 지금과 같은 문화적 수준에 도달하게 하였으며, 그러한 〈역사적 과업〉의 흔적을 완전히 지워버릴 수는 없다는 사실이다. 그가 애석하게 생각하는 불평등의 단계는 〈역사적 권력의 순환〉에 있어서 불가피한 과정이었으며, 그러한 〈권력의 순환〉이 최종적으로 균형의 단계에 도달하기 위하여서는 그 과정에서 발생하는 〈상위계층화〉를 둘러싼 가장 격렬한 투쟁의 과정이 전제되어야만 한다.

특히 세계대전은 리셰에 있어서는 인간의 우둔함에서 비롯되는 가장 잔혹한 결과이다. 그가 묘사한 전쟁 결과의 참혹함은 물론 독자의 마음을 흔들지라도, 그러한 묘사가 가지는 무게는 차기의 전쟁을 방지하기에는 역부족이다. 전쟁에 돌입하기 전에 사람들은 그 전쟁이 야기하는 결과를 너무도 잘 인지하고 있었다. 그런데 그들이 가지고 있는 지식에도 불구하고 사람들이 어리석어서 전쟁에 뛰어드는 것은 아니며, 이는 그들의 의지가 공포감에 사로잡힌 나머지 무기력하기 때문에 기인한다. [...] 각국의 국민들은 상호를 너무도 불신하고, 사실 역사적 경험은 그러한 불신에 대한 충분한 근거가 된다. 자신들의 국가가 실제로 공격을 받거나 혹은 그렇다고 그들이 생각한다면 자신들의 국민적 독립성을 지키기 위하여 스스로를 방어하는 전쟁에 뛰어드는 것 이외에는 다른 방도가 없다는 것이 그들이 가지고 있는 역사적 경험이다. 각국의 국민들은 〈타인들〉, 즉 적들이 그들과 똑같이 생각한다는 것을 알고, 따라서 어느 국민도 평화를 외칠 용기를 가지지 못하는데, 특히 자신들이 방어력이 없다고 적이 판단한다면 그 〈타인들〉이 자신을 침범할 것이라고 걱정하기 마련이다. 각 국민들이 이러한 외적인 전쟁의 의지를 극복하는 방법은 그들이 내전을 극복하는 방법과도 같다고 할 수 있을진대, 그것은 〈역사적 도야〉에 의하여 〈평화적 권력〉을 정착시키는 것에 다름아니다. 그 〈평화적 권력〉을 정착시키기 위하여서는 단순히 가장 훌륭한 〈교화〉만으로는 불충분한데, 그러한 〈교화〉는 미성숙된 의지에게는 단지 스쳐 지나는 바람에게 이야기하는 바와도 같기 때문이다. 〈오성〉이 〈교화〉하는 바는 필히 의지의 〈역사적 도야〉와 수반되어야만 하고, 그러한 〈역사적 도야〉는 불가피하게도 역사적 실패로 인한 충격과 역사적 〈성공〉으로 인한 축복의 과정을 겪으면서 형성되기 마련이다.

2. 권력의 공생을 위한 전망

〈역사적 권력의 순환〉은 야만적 무력으로부터 시작되며, 권력들이 서로 만나 상호 간의 균형이 달성되어 평화적인 〈공생적 발전〉을 하게 될 때야 비로소 완성된다. 그런데 우리 시대의 과업을 위해 작동하고 있는 권력들에 있어서는 그러한 목표를 향한 운동이 과연 어느 단계에 이르게 되었는가? 현재의 권력 간의 투쟁에 의한 긴장은 너무도 거대하기에 평화적 해결이 조만간 가능하지 않을 것은 너무도 명백히 보인다. 한편, 믿음[394]과 지식 간의 갈등은 그 정점의 고비를 넘어섰을 것 같다. 이것이 단지 믿음이 가지는 권력이 시들었기 때문이라면, 그 믿음이 다시 부활한다면

---

394 이때의 믿음은 신앙을 의미한다.

어떠한 사태가 벌어질 것인가? 어찌 되었건 이 두 가지 종류의 권력은 상호 존중하는 바를 배워왔고, 따라서 이러한 감정은 지속적으로 유지되어 다시 믿음이 다시 부활한다고 할지라도 지식이 가지는 권력을 인정하고, 후자의 영역을 침범하지 않기를 바랄 뿐이다.

그런데 현존하는 다른 권력 갈등도 이제는 잠잠해지는 점에 도달하였고, 각기는 상대를 존중하게 되었는가? 특히 국민들 간의 갈등도 그와 같은가? 전쟁 후에 많은 대중들이 겪어야만 하였던 피로에 대한 기억으로 인해 이제는 서로에 대한 관용(寬容)을 가지게 되었는가? 혹자는 과거 30년 전쟁이라는 종교 세계대전의 예를 들면서 그 결과 관용이 정착되었으니 세계대전도 그와 같은 결론에 도달할 것이라는 낙관적 주장을 하였고, 그러한 주장은 사람들의 마음을 사로잡을 수 있었지만, 실상은 30년 전쟁으로부터 최근의 세계대전의 결과를 유추할 수는 없다. 심지어 30년 전쟁 후에도 종교적 관용은 허용되지 않았다. 각국은 자신들만의 종교만을 허용하였고, 그러한 단일 종교 정책을 강하게 밀어붙였다. 종교적 관용이 허용된 것은 한참 이후 계몽의 시대에 접어들어서 과학의 권력에 밀려 단지 종교적 권력이 쇠약하여졌기 때문이었고, 또한 왕조의 권력이 강성하여져서 더 이상 종교적 권력의 도움이 불필요하였기 때문이기도 하였다. 즉, 종교적 관용은 단순히 종교적 권력이 나약하여졌음에서 결과된 것이었다. 19세기에 접어들면서, 왕조의 권력은 〈국민사상〉에 자리를 넘겨주어, 후자가 국가를 결집하는 권력이 되었고 모든 이들의 정서를 단결시킬 수 있었다.

만약 30년 전쟁에서의 유추가 사실이라고 하더라도 그렇다면 그렇게 관용이 정착되기까지 100년의 세월을 불안 속에서 기다려야만 된다는 것도 있을 수 없는 일이다. 그런데 과거 교회에 의한 지배는 단지 과도기적인 성격을 가지는 것으로서, 국가라는 기구가 가지고 있던 불완전성을 교회가 가지고 있는 〈내면적 권력〉으로 보완하는 역할을 하였을 뿐이라는 점을 잊어서는 안된다. 그렇다면 과거의 교회와도 같이 국가에서의 〈국민사상〉도 과도기적 역할을 수행하는 것일까? 다시 말하자면, 〈정치적 국민〉으로서의 국민은 그 국민을 규정하는 가장 중요한 영역을 과연 초월할 수 있을까? 켈렌(Kjellén)[395]과도 같은 뛰어난 견해를 가진 역사학자는 이제 패전국 독일의 국제 무대에서의 정치적 역할은 끝났으며, 단지 과거 그리스가 로마에 대하여 그러하였던 것처럼 승전국의 세계를 문화적으로 침투하는 운명만이 남아있다고 말한 바 있다. 그런데, 승전 국민들이나 기타 국가들이 과연 이러한 독일의 운명적 과제에 수긍할 것인가? 그들 중 누가 〈국민국가〉라는 사상을 포기하는 결정을 할 것인가? 하지만 세계적 국가 연합이라는 발상이 각국이 자신들의 국민적 단결을 포기하는 것을 전제로 한다면 그러한 연합은 절대로 등장하지 못할 것이다. 사실 〈문화국민〉은 〈정치적 국민〉으로 향하는 과도기적 단계이며, 따라서 〈문화적 임무〉(Kulturaufgabe)라는 것은 〈전체적 임무〉(Gesamtaufgabe)의 단지 일부분이고, 이러한 〈전체적 임무〉는 〈정치적 임무〉(staatlichen Aufgabe)와 불가분의 관계에 있다. 설사 역사적 장애물이나, 정주 지역이 분산되어 있어 국가를 형성하지 못하고 있는 국민들이라고 할지언정 초 국민적 정치구조를 지향하는 바에는 저항할 것이다.

물론 이러한 논의는, 심각한 우려를 느끼고 있는 국민적 의식이 결국 국민적 관용으로 순화될 수 있을 가능성을 부정하는 것은 아니다. 그럴 수 있는 희망을 저버리지는 말아야 하며, 희망이 절멸되면 국제 평화는 달성되지 못할 것이다. 하지만 과거 종교전쟁 이후 종교적 관용이 한참 뒤라도 출현하였던 그같은 경로를 밟을 것으로 기대하여서는 안된다. 즉, 〈국민사상〉과 〈국민감정〉을 포기하는 경로를 따를 가능성은 없고, 오히려 〈국민사상〉에 입각하여 각 국가들이 서로 만나 평화를 논의하여야만 하고, 각자는 자신의 힘에 대한 확신에 입각하여 상대방을 믿고 존중해야만 한다. 이렇듯 충분한 힘에 근거하여 상호 간에 관용을 베푸는 바에 있어서는 과거

---

395 요한 루돌프 켈렌(Rudolf Kjellén 1864-1922). 스웨덴의 정치학자 겸 지리학자로서, 지정학(geopolitics)이라는 개념을 처음으로 도입하였다.

종교전쟁의 모델은 어떠한 시사점을 제공하지 못한다. 사실 훨씬 더 어려운 기준이 〈사회적 의지〉에 부가되어야만 하는데, 힘에 충만하면서도 동시에 양보하는 것은 가장 높은 수준의 성숙도를 필요로 한다.

과거 30년 전쟁 이후의 베스트팔렌조약에서 독일을 약화시키고 종교적으로 분할하여 외국의 지배에 복속시킨 것처럼 최근의 세계대전에서도 현재 독일에서 지배적인 〈국민사상〉을 충족시킬 기회를 부정함으로써 독일의 약화를 강요하였다. 그러한 고통을 강요한 점에서 30년 전쟁의 종교적 권력 갈등과 현재의 세계대전에서의 국민적 갈등은 유사점을 가진다. 그렇지만 중요한 차이점은 과거 독일의 종교적 분리는 그 내부적으로 진행되었던 반면, 최근의 국민적 통합을 와해시키는 시도는 독일인 자신의 의지에 반하여 강제되었고, 독일의 〈자결〉이라는 가장 중요한 권리를 침해함으로써 이루어졌다는 사실이다. 그리하여 국민적 불화는 깊은 상처를 강제적으로 새겨 놓았다. 이 상처가 과연 자연스레 치유될 수 있을 것인가? 물론 마음이 지쳐 그렇게 희망하는 사람들도 있겠지만, 국민적 감성은 항상 새롭게 일깨워지기 마련이라는 걱정도 있다. 사실 외국의 〈국민국가〉에 의한 지배하에 독일인들이 놓여지게 된 이유도 결국 과거에 과다한 정도로 [자신들의] 〈국민적 권력〉 추구를 하였던 결과이었기 때문이었다. [독일과도 같은 현재의] 약세에 몰린 국민이 자신들의 〈국민적 권력〉의 추구에 있어 자유로운 결정에 기반하여 정의를 회복할 수 있으리라는 희망은 헛된 것이다.

독일 국민에 대하여 이야기한 바는 다른 국민들에게도 적용된다. 국민적 약자로 사는 유럽인의 수는 현재 3천만 명에 달하며, 이들이 비록 강압하에 살고 있지는 않을지언정, 그들이 가진 민족적 의식은 상처를 입어 왔으며, 그러한 상처는 야만적인 침해로 인하여 계속적으로 봉합되지 않은 채로 남아 있다. 국민적 격앙의 체온은 계속 상승하고 있으며, 세계 평화에 대하여 진심 어린 마음을 가진 사람들은 이를 무시하거나 그 상처가 자연적으로 치유될 것으로 기대하여서는 안된다.

3. 〈군사적 권력〉의 황혼기

프랑스의 〈국수주의자〉(Chauvinist)들은 현재의 평화 조건이 아무리 가혹하다고 할지라도 그에 만족하지는 못하고 있다. 동맹을 상실하고, 비무장화되었고 또한 황폐화된, 그렇듯 힘이 약화된 독일에 대하여서도 여전히 불신의 눈길을 보내고 있다. 물론 무기와 자본이 없는 경우 독일이 다시 개전하기는 쉽지 않지만, 그 독일이 가진 호전적 정신이 사라지지 않는 한, 증오의 마음으로 가득 찬 [프랑스인들의] 의심의 눈총은 그러한 가능성에 대한 우려를 가지고 있으며, 언젠가 시간이 경과하면 [독일이] 재차 무기와 자본을 결집할 가능성이 있다고 생각한다. 그리하여 프랑스 〈국수주의자〉들은 지속적으로 독일을 약화시키고, 자신들을 지키기 위한 군사적 체제를 강화시키려고 한다.

사실 프랑스는 이러한 경로를 최근에 포기하였는데, 이는 결국 자충수라는 판단을 하였기 때문이다. 일단 프랑스는 군비 확충으로 인한 부담에 지쳐 있고, 국가 수입은 군비 지출을 하기에 충분하지 못하였으며, 또한 약화된 독일은 전비 보상을 할 재원도 없었다. 가장 문제가 되는 점은 결국 독일이 제품의 구매자로서 기능을 하지 못하기에 승전국들은 시장을 잃어버리게 된 바였다. 프랑스뿐만 아니라, 영국, 그리고 전쟁의 진정한 승자인 미국조차도 이러한 시장의 상실로 인한 손해를 보아야만 하였다. 즉, 세계는 구래의 세계에서의 분업의 원칙의 중요성을 재차 확인하게 되었으며, 그리하여 평화를 강조한 나머지 세계에서의 노동의 분업을 통한 균형을 파괴하는 중대한 실수를 실감하게 되었다.

이러한 것들이 바로 프랑스의 〈국수주의자〉들이 자신의 대다수 국민들의 추종을 상실하게 된 이유이다. 그런데 단순히 주가지수나 실업률과 같은 외적으로 드러나는 것들이 전부는 아니다. 〈강요된 평화〉의 체제 전반에서는 결국은 평화가 허용되지 않는다. 그러한 〈강요된 평화〉는 국민을 파괴하고 억압하는 체제, 그리고 그러한 파괴와 억압을 자행하기 위해 필요한 군사적 방어 조치를 도모하는 것에 불과하다. 독일의 문화국민들을 포함한 이미 완성된 국민들 간에는 사실 군사적 방어 조치라는 것은 어떠한 의미도 없다. 왜냐하면 군사적 방어 조치라는 것은 결국 〈군사적 권력〉을 확보하는 것을 목적으로 하는데, 그 〈군사적 권력〉은 국민들 간에 있어서는 사실 더 이상 수행할 과업이 남아 있지 않으며, 그럼에도 불구하고 〈군사적 권력〉이 작용하려 한다면 그 〈군사적 권력〉과 함께 사회도 〈신들의 황혼〉(Götterdämmerung)**396**으로 나락하게 되어 있기 때문이다.

본서의 이전 장들에서는 무력이 역사적으로 수행한 광범위한 과업에 대하여 고찰하였다. 무력은 역사적 발전의 시작을 알리는 과업을 수행하였으며, 무력은 인민들을 결합시키는 과업을 수행하였는데, 인민들은 그렇게 단합에 이르러서야 자신들이 가진 힘의 잠재력을 최고도로 펼칠 수 있다. 하지만 그러한 결합은 자발적인 자유의지의 소산은 아니다. 그리고 무력은 〈권력의 순환〉이 시작되도록 하여야만 하고 그 순환 운동의 범위가 넓게 확장되도록 하여야 한다. 그 무력으로 인하여 더욱 높은 발전단계에 이르게 되어서도, 그 무력은 역사적 방해 세력을 발전의 노정에서 제거하기 위한 과업을 행하며, 그럼으로써 과도기적으로는 퇴행하기도 한다. 그러나 사회가 가장 높은 단계에 도달하는 경우 그 무력은 자신의 역할을 완수하여 퇴장하고, 그때부터는 사회는 무력이 아닌 〈내적인 권력〉에 의하여 보장된다. 하지만 현재에도 무력이 그 역할을 다한 것은 아니다. 따라서 평화를 향해 충분히 성숙한 국가들에서도 전쟁을 하려는 의지를 가진 이웃 국가들로부터 자신을 보호하기 위해서는 그 무력이라는

---

396 북유럽 신화에서 신들 간의 마지막 전쟁으로 인하여 세계가 종말을 맞이하는 날이다. 바그너(Richard Wager)의 연작 《니벨룽의 반지》(Der Ring des Nibelungen)의 네 번째 오페라의 제목으로 사용되었다. 그 네 번째 오페라는 지크프리트가 하겐에 의해 살해되자, 브륀힐데는 죽은 지크프리트의 손에서 빼낸 반지를 자신이 끼고 반지의 저주를 풀기 위해 불 속에서 자살하고, 라인강의 요정들이 재 속에서 황금을 다시 찾게 된다는 이야기이다.

수단이 필요하다. 그런데 완전히 성숙된 국민들 간에는 상황은 상이하다. 그들 간에는 〈최상위 성공의 법칙〉(Gesetz des höchsten Erfolges)이 작용하여 그들 간의 무력의 사용을 배제하며, 〈권력의 법칙〉이 작용하여 무기에 의한 전쟁을 영원히 종식시킬 것을 요구하는데, 이는 그러한 전쟁은 결국 [모두의] 전멸에 이르기 때문이다.

전쟁은 과거 야만족 시대에서는 전멸로 치닫고는 하였다. 하지만 전쟁이 인민들의 힘을 완전히 고갈시키지 않고 그 결합의 과업을 수행한 곳에서는 고양된 힘과 활기찬 삶이 다시 피어나고 인간과 부의 손실은 곧 치유되었다. 심지어 문화 민족과 야만인이 마주친 전쟁도 발전의 순환을 촉진시켰다.

하지만 최근의 세계대전에서의 〈연합국〉의 완전한 승리에도 불구하고 그 승리는 문화 세계의 단합이라는 목적과는 거리가 멀었다. 오히려 반대로 승자와 패자 모두를 첨예한 상호 증오와 불신으로 몰아넣었다. 국민들은 〈군사적 권력〉을 이용한 침해에 대하여 극도로 민감하게 반응하기 마련이다 [...] 국민이라는 것은 그 뿌리 깊이 〈내적 권력〉에 의하여 결집되어 있으며, 그것은 자기 내에 '닫혀져' 있는 〈내적 권력집합체〉이다. 현존의 국가의 국경은 그 국민에게는 천부의 국경이며, 따라서 그 영토의 단 한 줌이라도 포기할 수 없으며, 그 작은 영토라도 양도된다면 그것은 신체의 사지가 절단되는 것과도 같은 손실로 여긴다. 따라서 그것을 다시 수복하는 것을 단념하는 것은 국민의 독립과 긍지를 포기하는 것과도 같게 여긴다. 〈국민이념주의〉는 그 국민의 〈소유〉에 대하여 어떤 양보도 없는 주장을 하기 위한 정의로운 전쟁을 위하여 모든 것을 바칠 각오가 되어있다. 그리하여 〈국민이념주의〉 간의 충돌로 야기되는 전쟁은 각자가 모두 자신의 대의를 주장하기에 끔찍한 상황까지 이르게 된다. 그러한 전쟁을 어떻게 종식시킬 것인가? 과거 왕조시대에 있어서 소위의 '결정적인 전투'라는 개념은 현재의 〈국민적 전쟁〉(Nationalkrieg)에 있어서는 적용되지 못한다. 왜냐하면 국민들은 자신들이 완전히 소진될 때까지 전투를 계속하기 때문이다. 따라서 적이 거의 절멸될 때까지 전투는 지속된다. 물론 근자의 세계대전은 그 전율스러운 진행에도 불구하고 그러한 〈절멸전쟁〉의 양상까지는 치닫지 않았는데, 이는 〈연합국〉이 가진 경제적 우월성에 근거하여 전쟁을 군사적인 〈절멸전쟁〉에 다다르기 전에 종식하였음에 기인한다. 그 세계대전에 후속하는 차기의 세계대전은 양방의 대중들이 거의 비슷한 힘을 가지게 되기 이전에는 발발하지 않을 것인데, 그렇기에 그렇듯 힘이 대등하여 자신이 패배할 수 있는 상황을 예방하고자 상대를 말살시키려는 극단적 결정을 하게 되는 것이다.

그렇다면 무력의 과업이 과연 역사적으로 어떤 의미를 가지는가? 그 의미는 무력이 강제하는 〈상위계층화〉라는 과정을 극복하고 세계에서의 〈권력의 순환〉을 그 순환의 목적[397]에 접근하게 함에 있다. 완전한 상태로 발전된 국민들은 이미 그 〈권력의 순환〉상의 목적을 달성하였으며, 절대로 그러한 강제적 〈상위계층화〉를 용인하지 않을 것이다. 그러한 자유로운 국민들로 이루어진 세계에서는 상호 존중과 〈평등〉 이외의 어떠한 다른 관계도 용인되지 않을 것이며, 그 중 어느 하나가 다른 국민들 위로 부상하여 세계 지배를 도모한다면 이는 그 여타 국민들의, 자신들이 가지고 있는 모든 힘을 다 바치는 저항에 봉착할 것이다. 나폴레옹의 그러한 세계 지배의 시도는 결국 무위로 끝났다. 지구상에는 다른 생명력 있는 국민들을 철저히 파괴하고 절멸시킬 수 있을 만큼 강력한 힘은 존재하지 않는다. 그 침해의 정도가 더욱 과격할수록 저항의 힘 또한 더욱 강하게 지속된다. 그런데 승자는 결국 그 승리를 만끽할 수 있을까? 다른 문화 국민을 파괴함으로써, 그 자신도 자신의 존재의 지속을 위하여 보완할 수 있는 존재를 상실하는 것이며, 스스로도 자신이 가지고 있는 물질적, 정신적 자본을 탕진하는 것을 의미하는데, 이러한 탕진으로

---

[397] 이때의 목적은 결국 권력 간의 균형을 달성하게 하는 것인데, 역설적으로 이는 무력이 자신의 역할을 다하는 순간 퇴장하면서 달성되는 상태이다.

인하여 자신의 민족적 정체성과 문화 또한 유지하지 못하게 된다. 즉, 승자 또한 자신의 파멸로써 전비를 보상하기 마련인 것이다.

4. 〈국제연맹〉(League of Nations)

나폴레옹 전쟁 후에 결성된 〈신성동맹〉(Heiligen Allianz)처럼 근자의 세계대전 이후에는 〈국제연맹〉이 결성되었는데, 이는 과거의 〈신성동맹〉처럼 국제 평화를 위해 필요하다고 간주되면 비회원국들의 상황에 개입할 수 있는 권한을 가진다. 미국은 자신의 결정의 자유를 유지하고자 이 연맹에 가입하지는 않았지만, 〈국제연맹〉은 패전한 〈중앙열강〉에게도 점차 문호를 개방하였고, 독일의 가입도 검토 중이다. 그러한 의미에서 〈국제연맹〉은 거의 완전한 국제적인 연맹이다.

〈신성동맹〉은 평화를 유지함에 있어 그 소기의 목적을 달성하였다. 특히 국가 간의 경계의 설정에 있어서는 그 당대의 정신을 따랐고, 그러한 국경은 근자의 세계대전 이전까지 유지되었다. 그 기간 동안의 전쟁은 당대의 정치적 상황의 변화를 반영한 내전에 불과하였다. 그런데, 지금부터 1세기 뒤에 회고한다면 〈국제연맹〉 또한 과연 현재의 정신을 반영하고 있다고 판단될 것인가?

하지만 〈국제연맹〉은 사실 평화를 위한 연맹이 아니라, 〈강요된 평화〉(Friedensdiktat)를 강제하는 무력의 연맹이었고, 이러한 평화는 더 이상 평화가 아니었기에, 이 시대의 사고에는 정면으로 위배되는 것이다. 그러한 〈강요된 평화〉는 패전국에 있어서의 〈자결〉이라는, 〈내셔널리즘〉의 시대에서는 어떤 국민으로부터도 탈취할 수 없는 가장 중요한 국민권리를 부정하는 것이었다. 사실 프랑스가 가진 가장 큰 불신의 원인은 독일이 장기적으로는 무력에 의한 평화에 굴복하지 않을 것이라는 점이었다.

〈국제연맹〉은 많은 점에 있어서 당초의 정신을 실현하였고, 또한 국제사회에 필요한 강령을 최초로 정초하는 바에도 기여하였다. 그리고 전쟁이 발발 시, 이를 억제하기 위한 물리적 〈권력 수단〉을 동원할 수 있는 조항도 가지고 있어 약소국 혹은 그보다 큰 국가의 전쟁도 억제할 수 있었다. 하지만 승전 강대국 자신들의 이해가 걸린 문제들에는 어떤 기능도 수행할 수 없었고, 그러한 문제들은 안건 상정조차 되지 못하였으며, 어떠한 경우는 심각한 부정의가 행하여졌다. 그리하여 그러한 승전국 간의 첨예한 이해를 두고 분쟁이 발생한다면 〈국제연맹〉이 할 수 있는 바는 실제로 없었다. 그리고 그들은 지속적으로 군비를 증강하였는데, 이는 그들 간에도 불신이 존재하기에 상호 간의 이해가 충돌하는 경우에 대비하기 위함이며, 이미 무장 해제된 독일을 겨냥한 것은 아니었다. 그러한 상호 간의 이해 충돌은 실제로 발생하여 왔으며, 따라서 그 갈등이 전쟁으로 비화되는 극단적인 사태의 가능은 현존한다.

〈국제연맹〉은 실로 평화의 산물이라는 가면을 쓴 무력의 산물이다. 하지만 〈국제연맹〉이 무력에 의하여 등장하였던 바는 바로 〈권력의 법칙〉에 따르는 것이다. 〈권력의 법칙〉이 시사하는 바에 따르자면 강압의 형식을 시작으로 발전이 진행되어 〈법적 형식〉으로 이행되고, 그 후 최종적으로는 내적인 〈법적 권력〉으로 이행된다. 이것이 바로 역사의 영원한 과정이며, 역사는 무력에게 과업을 부여하고, 그 과업은 오로지 무력에 의하여 실현된다. 그런데 어떤 강대국도 단순히 〈국제연맹〉의 조약 규정에 의하여 자신의 독립성을 양보하기를 원하지 않는다. 따라서 그 〈국제연맹〉을 수립한 강대국조차도 그 조약의 규정은 패전국에게만 적용시키려 하며 자신들은 그에서 면제시켰다.

그럼에도 불구하고 〈국제연맹〉은 평화를 향하는 첫걸음이며, 다음 단계로의 발전을 위하여 필수적인 단계이다. 이제는 최소한 국가 분쟁에 있어서 호소할 수 있는 기구는 존재하는 셈이며, 그 기구는 처음에는 단지 작은 국가들 간의 전쟁에만 개입할 수 있더라도, 점차 범위를 넓혀 대규모 전쟁에도 개입할 수 있을 것이다. 다른 모든 경우와도 마찬가지로, 이러한 시도에 있어서의 〈성공〉을 시현하는 것이 〈역사적 도야〉를 위한 수단이다.

〈국제연맹〉이 발전하기 위해서는 결국 각 〈국민이념〉이 발전되는 나아가는 방향이 결정적으로 중요하다. 현재와도 같이 [국수주의적으로] 퇴행한다면, 국민 내에서의 다수와 소수 간의 긴장, 그리고 〈국민국가〉들 간의 긴장은 종식되지 않을 것이며, 〈국제연맹〉은 오늘날처럼 결코 봉합되지 않을 국민적 상처만을 남기게 될 국민들 간의 분쟁에만 간여하게 될 뿐이다. 그리고 강대국들이 자신들의 동맹국들만을 위하여 분쟁을 해소하는 방향으로 나아가는 경우 〈국제연맹〉의 결정은 부정의한 것으로 인식될 것이며, 결국 정서에 대한 지배를 상실할 것이다. 또한 연맹에 속한 강대국들 간의 [이기적] 국민적 열망에 의하여 분쟁이 발생하는 경우 〈국제연맹〉은 결국 붕괴되고 운명은 재차 무기에 의존하게 될 것이다. 이러한 퇴행적 민족적 감정으로부터 각 국가의 지도자와 대중이 정화되어, 단순히 연맹이 현재 가지고 있는 〈법적 형식〉으로부터 내적인 〈법적 권력〉으로 승화될 수 있다는 믿음이 생성되어야만 한다. 진정한 국민적 개혁은 정서에 와닿아야만 하는 것이며, 이는 단순한 관용 내지는 상호 존중의 감정의 차원을 넘어서 완전한 인간 〈문명〉과 인간 문화에 있어서 모든 국민들이 서로 분리될 수 없는 부분들이라는 점을 인식하는 위상에 도달할 수 있도록 성숙해져야만 달성될 수 있다. 〈국제연맹〉은 이렇듯 정화된 힘에 기반하여야만 비로소 정신적, 물질적인 〈평화적 권력〉이 될 수 있다.

하지만 현재로서는 가장 성숙한 국민들조차도 이러한 위치에 오르지는 못하고 있다. 그들은 아직도 이미 뿌리 깊은 상호 불신의 골로 가득 차 있고, 이러한 불신의 겨울이 따사로운 믿음의 여름으로 이행하기 위하여서는 아직도 많은 시행착오를 겪어야만 한다. 〈국민감정〉에는 건강한 충동과 퇴행적인 충동이 밀접히 혼재되어 있다. 그리하여 [타국민에 대하여] 국민적 침해를 범하는 경우 이는 대체로 자신들의 과거의 위대한 역사적 행동에 대한 기억과 혼재되어 있는데, 이때의 국민적 자만심은 자신의 행동을 통하여 부정의하게 획득한 소유물을 좀처럼 포기하려 하지 않는다. 더더욱이 그러한 잘못된 행동을 인정하는 것으로부터 그것을 치유하는 바에 도달하는 것도 아주 어려운 결정임에 틀림없다. 햄릿의 클라우디우스 왕은 그의 왕관과 그의 처를 부정한 방법으로 획득하였음은 인정하였지만, 그렇게 부당하게 획득한 것들을 단념하지는 않았다. 개인에게서도 단념한다는 것이 이렇듯 어려운데, 하물며 국가들에게 있어서 자신들의 〈이기심〉을 극복하여, 단순히 잘못을 시인하는 것에 그치지 않고 그것을 보상하는 것이 쉬울 수 있을까? 근자의 세계대전의 결과로 누적된 부정의에 대한 보상을 하기 위하여서는 정의를 요구하는 〈국민감정〉의 넘치는 물결이 세계를 휩쓸어야만 한다.

5. 국민적 개혁과 내적, 외적 평화를 위한 투쟁

국민적 개혁은 국민들 간의 상호 관계라는 외적인 측면에서 뿐만 아니라 그 내부적인 관계에서도 그 중대한 과업을 수행하여야 한다. 외적으로는 국민적 자기감정은 스스로 자제하여 외국의 국민에게도 권리가 있음을 동감할 여지가 있어야만 하며, 내적으로는 서로 대립하는 정치적, 〈사회적 권력〉들 간을 서로 결합할 수 있는 압도적인 힘을 가질 수 있도록 그러한 〈국민감정〉은 성숙되어야만 한다. 그런데 이러한 내적, 외적 과업을 달성하기 위해서는 압도적 힘을 가진 〈평화적 권력〉이 부상하여야만 한다.

전쟁을 추구하는 권력을 제어하는 외적인 〈평화적 권력〉은 과거 로마의 무기와 독일 황제의 검에 대항하였던 종교적 〈평화적 권력〉만큼 강력하여야만 한다. 또한 그 종교적 권력과도 같이 〈내적 권력〉이어야만 하며, 또한 외적으로도 확고한 조직을 가지고 있어야만 한다. 따라서 이를 위하여서는 전쟁의 불편을 피하고 평화를 즐기기 위한, 단순히 평화를 지향하는 감정만으로는 불충분하다. 그러한 감정을 가진 사람들이 수백만이 모이더라도 그것이 역사의 저울을 움직이게 할 수는 없다. 그러한 사람들의 모임이 가진 힘은 쉽게 와해될 수 있고 또한 다음번에 등장하는, 무력에 의한 지배자의 먹잇감으로 전락할 뿐이다. 혹은 전쟁의 결의에 찬 이웃 국가에 침범당하거나, 더욱 악화된 내전이나 공포에 시달리게 될 것이다. 그리고 그러한 사람들이 모인 단체나 협회는 아무리 그 이름이 거창하더라도, 그리고 그 정관이 아무리 영리하게 작성되어 있더라도 전쟁을 회피하기에는 절대로 충분하지 못하다. 그러한 시도들은 단지 '바램'의 영역에 속하는 것이지, 그것들로는 현실이 가지고 있는 강철 문을 부술 수는 없다. 〈평화적 권력〉은 가슴에 와닿는 권력을 가지고 있어야 하면, 지도자의 마음을 고무시키고 대중을 고양시키는 이상과도 부합하여야만 한다. 그리하여 지도자와 대중 모두를 군인적인 용감함과도 같은 정신적 용기로 충전시켜야만 하고, 그들 내부에서 끊임없는 의무감을 일깨워야만 한다. 또한 〈평화적 권력〉은 전쟁의 권력이 가지고 있는 대담함과 복종심을 가지고 있어야만 한다. 그리고 과거의 십자군 기사들의 질서 체계에 존재하던 두 가지 의무에 대한 고려, 즉, 모든 영혼에 대한 의무와 전쟁에 대한 의무를 겸비한 평화의 질서로서의 기사도 정신을 가지고 있어야 한다. 그러한 평화의 질서는 프리메이슨(freemason)의 질서에서 빛을 향한 강력한 충동을 이어받고, 제수이트(Jesuit) 질서 체제에서는 강한 규율과 세계와 인간에 대한 깊은 지식, 자신들의 대의가 가진 신성함에 대한 믿음, 그리고 불굴의 권력을 향한 의지를 이어받아야 한다.

일국 내에서도 〈평화적 권력〉은 단합된 〈국민정신〉을 기반으로 존재하는 권력 간의 갈등을 해소하기 위해 평화를 위한 전쟁을 수행하여야만 한다. 실제로 국가 내에서의 계급 갈등은 국제간의 그것보다도 더 호전적이다. 세계대전의 경우에는 어떤 국민도 전쟁에 참여하기를 원하지 않았음에도 불구하고 전쟁에 휘말리게 되었음에 반하여, 프롤레타리아 계급은 그 자신의 계획하에 이미 공공연히 투쟁을 선언하였으며, 극단적 정당들은 그렇듯 행동한다. 그리하여 그러한 단체들이 마치 국가와도 같은 무장을 갖추고 있었더라면 아마도 적대적 감정은 많은 곳에서 폭발되어 내전으로 비화되었을 것이다. 국가 내에서 국민적 평화의 질서가 수행하여야만 과업은 실로 많다. 하지만 그들의 조직은 자신들의 좁은 이해관계에 민감할 수밖에 없는 정당조직이 되어서는 안된다. 이러한 근본적 개혁을 추진하기 위하여서는 모든 〈국민정신〉을 집결할 수 있는 위계적 조직이 필요하다. 그리고 그 위계하에서는 아마도 지도자와 대중으로 구성된 〈자유적 기구〉가 형성될 것이며 그럼으로써 민주적 운동을 보조하고 그에 의미를 부여할 것이다.

성숙한 국민들에 있어서는 어디서나 다양한 형태의 외적 평화를 위한 노력들이 나타나고 있으며, 그러한 평화를 위한 투쟁은 그들의 가장 우선적 목표이다. 아마도 현재 무장 해제된 독일이 국민적 개혁을 통하여 외적인 무력에 대항하는 〈평화적 권력〉을 향한 모범을 보이기에 가장 수월할 것이다.

6. 〈청년운동〉

〈사회적 균형〉을 충실히 논의하기 위해서 중요하지만 쉽게 간과되는 바는 〈청년운동〉이다. 그들로부터 나오는 빛줄기는 현재의 칠흑 같은 어둠에서는 아주 미미할지라도 조만간 그 청년들이 중년으로서 활동할 때 세상을 밝히는 빛이 될 운명을 가지고 있다.

각국의 국민으로부터 시작하여, 〈청년운동〉은 유럽적인 운동으로 확산되고, 이어 다른 대륙의 문화적 잠재력이 있는 국민들과 민족들에게까지도 발산되고 있다. 단, 신중히 그들의 숫자를 계산하려고 할 때는 단지 그 운동의 외양에만 들떠 있고 진정한 청년집단들이 조소를 하며 등을 돌리는 그러한 사람들의 숫자는 제외할 필요가 있다. 즉, "불만에 가득하고 신경쇠약적인 사람들의 그룹으로서, 힘에 대한 감정이 결여되었고 스스로의 나약함과 무능에서 결성된 단체, 자립할 수 있는 능력이 결여되어 있으며, 또한 자제할 줄 아는 지혜가 결여된 사람들의 단체," 혹은 이미 고사되어 버린 사회나 교회, 혹은 낡은 정치 정당에 사로잡힌 사람들은 제외하여야만 한다. 이러한 종류의 그룹들은 진정한 동맹과 질서를 추구하는 단체들에 의하여 혹독히 비판을 받고 있다.

〈청년운동〉의 핵심이 차지하는 규모는 외부에는 좀처럼 보이지 않는다. 독일에서는 무기를 들고 전쟁에 참여하도록 독려하는 전통적인 방식의 교육을 받고 있고, 평화를 지향하는 투쟁에 필요한 도덕적 용기는 전혀 중요하게 여기지 않는 그러한 종류의 학생들은 이러한 〈청년운동〉에 참여하는 숫자에 포함하지 않는다. 독일 이외에도 〈청년운동〉의 핵심을 구성하는 사람의 수는 많지 않다. 그런데 나이가 들었거나 젊거나 상관없이 그 정신과 의지가 진정으로 생동하는 사람의 수는 많지 않은 법이나, 그럼에도 그들 소수는 대중의 지도자로 선택된 사람들이다. 진정한 〈청년운동〉의 중핵에서 외치는 구호는 '독립'과 '헌신'이다. 이는 대중을 독립적으로 인도하는 이제 막 떠오르는 지도자들에게 걸맞은 구호라고 할 수 있다. 진정한 〈청년운동〉은, 지도자로서 장차 많은 사람들에게 원칙을 부여할 소수를 양성하는 리더십 학교라고 할 수 있다.

또한 외부자들에게는 안개와 같이 모호하게 퍼지는 그들의 상징적 단어들과 행동들에서 그 운동의 핵심적인 토대를 파악하기는 쉽지 않다. 하지만 이같이 불명확한 힘의 표현을 경시하여서는 안된다. 사실 아주 명확한 것들은 시간이 지나면 오히려 무미건조해지기 마련이다. 기술자들은 산에서 거칠게 흘러나오는 물에서 거대한 추진의 에너지를 뽑아낸다. 마찬가지로 사회가 필요로 하는 정신적 에너지는 쇄도하는 기세로 분출되는 그러한 〈청년운동〉에서 얻어낼 수 있다.

표면을 덮고 있는 상징들의 저변에서 발견할 수 있는, 이끌어 인도하려는 충동은 건강하다. 그들은 현재 인류를 소진시키고 있는 그러한 권력의 갈등에서 벗어나고 싶어 한다. 그들은 더 이상 국민들을 이간시키는 국민적 증오, 그리고 차별적 계급 감정, 그리고 믿음과 지식 간에 흔들리는 불안함을 원하지 않는다. 그들은 모든 도그마에서 벗어나서 마음 가장 깊은 곳에서 진심으로 종교적으로 되고자 하며, 어느 영국의 단체 지도자가 이야기하였듯이, 모든 인류를 위한 위대한 무명의 신에게 경배하고 갈구한다. "그 신은 무수한 종교와 우상, 상징, 성스러운 그림

등에서 숭배되며, 그것은 또한 불가지(不可知 Agnostik)의 상징이다."³⁹⁸ 그들은 어떤 종류의 민간 간이나 군사적 전쟁을 거부하였으며, "비폭력이라는 보이지 않는 무기를 휘두르기로 결심하였다." 그러한 깊은 운동을 위하여서는 자신들 질서들의 단단함 속에 단결하는 것이 자연스러운 길이다.

이러한 진정한 〈청년운동〉의 내용은 인간의 가장 깊고 가장 내부에 위치한 핵심적 힘을 일깨우기 위한 분투라고 요약할 수 있다.

어떠한 인간의 위대한 운동도 그것이 지향하는 목표에 끝까지 도달하지는 못하였다. 그렇다면 과연 〈청년운동〉은 〈성공〉할 것인가? 이 질문에 대하여 이 자리에서 대답하는 대신, 〈청년운동〉이 갈구하는 목표점은 〈권력의 법칙〉이 지향하는 목표점과 같다고 말하면 충분할 것이다. 우리의 청년들 중 뛰어난 자들에게는 강력한 내적인 힘을 가지려는 의지가 있다고 말할 수 있다면 우리는 기쁠 수 있다.

[終]

---

398 이 인용의 출처는 확인하지 못하였다.

역자해제

비저의 연표

- 1851년 7월 10일, 오스트리아 비엔나에서 출생.
- 1868년 비엔나 대학 법학부 입학.
- 1872년 학위 취득.
- 1872년 칼 멩거의 《경제학원론》(Grundsätze der Volkswirtschaftslehre, 1871)을 접하고 경제학 이론을 공부하기 시작.
- 1875년 박사 학위 취득.
- 1875년 봄 바베르크와 함께 독일 하이델베르크 대학 등에 장학금으로 유학. Karl Knies등의 문하에서 정치경제학 공부.
- 1884년 교수자격논문(Habilitation) 통과. 제목은 Über den Ursprung und die Hauptgesetze des wirthschaftlichen Werthes(경제적 가치에 대한 기원과 주요 법칙에 대하여).
- 1884년 《경제적 가치의 본질과 주요 법칙에 관하여》(Wesen und Hauptgesetz des wirtschaftlichen Wertes) 출판.
- 1884년 프라하의 Charles-Ferdinand University[399] 조교수 취임.
- 1889년 동대학의 정교수로 승진.
- 1889년 《자연가치》(Der natürliche Werth) 출판. 한계 효용이론 및 〈귀속 이론〉 개진.
- 1891년 《오스트리아 경제학파와 가치이론》(Die österreichische Schule und die Theorie Wert) 출판.

---

[399] 2차대전 후, Charles University로 통합됨.

- 1892년 《가치이론》(Die Wert Theorie) 출판.
- 1901년 《사회적 권력에 관하여》(Über die gesellschaftlichen Gewalten) 출판.
- 1903년 칼 멩거의 후계자로 비엔나 대학에서 정교수에 취임.
- 1910년 《법과 권력》(Recht und Macht)이라는 주제로 강의. 강의 내용 책으로 출판.
- 1911년 《이론적 국민경제학의 본질과 주요 내용에 관하여》(Das Wesen und der Hauptinhalt der theoretischen Nationalokonomie) 출판.
- 1914년 《사회경제론》(Theorie der gesellschaftlichen Wirtschaft) 출판. 〈기회비용〉이라는 개념의 도입.
- 1914년 봄 바베르크 사망.
- 1917년 오스트리아 귀족원의 회원 가입. 남작의 작위를 받음.
- 1917-1918년 오스트리아 제국의 마지막 상공부 장관 역임.
- 1923년 《무력의 역사적 과업》(Das geschichtliche Werk der Gewalt) 출판.
- 1926년 《권력의 법칙》(Das Gesetz der Macht) 출판.
- 1926년 7월 22일 잘츠부르크(Salzburg)에서 영면.
- 1927년 사후로 논문 《화폐》(Geld) 발표.
- 1929년 사후로 《논문집》(Gesammelte Abhandlungen) 출판.

비저의 생애[400]

비저의 모습을 묘사한 다음의 글처럼 비저의 학문적 저술의 성격을 잘 묘사하는 글은 없을 듯하여 옮겨본다.

> 마르고 키가 크며 어딘가 앞으로 구부정한 모습, 좁은 얼굴과 얼굴 가득한 긴 턱수염, 푸른 눈, 이미 세월의 서리가 가득 내린 백발, 이런 것들은 학생들과 청중의 인상에 아직도 깊이 남아 있다. 강의할 때의 그는 아주 가라앉은 목소리로, 그리고 다소 느긋한 얼굴로, 어떠한 강의 대본도 없이 고전적인 태도로 자신을 표현하였다. 그의 신봉자들은 그를 학문적 자태를 물씬 풍기는 스타일리스트라고 평가하곤 하였다. 예술적 감성이 가득 찬 도시인 프라하와 비엔나에서 그는 예술과 음악에 뛰어난 안목을 가진 사람으로 통했는데, 누가 과연 그처럼 이따금씩 자신이 직접 피아노 앞에 앉아 연주하며 협회 회원들에게 자신의 음악적 자질의 일부들을 들려줄 수 있었을까?
> 그는 강의 시간에서조차도 자신의 모습과 몸동작에서 가까이할 수 없는 거리와 초연성을 보여주며, 강의를 가로막는 질문들을 좀처럼 허락하지 않았다. 그와 개인적인 대화를 하고 싶은 학생은 반드시 어떠한 '흥미로운 질문거리'(하이에크의 회고)를 제시하여야만 하였는데, 그래서 그의 관심을 끄는 바에 성공하는 경우, 그는 참으로 귀족적인 태도로 대화를 주도하였다.[401] 그는 진정 '타고난 사유가'(슘페터의 회고)였는데, 타인의 저술이나 생각을 직접적으로 비평하는 일은 좀처

---

400 아래의 전기 중 많은 부분은 Kolev(2017b), Morgenstein(1927), Schulak(2011)에 의거하고 있다.

401 하이에크의 회고에 따르자면, 비저는 자신의 동료이자 친구인 뵘 바베르크를 제외하고는 좀처럼 학문적인 논쟁을 즐기지 않았다고 한다.

럼 없었다. 그의 저술에서는 어떠한 각주나 참고문헌은 찾아볼 수 없었고, 무엇보다도 자신 스스로의 깊은 사유의 결과물들만을 써 내려갔다. 사람들은 그에게서 속세에 초연한 사람의 모습을 발견하거나, 사유하는 정신의 내적 독백을 듣고 있다고 자주 생각하였다(Schulak 2011: 39-40).

비저는 1851년 비엔나의 유서 깊은 가문에서 9 남매 중 네 번째로 태어났다. 그의 부친 레오폴드 폰 비저(Leopold von Wieser)은 1859년 오스트리아-이태리 전쟁 중 병참 담당 고위 관료로 근무하였고 동시에 귀족작위를 받았으며, 1889년 남작(Freiherr)에 서임되었다. 비저의 부모는 예술적 감성이 넘쳤기에 비저 또한 유년 시절 예술적 감각을 물려받을 수 있었으며, 이후 비엔나의 명문 엘리트 학교인 소텐김나지움(Schottengymnasium)에서 중고등교육을 마쳤다. 그 시절은 이후 비저의 사상의 형성함에 지대한 영향을 미쳤는데, 그 당시 역사와 스펜서의 사회학 사상을 접하면서 정치경제학에 대한 관심을 가지기 시작하였다고 한다. 또한 이 시기에 평생의 친구이자, 훗날 매제가 되었던 동갑내기 오이겐 뵘 바베르크를 만나게 된다.

비저는 이후 1868년 뵘 바베르크와 함께 비엔나 대학에 진학하였는데, 당시 그가 속한 계층에서는 일반적인 과정이라고 할 수 있는 법률학, 특히 로마법을 전공하였다.[402] 그 과정 중에는 경제학 수업도 포함되어 있었다.[403] 하지만 이 두 사람이 본격적으로 경제학에 관심을 가지게 된

---

[402] 로마법을 공부한 것은 이후 비저가 경제학 연구에 큰 도움이 되었다고 회고하고 있다(Morgenstern 1927).

[403] 당시 경제학은 사회주의 경제학자인 로렌쯔 폰 슈타인(Lorenz von Stein)이 강의하고 있었는데, 회고에 의하면 비저는 그의 강의에 큰 흥미를 느끼지 못하였다고 한다(Morgenstern 1927). 로렌쯔 폰 슈타인에 대하여서는 본

계기는 1872년 칼 멩거의 《경제학 원론》(Grundsätze der Volkswirthschaftslehre, 1871)을 접하게 된 이후였다. 그 두 청년은 1875년 박사 학위 논문을 마친 뒤 교수자격논문(Habilitation)을 칼 멩거의 지도하에 준비할 계획을 하고 있었다.

하지만 당시에는 법학을 공부한 이후에는 일단 정부 행정기관에서 일정 기간 근무하는 것이 관행이었고, 따라서 공부를 잠시 중단하고 우선 비저는 대략 10년간 국세청에서 근무하였다. 이후 두 청년 모두는 칼 멩거의 권유에 따라 칼 멩거가 주선한 장학금을 받고 1875년부터 1877년까지 독일의 하이델베르크, 라이프니쯔 그리고 예나 대학 세 곳에서 당시 경제학계를 장악하고 있던 '구' 역사학파[404]의 '위대한 정신들'을 만나기 위하여 유학하게 된다. '구' 역사학파의 거장 3인인 칼 크니스(Karl Knies)는 하이델베르크 대학,[405] 빌헬름 로셔(Wilhelm Roscher) 는 라이프니쯔 대학, 그리고 브루노 힐데브란트(Bruno Hildebrand) 는 예나 대학에서 각기 계속 강의를 하고 있었다.[406] 그중 두 청년은 특히 '가치와 비용,' 그리고 '이자율 이론'에 대한 칼 크니스의 새로운 논문 발표에 참

문 역주 68를 참고할 것.

404 신, 구역사학파 내의 차이 점에 대하여서는 본 해제의 부록을 참고할 것.

405 훗날 칼 크니스는 법학도였던 막스 베버를 경제학에의 관심으로 유도하였고, 그 문하에는 미국에서 유학 온 클라크(John Bates Clark) 등이 있었다. 베버는 1897년 칼 크니스의 정년 퇴임 후, 그 자리를 물려받게 된다.

406 이후에 벌어진 칼 멩거와 역사학파 간에 벌어진 〈방법론적 논쟁〉(Methodenstreit)은 '구' 역사학파가 아닌 '신' 역사학파를 대상을 하는 것이었고, 칼 멩거와 '구' 역사학파는 비교적 원만한 상호 관계를 유지하고 있었으며, 실제로 칼 멩거는 빌헬름 로셔에게 자신의 저서 《경제학 원론》을 헌정하기도 하였다. 〈방법론적 논쟁〉에 대하여서는 본 해제의 부록을 참고할 것.

가하였고, 이 주제들은 두 사람 모두에게 있어서 이후 오스트리아에서의 교수자격논문(Habilitation)에 영향을 미쳤고, 또한 비저가 당시 크니스 문하에서[407] 제출한 논문은 향후 비저의 이론적 탐구에 있어 중요한 영향을 미쳤다고 알려져 있다.[408]

오스트리아로 돌아온 비저는 오스트리아 남부 국가재무성에 수년간 근무하며 교수자격논문(Habilitation)을 준비하였고, 1884년 자격 심사를 통과할 수 있었는데, 당시 제출한 논문《경제적 가치에 대한 기원과 주요 법칙에 대하여》(Über den Ursprung und die Hauptgesetze des wirthschaftlichen Werthes), 그리고, 1884년에 발행한《경제적 가치의 본질과 주요 법칙에 관하여》(Wesen und Hauptgesetz des wirtschaftlichen Wertes)에서는 이미 〈한계효용〉[409]과 〈기회비용〉[410]이라는 개념, 그리고 분배 이론에 대한 기초 분석을 도입하였다. 곧바로 그는 프라하의 Charles-Ferdinand University의 조교수로 취임하였고, 이후 칼 멩거의 후계자로서 비엔나 대학으로 옮기기 전인 1903년까지 그곳에 머물며 학문과 저술 활동을 시작하였다. 동 대학에서 정교수가 되던 1889년에는 비저는 칼 멩거의 효용가치이론을 보완하여 〈한계효용〉, 〈귀속이론〉[411]등을 더욱 개진한 명저《자연가치》를 저술하였는데, 그 책에서는 〈한계효용〉이라는 개념을 단순히 시장에서의 교환에서 뿐만 아니라, 생산요소의 가치를 평가함에 적용시키는 〈귀속이론〉을 개진하였다.

프라하의 생활 중에서 비저는《독일 예술 문학 협회》(Deutsche Ge-

---

407 하지만 비저는 '구' 역사학파의 방법론에는 그다지 열성적이지 못하였다(Morgenstein 1927: 669).

408 이 논문은 1929년 비저의 사후에 발간된 논문집에 수록이 되어 있다.

409 이에 대하여서는 본 해제 776, 779쪽을 참고할 것.

410 이에 대하여서는 본 해제 787쪽을 참고할 것.

411 이에 대하여서는 본 해제 778, 783쪽을 참고할 것.

sellschaft für Kunst und Literatur)의 의장직을 수행하였고, 《프라하 독일 대학 연맹》(Deutsche Universität Prag)의 의장으로 선출되기도 하였다.

1901년, 비저는 《사회적 권력에 관하여》(Über die gesellschaftlichen Gewalten)를 출판하였는데, 이는 후에 슘페터가 '권력의 사회학'이라고 칭한 바 있고, 향후 그의 사회학 이론에 있어서 핵심이 되는 권력, 무력, 리더십, 대중, 법규범, 강령, 그리고 〈자유주의〉에 대한 비판적 시각 등의 주요한 개념이 맹아적으로 드러나고 있다. 이는 이후 1910년의 강의를 모은 《법과 권력》(Recht und Macht)을 거쳐 본 저서 《권력의 법칙》의 기초가 되었다(Kolev 2017b: 6).

1903년에 비저는 비엔나 대학으로 옮겨, 퇴임한 칼 멩거의 정교수 자리를 계승하였고, 〈오스트리아 경제학파〉의 새로운 세대에 속하는 미제스, 슘페터, 그리고 하이에크 등이 그 문하에서 공부를 하였다. 프라하 시절과도 마찬가지로 비엔나 근교에 있던 그의 저택은 예술가, 정치인 그리고 학자들의 모임에 있어 중요한 장소였다고 하며, 작곡가인 휴고 볼프(Hugo Wolf)와 안톤 브룩크너(Anton Bruckner)의 활동도 지원하였다고 한다.

비엔나 대학의 초기 시기에는 칼 멩거의 화폐 이론을 보완하려고 하였으며,[412] 〈화폐수량설〉이 가지는 문제점에 대하여 연구하기도 하였다.[413]

하지만 그가 영면한 1926년까지의 대략 25년간 비저는 대부분의

---

412 미제스의 저서 《화폐와 신용의 이론》(Theorie Des Geldes Und Der Umlaufsmittel)은 자신의 독자적인 생각을 반영한 것이 아니라, 비저에게서 강한 영향을 받은 것으로 보인다(Kolev 2019: 16). 칼 멩거와 비저의 화폐 이론에 대하여서는 본 해제 789쪽과 역자 용어해설 〈화폐〉를 참고할 것.

413 칼 멩거도 화폐 수량설에 대하여 부정적인 입장을 취하였는데, 이는 Menger(1909, 2002)의 후반부에 나와 있다.

시간을 주로 사회학과 역사학을 경제학에 접목시키는 연구를 위하여 할 애하였다. 1914년에는 막스 베버의 권유에 따라 막스 베버가 계획하던 백과사전 시리즈《사회경제학의 기초》(Grundriss der Sozialekonomik)의 제1권으로서 명저《사회경제론》을 출판하였고, 〈기회비용〉이라는 개념을 더욱 개진하였다.

1917년에는 오스트리아 귀족원(Herrenhaus) 회원이 되었고 남작의 칭호를 받았으며, 오스트리아 제국의 상공부 장관 및 공공부문 장관으로 임명되어 1918년 1차 대전의 종전 시까지 내각에 근무하였다. 비저는 주전론자 및 국가주의자로 알려져 있다(Schulak 2013: 42).

종전 이후 1919년 학계로 돌아와 남은 기간 동안 비엔나의 자택과 잘츠부르크(Salzburg)의 여름 별장에서 다소 은둔적으로 생활하며 경제사회학적 저술에 전념하였고 1923년에는《무력의 역사적 과업》(Das geschichtliche Werk der Gewalt)을 출판하였으며, 동년 후계자로 한스 마이어(Hans Mayer)를 지목하고 정년퇴직하였다. 이후 동 대학에서 명예교수로 재직하면서 주로 사회경제학 분야에서 계속 강의를 하였고(Morgenstein 1927: 670), 1926년 1월 30일 그의 최후의 저작인《권력의 법칙》을 출판하였다.

비저는 본 저서의 출판 후 6개월 후인 1926년 7월 22일 향년 75세로 잘츠부르크의 여름 별장에서 폐렴으로 영면하였다. 그는 1886년 프라하의 건축가 볼프(Wolf)의 딸 마리안느(Marianne von Wieser)와 결혼하였고 슬하에는 1남 1녀가 있었는데, 그의 딸은 유명한 법학자인 프란츠 엑스너(Franz Exner)와 결혼하였다.

비저의 경제 사회학,역사학적 접근방법

비저의 경우에는 자신의 순수 경제이론은 순수 이론 자체에 그치지 않고, 항상 사회적 분석을 위한 전 단계로서의 역할을 한다. 이는 많은 현대 주류 경제학자들이 이론을 위한 이론만을 추구하거나, 현실을 이론에 맞추는 시도를 하고 있음과는 대비된다. 비저는 단순한 경제학자는 아니었고, 경제학을 연구하면서도 그의 항상 역사와 사회학에의 깊은 관심을 견지하고 있었다. 특히 1910년에 발행한 강의록을 모은 《법과 권력》에서 개진된 생각들은 그에게 지속적으로 영향을 주었다.

워렌 사무엘스는 비저가 평생을 거쳐, 정적인 사회분석이 아닌 역사사회학을 개진하기 위한 세 가지의 비젼을 간직하고 있었다고 한다 (1983a: xiii-xiv): (1)형식과 구조에 있어서 진화의 과정을 겪은 사회, (2)모든 인간사에 있어서 리더십의 중요성, 그리고 (3)사회, 정치 그리고 경제적 영역을 규정하는 근본적인 범주로서의 권력이 그것들이다. 이것들로 인하여 사회는 위계와 〈계층화〉가 생기기 마련이고, 그러한 사회적 설정에 의하여 각 개인이나 사회 계층별로 효용함수가 형성된다. 즉, 〈한계 효용〉에 의하여[414] 가치가 결정된다면, 그 〈한계 효용〉을 결정하는 효용함수 자체는 철저히 〈사회적 권력〉의 배분 방식에 따라 각 계층별로 상이하게 나타난다는 것이다. 그렇다면, 비저 자신이 정립한 주류경제학에서 사용되는 〈한계 효용〉이라는 개념은 분석의 출발점이 될 수 없고, 결국 가장 먼저 선행되어야만 하는 것은 〈사회적 권력〉에 대한 연구로 귀착되기 마련이다.

따라서 비저는 자신이 초기에 칼 멩거를 따라 소비자가 생산을 결정하는 '권력'을 가지고 있다는 생각에 수정을 하게 되었고, 더욱 깊이 권력의 문제에 몰두하게 된다. 그리고 비저는 결국 후기에는 자신이 공헌하여 정립한 한계 효용이론으로 멀어지게 되었다.

그런데 이같은 문제의식은 사실 그의 이론 형성의 초기부터 보여지며 이러한 의미에서 여타의 한계혁명을 주도한 〈오스트리아 경제학파〉

---

414 이하 〈한계 효용〉과 비저의 가치론에 대하여서는 본 역자 해제의 부록을 참고할 것.

의 여타 거장들과 확연한 차이를 보여준다.

비저의 《권력의 법칙》에 대하여

워렌 사무엘스는 본서는 정치경제학 및 정치사회학이라는 두 가지 측면을 가진다고 보았다(Samules 1983: xix). 정치경제학적 측면에서는 비저는 경제를 권력의 체계로 보았으며, 이에는 계급의 중요성, 지도자와 대중의 관계, 경제 체제에 존재하는 권력 기구들, 법과 경제 등이 중요하게 부각된다. 정치사회학적 측면에서는 사회를 통제하는 수단으로서 권력, 법, 강제 등을 분석하며, 법이 가진 사회학적 측면, 법적 도덕적 규범의 내면화, 지도자와 대중 간의 교류, 그리고 독재, 정당, 공론 등이 그 주제이다. 참고로 본서에서는 이전에 비저가 개진한 순수 경제 이론, 즉, 효용이론 등은 나오지 않는다.

비저는 본서에서 우선 권력의 본질과 속성에 대하여 이야기한다. 예를 들자면, 권력의 정의, 〈내적 권력〉과 〈외적 권력〉, 지도자와 〈대중의 추종〉, 권력의 근원으로서 〈성공〉과 〈선택〉, 〈권력심리〉(Machtpsychologie)[415]와 〈권력의 체험〉, 〈대중기법〉의 중요성, 권력의 균형, 공론의 역할, 〈역사적 형성체〉, 〈역사적 도야〉, 〈역사적 권력〉과 〈역사적 리더십〉 등에 대하여 설명한다. 그리고 이러한 권력은 사회, 경제, 종교, 문화, 법, 정치, 언론 등을 포괄하는 다양한 분야에서 다양한 형태로 나타난다. 또한 그러한 권력의 운행을 다양한 원칙들이 존재하는데, 이러한 다양한 원칙을 비저는 여러 가지 종류의 법칙[416]과 경향으로 표현한다. 〈최상위

---

415 원문의 '〈권력심리〉'라는 표현의 해석이 모호하나, '권력을 따르는 심리'로 이해하면 좋을 듯하다.

416 우선 이 책에서는 다양한 종류의 '법칙'이 등장한다. 책 제목인 '권력의 법칙'이라는 어떤 특정한 마치 물리학에서와 같은 '법칙'을 의미하는 것이 아

힘의 법칙〉(Gesetz der höchsten Kraft) 내지는 〈성공의 법칙〉, 〈소수의 법칙〉(少數의 法則, Gesetz der kleinen Zahl), 〈계층화 심화경향〉과 〈계급운동 상승의 경향〉, 〈자유와 평등 증가의 법칙〉, 〈무력감소의 법칙〉 등이 그러한 법칙 혹은 경향들 중에서 중요한 위치를 차지한다. 그리고 마지막으로 〈권력의 순환〉과 변모 등의 권력의 동학을 이야기한다.

실로 다양한 이러한 모든 점을 짧은 지면에 요약하는 것은 불가능하게 여겨진다. 하지만, 독자의 편의를 위해, 역자가 중요하다고 생각하는 측면에만 주목하여 몇 가지 점에 대하여서만 간단히 정리를 하고자 한다. 하지만 이러한 정리는 역자의 주관적인 해석에 불과할 수 있고 중요한 점은 결국 독자 스스로 본서를 읽고 판단하는 것이라고 믿는다. 특히 비저의 분석은 천재적 영감에 의하여 복잡한 현실을 다각도로 조망하고 있기에, 독자는 결국 스스로 이러한 다양한 분석의 시각을 통합하여 자기화하여야만 할 임무가 있다.

이 책은 3부로 구성되어 있는데, 제1부는 권력과 사회에 대한 주요 원리들에 대한 이론적 설명이며, 제2부는 1부의 이론적 고찰을 역사적 맥락에 적용시키는 부분이다. 이 2부는 1부의 이론적 기반을 토대로 수천 년 동안의 서구 역사를 관통하여 권력의 운행을 고찰하고 있다. 제3부는 이 저술의 당대, 즉 1920년대 초반까지에 있어서 여러 경향들, 즉, 〈자유주의〉, 〈내셔널리즘〉, 당대의 여러 권력의 담지자들(계급, 당, 언론, 경제조직들, 그리고 독재정치 등), 당대에 보이는 권력 간의 균형에 대하여 논하고 있다.

비저는 인간 사회는 권력에 의하여 지배되고, 〈사회현상〉의 이면에는 인간의 정서를 지배하는 권력이 존재하며, 인간의 역사 발전은 권력의 운행으로 설명될 수 있다고 강조한다.

그렇다면 비저가 말하는 권력이란 무엇인가? 그는 스피노자의 철학에 기반하여, 권력이란 스피노자가 정의한 바의 "인간의 '정서'를 지배하

니고, 사회 및 경제에서 권력이 작용하는 '원리'라는 의미로 이해하면 된다.

는 힘"이라는 견해를 수용한다.⁴¹⁷ 비저의 경우는 스피노자의 철학을 따라, 개인들이 가지고 있는 개별적인 '힘'(자활력, 혹은 스피노자 식으로 말하자면 〈코나투스〉: 역자 용어해설 참고)이 어떤 집단 혹은 특별한 권력자에 모이고 집중되어 인간의 정서를 지배할 때 권력이 되는 것이다. 그렇게 형성된 권력을 가지게 된 담지자, 즉, 권력자나 집단은 이제 그 권력을 담지자 자신을 위하여 사용하도록 하는데, 결국 그 경우에는 그 피지배자들이 가진 힘은 역으로 개별 피지배자들 자신들을 강압하거나 지배하도록 사용되는 것이다. 즉, 권력의 원천은 개인들이 가진 힘이지만, 그 권력은 이제 개인들을 지배하게 된다.

그런데 비저는 외적 권력과 내적 권력이라는 두 가지 종류의 권력을 구분한다. 즉, 무력 등의 〈외적 권력〉이라는 권력이 밖으로 드러나는 형태뿐만 아니라, 그는 인간의 정서를 지배하는 〈내적 권력〉의 중요성을 강조한다. 즉, 〈외적 권력〉이라고 여겨지는 것들이 기능하기 위하여서는 결국 그것은 내적으로 작용하여야만 한다는 점을 말한다. 예를 들자면 총과 칼이라는 외적 권력 수단이 작동하기 위하여서는 그것이 내적으로 공포를 일으켜야만 효율적이고, 단순히 군대를 가지고 있다는 점이 중요한 것이 아니라 그 병사들이 가지는 단결감과 충성심을 끌어내는 것이 중요한 것이다. 그리고 종교나 문화 등은 가장 높은 〈내적 권력〉의 형태이다. 또한 권력은 피지배자의 의식과 무의식 모두에 작용한다. 그리하여 강한 권력은 피지배자로 하여금 자발적 희생을 하게끔 할 수 있다. 이러한 면에서 비저의 권력론은 스피노자의 권력론의 역사적 응용이다.⁴¹⁸

그렇다면 그러한 권력의 탄생의 기원은 무엇인가. 비저의 견해는

---

417 스피노자의 철학 개념인 〈정서〉, 〈코나투스〉, 그리고 본서의 주요 개념인 〈권력〉과 〈지배〉에 대하여서는 역자의 용어해설 참고.

418 스피노자의 권력론에 대하여서는 역자 용어해설 중 〈권력〉과 〈지배〉를 참고할 것.

권력의 기원은 〈성공〉과 그에 따른 〈선택〉이라는 것이다. 공동생활의 필요성으로 인하여 인간 사회는 불가피하게 지도자를 필요로 하는데, 이때 지도자는 그의 행동이 〈성공〉임이 입증됨으로써 〈선택〉되어진다. 그 성공의 대상은 다양한데, 적과의 전쟁에서의 성공, 집단을 조직하고 운영하여 물질적 부를 증대시키는 성공, 각 문화적 영역에서의 성공, 그리고 정치적 경쟁자와의 투쟁에서의 성공 등이 그 예이다. 〈성공〉은 지도자에게 정당성을 부여하고, 그로 인해 대중은 지도자를 적극적으로나 혹은 수동적으로 추종한다. 사회제도도 마찬가지로 〈성공〉 여부에 따라 존립한다. 성공적이지 못한 사회제도는 도태되고 사라진다.

그리고 이때 〈성공〉이란 궁극적으로 인간의 정서를 지배할 수 있는 권력의 정도로 가늠된다. 적극적 추종의 비중이 클수록 정서에 대한 지배가 크며, 따라서 더욱 큰 성공을 의미한다. 이렇듯 역사에 나타나는 모든 활동들은 결국 "성공이라는 사회적 공통 척도"를 이용하여 평가될 수 있다. 이러한 '〈성공〉에 의한 〈선택〉'이라는 개념은 비저의 〈권력론〉에서의 핵심 테제이며, 비저는 이를 〈성공의 법칙〉 내지는 〈최상위 힘의 법칙〉(Gesetz der höchsten Kraft) 으로 명명하였다.

과거에는 전쟁 등의 무력 투쟁에 있어서의 〈성공〉을 통해 지도자는 정당성을 획득하였고, 자본주의에서는 생산에서의 〈성공〉에 의하여 자본주의자들이 〈선택〉되어지고 생존하게 된다. 대중은 추종을 통해 지도자의 〈성공〉을 자신의 〈성공〉으로 체화시킨다. 그리하여 지도자는 권력을 얻게 되고, 궁극적으로 추종자의 '힘'을 자신의 것으로 유용하고 또한 피지배자들이 가진 힘을 재차 그 피지배자들을 억압하고 강제하기 위하여 사용할 수도 있다. 피지배자들에게는 "일은 하지만 자신을 위해서는 아니다"라는 로마 시인 베르길리우스의 말이 적용된다. 하지만 주의하여야만 할 점은 이러한 비저의 〈성공〉이라는 개념은 어떠한 규범적 가치 평가를 함의하는 것이 아니며, 또한 〈성공〉은 어쩌면 상대적인 것이고, 에피소드 적이라고도 할 수 있고, 〈성공〉, 〈선택〉 그리고 생존은 동전

의 양면일 뿐이다.⁴¹⁹

그리고 이때의 〈성공〉이라는 개념은 그것이 효율적이거나 혹은 옳다는 차원과는 다른 이야기이다. 비효율적이거나 옳지 못한 〈성공〉도 지속가능하다. 예를 들어, 그렇게 일단 〈선택〉된 지도자가 가진 권력은 고착되어 〈역사적 권력〉이 되고, 일단 그렇게 정립된 권력은 〈성공〉을 지속시키기 위하여 더욱 우월한 위치를 점하게 되고 자신들의 이익을 위한 법과 제도를 형성시킨다. "〈역사적 권력〉이란 인간의 정서를 지속적으로 지배할 수 있는 시간, 그럼으로써 자신의 강인함을 증대시킬 충분한 시간을 누려왔던 권력" 즉, 〈시간의 권력〉(Macht der Zeit)을 말한다. 혹시 이후에 비효율적이 되더라도 권력은 유지된다(이러한 권력을 〈역사적 고착권력〉이라고 부른다). 그러한 권력을 폐기하기 위하여서는 그 권력에 대항할 수 있는 권력이 우선 형성되어야만 하는데, 이는 새로운 지도자가 등장하여 분산되어 있는 힘들을 대항을 위하여 새로이 결집하여야만 하고, 이에는 더 큰 노력과 시간이 필요하기 때문이다. 특히 대중은 쉽게 결집되지 못한다. 예를 들어, 자본주의 시대에 들어와서 자본주의자들이

419　혹자는 단순히 형식 논리적 차원에서 볼 때, 비저의 〈성공〉이라는 개념은 순환론적 오류가 있다고 지적할 수 있다. 즉, 〈성공〉은 생존과 〈선택〉을 가져다주는데, 바로 후자에 의하여 〈성공〉이 정의된다고 생각할 수 있다. 하지만 비저가 말하는 바는 어떠한 행동이 먼저 전제되고, 그 행동이 초래하는 결과에 따라서 성공, 선택, 그리고 생존이 동시에 발생하는 것이다. 즉, 이러한 〈성공〉, 〈선택〉, 그리고 생존은 어떠한 행동이 초래하는 결과의 다른 면일 뿐이라고 역자는 생각한다. 또한 이러한 〈성공〉의 판단 범주는 절대로 사전적으로 파악하여 정형화할 수 있는 것이 아니며, 오로지 사후적으로(*ex post*)만 판단되어지는 것이다. 비저가 즐겨 사용하는 〈역사적 과업〉을 정의함에 있어서도 동일한 이야기를 적용시킬 수 있는데, 그러한 〈역사적 과업〉은 미리 정해져 있는 과업이 아니라, 그 시대를 지배하는 권력이 수행하는 바이며 이는 사후적으로만 파악될 수 있는 범주이다.

권력을 가지게 되면, 이제는 시장이라는 기구를 통해 권력을 행사하는데 이에 대항하기 위하여서는 노동자들이 자위적 수단으로서 노동조합 등을 통하여 결집을 시도한다. 하지만 그러한 결집에는 결국 그들을 인도하는 지도자의 존재와 내부적 강령의 수립이 우선되어야만 한다.

이에 비저의 권력의 분석에서 핵심적 개념인 〈소수의 법칙〉이 등장한다. 이는 성공을 이루기 위하여서는 필히 지도자가 요구되고, 따라서 권력은 성공을 시현한 지도자와 그 주변인 등의 소수에 집중되며 모든 주요한 집단의 주요 결정에 있어서 소수가 권력을 행사한다는 원칙이다. 이에 따라 사회에는 권력을 행사하는 위계질서와 계층 혹은 계급이 필수적으로 발생한다. 사실 이러한 원칙은 역사적으로 쉽게 찾아볼 수 있고, 심지어 프롤레타리아 운동이나 〈민주주의〉에서도 이러한 〈소수의 법칙〉이 관철된다. 이러한 소수의 법칙의 다른 측면이 비저가 말하는 〈계층화 심화경향〉이다.

역사의 흐름에 따라 권력을 가진 자들의 권력욕 내지는 그 집단의 필요성에 의하여 서로 투쟁을 하게 된다. 역사는 〈자유주의〉를 옹호하는 자들의 순진한 생각과는 달리 권력을 획득하기 위한 끊임없는 투쟁의 과정이다. 즉, 역사는 태초의 〈만인의 만인에 대한 투쟁〉의 과정에 있었던 야수로서의 인간들을 무력에 의하여 통합하는 과정이다. 하지만 각기 지도자들 내지는 그를 추종하는 무리들의 이기심과 권력욕으로 인하여 통합은 평화적인 방법에 의하여 성취되기는 불가능하다. 즉, 권력 간에 투쟁은 최초에는 무력을 동반하며, 그런 투쟁에서 승리함으로써 새로운 권력이 탄생한다.

그런데 이렇듯 권력을 탄생시킨 무력이 더욱 강력해지고 다른 무력들을 정복하여 통합하는 과정을 거치면서 최초의 군소지도자들 간의 상호 〈권력투쟁〉(Machtkampf)으로 인한 불안정성을 극복되고, 그렇게 사회가 통합되어 나감에 따라 사회는 더욱 안정된다. 따라서 점차 무력이라는 수단은 불가피한 경우에만 사용되어도 되고, 법과 질서라는 부드러운 형태의 〈내적 권력〉이 무력을 대체한다. 결국 무력은 법과 질서가 성장하기 위한 외적 껍질이고 후자가 무르익게 되면 그 껍질을 벗어 던지게 되는 것이다. 이것이 비저가 말하는 〈무력감소의 법칙〉이다.[420] 예를 들자면, 로마가 가진 검과 무력은 기독교의 전파를 위한 기반이 되었다. 따라서 무력에 의한 사회의 통합은 어쩌면 사회의 안정을 달성하기 위한 불가피한 필요악이다.

하지만 권력은 반드시 어떤 인격화된 권력만을 의미하는 것이 아니고 〈무명적 권력〉(無名的權力, anonyme Macht)도 존재한다. 역사에서 그 이름은 기록되어 있지 않지만, 언어나 문화는 그러한 무명의 인간들이 최초에 발화(發話)하였고, 그것은 가까운 주변의 사람들에 의하여 모방되고, 점차 사회 전반으로 확산되어 가면서 정착된다. 나폴레옹 등의 위대한 인격적 권력 못지않게 이러한 〈무명적 권력〉이 역사에 기여한 바를 무시할 수 없다. 그리고 그러한 〈무명적 권력〉은 견고한 〈내적 권력〉의 기초가 된다. 이러한 〈무명적 권력〉은 아래에 설명할 〈역사적 도야〉(陶冶)와 밀접하게 연관된다.

이러한 〈소수의 법칙〉에 대한 안티 테제로 중요하게 부각되는 것은 대중의 〈역사적 도야〉이다. 이는 각 대중 개인이 공동체의 목적에 자신을 정렬시키고, 문화적 교양, 책임 의식 등을 함양하여 성숙해져가는 과정을 의미하는 복합적인 개념인데, 이러한 피지배자의 〈역사적 도야〉를 통해 지도자를 견제할 수 있는 권력이 형성되고 〈사회적 균형〉이 달성된다. 그렇지 않은 경우 권력 간의 균형은 달성되지 못하고 권력은 남용될 수 있는 가능성이 생기는 것이다. 도야되지 않은 유권자들로서의 대중은 자신들이 〈선택〉하는 것이 무엇인지 모르고, 중우정치에서는 열등한 소수파가 강압을 행사하는 퇴행을 보여주는데, 이는 과거 현명한 군

---

[420] 이는 엘리아스의 저서 《문명화의 과정》에서 강조하는 바이기도 하다.

주가 〈성공〉을 통해 정당성을 획득하고 대중을 통지하는 형태보다도 저급한 정체(政體)이다. 이러한 최악의 상태에서는 즉 "만물은 평등하다. 왜냐하면 만물은 모두 저급하기에"라는 명제가 적용되는 상태가 나타날 수 있다. 아무리 자유적인 국가라도 확고한 지도력이 있어야만 하고, 또한 그 지도자들 견제할 수 있도록 대중은 도야되어 〈대항권력〉을 가지고 있어야만 한다. 이러한 〈역사적 도야〉가 있어야만 결국 평등과 자유를 향할 수 있다. 만일 그러한 〈역사적 도야〉가 없는 경우의 〈대중운동〉(Massenbewegung)은 무질서와 파괴, 그리고 또 다른 독재와 파시즘을 유발한다.[421] 즉, 도야되지 않은 〈대중운동〉은 "명계(冥界)를 깨어나게" 할 수 있다. 프랑스 혁명 당시 등장하였던 무질서와 공포 정치가 그 예이다.

그런데 이러한 〈역사적 도야〉를 가능하게 하는 것은 무력에 기반하여 성장한 권력이 무력에서 법과 질서라는 더욱 부드러운 형태의 권력으로 변모하고, 〈무명적 권력〉의 성장으로 인하여 〈생활적 권력〉이 기능할 때 가능한 것이다. 무력은 결국 대중이 역사적으로 도야할 수 있는 기반을 제공하기에 자유와 평등을 향해 나아가기 위하여 필히 거쳐야만 하는 불가피한 노정이라고 할 수 있다. 물론 그가 무력을 옹호하는 가치판단을 하는 것은 절대 아니다. 그는 단지 인류 역사가 걸어온 과정을 기술하고 분석할 뿐이다.

이렇듯 역사의 과정에서 보이는 두 가지 중요한 경향이 있는데, 그것은 〈계층화 심화경향〉과, 〈계급상승운동의 경향〉이다. 전자는 〈소수의 법칙〉이 관철되어 가는 과정에서 보여지며, 후자는 결국 대중의 〈역사적 도야〉에서 비롯된다. 그러한 대중의 도야를 통하여야만 최초로 〈자유와 평등 증가의 법칙〉이 관철되기 시작한다.

또한 무력의 역할은(적어도 일국 내에서는) 점차 감소되는데, 이러한

---

421 비저는 파시즘을 민주주의의 부정이 아닌, 민주주의를 남용하는 형태로 간주하였다.

〈권력의 순환〉은 파레토(Pareto) 식으로 단지 지도층 간에만 일어나는 것이 아니라, 도야를 통한 권력의 분산과 균형을 통해서 발생하는 것이다.

하지만 역사는 단선적으로 움직이는 것이 아니고, 언제나 무력은 재발될 수 있다. 권력의 형태는 고정되거나 정적인 것이 아니라, 역사를 통해 전복되거나 변모되면서 변천한다. 즉, 그 방향은 단선적인 것은 아니고, 퇴행을 하기도 한다. 그렇기에 비저는 평화를 향하여 인류가 나아가는 경향은 인정하되, 평화가 굳게 정착될 것이라고는 낙관하지 못한다. 언제나 전쟁의 위험은 상존하고 있다는 점을 비저는 낙관적인 평화주의자들에게 경고한다. 특히 근대에 들어서 국가 간의 투쟁이 그러한데, 그러한 국가 간의 분쟁을 중재할 최종 판관은 존재하지 않기 때문이다.

이렇듯 〈권력에 의한 결정성〉을 주목하여야만 〈사회적 과업〉과 역사에 있어서의 법칙과 〈통일성〉(Einheit)을 이해할 수 있다.

> 〈외적 권력〉과 〈내적 권력〉이 그 권력의 〈성공〉을 통하여 대중에 대한 지배를 획득하고, 그 힘들이 변화함에 따라 권력 또한 함께 변화하는 모습을 〈역사서술가〉가 우리에게 설명할 때야 우리는 그의 설명을 이해하며 공감할 수 있게 된다. 〈역사적 권력〉들이 계승되는 일련의 과정을 관찰하면서, 아무리 그 역사의 의미가 이따금 혐오스러운 야만성을 드러낼 지라도 우리는 역사의 의미를 이해한다(본문 547쪽).

본 저서에는 많은 이론화와 〈이데알 티푸스〉들이 등장하지만, 결국 저자의 가장 중요한 주제는 권력이라는 시각을 통해 역사를 조망하는 것이다(Samuels 1983: xxiv).

본서에 대한 평가

독자들이 본서를 통해 쉽게 느낄 수 있는 바는 비저는 각종 대중적 비난에는 전혀 개의하지 않는 듯, 그 서술 방식에 있어서 극도로 직설적이며, 숨기고 싶은 치부를 적나라 드러내고 있기에, 가히 마키아벨리적이라고도 할 수 있다. 권력, 무력, 계급 등, 통상적으로 대중에게는 민감한 용어들, 그리고 학자들이 쉽게 솔직히 자신의 견해를 표하기 싫어 하는 개념들에 대하여 당당히 자신의 의견을 피력한다. 특히 예를 들자면, 진정한 자유가 쟁취되기 위하여서는 무력에 의하여 그 발판이 먼저 마련되어야 하며, 도야되지 않는 대중은 우둔하고 속기 쉽고 선동주의 정치가의 희생양이 될 뿐이라는 대목은 맹목적인 〈자유주의〉를 옹호하는 자들이나, 반대로 프롤레타리아트 운동을 지지하는 모두에게 있어서 감정적 반감을 유발할 수 있는 부분이며, 비저를 무력 찬미자라고 감정적으로 폄하할 소지가 있다.

또한 혹자는 이러한 비저의 솔직함을 파시즘의 전조 혹은 반유대주의로 공격하기도 한다. 이는 마키아벨리에 대하여 사람들이 눈살을 찌푸리는 것과도 같은 맥락이라고 여겨진다. 하지만 역자의 소견으로는 비저의 솔직함이 그의 미덕이며, 역사를 바로보기 위하여서는 솔직함이 필요하지, 단순히 이상과 고상함으로 역사를 보는 것은 지양하여야만 하지 않을까 한다.

이러한 비저의 권력의 분석은 어떠한 현대적 권력의 분석보다도 그 내용은 더욱 다양하고 풍부하며, 동시에 날카로운 직관과 논리적 일관성을 보여주고 있다. 본서는 거의 100년 전에 집필되었지만, 그럼에도 불구하고 현대의 〈권력현상〉을 이해함에 있어 날카로운 통찰을 제공하고 있다.

권력에 대한 사회학적 논의는 막스 베버의 대저 《경제와 사회》의 핵심이다. 하지만 막스 베버로부터 시작하는 고전적 권력론이 주로 권력을 행사하는 주체가 그 대상을 제약하는 측면에서 주목을 하였음에 반하여(즉, power-over권력), 비저는 그에서 진일보하여 지도자가 권력을 행사하여 추종자들의 행동을 유발하여 전체의 이익을 증가시키는 측면(즉,

power-to권력)과 결합시킴으로써 고전적 권력 이론이 가지는 정태적인 성격을 극복하고 그로써 역사적 발전을 설명하려 하고 있다. 피지배자를 통제하고 억압하는 power-over 권력은 단순한 현상 유지 내지는 퇴행할 수밖에 없기 때문이다. 비저의 권력의 분석은 현대에 들어와 막스 베버의 권력 개념에서 출발하여 전개된 이론들,[422] 룩스(Stven Lukes) 등[423] 에 의하여 촉발된 소위 '권력 논쟁', 그람시(Antonio Gramsci), 푸코(Michel Foucault) 그리고 부르디외(Bourdieu 1989)의 〈권력론〉 등에서 보이는 다양한 형태의 권력들을 포괄하고 있다고 하여도 과언은 아닌 듯싶고, 인간의 역사를 권력의 운행으로 분석을 시도한 많지 않은 저서에 속한다. 권력의 '역사적 전개'에 대한 분석은 현대에서는 만(Mann 1986)과 엘리아스(Elias 2000)만이 유일하게 견줄 수 있을 정도이다.[424]

제도주의자로 유명한 워렌 사무엘스는, 단순히 경제학적 영역에만 국한되지 않고 사회에 관한 거대한 이론을 구축한 것은 아담 스미스 이래, 마르크스, 막스 베버, 슘페터, 좀바르트(Werner Sombart), 빌프레드 파레토, 그리고 비저만을 열거할 수 있다고 이야기한 바 있으며(Samuels 1983a: viii). 또한 동시대의 미국 제도학파 경제학인 웨슬리 미첼(Wesley C. Mitchell)은 비저의 《사회경제론》을 존 스튜워트 밀의 《경제학원론》에 필적하는 위대한 사회경제학 저술로 평가하기도 하였다(Kolev 2019: 6). 또한 슘페터는 비저의 본 저작을 아담 스미스의 《도덕감정론》(The Theory of

---

[422] Dahl(1957), Bachrach & Baratz(1962) 등이 대표적이다.

[423] Lukes(2005/1974), Clegg(1989), Pansardi(2012)를 참고. Clegg(1989)는 현재까지의 논의에 대한 탁월한 정리를 하고 있다.

[424] 역사적인 맥락에서 권력을 분석한 저서로서는 Michael Mann(1986), Elias(2000) 등이 있는데, 이들의 분석의 기본 통찰은 이미 비저의 본 저서에 담겨있다고 해도 과언이 아니다.

Moral Sentiments)과 함께, 경제학자가 저술한 가장 뛰어난 사회학적 저술이라고 평가한 바 있다(Schumpeter 1952: 134).

이에 더하여 비저가 가진 사상적 깊이에 대하여서는 슘페터나 하이에크 모두 비저를 괴테에 비유한 바와, 비저에 대한 사후 헌정 논문에서 모르겐슈테른이 다음과 같이 말한 바에서 알 수 있다.

> 비저의 이 마지막 저술이 가지고 있는 그 명료함과 성숙도에 견줄 수 있는 저술은 많지 않다. 그의 풍부한 삶의 경험은 이 책의 각 페이지에서 전달되고 있다. 이 책의 문체는 가히 장인의 경지에 도달하였으며, 이 책에서는 비저가 가진 예술가적 자질이 충분히 표현되어 있다.[…] 비저는 전적으로 독창적인 사상가였으며, 그는 어떤 다른 사람들의 사상을 단순히 받아들이는 것에 머무르려 하지 않고 그 모든 사상들을 섭렵한 후 자기화시켰다(Morgenstern, 1926: 674).

이와는 대조적으로 같은 〈오스트리아 경제학파〉로 분류되고 비저의 문하에서 공부하였던 미제스나 하이에크의 경우에는 본서에 대하여서는 침묵하거나 단지 비저가 일생을 통해 기획한 그런 책이 있었다는 정도의 평가에 그치는 것은(Hayek 1926), 그 학파 내에서의 상이한 이념적 지향성을 반영하는 것이라고 추측할 여지가 있다. 실제로 〈오스트리아 경제학파〉 내에서의 비저의 연구는 그의 순수 이론적 측면에서의 평가에 그치고 있는 것이 현실이고, 그에 따라서 비저는 학파를 창시한 3인방 중에서 가장 기술적인 면에서 뒤처지고, 그의 이론은 모순이 많다는 유독 인색한 평가에 그치고 있다.[425]

---

[425] 하이에크는 그를 추모하는 기고문에서 단순히 비저의 순수 경제 이론을 언급하면서, 비저는 뵘 바베르크보다 뒤처진다고 평가하였고, 후에 스티글러는 비저의 〈자연가치〉라는 개념은 이해 불가능한 개념이라고 혹평한 바 있

워렌 사무엘스에 의하면 주류경제학계, 혹은 〈오스트리아 경제학파〉 내에서 비저가 저평가되고 있었던 것은 주류 경제학의 일반적 풍토는 비저의 저작들을 그 '전체'로 이해하지 않고, 단순히 어떠한 특정 좁은 분야에 한정하여만 연구하였기에 기인하기 때문이라고 지적한 바 있다(Samuels 1992: 239). 즉, 단지 개인이 가지고 있는 효용과 개인적인 선택이라는 좁은 영역으로 경제학을 한정하려는 후대는 비저의 저술 중 자신들의 영역에만 국한된 경제학 이론상에서만의 업적, 즉, 〈한계효용〉, 〈귀속이론〉, 그리고 〈기회비용〉이라는 개념에만 주목하였고 현대 주류 경제학의 관점에서 볼 때 그러한 개념들에 있어서의 정합성 여부와 문제점을 비평하면서 비저를 평가하려고만 하기에 비저가 가진 더욱 큰 시각과 그 안에서 비저의 순수 경제 이론들이 가진 위치를 간과하기 때문이라는 것이다. 또한 그는 비저에게 있어서는 〈오스트리아 경제학파〉 내부의 갈등이 반영되고 있다고 보았다. 즉, 경제학을 좁게 형식적인 순수 이론으로 제약하려는 경향과, 정치경제학이라는 더욱 넓은 영역으로 확장하려는 시도 간의 긴장, 그리고 규범적인 측면에서 〈자유주의〉를 지향하는 경향과 사회에서의 질서, 통제 그리고 집단의 행동을 강조하는 비저의 견해 간의 긴장이 그것이다(Samuels 1992: 9).

역자의 사견에 의하면, 오스트리아 학파 내에서의 비저에 대한 저평가 내지는 무관심은 비저가 가지고 이러한 방법론적 입장, 사회에 대한 문제의식과 역사관은 미제스나 하이테크와도 같은, 개인주의적 방법론을 추구하고 시장근본주의를 주장하며, 이념적으로는 〈신자유주의〉에

다. 그런데, 후자 또한 본서에 대한 어떤 언급도 하지 않고 있다(Stigler 1941). 또한 현대에서 〈오스트리아 경제학파〉를 계승하고 있는 Streissler 같은 학자는 비저의 사회경제학적 접근 방법을 폄하하면서, 그를 '모호한 정신' 혹은 '지적인 날카로움을 결여'하고 있는 사람으로 혹평하기도 한다(Kolev 2019: 4,6).

경도되어 있는 후대의 〈오스트리아 경제학파〉와는 쉽게 공유될 수 없기 때문에, 〈오스트리아 경제학파〉의 계승과 전파에 중요한 역할을 한 미제스 같은 제자들이 그의 평가에 인색(혹은 폄하)함에 기인하지 않은가 생각되기도 한다.

그렇기에 그의 삶과 이론은 상대적으로 덜 연구되어 왔고, 동시에 아직도 해결되지 않은 많은 퍼즐에 싸여있다(Kolev 2019: 4). 사실 본 저서와 이전의 저서《사회경제학》은 〈오스트리아 경제학파〉 내에서는 이미 오래전에 잊혀진 저작이고, 오히려 미국의 제도학파, 쿠르츠(Kurz)같은 마르크스-〈포스트 케인지언〉들에 의하여 최근 다시 강조되고 있는 것이 현실이다.[426]

마지막으로 마르크스와의 차이에 대하여 간단히 언급하겠다. 단순히 외형적으로 보이는 모습, 특히 가치론의 차이(즉, 노동가치론과 주관적 가치론의 차이)에 의하여 양자가 문제의식을 공유하고 있다는 측면은 가려져 쉽게 보이지 않는다고 생각된다. 비저의 가치론은 '주관적 효용'에 기반하고 있는데, 반면 마르크스는 '추상적 노동'에 근거하고 있다.[427]

역자는 이러한 마르크스와 비저 간의 가치론의 차이는 다양한 방향으로 극복될 수 있는 성질의 것이고 생각하는데, 예를 들어 비저의 가치론은 '노동가치론'을 배제한 현대의 마르크스주의자 혹은 마르크스와 스피노자를 접목하려는 시도와 근접하다고 볼 수 있다.[428]

---

426 참고로, 오스트리아학파의 연구 프로그램에 비저를 접목시켜야 한다는 목소리가 최근 제기되고 있는데 이에 대하여서는 Kolev(2017a), Festré(2012), Festré & Garrouste(2016)등을 참고할 것.

427 비저는 본서에서 마르크스의 가치론이 시작되는 "마르크스의《자본론》의 최초 100페이지는 경제학 문헌들 중에서도 가장 어려운 부분이라고도 할 수 있다"라고 묘사한 바 있다.(본문325쪽)

428 대표적인 학자들로는 프랑스 제도주의 마르크스주의자 혹은 소위 '조

비저의 방법론

칼 멩거나 슘페터와는 달리, 비저는 방법론에 대하여서는 어떤 중요한 글도 남기지 않았다(Morgenstein 1927: 669). 그럼에도 불구하고 그를 이해하기 위하여서는 당대 그에게 영향을 미쳤던 방법론적 견해와 그의 저서에서 우리가 파악할 수 있는 그의 방법론에 대하여 정리를 할 필요가 있다.[429]

본서에서의 비저의 방법론은 대체로 막스 베버의 〈이데알 티푸스〉 혹은 〈이념형〉의 방법론을 따르고 있으며, 원자론적 환원주의 내지는 〈개인주의적 교리〉를 배격하고 있다.

1. 〈이데알 티푸스〉 방법론

막스 베버의 중요한 사회과학 분석 방법론인 〈이데알 티푸스〉라는 것은, 어떤 대상의 명확한 인식을 위하여 어떠한 비합리적이고 감정적인 행동의 요소들과 복합적으로 나타나는 현실을 그러한 요소들이 없는 가장 순수한 형태의 '합리적' 행동으로 인하여 표출되는 현상과의 괴리로 설명하려는 방식이다. 이는 설명을 위하여 도입되는 순수한 개념적 허구라고도 할 수 있는데, 현상이 그러한 순수한 형태로 나타나는 법은 없기 때문이다. 그럼에도 불구하고, 어떤 현상을 〈이데알 티푸스〉로부터의 괴리로써 설명을 할 수 있기에 우리가 그러한 현상을 이해함에 도움을 얻을 수 있다(Weber 2019: 81-2, 85). 그런데 이러한 〈이데알 티푸스〉는 경험적으로 도출되는 '경험적 타입'은 아님을 명심하여야 한다(Weber 2019:

절학파'(Regulation School)인 Frédéric Lordon, André Orléan, Michel Aglietta 등을 들 수 있다. 하지만 이들 현대 마르크스주의의 대표 이론가들은 자신들과 비저 간의 사상적 친밀감에도 불구하고 비저에 대한 연구는 거의 이루어지지 않고 있다. 일례로 그들의 저서에는 비저에 대한 언급은 전혀 없다.

[429] 방법론적 개인주의와 역사학파에 대한 본 해제의 부록을 참고할 것.

12n25). 그리고, 자칫 오해할 수 있는 여지는 혹자는 이러한 이상화된 조건하에서 도출된 결론을 그 자체로 현실을 설명하는 이론으로 주장하고 있다고 착각할 수 있다는 점이다.[430]

비저의 이전 저작들은 다분 이러한 방법론을 따르고 있다. 예를 들자면, 그의 저서 《자연가치》에서는 존재할 수 없는 이상적 세계(즉, 모두가 부에 있어서 평등한 사회)를 가정한 후, 그러한 사회에서 가치, 즉 〈자연가치〉가 어떻게 결정되는가를 논한 후, 그것이 부와 권력의 불평등, 그리고 각종 사회제도들이 존재하는 현실에서 존재하는 〈교환가치〉와 어떻게 괴리되는 것을 보여주고 있다.

이러한 비저의 방법론을 막스 베버의 방법론과 유사하다고 보는 견해는 역자만의 견해만은 아니다. 참고로 Kolev(2019), Morlok(2013) 등이 있다.

2. 비저의 방법론과 개인의 주체성의 문제

물론 비저의 분석은 사회를 구성하는 개인으로부터 출발한다는 면에서는 소위 〈방법론적 개인주의〉[431]라고 규정할 수도 있겠지만, 비저의 경우 고전파 경제학, 후대 오스트리아 학파 혹은 〈신자유주의〉 사상에서 말하는 〈방법론적 개인주의〉, 그리고 개인의 '주체성' 혹은 '독립성'과는

---

[430] 이러한 혼선은 현대의 주류경제학에서 보이는데, 일례로 현대에서 유행처럼 사용하고 있는, 일반균형이론에서 파생된 동태적 확률 일반균형(Dynamic stochastic general equilibrium, DSGE)이라는 모형은 지극히 비현실적이고 제약된 가정에 근거하고 있음에도 불구하고, 그것이 실제로 경제를 설명하는 것으로 가정하는 논리적인 '비약'을 하고 있다. 하지만 애로우(K. Arrow)와 더불어 일반균형이론의 대가인 프랑크 한(Frank Hahn)은 일반균형이론이라는 것은 단순히 지적인 유희이고 현실을 설명하는 것이 아니라고 강조하고 있다.

[431] 자세한 설명은 본 해제의 부록 참고.

거리가 멀다. 비저의 경우는 스피노자의 철학과도 마찬가지로, 개인의 힘(혹은 스피노자식으로 말하자면 〈코나투스〉[432])에 의하여 어떤 집단과 그 집단이 가지는 권력이 형성되지만, 역으로 그 집단의 권력이 개인의 정서를 지배한다. 즉, 그 개인들은 자신들의 의식적, 무의식적인 행위의 결과인 사회와 권력에 의하여 지배당한다.

비저가 묘사하는 인간은 독립적이고 자유의지를 가진 인간은 아니고, 사회에 편입되어 있는 존재이며, 권력은 인간의 정서에 영향을 줌으로써 인간의 모든 개인 생활의 영역과 인간의 의식을 지배한다. 인간은 속기 쉽고(소위 〈경신성〉(輕信性)) 인간의 의식은 조작되기 쉽다. 비저는 그러한 인간의 의식을 지배하는 〈내적 권력〉이 권력의 가장 높은 형태라고 본다.

그러한 의미에서 개인은 완전한 주체성 혹은 독립성을 가지지 못한다. 비저는 인간을 '사육화'된 존재로 파악하고 있는데, "심지어는 자기라는 의식도… 철저히 사회가 가지는 힘에 의하여 길러진 것이며, 따라서 순수하게 개인적이지는 못한 방향으로 지향되고 있다." 즉, 개인적 이기심이라는 것은 "무기력한 이기심"에 불과하다고 말한 바 있다(Schulak 2013: 42 에서 재인용). 권력이 인간의 정서를 지배한다는 면에 비추어 볼 때, 통상적으로 〈오스트리아 경제학파〉 혹은 주류 경제학에서 묘사하는 개인이 가진 선택의 자유는 사실은 권력에 의하여 규정지어진 자유에 불과하다.

이러한 점에서 비저의 인간의 행동에 대한 분석은 후대의 〈오스트리아 경제학파〉 내지는 주류 경제학과 차별화된다. 양자 간의 대립은 비저의 경제이론상의 차이에서도 드러난다. 〈오스트리아 경제학파〉 내지는 주류 경제학에서는 개인이 효용을 극대화하는 선택을 한다는 주

---

[432] 역자 용어해설 〈코나투스〉 참고.

체성을 강조한다. 하지만 비저가 의미하는 주관적 효용이라는 것은 개인이 가지고 있는 불가침하고 독자적인 영역이 아니며 사회적으로 결정되는 것이다. 비저의 철학적 기반이라고도 할 수 있는 스피노자식의 사고에 따르자면, 아주 기초적인 생존을 위한 것들 이외에는 타인들이 원하기 때문에 나도 원하는 것이고, 내가 원하는 것 중 많은 것들은 사회적으로 결정되는 것이다.[433] 현대 주류경제학적 용어를 사용한다면, 권력에 의하여 소위 인간의 효용함수 혹은 선호체계 자체가 변화되는 것이다.[434] 이같은 입장에서 볼 때, 비저의 사상은 칼 멩거에서 출발하여 오히려 베블런(Veblen)으로 나아가는 선상에 있다고 할 수 있다(Ekelund

---

433   이러한 면에서 베블런(Thorstein Veblen)이 《유한계급론》에서 묘사한 바와 흡사한데, 단 이러한 모방은 단순히 의식적인 모방에 그치는 것이 아니라, 무의식적인 측면도 포함하는 것이고, 따라서 의식적 모방 심리보다 더 포괄적이며, 어쩌면 현대에 있어서의 가장 뛰어난 사회철학자로 일컬어지는 부르디외(Pierre Bourdieu)가 주장하는 '상징자본' 혹은 '구별짓기'(La Distinction) 심리 혹은 그람시의 '허위의식'과도 유사하다고도 할 수 있다. 즉, 현대 주류 경제학에서 사용되는 표현을 이용하자면, 개인이 가지는 효용함수(utility function) 자체가 변하는 것이다. 참고로, 권력이 개인의 효용함수를 변화시킨다는 명제는 현대에서는 Bartlett(1989)이 개진한 바 있으나, 주류 경제학에서는 거의 주목을 받지 못하고 있다.

434   주류 경제학에서도 물론 외부 환경에 따라서 소비자의 최종 선택은 결정된다. 예를 들어서 가격 체계, 그리고 개인의 예산 등이 그러한 외부적 환경이다. 하지만, 그들의 체계에서는 효용함수 자체는 불변이고, 개인이 가지는 신성한 영역이다. 그런데, 그들의 이론에는 개인은 전지전능하여 지금 존재하지 않지만, 미래에 등장할 재화도 다 알고 있어야만 하고, 생산자가 광고 등을 통하여 유혹하더라도 그에 조작되지 않는다는 강한 가정이 필요하다. 반면 비저의 체계에서는 이 개인이 가지는 효용 함수는 불가침의 영역이 아니고 사회적 산물이며, 변화하고 조작 가능하다는 점에 있어서 주류경제학과의 근본적 차이 점이 존재한다.

2014: 350).

비저는 마키아벨리적인 솔직함과 살을 베는 듯한 날카로운 통찰로서 권력을 해부하고, 자유의 허상을 폭로한다. 시장주의자 혹은 소위 〈자유주의자〉들에게 있어서의 '권력'과 '지배'라는 두 단어는 그들이 말하는 숭고한 개인의 자유의지를 침해하는 단지 외적인 요소에 불과하고 그것이 인간 사회 내부에서 자생적으로 자라나는, 인간 사회에 있어 어쩔 수 없는 한계임을 느끼지는 못한다.

결론적으로 말하자면, 본서에서도 비저가 강조하고 있지만 비저는 고전파 경제학의 개체주의적 방법론의 한계를 지적하고 있다(본서 34쪽). 비저의 체계는 〈사회적 집단〉과 개체 간은 서로 영향을 주고받으면서 진화 및 발전하는 체계이지, 어느 한쪽이 다른 한쪽에 일방적으로 영향을 주는 관계는 아니고, 그러한 일방통행적인 분석 방법은 〈사회현상〉을 분석함에 있어서 큰 오류를 범할 수가 있음을 누누이 강조한다.

워렌 사무엘스는 이러한 대립을 지적하고 있다. 후대의 〈오스트리아 경제학파〉와는 달리, 비저에 있어서는 사회의 '집단행동' 혹은 '권력'에 대한 분석이 공존하고 있었고, 그러한 의미에서 단순히 〈방법론적 개인주의〉와 더불어 '방법론적 집단주의'(methodological collectivism)가 병행되었으며, 정책 및 사회 규범에 관하여서도 단순히 개인의 자유만을 존중하는 자유방임주의(lasissez-faire)와 병행하여 사회의 질서와 집단행동의 필요성, 그리고 경제문제에 있어서 권력의 필요성에 의하여 개인의 선택의 자유가 제약될 수밖에 없다는 측면이 동시에 고려되었음에도 불구하고, 후대에 있어서의 통상적인 경제학에서는 개인의 선택과 효용이라는 강조하였기에, 비저의 경우와 같이 경제를 '권력의 체계'로 이해하는 더욱 큰 맥락을 도외시하게 되었다고 한다(Samuels 1992: 241).

비저에 있어서의 존재론적 입장은 그의 정치적 견해에 있어서도 반영이 되고 있는데, 비저는 본서에서 소위 '민주주의적 견해'를 무조건 신봉하는 자들의 견해를 조소하고 있고, 특히 난세에서는 질서를 부여하기 위하여 등장하는 '지도자'와 국가의 역할을 특히 강조하고 있음은 소위 〈자유주의〉 사상을 지지하는 입장에서는 파시즘의 전조라고 여길 소지가 충분히 있는 것이 사실이다.

그런데, 비저의 제자들 중에서는 비저에 대하여 슘페터와 같이 극찬을 한 경우, 혹은 다소 '외교적으로' 찬사를 한 하이에크와는 달리, 미제스의 비저에 대한 평가는 특히 인색한데, 미제스는 "비저는 절대로 독창적인 사상가는 아니었고 어떤 측면에서는 유용하지 못하고 오히려 해를 끼치는 측면이 있었지만, 다른 어떤 측면에 있어서 생각들을 풍부하게 하게 한 점도 있었다"고 언급한 바 있다(Kolev 2019: 17). 이는 그 방법론적 차이와 정치적 이념상의 대립의 표현이 아닌가 생각된다.

혹자는 역사를 권력의 운행으로 해석하는 비저의 입장을 〈유물론〉(唯物論)과 대비하여 일종의 '주관주의' 혹은 관념론으로 해석할 수도 있지만, 스피노자적 철학에 입각하고 있는 저자의 사상은 〈유물론〉이나 관념론이라는 구분을 적용하기에는 적합하지 않고, 그러한 구분은 그저 무의미할 뿐이다. 굳이 말하자면 유심 일체론이다. 이는 스피노자의 철학이 관념론이나 〈유물론〉이라는 흑백론적 구분으로는 이해될 수 없음과도 같다.

또한 비저의 이론은 결정론과는 거리가 멀다. 비저는 〈이데알 티푸스〉로서의 권력의 운행 법칙을 이야기하는 것이며, 그 권력이 실제적으로 펼쳐지는 모습은 각 환경과 상황에 따르기 마련이다. 또한 비저는 사전적으로 어떤 것을 '예측'하려는 것이 아니며, 단지 권력이 움직이는 다양한 법칙들을 이론화하고, 그것에 의하여 지나온 과거의 역사를 해석하는 것이다. 그리고 그러한 이해는 미래에 대한 '가능성'들을 제시하는 것이며, 결코 결정론은 아니다.

3. 〈자생적 질서〉와 제도

칼 멩거는 진화론적 사고를 가지고 있었고, 제도라는 것은 그 인간의 비의도적인 활동의 결과임을 이미 주장한 바 있었다. 이같은 인간의 〈자생적 질서〉의 결과로서의 제도라는 입장은 후에 하이에크 등의 사상의 원류가 되었다. 이러한 견해를 비저도 수용한다. 하지만 비저는 제도의 형성에 대하여 다른 종류의 다양한 경로도 이야기한다.

칼 멩거, 비저를 거쳐 하이에크까지 전해 내려오면서 하이에크 주장의 대명사로 되어버린 〈자생적 질서〉(spontaneous order)라는 개념은 제도라는 것은 '비의도적'인 인간의 행위로 인하여 발생되는 것을 설명하고 있다. 하지만 이는 한쪽 방향만의 인과의 사슬을 이야기할 수 있다. 비저에 의하면, 물론 제도라는 것은 〈자생적 질서〉로 만들어지는 경우도 있지만, 권력을 획득한 지도자의 의식적 창작물일 수도 있다. 또한 그렇게 형성된 제도는 최초에는 그 자체로 〈성공〉을 시현하였거나, 아니면 지도자의 〈성공〉을 배경으로 등장하였을 수도 있다. 그런데 그렇게 등장한 제도는 비효율적일 수도 있는 것이다. 그리고, 최초에는 효율적이었지만 시간이 지남에 따라 효율성을 상실하고 비효율적으로 됨에도 불구하고 역사적으로 고착되어 지속될 수도 있다. 반면 미제스나 하이에크의 경우에는 〈자생적 질서〉로 나타난 제도는 효율적이며 그 자체로 '옳은' 것이라는 주장을 하고 있다.

일례로 미제스나 하이에크의 경우에서는 〈자생적 질서〉의 소산인 시장에서의 '가격'은 효율적이고 정당하다는 규범적 주장을 함에 반하여 비저의 경우 시장가격은 왜곡될 소지가 충분히 있는 것이며(Kolev 2019: 17), 비저가 말하는 이상적인 사회(즉, 부와 권력이 모두에게서 동일한 사회)에서 시현되는 〈자연가치〉는 아닌 것이다. 일례로 현대 오스트리아학파 경제학이나 주류 경제학에 의하면 현실 가격과 이상적인 가격의 괴리는 소위 시장의 불완전성에 의하여 발생하는 것이고, 따라서 독점 혹은 임금의 하방 경직성 등의 시장의 불완전성을 제거함으로써 가격이 올바른 척도가 될 수 있다고 보는 반면, 비저에 있어서는 그 자연가치와 시장가격의 괴리는 시장의 불완전성의 문제가 아니고 소득과 부의 불공평에 기인하는 사회구조 자체의 문제이다. 따라서 시장의 불완전성이 제거되더라도 시장에서 시현되는 가격은 효율적인 것도, 정당한 것도 아니다.

또한 비저에 있어서는 〈자생적 질서〉로 형성된 제도는 비록 최초에는 개인들의 '힘'에 의하여 형성되었다고 하더라도 권력을 가지게 되고 결국 개인을 지배할 수 있다. 즉, 비저는 제도의 형성에 관한 고찰에서 진일보하여, 인간의 행위 혹은 행동의 산물인 제도가 일단 정착이 되어 사회에 '편입'(embedded) 되면, 이제 그 제도는 인간의 의사 결정을 지배하거나 적어도 제약하는 결과를 초래한다. 이러한 반대 방향의 인과관계에 대하여서는 현대 오스트리아 경제학파는 침묵하고 있다.

마지막으로 사회는 '권력'에 의해 지배되고, 〈사회적 권력〉의 균형이 달성되기 위해서는 〈지배적 리더십〉에 대항하기 위한 일종의 길항력(拮抗力, countervailing power)이 요구되고, 따라서 권력을 가진 자본가에 대항하여 노조와 같은 조직과 제도를 형성하는 것을 지지하기도 하였는데, 이같은 그의 입장은 갈브레이스(J.K. Galbraith)에 비교되기도 한다 (Ekelund 2014: 350). 반면 현대 오스트리아 경제학파는 이같은 노조와 같은 길항조직을 시장의 효율을 저해하는 걸림돌로 간주한다.

비저와 막스 베버, 그리고 〈오스트리아 경제학파〉 거장들과의 관계

1. 비저와 막스 베버

비록 비저가 막스 베버보다 13년 연상이었다고는 하지만 막스 베버가 비저에 미친 영향은 지대하다(Kurz 2018). 두 사람 모두 하이델베르크에서 칼 크니스 문하에서 공부한 경력이 있는데, 칼 크니스는 원래 법학을 전공하고 법률가로서의 경력을 꿈꾸던 막스 베버를 경제학에 관심을 가지도록 유도하였다. 회고에 의하면, 막스 베버는 칼 크니스의 강의는 다소 지루하였고, 그의 인성에 대하여서 별로 호감을 느끼지 못하였지만, 곧 경제학에 끌리게 되었고, 당시 열병처럼 번지던 '신'역사학파의 슈몰러로부터는 어느 정도 거리를 두게 되었다고 한다(Kolev 2017: 3). 실제로 크니스의 사후, 1897년 막스 베버는 그 자리를 계승하게 된다.

베버와 비저 모두 1909년 당시 비엔나의 사회정치학단체(Verein für Socialpolitik)에서 '가치판단논쟁'(Werturteilsstreit)에 참여하였고, 또한 막스 베버는 1917-1918년간 비엔나대학에 머물고 있었기에 두 사람의 교류가 잦았다. 또한 두 사람 모두 1909년에 막스 베버가 설립한 독일 사회학 협회(Deutsche Gesellschaft für Soziologie)와 골드샤이트(Rudolf Goldscheid)가 1907년에 설립한 비엔나 사회학 협회(Soziologische Gesellschaft in Wien)에 가입하여 활동을 하였다. 그 둘 간의 개인적 교류를 엿볼 수 있는 것은 1918년의 비저의 일기장의 기록인데, 그에 다음과 같이 적혀 있다: "막스 베버와 그의 부인, 내가 존경심을 가지고 있는 아주 극소수의 사람들 중의 하나. 내가 그들과 함께 있을 때 내가 얼마나 스스로 초라하게 느끼는지를 그들은 알까"(Kolev 2017: 12).

두 사람의 나이 간격에도 불구하고 실제로 그 둘 간의 차이는 훨씬 좁고, 막스 베버가 비저를 자신이 주도한 《사회경제학의 기초》(Grundriß der Sozialökonomik)라는 백과사전 중의 한 권의 편집자로 선정한 것은 우연이 아니다. 1914년 출판된 비저의 《사회경제론》은 막스 베버가 경제이론에 관하여 그 백과사전 시리즈 중의 하나로서 기획한 것이었고,[435] 비저가 사회학에 있어서 가장 개방적인 자세를 가지고 있기에 그 목적에 가장 적합하다고 생각하여 촉탁한 것인데, 사실 비저의 관심은 오로지 사회학 분야에 있었기에 그러한 촉탁에 대하여 주저하였다고 한다(Kolev

---

[435] 또 다른 경제학 분야는 경제사상사 분야였는데, 베버는 이를 당시 약관의 슘페터에게 촉탁하였다. 우리에게 잘 알려진 베버의 대표작인 《경제와 사회》도 이 백과사전 시리즈 중의 하나로서 베버 자신이 집필할 계획을 가지고 있었지만 베버가 1920년 사망할 때까지 완성을 보지 못하였다.

2017: 9). 막스 베버는 비저의 《사회경제론》이 그 백과사전 시리즈에 있어서 가장 중요한 부분이라고 생각하였다(Kolev 2017: 10).

두 사람은 많은 분야에 있어서 방법론과 관심이 일치하였다. 방법론적 측면에 있어서는 경제학 이론은 어떤 특정한 형태의 인간의 행동을 이해하기 위하여서는 필수적인 수단이라는 점, 인간의 행동에 대한 평가를 함에 있어서의 의미를 이해하고 해석하는 것이 매우 중요하다는 점, 그리고 〈방법론적 개인주의〉[436]의 중요성, 마지막으로는 〈사회현상〉을 연구함에 있어서 당대에 유행하던 유물론적 견해에 대비하여 주관적인 요소의 중요성을 강조하였던 점[437]등을 들 수 있다(Kolev 2017: 16). 그들이 가지는 관심 혹은 방향성에 있어서는 사회적 질서라는 개념, 그리고 〈권력현상〉에 대한 연구에 대한 관심상의 일치성을 발견할 수 있다. 그들의 관심사는 어떻게 경제적 이해를 추구하는 개인들과 경제적 질서가 사회적인 권력관계에 편입되어 있고, 그럼으로써 그러한 권력이 개인들을 사회화시키고 또한 경제적 질서를 형성시키는가, 즉 개인과 사회가 어떠한 영향을 서로주고 받는가에 관한 것이었다. 즉, 〈권력현상〉에 대한 연구가 그들의 공통 관심사였다. 주목할 점은 막스 베버의 Magnum Opus로 간주되는 《경제와 사회-해석적 사회학》(Wirtschaft und Gesellschaft. Grundriß der verstehenden Soziologie)은 막스 베버의 사후 막스 베버의 미망인에 의하여 붙여진 이름이고, 원제목은 '경제, 사회적 질서들, 그리고 권력들'(Die Wirtschaft und die gesellschaftlichen Ordnungen und Mächte)이다. 이에 본 비저의 저술 《권력의 법칙》과 막스 베버의 프로젝트 간의 방향성에서의 일치성을 느낄 수 있다.

---

436 베버에 있어서의 〈방법론적 개인주의〉에 대하여서는 본 해제792쪽을 참고.

437 칸트나 헤겔식의 주관주의가 아니라 아래에 언급하듯이 권력, 질서, 제도라는 현상에 주목하였음을 의미한다.

비저는 경제 사회학적 측면에서 그의 스승 칼 멩거에 비하여 더욱 폭이 넓게 발전시켰다는 점, 그리고, 비저는 막스 베버에 비하여 경제 이론 면에서는 더욱 심도있고 또한 명시적으로 발전시켰다는 점에 비추어 비저는 칼 멩거와 막스 베버의 중간에 위치한 학자로 묘사되기도 한다(Kolev 2017: 16).

결국 두 사람 모두 '사회 경제학'을 통하여 사회적 질서의 연관성 하에 경제를 바라보고자 하였던 점에서 일치하였다고 할 수 있다(Kolev 2017: 20).

2. 슘페터에 미친 영향

슘페터는 비저의 문하에서 공부하였고, 슘페터가 그의 첫 저술(Schumpeter 1908)의 서문에서, 자신이 왈라스와 비저와 친한 관계라고 언급을 하고 있기는 하지만, 그 이후에는 자신의 저술에서 비저를 언급한 부분은 많지 않다. 따라서 실제적으로 슘페터 자신이 비저의 생각에서 직접적으로 직접적인 영향을 받았는지는 논란거리이다(Samuels 1983b: 9). 하지만 워렌 사무엘스가 지적한 바와 같이 두 가지 중요한 점에서 두 사람이 가진 사상은 밀접하게 연관되며, 비저가 슘페터에 영향을 미쳤다고 생각할 만한 충분한 합리적 근거가 존재한다고 한다.

첫 번째로는 사회에서의 리더십을 선도하는 지도자와 〈대중의 추종〉이라는 비저의 생각은 〈혁신가〉와 그를 추종하는 소비자들이라는 슘페터의 생각과 일치한다. 슘페터에 의하면 〈혁신가〉들에 의하여 소비자들이 새로운 제품과 소비 패턴에 적응하며, 그 〈혁신가〉들의 의지에 따르도록 함으로써 경제발전은 진행된다(Kurz 2018: 45). 슘페터에 의하면,

> 경제 체제에서의 혁신은 우선 소비자들의 마음속에서 자발적으로 새로운 욕구가 생겨나고, 그 연후 그 소비자들이 가하는 압력으로 생산 장치들이 움직이는 것이 아니다.[…] 오히려 생산자가 그러한 경제적

변화의 과정을 주도하는 것이며, 소비자들은 필요하다면 단지 생산자에 의하여 교육되는 것에 불과하다. 즉, 그 소비자들은 새로운 제품을 원하도록 교육되는 것이라고 할 수 있다(Schumpeter 1934: 65).

그런데 이러한 지도자-추종자, 그리고 〈혁신가〉-소비자들의 관계는 위계적 권력관계이며, 그러한 권력의 원천은 〈성공〉에 의한 〈선택〉이다. 사실 지도자와 추종자라는 개념은 그 자체로만 보자면 〈오스트리아 경제학파〉에서 공통된다고 볼 수도 있다. 칼 멩거의 경우에 있어서도 남보다 '영리한 자'가 발견한 화폐를 사용하는 이 점을 다른 대중들이 모방하며, 슘페터에 있어서도 그러한 추종자의 모방이라는 개념은 등장한다. 하지만, 비저가 여타 〈오스트리아 경제학파〉와 다른 점은 추종자는 단지 추종자로서의 모방의 역할만을 하는 것은 아니라는 점이다. 대중은 지도자의 모범과 인도를 자신 내에 체화할 수 있고, 그 안에서 상대적 독립성을 가지게 되고, 그것을 적극적 추종으로 변화시킨다.

간과하기 쉬운 또 다른 측면은 '〈역사적 도야〉'의 중요성에 대한 강조이다. 비저에게 있어서 〈역사적 도야〉를 통하여 대중은 성숙하며, 그러함으로써 사회가 발전할 수 있다. 그렇지 못한 경우 대중은 권력을 잡고 남용할 수 있다. 이 점에 있어 슘페터도 의견을 같이한다. 슘페터의 《자본주의, 사회주의, 민주주의》에서는 경제 체제의 효율성은 통제와 대중의 규율에 기인한다.

3. 하이에크 그리고 미제스

하에에크는 비저를 자신의 스승이자 멘토라고 언급하고는 있지만, 정작 사회철학 혹은 경제사회학 분야에서는 비저에 대한 언급이 드물다. 심지어 이론 경제학적 측면에서의 직접적인 영향에 대하여서도 논란이 존재한다.⁴³⁸ 비저의 사후 하이에크가 게재한 추모문에서는(Hayek 1926),⁴³⁹ 하이에크는 비저의 본 저서를 '비저의 일생의 저작'이라고 칭하며, 그가 젊었을 때부터 추구하였던 연구의 결과이고, 그가 서거하기 전의 수년간에 걸쳐 발표한 글들은 이 대작을 위한 준비 작업이었다고 말한다. 또한 이 책은 곧 세상에는 그가 남긴 위대한 업적 중의 하나라고 평가할 것이라고 언급하였고, 그가 가진 비범한 재능은 과학적 연구를 하나의 예술적 경지로 승화시켰고, 이 책을 읽으면 평소 비저의 주변 사람들이 왜 그를 괴테에 비유하였는지를 이해할 수 있다고 극찬을 하고 있다(Hayek 1926: 527).⁴⁴⁰ 또한 동일한 글에서 하이에크는 비저는 단순히 논리적인 우아함을 추구하기 위해서 '사실'들에 폭력(Gewalt)을 가하려고 않았으며, 사실에의 충실성을 위해 필요하다면, 논리적 통일성과 정합성을 희생시키기도 하면서 자신이 비록 완전하게 파악하지 못하였던 새로운 개념을 도입하려 하였다고 한다.

하지만, 하이에크는 이상하게도 정작 이 책에 대하여 구체적 언급

---

438 Calwell(2002: 47-8). Caldwell의 견해는, 단순히 몇 가지 방법론적인 견해 혹은 합리적 효용 가설들이 현실을 설명하기에는 부적절하다는 점 등의 간접적인 영향을 제외하고는 비저가 하이에크에 직접적인 영향을 주었다는 증거는 거의 없으며, 더더욱이 비저가 왈라스식의 일반 균형이론에 동의하였고, 그것이 하이에크에 영향을 주었다는 견해들은 어떠한 근거도 없는 상상에 불과하다고 생각한다. 실제로 비저는 일반균형이론은 어떠한 이론적 원칙만을 표현함에 불과하지, 실제로 경제를 이해하는 목적에는 적합하지 않다고 생각하였다(전게서: 52). 즉, 경제가 서로 얽혀있는 것을 이해하는 것은 중요하지만, 그것이 왈라스식의 일반 균형이론을 통하여 이해될 수 있다는 것은 부인하였다.

439 동일한 글의 영어 번역은 Hayek(1992)에 수록되어 있는데, 역자는 영어번역본을 접하지 못하였다.

440 전술하였듯이 슘페터도 비저가 괴테로 불리웠다는 점을 기록하고 있다.

은 삼가하고 있다. 이는 위의 동일한 글에서 그가 비저의 경제학 순수 이론적 면에 있어서는 상세히 설명하고 있음과 대조된다. 그리고, 하이에크가 이 저서를 위대한 작품이라고 평가하였음에도 불구하고 그 이후 하이에크의 주요 사회 철학적 저서, 예를 들자면 그의 저서 《예종에의 길》(Hayek 1944)에서는 비저에 대한 언급은 전혀 없으며, 본서의 전개 구조를 따르고 있다고 평가되는[441] 하이에크의 명저 《자유헌정론》(The Constitution of Liberty)에서는 비저의 본 저작을 권력에 대하여 언급한 바 있는 수많은 저서 중 하나로만 주석에 표시함에 그치거나(Hayek 1960: 201), 혹은 권력이라는 것은 단지 "물리적 사실"(physical fact)이 아니라 사람들을 복종하게끔 하는 "의견의 상태"(a state of opinion)라고 말하면서 흄(Hume)과 함께 비저의 이름만을 잠깐 주석에서 언급하고 있을 뿐인데(전게서: 269), 역자가 보기에는 이러한 후자와 같은 묘사는 비저가 본서에서 개진한 사상에 대한 아주 피상적인 언급으로만 여겨질 뿐이다. 또한 하이에크가 추모사나 어떤 회고록에서는 비저에 대한 찬사의 말을 아끼지 않았지만, 실제 자신의 저술에서는 그러한 대목이 없었다고 한다(Kolev 2019: 17). 반면, 하이에크가 그의 저서 《New Studies in Philosophy, Politics, Economics and the History of Ideas》에 들어있는 "Two Types of Mind"라는 글에서 담긴 회고에 의하면, 뵘 바베르크는 그의 주제에 관하여 '장인'이었음에 반하여, 비저는 '퍼즐을 제시하는 사람'(puzzler)이었다고 이야기하기도 하였다(Hayek 1978: 51주).[442]

　　단지 역자의 개인적 추측에 의하면, 비저가 스피노자 철학에 의거하여 부정하고 있는 소위 '자유의지,' 그리고 개인의 의지가 '집단성'에 의하여 형성을 받는다는 측면은 하이에크 자신의 〈개인주의적〉 방법론

441　Kolev(2017: 16).

442　이 말의 의미가 폄하인지, 아니면, 칭찬인지는 분명하지 않다.

에 의한 철학 체계와 모순되고, 비저의 국가의 역할에 대한 강조, 지도자의 역할, 집단주의적 성향 등의 많은 측면에서 하이에크 자신의 신념과 모순이 되기에 그러한 것이 아닐까도 생각된다. 하지만 적어도 하이에크의 〈자생적 질서〉는 칼 멩거와 비저에게서 강한 영향을 받은 것임에는 틀림없다. 단 비저는 그렇게 형성된 질서가 개인을 지배하는 측면에 방점을 두었다는 차이는 있다.

반면 미제스는 비저의 가치이론과 화폐 이론에 대한 비판적 고찰을 하고 있을 뿐, 본 저서에 대한 평가는 없다.

역자해제 부록

1. 비저의 순수 경제 이론[443]

1) 효용이라는 개념*

효용이라는 개념은 경제학 원론 수준을 공부한 사람들이라면 이미 친숙한 개념일 듯하다. 이에 비전공자를 위하여 비저와 연관된 측면에만 국한하여 아주 간단히만 설명하기로 한다.

1871년에는 제본스의 《정치경제학 이론》(The Theory of Political Economy)과 칼 멩거의 《경제학원론》(Grundsatze der Volkswirtschaftslebre)이 동시에 출판되었고, 3년 뒤에는 왈라스의 《순수경제학》(Elements d'economie politique pure)이 출판되면서 경제학에서의 소위 〈한계혁명〉이 개시되었으며, 그들의 이론은 현대 경제학에 계승되어 주류 미시 경제 이론을 형성하고 있다.

---

[443] 해제 중 경제 이론에 관한 부분은 경제학 전공자를 위하여 수록하였으니, 비전공자는 이중 별표(*)로 표시한 부분을 뛰어넘어도 본서를 이해함에 있어서 지장이 없다.

이들 간에는 그 차이 점에도 불구하고 여러 공통점들이 발견된다. 무엇보다도 중요한 공통점은 그들 모두 순수히 주관적인 가치이론과 분배이론을 주창하였다는 점에 있다. 즉, 모든 가치는 개인들의 주관적 평가에 의존한다는 것이다. 각 개인은 마음속에 이미 모든 재화에 대한 선호도와 주관적 효용을 가지고 있기에 소비하는 재화의 양에 의하여 자신의 효용이 결정되는 효용함수를 가지고 있다.[444] 그리고 각자는 고립된 로빈슨 크루소로서, 각자가 가지는 효용함수는 다른 사람에 의하여 영향을 받지 않는다.

제본스는 재화의 수요와 가치는 〈마지막 효용의 크기〉(final degree of utility)에 의하여 결정되며, 그에 의하여 생산이 결정된다고 보았다. 제본스의 저술과 같은 해에 발간된, '구'역사학파의 거장 빌헬름 로셔에게 헌정한 칼 멩거의 저술 《경제학원론》은 그 이전에 존재하던 독일의 주관적 가치이론을 계승하였는데, 이를 보편적인 인간의 행동에 관한 이론으로 정립하려 하였다.[445]

이러한 초기 효용이론의 핵심은 아담 스미스, 리카르도 등의 그 이전 경제학에서 주장하였던, '생산'이 가치를 결정한다는 주장을 전도시

---

444 단, 미래에 나타날 수 있는 상품에 대한 효용도 이미 가지고 있거나, 혹은 새로운 상품이 나타날 여지는 없다는 가정이 암묵적으로 전제된다. 이러한 비현실적인 가정은 현대의 주류 경제학 이론에서도 지속되고 있다. 소비자는 향후 자신의 모든 생애에 걸쳐 나타날 상품들에 대한 선호도를 이미 가지고 태어난다고 가정된다.

445 후대의 평가에 의하면, 칼 멩거의 이론 체계는 제본스에 비하여 월등히 세련되었고, 특히 제본스에서 보이는 조악하고도 불필요한 수학 등을 피하였으며, 비록 맹아적이기는 하였지만 분배 이론도 포함하고 있었다. 무엇보다도 큰 차이는 제본스는 어떠한 후계도 남기지 않았음에 반하여 칼 멩거는 비저, 뵘 바베르크, 미제스, 하이에크, 슘페터 등의 거장들에 의하여 계승되어 〈오스트리아 경제학파〉를 결성하였다는 점이다(Stigler 1941: 135).

켜, 소비자의 선호 혹은 주관적 효용에 의하여 가치가 결정된다고 본 것이다.

2) 칼 멩거의 〈귀속이론〉*

그렇다면 어떠한 방식으로 다양한 종류의 재화의 가치가 결정되는가?

칼 멩거는 모든 재화를 직접적인 소비 욕구를 만족시키는 재화(1차 재화)와, 그러한 소비재를 생산하기 위해 필요한 재화(2차 재화)로 구분하였는데,[446] 소비자로서의 경제 주체의 평가에 따라 소비재인 1차 재화의 가치가 결정되고, 그에 의하여 생산재인 2차 재화의 가치도 결정된다고 보았다. 이렇듯, 2차 재화 혹은 고차원의 재화의 가치를 1차 재화의 가치에서 도출하는 방법을 소위 〈귀속이론〉(Zurechnungslehre; imputation theory)이라고 칭하는데, 이에는 여러 가지 모순과 문제가 발생한다.

칼 멩거의 〈귀속이론〉은 소위 〈손실의 원칙〉(Verlustprinzip; loss principle)에 의존한다. 예를 들자면, 어떤 2차 재화의 투입을 줄이는 경우 생산된 소비재의 가치는 줄어드는데, 이때 줄어드는 가치를 2차 재화의 가치로 간주한 것이다.

그런데, 이러한 논리에 수반되는 모순은 쉽게 찾을 수 있다. 예를 들어 자동차의 바퀴가 네 개인데, 바퀴 하나가 없는 경우 자동차는 운행할 수 없으니, 자동차의 가치는 0이되고, 따라서 바퀴 하나의 가치는 자동차 전체의 가치가 된다. 그런데, 네 개의 바퀴가 각각 자동차 전체의 가치라면, 바퀴 전체의 가치는 자동차 4대의 가치가 되는 셈이다. 칼 멩거는 자신의 〈귀속이론〉에 있어서 가치평가가 '과대평가'되는 문제점을 해결하지 못하였다.

---

446 재화에는 노동과 토지가 모두 포함된다.

3) 비저의 가치이론*

칼 멩거의 제자였던 비저는 칼 멩거의 가치이론을 계승하였는데, 초기에는 칼 멩거처럼 소비자의 욕구와 그에 의한 재화의 가치평가에서 시작하여 교환에 관한 일반 이론을 정립하고자 하였다. 이러한 소비자의 주관적 평가에 의거하여 생산자는 생산을 결정한다. 제본스가 말한 '마지막 효용의 크기'에 〈한계효용〉(Grenznutzen, marginal utility)이라는, 현재까지 통용되고 있는 명칭을 부여한 것은 비저였다.

그에 의하면 어떤 재화의 소비하는 경우, 추가적으로 어떤 재화를 소비함으로써 그 추가적인 소비에서 얻어지는 효용은 감소하고, 그 재화의 가치(=가격)는 소비하는 마지막 단위에서 얻어지는 효용에 의하여 결정된다. 그렇다면 가격은 소비가 늘면 계속 떨어지는 결과가 초래된다.[447] 그런데 가격이 마지막 소비재의 단위에서 얻어지는 효용에 의하

---

[447] 후대의 이론적 체계에 의하면, 이것은 단지 수요함수만을 의미하고, 가격은 우하향하는 수요곡선와 우상향하는 공급공선이 만나는 교점에서 결정되기 때문에 비저의 이론은 틀렸다고 이야기할 수도 있다. 그런데, 이러한 비판은 단순히 현대 경제학이 사용하는 색안경에 의하여 비저를 바라보기 때문이다. 즉, 현대 주류 경제학 이론은 자신 스스로 그 정합성에 있어서 완전하다고 믿고, 그에 비추어서 비저는 모순적이라고 비판하는 논리에 불과할 수도 있다. 사실 현대 경제학에서의 우상향하는 공급 곡선은 생산에 있어서의 수확체감의 법칙이라는 또 다른 가정이 은근슬쩍 개입한 것이고, 또한 그 공급 곡선의 도출에는 형이상학적인 '자본'과 그 '자본'의 생산성이라는 개념을 상정하고 있다. 사실 현대 주류 경제학에서 애용하는 '자본'이라는 개념은 자기 모순적인 개념임은 1960년대의 소위 '자본논쟁'(역자 용어해설 참고)에서 충분히 입증되었음에도 불구하고 여전히 주류 경제학 교과서에는 등장하고 있다. 참고로, 비저도 또한 '한계생산물'이라는 개념을 사용하고 있지만, 그 개념은 현대 주류경제학에서의 그것은 아니고, 단지 추가적인 소비에서 얻어지는 효용을 의미하는 것이다(Stigler 1941: 161).

여 결정된다면, 그 이전에 이미 소비한 재화에서 얻어진 효용들 모두는 마지막 소비 단위에 의하여 결정된 효용보다 높을 것이다. 그렇다면 소비에서 얻어지는 전체 효용의 합은(마지막 단위에서의 효용 x 최종 소비 수량) 더욱 커진다.

또한 마지막 단위의 효용에 의하여 가격이 결정된다면, 어느 일정 수량을 넘어서 판매하는 경우, 그 추가 소비로 인하여 전체 효용은 그래도 증가하더라도, 기업가가 벌어들이는 수입은 줄어들 수 있다.[448]

비저의 가치론은 많은 사회적 시사점을 제시한다. 일단 주목할 수 있는 점은, 시장에서의 교환가치의 합(= 소비수량 x 마지막 소비 단위에서 얻어지는 효용)은 전체 가치(누적 효용)와 괴리가 있고, 특히, 판매자의 입장에서는 사회 전체의 효용이 증가하더라도 자신들이 벌어들이는 매출(즉, 교환가치의 합)이 줄어들게 되면 더 이상 생산을 하지 않는다는 것이다.

본 해제의 목적은 비저가 가지고 있던 문제의식을 살피는 것이고, 비저를 경제 학설사라는 관점에서 보거나 혹은 그의 주장이 논리적으로 옳은가의 여부를 판단하는 것은 아니다. 따라서 위와 같은 비저의 주장의 논리적 정합성 여부를 떠나, 그가 강조하였던 바를 아래와 같이 인용하기로 한다.

> 사적 [기업가]은 사회 전체를 위하여 최대한의 효용을 제공하는 바에는 개의하지 않는다. 그의 목적은 그 자신을 위하여 가장 높은 가치를 취득하는 것이며, 그것만이 그 자신에게 있어서 가장 높은 효용을 보장하는 길이다. 효용이라는 것은 이러한 기업가적 경제에서 가장 최초의 원리로 작용한다. 하지만, 바로 그러한 이유때문에 교환가치

---

[448] 예를 들자면, 10원에 10개를 판매하는 경우 매출은 100원인데, 만약 11개를 판매하고자 할 때에는 시장에서 가격이 떨어져 9원으로 변하는 경우, 매출은 오히려 99원으로 감소하게 된다.

[= 기업가가 벌어들이는 돈]와 〈사회적 효용〉 간의 충돌이 발생하며, 만일 기업가가 보다 자신의 이해를 따라 행동을 할 '권력'을 가지는 경우 결국 교환가치는 승리하게 된다(Wieser 1927a: 55, Ekelund 2014: 348에서 재인용. 대괄호 및 강조는 역자 추가).

결국 비저의 가치론에는 기업가의 독점, 그리고 궁극적으로는 〈사회적 권력〉이라는 요소가 중요성을 가지게 된다. 그러한 권력을 제어하는 방법은 완전경쟁인데, 실제로는 그러한 상태는 존재하지 않고, 그렇기에 제한적이나마 정부의 개입이 필요하다고 주장하게 된다(Ekelund 전게서).

이와는 별도로 또 다른 문제의식이 그의 저술 《자연가치》에서 제기된다. 실제적 경제에서는 교환가치(=가격 = 마지막 단위의 효용)는 마지막 단위를 소비하는 사람이 가지고 있는 구매력, 즉 소득수준에 의존한다. 즉, 돈이 없는 자의 효용은 무시된다. 사회 전체의 효용을 늘리기 위해서는 추가 생산이 필요하지만, 기업가는 가격이 떨어지면 판매 수량이 증가하더라도 자신의 매출이 감소될 수 있기에 더 이상 생산을 하지 않는다. 따라서,

> 최대한의 효용을 보장하기 위한 상품보다는 가장 높은 가격을 지불하는 상품이 생산된다. 부의 불균형이 심할수록, 이러한 비정상적인 생산이 두드러진다. 생산은 가장 향락적이고 탐욕스러운 자들을 위해 사치품을 제공하고, 불행하고 가난한 자들의 필요에 대하여서는 귀가 먹게 된다. 따라서 생산이 가동되도록 하는 것은 부의 분배 상태에 의존하고, 그 생산은 가장 비경제적인 부류의 인간들을 위한 소비에 치중된다. 이러한 후자의 소비는 불필요하고, 비난받아 마땅한 향락을 위하여 빈곤을 치유하기 위해 사용될 수 있는 것들을 낭비하는 것이다(Wieser 1927a: 58, Ekelund 2014: 348에서 재인용).

또한 다른 면에서의 불공평도 존재하는데, 예를 들어서 빵의 가격은 가장 가난한 자들이 지불하는 가격에 의하여서 결정되는데, 따라서 부자들도 그 낮은 가격으로 지불하기 마련이다. 또한 부자들은 자신의 구매력을 사치품에 치중하여 지불하기 마련이다. 만일 모든 이가 가지는 구매력이 동일하다면, 즉, 모든 이의 부가 평등하다면 실현되는 가격은 그렇지 못한 경우인 현실에서의 가격과는 상이하기 마련이다.

따라서 비저는 그의 저서 《자연가치》에서 주관적 효용이론을 정치화(情緻化) 하면서 〈자연가치〉와 〈교환가치〉라는 두 가지 가치를 구분하였다. 이때, 〈자연가치〉라는 것은 모든 이의 부가 동일한 어떠한 이상적 사회관계하에서의 재화가 가지는 주관적 효용을 말한다. 즉, 모든 개인들이 서로 유사하거나 같은 취향을 가지고 있고, 분배상의 갈등이 존재하지 않는 어떠한 〈사회적 제도〉하에서 활동하며, 따라서 모든 개인들이 소득 면에서 동일한 어떠한 이상적인 공산주의 사회에 있어서의 가상의 효용의 단위를 저자는 〈자연가치〉라고 정의하였다.[449]

따라서 〈자연가치〉는 〈교환가치〉의 형성에 영향을 미치기는 하지만, 실제 자본주의에서 나타나는 〈교환가치〉와는 상이하다. 〈교환가치〉, 그리고 수요함수는 사실 소득과 부의 불공평으로 인해 〈계층화〉된 주관적 효용을 반영하는 것이다. 비저에 의하면, 〈자연가치〉는 현실에 존재하는 '잘못, 협잡, 무력, 변화 혹은 〈사유재산〉(Privateigentum)과 그에 의하여 야기되는 구매력의 불평등' 등에 의하여 실현되지 못하는 결과가 초래된다.

그런데, 이상적인 사회에서도 가격은 기능을 하는데, 이때는 〈자연가격〉에 의하여 가격이 형성되며, 그에 의하여 자원의 배분이 달성된다.

---

[449] 이러한 〈자연가치〉라는 개념에 대하여서는 정합성이 없는 개념이라거나, 심지어는 이해 불가능한 개념이라는 혹평도 존재한다. 참고: Festré & Garrouste(2016).

또한 그는 일단 한 단위의 화폐 혹은 소득이 가져다주는 효용은 각 개인이 위치한 사회적 계급에 따라서 다르다고 보았다. 즉, 가난한 자가 느끼는 1원에서 비롯되는 효용과 부자가 느끼는 효용은 다르다고 본 것이다(따라서 평등한 소득분배를 주장하였다).

이같은 비저의 가치 이론은 양면성을 가지고 있다. 그가 주장하는 동전의 앞면에서는 가격은 희소한 자원을 효율적으로 배분하는 기능을 한다. 이러한 가격은 단순히 자본주의 경제뿐만 아니라, 사회주의 경제에도 적용된다. 이러한 점에 있어서 비저는 효용가치 이론의 보편성을 주장하고, 동시에 시장이 가지는 효율적인 자원 배분기능을 강조한 최초의 경제학자라고 볼 수 있다(Ekelund 2014: 349). 하지만 동전의 이면에는, 앞에 적혀있는 주장은 모든 이의 구매력이 동일하다는 가정에서만 성립한다고 적혀있다. 후대의 하이에크를 위시한 〈오스트리아 경제학파〉들이 중요하게 여기는, 정보의 채널로서의 '시장가격'은, 비저에 의하면 오직 부의 불평등이 없는 '이상적 사회'에서 성립하는 〈자연가격〉이며, 현실의 교환가격은 아닌 것이다.

결국 그가 이론적 측면에서 초기에 주관적 효용이론을 더욱 엄밀히 분석하고자 한 결과는 역설적으로도 그 이론의 문제점을 들어내며, 가치의 결정에 있어서 부의 불공평, 독점의 문제와 정부개입의 필요성이 강조되며, 그리고 더욱 근원적으로는 '권력의 문제'를 연구하도록 유도하였다(Samuels 1983a: xv). 즉, 출발점은 유사하였지만, 비저의 이론이 시사하는 사회적 함의는 후대 〈오스트리아 경제학파〉의 하이에크나 미제스와는 어쩌면 정반대의 방향을 향하고 있다고 볼 수 있다.

4) 비저가 제시한 귀속이론에 대한 해법*

비저는 또한 칼 멩거의 〈귀속이론〉이 가지고 있던 모순을 깨달았고, 멩거가 해결하지 못한 〈귀속문제〉에 대한 해법을 자신의 저서 《자연가치》의 제3부에서 제시하려 하였다. 이는 이러한 〈귀속문제〉(Zurechnungsproblem)를 해결하지 못하는 경우, 칼 멩거가 개진한 가치이론 자체가 존립 근거를 상실할 수 있다는 문제의식에서 시작하였다.

비저는 이 문제를 연립방정식의 체계로 해결하려고 하였다. 각 소비재는 투입된 다양한 생산재의 양과 그 생산재들의 가치의 합으로 표시된다고 가정하면 이때 구하려는 변수는 생산재들의 가치이다. 그리고 편의를 위하여, 투입되는 생산재의 양은 고정적이라고 하자. 예를 들자면, 2x+3y=5 등으로 표시하고, 이때, 2는 첫 번째 투입재의 양, 3은 두 번째 투입재의 양, 그리고 5는 소비재의 가치, x와 y는 그 투입재의 가치들이며, 2와 3이라는 계수는 고정이라고 가정하자. 이와 동시에 또 다른 소비재에 대한 방정식 5x+2y=3이 있다면, 이 두 개의 방정식을 통해서 x와 y의 값이 동시에 결정된다. 이를 일반화 시켜서, 경제 전체에서의 소비재가 m개이고, 생산재가 n개인 경우, 그 경제는 m개의 방정식과 n개의 변수로 구성된다. 만약 m=n인 경우에는 이 방정식의 해가 존재할 수도 있다.[450] 하지만 만일 m>n이면, 생산재의 가치는 '초과결정'(over-

---

450 현재 경제학에서 사용하는 표현에 의하면 비저는 고정계수를 가진 선형 연립방정식 체계를 사용하여 설명하고 있다. 그런데, 비저가 생각한 고정계수는 칼 멩거에 의하여 주장되고, 이후 〈오스트리아 경제학파〉들이 받아들인, 요소들 간의 대체 혹은 보완성이라는 개념, 그리고 후에 주장되는 소위 한계생산이라는 개념과는 거리가 멀다. 하지만 그렇기 때문에 비저의 이론은 열등하거나, 혹은 현실과의 정합성이 떨어진다는 비판을 하는 우를 범하여서는 안된다. 그러한 평가는 현대의 주류 경제학에서 인정하는 시각으로 비평한 것에 불과하다. 하지만 생산 요소가 마음대로 대체될 수 있는 경우는 현실에서는 오히려 예외에 속하고, 생산 요소들의 투입비율은 고정되어 있는 경우가 일반적이다. 빵을 만드는데, 오븐을 사용하지 않고 〈노동력〉만 더욱 투입할 수는 없기 때문이다. 〈포스트 케인지언〉 등 비주류 경제학은 요소의 대체가능성을 비현실적으로 보고 고정계수 생산함수를 사용하고 있다. 그리고 흔히들 교과서적으로 사용하는 자본과 노동의 대체 가능성을 허락하는 생산함수는

determined)되고, 반대인 경우는 미달결정(under-determined)된다.[451]

중요한 점은 이때의 해는 수학적으로 동시에 얻어지는 것이며, 칼 멩거의 해법에서 보는 것과 같은 순차적인 방식으로 개별적으로 구해지는 것은 아니다. 이같이 가치가 연립 방정식 체계로 결정되는 경우에는 기존에 칼 멩거가 주장하였던 바와 같이 소비자의 기호에 따라 생산재의 가치가 결정된다는 인과관계가 모호하게 된다. 즉, 위의 예에서 볼 수 있듯이, 어떠한 일정 생산 기술적인 변수가 중요하게 된다.

또한 더욱 일반화를 하는 경우에는 어떤 재화는 소비재로도 사용되고 또한 투입재로도 간주될 수 있다고 상정할 수 있다. 즉, 경제 전체를 아우르는, 즉 n개의 재화가 n개의 재화를 생산하는 경우에는, 스라파(Sraffa)식의 소위 '상품에 의한 상품의 생산'을 나타내는 연립방정식 체계를 구성할 수 있게 된다.[452] 이렇게 된다면 생산재 혹은 소비재라는 그러한 구분조차도 모호하게 되는 결과가 초래된다. 더욱이 문제가 되는 것은 결국 효용이 가치를 결정한다는 가치 이론이 무색하게 되고, 결국 다시 생산이 가치를 결정하는 아담 스미스-리카르도식의 고전파 경제학의 가치이론으로 다시 회귀하는 결과가 초래되는 자기 부정이 결과된다.

참고로 비저가 주장한 체계에는 생산 과정에서 사용된 모든 재화의 가치와 노동의 생존을 위하여 지출되는 비용을 제외한 나머지는 자본

60년대의 '자본논쟁'에 의하여(역자 용어해설 참고) 모순임이 드러난 바 있다.

451 즉, 방정식이 m개이고, 변수가 n개인 경우, m>n이라면 해가 존재하지 않고, 반대로 m<n이면 n의 값이 결정되지 못한다. 물론 m=n이라고 하더라도 항상 해가 존재하는 것도 아니고, 또 해가 존재한다고 하더라도 그것이 항상 '의미 있는' 것도 아니다(예를 들자면 그 해는 음수가 될 수도 있다).

452 이러한 방정식 체계가 가지는 문제, 동질의 노동이라는 투입 요소, 이윤율의 적용, 그리고 순환론적 논증의 문제 등의 문제는 본 해제에서 다루기에는 불필요하기에 생략하기로 한다. 참고: Stigler(1944).

가에게 이윤 혹은 이자로 배분된다. 만일 모든 부분에 있어서 이윤율이 동일하다면, 경제에 있어서 일반 이윤율을 구할 수 있게 된다. 그렇다면, 제기되는 문제는 이윤율의 수준의 결정인데, 이는 곧 권력의 문제로 연결될 수 있다(Kurz 2018: 52).

5) 일반균형이론적 접근?*

이러한 비저가 가지고 있던 경제에 있어서의 각 부문 간의 상호 의존성이라는 문제의식과 왈라스의 일반균형이론 체계가 유사성을 가지고 있다는 후대의 평가도 있다.[453]

하지만 비저는 왈라스에 대하여 평가하면서, 그 체제는 수학적으로는 우아할지 모르지만, 우리가 경제를 '이해'함에 있어서는 별 도움이 되지 않고, 또한 경험적 근거가 제시되어야만 한다고 이야기하였다(Cadwell 2002: 52). 또한 비저는 왈라스의 체계에서 제시되는 여러 문제들에 대하여서도 거의 관심을 기울이지 않았고, 특히 그 왈라스의 체계는 정태적인 분석[454]이라는 점에서 한계가 많은 것으로 생각하였다(Cadwell, 전게서).[455]

또한 비저가 수립한 연립방정식 체계를 살펴보면, 결국은 애당초 칼 멩거나 비저가 정립하였던 주관적 효용에 의한 가치의 결정이라는 원칙을 부정하는 결과가 초래된다. 역자의 사견에는 이러한 체계는 왈라스식의 일반균형이론보다는 후대에 스라파가 제시한 《상품에 의한 상품의

---

453 대표적인 예는 Salerno(2002).

454 참고로 '정태적'이라는 말은 시간이 존재하지 않는다는 말인데, 후대에서 '동학적'이라는 표현을 사용하는 경우에 있어서도, 그것은 단지 정태적인 균형점이 다음 시간대에 있어서 다른 정태적 균형점으로 옮겨가는 경우를 지칭하는 것에 지나지 않기에 결국은 정태적인 분석의 변형에 불과하다.

455 역주 438참고.

결정》(Sraffa 1960)에 근접한다고 여겨지기도 한다.

6) 〈기회비용〉*

또 다른 비저의 순수 이론 측면에서의 공헌은 〈기회비용〉이라는 개념의 정립을 들 수 있다. 이는 전술한 칼 멩거의 〈손실의 원칙〉에서 출발하였다. 예를 들자면, 어떤 재화를 생산하는데 있어서 필요한 자원의 배분을 줄이고 그 자원을 다른 재화를 생산하기 위하여 전용한다면, 그로 인하여 원래 생산이 줄어드는데, 이때 〈기회비용〉이라는 것은 새로운 생산을 위하여 줄어드는 원래의 생산이 되는 셈이다.

7) 《사회경제론》

1914년에 출판된 《사회경제론》의 1부는 일단 〈단순경제〉(Einfache Wirtschaft)라는 가상의 세계에 대한 분석에서 시작한다. 이 사회는 화폐나 교환이 없으며, 모든 사람들은 평등하고, 또한 그 사회의 독재자들에게 모든 개인의 효용함수가 알려져 있는, 현실에서는 존재할 수 없는, 이론적 논의를 위하여 도입된 사회이다. 그 사회에서 모두는 자신의 효용을 극대화한다. 그리고 그 경제에서는 모든 소비자의 욕구가 단일하다는 가정하에 그러한 욕구는 재화의 생산에 의하여 충족된다. 이 1부에서 효용 이론, 생산 이론, 그리고 귀속 이론 등이 다시 개진된다. 그러한 단순경제의 분석에 기반하여, 제2부에서는 사회경제의 분석이 진행되는 데, 이는 가격이 존재하는 교환경제가 주제이다. 이 2부에서 다양한 가격들 간의 관계에 주목한다. 이에는 가격에 대한 사회학적 분석과 한계 효용 이론을 화폐에도 적용시키는 시도가 포함되어 있다. 제3부 이후에서는 국가와 경제행위, 그리고 나머지 부분은 세계 경제, 국제 무역 등을 논의한다.

이 《사회경제론》의 논리 전개 구조와 이전 1889년의 저술 《자연가치》의 그것은 동일하다. 즉, 1889년의 저술에서도 이상적인 세계에서 존재하는 〈자연가치〉에서 시작하여 현실의 교환가치로 진행하는 구조를 보이고 있다. 그리고 본 해제의 목적상 주목해야 할 점은, 그 이전의 《자연가치》와도 마찬가지로, 순수 이론적인 측면에서 시작하여 결국은 사회문제에 대한 분석으로 이행한다는 점이다.

《사회경제론》에서는 인간이 재화에서 얻어내는 〈효용〉은 모든 사람에게 보편적으로 적용되는 것이 아니며, '가격'은 통상적으로 고전파 경제학자들이 주장하듯 단순히 '한계 효용'에 의하여 결정되는 것이 아니라, 계층에 따라 차별화된 한계 효용에 의하여 결정되는 것이라는 주장을 개진한다.

그리고, 결국은 그러한 〈계층화〉와 불평등을 야기시키는 원인으로서의 권력이라는 문제에 연결하게 된다. 즉, 비저의 《사회경제론》은 권력과 불평등, 그리고 고전파 경제학에서 주장하는 '효용'을 통합하는 시도라고 볼 수 있다(Samuels 1983, xviii). 그리하여 자본주의 경제를 옹호하는 고전파 경제학에서 주장하는바, 사적 자유만이 〈사회적 효용〉을 최대화 시킨다는 명제를 부정하며, 그러한 명제는 오로지 개인들이 가진 권력이 모두 평등하다는 전제하에서만 성립되며, 만약 그러한 권력에서의 평등이 존재하지 못하는 경우에는 소위 완전한 자유라는 것은 권력이 약한 자에게 불리함만을 초래할 것이라고 주장하였다. 이같은 주장은 그 이전의 《자연가치》에서의 주장과 일맥상통한다고 할 수 있다. 또한 〈사유재산〉이라는 것이 과연 노력의 결과인지, 아니면 권력을 가진 자들을 위한 제도인가에 대한 의문을 제기한다.

하지만 이에 대한 비저의 대답은 어느 한쪽을 옹호하는 것이 아니라 다분 중도적이다. 또한 무조건적으로 고전파 경제학적 견해를 무시하고 프롤레타리아 사상가들의 견해를 옹호한 것도 아니다. 그리고 체제를 바꾸는 것이 결코 대중들을 위하는 것임은 아님도 명확히 밝힌다. 즉, 사회주의체제가 도래하더라도 그 사회조차 지도자와 따르는 자의 구분은 존재하기에 권력의 불평등은 지속될 것이며, 대중이 스스로를 보호할 수 있는 장치가 존재하지 않는다면 그 같은 상태는 어느 체제를 막론하고 존속할 것이라고 주장한다.[456] 또한 기존 고전파 경제학에서 주장하는 과다한 자유주의적 편견은 극복하되, 여전히 분석의 시작은 개인이라는 관점에 근거하여야 한다고 믿었다.

하지만《사회경제론》은 만족할 만한 명쾌한 결론은 없으며, 기존의 〈사유재산〉체제를 당연히 주어진 것으로 간주하지도 않지만 또한 완전히 부정하지도 않은 채 '상당히 복잡하고, 오픈 엔드적'으로 끝난다(Samuels 1983: xvii).

8) 화폐*

비저는 소위 〈은행학파〉(Banking School)와 화폐에 대한 견해를 같이한다.[457] 화폐는 단순히 금이나 은이 아니라, '신용화폐'를 포함하며, 놀랍게도 더 나아가 화폐의 수량은 경제 활동에서의 수요에 따라 '내생적'으로 결정된다고 생각하였다.[458] 그에 의하면 화폐는 '대중이 일반적

---

456   이 주장은 본서에서도 지속적으로 개진되고 있다.

457   경제학설사적으로 볼 때, 화폐의 성질과 그것이 경제 및 물가에 미치는 영향을 두고 지속적인 논쟁이 있어왔는데, 리카르도 등의 〈지금주의자〉들(bullionist)과 헨리 쏜튼(Henry Thornton)등의 〈반 지금주의자〉들이 대립한 1797년의 〈지금논쟁〉(bullionist controversy), 그리고 〈통화학파〉(currency school)와 〈은행학파〉(banking school) 간에 19세기 초중반에 일어난 논쟁이 그것이고, 현대에 들어서는 프리드먼을 위시한 〈통화주의자〉들과 케인지언들 간의 대립이 그것이다. 〈지금주의자〉, 〈통화학파〉, 그리고 〈통화주의자〉들은 대체로 화폐의 증가는 직접적으로 물가 상승으로 연결된다는 주장을 옹호하였다. 또한 화폐의 정의에 있어서의 양쪽 진영 간에는 이견이 존재한다.

458   이같은 〈내생화폐론〉은 현대에서는 〈포스트 케인지언〉들이 강력히 주장하는 바이다. 반면 주류 경제학에서는 화폐를 좁게 정의하여, 정부가 발행하는 통화의 양에 기초한다고 믿는다. 〈내생화폐론〉적인 견해에 의하면, 정부

으로 받아들이는 것'이며, 따라서 단순히 금, 은, 그리고 정부 발행의 통화만을 이야기하는 것이 아니다.⁴⁵⁹ 그리고 화폐의 증가는 물가를 상승시킬 수도 있지만, 동시에 생산을 증가시키며, 경제 발전을 위하여서는 인플레이션이 어느 정도 필요하다는 케인즈적인 주장도 하고 있다(Wieser 1927a, Dullaart 1988: 134). 즉, 비저는 〈화폐수량설〉에 대하여 반대의 입장을 견지하고 있다.⁴⁶⁰

순수히 이론적 측면에서 마지막으로 간단히 언급하고자 하는 점은, 일반적 물가 수준 혹은 화폐의 구매력을 논함에 있어서는 그것을 어떻게 평가할 것인가 하는 평가의 기준 문제가 대두되기 마련이다.⁴⁶¹ 비저의

통화는 사실 전체 화폐의 작은 부분에 불과하고, 더욱 큰 부분은 은행이 대출을 통하여 창조하는 은행화폐인데, 후자는 경기와 밀접하게 움직인다고 본다. 참고: 박만섭(2020).

459 하지만 비저의 화폐의 정의는 일관적이지 못하다. 그는 요구불 예금이나 보증이 없는 은행권은 일반적으로는 통용되더라도 화폐가 아닌, 화폐 대체물이라고 불렀다(Dullaart 1088: 124).

460 칼 멩거도 마찬가지로 〈화폐수량설〉에 대하여 부정적인 입장을 가지고 있었다 이에 대하여서는 Menger(1909, 2002)를 참고할 것. 하지만 비저는 후기에는 화폐 수량설을 지지하는 듯한 입장으로 선회한다(Festré & Garrouste 2016: 476).

461 비저가 개진한 화폐의 가치는 여러 가지로 논란의 소지가 있다. 그는 소비재의 가치에 의하여 화폐의 가치가 결정된다고 보았는데, 즉, 화폐의 가치는 화폐가 가지는 한계 효용에 의존하지 않고(화폐의 한계 효용은 없다), 그와 교환되는 상품의 효용에 의하여 결정된다고 보았다. 문제는 그 상품의 효용이 바로 가격으로 나타난다고 한다면, 가격이 화폐 가치를 결정하고, 화폐 가치는 또 가격을 결정하는 순환론이 된다. 이와 같은 화폐의 가치의 결정에 대한 이론은 본 해제에서의 관심사는 아니고, 관심 있는 독자들은 Arena(2004)와 Dullaart(1988)을 참고할 것.

해법은 궁극적인 단위는 효용의 측정 단위로서 노동의 단위이며, 이는 노동가치론을 연상시킨다(Dullaart 1988: 128).

본 해제의 목적상 중요한 점은, 단순히 화폐의 양이 물가에 영향을 미치는 바의 여부를 떠나 비저는 화폐는 사회적으로 중립적이지 않고 중요한 사회적 함의가 있음을 강조하였다는 바에 있다.

그는 일단 한 단위의 화폐가 가져다주는 효용은 각 개인이 위치한 사회적 계급에 따라서 다르다고 보았다. 즉, 가난한 자가 느끼는 1원에서 비롯되는 효용과 부자가 느끼는 효용은 다르다고 본 것이다: "빈자에게 있어서 1페니는 부자에게 있어서 1실링보다도 값어치가 있다"(Wieser 1893: 48). 그런데, 그럼에도 불구하고 빈자들은 자신의 돈이 그만큼 값어치가 있기 때문에 판매자에게 그에 상응하여 판매가격을 깎아달라고 요구할 수 없다. 따라서, 똑같은 상품을 사더라도 부자는 더 유리한 위치에 있다. "거지와 백만장자는 똑같은 빵을 먹고, 같은 값을 지불한다. 즉, 거지의 [가치평가] 기준은 자신의 배고픔인데, 백만장자는 그 거지의 배고픔에 기준하여 값을 지불하는 것이다"(전게서: 58, Dullaart 1988: 124에서 재인용). 같은 맥락에서 비저는 부자에 대한 누진과세를 주장하였다(Dullaart 전게서).

화폐의 기원에 대하여서는 비저는 칼 멩거의 화폐 이론(Menger 1909)를 계승하였다. 하지만, 본서의 후반부에서, 그리고 그 이후의 논문 《화폐》(1927b)에서 칼 멩거의 이러한 원자론적인 단순한 견해를 지양한다. 즉, 국가는 화폐 제도의 보존과 운영에 개입하며, 화폐가 가지는 인간을 결합하는 역할 혹은 '화폐를 받아들여야만 하는 의무'를 부과하는 화폐의 〈사회적 권력〉을 이야기한다(Festré & Garrouste 2016: 478). 즉, 짐멜(Georg Simmel)의 견해처럼[462] 화폐가 일반적 등가물로서 모든 이에게

---

462   Simmel, Georg(1900, 2014). 짐멜(2013).

인식되고 받아들여지게 됨에 따라, 화폐 그 자체가 사람들을 속박하는 〈사회적 권력〉이 된다는 것이다. 그리고 그것이 가지는 권력은 최초에 화폐를 탄생시킨 칼 멩거가 이야기하는 '현명한 자'나 그를 모방하는 대중들이 가진 힘을 능가하는 어떤 것으로 자체의 권력을 강화시켜 나가면서 진화하게 되고, 따라서 그러한 의미에서 화폐의 최종적인 형태는 최초에 그것을 나타나게 한 사람들만의 노력의 소산만은 아니라는 것이다. 이러한 점에 있어서 비저의 화폐의 발생에 대한 이론은 칼 멩거의 그것과 구분된다.

또한 단순 경제에서 사회경제 혹은 화폐 경제로 이행하고 사회의 〈계층화〉가 나타남에 나타나는 권력관계의 이해를 화폐가 반영하게 된다. 그리고 그럼에 의하여 사회의 구조와 인간의 행위가 변화된다(Festré & Garrouste 2016: 479). 그리고 국가는 공공의 이익을 위하여 화폐의 기술적, 법적 성격을 규제할 필요가 있게 되는 것이다. 즉, 화폐는 권력 중립적이 아니라는 것이다.[463]

2. 〈방법론적 개인주의〉, 〈개인주의적 교리〉, 〈원자론적 환원주의〉

비저의 방법론을 이해하기 위하여서는, 〈방법론적 개인주의〉라는 분석 기법에 대한 이해가 필요된다. 그런데, 그 〈방법론적 개인주의〉(methodologischer Individualismus ; methodological individualism)라는 개념은 사실 그 의미가 정확히 정의되지 않은 채, 그 용어를 사용하는 사람에 따라 다양한 다른 의미로 사용되기에 혼란을 초래하고, 이는 특히 경제학에서 그러하다(Hodgson 2007, Udéhn 2001 & 2002). 심지어는 예를 들자면, 그 용어를 처음으로 사용하기 시작한 슘페터와, 〈오스트리아 경제학파〉의 창

---

[463] 비저에 있어서 화폐의 도입으로 인하여 전통사회가 어떻게 변하는가는 칼 폴라니(Karl Ponanyi)적 분석, 그리고 기타 비저의 화폐론에 있어의 문제점 등은 Dullaart(1988: 131)을 참고할 것.

시자인 칼 멩거가 어떤 종류의 〈방법론적 개인주의〉를 옹호하였는지에 대하여서도 이견이 존재한다.[464] 비저는 스스로 그에 대하여 정의하지는 않았는데, 간접적으로 유추하여 볼 수 있는 것은 그가 생각한 방향은 그의 스승인 칼 멩거, 그에 강한 영향을 미친 막스 베버, 그리고 그의 제자인 슘페터 등에 의하여 제시된 내용들에서 유추하여 생각할 수 있다.

이 개념은 막스 베버 및 칼 멩거 등에 있어서 이미 제시되었지만, 이 용어 자체는 1908년 슘페터의 저술(Schumpeter 1908, 1980)에 처음 등장한다. 단, 아래 문장은 당대의 〈방법론논쟁〉[465]의 맥락에서, 즉, 칼 멩거 류의 순수이론과 '신'역사학파의 방법론상의 차이 점에 대하여 이야기하고 있는 것으로 이해하여야 한다.

〈방법론적 개인주의〉는 어떠한 경제적 과정을 기술함에 있어 개인들의 [의식적] '행동'[466]으로부터 출발하는 것을 의미할 뿐이다. 따라서 중요한 문제는 그 개인들을 시작점으로써 사용하는 것이 그 '목적과

---

464   예를 들자면 호지슨(Hodgson 2007)과 데니스(Denis 2010)는 슘페터의 입장을 달리 해석하는데, 후자는 슘페터를 일종의 〈원자론적 환원주의〉로 평가한다. 하지만, 호지슨은 슘페터가 베버적인 해석의 입장에서 그 개념을 사용하는 경우와 〈원자론적 환원주의〉에 대하여는 각기 영역을 부여하였다고 평가한다. 마찬가지로 데니스를 포함하여 많은 학자들은 칼 멩거의 입장을 단순히 〈원자론적 환원주의〉로 강조하고 있지만, 칼 멩거의 견해는 현대의 주류 경제학자들이 주장하는 〈원자론적 환원주의〉와는 거리가 있고, 하이에크가 말한 〈자생적 질서〉를 옹호하였음은 그의 논문 《화폐》(Menger 1909)에서 명확히 드러난다.

465   본 해제 부록 참고.

466   이때 '행동'(Handeln)이란 막스 베버적 용법으로 해석할 때, 의식적이고 〈합목적적〉인 행위이다. 광인의 몸짓은 '행동'이 아니라, 그저 '행위'일 뿐이다. 이에 대하여서는 역자의 용어해설 〈행동〉 참고.

부합'(zweckmäßig)하는가, 그리고 그렇게 하는 것은 충분한 성과를 달성할 수 있는가, 아니면 어떤 특정한 문제들과 국가 경제 전반에 걸쳐 기술하는 경우 '사회'를 출발점으로 하는 것인가의 문제이다. 그런데 이것은 단순히 방법론적인 문제이고 그 자체로는 중요하지 않다"(Schumpeter 1908: 89-90).

그리고 이 문장으로 볼 때는 슘페터에 강한 영향을 준 막스 베버의 《경제와 사회》에 나오는 〈개체주의적 설명〉(individualistische Deutung) 과 연관성이 있다고 여길 수도 있다.467 막스 베버의 주장은 결코 쉽게 이해되지는 않는다.468 하지만, 대략적으로 정리하여 보자면, 다음과 같다. 막스 베버의 주장에 의하면, 어떤 사람의 행위는 그것이 그 주체가 행한 의식적이고 목적 지향적인 '행동'으로 가정되는 경우에 한하여 우리가 의미 있게 '이해'할 수 있고, 이러한 이해는 인간의 행위를 복잡한 과학적, 심적 과정을 통한 인과관계를 도출하여 '설명'하는 것과는 다르다. 또한 국가, 단체 등의 사회 구성체들은 물론 그것을 하나의 인격으로 간주하여 그것들에 관한 어떠한 법칙을 도출하거나, 인과를 '설명'할 수 있겠지만, 사회학적 측면에서는, 그것들을 그것들 자신을 구성하는 개인들의 목적 지향적인 행동의 결과라고 간주하여야만 우리가 '이해'할 수 있다.

---

467 물론 다른 방식의 해석도 존재한다. Heertje(2004)의 해석과 같이, 슘페터의 〈방법론적 개인주의〉는 아주 좁은 특화된 영역, 특히 순수 경제이론에서 인간의 행동과 가격 결정 등의 분야의 경우에 사용되는 한정된 방법론이라고 규정하는 경우, 베버의 그것과는 거리가 존재한다.

468 통상적으로 영어 번역에 의존하여 해석하는 경우, 오역 및 역자의 주관적 판단에 따른 혼란이 존재하고, 그러한 오역에 의하여 베버의 주요 개념에 대한 논쟁이 존재하여 왔다. 대표적인 경우가 베버가 말한 '권력'에 대한 정의이다.

물론 이같은 방식은 이해를 위한 유일한 방식은 아니다(Weber 1922: 6-7, 2019: 89-90).[469] 그런데, 막스 베버가 개체로 환원하는 설명은 막스 베버의 〈이데알 티푸스〉, 즉 우리가 어떤 현실을 '이해'하기 위하여, 그리고 그 현실과 〈이데알 티푸스〉의 차이에 주목하면서 현실을 이해하기 위하여 보조적으로 도입한 설정이며, 그것이 '현실'은 아님에 유념하여야만 한다. 또한 인간이 목적 지향성이라는 면에서 합리적이라고 가정한 이유는 실제로 인간이 그렇다는 이야기가 아니라, 광인(狂人)을 우리가 '이해'할 수 없고, 그러한 광인의 동기에서 〈사회현상〉을 이해할 수 없기에 상

---

469 이 문장 전체를 가급적 쉽게 이해되도록 하기 위하여 의역을 한다면 다음과 같다:

어떤 사람의 행위가 우리에게 있어서 항상 어떤 하나 혹은 다수의 개인적인 인간의 '행동'으로 존재하는 경우에만 우리는 그 인간 자신이 지향하는 바를 의미 있게 이해할 수 있다. '인과 관계'를 연구하기 위한 목적으로는 개인을 어떤 사회에 속한 하나의 세포로 간주하거나 복잡한 화학반응의 복합체, 심적 요소들로 구성된 복합체 등으로 간주할 수 있지만, 그러한 경우 그 인간의 '행위'를 우리는 '이해'할 수 없고, 단지 인과 관계만 파악할 수 있을 뿐이고 따라서 오히려 그 행위에 대한 이해는 더욱 어려워진다. 즉, 이러한 경우 우리는 관찰을 통하여 어떤 법칙을 발견하고, 그럼으로써 그것들을 '설명'할 수는 있지만, 그것이 우리에게 '이해'를 가져다 주지 않는다. 하지만 사회학에서 파악하려는 바는 우리가 이해하려는 목적은 '행동'이고 단순한 '행위'는 아니다.

예를 들어 어떤 사회적 구성체(국가, 단체, 회사, 재단 등)을 마치 그것들이 어떤 의무와 권리를 가지는 인격으로 간주하는 것이 유용할 수 있다. 하지만 사회학적으로 볼 때는 이러한 구성체들은 그것들을 구성하고 있는 개인들의 특정 행동의 연쇄 혹은 상호 관계의 총체라고 이해하고 해석하여야 하는데, 그러한 경우 그 사회적 구성체들은 각 개인들의 어떤 의미를 지향한 행동의 담지자로서 이해될 수 있다. 물론 그렇다고 해도 이같은 방법이 사회학으로 사회적 구성체라는 개념을 이해하는 유일한 길은 아니다.

정한 것이다. 또한 이러한 '이해'는 인과 관계에 대한 과학적 '설명'과는 다르다. 그리고, 이러한 방법만이 사회를 이해하거나 설명하는 유일한 방법도 아니고, 각기 필요한 목적에 따라 다른 방법론을 사용한다는 의미에서 사회적 현상을 연구하기 위한 방법론적인 '분업'을 용인한다. 마지막으로, 위의 인용과는 별도로 두 사람 모두가 강조하고 있는 바는, 이러한 방법론은 '〈개인주의적〉 정치사상'과는 전혀 연관성이 없다는 점이다.

그런데 막스 베버는 훗날 이 개념의 의미를 혼란스럽게 만드는 요소들에 대하여 미리 경고를 한 셈이다. 그 혼란의 요소들은, '존재론적' 혼동, '규범적' 혼동, '설명과 이해' 간의 혼동이 그것이다.

따라서 막스 베버, 칼 멩거, 슘페터, 미제스, 하이에크, 칼 포퍼, 그리고 현대적인 견해로서 합리적 기대가설을 표방하는 루카스(Robert E. Lucas, Jr.), 밀튼 프리드먼(Milton Friedman), 그리고 게임이론가 등이 이야기하는 〈방법론적 개인주의〉는 각각 다른 것을 의미한다.

이에 대한 자세한 논의는 Udéhn(2001,2002), Hodgson(2007), Denis(2010), Heath(2020) 등을 참고하면 된다. 본 서에서는 몇 가지 중요한 특징을 중심으로만 간략히 정리하기로 한다.

베버나 슘페터에 있어서는 〈방법론적 개인주의〉는 분석 혹은 '이해'를 위한 인식론적 방법론이고, 실제로 인간 사회는 개인들의 행동 이외의 것은 없다는 명제는 '존재론'(Ontology)인데, 많은 사람들의 경우에 있어서는 이 두 가지 상이한 성격의 명제가 구분하지 않고 주장되기도 한다. 그 예를 현대에 들어서서는 칼 포퍼의 대변인 격인 제자 왓킨스(John Watkins)에서 찾아볼 수 있다(Hodgson 2007: 214-5). 이러한 존재론적 명제가 동시에 주장되는 경우, 포퍼의 경우와도 같이, 〈사회현상〉은 오로지 개별 인간의 행동의 소산이며, 따라서 다른 방법으로는 이해될 수 없다는 결론에 쉽게 도달된다.

하지만 원자론적 견해에 의존하고 있으면서도, 각 개인들 간의 상호 접촉 혹은 다른 환경과의 접촉은 인정되고, 이러한 접촉의 결과 〈사회적 제도〉가 형성된다고 보기도 한다. 그런데, 그러한 접촉이라는 것도 개인들이 가진 의식적인 〈합목적적〉(zweckrational) 의지의 결과인지, 혹은 의도하지 않았던 결과인지에 대하여서도 의견이 나뉜다. 일례로 보자면, 칼 멩거가 말한 화폐의 기원은 비의도적인 진화의 결과이고, 그러한 칼 멩거의 견해에 영향을 받은 하이에크가 말한 비의도적인 인간의 행위의 결과인 〈자생적 질서〉의 소산인 제도는 후자에 속한다. 반면, 현대적 게임이론이나 주류 교과서적인 견해에 의하면, 화폐의 기원은 물물교환의 불편을 극복하기 위하여 경제 주체들이 자발적이고 의식적으로 계약을 함에서 비롯된 것이다. 후자적 견해는 현대에 들어서서는 프리드먼이나 합리적 기대 가설(루카스)과, 그리고 최근 주류 경제학계에서 강조하는 '거시의 미시적 기초'라는 슬로건과도 공유되고 있는데, 그런 점에서 비의도성, 창발성 그리고 〈자생적 질서〉를 강조하는 하이에크와의 차이가 존재한다.

또 다른 혼란의 소지는 규범적 판단의 개입이다. 막스 베버나 슘페터가 말하였듯이 〈방법론적 개인주의〉는 〈개인주의〉라는 규범적 명제와는 상관이 없다. 하지만 전자를 주장하는 사람들은 부지불식간에 자유방임(laissez-faire)이 〈사회적 효용〉을 가장 증대시킨다는 규범적 명제를 혼합시킨다.

이러한 후대의 〈방법론적 개인주의〉는 막스 베버나 슘페터의 그것과는 달리 모든 것을 원자로서의 개인으로 환원시키는 〈원자론적 환원주의〉로 수렴되는데, 단 그 개인이라는 원자들이 서로 접촉하는 과정은 의도적인지, 아니면 비의도적인지, 그래서 제도라는 것은 의도된 결과인지 아닌지에 대한 이견은 존재한다. 이에 의하면 막스 베버나 슘페터가 가지고 있던 '이해'의 방법으로서의 〈방법론적 개인주의〉나, 연구하려는 분야에 따른 다른 방법론이 있을 수 있다는 분업의 원리는 사라져 버린다.

사실, 외부에 존재하는 절대자나 정신이 인간을 로봇처럼 통제한다고 가정하는 이론을 제외하고는 개인이 사회 분석에 있어서 중요하다는 입장을 부정하는 사회과학자는 없다고 해도 과언이 아니다. 그러한 면에서 볼 때, 비저도 막스 베버와 슘페터와도 같이 〈방법론적 개인주의〉를 취하고 있는 것은 사실이다.

그런데 강한 형태의 〈방법론적 개인주의〉는 단순히 현실을 '이해'하기 위한 한 가지 방법론이 아니라, 모든 것을 개인으로부터 연역하는 〈원자론적 환원주의〉로서, 그들의 주장은 실제로 현실이 그렇게 존재하며 그들이 출발점으로 삼는 원자로서의 개인은 절대적으로 독립적이고 자주적인 존재이고(존재론), 그렇기에 이같은 방법론은 현실을 정말 '설명'할 수 있는 유일하게 정당한 방법론이며(인식론), 또한 사회는 그들의 자유로부터 출발하여 구성될 때에 최고의 선(善)을 달성할 수 있다는 규범적 명제까지 모든 것을 혼합시키고 있다. 단 그들 간의 차이는 루카스와 같은 방식으로 모든 것을 인간의 '합리적'인 의식적 행동으로 보는가, 혹은 하이에크식으로 비의도적인 창발성이 중요한가의 차이만이 존재한다. 그리고 물론 원자로서의 개인을 제약하는 요인이 존재할지언정, 원자의 자유를 제약하는 외적인 제약으로만 간주되고, 원자의 본성에 대한 침해로 간주된다. 원자론적 환원주의에 의하면, 원자의 본성은 불변하는 것이고, 그 자체로 선이다.

3. 역사학파와 방법론 논쟁(Methodenstreit)

흔히들 독일 역사학파(Historical School)을 19세기 독일을 풍미한 어떤 단일한 사조로 생각하기 쉽지만, 1870년을 전후로 하여 서로 상이한 두 가지 단계로 나뉘어 진다. 그 이전을 '구'역사학파, 그리고 이후를 '신'역사학파로 구분할 수 있는데, 물론 양자 모두 경제학에 있어서 역사에 대한 중요성을 강조하고 있지만 이론적인 측면에서는 그 방법론은 상이하다.

'구'역사학파는 대략 1840년대부터 등장하기 시작하였는데, 빌헬름 로셔(Wilhelm Roscher), 힐데브란트(Bruno Hildebrand), 그리고 칼 크니스

(Karl Knies)로 대표된다. 이들은 대체로 헤겔 류의 유기체적 관점을 수용하였으며(Ekelund & Hébert 2014: 273), 더욱 광범위한 영역에 걸쳐 경제와 역사, 그리고 문화를 종합적으로 분석하려고 하였다. 특히 역사와 역사의 기록(통계적 자료)이 중요하며, 그럼으로써 역사에 있어서 일정 법칙을 발견할 수 있다고 생각하였다. 따라서 통계적 기법을 중요하게 생각하였다. 하지만 이들은 이론화의 중요성도 동시에 강조하면서 분석을 위해서는 현실의 복잡성을 단순화 혹은 추상화하는 것이 필수불가결하다고 여겼다. 빌헬름 로셔의 예를 들자면, 그는 분석의 편의를 위해서는 모든 인간의 본성은 동일하다는 비현실적 가정을 채택하는 것도 용인하였는데, 따라서 그들은 제본스와 칼 멩거식의, 공리에서 출발한 연역적 방법론, 그리고 주관적 효용이라는 관점에도 친화적이었다(Ekelund & Hébert 2014: 274-5). 칼 멩거는 이들 '구'역사학파의 방향성에 대하여서는 긍정적이었고, 단 그들의 이론에는 인간의 행동에 대한 '보편적 이론'이 결여되었다고 지적한 바 있다(Kurz 2013: 71). 실제로 칼 멩거는 자신의 《경제학원론》을 빌헬름 로셔에게 헌정하기도 하였고, 비저와 뵘 바베르크를 이들 문하에서 공부하도록 주선하기도 하였다.

반면 이들의 뒤에 등장한 '신'역사학파는 귀스타프 슈몰러(Gustav Schmoller 1838-1917)로 대표되는데, 이들은 급진적으로 '순수 이론'의 무용론을 주장하였다. 그들의 입장은 경제 이론은 오로지 역사의 분석에 의하여서만 귀납적으로 수립될 수 있으며, 그럼으로써 인간 행위에 있어서의 규칙성을 발견할 수 있다고 믿었다. 그리고 가급적 넓은 영역에 있어서 경험적 자료의 수집을 강조하였는데, 그 영역은 민속학, 중세 제도, 농촌의 발전, 산업 자료 등을 포괄하였다(Ekelund & Hébert 2014: 276). 이들은 연역적인 '순수이론'화에 강하게 반대하였으며, 당연히 칼 멩거류의 공리에서 출발하는 주관적 효용이론을 강하게 부정하였다. 즉, 이들의 입장은 극도로 단순한 가정에서 연역하여 수립된 이론들은 그 가정의 비현실성이라는 측면, 그러한 연역적 이론들은 사실들 간의 '상호 연관성'을 무시하고 있다는 측면에서 무용하다 못해 해악을 끼친다고 생각하였다. 당시 슈몰러는 실제로 독일의 모든 경제학 교수들을 임명할 수 있을 정도로 막강한 권력을 가지고 있었기에 이러한 슈몰러의 입장은 당대 독일의 경제학계에 있어 지배적인 견해였다.

하지만 주목하여야 할 점은, 그 '신'역사학파들이 기존 '순수이론'에 반감을 가진 것은 단순히 이론적인 차원이라기보다, 그러한 이론가들이 가진 자유방임주의적 견해라고 보는 견해도 있다. 즉, 그 이론가들이 내세우는 '합리적 개인'이라는 가정은 잘못된 추상화이며, 역사의 과정을 왜곡하여 해석하며, 경제와 사회 발전에 있어서 필수적인 국가의 역할을 폄하한다고 믿었다. 즉, 제약되지 않은 자유의 추구는 사회에 해악을 줄 수 있으며, 독일에서의 경제학은 사회적 책임감을 고양시키는 책임이 있다는 규범적 측면을 강조하였다. 또한 그럼으로써 사회주의 운동으로부터의 위협에 대비할 수 있다고도 생각하였다(Kurz 1995: 9-10). 또한 이들이 어떠한 이론도 없이 무분별한 자료만 열거하였다는 식의 평가도 지나친 면이 많다. 이들이 반대한 것은 칼 멩거류의 추상적 연역적 방법과, 그 가정들이 가진 비현실성, 즉 소위 '순수 이론'에 대한 비판이지 '이론'의 무용을 주장한 것은 아니다.[470]

이러한 '신'역사학파와 오스트리아의 칼 멩거와의 극단적인 견해의 차이는 결국 양 캠프 간의 논쟁으로 이어지게 되었다. 1883년 칼 멩거는《특히 경제학과 관련된 사회과학의 방법에 관한 연구》(Untersuchungen uber die Methode der Sozialwissenschaften)라는 논문을 발표하면서, 경제학에서의 '순수 이론'은 정당한 방법이라고 주장하며, 슈몰러에 대한 포문

---

[470] Kurz(1995: 70n4). 슈몰러도 가치와 가격에 대한 보편적 이론을 개진하였으며, 이는 기존의 고전학파의 생산 비용적 견해와 한계 효용이론을 '절충'하였는데, 그럼에도 불구하고 그러한 이론이 현실을 설명함에 있어서 무용하다는 점은 견지되었다고 한다.

을 열기 시작하였다. 이를 계기로 양방이 일련의 공방을 한 사건을 소위 〈방법론적 논쟁〉(Methodenstreit)이라고 부른다. 슈몰러는 칼 멩거의 논문에 대하여 즉각 응수하였으며, 칼 멩거는《역사학의 오류들》이라는 제목의 팜플렛으로 다시 반격을 하는 등 인격적 모욕을 포함한 공방은 연속되었다.

결국 그 논쟁은 어떠한 타협점도 없이 끝났는데, 그 결과로 그때까지 무명이었던 칼 멩거는 일약 스타덤에 오르는 결과를 초래하였고, 동시에 그의 제자들인 비저, 뵘 바베르크 그리고 슘페터등에 의하여 오스트리아에서는 '순수 이론'이 득세하는 계기가 되었다. 반면 독일의 역사학파는 더욱 강경한 입장을 고수하게 되었고(Kurz 1995.: 12), 이후 소위 '순수 이론가'들은 독일 대학에서 축출되었으며, 역사학파는 후에 비스마르크가 수행한 사회개혁 정책을 자문하게 되었다(Kurz 2013: 74-5).

참고로, 비저나 막스 베버, 그리고 슘페터 등은 슈몰러가 이끄는 '신' 역사학파의 입장에 대하여 공감하지 않았으며, 반면 비저나 막스 베버는 칼 크니스의 문하에서 공부한 바 있었고, 따라서 '구' 역사학파와는 일정 부분 공감을 가지고 있었다. 그럼에도 불구하고, 다음과 같이 슘페터가 '균형감을 가지고' 지적한 바는 경청할 필요가 있다. 물론 이러한 방법론적 논쟁은 필요하지만, 사실 당시에 양방 간에 전개된 내용에 있어서는 슘페터는 "철저히 무의미"하였다(Schumpeter 1954: 814)고 말하면서,

> 양자 모두 그들이 말하는 일반적 주장에서 옳았다. 하지만 각자는 자신들이 가진 한계를 직시하지 못하였고, 반대 측이 그들의 입장에서 다른 문제들을 생각하고 있다는 점을 간과하였다. 각자의 방법론은 각기 특정 분야에서 확고히 사용될 수 있는데, 그럼에도 불구하고 그것이 [모든 분야에서] 보편적이라고 주장하는 것은 무용한 처사이다. 방법론적인 질문에 대한 논의는 [각 개별적인] 실제적인 과학적 연구에

있어서만 의미가 있을 뿐이다. 우리의 입장을 다음과 같이 정리하자. 즉, 역사적인 분석 방향과 추상적인 분석 방향은 서로 상호 모순되는 것이 아니다. 유일한 차이 점이라는 것은 각자가 가진 다른 문제들에 대한 관심의 차이라고 할 수 있다. 순수 가격이론은 단순히 역사적으로 다루어 질 수 없는 것이며, 국민경제의 조직에 관한 사항은 추상적 방법으로는 다루어질 수 없다. 이러한 점과 다른 면들을 항상 고려하였다면 논쟁이 그렇게까지 과격하게 진행될 이유는 없었다. 오늘날에는 이 점을 더욱 잘 인식할 수 있다. 물론 모든 방향이 이와 같이 상대적으로 정당화될 수 있는 것은 아니다(Schumpeter 1908: 6-7).

용어해설

1. 강령(Verfassung)

독일어 'Verfassung'이라는 단어는 한국어로 번역하기가 쉽지 않다. 통상적으로 '헌법'으로 번역하나, 이같은 용법은 이 단어를 아주 협소하게 적용한 경우이다. 원래는 중세 독일어에서는 '쓰인 문서 내지 계약'의 의미이고, 현대적 용법으로는 '헌법' 이외에도 '일반적 상태'(Zustand)(예를 들자면 건강 상태, 가난한 상태 등), 혹은 법적인 측면에서는 '법적으로 규정된 상태' 내지는 어떠한 '특정의 상태나 형태를 규정하는 법'을 말한다. 혹은 이따금씩 정치체제를 의미하는 '정체'(政體)로 번역되기도 한다. 참고로 영어의 번역어는 'Constitution'이다.

2. 결단(Entscheidung)

〈결정〉을 참고할 것.

3. 결사체(Gemeinschaft)

〈집단〉을 참고할 것.

4. 결의(Entschließung)

〈결정〉을 참고할 것.

5. 결정(Bestimmung), ~결정적(Bestimmt)

본서에서는 〈결정〉(Bestimmung)과 〈결단〉(決斷 Entscheidung), 그리고 〈결의〉(決議 Entschließung) 간의 독일어상의 미세한 의미의 차이를 구분하여 번역하였다. 결정은 '정하다'라는 의미를 가지고, '결단'은 선택지

중에서 선택하거나 마음을 먹는다는 의미를 가지며, '결의'는 결정을 하기에 합의한다는 의미를 가진다.

본서에서는 〈~결정적〉이라는 표현이 자주 등장한다. 어떠한 목적에 의하여 행동이 결정되는 경우를 말한다. 예를 들어,〈권력결정적〉,〈강압결정적〉,〈자활력결정적〉등의 조합어가 사용되는데, 모두 '~에 의하여 결정된다'라는 의미이다.

6. 공동체(Gemeinschaft)
〈집단〉을 참고할 것.

7. 공론(öffentliche Meinung)
문맥에 따라 〈공론〉(公論), 세론(世論), 여론(輿論)이라고 번역하였는데, 이들은 모두 같은 의미이다.

8. 관습(Konvention)
〈습속〉을 참고할 것.

9. 관용(Brauch)
〈습속〉을 참고할 것.

10. 관행(Übung)
〈수련〉을 참고할 것.

11. 국민(Nation)
독일어 Nation은 〈국민〉으로 번역되기도 하고, 일본식의 번역을 따라서 〈민족〉으로 번역되기도 한다. 본 번역에서는 Nation은 〈국민〉으로, Völker를 〈민족〉 혹은 〈인민〉으로 번역하였다. 하지만 Nationalismus은 현재 〈민족주의〉로 통상적으로 번역되기에, 위의 용법과는 어긋난다. 따라서 혼선을 피하기 위하여 이를 부득이 〈내셔널리즘〉으로 번역하였다.

하지만 원래의 Nation은 우리말의 〈민족〉 혹은 〈국민〉으로는 정확히 포착할 수 없는 개념이다. 본서에서는 부득이 〈국민〉으로 번역은 하였지만, '국적'이나 혹은 '정치적 참여권' 등을 가지고 있는 통상적인 의미의 '국민'을 뜻하는 것은 아니다. 사실 한국어로 번역하기 이전에도 이미 그 개념은 모호함을 가지고 있다. '일반적'으로 어떤 가치, 언어, 문화, 유대감, 혈연, 그리고 공동의 정치적 운명, 공동의 자부심, 〈민족성〉 등을 대체로 공유하고, 문화를 공유하는 집단을 말하지만, 그러한 개별적 일반적 특성들은 〈국민〉(Nation)을 규정짓는 필요조건도 충분조건도 아니다. 단지 일종의 '대략적'인 속성일 뿐이다. 이러한 Nation의 용법에 대한 모호함에 대해서는 동세대이자 비저에 영향을 가장 준 베버를 참고함이 가장 정확할 듯하다(Weber 1968: 395-398;921-926).[471]

국내에서도 이에 대하여서는 번역어를 둘러싼 논쟁이 있다. 이에 대하여 진태원(2011)은 아래의 논문에서 "민족과 국민은 동일한 지시체에 대한 서로 경쟁하는 개념들이 아니라 각각 상이한 지시체를 가진 개념"들이라고 언급하였다. 다음을 참고할 것.: 진태원(2011) 어떤 상상의 공동체? 민족, 국민 그리고 그 너머, 역사문제연구소. 2011, vol., no.96, pp. 169-201.

12. 권력(Macht)
a) 권력과 힘의 구분

본 번역에 있어서는 〈권력〉(Macht)과 〈힘〉(Kraft)을 구분하였다. 아주 대략적으로 양자를 구분하자면, 〈권력〉(Macht)은 다분히 '인위적'으

---

[471] 하지만 베버도 〈Nation〉에 대한 정확한 정의를 내리고 있지는 않다.

로 형성된 인간과 인간 사이에 발휘되는 영향력인 것임에 반하여, 〈힘〉(Kraft)은 사물 자체의 본성에 존재하는 내재적인 에너지다. 이는 불어의 *pouvoir*와 *puissance*에 각각 상응한다. 영어로 번역하는 경우, 모두 power로 표기되어서 구분이 없어지기에, 전자를 power로, 후자는 strength로 번역한다. 반면 독일어의 Gewalt는 〈무력〉, 〈힘〉, 〈세력〉 내지는 〈강권〉(强權)으로 번역하였는데, 영어에서 이에 상응하는 번역은 force 내지 violence이다. 참고로, 본 번역상 〈권력〉으로 표기하는 경우 문맥이 어색해질 수 있는 경우에는 힘[권력]으로 표기하여, 그때의 힘에 해당하는 원문은 〈권력〉(Macht)임을 명시하였다.

b) 스피노자와 막스 베버의 권력

본서에서 사용되는 권력은 스피노자의 정의를 따르고 있다. 비저는 본서에서 모든 〈권력현상〉에는 스피노자가 부여한 해석이 어떤 예외 없이 가장 정확히 적용된다고 언급하면서, 권력을 인간의 정서(Gemüt)에 대한 지배라는 스피노자의 정의를 도입하였다(본서 49쪽).

스피노자의 《국가론》(Political Treatise, II.10)을 인용하자면 다음과 같다:

> 지배자가 피지배자에 대하여 권력(potestas)을 가지고 있다고 함은, 지배자가 피지배자를 노예화시키는 것, 혹은 피지배자가 자신을 방어하거나 도망갈 수 있는 무기나 수단을 박탈하는 것을 말하거나, 또는 피지배자에게 공포를 주는 것, 마지막으로는 지배자가 피지배자에게 부여하는 어떤 혜택에 의하여 지배자가 피지배자를 정서적으로 자신에게 밀착시킴으로써, 피지배자는 자신보다 지배자를 기쁘게 함에서 만족을 얻고, 스스로 선택할 수 있는 길보다는 지배자가 제시한 길로 살기를 원하게 만드는 것을 의미한다. 첫 번째와 두 번째의 방식의 권력을 가진 자는 단지 피지배자의 육신만을 지배하는 것이며, 피지배자의 정서를 지배하지는 못한다. 세 번째와 네 번째의 방식에 의하여 지배자는

피지배자의 육체와 정서를 모두 지배자의 권리에 복속시키는데, 물론 그 같은 공포와 희망이 지속되는 한에서만 그렇다.

또한 스피노자의 《신학정치론》(Theological-Political Treatise) 17장에 나오는 부분을 번역하자면 다음과 같다.

복종은 외적인 행위에 있는 것이 아니라, 오히려 복종하는 사람의 정서적 상태에 있는 것이다. 그의 가슴을 다하여 타자의 명령에 복종하기로 결심하는 자가 가장 타자의 지배를 받는 자이다. 따라서 신민들의 정서(animos)에 강력한 영향을 주는 국가가 가장 강력한 형태의 지배를 한다.

본서에서의 스피노자를 따르는 정의(定義)는, 현대의 〈권력〉의 논의상 출발점이 되는 막스 베버의 〈권력〉에 대한 정의와 비교할 필요가 있다. 우선 막스 베버의 고전적인 '권력'(Macht)에 대한 정의를 번역하자면 다음과 같다:

권력이라는 것은, 어떠한 사회관계 내에서, 그 권력의 행사에 있어서 [상대방의] 저항이 있더라도 [상대방에 대하여] 자신의 의지를 관철 (durchzusetzen)시킬 수 있는 여하한 원천의 '기회'(Chance)들을 의미한다(Weber 1922: 28, 2019: 134).[472]

---

472 베버는 가능성(Möglichkeit)이나 확률(Wahrscheinlichkeit, Probabilität)이라는 단어를 사용하지 않고 권력이나 지배를 이야기할 때는 굳이 Chance를 지속적으로 사용하였는데, 이에 대한 해석은 사실 애매하다. 그 의미는 가능성, 기회 혹은 계산가능한 확률 등이 있을 수 있다(Weber 2019: 465 Triebe교수의 해설 참고). 역자 개인적으로는 '잠재성=가능성'으로 번역하는 것이 부드러울 것 같지만, 원문에서의 Chance 그대로 '기회'로 번역하였다. 아래에 나오는 〈지배〉에 대한 베버의 정의를 번역할 때도 마찬가지로 '기회'라는 단어를 이용하

역자의 견해로는 이러한 막스 베버의 〈권력〉에 대한 정의는 스피노자의 그것과 외연이 일치하는데, 스피노자의 경우에는 그 〈권력〉이 행사되는 메커니즘을 더욱 명확하게 하여 주고 있음으로써 막스 베버를 보완하고 있다. 즉, 폭력적이거나 비폭력적인 방식에 의하여 상대방을 움직일 수 있음은, 그러한 영향력이 바로 스피노자가 말한 인간의 〈정서〉에 우선적으로 먼저 작용하여야만 하기 때문이다.

c) 〈power-over권력〉과 〈power-to권력〉, 그리고 권력의 역사적 전개.
하지만 베버류의 고전적 권력 이론은 권력의 주체가 대체로 상대방을 '제약'함으로써 자신의 이득을 취하는 형태로서(〈power-over 권력〉 혹은 '~에 대한 권력') 권력 주체와 그 대상 간에는 일방적인 인과관계를 가정한다. 하지만 다른 종류의 권력도 존재하는데, 권력을 가진 주체가 대상들을 '동원'할 수 있는 '~을 할 수 있는' 권력을 행사하여 어떤 전체가 배분할 이익을 증진시키는 '기능적'인 측면을 가지는 권력이 존재할 수 있다(즉, 〈power-to 권력〉 혹은 '~을 하는 권력'). 반면 전자에서는 상호 간에 제로섬 게임 내지는 그와 유사한 결과가 일반적이다.[473] 그렇다면 역사적 발전을 대상으로 삼는 권력에 대한 이론은 전자와 같은 고전적 형태의 권력에 대한 정의에만 머무를 수 없다. 또한 사회가 복잡하여 짐에 따라서 다양한 인과관계가 존재할 수 있고, 단순히 'A가 B에게 영향을 준다'는 식으로 원인을 어떤 주체인 A에게만 특정할 수 없고, 심지어 이 A와

였다.
참고로 영미권에서의 베버의 권력에 대한 정의는 여러 해석상의 혼동을 야기시켰는데, 부분적으로는 영어 번역의 문제이기도 하다. 참고: Willimann et al.(1977).

473 Power-to와 power-over에 대한 간략한 설명에 대하여서는 Haugaard(2002: 1-4)를 참고할 것.

B사이에서도 일방적인 인과만이 존재하는 것이 아니라 인과는 양방향이 될 수 있다. 그리고 통상적인 권력 이론에서는 양 주체 간의 형식적 인과 관계만을 주목하지, 권력자가 가지고 있는 권력이 탄생하는 기원에 대하여서는 침묵하기 마련이기에 다분히 비역사적이 되기 마련이다.[474]

본서에서 비저는 권력 이론을 전개함에 있어서 이같은 〈power-to권력〉을 극복하고, 역사를 만드는 힘으로서의 〈power-to권력〉이 〈power-over권력〉과 어떻게 동시에 작용하는가, 그리고 권력 차체의 역사적 변천 과정을 보여준다는 점에서 기존 베버류의 고전적 권력이론이 가지는 정적이고 비역사적인 성격을 극복하고 있다. 또한 〈power-over권력〉은 영원히 지속되지 못함을 이야기한다. 마지막으로 '권력상'의 약자인 대중이 역사적 도야를 통하여 길항력을 가지게 됨으로써 어떻게 권력의 균형을 회복하는 면에 초점을 두고 있다. 본서에서의 비저의 분석은 이러한 〈power-to권력〉을 포함한다는 측면에서 비저의 권력 분석은 고전적 권력이론을 극복하고자 하였던, 현대에 있어서의 푸코(Foucault) 나 루만(Niklas Luhmann)의 권력 분석과도 일맥을 같이 한다고 할 수 있다.

d) 지배적 권력, 패권적 권력, 우세적 권력

참고로, 본서에서는 권력이 가진 힘을 지칭하기 위한 여러 독일어 표현이 등장하는데, 그 각각의 정확한 정의를 내리는 것은 쉽지 않다. 그럼에도 불구하고 역자가 제시하고자 하는 대략적인 구분은 다음과 같다. 우선 **지배적 권력**(herrschende Macht 또는 Herrschermacht)은 어떤 '대상'(인간과 사물을 모두 포함)을 지배하는 권력을 의미한다. 반면 **패권적 권력**(Übermacht)과 **우세적 권력**(dominante Macht)은 주로 권력들 간의 상

---

[474] 참고로 이같은 논리는 역자의 논리가 아니라 루만이 제기한, 베버로부터 이어지는 고전적 권력학에 대한 문제 제기를 요약한 것이다. 이에 관하여서는 Borch(2005), Luhmann(1969, 2017)을 참고할 것.

호 위상을 지칭하기 위하여 사용되었다. 〈패권적 권력〉은 다른 모든 권력을 자신의 지배하에 두는 권력이며, 〈우세적 권력〉은 상대적인 개념으로서, 어떤 권력이 다른 권력에 비하여 가지고 있는 힘이 우세한 것을 의미하지, 다른 권력을 절대적으로 지배하는 것은 아니다. 따라서, 〈우세적 권력〉은 다른 권력의 상대적 자율성은 인정하고 반면 다른 권력들과 자신과의 경계에서는 다른 권력을 인정하지 않는 권력이다.

참고: 〈지배〉.

13. 그룹(Gruppe)
〈집단〉을 참고할 것.

14. 단체(Verein)
〈집단〉을 참고할 것.

15. 대중(Masse)
〈인민〉을 참고할 것.

16. 도덕(Moral)
본 번역에서는 〈윤리〉(Sittlichkeit)와 〈도덕〉(Moral)을 구분하였다. 〈윤리〉는 주로 외적으로 보이는 행동에 대하여 사회의 어떠한 도덕적 권위나 규칙성을 따름을 의미한다. 개인은 이에 대하여 내면적으로 동의하지 않을 수 있다. 반면 〈도덕〉은 올바른 삶의 지침으로 작용하는 일종의 생각이나 믿음의 체계를 의미한다.

17. 독재(Despotie)
본서의 번역에서 〈전제〉(Tyrannei)와 〈독재〉(Despotie)를 구분하여 사용하였다. 독자들이 유념할 바는 〈독재자〉(Diktatur)라는 말의 어원은 라틴어의 *dictātor*로서 *dictō*(말하다, 규정하다)에서 그 어원이 있고, 로마에서 비상시 절대적 권력을 부여받은 임시의 통치자를 말한다. 이는 '직책의 명칭'인데, 우리말에서 흔히 사용하는 '독재'라는 개념의 의미와는 다소 차이가 있다.

참고로, 플라톤에 의하면 〈전제〉는 어떤 법과 규칙에 의거하지도 않고, 피지배자를 고려하지도 않고 심지어 비윤리적이고 잔혹한 방법을 동원하여 피지배자를 통제하고, 자신의 이익만을 도모하는 최악의 통치 체제를 일컫는다. 반면 〈독재〉는 한 사람 혹은 그룹이 절대적 권력을 행사하는 형태인데, 이때 지배자는 피지배자에게 자비심을 가질 수 있고, 〈피지배자〉들의 이해를 위하여 힘을 사용할 수 있는데, 그 관계는 어른과 어린이와 같다. 물론 이 형태는 〈전제〉로 변질될 수 있다.

이와는 별도로, 독일어 Gewaltherrschafts는 〈무력지배〉로 번역하였다.

18. 무력(Gewalt)
〈권력〉을 참고할 것.

19. 민족(Volk/Völker)
〈국민〉을 참고할 것.

20. 민중(Volk/Völker)
〈인민〉을 참고할 것.

21. 부족
인류 문명 초기 단계에서의 인간 집단의 형태를 일컫는 말은 다양하지만, 그 각각의 정의와 그것들 간의 경계는 불명확한 것이 사실이다. 대략적으로나마 분류를 하자면 다음과 같다.

〈씨족〉(Sippe): 가족이 확장된 형태로서, 같은 공동의(실질적이거나 신화와 같은 상상 속의) 조상을 가지고 있으면서, 생산수단 등을 공동으로 소유하고 같은 곳에 거주하면서 경제공동체를 이루는 집단.

〈종족〉(Geschlecht = gens): [로마에 있어서] 계보를 따라서 같은 공동의 남성 조상을 가진 여러 가족들의 집합. 공동의 조상을 뜻하는 이름이 통상 세 단어로 이루어진 이름의 중간 이름에 위치한다. 굳이같은 지역에서 정착할 필요가 없고 일종의 공동체 정서를 공유하고 공동의 이해관계를 추구하기 위하여 결합한다.

〈소부족〉(Klan): 신화 등의 상상 속의 같은 조상을 가지는 것으로 여겨지거나 같은 토템을 숭상하기에 상호 연대감을 가지는 집단으로서 한 곳에 같이 거주할 필요는 없고 이웃에 서로 간의 연대감을 느끼며 군락을 이루고 살 수도 있다.

〈대부족〉(Stamm): 다수의 〈씨족〉(Sippe)나 〈소부족〉(Klan)이 모인 경우이며, 다른 집단들과 언어, 문화 등에 의하여 구분된다. 독일어 그대로 '슈탬'이라고 표기하기도 한다.

〈소민족〉(Völkerschaft): 민족보다는 작은 범위의 소규모의 민족을 의미한다. 종종 〈종족〉으로 번역되기도 하는데, 이전에 사용한 〈종족〉(Geschlecht)과 구분할 필요가 있어서 부득이 〈소민족〉라는 단어를 사용하였다.

22. 사회(Gesellschaft)
〈집단〉을 참고할 것.

23. 소민족(Klan)
〈대부족〉을 참고할 것.

24. 소부족(Völkerschaft)
〈대부족〉을 참고할 것.

25. 소유(Besitz)

〈소유권〉 내지 〈재산〉(Eigentum; ownership)은 단순한 〈소유〉(Besitz; possession)와는 구별됨에 유의하여야 한다. 전자는 〈관습〉, 〈전통〉, 법 등의 외적 강제적 수단에 의하여 그것을 사용, 통제, 처분을 할 수 있는 권리가 배타적으로 어느 개인이나 그들의 집합에게 귀속됨을 의미한다. 소유는 단지 사람과 사물의 관계인 반면, 〈소유권〉은 어떤 사물을 둘러싼 사람과 사람 간의 관계를 나타낸다.

〈소유권〉은 항상 타인과 그 타인을 어떤 물건의 사용으로부터 배제하는 권리를 전제한다. 만약 타인이 존재하지 않는 경우, 〈소유권〉은 당연히 의미가 없다. 로빈슨 크루소는 단지 자기가 사용하는 도구들을 〈소유〉(Besitz)만 하고 있을 뿐이다.

26. 소유권(Eigentum)

〈소유〉를 참고할 것.

27. 수련(Übung)

독일어의 Übung은 번역하기가 까다롭다. 〈실천〉으로도 번역될 수 있지만, 단순한 실천의 의미를 넘어 다중이 지속적, 습관적으로 행한다는 의미를 뜻하는 경우 〈관행〉(慣行)으로 번역될 수 있으나, 문맥에 따라서는 지속적으로 실천하면서 갈고 닦는 것을 의미하기도 하는데 그 경우에는 수행 또는 〈수련〉(修練)으로 번역하기도 하였다.

28. 습관(Gewohnheit)

〈습속〉을 참고할 것.

29. 습속(Sitte)—습속, 관용, 습관, 관습

독일어의 Gewohnheit(영어 habit), Brauch(영어 practice), Sitte(영

어 custom), Konvention(영어 convention)은 한국어 번역이 쉽지 않다. 본서에서는 각각 〈습관〉(習慣), 〈관용〉(慣用)과 〈습속〉(習俗), 〈관습〉(慣習)으로 번역하기로 한다. 이들 간의 정확한 정의는 본서에서는 제시되어 있지 않다. 〈습관〉의 사전적 의미는 행동의 무의식적인 반복이다. 나머지 용어에 대하여서는 막스 베버를 따르자면, "어떠한 주어진 범위의 인간들에게 있어서 그들이 오로지 실제로 지속적으로 수행함(Übung. 이 단어의 의미에 대하여서는 위의 27 참고)으로 인하여서만 실제로 존재하는, 그 인간들의 〈사회적 행동〉이 지향하는 바에서 보이는 일정한 가능한 규칙성을 〈관용〉(慣用)이라고 부른다"(Weber 1922: 15, 2019: 106). 그리고 "그러한 〈관용〉이 오랜 기간 동안 정착된 경우 그를 〈습속〉(Sitte)이라고 부른다"(Weber 1922: 15, 2019: 106). 반면, "어떤 특정한 범위의 인간들에 관련하여, 만약 위반하는 경우 일반적이고도 실제적인 반감(Mißbilligung)과 마주칠 수 있는 가능성으로 인하여 그것이 타당하게 인간 사이에 준수됨이 외적으로 보장되는 경우 그러한 질서를 〈관습〉(Konvention)이라고 부른다"(Weber 1922: 17, 2019: 112).

참고로, 〈관용〉(慣用)은 독일어 동사 brauchen이 '사용하다'는 의미를 가지고 있기에, 지속적으로 사람들이 '사용'한다는 의미가 강하다. 또한 막스 베버적 용법에 있어서는 독일어 〈습속〉(Sitte)은 단순히 오랜 기간 사용되어서 정착되었고, 그럼으로써 '윤리적' 내지는 '가치 판단적' 의미도 더해지고 있다는 점에 유의하여야 한다(Weber 2019: 477-8, Tribe의 해설). 반면 〈습속〉은 "〈관습〉이나 법과는 달리," 아무도 "그것의 준수를 강요하지 않는다."(Weber 1922: 15, 2019: 107). 즉, 〈관습〉은 〈습속〉에 비하여 더욱 강제성이 강하다. 한국어에서의 사전적 의미에 있어서, 〈관용〉(慣用)이란 "습관적으로 늘 씀"이기에 '사용'의 의미가 강하며, 〈습속〉이란 '〈습관〉화 된 풍속'이다. 이와는 달리 〈관습〉이란 "어떤 사회에서 오랫동안 지켜 내려와 그 사회 성원들이 널리 인정하는 질서나 풍습"이다(대국어사전). 즉, 〈습속〉과 〈관습〉의 차이는 대략 후자가 더욱 윤리적 강제적 성격이 강하다고 할 수 있다. 따라서 역자가 제시한 한국어 번역어는 막스 베버의 정의와 대략 일치한다.

반면 본서에 자주 나오는 〈관행〉(Übung)은 지속적으로 행한다라는 의미이다. 독일어 Übung은 때에 따라 〈수련〉으로 번역하기도 하였다(참고: 수련).

(참고로 베버는 〈습관〉에 대한 정의는 내리고 있지 않다).

30. 시기(Periode)

〈시대〉를 참고할 것.

31. 시대(Zeitalter)

〈시기〉(Periode)와 〈시대〉(Zeitalter)를 구분하여 사용하고 있다. 전자는 후자에 비하여 훨씬 짧은 시간적 간격이고, 후자는 중요한 분수령을 기준으로 가르는 시간 기준이다.

32. 실천(Übung)

〈수련〉을 참고할 것.

33. 씨족(Sippe)

〈대부족〉을 참고할 것.

34. 우세적 권력(dominante Macht)

〈권력〉을 참고할 것.

35. 윤리(Sittlichkeit)

〈도덕〉을 참고할 것.

36. 의미(Sinn)

독일어를 번역함에 있어서 가장 고통스럽게 여겨지는 부분 중의 하나는, 독일어 Sinn을 어떻게 번역할 것인가 하는 것이다. 원래의 독일어 Sinn은 여러 가지로 해석되는데, '마음'이 될 수도 있고, '의미'도 되고, 어떤 때에는 〈의향〉 내지 '의도'의 뜻도 가지고 있다(예를 들어 큰 '뜻'을 품고 있다고 말할 때의 한국어 단어 '뜻'과도 유사하다).

37. 의향(Sinn)

〈의미〉를 참고할 것.

37. 인민(Volk/Völker)

독일어 Volk, 그리고 그 복수형인 Völker의 번역은 일률적이기가 힘들다. 문맥에 따라서 이를 '민족,' '인민,' '민중' 혹은 '대중'으로 번역하였다(참고: Masse도 대중으로 번역하였다).

38. 자본논쟁(capital controversy)

자본을 둘러싼 혼란의 근원은 자본은 결국 '사업밑천' 혹은 '화폐로서의 자본'이라는 '상식'을 망각함에서 비롯된다. 주류 경제학에서는 이러한 상식과 반하여 자본을 기계 장치라고 간주하고, 더 나아가 다양한 기계 장치를 모두 포괄하는 '기계 장치 일반'으로서의 자본이 존재한다고 가정한다. 그리고 그러한 추상적인 개념으로서의 자본을 생산함수라는 어떤 순수히 기술적(技術) 관계를 표시하는 수학적인 함수에 대입되면, 산출물의 '양'이 튀어나온다는 가정을 한다. 그런데 자본은 상식과 일반 어법상 사용되는 바와 같이 화폐로 표시된 '사업밑천'이고, 자본을 이용하여 기계 장치와 〈노동력〉을 사는 것이지, 자본이 기계장치는 아니니다.

그런데 주류 경제학의 가정을 따른다고 할 때, 만약 기계 장치가 여러 개가 있다고 하면, 어떻게 그들을 평가할 것인가? 예를 들어, 제빵 회사에서 빵을 만드는 데 필요한 것이 오븐, 믹서 등등이 있다고 하면, 이 때 자본의 양을 어떻게 평가하는가 하는 문제가 생긴다. 쉽게는 가격으로 평가한다고 이야기할 수 있지만, 만약 가격이 변하면 자본도 변하고, 그리고, 위의 생산함수에 의거하면 '생산량'이 변하게 되는 기적이 생길 수 있다. 이는 모순이 보이는 아주 단순한 예인데, 그 이외에도 집계의 문제(aggregation problem), 생산요소의 재전환(re-switching) 문제 등 더 복잡한 모순의 경우도 있으며, 결국 일반적으로 주류 경제학에서 상정하는 기계 장치로서의 자본이라는 개념, 그리고 주류 경제학의 투자 이론과 분배 이론에서의 핵심이라고 할 수 있는 자본의 한계효율이라는 개념은 논리적 모순에 봉착하게 된다. 이같은 문제를 둘러싸고, 미국의 새뮤얼슨(Paul Samuelson)과 솔로우(R. Solow)를 위시한 주류경제학계의 거장들과 영국의 케임브리지에 있던 〈포스트 케인지언〉들 간에 소위 '자본논쟁'이 발생하였는데, 후자의 승리로 끝났다. 이러한 자본논쟁의 결과를 요약하며 일찍이 프랭크 한(Frank Hahn) 같은 주류 경제학의 대가는 기존의 기계 장치로서의 '자본'이라는 개념에 의거한 현대 주류 경제학은 '저급이론'이라고 평가한 바 있다. 하지만 교과서에는 그러한 기계 장치로서의 자본이 사용되고 있고, 대부분의 강단 학자들은 자본논쟁이 존재하였는지 여부도 모르는 것이 현실이고, 위의 거장들은 자본 개념의 모순에도 불구하고 그 개념이 단지 '유용하다는' 입장에서 기존 견해를 고수하는데, 그들이 말하는 유용함이라는 것이 무엇인지는, 그리고 어떻게 확인할지에 대하여서는 침묵하고 있다. 참고로 자본논쟁에 대한 정리는 Cohen & Harcourt(2003)를 참고할 것.

39. 자연가치(naturaler Wert), 화폐가치

저자가 말하는 〈화폐가치〉는 화폐로 표현된 〈교환가치〉를 의미한다. 이에 반하여 〈자연가치〉라는 개념은 사실 쉽게 이해되기 어려운 개념이다. 그는 일단 한 단위의 화폐 내지는 소득이 가져다주는 효용은 각 개인이 위치한 사회적 계급에 따라서 다르다고 보았다. 즉, 가난한 자가 느끼는 1원에서 비롯되는 효용과 부자가 느끼는 효용은 다르다고 본 것이다(따라서 평등한 소득분배를 주장하였다). 반면 모든 개인들이 서로 유사하거나 같은 취향을 가지고 있고, 분배상의 갈등이 존재하지 않는 어떠한 〈사회적 제도〉하에서 활동하며, 따라서 모든 개인들이 소득 면에서 동일한 어떠한 이상적인 공산주의 사회에 있어서의 가상의 효용의 단위를 저자는 〈자연가치〉라고 정의하였다. 이러한 〈자연가치〉라는 개념에 대하여서는 정합성이 없는 개념이라거나, 심지어는 이해 불가능한 개념이라는 혹평도 존재한다.[475]

자활력(Conatus)

스피노자의 〈코나투스〉(*conatus*)는 자신의 존재를 보존하고 유지하려는 충동이다. 스피노자에 의하면, 우리는 자연적으로 우리의 생명력을 증가시키는 것을 원하고, 그것을 감소시키는 것을 회피하게 된다. 즉, "각 사물은 가능한 한 자기 존재를 유지하고자 노력한다"(《윤리학》 III, 정리 6). 그에 의하면 〈코나투스〉가 모든 사물의 본성이다. 즉, 모든 것은 근본적으로 생을 유지하기 위하여 노력하게끔 그렇게 설계되어 있다. 이때 모든 것이라는 것은 비생물까지도 망라한다. 이러한 생을 유지하기 위하여 노력하는 것을 '자각'하는 것을 '의지'(will)라고 하며, 그러한 노력이 육체와 정신에 영향을 끼치는 것을 '욕구'(appetite)라고 한다. 그러한 욕구를 의식하는 것을 '욕망'(desire)이라고 한다. 본서에서는 〈코나투스〉

---

[475] 참고: Festré & Garrouste (2016).

라는 단어가 아닌 〈자활력〉으로 번역하였다.

참고: 정서.

40. 전제(Tyrannei)

〈독재〉를 참고할 것.

41. 정서(情緖 Affectus)(혹은 정동(情動))

정서는 스피노자의 용어로서, 라틴어로는 *affectus* 혹은 *adfectus* 이다. 이는 스피노자《윤리학》의 3부 정의 3에 나오는 개념이다. 다른 외적인 〈물체〉와의 조우로 인하여 자신의 〈신체〉 상태가 수정되거나 변형되는데, 이때 그로 인하여 신체의 〈활동력〉(*potentia*)이 증가되거나 감소되는 것을 말한다. 예를 들어, 음식을 먹으면, 영양분이 들어가서 신체의 활력이 증가되고, 독을 먹으면 반대의 결과가 나타난다. 정서는 비단 외적인 사물에 의하여 야기되는 것만이 아니다. 우리는 외적인 사물에 대한 〈이미지〉를 우리 마음속에서 만들어 낼 수 있는데, 그로 인하여 우리의 정신 활동은 향상되거나 혹은 감소될 수 있다. 그리고 그에 영향을 받아서 우리는 어떤 방향으로 행동하게 된다. 또한 우리는 다른 사람들에 의하여서도 영향을 받기에, 우리의 정서는 순전히 개인적인 것이 아니라 사회적일 수밖에 없다. 정서는 세 가지의 종류가 있다. 〈활동력〉을 증가시키는 것을 〈기쁨〉(혹은 〈쾌락〉), 감소시키는 것은 〈슬픔〉(혹은 〈고통〉)이다. 그리고 우리의 〈활동력〉을 증가시키려는 노력 내지는 성향으로서의 〈욕망〉이 있다. 이 세 가지가 인간을 구성하는 가장 근본적인 감정이다. 본서에서 정서라는 표현을 사용하였을 때는 이러한 스피노자적인 의미의 용법임에 주의하여야만 한다.[476]

참고: 자활력.

---

[476] 자세한 내용은 Lord(2010)를 참고할 것.

42. 조직(Organisation)

〈집단〉을 참고할 것.

43. 종족(Geschlecht)

〈대부족〉을 참고할 것.

44. 지배(Herrschaft)

비저의 경우 〈지배〉(Herrschaft)와 〈권력〉의 차이에 대하여서는 구분을 제공하지 않고 있는데, 막스 베버에 의하면:

> 〈지배〉는 주어진 사람들이 특정 내용을 가진 명령을 따르게 할 수 있는 '기회'(Chance)들을 의미한다(Weber 1922: 28, 2019: 134). [⋯] 타인에게 권력과 영향력을 행사할 수 있는 '기회'라고 해도 그 모두가 〈지배〉는 아니다. 이같은 의미에서 보았을 때 〈지배〉(내지는 '권위')는 각 개별 경우에 있어서는 아주 다양한 동기에 기반한 복종에 의존한다: 즉, [그 동기는] 아주 무딘 순응(Gewöhnung)부터 순수한 합목적적 고려들에 이르기까지 다양하다. 그런데, 진정한 '지배관계'에는 최소한의 복종의지(Gehorchenwollen), 즉, 복종하려는(외적 혹은 내적) 이해관심(Interesse)이 존재한다(Weber 1922: 122, 2019: 338).

이때 베버적 관점에서의 〈지배〉는 〈권력〉의 일종이며 〈권력〉을 행사하는 방식 중 아주 대체로 말하자면, '정당화'될 수 있고 직접적인 폭력적 〈권력〉의 행사를 배제하는 권력을 일컫는다고 볼 수 있는데,[477] 이는 크게 두

---

[477] 하지만 많은 경우 비폭력적인 권력도 최후의 수단으로, 궁극적으로는 무력에 의존하는 경우(즉, 간접적인 무력의 사용)가 많다. 그런데 그 이외에도 〈지배〉에 대한 여러 상이한 해석이 존재한다. 심지어 권력과 지배는 같은 것으

가지 범주가 있다. 첫째는 〈권위〉(Autorität)를 이용한 지배인데 이는 '명령할 수 있는 권력'과 '복종의 의무'에 기반을 둔다(예를 들자면 군주와 신하 간의 관계이다. 이미 막스 베버의 분류법으로 사회학에서 잘 알려진 〈전통〉, 법률, 그리고 카리스마에 의거한 지배 등이 이에 해당한다).[478]

일반적으로 사람들이 막스 베버를 읽으면서 쉽게 간과하기 쉬운, 그러면서도 아주 중요한 지배의 형태는 두 번째 형태의 지배이다. 이는 지배의 목적을 달성함에 있어서, 형식상으로는 피지배자가 마치 자유롭고 따라서 자신의 자유로운 이해를 따라서 행위를 하는 것처럼 느끼게 하는 방식이다. 〈소유권〉에 근거한 〈지배〉(예: 자본가와 임노동자 간의 관계) 혹은 시장 지배적인 위치를 이용한 〈지배〉(예: 시장 독점) 등이 대표적인 예이다(Weber 1922: 604, 1968: 943). 막스 베버에 따르자면 시장을 통한 감추어진 지배는 그 지배의 모습이 형식적으로는 '자유'에 기반을 두는 것으로 포장되고 따라서 규제될 수 없는 것처럼 보이기에, 명시적인 권력의 행사에 의존한 지배보다도 더 억압적이다:

> 순수히 시장에 의하거나, 혹은 서로 다른 이해를 가진 당사자들의 '이해 경합(Interessenkonstellationen)'에 기반을 두어 행하여지는 지배는 바로 그 무 규제적인 성격 때문에 어떠한 특정한 의무와 복종 관계에

로 보는 견해도 있고, 지배는(일시적인 것이 아니라 지속적이며, 규제나 규범, 법 등을 이용하여 행사된다는 의미에서) '제도화'된 권력으로 보는 견해도 있다(Imbusch 2006: 162. 173, Popitz 2017). 후자는 비폭력적인 권력과 대체로 유사한 내연을 가진다고 생각될 수 있다. 그와 동시에 베버는 대체로 '정당성'을 〈지배〉를 정의하는 범주로 간주하는데(Imbusch 2012: 24-25) 사실 비정당한 지배(예: 전제정치, 정통성 없는 자에 의한 왕위의 찬탈)도 있을 수 있다.

[478] 참고로 베버는 '권력'은 무정형적이라고 하였고, 그렇기에 그는 그 형태에 대한 자세한 분류를 하지 않았다. 이는 '지배'에 대하여서 〈유형〉을 분류한 것과는 대조된다.

의하여 행하여지는 권위적 지배보다도 훨씬 더 억압적일 수 있다.(…) 특히 시장에 근거한 이해 경합이란 '형식적으로만' 볼 때는 마치 '자유'로운 개인 간의 경합 관계로 비쳐진다(Weber 1922: 606, 1968: 946).

지배적 권력(Herrschermacht)
〈권력〉을 참고할 것.

지향성(Sinn)
〈의미〉를 참고할 것.

45. 집단(Verband)

본 번역에 있어서, 독일어 Gemeinschaft 는 〈공동체〉(共同體 community), 그리고 Gesellschaft 는 대부분의 경우, 〈사회〉(社會 society), 혹은 〈결사체〉(結社體 association)로 번역하였다. 이는 독일의 사회학자인 퇴니스(Ferdinand Tönnies)의 유명한 정의에서 나오는 구분과 유사하다. 그 대체적인 구분의 기준은 참여가 강제적(또는 운명적)인가 아니면 자발적인가의 여부이다. Gesellschaft와 유사한 의미의 독일어는 Verein인데, 이를 〈단체〉(團體 association)로 번역하였다.

또한 인간의 모임에 대한 다양한 개념들이 등장하는데, 가장 보편적인 표현은 〈집단〉(Verband, collective/ association)과 〈그룹〉(Gruppe, group)이다. 그 정확한 정의를 내리기는 힘들지만, 전자는 대체로 그 경계가 가시적이고 또한 비교적 그 구성원은 일정하게 유지되는 데 반하여, 후자는 더욱 유동적이라고 할 수 있다. 반면 조직은 그 모임의 운영을 규정하는 구조를 가지고 있는 경우이다.[479]

---

[479] 참고로, 영어에서는 이러한 구분이 불분명하다. 단체, 집단, 결사체 모두는 단지 association으로 번역되는 경우가 많다.

이를 정리하자면 다음과 같다.

강제적 참여와 자발적 참여를 기준으로 한 분류

명칭	독일어	용례
공동체	Gemeinschaft	강제적 공동체(Zwangsgemeinschaft) 과업공동체(Werkgemeinschaft) 국가공동체(staatliches Gemeinwesen) 내적 공동체(innere Gemeinschaft) 윤리적 공동체(sittliche Gemeinschaft) 문화공동체(Kulturgemeinschaft) 신앙공동체(Glaubensgemeinschaft) 이익공동체(Interessengemeinschaft) 혈연공동체(Blutsgemeinschaft)
결사체	Gesellschaft	자유적 결사체(freie Gesellschaft)
단체	Verein	결사체(Vereinswesen) 단체(Verein)
	Korporation	지방단체(örtliche Korporation)

인간의 집합에 대한 표현

명칭	독일어	용례
집단	Verband	강제적 집단(Zwangsverband) 경제적 집단(wirtschaftlicher Verband) 교회집단(Kirchenverband) 국가집단(Staatsverband) 국민경제적 집단(volkswirtschaftlicher Verband) 군사집단(Heeresverband) 권력집단(Machtverband) 무력적 집단(Gewaltverband) 무명적 집단(anonymen Verband) 민족집단(völkischer Verband) 사회적 집단(gesellschaftlicher Verband) 이익집단(Interessenverband) 국민적 집단(nationale Verband) 전투적 집단(Kampfverband) 정치적 집단(politische Verband)

명칭	독일어	용례
집단	Verband	준법집단(Rechteverband) 지역 연합집단(örtliche Gesamtverband) 통일적 집단(Einheitsverband) 혈연집단(Blutsverband)
그룹	Gruppe	권력그룹(Machtgruppe) 사회적 그룹(gesellschaftliche Gruppe)
조합	Verband	협동조합(genossenschaftlicher Verband)
조직	Organisation	교회조직(kirchlichen Organisation)
집합체	Aggregate	권력집합체(Machtaggregat)
	Vielheit	사회적 집합체(gesellschaftliche Vielheit)
결집	Aggregation	응집상태(Aggregationszustand)
무리	Horde	
집합	Kreis	

47. 집합체(Aggregate)

〈집단〉을 참고할 것.

48. 코나투스(Conatus)

〈자활력〉을 참고할 것.

49. 패권적 권력(Übermacht)

〈지배〉를 참고할 것.

50. 행동(Handeln)

막스 베버적 용법에 의하면, '행동'(Handeln, action)은 '행위'(Verhalten, behaviour)와 구분이 된다. 행동은 어떤 행위를 하는 사람에 의하여 '의미'가 부여된 경우인데, 행동은 내적 행동과 외적 행동을 포괄한다(대체로 의식적으로 목적 지향적인 행위라고 해석하면 무방하다). 행동이 다른 행위자에 대한 것이거나, 혹은 어떠한 질서를 수립하기 위한 것일 때는 '사회적' 행동이 된다. 하지만 이러한 '의미'라는 요소가 개입되지 않은 경우에는 단순히 '행위'일 뿐인데, 예를 들자면, 반사적인 행위 내지는 전통적(관습적) 행위 등이 후자에 해당한다(Swedberg 2016: 1). 본서에서는 이에 따라 Handeln은 '행동,' Verhalten은 '행위'로 번역하였다.

51. 행위(Verhalten)

〈행동〉을 참고할 것.

52. 화폐(Geld)

비저는 칼 멩거(Carl Menger)가 주장한 화폐의 최초의 발생기원을 그대로 받아들인 것처럼 보인다. 멩거에 의하면 최초에는 물물교환이 있었는데, 그것은 시간과 공간의 제약을 극복하지 못한다. 자신이 잉여가 있더라도 당장 다른 상품과 교환할 필요가 없이 미래에만 필요한 경우도 있으며, 그러한 상품이 원거리에 존재할 수도 있어 직접 교환을 하지 못하는 경우도 있다. 이러한 불편함을 극복하고자 어떤 현명한 사람이(즉, 일종의 지도자가) 일단 자기에게 잉여로 남아있는 상품을, 자신이 당장 필요하지 않더라도 모든 사람들이 가장 많이 항상 수요하는 상품으로 바꾼 뒤, 후에 그 중간 매개 수단을 자신이 원하는 물건으로 바꿈으로서 제약을 극복할 수 있는 방안을 발명하였다. 어떤 현명한 자가 이러한 우회적 교환을 발명하였을 때, 타인들은 모방하기 시작하여 결국 그 모방이 전 사회로 확산되면서 진화론적으로 등장하게 된 것이 화폐라는 것이다. 그리고 후에 국가가 개입하여 그 교환수단을 독점한다. 반면, 일반 주류 경제학 교과서에 나오는 전형적인 설명은 사람들이 물물교환을 하는 경우 물건을 가진 사람들 간 소위 욕망의 이중적 일치(double coincidence of desires)가 힘들기 때문에 거래의 불편함을 느껴서 양자 간의 합의에 의하여 어떤 것을 화폐로 정하게 되고, 그래서 화폐가 시작되었다는 것인데, 이는 멩거의 진화론적 관점을 왜곡한, 합리적 인간들 간의 〈사회계약〉에서 화폐가 비롯되었다는 비현실적인 주장이다. 멩거의 견해를 제대로 이해하기 위해서는 멩거의《화폐》(Menger, 2002)[480]를 필히 숙독할 것이 필요하다.

하지만, 비저는 본서의 후반부에서, 그리고 그 이후의 논문《화폐》(1927)[481]에서 멩거의 이러한 원자론적인 단순한 견해를 지양한다. 즉, 짐멜(Georg Simmel)의 견해[482]처럼 화폐가 일반적 등가물로서 모든 이에게 인식되고 받아 들여지게 됨에 따라, 화폐 그 자체가 사람들을 속박하는 〈사회적 권력〉이 된다는 것이다, 그리고 그것이 가지는 권력은 최초에 화폐를 탄생시킨 현명한 자나 그를 모방하는 대중들이 가진 힘을 능가하는 어떤 것으로 자체의 권력을 강화시켜 나가면서 진화하게 되고, 따라서 그러한 의미에서 화폐의 최종적인 형태는 최초에 그것을 나타나게 한 사람들만의 노력의 소산만은 아니라는 것이다. 또한 단순 경제에서 사회경제로 이행하고 사회의 〈계층화〉가 나타남에 나타나는 권력관계의 이해를 화폐가 반영하게 된다. 그리고 국가는 〈공공의 이익〉을 위하여 화폐의 기술적, 법적 성격을 규제할 필요가 나타나는 것이다. 즉, 화폐는 권력 중립적이 아니라는 것이다.

이같은 멩거와 비저의 견해에 대하여서는 세 가지의 중요한 반론이 제기된다. 첫째, 과연 최초에 모든 인간이 소유한 권력이 동일한 상태에서 어떠한 교환이 이루어졌는가? 강자가 상대방의 것을 권력으로 제압하고 빼앗는 것이 더 일반적이지 않을까? 둘째, 물물 교환이 있다고 해서

---

480 Menger, Carl(2002).

481 Wieser, von F.(1927: 121-162).

482 Simmel, Georg(1900, 2014). 짐멜(2013).

마치 현대인처럼 교환으로부터 얻는 효용을 계산하여, 즉 순전한 개인적 이득을 위하여 행하여진 것인가? 원시 〈대부족〉 간의 물물교환은 현대인의 그것과는 달리 과시적인 수단이었으며, 〈대부족〉 내에서의 재화의 분배는 물물교환이 아니라 공동체 내에서의 상호 호혜적인 수단이 아니었던가? 마지막으로 화폐는 과연 물물교환에서 탄생하였는가? 본 저서에서의 비저의 분석에 있어서 아쉬운 점은, 그가 인간들이 소유한 권력의 정도가 상이하다는 점을 충분히 인정하였음에도 불구하고 유독 화폐의 최초의 탄생에 있어서는 평등한 권력관계를 상정하였다는 점이다. 권력이 강한 자가 여러 가지 후보 중에서 자기가 독점할 수 있는 수단을 화폐로 지정하는 것이 더 일반적이지 않을까? 혹은 아무런 효용이 없는 조개껍질이 화폐로 사용되었다면 그 이유는 무엇인가? 또한 인류학적-발생학적으로 보았을 때 실제로는 화폐가 먼저 존재하였고, 그다음에 교환과 시장, 그리고 〈사적 소유권〉이 발생하고 진화하게 된 것이다.[483] 물론 그때의 화폐라는 것은 우리가 현재 사용하는 화폐와는 다르다. 이러한 점에서 볼 때, 화폐를 최초에 탄생시킨 계기 내지는 화폐에 대하여 사람들이 가지는 강한 믿음은 흡사 종교적 신념과도 유사하다. 이에 관하여 가장 흥미로운 해석은 화폐의 종교 기원설이다. 참고로 멩거식의 견해에 대한 역사학, 사회학, 인류학적인 반론에 대하여서는 잉햄(Ingham, 2000) 및 피코크(Mark Peacock, 2013)를 필히 참고할 것. 그리고 화폐는 궁극적으로 종교에서 기원한다는 견해에 대하여서는 라움(Laum, 1924) 및 아인지히(Einzig 1966)를 참고할 것.

---

483 Weber(1923: 208;1927: 236): "진화의 역사로 볼 때, 화폐는 〈사적 소유권〉(Individualeigentum)의 창조자이다. 화폐는 이러한 속성을 최초부터 가지고 있었으며, 역으로, 화폐의 특성을 가지고 있는 어떠한 대상도 사적 소유(Besitz)라는 특성을 가지지 않은 것은 없어 왔다"(역자 번역).

53. 화폐가치(Geldwert)

〈자연가치〉를 참고할 것.

54. 힘(Kraft)

〈권력〉을 참고할 것.

역자 참고문헌

Arena, Richard(2004), 'Money in Wieser's Social Economics'. in Arena, R. and Salvadori, Neri(eds.),(2004), *Money, Credit and the Role of the State. Essays in Honor of Augusto Graziani*. Aldershot, UK, and Burlington, USA: Ashgate Publishing Company , pp. 3-20.

Bartlett, Randall(1989), *Economics and Power-An Inquiry into Human Relations and Markets*, Cambridge University Press.

Bachrach, P., & Baratz, M. S.(1962), 'Two Faces of Power'. *The American Political Science Review*, Vol. 56, No. 4(Dec., 1962), pp. 947-952.

Borch, Christian(2005), 'Systemic Power', *Acta Sociologica*, June 2005 Vol 48(2): 155-167.

Bourdieu, P.(1979), 'Symbolic Power', *Critique of Anthropology* 1979 4: 77.

Caldwell, Bruce J.(2002), 'Wieser, Hayek and Equilibrium Theory', *Journal des Economistes et des Etudes Humaines*, Volume 12, numero 1, Mars 2002, pp 47-66.

Campagnolo, Gilles & Vivel, Christel(2012), 'Before Schumpeter: forerunners of the theory of the entrepreneur in 1900s German political economy-Werner Sombart, Friedrich von Wieser', *The European Journal of the History of Economic Thought*, 19: 6, 908-943.

Callon, Michell(1986), 'Some Elements of a Sociology of Translation: Domestication of the Scallops and the Fishermen of St. Brieuc Bay,' in John Law(ed.)(1987), *Power, Action, and Belief: A New Sociology of Knowledge?* Routledge & Kegan Paul.

Clegg, S. R.(1989), *Frameworks of Power*. London: SAGE Publications.

Cohen, Avi J. and Harcourt, G. C.(2003), 'Whatever Happened to the Cambridge Capital Theory Controversies', *Journal of Economic Perspectives*—Volume 17, Number 1—Winter 2003—Pages 199-214.

Dahl, R.(1957), 'The concept of power', *Behavioral Science*, 2(3), 201-215.

Denis, Andy(2010), 'A Century of Methodological Individualism Part 1: Schumpeter and Menger', Discussion Paper Series No. 10/02, Department of Economics, School of Social Sciences, City University of London.

Dullaart, M.H.J.(1988), 'Wieser's Theory of Money', *Journal of Economic Studies*, Vol. 15 No. 3/4, pp. 123-135.

Dupuy, Jean-Pierre(1989), 'Common Knowledge, Common Sense,' *Theory and Decision* 27(1989), 37-62.

Einzig, Paul(1966), *Primitive money: In its ethnological historical and economic aspects*, 2nd ed. Pergamon, Oxford.

Ekelund, Robert B. Jr. & Hébert, Robert E(2014), *A History of Economic Theory & Method*, 6th ed. Waveland Press, Inc.

Elias, Norbert(2000), *The Civilizing Process: Sociogenetic and Psychogenetic Investigations*, Blackwell. 한글 번역판: 아래 참고.

Festré, Agnès(2012), 'Carl Menger and Friedrich von Wieser on the Role of Knowledge and Beliefs', in Richard & Arena, Agnès Festréa & Nathalie Lazaric(2002), *Handbook of Knowledge and Economics*, EdwardElgar, pp.73-98.

Festré, Agnès & Garrouste, Pierre(2016), 'Wieser as a Theorist of Institutional Change', *Journal of the History of Economic Thought*, Volume 38, Number 4.

Graeber, David(2011), *Debt, the first 5000 years*, Melville House Printing.

Haugaard, Mark(2002),(ed.) *Power-A Reader*, Manchester University Press.

Hayek, F. A.

(1926), 'Friedrich Freiherr v. Wieser', *Jahrbücher für Nationalökonomie und Statistik / Journal of Economics and Statistics*, Dritte Folge. Vol. 70(125), No. 6(1926), pp. 513-530. 영문번역은 아래(1992)에 수록되어 있다.

(1944), *The Road to Serfdom*, George Routledge & Sons.

(1960), *The Constitution of Liberty*, University of Chicago Press.

(1978), *New Studies in Philosophy, Politics, Economics and the History of Ideas*, Routledge & Kegan Paul plc.

(1992), *The Collected Works of Hayek, F. A.: The Fortune of Liberalism: Essays on Austrian Economics and the Ideal of Freedom*. Edited by P. G. Klein. London: Routledge.

Heath, Joseph(2020), 'Methodological Individualism', *The Stanford Encyclopedia of Philosophy*(Summer 2020 Edition), Edward N. Zalta(ed.).

Heertje, Arnold(2004), 'Schumpeter and methodological individualism', *Journal of Evolutionary Economics* 2004,14: 153-156

Hodgson, Geoffrey M.(2007), 'Meanings of methodological individualism', *Journal of Economic Methodology* 14: 2, 211-226 June 2007.

Haugaard, M.(2009), 'Power and Hegemony' in S. R. Clegg, & M. Haugaard(Eds.), *The SAGE Handbook of Power*, SAGE Publications Ltd.

Hutchison, T.W.(1953), *A Review of Economic Doctrine 1870-1929*, Oxford University Press.

Imbusch, Peter

    (2006), 'Macht und Herrschaft', in Korte, Hermann & Schäfers, Bernhard(eds.)(2006), *Einführung in Hauptbegriffe der Soziologie*, 6 Auflage, VS Verlag für Sozialwissenschaften.

    (2012), 'Macht und Herrschaft in der wissenschaftlichen Kontroverse', in Imbusch, Peter(ed.)(2012) *Macht und Herrschaft-Sozialwissenschaftliche Theorien und Konzeptionen*(ed.), 2 Auflage, Springer VS.

Ingham, Geoffrey(2004), *The nature of money*, Polity, Cambridge. 한글 번역판: 아래 참고.

Keynes, J.M.(1937), 'The General Theory of Employment,' *Quarterly Journal of Economics* 51(1937), 209-223.

Kolev, Stefan

    (2017a), 'Reincorporating Friedrich von Wieser and the concept of power into the Austrian research program', *CHOPE Working Paper*,

No. 2017-06, Duke University, Center for the History of Political Economy(CHOPE), Durham, NC.

(2017b), 'The Weber-Wieser connection: Early economic sociology as an interpretative skeleton key', *CHOPE Working Paper*, No. 2017-22, Center for the History of Political Economy at Duke University.

(2019), 'The puzzles of a triumvir: Friedrich von Wieser as political economist and sociologist', *The European Journal of the History of Economic Thought*(2019).

Kurz, Heinz D.

(1995), 'Marginalism, Classicism, and Socialism in German Speaking Countries, 1871-1932', in Steedman, Ian(ed.)(1995), *Socialism and Marginalism in Economics, 1870-1930*, Routledge.

(2013), *Economic Thought-A Brief History*, Columbia University Press.

(2018), 'Power-The bête noire in much of modern economics', *The IDEAs Working Paper Series* 01/2018.

Laum, Bernhard

(1924), *Heiliges Geld-Eine historische Untersuchung über den sakralen Ursprung des Geldes*(Sacred Money, A historical study about the sacred origin of the money)(신성화폐), J.C.B. Mohr, Tübingen.(영문 번역판은 본 역자에 의하여 2023년에 "Sacred Money"라는 제목으로 출판).

(1954/55), 'Über Ursprung und Frühgeschichte des Begriffes Kapital',(On the Origin and Early History of the Concept of 'Capital'), *FinanzArchiv / Public Finance Analysis, New Series*, Bd. 15, H. 1(1954/55), pp. 72-112.

Le Bon, Gustave

(1895), *Psychologie des Foules*. Première publication. 한글 번역판: 아래 참고.

(2002), *The Crowd: A Study of the Popular Mind*, Dover Publications. (위의 1895의 영문 번역판).

Lordon, Frédéric,

    (2010a), *Capitalisme, désir et servitude-Marx et Spinoza*, La fabrique éditions.(한글 번역판: 아래 참고).

    (2010b), 'La puissance des institutions', *Revue du MAUSS permanente*(April 2010), journaldumauss.net.

    (2010c), 'L'empire des institutions', *Revue de la Régulation* 7(2010), regulation.revues.org.

    (2014), *Willing Slaves of Capital, Spinoza, and Marx on Desire*.(tr. Gabriel Ash), Verso.(위의 2010a의 영문 번역판).

Lordon, Frédéric and Orléan, André(2008), 'Genèse de l'État et genèse de la monnaie: le modèle de la potentia multitudinis', in Citton, Y. and F. Lordon, *Spinoza et les sciences sociales. De la puissance de la multitude à l'économie des affects*, Éditions Amsterdam.

Lord, Beth(2010), *Spinoza's Ethics*, Edinburgh University Press

Luhmann, Niklas

    (1969), 'Klassische Theorie der Macht. Kritik ihrer Prämissen', *Zeitschrift für Politik* 16: 149-70.

    (2017), *Trust and Power*, ed. and tr. by Christian Morgner & Michael King, Polity Press

Lukes, S.(2005/1974), *Power-A Radical View*, 2nd ed., Palgrave MacMillan.

Mann, M.(1986), *The Sources of Social Power*, Vol. 1: A History of Power from the Beginning to A. D. 1 760. Cambridge: Cambridge University Press.

Menger, Carl

    (1909), 'Geld', in J. Conrad & Lexis, W. & Elster, L. & Loenin, Edg. (eds.),(1909), *Handwörterbuch der Staatswissenschaften*, Verlag von Gustav Fischer.

    (2002), 'Money', Leland B. Yeager and Monika Streissler(tr.), in Michael Latzer and W. Stefan(eds.)(2002), *Carl Menger and the Evolution of Payments Systems From Barter to Electronic Money*, Edward Elgar.(위의 1909의 영문 번역판).

Morgenstern, Oscar(1927), 'Friedrich Von Wieser, 1851-1926', *The American Economic Review* Vol. 17, No. 4(Dec., 1927), pp. 669-674.

Morlok, Christoph(2013), *Rentabilität und Versorgung-Wirtschaftstheorie und Wirtschaftssoziologie bei Max Weber und Friedrich von Wieser.* Springer Fachmedien Wiesbaden.

Pansardi, P.(2012), 'Power to and power over: two distinct concepts of power?', *Journal of Political Power* 5: 1, 73-89.

Peacock, Mark S.(2013), *Introducing Money*, Routledge.

Popitz, Heinrich

    (1986), *Phänomene der Macht. Autorität-Herrschaft-Gewalt-Technik*, Tübingen.

    (2017), *Phenomena of Power-Authority, Domination and Violence*, tr. by Gianfranco Poggi and ed. by Andreas Göttlich & Jochen Dreher, Columbia University Press.(위의 1986의 영역판).

Salerno, Joseph(2002), 'Friedrich von Wieser and Friedrich A. Hayek: The General Equilibrium Tradition in Austrian Economics', *Journal des Economistes et des Etudes Humaines* · January 2002.

Samuels, Warren J.

    (1983a), 'Introduction', in Wieser, Friedrich von(1983), *The Law of Power*, Kuhn, W.E.(tr.). The Bureau of Business Research, University of Nebraska-Lincoln.

    (1983b), 'The Influence of Friedrich von Wieser on Joseph A. Schumpeter', Presidential Address, History of Economics Society May 1982. *History of Economics Society Bulletin*, 4, pp 5-19.

    (1992), *Essays in the History of Mainstream Political Economy*, MacMillan.

Schumpeter, J.A.

    (1908), *Das Wesen und der Hauptinhalt der theoretischen Nationalökonomie.*

    (1934), *The Theory of Economic Development*, translation of the second substantially revised and shortened German edition(1st ed.

    1912), Cambridge: Harvard University Press.

    (1952), *Ten Great Economists from Marx to Keynes*, George Allen & Unwin.

    (1954), *History of Economic Analysis*, New York: Oxford University Press.

    (1980), 'Methodological Individualism', Brussels: Institutum Europæum. English translation by Michiel van Notten of the corresponding chapter of Schumpeter(1908), with a preface by FA Hayek, and a Summary by Frank van Dun.

Schulak, Eugen Maria & Unterköfler, Herbert(2011), *The Austrian School of Economics-A History of Its Ideas, Ambassadors, and Institutions*, Arlene Oost-Zinner(tr.), The Ludwig von Mises Institute.

Simmel, Georg

    (1900), *Philosophie des Geldes*, Leipzig.(한글 번역판: 아래 참고).

    (2011), *The Philosophy of Money*. Bottomore, T. & Frisby, D.(trs.). Routledge.(위의 1900의 영역판).

Sraffa, P.(1960), *Production of Commodities by Means of Commodities*. Cambridge: Cambridge University Press.

Stein, Lorenz von(1870), *Handbuch der Verwaltungslehre und des Verwaltungsrechts*, Stuttgart.

Stigler, George J.(1941), *Production and Distribution Theories-The formative Period*, The MacMillan Co., New York.

Swedberg, Richard & Agevall, Ola(2016), *Max Weber dictionary-Key Words and Central Concepts*, 2nd ed. Stanford Social Sciences.

Udéhn, L.

    (2001), *Methodological Individualism: Background, History and Meaning*, London and New York: Routledge.

    (2002), 'The changing face of methodological individualism', *Annual Review of Sociology* 28: 479-507.

Weber, Max

    (1922), *Wirtschaft und Gesellschaft*, Tübingen(= Grundriss der Sozialökonomik, 3. Abteilung).

(1923), *Wirtschaftsgeschichte*, Duncker & Humblot.

(1927), *General Economic History*, Frank Knight(tr.), The Free Press(위의 1923의 영문 번역판).

(1968), *Economy and Society*. Roth, G. & Wittich, C.(trs.). University of California Press.(위의 1922의 영역판).

(2019), *Economy and Society-A New Translation*, Tribe, K.(ed. & tr.), Harvard University Press.(위의 1922의 영역판: 부분역).

Wieser, Friedrich von

(1889), *Der Natürliche Werth*. Wien: Alfred Hölder.

(1893), *Natural Value*, ed. by William Smart, London: Macmillan(위의 1889의 영어 번역본).

(1910), *Recht und Macht*. Sechs Vorträge. Leipzig: Duncker & Humblot.

(1914), *Theorie der gesellschaftlichen Wirtschaft*. Tübingen: J.C.B. Mohr(P. Siebeck).

(1927a), *Social Economics*, London: Allen & Unwin(위의 1914의 영어 번역본).

(1927b), 'Geld', In Ludwig Elster, Adolph Weber and Friedrich Wieser(eds.), *Handwörterbuch der Staatwissenschaften*, Verlag von Gustav Fischer.

(1983), *The Law of Power*. Kuhn, W.E.(tr.). The Bureau of Business Research, University of Nebraska-Lincoln.(본서의 영문 번역판).

Wilimann, Isidor & Tatsis Nicholas Ch. & Zito, George V.(1977), On Max Weber's Definition of Power, *Australian and New Zealand Journal of Sociology*, 13(Oct 1977), pp. 231-235.

로르동, 프레드릭(출판시점 미정), 자본주의와 자발적예속-스피노자와 마르크스의 욕망과 정념의 사회학, 현동균 역, 출판사 미정.

르 봉, 귀스타브(2008), 군중심리, 김성균 역. 이레미디어.

엘리아스, 노르베르트(2002), 문명화과정, 박미애, 한길사.

박만섭(2020), 포스트케인지언 내생화폐이론.

잉햄, 제프리(2011), 돈의 본성, 홍기빈 역. 삼천리.
짐멜, 게으로그(2013), 돈의 철학, 김덕영 역, 도서출판 길.

저자 인용 문헌

Georg Brandes(1920), *Wolfgang Goethe*, Gyldendal.

Carlyle, Thomas(1841), *On Heroes, Hero-Worship, & the Heroic in History*.

Clausewitz, Carl Phillip Gottlieb von(1832), *Vom Kriege*. 한글 번역판: 카알 폰 클라우제비츠(2016), 전쟁론, 김만수 역, 갈무리.

Emerson, Ralph Waldo(1850), *Representative Men*.

Erman, Adolf & Ranke, Hermann(1885), *Aegypten und aegyptisches leben im altertum*(고대 이집트와 이집트의 삶).

Freyer, Hans(1923), *Theorie des objektiven Geistes: eine Einleitung in die Kulturphilosophie*, B.G. Teubner.(객관적 정신의 이론)

Gobineau, Arthur de(1853), *Essai sur l'inégalité des races humaines*(인종불평등론).

Goethe, Johann Wolfgang von

    Schlußpoetik(최종의 시).

    Faust(파우스트), 한글 번역판: 파우스트, 김수용 옮김. 책세상.

    Lieder(노래들).

    (1811), *Aus meinem Leben. Dichtung und Wahrheit*(시와 진실).

    (1832), *Zahme Xenien*(부드러운 경구).

Grillparzer, Franz(1848), *Ein Bruderzwist in Habsbur*(합스부르크가의 형제싸움).

Ibsen, Henrik(1879), *Et Dukkehjem*(인형의 집).

James Rogers(1884), *Six Centuries of Work and Wages. The History of English Labour*.

Platen, August Graf von(1828), *Gedichte*.

Le Bon, Gustave

    (1895), *Psychologie des Foules*. Première publication. 한글 번역판: 르 봉, 귀스타브(2008), 군중심리, 김성균 역. 이레미디어.

    (2002), *The Crowd: A Study of the Popular Mind*, Dover Publications.(위의 1895의 영문 번역판).

Machiavelli, Niccolò(1532), *The Prince*.

Renner, Karl,(1908), *Die Freiheit über alles!*(모든 것으로부터의 자유)

Richet, Charles Robert(1919), *L'homme stupide*; 영문(1925), *Idiot man or, The follies of mankind*, Norah Forsythe and Lloyd Harvey(trs.), London: Werner Laurie.

Rolland, Romain(1920), *Clérambault*(전시의 독립적인 정신의 이야기).

Rückert, Friedrich, *Die Geister der Lieder*(시의 정신).

Schiller, Johann Christoph Friedrich von

(1797), *Das Distichen*(2행시)

(1781), *Die Räuber*(군도, 群盜)

(1782), *Die Verschwörung des Fiesco zu Genua*(제노아에서 일어난 피에스코의 모반).

Spencer, Herbert(1869), *The Study of Sociology*.

Suttner, Bertha von(1889), *Die Waffen nieder*(무기를 내려놓아라).

Twain, Mark(1889), *A Connecticut Yankee in King Arthur's Court*(아서 왕 궁정의 코네티컷 양키).

Vergilius(Publius Vergilius Maro), *Aeneid*.

크세노폰(Xenophon)(2011), 크세노폰, 페르시아 원정기, 천병희 역. 숲.

색인(주제)

power-over권력, 808

power-to권력, 808

가치

· 간접적 생활가치(mittelbarer Lebenswert, indirect life value), 196, 198

· 감정적 가치(Gefühlswert, emotional value), 277, 278, 279

· 개별적 가치부여(individuelle Wertgebung, individual valuation), 367

· 개인적 사용가치(persönlicher Gebrauchswert, personal use value), 364

· 객관적 교환가치(objektiver Tauschwert, objective exchange value), 362

· 경제적 가치(wirtschaftlicher Wert, economic value), 314, 393

· 내면적 가치(innere Geltung, inner value), 389

· 문명적 가치(Zivilisationswert, civilization value), 198, 199

· 문화가치(Kulturwert, cultural value), 588, 591

· 생활가치(Lebenswert, life value), 196, 197, 198, 199, 405

· 잉여가치(Mehrwert, surplus value), 314, 502, 668, 671

· 잉여가치론(Lehre vom Mehrwert, theory of surplus value, the), 325, 502, 670

· 자연가치(naturaler Wert, natural value), 87, 759, 763, 768, 782, 788, 818

· 주관적 교환가치(subjektiver Tauschwert, subjective exchange value), 362

· 주관적 사용가치(subjektiver Gebrauchswert, subjective use value), 362

· 직접적 생활가치(unmittelbarer Lebenswert, direct welfare value), 196, 197

· 파생적 생활가치(abgeleiteter Lebenswert, derived life value), 198

· 화폐가치(Geldwert, monetary value), 87, 355, 680, 818, 828

가톨릭, 57, 150, 201, 262, 265, 266, 267, 268, 282, 317, 341, 388, 407, 408, 423, 424, 491, 494, 514, 561, 569

간접적 생활가치(mittelbarer Lebenswert, indirect life value), 참고⇒가치, 196, 198

감정적 가치(Gefühlswert, emotional value), 참고⇒가치, 277, 278, 279

강권(Gewalt, force), 참고⇒무력, 209, 210, 472, 806

강권분할(Gewaltenteilung, Separation of force), 참고⇒무력, 210

강권분할의 원칙(Lehre von der Gewaltenteilung, Doctrine of the Separation of Powers, the), 참고⇒무력, 209, 210

강령

· 강령(Verfassung, Constitution), 115, 116, 132, 152, 156, 193, 442, 495, 530, 699

· 강령의 개정(Verfassungswandlung, transformation of the constitution), 411

· 강령체제(Verfassungswesen, constitution), 151, 152, 156, 298

· 강령형식(Verfassungsform, constitutional form), 259
· 강제적 강령(Zwangsverfassung, coercive constitution), 442
· 경제적 강령(Wirtschaftsverfassung, economic constitution), 152, 156, 530
· 공적 강령(öffentliche Verfassung, public constitution), 152
· 국가강령(Staatsverfassung, state constitution), 152, 155, 449, 530, 551
· 군사적 강령(Militärverfassung, military constitution), 155, 551
· 민주적 강령(demokratische Verfassung), 437, 442, 717
· 법적 강령(Rechtsverfassung, judicial system), 115, 209
· 사적 강령(private Verfassung, private constitution), 152
· 신앙의 강령(Glaubensverfassung, command of faith), 273
· 실질적 강령(tatsächliche Verfassung, actual constitution), 115
· 전쟁의 강령(Kampfverfassung, military constitution), 155
· 종교적 강령(religiöse Verfassung, constitution of religion), 152
· 집단적 강령(genossenschaftliche Verfassung, collective constitution), 148, 154
· 총체적 강령(Gesamtverfassung, total constitution), 152, 207
강령의 개정(Verfassungswandlung, transformation of the constitution), 참고⇒강령, 411
강령체제(Verfassungswesen, constitution), 참고⇒강령, 151, 152, 156, 298

강령형식(Verfassungsform, constitutional form), 참고⇒강령, 259
강압결정성(Zwangsbestimmung, determination by coercion), 참고⇒결정, 336
강압결정적(zwangsbestimmt, coercion-determined), 참고⇒결정, 300, 302, 720, 804
강압적 권력(Zwangsmacht, power of coercion), 참고⇒권력분류, 78, 79, 90, 91, 131, 228, 248, 258, 413, 439, 476, 611, 614
강압적 리더십(Zwangsführung, coercive leadership), 참고⇒리더십, 335, 435, 437, 511
강압적 명령(Zwangsbefehl, coercive command), 248
강압적 무력(Zwangsgewalt, coercive force), 참고⇒무력, 131
강압적 선고(Gewaltspruch, dictum of force), 249
강압적 지배(Zwangsherrschaft, coercive domination), 참고⇒지배, 79, 506
강압적 지배자(Zwangsherr, coercive ruler), 참고⇒지배, 249, 436
강압적 형식(Zwangsform, coercive form), 228, 245, 248, 249, 250, 258, 445, 685
강요된 평화(Friedensdiktat, dictated peace), 726, 730
강제적 강령(Zwangsverfassung, coercive constitution), 참고⇒강령, 442
강제적 공동체(Zwangsgemeinschaft, coercive community), 참고⇒공동체, 80, 82, 83, 154, 439
강제적 집단(Zwangsverband, coercive association), 참고⇒집단, 79, 80
강제적 추종(erzwungene Nachfolge, forced following), 참고⇒추종, 250
강제적 통과점(obligatory point of passage -

OPP), 402

강제하는 힘(zwingende Kraft, coercive strength), 참고⇒힘의 분류, 76, 78, 79, 361, 443

개방적 리더십(offene Führung, open leadership), 참고⇒리더십, 153

개별과업(Sonderwerk, special task), 참고⇒과업, 152, 177, 614, 615, 616, 621

개별적 가치부여(individuelle Wertgebung, individual valuation), 참고⇒가치, 367

개인성(Persönlichkeit, individuality), 189, 617

개인적 도덕(persönliche Moral, personal moral), 참고⇒도덕, 468

개인적 리더십(persönliche Führung, personal leadership), 참고⇒리더십, 127, 130, 154, 369, 417, 508, 526

개인적 사용가치(persönlicher Gebrauchswert, personal use value), 참고⇒가치, 364

개인적 습관(persönliche Gewohnheit, personal habit), 381

개인적 의지결단(persönliche Willensentscheidung, personal acts of volition), 참고⇒결정, 106

개인적 의지결정(persönliche Willensbestimmung, personal exercise of the will), 참고⇒결정, 293, 299, 309, 339

개인적 정체감(Ichgefühl, self identity), 178

개인주의

· 방법론적 개인주의(methodological individualism), 23, 763, 766, 771, 792, 793, 794, 796, 797, 798

개인주의(Individualismus, individualism), 34, 176, 179, 180, 256, 575, 611, 792, 797

개인주의적(individualistisch, individualistic), 180, 181, 190, 609, 775, 796

개인주의적 교리(individualistische Lehre, individualistic theory), 180, 609, 611, 612, 613, 614, 662

개인주의적 교리(individualistische Lehre), 762, 792

개체주의적 설명(individualistische Deutung, individualistic explanation), 360, 361

개체주의적 설명(individualistische Deutung), 794

개체주의학파(individualistische Schule, individualist school), 34

객관적 교환가치(objektiver Tauschwert, objective exchange value), 참고⇒가치, 362

객관적 정신(objektiver Geist, objective spirit), 364, 366, 367

객체화(Objektivation, objectification), 366, 367

거대권력(Großmacht), 참고⇒권력분류, 643

거창한 말(hohes Wort, high word), 325, 577

게슬러의 모자(Geßlers Hut), 343

결단(Entscheidung, decision), 참고⇒결정, 385, 803

결사체

· 결사체(Gesellschaft, Vereinswesen, association), 126, 333, 443, 822

· 자유적 결사체(freie Gesellschaft, free association), 126, 193, 208

· 종교적 결사체(Religionsgesellschaft, religious association), 266

결성체(Korporation, formation), 443

결속감(Zusammenfühl, together-feeling), 306, 309, 629

결의(Entschließung, resolution), 803

결정

· 강압결정성(Zwangsbestimmung, determi-

nation by coercion), 336
· 강압결정적(zwangsbestimmt, coercion-determined), 300, 302, 720, 804
· 개인적 의지결단(persönliche Willensentscheidung, personal acts of volition), 106
· 개인적 의지결정(persönliche Willensbestimmung, personal exercise of the will), 293, 299, 309, 339
· 결단(Entscheidung, decision), 385, 803
· 결정(Bestimmung, determination), 294, 295, 300, 309, 803
· 권력결정성(Machtbestimmung, determination by power), 307, 333
· 권력결정적(machtbestimmt, power-determined), 300, 301, 303, 304, 305, 307, 310, 311, 368, 613, 719, 804
· 권력에 의한 결단(Machtentscheidung, decision by power), 546
· 사회적 결단(gesellschaftliche Entscheidung, social decision), 384
· 사회적 결정(gesellschaftliche Bestimmung, social determination), 294
· 사회적 의지결단(gesellschaftliche Willensentscheidung, social decision of the will), 106, 244
· 사회적 의지결정(gesellschaftliche Willensbestimmung, social determination of the will), 291, 293, 294, 295, 299, 302, 309, 314, 326, 328, 339, 368, 512, 719, 720
· 의지결정(Willensbestimmung, determination of the will), 291, 293, 294, 295, 299, 302, 309, 719, 720
· 자활력결정적(kraftbestimmt, conatus-determined), 300, 301, 804

· 전체적 결단(Gesamtentscheidung, total decision), 126
· 합목적결정성(Zweckbestimmung, purpose orientation), 306, 307, 333
· 합목적결정적(zweckbestimmt, purpose oriented), 300, 301, 302, 303, 304, 305, 307, 310, 368, 719
경신성(輕信性 Leichtgläubigkeit, credulity), 173, 764
경신성의 시대(eras of credulity), 참고⇒시대, 534
경제권력(Wirtschaftsmacht, wirtschaftliche Macht, economic power), 참고⇒권력분류, 54, 59, 196, 202, 210, 275
경제법(Wirtschaftsrecht, economic law), 참고⇒법의 종류, 229
경제의 원리(Wirtschaftsrecht, principle of economy, the), 672
경제적 가치(wirtschaftlicher Wert, economic value), 참고⇒가치, 314, 393
경제적 강령(Wirtschaftsverfassung, economic constitution), 참고⇒강령, 152, 156, 530
경제적 과업(wirtschaftliches Werk, economic task), 참고⇒과업, 100, 503, 576, 602, 610, 618, 621, 633, 675, 681, 683
경제적 귀속의 원칙(Gesetz der wirtschaftlichen Zurechnung, laws of imputation), 669
경제적 기본권(wirtschaftliche Grundrecht, economic basic right), 참고⇒권리, 501, 504
경제적 이념(wirtschaftliche Idee, economic idea), 참고⇒이념, 58
경제적 자유주의(wirtschaftliche Liberalismus, economic liberalism), 참고⇒자유주의, 258
경제적 집단(wirtschaftlicher Verband, economic association), 참고⇒집단, 70

경험법(Erfahrungsrecht, law of experience), 참고⇒법의 종류, 496

계급

- 무산계급(besitzlose Klasse, propertyless class), 272

- 비지식인계급(ungebildete Klasse, uneducated class), 272, 276

- 유산계급(besitzende Klasse, propertied class), 272, 275, 500, 525, 629, 630, 634, 635

- 지도적 계급(Führerklasse, leading class), 134, 401

- 지식인계급(gebildete Klasse, educated class), 134, 136, 272, 275, 276, 277, 314, 315, 525

계급감정(Klassengefühl, class feeling), 134, 276, 630, 667, 673

계급운동상승경향(Tendenz der aufsteigenden Klassenbewegung, trend toward upward mobility of classes), 참고⇒법칙, 98, 749, 755

계급운동상승의 사회적 과정(soziale Prozeß der aufsteigenden Klassenbewegung), 98

계급적 국가(Klassenstaat, class state), 참고⇒국가, 593

계급투쟁(Klassenkampf, class struggle), 81, 449, 499

계몽군주(aufgeklärter Fürst, enlightened lord), 53, 136, 436

계몽군주정(aufgeklärtes Fürstentum, enlightened lordship), 491

계몽적 절대군주제(aufgeklärter Absolutismus, enlightened absolutism), 124, 436

계약적 국가(Vertragsstaat, contractual state), 참고⇒국가, 361

계엄령(Standrecht), 239

계엄법(Kriegsrecht), 참고⇒법의 종류, 239, 252, 472

계층

- 과업의 계층화(Arbeitsschichtung, stratification of work), 677, 679, 711

- 교육계층(gebildeten Schicht, educated class), 267, 396, 434, 530

- 리더십계층(Führungsschicht, leadership strata), 417

- 비교육계층(ungebildete Schicht, uneducated strata), 396

- 사업의 계층화(Schichtung der Betriebe, stratification of enterprises), 677

- 역사적 리더십계층(geschichtliche Führungsschicht, historical leadership strata), 417

- 지도적 계층(Führerschicht, führende Schicht, leading strata), 134, 135, 144, 153, 154, 155, 156, 163, 549

- 지배계층(Herrenschicht, herrschende Schicht, ruling stratum), 110, 154, 435, 438, 443, 506, 533, 554, 558, 566, 594, 616, 618

계층화(Schichtung, stratification), 94, 102, 103, 339, 376, 507, 679, 747, 782, 788, 792, 826

계층화 심화경향(Tendenz zunehmender Schichtung, tendency toward increasing stratification), 참고⇒법칙, 97, 749, 755

고교회파(高敎會派 High Church), 494

고대(Altertum, antique), 43

고전적 교양(klassische Bildung, classical education), 396

고전적 독재(klassische Diktatur, classical dictatorship), 참고⇒독재, 684, 685, 686, 687, 698

고전적 문화(antiker Kultur, classical culture), 56, 263, 433, 542

고전적 세계(antike Welt, classical world), 262, 568

고전적 시대(Zeitalter der Antike, Antike, classical period), 참고⇒시대, 43, 111, 200, 279, 371, 397, 492, 538, 539, 552, 562, 568, 587

고전파 국민경제학(klassische Nationalökonomie, classical national economy), 362

고전학파(classical school), 34, 84

공감(Mitgefühl), 213, 222, 466, 501

공감적(zusammengefühlt, jointly felt), 326

공공(*Publikum*, public), 88, 99, 297, 313, 315, 322, 335, 425, 426, 585, 645, 647, 650, 651, 653, 662, 667, 688

공공도덕(öffentliche Moral, public morality), 참고⇒도덕, 467, 468, 471, 475

공공생활(öffentliches Leben, public life), 72, 169, 170, 177, 181, 184, 242, 244, 256, 475

공공의 권력(öffentlicher Macht, public power), 참고⇒권력분류, 99, 131, 169, 269

공공의 의견(öffentliche Meinung, public opinion), 44

공공의 이익(Gemeinwohl, common welfare), 329, 437, 665, 826

공권박탈(proscriptio), 551

공동 황제(Mitkaiser), 418

공동과업(Mitarbeit, collective task), 참고⇒과업, 70, 90, 141, 558, 560, 562

공동대의(allgemeine Sache, common cause), 80, 307

공동의 국가(gemeinsamer Staat, common state), 참고⇒국가, 440

공동의 의지(allgemeiner Wille, common will), 참고⇒의지, 166, 189, 190, 305, 382

공동의 의지(gemeiner Wille, public will), 참고⇒의지, 166, 189, 190, 305, 382

공동체
- 강제적 공동체(Zwangsgemeinschaft, coercive community), 80, 82, 83, 154, 439
- 공동체(Gemeinschaft, community), 74, 76, 79, 80, 82, 94, 96, 100, 133, 262, 264, 269, 276, 439, 485, 486, 565, 601, 621, 822
- 과업공동체(Werkgemeinschaft, task community), 71, 72, 74, 76, 78, 90, 100, 486
- 교환공동체(Tauschgemeinschaft, exchange community), 621
- 국가공동체(Staatsgemeinschaft, staatliches Gemeinwesen, state community), 124, 438
- 군사 공동체(Waffengemeinschaft, military community), 197
- 내적 공동체(innere Gemeinschaft, inner community), 82, 84, 154
- 문화공동체(Kulturgemeinschaft, cultural community), 81
- 민족들의 공동체(Völkergemeinschaft, Gemeinschaft der Völker), 564
- 삶의 공동체(Lebensgemeinschaft, community of life), 262, 431, 490
- 시민 공동체(bürgerliche Gemeinschaft, civic community), 599
- 신앙공동체(Glaubensgemeinschaft, community of faith), 81, 154, 261, 265, 270, 272
- 윤리적 공동체(sittliche Gemeinschaft, ethi-

cal community), 81, 84, 154

· 이익공동체(Interessengemeinschaft, interest community), 88, 670

· 혈연공동체(Blutsgemeinschaft, blood community), 69, 72, 73, 76, 91, 93, 95, 217, 432, 485

공동체 생활(Zusammenleben, community life), 93, 196, 214, 215, 305

공동체 정신에 의한 지배(Herrschaft des Gemeinsinns), 참고⇒지배, 440

공론(公論 öffentliche Meinung, public opinion), 297, 313, 314, 315, 317, 318, 319, 320, 323, 327, 328, 329, 330, 420, 495, 577, 626, 627, 628, 633, 635, 647, 648, 650, 655, 661, 681, 683, 695, 708, 804

공리주의 원칙(utilitarisches Prinzip, utility principle), 113, 114

공법(öffentliches Recht), 참고⇒법의 종류, 198, 242, 411

공생관계(Symbios), 203, 212, 369, 390, 391, 392, 396, 406, 408, 464

공선화(共線化 collinearity), 160

공적 강권(öffentliche Gewalt, official force), 참고⇒무력, 472

공적 강령(öffentliche Verfassung, public constitution), 참고⇒강령, 152

공중(公衆 Öffentlichkeit, public), 39, 89, 169, 170, 189, 191, 225, 239, 298, 313, 321, 328, 425, 426, 468, 471, 476, 519, 603, 609, 612, 640, 644, 646, 650, 681, 695, 697, 715

과업

· 개별과업(Sonderwerk, special task), 152, 177, 614, 615, 616, 621

· 경제적 과업(wirtschaftliches Werk, economic task), 100, 503, 576, 602, 610, 618, 621, 633, 675, 681, 683

· 공동과업(Mitarbeit, collective task), 70, 90, 141, 558, 560, 562

· 리더십과업(Führerwerk, leadership task), 324, 421

· 문화적 과업(Kulturwerk, cultural task), 289, 352, 394, 536, 591, 602, 604

· 사적 과업(privates Werk, private task), 152, 153, 438, 558, 721, 752

· 사회적 과업(gesellschaftliches Werk, social task), 38, 88, 93, 96, 97, 100, 102, 107, 176, 177, 195, 205, 209, 211, 236, 277, 279, 308, 450, 481, 493, 546, 592, 610, 614, 675, 715, 756

· 역사적 과업(geschichtlichen Werk, historical task), 40, 91, 126, 151, 200, 280, 437, 448, 451, 492, 509, 555, 558, 696, 721, 752

· 준비적 과업(Vorarbeit, preparatory task), 493, 537, 552, 562, 564, 567

· 집단과업(Gesamtwerk, collective task), 88, 151, 154, 177, 189, 614, 615, 616

과업공동체(Werkgemeinschaft, task community), 참고⇒공동체, 71, 72, 74, 76, 78, 90, 100, 486

과업의 계층화(Arbeitsschichtung, stratification of work), 참고⇒계층, 677, 679, 711

과학적 세계관(wissenschaftliche Weltanschauung), 270, 285

관습(Konvention, convention), 49, 83, 217, 268, 306, 365, 366, 382, 386, 393, 404, 813, 814

관습법(Gewohnheitsrecht, conventional law), 참고⇒법의 종류, 82, 229, 247

관습의 권력(Macht der Konvention, power of convention), 참고⇒권력분류, 285, 390

색인 **847**

관습적 질서(konventionelle Ordnung, conventional order), 386

관습적 형성체(konventionelle Bildung, conventional formation), 참고⇒형성체, 393

관습적인 것(Konventionelle), 384, 386, 387

관용(慣用 Brauch, practice, continuous use), 49, 217, 218, 219, 221, 233, 382, 384, 392, 393, 814

관행(慣行 Übung, drill, exercise, practice), 217, 220, 382, 384, 386, 387, 388, 389, 497, 813, 815

관행의 권력(Macht der Übung, power of practice), 참고⇒권력분류, 386

교육계층(gebildeten Schicht, educated class), 참고⇒계층, 267, 396, 434, 530

교육의 권력(Bildungsmacht, education power), 참고⇒권력분류, 156, 196, 199, 210

교화(敎化 Belehrung, instruction), 717, 722

교환공동체(Tauschgemeinschaft, exchange community), 참고⇒공동체, 621

교회권력(Kirchenmacht, kirchliche Macht, church power), 참고⇒권력분류, 54, 207, 208, 264, 406

교회법(Kirchenrecht, church law), 참고⇒법의 종류, 317, 491

교회의 지배(kirchliche Herrschaft), 참고⇒지배, 403

교회조직(kirchlichen Organisation, church organization), 268

교회지상주의(kirchliche Vorherrschaft, era of the predominance of the church, the), 206, 569

교회지상주의시대(Zeitalter der kirchlichen Vorherrschaft, era of the predominance of the church, the), 참고⇒시대, 199, 207, 263, 491, 492, 510, 569, 571

교회집단(Kirchenverband, church association), 참고⇒집단, 115, 193, 194, 268, 367

구상노동(構想勞動 conception labour), 99

구조적 연관성(Strukturzusammenhang, structural connection), 364

구체제(Ancien Régime), 690

국가
- 계급적 국가(Klassenstaat, class state), 593
- 계약적 국가(Vertragsstaat, contractual state), 361
- 공동의 국가(gemeinsamer Staat, common state), 440
- 국민국가(Nationalstaat, nationalen Neustaaten, national state), 75, 183, 448, 471, 529, 595, 596, 597, 599, 600, 601, 603, 605, 606, 711, 724, 725, 732
- 군사국가(Kampfstaat, military state), 482, 569
- 군주적 국가(Herrenstaat, lordly state), 599
- 문화국가(Kulturstaat, cultural state), 61, 155, 206, 449, 456, 457, 465, 482
- 인민국가(Volksstaat), 81, 431, 438, 439, 512, 627
- 자유적 국가(freier Staat, free state), 438, 443, 444, 541
- 지배적 국가(Herrschaftsstaat, ruling state), 439, 443, 464, 607

국가감정(Staatsgefühle, common state feeling), 589

국가강권(Staatsgewalt, state force), 참고⇒무력, 269, 337, 676

국가강권분할의 원칙(Lehre von der Teilung der staatlichen Gewalten, theory of the separation of state powers), 참고⇒무력, 209

국가강령(Staatsverfassung, state constitution), 참고⇒강령, 152, 155, 449, 530, 551

국가공동체(Staatsgemeinschaft, staatliches Gemeinwesen, state community), 참고⇒공동체, 124, 438

국가권력(Staatsmacht, state power), 참고⇒권력분류, 54, 208, 211, 498

국가권력지상주의(staatliche Vorherrschaft), 570

국가권력지상주의 시대(Zeit staatlicher Vorherrschaft), 참고⇒시대, 207

국가도덕(Staatsmoral, state moral), 참고⇒도덕, 467

국가라는 단체(Staatsverein), 참고⇒단체, 331

국가법(Staatsrecht), 참고⇒법의 종류, 230

국가의지(Staatswille, state will), 참고⇒의지, 297

국가이상(Staatsidee, state ideal), 599

국가이성(Staatsraison, state reason), 469

국가적 강권(staatliche Gewalt), 참고⇒무력, 210

국가적 인민(Staatsvolk, state people), 632

국가적 형성체(staatliche Bildung, state formation), 참고⇒형성체, 599

국가집단(Staatsverband, state association), 참고⇒집단, 115, 193, 463, 464, 485, 486

국가체제(Staatswesen, state system), 459, 464, 495, 534, 541

국민

· 국민(Nation, nation), 59, 587, 588, 589, 590, 591, 592, 593, 594, 595, 596, 597, 598, 600, 601, 603, 724, 804, 805

· 문화국민(Kulturnation, cultural nation), 395, 588, 590, 593, 595, 692, 713, 724

· 정치적 국민(politische Nation, political nation), 588, 589, 591, 598, 723

국민감정(Nationalgefühl, nationales Gefühl, national feeling), 65, 101, 289, 297, 471, 565, 693, 694, 695, 707, 724, 732, 733

국민경제적 집단(volkswirtschaftlicher Verband, national economic association), 참고⇒집단, 83, 115

국민공회(Convention nationale), 689

국민국가(Nationalstaat, nationalen Neustaaten, national state), 참고⇒국가, 75, 183, 448, 471, 529, 595, 596, 597, 599, 600, 601, 603, 605, 606, 711, 724, 725, 732

국민문화(Nationalkultur, nationale Kultur, national culture), 289, 396, 438, 585, 591, 593, 594, 595, 596, 597, 598

국민사상(nationaler Gedanke, national thinking), 587, 590, 723, 724, 725

국민언어(Nationalsprache, national language), 128, 395, 396

국민의식(nationale Empfindung, national consciousness), 590, 593, 605

국민이념(nationale Idee, national idea), 참고⇒이념, 59, 60, 63, 65, 595, 596, 597, 600, 603, 605, 607, 625, 710, 731

국민이념주의(nationaler Idealismus, national idealism), 참고⇒이념, 594, 596, 682, 728

국민적 권력(nationale Macht, national power), 참고⇒권력분류, 529, 602, 636, 725

국민적 범세계 제국(nationales Weltreich, national world empire), 439

국민적 안전(nationale Sicherung, national security), 599

국민적 연관성(nationale Zusammenhang, national connection), 603

국민적 일체성(nationale Zusammengehörigkeit, national unity), 600

색인 **849**

국민적 자결(nationale Selbstbestimmung, national self determination), 601, 697, 707, 708

국민적 자기자제(nationale Selbstbegrenzung, national self reservation), 602

국민적 자유의식(nationaler Freiheitssinn, national sense of freedom), 589

국민적 전쟁(Nationalkrieg, national war), 참고⇒ 전쟁, 728

국민적 집단(nationale Verband, national association), 참고⇒집단, 193

국민적 특성(Nationalcharakter, national characteristics), 602

국민적 힘(nationale Kraft, national strength), 참고⇒힘의 분류, 603, 696

국민정신(nationaler Geist, national spirit), 63, 294, 298, 352, 590, 597, 734

국민제국(nationale Reiche, national empire), 438

국수주의(Chauvinismus), 59, 603, 605

국수주의자(Chauvinist), 726

국제 전시법(Völkerkriegsrecht, international wartime law), 참고⇒법의 종류, 477

국제법(Völkerrecht, international law), 참고⇒법의 종류, 217, 269, 343, 561

국제연맹(League of Nations), 565, 605, 730, 731

국지화(Lokalisierung, localization), 677, 678

군사 공동체(Waffengemeinschaft, military community), 참고⇒공동체, 197

군사국가(Kampfstaat, military state), 참고⇒국가, 482, 569

군사독재(Militärdiktatur), 참고⇒독재, 688, 695, 698

군사적 강령(Militärverfassung, military constitution), 참고⇒강령, 155, 551

군사적 권력(Waffenmacht, military power), 참고⇒권력분류, 197, 198, 200, 201, 202, 206, 261, 277, 418, 633, 679, 726, 727, 728

군사집단(Heeresverband, military association), 참고⇒집단, 115, 193

군사체제(Militärwesen, military system), 355

군주의 법(Königsrecht, lordly law), 참고⇒법의 종류, 255, 256

군주적 국가(Herrenstaat, lordly state), 참고⇒국가, 599

군주적 권력(Herrenmacht, lordly power), 참고⇒ 권력분류, 309, 415, 492, 558

군주적 리더십(herrschaftliche Führung, lordly leadership), 참고⇒리더십, 124, 154, 437, 511

군주적 제국(Fürstenreich, lordly empire), 438

군주정(Fürstentum, lordship), 124, 133, 187, 258, 412, 508, 510, 522, 578, 587, 589, 600, 632, 633, 690

군주지상주의(fürstliche Vorherrschaft), 609

군주지상주의의 시기(Period der fürstlichen Vorherrschaft), 570

권력(Macht, power), 24, 31, 34, 45, 46, 47, 50, 51, 53, 55, 56, 58, 78, 79, 85, 90, 112, 157, 163, 194, 196, 197, 198, 199, 200, 201, 202, 203, 205, 206, 207, 208, 210, 212, 213, 239, 240, 242, 258, 261, 264, 269, 272, 276, 278, 309, 313, 314, 316, 317, 325, 335, 337, 380, 387, 388, 389, 390, 391, 392, 397, 400, 401, 409, 416, 424, 426, 428, 435, 449, 486, 491, 492, 518, 529, 536, 549, 552, 558, 560, 564, 570, 580, 593, 595, 603, 614, 622, 638, 640, 658, 662, 679, 700, 719, 722, 723, 725, 727, 733, 747, 752, 754, 792, 805, 807, 808, 810

권력 오블리주(Macht verpflichtet), 참고⇒권력일

반, 446

권력감정(Machtgefühl, feeling of power), 참고⇒
권력일반, 192, 603

권력결정성(Machtbestimmung, determination by
power), 참고⇒결정, 307, 333

권력결정적(machtbestimmt, power-determined),
참고⇒결정, 300, 301, 303, 304, 305, 307,
310, 311, 368, 613, 719, 804

권력그룹(Machtgruppe, power group), 참고⇒권
력일반, 420, 468

권력기구(Machtorgan, power organ), 참고⇒기
구, 609, 620, 627, 628, 631, 643, 658, 690

권력론(Theorie der Macht, theory of power), 참
고⇒권력일반, 26, 68, 77, 368, 566, 751, 758

권력범위(Machtkreis, realm of power), 참고⇒권
력일반, 306

권력분류

· 강압적 권력(Zwangsmacht, power of coer-
cion), 78, 79, 90, 91, 131, 228, 248, 258,
413, 439, 476, 611, 614

· 거대권력(Großmacht), 643

· 경제권력(Wirtschaftsmacht, wirtschaftliche
Macht, economic power), 54, 59, 196,
202, 210, 275

· 공공의 권력(öffentlicher Macht, public pow-
er), 99, 131, 169, 269

· 관습의 권력(Macht der Konvention, power
of convention), 285, 390

· 관행의 권력(Macht der Übung, power of
practice), 386

· 교육의 권력(Bildungsmacht, education
power), 156, 196, 199, 210

· 교회권력(Kirchenmacht, kirchliche Macht,
church power), 54, 207, 208, 264, 406

· 국가권력(Staatsmacht, state power), 54,
208, 211, 498

· 국민적 권력(nationale Macht, national pow-
er), 529, 602, 636, 725

· 군사적 권력(Waffenmacht, military power),
197, 198, 200, 201, 202, 206, 261, 277,
418, 633, 679, 726, 727, 728

· 군주적 권력(Herrenmacht, lordly power),
309, 415, 492, 558

· 금융권력(Finanzmmcht, finance power),
679

· 내적 권력(innere Macht, inner power), 24,
31, 43, 45, 46, 47, 49, 51, 52, 54, 55, 56,
58, 59, 61, 62, 77, 78, 79, 112, 157, 163,
164, 198, 213, 239, 242, 245, 249, 264,
343, 406, 413, 486, 536, 547, 558, 560,
562, 564, 598, 699, 707, 728, 733, 748,
750, 754, 756, 764

· 대항권력(Gegenmacht, counter-power),
54, 208, 511, 518, 528, 582, 755

· 도덕적 권력(moralische Macht, moral pow-
er), 77

· 리더십권력(Führungsmacht, leadership
power), 411, 526, 530, 576, 657, 699,
700, 716

· 무력적 권력(Kampfmacht =Kriegsmacht),
91, 200, 202, 491, 529

· 무명적 권력(anonyme Macht, anonymous
power), 48, 152, 176, 193, 208, 276, 424,
426, 427, 428, 615, 630, 667, 754, 755

· 문화권력(Kulturmacht, cultural power), 59,
196, 199, 200, 202, 204, 206, 207, 211,
261, 264, 289, 316, 317, 368, 376, 388,
403, 520, 570

· 민간의 권력(bürgerliche Macht, civilian

- power), 198
- 법적 권력(Rechtsmacht, legal authority), 48, 49, 198, 201, 206, 217, 239, 242, 245, 247, 248, 249, 250, 255, 259, 343, 731, 732
- 사랑의 권력(Liebesmacht, power of love), 491, 492
- 사회적 권력(gesellschaftliche Macht, social power), 49, 69, 84, 86, 88, 99, 101, 103, 107, 157, 162, 163, 165, 175, 176, 178, 194, 211, 213, 242, 267, 271, 274, 275, 309, 313, 343, 381, 435, 440, 476, 580, 614, 621, 622, 625, 681, 707, 715, 733, 747, 769, 781, 791, 826
- 생활권력(Lebensmacht, welfare power), 196, 199, 207, 278, 316, 317, 368, 376, 388, 602
- 성공으로 인한 권력(Macht des Erfolges, power from success), 558
- 시간의 권력(Macht der Zeit, power of time), 380, 752
- 신앙의 권력(Glaubensmacht, power of religion), 49, 196, 199, 201, 204, 206, 268, 272, 276, 277, 569
- 실질적 권력(reale Macht, real power), 45, 53, 210, 597
- 역사적 고착권력(geschichtlich eingelebte Macht, historically entrenched power), 379, 380, 390, 408, 719, 752
- 역사적 권력(geschichtliche Macht, historical power), 62, 158, 325, 379, 380, 387, 388, 390, 392, 396, 397, 400, 402, 404, 406, 408, 409, 417, 421, 424, 447, 451, 481, 547, 566, 581, 592, 604, 628, 636, 638, 640, 642, 649, 657, 677, 699, 707, 716, 720, 748, 752, 756
- 역사적 리더십권력(geschichtliche Führungsmacht, historical leadership power), 421
- 역사적 성장권력(geschichtlich wachsende Macht, historically growing power), 379, 380, 390, 403, 408
- 영토적 권력(Gebietsmacht, territorial authority), 199, 204
- 예술권력(Kunstmacht, Macht der Kunst, art power), 277
- 왕조적 권력(dynastische Macht, dynastic power), 397, 421
- 외적 권력(äußere Macht, external power), 24, 31, 43, 45, 46, 47, 50, 51, 54, 55, 56, 58, 59, 65, 77, 79, 90, 106, 157, 163, 164, 213, 239, 247, 264, 406, 486, 536, 547, 560, 565, 748, 750, 756
- 우세적 권력(dominante Macht, dominating power), 102, 203, 205, 206, 207, 209, 212, 264, 369, 418, 492, 570, 593, 602, 809
- 윤리적 권력(sittliche Macht, ethical power), 48, 49, 194, 196, 199, 208, 237, 240, 486
- 이념의 권력(Macht der Ideen, power of ideas), 49
- 자기강화권력(Eigenmacht, self enforcing power), 621, 623, 662
- 자본의 권력(Kapitalmacht, power of capital), 679
- 자본주의 권력(kapitalistische Macht, capitalist power), 258
- 자연의 권력(Naturmacht, power of nature), 49
- 자유적 권력(Freiheitsmacht, free power), 78, 79, 90, 91, 112, 527, 570
- 저항권력(tragende Macht, resisting power),

207, 208, 209, 213, 369, 520, 549, 658
· 전쟁권력(Kriegsmacht, war power), 54
· 전통이 가진 권력(Macht der Überlieferung, power of tradition), 427
· 정치적 권력(politische Macht, political power), 198, 200, 201, 206, 315, 471, 593, 595
· 주도적 권력(Vormacht, leading power), 193, 202, 205, 206, 314, 391, 505, 564, 569
· 지도자적 권력(Führermacht, leader's power), 644
· 지배적 권력(Herrschermacht, herrschende Macht, dominating power), 96, 106, 203, 205, 208, 209, 213, 267, 341, 369, 446, 549, 553, 809
· 지식권력(Wissensmacht, knowledge power), 49, 204, 270, 272, 275, 276, 277
· 질서유지적 권력(Ordnungsmacht, order restoration power), 196, 197, 198, 199, 200, 201, 202, 204, 207, 211, 261, 368, 376, 716
· 집단적 습관이 가진 권력(Macht der Massengewohnheit, power of mass habit), 382
· 통일적 권력(Einheitsmacht, unifying power), 152
· 패권적 권력(Übermacht, domineering power), 51, 104, 113, 205, 236, 258, 278, 334, 335, 337, 402, 491, 506, 528, 566, 580, 582, 619, 648, 662, 663, 679, 809
· 평화적 권력(Friedensmacht, peace power), 38, 91, 449, 454, 476, 552, 722, 732, 733, 734, 735
· 행동지시적 권력(Macht des Handelns, power of action), 313

권력분할(Machtverteilung, Teilung der Mächte, distribution of powers), 참고⇒권력일반, 210, 211, 213

권력성(Mächtigkeit, mightiness), 참고⇒권력일반, 61, 361

권력수단(Machtmittel, Mittel der Macht, means of power), 참고⇒권력일반, 48, 50, 51, 56, 60, 62, 64, 157, 183, 197, 308, 314, 343, 398, 467, 506, 522, 576

권력심리(Machtpsychologie, psychology of power), 참고⇒권력일반, 38, 89, 157, 163, 167, 171, 181, 182, 186, 189, 192, 299, 361, 368, 521, 638, 748

권력에 의한 결단(Machtentscheidung, decision by power), 참고⇒결정, 546

권력에 의한 시대적 구분(Machtzeitalter), 참고⇒시대, 568

권력에의 의지(Willen zur Macht, will to power), 참고⇒의지, 32, 617, 619, 665

권력에의 충동(Machttrieb, drive for power), 참고⇒권력일반, 63, 187, 189, 190, 192, 195, 310, 311, 334, 468

권력예술(Machtkunst, art created by power), 참고⇒권력일반, 279

권력요인(Machtfaktor, factor for achieving power), 참고⇒권력일반, 271

권력욕(Machtgelüst, Machtbegierde, lust for power), 참고⇒권력일반, 56, 256, 332, 447, 466, 493, 617, 696

권력위상(Machtbestand, status of power), 참고⇒권력일반, 429

권력유지본능(Machterhaltungstrieb, drive for the preservation of power), 참고⇒권력일반, 191, 212, 311

권력을 위한 권력의 추구(nach der Macht um der Macht), 참고⇒권력일반, 185

권력의 결과(Machterfolg, effect of power), 참고
⇒권력일반, 302

권력의 권한(Machtbefugnis, authority of power),
참고⇒권력일반, 115

권력의 논리(Logik der Macht, logic of power),
참고⇒권력일반, 466, 467

권력의 도덕(Moral der Macht, morality of power), 참고⇒도덕, 471

권력의 명령(Machtgebot, command of power),
참고⇒권력일반, 468

권력의 목적(Machtzweck, purpose of power), 참고⇒권력일반, 303, 306, 308

권력의 법칙(Gesetz der Macht, law of power, the), 참고⇒법칙, 31, 32, 68, 457, 466, 528, 547, 580, 581, 717, 728, 731, 737

권력의 순환(Kreislauf der Macht, Circulation of Power), 참고⇒순환, 548, 550, 552, 553, 554, 555, 556, 565, 566, 567, 591, 592, 593, 600, 601, 602, 607, 720, 721, 727, 729, 749, 756

권력의 순환법칙(Gesetz des Kreislaufes, law of the circulation of power, the), 참고⇒법칙, 610, 720

권력의 위상(Machtgeltung, signs of power), 참고
⇒권력일반, 195, 437

권력의 이익(Machtinteresse, interest of the powerful), 참고⇒권력일반, 133, 256, 465

권력의 중력법칙(Gravitationsgesetz der Macht, gravitational law of power), 참고⇒법칙, 457

권력의 체험(Machterlebnis, experience of power), 참고⇒권력일반, 158, 163, 164, 165, 167, 168, 170, 172, 176, 180, 181, 182, 185, 187, 188, 189, 190, 220, 241, 748

권력의 흐름(Machtströmung, currents of power),
참고⇒권력일반, 182

권력의지(Machtwille, will for power), 참고⇒의지, 32, 311, 317, 332, 513, 519

권력일반
- 권력 오블리주(Macht verpflichtet), 446
- 권력감정(Machtgefühl, feeling of power), 192, 603
- 권력그룹(Machtgruppe, power group), 420, 468
- 권력론(Theorie der Macht, theory of power), 26, 68, 77, 368, 566, 751, 758
- 권력범위(Machtkreis, realm of power), 306
- 권력분할(Machtverteilung, Teilung der Mächte, distribution of powers), 210, 211, 213
- 권력성(Mächtigkeit, mightiness), 61, 361
- 권력수단(Machtmittel, Mittel der Macht, means of power), 48, 50, 51, 56, 60, 62, 64, 157, 183, 197, 308, 314, 343, 398, 467, 506, 522, 576
- 권력심리(Machtpsychologie, psychology of power), 38, 89, 157, 163, 167, 171, 181, 182, 186, 189, 192, 299, 361, 368, 521, 638, 748
- 권력에의 충동(Machttrieb, drive for power), 63, 187, 189, 190, 192, 195, 310, 311, 334, 468
- 권력예술(Machtkunst, art created by power), 279
- 권력요인(Machtfaktor, factor for achieving power), 271
- 권력욕(Machtgelüst, Machtbegierde, lust for power), 56, 256, 332, 447, 466, 493, 617, 696

· 권력위상(Machtbestand, status of power), 429

· 권력유지본능(Machterhaltungstrieb, drive for the preservation of power), 191, 212, 311

· 권력을 위한 권력의 추구(nach der Macht um der Macht), 185

· 권력의 결과(Machterfolg, effect of power), 302

· 권력의 권한(Machtbefugnis, authority of power), 115

· 권력의 논리(Logik der Macht, logic of power), 466, 467

· 권력의 명령(Machtgebot, command of power), 468

· 권력의 목적(Machtzweck, purpose of power), 303, 306, 308

· 권력의 위상(Machtgeltung, signs of power), 195, 437

· 권력의 이익(Machtinteresse, interest of the powerful), 133, 256, 465

· 권력의 체험(Machterlebnis, experience of power), 158, 163, 164, 165, 167, 168, 170, 172, 176, 180, 181, 182, 185, 187, 188, 189, 190, 220, 241, 748

· 권력의 흐름(Machtströmung, currents of power), 182

· 권력자(Machthaber), 25, 45, 48, 50, 51, 97, 99, 157, 164, 196, 206, 249, 273, 411, 416, 418, 420, 435, 441, 446, 459, 463, 510, 511, 516, 525, 553, 588, 643, 697, 750

· 권력자원(Machtbegabung, power resource), 200, 602, 629

· 권력장치(Machtapparat, power apparatus), 102

· 권력조직(Machtorganisation, power organization), 102

· 권력집단(Machtverband, power collective), 52, 69, 77, 189, 193, 212, 471

· 권력추구 이기심(Machtegoismus), 445, 466

· 권력통치(Machtregierung, power ruling), 470

· 권력투쟁(Machtkampf, struggle for power), 69, 279, 516, 566, 753

· 권력현상(Machterscheinung, Erscheinung der Macht, power phenomenon), 21, 43, 46, 49, 157, 167, 299, 457, 757, 771, 806

· 권력획득욕구(Machtbestrebung, aspirations for power), 468

· 사회적 권력들의 분할(Teilung der gesellschaftlichen Mächte, division of the social powers), 299

권력자(Machthaber), 참고⇒권력일반, 25, 45, 48, 50, 51, 97, 99, 157, 164, 196, 206, 249, 273, 411, 416, 418, 420, 435, 441, 446, 459, 463, 510, 511, 516, 525, 553, 588, 643, 697, 750

권력자원(Machtbegabung, power resource), 참고⇒권력일반, 200, 602, 629

권력장치(Machtapparat, power apparatus), 참고⇒권력일반, 102

권력정치(Machtpolitik, power politics), 참고⇒정치, 351, 468, 469

권력조직(Machtorganisation, power organization), 참고⇒권력일반, 102

권력집단(Machtverband, power collective), 참고⇒권력일반, 52, 69, 77, 189, 193, 212, 471

권력집합체(Machtaggregat, entity of combined power), 참고⇒집합, 52, 65

권력추구 이기심(Machtegoismus), 참고⇒권력일반, 445, 466

권력통치(Machtregierung, power ruling), 참고⇒권력일반, 470

권력투쟁(Machtkampf, struggle for power), 참고⇒권력일반, 69, 279, 516, 566, 753

권력현상(Machterscheinung, Erscheinung der Macht, power phenomenon), 참고⇒권력일반, 21, 43, 46, 49, 157, 167, 299, 457, 757, 771, 806

권력형성체(Machtbildung, formations built by power), 참고⇒형성체, 368, 376, 459

권력획득욕구(Machtbestrebung, aspirations for power), 참고⇒권력일반, 468

권리

- 경제적 기본권(wirtschaftliche Grundrecht, economic basic right), 501, 504
- 민권(Volksrecht, civil right), 548
- 민중의 권리(Recht des Volkes, right of people), 254
- 보통선거권(allgemeines Wahlrecht), 259, 315, 499, 578, 639, 673
- 생존권(Recht auf Existenz, right to the means of subsistence), 501, 503
- 시민권(Bürgerrecht, civic right), 331, 548
- 시민기본권(bürgerlichen Grundrechte, Fundamental Civil Rights), 207, 208
- 신분적 권리(Standesrecht, right from status), 256
- 완전권(Vollrecht, full right), 250
- 인권선언(Erklärung der Menschenrechte, Erklärung von Menschenrechten), 208, 494, 497
- 인민주권(Volkssouveränität), 44, 186, 274, 315, 326, 499, 513, 584, 590, 689
- 자결(Selbstbestimmung, self determination), 332, 333, 337, 339, 576, 602, 606, 609, 662, 666, 697, 707, 711, 725, 730
- 자결권(Selbstbestimmung, self determination), 79, 249, 251, 330, 331, 335, 337, 339, 606, 616, 662
- 자유의 권리(Freiheitsrecht, Recht der Freiheit, freedom right), 493, 618, 619
- 청구권(Forderung, demand), 225

권리능력(Rechtsfähigkeit, legal right), 참고⇒법일반, 130, 500, 593

권리를 위한 투쟁(Kampf ums Recht), 236, 238

권위적 리더십(autoritäre Führung, authoritative leadership), 참고⇒리더십, 121, 126

권위적 지도자(autoritativer Führer, autoritärer Führer, authoritative leader), 참고⇒지도자, 124, 154, 423

권한판단권한(Kompetenz-kompetenz, competence-competence), 참고⇒법일반, 205

귀속이론(Zurechnungslehre, imputation theory), 22, 148, 739, 744, 760, 778, 783

그룹(Gruppe, group), 637, 822

극대화(Maximum, maximization), 203, 204, 212

근본적 특징(Grundlinie, fundamental line), 151, 156, 355

금권정치(Plutokratie, plutocracy), 참고⇒정치, 682, 683

금융권력(Finanzmmcht, finance power), 참고⇒권력분류, 679

기구

- 권력기구(Machtorgan, power organ), 609, 620, 627, 628, 631, 643, 658, 690
- 대중기구(Massenorgan, mass organ), 621,

625, 643, 646, 660, 663, 667, 671, 673, 674
- 대중적 저항기구(Organ des Massenwiderstandes, mass resistance organ), 620
- 리더십기구(Führungsorgan, leadership organ), 620, 621, 623, 625, 628, 643, 644, 660, 663, 671, 673, 674, 682
- 사회적 기구(gesellschaftliches Organ, social organ), 620, 622
- 자유적 기구(Freiheitsorgan, free organ), 587, 609, 619, 643, 658, 662, 712, 715, 720, 735
- 자유적 대중기구(freie Massenorgan, free mass organ), 620, 624
- 자유적 리더십기구(freiheitliche Führungsorgan, free leadership organ), 620, 622, 623, 624
- 저항기구(Widerstandsorgan, resisting organ), 621, 667, 668, 675
- 정파적 기구(Parteiorgan, party organ), 650, 651, 652
- 지배적 리더십기구(herrschaftliches Führungsorgan, dominant leadership organ), 623

기업결합(Kombination, combination), 682

기업결합체(Konzerne), 131

기회비용(Alternativkosten, opportunity cost), 22, 740, 744, 746, 760, 787

길거리의 생각(Gedanken der Heerstraße), 159

길드(Zunft), 84, 124, 153, 443, 622

꼭 그래야만 한다(es muß sein, it must not be otherwise), 346

나는 하여도 된다(Ich darf, I am allowed to), 218, 225, 237

나는 하여야만 한다(Ich muß, I must), 217, 218, 221, 222

나는 하지 말아야 할 의무가 있다(Ich soll nicht, I should not), 참고⇒의무, 226

나는 할 의무가 있다(Ich soll, I should), 참고⇒의무, 217, 218, 222, 237

나는 허락되지 않았다(Ich darf nicht, I am not allowed to), 225

낭만주의(Romantik), 319

내면성(Innere), 366, 390, 444

내면적 가치(innere Geltung, inner value), 참고⇒가치, 389

내생화폐론(endogenous theory of money), 789

내셔널리즘(Nationalismus, nationalism), 396, 571, 585, 587, 602, 603, 605, 607, 709, 710, 730, 749, 805

내압과잉(drängende Fülle, pressing fullness), 712, 713

내용(Inhalt, content), 233, 393

내적 공동체(innere Gemeinschaft, inner community), 참고⇒공동체, 82, 84, 154

내적 권력(innere Macht, inner power), 참고⇒권력분류, 24, 31, 43, 45, 46, 47, 49, 51, 52, 54, 55, 56, 58, 59, 61, 62, 77, 78, 79, 112, 157, 163, 164, 198, 213, 239, 242, 245, 249, 264, 343, 406, 413, 486, 536, 547, 558, 560, 562, 564, 598, 699, 707, 728, 733, 748, 750, 754, 756, 764

내적 권력집합체(innere Machtaggregat, inner power collective), 참고⇒집합, 51, 52, 53, 55, 728

내적 권위(innere Autorität, inner authority), 124

내적 법칙(inneres Gesetz, inner law), 355, 356, 357

내적 질서(innere Ordnung, inner order), 265

너는 하여야만 한다(Du mußt, you must), 217, 218, 227, 228, 237, 239

너는 할 의무가 있다(Du sollst, you should), 참고 ⇒의무, 226, 227, 237

노동(Arbeit, labour), 502

노동대상(Object of Labour, labour object), 50

노동력(Arbeitskraft, labour power), 101, 302, 502, 620, 675, 678, 679, 680, 710, 715, 784, 816, 817

노동수단(Mittel zur Arbeit, means of labour), 50, 616, 675

노동의무(Arbeitspflicht, work obligation), 참고 ⇒의무, 474

노동조합(Gewerkschaft), 307, 621, 630, 667, 669, 670, 673, 674, 675, 714, 753

노예의 도덕(Sklavenmoral), 참고⇒도덕, 475

능동적 추종(tätige Nachfolge, active following), 참고⇒추종, 137, 142, 244, 303, 508, 616, 618, 625

다중(Vielheit, multitude), 161, 192, 225, 294, 328, 364, 506

다중의 힘(potentia multitudinis, strength of the multitude), 참고⇒힘의 분류, 161

단결적 행동(Zusammengehen, united action), 참고⇒행동, 165, 176, 189, 191, 221, 293, 294, 302, 303, 323, 333, 345, 676

단체

· 국가라는 단체(Staatsverein), 331

· 단체(Verein, association), 331, 332, 334, 339, 822

당위성(Sollen), 222, 252

대중 선동의 기술(Kunst der Demagogie, art of demagogy), 442

대중교육(Massenbildung, mass education), 646, 659

대중기구(Massenorgan, mass organ), 참고⇒기구, 621, 625, 643, 646, 660, 663, 667, 671, 673, 674

대중기법(Massentechnik, Technik der Massen, mass technique), 115, 117, 119, 120, 125, 192, 212, 330, 332, 383, 384, 419, 420, 421, 424, 425, 442, 748

대중기법의 법칙(Gesetz der Massentechnik, law of mass technique, the), 참고⇒법칙, 382

대중문화(Volkskultur, mass culture), 396

대중사상(Volksgedanke, mass idea), 514

대중언어(Volkssprache, mass language), 47, 128, 392, 395

대중에 의한 지배(Volksherrschaf, mass rulership), 참고⇒지배, 697

대중운동(Massenbewegung, mass movement), 117, 315, 318, 327, 416, 486, 511, 755

대중의 기분(Massenstimmung, mental mood of the mass), 370, 687

대중의 삶(Massenleben, mass life), 169, 170, 174, 175, 177, 500, 528, 619

대중의 역사(Volksgeschichte, mass history), 110, 336, 545

대중의 이미지(Massenvorstellung, mass image), 320

대중의 추종(Nachfolge der Masse, mass following), 참고⇒추종, 136, 138, 142, 244, 303, 368, 377, 420, 421, 427, 575, 613, 675, 681, 690, 695, 699, 748, 772

대중의 혼(Massenseele, mass spirit), 157, 159, 361, 659

대중의 힘(Volkskraft, mass strength), 참고⇒힘의 분류, 144, 151, 186, 284, 328, 369, 436, 520, 594, 604, 696

대중적 관계(Massenverhältnisse, mass relationship), 619

대중적 기업(Massenunternehmung, mass enterprise), 664, 665, 666, 675

대중적 저항기구(Organ des Massenwiderstandes, mass resistance organ), 참고⇒기구, 620

대중적 형성체(völkische Bildung, mass creation), 참고⇒형성체, 587

대중전체(Volksgesamtheit, whole mass), 163, 172, 253, 293, 371, 382, 415, 527, 584, 590

대중집단(Massenverband, mass collective), 참고⇒집단, 194, 460

대항권력(Gegenmacht, counter-power), 참고⇒권력분류, 54, 208, 511, 518, 528, 582, 755

도덕
- 개인적 도덕(persönliche Moral, personal moral), 468
- 공공도덕(öffentliche Moral, public morality), 467, 468, 471, 475
- 국가도덕(Staatsmoral, state moral), 467
- 권력의 도덕(Moral der Macht, morality of power), 471
- 노예의 도덕(Sklavenmoral), 475
- 도덕(Moral, morality), 31, 447, 471, 475, 810
- 보편적 도덕(allgemeine Moral, general morality), 447
- 사적 도덕(Privatmoral, private Moral, private morality), 467, 468, 471
- 주인의 도덕(Herrenmoral, master's morality), 475

도덕률(Moralgesetz, moral law), 287, 411

도덕적 계율(Moralgebot, moral precept), 446, 462

도덕적 권력(moralische Macht, moral power), 참고⇒권력분류, 77

도덕적 의무(Moral Pflicht, moral obligation), 참고⇒의무, 472

도덕적 힘(moralische Kraft, moral strength), 참고⇒힘의 분류, 67, 403, 471, 473, 714, 716

도야(Erziehung, education), 431, 438, 497, 618, 631, 722, 755, 773

독립당(Unabhängigkeitspartei), 493

독립파(Independents), 493

독일민법(Bürgerliches Gesetzbuch), 참고⇒법의 종류, 247

독재
- 고전적 독재(klassische Diktatur, classical dictatorship), 684, 685, 686, 687, 698
- 군사독재(Militärdiktatur), 688, 695, 698
- 독재(Despotie, despotism), 43, 58, 155, 156, 207, 448, 449, 517, 524, 562, 564, 624, 642, 646, 684, 685, 686, 688, 692, 693, 694, 695, 696, 697, 700, 810, 811
- 독재관(dictator), 684, 685
- 독재자(Diktatur), 518, 545, 642, 684, 686, 687, 695, 697, 810
- 볼셰비키 독재, 698
- 소비에트 독재, 529, 708
- 소수에 의한 독재(Minderheitsdiktatur, dictatorship by minority), 688
- 질서유지독재(Ordnungsdiktatur, order-restoring dictatorship), 685, 687, 688, 693, 694, 696

- 질서유지독재자(Ordnungsdiktator, order-restoring dictator), 691, 692, 694
- 카이사르적 독재(Cäsarentum), 58, 684, 685, 701
- 파시스트 독재, 707
- 혁명독재(Revolutionsdiktatur, revolutionary dictatorship), 685, 686, 687, 688, 691, 693, 696
- 현대적 독재자(moderne Diktatur, modern dictator), 38, 688

독재관(dictator), 참고⇒독재, 684, 685

독재자(Diktatur), 참고⇒독재, 518, 545, 642, 684, 686, 687, 695, 697, 810

동기성(同期性 Gleichzeitigkeit, synchronization), 533, 534

동기적(synchronistisch, synchronizing), 536

동기적 병렬(synchronistische Parallele, parallel synchronization), 542

동반(同伴 Miteinandergehen), 293, 295, 333

두격감등(頭格減等 Capitis deminutio), 706

듀마(Duma), 523

라틴어, 50, 88, 105, 106, 201, 250, 262, 271, 276, 282, 395, 507, 594, 811, 819

랭커스터가(House of Lancaster), 415

로마 세계제국의 평화(pax Romana), 552

로마노프(Romanov), 520

로마법, 참고⇒법의 종류, 80, 201, 247, 706

류적 목적(類的目的 Gattungszweck, purpose of genus), 303

르네상스, 33, 105, 157, 246, 278, 279, 371, 423, 475, 495, 539, 540, 544

리더십
- 강압적 리더십(Zwangsführung, coercive leadership), 335, 435, 437, 511
- 개방적 리더십(offene Führung, open leadership), 153
- 개인적 리더십(persönliche Führung, personal leadership), 127, 130, 154, 369, 417, 508, 526
- 군주적 리더십(herrschaftliche Führung, lordly leadership), 124, 154, 437, 511
- 권위적 리더십(autoritäre Führung, authoritative leadership), 121, 126
- 리더십의 위계(Hierarchie der Führung, leadership hierarchy), 132, 143, 264
- 리더십장치(Führungsapparat, leadership apparatus), 369
- 리더십집단(Führungsverband, leadership association), 193
- 무력적 리더십(Gewaltführung), 123, 154, 506, 720
- 무명적 리더십(anonyme Führung, anonymous leadership), 129, 130, 152, 154, 193, 194, 386, 487, 615
- 민주적 리더십(demokratische Führung, democratic leadership), 509
- 비개인적 리더십(unpersönliche Führung, impersonal leadership), 127
- 성공에 의한 리더십(Erfolgsführung, leadership by success), 622
- 역사적 리더십(geschichtlichen Führung, historical leadership), 126, 145, 415, 416, 417, 418, 421, 423, 508, 511, 607, 657, 716, 748
- 영주적 리더십(Herrenführung, lordly leadership), 123, 154, 417, 511
- 왕조적 리더십(dynastische Führung, dynastic leadership), 188, 421

· 자유적 리더십(freiheitliche Führung, free leadership), 607, 614, 615, 616, 617, 696, 701

· 자체 권리적 리더십(Führung eignes Rechtes, leadership by own right), 615

· 지배적 리더십(herrschaftliche Führung, dominant leadership), 339, 509, 579, 614, 615, 616, 618, 620, 621, 769

· 통일적 리더십(einheitliche Führung, unifying leadership), 152

· 협동적 리더십(genossenschaftliche Führung, cooperative leadership), 615

· 협동적 민주적 리더십(genossenschaftlich-demokratische Führung, cooperative democratic leadership), 511

리더십계층(Führungsschicht, leadership strata), 참고⇒계층, 417

리더십과업(Führerwerk, leadership task), 참고⇒ 과업, 324, 421

리더십권력(Führungsmacht, leadership power), 참고⇒권력분류, 411, 526, 530, 576, 657, 699, 700, 716

리더십기구(Führungsorgan, leadership organ), 참고⇒기구, 620, 621, 623, 625, 628, 643, 644, 660, 663, 671, 673, 674, 682

리더십의 위계(Hierarchie der Führung, leadership hierarchy), 참고⇒리더십, 132, 143, 264

리더십장치(Führungsapparat, leadership apparatus), 참고⇒리더십, 369

리더십제도(Einrichtung der Führung, leadership institution), 참고⇒제도, 417

리더십집단(Führungsverband, leadership association), 참고⇒리더십, 193

마지막 효용의 크기(final degree of utility), 777

만인의 만인에 대한 투쟁(bellum omnium contra omnes), 431, 432, 434, 483, 703, 753

맹목적 추종(blinde Nachfolge, blind following), 참고⇒추종, 137, 142, 666

메이플라워호, 541

명령적 위임(imperative Mandate, imperative mandate), 330

명예적 의무(Ehrenpflicht, duty of honor), 참고⇒ 의무, 446

명예혁명(Glorious Revolution, the), 494, 636, 688

명예형(名譽刑 Ehrenstrafe, degrading punishment), 342

무력

· 강권(Gewalt, force), 209, 210, 472, 806

· 강권분할(Gewaltenteilung, Separation of force), 210

· 강권분할의 원칙(Lehre von der Gewaltenteilung, Doctrine of the Separation of Powers, the), 209, 210

· 강압적 무력(Zwangsgewalt, coercive force), 131

· 공적 강권(öffentliche Gewalt, official force), 472

· 국가강권(Staatsgewalt, state force), 269, 337, 676

· 국가강권분할의 원칙(Lehre von der Teilung der staatlichen Gewalten, theory of the separation of state powers), 209

· 국가적 강권(staatliche Gewalt), 210

· 무력(Gewalt, force, violence), 806

· 무력감소의 법칙(Gesetz der abnehmenden Gewalt, law of Decreasing Force, the), 431, 444, 446, 449, 476, 482, 486, 749

- 무력성(Gewaltsamkeit), 413, 436, 450, 453, 470, 476, 619
- 무력의 역사적 과업(geschichtliches Werk der Gewalt), 38, 703
- 무력적 성향(Gewalttrieb), 95
- 무력적 집단(Gewaltverband), 79, 80, 96
- 무력통치자(Gewalthaber), 113, 123, 200, 248, 437, 445, 493
- 사회적 강권(gesellschaftliche Gewalt, social force), 210
- 조직하려는 강권(ordnende Gewalt, force to organize), 353

무력감소의 법칙(Gesetz der abnehmenden Gewalt, law of Decreasing Force, the), 참고⇒무력, 431, 444, 446, 449, 476, 482, 486, 749

무력성(Gewaltsamkeit), 참고⇒무력, 413, 436, 450, 453, 470, 476, 619

무력의 법칙(Gesetz der Gewalt, law of force, the), 참고⇒법칙, 432, 503

무력의 역사적 과업(geschichtliches Werk der Gewalt), 참고⇒무력, 38, 703

무력적 권력(Kampfmacht =Kriegsmacht), 참고⇒권력분류, 91, 200, 202, 491, 529

무력적 리더십(Gewaltführung), 참고⇒리더십, 123, 154, 506, 720

무력적 성향(Gewalttrieb), 참고⇒무력, 95

무력적 집단(Gewaltverband), 참고⇒무력, 79, 80, 96

무력지배(Gewaltherrschaft, tyranny), 참고⇒지배, 250, 448, 508, 509, 527, 811

무력통치자(Gewalthaber), 참고⇒무력, 113, 123, 200, 248, 437, 445, 493

무리(Horde, herd), 73, 94, 142, 163, 166, 354, 485, 621, 686

무리본능(Herdentrieb, herd instinct), 139, 157, 163, 220, 303, 304

무명적 권력(anonyme Macht, anonymous power), 참고⇒권력분류, 48, 152, 176, 193, 208, 276, 424, 426, 427, 428, 615, 630, 667, 754, 755

무명적 리더십(anonyme Führung, anonymous leadership), 참고⇒리더십, 129, 130, 152, 154, 193, 194, 386, 487, 615

무명적 지도자(anonymer Führer, anonymous leader), 참고⇒지도자, 128, 129, 136, 152, 153, 168, 316, 368, 427, 428, 429, 520

무명적 집단(anonymer Verband, anonymous association), 참고⇒집단, 193

무산계급(besitzlose Klasse, propertyless class), 참고⇒계급, 272

문명(Zivilisation, civilization), 54, 72, 75, 87, 92, 201, 240, 250, 432, 455, 477, 483, 565, 732

문명적 가치(Zivilisationswert, civilization value), 참고⇒가치, 198, 199

문명적 활동(Werke der Zivilisation, cultural work), 199

문화(Kultur, culture), 54, 56, 263, 289, 396, 438, 595, 596

문화가치(Kulturwert, cultural value), 참고⇒가치, 588, 591

문화공동체(Kulturgemeinschaft, cultural community), 참고⇒공동체, 81

문화국(Kulturland, cultural land), 267

문화국가(Kulturstaat, cultural state), 참고⇒국가, 61, 155, 206, 449, 456, 457, 465, 482

문화국민(Kulturnation, cultural nation), 참고⇒국민, 395, 588, 590, 593, 595, 692, 713, 724

문화권력(Kulturmacht, cultural power), 참고⇒권력분류, 59, 196, 199, 200, 202, 204, 206,

207, 211, 261, 264, 289, 316, 317, 368, 376, 388, 403, 520, 570

문화민족(Kulturolk), 참고⇒민족, 91, 92, 97, 101, 455, 460, 471, 479, 536, 587, 591, 606, 618

문화민족(Kulturvölker), 참고⇒민족, 91, 92, 97, 101, 455, 460, 471, 479, 536, 587, 591, 606, 618

문화언어(Kultursprache, cultural language), 127, 395

문화에 대한 의견(Kulturmeinung), 317

문화유산(Kulturbesitz, cultural heritage), 588

문화의 힘(Kulturkraft), 참고⇒힘의 분류, 407, 544

문화자본(Kultur Kapital, cultural capital), 92

문화적 과업(Kulturwerk, cultural task), 참고⇒과업, 289, 352, 394, 536, 591, 602, 604

문화적 연관성(Kulturzusammenhang), 371

문화적 우월성(Kulturvorzug, cultural superiority), 123

문화적 이념(Kulturidee, cultural idea), 참고⇒이념, 159

문화적 임무(Kulturaufgabe, cultural task), 724

물적 형성체(gegenständliche Bildung, objective formation), 참고⇒형성체, 354

민간의 권력(bürgerliche Macht, civilian power), 참고⇒권력분류, 198

민권(Volksrecht, civil right), 참고⇒권리, 548

민법(bürgerliches Recht, civil law), 참고⇒법의 종류, 63, 231, 233, 241, 252, 317

민속사(Volksgeschichte, ethnic history), 279

민족

· 문화민족(Kulturolk), 91, 92, 97, 101, 455, 460, 471, 479, 536, 587, 591, 606, 618

· 문화민족(Kulturvölker), 91, 92, 97, 101, 455, 460, 471, 479, 536, 587, 591, 606, 618

· 민족(Völker), 91, 134, 335, 455, 507, 606, 804, 805, 812

· 선조민족(Urvolk, ancestral people), 91

· 소민족(Völkerschaft, tribe), 71, 94, 96, 105, 110, 214, 252, 335, 416, 506, 507, 536, 538, 548, 559, 696, 812

· 지도적 민족(Führervolk), 134, 401, 549

민족들의 공동체(Völkergemeinschaft, Gemeinschaft der Völker), 참고⇒공동체, 564

민족사(Volksgeschichte), 156, 203, 209, 506, 535, 540, 547, 567

민족성(Volkscharakter, Volkstum), 104, 147, 201, 209, 247, 369, 471, 521, 561, 805

민족연합체(Völkerwelt), 참고⇒집단, 558, 561, 562, 564, 567, 570

민족의 삶(Völkerleben, Volksleben), 301, 460, 543, 555, 560

민족의식(Volksbewußtsein), 399

민족적 위협(Volksgefährlichkeit), 345

민족적 죄(Volksschuld), 345

민족정신(Volksgeist), 297

민족집단(völkischer Verband), 참고⇒집단, 553

민주 공화정, 529

민주적 강령(demokratische Verfassung), 참고⇒강령, 437, 442, 717

민주적 리더십(demokratische Führung, democratic leadership), 참고⇒리더십, 509

민주주의

· 민주주의, 45, 58, 60, 64, 90, 124, 132, 133, 137, 145, 156, 168, 183, 210, 259, 266, 274, 319, 323, 328, 330, 331, 332, 416, 456, 530, 550, 571, 576, 579, 580, 585,

595, 624, 625, 627, 631, 633, 637, 638, 639, 640, 641, 685, 695, 696, 716, 753, 773

· 직접 민주주의, 116, 330, 332

민중법(民衆法 Volksrecht, people's law), 참고⇒법의 종류, 252

민중의 권리(Recht des Volkes, right of people), 참고⇒권리, 254

반개인성(Antiindividuelle, anti-individual), 159, 189, 368

발전단계의 일치성(Gleichläufigkeit, parallel historical development), 533, 540

방법론적 개인주의(methodological individualism), 참고⇒개인주의, 23, 763, 766, 771, 792, 793, 794, 796, 797, 798

방종(Zügellosigkeit), 172, 212

배분적 정의(distributive justice), 참고⇒정의, 234

백년전쟁, 참고⇒전쟁, 415

범주(Categorie, category), 67

법감정(Rechtsgefühl, sense of justice), 참고⇒법일반, 198, 208, 223, 224, 232, 236, 240, 243, 246, 247, 249, 251, 495, 502

법규(Rechtsregel, legal regulation), 228, 231, 232, 233, 238, 245, 344

법률가법(法律家法 Juristenrecht, jurisprudential law), 참고⇒법의 종류, 247, 252

법률학(Rechtswissenschaft, jurisprudence), 201, 205, 230, 246, 247

법사상(Rechtsgedanke), 237, 239

법에 대한 존경(Rechtsachtung, legal respect), 참고⇒법일반, 232, 234, 241

법에 의한 자발적 추종(rechtswillige Nachfolge), 참고⇒추종, 250

법의 종류

· 경제법(Wirtschaftsrecht, economic law), 229

· 경험법(Erfahrungsrecht, law of experience), 496

· 계엄법(Kriegsrecht), 239, 252, 472

· 공법(öffentliches Recht), 198, 242, 411

· 관습법(Gewohnheitsrecht, conventional law), 82, 229, 247

· 교회법(Kirchenrecht, church law), 317, 491

· 국가법(Staatsrecht), 230

· 국제 전시법(Völkerkriegsrecht, international wartime law), 477

· 국제법(Völkerrecht, international law), 217, 269, 343, 561

· 군주의 법(Königsrecht, lordly law), 255, 256

· 독일민법(Bürgerliches Gesetzbuch), 247

· 로마법, 80, 201, 247, 706

· 민법(bürgerliches Recht, civil law), 63, 231, 233, 241, 252, 317

· 민중법(民衆法 Volksrecht, people's law), 252

· 법률가법(法律家法 Juristenrecht, jurisprudential law), 247, 252

· 보편법(allgemeines Gesetz, universal law), 253

· 비상국가법(Staatsnotrecht), 343

· 사법(Privatrecht), 243, 246

· 사치금지법(Luxusgesetze, sumptuary law/ luxury laws), 428

· 시민법(bürgerliches Recht, civil law), 231

· 실체법(materielles Recht, substantive law, the), 227

· 완전법(Vollrecht, full law), 246, 252

- 이성법(Vernunftrecht, law of reason), 496
- 자유주의헌법(Freiheitsverfassung, constitution of liberty), 495, 693
- 재산법(Vermögensrecht, property law), 229
- 전시법(Kriegsgesetz, wartime law), 252
- 절차법(Prozeßrecht, procedural law), 230
- 특별법(Sonderrecht, special law), 253
- 평시법(Friedensrecht, peacetime law), 252, 465
- 행정법(Verwaltungsrecht, administrative law), 230
- 형법(Strafrecht, Penal law), 227, 230, 233, 287, 317

법의식(Rechtsempfinden, sense of justice), 참고 ⇒법일반, 63, 244

법익(Rechtsgut, legally protected right), 참고⇒ 법일반, 226, 227

법일반
- 권리능력(Rechtsfähigkeit, legal right), 130, 500, 593
- 권한판단권한(Kompetenz-kompetenz, competence-competence), 205
- 법감정(Rechtsgefühl, sense of justice), 198, 208, 223, 224, 232, 236, 240, 243, 246, 247, 249, 251, 495, 502
- 법에 대한 존경(Rechtsachtung, legal respect), 232, 234, 241
- 법의식(Rechtsempfinden, sense of justice), 63, 244
- 법익(Rechtsgut, legally protected right), 226, 227
- 법적 구성요건(Tatbestand, element of the offence), 411
- 법적 권리요구(Rechtsanspruch, legal claim), 225
- 법적 내용(Rechtsinhalt, legal content), 233, 245, 254
- 법적 목적(Rechtszweck, purpose of law), 229
- 법적 형식(Rechtsform, legal form), 217, 245, 246, 247, 248, 249, 250, 253, 255, 257, 258, 259, 337, 343, 443, 445, 676, 685, 686, 731, 732
- 법적 형태(Rechtsgestalt, legal configuration), 232, 247
- 법적 확신(Rechtsüberzeugung, conviction in Law), 242, 243
- 법제(法制 Rechtswesen, judicial system), 230, 241, 622
- 법질서(Rechtsordnung, rechtliche Ordnung, legal order), 198, 225, 231, 234, 235, 237, 239, 398, 422, 502
- 법형성(Rechtsgestaltung, moulding the law), 244, 253
- 보편적인 법적 확신(allgemeine Rechtsüberzeugung, general conception of the law), 160, 243, 297, 316
- 입법자(Gesetzgeber), 119, 140, 227, 243, 245, 246, 253, 427
- 자유로운 법발견(freie Rechtsfindung, free adjudication), 245
- 재판권(Gerichtsbarkeit), 227
- 판례(Rechtsprechung, Faust problem), 247
- 헌법규범(Verfassungsrecht, constitutional law), 246, 256

법적 강령(Rechtsverfassung, judicial system), 참고⇒강령, 115, 209

법적 구성요건(Tatbestand, element of the offence), 참고⇒법일반, 411

법적 권력(Rechtsmacht, legal authority), 참고⇒ 권력분류, 48, 49, 198, 201, 206, 217, 239, 242, 245, 247, 248, 249, 250, 255, 259, 343, 731, 732

법적 권리요구(Rechtsanspruch, legal claim), 참고⇒법일반, 225

법적 내용(Rechtsinhalt, legal content), 참고⇒법일반, 233, 245, 254

법적 목적(Rechtszweck, purpose of law), 참고⇒법일반, 229

법적 불평등(rechtliche Ungleichheit, legal inequality), 참고⇒평등, 497

법적 소유(Rechtsbesitz, legal ownership), 참고⇒소유, 198, 235

법적 영리함(Rechtsklugheit, legal cleverness), 231, 232, 237, 444

법적 의무(Rechtspflicht, legal obligation), 참고⇒의무, 225, 227, 233, 234, 443, 445

법적 형식(Rechtsform, legal form), 참고⇒법일반, 217, 245, 246, 247, 248, 249, 250, 253, 255, 257, 258, 259, 337, 343, 443, 445, 676, 685, 686, 731, 732

법적 형태(Rechtsgestalt, legal configuration), 참고⇒법일반, 232, 247

법적 확신(Rechtsüberzeugung, conviction in Law), 참고⇒법일반, 242, 243

법적명령(Rechtsgebot, legal precept), 248

법제(法制 Rechtswesen, judicial system), 참고⇒법일반, 230, 241, 622

법준수의지(Rechtswilligkeit), 참고⇒의지, 245

법질서(Rechtsordnung, rechtliche Ordnung, legal order), 참고⇒법일반, 198, 225, 231, 234, 235, 237, 239, 398, 422, 502

법칙

· 계급상승운동의 경향(Tendenz der aufsteigenden Klassenbewegung, trend toward upward mobility of classes), 98, 749, 755

· 계층화 심화경향(Tendenz zunehmender Schichtung, tendency toward increasing stratification), 97, 749, 755

· 권력의 법칙(Gesetz der Macht, law of power, the), 31, 32, 68, 457, 466, 528, 547, 580, 581, 717, 728, 731, 737

· 권력의 순환법칙(Gesetz des Kreislaufes, law of the circulation of power, the), 610, 720

· 권력의 중력법칙(Gravitationsgesetz der Macht, gravitational law of power), 457

· 대중기법의 법칙(Gesetz der Massentechnik, law of mass technique, the), 382

· 무력의 법칙(Gesetz der Gewalt, law of force, the), 432, 503

· 사회적 관성의 법칙(gesellschaftliches Gesetz der Trägheit, social law of inertia), 383

· 성공의 법칙(Gesetz des Erfolges, law of success), 151, 192, 193, 311, 466, 503, 748

· 소수의 법칙(Gesetz der kleinen Zahl, Law of Small Numbers), 43, 44, 68, 114, 397, 400, 401, 402, 505, 506, 508, 509, 549, 581, 748, 753, 754, 755

· 역사적 발전단계의 일치성의 법칙(Gesetz der geschichtlichen Gleichläufigkeit, law of parallel historical development, the), 534

· 역사적 파동의 법칙(Gesetz der geschichtlichen Wellenbewegung, law of historical wave motion), 529

· 자유의 법칙(Friedensgesetz, law of liberty),

503

· 최상위 성공의 법칙(Gesetz des höchsten Erfolges, law of the highest success, the), 728

· 최상위 힘의 법칙(Gesetz der höchsten Kraft, law of the highest force), 151, 438, 442, 454, 466, 476, 503, 748, 751

법형성(Rechtsgestaltung, moulding the law), 참고⇒법일반, 244, 253

변화를 갈구하는 자들(novarum rerum cupidi), 171

병렬적 행동(paralleles Handeln, parallel action), 참고⇒행동, 152

병렬적 행위(paralleles Verhalten, parallel behaviour), 참고⇒행동, 127, 130

보름스 의회(Reichstag zu Worms), 221

보완적 행동(ergänzendes Handeln, complementary action), 참고⇒행동, 152

보완적 행위(ergänzendes Verhalten, complementary behaviour), 참고⇒행동, 88, 127, 130

보조지도자(Führerstab, leadership staff), 참고⇒지도자, 195

보통선거권(allgemeines Wahlrecht), 참고⇒권리, 259, 315, 499, 578, 639, 673

보편(Allgemeine, the general), 294

보편교육(allgemeine Bildung, general education), 374

보편교회(allgemeine Kirche, general church), 262, 406

보편법(allgemeines Gesetz, universal law), 참고⇒법의 종류, 253

보편성(Allgemeinheit, generality), 143, 242, 243, 406, 445, 591

보편적 규범(allgemeine Regel, general rule),

166, 177, 340, 341

보편적 도덕(allgemeine Moral, general morality), 참고⇒도덕, 447

보편적 목적(allgemeiner Zweck, uniform purpose), 306

보편적 복지(allgemeine Wohl, allgemeine Wohlfahrt, general welfare), 114, 182, 328, 379, 585

보편적 본성(allgemeines Wesen, general nature), 34, 144, 224, 306, 425

보편적 신뢰(allgemeines Vertrauen, general confidence), 434, 600

보편적 의견(allgemeine Meinung, general opinion), 316

보편적 이익(allgemeines Interesse, general interest), 181, 318, 330, 632, 637, 641, 642, 651

보편적 지식(allgemeine Erkenntnis, general knowledge), 356

보편적 행동(allgemeines Handeln, general action), 참고⇒행동, 316

보편적인 법적 확신(allgemeine Rechtsüberzeugung, general conception of the law), 참고⇒법일반, 160, 243, 297, 316

복지(Wohlfahrt, welfare), 316, 609

본능적 충동(Trieb, Triebhaft), 165, 167, 169, 172, 175, 182, 204, 221, 393

볼셰비키, 132, 262, 337, 461, 523, 524, 529, 671, 698, 700

볼셰비키 독재, 참고⇒독재, 698

부르주아적 법철학(bürgerliche Rechtsphilosophie, middle-class legal philosophy), 500

부분적 형성체(Teilbildung, partial formation), 참고⇒형성체, 369

부족

· 대부족(Stamm), 73, 75, 78, 91, 94, 95, 142, 251, 389, 394, 398, 432, 474, 506, 541, 550, 553, 557, 559, 812, 827

· 소부족(Klan), 71, 812

부족 지배체제(Stammesherrschaft), 참고⇒지배, 560

분산된 대중(zerstreute Masse, dispersed mass), 152

불교, 263, 490, 561

불변성(Unveränderlichkeit, unchangeability), 390

불특정 지도자(offener Führer, open leader), 참고 ⇒지도자, 368

비개인적 리더십(unpersönliche Führung, impersonal leadership), 참고⇒리더십, 127

비교육계층(ungebildete Schicht, uneducated strata), 참고⇒계층, 396

비상국가법(Staatsnotrecht), 참고⇒법의 종류, 343

비자발적 추종(gebundene Nachfolge, constrained following), 참고⇒추종, 614, 615

비지식인계급(ungebildete Klasse, uneducated class), 참고⇒계급, 272, 276

비폭력적 저항, 420

사람들은 하여야만 한다(Man muß), 217, 220, 221, 227, 228, 237, 239

사랑의 권력(Liebesmacht, power of love), 참고 ⇒권력분류, 491, 492

사말(四末 letzte Dinge, four last things), 271

사법(Privatrecht), 참고⇒법의 종류, 243, 246

사업심리(Geschäftspsychologie), 181

사업의 계층화(Schichtung der Betriebe, stratification of enterprises), 참고⇒계층, 677

사유(Denken, thinking), 57, 62, 118, 163, 256, 267, 270, 274, 285, 408

사적 강령(private Verfassung, private constitution), 참고⇒강령, 152

사적 과업(privates Werk, private task), 참고⇒과업, 152, 153, 438, 558, 721, 752

사적 도덕(Privatmoral, private Moral, private morality), 참고⇒도덕, 467, 468, 471

사적 소유권(Privateigentum, private ownership), 참고⇒소유, 83, 86, 230, 502, 827

사춘기의 반복(wiederholter Pubertät), 108

사치금지법(Luxusgesetze, sumptuary law/luxury laws), 참고⇒법의 종류, 428

사회(Gesellschaft, society), 214, 822

사회계약(Gesellschaftsvertrag, social contract), 117, 826

사회복지(gesellschaftliche Wohlfahrt, social welfare), 309, 311, 609, 658, 673

사회운동(gesellschaftliche Bewegung, social movement), 163, 304

사회적 강권(gesellschaftliche Gewalt, social force), 참고⇒무력, 210

사회적 격정(gesellschaftliche Leidenschaft, social passion), 719

사회적 결단(gesellschaftliche Entscheidung, social decision), 참고⇒결정, 384

사회적 결정(gesellschaftliche Bestimmung, social determination), 참고⇒결정, 294

사회적 계율(gesellschaftliches Gebot, social precept), 87, 143, 218, 426

사회적 과업(gesellschaftliches Werk, social task), 참고⇒과업, 38, 88, 93, 96, 97, 100, 102, 107, 176, 177, 195, 205, 209, 211, 236, 277, 279, 308, 450, 481, 493, 546, 592, 610, 614, 675, 715, 756

사회적 관성의 법칙(gesellschaftliches Gesetz der Trägheit, social law of inertia), 참고⇒법칙, 383

사회적 관점(gesellschaftlicher Gesichtspunkt, social point of view), 87, 111

사회적 권력(gesellschaftliche Macht, social power), 참고⇒권력분류, 49, 69, 84, 86, 88, 99, 101, 103, 107, 157, 162, 163, 165, 175, 176, 178, 194, 211, 213, 242, 267, 271, 274, 275, 309, 313, 343, 381, 435, 440, 476, 580, 614, 621, 622, 625, 681, 707, 715, 733, 747, 769, 781, 791, 826

사회적 권력들의 분할(Teilung der gesellschaftlichen Mächte, division of the social powers), 참고⇒권력일반, 299

사회적 균형(gesellschaftliches Gleichgewicht, social equilibrium), 211, 554, 592, 716, 735, 754

사회적 그룹(gesellschaftliche Gruppe, social group), 103, 630

사회적 기구(gesellschaftliches Organ, social organ), 참고⇒기구, 620, 622

사회적 성공(gesellschaftlicher Erfolg, social success), 88, 89, 97, 113, 116, 220, 229, 385, 503

사회적 성숙(gesellschaftliche Reife, social maturity), 486, 619

사회적 소명(gesellschaftlicher Beruf, social vocation), 296

사회적 안전(gesellschaftliche Sicherung, social security), 345

사회적 압력(sozialer Zwang, social pressure), 80, 82, 84, 220, 227, 239

사회적 위협(gesellschaftliche Gefährdung, social threatening), 345

사회적 의무감(gesellschaftliches Pflichtgefühl, feeling of social duty), 참고⇒의무, 165

사회적 의지(gesellschaftlicher Wille, social will), 참고⇒의지, 106, 301, 305, 307, 308, 310, 311, 340, 426, 719, 720, 725

사회적 의지결단(gesellschaftliche Willensentscheidung, social decision of the will), 참고⇒결정, 106, 244

사회적 의지결정(gesellschaftliche Willensbestimmung, social determination of the will), 참고⇒결정, 291, 293, 294, 295, 299, 302, 309, 314, 326, 328, 339, 368, 512, 719, 720

사회적 의지표현(gesellschaftliche Willensäußerung, social expression of the will), 참고⇒의지, 305

사회적 이기심(gesellschaftlicher Egoismus, social egotism), 179

사회적 자기암시(gesellschaftliche Autosuggestion, social autosuggestion), 416

사회적 제도(gesellschaftliche Einrichtung, social institution), 참고⇒제도, 353, 355, 356, 369, 374, 376, 782, 797, 818

사회적 존재(gesellschaftliches Wesen, social being), 87, 88, 178, 209, 296, 364, 431

사회적 집단(gesellschaftlicher Verband, social association), 참고⇒집단, 70, 72, 88, 115, 189, 191, 614, 766

사회적 집합체(gesellschaftliche Vielheit, social collective), 참고⇒집합, 296

사회적 태동(gesellschaftliche Regung, social awakening), 432

사회적 통일체(gesellschaftliche Einheit, social unity), 130, 296, 297, 341

사회적 해석(gesellschaftliche Erklärung, social interpretation), 34

사회적 행동(gesellschaftliches Handeln, gesellschaftliche Handlung, social behaviour), 참고⇒행동, 34, 62, 120, 125, 126, 152, 168, 292, 297, 303, 309, 313, 317, 323, 327, 505, 613, 614, 621, 718, 719, 720, 814

사회적 형성체(gesellschaftliche Bildung, social formation), 참고⇒형성체, 367, 543

사회적 확인(gesellschaftliche Bestätigung, social confirmation), 242

사회적 효용(gesellschaftlicher Nutzen, social utility), 113, 309, 781, 788, 797

사회체(gesellschaftliche Körper, social body), 88, 181, 208, 312, 370, 416, 461, 622, 691, 720

사회체제(gesellschaftliches Wesen, social system), 31, 72, 312, 428

사회혁명(soziale Revolution, social revolution), 529

사회현상(gesellschaftliche Erscheinung, social phenomenon), 23, 32, 140, 749, 766, 771, 795, 796

산악파(la Montagne), 690

삶에 대한 의견(Lebensmeinung, views about life), 317

삶에서의 이해 관심사(Lebensinteresse, life interest), 319, 464

삶의 감정(Lebensgefühle, life feeling), 250, 263, 280, 312, 372, 373

삶의 공동체(Lebensgemeinschaft, community of life), 참고⇒공동체, 262, 431, 490

삶의 내용(Lebensinhalt, life content), 393

삶의 영역(Lebensgebiet, life range), 265, 316, 426

삶의 의미(Sinn des Lebens, meaning of life), 230, 271, 405, 407

삶의 질서(Ordnung des Lebens, order of life), 383, 448, 549

삶의 형태(Lebensgestalt, form of life), 278, 280, 281, 284, 394

상부구조(Überbau, superstructure), 629, 632

상위계층화(Überschichtung, super positioning), 103, 104, 105, 335, 487, 548, 553, 558, 564, 566, 592, 673, 674, 681, 721, 729

상위정치(hohe Politik, high politics), 참고⇒정치, 637, 638

상위지배(Überordnung, upper predominance), 참고⇒지배, 97, 197, 198, 206, 657

상호 공감(wechselseitige Einfühlung), 306

생산수단(Produktionsmittel, means of production), 50, 671, 680

생산의 원리(Erwerbsrecht, principle of producers), 672

생의 감정(Lebensgefühle, life feeling), 264, 433

생존권(Recht auf Existenz, right to the means of subsistence), 참고⇒권리, 501, 503

생존수단(Existenzbedürfnisse, means of subsistence), 504

생활가치(Lebenswert, life value), 참고⇒가치, 196, 197, 198, 199, 405

생활권력(Lebensmacht, welfare power), 참고⇒권력분류, 196, 199, 207, 278, 316, 317, 368, 376, 388, 602

생활습관(Lebensgewohnheit, habit of life), 240

생활습속(Lebenssitte), 94, 317, 405, 509

생활자원(Lebensgut, life good), 196, 197, 198

선도행동(先導行動 Vorangehen, walking ahead action), 참고⇒행동, 121, 123, 138, 153, 221, 244, 247, 368, 427, 451, 487

선조민족(Urvolk, ancestral people), 참고⇒민족,

91

선택(Auslese, selection), 74, 123, 124, 125, 130, 131, 143, 418, 423, 433, 508, 514, 748, 751, 752, 754, 773

선택작용(Auslese, selection), 123, 124

성 베드로 교회(Paulskirche), 64, 352

성공(Erfolg, success), 55, 74, 76, 77, 78, 79, 80, 81, 83, 88, 89, 90, 102, 112, 114, 121, 122, 123, 124, 129, 143, 153, 161, 164, 165, 167, 170, 177, 184, 185, 187, 189, 191, 192, 193, 204, 207, 211, 220, 222, 229, 236, 237, 238, 256, 258, 301, 309, 311, 316, 323, 324, 327, 329, 338, 354, 368, 377, 385, 391, 400, 409, 412, 413, 419, 421, 436, 444, 466, 471, 476, 483, 486, 487, 495, 503, 505, 510, 512, 514, 521, 546, 552, 554, 555, 576, 580, 591, 599, 603, 610, 615, 616, 617, 618, 622, 660, 670, 671, 672, 678, 695, 699, 704, 711, 715, 719, 722, 731, 737, 748, 751, 752, 755, 756, 768, 773

성공에 의한 리더십(Erfolgsführung, leadership by success), 참고⇒리더십, 622

성공으로 인한 권력(Macht des Erfolges, power from success), 참고⇒권력분류, 558

성공의 법칙(Gesetz des Erfolges, law of success), 참고⇒법칙, 151, 192, 193, 311, 466, 503, 748

성스러운 밤(ehrwürdige Nacht, Holy Night), 263

세계 패권주의(Weltvorherrschaft), 565

세계관(Weltanschauung, world view), 57, 270, 276, 575, 647

세계사의 시대(Zeitalter der Weltgeschichte, period of world history), 참고⇒시대, 571

세계시민(Weltbürger, world citizen), 214

세계의 화해(Weltversöhnung, world reconciliation), 282

세계적 연주회(Weltkonzert, world concert), 571

세계적 집단(Weltverband, world association), 참고⇒집단, 564

세계적 힘의 균형(Weltgleichgewicht, world balance of force), 참고⇒힘의 균형, 482

세계제국(Weltreich, world empire), 199, 200, 261, 417, 433, 434, 439, 456, 538, 556, 558, 560, 561, 562, 563, 564, 567, 568, 643

세뇌기계(Gehirnmaschine), 648, 656

세속적 지배(weltliche Herrschaft, secular rulership), 참고⇒지배, 261, 269, 402

소민족(Völkerschaft, tribe), 참고⇒민족, 71, 94, 96, 105, 110, 214, 252, 335, 416, 506, 507, 536, 538, 548, 559, 696, 812

소비에트 독재, 참고⇒독재, 529, 708

소수에 의한 독재(Minderheitsdiktatur, dictatorship by minority), 참고⇒독재, 688

소수에 의한 지배(Herrschaft der wenigen, control by the few), 참고⇒지배, 508

소수의 법칙(Gesetz der kleinen Zahl, Law of Small Numbers), 참고⇒법칙, 43, 44, 68, 114, 397, 400, 401, 402, 505, 506, 508, 509, 549, 581, 748, 753, 754, 755

소유
  · 법적 소유(Rechtsbesitz, legal ownership), 198, 235
  · 사적 소유권(Privateigentum, private ownership), 83, 86, 230, 502, 827
  · 소유(Besitz, possession), 83, 101, 196, 197, 235, 271, 339, 395, 449, 728, 813
  · 소유권(Eigentum, ownership), 83, 230, 235, 250, 524, 712, 813, 821
  · 재산(Eigentum, property), 225, 230, 250,

254, 264, 478, 501, 502, 584, 593, 673, 782, 788, 789, 813
- 재산권(Vermögensrecht, property right), 501
- 토지소유권(Grundeigentum, land ownership), 524, 681

소유권(Eigentum, ownership), 참고⇒소유, 83, 230, 235, 250, 524, 712, 813, 821

손실의 원칙(Verlustprinzip, loss principle), 778, 787

쇠퇴의 시대(eras of decay), 참고⇒시대, 534

수련(Übung, drill, exercise, practice), 107, 153, 217, 229, 240, 300, 301, 631, 638, 641, 813, 815

수용력(Aufnahmefähigkeit, receptibility), 325

수평파(Levellers), 494

수행노동(遂行勞動 execution labour), 99

순환
- 권력의 순환(Kreislauf der Macht, Circulation of Power), 548, 550, 552, 553, 554, 555, 556, 565, 566, 567, 591, 592, 593, 600, 601, 602, 607, 720, 721, 727, 729, 749, 756
- 역사적 권력의 순환(geschichtlicher Kreislauf der Macht, historical circulation of power), 533, 547, 553, 614, 615, 721, 722
- 정체의 순환(政體의 循環 Kreislauf der Verfassungen, cycle of the constitutions), 549

순환운동적인 의미(Sinn eines Kreislaufes, meaning of a circular movement), 547

스콜라(schola), 263, 266

스콥스 재판(Scopes trial), 284

스파르타쿠스(Spartacus), 687

습관(Gewohnheit, habit), 49, 140, 143, 373, 381, 389, 417, 814, 815

습속(Sitte, custom), 49, 70, 73, 87, 88, 126, 178, 217, 218, 219, 223, 252, 306, 382, 386, 387, 407, 425, 426, 427, 434, 520, 527, 561, 579, 814

시간의 권력(Macht der Zeit, power of time), 참고⇒권력분류, 380, 752

시기(Periode, period), 533, 815

시대
- 경신성의 시대(eras of credulity), 534
- 고전적 시대(Zeitalter der Antike, Antike, classical period), 43, 111, 200, 279, 371, 397, 492, 538, 539, 552, 562, 568, 587
- 교회지상주의시대(Zeitalter der kirchlichen Vorherrschaft, era of the predominance of the church, the), 199, 207, 263, 491, 492, 510, 569, 571
- 국가권력지상주의 시대(Zeit staatlicher Vorherrschaft), 207
- 권력에 의한 시대적 구분(Machtzeitalter), 568
- 세계사의 시대(Zeitalter der Weltgeschichte, period of world history), 571
- 쇠퇴의 시대(eras of decay), 534
- 시대(Zeitalter, era), 372, 492, 533, 539, 568, 569, 571, 815
- 신앙의 시대(eras of faith), 534
- 유럽의 세계패권시대(Zeitalter der europäischen Weltvorherrschaft), 570, 571
- 이성의 시대(eras of reason), 534
- 자힐리야시대(Jahiliyyah), 492
- 탐구의 시대(eras of exploration), 534

시대의 분위기(Stimmung des Tages, mood of the

day), 81

시민 공동체(bürgerliche Gemeinschaft, civic community), 참고⇒공동체, 599

시민권(Bürgerrecht, civic right), 참고⇒권리, 331, 548

시민기본권(bürgerlichen Grundrechte, Fundamental Civil Rights), 참고⇒권리, 207, 208

시민법(bürgerliches Recht, civil law), 참고⇒법의 종류, 231

시장질서(Marktordnung, market order), 355

시적 맹세(dichterische Pflicht, poetic pledge), 350

시적 자유(dichterische Freiheit, poetic liberty), 159

시체와도 같은 대중(tote Masse, dead mass), 136, 441

신들의 황혼(Götterdämmerung), 727

신분

· 신분층(Stand, strata), 189, 194, 275, 297, 446, 497, 575, 582, 633

· 제3신분층(dritter Stand, the 3rd class), 500, 575, 584, 633

신분적 권리(Standesrecht, right from status), 참고⇒권리, 256

신성동맹(Heiligen Allianz), 58, 730

신앙공동체(Glaubensgemeinschaft, community of faith), 참고⇒공동체, 81, 154, 261, 265, 270, 272

신앙의 강령(Glaubensverfassung, command of faith), 참고⇒강령, 273

신앙의 계율(Glaubensgesetz, precept of faith), 276, 287

신앙의 권력(Glaubensmacht, power of religion), 참고⇒권력분류, 49, 196, 199, 201, 204, 206, 268, 272, 276, 277, 569

신앙의 시대(eras of faith), 참고⇒시대, 534

신앙적 세계관(Weltanschauung des Glaubens, world view of the faith), 270

신앙적 이념(Glaubensidee, religious idea), 참고⇒이념, 487

신앙적 혁명(Glaubensrevolution, revolutions in religious belief), 487

신의 평화(Gottesfriede), 73

신자유주의(neo-liberalism), 참고⇒자유주의, 760, 763

실질적 강령(tatsächliche Verfassung, actual constitution), 참고⇒강령, 115

실질적 권력(reale Macht, real power), 참고⇒권력분류, 45, 53, 210, 597

실질적 내용(Gehalt, real content), 47, 105, 164, 228, 233, 236, 261, 275, 354, 365, 410, 438, 498, 536, 544, 553, 561, 567

실체법(materielles Recht, substantive law, the), 참고⇒법의 종류, 227

실패의 논리(Argument des Mißerfolges, argument of failure), 327

심정적 모방(sympathetic emulation), 161

아사전(餓死戰 Hungerkrieg, starvation war), 705

아이유브 왕조(Ayyubid), 525

양자동맹(Zweibund), 64

어부지리(漁父之利 tertius gaudens), 203

억견(臆見 Meinung des Wortes, opinion), 318

언어용법(Sprachgebrauch, language use), 46, 49, 51, 79, 120, 128, 296, 340, 362

에스페란토어(Esperanto), 720

역사서술(Geschichtschreibung, Historiography), 53, 54, 55, 59, 97, 105, 110, 145, 380, 409,

491, 544

역사서술가(Geschichtschreiber, historiographer), 54, 110, 261, 380, 447, 456, 529, 544, 546, 547, 567, 756

역사적 고착권력(geschichtlich eingelebte Macht, historically entrenched power), 참고⇒권력분류, 379, 380, 390, 408, 719, 752

역사적 과업(geschichtlichen Werk, historical task), 참고⇒과업, 40, 91, 126, 151, 200, 280, 437, 448, 451, 492, 509, 555, 558, 696, 721, 752

역사적 권력(geschichtliche Macht, historical power), 참고⇒권력분류, 62, 158, 325, 379, 380, 387, 388, 390, 392, 396, 397, 400, 402, 404, 406, 408, 409, 417, 421, 424, 447, 451, 481, 547, 566, 581, 592, 604, 628, 636, 638, 640, 642, 649, 657, 677, 699, 707, 716, 720, 748, 752, 756

역사적 권력에 의한 지도자(geschichtlicher Führer, leader by historical power), 참고⇒지도자, 423

역사적 권력의 순환(geschichtlicher Kreislauf der Macht, historical circulation of power), 참고⇒순환, 533, 547, 553, 614, 615, 721, 722

역사적 귀납(Induktionsreihe der Geschichte, geschichtliche Induktionsreihe, historical induction), 336, 338

역사적 기억(geschichtliche Erinnerung, historical memory), 79, 409, 605

역사적 도야(geschichtliche Erziehung, historical training), 24, 151, 154, 156, 209, 349, 377, 424, 434, 441, 446, 587, 592, 616, 617, 618, 625, 631, 636, 637, 641, 677, 722, 731, 748, 754, 773

역사적 리더십(geschichtlichen Führung, historical leadership), 참고⇒리더십, 126, 145, 415, 416, 417, 418, 421, 423, 508, 511, 607, 657, 716, 748

역사적 리더십계층(geschichtliche Führungsschicht, historical leadership strata), 참고⇒계층, 417

역사적 리더십권력(geschichtliche Führungsmacht, historical leadership power), 참고⇒권력분류, 421

역사적 망령(geschichtlicher Gespenster), 509, 617

역사적 발전단계의 일치성의 법칙(Gesetz der geschichtlichen Gleichläufigkeit, law of parallel historical development, the), 참고⇒법칙, 534

역사적 선택(geschichtliche Auslese, historical selection), 122, 125, 135, 183

역사적 성장권력(geschichtlich wachsende Macht, historically growing power), 참고⇒권력분류, 379, 380, 390, 403, 408

역사적 연관성(geschichtliche Zusammenhang, historical connection), 377

역사적 파동의 법칙(Gesetz der geschichtlichen Wellenbewegung, law of historical wave motion), 참고⇒법칙, 529

역사적 형성체(geschichtliche Bildung, historical formation), 참고⇒형성체, 349, 353, 354, 355, 356, 357, 358, 360, 361, 362, 366, 367, 368, 369, 374, 377, 381, 410, 630, 717, 748

역사정신(Geist der Geschichte, spirit of history), 365

연결들의 사슬(Kette der Verbindungen, chain of links), 377

연관성(Zusammenhang), 83, 339, 364, 366, 377, 392, 536, 540, 602, 614

연합국(Entente, Allied Powers), 60, 150, 202,

461, 571, 704, 705, 707, 708, 728

영리한 경험(Klugheitserfahrung, clever experiences), 245

영리함(Klugheit, cleverness), 84, 107, 230, 232, 241, 399

영리함의 규칙(Klugheitsregel, rule of cleverness, rule of reason), 236

영웅사관(The Great Man Theory), 35, 140

영주적 리더십(Herrenführung, lordly leadership), 참고⇒리더십, 123, 154, 417, 511

영주적 주권 체제(Landeshoheit, territorial lordly sovereignty), 560

영토적 권력(Gebietsmacht, territorial authority), 참고⇒권력분류, 199, 204

예속화(Gebundenheit), 662

예술권력(Kunstmacht, Macht der Kunst, art power), 참고⇒권력분류, 277

예술적 형식(künstlerische Form, artistic form), 280

오성(悟性 Verstand, intellect), 67, 232, 717, 718, 719, 720, 722

오성의 힘(Verstandeskraft), 참고⇒힘의 분류, 67

오스트리아 경제학파(Austrian school of economics), 19, 22, 23, 25, 26, 27, 745, 747, 759, 760, 764, 766, 769, 773, 777, 783, 784, 792

옵티마테스(Optimates), 507, 551

완전권(Vollrecht, full right), 참고⇒권리, 250

완전법(Vollrecht, full law), 참고⇒법의 종류, 246, 252

왕권사상(Königsgedanken, kingship), 590

왕조적 권력(dynastische Macht, dynastic power), 참고⇒권력분류, 397, 421

왕조적 리더십(dynastische Führung, dynastic leadership), 참고⇒리더십, 188, 421

외면적 표현(Äußerung, external expression), 364

외적 권력(äußere Macht, external power), 참고⇒권력분류, 24, 31, 43, 45, 46, 47, 50, 51, 54, 55, 56, 58, 59, 65, 77, 79, 90, 106, 157, 163, 164, 213, 239, 247, 264, 406, 486, 536, 547, 560, 565, 748, 750, 756

외적 권력집합체(Äußere Machtaggregat, external power aggregate), 참고⇒집합, 51, 52, 53, 55

요지부동(Rocher de bronze), 53

요청(Forderung, demand), 72, 158, 165, 186, 190, 210, 224, 230, 233, 262, 267, 270, 275, 343, 417, 419, 472, 475, 495, 501, 510, 576, 700

우세적 권력(dominante Macht, dominating power), 참고⇒권력분류, 102, 203, 205, 206, 207, 209, 212, 264, 369, 418, 492, 570, 593, 602, 809

우애(Brüderlichkeit, fraternity), 496, 513

우연적 지도자(Zufallsführer, accidental leader), 참고⇒지도자, 514, 518

원로회의(Conseil des Anciens), 691, 692

원숭이 재판(monkey trial), 284

원자론적 이론(atomism), 178

원자론적 환원주의(atomistic reductionism), 792, 793, 798

위인(große Mann, great man, the), 120, 139, 141, 142, 145, 146, 147, 149, 475, 476, 547

유기체론(Organismus, organism), 34, 611

유기체론적(organisch), 609, 611

유동성(Flüssigkeit, liquidity), 678, 680

유럽의 세계패권시대(Zeitalter der europäischen Weltvorherrschaft), 참고⇒시대, 570, 571

유물론(Materialismus), 767

유물사관(唯物史觀 materialistische Geschichts-anffassung), 45, 100, 101

유사행위(gleichartiges Verhalten, similar conduct), 참고⇒행동, 127

유산계급(besitzende Klasse, propertied class), 참고⇒계급, 272, 275, 500, 525, 629, 630, 634, 635

유일지배자(Alleinherrscher, autocrat), 참고⇒지배, 43, 402

유행(Mode, fashion), 88, 219

유형(Typus, type), 231, 306, 380, 821

윤리

· 윤리(Sitte, Sittlichkeit, ethic), 31, 55, 70, 84, 126, 138, 166, 177, 217, 222, 224, 226, 232, 234, 235, 262, 276, 287, 316, 388, 405, 426, 444, 454, 485, 486, 487, 489, 490, 493, 495, 496, 499, 501, 611, 620, 810

· 조화로운 윤리(ausgleichende Sittlichkeit, harmonious morality), 234

윤리감(sittliches Gefühle, ethical feeling), 214, 217, 224, 233, 496

윤리관(sittliche Anschauung, ethical view), 213

윤리원칙(Sittengesetz, ethical law), 262, 276, 287

윤리의식(sittliche Empfindung, ethical sense), 208, 223, 233, 235, 238

윤리적 계율(Sittengebot, ethical command), 241, 467

윤리적 공동체(sittliche Gemeinschaft, ethical community), 참고⇒공동체, 81, 84, 154

윤리적 권력(sittliche Macht, ethical power), 참고⇒권력분류, 48, 49, 194, 196, 199, 208, 237, 240, 486

윤리적 위상(sittliches Wesen, ethical stature), 276, 449

윤리적 의무(sittliche Pflicht, ethical duty), 참고⇒의무, 223, 224, 233, 467

윤리적 이념(sittliche Idee, ethical idea), 참고⇒이념, 57, 487

윤리적 정신(sittlicher Geist, ethical spirit), 446, 490

윤리적 충동(sittliche Triebe, ethical drive), 242, 287

율리우스 왕조(Julian), 155

융커(Junker), 53, 255

은행학파(banking school), 789

응집상태(Aggregationszustand, aggregate situation), 485, 486, 490

의무

· 나는 하지 말아야 할 의무가 있다(Ich soll nicht, I should not), 226

· 나는 할 의무가 있다(Ich soll, I should), 217, 218, 222, 237

· 너는 할 의무가 있다(Du sollst, you should), 226, 227, 237

· 노동의무(Arbeitspflicht, work obligation), 474

· 도덕적 의무(Moral Pflicht, moral obligation), 472

· 명예적 의무(Ehrenpflicht, duty of honor), 446

· 법적 의무(Rechtspflicht, legal obligation), 225, 227, 233, 234, 443, 445

· 사회적 의무감(gesellschaftliches Pflichtgefühl, feeling of social duty), 165

· 윤리적 의무(sittliche Pflicht, ethical duty), 223, 224, 233, 467

- 평화의 의무(Pflicht des Friedens, duty of peace), 476

의미(Sinn, meaning), 404, 408

의미의 힘(Kraft des Sinnes, force of meaning), 참고⇒힘의 분류, 390

의식(Bewußtsein, consciousness), 67, 138, 179, 220, 233, 235, 238, 359, 392, 526, 545

의존성(Unselbständigkeit, dependability), 416

의지
- 공동의 의지(allgemeiner Wille, common will), 166, 189, 190, 305, 382
- 공동의 의지(gemeiner Wille, public will), 166, 189, 190, 305, 382
- 국가의지(Staatswille, state will), 297
- 권력에의 의지(Willen zur Macht, will to power), 32, 617, 619, 665
- 권력의지(Machtwille, will for power), 32, 311, 317, 332, 513, 519
- 법준수의지(Rechtswilligkeit), 245
- 사회적 의지(gesellschaftlicher Wille, social will), 106, 301, 305, 307, 308, 310, 311, 340, 426, 719, 720, 725
- 사회적 의지표현(gesellschaftliche Willensäußerung, social expression of the will), 305
- 인민의지(Volkswille), 160, 298, 331, 343, 519
- 조직하려는 의지(ordnende Wille, will to organize), 355
- 지배의지(Herrenwille, will for rulership), 148, 188, 398, 401, 526
- 질서의지(Ordnungswille, will to order), 691
- 힘에의 의지(Wille zur Kraft, will to strength), 617

- 힘에의 자기의지(Eigenwille der Kraft, self-will to strength), 617, 619

의지결정(Willensbestimmung, determination of the will), 참고⇒결정, 291, 293, 294, 295, 299, 302, 309, 719, 720

의지의 결의(Willensentschließung, resolution of the will), 297, 307

의지의 경로(Willensbahn, decision track), 381

의지의 권한(Willensbefugnis, authorized will), 225

의지의 조화(Willensanpassung, harmonization of wills), 303

의지의 희생(Willensopfer, sacrifice of the will), 242, 303

의지의 힘(Kraft des Willens, strength of will), 참고⇒힘의 분류, 93, 298

의향(Sinn, intention), 384, 386, 816

의회주의 정부체제(parlamentarisches Regierungssystem, parliamentary government system), 참고⇒정부, 631, 636

이기심(Egoismus, egoism), 86, 178, 181, 275, 288, 289, 436, 450, 468, 580, 584, 609, 611, 733

이기적 당위성(egoistisches Sollen, egotistical shall, 222

이념
- 경제적 이념(wirtschaftliche Idee, economic idea), 58
- 국민이념(nationale Idee, national idea), 59, 60, 63, 65, 595, 596, 597, 600, 603, 605, 607, 625, 710, 731
- 국민이념주의(nationaler Idealismus, national idealism), 594, 596, 682, 728
- 문화적 이념(Kulturidee, cultural idea), 159

· 신앙적 이념(Glaubensidee, religious idea), 487

· 윤리적 이념(sittliche Idee, ethical idea), 57, 487

· 자유주의 이념(Freiheitsidee, liberal idea), 33, 57, 447, 493, 495, 498

· 종교적 이념(religiöse Idee), 57, 447

이념의 권력(Macht der Ideen, power of ideas), 참고⇒권력분류, 49

이념전쟁(Ideenkrieg, war of ideas), 참고⇒전쟁, 57, 59, 61

이념정치(Ideenpolitik, politics of ideas), 참고⇒정치, 62

이념형화(Idealisierung, idealization), 139, 215

이데알 티푸스(Ideal Typus, ideal type), 215, 756, 762, 767, 795

이성(Vernunft, reason), 57, 58, 359, 387, 471, 495, 496, 718

이성법(Vernunftrecht, law of reason), 참고⇒법의 종류, 496

이성의 시대(eras of reason), 참고⇒시대, 534

이원론적 설명(dualistische Erklärung, dualistic explanation), 362

이익공동체(Interessengemeinschaft, interest community), 참고⇒공동체, 88, 670

이익대표체(Interessenvertretung, interest representative), 633

이익정당(Interessenpartei, interest party), 참고⇒정당, 631, 632, 634, 636, 638, 639, 640

이익집단(Interessenverband, interest association), 참고⇒집단, 83, 443, 592

이정표(Wegweiser, signpost), 365, 366, 371, 376

이지(理智 Intellektuelle), 169, 175, 645

인간성(Menschheit, humanity), 39, 141, 214, 480, 498, 598, 617

인간의 심리(Psychologie des Man, human psychology), 178

인간의 힘(Menschenkraft, human strength), 참고⇒힘의 분류, 476

인간적 원리(menschliches Prinzip, humanistic principle), 495

인권선언(Erklärung der Menschenrechte, Erklärung von Menschenrechten), 참고⇒권리, 208, 494, 497

인류문화(Menschheitskultur, culture of mankind), 289

인류사회(menschliche Gesellschaft, human society), 55, 213, 296, 490, 493

인민(Völker), 516, 632, 804

인민 대표체(Volksvertretung), 625, 626

인민감정(Volksgefühl), 52, 99, 242, 545

인민국가(Volksstaat), 참고⇒국가, 81, 431, 438, 439, 512, 627

인민운동(Volksbewegung), 342, 344, 405, 531

인민의 목적(Volkszweck), 311

인민의 삶(Volksleben), 291, 527, 544, 546

인민의 힘(Volkskraft), 참고⇒힘의 분류, 96, 99, 104, 441, 455, 470, 552, 554, 559

인민의지(Volkswille), 참고⇒의지, 160, 298, 331, 343, 519

인민정신(Volksgeist), 245

인민주권(Volkssouveränität), 참고⇒권리, 44, 186, 274, 315, 326, 499, 513, 584, 590, 689

인민혼(Volksseele), 63, 159, 175, 361

인본주의(Humanismus), 246, 372, 395, 539

인본주의자(Humanist), 105, 373, 396, 539, 540

인습(Herkommen), 85, 179, 243, 287, 381, 428

인애(人愛 Menschlichkeit), 234, 236, 434

인인애(隣人愛 Nächstenliebe), 233, 236, 262, 455, 460, 489, 498

인적 형성체(人的形成體 persönliche Bildung, personal formation), 참고⇒형성체, 354

인종학적 이론(Rassenlehre), 565

일곱 봉인, 365

일원론적(monistisch, monistic), 362

일원론적 설명(monistische Erklärung, monistic explanations), 362

일을 하지만 자신을 위해서는 아니다(vos non vobis), 399, 401, 668

일체감(Einheit, identity), 63, 214, 588, 696, 713

입법자(Gesetzgeber), 참고⇒법일반, 119, 140, 227, 243, 245, 246, 253, 427

입헌군주제(constitutional monarchy), 412

입헌주의 정부체제(konstitutionelles Regierungssystem, constitutional governmental system), 참고⇒정부, 631, 633

입헌체제(Verfassungswesen, constitutionalism), 35

잉여가치(Mehrwert, surplus value), 참고⇒가치, 314, 502, 668, 671

잉여가치론(Lehre vom Mehrwert, theory of surplus value, the), 참고⇒가치, 325, 502, 670

자결(Selbstbestimmung, self determination), 참고⇒권리, 332, 333, 337, 339, 576, 602, 605, 609, 662, 666, 697, 707, 711, 725, 730

자결권(Selbstbestimmung, self determination), 참고⇒권리, 79, 249, 251, 330, 331, 335, 337, 339, 606, 616, 662

자결력(Selbstbestimmung, self determination), 335, 338

자기강화권력(Eigenmacht, self enforcing power),
참고⇒권력분류, 621, 623, 662

자기도야(Selbsterziehung, self-training), 433, 434

자기변용(auto-affection), 161

자기보존(Selbsterhaltung, self preservation), 60, 65, 73, 190, 311, 515

자기보존본능(Selbsterhaltungstrieb, self preservation instinct), 74, 190, 191, 192, 307, 309, 310, 311, 390

자기부정(Selbstverleugnung, self negation), 339

자기암시(Autosuggestion, autosuggestion), 174, 419

자기의식(Selbstbewußtsein, self consciousness), 65, 223, 465, 589, 591

자발력(Eigenkraft, own force), 609

자발적 추종(freie Nachfolge, free following), 참고⇒추종, 163, 614, 615, 616, 617, 636, 690

자발적 추종(willige Nachfolge, willing following), 참고⇒추종, 163, 614, 615, 616, 617, 636, 690

자발적 희생(sacrificium voluntatis), 189, 190, 191, 192, 212, 220, 240, 303, 472

자본의 권력(Kapitalmacht, power of capital), 참고⇒권력분류, 679

자본적 사업(Kapitalbetrieb, capital enterprise), 660, 661

자본주의 권력(kapitalistische Macht, capitalist power), 참고⇒권력분류, 258

자본주의적 기업(kapitalistische Unternehmung, capitalistic enterprise), 649, 660, 661, 662, 663, 664, 665, 666, 675, 676, 681, 682

자본주의적 기업가(kapitalistischer Unternehmer, capitalistic entrepreneur), 450, 665, 672

자생적 질서(spontane Ordung, spontaneous order), 25, 768, 776, 793, 797

자연가치(naturaler Wert, natural value), 참고⇒
가치, 87, 759, 763, 768, 782, 788, 818

자연의 권력(Naturmacht, power of nature), 참고
⇒권력분류, 49

자연적 경계(natürliche Grenze, natural border),
600, 601

자연적 원칙(Naturgesetze, natural law), 65

자유로운 법발견(freie Rechtsfindung, free adjudication), 참고⇒법일반, 245

자유로운 정신(freier Geist, free spirit), 182

자유를 향한 힘(Kraft zur Freiheit, force towards liberty), 참고⇒힘의 분류, 519, 618, 697

자유의 권리(Freiheitsrecht, Recht der Freiheit, freedom right), 참고⇒권리, 493, 618, 619

자유의 법칙(Friedensgesetz, law of liberty), 참고
⇒법칙, 503

자유의 운동(Freiheitsbewegung, freedom movement), 616

자유의 힘(Freiheitskraft, freedom force), 참고⇒
힘의 분류, 493, 617

자유적 감성(Freiheitssinn, free feeling), 57, 416, 493, 513

자유적 결사체(freie Gesellschaft, free association), 참고⇒결사체, 126, 193, 208

자유적 국가(freier Staat, free state), 참고⇒국가, 438, 443, 444, 541

자유적 권력(Freiheitsmacht, free power), 참고⇒
권력분류, 78, 79, 90, 91, 112, 527, 570

자유적 기구(Freiheitsorgan, free organ), 참고⇒
기구, 587, 609, 619, 643, 658, 662, 712, 715, 720, 735

자유적 대중기구(freie Massenorgan, free mass organ), 참고⇒기구, 620, 624

자유적 리더십(freiheitliche Führung, free leadership), 참고⇒리더십, 607, 614, 615, 616, 617, 696, 701

자유적 리더십기구(freiheitliche Führungsorgan, free leadership organ), 참고⇒기구, 620, 622, 623, 624

자유적 정당(Freiheitspartei, free party), 참고⇒
정당, 643

자유주의

　·경제적 자유주의(wirtschaftliche Liberalismus, economic liberalism), 258

　·신자유주의(neo-liberalism), 760, 763

　·자유주의(Liberalismus, liberalism), 23, 46, 90, 272, 314, 337, 411, 499, 510, 524, 571, 575, 576, 578, 580, 581, 585, 590, 609, 628, 636, 637, 688, 745, 749, 753, 757, 760, 767

자유주의 교리(liberale Doktrin, liberal doctrine), 314, 611, 620

자유주의 이념(Freiheitsidee, liberal idea), 참고⇒
이념, 33, 57, 447, 493, 495, 498

자유주의의 시기(Periode des Liberalismus, period of liberalism, the), 314, 571

자유주의자(liberalist), 22, 25, 315, 341, 579, 620, 690, 766

자유주의헌법(Freiheitsverfassung, constitution of liberty), 참고⇒법의 종류, 495, 693

자체 권리적 리더십(Führung eignes Rechtes, leadership by own right), 참고⇒리더십, 615

자코뱅(Jacobin), 186, 189, 496, 516, 524, 526, 688, 690, 699

자크리(Jacquerie), 251

자활력(Kraft, conatus), 66, 299, 300, 301, 302, 819

자활력결정적(kraftbestimmt, conatus-determined), 참고⇒결정, 300, 301, 804

자힐리야시대(Jahiliyyah), 참고⇒시대, 492

장미전쟁, 참고⇒전쟁, 415

재산(Eigentum, property), 참고⇒소유, 225, 230, 250, 254, 264, 478, 501, 502, 584, 593, 673, 782, 788, 789, 813

재산권(Vermögensrecht, property right), 참고⇒소유, 501

재산법(Vermögensrecht, property law), 참고⇒법의 종류, 229

재판권(Gerichtsbarkeit), 참고⇒법일반, 227

저항권력(tragende Macht, resisting power), 참고⇒권력분류, 207, 208, 209, 213, 369, 520, 549, 658

저항기구(Widerstandsorgan, resisting organ), 참고⇒기구, 621, 667, 668, 675

저항하는 힘(tragende Kraft, resisting power), 참고⇒힘의 분류, 658

적응적 변모(anpassende Wandlung, adaptive transformation), 413

적자생존의 원칙(Gesetze der Erhaltung des Stärksten), 599

전개본능(Entfaltungstrieb, developmental drive), 311

전국가적 정당(Staatspartei, state party), 참고⇒정당, 632, 634, 636, 637, 639, 640

전국가적 정부(Staatsregierung, state government), 참고⇒정부, 641

전문교육(Fachbildung), 374

전시법(Kriegsgesetz, wartime law), 참고⇒법의 종류, 252

전인민전쟁(Volkskrieg, people's war), 참고⇒전쟁, 521, 703, 704, 705, 706

전쟁
- 국민적 전쟁(Nationalkrieg, national war), 728
- 백년전쟁, 415
- 이념전쟁(Ideenkrieg, war of ideas), 57, 59, 61
- 장미전쟁, 415
- 전인민전쟁(Volkskrieg, people's war), 521, 703, 704, 705, 706
- 절멸전쟁(絶滅戰爭 Vernichtungskrieg, annihilation war), 704, 729
- 해방전쟁(Befreiungskriege), 479, 597

전쟁권력(Kriegsmacht, war power), 참고⇒권력분류, 54

전쟁성향(Neigung zum Kriege, propensity to war), 462

전쟁의 강령(Kampfverfassung, military constitution), 참고⇒강령, 155

전제정치(Tyrannei, tyranny), 참고⇒정치, 206, 528, 553

전체(Allgemeinheit, collective), 160, 162, 167, 178, 220, 236, 253, 265, 298, 339, 353, 467, 555, 589, 590, 614, 694

전체적 결단(Gesamtentscheidung, total decision), 참고⇒결정, 126

전체적 운동(allgemeine Bewegung, general movement), 304, 305

전체적 임무(Gesamtaufgabe, total mission), 724

전체적 행동(Gesamthandlung, total behaviour), 참고⇒행동, 703

전체적 효과(Gesamtwirkung, total effect), 614, 615

전체주의적 설명(kollektivistische Erklärung, collectivistic explanation), 361

전통(Überlieferung, tradition), 64, 73, 79, 83, 155, 188, 201, 381, 389, 399, 409, 521, 523, 530, 558, 637, 638, 813, 821

전통관(festüberlieferte Anschauung, traditional view), 324

전통이 가진 권력(Macht der Überlieferung, power of tradition), 참고⇒권력분류, 427

전투적 집단(Kampfverband, combat association), 참고⇒집단, 70

전형(Typus, type), 86, 306, 403, 510, 541

절대적 지배자(absoluter Herrscher, absolute ruler), 참고⇒지배, 402, 443, 511

절대적 평등(absolute equality), 참고⇒평등, 234

절대주의(Absolutismus, absolutism), 259, 605

절멸전쟁(絶滅戰爭 Vernichtungskrieg, annihilation war), 참고⇒전쟁, 704, 729

절차법(Prozeßrecht, procedural law), 참고⇒법의 종류, 230

절차적 규율(Regel des Verfahrens, rules of procedures), 233

정글의 법칙(Faustrecht), 460, 465

정당
- 이익정당(Interessenpartei, interest party), 631, 632, 634, 636, 638, 639, 640
- 자유적 정당(Freiheitspartei, free party), 643
- 전국가적 정당(Staatspartei, state party), 632, 634, 636, 637, 639, 640

정부
- 의회주의 정부체제(parlamentarisches Regierungssystem, parliamentary government system), 631, 636
- 입헌주의 정부체제(konstitutionelles Regierungssystem, constitutional governmental system), 631, 633
- 전국가적 정부(Staatsregierung, state government), 641
- 집정정부(Consulat), 691
- 총재정부(Directoire), 691, 692

정서(Gemüt, affect), 49, 161

정신상태(Geistesverfassung, mental status), 116, 656

정신적 강제(moralischer Zwang, mental pressure), 81, 83, 436, 439, 442, 443

정신적 요소 감안법(moralischer Kalkül, calculation of spiritual capability), 400, 401

정의
- 배분적 정의(distributive justice), 234
- 정의감(Rechtsempfindung), 219, 233, 473
- 초법적 정의(Kabinettsjustiz, arbitrary administration of justice), 446, 515
- 평등한 보상적 정의(ausgleichende Gerechtigkeit, poetic justice), 234, 264

정의감(Rechtsempfindung), 참고⇒정의, 219, 233, 473

정체의 순환(政體의 循環 Kreislauf der Verfassungen, cycle of the constitutions), 참고⇒순환, 549

정치
- 권력정치(Machtpolitik, power politics), 351, 468, 469
- 금권정치(Plutokratie, plutocracy), 682, 683
- 상위정치(hohe Politik, high politics), 637, 638
- 이념정치(Ideenpolitik, politics of ideas), 62
- 전제정치(Tyrannei, tyranny), 206, 528, 553

· 현실정치(Realpolitik, real politics), 44, 62, 63, 299, 328
· 현실정치가(real politician), 576
· 힘의 균형정치(Gleichgewichtspolitik, balanced power politics), 478
정치적 국민(politische Nation, political nation), 참고⇒국민, 588, 589, 591, 598, 723
정치적 권력(politische Macht, political power), 참고⇒권력분류, 198, 200, 201, 206, 315, 471, 593, 595
정치적 기술(Staatskunst, art of politics), 150, 199, 407, 465, 469, 538
정치적 영리함(Staatsklugheit, political cleverness), 230, 265, 563
정치적 의견(politische Meinung, political opinion), 323
정치적 임무(staatlichen Aufgabe, political task), 724
정치적 질서(politische Ordnung, political order), 198, 711
정치적 집단(politischer Verband, political association), 참고⇒집단, 443
정치학(Staatslehre), 469
정파적 기구(Parteiorgan, party organ), 참고⇒기구, 650, 651, 652
제3신분층(dritter Stand, the 3rd class), 참고⇒신분, 500, 575, 584, 633
제국주의(Imperialismus, imperialism), 201, 571, 602, 605, 606, 607, 688, 710
제도
· 리더십제도(Einrichtung der Führung, leadership institution), 417
· 사회적 제도(gesellschaftliche Einrichtung, social institution), 353, 355, 356, 369,
374, 376, 782, 797, 818
제수이트(Jesuit), 683, 734
조로아스터(Zoroaster), 61, 145
조성체(造成體 Gebilde, created entity), 354, 366
조용하고 더 나은 지식(stille bessere Wissen), 322, 326
조직(Organisation, organization), 102, 672, 673
조직하려는 강권(ordnende Gewalt, force to organize), 참고⇒무력, 353
조직하려는 의지(ordnende Wille, will to organize), 참고⇒의지, 355
조화로운 윤리(ausgleichende Sittlichkeit, harmonious morality), 참고⇒윤리, 234
종교적 강령(religiöse Verfassung, constitution of religion), 참고⇒강령, 152
종교적 결사체(Religionsgesellschaft, religious association), 참고⇒결사체, 266
종교적 이념(religiöse Idee), 참고⇒이념, 57, 447
종족(Geschlecht = gens), 71, 94, 154, 812
주관적 교환가치(subjektiver Tauschwert, subjective exchange value), 참고⇒가치, 362
주관적 사용가치(subjektiver Gebrauchswert, subjective use value), 참고⇒가치, 362
주권적 인민(souveränes Volk, sovereign people), 298, 513, 626, 691, 692
주도적 권력(Vormacht, leading power), 참고⇒권력분류, 193, 202, 205, 206, 314, 391, 505, 564, 569
주식회사(Aktiengesellschaft), 332, 334, 666, 680
주인의 도덕(Herrenmoral, master's morality), 참고⇒도덕, 475
준법집단(Rechteverband), 참고⇒집단, 81
준비적 과업(Vorarbeit, preparatory task), 참고⇒

과업, 493, 537, 552, 562, 564, 567

중농주의 경제학, 411

중앙열강(Mittelmächte, Central Powers), 60, 150, 202, 514, 529, 730

중우선동주의(衆愚煽動主義 Demagogie), 550

증거의 원칙(Beweisregel, rules of proof), 230

지고의 힘(höchste Kraft, highest force), 참고⇒ 힘의 분류, 308, 438, 476

지금주의자(bullionist), 789

지도자

· 권위적 지도자(autoritativer Führer, autoritärer Führer, authoritative leader), 124, 154, 423

· 무명적 지도자(anonymer Führer, anonymous leader), 128, 129, 136, 152, 153, 168, 316, 368, 427, 428, 429, 520

· 보조지도자(Führerstab, leadership staff), 195

· 불특정 지도자(offener Führer, open leader), 368

· 역사적 권력에 의한 지도자(geschichtlicher Führer, leader by historical power), 423

· 우연적 지도자(Zufallsführer, accidental leader), 514, 518

· 지휘지도자(指揮指導者 gebietender Führer, commanding leader), 291, 293

· 통상적 지도자(typischer Führer, common leader), 182, 183

· 행동의 지도자(Führer der Tat, leader of action), 512, 513

지도자적 권력(Führermacht, leader's power), 참고⇒권력분류, 644

지도적 계급(Führerklasse, leading class), 참고⇒ 계급, 134, 401

지도적 계층(Führerschicht, führende Schicht, leading strata), 참고⇒계층, 134, 135, 144, 153, 154, 155, 156, 163, 549

지도적 민족(Führervolk), 참고⇒민족, 134, 401, 549

지도적 지배자(führender Herrscher, leading ruler), 참고⇒지배, 436

지도적 지위(Führerstellung, leading status), 120, 135, 247, 334, 422, 506

지도적 지위층(Führerstand, leading strata), 134, 549

지롱드(*Girondins*), 690

지배

· 강압적 지배(Zwangsherrschaft, coercive domination), 79, 506

· 강압적 지배자(Zwangsherr, coercive ruler), 249, 436

· 공동체 정신에 의한 지배(Herrschaft des Gemeinsinns), 440

· 교회의 지배(kirchliche Herrschaft), 403

· 대중에 의한 지배(Volksherrschaf, mass rulership), 697

· 무력지배(Gewaltherrschaft, tyranny), 250, 448, 508, 509, 527, 811

· 부족 지배체제(Stammesherrschaft), 560

· 상위지배(Überordnung, upper predominance), 97, 197, 198, 206, 657

· 세속적 지배(weltliche Herrschaft, secular rulership), 261, 269, 402

· 소수에 의한 지배(Herrschaft der wenigen, control by the few), 508

· 유일지배자(Alleinherrscher, autocrat), 43, 402

· 절대적 지배자(absoluter Herrscher, absolute

ruler), 402, 443, 511

· 지도적 지배자(führender Herrscher, leading ruler), 436

지배계층(Herrenschicht, herrschende Schicht, ruling stratum), 참고⇒계층, 110, 154, 435, 438, 443, 506, 533, 554, 558, 566, 594, 616, 618

지배권(Herrscherrecht, ruling right), 168, 250, 264, 399, 408, 436, 470, 520, 549, 599, 617

지배본능(Herrennatur, drive for rulership), 148, 398

지배욕(Herrschsucht, lust for rulership), 182, 185, 195, 616, 617

지배의식(Herrensinn, sense of dominance), 96, 525

지배의지(Herrenwille, will for rulership), 참고⇒ 의지, 148, 188, 398, 401, 526

지배적 국가(Herrschaftsstaat, ruling state), 참고 ⇒국가, 439, 443, 464, 607

지배적 권력(Herrschermacht, herrschende Macht, dominating power), 참고⇒권력분류, 96, 106, 203, 205, 208, 209, 213, 267, 341, 369, 446, 549, 553, 809

지배적 리더십(herrschaftliche Führung, dominant leadership), 참고⇒리더십, 339, 509, 579, 614, 615, 616, 618, 620, 621, 769

지배적 리더십기구(herrschaftliches Führungsorgan, dominant leadership organ), 참고⇒ 기구, 623

지배적 형성체(herrschaftliche Bildung, domineering formation), 참고⇒형성체, 619

지성(Intelligenz, intelligence), 718

지식교육(Wissensbildung, knowledge education), 271

지식권력(Wissensmacht, knowledge power), 참고⇒권력분류, 49, 204, 270, 272, 275, 276, 277

지식인계급(gebildete Klasse, educated class), 참고⇒계급, 134, 136, 272, 275, 276, 277, 314, 315, 525

지역 연합집단(örtliche Gesamtverband), 참고⇒ 집단, 193

지휘지도자(指揮指導者 gebietender Führer, commanding leader), 참고⇒지도자, 291, 293

직능집단(Berufsverband, occupational association), 참고⇒집단, 443

직능형태(Berufsgestalt, occupational configuration), 632

직접, 116, 330, 332

직접적 생활가치(unmittelbarer Lebenswert, direct welfare value), 참고⇒가치, 196, 197

진화(Evolution), 93, 107, 220, 229, 247, 412, 482

진화론(Entwicklungslehre), 74, 284, 359

질서유지독재(Ordnungsdiktatur, order-restoring dictatorship), 참고⇒독재, 685, 687, 688, 693, 694, 696

질서유지독재자(Ordnungsdiktator, order-restoring dictator), 참고⇒독재, 691, 692, 694

질서유지성향(Ordnungsströmung, propensity to order restoration), 694

질서유지적 권력(Ordnungsmacht, order restoration power), 참고⇒권력분류, 196, 197, 198, 199, 200, 201, 202, 204, 207, 211, 261, 368, 376, 716

질서유지적 집단(Ordnungsverband, order restoration association), 참고⇒집단, 196

질서의지(Ordnungswille, will to order), 참고⇒ 의지, 691

질풍노도(Sturm und Drang), 352, 439, 597

집단

- 강제적 집단(Zwangsverband, coercive association), 79, 80
- 경제적 집단(wirtschaftlicher Verband, economic association), 70
- 교회집단(Kirchenverband, church association), 115, 193, 194, 268, 367
- 국가집단(Staatsverband, state association), 115, 193, 463, 464, 485, 486
- 국민경제적 집단(volkswirtschaftlicher Verband, national economic association), 83, 115
- 국민적 집단(nationale Verband, national association), 193
- 군사집단(Heeresverband, military association), 115, 193
- 대중집단(Massenverband, mass collective), 194, 460
- 무명적 집단(anonymer Verband, anonymous association), 193
- 민족연합체(Völkerwelt), 558, 561, 562, 564, 567, 570
- 민족집단(völkischer Verband), 553
- 사회적 집단(gesellschaftlicher Verband, social association), 70, 72, 88, 115, 189, 191, 614, 766
- 세계적 집단(Weltverband, world association), 564
- 이익집단(Interessenverband, interest association), 83, 443, 592
- 전투적 집단(Kampfverband, combat association), 70
- 정치적 집단(politischer Verband, political association), 443
- 준법집단(Rechteverband), 81
- 지역 연합집단(örtliche Gesamtverband), 193
- 직능집단(Berufsverband, occupational association), 443
- 질서유지적 집단(Ordnungsverband, order restoration association), 196
- 집단(Verband, association), 52, 72, 73, 115, 194, 822
- 통일적 집단(Einheitsverband, united association), 154
- 혈연집단(Blutsverband, blood association), 70, 71, 72, 73

집단과업(Gesamtwerk, collective task), 참고⇒과업, 88, 151, 154, 177, 189, 614, 615, 616

집단성(Zusammensein, collectivity), 74, 294

집단심리(Massenpsychologie, mass psychology), 117, 138, 167, 168, 170

집단심리학(Lehre von der Massenpsychologie, mass psychology), 138, 169, 171, 172, 173, 176, 613, 645

집단적 각오(Massenbereitschaft, willingness of the masses), 415, 419, 420, 424, 425, 427

집단적 감정(genossenschaftliches Gefühl, Gesamtgefühl, collective feeling), 444, 473

집단적 강령(genossenschaftliche Verfassung, collective constitution), 참고⇒강령, 148, 154

집단적 습관(Massengewohnheit, collective habit), 129, 143, 381

집단적 습관이 가진 권력(Macht der Massengewohnheit, power of mass habit), 참고⇒권력분류, 382

집단적 암시(Massensuggestion, mass suggestion), 169

집단적 임명(genossenschaftliche Bestellung, collective appointment), 124

집단적 정서(collective affects), 161

집단적 죄(gesellschaftliche Schuld, Social Guilt), 340, 341

집단적 체험(Herdenerlebnis, collective experience), 164, 170

집단정신병(Massenpsychose, mass pathology), 168

집단주체(Kollektivsubjekt, collective subject), 159

집정관(Consul), 105, 147, 518, 519, 684, 686

집정정부(Consulat), 참고⇒정부, 691

집합

- 권력집합체(Machtaggregat, entity of combined power), 52, 65
- 내적 권력집합체(innere Machtaggregat, inner power collective), 51, 52, 53, 55, 728
- 사회적 집합체(gesellschaftliche Vielheit, social collective), 296
- 외적 권력집합체(Äußere Machtaggregat, external power aggregate), 51, 52, 53, 55
- 집합(Kreise, collective), 124
- 집합체(Aggregate, Vielheit, multitude), 65, 297, 368, 377

집합체(Aggregate, Vielheit, multitude), 참고⇒집합, 65, 297, 368, 377

짜르(Zar), 337, 344, 457, 461, 512, 522, 524

착취(Ausbeutung, exploitation), 98, 104, 295, 302, 314, 326, 334, 337, 412, 435, 502, 510, 551, 671

청구권(Forderung, demand), 참고⇒권리, 225

청년운동(Jugendbewegung, young movement), 735, 736, 737

청빈서원(清貧誓願 Gelübde der Armut), 234

체카(Tscheka), 527

초개인성(Überindividuelle, supra individual), 159, 189, 368

초법적 정의(Kabinettsjustiz, arbitrary administration of justice), 참고⇒정의, 446, 515

초인간성(Übermenschliche, supra human), 159

총재정부(Directoire), 참고⇒정부, 691, 692

총체적 강령(Gesamtverfassung, total constitution), 참고⇒강령, 152, 207

최상위 성공의 법칙(Gesetz des höchsten Erfolges, law of the highest success, the), 참고⇒법칙, 728

최상위 힘의 법칙(Gesetz der höchsten Kraft, law of the highest force), 참고⇒법칙, 151, 438, 442, 454, 466, 476, 503, 748, 751

최적화(Optimum, optimization), 609, 622

추종

- 강제적 추종(erzwungene Nachfolge, forced following), 250
- 능동적 추종(tätige Nachfolge, active following), 137, 142, 244, 303, 508, 616, 618, 625
- 대중의 추종(Nachfolge der Masse, mass following), 136, 138, 142, 244, 303, 368, 377, 420, 421, 427, 575, 613, 675, 681, 690, 695, 699, 748, 772
- 맹목적 추종(blinde Nachfolge, blind following), 137, 142, 666
- 법에 의한 자발적 추종(rechtswillige Nachfolge), 250
- 비자발적 추종(gebundene Nachfolge, constrained following), 614, 615

· 자발적 추종(freie Nachfolge, free following), 163, 614, 615, 616, 617, 636, 690

· 자발적 추종(willige Nachfolge, willing following), 163, 614, 615, 616, 617, 636, 690

· 추종각오(Nachfolgebereitschaft, readiness to follow), 409, 416, 417, 418, 419, 420, 421, 426

추종각오(Nachfolgebereitschaft, readiness to follow), 참고⇒추종, 409, 416, 417, 418, 419, 420, 421, 426

카롤링거(*Carolingian*), 258

카스트, 86, 195, 443

카이사르의 것은 카이사르에게, 462

카이사르적 독재(Cäsarentum), 참고⇒독재, 58, 684, 685, 701

코나투스((= 自活力) Conatus), 66, 160, 299, 300, 302, 310, 750, 764, 818

코뮌(*commune*), 448, 513

콘도티에로(Condottiero), 158, 471, 478

콩키스타도르(conquistador), 537

퀴라이트(Quirite), 80, 135

크롬웰의 성도들(saints), 494

크룹(Krupp), 93

타인들(die andern, the others), 291, 293, 296, 299, 304, 310, 321, 326, 335, 344, 382, 416, 505, 508, 514, 527, 720, 722

탈속(Weltentrücktheit), 281

탐구의 시대(eras of exploration), 참고⇒시대, 534

토리당(Tory), 578, 637

토지소유권(Grundeigentum, land ownership), 참고⇒소유, 524, 681

통상적 지도자(typischer Führer, common leader), 참고⇒지도자, 182, 183

통습(通習 Verkehrssitte, common custom), 88

통용(Gebrauch, general usage), 382, 386, 388, 404

통일성(Einheit), 38, 73, 160, 273, 286, 287, 288, 309, 312, 339, 407, 439, 451, 543, 544, 546, 579, 756

통일적 권력(Einheitsmacht, unifying power), 참고⇒권력분류, 152

통일적 리더십(einheitliche Führung, unifying leadership), 참고⇒리더십, 152

통일적 목적(uniformer Zweck, uniform object), 306

통일적 집단(Einheitsverband, united association), 참고⇒집단, 154

통일체(Einheit, united entity), 75, 79, 165, 172, 175, 189, 212, 297, 359, 513, 545, 556, 592, 670

통제처분(Verfügung, control and disposal), 51, 86, 302

통제처분권(Verfügungsgewalt, power of control and disposal), 50, 114

통치권(Hoheit, rulership), 155, 198, 266, 436

통치자(Regent), 123, 459

통화체제(Geldwesen, monetary system), 355, 388

통화학파(currency school), 789

튜더(House of Tudor), 415

특별법(Sonderrecht, special law), 참고⇒법의 종류, 253

파레토 최적(Pareto optimality), 622

파생적 생활가치(abgeleiteter Lebenswert, derived life value), 참고⇒가치, 198

파시스트 독재, 참고⇒독재, 707

파시즘, 291, 606, 642, 646, 693, 695, 696, 755, 757, 767

파우스트적 문제(Faustproblem), 349

판례(Rechtsprechung, Faust problem), 참고⇒법 일반, 247

패권적 권력(Übermacht, domineering power), 참고⇒권력분류, 51, 104, 113, 205, 236, 258, 278, 334, 335, 337, 402, 491, 506, 528, 566, 580, 582, 619, 648, 662, 663, 679, 809

페메 법정(Femgericht), 82, 219

평등

· 법적 불평등(rechtliche Ungleichheit, legal inequality), 497

· 절대적 평등(absolute equality), 234

· 평등(Gleichheit, equality), 234, 335, 475, 485, 490, 493, 496, 499, 500, 502, 503, 513, 523, 528, 553, 592, 698, 700, 729

평등한 보상적 정의(ausgleichende Gerechtigkeit, poetic justice), 참고⇒정의, 234, 264

평시법(Friedensrecht, peacetime law), 참고⇒법 의 종류, 252, 465

평원파(la Plaine), 690

평행성(Parallelismus, parallelism), 534

평화의 의무(Pflicht des Friedens, duty of peace), 참고⇒의무, 476

평화적 권력(Friedensmacht, peace power), 참고 ⇒권력분류, 38, 91, 449, 454, 476, 552, 722, 732, 733, 734, 735

평화주의(Pazifismus, pacificism), 460

포스트 케인지언(post Keynesian), 761, 784, 789, 817

풍문(Gerücht, rumour), 320, 321, 650

프라이토리아니(Praetoriani), 187

프로테스탄트(Protestant), 64, 150, 266, 267, 317, 407, 408, 493, 494, 513, 545

프롤레타리아적 법철학(proletarische Rechtsphi- losophie), 500, 501, 503

프롱드의 난(La Fronde), 206

프리메이슨(freemason), 734

플랜터지넷(Plantagenet), 416

필그림(Pilgrims), 494

필연(Müssen), 459

하나님의 도성(civitas Dei), 569

하노버 가문(Haus Hannover), 546

하지 말아야 한다(Du sollst nicht), 468

한계혁명(marginal revolution), 776

한계효용(Grenznutzen, marginal utility), 22, 744, 760, 779

합리적 욕구(vernunftgemäßes Bedürfnis, rational need), 501

합리적 이유의 근거(Vernunftgrund, rational argument), 495

합목적결정성(Zweckbestimmung, purpose orientation), 참고⇒결정, 306, 307, 333

합목적결정적(zweckbestimmt, purpose oriented), 참고⇒결정, 300, 301, 302, 303, 304, 305, 307, 310, 368, 719

합목적성(Zweckmäßigkeit, purpose rationality), 229, 230, 385

합목적적(zweckvoll, zweckrational, purpose rational), 229, 231, 793, 797

합목적적 행동(zweckvolle Handlung, purposeful behaviour), 참고⇒행동, 190, 229

합스부르크(Habsburg), 343, 514, 520

합스부르크-로렌(Hapsburg-Lorraine), 520

해방전쟁(Befreiungskriege), 참고⇒전쟁, 479, 597

행동
- 단결적 행동(Zusammengehen, united action), 165, 176, 189, 191, 221, 293, 294, 302, 303, 323, 333, 345, 676
- 병렬적 행동(paralleles Handeln, parallel action), 152
- 병렬적 행위(paralleles Verhalten, parallel behaviour), 127, 130
- 보완적 행동(ergänzendes Handeln, complementary action), 152
- 보완적 행위(ergänzendes Verhalten, complementary behaviour), 88, 127, 130
- 보편적 행동(allgemeines Handeln, general action), 316
- 사회적 행동(gesellschaftliches Handeln, gesellschaftliche Handlung, social behaviour), 34, 62, 120, 125, 126, 152, 168, 292, 297, 303, 309, 313, 317, 323, 327, 505, 613, 614, 621, 718, 719, 720, 814
- 선도행동(先導行動 Vorangehen, walking ahead action), 121, 123, 138, 153, 221, 244, 247, 368, 427, 451, 487
- 유사행위(gleichartiges Verhalten, similar conduct), 127
- 전체적 행동(Gesamthandlung, total behaviour), 703
- 합목적적 행동(zweckvolle Handlung, purposeful behaviour), 190, 229
- 행동(Handeln, action), 34, 120, 123, 125, 126, 152, 169, 244, 303, 309, 317, 427, 613, 718, 719, 720
- 행위(Verhalten, behaviour), 34, 127

행동의 지도자(Führer der Tat, leader of action), 참고⇒지도자, 512, 513

행동지시적 권력(Macht des Handelns, power of action), 참고⇒권력분류, 313

행위(Verhalten, behaviour), 참고⇒행동, 34, 127

행정법(Verwaltungsrecht, administrative law), 참고⇒법의 종류, 230

향유의 원리(Genußrecht, right of enjoyment), 672

허용됨(Dürfen), 237

헌법규범(Verfassungsrecht, constitutional law), 참고⇒법일반, 246, 256

헤이그 만국평화회의(Hague Conventions), 479

헤카톰베(*hecatombe*, 100 oxen), 472

헬레니즘, 433, 549

혁명독재(Revolutionsdiktatur, revolutionary dictatorship), 참고⇒독재, 685, 686, 687, 688, 691, 693, 696

혁신가(Neuerer, innovator), 25, 324, 342, 379, 772, 773

현대적 독재자(moderne Diktatur, modern dictator), 참고⇒독재, 38, 688

현상(Geschehen, phenomenon), 47, 157, 167, 271, 305, 771

현실정치(Realpolitik, real politics), 참고⇒정치, 44, 62, 63, 299, 328

현실정치가(real politician), 참고⇒정치, 576

혈연공동체(Blutsgemeinschaft, blood community), 참고⇒공동체, 69, 72, 73, 76, 91, 93, 95, 217, 432, 485

혈연집단(Blutsverband, blood association), 참고⇒집단, 70, 71, 72, 73

협동적 리더십(genossenschaftliche Führung, cooperative leadership), 참고⇒리더십, 615

협동적 민주적 리더십(genossenschaftlich-demokratische Führung, cooperative democratic leadership), 참고⇒리더십, 511

협동조합(genossenschaftlicher Verband), 84

형법(Strafrecht, Penal law), 참고⇒법의 종류, 227, 230, 233, 287, 317

형성체

・관습적 형성체(konventionelle Bildung, conventional formation), 393

・국가적 형성체(staatliche Bildung, state formation), 599

・권력형성체(Machtbildung, formations built by power), 368, 376, 459

・대중적 형성체(völkische Bildung, mass creation), 587

・물적 형성체(gegenständliche Bildung, objective formation), 354

・부분적 형성체(Teilbildung, partial formation), 369

・사회적 형성체(gesellschaftliche Bildung, social formation), 367, 543

・역사적 형성체(geschichtliche Bildung, historical formation), 349, 353, 354, 355, 356, 357, 358, 360, 361, 362, 366, 367, 368, 369, 374, 377, 381, 410, 630, 717, 748

・인적 형성체(人的形成體 persönliche Bildung, personal formation), 354

・지배적 형성체(herrschaftliche Bildung, domineering formation), 619

・형성체(Bildung, formed entity), 353, 354, 355, 356, 357, 358, 360, 367, 368, 369, 380, 393, 406, 410, 588, 591

호모 사피엔스(*Homo sapiens*), 718

호모 스툴투스(*Homo stultus*), 718

호모 이코노미쿠스(*homo oeconomicus*), 178

호엔슈타우펜(Hohenstaufen), 514

호엔촐레른(Hohenzollern), 53, 77, 520

화폐가치(Geldwert, monetary value), 참고⇒가치, 87, 355, 680, 818, 828

화폐수량설(quantity theory of money, the), 745, 790

화폐질서(Geldordnung, monetary order), 355

확증편향자(Schwarmgeister, zealot), 173

활동의 자유(Bewegungsfreiheit, freedom of movement), 84, 178, 180, 524, 611

회의(Sitzung), 118

획일적 운동성향(einheitliche treibende Tendenz, uniform propelling tendency), 554

효용의 체험(Werterlebniss, experience of utility), 363

휘그당(Whig), 546, 578, 637

힘(Kraft, strength), 31, 99, 162, 236, 299, 403, 476, 520, 594, 603, 604, 607, 616, 618, 658, 714, 805

힘에의 의지(Wille zur Kraft, will to strength), 참고⇒의지, 617

힘에의 자기의지(Eigenwille der Kraft, self-will to strength), 참고⇒의지, 617, 619

힘의 감정(Kraftgefühle, feel for strength), 282, 473, 498

힘의 관계(Gewaltverhältniss, power relationship), 298

힘의 균형

・세계적 힘의 균형(Weltgleichgewicht, world balance of force), 482

힘의 균형정치(Gleichgewichtspolitik, balanced power politics), 참고⇒정치, 478

힘의 분류

・강제하는 힘(zwingende Kraft, coercive strength), 76, 78, 79, 361, 443

・국민적 힘(nationale Kraft, national

strength), 603, 696

- 다중의 힘(potentia multitudinis, strength of the multitude), 161
- 대중의 힘(Volkskraft, mass strength), 144, 151, 186, 284, 328, 369, 436, 520, 594, 604, 696
- 도덕적 힘(moralische Kraft, moral strength), 67, 403, 471, 473, 714, 716
- 문화의 힘(Kulturkraft), 407, 544
- 오성의 힘(Verstandeskraft), 67
- 의미의 힘(Kraft des Sinnes, force of meaning), 390
- 의지의 힘(Kraft des Willens, strength of will), 93, 298
- 인간의 힘(Menschenkraft, human strength), 476
- 인민의 힘(Volkskraft), 96, 99, 104, 441, 455, 470, 552, 554, 559
- 자유를 향한 힘(Kraft zur Freiheit, force towards liberty), 519, 618, 697
- 자유의 힘(Freiheitskraft, freedom force), 493, 617
- 저항하는 힘(tragende Kraft, resisting power), 658
- 지고의 힘(höchste Kraft, highest force), 308, 438, 476

힘의 체험(Krafterlebnis, experience of strength), 165

색인(인명, 서명, 지명, 기타 명칭)

간디(Mahatma Gandhi), 61, 420

갈리아(Gallic), 146, 171, 345, 410, 479

갈릴레오(Galileo Galilei), 408

갈브레이스(J.K. Galbraith), 19, 26, 769

객관적 정신의 이론(Theorie des objektiven Geistes, 프레이어), 364, 839

게슬러(Hermann Gessler), 343

경제발전의 이론(Theorie der wirtschaftlichen Entwicklung, 슘페터), 25, 130

고비노(Arthur de Gobineau), 134, 565, 566

고트(Goth), 105, 439, 555

괴테(Johann Wolfgang von Goethe), 90, 108, 109, 148, 162, 204, 277, 278, 279, 280, 322, 349, 350, 352, 353, 365, 444, 566, 595, 597, 598, 759, 774

군주론(Príncipe, 마키아벨리), 158, 317, 469, 470

권력에의 의지(Willen zur Macht, 니체), 31, 32, 617, 619, 665

그라쿠스(Gaius Gracchus), 687

그람시(Antonio Gramsci), 23, 758, 765

그레고리 7세(Gregory VII), 424

그레첸(Gretchen), 349

그리스도, 57, 61, 132, 136, 145, 146, 279, 404, 407, 462, 514, 535, 569

그릴파르처(Franz Grillparzer), 283, 528

나르세스(Narses), 555

나의 투쟁(Mein Kampf, 히틀러), 291

나폴레옹 3세(Napoleon III), 448, 693

나폴레옹(Napoleon Bonaparte), 57, 58, 59, 62, 63, 64, 109, 137, 142, 185, 186, 352, 448, 459, 465, 474, 479, 512, 517, 521, 577, 597, 617, 646, 686, 691, 692, 693, 705, 729, 730, 754

네덜란드, 279, 493, 563, 604

네로 황제(Nero), 516

네우스트리아(Neustria), 257

노동과 임금의 6세기(Six Centuries of Work and Wages. The History of English Labour, 로저스), 415

노라(Nora), 228

노래들(Lieder, 괴테), 278, 284, 839

노르만(Norman), 105, 249, 537

노르웨이, 333, 604

뉴턴(Isaac Newton), 146

니벨룽의 반지(Der Ring des Nibelungen), 727

니체(Friedrich Nietzsche), 31, 32, 38, 138, 139, 157, 182, 303, 475, 490, 492

다윈(Charles Darwin), 274

다윗(David), 488, 489

단테(Dante Alighier), 127

당통(Georges Jacques Danton), 186, 516

덴마크, 150

독일, 21, 26, 32, 44, 50, 60, 63, 64, 65, 75, 76, 82, 88, 89, 98, 111, 115, 118, 128, 132, 147, 149, 150, 151, 153, 173, 183, 201, 202, 247, 251, 270, 271, 282, 284, 291, 292, 329, 336, 345, 351, 352, 353, 364, 384, 394, 395, 424,

449, 453, 457, 466, 479, 493,514, 520, 522, 529, 530, 531, 535, 540, 563, 578, 587, 596, 597, 598, 600, 601, 602, 603, 631, 636, 639, 670, 671, 672, 673, 687, 693, 705, 706, 707, 708, 709, 724, 725, 726, 730, 731, 733, 735, 736, 739, 743, 744, 745, 770, 777, 798, 800, 801, 803, 804, 806, 809, 811, 812, 813, 814, 815, 816, 822, 823

돈 카를로스(Don Karlos, 실러), 319

뒤르켐(Émile Durkheim), 21, 22

드레이퍼(John William Draper), 534

딜타이(Wilhelm Dilthey), 364, 365, 366

라바(Rabbah), 488

라살(Ferdinand Johann Gottlieb Lassalle), 44, 45, 46, 53, 116, 453, 713, 714

라이프니츠(Gottfried Wilhelm Leibniz), 146

라트비아인(Latvians), 525

라틴인(Latiner), 398, 548

라파엘로(Raffaello Sanzio da Urbino), 277

랑케(Hermann Ranke), 254

러시아, 53, 60, 132, 337, 344, 394, 457, 461, 479, 512, 520, 522, 523, 524, 525, 526, 527, 528, 529, 556, 563, 605, 671, 693, 699, 700, 707, 708, 709, 710

레너(Karl Renner), 439

레닌(Vladimir Lenin), 512, 524

레오 대제(Pope Leo the Great), 568, 569

레이몬드(Emil du Bois-Reymond), 270

로베스피에르(Maximilien Robespierre), 274, 513, 516, 686, 690, 691

로셔(Wilhelm Roscher), 743, 798

로저스(James Rogers), 415

로크(John Locke), 494

롤랑(Romain Rolland), 159, 431

루만(Niklas Luhmann), 809

루소(Jean-Jacques Rousseau), 91, 92, 274, 325, 495, 512, 577, 777, 813

루이 14세(Louis XIV), 150, 206, 248, 257, 402, 515, 545

루이 15세(Louis XV), 411, 412

루이 16세(Louis XVI), 258, 512

루카스(Robert E. Lucas, Jr.), 796, 797

룩스(Steven Lukes), 20, 758

루터(Martin Luther), 128, 221, 423, 469, 493, 540, 567

뤼케르트(Friedrich Rückert), 282

륄(Philippe Rühl), 318

르 봉(Gustave Le Bon), 22, 27, 167, 168, 169, 170, 171, 172, 319, 836, 839

리베라(Primo de Rivera), 694, 695

리셰(Charles Richet), 718, 720, 721

리슐리외(Armand Jean du Plessis, cardinal-duc de Richelieu et de Fronsac), 150, 257, 422

리처드 3세(Richard III, 셰익스피어), 51

리카르도(David Ricardo), 314, 584, 789

리히텐베르크(Lichtenberg, Georg Christoph), 604

린네(Carl von Linné), 718

마르크스(Karl Marx), 22, 23, 24, 26, 44, 45, 46, 50, 98, 99, 160, 180, 274, 302, 314, 325, 502, 512, 593, 629, 676, 680, 758, 761, 836

마리우스(Gaius Marius), 155

마자랭(Jules Mazarin), 257

마자르(Magyar), 150, 409

마케도니아(Macedonia), 562

마키아벨리(Machiavelli), 27, 158, 317, 469, 470, 471, 757, 766

마텔(Charles Martell), 56

마하(Ernst Mach), 47, 179, 246, 388, 691

만(Michael Mann), 758

맘루크(Mameluk), 525, 526

멍크(George Monck), 420

메로빙거(Merovingian), 257, 258, 410

메피스토펠레스(Mephistopheles), 161, 177, 349, 350, 441, 713

멕시코, 537, 557

멩거(Anton Menger), 500

멩거(Carl Menger), 19, 22, 25, 50, 129, 739, 740, 743, 744, 745, 747, 762, 765, 767, 772, 773, 776, 777, 778, 779, 783, 784, 785, 786, 787, 790, 791, 792, 793, 796, 797, 799, 800, 801, 825, 826, 827

모든 것으로부터의 자유(Die Freiheit über alles!, 레너), 439, 840

모스(Marcel Mauss), 21

모스크바, 521

모차르트(Wolfgang Amadeus Mozart), 277

모하메드(Muhammad), 490

몰트케(Helmuth Karl Bernhard Graf von Moltke), 140, 465

몸젠(Theodor Mommsen), 147, 534

몽골인, 557, 559, 563

무기를 내려놓아라(Die Waffen nieder, 주트너), 461, 840

무솔리니(Benito Amilcare Andrea Mussolini), 694

무솔리니(Benito Mussolini), 694

무어(Karl Moor), 253

무어(Moor), 122, 337, 698

미국, 26, 60, 119, 131, 132, 203, 284, 288, 425, 426, 494, 497, 536, 541, 542, 557, 563, 564, 565, 571, 587, 588, 589, 671, 673, 679, 726, 730, 743, 758, 761, 817

미제스(Ludwig von Mises), 22, 26, 745, 759, 761, 767, 768, 773, 776, 777, 783, 796

미첼(Wesley C. Mitchell), 758

미켈란젤로(Michelangelo di Lodovico Buonarroti Simoni), 277, 294

밀(John Stuart Mill), 758

바그너(Richard Wagner), 282, 349, 365, 727

바그너(Wagner), 282, 349, 365, 727

바그램(Wagram), 521

바리새인(Pharisees), 166

바뵈프(Babœuf), 497

바스코 다 가마(Vasco da Gama), 567

바시키르인(Bashkirs), 525

바틸루스(Bathyllus), 399, 400

바흐(Johann Sebastian Bach), 277, 283

반달(Vandal), 105, 439

발렌슈타인(Albrecht Wenzel Eusebius von Wallenstein), 58, 150, 661

발푸르기스의 밤(Walpurgisnacht, 괴테), 162, 444

법과 권력(Recht und Macht, 비저), 35, 178, 740, 745, 747

베네치아, 563

베드로(Petrus), 146, 352, 370, 404, 423, 424, 488

베르길리우스(Publius Vergilius Maro, Virgil), 35, 399, 400, 453, 751

베르테르(Werther), 280

베버(Max Weber), 2, 19, 20, 22, 25, 26, 43, 47,

50, 84, 121, 215, 219, 229, 743, 746, 758, 762, 763, 769, 770, 771, 772, 793, 794, 796, 797, 798, 801, 805, 807, 808, 814, 815, 821, 824

베블런(Thorstein Veblen), 23, 26, 765

베스트팔렌조약(Westfälischer Friede), 150, 351, 725

베토벤(Ludwig van Beethoven), 140, 277, 294, 346, 566

보르자(Caesar Borgia), 157, 158, 470, 544

볼타(Alessandro Giuseppe Antonio Anastasio Volta), 274

뵘-바베르크(Eugen von Böhm-Bawerk), 19, 22, 739, 740, 741, 742, 759, 775, 777, 799, 801

부드러운 경구(Zahme Xenien, 괴테), 277, 839

불랑제(Georges Ernest Boulanger), 448, 693

부르고뉴(Burgundian), 415

부르군트(Burgondie), 257

부르봉 왕조(dynastie des Bourbons), 517

붓다(佛陀), 61, 145

브란데스(Georg Brandes), 349

브레누스(Brennus), 410

브레이시그(Kurt Breysig), 535

부르디외(Bourdieu), 23, 758

비스마르크(Otto von Bismarck), 53, 62, 64, 149, 150, 183, 292, 329, 352, 353, 422, 465, 636, 695, 801

비엔나, 35, 56, 292, 563, 739, 740, 741, 742, 744, 745, 746, 770

비잔티움, 562, 569

비잔틴인, 539

빌헬름 마이스터(Wilhelm Meister, 괴테), 279

빌헬름 텔(Wilhelm Tell), 589, 598

사라센인, 563

사무엘기($Baoιλειῶν$, Books of Samuel), 488

사무엘스(Warren Joseph Samuels), 19, 26, 747, 748, 758, 760, 766, 772

사비니(Friedrich Carl von Savigny), 243

사회경제론(Theorie der gesellschaftlichen Wirtschaft, 비저), 34, 740, 746, 758, 770, 771, 787, 788, 789

사회계약론(Contrat social, 루소), 325, 577

삼니움족(Samnites), 398, 706

색슨(Saxon), 105, 249, 537

샤를마뉴(Charlemagne), 436

서구의 몰락(Decline of the west, 슈펭글러), 534

성 그레고리오(St. Gregorius), 283

세르반테스(Miguel de Cervantes), 277

세르비아(Serbia), 409, 709

세이(Lord Say), 276

셰익스피어(William Shakespeare), 51, 140, 148, 275, 277, 545

소렐(Georges Sorel), 22

소크라테스(Socrates), 372, 373

소크라테스의 회고록(Memorabilia 코세노폰), 373

술라(Lucius Cornelius Sulla Felix), 155

슈몰러(Gustav Schmoller), 770, 799, 800, 801

슈타인(Lorenz von Stein), 98, 742

슈펭글러(Oswald Spengler), 159, 534, 535, 536, 567, 643

슈프랑어(Eduard Spranger), 367

슘페터(Joseph Alois Schumpeter), 25, 26, 130, 741, 745, 758, 762, 767, 770, 772, 773, 774, 777, 792, 793, 794, 796, 797, 798, 801

스미스(Adam Smith), 26, 314, 584, 610, 758, 777,

785

스웨덴, 58, 150, 333, 604, 724

스콥스(John Thomas Scopes), 284

스키타이(Scythians), 560, 562

스키피오(Scipio Africanus), 56, 155

스킬라(Scylla), 338

스탕달(Stendhal), 157, 158, 474, 475, 544

스튜어트(Stuarts), 420, 517, 545

스트린드베리(August Strindberg), 279

스파르타, 73, 200, 202, 550

스페인, 56, 122, 337, 478, 537, 562, 563, 571, 605, 693, 694

스펜서(Herbert Spencer), 35, 138, 139, 140, 141, 142, 145, 742

스피노자(Baruch Spinoza), 24, 26, 49, 66, 160, 161, 270, 299, 300, 301, 302, 310, 749, 750, 761, 764, 765, 767, 775, 806, 807, 808, 818, 819, 836

슬라브인, 539

시겔레(Scipio Sighele), 167

시경(詩經), 282

시의 정신(Die Geister der Lieder, 뤼케르트), 282, 840

식스투스 5세(Sixtus V), 424

신곡(*Divina Commedi* 단테), 127

실러(Friedrich Schiller), 253, 280, 319, 353, 514, 543, 597, 598, 698

싱클레어(Upton Sinclair), 651

아더 왕(King Arthur), 372

아돌프(Gustav Adolf), 58

아리스토텔레스(Aristoteles), 140, 273, 274, 296, 431

아리아, 537, 559, 565, 566

아말렉인(Amalekite), 488

아벨(Abel), 69

아비뇽유수(Avignon Papacy), 423, 570

아스텍, 537, 542

아시시의 성 프란치스코(Sanctus Franciscus Assisiensis), 407

아우구스투스(Caesar Augustus), 148, 399, 417, 516, 548

아우구스툴루스(Romulus Augustulus), 568

아우렐리우스(Marcus Aurelius), 552

아우스터리츠(Austerlitz), 521

아이네이스(Aeneid, 베르길리우스), 35

아이올로스(Aeolus), 174

아일랜드, 333, 409

아쟁쿠르전투(Azincourt), 410

아케론 강(Acheron), 453

아크로폴리스(Acropolis), 371

아테네, 73, 111, 200, 202, 371, 550, 551, 552, 617, 640

아틸라(Attila), 55, 120, 201, 433, 568, 569

안토니우스(Marcus Antonius), 148

알렉산더(Alexander), 56, 146, 148, 273, 433, 562, 617

알비겐스(Croisade des Albigeois), 57

암페어(André-Marie Ampère), 274

앗시리아(Assyria), 372

에르만(Adolf Erman), 254

에머슨(Ralph Waldo Emerson), 138

에트루리아인(Etruscan), 398

엘리아스(Norbet Elias), 26, 75, 111, 758, 836

엘리자베스 여왕(Elizabeth I), 545

영국, 21, 33, 60, 61, 105, 116, 132, 140, 145, 149, 150, 174, 201, 202, 203, 246, 249, 251, 333, 334, 339, 395, 415, 420, 425, 449, 457, 466, 467, 493, 494, 495, 512, 513, 517, 518, 519, 520, 537, 541, 545, 546, 563, 577, 578, 589, 596, 602, 603, 606, 607, 612, 625, 631, 636, 637, 638, 639, 662, 671, 673, 679, 688, 708, 710, 726, 736, 817

예나(Jena), 166, 167, 435, 521, 660, 743

예니체리(Yeniçeri), 187

예종에의 길(The road to serfdom), 775

오디세우스(Odysseus), 338

오렌지 공 윌리엄(Willem Hendrik, Prince of Orange), 545

오스트리아, 19, 22, 23, 25, 26, 27, 33, 35, 36, 56, 60, 64, 202, 249, 283, 292, 333, 351, 439, 479, 520, 529, 530, 563, 602, 605, 633, 639, 709, 739, 740, 742, 744, 745, 746, 747, 759, 760, 761, 764, 766, 769, 773, 777, 783, 784, 792, 800, 801

오스트리아의 종언(Österreichs Ende, 비저), 36

오제(Émile Augier), 342

오클라나(Ochrana), 526

옥센슈티엔나(Axel Gustafsson Oxenstierna), 150

왈라스(Léon Walras), 772, 774, 776, 785, 786

왓킨스(John Watkins), 796

요제프(Franz Josef), 64, 436, 457

요크 공녀 마거릿(Margaret of York), 415

요크가(House of York), 415

워릭 백작(Earl of Warwick), 683

윌리엄 1세(Friedrich Wilhelm I), 53

위그노(*Huguenots*), 248

유럽의 지성 발전사(History of the intellectual development of Europe, 드레이퍼), 534

유령(Ghosts, 입센), 509

유프라테스강(Euphrates), 556

윤리학(Ethic 스피노자), 66, 68, 818, 819

응답(Antwort, 플라텐), 173

이노센트 3세(Innocent III), 424

이슬람, 61, 490, 492, 525, 559

이집트, 37, 254, 255, 525, 542, 559, 562, 604, 708, 839

이태리, 60, 63, 65, 105, 128, 149, 157, 158, 257, 395, 398, 423, 446, 469, 470, 471, 478, 479, 507, 514, 537, 548, 551, 562, 568, 578, 588, 596, 597, 605, 606, 607, 642, 693, 694, 742

인간은 바보다(*L'homme stupide*, 리셰), 718

인종불평등론(*Essai sur l'inégalité des races humaines*, 고비노), 565, 839

인형의 집(*Et Dukkehjem*, A Doll's House, 입센), 228, 839

입센(Henrik Ibsen), 228, 279, 509

자본과 노동(Kapital und Arbeit, 라살), 453, 665, 680, 712, 784

자본론(Das Kapital, 마르크스), 325, 502, 761

자연가치(Der natürliche Werth, 비저), 34

자유헌정론(The Constitution of Liberty), 775

젊은 베르테르의 슬픔(Werthers Leiden, 괴테), 279

제노바, 563

제본스(William Stanley Jevons), 776, 777, 779, 799

좀바르트(Werner Sombart), 19, 758

주트너(Bertha von Suttner), 461

지부와에(Giboyer), 342, 343

짐멜(Georg Simmel), 21, 131, 791, 826, 837

찰스 1세(Charles I), 493, 512, 513, 688

찰스 2세(Charles II), 420

천상의 서곡(Vorspiel im Himmel, 괴테), 350

체코, 58, 409

최종의 시(Schlußpoetik, 괴테), 322, 839

카네기(Andrew Carnegie), 133

카노사(Canossa), 424

카라칼라(Caracalla), 548

카르타고(Carthaginian), 398, 477, 562

카리브디스(Charybdis), 338

카우디움(Caudium), 706

카이사르(Gaius Julius Caesar), 56, 63, 137, 146, 147, 148, 155, 171, 205, 351, 417, 442, 463, 479, 516, 534, 548, 551, 617, 685, 686, 688, 692, 693, 695

카인(Cain), 69, 565

칸나에전투(Cannae), 154, 477

칸트(Immanuel Kant), 67, 231, 274, 466, 467

칼 대제(Karl dem Großen), 539

칼라일(Thomas Carlyle), 138

칼롱(Michel Callon), 402

캄페도르(El Cid Campeador), 122

캘빈(Jean Calvin), 248, 512

케네(François Quesnay), 411

케렌스키(Alexander Kerensky), 523

케이드(John Cade), 276

케인즈(John Maynard Keynes), 306, 385, 790

켈러(Gottfried Keller), 90

켈렌(Rudolf Kjellén), 724

코메니우스(Amos Comenius), 58, 276

코카서스인(Caucasian), 525

코페르니쿠스(Nicolaus Copernicus), 146

콘스탄티누스(Flavius Valerius Aurelius Constantinus), 569

콜럼버스(Cristopher Columbus), 146, 567, 571

크납(Georg Friedrich Knapp), 21

크니스(Karl Knies), 743, 769, 798, 801

크로노스(Kronos), 186, 189

크롬웰(Oliver Cromwell), 420, 494, 512, 513, 517, 688

크세노폰(Xenophon), 373, 840

클라우디우스(Tiberius Claudius Caesar Augustus Germanicus), 516

클라우제비츠(Carl Phillip Gottlieb von Clausewitz), 705, 839

클레랑보(*Clérambault*, 로망 롤랑), 431

키케로(Marcus Tullius Cicero), 105, 373

킴브리족(Cimbri), 345, 410, 439

타르드(Gabriel Tarde), 167

타타르족(Tartars), 525, 559

타메를란(Tamerlane), 201

터키, 56, 478, 563, 605

터키인, 557, 559, 563

테느(Hippolyte Adolphe Taine), 513

토틸라(Totila), 555

톨스토이(Leo Tolstoy), 283, 284, 543

퇴니스(Ferdinand Tönnies), 822

투키디데스(Thucydides), 640, 642

튜튼족(Teuton), 345, 410, 439, 538, 560

트로야누스(Traianus), 552

트웨인(Mark Twain), 372

티그리스강(Tigris), 556

티베리우스(Tiberius Julius Caesar Augustus), 148, 516

파마(Fama), 320

파우스트(Faust, 괴테), 148, 161, 162, 349, 350, 352, 365, 366, 370, 441, 442, 444, 595, 598, 713, 839

파우스트초고(Urfaust, 괴테), 349

팔시팔(Parsifal, 바그너), 282

페르시아, 55, 373, 433, 538, 562, 840

페리클레스(Pericles), 550, 617, 640

페스탈로찌(Johann Heinrich Pestalozzi), 276

페이디아스(Phidias), 277, 371

펠로폰네소스 전쟁사(History of the Peloponnesian War, 투키디데스), 640

펠로폰네소스전쟁(Peloponnesian War), 73, 550

펠리컨(Pelican, 오제), 342

포르투갈, 563, 605

포사 후작(Marquis Posa), 319

푸앙카레(Henri Poincaré), 706

포퍼(Karl Popper), 796

폴라니(Karl Ponanyi), 792

폴란드, 65, 409

폴리비우스(Polybius), 549, 550

폴리힘니아(Polyhymnia), 280

폼페이우스(Gnaeus Pompeius Magnus), 148, 155

표트르 대제(Peter der Große), 436

푸리에(François Marie Charles Fourier), 485

푸코(Michel Foucault), 196, 758, 809

프락시텔레스(Praxiteles), 277

프랑크(Francia), 64, 201, 257, 439

프레이어(Hans Freyer), 364, 371

프로메테우스(Prometheus), 141

프로이센(Preußen), 45, 64, 65, 149, 202, 329, 351, 469

프리드리히 대제(Friedrich der Große), 149, 436, 465, 469, 470, 595

프리드먼(Milton Friedman), 796

플라텐(August Graf von Platen), 173

피피누스 3세(Pippinus III Brevis), 257

피히테(Johann Gottlieb Fichte), 471

필리프 4세(Philippe IV le Bel), 570

필리핀, 564

하이에크(Friedrich Hayek), 22, 25, 26, 741, 745, 759, 767, 768, 773, 774, 775, 776, 777, 783, 793, 796, 797

한니발(Hannibal Barca), 155, 433, 477, 562

함무라비(Hammurabi), 372

합스부르크 백작(Der Graf von Habsburg, 실러), 514

합스부르크가의 형제싸움(Ein Bruderzwist in Habsburg, 그릴파르처), 528, 839

해럴드(Harald), 249

햄릿(Hamlet, 셰익스피어), 148, 733

헌법의 본질(Über Verfassungswesen, 라살), 44

헝가리, 60, 249, 333, 520, 529, 530, 563, 639, 693, 709

헝가리인, 525

헤르더(Johann Gottfried Herder), 284

헤이스팅스(Hastings), 249

헨리 5세(Henry V), 410

헨리 6세(Henry VI, 셰익스피어), 276

헬머박사(Helmer), 228

호라티우스(Quintus Horatius Flaccus), 472

홉스(Thomas Hobbes), 432

회상록(Gedanken und Erinnerungen, 비스마르크), 53

후텐(Ulrich von Hutten), 540

훈족(Huns), 55, 439, 568

히스토리아(*Histori* 헤로도토스), 549

히틀러(Adolf Hitler), 291

힐데리히 3세(Childeric III), 257

힐데브란트(Bruno Hildebrand), 743, 798

권력의 법칙(DAS GESETZ DER MACHT)

초판 1쇄 발행 | 2023년 5월 25일
개정판 1쇄 발행 | 2025년 7월 1일

지은이 | 프리드리히 폰 비저(FRIEDRICH von WIESER)
옮긴이 | 현동균
발행인 | 김태진
발행처 | 진인진
등 록 | 제25100-2005-000003호
주 소 | 경기도 과천시 관문로 92 101동 1818호(힐스테이트 과천중앙)
전 화 | 02-507-3077-8
팩 스 | 02-507-3079
홈페이지 | http://www.zininzin.co.kr
이메일 | pub@zininzin.co.kr

ⓒ 현동균 2023
ISBN 978-89-6347-632-2 93340

* 책값은 표지 뒤에 있습니다.